CONTABILIDADE FCC

DESCOMPLICADA
3D
DECIFRADA
DESMITIFICADA

Dedicatória

Dedico esta obra ao maior tesouro da minha vida e fonte inspiradora dessa obra, minha filha **Marianna Garcia de Souza**, pela ausência que eu tenho causado em sua vida, devido ao esforço e dedicação despendido nessa obra.

À minha esposa amada, com quem passarei o resto dos meus dias, **Claudete Orth**, minha principal incentivadora, que sempre esteve ao meu lado nas horas difíceis e soube compreender a minha ausência.

Aos meus queridos tios, **Antônio de Oliveira Machado** (*In Memoriam*) e **Maria Angelita de Souza Machado**, que me criaram e me deram educação e oportunidade para ser alguém na vida.

À minha querida mãe, **Maria Aparecida de Souza**, pelo carinho e amor dedicados.

Pensem nisso...

"... E nunca considerem seu estudo como uma obrigação,
mas sim como uma oportunidade invejável de aprender, sobre a influência libertadora da beleza no domínio do espírito, para seu prazer pessoal e para o proveito da comunidade à qual pertencerá o seu trabalho futuro."

(Albert Einstein)

Agradecimentos

Deus, por ter me dado saúde, perseverança e paz de espírito para que eu pudesse concluir com maestria esta obra, pois sem ELE nada seria possível.

Ao meu amigo **Vauledir Ribeiro Santos**, por ter investido, mais uma vez, tanto trabalho, tempo e muita paciência (**haja saco, viu!!!!**), para que o livro saísse com a excelência almejada por todos nós, bem como a toda equipe técnica que contribuiu para o sucesso desta obra.

A **Luciana Di Iorio** pelo elevado nível profissional dedicado a diagramação desse livro, transformando uma pedra bruta em um diamante.

Nota da Editora

Depois de muita expectativa, a Editora Juspodivm tem a honra de anunciar a publicação da 2ª edição da obra **Contabilidade FCC 3D** totalmente revista, ampliada, atualizada e reformulada por seu autor, Sérgio Adriano.

Este livro contempla Análise de Balanços, Contabilidade de Custos, Contabilidade Geral e Avançada, além de dezenas de Pronunciamentos Contábeis. Os exercícios encontram-se resolvidos passo a passo com auxílios de gráficos e fluxogramas, os quais resultam em um aprendizado de alta performance. As questões mais complexas e trabalhosas apresentam a solução minuciosa e, ao final, é disponibilizada a solução como se fosse na hora da prova.

A obra comenta as questões relacionadas aos Pronunciamentos Contábeis, com enorme riqueza de detalhes técnicos, fazendo com o que o aluno, mesmo que não tenha ainda o domínio da matéria, alavanque os seus conhecimentos de forma rápida e eficaz.

Devido ao seu complexo conteúdo aliado a uma profundidade técnica no que se refere aos comentários das questões, este trabalho se consolida como um referencial para os exames de Suficiência, Academia e profissionais da área. Indicado também para aqueles que almejam agilidade e eficiência na revisão dos principais Pronunciamentos Contábeis.

Bons estudos!

Sumário

A prova de contabilidade para Contador Arce encontra-se com o seguinte conteúdo:

Capítulo 1

Análise de Balanços

1. OBRIGATORIEDADE

A análise de balanços está **baseada em indicadores** (indicadores de liquidez, endividamento, rentabilidade, rotatividade) obtidos por meio de cálculos matemáticos, que medem uma visão aproximada da real situação econômica, financeira e patrimonial de uma entidade, **que tem por objetivo** a apuração de fraudes documentais e manipulação de resultados, verificação de procedimentos envolvendo as ações administrativas ou judiciais tanto ativas como passivas de cunho trabalhista, previdenciário, fiscal e tributário, **com a finalidade** de passar informações para que os seus usuários possam tomar decisões.

Dessa forma a **análise de balanços** é uma técnica matemática de obtenção de informações, **não** sendo portanto, **exigida por lei**. Mas apesar de não estar sujeita a legislação, as **demonstrações contábeis** levantadas pelas entidades **têm por base** as legislações estabelecidas na lei das sociedades por ações, no Regulamento do Imposto de Renda, nas Normas Brasileiras de Contabilidade e na Comissão de Valores Mobiliários, **portanto**, a análise de balanços **abrange** também as **respectivas legislações**.

2. PROCESSOS DE ANÁLISE DE BALANÇOS

A **análise de balanços** tem por fonte de informações as **demonstrações contábeis** e são baseadas em indicadores de cálculos matemáticos, os quais avaliam a aproximada situação econômica, financeira e patrimonial de uma entidade. Mas dependendo da situação, as vezes uma **análise de balanços** limitada a um exercício financeiro pode ser pouco reveladora, sendo necessário comparar os indicadores e as tendências com os indicadores dos demais concorrentes, bem como as metas inicialmente estabelecidas pela administração da entidade. Em outros casos, é mais importante a obtenção de informações relativas a cada conta dentro das demonstrações contábeis.

Portanto, levando em consideração as particularidades existentes, a **análise de balanços** divide-se em **três principais processos**:

- vertical ou estrutura
- horizontal ou evolução
- quocientes ou índices

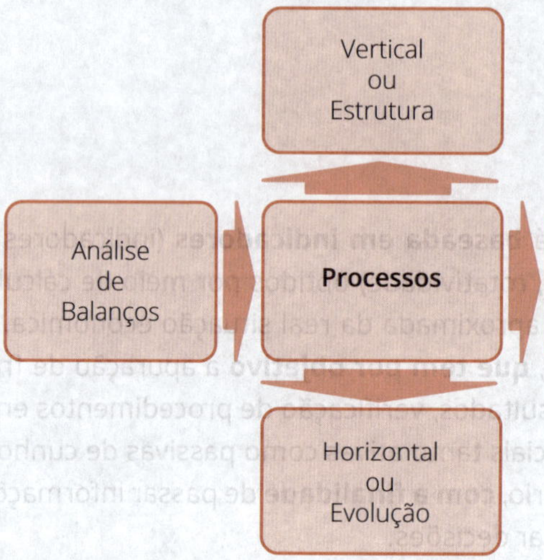

01ª QUESTÃO: Na análise das demonstrações financeiras os processos mais utilizados são os seguintes:

a) estrutura, evolução e vertical.
b) vertical, por índices e por quocientes.
c) evolução, horizontal e vertical.
d) por quociente, horizontal e por índices.
e) estrutura, evolução e por quocientes.

☛ SOLUÇÃO

Na análise das demonstrações financeiras os processos mais utilizados são:

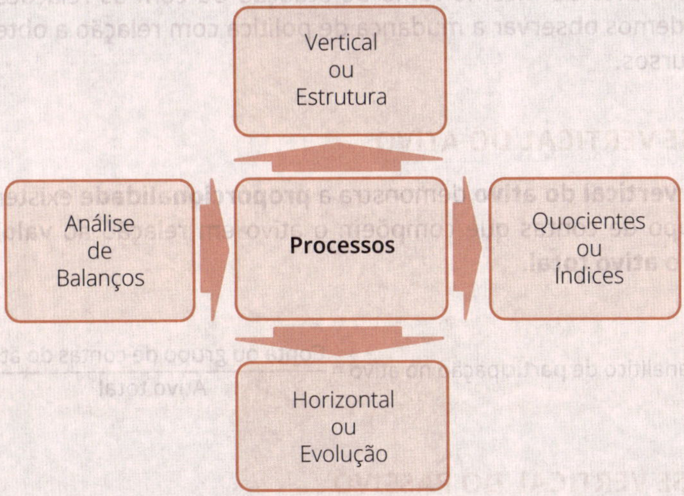

Analisando as alternativas, temos:

a) Errada. Análise de estrutura ou **vertical**, evolução e **vertical**. Está faltando a análise por **quocientes**.

b) Errada. Análise vertical, índices e quocientes ou índices. Está faltando a análise **horizontal**.

c) Errada. Análise por **evolução**, horizontal ou **evolução** e vertical. Está faltando a análise por **quocientes**.

d) Errada. Análise por **quociente**, horizontal e índices ou **quociente**. Está faltando a análise **vertical**.

e) Correta. Análise **vertical** ou estrutura, **horizontal** ou evolução e **quocientes** ou índices.

Gabarito: **E**

3. ANÁLISE VERTICAL

A análise vertical ou **análise de estrutura** tem por objetivo o estudo da estrutura das **demonstrações contábeis** por meio de cálculos dos **coeficientes analíticos de participação** que são obtidos da divisão que cada conta ou grupo de contas possuem em relação a um valor base, resultando em percentuais que demonstram a **proporcionalidade** existente em cada conta ou grupo de contas em relação ao valor base. No **balanço patrimonial**, atribui-se **peso 1 ou 100%** para o total do ativo e do passivo, que são os **valores bases**, enquanto que na DRE a regra é atribuir **peso 1 ou 100% às receitas líquidas**.

Portanto, a **análise vertical** demonstra a importância relativa que cada conta possui dentro das **demonstrações contábeis** e por meio da comparação com outros concorrentes do mesmo ramo de atuação ou com as relações da própria empresa, podemos observar a mudança de política com relação a obtenção e aplicação de recursos.

3.1 ANÁLISE VERTICAL DO ATIVO

A **análise vertical do ativo** demonstra a **proporcionalidade** existente em cada conta ou grupo de contas que compõem o ativo em relação ao **valor base**, que nesse caso é o **ativo total**.

$$\text{Coeficiente analítico de participação no ativo} = \frac{\text{Conta ou grupo de contas do ativo}}{\text{Ativo total}} \times 100\%$$

3.2 ANÁLISE VERTICAL DO PASSIVO

A análise vertical do passivo demonstra a **proporcionalidade** existente em cada conta ou grupo de contas que compõem o passivo em relação ao **valor base**, que nesse caso é o **passivo total**.

$$\text{Coeficiente analítico de participação no passivo} = \frac{\text{Conta ou grupo de contas do passivo}}{\text{Passivo total}} \times 100\%$$

3.3 ANÁLISE VERTICAL DA DEMONSTRAÇÃO DE RESULTADO DO EXERCÍCIO

A análise vertical da DRE demonstra a **proporcionalidade** existente em cada conta ou grupo de contas que compõem a DRE em relação ao **valor base**, que nesse caso são as **receitas líquidas ou vendas líquidas**.

$$\text{Coeficiente analítico de participação na DRE} = \frac{\text{Conta da DRE}}{\text{Receita líquida}} \times 100\%$$

02ª QUESTÃO: O saldo da conta produtos elaborados representados no balanço patrimonial de uma determinada empresa era de 300.000,00. Sabendo-se que neste mesmo balanço o ativo circulante era de 900.000,00 e que o total do ativo era de 1.200.000,00, calcule o coeficiente analítico de participação da conta produtos elaborados, em relação ao total do ativo e ao total do grupo de contas, respectivamente.

a) 25,00 e 33,33
b) 40,00 e 30,00

c) 20,00 e 50,00
d) 50,00 e 25,00
e) 33,33 e 25,00

☛ **SOLUÇÃO**

Montando o balanço patrimonial de acordo com os dados da questão, temos:

Ativo	Passivo
Grupo de Contas Ativo Circulante............................900.000,00 Conta Produtos Elaborados ....300.000,00 Total.. 1.200.000,00	Total.. 1.200.000,00

$$\text{Coeficiente em relação ao total do ativo} = \frac{\text{Conta de produtos elaborados}}{\text{Total do ativo}} \times 100\%$$

$$\text{Coeficiente em relação ao total do ativo} = \frac{300.000,00}{1.200.000,00} \times 100\%$$

Coeficiente em relação ao total do ativo = 25,00%

$$\text{Coeficiente em relação ao total do grupo de contas} = \frac{\text{Conta de produtos elaborados}}{\text{Ativo Circulante}} \times 100\%$$

$$\text{Coeficiente em relação ao total do grupo de contas} = \frac{300.000,00}{900.000,00} \times 100\%$$

Coeficiente em relação ao total do grupo de contas = 33,33%

Gabarito: **A**

4. ANÁLISE HORIZONTAL

A análise horizontal ou **análise de evolução** tem por **objetivo** o estudo das contas que compõem as demonstrações contábeis ao longo de dois ou mais exercícios sociais, por meio de cálculos de **números índices**, com a **finalidade principal** de verificar a evolução de cada conta ou grupo de contas de forma isolada em relação a um determinado exercício social tomado como base, a fim de caracterizar tendências. Os componentes das demonstrações contábeis desse exercício social base são fixados em 100%, e a partir daí verifica-se a comparação do valor de cada conta que compõe as demonstrações contábeis de exercícios sociais subsequentes com o valor correspondente das demonstrações contábeis tomadas como base.

Os **números índices**, são obtidos por meio da divisão dos componentes das demonstrações contábeis de um determinado exercício social pelos componentes das demonstrações contábeis tomadas como base.

4.1 ANÁLISE HORIZONTAL DO ATIVO

A **análise horizontal do ativo** demonstra a **evolução** existente em cada conta ou grupo de contas que compõem o ativo do exercício social analisado em relação a conta ou grupo de conta que compõe o ativo considerado como exercício social base.

$$\text{Números índices do ativo} = \frac{\text{Conta do ativo do exercício social analisado}}{\text{Conta do ativo do exercício social base}} \times 100\%$$

4.2 ANÁLISE HORIZONTAL DO PASSIVO

A **análise horizontal do passivo** demonstra a **evolução** existente em cada conta ou grupo de contas que compõem o passivo do exercício social analisado em relação a conta ou grupo de conta que compõe o passivo considerado como exercício social base.

$$\text{Números índices do passivo} = \frac{\text{Conta do passivo do exercício social analisado}}{\text{Conta do passivo do exercício social base}} \times 100\%$$

4.3 ANÁLISE HORIZONTAL DA DEMONSTRAÇÃO DE RESULTADO DO EXERCÍCIO

A análise horizontal da demonstração de resultado do exercício demonstra a **evolução** existente em cada conta ou grupo de contas que compõem a DRE do exercício social analisado em relação a conta ou grupo de conta que compõe a DRE considerada como exercício social base.

$$\text{Números índices da DRE} = \frac{\text{Conta da DRE do exercício social analisado}}{\text{Conta da DRE do exercício social base}} \times 100\%$$

03ª QUESTÃO: Levando-se em conta os dados abaixo, podemos afirmar que, no balanço de 2027, o coeficiente analítico de participação do AÑC Realizável a Longo Prazo é:

Ativo	2025	2026	2027
AC	150.000,00	250.000,00	400.000,00
AÑC RLP	400.000,00	500.000,00	600.000,00
AÑC Intangível	450.000,00	750.000,00	1.000.000,00
PC	100.000,00	600.000,00	1.000.000,00
PL	900.000,00	900.000,00	1.000.000,00

a) 0,15
b) 0,30
c) 0,40
d) 0,60
e) 1,20

☛ SOLUÇÃO

Montando o balanço patrimonial de 2027 de acordo com os dados da questão, temos:

Ativo		Passivo	
Ativo Circulante	400.000,00	Passivo Circulante	1.000.000,00
AÑC RLP	600.000,00	Patrimônio Líquido	1.000.000,00
AÑC Intangível	1.000.000,00		
Total	2.000.000,00	Total	2.000.000,00

$$\text{Coeficiente de participação do AÑC RLP} = \frac{\text{AÑC RLP}}{\text{Total do ativo}}$$

$$\text{Coeficiente de participação do AÑC RLP} = \frac{600.000,00}{2.000.000,00}$$

Coeficiente de participação do AÑC RLP = 0,30

Gabarito: **B**

04ª QUESTÃO: Considerando a **03ª questão** e tomando o exercício social de 2025 como base, os índices de evolução nominal do AÑC realizável a longo prazo foram nos exercícios de 2025 a 2027, respectivamente de:

a) 100, 125 e 150
b) 100, 120 e 125
c) 80, 100 e 120
d) 67, 83 e 100
e) 100, 120 e 125

☛ SOLUÇÃO

	2025	2026	2027
AÑC RLP	400.000,00	500.000,00	600.000,00

$$\text{Número índice do AÑC RLP} = \frac{\text{AÑC RLP do exercício social analisado}}{\text{AÑC RLP 2025}} \times 100\%$$

	2025	2026	2027
AÑC RLP	$\frac{400.000,00}{400.000,00} = 100\%$	$\frac{500.000,00}{400.000,00} = 125\%$	$\frac{600.000,00}{400.000,00} = 150\%$

Gabarito: **A**

05ª QUESTÃO: Considerando a **03ª questão**, se o ano base passar a ser 2026, os índices de evolução nominal do AÑC RLP serão, respectivamente, de:

a) 100, 125 e 150
b) 100, 120 e 125
c) 80, 100 e 120
d) 67, 83 e 100
e) 100, 120 e 125

☛ SOLUÇÃO

	2025	2026	2027
AÑC RLP	400.000,00	500.000,00	600.000,00

$$\text{Número índice do AÑC RLP} = \frac{\text{AÑC RLP do exercício social analisado}}{\text{AÑC RLP 2026}} \times 100\%$$

	2025	2026	2027
AÑC RLP	$\frac{400.000,00}{500.000,00} = 80\%$	$\frac{500.000,00}{500.000,00} = 100\%$	$\frac{600.000,00}{500.000,00} = 120\%$

Gabarito: **C**

06ª QUESTÃO: A finalidade principal da análise horizontal é verificar:

a) a situação específica de uma empresa.
b) se a empresa obteve lucro satisfatório em relação às aplicações efetuadas.
c) a participação percentual dos componentes das demonstrações financeiras.
d) o quociente dos elementos formadores das demonstrações financeiras.
e) a evolução dos elementos que formam as demonstrações financeiras.

☛ SOLUÇÃO

A **finalidade principal** da análise horizontal é a de verificar a evolução, ano a ano, dos elementos (grupos e contas) que compõem as demonstrações contábeis, a fim de caracterizar tendências.

Gabarito: **E**

5. ANÁLISE POR QUOCIENTES

A **análise por quocientes** ou **análise por índices** tem por objetivo o estudo da situação econômica, financeira, patrimonial e de desempenho de uma entidade, por meio do **cálculo matemático e avaliação do significado dos quocientes**, obtidos pela comparação entre contas e grupo de contas do **balanço patrimonial** e da **demonstração do resultado de exercício**, permitindo a análise de tendências e comparações com padrões preestabelecidos. A análise por quocientes é composta pelos indicadores financeiros e econômicos.

A **análise financeira** analisa os ativos e passivos de uma entidade por meio de indicadores de **liquidez** e **estrutura de capital**, enquanto que a **análise econômica** se utiliza de indicadores de **rentabilidade** e **rotatividade** para analisar as receitas e as despesas.

Análise Financeira = Indicadores de Liquidez + Indicadores de Estrutura de Capital

Indicadores **Financeiros** de Liquidez

- Liquidez Imediata **ou** Instantânea
- Liquidez Corrente **ou** Comum
- Liquidez Seca **ou** Teste Ácido
- Liquidez Geral
- Solvência Geral **ou** Margem de Garantia

Indicadores **Financeiros** de Estrutura de Capital

- Composição do Endividamento
- Grau de Endividamento
- Grau de Imobilização do Patrimônio Líquido
- Grau de Imobilização de Recursos Não Correntes

Análise Econômica = Indicadores de Rentabilidade + Indicadores de Rotatividade

Indicadores **Econômicos** de Rentabilidade

- Giro do Ativo
- Margem Bruta
- Margem Operacional
- Margem Líquida
- Rentabilidade do Ativo
- Rentabilidade do Patrimônio Líquido
- *Payback*

Indicadores **Econômicos** de Rotatividade

- Prazo Médio de Rotação de Estoques
- Prazo Médio de Recebimento de Clientes
- Prazo Médio de Pagamento a Fornecedores

07ª QUESTÃO: A principal finalidade da análise por quociente é:

a) verificar a participação de cada conta no valor do grupo a que pertença a conta.

b) estabelecer indicadores de situações específicas referentes aos aspectos econômico e financeiro de uma empresa.

c) verificar a participação percentual de cada elemento, no total da demonstração financeira.

d) estabelecer indicadores das participações dos grupos de contas no total da demonstração financeira.

e) verificar a evolução, ano a ano, dos componentes das demonstrações financeiras.

☛ SOLUÇÃO

Analisando as alternativas, temos:

a) Errada. A análise por quociente tem por finalidade **verificar** a participação de cada conta no valor do grupo a que pertença a conta e está relacionado com a **análise vertical**.

b) Correta. A análise por quociente tem por finalidade **estabelecer** indicadores de situações específicas referentes aos aspectos econômico e financeiro de uma empresa e está relacionado com a **análise por quocientes**.

c) Errada. A análise por quociente tem por finalidade **verificar** a participação percentual de cada elemento, no total da demonstração financeira e está relacionado com a **análise vertical**.

d) Errada. A análise por quociente tem por finalidade **estabelecer** indicadores das participações dos grupos de contas no total da demonstração financeira e está relacionado com a **análise vertical**.

e) Errada. A análise por quociente tem por finalidade **verificar** a evolução, ano a ano, dos componentes das demonstrações financeiras e está relacionado com a **análise horizontal**.

Gabarito: **B**

08ª QUESTÃO (SEFAZ – RS – CESPE – 2019): Os indicadores econômico-financeiros que podem ser obtidos por meio de análise vertical incluem o:

a) retorno sobre o patrimônio líquido e a margem de lucro.

b) giro do ativo e o índice de endividamento.

c) índice de endividamento e a margem de lucro.

d) giro de contas a receber e o giro dos estoques.

e) capital circulante próprio e o capital permanente líquido.

☛ SOLUÇÃO

A **análise vertical** (análise de estrutura ou análise estática) demonstra a composição do patrimônio de uma empresa em determinada data, por meio de coeficientes analíticos de participação que são obtidos da divisão que cada conta ou grupo de contas possuem em relação a um valor base, resultando em percentuais que demonstram a **proporcionalidade** existente em cada conta ou grupo de contas em relação ao valor base.

No **balanço patrimonial**, atribui-se **peso 1 ou 100%** para o total do ativo e do passivo, que são os **valores bases**, enquanto que na DRE a regra é atribuir **peso 1 ou 100% às receitas líquidas**.

Na **análise vertical do Balanço Patrimonial**, podemos calcular o percentual de cada uma das contas que compõem o ativo em relação ao ativo total, conforme se vê no quadro a seguir:

Balanço Patrimonial de 2019		
Ativo	Valor Absoluto	Análise Vertical
Ativo Circulante	1.000,00	25%
Caixa	200,00	5%
Clientes	300,00	7,5%
Estoques	500,00	12,5%
Ativo Não Circulante	3.000,00	75%
Ações de Coligadas	1.200,00	30%
Imóveis	1.000,00	25%
Marcas	800,00	20%
Total	4.000,00	100%

Na **análise vertical da Demonstração do Resultado do Exercício**, podemos calcular o percentual de cada uma das contas que compõem a DRE em relação as receitas líquidas, conforme se vê no quadro a seguir:

DRE de 2019	**Valor Absoluto**	**Análise Vertical**
Receita Líquida	100.000,00	100,0%
– CMV	(30.000,00)	30,0%
= Lucro Bruto	70.000,00	70,0%
– Despesas Operacionais	(42.000,00)	42,0%
= Lucro Operacional	28.000,00	28,0%
+ Outras Receitas	7.000,00	7,0%
= Lucro Antes do IR	35.000,00	35,0%
– IR (alíquota de 34%)	(11.900,00)	11,9%
= Lucro Líquido	23.100,00	23,1%

Analisando as alternativas, temos:

a) Errada. A rentabilidade do patrimônio líquido ou **retorno sobre o patrimônio líquido** é a relação entre o lucro líquido da empresa no período e o seu patrimônio líquido.

$$\text{Rentabilidade do PL} = \frac{\text{Lucro Líquido}}{\text{PL total ou médio}} \times 100\%$$

O **retorno sobre o patrimônio líquido** é um índice de velocidade, pois é a relação entre um item da **DRE** (lucro líquido) com um item do **Balanço Patrimonial** (Patrimônio Líquido). Portanto, o **retorno sobre o patrimônio líquido não pode ser obtido** a partir da análise vertical.

A **margem de lucro** (margem líquida, lucratividade líquida ou lucratividade sobre vendas), compara um item da **DRE** (lucro líquido do exercício) com outro item da **DRE** (vendas líquidas), tendo como resultado, o percentual das vendas líquidas convertido em lucro líquido gerado pela empresa.

$$\text{Margem de Lucro} = \frac{\text{Lucro Líquido}}{\text{Vendas Líquidas}} \times 100\%$$

Portanto, a **margem de lucro pode ser obtida** a partir da análise vertical da DRE.

b) Errada. O **giro do ativo** demonstra o montante das vendas líquidas realizadas pela empresa para cada real de investimento total ou ativo total. Em outras palavras, o giro do ativo é um índice de velocidade, pois é a relação entre relaciona um item da **DRE** (vendas líquidas) com um item do **Balanço Patrimonial** (Ativo). Portanto, o **giro do ativo não pode ser obtido** a partir da análise vertical.

$$\text{Giro do Ativo} = \frac{\text{Vendas Líquidas}}{\text{Ativo total ou médio}}$$

Quanto **maior o giro do ativo**, melhor é para empresa, pois significa que os recursos aplicados no ativo estão sendo utilizados com maior eficiência.

O **índice de endividamento** demonstra o montante de recursos que a empresa obteve de capital de terceiros para cada real de capital aplicado, ou seja, mede a porcentagem do ativo total que se encontra financiada por capital de terceiros. Quanto maior o grau de endividamento, maior é a possibilidade de falência de uma empresa.

$$\text{Índice de Endividamento} = \frac{\text{Passivo Circulante + Passivo Não Circulante}}{\text{Ativo total}} \times 100\%$$

Em outras palavras, o índice de endividamento compara um item do **Balanço Patrimonial** (capital de terceiros) com outro item do **Balanço Patrimonial** (ativo total). Portanto, o índice de endividamento pode ser obtido a partir da análise vertical.

c) Correta. Da análise das alternativas (a) e (b) temos que o índice de endividamento e a **margem de lucro podem ser obtidos** a partir da análise vertical.

d) Errada. O **giro de contas a receber** (relação entre as vendas líquidas da empresa no período e as suas contas a receber) quanto o **giro dos estoques** (relação entre o CMV no período e o seu estoque) são índices de velocidades, pois relacionam um item da **DRE** (vendas líquidas e CMV) com um item do **Balanço Patrimonial** (contas a receber e estoques). Portanto, o **giro de contas a receber** e o **giro dos estoques não podem ser obtidos** a partir da análise vertical.

e) Errada. O **capital circulante próprio** e o **capital permanente líquido** são obtidos a partir da diferença entre itens do ativo e do passivo.

Capital de giro próprio = **Capital circulante próprio** = Excesso do PL sobre o AÑC

O excesso do patrimônio líquido sobre o AÑC é obtido por meio da seguinte fórmula:

Excesso do PL sobre o AÑC = PL – AÑC (RLP + Investimentos + Imobilizado + Intangível)

O **capital permanente líquido** é obtido por meio da seguinte fórmula:

Capital Permanente Líquido = PÑC + PL – AÑC (RLP + Investimentos + Imobilizado + Intangível)

Em outras palavras, **não são obtidos por meio de coeficientes de participação relativa** de uma conta no conjunto das demonstrações financeiras. Resumindo a análise das alternativas comentadas, temos:

Alternativas	Indicadores	Análise Vertical	Indicadores	Análise Vertical
a) Errada.	Retorno sobre o patrimônio líquido	Não	Margem de lucro	**Sim**
b) Errada.	Giro do ativo	Não	Índice de endividamento	**Sim**
c) Correta.	Índice de endividamento	**Sim**	Margem de lucro	**Sim**
d) Errada.	Giro de contas a receber	Não	Giro dos estoques	Não
e) Errada.	Capital circulante próprio	Não	Capital permanente líquido	Não

Gabarito: **C**

5.1 ÍNDICES DE LIQUIDEZ

Os índices de liquidez avaliam a capacidade de pagamento das obrigações de uma empresa, por meio da comparação entre as disponibilidades e direitos e as obrigações dessa empresa. Conclusão, da análise dos índices de liquidez, podemos avaliar a capacidade que a empresa possui em saldar as suas obrigações de curto e longo prazos.

Antes de calcularmos os índices de liquidez, temos que reclassificar as contas do balanço patrimonial para uma correta análise. As **principais contas que devem ser reclassificadas** para efeitos de análise de balanços são:

Contas	Grupo de origem	Grupo de reclassificação	Comentários
Despesas do exercício seguinte	AC	**Redução do PL**	As **despesas do exercício seguinte** serão apropriadas para o resultado no exercício seguinte como **despesas**.
Imobilizações em andamento	AÑC Imobilizado	Eliminado	Os **recursos aplicados** na aquisição de imobilizados em andamento **ainda não entraram** em operação.
Receitas Diferidas (CP/LP) [1]	PC/PÑC	**Aumento do PL**	As **receitas diferidas** serão apropriadas para o resultado no exercício seguinte como **receitas**.

(1): CP é **curto prazo** e LP é **longo prazo**. As **receitas diferidas** representam as **receitas não ganhas e recebidas**, como por exemplo, as receitas decorrentes de aluguéis ativos a vencer.

5.1.1 LIQUIDEZ IMEDIATA

A liquidez imediata ou **liquidez instantânea** avalia a capacidade de pagamento imediato das obrigações de curto prazo que uma empresa possui, utilizando as suas disponibilidades (caixa, bancos conta movimento, aplicações de liquidez imediata, numerários em trânsito, etc.).

$$\text{Liquidez Imediata} = \frac{\text{Disponibilidades}}{\text{Passivo Circulante}}$$

5.1.2 LIQUIDEZ CORRENTE

A liquidez corrente ou **liquidez comum** avalia a capacidade de pagamento das obrigações de curto prazo que uma empresa possui, utilizando as suas disponibilidades e os direitos de curto prazo.

$$\text{Liquidez Corrente} = \frac{\text{Ativo Circulante}}{\text{Passivo Circulante}}$$

5.1.3 LIQUIDEZ SECA

A liquidez seca ou **teste ácido** avalia a capacidade de pagamento das obrigações de curto prazo com as disponibilidades e duplicatas a receber, nas situações em que a rotação de estoques é muito baixa. No cálculo desse índice, eliminamos o montante dos estoques e das despesas antecipadas do total do ativo circulante.

$$\text{Liquidez Seca} = \frac{\text{Ativo Circulante – Estoques – Despesas Antecipadas}}{\text{Passivo Circulante}}$$

Conclusão, supondo que uma empresa perca todo o seu estoque devido a um incêndio, o índice de liquidez seca indica a capacidade que a empresa possui de ativos circulantes líquidos (disponibilidades, contas a receber e duplicatas a receber, basicamente) para cada real de dívida de curto prazo (passivo circulante). As **despesas antecipadas** são consideradas **exclusões**, pois são convertidas em despesas, no exercício seguinte.

5.1.4 LIQUIDEZ GERAL

A liquidez geral avalia a capacidade de pagamento das obrigações de curto e longo prazos que uma empresa possui, utilizando as disponibilidades e os direitos de curto e longo prazos.

$$\text{Liquidez Geral} = \frac{\text{Ativo Circulante + AÑC Realizável a Longo Prazo – Despesas Antecipadas}}{\text{Passivo Circulante + PÑC}}$$

5.1.5 SOLVÊNCIA GERAL

A **solvência** é a capacidade que um devedor possui de quitar as suas obrigações com recursos que constituem o seu ativo. A solvência geral ou **margem de garantia** avalia a capacidade de pagamento das obrigações de curto e longo prazo com a utilização dos recursos totais aplicados no patrimônio.

$$\text{Solvência Geral} = \frac{\text{AC} + \text{AÑC (RLP + Investimentos + Imobilizado + Intangível)} - \text{Despesas Antecipadas}}{\text{PC} + \text{PÑC}}$$

Os recursos totais aplicados no patrimônio de uma entidade correspondem ao seu ativo total.

$$\text{Ativo total} = \text{AC} + \text{AÑC (RLP + Investimentos + Imobilizado + Intangível)}$$

A solvência geral ou **margem de garantia** também pode ser calculada por meio da seguinte fórmula:

$$\text{Margem de Garantia} = \frac{\text{Ativo total} - \text{Despesas Antecipadas}}{\text{PC} + \text{PÑC}}$$

MEMORIZAR PARA A PROVA

$$\text{Solvência Geral} = \text{Margem de Garantia} = \frac{\text{Ativo total} - \text{Despesas Antecipadas}}{\text{PC} + \text{PÑC}}$$

Conclusão, quanto maior a **margem de garantia**, melhor é a situação de uma empresa, pois significa que a empresa possui capacidade de pagar as suas obrigações de curto e longo prazos.

Dos registros contábeis da Cia. Corporativa, relativos aos exercícios 2010/2012, foram extraídos os valores abaixo:

Itens	2010	2011	2012
Ativo Circulante	10.000,00	18.000,00	24.000,00
Ativo Não Circulante	50.000,00	62.000,00	76.000,00
Disponibilidade	500,00	200,00	750,00
Estoques	2.500,00	3.000,00	4.000,00
Lucro Líquido	8.000,00	6.000,00	4.000,00
Passivo Circulante	16.000,00	20.000,00	30.000,00
Passivo Não Circulante	24.000,00	35.000,00	44.000,00
Patrimônio Líquido	20.000,00	25.000,00	26.000,00
Vendas Líquidas	102.000,00	95.000,00	98.000,00

09ª QUESTÃO (AFRFB – ESAF – 2014): Com relação à liquidez da empresa, pode-se afirmar que:

a) o índice de liquidez seca em 2010 é 0,67.
b) o menor índice de liquidez imediata é o de 2011.
c) o valor do índice de liquidez corrente de 2012 é 0,63.
d) em 2011 o índice de liquidez imediata da empresa é 0,47.
e) a empresa tem o seu maior índice de liquidez seca em 2010.

SOLUÇÃO

Analisando as alternativas, temos:

a) Errada. O índice de **liquidez seca em 2010 é 0,47**.

$$\text{Liquidez Seca em 2010} = \frac{\text{AC em 2010 – Estoques em 2010}}{\text{PC em 2010}}$$

$$\text{Liquidez Seca em 2010} = \frac{10.000{,}00 - 2.500{,}00}{16.000{,}00}$$

Liquidez Seca em 2010 = 0,47

b) Correta. O menor índice de liquidez imediata é o de 2011 no valor de 0,010.

$$\text{Liquidez Imediata em 2010} = \frac{\text{Disponibilidades em 2010}}{\text{PC em 2010}}$$

$$\text{Liquidez Imediata em 2010} = \frac{500,00}{16.000,00} = 0,031$$

$$\text{Liquidez Imediata em 2011} = \frac{\text{Disponibilidades em 2011}}{\text{PC em 2011}}$$

$$\text{Liquidez Imediata em 2011} = \frac{200,00}{20.000,00} = 0,010$$

$$\text{Liquidez Imediata em 2012} = \frac{\text{Disponibilidades em 2012}}{\text{PC em 2012}}$$

$$\text{Liquidez Imediata em 2012} = \frac{750,00}{30.000,00} = 0,025$$

$$\text{Liquidez Imediata em 2011} < \text{Liquidez Imediata em 2012} < \text{Liquidez Imediata em 2010}$$

Conclusão, o menor índice de liquidez imediata é o de 2011.

c) Errada. O valor do índice de **liquidez corrente de 2012 é 0,800**.

$$\text{Liquidez Corrente em 2010} = \frac{\text{AC em 2010}}{\text{PC em 2010}}$$

$$\text{Liquidez Corrente em 2010} = \frac{10.000,00}{16.000,00} = 0,625$$

$$\text{Liquidez Corrente em 2011} = \frac{\text{AC em 2011}}{\text{PC em 2011}}$$

$$\text{Liquidez Corrente em 2011} = \frac{18.000,00}{20.000,00} = 0,900$$

$$\text{Liquidez Corrente em 2012} = \frac{\text{AC em 2012}}{\text{PC em 2012}}$$

$$\text{Liquidez Corrente em 2012} = \frac{24.000,00}{30.000,00} = 0,800$$

d) Errada. A **liquidez imediata em 2011 é de 0,010**.

e) Errada. A empresa tem o seu **maior índice de liquidez seca em 2011**.

$$\text{Liquidez Seca em 2010} = \frac{\text{AC em 2010 – Estoques em 2010}}{\text{PC em 2010}}$$

$$\text{Liquidez Seca em 2010} = \frac{10.000,00 - 2.500,00}{16.000,00} = 0,47$$

$$\text{Liquidez Seca em 2011} = \frac{\text{AC em 2011 – Estoques em 2011}}{\text{PC em 2011}}$$

$$\text{Liquidez Seca em 2011} = \frac{18.000,00 - 3.000,00}{20.000,00} = 0,75$$

$$\text{Liquidez Seca em 2012} = \frac{\text{AC em 2012 – Estoques em 2012}}{\text{PC em 2012}}$$

$$\text{Liquidez Seca em 2012} = \frac{24.000,00 - 4.000,00}{30.000,00} = 0,67$$

Liquidez Seca em 2011 > Liquidez Seca em 2012 > Liquidez Seca em 2010

Conclusão, a empresa tem o seu maior índice de liquidez seca em 2011.

Gabarito: **B**

5.2 INDICADORES DE ENDIVIDAMENTO

Os indicadores de endividamento ou **indicadores da estrutura de capital** estão relacionados com à composição dos capitais de terceiros e capitais próprios, que se encontram aplicados no ativo, com a finalidade de gerar retornos para os acionistas (patrimônio líquido) e terceiros (passivo circulante e passivo não circulante).

Os **indicadores de endividamento** são obtidos por meio da comparação entre o montante do capital próprio e de terceiros e os recursos aplicados no ativo.

10ª QUESTÃO (SEFAZ – RS – CESPE – 2019): A tabela a seguir, com valores em R$ mil, corresponde ao balanço patrimonial de determinada companhia em 31/12/2017.

Ativo		Passivo	
Circulante	1.000,00	Circulante	600,00
Caixa	100,00	Salários a pagar	200,00
Estoques	500,00	Fornecedores	300,00
Duplicatas a receber	400,00	Impostos a pagar	45,00
Não circulante	4.000,00	Empréstimos a pagar	50,00
Realizável a longo prazo	500,00	Contas a pagar	5,00
Duplicatas a receber	300,00	Não circulante	800,00
Empréstimos a sócios	200,00	Financiamentos a pagar	800,00
Imobilizado	2.000,00	Patrimônio líquido	3.600,00
Imóveis	1.900,00	Capital social	3.000,00
Móveis e utensílios	100,00	Reservas de capital	200,00
Investimentos	1.000,00	Reservas de lucros	400,00
Imóveis para renda	1.000,00		
Intangível	500,00		
Marcas e patentes	500,00		
Total	5.000,00	Total	5.000,00

Considerando-se esse balanço patrimonial e os índices de liquidez corrente, seca e geral da companhia em 31/12/2017, é correto afirmar que essa companhia, relativamente às obrigações de curto prazo (OBC) e à capacidade de pagamento de dívidas de curto e de longo prazo (CPDCLP), é:

a) capaz de honrar suas OBC sem depender da realização financeira dos seus estoques e, no que diz respeito à CPDCLP, os indicadores apontam para situação de insolvência.

b) capaz de honrar suas OBC, desde que realize financeiramente os seus estoques e, no que diz respeito à CPDCLP, os indicadores apontam para situação de solvência.

c) incapaz de honrar suas OBC, mas, em um cenário de longo prazo, os indicadores apontam para situação de solvência.

d) capaz de honrar suas dívidas de curto e de longo prazo, sem necessidade da realização financeira dos seus estoques.

e) incapaz de honrar suas OBC, mas sua capacidade de pagamento melhorará se forem considerados na análise os realizáveis e exigíveis a longo prazo.

SOLUÇÃO

1º passo: Calcular a liquidez corrente.

$$\text{Liquidez Corrente} = \frac{\text{Ativo Circulante}}{\text{Passivo Circulante}}$$

$$\text{Liquidez Corrente} = \frac{1.000,00}{600,00}$$

Liquidez Corrente = 1,67

A empresa possui R$ 1,67 de disponibilidades e direitos de curto prazo para pagamento de cada R$ 1,00 de dívidas de curto prazo.

2º passo: Calcular a liquidez seca.

$$\text{Liquidez Seca} = \frac{\text{Ativo Circulante – Estoques – Despesas Antecipadas}}{\text{Passivo Circulante}}$$

$$\text{Liquidez Seca} = \frac{1.000,00 - 500,00}{600,00}$$

Liquidez Seca = 0,83

A empresa possui R$ 0,83 de disponibilidades e duplicatas a receber para cada R$ 1,00 de dívida de curto prazo.

3º passo: Calcular a liquidez geral.

$$\text{Liquidez Geral} = \frac{\text{AC + AÑC Realizável de LP – Despesas Antecipadas}}{\text{PC + PÑC}}$$

$$\text{Liquidez Geral} = \frac{1.000,00 + 500,00}{600,00 + 800,00} = \frac{1.500,00}{1.400,00}$$

Liquidez Geral = 1,07

A empresa possui R$ 1,07 de disponibilidades e direitos de curto e longo prazo para pagamento de cada R$ 1,00 de dívidas de curto e longo prazo.

Analisando as alternativas, temos:

a) Errada. **Não é capaz** de honrar suas OBC **sem depender** da realização financeira dos seus **estoques**, pois a sua liquidez seca é de 0,83. Nesse caso, se a empresa não realizar os seus estoques financeiramente, para cada R$ 1,00 de dívidas de curto prazo, ela terá apenas R$ 0,83 de disponibilidades e duplicatas a receber. E no que diz respeito à CPDCLP, os indicadores apontam para **situação de solvência**, pois a sua liquidez geral é de R$ 1,07, ou seja, a empresa dispõe de R$ 1,07 de disponibilidades e direitos de curto e longo prazo para pagamento de cada R$ 1,00 de dívidas de curto e longo prazo.

b) Correta. Capaz de honrar suas OBC, desde que realize financeiramente os seus estoques, pois a sua liquidez seca é de 0,83. E no que diz respeito à CPDCLP, os indicadores apontam para **situação de solvência**, pois a sua liquidez geral é de R$ 1,07.

c) Errada. **Capaz de honrar suas OBC**, desde que realize financeiramente os seus estoques, pois a sua liquidez seca é de 0,83. Com relação ao cenário de longo prazo, os indicadores apontam para situação de solvência.

d) Errada. Capaz de honrar suas dívidas de curto e de longo prazo, **com a necessidade da realização financeira dos seus estoques**.

e) Errada. **Capaz de honrar suas OBC**, desde que realize financeiramente os seus estoques. Atenção, a **sua capacidade de pagamento piorará** se forem considerados na análise os realizáveis e exigíveis a longo prazo, pois passará de uma capacidade de pagamento de curto prazo de R$ 1,67 para uma capacidade de pagamento de curto e longo prazo de R$ 1,07.

Gabarito: **B**

5.2.1 COMPOSIÇÃO DO ENDIVIDAMENTO

A **composição do endividamento** avalia o montante das obrigações de curto em relação à dívida total da empresa.

$$\text{Composição do Endividamento} = \frac{\text{Passivo Circulante}}{\text{Passivo Circulante + Passivo Não Circulante}} \times 100\%$$

Quanto menor a composição do endividamento, melhor é para a empresa, pois este indicador permite visualizar a ocorrência da renegociação de dívidas de curto prazo para longo prazo, bem como a contratação de empréstimos, caracterizando a dificuldade da empresa em saldar as suas dívidas de curto prazo.

Empresas com **altos níveis de endividamento no curto prazo**, regra geral, apresentam **maiores riscos de insolvência**.

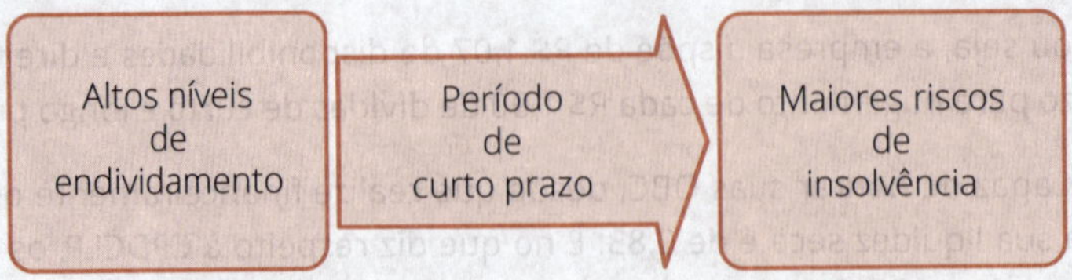

Empresas com **baixos níveis de endividamento no curto prazo**, regra geral, apresentam **menores riscos de insolvência**.

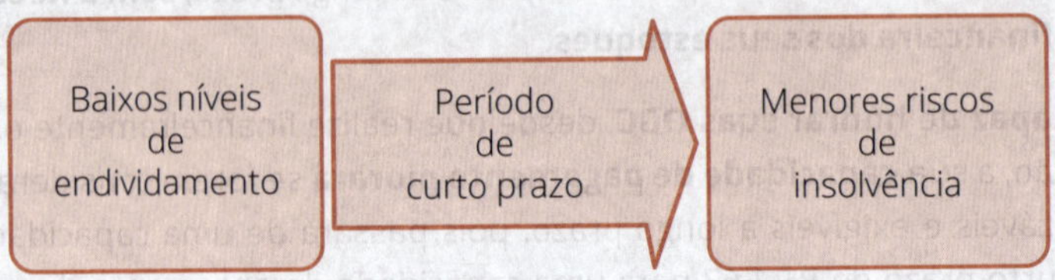

5.2.2 GRAU DE ENDIVIDAMENTO

Com relação ao **grau de endividamento não existe um consenso entre os analistas**, pois existem duas versões atualmente aceitas.

A **primeira versão** para o **grau de endividamento** demonstra o montante de recursos que a empresa obteve de capital de terceiros para cada real de capital próprio. Quanto maior o grau de endividamento, maior é a possibilidade de falência de uma empresa. **Atenção**, esta é a versão adotada pela **FCC** em suas provas.

$$\text{Grau de Endividamento} = \frac{\text{Passivo Circulante + Passivo Não Circulante}}{\text{Patrimônio Líquido}} \times 100\%$$

A **segunda versão** para o **grau de endividamento** demonstra o montante de recursos que a empresa obteve de capital de terceiros para cada real de capital aplicado, ou seja, mede a porcentagem do ativo total que se encontra financiada por capital de terceiros. Quanto maior o grau de endividamento, maior é a possibilidade de falência de uma empresa.

$$\text{Grau de Endividamento} = \frac{\text{Passivo Circulante + Passivo Não Circulante}}{\text{Ativo total}} \times 100\%$$

5.2.3 GRAU DE IMOBILIZAÇÃO DO PATRIMÔNIO LÍQUIDO

O **grau de imobilização do patrimônio líquido** demonstra o montante de recursos que a empresa aplicou no AÑC Investimentos, Imobilizado e Intangível para cada real de capital próprio. Quanto menor esse índice, melhor é para a empresa, pois quanto mais recursos a empresa investe no AÑC Investimentos, Imobilizado e Intangível, mais dependente de capital de terceiros ela se torna para o seu capital de giro.

$$\text{Imobilização do PL} = \frac{\text{AÑC (Investimentos + Imobilizado + Intangível)}}{\text{Patrimônio Líquido}} \times 100\%$$

5.2.4 GRAU DE IMOBILIZAÇÃO DE RECURSOS NÃO CORRENTES

O **grau de imobilização de recursos não correntes** demonstra o montante de recursos que a empresa aplicou nos ativos fixos (AÑC Investimentos, Imobilizado e Intangível) para cada real de obrigações de longo prazo e de capital próprio.

$$\text{Imobilização de RÑC} = \frac{\text{AÑC (Investimentos + Imobilizado + Intangível)}}{\text{PL + PÑC}} \times 100\%$$

O ideal é que esse índice seja inferior a 1, pois nesse caso temos uma folga financeira para a empresa, ou seja, temos um percentual de recursos não correntes que é o capital circulante líquido e que financia o ativo circulante.

Ativo Fixo = AÑC (Investimentos + Imobilizado + Intangível)

5.3 INDICADORES DE RENTABILIDADE

Os **indicadores de rentabilidade** demonstram o quanto renderam os investimentos dos capitais de terceiros e capitais próprios efetuados pela empresa.

5.3.1 GIRO DO ATIVO

O **giro do ativo** demonstra o montante das vendas líquidas realizadas pela empresa para cada real de investimento total ou ativo total.

$$\text{Giro do Ativo} = \frac{\text{Vendas Líquidas}}{\text{Ativo total ou médio}}$$

Quanto maior o giro do ativo, melhor é para empresa, pois significa que os recursos aplicados no ativo estão sendo utilizados com maior eficiência.

5.3.2 GIRO DO ATIVO OPERACIONAL

O **giro do ativo operacional** demonstra o montante das vendas líquidas realizadas pela empresa para cada real de ativo operacional.

$$\text{Giro do Ativo Operacional} = \frac{\text{Vendas Líquidas}}{\text{Ativo Operacional total ou médio}}$$

Quanto maior o giro do ativo operacional, melhor é para empresa, pois significa que os recursos aplicados no ativo operacional estão sendo utilizados com maior eficiência.

$$\text{Ativo Operacional} = \text{AC} + \text{AÑC Imobilizado} + \text{AÑC Intangível}$$

O **ativo operacional** representa todos os ativos que **são essenciais as atividades operacionais** de uma empresa. Por exemplo, uma farmácia de manipulação de remédios, o prédio (AÑC Imobilizado) e as patentes de manipulação de remédios (AÑC Intangível) **são essenciais** para as suas atividades operacionais e compõem o **ativo operacional**, enquanto que as ações adquiridas de outras empresas (AÑC Investimentos) **não são essenciais** as suas atividades operacionais, portanto não compõem o seu **ativo operacional**.

5.3.3 MARGEM BRUTA

A margem bruta ou **lucratividade bruta** compara o lucro bruto do exercício com as vendas líquidas, tendo como resultado, o percentual das vendas líquidas convertido em lucro bruto gerado pela empresa.

$$\text{Margem Bruta} = \frac{\text{Lucro Bruto}}{\text{Vendas Líquidas}} \times 100\%$$

5.3.4 MARGEM OPERACIONAL

A margem operacional ou **lucratividade operacional** compara o lucro operacional líquido com as vendas líquidas, tendo como resultado, o percentual das vendas líquidas convertido em lucro operacional gerado pela empresa.

$$\text{Margem Operacional} = \frac{\text{Lucro Operacional Líquido}}{\text{Vendas Líquidas}} \times 100\%$$

5.3.5 MARGEM LÍQUIDA

A margem líquida, **lucratividade líquida** ou **lucratividade sobre vendas**, compara o lucro líquido do exercício com as vendas líquidas, tendo como resultado, o percentual das vendas líquidas convertido em lucro líquido gerado pela empresa.

$$\text{Margem Líquida} = \frac{\text{Lucro Líquido}}{\text{Vendas Líquidas}} \times 100\%$$

5.3.6 RENTABILIDADE DO ATIVO

A rentabilidade do ativo (**retorno do ativo** ou **taxa de retorno sobre investimentos**) demonstra a relação entre o lucro líquido e o investimento total ou ativo total de uma empresa.

$$\text{Rentabilidade do Ativo} = \frac{\text{Lucro Líquido}}{\text{Ativo total ou médio}} \times 100\%$$

A **rentabilidade do ativo** também pode ser calculada por meio da seguinte fórmula:

$$\text{Rentabilidade do Ativo} = \text{Giro do Ativo} \times \text{Margem Líquida}$$

5.3.7 RENTABILIDADE OPERACIONAL DO ATIVO

A rentabilidade operacional do ativo ou **retorno operacional do ativo** demonstra a relação entre o lucro operacional e o investimento total ou ativo total de uma empresa.

$$\text{Rentabilidade Operacional do Ativo} = \frac{\text{Lucro Operacional}}{\text{Ativo total ou médio}} \times 100\%$$

A **rentabilidade operacional do ativo** também pode ser calculada por meio da seguinte fórmula:

$$\text{Rentabilidade Operacional do Ativo} = \text{Giro do Ativo} \times \text{Margem Operacional}$$

5.3.8 RENTABILIDADE DO ATIVO OPERACIONAL

A rentabilidade do ativo operacional ou **retorno do ativo operacional** demonstra a relação entre o lucro operacional e o ativo operacional de uma empresa.

$$\text{Rentabilidade do Ativo Operacional} = \frac{\text{Lucro Operacional}}{\text{Ativo Operacional total ou médio}} \times 100\%$$

A **rentabilidade do ativo operacional** também pode ser calculada por meio da seguinte fórmula:

$$\text{Rentabilidade do Ativo Operacional} = \text{Giro do Ativo Operacional} \times \text{Margem Operacional}$$

5.3.9 RENTABILIDADE DO PATRIMÔNIO LÍQUIDO

A rentabilidade do patrimônio líquido ou **retorno do capital próprio** representa o retorno que os acionistas estão obtendo em relação aos seus investimentos realizados na empresa.

$$\text{Rentabilidade do PL} = \frac{\text{Lucro Líquido}}{\text{PL total ou médio}} \times 100\%$$

5.3.10 *PAYBACK*

O ***payback*** calcula o período de tempo que a empresa leva para recuperar o investimento total aplicado.

$$\textit{Payback} = \frac{\text{Ativo total ou médio}}{\text{Lucro Líquido}}$$

11ª QUESTÃO (SEFAZ – RS – CESPE – 2019): Em 2018, uma empresa converteu em ações as debêntures por ela emitidas no mercado em 2014. A data de vencimento dessas debêntures é 31/10/2019. Nessa situação hipotética, os indicadores econômico-financeiros das demonstrações contábeis encerradas em 2018 mostrarão um(a):

a) aumento na relação capital de terceiros/capital próprio.
b) diminuição do índice de liquidez geral.
c) aumento do grau de imobilização do patrimônio líquido.
d) diminuição da rentabilidade sobre os ativos totais.
e) diminuição na participação das dívidas de curto prazo no endividamento total.

☛ SOLUÇÃO

Com a finalidade de facilitar o entendimento e a visualização da solução, vamos supor que imediatamente antes da conversão das debêntures em ações, o balanço patrimonial da empresa era:

Ativo		Passivo	
Ativo Circulante		**Passivo Circulante**	
Disponibilidades	1.000,00	Fornecedores	600,00
AÑC Imobilizado		Debêntures conversíveis em ações	400,00
Imóvel	1.000,00	**Patrimônio Líquido**	
		Capital Social	1.000,00
Total	2.000,00	Total	2.000,00

(1) Registro contábil da conversão de debêntures em ações:

Debêntures conversíveis – PC

Débito	Crédito
(1) 400,00	400,00

Capital Social – PL

Débito	Crédito
	1.000,00
	400,00 (1)
	1.400,00

O balanço patrimonial imediatamente após a conversão das debêntures em ações passa a ser:

Ativo		Passivo	
Ativo Circulante		**Passivo Circulante**	
Disponibilidades	1.000,00	Fornecedores	600,00
AÑC Imobilizado		**Patrimônio Líquido**	
Imóvel	1.000,00	Capital Social	1.400,00
Total	2.000,00	Total	2.000,00

Analisando as alternativas, temos:

a) Errada. A **conversão** resultou em uma **redução** na relação capital de terceiros/capital próprio. O **grau de endividamento** demonstra o montante de recursos que a empresa obteve de **capital de terceiros** para cada real de **capital próprio**. Quanto maior o grau de endividamento, maior é a possibilidade de falência de uma empresa.

$$\text{Grau de Endividamento} = \frac{\text{Passivo Circulante + Passivo Não Circulante}}{\text{Patrimônio Líquido}} \times 100\%$$

$$\text{Grau de Endividamento antes da conversão} = \frac{1.000,00}{1.000,00} \times 100\% = 1,00$$

$$\text{Grau de Endividamento após a conversão} = \frac{600,00}{1.400,00} \times 100\% = 0,43$$

b) Errada. A **conversão** resultou em um **aumento** do índice de liquidez geral. A liquidez geral é obtida por meio da seguinte fórmula:

$$\text{Liquidez Geral} = \frac{\text{AC + AÑC Realizável de LP – Despesas Antecipadas}}{\text{PC + PÑC}} \times 100\%$$

$$\text{Liquidez Geral antes da conversão} = \frac{1.000,00}{1.000,00} = 1,00$$

$$\text{Liquidez Geral após a conversão} = \frac{1.000,00}{600,00} = 1,67$$

c) Errada. A **conversão** resultou em uma **redução** do grau de imobilização do patrimônio líquido. O **grau de imobilização do patrimônio líquido** demonstra o montante de recursos que a empresa aplicou no AÑC Investimentos, Imobilizado e Intangível para cada real de capital próprio. Quanto menor esse índice, melhor é para a empresa, pois quanto mais recursos a empresa investe no AÑC Investimentos, Imobilizado e Intangível, mais dependente de capital de terceiros ela se torna para o seu capital de giro.

$$\text{Imobilização do PL} = \frac{\text{AÑC (Investimentos + Imobilizado + Intangível)}}{\text{Patrimônio Líquido}} \times 100\%$$

$$\text{Imobilização do PL antes da conversão} = \frac{1.000,00}{1.000,00} = 1,00$$

$$\text{Imobilização do PL após a conversão} = \frac{1.000,00}{1.400,00} = 0,71$$

d) Errada. A **conversão não alterou** a rentabilidade sobre os ativos totais. A rentabilidade do ativo (**retorno do ativo** ou **taxa de retorno sobre investimentos**) demonstra a relação entre o lucro líquido e o investimento total ou ativo total de uma empresa.

$$\text{Rentabilidade do Ativo} = \frac{\text{Lucro Líquido}}{\text{Ativo total ou médio}} \times 100\%$$

e) Correta. A **conversão** resultou em uma **redução** na participação das dívidas de curto prazo no endividamento total. O **endividamento total** demonstra o montante de recursos que a empresa obteve de capital de terceiros para cada real de capital aplicado, ou seja, mede a porcentagem do ativo total que se encontra financiada por capital de terceiros. Quanto maior o grau de endividamento, maior é a possibilidade de falência de uma empresa.

$$\text{Endividamento total} = \frac{\text{Passivo Circulante + Passivo Não Circulante}}{\text{Ativo total}} \times 100\%$$

$$\text{Endividamento total antes da conversão} = \frac{1.000,00}{2.000,00} \times 100\% = 50\%$$

$$\text{Endividamento total após a conversão} = \frac{600,00}{2.000,00} \times 100\% = 30\%$$

Gabarito: **E**

12ª QUESTÃO (SEFAZ – RS – CESPE – 2019): Os eventos que provocam aumento no capital permanente líquido de uma empresa incluem o(a):

a) aumento de capital com incorporação de reservas de lucros.
b) aquisição de ativo imobilizado com financiamento de longo prazo.
c) venda de estoques para recebimento no longo prazo.
d) conversão de dívidas de curto prazo em dívidas de longo prazo.
e) obtenção de empréstimos com vencimento anterior ao término do exercício social seguinte.

☛ SOLUÇÃO

O capital permanente líquido é obtido por meio da seguinte fórmula:

Capital Permanente Líquido = PÑC + PL – AÑC (RLP + Investimentos + Imobilizado + Intangível)

Analisando as alternativas, temos:

a) Errada. O aumento de capital com incorporação de reservas de lucros **não altera** o capital permanente líquido.

b) Errada. A aquisição de ativo imobilizado com financiamento de longo prazo **não altera** o capital permanente líquido.

c) Errada. A venda de estoques para recebimento no longo prazo **reduz** o capital permanente líquido.

d) Correta. A conversão de dívidas de curto prazo em dívidas de longo prazo **aumenta** o capital permanente líquido.

e) Errada. A obtenção de empréstimos com vencimento anterior ao término do exercício social seguinte não altera o capital permanente líquido.

Gabarito: **D**

Dados para a resolução das questões de **números 13 e 14**. Dos registros contábeis da Cia. Corporativa, relativos aos exercícios 2010/2012, foram extraídos os valores abaixo:

Itens	2010	2011	2012
Ativo Circulante	10.000,00	18.000,00	24.000,00
Ativo Não Circulante	50.000,00	62.000,00	76.000,00
Disponibilidade	500,00	200,00	750,00
Estoques	2.500,00	3.000,00	4.000,00
Lucro Líquido	8.000,00	6.000,00	4.000,00
Passivo Circulante	16.000,00	20.000,00	30.000,00
Passivo Não Circulante	24.000,00	35.000,00	44.000,00
Patrimônio Líquido	20.000,00	25.000,00	26.000,00
Vendas Líquidas	102.000,00	95.000,00	98.000,00

13ª QUESTÃO (AFRFB – ESAF – 2014): Com base nos dados fornecidos, pode-se afirmar que:

a) a empresa em 2011 tem o giro do ativo de 0,74.
b) o menor índice de solvência da empresa é identificado no exercício de 2010.
c) no exercício de 2011, a empresa tem a sua menor margem líquida.
d) a participação do patrimônio líquido em 2011 é de 1,35.
e) o maior grau de endividamento da empresa é identificado no período de 2012.

☛ **SOLUÇÃO**

Itens	2010	2011	2012
Ativo Circulante	10.000,00	18.000,00	24.000,00
Ativo Não Circulante	50.000,00	62.000,00	76.000,00
Ativo	60.000,00	80.000,00	100.000,00
Passivo Circulante	16.000,00	20.000,00	30.000,00
Passivo Não Circulante	24.000,00	35.000,00	44.000,00
Passivo Exigível	40.000,00	55.000,00	74.000,00

Analisando as alternativas, temos:

a) Errada. A empresa tem o **giro do ativo em 2011 de 1,36**.

$$\text{Ativo médio em 2011} = \frac{\text{Ativo em 2010 + Ativo em 2011}}{2}$$

$$\text{Ativo médio em 2011} = \frac{60.000{,}00 + 80.000{,}00}{2} = 70.000{,}00$$

$$\text{Giro do Ativo em 2011} = \frac{\text{Vendas Líquidas em 2011}}{\text{Ativo médio em 2011}}$$

$$\text{Giro do Ativo em 2011} = \frac{95.000{,}00}{70.000{,}00} = 1{,}36$$

b) Errada. O **menor índice de solvência** da empresa é identificado no **exercício de 2012**.

$$\text{Solvência em 2010} = \frac{\text{Ativo em 2010}}{\text{Passivo Exigível em 2010}}$$

$$\text{Solvência em 2010} = \frac{60.000{,}00}{40.000{,}00} = 1{,}50$$

$$\text{Solvência em 2011} = \frac{\text{Ativo em 2011}}{\text{Passivo Exigível em 2011}}$$

$$\text{Solvência em 2011} = \frac{80.000{,}00}{55.000{,}00} = 1{,}45$$

$$\text{Solvência em 2012} = \frac{\text{Ativo em 2012}}{\text{Passivo Exigível em 2012}}$$

$$\text{Solvência em 2012} = \frac{100.000,00}{74.000,00} = 1,35$$

Solvência em 2012 < Solvência em 2011 < Solvência em 2010

CONCLUSÃO, o menor índice de solvência da empresa é identificado no exercício de 2012.

c) Errada. A empresa tem a sua **menor margem líquida no exercício de 2012**.

$$\text{Margem Líquida em 2010} = \frac{\text{Lucro Líquido em 2010}}{\text{Vendas Líquidas em 2010}}$$

$$\text{Margem Líquida em 2010} = \frac{8.000,00}{102.000,00} = 0,078$$

$$\text{Margem Líquida em 2011} = \frac{\text{Lucro Líquido em 2011}}{\text{Vendas Líquidas em 2011}}$$

$$\text{Margem Líquida em 2011} = \frac{6.000,00}{95.000,00} = 0,063$$

$$\text{Margem Líquida em 2012} = \frac{\text{Lucro Líquido em 2012}}{\text{Vendas Líquidas em 2012}}$$

$$\text{Margem Líquida em 2012} = \frac{4.000,00}{98.000,00} = 0,041$$

Margem Líquida em 2012 < Margem Líquida em 2011 < Margem Líquida em 2010

CONCLUSÃO, no exercício de 2012, a empresa tem a sua menor margem líquida.

d) Errada. A participação do patrimônio líquido **em 2011 é de 0,3125**.

$$\text{Participação do PL em 2011} = \frac{\text{PL em 2011}}{\text{Ativo em 2011}}$$

$$\text{Participação do PL em 2011} = \frac{25.000,00}{80.000,00} = 0,3125$$

e) Correta. O maior grau de endividamento da empresa é identificado no período de 2012.

$$\text{Grau de Endividamento em 2010} = \frac{\text{Passivo Exigível em 2010}}{\text{PL em 2010}}$$

$$\text{Grau de Endividamento em 2010} = \frac{40.000,00}{20.000,00} = 2,00$$

$$\text{Grau de Endividamento em 2011} = \frac{\text{Passivo Exigível em 2011}}{\text{PL em 2011}}$$

$$\text{Grau de Endividamento em 2011} = \frac{55.000,00}{25.000,00} = 2,20$$

$$\text{Grau de Endividamento em 2012} = \frac{\text{Passivo Exigível em 2012}}{\text{PL em 2012}}$$

$$\text{Grau de Endividamento em 2012} = \frac{74.000,00}{26.000,00} = 2,85$$

Grau de Endividamento 2012 > Grau de Endividamento 2011 > Grau de Endividamento 2010

CONCLUSÃO, o maior grau de endividamento da empresa é identificado no período de 2012.

Gabarito: **E**

14ª QUESTÃO (AFRFB – ESAF – 2014): Analisando a rentabilidade dos ativos, pode-se afirmar que:

a) o giro dos ativos em 2012 é 1,70.
b) o retorno dos ativos é crescente ao longo do período.
c) a menor rentabilidade dos ativos verifica-se em 2011.
d) a rentabilidade do ativo em 2010 foi de 0,133.
e) o período com maior retorno do ativo foi o de 2012.

☛ SOLUÇÃO

Analisando as alternativas, temos:

a) Errada. Em 2012 o **giro dos ativos foi de 1,089**.

$$\text{Ativo médio em 2012} = \frac{\text{Ativo em 2011 + Ativo em 2012}}{2}$$

$$\text{Ativo médio em 2012} = \frac{80.000,00 + 100.000,00}{2} = 90.000,00$$

$$\text{Giro do Ativo em 2012} = \frac{\text{Vendas Líquidas em 2012}}{\text{Ativo médio em 2012}}$$

$$\text{Giro do Ativo em 2012} = \frac{98.000,00}{90.000,00} = 1,089$$

b) Errada. O retorno dos ativos é decrescente ao longo do período.

$$\text{Rentabilidade do Ativo em 2010} = \frac{\text{Lucro Líquido em 2010}}{\text{Ativo em 2010}}$$

$$\text{Rentabilidade do Ativo em 2010} = \frac{8.000,00}{60.000,00} = 0,133$$

$$\text{Rentabilidade do Ativo em 2011} = \frac{\text{Lucro Líquido em 2011}}{\text{Ativo em 2011}}$$

$$\text{Rentabilidade do Ativo em 2011} = \frac{6.000,00}{80.000,00} = 0,075$$

$$\text{Rentabilidade do Ativo em 2012} = \frac{\text{Lucro Líquido em 2012}}{\text{Ativo em 2012}}$$

$$\text{Rentabilidade do Ativo em 2012} = \frac{4.000,00}{100.000,00} = 0,040$$

Rentabilidade do Ativo em 2012 < Rentabilidade do Ativo em 2011 < Rentabilidade do Ativo em 2010

CONCLUSÃO, o retorno dos ativos é decrescente ao longo do período.

c) Errada. A **menor** rentabilidade do ativo **foi em 2012**.

Rentabilidade do Ativo em 2012 < Rentabilidade do Ativo em 2011 < Rentabilidade do Ativo em 2010

d) Correta. A rentabilidade do ativo em 2010 foi de 0,133.

e) Errada. A **maior** rentabilidade do ativo **foi em 2010**.

Rentabilidade do Ativo em 2010 > Rentabilidade do Ativo em 2011 > Rentabilidade do Ativo em 2012

Gabarito: **D**

5.4 INDICADORES DE ROTATIVIDADE

Os indicadores de rotatividade demonstram quantos dias a empresa demora, em média, para receber as suas vendas a prazo, pagar as suas compras a prazo e renovar os seus estoques. Quanto maior a velocidade dos recebimentos das vendas a prazo, a renovação dos estoques e o prazo para pagamento das compras a prazo, melhor é para a empresa. São índices de rotatividade:

- Prazo Médio de Rotação de Estoques – PMRE
- Prazo Médio de Rotação de Clientes – PMRC
- Prazo Médio de Rotação de Fornecedores – PMRF

5.4.1 PRAZO MÉDIO DE ROTAÇÃO DOS ESTOQUES

O **prazo médio de rotação dos estoques** demonstra quantos dias (ou meses), em média, os estoques (mercadorias ou produtos prontos) ficaram estocados na empresa antes da venda. O **PMRE** quanto maior, melhor é para a empresa, pois indica que os produtos comercializados têm uma alta demanda no mercado.

$$\text{Rotação dos Estoques} = \frac{\text{CMV}}{\text{Estoques ou média}}$$

$$\text{PMRE} = \frac{\text{360 dias}}{\text{Rotação dos Estoques}} \quad \text{ou} \quad \text{PMRE} = \frac{\text{360 dias} \times \text{Estoques ou média}}{\text{CMV}}$$

5.4.2 PRAZO MÉDIO DE ROTAÇÃO DE CLIENTES

O **prazo médio de rotação de clientes** (ou prazo médio de recebimento de clientes) monstra quantos dias ou meses, em média, a empresa **espera para receber as suas vendas a prazo**.

$$\text{Rotação de Clientes} = \frac{\text{Vendas a Prazo do Período}}{\text{Duplicatas a Receber ou média}}$$

$$\text{PMRC} = \frac{\text{360 dias}}{\text{Rotação de Clientes}} \quad \text{ou} \quad \text{PMRC} = \frac{\text{360 dias} \times \text{Duplicatas a Receber ou média}}{\text{Vendas a Prazo do Período}}$$

5.4.3 PRAZO MÉDIO DE ROTAÇÃO DE FORNECEDORES

O **prazo médio de rotação de fornecedores** (ou prazo médio de pagamentos a fornecedores) demonstra quantos dias ou meses, em média, a empresa leva para **efetuar o pagamento de seus fornecedores.**

$$\text{Rotação de Fornecedores} = \frac{\text{Compras a Prazo do Período}}{\text{Fornecedores ou média}}$$

$$\text{PMRF} = \frac{\text{360 dias}}{\text{Rotação de Fornecedores}} \quad \text{ou} \quad \text{PMRF} = \frac{\text{360 dias} \times \text{Fornecedores ou média}}{\text{Compra a Prazo do Período}}$$

MEMORIZAR PARA A PROVA

Caso seja necessário **calcular as compras a prazo**, temos:

CMV = Estoque Inicial + Compras à Vista + Compras a Prazo – Estoque Final

Compras a Prazo = CMV – Compras à Vista – Estoque Inicial + Estoque Final

15ª QUESTÃO (SEFAZ – RS – CESPE – 2019): Acerca do giro de estoques, assinale a opção correta.

a) Uma política de estoques mínimos favorece a obtenção de giros de estoques cada vez maiores.

b) Giro de estoques de cinco vezes significa que a empresa leva mais de oitenta dias para vender integralmente o seu estoque uma vez.

c) A aquisição de estoques em grande quantidade para obter descontos comerciais tende a aumentar o giro dos estoques.

d) Quanto maior for o giro de estoques, maior será o prazo médio de vendas da empresa.

e) O fato de o giro de estoques de uma empresa ser mais elevado que o de outras empresas do mesmo setor pode indicar que essa empresa esteja mantendo bens obsoletos em estoque ou mantendo estoque em nível desnecessariamente alto.

☛ SOLUÇÃO

Analisando as alternativas, temos:

a) Correta. O **giro dos estoques** (ou rotação de estoques) demonstra quantos dias (ou meses), em média, os estoques (mercadorias ou produtos prontos) ficaram estocados na empresa antes da venda.

$$\text{Giro dos Estoques} = \frac{\text{CMV}}{\text{Estoques ou média}}$$

Portanto, uma empresa que possua uma política de estoques mínimos, apresentará um giro de estoques maior, os seus estoques serão renovados com maior frequência no período analisado.

b) Errada. Um giro de estoques de cinco vezes significa que a empresa **teve exatamente 72 dias** para vender integralmente o seu estoque uma vez, em média.

$$PMRE = \frac{360\ dias}{Giro\ dos\ Estoques}$$

PMRE: Prazo Médio de Rotação de Estoques

$$PMRE = \frac{360\ dias}{5} = 72\ dias$$

c) Errada. **Atenção**, quanto **maior** a quantidade de estoques, **menor** será o giro dos estoques.

d) Errada. O **giro dos estoques** (ou rotação de estoques) demonstra quantos dias (ou meses), em média, os estoques (mercadorias ou produtos prontos) ficaram estocados na empresa antes da venda. O **giro dos estoques** quanto maior, melhor é para a empresa, pois indica que os produtos comercializados têm uma alta demanda no mercado.

$$Giro\ dos\ Estoques = \frac{CMV}{Estoques\ ou\ média}$$

$$PMRE = \frac{360\ dias}{Giro\ dos\ Estoques} \quad ou \quad PMRE = \frac{360\ dias \times Estoques\ ou\ média}{CMV}$$

Conclusão, **não existe relação** entre o **giro dos estoques** e o prazo médio de vendas da empresa.

e) Errada. Caso o volume de vendas e o CMV se mantenham constantes, à medida que o estoque **aumenta**, o giro dos estoques **reduz**. Portanto, o fato de o giro de estoques de uma empresa ser mais elevado que o de outras empresas significa, entre outras características, que a **empresa mantém níveis de estoques menor** do que as outras.

Gabarito: **A**

6. CICLO FINANCEIRO

O **ciclo financeiro** ou **ciclo de caixa** compreende o período desde a data em que a empresa realiza o **pagamento das compras** de mercadorias até o **recebimento das vendas a prazo**. O ciclo financeiro (CF) pode ser **desfavorável** ou **favorável** e é obtido por meio da seguinte fórmula:

$$CF = PMRE + PMRC - PMRF$$

PMRE = Prazo Médio de Rotação de Estoques

$$\text{Rotação de Estoques} = \frac{\text{CMV dias}}{\text{Estoques ou média}} \quad \rightarrow \quad \text{PMRE} = \frac{\text{360 dias}}{\text{Rotação de Estoques}}$$

PMRC = Prazo Médio de Rotação de Clientes

$$\text{Rotação de Clientes} = \frac{\text{Vendas a Prazo do Período}}{\text{Duplicatas a Receber ou média}} \quad \rightarrow \quad \text{PMRC} = \frac{\text{360 dias}}{\text{Rotação de Clientes}}$$

PMRF = Prazo Médio de Rotação de Fornecedores

$$\text{Rotação de Fornecedores} = \frac{\text{Compras a Prazo do Período}}{\text{Fornecedores ou média}} \quad \rightarrow \quad \text{PMRF} = \frac{\text{360 dias}}{\text{Rotação de Fornecedores}}$$

6.1 CICLO FINANCEIRO DESFAVORÁVEL

O **ciclo financeiro desfavorável** ocorre quando o prazo de pagamento das compras a **prazo é menor** do que o prazo de recebimento das vendas a prazo, ou seja, a empresa tem que pagar os fornecedores antes do recebimento das suas vendas a prazo. Nessa situação, pode ocorrer um **déficit no caixa**, obrigando a empresa a recorrer a **capitais de terceiros** para quitar as suas obrigações, além de efetuar o **pagamento de juros** decorrentes desses capitais.

16ª QUESTÃO: A empresa Amarela tem prazo médio de renovação dos estoques 30 dias; prazo médio de recebimento de vendas 45 dias; prazo médio de pagamento de fornecedores 50 dias. Considerando essas informações, podemos afirmar que:

a) o ciclo operacional é de 25 dias.
b) o ciclo financeiro é de 35 dias favoráveis.

c) o ciclo operacional é de 65 dias.
d) o ciclo financeiro é de 25 dias desfavoráveis.

☛ SOLUÇÃO

PMRE = 30 dias
PMRC = 45 dias
PMRF = 50 dias

Ciclo Operacional = PMRE + PMRC

Ciclo Operacional = 30 dias + 45 dias
Ciclo Operacional = 75 dias

Ciclo Financeiro = PMRE + PMRC – PMRF

Ciclo Financeiro = 30 dias + 45 dias – 50 dias
Ciclo Financeiro = 25 dias desfavoráveis

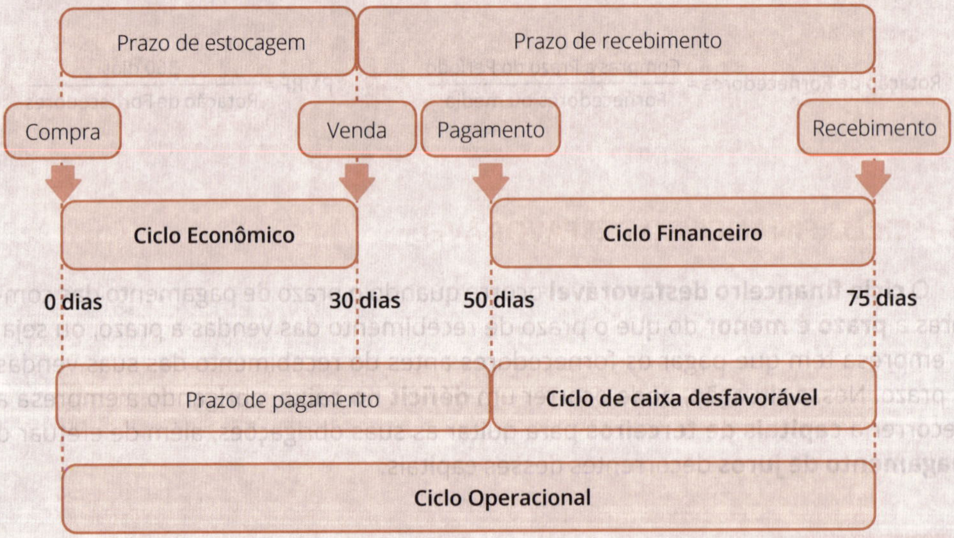

Analisando o gráfico acima, podemos observar que os **25 dias do ciclo financeiro** é um período em que a empresa tem que **bancar as faturas de matéria-prima sem subsidio** de seus fornecedores, **necessitando** assim de um **capital de giro**. Lembramos que existem outras despesas da empresa, que ocorrem em datas diferentes e com um **nível de exigência maior**, como, por exemplo, o pagamento de salários, tributos, etc.

A administração entendendo o comportamento desses prazos, pode tomar ações visando **reduzir o período de recebimento** das vendas a prazo ou **negociando melhores prazos** para pagamento com os fornecedores.

Gabarito: **D**

6.2 CICLO FINANCEIRO FAVORÁVEL

O **ciclo financeiro favorável** ocorre quando o prazo de pagamento das compras a **prazo é maior** do que o prazo de recebimento das vendas a prazo, ou seja, a empresa paga os fornecedores depois do recebimento das suas vendas a prazo. Nessa situação, **ocorre uma folga de caixa**, e a empresa tem a opção de realizar uma aplicação financeira e **ganhar rendimentos financeiros**.

17ª QUESTÃO: A empresa Amarela tem prazo médio de renovação dos estoques 32 dias; prazo médio de recebimento de vendas 16 dias; prazo médio de pagamento de fornecedores 60 dias. Considerando essas informações, podemos afirmar que a empresa apresenta um ciclo financeiro favorável de 12 dias.

( ) Certo

( ) Errado

☛ SOLUÇÃO

PMRE = 32 dias

PMRC = 16 dias

PMRF = 60 dias

Ciclo Operacional = PMRE + PMRC

Ciclo Operacional = 32 dias + 16 dias

Ciclo Operacional = 48 dias

Ciclo Financeiro = PMRE + PMRC – PMRF

Ciclo Financeiro = 32 dias + 16 dias – 60 dias

Ciclo Financeiro = 12 dias favoráveis

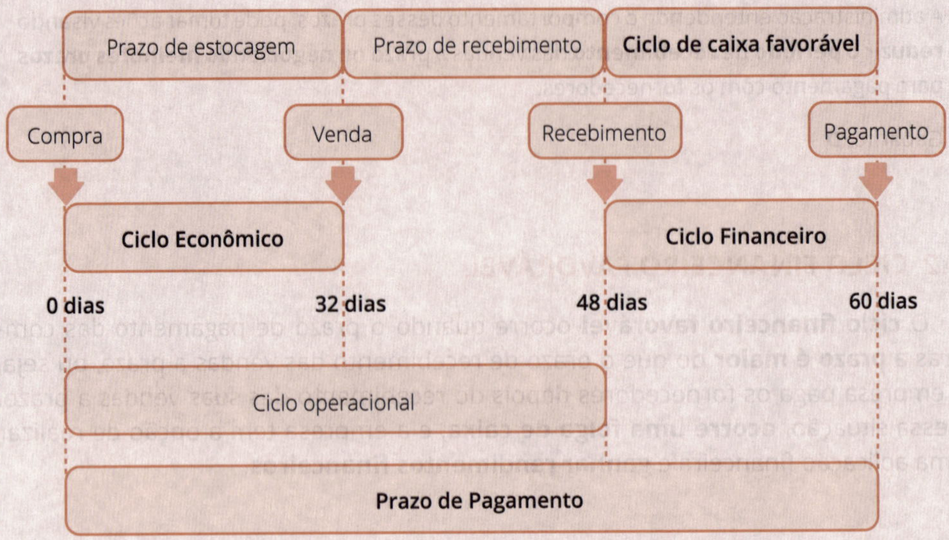

Analisando o gráfico acima, podemos observar que os **12 dias do ciclo financeiro** é um período em que a empresa tem para **realizar uma aplicação financeira** e ganhar rendimentos.

Gabarito: **Certo**

18ª QUESTÃO: Considerando somente as informações apresentadas na tabela a seguir, pode-se afirmar que o ciclo operacional e o ciclo de caixa são, respectivamente, em dias:

Contas	2013
Contas a Receber	100,00
Vendas Líquidas	500,00
PMRC	72 dias
Fornecedores	150,00
Compras	600,00
PMRF	90 dias
Estoque	100,00
CMV	400,00
PMRE	90 dias

a) 162 e 72
b) 90 e 162
c) 180 e 162
d) 252 e 162
e) 90 e 90

☛ SOLUÇÃO

O **ciclo operacional** compreende o período desde a data em que a empresa efetua as compras de matérias-primas ou mercadorias até o recebimento de clientes. O **ciclo operacional** é obtido por meio da seguinte fórmula:

Ciclo Operacional = PMRE + PMRC

Ciclo Operacional = 90 dias + 72 dias
Ciclo Operacional = 162 dias

O **ciclo de cai**xa ou **ciclo financeiro** compreende o período desde a data em que a empresa realiza o pagamento das compras de mercadorias até o recebimento das vendas a prazo. O **ciclo de caixa** é obtido por meio da seguinte fórmula:

Ciclo de Caixa = PMRE + PMRC – PMRF

Ciclo de Caixa = 90 dias + 72 dias – 90 dias
Ciclo de Caixa = 72 dias

Gabarito: **A**

19ª QUESTÃO (SEFAZ RS CESPE 2019): O fato de uma empresa ter poder de negociação com fornecedores para postergar ao máximo o pagamento de suas compras a prazo tem impacto direto no:

a) ciclo econômico.
b) ciclo operacional.
c) ciclo financeiro.
d) prazo médio de renovação de estoques.
e) prazo médio de recebimento de vendas.

☛ SOLUÇÃO

PMRE = Prazo Médio de Rotação de Estoques

$$\text{Rotação de Estoques} = \frac{\text{CMV}}{\text{Estoques ou média}} \qquad \text{PMRE} = \frac{\text{360 dias}}{\text{Rotação de Estoques}}$$

PMRV = Prazo Médio de Rotação de Vendas

$$\text{Rotação de Vendas} = \frac{\text{Vendas a Prazo do Período}}{\text{Duplicatas a Receber ou média}} \qquad \text{PMRV} = \frac{\text{360 dias}}{\text{Rotação de Vendas}}$$

PMRF = Prazo Médio de Rotação de Fornecedores

$$\text{Rotação de Fornecedores} = \frac{\text{Compras a Prazo do Período}}{\text{Fornecedores ou média}} \qquad \text{PMRF} = \frac{\text{360 dias}}{\text{Rotação de Fornecedores}}$$

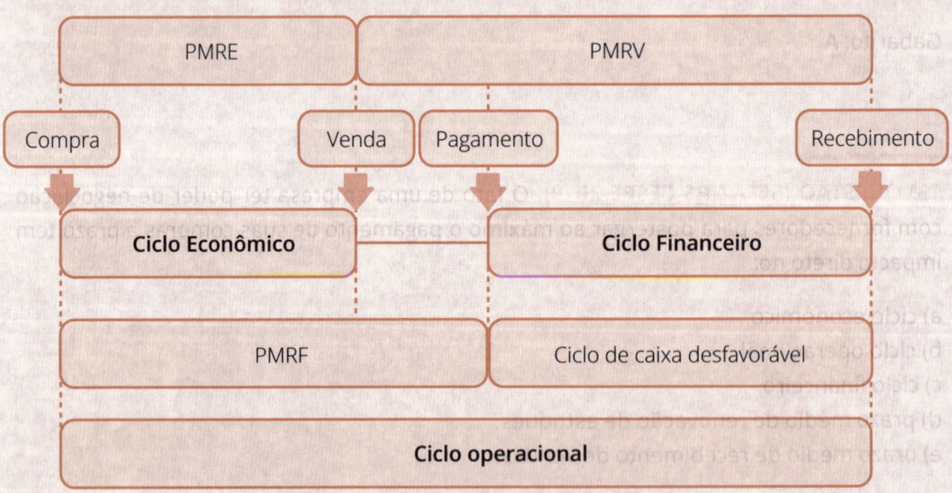

Analisando a linha do tempo acima, temos:

1. O **ciclo operacional** compreende o período desde a data das **compras** de matérias-primas ou mercadorias até o **recebimento** de clientes. O **ciclo operacional** é obtido por meio da seguinte fórmula:

Ciclo operacional = PMRE + PMRV

2. O **ciclo econômico** compreende o período desde data da **compra** de mercadorias até a **venda** aos clientes. O **ciclo econômico** é obtido por meio da seguinte fórmula:

Ciclo econômico = PMRE

3. O **ciclo financeiro** ou **ciclo de caixa** compreende o período desde a data em que a empresa realiza o **pagamento das compras** de mercadorias até o **recebimento das vendas a prazo**. O ciclo financeiro (CF) pode ser **desfavorável** ou **favorável** e é obtido por meio da seguinte fórmula:

CF = PMRE + PMRV – PMRF

Portanto, o **ciclo operacional** é mais amplo do que o **ciclo financeiro**, pois compreende um período desde a data das compras até o recebimento de clientes. Calculando o **ciclo financeiro** em função do **ciclo operacional**, temos:

Ciclo Financeiro = Ciclo Operacional – PMRF

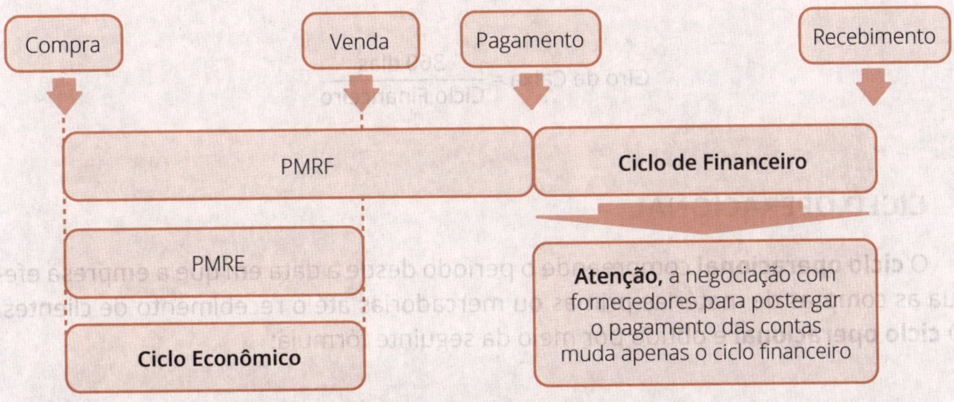

Analisando as alternativas, temos:

a) Errada. Analisando a linha do tempo acima, podemos concluir que a empresa ao negociar com os fornecedores para postergar ao máximo o pagamento de suas compras a prazo, **não acarretará** impacto no **ciclo econômico** ou **prazo médio de renovação de estoques**, pois este só depende do tempo que a sua mercadoria permanece em estoques.

b) Errada. O **ciclo operacional** é a soma do **prazo médio de renovação de estoques** com o **prazo médio de recebimento de vendas**, portanto, não será impactado pela negociação entre a empresa e os fornecedores.

c) Correta. A empresa ao negociar com os fornecedores a postergação ao máximo do pagamento de suas compras a prazo, ocasiona um **impacto direto** no seu **ciclo financeiro**, pois um **aumento** no PMRF **diminui** o seu **ciclo financeiro**, gerando uma melhora na gestão do capital de giro da empresa.

d) Errada. A empresa ao negociar com os fornecedores para postergar ao máximo o pagamento de suas compras a prazo, **não acarretará** impacto no **prazo médio de renovação de estoques** (PMRE), pois este só depende do tempo que a sua mercadoria permanece em estoques.

e) Errada. O **prazo médio de recebimento de vendas** (PMRV) depende apenas do prazo de pagamento que a empresa concede aos clientes, ou seja, o recebimento de clientes **não altera** o pagamento de fornecedores.

Gabarito: **C**

6.3 GIRO DE CAIXA

O **giro de caixa** monstra quantos dias **ou** meses, em média, a empresa **realiza o seu ciclo financeiro** no decorrer de um exercício social.

$$\text{Giro de Caixa} = \frac{360 \text{ dias}}{\text{Ciclo Financeiro}}$$

7. CICLO OPERACIONAL

O **ciclo operacional** compreende o período desde a data em que a empresa efetua as compras de matérias-primas ou mercadorias até o recebimento de clientes. O **ciclo operacional** é obtido por meio da seguinte fórmula:

$$\text{Ciclo operacional} = \text{PMRE} + \text{PMRC}$$

PMRE = Prazo Médio de Rotação de Estoques

$$\text{Rotação de Estoques} = \frac{\text{CMV}}{\text{Estoques ou média}} \Rightarrow \text{PMRE} = \frac{\text{360 dias}}{\text{Rotação de Estoques}}$$

PMRC = Prazo Médio de Rotação de Clientes

$$\text{Rotação de Clientes} = \frac{\text{Vendas a Prazo do Período}}{\text{Duplicatas a Receber ou média}} \Rightarrow \text{PMRV} = \frac{\text{360 dias}}{\text{Rotação de Clientes}}$$

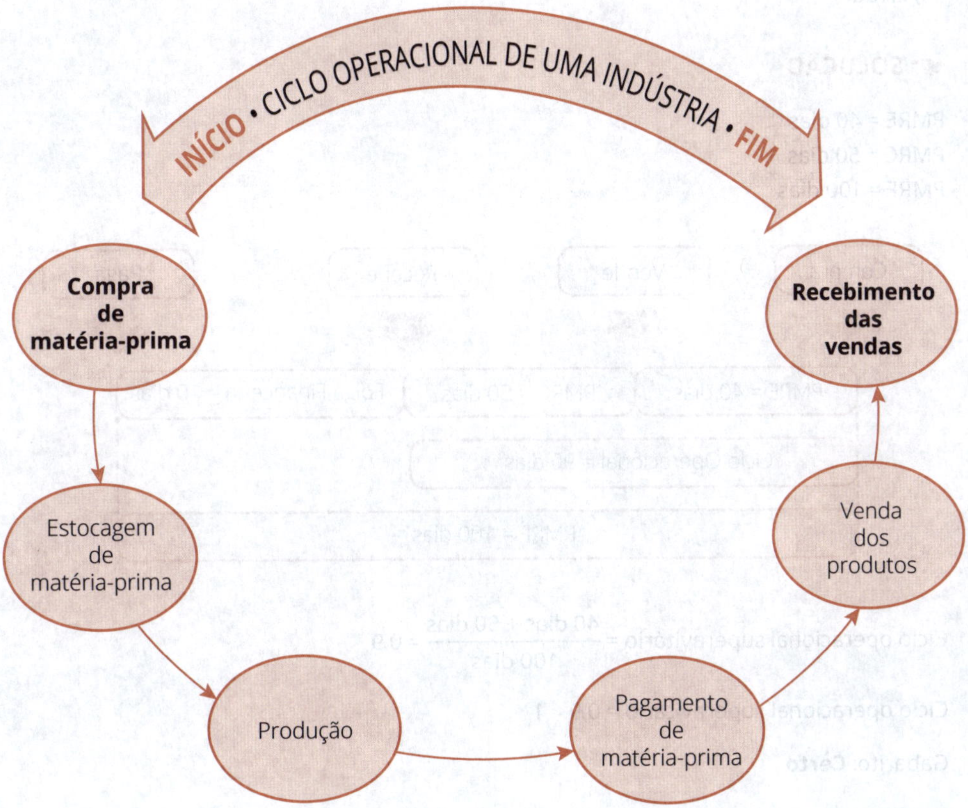

7.1 CICLO OPERACIONAL SUPERAVITÁRIO

O **ciclo operacional superavitário** ocorre quando o prazo médio de rotação de estoques somado ao prazo médio de rotação de clientes é inferior, em dias ou meses, ao prazo médio de pagamento a fornecedores.

$$\text{Ciclo operacional superavitário} = \frac{PMRE + PMRC}{PMRF} < 1$$

20ª QUESTÃO: A empresa Amarela tem prazo médio de renovação dos estoques 40 dias; prazo médio de recebimento de vendas 50 dias; prazo médio de pagamento de fornecedores 100 dias. Considerando essas informações, podemos afirmar que a empresa apresenta um ciclo operacional superavitário.

( ) Certo
( ) Errado

☛ SOLUÇÃO

PMRE = 40 dias
PMRC = 50 dias
PMRF = 100 dias

$$\text{Ciclo operacional superavitário} = \frac{40 \text{ dias} + 50 \text{ dias}}{100 \text{ dias}} = 0{,}9$$

Ciclo operacional superavitário = 0,9 < 1

Gabarito: **Certo**

7.2 CICLO OPERACIONAL DEFICITÁRIO

O **ciclo operacional deficitário** ocorre quando o prazo médio de rotação de estoques somado ao prazo médio de rotação de clientes é superior, em dias ou meses, ao prazo médio de pagamento a fornecedores.

$$\text{Ciclo operacional deficitário} = \frac{\text{PMRE} + \text{PMRC}}{\text{PMRF}} > 1$$

21ª QUESTÃO: A empresa Amarela tem prazo médio de renovação dos estoques 45 dias; prazo médio de recebimento de vendas 55 dias; prazo médio de pagamento de fornecedores 80 dias. Considerando essas informações, podemos afirmar que a empresa apresenta um ciclo operacional deficitário.

( ) Certo

( ) Errado

SOLUÇÃO

PMRE = 45 dias

PMRC = 55 dias

PMRF = 80 dias

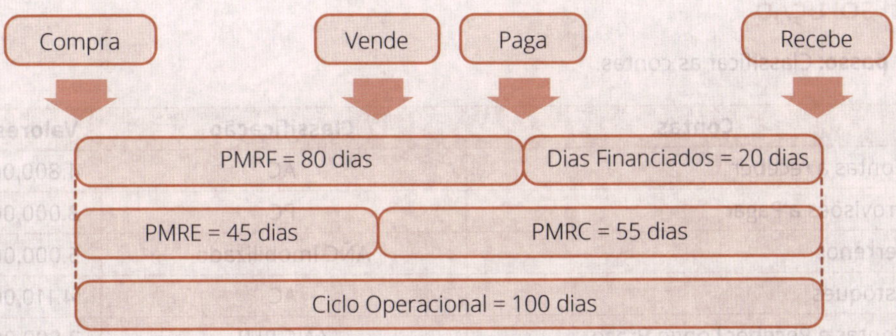

$$\text{Ciclo operacional deficitário} = \frac{45 \text{ dias} + 55 \text{ dias}}{80 \text{ dias}} = 1{,}25$$

Ciclo operacional deficitário = 1,25 > 1

Gabarito: **Certo**

22ª QUESTÃO (SEFAZ - SP - FCC - 2006): A Empresa X possui índice de liquidez geral igual a 1,4. Do balanço patrimonial foram extraídas as seguintes contas, com valores em reais:

Contas a receber 4.800,00
Provisões a Pagar 3.000,00
Terrenos 5.000,00
Estoques 4.110,00
Contas a Receber Longo Prazo 2.800,00
Impostos a Pagar 3.500,00
Empréstimos Obtidos no Longo Prazo 2.000,00
Bancos 3.270,00
Veículos 2.200,00
Depreciação do Imobilizado 750,00
Participações Societárias em Controladas 3.200,00

O valor da conta fornecedor que faz com que a empresa tenha índice de liquidez geral mencionado acima é:

a) 4.300,00
b) 3.700,00
c) 2.600,00
d) 2.200,00
e) 2.000,00

SOLUÇÃO

1º passo: Classificar as contas.

Contas	Classificação	Valores
Contas a receber	AC	4.800,00
Provisões a Pagar	PC	3.000,00
Terrenos	AÑC Imobilizado	5.000,00
Estoques	AC	4.110,00
Contas a Receber Longo Prazo	AÑC RLP	2.800,00
Impostos a Pagar	PC	3.500,00
Empréstimos Obtidos no Longo Prazo	PÑC	2.000,00
Bancos	AC	3.270,00
Veículos	AÑC Imobilizado	2.200,00
Depreciação do Imobilizado	Retificadora do AÑC Imobilizado	750,00
Participações Societárias em Controladas	AÑC Investimentos	3.200,00

2º passo: Calcular o índice de liquidez geral em função da conta fornecedores.

ATENÇÃO, F é a conta Fornecedores.

AC + AÑC RLP = 4.800,00 + 4.110,00 + 2.800,00 + 3.270,00
AC + AÑC RLP = 14.980,00

PC + PÑC = 3.000,00 + 3.500,00 + 2.000,00 + F
PC + PÑC = 8.500,00 + F

De acordo com os dados, **qual deve ser o valor de F**, de tal forma que resulte em um índice de liquidez geral no valor de 1,4.

$$\text{Liquidez Geral} = \frac{\text{AC + AÑC RLP}}{\text{PC + PÑC}}$$

$$1{,}4 = \frac{14.980{,}00}{8.500{,}00 + F}$$

F = 2.200,00

Gabarito: **D**

23ª QUESTÃO (SEFAZ – SP – FCC – 2006): Uma empresa tem prazo médio de renovação dos estoques 74 dias; prazo médio de recebimento de vendas 63 dias; prazo médio de pagamento de compras 85 dias e ciclo de caixa 52 dias. Considerando essas informações, o ciclo operacional é de:

a) 128 dias
b) 137 dias
c) 140 dias
d) 142 dias
e) 145 dias

☛ SOLUÇÃO

Ciclo Operacional = PMRE + PMRV

Ciclo Operacional = 74 dias + 63 dias
Ciclo Operacional = 137 dias

ATENÇÃO, caso o examinador pedisse o valor do **ciclo financeiro** ou **ciclo de caixa**, o cálculo seria:

Ciclo Financeiro = PMRE + PMRV – PMPC

Ciclo Financeiro = 74 dias + 63 dias – 85 dias
Ciclo Financeiro = 52 dias

Gabarito: **B**

MEMORIZAR PARA A PROVA

Ciclo operacional superavitário

No **ciclo operacional superavitário**, a empresa **possui uma folga financeira**, ou seja, recebe o pagamento dos clientes antes do prazo de pagamento aos fornecedores, dispondo de um período para investir o dinheiro e aumentar a sua rentabilidade final.

Ciclo operacional deficitário

No **ciclo operacional deficitário** o recebimento de clientes só ocorre depois do prazo de pagamento aos fornecedores, **forçando a empresa a buscar novas fontes de financiamento**, reduzindo a sua rentabilidade final. Ao invés de a empresa realizar um **investimento**, estará realizando um **financiamento**.

8. VALOR ECONÔMICO AGREGADO – EVA

O ***Economic Value Added*** – EVA **foi criado** pela consultoria ***Stern Stewart & Company*** de Nova York **devido** à falta de indicadores de desempenho para expressar a real criação de riqueza das empresas. Em outras palavras, o **EVA** tem por **objetivo mensurar** se um determinado investimento está trazendo reais ganhos para seus acionistas, ou seja, se um determinado investimento é viável ou não.

O **EVA** está relacionado com o **resultado econômico residual**, que corresponde ao lucro operacional obtido após pagamento de impostos **menos** os encargos sobre o capital, apropriado tanto para o **capital de terceiros** (endividamento da empresa) quanto para o **capital próprio** (capital acionário da empresa).

8.1 CUSTO DE OPORTUNIDADE

O **custo de oportunidade** representa o quanto que a empresa sacrificou em termos de renda por ter aplicado os seus recursos em **outras alternativas de investimentos**. Mas essa comparação é muito difícil de ser mensurada devido à característica do fator risco que cada investimento apresenta, pois os graus de riscos, dependendo do tipo de investimento, são bem diferentes.

Por exemplo, digamos que você tem disponível 100.000,00 e caso decida investir no mercado financeiro, ganhará 10% ao ano, porém você resolve abrir uma empresa de confecção. Após 1 ano de funcionamento, a sua empresa de confecção apresenta os seguintes resultados:

DRE da empresa de Confecção	
Lucro operacional líquido	250.000,00
– Despesas operacionais	(230.000,00)
= Lucro Antes do IR e CSLL	20.000,00
– PIR e CSLL (40%)	(8.000,00)
= Lucro Líquido depois dos Impostos (*NOPAT*)	12.000,00

NOPAT = *Net Operating Profits After Taxes*

Analisando a DRE da empresa após 1 ano, podemos observar que o seu *NOPAT* foi de 12.000,00, porém se você estivesse investindo no mercado financeiro a uma taxa de 10% a.a., teria ganho 10.000,00 ao final de 1 ano. **Portanto**, o seu **custo de oportunidade** por não investir no mercado financeiro **foi de 10.000,00**.

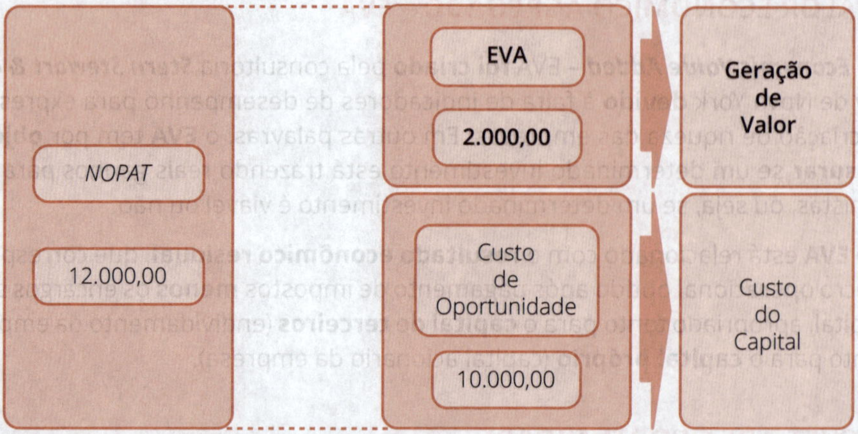

Do gráfico acima, temos:

NOPAT..12.000,00
– Custo de Oportunidade............................(10.000,00)
= EVA – ***Economic Value Added***.......................2.000,00

Conclusão, você ganhou **2.000,00 a mais do que sua expectativa**, e este ganho lhe deixa satisfeito, pois o negócio de confecção criou valor, e esse **valor gerado de 2.000,00 é o valor econômico adicionado** ou EVA – *Economic Value Added*.

O **custo de oportunidade** de qualquer recurso é o **valor proveniente dos investimentos** deste recurso na **segunda melhor alternativa**.

No nosso exemplo, o **custo de oportunidade** de usar 100.000,00 para montar uma confecção é o **retorno que teríamos investido** no mercado financeiro que seria uma **receita financeira de 10.000,00**.

Para os investidores, o **custo de oportunidade** de investir em uma empresa (*NOPAT*), é o valor que poderá ganhar (EVA = geração de valor), se tivesse investido em ações de empresas como Petrobrás, Vale, Ambev, no qual **os rendimentos desses investimentos** correspondem ao **custo de oportunidade** dos investidores.

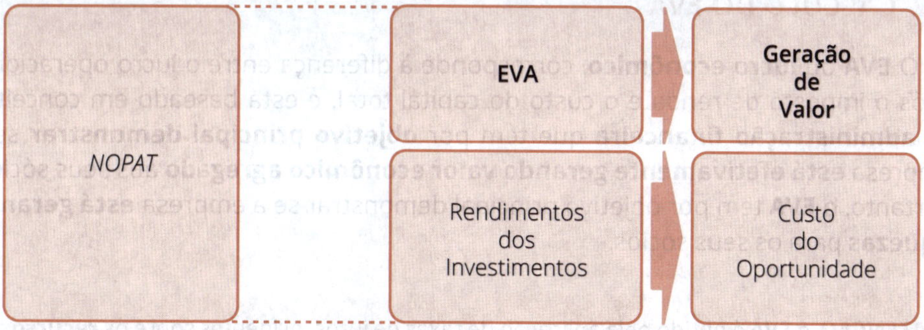

24ª QUESTÃO: O garoto João de Abreu largou o emprego para fazer um cursinho de treinamento durante 60 dias corridos. A mensalidade será de 130,00, mais apostilas de 35,00 e condução e alimentação de 3,00 diários. O salário de João no emprego abandonado era de 180,00 mensais, com encargos de previdência de 11%. Analisando-se gerencialmente a atitude de João, com base exclusiva nos dados fornecidos, verifica-se que, nesses dois meses, haverá:

a) custo econômico de 874,60.
b) custo econômico de 795,40.
c) despesa efetiva de 835,00.
d) custo de oportunidade de 475,00.
e) custo de oportunidade de 360,00.

☛ SOLUÇÃO

O **custo de oportunidade** representa o quanto que o garoto João de Abreu sacrificou em termos de renda por ter aplicado os seus recursos em outras alternativas de investimentos. Nesse caso, o garoto largou o emprego (sacrificou a sua renda) para fazer um cursinho de treinamento durante 60 dias corridos (outro investimento).

Custo de oportunidade = 2 meses × salário mensal
Custo de oportunidade = 2 meses × 180,00/mês
Custo de oportunidade = 360,00

Gabarito: **E**

8.2 CÁLCULO DO EVA

O **EVA** ou **lucro econômico**, corresponde à diferença entre o lucro operacional após o imposto de renda e o custo do capital total, e está baseado em conceitos de **administração financeira** que tem por **objetivo principal demonstrar** se a empresa **está efetivamente gerando valor econômico agregado** aos seus sócios. Portanto, o **EVA** tem por objetivo principal demonstrar se a empresa **está gerando riquezas** para os seus sócios.

ATENÇÃO, o **EVA** é obtido pela aplicação de taxas de juros incidentes sobre os **recursos de terceiros** e os **recursos próprios** de uma empresa.

O **custo do capital de terceiros** é calculado mediante a aplicação da taxa de juros que a empresa paga na captação dos recursos multiplicado pelo valor de captação dos recursos.

Custo do capital de terceiros = Taxa de aplicação do capital de terceiros × Capital de terceiros

O **custo do capital próprio** é obtido mediante a aplicação de uma taxa de juros de quanto os acionistas ganhariam se aplicassem os seus recursos em outras alternativas de investimentos, com o mesmo nível de risco que a sua empresa (**custo de oportunidade**).

Custo do capital próprio = Taxa de aplicação do capital próprio × Capital próprio

Conclusão, o **valor econômico agregado** (ou *Economic Value Added* – **EVA**) é obtido por meio da seguinte fórmula:

EVA = Lucro operacional após o IR – Custo do capital total

O **custo do capital total** é:

Custo do capital total = Custo do capital de terceiros + Custo do capital próprio

Segundo Eliseu Martins, em seu livro de Análise Avançada das Demonstrações Contábeis da editora Atlas, no **cálculo do EVA devemos tomar cuidado**, pois no Brasil, o **lucro operacional após o IR já inclui as despesas financeiras**, que correspondem as remunerações dos capitais de terceiros. Como podemos observar, segundo o artigo 187 da legislação societária, temos:

Demonstração do Resultado do Exercício
Receita Bruta das vendas e serviços
– Deduções das vendas, abatimentos e os impostos
= Receita Líquida das vendas e serviços
– Custo das mercadorias e serviços vendidos
= Lucro ou prejuízo bruto
– Despesas com as vendas
– **Despesas financeiras** deduzidas das receitas financeiras
– Despesas gerais e administrativas, e outras despesas operacionais
= Lucro ou prejuízo operacional
+ Outras receitas
– Outras despesas
= **Resultado do exercício antes do Imposto sobre a Renda**
– Provisão para o imposto
– Participações estatutárias sobre o lucro
= Lucro ou prejuízo líquido

Tendo em vista que a legislação societária brasileira na apuração do **lucro operacional após o IR já inclui o custo do capital de terceiros** que é representado pelas **despesas financeiras** na DRE, para que a fórmula do **EVA** seja aplicada no Brasil, é necessário que ocorra um ajuste da seguinte forma:

EVA = Lucro operacional após o IR – Custo do capital próprio

Como podemos observar, existe uma diferença no cálculo do **EVA** do mercado americano para o mercado brasileiro.

EVA no **mercado americano** = Lucro operacional após o IR – Custo do capital total

EVA no **mercado brasileiro** = Lucro operacional após o IR – Custo do capital próprio

Portanto, no **mercado brasileiro**, o método correto de cálculo do **EVA** é subtrair apenas o **custo do capital próprio**, enquanto que no **mercado americano**, as empresas devem subtrair o **custo do capital total**.

25ª QUESTÃO: Por *Economic Value Added* – EVA, ou lucro econômico, entende-se a diferença entre o lucro operacional após o Imposto de Renda e o custo total do capital de uma empresa. Se positivo, o EVA informa que essa empresa agregou valor econômico a seus sócios. Considere o texto abaixo:

"Um grupo de investidores identificou uma empresa do ramo de alimentação (*catering*) que possuía a seguinte estrutura de capital:

- Capital total 1.000.000,00
- Capital de terceiros 250.000,00

O custo médio de captação de recursos de terceiros era de 20% ao ano. A taxa de retorno sobre o capital próprio desejada para empresas deste ramo de negócios é de 25% ao ano."

Sabendo-se que, ao final do exercício, o lucro operacional após o Imposto de Renda foi de 337.500,00, o valor calculado para o EVA é de:

a) 100.000,00
b) 150.000,00
c) 137.500,00
d) 112.500,00
e) 87.500,00

☛ SOLUÇÃO

Atenção, como vimos, o **EVA** é um indicador de desempenho que teve a sua origem no **mercado americano**. Portanto, no **mercado brasileiro**, o método correto de cálculo do **EVA** é subtrair apenas o **custo do capital próprio**, enquanto que no **mercado americano**, as empresas subtraem o **custo do capital total**.

1º passo: Calcular o custo do capital próprio.

Custo do capital próprio = Taxa de aplicação do capital próprio × Capital próprio

Custo do capital próprio = 25% × 750.000,00
Custo do capital próprio = 187.500,00

2º passo: Calcular o EVA.

EVA = Lucro operacional após o IR – Custo do capital próprio

EVA = 337.500,00 – 187.500,00
EVA = 150.000,00

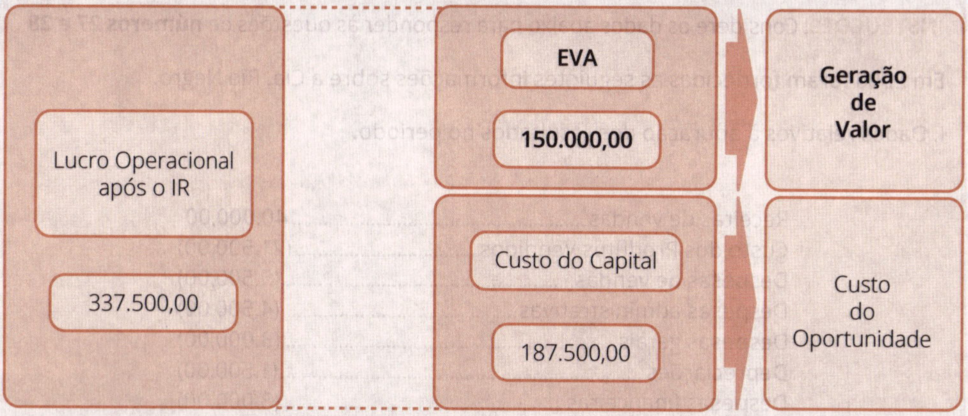

Gabarito: **B**

26ª QUESTÃO: O lucro residual, ou seja, o lucro suficiente para compensar o risco menos o lucro operacional, representa:

a) a alavancagem financeira.
b) o EVA – Valor Econômico Agregado.
c) a análise de Insolvência.
d) a alavancagem operacional.
e) a precificação de ativos.

☛ SOLUÇÃO

O **EVA** ou **lucro econômico** corresponde à diferença entre o lucro operacional após o imposto de renda e o custo do capital total, e está baseado em conceitos de **Administração Financeira** que tem por objetivo principal demonstrar se a empresa **está efetivamente gerando valor econômico** agregado aos seus sócios.

O **EVA** é obtido pela aplicação de taxas de juros incidentes sobre os recursos de terceiros e os recursos próprios de uma empresa. O custo do capital de terceiros é calculado mediante a aplicação da taxa de juros que a empresa paga na captação dos recursos multiplicado pelo valor de captação dos recursos. O custo do capital próprio é obtido mediante a aplicação de uma taxa de juros de quanto os acionistas ganhariam se aplicassem os seus recursos em outras alternativas de investimentos, com o mesmo nível de risco que a sua empresa (custo de oportunidade).

Conclusão, o **valor econômico agregado** (ou *Economic Value Added* – **EVA**) é obtido:

EVA = Lucro operacional após o IR – Custo do capital total

Gabarito: **B**

INSTRUÇÕES: Considere os dados abaixo para responder às questões de **números 27 e 28**.

Em 2006 foram fornecidas as seguintes informações sobre a Cia. Rio Negro.

I. Dados relativos à apuração dos resultados no período.

Receitas de vendas	40.000,00
Custo dos Produtos Vendidos	(21.500,00)
Despesas de vendas	(5.500,00)
Despesas administrativas	(4.500,00)
Despesas gerais	(3.000,00)
Depreciações	(1.500,00)
Despesas financeiras	(3.000,00)
Provisão para IR e CSLL	(300,00)
Resultado Líquido	700,00

II. Dados financeiros complementares.

Capital operacional total dos investidores	10.000,00
Impostos incidentes sobre o capital operacional de investidores	10%
Capital próprio	4.000,00
Capital fixo	6.000,00
Impostos incidentes sobre as fontes de recursos	5%
Capital circulante	2.000,00

27ª QUESTÃO (TCE/AM – FCC – 2012): O valor do *Economic Value Aded* – EVA é

a) 100,00
b) 200,00
c) 300,00
d) 400,00
e) 600,00

☛ SOLUÇÃO

1º passo: Calcular o custo do capital dos investidores.

Custo do capital dos investidores = 5% × Capital operacional total dos investidores

Custo do capital dos investidores = 5% × 10.000,00
Custo do capital dos investidores = 500,00

2º passo: Calcular o EVA.

No mercado brasileiro, a fórmula correta do EVA é:

EVA = Lucro operacional após o IR – Custo do capital dos investidores

EVA = 700,00 – 500,00
EVA = 200,00

Gabarito: **B**

28ª QUESTÃO (TCE/AM – FCC – 2012): O retorno do patrimônio líquido é:

a) 7,0%
b) 14,0%
c) 11,7%
d) 17,5%
e) 35,0%

SOLUÇÃO

A rentabilidade do patrimônio líquido ou **retorno do patrimônio líquido** representa o retorno que os acionistas estão obtendo em relação aos seus investimentos realizados na empresa.

$$\text{Rentabilidade do PL} = \frac{\text{Lucro Líquido}}{\text{PL total ou médio}} \times 100\%$$

$$\text{Rentabilidade do PL} = \frac{700{,}00}{4.000{,}00} \times 100\%$$

Rentabilidade do PL = 17,5%

Gabarito: **D**

9. CAPITAL DE GIRO

Contabilmente existem divergências com relação a definição de **capital de giro** aplicadas por diferentes autores. Dentre essas divergências, existem autores que definem o **capital de giro** como o montante total do **ativo circulante**, enquanto que outros consideram o **capital de giro** o mesmo que **capital circulante líquido**.

Quando uma sociedade inicializa as suas atividades, **existem dois tipos de investimentos** realizados pelos sócios: **investimento fixo** e o **investimento de giro**.

O investimento fixo ou **capital fixo** é composto pelos bens que **não são consumidos** no ciclo operacional, mas que estão relacionados diretamente com as atividades operacionais de uma empresa (AÑC Imobilizado e AÑC Intangível) ou representam uma extensão das atividades operacionais em outras áreas, por exemplo, quando uma empresa adquire ações de uma coligada ou controlada (AÑC Investimentos).

Capital Fixo = AÑC (Investimentos + Imobilizado + Intangível)

O investimento de giro ou **capital de giro** é composto pelos recursos utilizados para suprir as necessidades financeiras de uma empresa ao longo do tempo e que **são consumidos** no ciclo operacional, pois representam os valores necessários para que os negócios de uma empresa girem.

Daí a expressão **capital de giro** que representa os recursos aplicados no caixa, estoques, duplicatas a receber, etc. e que são necessários para que uma empresa possa dar continuidade as suas atividades (manter os seus negócios em giro).

Por exemplo, os estoques de uma empresa são mantidos com a finalidade de atender as demandas do mercado consumidor, e quanto maior a demanda, maior será o investimento em estoques, e mais recursos financeiros a empresa deverá ter para suprir o aumento na demanda, portanto, os estoques estão continuamente sofrendo mudanças de investimentos, seja em itens ou quantidades.

Nas operações de compra e venda de uma empresa, pode ocorrer uma sobra ou falta de recursos financeiros em um determinado momento e caso isto ocorra, a empresa terá que utilizar recursos de terceiros como, por exemplo, um empréstimo bancário, para cumprir com as suas obrigações.

Portanto, a administração do **capital de giro** deve levar em consideração os prazos de compra e venda a prazo, para que a empresa **sempre tenha recursos financeiros disponíveis**.

Conclusão, o **capital de giro** demonstra a parte do investimento aplicado que está em constante movimentação nas empresas, tais como as disponibilidades e os valores realizáveis, diferenciando entre estes os estoques, as duplicatas a receber e excluindo-se os ativos pendentes como, por exemplo, as despesas do exercício seguinte.

Capital de Giro = AC – Despesas do exercício seguinte

MEMORIZAR PARA A PROVA

Capital de Giro Líquido = Capital Circulante Líquido = AC – PC

Capital de Giro Próprio = Capital Circulante Próprio = Excesso do PL sobre o AÑC

O **capital de giro próprio** representa a capacidade que uma empresa tem em financiar o seu **ciclo operacional** com recursos próprios.

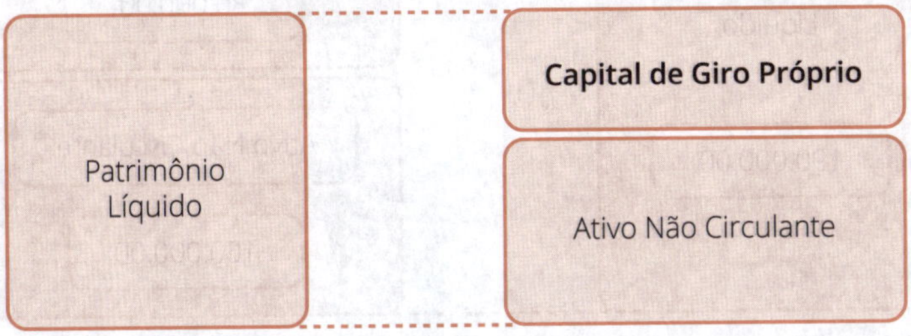

29ª QUESTÃO: Considerando somente as informações apresentadas no balanço patrimonial a seguir, pode-se afirmar que o excesso do patrimônio líquido sobre o ativo não circulante é no montante de 30.000,00.

Ativo		Passivo	
Ativo Circulante	140.000,00	Passivo Circulante	50.000,00
AÑC RLP	10.000,00	Passivo Não Circulante	60.000,00
AÑC Investimentos	35.000,00	Patrimônio Líquido	190.000,00
AÑC Imobilizado	100.000,00		
AÑC Intangível	15.000,00		
Total	300.000,00	Total	300.000,00

( ) Certo

( ) Errado

SOLUÇÃO

1º passo: Calcular o ativo não circulante.

AÑC = RLP + Investimentos + Imobilizado + Intangível

AÑC = 10.000,00 + 35.000,00 + 100.000,00 + 15.000,00
AÑC = 160.000,00

2º passo: Calcular o excesso do patrimônio líquido sobre o ativo não circulante.

Excesso do PL sobre o AÑC = PL – AÑC

Excesso do PL sobre o AÑC = 190.000,00 – 160.000,00
Excesso do PL sobre o AÑC = 30.000,00

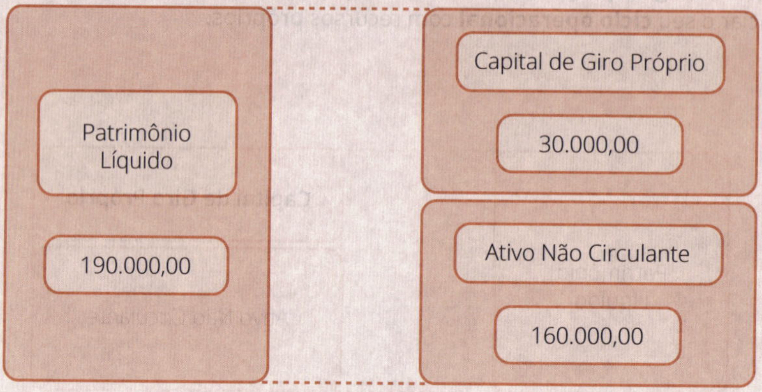

ATENÇÃO, caso o exercício pedisse o montante do capital de giro, do capital de giro líquido e do capital de giro próprio, teríamos:

Capital de Giro = AC – Despesas do exercício seguinte

Capital de giro = 140.000,00

Capital de Giro Líquido = AC – PC

CGL = 140.000,00 – 50.000,00 = 90.000,00

Capital de Giro Próprio = **Capital Circulante Próprio** = Excesso do PL sobre o AÑC

Capital de giro próprio = 30.000,00

Conclusão, a empresa apresenta um **capital de giro** no valor de 140.000,00, um **capital de giro líquido** de 90.000,00 e um **capital de giro próprio** de 30.000,00.

Gabarito: **Certo**

9.1 NECESSIDADE DE CAPITAL DE GIRO

Para entendermos o conceito de **necessidade de capital de giro** (NCG) ou **investimento operacional em giro** (IOG), temos que analisar o ativo circulante e o passivo circulante. De acordo com as operações de uma empresa, o ativo circulante e o passivo circulante encontram-se divididos em duas partes distintas: uma relacionada com as **atividades operacionais** do próprio negócio, que tem características cíclicas e são permanentes, pois são essências a manutenção dos negócios da empresa; e a outra que estão relacionadas com as **atividades financeiras** da empresa e possuem características de sazonalidades.

Na maioria das empresas, como as saídas de caixa ocorrem antes das entradas de caixa, surge uma **necessidade de recursos financeiros** que corresponde a uma **diferença** entre o ativo circulante operacional ou **ativo circulante cíclico** e o passivo circulante operacional ou **passivo circulante cíclico**.

A essa diferença entre as contas operacionais, denominamos de **necessidade de capital de giro** que representa a parte do ativo circulante operacional que não é financiada pelo passivo circulante operacional, mas que deve ser financiada por passivos financeiros de curto ou longo prazos.

NCG = AC operacional – PC operacional

MEMORIZAR PARA A PROVA

Portanto, de acordo com as operações de uma empresa, o ativo circulante e o passivo circulante são compostos por dois grupos distintos de contas:

a) contas operacionais **ou** contas cíclicas

b) contas financeiras **ou** contas erráticas

Conclusão:

AC = AC operacional + AC financeiro

PC = PC operacional + PC financeiro

9.2 CONTAS CÍCLICAS

As contas cíclicas ou **contas operacionais** estão relacionadas diretamente com as atividades operacionais de uma empresa.

Ativo Circulante Cíclico	Passivo Circulante Cíclico
Duplicatas a Receber Mercadorias Adiantamento a Fornecedores Despesas do Exercício Seguinte ICMS a Recuperar	Duplicadas a Pagar Fornecedores Adiantamento de Clientes Salários a Pagar ICMS a Recolher

9.3 CONTAS ERRÁTICAS

As contas erráticas ou **contas financeiras** estão relacionadas diretamente com as atividades financeiras de uma empresa.

Ativo Circulante Errático	Passivo Circulante Errático
Caixa BCM Aplicações de Liquidez Imediata Dividendos a Receber Empréstimos Concedidos	Duplicatas Descontadas Dividendos a Pagar Empréstimos Financiamentos Debêntures a Pagar

9.4 SALDO DE TESOURARIA

O **saldo de tesouraria** (ST) é obtido mediante a diferença entre o ativo circulante financeiro ou **ativo circulante errático** e o passivo circulante financeiro ou **passivo circulante errático**, conforme expressão a seguir:

$$ST = AC\ financeiro - PC\ financeiro$$

Quando o saldo de tesouraria for menor do que zero, significa que a empresa possui obrigações vencíveis no curto prazo contraídas junto a instituições financeiras com a finalidade de financiar o seu capital de giro.

9.5 EFEITO TESOURA

O efeito tesoura ou ***overtrading*** ocorre quando um aumento excessivo e contínuo nas vendas a prazo, faça com que uma empresa não possua capital de giro suficiente para o financiamento das respectivas vendas.

MEMORIZAR PARA A PROVA

CCL = AC – PC

CCL = AC operacional + AC financeiro – (PC operacional + PC financeiro)

CCL = AC operacional + AC financeiro – PC operacional – PC financeiro

I: CCL = (AC operacional – PC operacional) + (AC financeiro – PC financeiro)

II: NCG = AC operacional – PC operacional

III: ST = AC financeiro – PC financeiro

Substituindo II e III em I, temos:

CCL = NCG + ST

NCG = CCL – ST

Conclusão, a necessidade de capital de giro, mostra à diferença entre o capital circulante líquido e o saldo de tesouraria.

AC operacional > PC operacional	Situação normal na maioria das empresas e nesse caso a empresa necessita de capital de giro no valor de: NCG = AC operacional – PC operacional > 0,00
AC operacional = PC operacional	Situação de equilíbrio e nesse caso a empresa não necessita de capital de giro. NCG = AC operacional – PC operacional = 0,00

AC operacional < PC operacional

Nesse caso a empresa possui mais financiamentos operacionais (PC operacional) do que investimentos operacionais (AC operacional), o que caracteriza a sobra de recursos das atividades operacionais, que podem ser aplicados no mercado financeiro.

NCG = AC operacional – PC operacional < 0,00

NCG = AC operacional – PC operacional **ou** NCG = AC cíclico – PC cíclico

ST = AC financeiro – PC financeiro **ou** ST = AC errático – PC errático

30ª QUESTÃO: A empresa Amarela em relação aos seus ativos e passivos circulantes apresentou os seguintes valores nos exercícios de 2017,2018 e 2019:

Ativo	2017	2018	2019	Passivo	2017	2018	2019
Caixa	500,00	300,00	200,00	Fornecedores	600,00	600,00	600,00
Clientes	1.500,00	1.700,00	1.800,00	Empréstimos CP	400,00	400,00	400,00
Imóvel	10.000,00	10.000,00	10.000,00	Capital	11.000,00	11.000,00	11.000,00
Total	12.000,00	12.000,00	12.000,00	Total	12.000,00	12.000,00	12.000,00

Considerando essas informações, assinale a alternativa correta.

a) A possibilidade de efeito tesoura no exercício de 2017 foi negativa de 0,11.
b) A possibilidade de efeito tesoura no exercício de 2018 foi positiva de 0,07.
c) A possibilidade de efeito tesoura no exercício de 2019 foi negativa de 0,29.
d) A possibilidade de efeito tesoura no exercício de 2017 foi negativa de 0,07.

SOLUÇÃO

1º passo: Calcular a necessidade de capital de giro, o saldo em tesouraria e o capital circulante líquido do exercício de 2017.

AC operacional de 2017 = Clientes em 2017

AC operacional de 2017 = 1.500,00

PC operacional de 2017 = Fornecedores em 2017

PC operacional de 2017 = 600,00

AC financeiro de 2017 = Caixa em 2017

AC financeiro de 2017 = 500,00

PC financeiro de 2017 = Empréstimos em 2017

PC financeiro de 2017 = 400,00

NCG de 2017 = AC operacional de 2017 – PC operacional de 2017

NCG de 2017 = 1.500,00 – 600,00 = 900,00

ST de 2017 = AC financeiro de 2017 – PC financeiro de 2017

ST de 2017 = 500,00 – 400,00 = 100,00

CCL de 2017 = AC em 2017 – PC em 2017

CCL de 2017 = 2.000,00 – 1.000,00 = 1.000,00

2º passo: Calcular a necessidade de capital de giro, o saldo em tesouraria e o capital circulante líquido do exercício de 2018.

AC operacional de 2018 = Clientes em 2018

AC operacional de 2018 = 1.700,00

PC operacional de 2018 = Fornecedores em 2018

PC operacional de 2018 = 600,00

AC financeiro de 2018 = Caixa em 2018

AC financeiro de 2018 = 300,00

PC financeiro de 2018 = Empréstimos em 2018

PC financeiro de 2018 = 400,00

NCG de 2018 = AC operacional de 2018 – PC operacional de 2018

NCG de 2018 = 1.700,00 – 600,00 = 1.100,00

ST de 2018 = AC financeiro de 2018 – PC financeiro de 2018

ST de 2018 = 300,00 – 400,00 = (100,00)

CCL de 2018 = AC em 2018 – PC em 2018

CCL de 2018 = 2.000,00 – 1.000,00 = 1.000,00

3º passo: Calcular a necessidade de capital de giro, o saldo em tesouraria e o capital circulante líquido do exercício de 2019.

AC operacional de 2019 = Clientes em 2019

AC operacional de 2019 = 1.800,00

PC operacional de 2019 = Fornecedores em 2019

PC operacional de 2019 = 600,00

AC financeiro de 2019 = Caixa em 2019

AC financeiro de 2019 = 200,00

PC financeiro de 2019 = Empréstimos em 2019

PC financeiro de 2019 = 400,00

NCG de 2019 = AC operacional de 2019 – PC operacional de 2019

NCG de 2019 = 1.800,00 – 600,00 = 1.200,00

ST de 2019 = AC financeiro de 2019 – PC financeiro de 2019

ST de 2019 = 200,00 – 400,00 = (200,00)

CCL de 2019 = AC em 2017 – PC em 2019

CCL de 2019 = 2.000,00 – 1.000,00 = 1.000,00

Analisando a situação da empresa nos três anos consecutivos, podemos observar que ela está sofrendo o efeito tesoura, embora o CCL e a liquidez corrente permaneçam constante.

$$\text{Liquidez Corrente} = \frac{\text{Ativo Circulante}}{\text{Passivo Circulante}}$$

$$\text{LC de 2017} = \text{LC de 2018} = \text{LC de 2019} = \frac{2.000,00}{1.000,00} = 2,0$$

4º passo: Calcular a possibilidade de efeito tesoura nos exercícios de 2017, 2018 e 2019. Montando o gráfico a seguir, podemos observar o efeito tesoura:

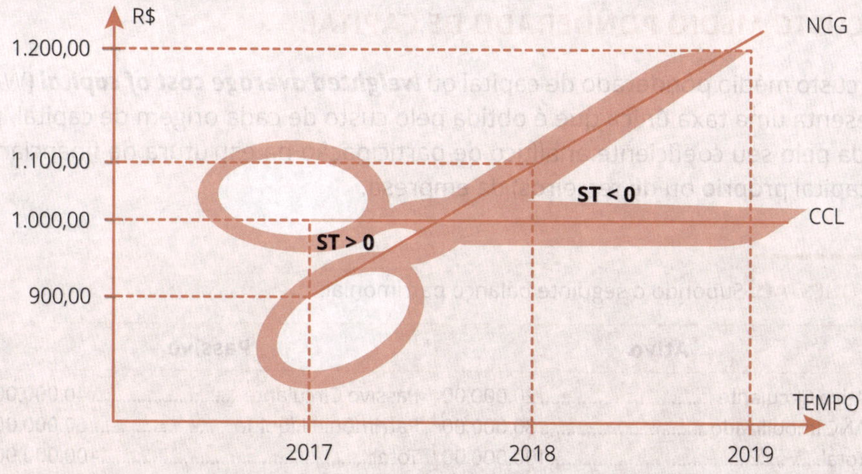

CONCLUSÃO, houve um crescimento nas vendas a prazo do exercício de 2017 até 2019, resultando em um **saldo de tesouraria** (ST) **negativo**. Em outras palavras, a empresa apresentou um saldo de **passivo circulante financeiro maior do que o ativo circulante financeiro**, e como consequência desse efeito tesoura, temos um aumento no risco do negócio que pode ocasionar um risco de insolvência.

Uma forma de demonstrarmos o surgimento do efeito tesoura é por meio da seguinte fórmula:

$$\text{Possibilidade de Efeito Tesoura} = \frac{\text{Saldo de Tesouraria}}{\text{NCG}}$$

Analisando a possibilidade de efeito tesoura nos anos 1, 2 e 3, temos:

$$\text{Possibilidade de Efeito Tesoura em 2017} = \frac{\text{Saldo de Tesouraria 2017}}{\text{NCG 2017}} = \frac{100{,}00}{900{,}00} = \text{positiva de 0,11}$$

$$\text{Possibilidade de Efeito Tesoura em 2018} = \frac{\text{Saldo de Tesouraria 2018}}{\text{NCG 2018}} = \frac{(100{,}00)}{1.100{,}00} = \text{negativa de 0,07}$$

$$\text{Possibilidade de Efeito Tesoura em 2019} = \frac{\text{Saldo de Tesouraria 2019}}{\text{NCG 2019}} = \frac{(400{,}00)}{1.400{,}00} = \text{negativa de 0,29}$$

Como podemos observar, o **aumento negativo** na **possibilidade de efeito tesoura** indica que a empresa está **sofrendo o efeito tesoura**, pois o aumento negativo no saldo de tesouraria (ST) pressiona a empresa aumentar o seu endividamento, estando sujeita a uma incidência cada vez maior de juros, até chegar a uma provável insolvência com os credores.

Gabarito: **C**

10. CUSTO MÉDIO PONDERADO DE CAPITAL

O custo médio ponderado de capital ou ***weighted average cost of capital*** (WACC) representa uma taxa única que é obtida pelo custo de cada origem de capital, ponderada pelo seu coeficiente analítico de participação na estrutura de financiamentos (capital próprio ou de terceiros) da empresa.

31ª QUESTÃO: Supondo o seguinte balanço patrimonial:

Ativo		Passivo	
Ativo Circulante	20.000,00	Passivo Circulante	40.000,00
AÑC Imobilizado	80.000,00	Patrimônio Líquido	60.000,00
Total	100.000,00	Total	100.000,00

Sabendo-se que a remuneração requerida pelos acionistas é de 20% e o custo da dívida é de 10%, o custo médio ponderado de capital da empresa é 16%.

( ) Certo

( ) Errado

☛ SOLUÇÃO

$$\text{Capital Total} = \text{Capital de Terceiros} + \text{Capital Próprio}$$

Capital Total = 40.000,00 + 60.000,00 = 100.000,00

$$\text{Coeficiente analítico de participação do CTe} = \frac{\text{Capital de Terceiros}}{\text{Capital Total}} \times 100\%$$

$$\text{Coeficiente analítico de participação do CTe} = \frac{40.000,00}{100.000,00} \times 100\% = 40\%$$

$$\text{Coeficiente analítico de participação do CPr} = \frac{\text{Capital Próprio}}{\text{Capital Total}} \times 100\%$$

$$\text{Coeficiente analítico de participação do CPr} = \frac{60.000,00}{100.000,00} \times 100\% = 60\%$$

$$\text{CMPC} = \text{Custo das dívidas} \times \text{Coeficiente do CTe} + \text{Custo dos acionistas} \times \text{Coeficiente do CPr}$$

CMPC = 10% × 40% + 20% × 60%
CMPC = 16%

Gabarito: **Certo**

32ª QUESTÃO (AFC – STN – Contábil – ESAF – 2013): A empresa Domínio S.A. tem três oportunidades de investimento. Sua estrutura de capital atual e os projetos oferecem as condições a seguir:

Estrutura de Capital		
Estrutura	**Volume**	**Custo**
Dívida de longo prazo	40.000,00	8,5%
Ações preferenciais com dividendo fixo	25.000,00	3,0%
Ações ordinárias com dividendo mínimo esperado de 5%	35.000,00	5,0%
Total	100.000,00	

Projetos	Taxa retorno gerada
Projeto A	6,50%
Projeto B	5,75%
Projeto C	6,00%

Considerando que a governança da empresa estabelece que investimentos somente devem ser efetuados quando a taxa de retorno do investimento superar o WACC (Custo Médio ponderado de Capital), pode-se afirmar que o investimento:

a) A, B e C são inviáveis.
b) A e B são viáveis.
c) B e C são inviáveis.
d) A e C são viáveis.
e) somente o A é viável.

SOLUÇÃO

1º passo: Calcular o coeficiente analítico de participação da dívida (**K d**).

$$\text{Coeficiente analítico de participação da dívida} = \frac{\text{Dívida}}{\text{Capital total}} \times 100\%$$

$$\text{Coeficiente analítico de participação da dívida} = \frac{40.000,00}{100.000,00} \times 100\% = 40\%$$

2º passo: Calcular o coeficiente analítico de participação das ações preferenciais (**K ap**).

$$\text{Coeficiente analítico de participação das ações preferenciais} = \frac{\text{Ações preferenciais}}{\text{Capital total}} \times 100\%$$

$$\text{Coeficiente analítico de participação das ações preferenciais} = \frac{25.000,00}{100.000,00} \times 100\% = 25\%$$

3º passo: Calcular o coeficiente analítico de participação das ações ordinárias (**K ao**).

$$\text{Coeficiente analítico de participação das ações ordinárias} = \frac{\text{Ações ordinárias}}{\text{Capital total}} \times 100\%$$

$$\text{Coeficiente analítico de participação das ações ordinárias} = \frac{35.000,00}{100.000,00} \times 100\% = 35\%$$

4º passo: Calcular o custo médio ponderado de capital.

CMPC = K d × Custo da dívida + K ap × Custo das preferenciais + K ao × Custo das ordinárias

CMPC = 40% × 8,5% + 25% × 3,0% + 35% × 5,0%
CMPC = 5,9%

Comparando a taxa de retorno dos projetos com a taxa do CMPC, temos:

Projetos	Taxa retorno gerada	CMPC	Viabilidade do Projeto
Projeto A	6,50%	5,90%	**Sim**, pois a taxa de retorno gerada é **superior** ao CMPC
Projeto B	5,75%	5,90%	**Não**, pois a taxa de retorno gerada é **inferior** ao CMPC
Projeto C	6,00%	5,90%	**Sim**, pois a taxa de retorno gerada é **superior** ao CMPC

Conclusão, apenas os projetos A e C são viáveis.

Gabarito: **D**

11. GRAU DE ALAVANCAGEM

O termo **alavancagem** é uma técnica utilizada para **multiplicar a rentabilidade** das entidades com a **utilização de capitais de terceiros**. O aumento da rentabilidade proporcionado pela alavancagem aumenta a probabilidade de riscos na operação e também a de uma provável insolvência. Uma empresa tem as suas origens de recursos provenientes dos capitais de terceiros (PC + PÑC) e de capitais próprios (PL).

Por exemplo, uma empresa com um ativo no valor de 100.000,00, que apresente um capital de terceiros no montante de 60.000,00 e um capital próprio de 40.000,00, tem nesse caso, 60% do capital aplicado no ativo financiados por capitais de terceiros e 40%, por capitais próprios.

11.1 GRAU DE ALAVANCAGEM FINANCEIRA

O **grau de alavancagem financeira** (GAF) mensura o grau de eficiência na utilização de capitais de terceiros com a finalidade de alavancar a rentabilidade do capital próprio, que pode ser negativa ou **desfavorável**, nula ou **indiferente** e positiva ou **favorável**.

33ª QUESTÃO: A empresa Amarela por ocasião do encerramento do exercício em 31/12/2018 apresentou as seguintes demonstrações contábeis:

Ativo		Passivo	
Ativo Circulante	30.000,00	Passivo Circulante	0,00
AÑC	70.000,00	Patrimônio Líquido	100.000,00
Total	100.000,00	Total	100.000,00

ATENÇÃO, como podemos observar, no balanço não existe **capital de terceiros** (CTe).

Demonstração do Resultado do Exercício	
Vendas Brutas	90.000,00
– CMV	(50.000,00)
= Lucro Bruto	40.000,00
– Despesas administrativas	(20.000,00)
– **Despesas financeiras**	**0,00**
= Lucro Líquido	20.000,00

Podemos afirmar que a rentabilidade do capital próprio foi de 20%.

( ) Certo
( ) Errado

SOLUÇÃO

Calculando a rentabilidade do capital próprio, temos:

$$\text{Rentabilidade do capital próprio sem a utilização de CTe} = \frac{\text{Lucro Líquido}}{\text{Capital Próprio}} \times 100\%$$

$$\text{Rentabilidade do capital próprio sem a utilização de CTe} = \frac{20.000,00}{100.000,00} \times 100\% = 20\%$$

Gabarito: **Certo**

34ª QUESTÃO: A empresa Amarela por ocasião do encerramento do exercício em 31/12/2018 apresentou as seguintes demonstrações contábeis:

Ativo		Passivo	
Ativo Circulante	30.000,00	Passivo Circulante	20.000,00
AÑC	70.000,00	Patrimônio Líquido	80.000,00
Total	100.000,00	Total	100.000,00

ATENÇÃO, como podemos observar, no balanço **existe um capital de terceiros** (CTe) no valor de 20.000,00.

Demonstração do Resultado do Exercício	
Vendas Brutas	90.000,00
– CMV	(50.000,00)
= Lucro Bruto	40.000,00
– Despesas administrativas	(20.000,00)
– Despesas financeiras	**(2.000,00)**
= Lucro Líquido	18.000,00

Podemos afirmar que a rentabilidade do capital próprio o grau de alavancagem financeira foi de 1,125.

( ) Certo

( ) Errado

☛ SOLUÇÃO

1º passo: Calcular a rentabilidade do capital próprio com a utilização do CTe.

$$\text{Rentabilidade do capital próprio } \textbf{com} \text{ a utilização de CTe} = \frac{\text{Lucro Líquido}}{\text{Capital Próprio}} \times 100\%$$

$$\text{Rentabilidade do capital próprio com a utilização de CTe} = \frac{18.000,00}{80.000,00} \times 100\% = 22,5\%$$

2º passo: Calcular o grau de alavancagem financeira.

O **grau de alavancagem financeira** mensura o grau de eficiência na utilização de capitais de terceiros com a finalidade de alavancar a rentabilidade do capital próprio. O grau de alavancagem financeira é obtido por meio da seguinte fórmula:

$$GAF = \frac{\text{Rentabilidade do capital próprio } \textbf{com} \text{ a utilização de capital de terceiros}}{\text{Rentabilidade do capital próprio } \textbf{sem} \text{ a utilização de capital de terceiros}}$$

$$GAF = \frac{22{,}5\%}{20\%} = 1{,}125$$

Interpretação

O GAF de 1,125 significa que a empresa utilizando **capital de terceiros** tem uma rentabilidade sobre o capital próprio de 12,5% **superior** a rentabilidade que teria, se **todo o ativo** fosse financiado apenas com capital próprio.

Gabarito: **Certo**

Conclusão, o **grau de alavancagem financeira** (GAF) é calculado em função do lucro líquido, das despesas financeiras, do ativo médio e do PL. Portanto, o **grau de alavancagem financeira** é calculado por meio da seguinte fórmula:

$$\text{Rentabilidade do capital próprio } \textbf{com a utilização} \text{ de CTe} = \frac{\text{Lucro Líquido}}{\text{Patrimônio Líquido}}$$

$$\text{Rentabilidade do capital próprio } \textbf{sem a utilização} \text{ de CTe} = \frac{\text{LL + Despesas Financeiras}}{\text{Ativo líquido}}$$

Do balanço patrimonial, temos:

Ativo	**Passivo**
	Passivo operacional.................................. a,00 Passivo financeiro .... b,00 Patrimônio Líquido c,00
Total...x,00	Total..x,00

Ativo = Passivo operacional + Passivo financeiro + PL
Ativo – Passivo operacional = Passivo financeiro + PL

Ativo líquido = Ativo – Passivo operacional = Passivo financeiro + PL

A fórmula mais completa do GAF é:

$$GAF = \frac{\dfrac{\text{Lucro Líquido}}{\text{Patrimônio Líquido}}}{\dfrac{\text{Lucro Líquido + Despesas Financeiras}}{\text{Ativo líquido}}}$$

MEMORIZAR PARA A PROVA

GAF > 1	A alavancagem financeira é **favorável**, pois com a utilização de capitais de terceiros a rentabilidade do PL **aumenta**.
GAF = 1	A alavancagem financeira é **indiferente**, pois com a utilização de capitais de terceiros a rentabilidade do PL **não se altera**.
GAF < 1	A alavancagem financeira é **desfavorável**, pois com a utilização de capitais de terceiros a rentabilidade do PL **reduz**.

11.2 GRAU DE ALAVANCAGEM OPERACIONAL

O efeito da alavancagem operacional está relacionado com os custos fixos de uma empresa que ao serem apropriados para um volume maior de produção, faz com que o custo unitário do produto seja reduzido. Dependendo do valor desses custos fixos, eles podem constituir riscos para a continuidade das atividades operacionais de uma empresa, com isso o grau de alavancagem operacional tem por finalidade medir a proporção desses riscos.

O **grau de alavancagem operacional** (GAO) mensura a variação percentual do lucro sobre vendas (Δ% L) em função da variação percentual da quantidade de vendas (Δ% Q). O grau de alavancagem operacional pode ser calculado por meio da seguinte fórmula:

$$GAO \times \Delta\%\ Q = \Delta\%\ L \quad \rightarrow \quad GAO = \frac{\Delta\%\ L}{\Delta\%\ Q}$$

35ª Questão (ACE – MDIC – ESAF – 2012): A empresa Crescimento S.A. obteve a seguinte evolução em seus resultados:

Itens	2012	2011	2010	2009
Receita total	5.000.000,00	4.500.000,00	4.000.000,00	3.000.000,00
Custo Variável	4.000.000,00	3.600.000,00	3.200.000,00	2.400.000,00
Despesa e Custo Fixo	400.000,00	360.000,00	350.000,00	240.000,00
Lucro	600.000,00	540.000,00	450.000,00	360.000,00
Quantidade produzida e vendida	1.300	1.100	1.000	800

Pode-se afirmar que a alavancagem operacional em 2011 é de:

a) 1,125
b) 2,000
c) 1,182
d) 1,000
e) 0,500

SOLUÇÃO

1º passo: Calcular a variação percentual do lucro sobre vendas.

$$\Delta\%\ \text{Lucro} = \frac{\text{Lucro de 2011} - \text{Lucro de 2010}}{\text{Lucro de 2010}}$$

$$\Delta\%\ \text{Lucro} = \frac{540.000{,}00 - 450.000{,}00}{450.000{,}00} = 20\%$$

2º passo: Calcular a variação percentual da quantidade de vendas.

$$\Delta\%\ \text{Quantidade} = \frac{\text{Quantidade de 2011} - \text{Quantidade de 2010}}{\text{Quantidade de 2010}}$$

$$\Delta\%\ \text{Quantidade} = \frac{1.100 - 1.000}{1.000} = 10\%$$

3º passo: Calcular o grau de alavancagem operacional.

$$GAO = \frac{\Delta\%\ L}{\Delta\%\ Q}$$

$$GAO = \frac{20\%}{10\%} = 2{,}000$$

Gabarito: **B**

11.2.1 GAO EM FUNÇÃO DAS VENDAS E CUSTOS

O **grau de alavancagem operacional** (GAO) também pode ser calculado em função do preço de venda unitário (V), da quantidade produzida e vendida (Q), dos custos e despesas variáveis unitários (C) e dos custos e despesas fixos totais (F). Em função dessas variáveis, o GAO será:

L_F = Lucro **após** o aumento das vendas

L = Lucro **antes** do aumento das vendas

Q_F = Quantidade produzida e vendida **após** o aumento

Q = Quantidade produzida e vendida **antes** do aumento

I: $L_F = Q_F \times (V - C) - F$

II: $L = Q \times (V - C) - F$

III: $\Delta\% \, L = \dfrac{L_F - L}{L}$

Substituindo I e II em III, temos:

$$\Delta\% \, L = \frac{Q_F \times (V - C) - F - [Q \times (V - C) - F]}{Q \times (V - C) - F}$$

$$\Delta\% \, L = \frac{Q_F \times (V - C) - F - Q \times (V - C) + F}{Q \times (V - C) - F} = \frac{Q_F \times (V - C) - Q \times (V - C)}{Q \times (V - C) - F} = \frac{(Q_F - Q) \times (V - C)}{Q \times (V - C) - F}$$

IV: $\Delta\% \, L = \dfrac{(Q_F - Q) \times (V - C)}{Q \times (V - C) - F}$

V: $\Delta\% \, Q = \dfrac{Q_F - Q}{Q}$

VI: $GAO = \dfrac{\Delta\% \, L}{\Delta\% \, Q}$

Substituindo IV e V em VI, temos:

$$GAO = \frac{\dfrac{(Q_F - Q) \times (V - C)}{Q \times (V - C) - F}}{\dfrac{Q_F - Q}{Q}} = \frac{(Q_F - Q) \times (V - C)}{Q \times (V - C) - F} \times \frac{Q}{Q_F - Q}$$

Conclusão, o **grau de alavancagem operacional** (GAO) em função do preço de venda unitário (V), da quantidade produzida e vendida (Q), dos custos e despesas variáveis unitários (C) e dos custos e despesas fixos totais (F) será:

$$GAO = \frac{Q \times (V - C)}{Q \times (V - C) - F}$$

36ª QUESTÃO: A empresa Amarela no encerramento do exercício de 2015 obteve um lucro bruto no valor de 400.000,00 e um saldo acumulado de vendas de 2.000.000,00. Sabendo-se que o preço de venda unitário é de 2.000,00 e o seu custo variável unitário é de 600,00, o grau de alavancagem operacional da empresa Amarela é igual a:

a) 3,5
b) 4,0
c) 4,5
d) 5,0
e) 5,5

☛ SOLUÇÃO

1º passo: Calcular a quantidade produzida e vendida (Q).

$$Q = \frac{\text{Vendas}}{\text{Preço unitário de vendas}}$$

$$Q = \frac{2.000.000{,}00}{2.000{,}00} = 1.000 \text{ unidades}$$

2º passo: Calcular o custo fixo total (F).

Lucro Bruto = Vendas – Custos Fixos – Custos Variáveis

400.000,00 = 2.000.000,00 – F – 600,00/u × 1.000 u
400.000,00 = 2.000.000,00 – F – 600.000,00
F = 1.000.000,00

3º passo: Calcular o grau de alavancagem operacional.

$$GAO = \frac{Q \times (V - C)}{Q \times (V - C) - F}$$

$$GAO = \frac{1.000 \times (2.000{,}00 - 600{,}00)}{1.000 \times (2.000{,}00 - 600{,}00) - 1.000.000{,}00} = 3{,}5$$

Gabarito: **A**

11.3 GRAU DE ALAVANCAGEM COMBINADA

O **grau de alavancagem combinada** (GAC) mensura a capacidade que uma empresa tem na utilização de custos fixos operacionais e financeiros, com a finalidade de aumentar a variação nas suas vendas.

$$GAC = GAF \times GAO$$

37ª QUESTÃO (AFC – STN – Contábil – ESAF – 2013): Levando-se em consideração o quadro a seguir, a alavancagem operacional, financeira e combinada são, respectivamente:

DRE		Nível Base	1,5	1,2
Vendas em unidades		20.000	30.000	24.000
Receitas de Vendas	5,00 unitário	100.000,00	150.000,00	120.000,00
Menos: Custo operacional variável	2,00 unitário	40.000,00	60.000,00	48.000,00
Menos: Custo operacional fixo		10.000,00	10.000,00	10.000,00
Lucro antes do IR (Lajir)		50.000,00	80.000,00	62.000,00
Juros		20.000,00	20.000,00	20.000,00
Lucro Líquido antes do IR		30.000,00	60.000,00	42.000,00
IR	40%	12.000,00	24.000,00	16.800,00
Lucro Líquido depois do IR		18.000,00	36.000,00	25.200,00
Dividendos ações preferenciais		12.000,00	12.000,00	12.000,00
Lucro disponível ações ordinárias		6.000,00	24.000,00	13.200,00
Lucro por ação (5.000 ações ordinárias)	5.000	1,20	4,80	2,64

a) 4,00; 1,50; 5,50
b) 5,00; 1,30; 5,00
c) 6,00; 3,00; 4,50
d) 1,20; 5,00; 6,00
e) 4,50; 3,00; 6,00

SOLUÇÃO

1º passo: Calcular o grau de alavancagem operacional.

$$GAO = \frac{\Delta\%\ L}{\Delta\%\ Q}$$

Da tabela, temos:

DRE	Nível Base	1,5	1,2
Vendas em unidades	20.000	30.000	24.000
Lucro antes do IR (Lajir)	50.000,00	80.000,00	62.000,00

$$\Delta\% \text{ lucro operacional } 1 = \frac{80.000,00 - 50.000,00}{50.000,00} \times 100\% = 60\%$$

$$\Delta\% \ Q\ 1 = \frac{30.000 - 20.000}{20.000} \times 100\% = 50\%$$

$$\text{GAO } 1 = \frac{60\%}{50\%} = 1,20$$

$$\Delta\% \text{ lucro operacional } 2 = \frac{62.000,00 - 50.000,00}{50.000,00} \times 100\% = 24\%$$

$$\Delta\% \ Q\ 2 = \frac{24.000 - 20.000}{20.000} \times 100\% = 20\%$$

$$\text{GAO } 2 = \frac{24\%}{20\%} = 1,20$$

SOLUÇÃO NA PROVA

Na prova, multiplicamos o **grau de alavancagem operacional** pelo **grau de alavancagem financeira** para obtermos o **grau de alavancagem combinada**. Conclusão, a resposta será a alternativa que apresente como resultado da multiplicação, o **grau de alavancagem combinada**. Analisando as alternativas, temos:

a) Errada. GAC = 4,00 × 1,50 = 6,00 ≠ 5,50

b) Errada. GAC = 5,00 × 1,30 = 6,50 ≠ 5,00

c) Errada. GAC = 6,00 × 3,00 = 18,00 ≠ 4,50

d) Correta. GAC = 1,20 × 5,00 = 6,00

e) Errada. GAC = 4,50 × 3,00 = 13,50 ≠ 6,00

Gabarito: **D**

12. MODELO DE *DUPONT*

O **modelo de *DuPont*** identifica as áreas de desempenho financeiro de uma empresa e analisa concomitantemente o balanço patrimonial (**giro do ativo**) e a demonstração de resultado do exercício (**margem líquida**) com a finalidade de obter a taxa de retorno sobre o investimento, ou seja, o poder de ganho de uma empresa. Na **análise de *DuPont***, o produto da **margem líquida** que mensura a **lucratividade** sobre as vendas, com o **giro do ativo**, que identifica se a empresa apresentou **produtividade**, ou seja, se utilizou de forma eficiente os seus ativos para geração de vendas, resulta na taxa de retorno sobre o ativo total.

O **giro do ativo** demonstra o montante das vendas líquidas realizadas pela empresa para cada real de investimento total ou ativo total.

$$\text{Giro do ativo} = \frac{\text{Vendas Líquidas}}{\text{Ativo total ou médio}}$$

A **margem líquida** compara o lucro líquido do exercício com as vendas líquidas, tendo como resultado, o percentual das vendas líquidas convertido em lucro líquido gerado pela empresa.

$$\text{Margem Líquida} = \frac{\text{Lucro Líquido}}{\text{Vendas Líquidas}} \times 100\%$$

O **modelo de *DuPont*** se utiliza de fórmulas para analisar a participação da **lucratividade** e da **produtividade** para calcular o retorno do ativo, o retorno do ativo operacional e o retorno do capital próprio de uma empresa.

12.1 MODELO DE *DUPONT* PARA RETORNO DO ATIVO

O modelo de *DuPont* para análise do **retorno do ativo** em função do **giro do ativo** e da **margem líquida** é:

$$\text{Retorno do ativo} = \text{Giro do ativo} \times \text{Margem líquida}$$

O modelo de *DuPont* para análise do **retorno do ativo** em função do **lucro líquido** e do **ativo total ou médio** é:

$$\text{Retorno do ativo} = \frac{\text{Lucro Líquido}}{\text{Ativo total ou médio}} \times 100\%$$

12.2 MODELO DE *DUPONT* PARA RETORNO DO ATIVO OPERACIONAL

O modelo de *DuPont* para análise do **retorno do ativo operacional** em função do **giro do ativo operacional** e da **margem operacional** é:

Rentabilidade do ativo operacional = Giro do ativo operacional × Margem operacional

O modelo de *DuPont* para análise do **retorno do ativo operacional** em função das **vendas líquidas** e do **ativo operacional total** é:

$$\text{Retorno do ativo operacional} = \frac{\text{Lucro operacional}}{\text{Ativo operacional total ou médio}} \times 100\%$$

Nota: O ativo operacional é:

Ativo operacional = AC + AÑC Imobilizado + AÑC Intangível

12.3 MODELO DE *DUPONT* PARA RETORNO DO CAPITAL PRÓPRIO

O modelo de *DuPont* para análise do **retorno do Capital Próprio** é:

$$\text{Retorno do Capital Próprio} = \frac{\text{Lucro Líquido}}{\text{PL total ou médio}} \times 100\%$$

38ª QUESTÃO (SEFAZ – RS – CESPE – 2019): Se, no ano de 2017, uma empresa tiver obtido receitas de vendas líquidas no valor de 500.000,00 e, nesse mesmo ano, o giro do ativo da empresa houver sido de 0,5 vez e a rentabilidade do seu ativo tiver ficado em 20%, então, nessa situação hipotética, o lucro líquido dessa empresa no mesmo período alcançou o valor de:

a) 100.000,00
b) 200.000,00
c) 250.000,00
d) 1.000.000,00
e) 5.000.000,00

☛ SOLUÇÃO

1º passo: Calcular a margem líquida.

A **rentabilidade do ativo** demonstra o percentual de lucro que a empresa obteve nas suas operações por real investido. A **rentabilidade do ativo** pode ser obtida a partir da **equação *DuPont***, que indica a rentabilidade vista de uma maneira gerencial, baseada na seguinte fórmula:

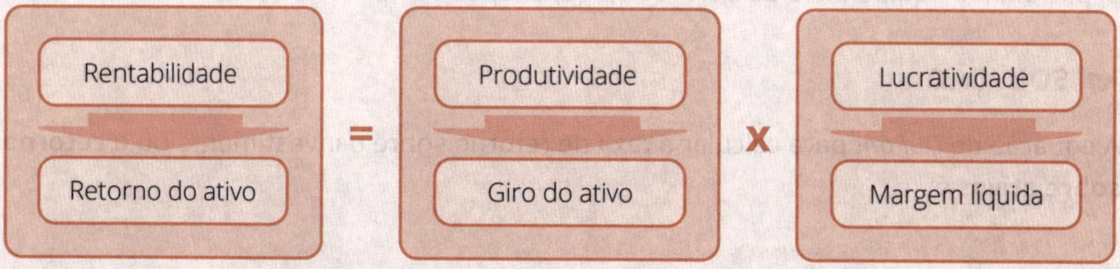

Da **equação de *DuPont*** acima, podemos observar que a empresa pode decompor o retorno do seu ativo em dois componentes:

- **produtividade** (eficiência no uso dos seus ativos) e **lucratividade** (lucro sobre as vendas).

Portanto, se a empresa apresentar um giro do ativo da empresa de 0,5 vez e a rentabilidade do seu ativo tiver ficado em 20%, temos:

$$\text{Retorno do Ativo} = \text{Giro do Ativo} \times \text{Margem Líquida}$$

$20\% = 0{,}5 \times \text{Margem Líquida}$

$\text{Margem Líquida} = 0{,}4$

2º passo: Calcular o lucro líquido.

Sabendo-se que empresa obteve receitas de venda líquidas no valor de 500.000,00, temos:

$$\text{Margem Líquida} = \frac{\text{Lucro Líquido}}{\text{Vendas Líquidas}} \times 100\%$$

$$0{,}4 = \frac{\text{Lucro Líquido}}{500.000{,}00} \times 100\%$$

$\text{Lucro Líquido} = 200.000{,}00$

Gabarito: **B**

39ª QUESTÃO (AFC – STN – Contábil – ESAF – 2013): O sistema de análise *DuPont* considera para o cálculo do ROA – retorno sobre ativos, o (a):

a) margem líquida vezes giro total do ativo.
b) ativo total dividido pelo patrimônio líquido.
c) lucro líquido depois do imposto de renda dividido pelo capital próprio mais o capital de terceiros.
d) lucro líquido após o imposto de renda dividido pelas vendas do período.
e) patrimônio líquido dividido pelo lucro líquido após o imposto de renda.

☛ SOLUÇÃO

A equação de *DuPont* para calcular a taxa de retorno sobre o investimento ou o **retorno sobre ativos** é:

Retorno sobre ativos = Giro do ativo (Produtividade) × Margem líquida (Lucratividade)

Gabarito: **A**

40ª QUESTÃO: A empresa Amarela no encerramento do exercício de 31/12/2015 apresentou a seguinte estrutura patrimonial:

Ativo Circulante..1.000,00
Passivo Circulante 1.400,00
PÑC 200,00
Capital Próprio..400,00
Vendas Brutas...4.000,00
Lucro Operacional..3.000,00

De acordo com esses dados, é correto afirmar que o retorno do investimento pela equação de *DuPont* é de:

a) 10%
b) 20%
c) 30%
d) 40%
e) 50%

☛ SOLUÇÃO

O modelo de *DuPont* para análise do **retorno do ativo** em função do **lucro líquido** e do **ativo total ou médio** é:

$$\text{Retorno do ativo} = \frac{\text{Lucro Líquido}}{\text{Ativo total ou médio}} \times 100\%$$

1º passo: Calcular o lucro líquido.

Segundo os dados da questão o lucro líquido é igual ao lucro operacional, pois não existem informações de tributação ou participações estatutárias. Caso, o examinador mencionasse algumas dessas informações, teríamos que considerá-las para o cálculo do lucro líquido.

2º passo: Calcular o ativo total.

Da equação fundamental do patrimônio, temos:

Ativo = Passivo
Ativo = PC + PÑC + PL
Ativo = 1.400,00 + 200,00 + 400,00
Ativo = 2.000,00

3º passo: Calcular o retorno do ativo.

$$\text{Retorno do ativo} = \frac{\text{Lucro Líquido}}{\text{Ativo total ou médio}}$$

$$\text{Retorno do ativo} = \frac{3.000,00}{2.000,00} = 1,50$$

Taxa de aumento = (F – 1) × 100%, onde F é o fator de aumento.

Taxa de aumento = (1,50 – 1) × 100% ⇒ Taxa de aumento = 50%

Interpretação: O retorno do investimento é de 50%, ou seja, para cada 1,00 investido no ativo, a empresa obtém um retorno de 1,50 em lucro líquido.

Gabarito: **E**

QUESTÕES DE PROVAS COMENTADAS

01ª Questão (Sefaz – SP – FCC – 2006): A Cia. Estrela possui as seguintes contas patrimoniais, dentre outras, com valores em reais:

Fornecedores	1.500,00
Provisões 13º salário e férias	1.200,00
Contas a receber 90 dias	2.500,00
Empréstimos de curto prazo	1.500,00
Empréstimos a controladas	2.500,00
Contas a receber por venda de imobilizado	2.500,00
Estoques	3.000,00
Impostos a pagar	900,00

Tendo como base somente essas informações, a necessidade de capital de giro da empresa é:

a) 1.200,00
b) 1.600,00
c) 1.900,00
d) 2.100,00
e) 2.500,00

☛ SOLUÇÃO

1º passo: Classificar as contas em cíclicas e erráticas.

As **contas cíclicas** ou **contas operacionais** estão relacionadas diretamente com as atividades operacionais de uma empresa, enquanto que as **contas erráticas** ou **contas financeiras** estão relacionadas diretamente com as atividades financeiras.

Contas	Classificação	Valores
Fornecedores	PC cíclico	1.500,00
Provisões 13º salário e férias	PC cíclico	1.200,00
Contas a receber 90 dias	AC cíclico	2.500,00
Empréstimos de curto prazo	PC errático	1.500,00
Empréstimos a controladas	AÑC RLP	2.500,00
Contas a receber por venda de imobilizado	AC errático	2.500,00
Estoques	AC cíclico	3.000,00
Impostos a pagar	PC cíclico	900,00

AC cíclico = 2.500,00 + 3.000,00 = 5.500,00
PC cíclico = 1.500,00 + 1.200,00 + 900,00 = 3.600,00

2º passo: Calcular a necessidade de capital de giro.

NCG = AC cíclico – PC cíclico

NCG = 5.500,00 – 3.600,00 = 1.900,00

Gabarito: **C**

02ª Questão (Analista Trainne – Contábeis – Metrô/SP – FCC – 2010): Foram extraídos os seguintes dados, em reais, do balanço patrimonial da Cia. Aguaí, encerrado em 31/12/2009:

Disponível	113.500,00
Clientes (curto prazo)	230.000,00
Estoques	400.000,00
Impostos a recuperar	170.000,00
Passivo Circulante	630.000,00
Passivo Não Circulante	270.000,00

Apenas com as informações fornecidas, é correto afirmar que o:

a) índice de liquidez corrente é 1,45.
b) capital circulante líquido equivale a 183.500,00.
c) índice de liquidez geral é 1,12.
d) índice de liquidez imediata é 0,16.
e) índice de liquidez seca é 0,83.

☛ SOLUÇÃO

Disponível	113.500,00
+ Clientes (curto prazo)	230.000,00
+ Estoques	400.000,00
+ Impostos a recuperar	170.000,00
= Ativo Circulante	913.500,00

Analisando as alternativas, temos:

a) Correta. O índice de liquidez corrente é 1,45.

$$\text{Liquidez Corrente} = \frac{AC}{PC}$$

$$\text{Liquidez Corrente} = \frac{913.500,00}{630.000,00} = 1,45$$

b) Errada. O capital circulante líquido **equivale a 283.500,00.**

CCL = Ativo Circulante – Passivo Circulante

CCL = 913.500,00 – 630.000,00 = 283.500,00

c) Errada. O índice de **liquidez geral é 1,015.**

$$\text{Liquidez Geral} = \frac{AC + AÑC\ RLP}{PC + PÑC}$$

$$\text{Liquidez Geral} = \frac{913.500,00 + 0,00}{630.000,00 + 270.000,00} = 1,015$$

d) Errada. O índice de **liquidez imediata é 0,18**.

$$\text{Liquidez Imediata} = \frac{\text{Disponibilidade}}{PC}$$

$$\text{Liquidez Imediata} = \frac{113.500,00}{630.000,00} = 0,18$$

e) Errada. O índice de **liquidez seca é 0,82**.

$$\text{Liquidez Seca} = \frac{AC - \text{Estoques}}{PC}$$

$$\text{Liquidez Seca} = \frac{913.500,00 - 400.000,00}{630.000,00} = 0,82$$

Gabarito: **A**

03ª Questão (Analista Contábil – TRE/AM – FCC – 2010): A análise das demonstrações financeiras da empresa JK indicou que o quociente de participação de terceiros sobre os recursos totais é 0,7 e que a composição do endividamento é 55%. Se o ativo total da empresa é de 800.000,00, o seu passivo não circulante é, em reais,

a) 252.000,00
b) 308.000,00
c) 320.000,00
d) 440.000,00
e) 560.000,00

☛ SOLUÇÃO

1º passo: Calcular o capital de terceiros em função do passivo.

$$\text{Quociente de participação de terceiros sobre os recursos totais} = \frac{\text{Capital de Terceiros}}{\text{Passivo}}$$

$$\frac{\text{Capital de Terceiros}}{\text{Passivo}} = 0{,}7$$

Equação I: $\text{Capital de Terceiros} = 0{,}7 \times \text{Passivo}$

2º passo: Calcular o montante do capital de terceiros.

Equação II: $\text{Capital de Terceiros} = PC + P\tilde{N}C$

Igualando a equação I e II, temos:

$$PC + P\tilde{N}C = 0{,}7 \times \text{Passivo}$$

Do balanço patrimonial, temos que o **ativo** no montante de 800.000,00 é igual ao **passivo**.

$PC + P\tilde{N}C = 0{,}7 \times 800.000{,}00$

Equação III: $PC + P\tilde{N}C = 560.000{,}00$

3º passo: Calcular o passivo circulante em função do passivo não circulante.

$$\text{Composição do Endividamento} = \frac{PC}{PC + P\tilde{N}C}$$

O examinador informa que a composição do endividamento é de 55%.

$$\frac{PC}{PC + P\tilde{N}C} = 55\% = 0{,}55$$

$PC = 0{,}55 \times (PC + P\tilde{N}C)$

$PC = 0{,}55 \times PC + 0{,}55 \times P\tilde{N}C$

$PC - 0{,}55 \times PC = 0{,}55 \times P\tilde{N}C$

$0{,}45 \times PC = 0{,}55 \times P\tilde{N}C$

Equação IV: $$PC = \frac{0{,}55}{0{,}45} \times P\tilde{N}C$$

4º passo: Calcular o passivo não circulante.

Substituindo a equação IV na III, temos:

$$\frac{0{,}55}{0{,}45} \times P\tilde{N}C + P\tilde{N}C = 560.000{,}00$$

$P\tilde{N}C = 252.000{,}00$

Gabarito: **A**

04ª Questão (Analista Técnico – TCE/AM – 2008): Uma empresa do setor de bens de capital possui 20 milhões de reais em ativos totais compostos por: 40% em ativo operacional, 50% em ativos circulantes e 10% em ativos de longo prazo. O volume das vendas para que se verifique um giro dos ativos de 2,5 deverá ser, em milhões de reais, igual a:

a) 50
b) 45
c) 25
d) 20
e) 10

☛ SOLUÇÃO

Ativo total = 20 milhões
Giro do Ativo = 2,5

$$\text{Giro do Ativo} = \frac{\text{Vendas Líquidas}}{\text{Ativo total}}$$

$$2,5 = \frac{\text{Vendas Líquidas}}{\text{20 milhões}}$$

Vendas Líquidas = 50 milhões

Gabarito: **A**

05ª Questão (Analista Trainne – Contábeis – Metrô/SP – FCC – 2010): Dados extraídos das demonstrações financeiras de uma companhia em 31/12/2009 (em reais):

Vendas Líquidas.. 780.000,00
Despesas Operacionais............................100.000,00
Custo das Mercadorias Vendidas.......... 420.000,00
IRPJ + CSLL 110.000,00
Patrimônio Líquido.................................. 500.000,00
Total do ativo.. 950.000,00

Apenas com as informações fornecidas, desprezando-se os algarismos a partir da terceira casa decimal depois da vírgula, é correto afirmar que:

a) a margem bruta sobre vendas foi 48,15%.
b) o grau de imobilização do capital próprio foi 2,4.
c) a margem líquida sobre vendas foi 19,23%.
d) o índice de rentabilidade sobre o capital próprio foi de 25%.
e) o grau de endividamento da companhia é de 49,37% sobre o seu ativo.

☛ SOLUÇÃO

Demonstração do Resultado do Exercício	
Vendas Líquidas	780.000,00
– Custo das Mercadorias Vendidas	(420.000,00)
= Lucro Bruto	360.000,00
– Despesas Operacionais	(100.000,00)
= Lucro Operacional	260.000,00
– (IRPJ + CSLL)	(110.000,00)
= Lucro Líquido	150.000,00

Analisando as alternativas, temos:

a) Errada. A margem bruta sobre vendas **foi 46,15%**.

$$\text{Margem Bruta} = \frac{\text{Lucro Bruto}}{\text{Vendas Líquidas}}$$

$$\text{Margem Bruta} = \frac{360.000,00}{780.000,00} = 46,15\%$$

b) Errada. **Não existem dados** para o cálculo do AÑC Imobilizado.

$$\text{Imobilização do Capital Próprio} = \frac{\text{AÑC Imobilizado}}{\text{PL}}$$

ATENÇÃO, como não existem dados para o cálculo do AÑC Imobilizado, concluímos **que nada se pode afirmar**.

c) Correta. A margem líquida sobre vendas foi 19,23%.

$$\text{Margem Líquida} = \frac{\text{Lucro Líquido}}{\text{Vendas Líquidas}}$$

$$\text{Margem Líquida} = \frac{150.000,00}{780.000,00} = 19,23\%$$

d) Errada. O índice de rentabilidade sobre o capital próprio **foi de 30%**.

$$\text{Rentabilidade sobre o Capital Próprio} = \frac{\text{Lucro Líquido}}{\text{PL médio}} \times 100\%$$

$$\text{Rentabilidade sobre o Capital Próprio} = \frac{150.000,00}{500.000,00} \times 100\% = 30\%$$

e) Errada. O grau de endividamento da companhia é de 47,37% sobre o seu ativo.

$$\text{Grau de endividamento sobre o ativo} = \frac{\text{PC} + \text{PÑC}}{\text{Ativo}}$$

1º passo: Calcular o montante das obrigações de curto e longo prazo.

Ativo = Passivo
Ativo = PC + PÑC + PL
950.000,00 = PC + PÑC + 500.000,00
PC + PÑC = 450.000,00

2º passo: Calcular o grau de endividamento sobre o ativo.

$$\text{Grau de endividamento sobre o ativo} = \frac{450.000,00}{950.000,00} = 47,37\%$$

Gabarito: **C**

INSTRUÇÕES: Para responder às questões de **números 06 e 07**, considere as seguintes informações:

06ª Questão (SEFAZ - SP - FCC - 2006): A Cia. ITA possui, no final de 2004, os dados identificados a seguir, com valores em reais:

I. Saldos finais no rol das contas listadas a seguir:

Contas a receber..25.000,00
Contas a pagar...15.000,00
Fornecedores...18.000,00
Estoques..16.000,00
Empréstimos obtidos de curto prazo......50.000,00
AÑC Imobilizado..25.000,00
Empréstimos a controladas......................23.000,00

II. Um patrimônio líquido com valor médio no período de 55.625,00.
III. O índice de rentabilidade do ativo é 2,5%.

Para alcançar este índice, o lucro líquido do período, deve ter sido de:

a) 2.225,00
b) 2.000,00
c) 1.955,00
d) 1.450,00
e) 1.410,00

☛ **SOLUÇÃO**

Contas a receber	25.000,00
+ Estoques	16.000,00
+ AÑC Imobilizado	25.000,00
+ Empréstimos a controladas	23.000,00
= Ativo	89.000,00

$$\text{Rentabilidade do ativo} = \frac{\text{Lucro Líquido}}{\text{Ativo}}$$

$$\frac{\text{Lucro Líquido}}{89.000,00} = 2,5\%$$

Lucro Líquido = 2,5% × 89.000,00

Lucro Líquido = 2.225,00

Gabarito: **A**

07ª Questão (SEFAZ – SP – FCC – 2006): O índice de rentabilidade do patrimônio líquido é:

a) 4,0%
b) 3,7%
c) 3,5%
d) 3,0%
e) 2,5%

☛ **SOLUÇÃO**

$$\text{Rentabilidade do PL} = \frac{\text{Lucro Líquido}}{\text{PL médio}}$$

$$\text{Rentabilidade do PL} = \frac{2.225,00}{55.625,00} \times 100\%$$

Rentabilidade do PL = 0,04 × 100%

Rentabilidade do PL = 4,0%

Gabarito: **A**

08ª Questão (Analista Técnico - TCE/AM - FCC - 2008): Nos procedimentos para a determinação do Ebitda, são efetuados ajustes no valor do lucro:

a) líquido do exercício, adicionando-lhe o resultado líquido não-operacional e o valor das depreciações e amortizações.
b) operacional do exercício deduzido deste as provisões e participações que não se configuram como despesas, exceto as provisões tributárias.
c) depois da provisão do imposto de renda e contribuições, acrescentando-lhe o resultado líquido financeiro, se este for positivo.
d) operacional, adicionando-lhe o valor das depreciações, amortizações e despesas financeiras.
e) antes do imposto de renda e das contribuições, acrescentando-lhe o resultado não-operacional somente se este for negativo.

☛ SOLUÇÃO

O **Ebitda** em inglês corresponde a ***E****arnings* ***B****efore* ***I****nterest,* ***T****axes,* ***D****epreciation and* ***A****mortization*, que é mais conhecido no Brasil como **Lajida**, ou seja, **L**ucro **a**ntes dos **j**uros, **i**mpostos, **d**epreciações e **a**mortizações. Sua divulgação **não é obrigatória no Brasil**, mas vem sendo divulgada pela maioria das companhias de capital aberto.
O **Ebitda** pode ser obtido por meio de adições dos juros, impostos, depreciações e amortizações ao lucro operacional.

Gabarito: **D**

09ª Questão (Analista Contábil - TRT da 24ª Região - FCC - 2011): Indica o tempo médio que a empresa leva para produzir, vender e receber a receita de seus produtos:

a) giro do ativo.
b) ciclo operacional.
c) giro do estoque.
d) ciclo financeiro.
e) rentabilidade do ativo total.

☛ SOLUÇÃO

O **ciclo operacional** compreende o período desde a data em que a empresa efetua as compras de matérias-primas e produz os produtos, realiza as vendas desses produtos e recebe dos clientes.

Gabarito: **B**

INSTRUÇÕES: Para responder às questões de **números 10 e 11** considere as demonstrações contábeis das empresas A e B, a seguir.

Balanço Patrimonial da cia. A			
Ativo Circulante		**Passivo Circulante**	
Disponível	200,00	Empréstimos	200,00
Duplicatas a Receber	600,00	Duplicatas a Pagar	400,00
Ativo Não Circulante		**Passivo Não Circulante**	
Investimentos	300,00	Empréstimos	500,00
Imobilizado	400,00	**Patrimônio Líquido**	
Intangíveis	100,00	Capital Social	350,00
		Reservas de lucros	150,00
Total	1.600,00	Total	1.600,00

Balanço Patrimonial da cia. B			
Ativo Circulante		**Passivo Circulante**	
Aplicações Financeiras	450,00	Financiamentos	250,00
Duplicatas a Receber	450,00	Duplicatas a Pagar	450,00
Ativo Não Circulante		**Passivo Não Circulante**	
Investimentos	300,00	Financiamentos	400,00
Imobilizado	300,00	**Patrimônio Líquido**	
Intangíveis	100,00	Capital Social	400,00
		Reservas de lucros	100,00
Total	1.600,00	Total	1.600,00

10ª Questão (Analista Contábil – Sabesp – FCC – 2012): A necessidade de capital de giro (NCG):

a) das duas companhias é igual.
b) da companhia B é maior.
c) da companhia A é financiada com recursos de longo prazo.
d) da companhia B é financiada com recursos de curto prazo.
e) da companhia A está sendo financiada por ativo financeiro.

☛ SOLUÇÃO

As **contas cíclicas** ou **contas operacionais** estão relacionadas diretamente com as atividades operacionais de uma empresa, enquanto que as **contas erráticas** ou **contas financeiras** estão relacionadas diretamente com as atividades financeiras.

1º passo: Calcular a NCG das cias. A e B.

AC operacional da cia. A = 600,00
PC operacional da cia. A = 400,00

NCG da cia. A = AC operacional da cia. A – PC operacional da cia. A

NCG da cia. A = 600,00 – 400,00
NCG da cia. A = 200,00

AC operacional da cia. B = 450,00
PC operacional da cia. B = 450,00

NCG da cia. B = AC operacional da cia. B – PC operacional da cia. B

NCG da cia. B = 450,00 – 450,00
NCG da cia. B = 0,00

Analisando as alternativas, temos:

a) Errada. A necessidade de capital de giro da cia. A é **maior** do que a da cia. B.

b) Errada. A necessidade de capital de giro da cia. A é **maior** do que a da cia. B.

c) Correta. A necessidade de capital de giro da cia. A é financiada com recursos de longo prazo.

NCG da cia. A = 200,00

Conclusão, a cia. A **necessita de 200,00 de capital de giro** para financiar as suas atividades operacionais.

Saldo em tesouraria da cia. A = AC financeiro da cia. A – PC financeiro da cia. A

Saldo em tesouraria da cia. A = 200,00 – 200,00 = 0,00

Capital Circulante Líquido = Necessidade de Capital de Giro + Saldo em Tesouraria

CCL da cia. A = 200,00 + 0,00 ⇒ CCL da cia. A = 200,00

Analisando o capital circulante líquido da cia. A, podemos observar que o seu saldo em tesouraria é 0,00 (zero), ou seja, a cia. A **não está utilizando capital de terceiros de curto prazo** para financiar as suas atividades operacionais. Mas, de acordo com o seu balanço patrimonial, temos que a cia. A **está utilizando capital de terceiros de longo prazo** no valor de 500,00 para financiar as suas atividades operacionais.

d) Errada. A cia. B não necessita de capital de giro, pois a **necessidade de capital de giro de B é zero**.

Conclusão, a cia. B **não necessita de capital de giro**, ou seja, não existe necessidade de capital de terceiros para financiar as suas atividades operacionais.

Saldo em tesouraria da cia. B = AC financeiro da cia. B – PC financeiro da cia. B

Saldo em tesouraria da cia. B = 450,00 – 250,00 = 200,00

Capital Circulante Líquido = Necessidade de Capital de Giro + Saldo em Tesouraria

CCL da cia. B = 0,00 + 200,00 ⇒ CCL da cia. B = 200,00

e) Errada. A necessidade de capital de giro da cia. A está sendo financiada por capital de terceiros de longo prazo no montante de 500,00.

MEMORIZAR PARA A PROVA

Necessidade de Capital de Giro = AC operacional – PC operacional

Saldo em Tesouraria = AC financeiro – PC financeiro

CCL = NCG + ST ⇒ NCG = CCL – ST

A equação mostra que a NCG corresponde à diferença entre o capital circulante líquido (CCL) e o saldo de tesouraria (ST).

AC operacional > PC operacional

Situação normal na maioria das empresas e nesse caso a empresa necessita de capital de giro no valor de:

NCG = AC operacional – PC operacional

AC operacional = PC operacional

Situação de equilíbrio e nesse caso a empresa não necessita de capital de giro (NCG).

NCG = AC operacional – PC operacional = 0,00

AC operacional < PC operacional

Nesse caso a empresa possui mais financiamentos operacionais (PC operacional) do que **investimentos operacionais** (AC operacional), o que caracteriza a sobra de recursos das **atividades operacionais**, que podem ser aplicados no mercado financeiro.

Gabarito: **C**

11ª Questão (Analista Contábil – Sabesp – FCC – 2012): As companhias A e B apresentam capital circulante líquido (CCL):

a) iguais e indicadores de liquidez corrente iguais.
b) diferentes e B apresenta o mesmo valor para os ativos e passivos cíclicos.
c) diferentes e A apresenta saldo de tesouraria.
d) iguais e A apresenta maior grau de endividamento.
e) iguais e B apresenta maior endividamento de curto prazo.

☛ SOLUÇÃO

Analisando as alternativas, temos:

a) Errada. Os indicadores de liquidez corrente **são diferentes**.

CCL = AC – PC

CCL da cia. A = 800,00 – 600,00 = 200,00

CCL da cia. B = 900,00 – 700,00 = 200,00

$$\text{Liquidez Corrente} = \frac{AC}{PC}$$

$$\text{LC da cia. A} = \frac{800,00}{600,00} = 1,33$$

$$\text{LC da cia. B} = \frac{900,00}{700,00} = 1,29$$

CONCLUSÃO: CCL da cia. A = CCL da cia. B e LC da cia. A ≠ LC da cia. B

b) Errada. Os capitais circulantes líquidos **são iguais** e a cia. B apresenta o mesmo valor para os ativos e passivos cíclicos.

As **contas cíclicas** ou **contas operacionais** estão relacionadas diretamente com as atividades operacionais de uma empresa.

Ativo cíclico = AC operacional

Ativo cíclico da cia. B = 450,00

Passivo cíclico = PC operacional

Passivo cíclico da cia. B = 450,00

CONCLUSÃO: CCL da cia. A = CCL da cia. B e Ativo cíclico da cia. B = Passivo cíclico da cia. B

c) Errada. Os capitais circulantes líquidos **são iguais** e a cia. A **não apresenta** saldo de tesouraria.

Saldo em tesouraria = AC financeiro – PC financeiro

ST da cia. A = 200,00 – 200,00 = 0,00

ST da cia. B = 450,00 – 250,00 = 200,00

CONCLUSÃO, a cia. A não possui saldo em tesouraria.

d) Errada. O grau de endividamento das cias. A e B são iguais.

$$\text{Grau de endividamento} = \frac{PC + P\tilde{N}C}{PL}$$

$$\text{Grau de endiv. cia. A} = \frac{600,00 + 500,00}{500,00} = 2,20$$

$$\text{Grau de endiv. cia. B} = \frac{700,00 + 400,00}{500,00} = 2,20$$

CONCLUSÃO, o grau de endividamento das cias. A e B são iguais.

e) Correta. As companhias A e B apresentam capital circulante líquido iguais e a cia. B apresenta maior endividamento de curto prazo.

$$\text{Grau de endividamento de curto prazo} = \frac{PC}{PL}$$

$$\text{Grau de endividamento cia. A} = \frac{600{,}00}{500{,}00} = 1{,}20 \qquad \text{Grau de endividamento cia. B} = \frac{700{,}00}{500{,}00} = 1{,}40$$

CONCLUSÃO, o grau de endividamento de curto prazo da cia. B é maior do que o grau de endividamento de curto prazo da cia. A.

Gabarito: **E**

12ª Questão: Um investidor analisou como está sendo remunerado o capital investido na empresa Amarela, de modo a avaliar a possibilidade de aplicar seus recursos na empresa Azul. Para isso, ele deve analisar os indicadores de:

a) liquidez.
b) endividamento.
c) lucratividade.
d) rentabilidade.
e) estrutura.

SOLUÇÃO

Analisando as alternativas, temos:

a) Errada. Os índices de liquidez avaliam a capacidade de pagamento das obrigações de uma empresa, por meio da comparação entre as disponibilidades e direitos e as obrigações dessa empresa. Conclusão, da análise dos índices de liquidez, podemos avaliar a capacidade que a empresa possui em **saldar as suas obrigações de curto e longo prazos**.

b) Errada. Os **indicadores de endividamento** ou indicadores da estrutura de capital estão relacionados com à composição dos capitais de terceiros e capitais próprios, que encontram-se aplicados no ativo, com a finalidade de gerar retornos para os acionistas e terceiros.

c) Errada. A **lucratividade** pode ser bruta, operacional ou líquida. A **lucratividade bruta** compara o lucro bruto do exercício com as vendas líquidas, tendo como resultado, o percentual das vendas líquidas convertido em lucro bruto gerado pela empresa.

A **lucratividade operacional** compara o lucro operacional líquido com as vendas líquidas, tendo como resultado, o percentual das vendas líquidas convertido em lucro operacional gerado pela empresa.
A **lucratividade líquida**, compara o lucro líquido do exercício com as vendas líquidas, tendo como resultado, o percentual das vendas líquidas convertido em lucro líquido gerado pela empresa.
Para que o investidor possa tomar uma decisão com relação a empresa que deverá aplicar os seus recursos, além da análise dos indicadores de lucratividade, ele deverá analisar o giro do ativo, a rentabilidade do ativo, a rentabilidade operacional do ativo, a rentabilidade do ativo operacional, a rentabilidade do patrimônio líquido e o *payback*.
Conclusão, o investidor deverá analisar os indicadores de rentabilidade.

d) Correta. Os indicadores de rentabilidade demonstram o quanto renderam os investimentos dos capitais de terceiros e capitais próprios efetuados pela empresa. Portanto, analisando os indicadores de rentabilidade, o **investidor** (que nesse caso é o **terceiro**) poderá comparar os rendimentos dos capitais de terceiros nas empresas Amarela e Azul, e verificar qual a empresa que apresenta a maior remuneração de capitais de terceiros.

e) Errada. A análise vertical ou **análise de estrutura** demonstra a importância relativa que cada conta possui dentro das **demonstrações contábeis** e por meio da comparação com outros concorrentes do mesmo ramo de atuação ou com as relações da própria empresa, permitindo a observação na mudança de política com relação a obtenção e aplicação de recursos.

Gabarito: **D**

13ª Questão (Analista Técnico – TCE/AM – FCC – 2008): Os dados da Cia. Alvorecer apontam a obtenção de 15.000,00 de lucro líquido em 2007 e o capital social formado por 100.000 ações com valor nominal de 1,00/ação. Se nesse período os investidores estão dispostos a pagar 20 vezes mais pelo lucro por ação esperado, o preço unitário por ação a ser vendida é:

a) 20,00
b) 15,00
c) 3,00
d) 1,50
e) 0,15

SOLUÇÃO

1º passo: Calcular o lucro líquido por ação.

$$\text{Lucro Líquido por ação} = \frac{\text{Lucro Líquido}}{\text{Capital}}$$

$$\text{Lucro Líquido por ação} = \frac{15.000,00}{100.000 \text{ ações}}$$

Lucro Líquido por ação = 0,15/ação

2º passo: Calcular o preço unitário por ação vendida.

Preço unitário por ação vendida = Valor que os investidores pagam × Lucro Líquido por ação

Preço unitário por ação vendida = 20 × 0,15/ação
Preço unitário por ação vendida = 3,00/ação

Gabarito: **C**

ATENÇÃO: Considere os dados abaixo para responder as questões de **números 14 e 15**.

Das demonstrações contábeis da Cia Alvorecer foram retirados os seguintes dados, em reais:

Lucro Líquido	2.000.000,00
Ativo Circulante	2.800.000,00
Passivo Circulante	3.000.000,00
Estoques	750.000,00
Patrimônio Líquido	5.000.000,00
Ativo total	15.000.000,00
Passivo Não Circulante	7.000.000,00

14ª Questão (Contabilidade – MPE/RS – FCC – 2008): Para que a empresa alcance a média do giro nos estoques do setor que é de 12 vezes, a média de suas vendas anuais deverá ser, em reais:

a) 9.000.000,00
b) 7.000.000,00
c) 6.000.000,00
d) 4.000.000,00
e) 2.000.000,00

☛ SOLUÇÃO

$$\text{Giro nos estoques} = \frac{\text{Vendas}}{\text{Estoques}}$$

$$12 = \frac{\text{Vendas}}{750.000{,}00}$$

Vendas = 12 × 750.000,00
Vendas = 9.000.000,00

Gabarito: **A**

15ª Questão (Contabilidade – MPE/RS – FCC – 2008): O índice de liquidez corrente dessa empresa é:

a) 1,33
b) 1,14
c) 1,00
d) 0,93
e) 0,68

☛ SOLUÇÃO

$$\text{Liquidez Corrente} = \frac{\text{Ativo Circulante}}{\text{Passivo Circulante}}$$

$$\text{Liquidez Corrente} = \frac{2.800.000{,}00}{3.000.000{,}00}$$

Liquidez Corrente = 0,93

Gabarito: **D**

ATENÇÃO: Com base nos dados da tabela a seguir, responda as **questões de números 16 a 18.**

Contas	Saldo
Disponibilidades	100.000,00
Aplicações financeiras de Curto Prazo	52.000,00

Veículos	123.000,00
Intangível	13.000,00
Empréstimos adquiridos de Longo Prazo	140.000,00
Fornecedores	130.000,00
Empréstimos de Curto Prazo (concedidos)	80.000,00
Clientes	128.000,00
Capital Social	200.000,00
Reserva de Lucros	120.000,00
Salários a Pagar	38.000,00
Dividendos a Pagar	12.000,00
Depósitos Judiciais de Longo Prazo	120.000,00

16ª Questão (Analista Contábil – TJ/SE – FCC – 2009): O quociente de liquidez corrente é:

a) 0,50
b) 1,00
c) 1,50
d) 2,00
e) 2,50

☛ SOLUÇÃO

Classificando as contas, temos:

Contas	Classificação	Saldo
Disponibilidades	AC	100.000,00
Aplicações financeiras de Curto Prazo	AC	52.000,00
Veículos	AÑC Imobilizado	123.000,00
Intangível	AÑC Intangível	13.000,00
Empréstimos adquiridos de Longo Prazo	PÑC	140.000,00
Fornecedores	PC	130.000,00
Empréstimos de Curto Prazo (concedidos)	AC	80.000,00
Clientes	AC	128.000,00
Capital Social	PL	200.000,00
Reserva de Lucros	PL	120.000,00
Salários a Pagar	PC	38.000,00
Dividendos a Pagar	PC	12.000,00
Depósitos Judiciais de Longo Prazo	AÑC RLP	120.000,00

Ativo Circulante = 100.000,00 + 52.000,00 + 80.000,00 + 128.000,00
Ativo Circulante = 360.000,00

Passivo Circulante = 130.000,00 + 38.000,00 + 12.000,00
Passivo Circulante = 180.000,00

$$\text{Liquidez Corrente} = \frac{\text{Ativo Circulante}}{\text{Passivo Circulante}}$$

$$\text{Liquidez Corrente} = \frac{360.000,00}{180.000,00}$$

Liquidez Corrente = 2,00

ATENÇÃO NA PROVA! O que poderia causar confusão aqui é a conta **empréstimos de curto prazo concedidos**, pois levariam os candidatos a classificar como AÑC RLP. A conta **empréstimos de curto prazo concedidos** só será classificada no AÑC RLP se atender o artigo 179, inciso II da lei nº 6.404/76 que diz: no ativo realizável a longo prazo os direitos realizáveis após o término do exercício seguinte, assim como os derivados de **vendas**, **adiantamentos** ou **empréstimos** a **sociedades coligadas** ou **controladas**, **diretores**, **acionistas** ou **participantes no lucro da companhia**, que não constituírem negócios usuais na exploração do objeto da companhia.

Como a questão não informa nada a respeito dos empréstimos de curto prazo, ou seja, se foi para **sociedades coligadas** ou **controladas**, **diretores**, **acionistas** ou **participantes no lucro da companhia**, classificaremos no ativo circulante. A conta **empréstimos de curto prazo concedidos** seria classificada no AÑC RLP se o examinador mencionasse que os mesmos foram concedidos para **sociedades coligadas** ou **controladas**, **diretores**, **acionistas** ou **participantes no lucro da companhia**.

Gabarito: **D**

17ª Questão (Analista Contábil – TJ/SE – FCC – 2009): O grau de endividamento é:

a) 0,50
b) 1,00
c) 1,50
d) 2,00
e) 2,50

☛ SOLUÇÃO

1º passo: Calcular o patrimônio líquido.

PL = Capital Social + Reservas de Lucros

PL = 200.000,00 + 120.000,00
PL = 320.000,00

2º passo: Calcular o grau de endividamento.

$$\text{Grau de Endividamento} = \frac{PC + PÑC}{PL}$$

$$\text{Grau de Endividamento} = \frac{180.000,00 + 140.000,00}{320.000,00}$$

Grau de Endividamento = 1,00

Gabarito: **B**

18ª Questão (Analista Contábil – TJ/SE – FCC – 2009): O quociente de liquidez geral é:

a) 0,50
b) 1,00
c) 1,50
d) 2,00
e) 2,50

☛ SOLUÇÃO

1º passo: Calcular o AÑC RLP.

AÑC RLP = Depósitos Judiciais de Longo Prazo

AÑC RLP = 120.000,00

2º passo: Calcular o PÑC.

PÑC = Empréstimos adquiridos de Longo Prazo

PÑC = 140.000,00

3º passo: Calcular a liquidez geral.

$$\text{Liquidez Geral} = \frac{\text{AC + AÑC RLP}}{\text{PC + PÑC}}$$

$$\text{Liquidez Geral} = \frac{360.000{,}00 + 120.000{,}00}{180.000{,}00 + 140.000{,}00}$$

Liquidez Geral = 1,50

Gabarito: **C**

19ª Questão (Analista Contábil – TRT da 3ª Região – FCC – 2009): Considere os indicadores financeiros das empresas AA e BB, no quadro a seguir.

Informação	Empresa AA	Empresa BB
Liquidez corrente	1,5	2,0
Grau de endividamento (participação de capitais de terceiros)	200%	150%
Composição do endividamento	80%	40%
Retorno sobre o patrimônio líquido	20%	18%
Ativo circulante	240,00	300,00

Com base nessas informações, é correto afirmar que:

a) a empresa AA possui maior montante de recursos de terceiros.
b) a maior parte das dívidas da empresa BB vence no longo prazo.
c) o lucro líquido da empresa AA é maior do que o lucro líquido da empresa BB.
d) o passivo circulante da empresa AA é menor do que o passivo circulante da empresa BB.
e) o patrimônio líquido da empresa BB é menor do que o patrimônio líquido da empresa AA.

☛ SOLUÇÃO

1º passo: Calcular os recursos de terceiros da empresa AA.

$$\text{Liquidez Corrente} = \frac{\text{Ativo Circulante}}{\text{Passivo Circulante}}$$

$$1{,}5 = \frac{240{,}00}{\text{PC da empresa AA}}$$

PC da empresa AA = 160,00

$$\text{Composição do Endividamento} = \frac{\text{PC}}{\text{PC + PÑC}}$$

$$80\% = \frac{160{,}00}{160{,}00 + \text{PÑC da empresa AA}}$$

PÑC da empresa AA = 40,00

Recursos de terceiros da empresa AA = PC da empresa AA + PÑC da empresa AA

Recursos de terceiros da empresa AA = 160,00 + 40,00
Recursos de terceiros da empresa AA = 200,00

2º passo: Calcular os recursos de terceiros da empresa BB.

$$\text{Liquidez Corrente} = \frac{\text{Ativo Circulante}}{\text{Passivo Circulante}}$$

$$2{,}0 = \frac{300{,}00}{\text{PC da empresa BB}}$$

PC da empresa BB = 150,00

$$\text{Composição do Endividamento} = \frac{\text{PC}}{\text{PC + PÑC}}$$

$$40\% = \frac{150{,}00}{150{,}00 + \text{PÑC da empresa BB}}$$

PÑC da empresa BB = 225,00

Recursos de terceiros da empresa BB = PC da empresa BB + PÑC da empresa BB

Recursos de terceiros da empresa BB = 150,00 + 225,00
Recursos de terceiros da empresa BB = 375,00

3º passo: Calcular o patrimônio líquido da empresa AA.

$$\text{Grau de Endividamento} = \frac{PC + PÑC}{PL}$$

$$200\% = \frac{200{,}00}{\text{PL da empresa AA}}$$

PL da empresa AA = 100,00

4º passo: Calcular o patrimônio líquido da empresa BB.

$$\text{Grau de Endividamento} = \frac{PC + PÑC}{PL}$$

$$150\% = \frac{375{,}00}{\text{PL da empresa BB}}$$

PL da empresa BB = 250,00

5º passo: Calcular o lucro líquido da empresa AA.

$$\text{Retorno do PL} = \frac{\text{Lucro Líquido}}{\text{PL médio}} \times 100\%$$

$$20\% = \frac{\text{Lucro Líquido da empresa AA} \times 100\%}{100{,}00}$$

Lucro Líquido da empresa AA = 20,00

6º passo: Calcular o lucro líquido da empresa BB.

$$\text{Retorno do PL} = \frac{\text{Lucro Líquido}}{\text{PL médio}} \times 100\%$$

$$18\% = \frac{\text{Lucro Líquido da empresa BB}}{250{,}00} \times 100\%$$

Lucro Líquido da empresa BB = 45,00

Analisando as alternativas, temos:

a) Errada. A empresa AA possui **menor montante** de recursos de terceiros, pois os recursos de terceiros da empresa AA são de **200,00**, enquanto que os da empresa BB são de **375,00**.

b) Correta. A maior parte das dívidas da empresa BB vence no longo prazo, pois as suas dívidas de curto prazo são no montante de **150,00**, enquanto que as **dívidas de longo prazo** são de **225,00**.

c) Errada. O lucro líquido da empresa AA no valor de **20,00** é menor do que o lucro líquido da empresa BB no montante de **45,00**.

d) Errada. O passivo circulante da empresa AA no montante de **160,00 é maior do que o** passivo circulante da empresa BB no valor de **150,00**.

e) Errada. O patrimônio líquido da empresa BB no valor de **250,00 é maior do que o** patrimônio líquido da empresa AA no montante de **100,00**.

Gabarito: **B**

ATENÇÃO: Considere os dados abaixo para responder às **questões de números 20 e 21**. Em um determinado período foram extraídos dos registros contábeis da Cia. Floresta os seguintes dados:

Bancos..10.000,00
Clientes...35.000,00
Capital Social..120.000,00
Fornecedores..35.000,00
Estoques 25.000,00
Reserva de Lucros......................................25.000,00
Veículos 30.000,00
Intangíveis 45.000,00
Máquinas e Equipamentos 85.000,00
Empréstimos de Longo Prazo...................35.000,00

20ª Questão (Analista Contábil – TRE/AL – FCC – 2010): A liquidez corrente é de:

a) 0,5
b) 1,0
c) 1,5
d) 2,0
e) 2,5

☛ **SOLUÇÃO**

Classificando as contas, temos:

Contas	Classificação	Valores
Bancos	AC	10.000,00
Clientes	AC	35.000,00
Capital Social	PL	120.000,00
Fornecedores	PC	35.000,00
Estoques	AC	25.000,00
Reserva de Lucros	PL	25.000,00
Veículos	AÑC Imobilizado	30.000,00
Intangíveis	AÑC Intangível	45.000,00
Máquinas e Equipamentos	AÑC Imobilizado	85.000,00
Empréstimos de Longo Prazo	PÑC	35.000,00

AC = Bancos + Clientes + Estoques

AC = 10.000,00 + 35.000,00 + 25.000,00

AC = 70.000,00

PC = Fornecedores

PC = 35.000,00

$$\text{Liquidez Corrente} = \frac{\text{Ativo Circulante}}{\text{Passivo Circulante}}$$

$$\text{Liquidez Corrente} = \frac{70.000,00}{35.000,00}$$

Liquidez Corrente = 2,0

Gabarito: **D**

21ª Questão (Analista Contábil – TRE/AL – FCC – 2010): A composição do endividamento é de:

a) 0,5
b) 1,5
c) 1,0
d) 2,5
e) 2,0

SOLUÇÃO

PÑC = Empréstimos de Longo Prazo

PÑC = 35.000,00

Capital de Terceiros = PC + PÑC

Capital de Terceiros = 35.000,00 + 35.000,00
Capital de Terceiros = 70.000,00

$$\text{Composição do Endividamento} = \frac{\text{PC}}{\text{Capital de Terceiros}}$$

$$\text{Composição do Endividamento} = \frac{35.000,00}{70.000,00}$$

Composição do Endividamento = 0,5

Gabarito: **A**

22ª Questão (Contadoria – TRF da 4ª Região – FCC – 2010): Dados extraídos do balanço patrimonial e da demonstração do resultado do exercício da Cia. Horizonte Perdido, relativos ao exercício encerrado em 31/12/2009, em reais:

Ativo Circulante..180.000,00
Passivo Não Circulante..............................80.000,00
Total do ativo..480.000,00
Patrimônio Líquido.................................. 240.000,00
Lucro líquido do exercício.........................120.000,00

Com base nessas informações, é correto afirmar que:

a) o índice de liquidez corrente da sociedade em 31/12/2009 era de 1,125.
b) a diferença entre o ativo circulante e o passivo circulante, na mesma data, era de 40.000,00.
c) o quociente passivo/patrimônio líquido era 1/3.
d) a taxa de rentabilidade sobre o capital próprio foi 25%.
e) o patrimônio líquido aumentou 50% em 2009 em relação a seu valor em 2008.

☛ SOLUÇÃO

1º passo: Montar o balanço patrimonial com os dados da questão.

Balanço Patrimonial em 31/12/2009	
Ativo	**Passivo**
Ativo Circulante 180.000,00	Passivo Circulante 160.000,00
Ativo Não Circulante...................... 300.000,00	Passivo Não Circulante..................... 80.000,00
	Patrimônio Líquido 240.000,00
Total... 480.000,00	Total... 480.000,00

Analisando as alternativas, temos:

a) Correta. O índice de liquidez corrente da sociedade em 31/12/2009 era de 1,125.

$$\text{Liquidez Corrente} = \frac{\text{Ativo Circulante}}{\text{Passivo Circulante}}$$

$$\text{Liquidez Corrente} = \frac{180.000,00}{160.000,00}$$

Liquidez Corrente = 1,125

b) Errada. A diferença entre o ativo circulante e o passivo circulante, na mesma data, era de **20.000,00**.

$$\text{Diferença} = AC - PC$$

Diferença = 180.000,00 – 160.000,00
Diferença = 20.000,00

c) Errada. O quociente **passivo/patrimônio líquido era 1,0**.

$$\text{Passivo} = \text{Passivo Circulante} + \text{Passivo Não Circulante}$$

Passivo = 160.000,00 + 80.000,00
Passivo = 240.000,00

$$\text{Quociente} = \frac{\text{Passivo}}{\text{PL}}$$

$$\text{Quociente} = \frac{240.000{,}00}{240.000{,}00} = 1{,}0$$

d) Errada. A taxa de **rentabilidade sobre o capital próprio foi 50%**.

$$\text{Rentabilidade sobre o Capital Próprio} = \frac{\text{Lucro Líquido}}{\text{PL Médio}} \times 100\%$$

$$\text{Rentabilidade sobre o Capital Próprio} = \frac{120.000{,}00}{240.000{,}00} \times 100\% = 50\%$$

e) Errada. O patrimônio líquido **aumentou 100%** em 2009 em relação a seu valor em 2008.

1º passo: Calcular o PL em 2008.

PL em 2009 = PL em 2008 + Lucro Líquido de 2009

240.000,00 = PL em 2008 + 120.000,00
PL em 2008 = 120.000,00

2º passo: Calcular o fator de aumento (F) em 2009.

PL em 2008 × F = PL em 2009

120.000,00 × F = 240.000,00
F = 2

3º passo: Calcular a taxa de aumento em 2009.

Taxa de aumento = (F – 1) × 100%

Taxa de aumento = (2 – 1) × 100%
Taxa de aumento = 100%

Gabarito: **A**

23ª Questão (Contadoria – TRF da 4ª Região – FCC – 2010): Dados, em reais:

Estoque inicial de mercadorias 200.000,00
Saldo médio da conta estoque de mercadorias no exercício 120.000,00
Compras 700.000,00
Estoque final de mercadorias 180.000,00

Supondo-se o ano comercial de 360 dias, o prazo médio de renovação de estoques foi, em número de dias, igual a:

a) 65
b) 60
c) 50
d) 55
e) 70

☛ SOLUÇÃO

1º passo: Calcular o CMV.

$$CMV = EI + CL - EF$$

CMV = 200.000,00 + 700.000,00 – 180.000,00
CMV = 720.000,00

2º passo: Calcular a rotação de estoques.

$$\text{Rotação de Estoques} = \frac{CMV}{\text{Saldo médio de estoques}}$$

$$\text{Rotação de Estoques} = \frac{720.000{,}00}{120.000{,}00}$$

Rotação de Estoques = 6,0

3º passo: Calcular o prazo médio de renovação de estoques.

$$PMRE = \frac{360 \text{ dias}}{\text{Rotação de Estoques}}$$

$$PMRE = \frac{360 \text{ dias}}{6{,}0}$$

PMRE = 60 dias

Gabarito: **B**

24ª Questão (Analista Trainne – Contábeis – Metrô/SP – FCC – 2010): O valor das compras a prazo da Cia. Estrela do Golfo no exercício de 2009 foi de 486.000,00. Sabendo-se que a média do saldo da conta Fornecedores no mesmo exercício foi 121.500,00, é correto afirmar, considerando-se o ano comercial de 360 dias, que o prazo médio de pagamento a fornecedores, em número de dias, em 2009, foi de:

a) 85
b) 90
c) 75
d) 98
e) 88

SOLUÇÃO

1º passo: Calcular a rotação de compras.

$$\text{Rotação de Compras} = \frac{\text{Compras do Período}}{\text{Fornecedores}}$$

$$\text{Rotação de Compras} = \frac{486.000,00}{121.500,00}$$

Rotação de Compras = 4

2º passo: Calcular o prazo médio de rotação de fornecedores.

$$\text{PMRF} = \frac{\text{360 dias}}{\text{Rotação de Compras}}$$

$$\text{PMRF} = \frac{\text{360 dias}}{4}$$

PMRF = 90 dias

Gabarito: **B**

25ª Questão (Contadoria – TRF da 2ª Região – FCC – 2012): A análise vertical do balanço patrimonial em 31-12-2011 da Cia. Cafelândia mostrou que suas disponibilidades representavam 20% do total de seu ativo circulante. O índice de liquidez corrente da companhia para o mesmo exercício era de 1,5. O índice de liquidez imediata da companhia nesse exercício foi de:

a) 0,45

b) 0,50
c) 0,30
d) 0,35
e) 0,40

☛ SOLUÇÃO

1º passo: Calcular as disponibilidades em função do passivo circulante.

$$\text{Liquidez Corrente} = \frac{\text{Ativo Circulante}}{\text{Passivo Circulante}}$$

$$1{,}50 = \frac{\text{Ativo Circulante}}{\text{Passivo Circulante}}$$

Equação I: Ativo Circulante = 1,50 × Passivo Circulante

Equação II: Disponibilidades = 20% × Ativo Circulante

Substituindo o ativo circulante da equação I na equação II, temos:

Disponibilidades = 20% × 1,50 × Passivo Circulante

Disponibilidades = 30% × Passivo Circulante

2º passo: Calcular a liquidez imediata.

$$\text{Liquidez Imediata} = \frac{\text{Disponibilidades}}{\text{Passivo Circulante}}$$

$$\text{Liquidez Imediata} = \frac{30\% \times \text{Passivo Circulante}}{\text{Passivo Circulante}}$$

Liquidez Imediata = 0,30

Gabarito: **C**

26ª Questão (Analista Contábil Sabesp FCC 2012): A Cia. Distribuição definiu em sua estratégia comercial que o prazo médio de recebimento de vendas é de 50 dias, o prazo médio para pagamento de compras é de 30 dias e o estoque deve atender, em média, 20 dias de suas vendas. Com base nestas informações, os ciclos operacional e financeiro da empresa são, em dias, respectivamente,

a) 20 e 20
b) 30 e 30
c) 70 e 40
d) 80 e 60
e) 80 e 100

SOLUÇÃO

$$\text{Ciclo Operacional} = \text{PMRE} + \text{PMRV}$$

Ciclo Operacional = 20 dias + 50 dias
Ciclo Operacional = 70 dias

$$\text{Ciclo Financeiro} = \text{PMRE} + \text{PMRV} - \text{PMPC}$$

Ciclo Financeiro = 20 dias + 50 dias – 30 dias
Ciclo Financeiro = 40 dias

Gabarito: **C**

27ª Questão (Analista Contábil – Sabesp – FCC – 2012): A partir da análise das demonstrações financeiras da empresa H_2O obteve-se os seguintes indicadores: participação de capitais de terceiros sobre os recursos totais 75%; composição do endividamento 70%. Dado que o ativo total da empresa é de 160.000,00, o seu passivo não circulante é de:

a) 12.000,00
b) 36.000,00
c) 84.000,00
d) 120.000,00
e) 160.000,00

SOLUÇÃO

1º passo: Calcular o passivo circulante em função do passivo não circulante.

$$\text{Composição do Endividamento} = \frac{PC}{PC + P\tilde{N}C}$$

Composição do Endividamento = 70%

$$\frac{PC}{PC + P\tilde{N}C} = 0{,}7$$

PC = 0,7 × (PC + PÑC)
PC = 0,7 × PC + 0,7 × PÑC
PC – 0,7 × PC + 0,7 × PÑC
0,3 × PC = 0,7 × PÑC

Equação I: $$PC = \frac{7}{3} \times P\tilde{N}C$$

2º passo: Calcular o montante do capital de terceiros.

$$\text{Participação do capital de terceiros sobre os recursos totais} = \frac{PC + P\tilde{N}C}{Passivo}$$

Participação de capitais de terceiros sobre os recursos totais = 0,75

$$\frac{PC + P\tilde{N}C}{Passivo} = 0{,}75$$

PC + PÑC = 0,75 × Passivo

ATENÇÃO, o examinador informa que o **total do ativo é de 160.000,00**. Portanto, o total do passivo também é de 160.000,00.

PC + PÑC = 0,75 × 160.000,00

Equação II: PC + PÑC = 120.000,00

3º passo: Calcular o passivo não circulante.

Substituindo a equação I na equação II, temos:

$$\frac{7}{3} \times P\tilde{N}C + P\tilde{N}C = 120.000{,}00$$

7 × PÑC + 3 × PÑC = 360.000,00
10 × PÑC = 360.000,00
PÑC = 36.000,00

Gabarito: **B**

28ª Questão (Analista Contábil – TRE/AP – FCC – 2011): Considere as seguintes informações:

Empresa A

Passivo circulante..300,00
Liquidez corrente...2,00
Composição do endividamento........................60%
Grau de endividamento 250%

Empresa B

Passivo circulante..200,00
Liquidez corrente...1,00
Composição do endividamento........................40%
Grau de endividamento 200%

Com base nessas informações, é correto afirmar que a:

a) maior parte das dívidas da empresa A vence no longo prazo.
b) empresa A possui maior montante de recursos de terceiros.
c) empresa B apresenta melhor situação de liquidez corrente.
d) empresa B apresenta um montante menor de ativo não circulante.
e) empresa B apresenta maior patrimônio líquido.

☛ SOLUÇÃO

Analisando as alternativas, temos:

a) Errada. A maior parte das dívidas da empresa A **vence no curto prazo**, pois enquanto o passivo circulante é no montante de 300,00, o seu passivo não circulante é de 200,00.

$$\text{Composição do Endividamento} = \frac{\text{PL}}{\text{PC + PÑC}}$$

$$60\% = \frac{300{,}00}{300{,}00 + \text{PÑC da empresa A}}$$

60% × (300,00 + PÑC da empresa A) = 300,00
180,00 + 0,6 × PÑC da empresa A = 300,00

PÑC da empresa A = 200,00

b) Errada. Os montantes de **recursos de terceiros** das empresas A e B **são iguais a 500,00**.

1º passo: Calcular o montante de recursos de terceiros da empresa A.

Recursos de terceiros da empresa A = PC da empresa A + PÑC da empresa A

Recursos de terceiros da empresa A = 300,00 + 200,00
Recursos de terceiros da empresa A = 500,00

2º passo: Calcular o passivo não circulante da empresa B.

$$\text{Composição do Endividamento} = \frac{\text{PL}}{\text{PC + PÑC}}$$

$$40\% = \frac{200{,}00}{200{,}00 + \text{PÑC da empresa B}}$$

40% × (200,00 + PÑC da empresa B) = 200,00
80,00 + 0,4 × PÑC da empresa B = 200,00

PÑC da empresa B = 300,00

3º passo: Calcular o montante de recursos de terceiros da empresa B.

Recursos de terceiros da empresa B = PC da empresa B + PÑC da empresa B

Recursos de terceiros da empresa B = 200,00 + 300,00
Recursos de terceiros da empresa B = 500,00

c) Errada. A liquidez corrente da empresa A no valor de 2,0 é melhor do que a liquidez corrente da empresa B de 1,0.

d) Errada. A empresa B apresenta **um montante maior** de ativo não circulante do que a empresa A, pois enquanto o AÑC da empresa B é no montante de **550,00**, o da empresa A é de **100,00**.

1º passo: Calcular o AC da empresa A.

$$\text{Liquidez Corrente} = \frac{\text{Ativo Circulante}}{\text{Passivo Circulante}}$$

$$\frac{\text{AC da empresa A}}{300{,}00} = 2{,}0$$

AC da empresa A = 600,00

2º passo: Calcular o patrimônio líquido da empresa A.

$$\text{Grau de Endividamento} = \frac{PC + PÑC}{PL}$$

$$250\% = \frac{500{,}00}{\text{PL da empresa A}}$$

PL da empresa A = 200,00

3º passo: Calcular o total do ativo da empresa A.

Total do Ativo da empresa A = PC da empresa A + PÑC da empresa A + PL da empresa A

Total do Ativo da empresa A = 300,00 + 200,00 + 200,00
Total do Ativo da empresa A = 700,00

4º passo: Calcular o ativo não circulante da empresa A.

AC da empresa A + AÑC da empresa A = Total do Ativo da empresa A

600,00 + AÑC da empresa A = 700,00
AÑC da empresa A = 100,00

5º passo: Calcular o AC da empresa B.

$$\text{Liquidez Corrente} = \frac{\text{Ativo Circulante}}{\text{Passivo Circulante}}$$

$$\frac{\text{AC da empresa B}}{200{,}00} = 1{,}0$$

AC da empresa B = 200,00

6º passo: Calcular o patrimônio líquido da empresa B.

$$\text{Grau de Endividamento} = \frac{PC + PÑC}{PL}$$

$$200\% = \frac{500{,}00}{\text{PL da empresa B}}$$

PL da empresa B = 250,00

7º passo: Calcular o total do ativo da empresa B.

Total do Ativo da empresa B = PC da empresa B + PÑC da empresa B + PL da empresa B

Total do Ativo da empresa B = 200,00 + 300,00 + 250,00
Total do Ativo da empresa B = 750,00

8º passo: Calcular o ativo não circulante da empresa B.

AC da empresa B + AÑC da empresa B = Total do Ativo da empresa B

200,00 + AÑC da empresa B = 750,00
AÑC da empresa B = 550,00

e) Correta. A empresa B apresenta maior patrimônio líquido, pois enquanto o patrimônio líquido da empresa B é no valor de 250,00, o da empresa A é no montante de 200,00.

Gabarito: **E**

ATENÇÃO: Para responder às questões de **números 29 e 30**, utilize as contas fornecidas a seguir e considere apenas duas casas decimais.

Contas	Valor
Contas a Receber – Curto Prazo	30.000,00
Capital Social	235.000,00
Empréstimos contraídos – Curto Prazo	50.000,00
Fornecedores	35.000,00
Adiantamentos Fornecedores – Longo Prazo	80.000,00
Empréstimos concedidos – Curto Prazo	80.000,00
Estoques	120.000,00
Bancos	40.000,00
Duplicatas Descontadas – Curto Prazo	10.000,00
Receitas Diferidas – Curto Prazo	40.000,00
Imobilizado	20.000,00

29ª Questão (ACE – TCE/AP – FCC – 2012): Com base nos dados é correto afirmar que o índice de liquidez:

a) geral é 2,64.
b) seca é 1,35.
c) corrente é 2,00.
d) absoluta é 1,74.
e) imediata é 0,80.

☛ SOLUÇÃO

ATENÇÃO, nas questões envolvendo **análise de balanços**, antes de calcularmos os índices, temos que reclassificar as contas para uma correta análise. As principais contas que devem ser reclassificadas para efeitos de análise de balanços são:

Conta	Grupo de Origem	Grupo de Reclassificação	Comentários
Despesas do exercício seguinte	AC	Redução do PL	As **despesas do exercício seguinte** serão apropriadas para o resultado no exercício seguinte como **despesas**.
Receitas Diferidas (CP/LP) [(1)]	PC/PÑC	Aumento do PL	As **receitas diferidas** serão apropriadas para o resultado no exercício seguinte como **receitas**.

(1): CP é curto prazo e LP é longo prazo.

Efetuando a reclassificação das contas para efeito de análise, temos:

Contas	Classificação	Reclassificação	Valor
Contas a Receber – Curto Prazo	AC	AC	30.000,00
Capital Social	PL	PL	235.000,00
Empréstimos contraídos – Curto Prazo	PC	PC	50.000,00
Fornecedores	PC	PC	35.000,00
Adiantamentos a Fornecedores – Longo Prazo	AÑC RLP	AÑC RLP	80.000,00
Empréstimos concedidos – Curto Prazo	AÑC RLP	AÑC RLP	80.000,00
Estoques	AC	AC	120.000,00
Bancos	AC	AC	40.000,00
Duplicatas Descontadas – Curto Prazo	PC	PC	10.000,00
Receitas Diferidas – Curto Prazo	**PC**	**Aumento do PL**	40.000,00
Imobilizado	AÑC Imobilizado	AÑC Imobilizado	20.000,00

1º passo: Calcular o ativo circulante.

AC = Contas a Receber de CP + Estoques + Bancos

AC = 30.000,00 + 120.000,00 + 40.000,00
AC = 190.000,00

2º passo: Calcular o AÑC RLP.

AÑC RLP = Adiantamentos a Fornecedores de LP + Empréstimos concedidos de CP

AÑC RLP = 80.000,00 + 80.000,00
AÑC RLP = 160.000,00

3º passo: Calcular o passivo circulante.

PC = Empréstimos contraídos de CP + Fornecedores + Duplicatas Descontadas de CP

PC = 50.000,00 + 35.000,00 + 10.000,00
PC = 95.000,00

4º passo: Calcular o patrimônio líquido.

PL = Capital Social + Receitas Diferidas de CP

PL = 235.000,00 + 40.000,00
PL = 275.000,00

Analisando as alternativas, temos:

a) Errada. O índice de **liquidez geral é de 3,68.**

$$\text{Liquidez Geral} = \frac{\text{AC + AÑC RLP}}{\text{PC + PÑC}}$$

$$\text{Liquidez Geral} = \frac{190.000,00 + 160.000,00}{95.000,00 + 0,00}$$

Liquidez Geral = 3,68

b) Errada. O índice de **liquidez seca é de 0,74.**

$$\text{Liquidez Seca} = \frac{\text{AC – Estoques}}{\text{PC}}$$

$$\text{Liquidez Seca} = \frac{190.000,00 - 120.000,00}{95.000,00}$$

Liquidez Seca = 0,74

c) Correta. O índice de liquidez corrente é de 2,00.

$$\text{Liquidez Corrente} = \frac{\text{Ativo Circulante}}{\text{Passivo Circulante}}$$

$$\text{Liquidez Corrente} = \frac{190.000,00}{95.000,00}$$

Liquidez Corrente = 2,00

d) Errada. O índice de **liquidez absoluta é de 0,42**.

Liquidez Imediata = Liquidez Absoluta = Liquidez Instantânea

$$\text{Liquidez Absoluta} = \frac{\text{Disponibilidades}}{\text{Passivo Circulante}}$$

$$\text{Liquidez Absoluta} = \frac{40.000,00}{95.000,00}$$

Liquidez Absoluta = 0,42

e) Errada. A liquidez **absoluta ou imediata é 0,42**.

Gabarito: **C**

30ª Questão (ACE – TCE/AP – FCC – 2012): Com relação ao endividamento é correto afirmar que:

a) a participação do capital de terceiros sobre os recursos totais é igual a 0,63.
b) o nível de endividamento de curto prazo possui valor igual ao de longo prazo.
c) o quociente de endividamento geral é igual a 0,63.
d) a participação do capital próprio é igual a 0,37.
e) o quociente de endividamento de longo prazo é igual a zero.

☛ SOLUÇÃO

Analisando as alternativas, temos:

a) Errada. A participação do capital de terceiros **sobre os recursos totais é igual a 0,26**.

1º passo: Calcular o capital de terceiros.

Capital de Terceiros = PC + PÑC

Capital de Terceiros = 95.000,00 + 0,00
Capital de Terceiros = 95.000,00

2º passo: Calcular o passivo.

Passivo = Capital de Terceiros + PL

Passivo = 95.000,00 + 275.000,00
Passivo = 370.000,00

3º passo: Calcular a participação do capital de terceiros sobre os recursos totais.

$$\text{Participação do capital de terceiros sobre os recursos totais} = \frac{\text{Capital de Terceiros}}{\text{Passivo}}$$

$$\text{Participação do capital de terceiros sobre os recursos totais} = \frac{95.000,00}{370.000,00}$$

Participação do capital de terceiros sobre os recursos totais = 0,26

b) Errada. O nível de endividamento de curto prazo **possui valor diferente** ao de longo prazo.

1º passo: Calcular o endividamento de curto prazo.

$$\text{Endividamento de Curto Prazo} = \frac{\text{PC}}{\text{PC + PÑC}}$$

$$\text{Endividamento de Curto Prazo} = \frac{95.000,00}{95.000,00}$$

Endividamento de Curto Prazo = 1,00

2º passo: Calcular o endividamento de longo prazo.

$$\text{Endividamento de Longo Prazo} = \frac{\text{PÑC}}{\text{PC + PÑC}}$$

$$\text{Endividamento de Longo Prazo} = \frac{0{,}00}{450.000{,}00}$$

Endividamento de Longo Prazo = 0,00

CONCLUSÃO, o endividamento de curto prazo no montante de 1,00 é diferente do endividamento de longo prazo no valor de 0,00.

c) Errada. O quociente de **endividamento geral é igual a 0,26**.

1º passo: Calcular o total do Ativo.

Total do Ativo = AC + AÑC RLP + AÑC Imobilizado

Total do Ativo = 190.000,00 + 160.000,00 + 20.000,00
Total do Ativo = 370.000,00

2º passo: Calcular o endividamento geral.

$$\text{Endividamento Geral} = \frac{\text{PC + PÑC}}{\text{Ativo}}$$

$$\text{Endividamento Geral} = \frac{95.000{,}00}{370.000{,}00}$$

Endividamento Geral = 0,26

d) Errada. A participação do **capital próprio é igual a 0,74**.

$$\text{Participação no Capital Próprio} = \frac{\text{Patrimônio Líquido}}{\text{Ativo}}$$

$$\text{Participação no Capital Próprio} = \frac{275.000{,}00}{370.000{,}00}$$

Participação no Capital Próprio = 0,74

e) Correta. Na alternativa **C** calculamos o quociente de endividamento de longo prazo que é igual a zero.

Gabarito: **E**

31ª Questão (Contadoria – TRF da 2ª Região – FCC – 2012): A análise horizontal do balanço patrimonial levantado em 31-12-2011 mostrou que a conta de clientes aumentou 20% em relação ao seu valor em 31-12-2010, que correspondeu a 250.000,00. O total das vendas brutas da companhia realizadas a prazo nesse exercício foi 1.080.000,00. Considerando-se o ano comercial, o prazo médio de recebimento das vendas a prazo foi, em dias, equivalente a:

a) 100
b) 120
c) 90
d) 80
e) 115

☛ SOLUÇÃO

1º passo: Calcular o montante dos clientes em 2011.

$$\text{Clientes em 2011} = 1{,}20 \times \text{Clientes em 2010}$$

Clientes em 2011 = 1,20 × 250.000,00
Clientes em 2011 = 300.000,00

2º passo: Calcular a rotação de vendas.

$$\text{Rotação de Vendas} = \frac{\text{Vendas do Período}}{\text{Clientes em 2011}}$$

$$\text{Rotação de Vendas} = \frac{1.080.000{,}00}{300.000{,}00}$$

Rotação de Vendas = 3,60

3º passo: Calcular o prazo médio de recebimento de vendas.

$$\text{PMRV} = \frac{360 \text{ dias}}{\text{Rotação de Vendas}}$$

$$\text{PMRV} = \frac{360 \text{ dias}}{3{,}60}$$

PMRV = 100 dias

Gabarito: **A**

ATENÇÃO: Para responder às **questões de números 32 e 33**, considere as informações abaixo.

O patrimônio de uma empresa possui a seguinte formação:

Ativo Circulante.. 820.000,00
Ativo Não Circulante 2.180.000,00
Passivo Circulante 800.000,00
Passivo Não Circulante 1.200.000,00
Patrimônio Líquido............................... 1.000.000,00

32ª Questão (Contador – Sergipe Gás SA – FCC – 2010): Se essa empresa não possuir estoque inicial ou final, o índice de liquidez:

a) geral é igual a 2.
b) seca será igual ao de liquidez corrente.
c) geral será 0,5.
d) seca é igual a 1,8.
e) corrente será igual ao de liquidez geral.

SOLUÇÃO

Analisando as alternativas, temos:

a) Errada. O índice de **liquidez geral é igual a 0,41**.

$$\text{Liquidez Geral} = \frac{\text{AC + AÑC RLP}}{\text{PC + PÑC}}$$

$$\text{Liquidez Geral} = \frac{820.000,00 + 0,00}{800.000,00 + 1.200.000,00}$$

Liquidez Geral = 0,41

ATENÇÃO, o AÑC é composto do realizável a longo prazo, investimentos, imobilizado e intangível. Como a questão não informou qual o valor do realizável a longo prazo, nesse caso, devemos supor que o **AÑC RLP é igual a zero**.

b) Correta. O índice de liquidez seca de 1,025 é igual ao de liquidez corrente de 1,025.

1º passo: Calcular o índice de liquidez seca.

Dados da questão: Estoque Inicial = Estoque Final = 0,00

$$\text{Liquidez Seca} = \frac{\text{AC – Estoques}}{\text{PC}}$$

$$\text{Liquidez Seca} = \frac{820.000{,}00 - 0{,}00}{800.000{,}00}$$

Liquidez Seca = 1,025

2º passo: Calcular o índice de liquidez corrente.

$$\text{Liquidez Corrente} = \frac{\text{Ativo Circulante}}{\text{Passivo Circulante}}$$

$$\text{Liquidez Corrente} = \frac{820.000{,}00}{800.000{,}00}$$

Liquidez Corrente = 1,025

c) Errada. O índice de **liquidez geral é de 0,41**.
Na alternativa **A** calculamos que o índice de liquidez geral é de 0,41.

d) Errada. O índice de **liquidez seca é de 1,025**.
Na alternativa **B** calculamos que o índice de liquidez seca é de 1,025.

e) Errada. O índice de **liquidez corrente** no montante de **1,025 é diferente** do índice de **liquidez geral** no valor de **0,41**.

Gabarito: **B**

33ª Questão (Contador – Sergipe Gás SA – FCC – 2010): O quociente de endividamento é de:

a) 0,20
b) 0,33
c) 0,47
d) 0,58
e) 0,67

☛ SOLUÇÃO

1º passo: Calcular o total do ativo.

Ativo = AC + AÑC

Ativo = 820.000,00 + 2.180.000,00
Ativo = 3.000.000,00

2º passo: Calcular o quociente de endividamento.

$$\text{Quociente de Endividamento} = \frac{PC + PÑC}{Ativo}$$

$$\text{Quociente de Endividamento} = \frac{800.000,00 + 1.200.000,00}{3.000.000,00}$$

Quociente de Endividamento = 0,67

Gabarito: **E**

INSTRUÇÕES: Considere os dados a seguir, extraídos das demonstrações contábeis da Cia. São José, relativas ao exercício de 2009, para responder às **questões de números 34 e 35**.

Ativo	31/12/09	31/12/08
Disponível	120.000,00	100.000,00
Duplicatas a Receber	540.000,00	422.500,00
Estoques	250.000,00	150.000,00
Realizável a Longo Prazo	100.000,00	77.500,00
Imobilizado Líquido	600.000,00	390.000,00
Investimentos	140.000,00	110.000,00
Total	1.750.000,00	1.250.000,00
Passivo	**31/12/09**	**31/12/08**
Fornecedores	420.000,00	280.000,00
Contas a Pagar	190.000,00	170.000,00
Tributos a Pagar	118.000,00	100.000,00
Passivo Não Circulante	242.000,00	232.000,00
Capital	410.000,00	268.000,00
Reservas	370.000,00	200.000,00
Total	1.750.000,00	1.250.000,00

Demonstração do Resultado do Exercício de 2009	
Vendas a Prazo	1.443.750,00
– Custo das Mercadorias Vendidas	(500.000,00)
= Lucro Bruto	943.750,00
– Despesas Operacionais	(598.500,00)
– IRPJ e CSL	(180.250,00)
= Lucro Líquido do Exercício	165.000,00

34ª Questão (Analista Contábil – TRE/RN – FCC – 2011): Os índices de liquidez seca em 31/12/2008 e de liquidez corrente em 31/12/2009 são, respectivamente,

a) 0,90 e 1,30
b) 0,95 e 1,28
c) 0,90 e 1,20
d) 0,95 e 1,25
e) 0,98 e 1,20

☛ SOLUÇÃO

1º passo: Calcular o ativo circulante em 2008 e o passivo circulante em 2008.

AC em 2008 = Disponível + Duplicatas a Receber + Estoques

AC em 2008 = 100.000,00 + 422.500,00 + 150.000,00
AC em 2008 = 672.500,00

PC em 2008 = Fornecedores + Contas a Pagar + Tributos a Pagar

PC em 2008 = 280.000,00 + 170.000,00 + 100.000,00
PC em 2008 = 550.000,00

2º passo: Calcular o ativo circulante em 2009 e o passivo circulante em 2009.

AC em 2008 = Disponível + Duplicatas a Receber + Estoques

AC em 2009 = 120.000,00 + 540.000,00 + 250.000,00
AC em 2009 = 910.000,00

PC em 2009 = Fornecedores + Contas a Pagar + Tributos a Pagar

PC em 2009 = 420.000,00 + 190.000,00 + 118.000,00
PC em 2009 = 728.000,00

3º passo: Calcular a liquidez seca em 31/12/2008.

$$\text{Liquidez Seca} = \frac{\text{AC – Estoques}}{\text{PC}}$$

$$\text{Liquidez Seca em 2008} = \frac{672.500{,}00 - 150.000{,}00}{550.000{,}00}$$

Liquidez Seca em 2008 = 0,95

4º passo: Calcular a liquidez corrente em 31/12/2009.

$$\text{Liquidez Corrente} = \frac{\text{Ativo Circulante}}{\text{Passivo Circulante}}$$

$$\text{Liquidez Corrente em 2009} = \frac{910.000{,}00}{728.000{,}00}$$

Liquidez Corrente em 2009 = 1,25

Gabarito: **D**

35ª Questão (Analista Contábil – TRE/RN – FCC – 2011): Calculando-se o prazo de rotação de estoques e de recebimento de clientes com base na média das contas patrimoniais e considerando-se o ano comercial de 360 dias, os valores obtidos são, em número de dias, respectivamente,

a) 180 e 120
b) 144 e 136
c) 144 e 120
d) 120 e 180
e) 120 e 136

☛ **SOLUÇÃO**

1º passo: Calcular o estoque médio.

$$\text{Estoque médio} = \frac{\text{Estoques em 2008} + \text{Estoques em 2009}}{2}$$

$$\text{Estoque médio} = \frac{150.000{,}00 + 250.000{,}00}{2}$$

Estoque médio = 200.000,00

2º passo: Calcular a rotação de estoques.

$$\text{Rotação de Estoques} = \frac{\text{CMV}}{\text{Estoque médio}}$$

$$\text{Rotação de Estoques} = \frac{500.000{,}00}{200.000{,}00}$$

Rotação de Estoques = 2,5

3º passo: Calcular o prazo médio de rotação de estoques.

$$\text{PMRE} = \frac{\text{360 dias}}{\text{Rotação de Estoques}}$$

$$\text{PMRE} = \frac{\text{360 dias}}{2{,}5}$$

PMRE = 144 dias

4º passo: Calcular a média de duplicatas a receber.

$$\text{Duplicatas a Receber média} = \frac{\text{Duplicatas a Receber em 2008} + \text{Duplicatas a Receber em 2009}}{2}$$

$$\text{Duplicatas a Receber média} = \frac{422.500{,}00 + 540.000{,}00}{2}$$

Duplicatas a Receber média = 481.250,00

5º passo: Calcular a rotação de clientes.

$$\text{Rotação de Clientes} = \frac{\text{Vendas}}{\text{Duplicatas a Receber média}}$$

$$\text{Rotação de Clientes} = \frac{1.443.750,00}{481.250,00}$$

Rotação de Clientes = 3

6º passo: Calcular o prazo médio de recebimento de clientes.

$$\text{PMRC} = \frac{\text{360 dias}}{\text{Rotação de Clientes}}$$

$$\text{PMRC} = \frac{\text{360 dias}}{3}$$

PMRC = 120 dias

Gabarito: **C**

36ª Questão (Analista Contábil – TRE/PI – FCC – 2009): A liquidez corrente da empresa A é igual a 2, a participação de capitais de terceiros (grau de endividamento) é igual a 200%, a composição do endividamento é igual a 60% e o patrimônio líquido é igual a 300,00. O total do ativo circulante é igual a, em reais,

a) 200,00
b) 300,00
c) 400,00
d) 600,00
e) 720,00

SOLUÇÃO

1º passo: Calcular o capital de terceiros.

$$\text{Grau de Endividamento} = \frac{\text{Capital de Terceiros}}{\text{PL}}$$

$$200\% = \frac{\text{Capital de Terceiros}}{300,00}$$

Capital de Terceiros = 600,00

2º passo: Calcular o passivo circulante.

$$\text{Composição do Endividamento} = \frac{\text{Passivo Circulante}}{\text{Capital de Terceiros}}$$

$$60\% = \frac{\text{Passivo Circulante}}{600{,}00}$$

Passivo Circulante = 360,00

3º passo: Calcular o ativo circulante.

$$\text{Liquidez Corrente} = \frac{\text{Ativo Circulante}}{\text{Passivo Circulante}}$$

$$\frac{\text{Ativo Circulante}}{360{,}00} = 2$$

Ativo Circulante = 720,00

Gabarito: **E**

37ª Questão (Analista Contábil – TRT da 24ª Região – FCC – 2011): Indica o tempo médio que a empresa leva para produzir, vender e receber a receita de seus produtos:

a) giro do ativo.
b) ciclo operacional.
c) giro do estoque.
d) ciclo financeiro.
e) rentabilidade do ativo total.

☛ SOLUÇÃO

O **ciclo operacional** compreende o período desde a data em que a empresa efetua as compras de matérias-primas e produz os produtos, realiza as vendas desses produtos e recebe dos clientes.

Gabarito: **B**

38ª Questão (Analista Contábil – TRT da 23ª Região – FCC – 2011): Dados do balanço patrimonial e da demonstração de resultado da Cia. Crisântemo, relativos ao exercício findo em 31-12-2010 (Valores em reais):

Saldo da conta de Fornecedores em 31-12-2009 ....360.000,00
Custo das Mercadorias Vendidas...930.000,00
Estoque de Mercadorias em 31-12-2010......................................270.000,00
Saldo da conta de Fornecedores em 31-12-2010.........................400.000,00
Estoque de Mercadorias em 31-12-2009 ....250.000,00

A companhia tem por política financeira efetuar somente compras a prazo. O prazo médio de pagamento a fornecedores da companhia em 2010 (considerando-se o ano comercial de 360 dias), em número de dias, foi:

a) 160
b) 144
c) 152
d) 140
e) 136

SOLUÇÃO

1º passo: Calcular o montante das compras em 2010.

(1) Registro contábil do CMV em 2010.

Estoques

Débito	Crédito
250.000,00	930.000,00 (1)
x	
270.000,00	

CMV

Débito	Crédito
(1) 930.000,00	

Analisando o **razonete estoques** podemos observar que o saldo inicial de mercadorias era de **250.000,00**, em seguida houve uma saída de mercadorias no valor de **930.000,00**, restando um saldo final de **270.000,00**, ou seja, ocorreu uma compra no valor de **x** e como a questão não informa qual foi o valor a prazo ou à vista, vamos supor que foi tudo a prazo. **Conclusão**, do razonete estoques calculamos o montante das compras em 2010 no valor de x.

250.000,00 + x – 930.000,00 = 270.000,00
x = 950.000,00

2º passo: Calcular a média de fornecedores em 2010.

$$\text{Média de Fornecedores em 2010} = \frac{\text{Fornecedores 31/12/2009} + \text{Fornecedores 31/12/2010}}{2}$$

$$\text{Média de Fornecedores em 2010} = \frac{360.000,00 + 400.000,00}{2}$$

Média de Fornecedores em 2010 = 380.000,00

3º passo: Calcular a rotação de compras em 2010.

$$\text{Rotação de Compras} = \frac{\text{Compras do Período}}{\text{Fornecedores}}$$

$$\text{Rotação de Compras} = \frac{950.000,00}{380.000,00}$$

Rotação de Compras = 2,5

4º passo: Calcular o prazo médio de rotação de clientes.

$$\text{PMRC} = \frac{\text{360 dias}}{\text{Rotação de Compras}}$$

$$\text{PMRC} = \frac{\text{360 dias}}{2,5}$$

PMRC = 144 dias

Gabarito: **B**

39ª Questão (Analista Contábil – TRT da 6ª Região – FCC – 2012): A partir da análise das demonstrações financeiras da empresa AGA, obteve-se os seguintes indicadores: grau de endividamento 200%; composição do endividamento 40%, liquidez corrente 1,6 e liquidez geral 1,0. Sabendo que o ativo total era 375.000,00, o seu ativo circulante era, em reais,

a) 240.000,00
b) 160.000,00
c) 150.000,00
d) 125.000,00
e) 100.000,00

SOLUÇÃO

1º passo: Calcular o capital de terceiros em função do PL.

$$\text{Grau de Endividamento} = \frac{\text{Capital de Terceiros}}{\text{PL}}$$

$$\frac{\text{Capital de Terceiros}}{\text{PL}} = 200\%$$

Capital de Terceiros = 2 × PL

2º passo: Calcular o patrimônio líquido.

$$\text{Total do Ativo} = \text{Capital de Terceiros} + \text{PL}$$

375.000,00 = 2 × PL + PL
PL = 125.000,00

3º passo: Calcular o capital de terceiros.

$$\text{Capital de Terceiros} = 2 \times \text{PL}$$

Capital de Terceiros = 2 × 125.000,00
Capital de Terceiros = 250.000,00

4º passo: Calcular o passivo circulante.

$$\text{Composição do Endividamento} = \frac{\text{PC}}{\text{Capital de Terceiros}}$$

$$\frac{\text{PC}}{250.000,00} = 40\%$$

PC = 100.000,00

5º passo: Calcular o ativo circulante.

$$\text{Liquidez Corrente} = \frac{\text{Ativo Circulante}}{\text{Passivo Circulante}}$$

$$1,6 = \frac{\text{Ativo Circulante}}{100.000,00}$$

Ativo Circulante = 160.000,00

Gabarito: **B**

Capítulo 2

Contabilidade de Custos

1. COMPONENTES DOS CUSTOS

Os **componentes dos custos** são todos os gastos com material, mão de obra e custos indiretos diretamente envolvidos com a produção de bens destinados à comercialização. Portanto, os **componentes dos custos** são basicamente três:

- Matéria-Prima Aplicada (MPA)
- Mão de Obra Direta (MOD)
- Custos Indiretos de Fabricação (CIF)

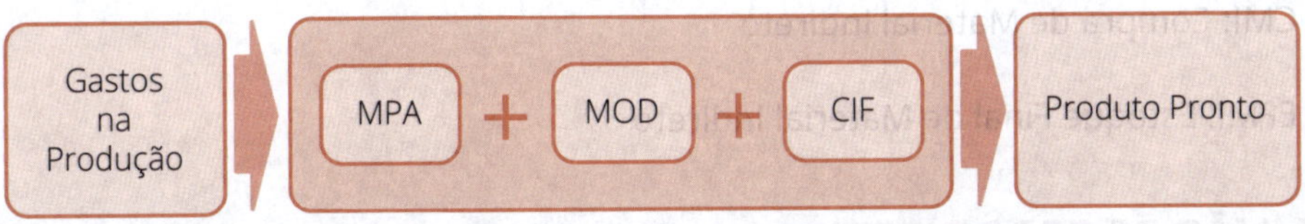

Analisando o gráfico acima, podemos observar que o **produto pronto** é composto com gastos de MPA, MOD e CIF.

1.1 MATÉRIA-PRIMA APLICADA

A **matéria-prima aplicada** é tudo que compõe o produto final. Por exemplo, no papel a **celulose** não é vista em sua estrutura original, mas sabe-se que é a **matéria-prima do papel**, assim é com um pacote de açúcar no supermercado, pois você não enxerga a **cana**, mas sabe-se que é a **matéria-prima do açúcar**. A matéria-prima aplicada é obtida por meio da aplicação da seguinte fórmula:

$$MPA = EIMP + CMP - EFMP$$

Em que:

EIMP: Estoque Inicial de Matéria-Prima

CMP: Compra de Matéria-Prima

EFMP: Estoque Final de Matéria-Prima

1.1.1 MATERIAL INDIRETO APLICADO

O **material indireto aplicado** (MIA) é tudo que é consumido no processo de fabricação, mas **não incorporam o produto final.** Por exemplo, o material de segurança utilizado na fabricação dos produtos, as ferramentas consumidas no processo de fabricação, o material utilizado na manutenção dos equipamentos fabris, etc. O **material indireto aplicado** é muito difícil de ser identificado no produto final. O material indireto aplicado é obtido por meio da aplicação da seguinte fórmula:

MIA = EIMI + CMI – EFMI

Em que:

EIMI: Estoque Inicial de Material Indireto

CMI: Compra de Material Indireto

EFMI: Estoque Final de Material Indireto

1.2 MÃO DE OBRA DIRETA

A **mão de obra direta** são os salários e encargos sociais dos empregados que estão diretamente relacionados com as atividades de processamento dos produtos finais.

1.2.1 MÃO DE OBRA INDIRETA

A **mão de obra indireta** compreende os gastos com pessoal que desempenha as **atividades de apoio** aos empregados que estão diretamente envolvidos nas atividades de processamento dos produtos finais. Em outras palavras, a **mão de obra indireta** apesar de não manipular diretamente a fabricação dos produtos, tem participação indireta no processo produtivo. Por exemplo, os funcionários lotados nos setores de controles de produção, qualidade e supervisão dos produtos, a engenharia de desenvolvimento, etc.

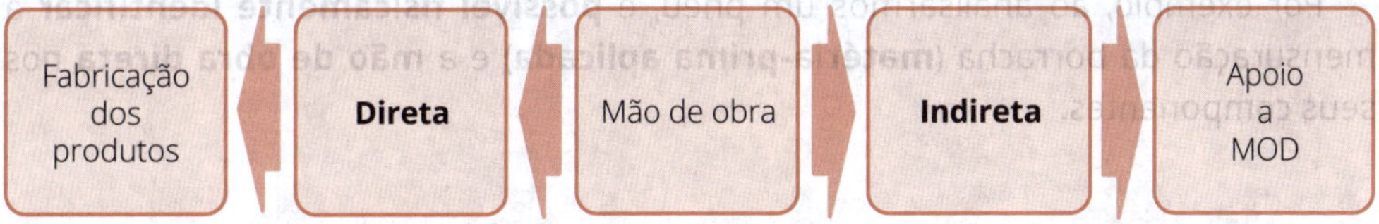

1.3 CUSTOS INDIRETOS DE FABRICAÇÃO

Os **custos indiretos de fabricação** estão relacionados com os gastos necessários para manutenção e operação dos equipamentos, máquinas, instalações fabris, etc. Por exemplo, os gastos com a energia elétrica da fábrica, manutenção dos equipamentos fabris, seguros da fábrica, etc.

Sinônimos do CIF utilizados pela banca

Gastos Gerais de Produção (GGP)

Gastos Gerais de Fabricação (GGF)

Despesas Gerais de Produção (DGP)

2. CÁLCULO DOS CUSTOS

O cálculo dos custos é realizado por meio de **fórmulas matemáticas** (apuração extra contábil).

2.1 CUSTOS DIRETOS

Os **custos diretos** (ou custos primários) são aqueles que podem ser **fisicamente** identificados com relação a um segmento específico de produção. Em outras palavras, na análise dos **custos diretos**, é possível verificar:

- uma ligação direta com o produto final;
- a visualização no produto final;
- a sua mensuração (medição) na participação do produto final, etc.

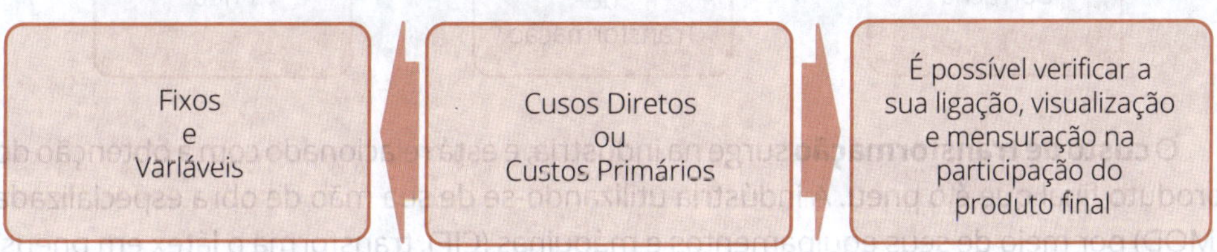

Por exemplo, ao analisarmos um pneu, é **possível fisicamente identificar** a mensuração da borracha (**matéria-prima aplicada**) e a **mão de obra direta** nos seus componentes.

ATENÇÃO NAS PROVAS! Os custos diretos (ou **custos primários**) podem ser fixos e variáveis.

Os **custos diretos** são obtidos por meio da fórmula:

Custos Diretos = MPA + MOD

Sinônimo do custo direto utilizado pela banca

Custos Diretos = Custos Primários

Portanto, os **custos primários** podem ser obtidos por meio da fórmula:

Custos Primários = MPA + MOD

2.2 CUSTO DE TRANSFORMAÇÃO

Os **custos de transformação**, também conhecidos por **custos de conversão**, estão relacionados com os custos incorridos na transformação da matéria-prima (por exemplo, **borracha**) em um produto final (**pneu**).

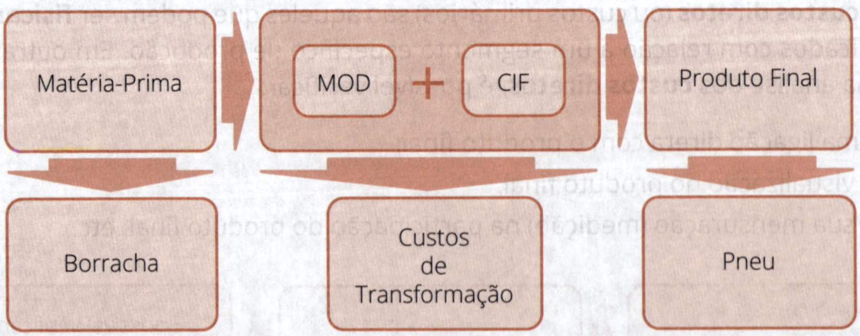

O **custo de transformação** surge na indústria, e está relacionado com a obtenção do produto final que é o pneu. A indústria utilizando-se de sua mão de obra especializada (MOD) por meio de seus equipamentos e máquinas (CIF), transforma o látex em pneus.

ATENÇÃO, caso a empresa adquira **mão de obra de terceiros** ou **produtos prontos** na produção dos seus pneus, esses itens **não compõem o custo de transformação.**

Custo de Transformação = MOD + CIF

Sinônimo do custo de transformação utilizado pela banca

Custo de Transformação = Custo de Conversão

2.3 CUSTO DE PRODUÇÃO

Os **custos de produção** compreendem os custos com matéria-prima, mão de obra direta e os custos indiretos de fabricação, **incorridos** no período dentro da fábrica.

Custo de Produção = MPA + MOD + CIF

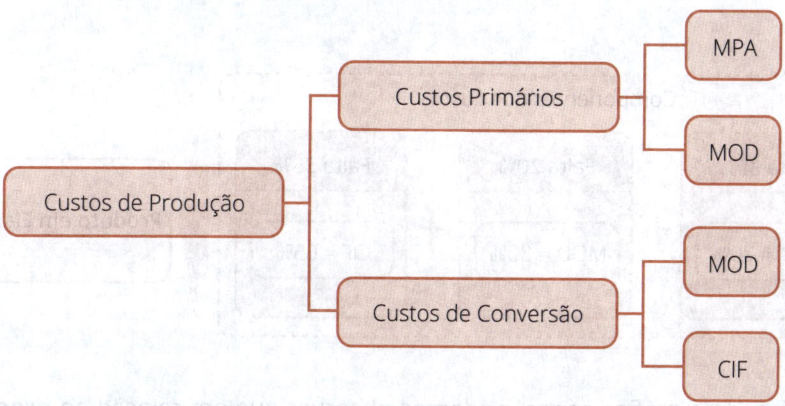

Sinônimo do custo de produção utilizado pela banca

Custo de Produção = Custo de Produção do Período (CPP)

2.4 CUSTO DA PRODUÇÃO ACABADA DO PERÍODO

Os **custos da produção acabada do período** (CPA) compreendem os custos com matéria-prima, mão de obra direta e os custos indiretos de fabricação, 100%

acabados no período. **Atenção**, os custos da produção acabada do período podem conter **custos da produção acabada de períodos anteriores** que só foram terminadas no período atual.

Custo da Produção Acabada = EIPE + CPP – EFPE

Em que:

EIPE: Estoque Inicial de Produtos em Elaboração

CPP: Custo de Produção do Período

EFPE: Estoque Final de Produtos em Elaboração

ATENÇÃO, os produtos em elaboração são aqueles em fase de acabamento industrial, ou seja, ainda não estão completos. Para que um produto em elaboração se converta em produto acabado, os componentes dos custos devem estar 100% acabados. Em outras palavras, o **produto pronto** contém obrigatoriamente 100% de MPA, 100% de MOD e 100% de CIF.

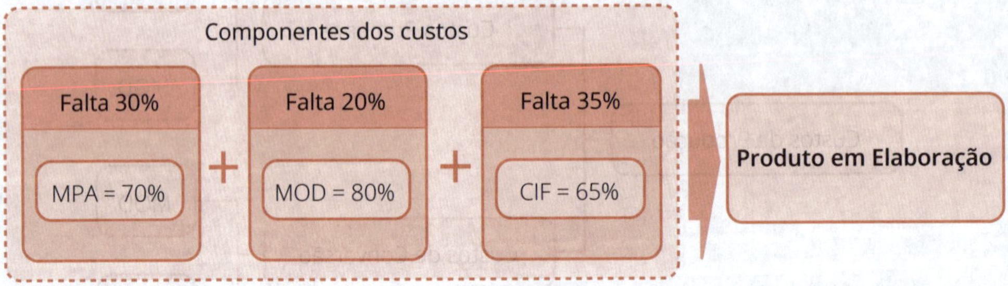

Analisando o gráfico acima, podemos observar que em relação ao **produto em elaboração** (por exemplo, um automóvel) **falta a indústria apropriar** 30% de MPA, 20% de MOD e 35% de CIF.

Por exemplo, vamos supor que na produção de um automóvel falte apenas a colocação dos seus **freios**, e que esses **freios** correspondam a **2% da MPA** na sua produção e a mão de obra para a colocação dos freios represente **3% da MOD** total do veículo. Na indústria automobilística esse automóvel é um **produto em elaboração**, pois devido à falta dos freios, o automóvel ainda **não é um produto acabado**.

Sinônimos do CPA utilizados pela banca

Custo de Fabricação do Período (CFP)

Custo dos Produtos Fabricados no Período (CPF)

2.5 CUSTO DOS PRODUTOS VENDIDOS

Os **custos dos produtos vendidos** (CPV) compreendem os **custos incorridos na produção** dos bens e serviços que só agora estão sendo vendidos. **Atenção**, os custos dos produtos vendidos podem conter **custos de produção** de diversos períodos, caso os itens vendidos tenham sido produzidos em períodos diferentes.

CPV = EIPP + CPA – EFPP

Em que:

EIPP: Estoque Inicial de Produtos Prontos

CPA: Custo da Produção Acabada do Período

EFPP: Estoque Final de Produtos Prontos

INSTRUÇÕES: Considere as informações abaixo para responder às **questões de números 01 e 02**.

A Cia. Atenas utiliza duas unidades de matéria-prima para cada unidade acabada. Ao fazer seu planejamento, para o ano fiscal de 2006, estabelece como meta os seguintes saldos:

Itens	Saldo Inicial em unidades	Saldo Final em unidades
Matéria-prima	30.000	40.000
Produtos em processo	10.000	10.000
Produtos acabados	70.000	40.000

01ª QUESTÃO (SEFAZ – SP – FCC – 2006): Para que a empresa venda 480.000 unidades durante o ano fiscal de 2006, a quantidade de unidades que deverá produzir no decorrer desse período é:

a) 440.000
b) 450.000
c) 460.000
d) 480.000
e) 520.000

☛ SOLUÇÃO

ATENÇÃO, vamos calcular o CPA utilizando a fórmula do CPV.

CPV = EIPP + CPA – EFPP

480.000 unidades = 70.000 unidades + CPA – 40.000 unidades
CPA = 450.000 unidades

Gabarito: **B**

02ª QUESTÃO (SEFAZ – SP – FCC – 2006): Se a empresa planeja produzir 400.000 unidades, no período, o número de unidades de matéria-prima que deverá adquirir será:

a) 1.020.000
b) 1.010.000
c) 1.000.000
d) 990.000
e) 810.000

☛ SOLUÇÃO

1º passo: Calcular a MPA.

Se para produzir 1 unidade são necessárias 2 unidades de matéria-prima, logo para produzir 400.000 unidades serão necessárias 800.000 unidades de matéria-prima. **Conclusão**, MPA = 800.000 unidades.

2º passo: Calcular o número de unidades de matéria-prima que deverá adquirir.

MPA = EIMP + CMP – EFMP

800.000 unidades = 30.000 unidades + CMP – 40.000 unidades
CMP = 810.000 unidades

Gabarito: **E**

INSTRUÇÕES: Considere as informações abaixo para responder às **questões de números 03 a 05**.

No mês de janeiro de 2006, dos relatórios de produção da Cia. Albion foram extraídas as seguintes informações:

I. Valor dos inventários de início e final do mês (valores em reais):

Itens	Saldo Inicial	Saldo Final
Unidades acabadas	125.000,00	117.000,00
Unidades em processo	235.000,00	251.000,00
Matéria-prima	134.000,00	124.000,00

II. Movimentos ocorridos no período (valores em reais):

Itens	Valor
Compra de matéria-prima	191.000,00
Mão de obra direta utilizada	300.000,00
Custos indiretos de fabricação ocorridos	175.000,00

III. Informações adicionais:

A empresa aplica custos indiretos de fabricação a uma taxa de 60% da mão de obra direta. Os excessos ou sub-aplicação dos CIF serão apropriados no final do exercício.

03ª QUESTÃO (SEFAZ – SP – FCC – 2006): Os custos primários no mês foram de:

a) 501.000,00
b) 499.000,00
c) 489.000,00
d) 201.000,00
e) 199.000,00

☛ SOLUÇÃO

1º passo: Calcular a matéria-prima aplicada.

MPA = EIMP + CMP – EFMP

MPA = 134.000,00 + 191.000,00 – 124.000,00
MPA = 201.000,00

2º passo: Calcular os custos primários.

ATENÇÃO nas provas**!** A banca FCC trata os **custos diretos** como sinônimo de **custos primários**.

Custos Primários = MPA + MOD

Custos Primários = 201.000,00 + 300.000,00
Custos Primários = 501.000,00

Gabarito: **A**

04ª QUESTÃO (SEFAZ – SP – FCC – 2006): O total de custos de produção no mês de janeiro foi de:

a) 501.000,00
b) 665.000,00
c) 673.000,00
d) 681.000,00
e) 743.000,00

☛ SOLUÇÃO

1º passo: Calcular os custos indiretos de fabricação.

ATENÇÃO, cuidado com a pegadinha da prova!!!!! Apesar da banca informar na tabela de movimentos ocorridos no período, que os custos indiretos de fabricação foram no montante de 175.000,00, a empresa deverá utilizar os **custos indiretos de fabricação** com base na taxa de **60% da mão de obra direta**.

CIF = 60% × MOD

CIF = 60% × 300.000,00
CIF = 180.000,00

2º passo: Calcular o custo de produção do período.

CPP = MPA + MOD + CIF

CPP = 201.000,00 + 300.000,00 + 180.000,00
CPP = 681.000,00

Gabarito: **D**

05ª QUESTÃO (SEFAZ – SP – FCC – 2006): Custo das unidades vendidas em janeiro:

a) 697.000,00
b) 681.000,00
c) 673.000,00
d) 657.000,00
e) 665.000,00

☛ SOLUÇÃO

1º passo: Calcular o custo da produção acabada do período.

CPA = EIPE + CPP – EFPE

CPA = 235.000,00 + 681.000,00 – 251.000,00
CPA = 665.000,00

2º passo: Calcular os custos dos produtos vendidos.

CPV = EIPP + CPA – EFPP

CPV = 125.000,00 + 665.000,00 – 117.000,00
CPV = 673.000,00

Gabarito: **C**

06ª QUESTÃO (SEFAZ – SP – FCC – 2006): Na terminologia de custos, são custos de conversão ou de transformação:

a) matéria-prima, mão de obra direta e custos indiretos de fabricação.
b) custos primários e custos de fabricação fixos.
c) mão de obra direta e indireta.
d) mão de obra direta e materiais diretos.
e) mão de obra direta e custos indiretos de fabricação.

☛ SOLUÇÃO

Os **custos de transformação**, também conhecidos por **custos de conversão**, estão relacionados com os custos incorridos na transformação da matéria-prima (por exemplo, **borracha**) em um produto final (**pneu**).

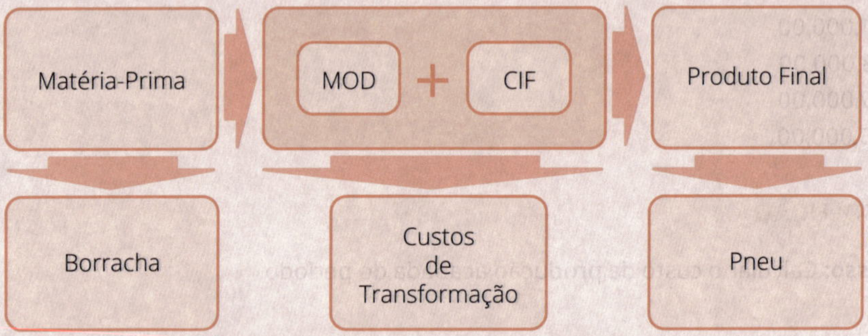

Custo de Transformação = MOD + CIF

Gabarito: **E**

07ª QUESTÃO (Contabilidade – TRT da 2ª Região – FCC – 2008): O valor do estoque final de produtos acabados e não vendidos no levantamento do balanço de uma empresa industrial, é obtido, pelo departamento de custos, por meio da fórmula:

a) estoque inicial de produtos acabados (+) custo da produção do período (−) estoque final de produtos em elaboração.
b) (−) estoque inicial de produtos acabados (+) custo dos produtos vendidos (+) custo da produção acabada no período.
c) estoque inicial de produtos em elaboração (+) custo dos produtos vendidos (+) estoque final de produtos em elaboração.

d) estoque inicial de produtos acabados (+) custo da produção acabada no período (+) estoque final de produtos em elaboração.

e) estoque inicial de produtos acabados (+) custo da produção acabada no período (–) custo dos produtos vendidos.

☛ SOLUÇÃO

ATENÇÃO, por meio da fórmula do CPV, calculamos o estoque final de produtos acabados (EFPA).

CPV = EIPA + CPA – EFPA

EFPA = EIPA + CPA – CPV

CONCLUSÃO, da fórmula acima temos que o estoque final de produtos acabados (EFPA) é o estoque inicial de produtos acabados (+) custo da produção acabada no período (–) custo dos produtos vendidos.

Gabarito: **E**

08ª QUESTÃO (Contadoria – TRF da 5ª Região – FCC – 2008): São dadas as seguintes informações, relativas à escrituração da Cia. Industrial Vale do Ribeira, no exercício de 2007 em reais:

Estoque inicial de produtos em elaboração	100.000,00
Mão de obra direta	270.000,00
Despesas financeiras na aquisição de material direto	70.000,00
Estoque final de produtos acabados	150.000,00
Custos indiretos de fabricação	480.000,00
Estoque final de produtos em elaboração	120.000,00
Material direto consumido na produção	230.000,00
Despesa com fretes de venda	40.000,00
Estoque inicial de produtos acabados	200.000,00

O custo dos produtos vendidos pela companhia no exercício de 2007 correspondeu, em reais, a:

a) 1.120.000,00
b) 1.080.000,00
c) 1.010.000,00
d) 980.000,00
e) 960.000,00

☛ SOLUÇÃO

1º passo: Identificar os componentes dos custos.

ATENÇÃO, o material direto consumido na produção é a MPA. Portanto, da tabela temos que os **componentes dos custos** são:

MOD = 270.000,00
MPA = 230.000,00
CIF = 480.000,00

2º passo: Calcular o custo de produção do período.

CPP = MPA + MOD + CIF

CPP = 230.000,00 + 270.000,00 + 480.000,00
CPP = 980.000,00

3º passo: Calcular o custo da produção acabada do período.

CPA = EIPE + CPP – EFPE

CPA = 100.000,00 + 980.000,00 – 120.000,00
CPA = 960.000,00

4º passo: Calcular o custo dos produtos vendidos.

CPV = EIPA + CPA – EFPA

CPV = 200.000,00 + 960.000,00 – 150.000,00
CPV = 1.010.000,00

Gabarito: **C**

09ª QUESTÃO (ACE – TCE/GO – FCC – 2009): Durante o mês de agosto, a empresa J&J produziu 2.000 unidades de seu único produto para revenda. Nesse período, a empresa incorreu nos seguintes gastos: matéria-prima: 30.000,00; mão de obra direta: 6.000,00; energia elétrica (fábrica): 15.000,00; mão de obra (administração): 10.000,00; seguros (50% setor industrial): 20.000,00; depreciação (40% setor industrial): 10.000,00; salários dos vendedores: 8.000,00; encargos financeiros referentes a empréstimos: 5.000,00. Sabendo que não havia estoques iniciais de produtos acabados, toda produção foi iniciada e acabada durante o mês de agosto, e que a empresa nada vendeu nesse período, o valor do estoque final de produtos acabados, pelo custeio por absorção, é:

a) 65.000,00
b) 71.000,00
c) 73.000,00
d) 78.000,00
e) 88.000,00

☛ SOLUÇÃO

ATENÇÃO, o **custeio por absorção** consiste na apropriação dos custos (diretos, indiretos, fixos e variáveis) utilizados no processo de produção para o resultado do exercício quando da venda, sendo que os custos relativos aos produtos em elaboração e aos produtos acabados que não tenham sido vendidos são ativados nos estoques destes produtos.

MPA = 30.000,00
MOD = 6.000,00

1º passo: Calcular os custos indiretos de fabricação.

CIF = Energia elétrica da fábrica + Seguros (50% do industrial) + Depreciação (40% do industrial)

CIF = 15.000,00 + 50% × 20.000,00 + 40% × 10.000,00
CIF = 29.000,00

2º passo: Calcular o custo de produção.

CP = MPA + MOD + CIF

CP = 30.000,00 + 6.000,00 + 29.000,00
CP = 65.000,00

3º passo: Calcular o custo da produção acabada do período.

CPA = EIPE + CP – EFPE

CPA = 0,00 + 65.000,00 – 0,00
CPA = 65.000,00

4º passo: Calcular o estoque final de produtos acabados.

ATENÇÃO, como a empresa não realizou vendas, o valor do CPV = 0,00.

CPV = EIPA + CPA – EFPA

0,00 = 0,00 + 65.000,00 – EFPA
EFPA = 65.000,00

Gabarito: **A**

10ª QUESTÃO (Analista Contábil – TJ/PA – FCC – 2009): A indústria Plastisil, em certo período, aplicou no processo produtivo: 75.000,00 de materiais diretos, 50.000,00 de mão de obra direta e 75.000,00 de gastos indiretos de produção. O saldo inicial da conta produtos em elaboração foi de 20.000,00, enquanto que o seu saldo final foi de 10.000,00. Sabendo-se que os saldos inicial e final de produtos acabados foram de 1.000,00, o custo da produção vendida no período foi de, em reais,

a) 200.000,00
b) 0,00
c) 199.000,00
d) 135.000,00
e) 210.000,00

☛ SOLUÇÃO

1º passo: Calcular o custo de produção.

CP = MPA + MOD + CIF

CP = 75.000,00 + 50.000,00 + 75.000,00
CP = 200.000,00

2º passo: Calcular o custo da produção acabada no período.

CPA = EIPE + CP – EFPE

CPA = 20.000,00 + 200.000,00 – 10.000,00
CPA = 210.000,00

3º passo: Calcular o custo dos produtos vendidos.

CPV = EIPP + CPA – EFPP

CPV = 1.000,00 + 210.000,00 – 1.000,00
CPV = 210.000,00

Gabarito: **E**

INSTRUÇÕES: Para responder às **questões de números 11 a 13** utilize as informações a seguir.

A Cia. Luna produz um tipo especial de cadeira de alumínio, atuando de forma consolidada nesse mercado. Em um determinado período de seus registros contábeis foram extraídas as informações abaixo:

Estoque Inicial de Matéria-Prima	400.000,00
Compras de Matéria-Prima no Período	1.700.000,00
Estoque Final de Matéria-Prima	100.000,00
Mão de Obra Direta	800.000,00
Custos Indiretos de Produção	700.000,00
Estoque Inicial de Produtos em Elaboração	250.000,00
Estoque Final de Produtos em Elaboração	50.000,00
Estoque Final de Produtos Acabados	200.000,00
Vendas no Período	7.000.000,00

Dados: Considere ainda que a contabilidade não registra nesse período nenhum outro tipo de estoques.

11ª QUESTÃO (Analista Contábil – TJ/AP – FCC – 2009): O custo da produção incorrido no período é, em reais,

a) 3.500.000,00
b) 3.650.000,00
c) 3.700.000,00
d) 3.750.000,00
e) 3.800.000,00

☛ SOLUÇÃO

1º passo: Calcular a matéria-prima aplicada.

MPA = EIMP + CMP – EFMP

MPA = 400.000,00 + 1.700.000,00 – 100.000,00
MPA = 2.000.000,00

2º passo: Calcular os custos de produção.

CP = MPA + MOD + CIF

CP = 2.000.000,00 + 800.000,00 + 700.000,00
CP = 3.500.000,00

Gabarito: **A**

12ª QUESTÃO (Analista Contábil – TJ/AP – FCC – 2009): A margem bruta de vendas é:

a) 100%
b) 90%
c) 80%
d) 60%
e) 50%

☛ SOLUÇÃO

1º passo: Calcular o custo da produção acabada do período.

CPA = EIPE + CP – EFPE

CPA = 250.000,00 + 3.500.000,00 – 50.000,00
CPA = 3.700.000,00

2º passo: Calcular o custo dos produtos vendidos.

CPV = EIPA + CPA – EFPA

CPV = 0,00 + 3.700.000,00 – 200.000,00
CPV = 3.500.000,00

3º passo: Montar a DRE e calcular o lucro bruto do período.

Demonstração do Resultado do Exercício	
Vendas Brutas	7.000.000,00
– Deduções de Vendas	0,00
= Vendas Líquidas	7.000.000,00
– Custo dos Produtos Vendidos	(3.500.000,00)
= Lucro Bruto	3.500.000,00

4º passo: Calcular a margem bruta de vendas.

A margem bruta ou **lucratividade bruta** compara o lucro bruto do exercício com as vendas líquidas, tendo como resultado, o percentual das vendas líquidas convertido em lucro bruto gerado pela empresa.

$$\text{Margem Bruta} = \frac{\text{Lucro Bruto}}{\text{Vendas Líquidas}} \times 100\%$$

$$\text{Margem bruta} = \frac{3.500.000{,}00}{7.000.000{,}00} \times 100\%$$

Margem Bruta = 50%

Gabarito: **E**

13ª QUESTÃO (Analista Contábil – TJ/AP – FCC – 2009): O custo da produção acabada no período é, em reais,

a) 3.500.000,00
b) 3.650.000,00
c) 3.700.000,00
d) 3.750.000,00
e) 3.800.000,00

☛ **SOLUÇÃO**

$$CPA = EIPE + CP - EFPE$$

CPA = 250.000,00 + 3.500.000,00 – 50.000,00

CPA = 3.700.000,00

Gabarito: **C**

14ª QUESTÃO (Analista Contábil– TJ/PA – FCC – 2009): A transferência de papelão do almoxarifado para o setor de produção de uma empresa que produz embalagens gera um:

a) débito na conta custos indiretos de fabricação.
b) crédito na conta estoques de produtos em elaboração.
c) crédito na conta matéria-prima consumida.
d) débito na conta custos fixos de produção.
e) crédito na conta estoques de matéria-prima.

☛ SOLUÇÃO

Na transferência de papelão do almoxarifado para o setor de produção a empresa realiza o lançamento:

D: Custos Indiretos de Fabricação
C: Estoques de Matéria-Prima

Gabarito: **E**

15ª QUESTÃO (SEFAZ – SP – FCC – 2009): O custo de produção do período é a soma dos custos incorridos no período dentro da fábrica. O custo da produção acabada é a soma dos custos contidos na produção acabada no período. O custo dos produtos vendidos é a soma dos custos incorridos na produção dos bens e serviços que só agora estão sendo vendidos. Com relação à afirmação acima, e tomando-se como base para comparação o mesmo período, é correto afirmar que:

a) o custo de produção será obrigatoriamente maior que os demais.
b) o custo da produção acabada será obrigatoriamente menor que os demais.
c) o custo dos produtos vendidos será obrigatoriamente maior do que os outros dois acima mencionados.
d) não existe correlação obrigatória de grandeza entre os três custos acima mencionados.
e) o custo de produção acabada será obrigatoriamente maior que os demais, por ser a soma dos custos contidos na produção.

☛ SOLUÇÃO

Os **custos de produção do período** compreendem os custos com matéria-prima, mão de obra direta e os custos indiretos de fabricação, **incorridos** no período dentro da fábrica.

Custo de Produção do Período = MPA + MOD + CIF

Os **custos da produção acabada do período** compreendem os custos com matéria--prima, mão de obra direta e os custos indiretos de fabricação, 100% acabados no período. **Atenção**, os custos da produção acabada do período podem conter **custos da produção acabada de períodos anteriores** que só foram terminadas no período atual.

Custo da Produção Acabada = EIPE + CPP – EFPE

Os **custos dos produtos vendidos** compreendem os **custos incorridos na produção** dos bens e serviços que só agora estão sendo vendidos. **Atenção,** os custos dos produtos vendidos podem conter **custos de produção** de diversos períodos, caso os itens vendidos tenham sido produzidos em períodos diferentes.

CPV = EIPP + CPA – EFPP

CONCLUSÃO, os três conceitos são distintos e não há nenhuma relação obrigatória entre seus valores, pois cada custo pode ser maior ou menor que o outro em cada período, dependendo das circunstâncias.

Gabarito: **D**

16ª QUESTÃO (SEFAZ – SP – FCC –2009): A empresa Modelo possui os seguintes saldos no período 2:

Itens	Saldo inicial em unidades	Saldo final em unidades
Matéria-prima	20.000	50.000
Produtos em processo	10.000	10.000
Produtos acabados	70.000	40.000

Para produzir uma unidade de produto acabado a empresa usa 3 unidades de matéria--prima. A empresa planeja produzir 150.000 unidades no período 2. O número de unidades de matéria-prima que a empresa necessita adquirir é:

a) 350.000
b) 420.000
c) 450.000
d) 480.000
e) 530.000

☛ SOLUÇÃO

1º passo: Calcular a matéria-prima aplicada.

Produção = 150.000 unidades
1 unidade acabada = 3 unidades de MPA

MPA = Produção × 1 unidade acabada

MPA = 150.000 unidades × 3
MPA = 450.000 unidades

2º passo: Calcular o número de unidades de matéria-prima adquiridas.

MPA = EIMP + CMP – EFMP

450.000 unidades = 20.000 unidades + CMP – 50.000 unidades
CMP = 480.000 unidades

Gabarito: **D**

17ª QUESTÃO (Analista Contábil – TRE/AM – FCC – 2010): A empresa Y incorreu nos seguintes gastos durante o mês de novembro de X9:

Mão de obra direta	10.000,00
Energia elétrica (fábrica)	3.000,00
Aluguel (setor administrativo)	2.000,00
Salário da supervisão da fábrica	5.000,00
Compra de matéria-prima	5.000,00
Comissões de vendedores	3.000,00
Depreciação das máquinas da fábrica	4.000,00

Sabendo que a empresa produz um único produto, que o estoque inicial de produtos em processo era 15.000,00, o estoque final de produtos em processo era 4.000,00, o estoque inicial de matéria-prima era 7.000,00 e o estoque final de matéria-prima era 3.000,00. O custo da produção acabada no período utilizando o custeio por absorção foi, em reais,

a) 46.000,00
b) 42.000,00
c) 32.000,00
d) 31.000,00
e) 27.000,00

☛ SOLUÇÃO

1º passo: Calcular a matéria-prima aplicada.

MPA = EIMP + CMP – EFMP

MPA = 7.000,00 + 5.000,00 – 3.000,00
MPA = 9.000,00

2º passo: Calcular o custo indireto de fabricação.

CIF = Energia elétrica (fábrica) + Salário da supervisão (fábrica) + Depreciação das máquinas (fábrica)

CIF = 3.000,00 + 5.000,00 + 4.000,00
CIF = 12.000,00

3º passo: Calcular o custo de produção.

CP = MPA + MOD + CIF

CP = 9.000,00 + 10.000,00 + 12.000,00
CP = 31.000,00

4º passo: Calcular o custo da produção acabada.

CPA = EIPE + CP – EFPE

CPA = 15.000,00 + 31.000,00 – 4.000,00
CPA = 42.000,00

Gabarito: **B**

18ª QUESTÃO (Contador – INFRAERO – FCC – 2009): A empresa Andorinhas Indústria Eletrônica Ltda. desenvolveu recentemente dois novos produtos; uma unidade gravadora de DVD e uma Decodificadora Digital. O *controller* da Cia. levantou os seguintes dados para auxiliar a diretoria na análise dos produtos:

Itens	Gravadora DVD	Decodificadora Digital
Matéria-prima	44,00	36,00
Horas/máquinas 12,00 p/hora	18,00	15,00
Montagem/ 10,00 p/hora	30,00	10,00
Custos variáveis de fabricação 8,00 p/hora	36,00	18,00
Custos fixos de fabricação 4,00 p/hora	18,00	9,00
Custos totais	146,00	88,00
Preço de venda sugerido	169,95	99,98
Custos de pesquisa e desenvolvimento	240.000,00	175.000,00
Custos de promoção e propaganda	500.000,00	350.000,00

Para a Gravadora de DVD da Andorinhas, os custos de maquinários e montagem representam os custos:

a) de conversão.
b) separáveis.
c) incrementais.
d) primários.
e) comuns.

☛ SOLUÇÃO

Os **custos de transformação**, também conhecidos por **custos de conversão**, estão relacionados com os custos incorridos na transformação da matéria-prima (por exemplo, **borracha**) em um produto final (**pneu**).

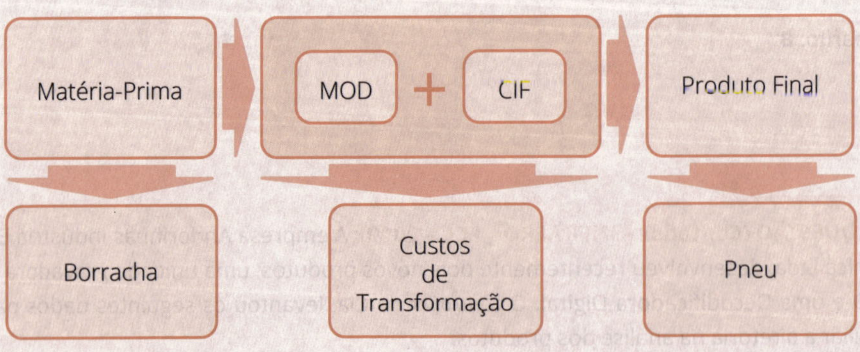

Custo de Transformação = MOD + CIF

Nesse caso, **os custos de maquinário** representam o **CIF** e os **custos de montagem a MOD**.

Gabarito: **A**

19ª QUESTÃO (SEFAZ – SP – FCC – 2009): Na terminologia de custos, são custos de transformação ou conversão:

a) mão de obra direta e mão de obra indireta.
b) mão de obra direta e materiais diretos.
c) custos primários e custos de fabricação fixos.
d) matéria-prima, mão de obra direta e custos indiretos de fabricação.
e) mão de obra direta e custos indiretos de fabricação.

☛ SOLUÇÃO

Os **custos de transformação**, também conhecidos por **custos de conversão**, estão relacionados com os custos incorridos na transformação da matéria-prima (por exemplo, **borracha**) em um produto final (**pneu**).

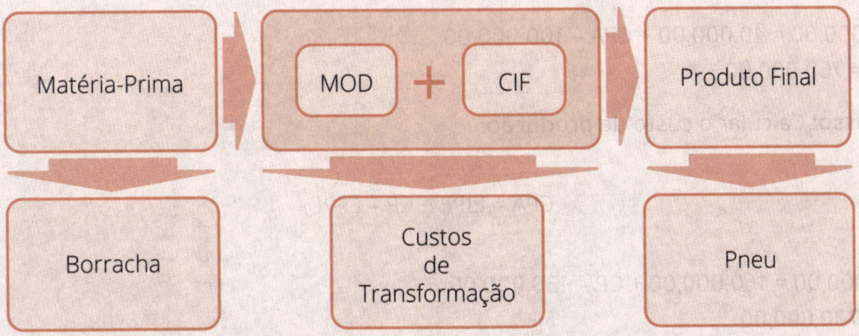

Custo de Transformação = MOD + CIF

Nesse caso, **os custos de maquinário** representam o **CIF** e os **custos de montagem a MOD**.

Gabarito: **E**

20ª QUESTÃO (Auditor – INFRAERO – FCC – 2009): Dados extraídos da escrituração contábil da Cia. Delta, em reais:

Estoque inicial de Produtos em Elaboração	160.000,00
Estoque final de Produtos Acabados	100.000,00
Custo dos Produtos Vendidos	700.000,00
Estoque Final de Produtos em Elaboração	130.000,00
Estoque Inicial de Produtos Acabados	40.000,00
Mão de Obra Direta	150.000,00
Custos Indiretos de Fabricação	380.000,00

O consumo de material direto da companhia nesse exercício foi, em reais,

a) 180.000,00
b) 190.000,00
c) 200.000,00
d) 220.000,00
e) 230.000,00

☛ SOLUÇÃO

1º passo: Calcular o custo da produção acabada do período.

CPV = EIPP + CPA – EFPP

700.000,00 = 40.000,00 + CPA – 100.000,00
CPA = 760.000,00

2º passo: Calcular o custo de produção.

CPA = EIPE + CP – EFPE

760.000,00 = 160.000,00 + CP – 130.000,00
CP = 730.000,00

3º passo: Calcular a matéria-prima aplicada.

CP = MPA + MOD + CIF

730.000,00 = MPA + 150.000,00 + 380.000,00
MPA = 200.000,00

Gabarito: **C**

21ª QUESTÃO (SEMFAZ – SP – FCC – 2007): Considere os dados a seguir:

Estoque inicial de materiais diretos	60.000,00
Estoque final de produtos em elaboração	68.000,00
Compras de materiais diretos	160.000,00
Estoque inicial de produtos acabados	20.000,00
Mão-de-obra direta	15.000,00
Estoque final de produtos acabados	16.000,00
Custos indiretos de fabricação	53.000,00
Estoque final de materiais diretos	77.000,00
Estoque inicial de produtos em elaboração	42.000,00
Despesas administrativas	22.000,00
Despesas com vendas	18.000,00
Despesas financeiras líquidas	4.000,00

Considerando apenas essas informações, extraídas da contabilidade da Cia. Rio Negro, o custo dos produtos vendidos, no período, correspondeu a, em reais:

a) 145.000,00
b) 167.000,00
c) 185.000,00
d) 189.000,00
e) 211.000,00

☛ SOLUÇÃO

1º passo: Calcular a matéria-prima aplicada.

MPA = EIMP + CMP – EFMP

MPA = 60.000,00 + 160.000,00 – 77.000,00
MPA = 143.000,00

2º passo: Calcular o custo de produção do período.

CPP = MPA + MOD + CIF

CPP = 143.000,00 + 15.000,00 + 53.000,00
CPP = 211.000,00

3º passo: Calcular o custo da produção acabada do período.

CPA = EIPE + CPP – EFPE

CPA = 42.000,00 + 211.000,00 – 68.000,00
CPA = 185.000,00

4º passo: Calcular o custo dos produtos vendidos.

CPV = EIPP + CPA – EFPP

CPV = 20.000,00 + 185.000,00 – 16.000,00
CPV = 189.000,00

Gabarito: **D**

3. CLASSIFICAÇÃO DOS CUSTOS

Com relação à apropriação aos produtos os custos podem ser diretos, indiretos, fixos e variáveis.

3.1 CUSTOS DIRETOS

Os **custos diretos** são aqueles que não necessitam de nenhum critério de rateio para a sua medição, ou seja, uma vez consumido são apropriados diretamente nos produtos. Por exemplo, matéria-prima consumida, mão de obra direta, etc.

3.2 CUSTOS INDIRETOS

Os **custos indiretos** são aqueles nos quais a indústria tem dificuldade na sua medição, necessitando de critérios de rateio para a sua apropriação aos produtos. Por exemplo, os salários do supervisor de produção, os seguros da fábrica, o aluguel da fábrica, etc.

3.3 CUSTOS FIXOS

Os **custos fixos** são aqueles que não variam com o volume de produção, ou seja, a indústria produzindo ou não, os custos fixos existirão. Por exemplo, o aluguel da fábrica, quer exista ou não produção, haverá aluguel todo mês.

3.4 CUSTOS VARIÁVEIS

Os **custos variáveis** são aqueles que variam com o volume de produção, ou seja, quanto mais a empresa produz, maior será o custo variável, quanto menos a empresa produz, menor será o custo variável. Por exemplo, a matéria-prima, quanto mais a empresa produzir, maior será o consumo de matéria-prima.

4. MARGEM DE CONTRIBUIÇÃO

A **margem** corresponde à diferença entre o valor de venda e os custos e despesas decorrentes dessa venda, também conhecidos por custos variáveis e despesas variáveis de venda.

A **contribuição** porque representa em quanto o valor das vendas **contribui** para o pagamento das despesas fixas e geração de lucro.

A **margem de contribuição** corresponde ao quanto sobra das vendas para que uma empresa possa pagar suas despesas fixas e ainda gerar lucro.

Margem de Contribuição = Preço de Vendas – Custos Variáveis – Despesas Variáveis

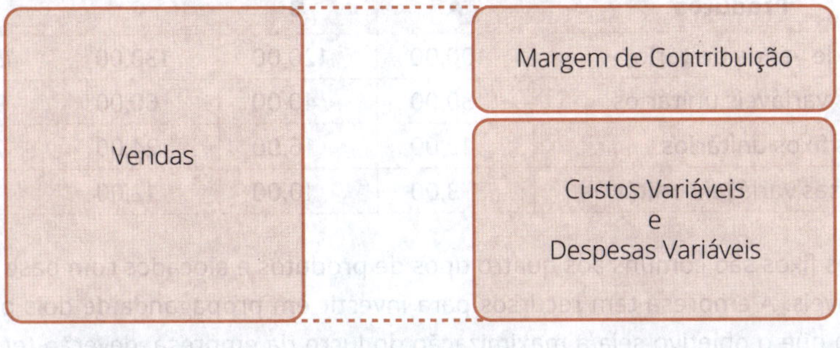

A **margem de contribuição** representa a parcela excedente do preço de venda de um produto depois da dedução de seus custos e despesas variáveis. Caso o **preço de venda** de um produto **seja inferior a seus custos e despesas variáveis**, a empresa encontra-se em uma situação de **margem de contribuição negativa**, que deve ser revista ou, suportada por razões comerciais estratégicas. A empresa só começa a ter lucro quando a margem de contribuição dos produtos vendidos supera os custos e as despesas fixas do exercício. Em outras palavras, a **margem de contribuição** pode ser entendida como a contribuição dos produtos à cobertura dos custos e despesas fixos e a geração de lucro.

22ª QUESTÃO: A diferença entre o preço de venda e os custos e despesas variáveis constitui:

a) a margem de contribuição.
b) a análise custo-volume-lucro.
c) a receita operacional bruta.
d) a receita líquida.
e) o ponto de equilíbrio.

SOLUÇÃO

A margem de contribuição é obtida por meio da seguinte fórmula:

Margem de Contribuição = Preço de Vendas – Custos Variáveis – Despesas Variáveis

Gabarito: **A**

23ª QUESTÃO (ACE – TCE – GO – FCC – 2009): A empresa MJC produz quatro produtos, A, B, C e D. As informações referentes a cada produto são apresentadas a seguir, em reais:

Produtos	A	B	C	D
Preço de venda unitário	100,00	120,00	130,00	150,00
Custos variáveis unitários	30,00	40,00	60,00	70,00
Custos fixos unitários	12,00	16,00	24,00	28,00
Despesas variáveis unitárias	3,00	10,00	12,00	12,00

Os custos fixos são comuns aos quatro tipos de produtos e alocados com base nos custos variáveis. A empresa tem recursos para investir em propaganda de dois produtos. Supondo que o objetivo seja a maximização do lucro da empresa, deverão ter a venda incentivada os produtos:

a) A e D
b) A e C
c) B e C
d) B e D
e) A e B

SOLUÇÃO

Para que a empresa **maximize o seu lucro** é necessário obter o produto que lhe de **maior margem de contribuição unitária**.

MCu = Vu – (CVu + DVu)

Em que:

MCu: Margem de Contribuição unitária
Vu: Vendas unitárias
CVu: Custos Variáveis unitários
DVu: Despesas Variáveis unitárias

MCu do produto A = Vu do produto A – (CVu do produto A + Dvu do produto A)

MCu do produto A = 100,00 – (30,00 + 3,00)
MCu do produto A = 67,00

MCu do produto B = Vu do produto B – (CVu do produto B + Dvu do produto B)

MCu do produto B = 120,00 – (40,00 + 10,00)
MCu do produto B = 70,00

MCu do produto C = Vu do produto C – (CVu do produto C + Dvu do produto C)

MCu do produto C = 130,00 – (60,00 + 12,00)
MCu do produto C = 58,00

MCu do produto D = Vu do produto D – (CVu do produto D + Dvu do produto D)

MCu do produto D = 150,00 – (70,00 + 12,00)
MCu do produto D = 68,00

Conclusão, a empresa deverá produzir os **produtos B e D** por apresentam a **maior margem de contribuição unitária**.

Gabarito: **D**

24ª QUESTÃO (Analista Contábil – TRE – AM – FCC – 2010): A empresa Mogno produz quatro produtos, A, B, C e D. As informações referentes a cada produto são apresentadas a seguir:

Produtos	A	B	C	D
Preço de venda unitário	60,00	50,00	70,00	40,00
Custos variáveis unitários	18,00	10,00	18,00	6,00
Custos fixos unitários	9,00	5,00	9,00	3,00
Despesas variáveis unitárias	10,00	10,00	22,00	2,00
Despesas fixas unitárias	5,00	5,00	11,00	1,00

Os custos fixos são comuns aos quatro tipos de produtos e alocados com base nos custos variáveis unitários. As despesas fixas são alocadas em função das despesas variáveis unitárias. Sabendo que a empresa tem recursos para investir em propaganda de dois produtos e que o objetivo seja a maximização do lucro, os produtos que deverão ter sua venda incentivada são:

a) A e B
b) C e A
c) C e B
d) D e B
e) A e D

☛ SOLUÇÃO

Para que a empresa **maximize o seu lucro** é necessário obter o produto que lhe de **maior margem de contribuição unitária.**

MCu = Vu – (CVu + DVu)

Em que:

MCu: Margem de Contribuição unitária
Vu: Vendas unitárias
CVu: Custos Variáveis unitários
DVu: Despesas Variáveis unitárias

MCu do produto A = Vu do produto A – (CVu do produto A + Dvu do produto A)

MCu do produto A = 60,00 – (18,00 + 10,00)
MCu do produto A = 32,00

MCu do produto B = Vu do produto B – (CVu do produto B + Dvu do produto B)

MCu do produto B = 50,00 – (10,00 + 10,00)
MCu do produto B = 30,00

MCu do produto C = Vu do produto C – (CVu do produto C + Dvu do produto C)

MCu do produto C = 70,00 – (18,00 + 22,00)
MCu do produto C = 30,00

MCu do produto D = Vu do produto D – (CVu do produto D + Dvu do produto D)

MCu do produto D = 40,00 – (6,00 + 2,00)
MCu do produto D = 32,00
Conclusão, a empresa deverá produzir os **produtos A e D** por apresentam a **maior margem de contribuição unitária**.

Gabarito: **E**

25ª QUESTÃO (Analista Contábil – TJ/PA – FCC – 2009): A indústria Tupis produz, exclusivamente, os produtos Requeijão Cremoso e Doce de Leite. A diretoria da empresa pretende incentivar o aumento das vendas dos seus produtos com o intuito de aumentar os seus lucros. A decisão foi investir em promoção e propaganda, mas os recursos financeiros disponíveis não são suficientes para abranger os dois produtos. Sendo assim, a empresa Tupis deve incentivar as vendas do produto que apresentar:

a) maior preço de vendas.
b) menor custo variável.
c) menor lucro bruto.
d) maior margem de contribuição unitária.
e) menor despesa variável de vendas.

☛ SOLUÇÃO

Para que a empresa **maximize o seu lucro** é necessário obter o produto que lhe de **maior margem de contribuição unitária**.

Gabarito: **D**

5. ENCARGOS FINANCEIROS

Regra geral, os **encargos financeiros** são tratados como **despesas**, e **não custos de produção do período**, pois não são itens operacionais. Os **encargos financeiros** não derivam das atividades operacionais da empresa e não estão relacionados com os ativos imobilizados destinados a fabricação de seus produtos. Os **encargos financeiros** estão relacionados diretamente com a **remuneração de capitais de terceiros** (empréstimos e financiamentos) no passivo, sendo, por isso **tratados como despesas**.

ATENÇÃO, após o alinhamento das normas contábeis brasileiras e internacionais, foi emitido o CPC 20 que trata dos custos de empréstimos. Segundo o CPC 20, a empresa deverá (**obrigação**) ativar os encargos financeiros quando se tratar da construção de ativos qualificáveis (por exemplo, construção de um navio, prédio, etc.) e cessar essa ativação no momento em que o ativo qualificável esteja pronto.

CONCLUSÃO, quando se tratar de ativos produzidos em série (por exemplo, automóveis, eletrodomésticos, etc.) os encargos financeiros são tratados como despesas, pois representam a remuneração dos capitais de terceiros que é um passivo. Entretanto, quando se tratar de ativos qualificáveis, os encargos financeiros são tratados como custo de produção do respectivo ativo.

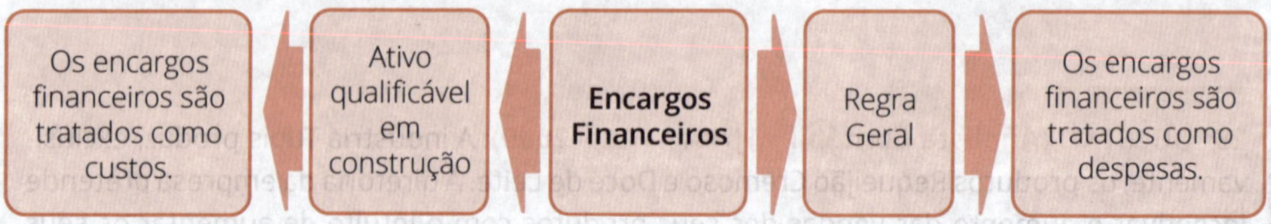

6. PONTO DE EQUILÍBRIO

A expressão ponto de equilíbrio, tradução de ***Break Even Point*** ou ponto de ruptura, refere-se ao nível de vendas em que não há lucro ou prejuízo, ou seja, é o ponto onde os custos totais são iguais às receitas totais.

Em outras palavras, o ponto de equilíbrio permite a empresa calcular o montante do faturamento mínimo para cobrir todos os custos e despesas fixas e variáveis, sem restar lucro.

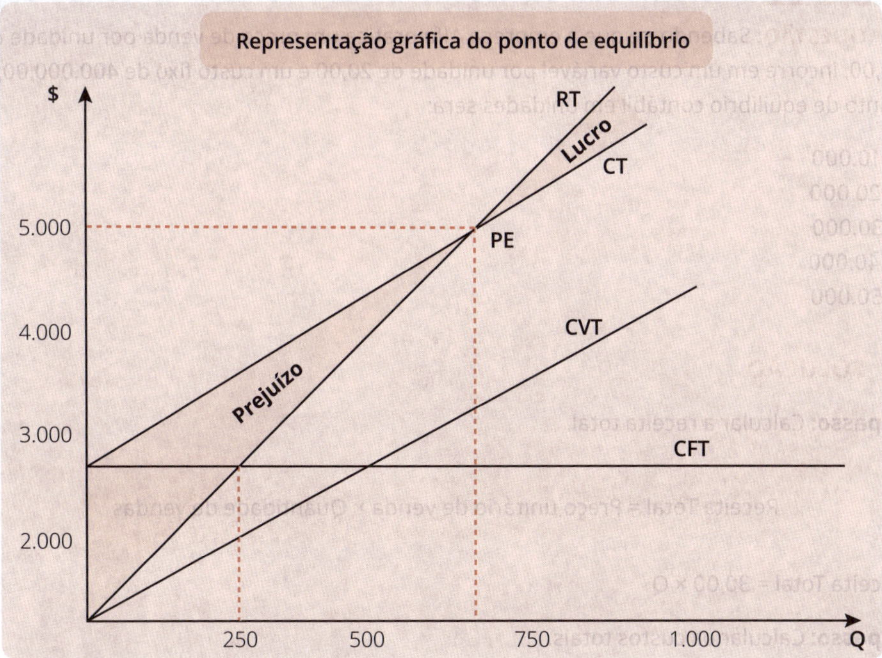

A reta do custo total (custo variável mais custo fixo) é paralela à reta do custo variável. O ponto onde a reta da receita total corta a reta do custo total é o ponto de equilíbrio, ou seja, o ponto em que a receita total é igual ao custo total.

O ponto de equilíbrio pode ser contábil, econômico e financeiro.

6.1 PONTO DE EQUILÍBRIO CONTÁBIL

O ponto de equilíbrio contábil corresponde ao ponto em que a receita total é igual ao custo total.

Receita total = Preço de Venda unitário × Quantidade

Custo total = Custo Fixo total + (Custo Variável unitário × Quantidade)

Receita total = Custo total

Preço de Venda unitário × Quantidade = Custo Fixo total + (Custo Variável unitário × Quantidade)

No ponto de equilíbrio contábil ao dividirmos o custo fixo total (CFT) pela margem de contribuição unitária (Preço de Venda unitário – Custo Variável unitário – Despesas Variáveis unitárias) encontraremos como resultado a quantidade de produtos necessários que a empresa deve produzir e vender para cobrir todos os custos fixos.

26ª QUESTÃO: Sabendo-se que a empresa Alfa pratica um preço de venda por unidade de 30,00, incorre em um custo variável por unidade de 20,00 e um custo fixo de 400.000,00, o ponto de equilíbrio contábil em unidades será:

a) 10.000
b) 20.000
c) 30.000
d) 40.000
e) 50.000

☛ SOLUÇÃO

1º passo: Calcular a receita total.

Receita Total = Preço unitário de venda × Quantidade de vendas

Receita Total = 30,00 × Q

2º passo: Calcular os custos totais.

Custos variáveis totais = Custos variáveis unitários × Quantidade de vendas

Custos Variáveis totais = 20,00 × Q

Custos totais = Custos variáveis totais + Custo fixo total

Custos totais = 20,00 × Q + 400.000,00

3º passo: Calcular a quantidade no ponto de equilíbrio contábil da Cia. Alfa.

No ponto de equilíbrio contábil **não existe lucro nem prejuízo**, pois o resultado contábil da empresa é nulo e nesse caso a empresa está perdendo o seu investimento, ou seja, economicamente a empresa, pelo menos em relação aos juros sobre o capital próprio investido, não está apresentando retorno.

Receita Total = Custos e despesas totais

30,00 × Q = 20,00 × Q + 400.000,00
Q = 40.000 unidades

Gabarito: **D**

27ª QUESTÃO: Considere os dados abaixo da empresa Efetividade S.A.

Preço de venda por unidade.. 1.650,00
Custos variáveis por unidade.. 380,00
Despesas variáveis por unidade... 770,00
Custos fixos por mês.. 2.100.000,00
Despesas fixas por mês... 3.290.000,00
Despesas financeiras por mês 510.000,00

O ponto de equilíbrio operacional, em unidades, é de 11.800 unidades.

( ) Certo
( ) Errado

☛ SOLUÇÃO

Vamos chamar de **Q** a quantidade que a empresa deverá **produzir e vender** para atingir o **ponto de equilíbrio contábil** (ponto de equilíbrio operacional), ou seja, o ponto em que a **receita total é igual ao custo total mais a despesa total**.

1º passo: Calcular a receita total.

Receita Total = Preço de Venda × Q

Receita Total = 1.650,00×Q

2º passo: Calcular o custo e a despesa total.

Atenção, o custo variável total é obtido por meio da fórmula:

Custo variável total = Custo variável unitário × Q

Custo variável total = 380,00×Q

Custo Total = Custo Variável total + Custo Fixo total

Custo Total = 380,00×Q + 2.100.000,00

A despesa variável total é obtido por meio da fórmula:

Despesa variável total = Despesa variável unitária × Q

Despesa variável total = 770,00×Q

Despesa Total = Despesa Variável total + Despesa Fixa total

Despesa Total = 770,00×Q + 3.290.000,00

ATENÇÃO NA PROVA!!! O ponto de equilíbrio operacional **exclui** os aspectos financeiros e não operacionais da empresa. Portanto, as **despesas financeiras por mês** no valor de **510.000,00** não entram no cálculo do ponto de equilíbrio operacional.

3º passo: Calcular o ponto de equilíbrio contábil.

No ponto de equilíbrio contábil, temos:

Receita Total = Custo Total + Despesa Total

Em outras palavras, no **ponto de equilíbrio contábil** não importa se a empresa adota o **custeio por absorção** ou **custeio variável**, pois todos os custos e despesas são computados (**exceto**, as despesas relacionadas com os aspectos financeiros e não operacionais da empresa).

1.650,00×Q = 380,00×Q + 2.100.000,00 + 770,00×Q + 3.290.000,00
500,00×Q = 5.390.000,00
Q = 10.780 unidades

Gabarito: **Errado**

6.2 PONTO DE EQUILÍBRIO ECONÔMICO

O **ponto de equilíbrio econômico** é o ponto em que o lucro contábil resultante da atividade empresarial se iguala aos rendimentos do capital próprio da empresa aplicado em outra alternativa de investimento.

28ª QUESTÃO: O mercado financeiro de uma determinada região remunera os seus investidores a uma taxa de juros sobre o capital próprio de 10% ao período. Quantas unidades do produto Gama a empresa Alfa deverá produzir e vender no mesmo período para atingir o seu ponto de equilíbrio econômico, sabendo-se que o seu patrimônio líquido é 1.000.000,00, o preço de venda por unidade é 30,00, o custo variável por unidade é de 20,00 e o seu custo fixo é 400.000,00.

a) 10.000
b) 20.000
c) 30.000
d) 40.000
e) 50.000

☛ **SOLUÇÃO**

1º passo: Calcular a receita total.

Receita Total = Preço unitário de venda × Quantidade de vendas

Receita Total = 30,00 × Q

2º passo: Calcular os custos totais.

Custos variáveis totais = Custos variáveis unitários × Quantidade de vendas

Custos Variáveis totais = 20,00 × Q

Custos totais = Custos variáveis totais + Custo fixo total

Custos totais = 20,00 × Q + 400.000,00

3º passo: Calcular o lucro esperado no ponto de equilíbrio econômico.

Lucro Esperado = 10% × Patrimônio Líquido de Alfa

Lucro Esperado = 10% × 1.000.000,00
Lucro Esperado = 100.000,00

4º passo: Calcular a quantidade no ponto de equilíbrio econômico da Cia. Alfa.

No ponto de equilíbrio econômico, temos:

Receita Total – Custo Total = Lucro Esperado

30,00 × Q – (20,00 × Q + 400.000,00) = 100.000,00
30,00 × Q – 20,00 × Q – 400.000,00 – 100.000,00

10,00 × Q = 500.000,00
Q = 50.000 unidades

CONCLUSÃO, a empresa Alfa operando na faixa de produção e venda entre **40.000** e **50.000** unidades, **obterá um lucro contábil**, mas estará perdendo economicamente, pois não estará conseguindo recuperar sequer os juros incidentes sobre o seu capital próprio.

Gabarito: **E**

29ª QUESTÃO: Sabendo-se que a empresa Alfa ao praticar um preço de venda unitário de 40,00, custo variável unitário de 24,00, custo fixo no valor de 152.000,00, apura um lucro líquido no valor de 240.000,00 com IR à alíquota de 40%. Determine quantas unidades à empresa Alfa está produzindo e vendendo para obter o referido resultado.

a) 33.000
b) 33.500
c) 34.000
d) 34.500
e) 35.000

☛ SOLUÇÃO

1º passo: Calcular a receita total.

Receita Total = Preço unitário de venda × Quantidade de vendas

Receita Total = 40,00 × Q

2º passo: Calcular os custos totais.

Custos variáveis totais = Custos variáveis unitários × Quantidade de vendas

Custos Variáveis totais = 24,00 × Q

Custos totais = Custos variáveis totais + Custo fixo total

Custos totais = 24,00 × Q + 152.000,00

3º passo: Calcular o lucro antes do IR.

(1 – Alíquota do IR) × Lucro Antes do IR = Lucro Líquido

(1 – 40%) × Lucro Antes do IR = 240.000,00
Lucro Antes do IR = 400.000,00

4º passo: Calcular a quantidade no ponto de equilíbrio econômico da Cia. Alfa.

Receita Total – Custo Total = Lucro Antes do IR

40,00 × Q – (24,00 × Q + 152.000,00) = 400.000,00
40,00 × Q – 24,00 × Q – 152.000,00 = 400.000,00
16,00 × Q = 552.000,00
Q = 34.500 unidades

ATENÇÃO, com a finalidade de tirar a prova dos nove, vamos provar que a empresa ao vender **34.500 unidades** obterá um **lucro líquido desejado de 240.000,00**.

Receita total = 40,00 × Q

Receita total = 40,00/unidade × 34.500 unidades
Receita total = 1.380.000,00

Custos totais = 24,00 × Q + 152.000,00

Custos totais = 24,00 × 34.500 + 152.000,00
Custos totais = 980.000,00

Lucro antes do IR = Receita total – Custos totais

Lucro antes do IR = 1.380.000,00 – 980.000,00
Lucro antes do IR = 400.000,00

Lucro Líquido = (1 – Alíquota do IR) × Lucro Antes do IR

Lucro Líquido = (1 – 40%) × 400.000,00
Lucro Líquido = 240.000,00

Gabarito: **D**

6.3 PONTO DE EQUILÍBRIO FINANCEIRO

O **ponto de equilíbrio financeiro** é o ponto no qual a empresa apresenta um lucro financeiro (lucro em dinheiro), ou seja, um lucro resultante do total das entradas em dinheiro menos o total das saídas em dinheiro. Nesse caso as receitas e despesas que não tem efeito caixa, como por exemplo, a receita de ganho de equivalência patrimonial e a despesa com depreciação, deverão ser excluídas no cálculo do lucro financeiro.

30ª QUESTÃO: O mercado financeiro de uma determinada região remunera os seus investidores a uma taxa de juros sobre o capital próprio de 10% ao período. Quantas unidades do produto Gama a empresa Alfa deverá produzir e vender no mesmo período para atingir o seu ponto de equilíbrio financeiro, sabendo-se que o seu patrimônio líquido é 1.000.000,00, o preço de venda por unidade é 30,00, o custo variável por unidade é de 20,00 e o seu custo fixo no valor de 400.000,00, 50% está relacionado com a depreciação das máquinas.

a) 10.000
b) 20.000
c) 30.000
d) 40.000
e) 50.000

☛ SOLUÇÃO

1º passo: Calcular a receita total em reais.

Receita Total em R$ = Preço unitário de venda × Quantidade de vendas

Receita Total em R$ = 30,00 × Q

2º passo: Calcular a despesa com depreciação.

Depreciação = 50% × Custo Fixo

Depreciação = 50% × 400.000,00
Depreciação = 200.000,00

3º passo: Calcular os custos totais em reais.

Custos variáveis totais em R$ = Custos variáveis unitários × Quantidade de vendas

Custos Variáveis totais em R$ = 20,00 × Q

Custos totais em R$ = Custos variáveis totais + Custo fixo total – Depreciação

Custos totais em R$ = 20,00 × Q + 400.000,00 – 200.000,00
Custos totais em R$ = 20,00 × Q + 200.000,00

ATENÇÃO, com relação aos custos totais, temos que excluir as **despesas que não tem efeito caixa** (saída de dinheiro), que nesse caso, são as despesas com depreciação.

4º passo: Calcular o ponto de equilíbrio financeiro.

Receita Total em R$ = Custos totais em R$

30,00 × Q = 20,00 × Q + 200.000,00
10,00 × Q = 200.000,00
Q = 20.000 unidades

Gabarito: **B**

INSTRUÇÕES: Para responder às **questões de números 31 a 33**, utilize apenas as informações a seguir.

A Cia. Estelar, no início de 2007, investe 10.000.000,00, na construção de um parque fabril, objetivando produzir e vender um único produto do qual possui domínio da tecnologia e uma posição de mercado extremamente favorável, para os próximos 5 anos, possibilitando uma projeção bastante conservadora, de lucros anuais esperados de 500.000,00/ano para o mesmo período. Estabelece ainda como meta obter o retorno do investimento efetuado em 4 anos. Após cuidadoso estudo, a área de planejamento da empresa, estabelece como base a estrutura de custos, despesas e receita a seguir:

Preço de venda unitário	1.200,00
Custos variáveis unitários	600,00
Despesas variáveis unitárias	100,00
Despesas fixas no período	1.500.000,00
Custos fixos no período	4.500.000,00

31ª QUESTÃO (Analista Contábil – TJ/AP – FCC – 2009): Quantas unidades/ano devem ser produzidas e vendidas para que a empresa obtenha apenas o lucro anual esperado?

a) 18.000
b) 16.000
c) 14.000
d) 13.000
e) 12.000

☛ SOLUÇÃO

1º passo: Calcular a receita total.

Receita Total = Preço unitário de venda × Quantidade de vendas

Receita Total = 1.200,00 × Q

2º passo: Calcular os custos totais.

Custos variáveis totais = Custos variáveis unitários × Quantidade de vendas

Custos Variáveis totais = 600,00 × Q

Custos totais = Custos variáveis totais + Custo fixo total

Custos totais = 600,00 × Q + 4.500.000,00

3º passo: Calcular as despesas totais.

Despesas variáveis totais = Despesas variáveis unitárias × Quantidade de vendas

Despesas Variáveis totais = 100,00 × Q

Despesas totais = Despesas variáveis totais + Despesa fixa total

Despesas totais = 100,00 × Q + 1.500.000,00

4º passo: Calcular a quantidade no ponto de equilíbrio econômico da Cia. Estelar.

Receita Total – Custos Totais – Despesas totais = Lucro anual esperado

1.200,00 × Q – (600,00 × Q + 4.500.000,00) – (100,00 × Q + 1.500.000,00) = 500.000,00
1.200,00 × Q – 600,00 × Q – 4.500.000,00 – 100,00 × Q – 1.500.000,00 = 500.000,00
500,00 × Q = 6.500.000,00
Q = 13.000 unidades

Gabarito: **D**

32ª QUESTÃO (Analista Contábil – TJ/AP – FCC – 2009): Para que além do lucro esperado, a empresa obtenha o retorno anual esperado, quantas unidades a empresa deverá produzir e vender no período?

a) 18.000
b) 16.000
c) 14.000
d) 13.000
e) 12.000

☛ SOLUÇÃO

1º passo: Calcular a receita total.

Receita Total = Preço unitário de venda × Quantidade de vendas

Receita Total = 1.200,00 × Q

2º passo: Calcular os custos totais.

Custos variáveis totais = Custos variáveis unitários × Quantidade de vendas

Custos Variáveis totais = 600,00 × Q

Custos totais = Custos variáveis totais + Custo fixo total

Custos totais = 600,00 × Q + 4.500.000,00

3º passo: Calcular as despesas totais.

Despesas variáveis totais = Despesas variáveis unitárias × Quantidade de vendas

Despesas Variáveis totais = 100,00 × Q

Despesas totais = Despesas variáveis totais + Despesa fixa total

Despesas totais = 100,00 × Q + 1.500.000,00

4º passo: Calcular a quantidade no ponto de equilíbrio econômico da Cia. Estelar.

ATENÇÃO, o investimento no valor de **10.000.000,00** terá um **retorno em 4 anos**, portanto o **retorno anual** será de **2.500.000,00**.

Receita Total – Custos Totais – Despesas totais = Lucro anual esperado + Retorno anual

1.200,00 × Q – (600,00 × Q + 4.500.000,00) – (100,00 × Q + 1.500.000,00) = 500.000,00 + 2.500.000,00
1.200,00 × Q – 600,00 × Q – 4.500.000,00 – 100,00 × Q – 1.500.000,00 = 3.000.000,00
500,00 × Q = 9.000.000,00
Q = 18.000 unidades

Gabarito: **A**

33ª QUESTÃO (Analista Contábil – TJ/AP – FCC – 2009): Considerando que no quinto ano sejam mantidos as condições esperadas e o mesmo volume de produção e venda do ano anterior, a empresa obterá como resultado, em reais,

a) 500.000,00
b) 1.000.000,00
c) 2.500.000,00
d) 3.000.000,00
e) 3.500.000,00

SOLUÇÃO

1º passo: Calcular a receita total.

Receita Total = Preço unitário de venda × Quantidade de vendas

ATENÇÃO, o volume de vendas do ano anterior foi de 18.000 unidades.

Receita Total = 1.200,00/unidade × 18.000 unidades
Receita Total = 21.600.000,00

2º passo: Calcular os custos totais.

Custos variáveis totais = Custos variáveis unitários × Quantidade de vendas

Custos Variáveis totais = 600,00/unidade × 18.000 unidades
Custos Variáveis totais = 10.800.000,00

Custos totais = Custos variáveis totais + Custo fixo total

Custos totais = 10.800.000,00 + 4.500.000,00
Custos totais = 15.300.000,00

3º passo: Calcular as despesas totais.

Despesas variáveis totais = Despesas variáveis unitárias × Quantidade de vendas

Despesas Variáveis totais = 100,00/unidade × 18.000 unidades
Despesas Variáveis totais = 1.800.000,00

Despesas totais = Despesas variáveis totais + Despesa fixa total

Despesas totais = 1.800.000,00 + 1.500.000,00
Despesas totais = 3.300.000,00

4º passo: Calcular o lucro esperado no ponto de equilíbrio econômico para um volume de vendas de 18.000 unidades.

Lucro esperado = Receita Total – Custos Totais – Despesas totais

Lucro esperado = 21.600.000,00 – 15.300.000,00 – 3.300.000,00
Lucro esperado = 3.000.000,00

Gabarito: **D**

34ª QUESTÃO (ACE – TCE/GO – FCC – 2009): Uma empresa produz um único produto que é vendido por 200,00 cada unidade, com 10% de impostos inclusos nesse valor. O valor dos custos variáveis é de 30,00 por unidade. Os custos fixos são: 45.000,00/mês referentes à mão de obra e 7.500,00/mês referentes à depreciação. As despesas fixas são: 7.500,00/mês referentes a seguros e 9.000,00/mês referentes ao salário dos administradores. O ponto de equilíbrio contábil, em quantidade, é:

a) 300
b) 350
c) 400
d) 406
e) 460

☛ SOLUÇÃO

1º passo: Calcular a receita total.

Receita Total = Preço unitário de venda × Quantidade de vendas

Receita Total = 200,00 × Q

2º passo: Calcular o custo total.

Custos variáveis totais = Custos variáveis unitários × Quantidade de vendas

Custos Variáveis totais = 30,00 × Q

Custos fixos totais = CF de mão de obra + CF de depreciação

Custos fixos totais = 45.000,00 + 7.500,00
Custos fixos totais = 52.500,00

Custos totais = Custos variáveis totais + Custo fixos totais

Custos totais = 30,00 × Q + 52.500,00

3º passo: Calcular as despesas totais.

Despesas variáveis totais = Preço de venda unitário × Alíquota do imposto × Quantidade de vendas

Despesas Variáveis totais = 200,00 × 10% × Q
Despesas Variáveis totais = 20,00 × Q

ATENÇÃO, as despesas variáveis totais estão relacionadas com os **impostos à alíquota de 10%** por unidade vendida. Portanto, quanto mais a empresa, maior serão as despesas com impostos.

Despesas fixas totais = Despesas com seguros + Despesas com salários

Despesas fixas totais = 7.500,00 + 9.000,00
Despesas fixas totais = 16.500,00

Despesas totais = Despesas variáveis totais + Despesas fixas totais

Despesas totais = 20,00 × Q + 16.500,00

4º passo: Calcular a quantidade no ponto de equilíbrio contábil da empresa.

No ponto de equilíbrio contábil **não existe lucro nem prejuízo**, pois o resultado contábil da empresa é nulo e nesse caso a empresa está perdendo o seu investimento, ou seja, economicamente a empresa, pelo menos em relação aos juros sobre o capital próprio investido, não está apresentando retorno.

Receita Total = Custos totais + Despesas totais

200,00 × Q = 30,00 × Q + 52.500,00 + 20,00 × Q + 16.500,00
150,00 × Q = 69.000,00
Q = 460 unidades

Gabarito: **E**

35ª QUESTÃO (Ciências Contábeis – Metrô/SP – FCC – 2008): A Cia. Industrial Piracema, ao planejar o início de suas atividades, fez as seguintes projeções anuais de custos e despesas:

Custos e despesas fixos...280.000,00
Custos e despesas variáveis por unidade produzida 10,00
Preço de venda do produto no mercado...15,00

Utilizando-se a análise das relações custo-volume-lucro, o ponto de equilíbrio da empresa corresponderá ao volume de faturamento anual, em reais, de:

a) 840.000,00
b) 800.000,00

c) 720.000,00
d) 640.000,00
e) 560.000,00

☛ SOLUÇÃO

1º passo: Calcular a receita total.

Receita Total = Preço unitário de venda × Quantidade de vendas

Receita Total = 15,00 × Q

2º passo: Calcular os custos e despesas variáveis totais.

Custos e despesas variáveis totais = Custos e despesas variáveis unitários × Quantidade de vendas

Custos e despesas variáveis totais = 10,00 × Q

Custos totais = Custos e despesas variáveis totais + Custos e despesas fixos totais

Custos totais = 10,00 × Q + 280.000,00

3º passo: Calcular a quantidade no ponto de equilíbrio contábil da empresa.

No ponto de equilíbrio contábil **não existe lucro nem prejuízo**, pois o resultado contábil da empresa é nulo e nesse caso a empresa está perdendo o seu investimento, ou seja, economicamente a empresa, pelo menos em relação aos juros sobre o capital próprio investido, não está apresentando retorno.

Receita Total = Custos totais + Despesas totais

15,00 × Q = 10,00 × Q + 280.000,00
5,00 × Q = 280.000,00
Q = 56.000 unidades

4º passo: Calcular o faturamento total no ponto de equilíbrio contábil.

Faturamento total = Preço unitário de venda × Quantidade de vendas

Faturamento total = 15,00/unidade × 56.000 unidades
Faturamento total = 840.000,00

Gabarito: **A**

36ª QUESTÃO (SEFAZ – SP – FCC – 2009): Para um ponto de equilíbrio financeiro de 100 unidades, os custos e despesas variáveis, os custos e despesas fixas, o preço líquido de venda unitário e a depreciação devem ser os expressos em:

	Custos e despesas variáveis unitários	Custos e despesas fixos	Preço líquido de venda unitário	Depreciação
a)	30,00	14.000,00	200,00	800,00
b)	40,00	11.900,00	150,00	900,00
c)	50,00	11.650,00	150,00	650,00
d)	60,00	15.000,00	200,00	750,00
e)	70,00	16.000,00	270,00	850,00

a) 30,00, 14.000,00, 200,00 e 800,00
b) 40,00, 11.900,00, 150,00 e 900,00
c) 50,00, 11.650,00, 150,00 e 650,00
d) 60,00, 15.000,00, 200,00 e 750,00
e) 70,00, 16.000,00, 270,00 e 850,00

☛ SOLUÇÃO

1º passo: Calcular a receita total em reais.

Receita Total em R$ = Preço de venda unitário × Quantidade de vendas

Receita Total em R$ = 100 × PVu

2º passo: Calcular os custos totais em reais.

Custos e despesas variáveis totais em R$ = Custos e despesas variáveis unitários × Quantidade de vendas

Custos e despesas variáveis totais em R$ = 100 × CVu

Custos totais em R$ = Custos e despesas variáveis totais + Custos e despesas fixos totais – Depreciação

Custos totais em R$ = 100 × CVu + Custos despesas fixos totais – Depreciação

ATENÇÃO, com relação aos custos totais, temos que excluir as **despesas que não tem efeito caixa** (saída de dinheiro), que nesse caso, são as **despesas com depreciação**.

4º passo: Calcular o ponto de equilíbrio financeiro.

O **ponto de equilíbrio financeiro** (PEF) é o ponto em que a **receita total** (RT) em dinheiro é igual ao **custo total** (CT) **em dinheiro**. Assim, **devemos subtrair dos custos e das despesas**, os custos e as despesas que não tem efeito caixa, como a depreciação.

Receita Total em R$ = Custos totais em R$

100 × PVu = 100 × CVu + Custos despesas fixos totais – Depreciação
100 × PVu – 100 × CVu = Custos despesas fixos totais – Depreciação

100 × (PVu – CVu) = CF – Depreciação

O próximo passo é testar as alternativas dadas como respostas na equação acima:

a) Errada. 100 × (200,00 – 30,00) = 14.000,00 – 800,00
17.000,00 ≠ 13.200,00

b) Correta. 100 × (150,00 – 40,00) = 11.900,00 – 900,00
11.000,00 = 11.000,00

c) Errada. 100 × (150,00 – 50,00) = 11.650,00 – 650,00
10.000,00 ≠ 11.000,00

d) Errada. 100 × (200,00 – 60,00) = 15.000,00 – 750,00
14.000,00 ≠ 14.250,00

e) Errada. 100 × (270,00 – 70,00) = 16.000,00 – 850,00
20.000,00 ≠ 15.150,00

MEMORIZAR PARA A PROVA

Ponto de Equilíbrio	Itens
Contábil	Receita Total = Custo Total + Despesa Total
Econômico	Receita Total – Custo Total – Despesa Total = Lucro Esperado
Financeiro	Receita Total em R$ = Custo Total em R$

Gabarito: **B**

37ª QUESTÃO (SEFAZ – SP – FCC – 2009): Considere as seguintes informações sobre a estrutura de uma empresa:

- Custos e despesas variáveis: 100,00 por unidade.
- Custos e despesas fixas: 50.000,00 por mês.
- Preço de venda: 150,00 por unidade.
- Aumento da depreciação: 40%

O ponto de equilíbrio contábil, em unidades, considerando-se que a depreciação representa 20% do total dos custos de despesas fixas, é:

a) 1.080
b) 1.100
c) 1.120
d) 1.180
e) 1.200

☛ **SOLUÇÃO**

1º passo: Calcular a receita total.

Receita Total = Preço unitário de venda × Quantidade de vendas

Receita Total = 150,00 × Q

2º passo: Calcular a nova depreciação após o aumento de 20%.

ATENÇÃO, segundo a banca a depreciação representa 20% do total dos custos de despesas fixas.

Depreciação = 20% × Custos e despesas fixas

Depreciação = 20% × 50.000,00
Depreciação = 10.000,00

Aumento de depreciação = % de aumento × Depreciaçãoe despesas fixas

Aumento de depreciação = 40% × 10.000,00
Aumento de depreciação = 4.000,00

3º passo: Calcular os custos e despesas variáveis.

Custos e despesas variáveis totais = Custos e despesas variáveis unitários × Quantidade de vendas

Custos e despesas variáveis totais = 100,00 × Q

4º passo: Calcular os custos e despesas totais.

Custos e despesas totais = Custos e despesas variáveis totais + Custos e despesas fixos totais + Aumento

Custos e despesas totais = 100,00 × Q + 50.000,00 + 4.000,00
Custos e despesas totais = 100,00 × Q + 54.000,00

5º passo: Calcular a quantidade no ponto de equilíbrio contábil da empresa.

No ponto de equilíbrio contábil **não existe lucro nem prejuízo**, pois o resultado contábil da empresa é nulo e nesse caso a empresa está perdendo o seu investimento, ou seja, economicamente a empresa, pelo menos em relação aos juros sobre o capital próprio investido, não está apresentando retorno.

Receita Total = Custos totais + Despesas totais

150,00 × Q = 100,00 × Q + 54.000,00
50,00 × Q = 54.000,00
Q = 1.080 unidades

Gabarito: **A**

38ª QUESTÃO (Analista Contábil – TRE/AM – FCC – 2010): A empresa JJ produz um único produto, cujos custos incorridos durante o mês de agosto de X9 para a produção de 300 unidades foram:

Custos fixos	12.000,00
Custos variáveis	50,00/unidade
Despesas fixas	6.000,00
Despesas variáveis	30,00/unidade

Sabendo que o preço de venda é de 200,00 por unidade, que a empresa adota o custeio por absorção e não existiam estoques iniciais de produtos acabados e em elaboração, o lucro da empresa é igual a zero, quando ela vender:

a) 150 unidades
b) 100 unidades
c) 80 unidades
d) 75 unidades
e) 50 unidades

☛ SOLUÇÃO

1º passo: Calcular a receita total.

Receita Total = Preço unitário de venda × Quantidade de vendas

Receita Total = 200,00 × Q

2º passo: Calcular os custos variáveis totais.

Custos variáveis totais = Custos variáveis unitários × Quantidade de vendas

Custos variáveis totais = 50,00 × Q

3º passo: Calcular o custo fixo unitário.

$$\text{Custo fixo unitário} = \frac{\text{Custo Fixo}}{\text{Produção}}$$

$$\text{Custo fixo unitário} = \frac{12.000,00}{300 \text{ unidades}}$$

Custo fixo unitário = 40,00/unidade

4º passo: Calcular o custo fixo total.

Custo fixo total = Custo fixo unitário × Quantidade de vendas

Custo fixo total = 40,00 × Q

5º passo: Calcular o custo total.

Custo total = Custo variável total + Custo fixo total

Custo total = 50,00 × Q + 40,00 × Q
Custo total = 90,00 × Q

6º passo: Calcular as despesas variáveis totais.

Despesas variáveis totais = Despesas variáveis unitários × Quantidade de vendas

Despesas variáveis totais = 30,00 × Q

7º passo: Calcular a despesa total.

Despesa total = Despesa variável total + Despesa fixa total

Despesa total = 30,00 × Q + 6.000,00

8º passo: Calcular os custos e despesas totais.

Custos e despesas totais = Custos totais + Despesas totais

Custos e despesas totais = 90,00 × Q + 30,00 × Q + 6.000,00
Custos e despesas totais = 120,00 × Q + 6.000,00

9º passo: Calcular a quantidade no ponto de equilíbrio contábil da empresa.

No ponto de equilíbrio contábil **não existe lucro nem prejuízo**, pois o resultado contábil da empresa é nulo e nesse caso a empresa está perdendo o seu investimento, ou seja, economicamente a empresa, pelo menos em relação aos juros sobre o capital próprio investido, não está apresentando retorno.

Receita Total = Custos totais + Despesas totais

200,00 × Q = 120,00 × Q + 6.000,00
80,00 × Q = 6.000,00
Q = 75 unidades

Gabarito: **D**

39ª QUESTÃO (SEFAZ – SP – FCC – 2006): Para um ponto de equilíbrio financeiro de 2.000 unidades serão necessários, na sequência, custos e despesas variáveis, custos e despesas fixas, preço unitário de venda, depreciação:

a) 700,00 unitário, 4.000.000,00, 1.200,00 unitário e 800.000,00.
b) 750,00 unitário, 1.400.000,00, 1.050,00 unitário e 845.000,00.
c) 600,00 unitário, 2.600.000,00, 1.350,00 unitário e 750.000,00.

d) 650,00 unitário, 3.900.000,00, 1.225,00 unitário e 625.000,00.
e) 725,00 unitário, 2.500.000,00, 1.500,00 unitário e 950.000,00.

☛ SOLUÇÃO

1º passo: Calcular a receita total em reais.

Receita Total em R$ = Preço de venda unitário × Quantidade de vendas

Receita Total em R$ = 2.000 × PVu

2º passo: Calcular os custos totais em reais.

Custos e despesas variáveis totais em R$ = Custos e despesas variáveis unitários × Quantidade de vendas

Custos e despesas variáveis totais em R$ = 2.000 × CVu

Custos totais em R$ = Custos e despesas variáveis totais + Custos e despesas fixos totais – Depreciação

Custos totais em R$ = 2.000 × CVu + Custos despesas fixos totais – Depreciação

ATENÇÃO, com relação aos custos totais, temos que excluir as **despesas que não tem efeito caixa** (saída de dinheiro), que nesse caso, são as **despesas com depreciação**.

3º passo: Calcular o ponto de equilíbrio financeiro.

O **ponto de equilíbrio financeiro** (PEF) é o ponto em que a **receita total** (RT) em dinheiro é igual ao **custo total** (CT) **em dinheiro**. Assim, **devemos subtrair dos custos e das despesas**, os custos e as despesas que não tem efeito caixa, como a depreciação.

Receita Total em R$ = Custos totais em R$

2.000 × PVu = 2.000 × CVu + Custos despesas fixos totais – Depreciação
2.000 × PVu – 2.000 × CVu = Custos despesas fixos totais – Depreciação

2.000 × (PVu – CVu) = CF – Depreciação

O próximo passo é testar as alternativas dadas como respostas na equação acima:

a) Errada. 2.000 × (1.200,00 – 700,00) = 4.000.000,00 – 800.000,00
1.000.000,00 ≠ 3.200.000,00

b) Errada. 2.000 × (1.050,00 – 750,00) = 1.400.000,00 – 845.000,00
600.000,00 ≠ 555.000,00

c) Errada. 2.000 × (1.350,00 – 600,00) = 2.600.000,00 – 750.000,00
1.500.000,00 ≠ 1.850.000,00

d) Errada. 2.000 × (1.225,00 – 650,00) = 3.900.000,00 – 625.000,00
1.150.000,00 ≠ 3.275.000,00

e) Correta. 2.000 × (1.500,00 – 725,00) = 2.500.000,00 – 950.000,00
1.550.000,00 = 1.550.000,00

MEMORIZAR PARA A PROVA

Ponto de Equilíbrio	Itens
Contábil	Receita Total = Custo Total + Despesa Total
Econômico	Receita Total – Custo Total – Despesa Total = Lucro Esperado
Financeiro	Receita Total em R$ = Custo Total em R$

Gabarito: **E**

40ª QUESTÃO (Contador– INFRAERO – FCC – 2011): Dados da Cia. Mongaguá, fabricante do produto X:

Preço unitário de venda 250,00
Custos e despesas unitários de venda.............................175,00
Custos e despesas fixos... 225.000,00

Se a companhia tiver como objetivo obter um lucro total de 325.050,00, ela deverá produzir e vender, em unidades do produto X, a quantidade equivalente a:

a) 4.334
b) 3.000
c) 6.228
d) 7.334
e) 7.925

☛ SOLUÇÃO

1º passo: Calcular a receita total.

Receita Total = Preço unitário de venda × Quantidade de vendas

Receita Total = 250,00 × Q

2º passo: Calcular os custos e despesas variáveis totais.

Custos e despesas variáveis totais = Custos e despesas unitários de venda × Quantidade de vendas

Custos e despesas variáveis totais = 175,00 × Q

3º passo: Calcular os custos e despesas totais.

Custos e despesas totais = Custos e despesas variáveis totais + Custos e despesas fixos

Custos e despesas totais = 175,00 × Q + 225.000,00

4º passo: Calcular a quantidade no ponto de equilíbrio econômico da Cia. Mongaguá. No ponto de equilíbrio econômico, temos:

Receita Total – Custos e despesas totais = Lucro Esperado

250,00 × Q – (175,00 × Q + 225.000,00) = 325.050,00
250,00 × Q – 175,00 × Q – 225.000,00 = 325.050,00
75,00 × Q = 550.050,00
Q = 7.334 unidades

Gabarito: **D**

41ª QUESTÃO (Analista Contábil – TRE/AP – FCC – 2011): Determinada empresa tem capacidade para produzir 1.500 unidades de seu único produto por mês. Sabe-se que este produto possui preço bruto de venda de 100,00 e os custos e despesas incorridos para produzir e vender este produto são:

Custos fixos	30.000,00
Custos variáveis	20,00
Despesas fixas	10.000,00
Comissões sobre venda	5% do preço bruto de venda
Impostos sobre venda	20% do preço bruto de venda

Com base nestas informações e sabendo que o lucro desejado pela empresa é de 15% da receita bruta, o ponto de equilíbrio econômico, em unidades, é:

a) 546
b) 728
c) 750
d) 1.000
e) 1.137

☛ SOLUÇÃO

1º passo: Calcular a receita total.

Receita Total = Preço unitário de venda × Quantidade de vendas

Receita Total = 100,00 × Q

2º passo: Calcular os custos e despesas variáveis totais (CDV totais).

CDV totais = (CVu + Comissões sobre venda + Impostos sobre venda) × Quantidade de vendas

CDV totais = (20,00 + 5% × 100,00 + 20% × 100,00) × Q
CDV totais = 45,00 × Q

3º passo: Calcular os custos e despesas fixos totais (CDF totais).

CDF totais = Custos fixos + Despesas fixas

CDF totais = 30.000,00 + 10.000,00
CDF totais = 40.000,00

4º passo: Calcular o lucro desejado no ponto de equilíbrio econômico para empresa de 15% da receita bruta.

Lucro desejado = 15% × Receita Bruta

Lucro desejado = 15% × 100,00 × Q
Lucro desejado = 15,00 × Q

No ponto de equilíbrio econômico, temos:

Receita Total – CDV totais – CDF totais = Lucro desejado

100,00 × Q – 45,00 × Q – 40.000,00 = 15,00 × Q
40,00 × Q = 40.000,00
Q = 1.000 unidades

Gabarito: **D**

42ª QUESTÃO (Analista Trainne Contábeis – Metrô/SP – FCC – 2010): A Cia. Industrial Maceió fabrica apenas um único produto. O preço desse produto no mercado é 107,00 por unidade e o respectivo custo unitário variável é 53,00. Os custos e despesas fixos mensais da entidade equivalem a 945.000,00 e as despesas variáveis de venda do produto, inclusive impostos, montam a 18,00. O ponto de equilíbrio dessa companhia, em número de unidades, é:

a) menor que 25.000,00
b) maior que 27.000,00
c) igual a 26.150,00
d) maior que 26.200,00
e) menor que 25.900,00

☛ SOLUÇÃO

1º passo: Calcular a receita total.

Receita Total = Preço unitário de venda × Quantidade de vendas

Receita Total = 107,00 × Q

2º passo: Calcular os custos e despesas totais (CDT).

CDT = Custos e despesas variáveis unitários × Quantidade de vendas + Custos e despesas fixas totais

CDT = (53,00 + 18,00) × Q + 945.000,00
CDT = 71,00 × Q + 945.000,00

3º passo: Calcular a quantidade no ponto de equilíbrio contábil da empresa.

No ponto de equilíbrio contábil **não existe lucro nem prejuízo**, pois o resultado contábil da empresa é nulo e nesse caso a empresa está perdendo o seu investimento, ou seja, economicamente a empresa, pelo menos em relação aos juros sobre o capital próprio investido, não está apresentando retorno.

Receita Total = Custos totais + Despesas totais

107,00 × Q = 71,00 × Q + 945.000,00
36,00 × Q = 945.000,00
Q = 26.250 unidades

Gabarito: **D**

7. CUSTEIO POR ABSORÇÃO

O **custeio por absorção** (ou custeio integral) é o método derivado da aplicação dos princípios de contabilidade, sendo o único aceito pela legislação do imposto de renda. Uns dos princípios de contabilidade aplicados é o da competência, que reconhece no resultado as despesas e receitas nos períodos em que ocorrer os respectivos fatos geradores. Assim, a receita considera realizada na transferência do bem para terceiros e as despesas são reconhecidas à medida que são realizadas as receitas que ajudam a gerar direta ou indiretamente.

O **custeio por absorção** consiste na apropriação dos custos (diretos, indiretos, fixos e variáveis) utilizados no processo de produção para o resultado do exercício quando da venda, sendo que os custos relativos aos produtos em elaboração e aos produtos acabados que não tenham sido vendidos são ativados nos estoques destes produtos.

8. CUSTEIO VARIÁVEL

O **custeio variável** (ou custeio direto) considera apenas os custos variáveis como custos de produção, sendo que os custos fixos são considerados como despesas em sua totalidade, independentemente de ter ocorrido ou não vendas dos produtos acabados. Desse modo, o custo dos produtos vendidos e os estoques finais de produtos em elaboração e produtos acabados só conterão custos variáveis. Esse método de custeio **não é aceito pela legislação do Imposto de Renda**, pois fere um dos princípios de contabilidade aceito no Brasil que é o da competência, além de reduzir a base de cálculo do Imposto de Renda das empresas, resultando em uma menor arrecadação de impostos por parte do Fisco.

43ª QUESTÃO (SEFAZ – SP – FCC – 2006): Uma empresa calcula os custos de seus produtos utilizando dois métodos: o método do custeio por absorção e o método do custeio variável. Os estoques iniciais eram zero, a produção do mês foi de 8.000 unidades totalmente acabadas, foram vendidas no mês 6.000 unidades. No fechamento do mês foram apurados os seguintes resultados líquidos finais: lucro de 348.750,00 no custeio por absorção, e lucro de 345.000,00 no custeio variável. Para atingir esses valores de resultado, a empresa manteve os custos variáveis correspondentes a 40% do preço de venda praticado. Desse modo, os valores correspondentes ao preço de venda unitário, aos custos variáveis unitários e aos custos fixos totais foram, respectivamente, em reais,

a) 100,00, 40,00 e 15.000,00
b) 120,00, 48,00 e 14.000,00
c) 130,00, 52,00 e 12.000,00
d) 125,00, 50,00 e 14.000,00
e) 150,00, 52,00 e 17.000,00

☛ SOLUÇÃO

A diferença entre o lucro pelo custeio por absorção no montante de 348.750,00 e o lucro pelo custeio variável no valor de 345.000,00 é de 3.750,00, que corresponde exatamente a 25% do custo fixo, pois enquanto o custeio variável lança 100% do custo fixo para o resultado como despesas, o custeio por absorção lança apenas 75% do custo fixo, que corresponde exatamente ao percentual de unidades vendidas. Logo, temos:

Lucro pelo custeio por absorção – Lucro pelo custeio variável = 25% × Custo Fixo

348.750,00 – 345.000,00 = 25% × Custo Fixo
Custo Fixo = 15.000,00

ATENÇÃO NA PROVA!!!!! A única alternativa que apresenta como resposta um **custo fixo** no valor de **15.000,00** é a alternativa **A**

Para efeitos didáticos vamos calcular o preço unitário de venda (Vu) e os custos variáveis unitários (CVu).

1º passo: Calcular o CPV pelo custeio por absorção.

CPV = 40% × V + 75% × Custo Fixo

CPV = 0,4V + 0,75 × 15.000,00
CPV = 0,4V + 11.250,00

2º passo: Calcular as vendas brutas pelo custeio por absorção.

V – CPV = Lucro Bruto por absorção

V – (0,4V + 11.250,00) = 348.750,00
V – 0,4V – 11.250,00 = 348.750,00
0,6V = 360.000,00
Vendas Brutas = 600.000,00

3º passo: Calcular o preço de venda unitário.

$$\text{Preço de venda unitário} = \frac{\text{Vendas Brutas}}{\text{Volume de vendas}}$$

$$\text{Preço de venda unitário} = \frac{600.000,00}{6.000 \text{ unidades}}$$

Preço de venda unitário = 100,00/unidade

4º passo: Calcular o custo variável unitário.

Custo Variável unitário = 40% × Preço de venda unitário

Custo Variável unitário = 40% × 100,00
Custo Variável unitário = 40,00

Gabarito: A

44ª QUESTÃO (Ciências Contábeis – Metrô/SP – FCC – 2008): Os seguintes dados foram extraídos da contabilidade da Cia. Industrial Mirante, relativos ao exercício de 2007, ano em que iniciou suas atividades:

Quantidade de unidades produzida do bem X	10.000
Quantidade de unidades vendida do bem X	8.000
Receita líquida de vendas	320.000,00
Custos fixos de produção	100.000,00
Custos variáveis de produção por unidade	12,00
Despesas fixas	40.000,00
Despesas variáveis com venda por unidade vendida	3,00
Estoque final de produtos acabados em unidades	2.000

A diferença positiva entre o lucro antes dos impostos e das participações no custeio por absorção em comparação com o custeio variável equivaleu, em reais, a:

a) 10.000,00
b) 12.000,00
c) 15.000,00
d) 18.000,00
e) 20.000,00

☛ SOLUÇÃO

A **diferença** entre o lucro pelo custeio por absorção e o lucro pelo custeio variável **está em relação aos custos fixos**, pois enquanto o custeio por absorção lança para o resultado os custos fixos proporcionalmente a produção vendida, o custeio variável apropria integralmente os custos fixos para o resultado como despesas operacionais, independentemente da empresa ter vendido ou não a produção.

No exercício, a empresa produziu 10.000 unidades e vendeu 8.000 unidades, ou seja, vendeu 80% da produção.

No custeio por absorção a empresa apropria 80% dos custos fixos para o resultado, enquanto que no custeio variável a apropriação será de 100% dos custos fixos para o resultado. Assim, o lucro pelo custeio por absorção é maior em 20% do valor dos custos fixos em relação ao lucro pelo custeio variável, ou seja, 20% de 100.000,00 que é 20.000,00.

ATENÇÃO, com a finalidade de uma melhor compreensão do assunto, vamos calcular o lucro pelo custeio por absorção e pelo custeio variável e verificar se a diferença entre ambos é de 20.000,00.

LAIR pelo custeio por absorção

1º passo: Calcular o custo fixo unitário.

$$\text{Custo fixo unitário} = \frac{\text{Custo fixo de produção}}{\text{Número de produção}}$$

$$\text{Custo fixo unitário} = \frac{100.000,00}{10.000 \text{ unidades}}$$

Custo fixo unitário = 10,00/unidade

2º passo: Calcular o CPV por absorção.

CPV por absorção = (Custo variável unitário + Custo fixo unitário) × Número de unidades vendidas

CPV por absorção = (12,00/unidade + 10,00/unidade) × 8.000 unidades
CPV por absorção = 176.000,00

3º passo: Montar a DRE pelo custeio por absorção.

DRE pelo custeio por absorção	
Vendas Líquidas	320.000,00
– Custo dos Produtos Vendidos	(176.000,00)
= Lucro Bruto	144.000,00
– Despesas Fixas	(40.000,00)
– Despesas Variáveis	(24.000,00)
= LAIR pelo custeio por absorção	80.000,00

LAIR pelo custeio variável

1º passo: Calcular o CPV pelo custeio variável.

CPV pelo custeio variável = Custo variável unitário × Número de unidades vendidas

CPV pelo custeio variável = 12,00/unidade × 8.000 unidades
CPV pelo custeio variável = 96.000,00

2º passo: Montar a DRE pelo custeio variável.

DRE pelo custeio variável	
Vendas Líquidas	320.000,00
– Custo dos Produtos Vendidos	(96.000,00)
= Lucro Bruto	224.000,00
– Despesas Fixas	(40.000,00)
– Custos Fixos	(100.000,00)
– Despesas Variáveis	(24.000,00)
= LAIR pelo custeio variável	60.000,00

Diferença = LAIR pelo custeio por absorção – LAIR pelo custeio variável

Diferença = 80.000,00 – 60.000,00
Diferença = 20.000,00

Gabarito: **E**

45ª QUESTÃO (ACE – TCE/GO – FCC – 2009): Uma empresa produz um único produto. Os gastos para produzir e vender 200 unidades desse produto são: 5,00/unidade de custos variáveis, 10,00/unidade de custos fixos, 3,00/unidade de despesas variáveis e 7,00/unidade de despesas fixas. Se a empresa utilizar o custeio por absorção, o custo unitário do produto será:

a) 5,00
b) 8,00
c) 15,00
d) 18,00
e) 25,00

☛ SOLUÇÃO

No **custeio por absorção** a empresa lança para o resultado do período os **custos variáveis e os custos fixos proporcionalmente a produção vendida**. Nesse caso a empresa produziu e vendeu 200 unidades.

Custo de produção unitário = Custo variável unitário + Custo fixo unitário

Custo de produção unitário = 5,00 + 10,00
Custo de produção unitário = 15,00

As despesas fixas e variáveis **não são custos**, ou seja, **não integram** o custo de produção dos produtos.

Gabarito: **C**

46ª QUESTÃO (ACE – TCE/GO – FCC – 2009): Uma empresa apresenta as seguintes informações, em reais:

	Quantidade produzida	Custo unitário	Custo Total
Custo X	1.000 unidades	6,00	6.000,00
	1.500 unidades	4,00	6.000,00
	2.000 unidades	3,00	6.000,00

	Quantidade produzida	Custo unitário	Custo Total
Custo Y	1.000 unidades	3,00	3.000,00
	1.500 unidades	3,00	4.400,00
	2.000 unidades	3,00	6.000,00

Com base nesses dados, é correto afirmar que os custos X e Y são, em relação ao produto, respectivamente,

a) variável e fixo.
b) fixo e variável.
c) variável e direto.
d) variável e indireto.
e) direto e fixo.

☛ SOLUÇÃO

Os **custos X** em relação aos produtos **são custos fixos**, ou seja, a empresa produzindo 1.000 unidades, 1.500 unidades ou 2.000 unidades, o custo total permanece constante em 6.000,00.

Os custos variáveis são aqueles que variam com o volume de produção, ou seja, quanto mais a empresa produz, maior é o custo variável. Por exemplo, a matéria-prima é um custo variável, pois quanto mais a empresa produzir, maior será o consumo de matéria-prima. Os **custos Y** em relação aos produtos **são custos variáveis**, ou seja, a empresa produzindo 1.000 unidades apresenta um custo de 3.000,00, 1.500 unidades o custo vai para 4.400,00 e produzindo 2.000 unidades o custo sobe para 6.000,00.

Gabarito: **B**

ATENÇÃO: Para responder às **questões de números 47 e 48**, considere os dados relacionados abaixo.

A indústria Cor e Vida produz tintas industriais. A empresa tem utilizado o custeio por absorção para atender à legislação fiscal e societária e o custeio variável para fins gerenciais. As informações sobre a sua estrutura de custos é a seguinte:

Capacidade mensal de produção de tinta	40.000 latas
Quantidade produzida no mês de outubro	30.000 latas
Quantidade vendida, no mês de outubro, para seus clientes atuais	25.000 latas
A empresa vende cada lata de tinta para os seus clientes atuais por	14,00 (preço líquido)
Os custos variáveis de produção são de	7,50/lata
As despesas variáveis de produção são de	1,50/lata
Os custos fixos somam	120.000,00/mês
As despesas administrativas somam	30.000,00/mês

47ª QUESTÃO (Analista Contábil – TJ/PA – FCC – 2009): No mês de outubro, a empresa obteve um resultado bruto mensal pelo custeio por absorção de, em reais,

a) (5.000,00)
b) 25.000,00
c) 87.500,00

d) 62.500,00
e) 68.750,00

☛ SOLUÇÃO

1º passo: Calcular as vendas brutas.

Vendas Brutas = Preço unitário de venda × Número de unidades vendidas

Vendas Brutas = 14,00/lata × 25.000 latas
Vendas Brutas = 350.000,00

2º passo: Calcular o custo fixo unitário.

$$\text{Custo fixo unitário} = \frac{\text{Custo fixo de produção}}{\text{Produção de outubro}}$$

$$\text{Custo fixo unitário} = \frac{120.000,00}{30.000 \text{ unidades}}$$

Custo fixo unitário = 4,00/lata

3º passo: Calcular o custo dos produtos vendidos.

CPV = (Custo variável unitário + Custo fixo unitário) × Número de unidades vendidas

CPV pelo custeio por absorção = (7,50/lata + 4,00/lata) × 25.000 latas
CPV pelo custeio por absorção = 287.500,00

4º passo: Montar a DRE pelo custeio por absorção.

DRE pelo custeio por absorção	
Vendas Brutas	350.000,00
– Custo dos Produtos Vendidos	(287.500,00)
= Lucro Bruto	62.500,00

Gabarito: **D**

48ª QUESTÃO (Analista Contábil – TJ/PA – FCC – 2009): No mês de outubro, a margem de contribuição total e o resultado apurado pelo método de custeio variável foram de, em reais,

a) 162.500,00 e prejuízo de 25.000,00.
b) 125.000,00 e prejuízo de 25.000,00.
c) 150.000,00 e lucro de 0,00.
d) 195.000,00 e lucro de 45.000,00.
e) 125.000,00 e prejuízo de 5.000,00.

☛ SOLUÇÃO

1º passo: Calcular a margem de contribuição total.

MCu = Vu – (CVu + DVu)

Em que:

MCu: Margem de contribuição unitária
Vu: Vendas unitárias
CVu: Custos variáveis unitários
DVu: Despesas variáveis unitárias

Margem de Contribuição unitária = 14,00 – (7,50 + 1,50)
Margem de Contribuição unitária = 5,00/lata

Margem de Contribuição total = Margem de Contribuição unitária × Número de unidades vendidas

Margem de Contribuição total = 5,00/lata × 25.000 latas
Margem de Contribuição total = 125.000,00

2º passo: Calcular as vendas brutas.

Vendas Brutas = Preço unitário de venda × Número de unidades vendidas

Vendas Brutas = 14,00/lata × 25.000 latas
Vendas Brutas = 350.000,00

3º passo: Calcular o CPV

CPV = Custo Variável unitário × Número de unidades vendidas

CPV = 7,50/lata × 25.000 latas
CPV = 187.500,00

4º passo: Calcular as despesas variáveis.

Despesas Variáveis = Despesas Variáveis unitárias × Número de unidades vendidas

Despesas Variáveis = 1,50/lata × 25.000 latas
Despesas Variáveis = 37.500,00

5º passo: Montar a DRE e calcular o resultado do exercício.

DRE pelo custeio variável	
Vendas Líquidas	350.000,00
– Custo dos Produtos Vendidos	(187.500,00)
= Lucro Bruto	162.500,00
– Despesas Administrativas	(30.000,00)
– Custos Fixos	(120.000,00)
– Despesas Variáveis	(37.500,00)
= Prejuízo Operacional	(25.000,00)

Gabarito: **B**

49ª QUESTÃO (Analista Contábil – TJ/PA – FCC – 2009): A indústria Clareou iniciou suas atividades no mês de setembro. Neste período, produziu integralmente 10.000 unidades e vendeu 8.000 unidades de seu único produto ao preço de venda de 50,00, apresentando as seguintes informações sobre custos e despesas:

Custos Diretos Variáveis	26,00/unidade
Custos Indiretos Fixos	100.000,00/mês
Despesas Variáveis	6,00/unidade
Despesas Fixas	25.000,00/mês

A empresa tem utilizado o custeio por absorção para atender à legislação fiscal e societária e o custeio variável para fins gerenciais. Considerando tais informações, a diferença verificada entre os estoques finais do mês de setembro apurados pelos dois métodos foi de:

a) 25.000,00
b) 0,00
c) 20.000,00
d) 8.000,00
e) 22.500,00

☛ **SOLUÇÃO**

A diferença entre o **custeio por absorção** e o **custeio variável** está em relação aos custos fixos, pois enquanto o custeio por absorção lança para o resultado os custos fixos proporcionalmente a produção vendida, o custeio variável apropria integralmente os custos fixos para o resultado como despesas operacionais, independentemente da empresa ter vendido ou não a produção.

No exercício, a empresa produziu 10.000 unidades e vendeu 8.000 unidades, ou seja, vendeu 80% da produção.

No **custeio por absorção** a empresa **apropria 80% dos custos fixos** para o resultado, enquanto que no **custeio variável** a apropriação será de **100% dos custos fixos** para o resultado. Assim, a diferença verificada entre os estoques finais do mês de setembro apurados pelos dois métodos em relação a **20% do valor dos custos fixos** que constam nos estoques pelo custeio por absorção, ou seja, **20% de 100.000,00** que é **20.000,00**.

Gabarito: **C**

ATENÇÃO: Considere os dados abaixo para responder as **questões de números 50 e 51**.
A empresa Beta produz um único produto e para produzir 800 unidades desse produto incorreu nos seguintes gastos durante o mês de outubro:

Custo fixo..12.000,00
Custos variáveis:
- Matéria-prima....................................8,00/unidade
- Mão de obra direta..............................3,00/unidade

Despesas fixas......................................4.000,00
Despesas variáveis...............................3,00/unidade
Comissões sobre vendas..........................10% do preço de venda
Preço de venda.....................................80,00/unidade
Quantidade vendida...............................600 unidades

50ª QUESTÃO (Analista Contábil – TRE/AM – FCC – 2010): Pelo custeio por absorção, o custo unitário da produção do período foi, em reais,

a) 11,00
b) 14,00
c) 26,00
d) 29,00
e) 34,00

☛ SOLUÇÃO

1º passo: Calcular o custo variável total (CVT).

O **custeio por absorção** é composto pelos **custos variáveis** mais os **custos fixos.**

$$CVT = (MPA + MOD) \times Q$$

CVT = (8,00 + 3,00) × 800

CVT = 8.800,00

2º passo: Calcular o custo de produção unitário.

$$\text{Custo de Produção unitário} = \frac{\text{Custo Variável Total + Custo Fixo Total}}{\text{Quantidade produzida}}$$

$$\text{Custo de Produção unitário} = \frac{8.800{,}00 + 12.000{,}00}{800}$$

Custo de Produção unitário = 26,00

Gabarito: **C**

51ª QUESTÃO (Analista Contábil – TRE/AM – FCC – 2010): Pelo custeio variável, o custo unitário da produção do período foi, em reais,

a) 8,00
b) 11,00
c) 14,00
d) 22,00
e) 29,00

☛ SOLUÇÃO

O **custeio variável** é composto apenas de **custos variáveis**, pois os custos fixos são considerados despesas.

$$\text{Custo de Produção unitário} = \frac{\text{Custo Variável Total}}{\text{Quantidade produzida}}$$

$$\text{Custo de Produção unitário} = \frac{8.800{,}00}{800}$$

Custo de Produção unitário = 11,00

Gabarito: **C**

52ª QUESTÃO (SEFAZ - SP - FCC - 2009): Uma empresa apura os custos da produção vendida utilizando dois métodos: método do custeio por absorção e método do custeio variável. No início do período, não havia em estoque unidades acabadas ou semiacabadas. No mês, foram iniciadas e terminadas 6.000 unidades, das quais 4.000 unidades foram vendidas. No final do período, a empresa apurou resultado líquido de 310.000,00, pelo custeio variável, e 340.000,00, pelo custeio por absorção. Levando-se em consideração que os custos variáveis representam 50% do preço de venda, os valores do preço unitário de venda, custo unitário variável e custo fixo total do mês são, respectivamente:

a) 200,00, 100,00 e 90.000,00
b) 180,00, 90,00 e 60.000,00
c) 160,00, 80,00 e 60.000,00
d) 120,00, 60,00 e 90.000,00
e) 100,00, 50,00 e 50.000,00

☛ SOLUÇÃO

1º passo: Calcular o custo fixo.

A diferença entre o lucro pelo **custeio por absorção** no montante de **340.000,00** e o lucro pelo **custeio variável** no valor de **310.000,00** é 30.000,00 que corresponde exatamente a **1/3 do custo fixo**, pois enquanto o custeio variável lança 100% do custo fixo para o resultado como despesas, o custeio por absorção lança apenas 2/3 do custo fixo, que corresponde exatamente ao percentual de unidades vendidas, ou seja, 4.000 unidades vendidas de uma produção de 6.000 unidades.

Lucro pelo custeio por absorção – Lucro pelo custeio variável = 1/3 × Custo Fixo

340.000,00 – 310.000,00 = 1/3 × Custo Fixo
Custo Fixo = 90.000,00

2º passo: Calcular o CPV em função das vendas (V) de acordo com o custeio por absorção.

CPV = 0,5 × V + 2/3 × CF

CPV = 0,5 × V + 2/3 × 90.000,00
CPV = 0,5 × V + 60.000,00

3º passo: Calcular as vendas brutas.

V – CPV = Lucro Bruto pelo custeio por absorção

V – (0,5 × V + 60.000,00) = 340.000,00
V – 0,5 × V – 60.000,00 = 340.000,00
0,5 × V = 400.000,00
V = 800.000,00

4º passo: Calcular as vendas brutas unitárias (Vu).

$$\text{Vendas Brutas unitárias} = \frac{\text{Vendas Brutas}}{\text{Quantidade vendida}}$$

$$Vu = \frac{800.000,00}{4.000}$$

Vu = 200,00/unidade

5º passo: Calcular o custo variável unitário (CVu).

Custo Variável unitário = 50% × Vendas unitárias

CVu = 50% × 200,00
CVu = 100,00

Gabarito: **A**

INSTRUÇÕES: Para responder às **questões de números 53 e 54**, utilize os dados a seguir. A Cia. ABC registra para o ano fiscal terminado em 30.11.X8 os seguintes dados:

Materiais diretos utilizados	300.000,00
Mão de obra direta	100.000,00
Custo variável de fabricação	50.000,00
Custo fixo de fabricação	80.000,00
Despesas de vendas e administração	40.000,00
Despesas de propaganda	20.000,00

53ª QUESTÃO (Contador – INFRAERO – FCC – 2009): Se a Cia. ABC usa custeio variável, o custo dos produtos produzidos para o ano de X8 é:

a) 400.000,00
b) 430.000,00
c) 450.000,00

d) 490.000,00
e) 530.000,00

☛ **SOLUÇÃO**

1º passo: Calcular os custos variáveis.

Custos Variáveis = Materiais Diretos + MOD + Custo Variável de Fabricação

Custos Variáveis = 300.000,00 + 100.000,00 + 50.000,00
Custos Variáveis = 450.000,00

2º passo: Calcular o custo de produção no ano de X8 pelo custeio variável.

ATENÇÃO, no custeio variável os **custos fixos** são considerados **despesas**.

Custo de Produção pelo custeio variável = Custos Variáveis

Custo de Produção pelo custeio variável = 450.000,00

Gabarito: **C**

54ª QUESTÃO (Contador – INFRAERO – FCC – 2009): O custo dos inventários para o ano de X8 utilizando o custeio por absorção é:

a) 400.000,00
b) 450.000,00
c) 530.000,00
d) 550.000,00
e) 590.000,00

☛ **SOLUÇÃO**

1º passo: Calcular os custos variáveis.

Custos Variáveis = Materiais Diretos + MOD + Custo Variável de Fabricação

Custos Variáveis = 300.000,00 + 100.000,00 + 50.000,00
Custos Variáveis = 450.000,00

2º passo: Calcular o custo de produção no ano de X8 pelo custeio por absorção.

ATENÇÃO, no custeio por absorção os **custos fixos** integram o **custo de produção**.

Custo de Produção pelo custeio por absorção = Custos Variáveis + Custos Fixos

Custo de Produção pelo custeio por absorção = 450.000,00 + 80.000,00
Custo de Produção pelo custeio por absorção = 530.000,00

Gabarito: **C**

55ª QUESTÃO (Analista Contábil – TRE/AP – FCC – 2011): Para produzir 1.000 unidades de seu único produto, determinada empresa incorreu nos seguintes gastos durante o mês de fevereiro de X10:

Matéria-prima	10.000,00
Mão de obra direta	5.000,00
Aluguel do galpão industrial	2.000,00
Seguros na aquisição das matérias-primas	1.000,00
Remuneração da administração geral da empresa	8.000,00
Depreciação referente aos ativos utilizados pela administração geral da empresa	2.000,00
Salários dos vendedores	3.000,00
Conta de telefone da administração geral da empresa	500,00
Materiais de consumo da administração geral da empresa	500,00
Encargos financeiros de empréstimos obtidos	2.000,00

Sabendo que não havia produtos em elaboração no início e no fim do mês de fevereiro de X10 e que os gastos da administração geral não são rateados para o setor de produção, o custo de produção unitário do período pelo custeio por absorção foi de, em reais,

a) 15,00
b) 17,00
c) 18,00
d) 23,00
e) 34,00

☛ **SOLUÇÃO**

1º passo: Calcular a compra de matéria-prima (CMP).

CMP = Matéria-Prima + Seguros na aquisição das matérias-primas

CMP = 10.000,00 + 1.000,00

CMP = 11.000,00

2º passo: Calcular a matéria-prima aplicada.

ATENÇÃO, o estoque inicial de matéria-prima (EIMP) e o estoque final de matéria-prima (EFMP) é 0,00.

MPA = EIMP + CMP – EFMP

MPA = 0,00 + 11.000,00 – 0,00

MPA = 11.000,00

3º passo: Calcular o custo indireto de fabricação.

CIF = Aluguel do galpão industrial

CIF = 2.000,00

4º passo: Calcular o custo de produção.

CP = MPA + MOD + CIF

CP = 11.000,00 + 5.000,00 + 2.000,00

CP = 18.000,00

5º passo: Calcular o custo da produção acabada unitária.

CPA = EIPE + CP – EFPE

CPA = 0,00 + 18.000,00 – 0,00

CPA = 18.000,00

$$\text{CPA unitária} = \frac{\text{CPA}}{\text{Produção}}$$

$$\text{CPA unitária} = \frac{18.000,00}{1.000}$$

CPA unitária = 18,00

Gabarito: **C**

INSTRUÇÃO: Utilize as informações a seguir para responder às **questões 56 e 57**.

A Cia. Delta fabricou 40.000 unidades de seu único produto no mês de início de suas atividades. Durante o período, foram vendidas 36.000 unidades ao preço de 70,00 cada uma. Os custos e despesas da companhia, no referido mês, foram:

Custos e despesas variáveis, por unidade:

Materiais diretos...12,00
Mão de obra direta..8,00
CIF variáveis..20,00
Despesas variáveis...................................... 5% do preço de venda

Custos e despesas fixos totais do mês:

Mão de Obra da fábrica...80.000,00
Depreciação dos equipamentos industriais 20.000,00
Outros gastos de fabricação..60.000,00
Salários do pessoal da administração 50.000,00
Demais despesas administrativas..................................40.000,00

56ª QUESTÃO (Contador – INFRAERO – FCC – 2011): O custo unitário de produção das 40.000 unidades fabricadas, utilizando o custeio por absorção, equivaleu a, em reais,

a) 44,00
b) 40,00
c) 43,50
d) 47,50
e) 46,25

☛ SOLUÇÃO

1º passo: Calcular os custos variáveis unitários.

Custos Variáveis unitários = MPA + MOD + CIF variáveis

Custos Variáveis unitários = 12,00 + 8,00 + 20,00
Custos Variáveis unitários = 40,00

2º passo: Calcular os custos fixos unitários.

$$\text{Custos Fixos unitários} = \frac{\text{MOD da fábrica + Depreciação de equipamentos + Outros gastos de fabricação}}{\text{Produção em unidades}}$$

$$\text{Custos Fixos unitários} = \frac{80.000,00 + 20.000,00 + 60.000,00}{40.000 \text{ unidades}}$$

Custos Fixos unitários = 4,00

3º passo: Calcular o custo de produção unitário por absorção.

CP unitário por absorção = Custos Variáveis unitários + Custos Fixos unitários

CP unitário por absorção = 40,00 + 4,00
CP unitário por absorção = 44,00

Gabarito: **A**

57ª QUESTÃO (Contador – INFRAERO – FCC – 2011): Se a companhia utilizar o método do custeio variável, a margem de contribuição unitária é igual a, em reais,

a) 22,50
b) 26,00
c) 30,00
d) 26,50
e) 23,25

SOLUÇÃO

1º passo: Calcular as despesas variáveis unitárias (DVu).

Despesas Variáveis unitárias = 5% × Preço de venda unitário

DVu = 5% × 70,00
DVu = 3,50

2º passo: Calcular a margem de contribuição unitária.

MCu = Vu – (CVu + DVu)

Em que:

MCu: Margem de contribuição unitária
Vu: Vendas unitárias
CVu: Custos variáveis unitários
DVu: Despesas variáveis unitárias

Margem de Contribuição unitária = 70,00 – (40,00 + 3,50)
Margem de Contribuição unitária = 26,50

Gabarito: **D**

INSTRUÇÕES: Para responder às **questões de números 58 e 59**, considere os dados abaixo.

A Cia. Papel e Papelão, fabricante de caixas, produziu 40.000 unidades no mês de exercício de início de suas atividades. Durante o período, foram vendidas 32.000 unidades ao preço de 60,00 cada uma. Os custos e despesas da companhia, no referido mês, foram:

Custos e despesas variáveis	Por unidade
Matéria-prima	16,00
Materiais indiretos	10,00
CIF variáveis	8,00
Despesas variáveis	10% do preço de venda

Custos e despesas fixos	Totais do mês
Mão de obra da fábrica	80.000,00
Depreciação dos equipamentos industriais	36.000,00
Outros gastos de fabricação	98.000,00
Salários do Pessoal da Administração	62.000,00
Demais Despesas Administrativas	40.000,00

58ª QUESTÃO (Analista Trainne Contábeis – Metrô/SP – FCC – 2010): O lucro líquido do exercício pelo sistema de custeio por absorção é, em reais, igual a:

a) 364.400,00
b) 324.000,00
c) 316.000,00
d) 314.800,00
e) 366.800,00

☛ SOLUÇÃO

1º passo: Calcular os custos variáveis unitários.

Custos Variáveis unitários = MPA + MIA + CIF variáveis

ATENÇÃO, a MIA são materiais indiretos aplicados.

Custos Variáveis unitários = 16,00 + 10,00 + 8,00
Custos Variáveis unitários = 34,00

2º passo: Calcular o custo fixo unitário.

$$\text{Custos Fixos unitários} = \frac{\text{MOD da fábrica + Depreciação de equipamentos + Outros gastos de fabricação}}{\text{Produção em unidades}}$$

$$\text{Custos Fixos unitários} = \frac{80.000{,}00 + 36.000{,}00 + 98.000{,}00}{40.000 \text{ unidades}}$$

Custos Fixos unitários = 5,35

3º passo: Calcular o CPV pelo custeio por absorção.

CPV unitário por absorção = Custos Variáveis unitários + Custos Fixos unitários

CPV unitário por absorção = 34,00/unidade + 5,35/unidade
CPV unitário por absorção = 39,35/unidade

CPV por absorção = CPV unitário por absorção × Quantidade vendida

CPV por absorção = 39,35/unidade × 32.000 unidades
CPV por absorção = 1.259.200,00

4º passo: Montar a DRE e calcular o lucro líquido pelo custeio por absorção.

DRE pelo custeio por absorção	
Vendas Brutas	1.920.000,00
– CPV pelo custeio por absorção	(1.259.200,00)
= Lucro Bruto	660.800,00
– Despesas Variáveis	(192.000,00)
– Salários do pessoal da administração	(62.000,00)
– Demais despesas administrativas	(40.000,00)
= Lucro Líquido	366.800,00

Gabarito: **E**

59ª QUESTÃO (Analista Trainne Contábeis – Metrô/SP – FCC – 2010): O estoque final da companhia, se utilizado o sistema de custeio variável, equivalerá, em reais, a:

a) 314.800,00
b) 272.000,00
c) 324.000,00
d) 294.000,00
e) 316.800,00

☛ SOLUÇÃO

EF pelo custeio variável = Custos Variáveis unitários × (Quantidade produzida – Quantidade vendida)

EF pelo custeio variável = 34,00 × (40.000 – 32.000)
EF pelo custeio variável = 272.000,00

Gabarito: **B**

9. CUSTO PADRÃO

O **custo padrão** é o custo ideal de produção que uma empresa obteria se utilizasse 100% da sua capacidade de produção e sem desperdícios a matéria-prima aplicada, a mão de obra e os custos indiretos de fabricação. Ou seja, trata-se de um custo em franco desuso, que teve origens um custo fabricado em laboratório.

Atualmente as empresas utilizam mais o **custo padrão corrente** que leva em consideração as deficiências da empresa, excluindo apenas aquelas que possam ser superadas, e tem por objetivo a fixação de metas a serem atingidas nos próximos exercícios para os produtos.

O **custo padrão** tem por finalidade fixar, por exemplo, a quantidade e o preço padrão, para se poder verificar as diferenças supervenientes em relação a quantidade real e o preço real. O **custo padrão** e orçamento estão intrinsecamente relacionados, pois o **custo padrão** não passa de um orçamento que tem por meta melhorar a produção de uma empresa, evitando desperdícios desnecessários.

10. CUSTO REAL

O **custo real** é o custo que efetivamente ocorreu na empresa.

60ª QUESTÃO (Analista Contábil – TJ/PA – FCC – 2009): Em relação ao custo-padrão, considere:

I. O custo-padrão é um custo predeterminado.
II. O custo-padrão corrente considera algumas ineficiências que a entidade julga não poder saná-las.
III. Do pondo de vista gerencial, as diferenças verificadas entre custo real e padrão devem ser analisadas e, se necessário, o custo-padrão deve ser ajustado.
IV. Um produto deve deixar de ser produzido quando o custo-padrão não for atendido.
V. O custo-padrão não pode ser utilizado para a avaliação de desempenho.

É correto o que se afirma apenas em:

a) I, II e III
b) I, III e IV
c) II, III e IV
d) I, III e V
e) III, IV e V

☛ SOLUÇÃO

Analisando os itens, temos:

I. Certo. O custo-padrão é um custo predeterminado que visa a comparação com o custo real.

II. Certo. O custo-padrão corrente leva em consideração as deficiências da empresa, excluindo apenas aquelas que possam ser superadas.

III. Certo.

IV. Errado. Um produto não deve deixar de ser produzido mesmo quando o custo-padrão não for atendido.

V. Errado. O custo-padrão é utilizado na a avaliação de desempenho.

Gabarito: **A**

61ª QUESTÃO (Analista Contábil – TJ/PA – FCC – 2009): A empresa Wissen, fabricante de um único produto, estabeleceu os seguintes padrões do custo de mão de obra por unidade:

Tempo da mão de obra direta..1h/unidade
Taxa da mão de obra direta..3,00/h

Em determinado mês, ocorreram os seguintes eventos reais:

Custo de mão de obra direta incorrido 336.000,00
Quantidade de horas de mão de obra trabalhadas..................................84.000 horas
Volume de produção...80.000 unidades

A variação de eficiência (quantidade) no uso da mão de obra, em valores monetários (R$), relativa à produção por unidade foi de, em reais,

a) 1,20 favorável.
b) 1,00 desfavorável.
c) 0,15 favorável.
d) 0,15 desfavorável.
e) 1,20 desfavorável.

☛ SOLUÇÃO

1º passo: Calcular o tempo de MOD real por unidade.

Tempo de MOD padrão = 1h/unidade
Taxa de MOD padrão = 3,00/h

O tempo real de MOD para produzir 1 unidade é:

$$\text{Tempo de MOD real} = \frac{\text{Quantidade de horas trabalhadas}}{\text{Volume de produção}}$$

$$\text{Tempo de MOD real} = \frac{84.000}{80.000}$$

Tempo de MOD real = 1,05h/unidade

2º passo: Calcular a variação de MOD.

Variação de MOD = (Tempo de MOD padrão – Tempo de MOD real) × Taxa de MOD padrão

Variação de MOD = (1h/unidade – 1,05h/unidade) × 3,00/h
Variação de MOD = – 0,05h/unidade × 3,00/h
Variação de MOD = – 0,15/unidade

Sinal negativo a variação de MOD é desfavorável

Conclusão, a variação de **MOD** é 0,15 desfavorável.

Gabarito: **D**

62ª QUESTÃO (Analista Contábil – TJ/PA – FCC – 2009): A Patrocínio é uma empresa produtora de queijos. Para sua linha de queijo minas, foi estabelecido o um padrão de consumo de 2 litros de leite a um preço de 1,20/litro para cada quilo de queijo produzido. Em determinado mês, apurou-se que para cada quilo de queijo foram usados 2,2 litros de leite a um preço de 1,10 cada litro. Na comparação entre padrão e real, a empresa apura três tipos de variações: quantidade, preço e mista. Sendo assim, a variação de preço da matéria-prima, em reais, foi de:

a) 0,10 desfavorável.
b) 0,10 favorável.
c) 0,20 favorável.
d) 0,20 desfavorável.
e) 0,24 desfavorável.

☛ SOLUÇÃO

Consumo padrão por unidade = 2 litros
Preço padrão por unidade = 1,20/litro
Consumo real por unidade = 2,2 litros
Preço real por unidade = 1,10/litro

Variação de preço = Diferença de Preço × Consumo padrão por unidade

Variação de preço = (Preço padrão – Preço real) × Consumo padrão por unidade
Variação de preço = (1,20/litro – 1,10/litro) × 2 litros
Variação de preço = + 0,20

Sinal positivo a variação de preço é favorável

Para efeitos didáticos, vamos calcular a variação de consumo e a variação mista, pois o examinador poderia pedir algumas dessas também.

1º passo: Calcular a variação de consumo.

Variação de consumo = Diferença de Consumo × Preço padrão por unidade

Variação de consumo = (Consumo padrão – Consumo real) × Preço padrão por unidade
Variação de consumo = (2 litros – 2,2 litros) × 1,20/litro
Variação de consumo = – 0,24

Sinal negativo a variação de consumo é desfavorável

2º passo: Calcular a variação mista.

Variação mista = Diferença de Consumo × Diferença de Preço

Variação mista = (Consumo padrão – Consumo real) × (Preço padrão – Preço real)
Variação mista = (2 litros – 2,2 litros) × (1,20/litro – 1,10/litro)
Variação mista = – 0,2 litros × 0,10/litro
Variação mista = – 0,02

Sinal negativo a variação mista é favorável

Conclusão:

Itens	Variação
Preço	0,20 favorável
Consumo	0,24 desfavorável
Mista	0,02 favorável

Gabarito: **C**

63ª QUESTÃO (Contador – INFRAERO – FCC – 2009): A empresa ASA utiliza o sistema de custo padrão. No último mês, os valores apurados foram os seguintes:

Consumo real de matéria prima por unidade .... 50 kg
Preço unitário real da matéria prima utilizada na produção .... 10,00 por kg
Unidades produzidas.. 20 umidades
Consumo unitário planejado no padrão .... 60 kg
Custo da matéria prima (planejada no padrão...................................... 8,00 por kg

Com base nos dados acima, as variações de consumo, preço e mista, em relação ao padrão são, respectivamente:

a) 1.600,00 desfavorável, 2.200,00 favorável e 200,00 desfavorável.
b) 1.600,00 favorável, 2.400,00 desfavorável e 400,00 favorável.
c) 2.400,00 favorável, 1.600,00 desfavorável e 800,00 desfavorável.
d) 3.800,00 favorável, 2.400,00 desfavorável e 1.400,00 desfavorável.
e) 4.000,00 desfavorável, 3.000,00 favorável e 1.000,00 favorável.

☛ SOLUÇÃO

1º passo: Calcular o consumo padrão.

Consumo padrão = Consumo unitário padrão × unidades produzidas

Consumo padrão = 60 Kg/unidade × 20 unidades
Consumo padrão = 1.200 Kg

2º passo: Calcular o consumo real.

Consumo real = Consumo unitário real × unidades produzidas

Consumo real = 50 Kg/unidade × 20 unidades
Consumo real = 1.000 Kg

3º passo: Calcular a variação de consumo.

Variação de consumo = Diferença de consumo × Preço padrão

Preço padrão = 8,00/Kg
Variação de consumo = (Consumo padrão – Consumo real) × Preço padrão
Variação de consumo = (1.200 Kg – 1.000 Kg) × 8,00/Kg
Variação de consumo = + 1.600,00

Sinal positivo a variação de consumo é favorável

ATENÇÃO NA PROVA!!!!! Só com a variação de consumo já encontramos a resposta: a alternativa **B**.

4º passo: Calcular a variação de preço.

Variação de preço = Diferença de preço × Consumo padrão

Preço real = 10,00/Kg
Variação de preço = (Preço padrão – Preço real) × Consumo padrão
Variação de preço = (8,00/Kg – 10,00/Kg) × 1.200 Kg
Variação de preço = – 2.400,00

Sinal negativo a variação de preço é desfavorável.

5º passo: Calcular a variação mista.

Variação mista = Diferença de consumo × Diferença de preço

Variação mista = (Consumo padrão – Consumo real) × (Preço padrão – Preço real)
Variação mista = (1.200 Kg – 1.000 Kg) × (8,00/Kg – 10,00/Kg)
Variação mista = 200 Kg × – 2,00/Kg
Variação mista = – 400,00

Sinal negativo a variação mista é favorável.

Conclusão:

Itens	Variação
Consumo	1.600,00 favorável
Preço	2.400,00 desfavorável
Mista	400,00 favorável

MEMORIZAR PARA A PROVA

Variação de consumo = (Consumo padrão – Consumo real) × Preço padrão

Variação de preço = (Preço padrão – Preço real) × Consumo padrão

Variação mista = (Consumo padrão – Consumo real) × (Preço padrão – Preço real)

Sinal da variação	Variação
Negativo	Consumo e preço são desfavoráveis
Negativo	Mista é **favorável**
Positivo	Consumo e preço são favoráveis
Positivo	Mista é **desfavorável**

Gabarito: **B**

11. EQUIVALENTE DE PRODUÇÃO

O **equivalente de produção** é um artifício utilizado para **atribuição do custo de produção do período** de forma **proporcional** aos produtos em elaboração e aos produtos acabados nos finais de cada período.

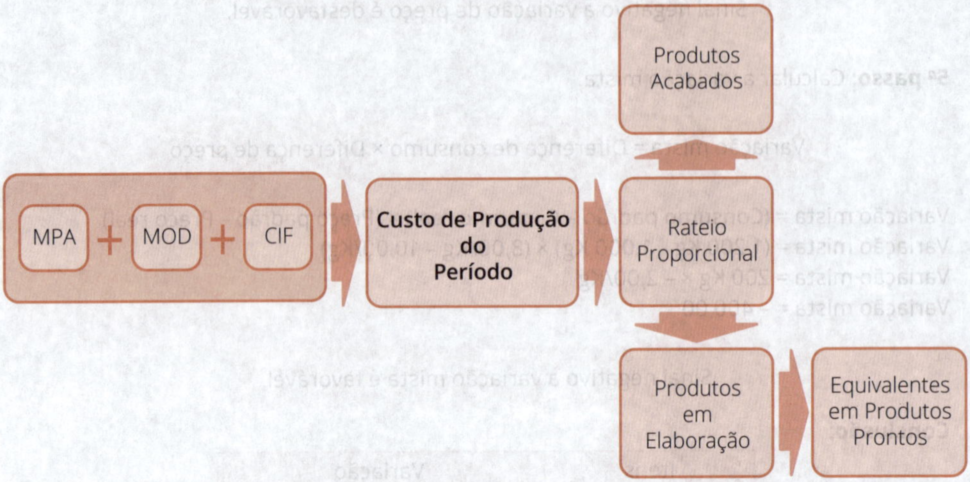

Analisando o gráfico acima, podemos observar que a MPA, MOD e o CIF **incorridos no período** (mês, trimestre, semestre, ano, etc.) é **rateado de forma proporcional** entre os produtos prontos e os produtos em elaboração. Em outras palavras, o **equivalente de produção**, tem por finalidade permitir o rateio do custo de produção do período entre os produtos em elaboração e os produtos acabados.

Ao final de cada período, a empresa deverá dividir os **custos de produção do período** entre os **produtos acabados e os produtos em elaboração**, segundo a efetiva produção do período.

O **equivalente de produção** corresponde a quantidade de produtos acabados que poderia ter sido concluída, com os custos incorridos no período. Os **custos de produção incorridos** de um determinado período encontram-se apropriados nos **produtos em elaboração** e **produtos prontos**.

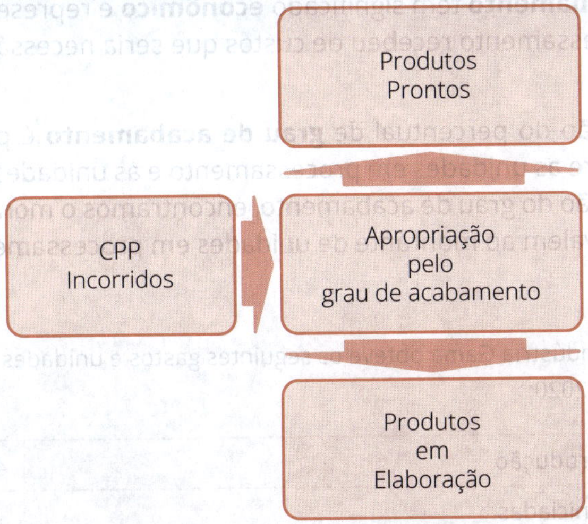

A figura abaixo ilustra o conceito de equivalente de produção.

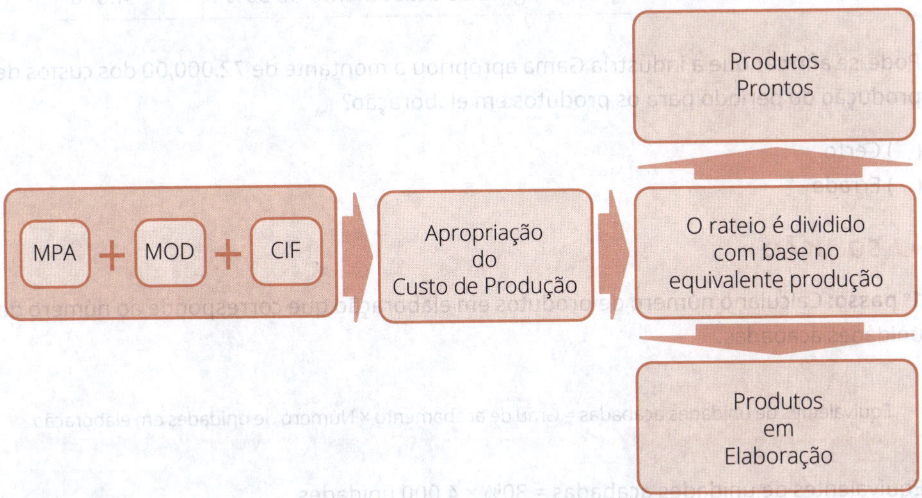

Conclusão, ao término do período, a empresa deverá calcular os **custos de produção** a serem apropriados aos **produtos em elaboração** por meio do equivalente de produção em unidades acabadas, que é obtido pelo produto entre o grau de acabamento pelo número de unidades em elaboração.

Equivalentes de unidades acabadas = Grau de acabamento × Número de unidades em elaboração

O **grau de acabamento** tem significado **econômico** e representa o quanto uma unidade em processamento recebeu de custos que seria necessário para iniciá-la e terminá-la.

Com a utilização do percentual de **grau de acabamento** é possível fazer uma **equivalência** entre as unidades em processamento e as unidades acabadas. Assim, através da aplicação do grau de acabamento, encontramos o montante de unidades prontas que equivalem ao montante de unidades em processamento.

64ª QUESTÃO: A indústria Gama obteve os seguintes gastos e unidades do produto AA no mês de janeiro de 2020:

Custo de Produção	432.000,00
Unidades iniciadas	10.000
Unidades acabadas	6.000
Unidades em elaboração com grau de acabamento de 30%	4.000

Pode-se afirmar que a indústria Gama apropriou o montante de 72.000,00 dos custos de produção do período para os produtos em elaboração?

( ) Certo
( ) Errado

SOLUÇÃO

1º passo: Calcular o número de produtos em elaboração que corresponde ao número de unidades acabadas.

Equivalentes de unidades acabadas = Grau de acabamento × Número de unidades em elaboração

Equivalentes de unidades acabadas = 30% × 4.000 unidades
Equivalentes de unidades acabadas = 1.200 unidades

ATENÇÃO, aplicando o artifício do equivalente de produção, a indústria Gama obteve a informação de que as 4.000 unidades com grau de acabamento de 30% equivalem a 1.200 unidades acabadas.

2º passo: Calcular o total de unidades acabadas.

Total de unidades acabadas = Número de unidades acabadas + Equivalentes de unidades acabadas

Total de unidades acabadas = 6.000 unidades + 1.200 unidades
Total de unidades acabadas = 7.200 unidades

3º passo: Calcular o custo de produção por unidade acabada.

$$\text{CP por unidade acabada} = \frac{\text{Custo de Produção do mês de janeiro}}{\text{Total de unidades acabadas}}$$

$$\text{CP por unidade acabada} = \frac{432.000,00}{7.200}$$

CP por unidade acabada = 60,00

4º passo: Calcular o custo de produção apropriado para os produtos em elaboração.

Produtos em Elaboração = Grau de acabamento × CP por unidade acabada × Nº de unidades em elaboração

Produtos em Elaboração = 30% × 60,00/unidade × 4.000 unidades
Produtos em Elaboração = 72.000,00

CONCLUSÃO, por meio do artificio do equivalente de produção, a indústria Gama apropriou de forma proporcional, 72.000,00 para as 4.000 unidades de produtos em elaboração que encontram-se com grau de acabamento em 30%.

ATENÇÃO, o custo da produção acabada do período será:

CPA = CP por unidade acabada × Nº de unidades acabadas

CPA = 60,00/unidade × 6.000 unidades
CPA = 360.000,00

O **custo de produção do período** corresponde ao somatório do **custo da produção acabada** do período com o **custo dos produtos em elaboração.**

Custo de Produção = CPA + Produtos em Elaboração

Custo de Produção = 360.000,00 + 72.000,00
Custo de Produção = 432.000,00

Gabarito: **Certo**

Dados para as **questões de números 65 e 66**: Uma empresa inicia suas operações no mês de março de 2006. No final do mês produziu 12.100 unidades, sendo que 8.500 foram acabadas e 3.600 não foram acabadas. Os custos de matéria-prima foram 3.200.450,00. Os custos de mão de obra direta foram 749.920,00 e os custos indiretos de fabricação foram 624.960,00. A produção não-acabada recebeu os seguintes custos: 100% da matéria-prima, 2/3 da mão de obra e 3/4 dos custos indiretos de fabricação.

65ª QUESTÃO (SEFAZ – SP – FCC – 2006): Aplicando-se a técnica do equivalente de produção, o custo médio unitário do mês é:

a) 544,80
b) 455,20
c) 410,25
d) 389,10
e) 355,20

☛ SOLUÇÃO

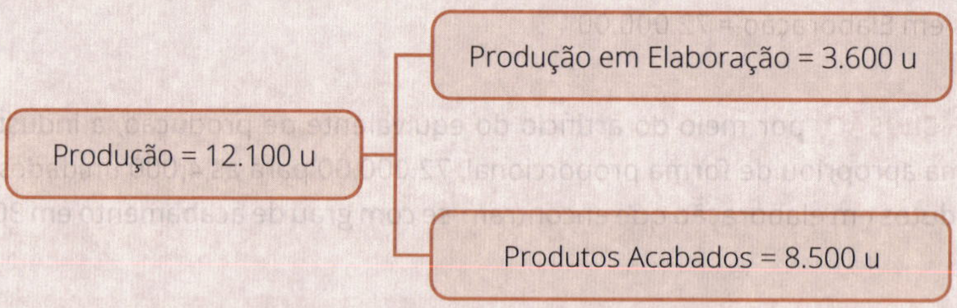

1º passo: Calcular a matéria-prima aplicada por unidade acabada.

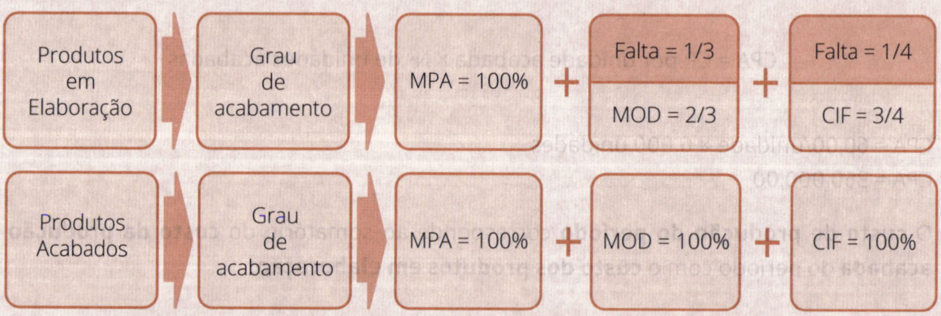

Em relação a MPA, analisando o gráfico acima podemos observar que as 8.500 unidades acabadas e as 3.600 unidades em elaboração receberam 100% da MPA. Portanto, temos:

Unidades acabadas com relação a MPA = 12.100 unidades
Unidades em elaboração com relação a MPA = 0 unidades

$$\text{MPA por unidade acabada} = \frac{\text{Custo total da MPA}}{\text{Unidades acabadas + Equivalente de unidades acabadas}}$$

$$\text{MPA por unidade acabada} = \frac{3.200.450{,}00}{12.100}$$

MPA por unidade acabada = 264,50

2º passo: Calcular a mão de obra direta por unidade acabada.

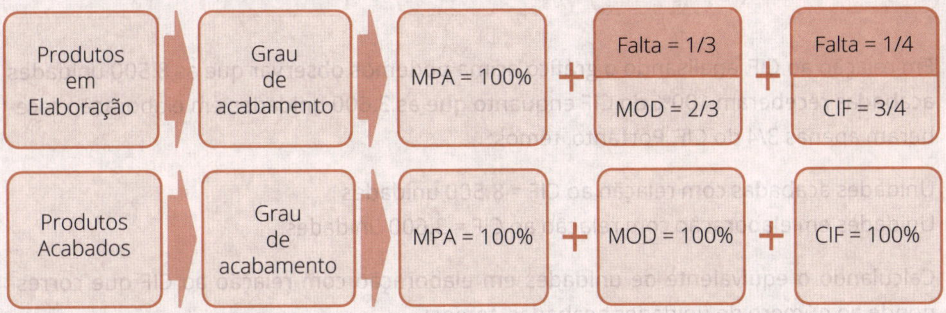

Em relação a MOD, analisando o gráfico acima podemos observar que as 8.500 unidades acabadas receberam 100% da MOD, enquanto que as 3.600 unidades em elaboração receberam apenas 2/3 da MOD. Portanto, temos:

Unidades acabadas com relação a MOD = 8.500 unidades
Unidades em elaboração com relação a MOD = 3.600 unidades

Calculando o equivalente de unidades em elaboração com relação a MOD que corresponde ao número de unidades acabadas, temos:

Equivalente de unidades acabadas = Grau de acabamento × Nº de unidades em elaboração

Equivalente de unidades acabadas = 2/3 × 3.600 unidades
Equivalente de unidades acabadas = 2.400 unidades

$$\text{MOD por unidade acabada} = \frac{\text{Custo total da MOD}}{\text{Unidades acabadas + Equivalente de unidades acabadas}}$$

$$\text{MOD por unidade acabada} = \frac{749.920{,}00}{8.500 + 2.400}$$

MOD por unidade acabada = 68,80

3º passo: Calcular o custo indireto de fabricação por unidade acabada.

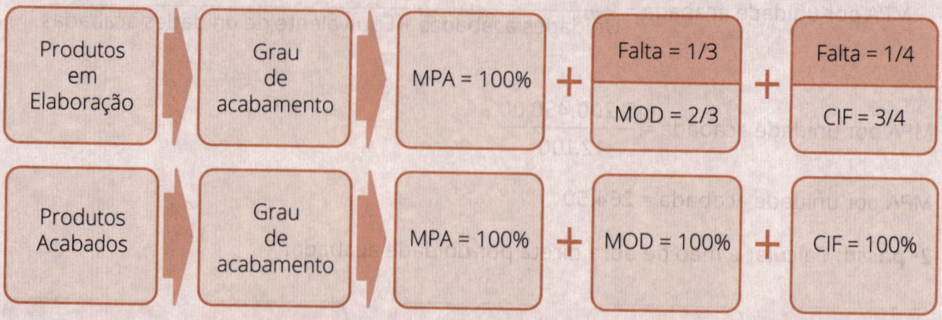

Em relação ao CIF, analisando o gráfico acima podemos observar que as 8.500 unidades acabadas receberam 100% do CIF enquanto que as 3.600 unidades em elaboração receberam apenas 3/4 do CIF. Portanto, temos:

Unidades acabadas com relação ao CIF = 8.500 unidades
Unidades em elaboração com relação ao CIF = 3.600 unidades

Calculando o equivalente de unidades em elaboração com relação ao CIF que corresponde ao número de unidades acabadas, temos:

Equivalente de unidades acabadas = Grau de acabamento × Nº de unidades em elaboração

Equivalente de unidades acabadas = 3/4 × 3.600 unidades
Equivalente de unidades acabadas = 2.700 unidades

$$\text{CIF por unidade acabada} = \frac{\text{Custo total da CIF}}{\text{Unidades acabadas + Equivalente de unidades acabadas}}$$

$$\text{CIF por unidade acabada} = \frac{624.960,00}{8.500 + 2.700}$$

CIF por unidade acabada = 55,80

4º passo: Calcular o custo médio unitário.

Custo médio unitário = (MPA + MOD + CIF) por unidade acabada

Custo médio unitário = 264,50 + 68,80 + 55,80
Custo médio unitário = 389,10

Gabarito: **D**

66ª QUESTÃO (SEFAZ – SP – FCC – 2006): O valor total da produção em processo no final do mês será:

a) 1.125.432,00
b) 1.267.980,00
c) 1.380.444,00
d) 1.400.760,00
e) 1.525.740,00

☛ SOLUÇÃO

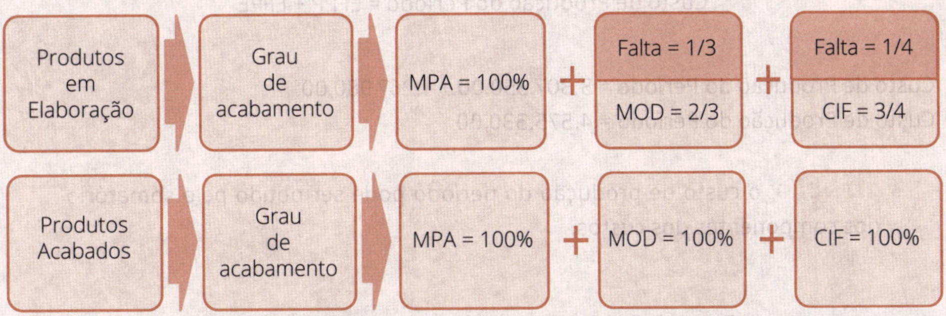

Analisando o gráfico acima, podemos observar que os produtos em elaboração receberem 100% de MPA, 2/3 de MOD e 3/4 de CIF. Em outras palavras, o grau de acabamento dos produtos em elaboração é 100% em relação a MPA, 2/3 em relação a MOD e 3/4 do CIF. Portanto, multiplicando o **grau de acabamento** (GA) pelos respectivos **componentes dos custos** (MPA, MOD e CIF) obtemos o **custo de produção** apropriados aos estoques finais de produtos em elaboração (EFPE).

Componentes dos custos	GA dos produtos em elaboração	GA dos produtos prontos
MPA unitária = 264,50	GA = 100%	GA = 100%
MOD unitária = 68,80	GA = 2/3	GA = 100%
CIF unitário = 55,80	GA = 3/4	GA = 100%

EFPE = Nº de produtos em elaboração × (MPAu × GA + MODu × GA + CIFu × GA)

EFPE = 3.600 × (264,50 × **100%** + 68,80 × **2/3** + 55,80 × **3/4**)
EFPE = 1.267.980,00

O estoque final de produtos prontos (EFPP) é:

EFPP = Nº de produtos prontos × (MPAu × GA + MODu × GA + CIFu × GA)

EFPP = 8.500 × (264,50 × **100%** + 68,80 × **100%** + 55,80 × **100%**)
EFPP = 3.307.350,00

Somando o EFPE com o EFPP obtemos o custo de produção do período.

Custo de Produção do Período = EFPP + EFPE

Custo de Produção do Período = 3.307.350,00 + 1.267.980,00
Custo de Produção do Período = 4.575.330,00

ATENÇÃO, o custo de produção do período pode ser obtido pelo somatório dos componentes dos custos.

Custo de Produção do Período = MPA + MOD + CIF

Custo de Produção do Período = 3.200.450,00 + 749.920,00 + 624.960,00
Custo de Produção do Período = 4.575.330,00

CONCLUSÃO, o somatório dos custos com MPA, MOD e CIF é igual ao somatório do EFPP com o EFPE.

Gabarito: **B**

INSTRUÇÕES: Considere o enunciado abaixo para responder às **questões de números 67 e 68**.

No segundo mês de produção de uma empresa foram iniciadas 20.000 unidades de produção das quais 18.000 foram terminadas, ficando 2.000 unidades semiacabadas. Nesse mesmo mês, foram terminadas 1.500 unidades que eram semiacabadas no final do mês anterior. Nas unidades semiacabadas do mês anterior, 2/3 de todos os custos já haviam sido aplicados. Nas unidades semiacabadas do mês, 50% de todos os custos já foram aplicados. O custo total de produção (diretos e indiretos) do período é 487.500,00. O custo total aplicado à produção semiacabada no mês anterior foi 15.000,00. A empresa produz somente um produto.

67ª QUESTÃO (SEFAZ – SP – FCC – 2009): Utilizando-se a técnica de equivalente de produção, o custo unitário médio do mês é, em reais,

a) 50,00
b) 45,00
c) 30,00
d) 25,00
e) 15,00

☛ SOLUÇÃO

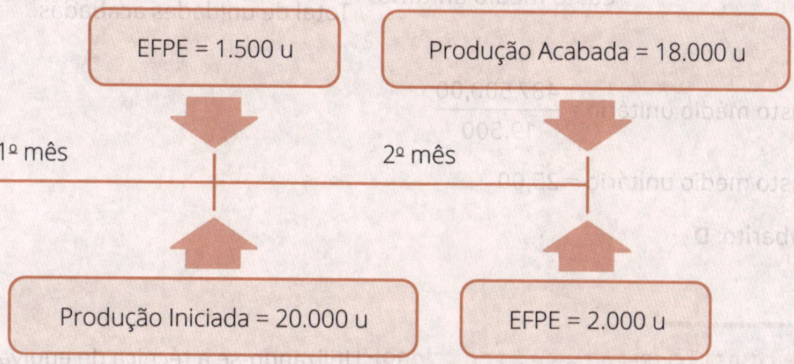

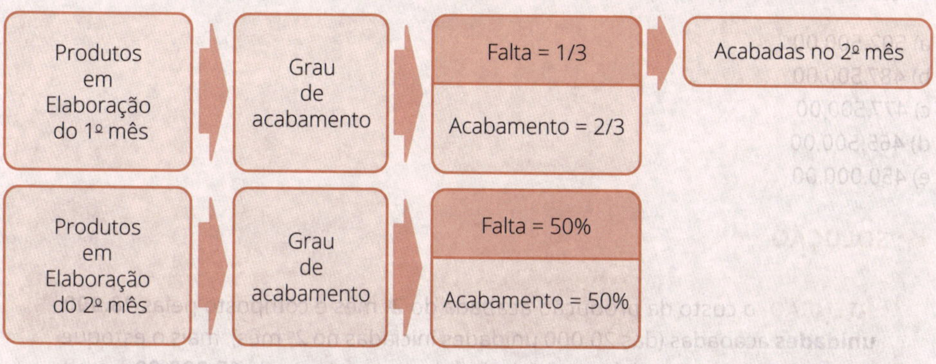

1º passo: Calcular o número de equivalente em unidades acabadas.

Nº de equivalente em unidades acabadas = Equivalente no 1º mês × GA + Equivalente no 2º mês × GA

Nº de equivalente em unidades acabadas = 1.500 unidades × 1/3 + 2.000 unidades × 50%
Nº de equivalente em unidades acabadas = 500 unidades + 1.000 unidades
Nº de equivalente em unidades acabadas = 1.500 unidades

2º passo: Calcular o total de unidades acabadas.

Total de unidades acabadas = Número de unidades acabadas + Equivalentes de unidades acabadas

Total de unidades acabadas = 18.000 unidades + 1.500 unidades
Total de unidades acabadas = 19.500 unidades

3º passo: Calcular o custo médio unitário.

$$\text{Custo médio unitário} = \frac{\text{Custo de Produção}}{\text{Total de unidades acabadas}}$$

$$\text{Custo médio unitário} = \frac{487.500,00}{19.500}$$

Custo médio unitário = 25,00

Gabarito: **D**

68ª QUESTÃO (SEFAZ – SP – FCC – 2009): Utilizando-se a técnica de equivalente de produção, o custo total da produção acabada no mês é, em reais,

a) 502.500,00
b) 487.500,00
c) 477.500,00
d) 465.500,00
e) 450.000,00

☛ **SOLUÇÃO**

ATENÇÃO, o custo da produção acabada do 2º mês é composto pelas **18.000 unidades** acabadas (das 20.000 unidades iniciadas no 2º mês), mais o estoque final de produtos em elaboração do 1º mês no montante de **15.000,00** e mais o percentual do custo de produção do 2º mês apropriados ao estoque final de produtos em elaboração do 1º mês que foram terminados no final do 2º mês.

CPA = Custo médio unitário × 18.000 u + EFPE do 1º mês + Custo médio unitário × GA ×1.500 u

CPA do 2º mês = 25,00 × 18.000 unidades + 15.000,00 + 25,00 × 1/3 × 1.500 unidades
CPA do 2º mês = 450.000,00 + 15.000,00 + 12.500,00
CPA do 2º mês = 477.500,00

ATENÇÃO NA HORA DA PROVA, pois o estoque final do 1º mês no valor de 15.000,00 encontra-se 2/3 acabado. No 2º mês o estoque do 1º mês receberá mais 1/3 de acabamento para ficar pronto, portanto não se esqueçam de somar o EFPE do 1º mês no valor de 15.000,00 mais 1/3 de acabamento recebido no 2º mês com o estoque iniciado e acabado no 2º mês, para obter o custo total da produção acabada no 2º mês.

Gabarito: **C**

69ª QUESTÃO (SEFAZ – SP – VUNESP – 1997): A Indústria Martelo de Ferro LTDA incorreu nos seguintes custos de produção, no mês de fevereiro de 1997:

Matéria-Prima..180.000,00
Mão de obra direta..88.000,00
Custos indiretos de fabricação...................................12.500,00

A matéria-prima é aplicada no início da produção e os custos indiretos de fabricação são apropriados na mesma proporção da matéria aplicada na produção.

No mês de março de 1997, os custos incorridos foram os seguintes:

Matéria-Prima..95.000,00
Mão de obra direta..45.000,00
Custos indiretos de fabricação...................................36.000,00

A produção dos meses de fevereiro e março de 1997 foi a seguinte:

Fevereiro de 1997
Saldo inicial de produtos em elaboração ....0 unidades
Saldo inicial da produção acabada...........................0 unidades
Produção iniciada no mês............................... 12.000 unidades
Produção acabada no mês .... 10.000 unidades

Produção em elaboração na data de 28/02/1997: 2.000 unidades que receberam 30% da MOD e 100% da MPA e do CIF.

Março de 1997
Saldo inicial de produtos em elaboração .... 2.000 unidades
Produção iniciada no mês................................. 8.000 unidades
Produção acabada no mês ....7.000 unidades

Produção em elaboração na data de 31/03/1997: 3.000 unidades que receberam 40% da MOD e 100% do MPA e do CIF.

Considerando as informações acima, pode-se afirmar que o custo dos produtos vendidos de março de 1997 foi:

a) 136.848,00
b) 156.848,00
c) 146.848,00
d) 166.848,00
e) 186.848,00

SOLUÇÃO

1º passo: Calcular a matéria-prima aplicada por unidade acabada em 28 de fevereiro de 1997.

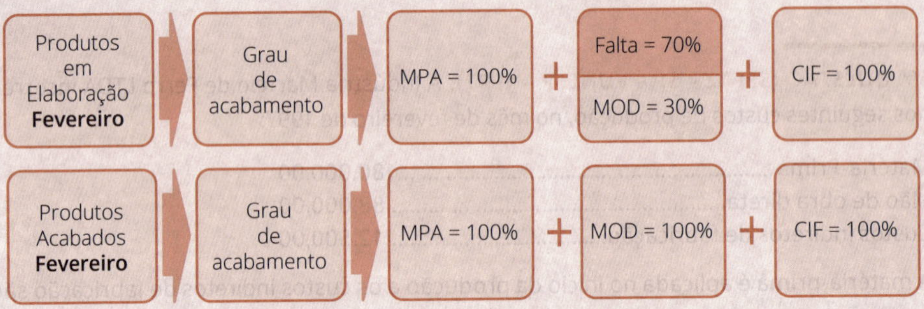

Em relação a MPA, analisando o gráfico acima podemos observar que as 10.000 unidades acabadas e as 2.000 unidades em elaboração receberam 100% da MPA. Portanto, temos:

Unidades acabadas com relação a MPA = 12.000 unidades
Unidades em elaboração com relação a MPA = 0 unidades

$$\text{MPA por unidade acabada} = \frac{\text{Custo total da MPA em fevereiro}}{\text{Unidades acabadas + Equivalente de unidades acabadas}}$$

$$\text{MPA por unidade acabada em fevereiro} = \frac{180.000,00}{12.000}$$

MPA por unidade acabada em fevereiro = 15,00

2º passo: Calcular a mão de obra direta por unidade acabada em 28 de fevereiro de 1997.

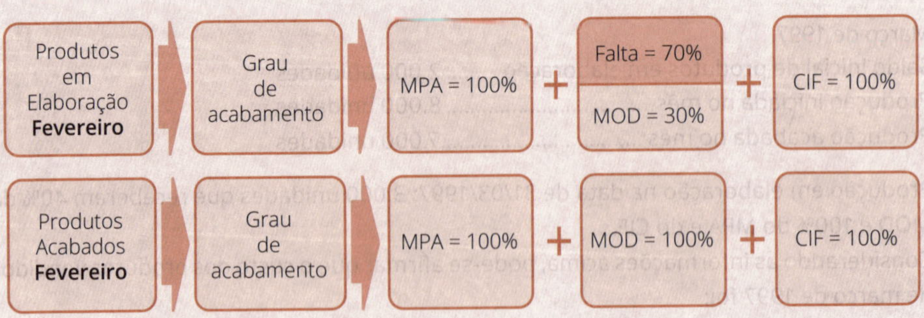

Em relação a MOD, analisando o gráfico da página anterior podemos observar que as 10.000 unidades acabadas receberam 100% da MOD, enquanto que as 2.000 unidades em elaboração receberam apenas 30% da MOD. Portanto, temos:

Unidades acabadas com relação a MOD = 10.000 unidades
Unidades em elaboração com relação a MOD = 2.000 unidades

Calculando o equivalente de unidades em elaboração com relação a MOD que corresponde ao número de unidades acabadas, temos:

Equivalente de unidades acabadas = Grau de acabamento × Nº de unidades em elaboração

Equivalente de unidades acabadas = 30% × 2.000 unidades
Equivalente de unidades acabadas = 600 unidades

$$\text{MOD por unidade acabada} = \frac{\text{Custo total da MOD em fevereiro}}{\text{Unidades acabadas + Equivalente de unidades acabadas}}$$

$$\text{MOD por unidade acabada em fevereiro} = \frac{88.000,00}{10.000 + 600}$$

MOD por unidade acabada em fevereiro = 8,30

3º passo: Calcular o custo indireto de fabricação por unidade acabada em 28 de fevereiro de 1997.

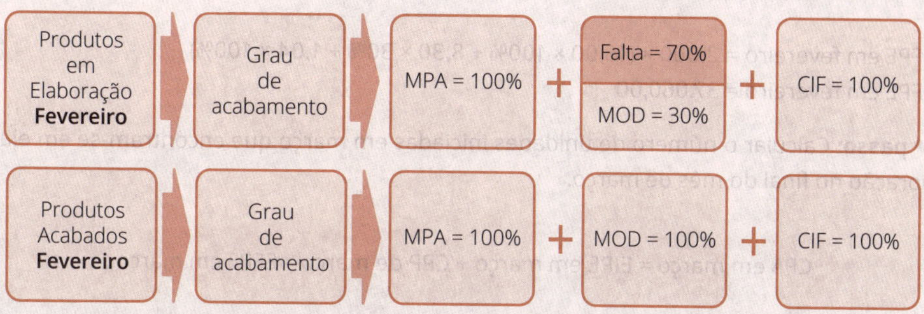

Em relação ao CIF, analisando o gráfico acima podemos observar que as 10.000 unidades acabadas e as 2.000 unidades em elaboração receberam 100% do CIF. Portanto, temos:

Unidades acabadas com relação ao CIF = 12.000 unidades
Unidades em elaboração com relação ao CIF = 0 unidades

$$\text{CIF por unidade acabada} = \frac{\text{Custo total da CIF em fevereiro}}{\text{Unidades acabadas + Equivalente de unidades acabadas}}$$

$$\text{CIF por unidade acabada em fevereiro} = \frac{12.500,00}{12.000}$$

CIF por unidade acabada em fevereiro = 1,04

4º passo: Calcular o custo da produção unitária em fevereiro.

Custo da Produção unitária em fevereiro = (MPA + MOD + CIF) unitários em fevereiro

Custo da Produção unitária em fevereiro = 15,00 + 8,30 + 1,04
Custo da Produção unitária em fevereiro = 24,34

5º passo: Calcular o estoque final de produtos em elaboração em 28 de fevereiro de 1997.

Custos em fevereiro	GA dos produtos em elaboração	GA dos produtos prontos
MPA unitária = 15,00	GA = 100%	GA = 100%
MOD unitária = 8,30	GA = 30%	GA = 100%
CIF unitário = 1,04	GA = 100%	GA = 100%

EFPE em fevereiro = Nº de produtos em elaboração × (MPAu × GA + MODu × GA + CIFu × GA)

EFPE em fevereiro = 2.000 × (15,00 × 100% + 8,30 × 30% + 1,04 × 100%)
EFPE em fevereiro = 37.060,00

6º passo: Calcular o número de unidades iniciadas em março que encontram-se em elaboração no final do mês de março.

CPA em março = EIPE em março + CPP de março – EFPE em março

ATENÇÃO, o EIPE em março é igual ao EFPE de fevereiro. Em outras palavras, o estoque final de produtos em elaboração no mês de fevereiro de 2.000 unidades é igual ao estoque inicial dos produtos em elaboração no início do mês de março.

7.000 unidades = 2.000 unidades + 8.000 unidades – EFPE em março
EFPE em março = 3.000 unidades

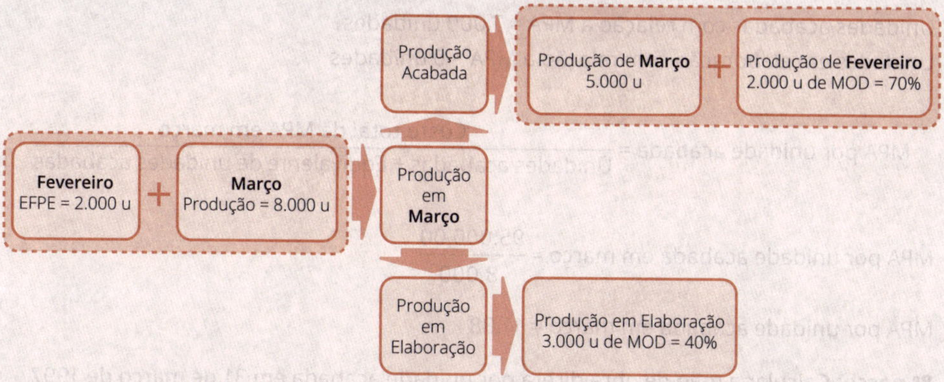

ATENÇÃO, analisando o gráfico acima, podemos observar que da produção iniciada em março no montante de 8.000 unidades, a empresa terminou 5.000 unidades e mais as 2.000 unidades provenientes de fevereiro, restando apenas 3.000 unidades em elaboração no final de março, que foram iniciadas em março.

7º passo: Calcular a matéria-prima aplicada por unidade acabada em 31 de março de 1997.

ATENÇÃO, analisando o gráfico acima, da produção iniciada em março no montante de 8.000 unidades, em relação a MPA, podemos observar que as 5.000 unidades acabadas e as 3.000 unidades em elaboração receberam 100% da MPA. Portanto, temos:

Unidades acabadas com relação a MPA = 7.000 unidades
Unidades em elaboração com relação a MPA = 0 unidades

$$\text{MPA por unidade acabada} = \frac{\text{Custo total da MPA em março}}{\text{Unidades acabadas + Equivalente de unidades acabadas}}$$

$$\text{MPA por unidade acabada em março} = \frac{95.000,00}{8.000}$$

MPA por unidade acabada em março = 11,88

8º passo: Calcular a mão de obra direta por unidade acabada em 31 de março de 1997.

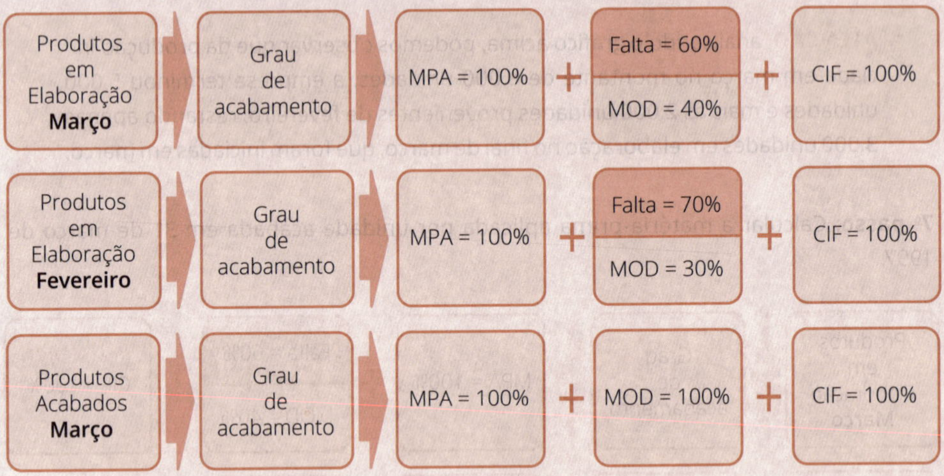

ATENÇÃO, analisando o gráfico acima, da produção iniciada em março no montante de 8.000 unidades, em relação a MOD, podemos observar que as 5.000 unidades receberam 100% da MOD, 3.000 unidades em elaboração receberam apenas 40% da MOD, enquanto que as 2.000 unidades em elaboração no final de fevereiro, receberam 70% da MOD. Portanto, temos:

Unidades acabadas com relação a MOD = 5.000 unidades
Unidades em elaboração de março com relação a MOD = 3.000 unidades
Unidades em elaboração de fevereiro com relação a MOD = 2.000 unidades

Calculando o equivalente de unidades em elaboração com relação a MOD que corresponde ao número de unidades acabadas, temos:

Equivalente de unidades acabadas = Grau de acabamento × Nº de unidades em elaboração de março

Equivalente de unidades acabadas = 40% × 3.000 unidades
Equivalente de unidades acabadas = 1.200 unidades

Equivalente de unidades acabadas = Grau de acabamento × Nº de unidades em elaboração de fevereiro

Equivalente de unidades acabadas = 70% × 2.000 unidades
Equivalente de unidades acabadas = 1.400 unidades

$$\text{MOD por unidade acabada} = \frac{\text{Custo total da MOD em março}}{\text{Unidades acabadas + Equivalente de unidades acabadas}}$$

$$\text{MOD por unidade acabada em março} = \frac{45.000{,}00}{5.000 + 1.200 + 1.400}$$

MOD por unidade acabada em março = 5,92

9º passo: Calcular o custo indireto de fabricação por unidade acabada em 31 de março de 1997.

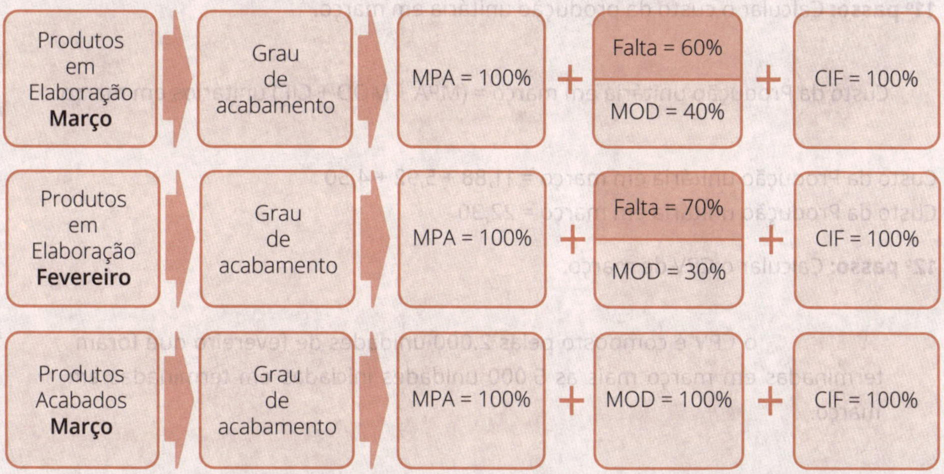

Em relação ao CIF, analisando o gráfico acima podemos observar que as 5.000 unidades acabadas receberam 100% e as 3.000 unidades em elaboração receberam 100% do CIF. Portanto, temos:

Unidades acabadas com relação ao CIF = 8.000 unidades
Unidades em elaboração com relação ao CIF = 0 unidades

$$\text{CIF por unidade acabada} = \frac{\text{Custo total da CIF em março}}{\text{Unidades acabadas + Equivalente de unidades acabadas}}$$

$$\text{CIF por unidade acabada em março} = \frac{36.000,00}{8.000}$$

CIF por unidade acabada em março = 4,50

10º passo: Calcular o custo da produção de fevereiro acabada em março.

ATENÇÃO, com relação as unidades em elaboração de fevereiro, pois essas unidades receberam apenas 30% de MOD em fevereiro, e em março receberam mais 70% de MOD, para ficarem prontas. As unidades prontas devem receber 100% de MPA, MOD e CIF.

CPA de fevereiro acabada em março = EFPE de fevereiro + 2.000 unidades × 70% × MOD de março

CPA de fevereiro acabada em março = 37.060,00 + 2.000 × 70% × 5,92
CPA de fevereiro acabada em março = 45.348,00

11º passo: Calcular o custo da produção unitária em março.

Custo da Produção unitária em março = (MPA + MOD + CIF) unitários em março

Custo da Produção unitária em março = 11,88 + 5,92 + 4,50
Custo da Produção unitária em março = 22,30

12º passo: Calcular o CPV de março.

ATENÇÃO, o CPV é composto pelas 2.000 unidades de fevereiro que foram terminadas em março mais as 5.000 unidades iniciadas em terminadas em março.

CPV = CPA de fevereiro acabada em março + 5.000 unidades × Custo da Produção unitária em março

CPV de março = 45.348,00 + 5.000 × 22,30
CPV de março = 156.848,00

Na prova fica inviável esse tipo de solução, pois além do tempo que é ínfimo, não existe espaço para cálculos como esse, que acabamos de desenvolver.

SOLUÇÃO NA PROVA

1º passo: Calcular o EFPE de fevereiro.

EFPE de fevereiro = (MPAu × GA + MODu × GA + CIFu × GA) × Nº de unidades em elaboração

$$\text{EFPE de fevereiro} = \left(\frac{180.000,00}{12.000} \times 100\% + \frac{88.000}{10.000 + 30\% \times 2.000} \times 30\% + \frac{12.500,00}{12.000} \times 100\%\right) \times 2.000$$

EFPE de fevereiro = 18,53 × 2.000
EFPE de fevereiro = 37.060,00

2º passo: Calcular o CPA de fevereiro acabada em março.

$$\text{MOD unitário de março} = \frac{45.000,00}{2.000 \times 70\% + 5.000 + 3.000 \times 40\%}$$

MOD unitário de março = 5,92

CPA de fevereiro acabada em março = EFPE de fevereiro + 2.000 unidades × 70% × MOD de março

CPA de fevereiro acabada em março = 37.060,00 + 2.000 × 70% × 5,92
CPA de fevereiro acabada em março = 45.348,00

3º passo: Calcular o custo da produção acabada de março.

CPA de março = (MPAu + MODu + CIFu) × Nº de unidades acabadas

$$\text{CPA de março} = \left(\frac{95.000,00}{8.000} + \frac{45.000,00}{2.000 \times 70\% + 5.000 + 3.000 \times 40\%} + \frac{36.000,00}{8.000}\right) \times 5.000$$

CPA de março = 22,30 × 5.000,00
CPA de março = 111.500,00

4º passo: Calcular o CPV de março.

CPV de março = CPA de março + CPA de fevereiro acabada em março

CPV de março = 111.500,00 + 45.348,00
CPV de março = 156.848,00

Gabarito: **B**

12. CUSTEIO ABC

O custeio ABC (***Activity Basead Costing***) é um método de custeio que apropria os recursos produtivos (as atividades mais significativas) de uma empresa de uma forma mais eficiente. As atribuições de custos para as diversas atividades da empresa são realizadas por meio da utilização de direcionadores de recursos.

12.1 ETAPAS DO CUSTEIO ABC

A proposta do custeio ABC é apropriar os **custos indiretos de fabricação** às atividades, pois são elas as geradoras dos custos. Os **custos indiretos de fabricação** devem ser relacionados às suas respectivas **atividades** por meio de **direcionadores de recursos** e, em seguida, **apropriados** aos produtos segundo os direcionadores de atividades mais adequados.

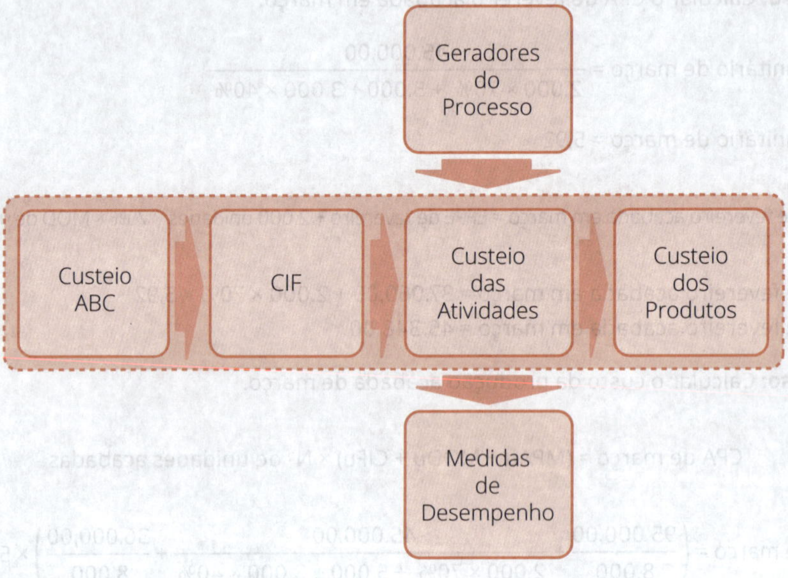

O custeio ABC segue as seguintes etapas:

1ª etapa: Identifica as atividades de cada departamento da empresa.

2ª etapa: Calcula a quantidade de recursos consumida em cada atividade da empresa de forma direta quando possível, ou através de direcionadores de recursos.

3ª etapa: Apropria os custos de cada atividade aos produtos através da utilização de direcionadores de atividades.

O objetivo do custeio ABC é reduzir as distorções causadas pelo rateio arbitrário do custeio por absorção e apropriar todos os custos e despesas aos produtos. **Atenção**, o custeio ABC **não é aceito** pela legislação societária e fiscal.

70ª QUESTÃO: A empresa Alfa possui um imóvel alugado no valor de 20.000,00 mensal que ocupa uma área de 2.000 m² na qual funciona um departamento de compras com área de 500 m² e um departamento industrial com área de 1.500 m². O departamento de compras é composto pelo departamento X que responde por 40% dos pedidos de compra e pelo departamento Y que representa os 60% restantes dos pedidos de compras. O departamento industrial por sua vez, está composto pelo departamento industrial W que representa 30% do tempo de produção do produto Gama e pelo departamento Z que termina o produto Gama com a aplicação de 70% do tempo de produção restante. De acordo com o custeio ABC, assinale a alternativa correta:

a) O custo do aluguel apropriado ao departamento Z é de 4.500,00.
b) O custo do aluguel apropriado ao departamento W é de 10.500,00.
c) A despesa de aluguel apropriada ao departamento X é de 3.000,00.
d) A despesa de aluguel apropriada ao departamento Y é de 2.000,00.
e) O custo do aluguel apropriado ao departamento Z é de 10.500,00.

SOLUÇÃO

1ª etapa: Identificar as atividades de cada departamento da empresa Alfa.

$$\text{Percentual de área ocupada pelo departamento de compras} = \frac{\text{Área ocupada pelo depto de compras}}{\text{Área total}}$$

$$\text{Percentual de área ocupada pelo departamento de compras} = \frac{500\ m^2}{2.000\ m^2} \times 100\%$$

Percentual de área ocupada pelo departamento de compras = 25%

$$\text{Percentual de área ocupada pelo departamento industrial} = \frac{\text{Área ocupada pelo depto industrial}}{\text{Área total}}$$

$$\text{Percentual de área ocupada pelo departamento industrial} = \frac{1.500\ m^2}{2.000\ m^2} \times 100\%$$

Percentual de área ocupada pelo departamento industrial = 75%

2ª etapa: Calcular a quantidade de recursos consumida em cada atividade da empresa por meio de direcionadores de recursos.

Segundo o custeio ABC o **direcionador de recurso** em relação ao **aluguel** é o percentual de área ocupada de cada departamento.

Departamento de compras = Percentual de área ocupada pelo departamento de compras × Aluguel

Departamento de compras = 25% × 20.000,00
Departamento de compras = 5.000,00

Departamento industrial = Percentual de área ocupada pelo departamento industrial × Aluguel

Departamento industrial = 75% × 20.000,00
Departamento industrial = 15.000,00

3ª etapa: Calcular a apropriação dos custos de cada atividade (compras e indústria) aos produtos por meio da utilização de direcionadores de atividades.
O departamento de compras encontra-se dividido em:

Departamento de compras	Números de pedidos
X	40%
Y	60%

Despesas do departamento X = Aluguel apropriado ao depto de compras × Percentual de X

Despesas do departamento X = 5.000,00 × 40%
Despesas do departamento X = 2.000,00

Despesas do departamento Y = Aluguel apropriado ao depto de compras × Percentual de Y

Despesas do departamento Y = 5.000,00 × 60%
Despesas do departamento Y = 3.000,00

O departamento industrial encontra-se dividido em:

Departamento industrial	Tempo de produção
W	30%
Z	70%

Custos do departamento W = Aluguel apropriado ao depto industrial × Percentual de W

Custos do departamento W = 15.000,00 × 30%
Custos do departamento W = 4.500,00

Custos do departamento Z = Aluguel apropriado ao depto industrial × Percentual de Z

Custos do departamento Z = 15.000,00 × 70%
Custos do departamento W = 10.500,00

ATENÇÃO, o aluguel apropriado ao departamento de compras **não integra o custo de produção** e é tratado como **despesas**, pois o departamento de compras está **fora da área industrial**. O aluguel apropriado ao **departamento industrial** é tratado como **custo de produção**, pois está **dentro da área de produção**.

Gabarito: **E**

71ª QUESTÃO (Analista Trainne Contábeis – Metrô/SP – FCC – 2010): Caracteriza o sistema de custeio ABC:

a) o direcionamento de custos para as atividades e destas para os produtos, de acordo com a proporção que estes consomem das atividades.
b) rateio de custos indiretos de fabricação, de acordo com a natureza de cada um, utilizando vários indicadores, como critérios de rateio para os produtos.
c) inexistência de rateio para custos indiretos que não puderem ser associados ao volume de produção, classificando-os diretamente como despesa no resultado.
d) predeterminação do valor dos custos indiretos de fabricação para posterior comparação com os gastos efetivos.
e) rateio de custos indiretos de fabricação, sempre utilizando o critério da mão de obra direta gasta em cada produto.

☛ SOLUÇÃO

O custeio ABC segue as seguintes etapas:

1ª etapa: Identifica as atividades de cada departamento da empresa.

2ª etapa: Calcula a quantidade de recursos consumida em cada atividade da empresa de forma direta quando possível, ou através de direcionadores de recursos.

3ª etapa: Apropria os custos de cada atividade aos produtos através da utilização de direcionadores de atividades.

Gabarito: **A**

72ª QUESTÃO (Analista Contábil – TJ/PA – FCC – 2009): No método de Custeio Baseado em Atividades ou *Activity-Based Costing* (ABC), a atribuição de custos para as atividades por meio de rastreamento é feita com base:

a) em critérios subjetivos de rateio.
b) em medidas objetivas de consumo de recursos pelas atividades.
c) na proporção do valor dos custos variáveis e diretos.
d) no volume de produção de cada atividade.
e) nos direcionadores de custos de recursos.

☛ SOLUÇÃO

No custeio ABC temos que fazer a distinção entre o rateio e o rastreamento, pois o custeio ABC não elimina o rateio dos custos aos produtos.

O rateio é a alocação de custos de forma subjetiva e arbitrária, enquanto que o rastreamento é a apropriação de custos, decorrente da análise entre as atividades e os custos de recursos realizados, através dos direcionadores de custos de recursos.

Gabarito: **E**

73ª QUESTÃO (SEFAZ – SP – FCC – 2009): A diferença fundamental do Custeio Baseado em Atividades – *Activity-Based Costing* – em relação aos sistemas tradicionais – variável e absorção está no tratamento dado:

a) aos custos diretos de fabricação.
b) ao ponto de equilíbrio financeiro.
c) aos custos indiretos de fabricação.
d) às despesas variáveis.
e) às despesas financeiras.

☛ SOLUÇÃO

O custeio ABC é um método de custeio que apropria os recursos produtivos (as atividades mais significativas) de uma empresa de uma forma mais eficiente. As atribuições de custos para as diversas atividades da empresa são realizadas através da utilização de direcionadores de recursos.

Gabarito: **C**

74ª QUESTÃO (SEFAZ – SP – FCC – 2006): Considere que uma empresa aloca custos departamentais aos produtos, utilizando-se do método direto.

	Departamento de Serviço		Departamento Produtivo		Total
	Controle Qualidade	Manutenção	Maquinário	Montagem	
Custos de fabricação alocados direto ao departamento	350.000,00	200.000,00	400.000,00	300.000,00	1.250.000,00
Horas de máquina			50.000		50.000
Horas de mão de obra direta				25.000	25.000
Horas de serviços:					
Controle de qualidade		7.000	21.000	7.000	35.000
Manutenção	10.000		18.000	12.000	40.000

Produtos	Unidades produzidas	Consumo horas máquinas	Consumo horas MOD
A	5.000	6.0	3.0
B	4.000	5.0	2.5

Com base nos dados contidos no quadro acima, o custo unitário, em reais, dos produtos A e B são, respectivamente,

a) 120,00 e 162,50
b) 125,00 e 156,25
c) 149,00 e 126,25
d) 145,00 e 135,00
e) 150,00 e 125,00

☛ SOLUÇÃO

Nesta questão devemos alocar todos os custos do **departamento de serviço** (Controle de Qualidade e Manutenção) para o **departamento produtivo**, sendo uma parte dos custos para o **Maquinário** e o restante para **Montagem**, de tal forma que o saldo final dos custos do **departamento de serviço** (Controle de Qualidade e Manutenção) fique **zerado** após a apropriação. Para que isto ocorra, ao ratearmos os custos do **departamento de serviço** de Controle de Qualidade **não consideraremos as 7.000 horas** do departamento de Serviço e Manutenção, pois temos que transferir todo o custo do **departamento de serviço** (Controle de Qualidade e Manutenção) para o **departamento produtivo** (Maquinário e Montagem).

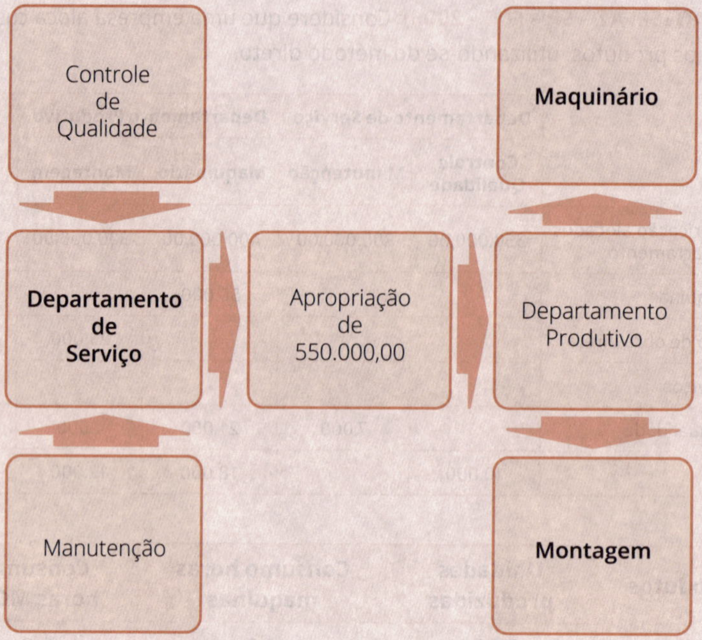

Com a finalidade de facilitar a solução, vamos dividir a apropriação dos custos do **departamento de serviço** (Controle de Qualidade e Manutenção) para o **departamento produtivo** (Maquinário e Montagem) em etapas.

1ª etapa: Apropriar os custos do **departamento de serviço** de Controle de Qualidade para o **departamento produtivo** Maquinário.

	Departamento de Serviço		Departamento Produtivo		Total
	Controle Qualidade	**Manutenção**	**Maquinário**	**Montagem**	
Custos de fabricação alocados direto ao departamento	**350.000,00**				
Horas de serviços:					
Controle de qualidade		7.000	**21.000**	**7.000**	35.000

ATENÇÃO, essas 7.000 horas **não são consideradas na alocação** dos custos para o departamento Produtivo. Apenas os **valores em negritos** são considerados na apropriação dos custos.

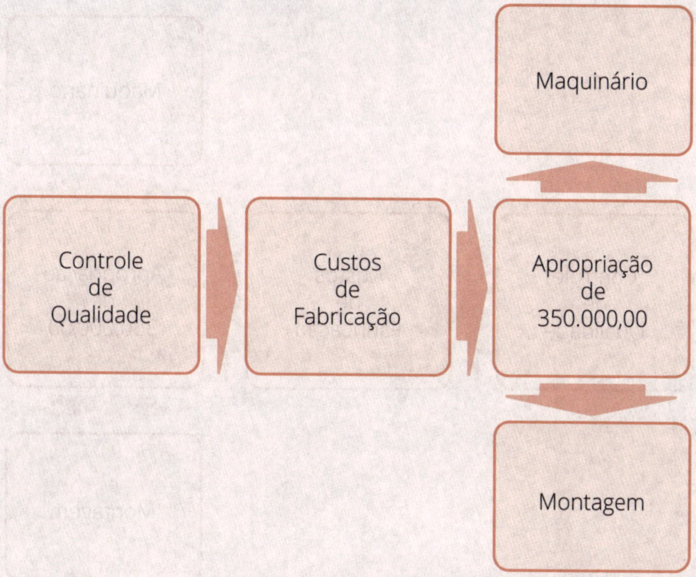

$$\text{CIF do Maquinário} = \frac{\text{HS do Controle de Qualidade (Maquinário)}}{\text{HS do Controle de Qualidade (Maquinário + Montagem)}} \times \text{Custos do Controle de Qualidade}$$

Em que:

CIF: Custos Indiretos de Fabricação
HS: Horas de Serviços

$$\text{CIF do Maquinário} = \frac{21.000 \text{ horas}}{21.000 \text{ horas} + 7.000 \text{ horas}} \times 350.000{,}00$$

CIF do Maquinário = 262.500,00

2ª etapa: Apropriar os custos do **departamento de serviço** de Controle de Qualidade para o **departamento produtivo** Montagem.

	Departamento de Serviço		**Departamento Produtivo**		**Total**
	Controle Qualidade	**Manutenção**	**Maquinário**	**Montagem**	
Custos de fabricação alocados direto ao departamento	**350.000,00**				
Horas de serviços:					
Controle de qualidade		7.000	**21.000**	**7.000**	35.000

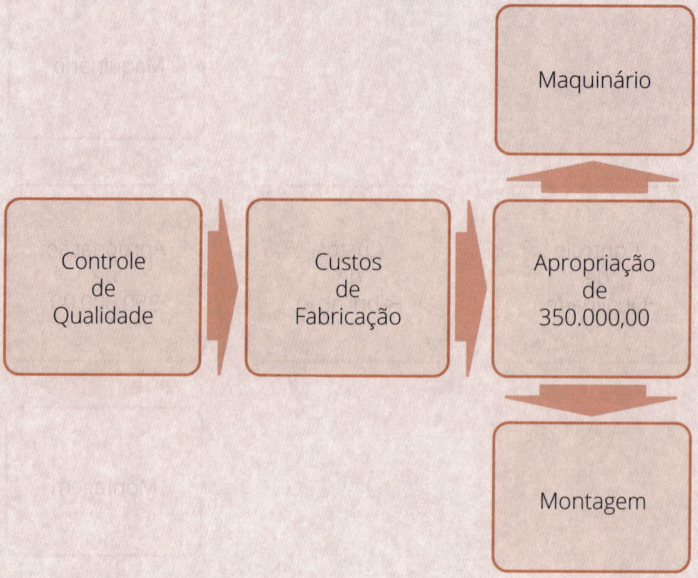

$$\text{CIF do Montagem} = \frac{\text{HS do Controle de Qualidade (Montagem)}}{\text{HS do Controle de Qualidade (Maquinário + Montagem)}} \times \text{Custos do Controle de Qualidade}$$

$$\text{CIF da Montagem} = \frac{7.000 \text{ horas}}{21.000 \text{ horas} + 7.000 \text{ horas}} \times 350.000{,}00$$

CIF da Montagem = 87.500,00

ATENÇÃO, o CIF da Montagem poderia ser obtido por meio da diferença entre o custo do controle de qualidade e o CIF do Maquinário.

CIF da Montagem = Custo do Controle de Qualidade – CIF do Maquinário

CIF da Montagem = 350.000,00 – 262.500,00
CIF da Montagem = 87.500,00

3ª etapa: Apropriar os custos do **departamento de serviço** de Manutenção para o **departamento produtivo** Maquinário.

	Departamento de Serviço		Departamento Produtivo		Total
	Controle Qualidade	Manutenção	Maquinário	Montagem	
Custos de fabricação alocados direto ao departamento		**200.000,00**			
Horas de serviços:					
Manutenção	10.000		**18.000**	**12.000**	40.000

ATENÇÃO, apenas os **valores em negritos** na tabela acima **são considerados** na alocação dos custos.

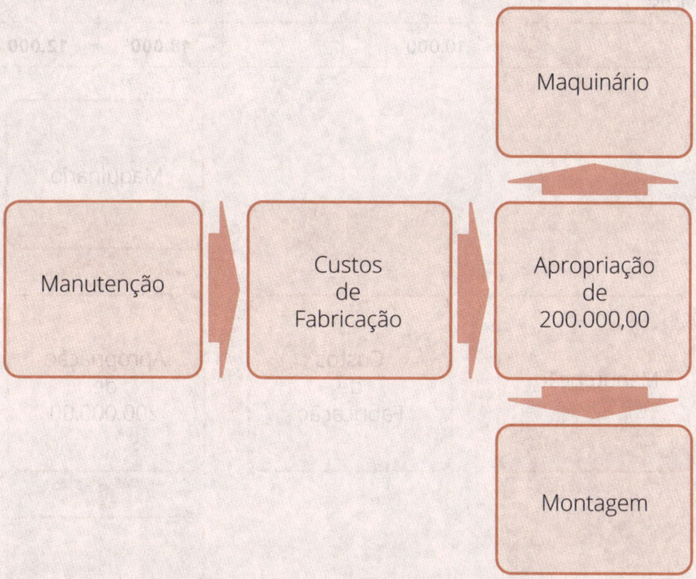

$$\text{CIF do Maquinário} = \frac{\text{HS da Manutenção (Maquinário)}}{\text{HS da Manutenção (Maquinário + Montagem)}} \times \text{Custos do Manutenção}$$

Da mesma forma que ocorreu com os custos do **departamento de serviços** de Controle de Qualidade, **não vamos considerar** na alocação as **10.000 horas** do departamento de Manutenção na alocação dos custos.

$$\text{CIF do Maquinário} = \frac{18.000 \text{ horas}}{18.000 \text{ horas} + 12.000 \text{ horas}} \times 200.000{,}00$$

CIF do Maquinário = 120.000,00

4ª etapa: Apropriar os custos do **departamento de serviço** de Manutenção para o **departamento produtivo** Montagem.

	Departamento de Serviço		Departamento Produtivo		Total
	Controle Qualidade	**Manutenção**	**Maquinário**	**Montagem**	
Custos de fabricação alocados direto ao departamento		**200.000,00**			
Horas de serviços:					
Manutenção	10.000		**18.000**	**12.000**	40.000

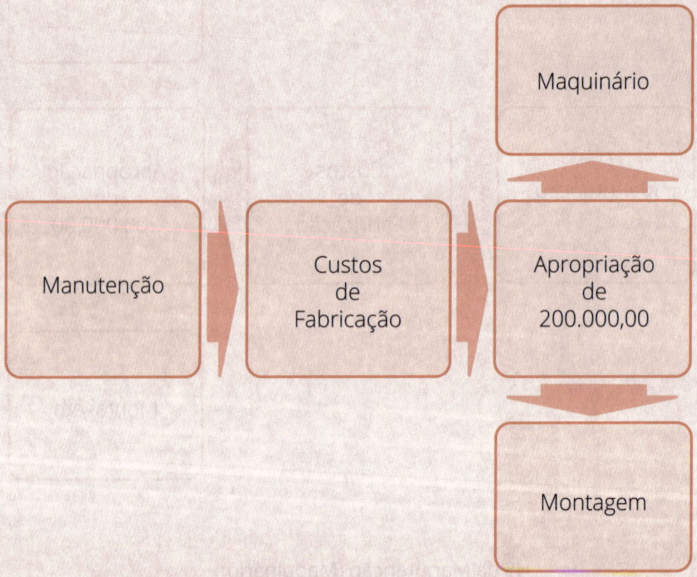

$$\text{CIF do Montagem} = \frac{\text{HS da Manutenção (Montagem)}}{\text{HS da Manutenção (Maquinário + Montagem)}} \times \text{Custos do Manutenção}$$

$$\text{CIF do Montagem} = \frac{12.000 \text{ horas}}{18.000 \text{ horas} + 12.000 \text{ horas}} \times 200.000{,}00$$

CIF do Montagem = 80.000,00

ATENÇÃO, o CIF da Montagem pode ser obtido por meio da diferença entre o total do custo do departamento de serviço de manutenção e o CIF do Maquinário.

CIF da Montagem = Custo da Manutenção – CIF do Maquinário

CIF da Montagem = 200.000,00 – 120.000,00
CIF da Montagem = 80.000,00

Após a alocação dos custos do departamento de serviços de Controle de Qualidade e Manutenção para o departamento produtivo Maquinário e Montagem, temos:

Departamento do maquinário = CIF do maquinário + CIF do controle de qualidade + CIF da manutenção

Departamento do maquinário = 400.000,00 + 262.500,00 + 120.000,00
Departamento do maquinário = 782.500,00

Departamento da montagem = CIF da montagem + CIF do controle de qualidade + CIF da manutenção

Departamento da montagem = 300.000,00 + 87.500,00 + 80.000,00
Departamento da montagem = 467.500,00

	Departamento de Serviço		**Departamento Produtivo**		**Total**
	Controle Qualidade	**Manutenção**	**Maquinário**	**Montagem**	
Custos de fabricação alocados direto ao departamento	0,00	0,00	**782.500,00**	**467.500,00**	1.250.000,00
Horas de serviços:			**50.000**		50.000
Horas de mão de obra direta				**25.000**	25.000

Produtos	**Unidades produzidas**	**Consumo horas máquinas**	**Consumo horas MOD**
A	5.000	6.0	3.0
B	4.000	5.0	2.5

5ª etapa: A próxima etapa é o cálculo do custo unitário dos produtos A e B.

$$\text{Custo do produto A} = \frac{\text{Total de horas Máquina A}}{\text{Total de horas Máquina}} \times \text{Custo Maquinário} + \frac{\text{Total de horas MOD A}}{\text{Total de horas MOD}} \times \text{Custo Montagem}$$

$$\text{Custo do produto A} = \frac{5.000 \text{ unidades}}{50.000 \text{ horas}} \times 6.0 \text{ horas} \times 782.500{,}00 + \frac{5.000 \text{ unidades}}{25.000 \text{ horas}} \times 3.0 \text{ horas} \times 467.500{,}00$$

Custo do produto A = 469.500,00 + 280.500,00

Custo do produto A = 750.000,00

$$\text{Custo unitário do produto A} = \frac{\text{Custo do produto A}}{\text{Produção de A}}$$

$$\text{Custo unitário do produto A} = \frac{750.000{,}00}{5.000 \text{ unidades}}$$

Custo unitário do produto A = 150,00/unidade

$$\text{Custo do produto B} = \frac{\text{Total de horas Máquina B}}{\text{Total de horas Máquina}} \times \text{Custo Maquinário} + \frac{\text{Total de horas MOD B}}{\text{Total de horas MOD}} \times \text{Custo Montagem}$$

$$\text{Custo do produto B} = \frac{4.000 \text{ unidades}}{50.000 \text{ horas}} \times 5.0 \text{ horas} \times 782.500{,}00 + \frac{4.000 \text{ unidades}}{25.000 \text{ horas}} \times 2.5 \text{ horas} \times 467.500{,}00$$

Custo do produto B = 313.000,00 + 187.000,00

Custo do produto B = 500.000,00

$$\text{Custo unitário do produto B} = \frac{\text{Custo do produto B}}{\text{Produção de B}}$$

$$\text{Custo unitário do produto B} = \frac{500.000{,}00}{4.000 \text{ unidades}}$$

Custo unitário do produto B = 125,00/unidade

SOLUÇÃO NA PROVA

Analisando as alternativas, na prova calculamos apenas o **custo unitário do produto A**, pois todas as alternativas apresentam valores diferentes para o custo unitário do produto A.

	Departamento de Serviço		Departamento Produtivo		Total
	Controle Qualidade	**Manutenção**	**Maquinário**	**Montagem**	
Custos de fabricação alocados direto ao departamento	**350.000,00**	**200.000,00**	400.000,00	300.000,00	1.250.000,00
Horas de serviços:					
Manutenção		7.000	**21.000**	**7.000**	35.000

$$\text{CIF do Maquinário} = \frac{21.000 \text{ horas}}{21.000 \text{ horas} + 7.000 \text{ horas}} \times 350.000,00 + \frac{18.000 \text{ horas}}{18.000 \text{ horas} + 12.000 \text{ horas}} \times 200.000,00$$

CIF do Maquinário = 262.500,00 + 120.000,00
CIF do Maquinário = 382.500,00

Após a alocação do departamento de serviços para o Maquinário, temos:

Maquinário = CIF do Maquinário + CIF alocado para o Maquinário

Maquinário = 400.000,00 + 382.500,00
Maquinário = 782.500,00

$$\text{Custo do produto A} = \frac{\text{Total de horas Máquina A}}{\text{Total de horas Máquina}} \times \text{Custo Maquinário} + \frac{\text{Total de horas MOD A}}{\text{Total de horas MOD}} \times \text{Custo Montagem}$$

$$\text{Custo do produto A} = \frac{5.000 \text{ unidades}}{50.000 \text{ horas}} \times 6.0 \text{ horas} \times 782.500,00 + \frac{5.000 \text{ unidades}}{25.000 \text{ horas}} \times 3.0 \text{ horas} \times 467.500,00$$

Custo do produto A = 469.500,00 + 280.500,00
Custo do produto A = 750.000,00

$$\text{Custo unitário do produto A} = \frac{\text{Custo do produto A}}{\text{Produção de A}}$$

$$\text{Custo unitário do produto A} = \frac{750.000,00}{5.000 \text{ unidades}}$$

Custo unitário do produto A = 150,00/unidade

Gabarito: **E**

75ª QUESTÃO (Contador – INFRAERO – FCC – 2009): Os gerentes das Indústrias Reunidas Ltda. estão discutindo as formas de alocar o custo dos departamentos de serviços, o Controle de Qualidade e a Manutenção para os departamentos produtivos. Para a reunião o controller providenciou o seguinte relatório:

	Controle Qualidade Depto. Serviço	Manutenção Depto. Serviço	Maquinário Depto. Produtivo	Montagem Depto. Produtivo	Total
Custos de fabricação alocados direto ao departamento	350.000,00	200.000,00	400.000,00	300.000,00	1.250.000,00
Horas de máquina			50.000		50.000
Horas de mão de obra direta				25.000	25.000
Horas de serviços:					
Controle de qualidade		7.000	21.000	7.000	35.000
Manutenção	10.000		18.000	12.000	40.000

Se a Indústrias Reunidas Ltda. usa o método direto para alocar os custos dos departamentos de serviços, o total dos custos indiretos alocados pelos departamentos de serviços para o departamento de montagem deveria ser:

a) 80.000,00
b) 87.500,00
c) 120.000,00
d) 167.500,00
e) 467.500,00

☛ SOLUÇÃO

1ª etapa: Apropriar os custos do **departamento de serviço** de Controle de Qualidade e Manutenção para o **departamento produtivo** de Montagem.

	Controle Qualidade Depto. Serviço	Manutenção Depto. Serviço	Maquinário Depto. Produtivo	Montagem Depto. Produtivo
Custos de fabricação alocados direto ao departamento	**350.000,00**	**200.000,00**	400.000,00	300.000,00
Horas de máquina			50.000	
Horas de mão de obra direta				25.000
Horas de serviços:				
Controle de qualidade		7.000	**21.000**	**7.000**

ATENÇÃO, não são consideradas na apropriação dos custos para o departamento Produtivo. Apenas os **valores em negritos** são considerados na apropriação dos custos.

$$\text{CIF do CQ} = \frac{\text{HS do Controle de Qualidade (Montagem)}}{\text{HS do Controle de Qualidade (Maquinário + Montagem)}} \times \text{Custos do Controle de Qualidade}$$

$$\text{CIF do Controle Qualidade} = \frac{7.000 \text{ horas}}{21.000 \text{ horas} + 7.000 \text{ horas}} \times 350.000,00$$

CIF do Controle Qualidade = 87.500,00

2ª etapa: Apropriar os custos do **departamento de serviço** de Manutenção para o **departamento produtivo** de Montagem.

	Controle Qualidade Depto. Serviço	Manutenção Depto. Serviço	Maquinário Depto. Produtivo	Montagem Depto. Produtivo	Total
Custos de fabricação alocados direto ao departamento	350.000,00	**200.000,00**	400.000,00	300.000,00	1.250.000,00
Horas de máquina			50.000		50.000
Horas de mão de obra direta				25.000	25.000
Horas de serviços:					
Controle de qualidade	10.000		**18.000**	**12.000**	40.000
Manutenção	10.000		18.000	12.000	40.000

ATENÇÃO, não são consideradas na apropriação dos custos para o departamento Produtivo. Apenas os **valores em negritos** são considerados na apropriação dos custos.

$$\text{CIF da Manutenção} = \frac{\text{HS do Controle de Qualidade (Montagem)}}{\text{HS de Manutenção (Maquinário + Montagem)}} \times \text{Custos do Depto de Serv Manutenção}$$

$$\text{CIF da Manutenção} = \frac{12.000 \text{ horas}}{18.000 \text{ horas} + 12.000 \text{ horas}} \times 200.000,00$$

CIF da Manutenção = 80.000,00

Após a alocação dos custos do departamento de serviços de Controle de Qualidade e Manutenção para o departamento produtivo de Montagem, o total dos custos indiretos alocados pelos departamentos de serviços para o departamento de montagem será:

Departamento da montagem = CIF do controle de qualidade + CIF da manutenção

Departamento da montagem = 87.500,00 + 80.000,00
Departamento da montagem = 167.500,00

Gabarito: **D**

76ª QUESTÃO (SEFAZ – SP – FCC – 2006): A Cia. Capricórnio tem planejado para o exercício 2007 os seguintes dados na área de produção: horas máquinas projetadas anual 240.000, mão de obra direta unitária 22,00, gastos indiretos de fabricação anual projetado 3.600.000,00, gastos indiretos de fabricação unitário projetado de 10,00. A empresa aplica gastos indiretos de fabricação baseados nas horas máquinas. A taxa de aplicação de gastos indiretos de fabricação para o exercício 2007 será, em reais,

a) 15,00
b) 17,00
c) 19,00
d) 21,50
e) 22,00

☛ **SOLUÇÃO**

$$\text{Taxa de aplicação do GIF} = \frac{\text{GIF anual projetado}}{\text{Horas máquinas}}$$

$$\text{Taxa de aplicação do GIF} = \frac{3.600.000,00}{240.000 \text{ h}}$$

Taxa de aplicação do GIF = 15,00/hora

Gabarito: **A**

77ª QUESTÃO (SEFAZ – SP – FCC – 2009): No processo produtivo, as perdas normais e as sucatas devem receber o tratamento contábil expresso em:

	Perdas Normais	Sucatas
a)	Seu custo deve ser lançado como despesa do mês.	Devem ser lançadas como redução dos custos do mês.
b)	Seu custo deve ser agregado ao produto de sua origem.	Não recebem custos.
c)	Devem ser lançadas como outras despesas.	Devem receber custos.
d)	Devem ser custeadas separadamente.	Devem receber custos da mesma forma que um produto normal da empresa.
e)	Devem ser lançadas como outras despesas.	Devem ser lançadas como redução de custos do mês.

☛ SOLUÇÃO

As **perdas normais** representam gastos não intencionais decorrentes da atividade produtiva, como por exemplo, os retalhos de tecidos decorrentes da produção de vestuários. Nesse caso, os retalhos são perdas normais e integram o custo de produção.

As sucatas (**resíduos ou sobras**) são produtos originados de uma produção defeituosa não possuem mercado garantido para a sua venda, ou seja, a venda é incerta, portanto, não recebem custos.

Gabarito: B

78ª QUESTÃO (Analista Contábil – TJ/PA – FCC – 2009): No quadro abaixo, estão listados os gastos da Indústria de Telhas Barros no exercício de 2008.

Gastos	Valores
Compra, à vista, de máquinas	15.000,00
Transferência de matéria-prima para a produção	90.000,00
Apropriação e pagamento da conta de luz do setor financeiro	150,00
Apropriação e pagamento do aluguel da fábrica	2.000,00
Apropriação e pagamento de salários do pessoal da produção	8.500,00
Apropriação de salários do pessoal de vendas	1.800,00

Compra, a prazo, de matéria-prima para ser estocada	3.000,00
Depreciação dos computadores da diretoria da empresa	1.300,00
Pagamento de fretes e carretos de produtos vendidos	400,00
Apropriação da energia elétrica consumida nas máquinas da fábrica	3.000,00
Apropriação dos salários e encargos dos supervisores da fábrica	2.000,00
Depreciação das máquinas da fábrica	4.000,00
Apropriação dos gastos com seguros da fábrica	1.000,00
Apropriação da energia elétrica consumida na iluminação da fábrica	300,00
Pagamento de comissões a vendedores	1.500,00

Observações:

- Mão de obra do pessoal da produção: É possível identificar com cada produto, pois houve uma medição de quanto cada operário trabalhou em cada um e quanto custa cada operário para a empresa. Os empregados são horistas e são contratados de acordo com a demanda da produção.
- Supervisão: Os empregados são mensalistas e não são dispensados com as oscilações normais da produção.
- Depreciação: a empresa utiliza o método das quotas constantes (linear).
- Energia elétrica: as máquinas possuem medidores de consumo de energia elétrica e contadores da produção do período.

Com base nos dados acima, é correto afirmar que os custos fixos do período foram de, em reais,

a) 101.500,00
b) 25.750,00
c) 10.750,00
d) 9.300,00
e) 13.750,00

☛ SOLUÇÃO

ATENÇÃO, trata-se de uma **excelente questão**, para relembrarmos a classificação das contas. Identificando os **custos fixos** e os **custos variáveis**, temos:

Gastos	Classificação	Valores
Compra, à vista, de máquinas	AÑC Imobilizado	15.000,00
Transferência de matéria-prima para a produção	Custo Variável	90.000,00
Apropriação e pagamento da conta de luz do setor financeiro	Despesas	150,00

Apropriação e pagamento do aluguel da fábrica	Custo Fixo	2.000,00
Apropriação e pagamento de salários do pessoal da produção	Custo Variável	8.500,00
Apropriação de salários do pessoal de vendas	Despesas	1.800,00
Compra, a prazo, de matéria-prima para ser estocada	AC	3.000,00
Depreciação dos computadores da diretoria da empresa	Despesas	1.300,00
Pagamento de fretes e carretos de produtos vendidos	Despesas	400,00
Apropriação da energia elétrica consumida nas máquinas da fábrica	Custo Variável	3.000,00
Apropriação dos salários e encargos dos supervisores da fábrica	Custo Fixo	2.000,00
Depreciação das máquinas da fábrica	Custo Fixo	4.000,00
Apropriação dos gastos com seguros da fábrica	Custo Fixo	1.000,00
Apropriação da energia elétrica consumida na iluminação da fábrica	Custo Fixo	300,00
Pagamento de comissões a vendedores	Despesas	1.500,00

Custos Fixos = 2.000,00 + 2.000,00 + 4.000,00 + 1.000,00 + 300,00
Custos Fixos = 9.300,00

Gabarito: **D**

79ª QUESTÃO (Analista Contábil – TJ/PA – FCC – 2009): A cooperativa dos produtores rurais do Município Avante produz e vende sacos de 50 kg de milho. De acordo com estimativas do setor produtivo, somente 98% dos grãos são aproveitados no processo de ensacamento. O contador de custos da cooperativa deve considerar os 2% normalmente desperdiçados durante a produção como:

a) despesas
b) custos
c) perdas
d) receitas
e) investimentos

☛ SOLUÇÃO

As **perdas normais** representam **gastos não intencionais** decorrentes da atividade produtiva, e nesse caso, os grãos perdidos no processo de ensacamento **são perdas normais e integram o custo de produção**.

Gabarito: **B**

80ª QUESTÃO (Analista Contábil – TJ/PA – FCC – 2009): A empresa industrial Passa Quatro, vendedora de água mineral de 1,5 litros, iniciou suas atividades no mês de março de 2009. As garrafas utilizadas para o envasem foram adquiridas de terceiros e tiveram a seguinte movimentação durante o mês:

Data	Operação	Quantidade	Valor total
02/03/09	Compra	2.000	2.000,00
05/03/09	Transferência para produção	1.500	
10/03/09	Compra	3.000	3.060,00
20/03/09	Transferência para produção	3.000	

Sabendo-se que a empresa utiliza o método PEPS, o valor do estoque final em 31/03/2009 era de, em reais,

a) 510,00
b) 560,00
c) 500,00
d) 3.060,00
e) 512,00

☛ SOLUÇÃO

PEPS								
Entradas			Saídas			Estoque Final		
Quantidade	Unidade	Total	Quantidade	Unidade	Total	Quantidade	Unidade	Total
2.000	1,00	2.000,00	–	–	–	2.000	1,00	2.000,00
–	–	–	1.500	1,00	1.500,00	500	1,00	500,00
3.000	1,02	3.060,00	–	–	–	500 3.000	1,00 1,02	500,00 3.060,00
–	–	–	500 2.500	1,00 1,02	500,00 2.550,00	500	1,02	510,00

Na coluna de estoque final, obtemos o EF pelo método PEPS.

EF pelo PEPS = 510,00

ATENÇÃO, caso a questão pedisse o valor da matéria-prima aplicada, esse valor seria obtido na coluna das saídas.

MPA = 1.500,00 + 500,00 + 2.550,00
MPA = 4.550,00

Gabarito: **A**

INSTRUÇÕES: Para responder às **questões de números 81 a 83**, considere as informações abaixo.

A Cia. Beta, fabricante de caixas, produziu 20.000 unidades no mês de início de suas atividades. Durante o período, foram vendidas 16.000 unidades ao preço de 30,00 cada uma. Os custos e despesas da companhia, no referido mês, foram:

Custos e despesas variáveis	Por unidade
Matéria-prima	8,00
Mão de obra direta	5,00
CIF variáveis	4,00
Despesas variáveis	10% do preço de venda
Custos e despesas fixos	**Totais do mês**
Mão de obra indireta	40.000,00
Depreciação dos equipamentos industriais	18.000,00
Outros gastos de fabricação	50.000,00
Salários do pessoal da administração	30.000,00
Demais despesas administrativas	20.000,00

A companhia estima que os custos fixos não se alterem até o nível máximo de produção de 50.000 unidades.

81ª QUESTÃO (Contador – DNOCS – FCC – 2010): O lucro líquido do exercício, pelos sistemas de custeio por absorção e de custeio variável, respectivamente, em reais, equivale a:

a) 98.000,00 e 158.000,00
b) 21.600,00 e 160.000,00
c) 89.600,00 e 68.000,00
d) 23.600,00 e 2.000,00
e) 61.600,00 e 42.000,00

☛ SOLUÇÃO

O **custeio por absorção** consiste na apropriação dos custos (diretos, indiretos, fixos e variáveis) utilizados no processo de produção para o resultado do exercício quando da venda, sendo que os custos relativos aos produtos em elaboração e aos produtos acabados que não tenham sido vendidos são ativados nos estoques destes produtos.

1º passo: Calcular o custo variável unitário.

Custo Variável unitário = MPA unitária + MOD unitária + CIF unitário

Custo Variável unitário = 8,00 + 5,00 + 4,00
Custo Variável unitário = 17,00

2º passo: Calcular o custo fixo unitário.

Custo Fixo total = MOI + Depreciação de equipamentos + Outros gastos de fabricação

Custo Fixo total = 40.000,00 + 18.000,00 + 50.000,00
Custo Fixo total = 108.000,00

$$\text{Custo Fixo unitário} = \frac{\text{Custo Fixo total}}{\text{Produção}}$$

$$\text{Custo Fixo unitário} = \frac{108.000,00}{20.000 \text{ unidades}}$$

Custo Fixo unitário = 5,40

3º passo: Calcular o custo de produção unitário.

Custo de Produção unitário = Custo Variável unitário + Custo Fixo unitário

Custo de Produção unitário = 17,00 + 5,40
Custo de Produção unitário = 22,40

4º passo: Calcular o custo dos produtos vendidos.

CPV = Custo Produção unitário × Quantidade vendida

CPV = 22,40/unidade × 16.000 unidades
CPV = 358.400,00

5º passo: Calcular as vendas brutas e as despesas variáveis.

Vendas Brutas = Preço de venda unitário × Quantidade vendida

Vendas Brutas = 30,00/unidade × 16.000 unidades
Vendas Brutas = 480.000,00

Despesas variáveis = 10% × Vendas Brutas

Despesas variáveis = 10% × 480.000,00
Despesas variáveis = 48.000,00

6º passo: Montar a DRE pelo custeio por absorção e calcular o lucro líquido.

DRE pelo custeio por absorção	
Vendas Brutas	480.000,00
– Custo dos Produtos Vendidos	(358.400,00)
= Lucro Bruto	121.600,00
– Despesas variáveis	(48.000,00)
– Salários do pessoal de administração	(30.000,00)
– Demais despesas administrativas	(20.000,00)
= Lucro Líquido	23.600,00

ATENÇÃO, na prova só com o cálculo do lucro líquido pelo custeio por absorção **já encontramos a resposta**.

7º passo: Calcular o CPV pelo custeio por variável.

O **custeio variável** considera apenas os custos variáveis como custos de produção, sendo que os custos fixos são considerados como despesas em sua totalidade, independentemente de ter ocorrido ou não vendas dos produtos acabados. Desse modo, o **custo dos produtos vendidos** e os **estoques finais** de produtos em elaboração e produtos acabados **só conterão custos variáveis**.

Custo de produção unitário = Custo variável unitário

Custo de produção unitário = 17,00

CPV = Custo de produção unitário × Quantidade vendida

CPV = 17,00/unidade × 16.000 unidades
CPV = 272.000,00

8º passo: Montar a DRE pelo custeio variável e calcular o lucro líquido.

DRE pelo custeio variável	
Vendas Brutas	480.000,00
– Custo dos Produtos Vendidos	(272.000,00)
= Lucro Bruto	208.000,00
– Custo fixo total	(108.000,00)
– Despesas variáveis	(48.000,00)
– Salários do pessoal de administração	(30.000,00)
– Demais despesas administrativas	(20.000,00)
= Lucro Líquido	2.000,00

Gabarito: **D**

82ª QUESTÃO (Contador – DNOCS – FCC – 2010): A margem de contribuição unitária, no sistema de custeio variável, em reais, é igual a:

a) 10,00
b) 14,00
c) 13,00
d) 28,00
e) 22,00

☛ SOLUÇÃO

Margem de Contribuição = Preço de Vendas – Custos Variáveis – Despesas Variáveis

Margem de Contribuição unitária = 30,00 – 17,00 – 10% × 30,00
Margem de Contribuição unitária = 10,00

Gabarito: **A**

83ª QUESTÃO (Contador DNOCS FCC 2010): Assumindo o custeio variável, o ponto de equilíbrio da companhia, em unidades, corresponde a:

a) 50.000
b) 12.153

c) 5.000
d) 15.800
e) 10.800

☛ SOLUÇÃO

1º passo: Calcular a receita total.

Receita Total = Preço unitário de venda × Quantidade de vendas

Receita Total = 30,00 × Q

2º passo: Calcular os custos totais.

Custos variáveis totais = Custos variáveis unitários × Quantidade de vendas

CV totais = 17,00 × Q

CF total = Mão de obra indireta + Depreciação dos equipamentos industriais + Outros gastos de fabricação

CF total = 40.000,00 + 18.000,00 + 50.000,00
CF total = 108.000,00

Custos totais = Custos variáveis totais + CF total

Custos totais = 17,00 × Q + 108.000,00

3º passo: Calcular as despesas totais.

Despesas variáveis totais = 10% × Receita Total

Despesas variáveis totais = 10% × 30,00 × Q
Despesas variáveis totais = 3,00 × Q

Despesa fixa total = Salários do pessoal da administração + Demais despesas administrativas

Despesa fixa total = 30.000,00 + 20.000,00
Despesa fixa total = 50.000,00

Despesas totais = Despesas variáveis totais + Despesa fixa total

Despesas totais = 3,00 × Q + 50.000,00

4º passo: Calcular a quantidade no ponto de equilíbrio da Cia. Beta.

No **ponto de equilíbrio contábil** (*break-even point*) a receita total é igual aos custos e despesas totais.

Receita Total = Custos e despesas totais

30,00 × Q = 17,00 × Q + 108.000,00 + 3,00 × Q + 50.000,00
30,00 × Q = 20 × Q + 158.000,00
10,00 × Q = 158.000,00
Q = 15.800 unidades

Gabarito: **D**

84ª QUESTÃO (Analista Contábil – TRE/RN – FCC – 2011): A Cia. Campos Verdes apresentou os seguintes dados no mês de setembro de 2010, em reais:

Consumo de Materiais Diretos	100.000,00
Mão de Obra Direta	80.000,00
Estoque Inicial de Produtos em Elaboração	60.000,00
Custo dos Produtos Vendidos	470.000,00
Custos Indiretos de Fabricação	240.000,00
Estoque Inicial de Produtos Acabados	110.000,00
Estoque Final de Produtos em Elaboração	70.000,00

O custo da produção acabada e o estoque final de produtos acabados, neste mês, equivaleram, respectivamente, a, em reais,

a) 410.000,00 e 50.000,00
b) 420.000,00 e 40.000,00
c) 480.000,00 e 50.000,00
d) 410.000,00 e 40.000,00
e) 420.000,00 e 60.000,00

☛ **SOLUÇÃO**

1º passo: Calcular o custo de produção do período.

CPP = MPA + MOD + CIF

CPP = 100.000,00 + 80.000,00 + 240.000,00
CPP = 420.000,00

2º passo: Calcular o custo da produção acabada do período.

CPA = EIPE + CPP – EFPE

CPA = 60.000,00 + 420.000,00 – 70.000,00
CPA = 410.000,00

3º passo: Calcular o estoque final de produtos acabados.

CPV = EIPA + CPA – EFPA

470.000,00 = 110.000,00 + 410.000,00 – EFPA
EFPA = 50.000,00

Gabarito: **A**

85ª QUESTÃO (Analista Contábil – TRE/RN – FCC – 2011): A Cia. Várzea Paulista fabricou 20.000 unidades de seu produto no mês de início de suas atividades, outubro de 2010. Setenta por cento dessa produção foi vendida no período ao preço unitário de 180,00. As seguintes informações adicionais foram obtidas do setor de contabilidade da Cia. para o período em tela:

Custos e despesas fixos	750.000,00
Materiais diretos por unidade do produto	25,00
Mão de obra direta por unidade do produto	20,00
Despesas variáveis de venda por unidade do produto	10,00
Custos indiretos variáveis por unidade do produto	30,00

Se a Companhia adotou o custeio variável como forma de custeamento de seus produtos, o seu lucro líquido no período, antes de computar o imposto de renda e a contribuição social sobre o lucro foi, em reais,

a) 440.000,00
b) 730.000,00
c) 620.000,00
d) 430.000,00
e) 580.000,00

☛ SOLUÇÃO

O **custeio variável** considera apenas os custos variáveis como custos de produção, sendo que os custos fixos são considerados como despesas em sua totalidade, independentemente de ter ocorrido ou não vendas dos produtos acabados. Desse modo, o custo dos produtos vendidos e os estoques finais de produtos em elaboração e produtos acabados **só conterão custos variáveis**.

1º passo: Calcular o custo variável unitário.

CV unitário = MPA unitário + MOD unitário + CIF unitário

CV unitário = 25,00 + 20,00 + 30,00
CV unitário = 75,00

2º passo: Calcular o custo de produção unitário.

CP unitário = CV unitário

CP unitário = 75,00

3º passo: Calcular o custo dos produtos vendidos.

CPV = CP unitário × Quantidade vendida

CPV = 75,00/unidade × 70% × 20.000 unidades
CPV = 1.050.000,00

4º passo: Calcular as despesas variáveis de venda.

Despesas variáveis de venda = DV unitária × Quantidade vendida

Despesas variáveis de venda = 10,00/unidade × 70% × 20.000 unidades
Despesas variáveis de venda = 14.000,00

5º passo: Calcular as vendas brutas.

Vendas Brutas = Preço de venda unitário × Quantidade vendida

6º passo: Montar a DRE pelo custeio variável e calcular o lucro antes do IR e CSLL.

DRE pelo custeio variável	
Vendas Brutas	2.520.000,00
– Custo dos Produtos Vendidos	(1.050.000,00)
= Lucro Bruto	1.470.000,00
– Despesas variáveis de venda	(140.000,00)
– Custos e despesas fixos	(750.000,00)
= Lucro Antes do IR/CSLL	580.000,00

Gabarito: **E**

86ª Questão (Analista Contábil – TRE/RN – FCC – 2011): Uma Companhia industrial projeta os seguintes valores de gastos e receitas mensais para o início de atividades de fabricação de seu produto X:

Custos e despesas fixas....................379.980,00
Custos e despesas variáveis unitários....................125,00
Preço unitário de X....................215,00

Fazendo uso da análise das relações custo/volume/lucro, o ponto de equilíbrio (*break-even point*) da Companhia, em unidades do produto X, corresponde a:

a) 4.220
b) 4.222
c) 4.198
d) 4.250
e) 3.988

☛ SOLUÇÃO

1º passo: Calcular a receita total.

Receita Total = Preço unitário de venda × Quantidade de vendas

Receita Total = 215,00 × Q

2º passo: Calcular os custos e despesas variáveis totais.

Custos e despesas variáveis totais = Custos e despesas variáveis unitários × Quantidade de vendas

Custos e despesas variáveis totais = 125,00 × Q

3º passo: Calcular os custos e despesas totais.

Custos e despesas totais = Custos e despesas variáveis totais + Custos e despesas fixas

Custos e despesas totais = 125,00 × Q + 379.980,00

4º passo: Calcular a quantidade no ponto de equilíbrio (*break-even point*) da Companhia.

No **ponto de equilíbrio contábil** (*break-even point*) a receita total é igual aos custos e despesas totais.

Receita Total = Custos e despesas totais

215,00 × Q = 125,00 × Q + 379.980,00
Q = 4.222 unidades

Gabarito: **B**

Capítulo 3

Operações com Mercadorias e Tributação

1. DEFINIÇÃO DE MERCADORIA

As operações com mercadorias são transações de compras e vendas com tributação envolvendo mercadorias, bem como os critérios de **avaliação** e **controle** dos estoques. A **mercadoria** é todo **bem móvel** adquirido **para revenda** por um estabelecimento comercial ou industrial. A **atividade operacional** de uma empresa comercial é caracterizada pela **compra e venda** de mercadorias, sendo que quando uma empresa comercial realiza uma **venda** (à vista ou a prazo) temos o **surgimento de uma receita** (venda bruta realizada) e uma **despesa** (custo da mercadoria vendida **ou** CMV).

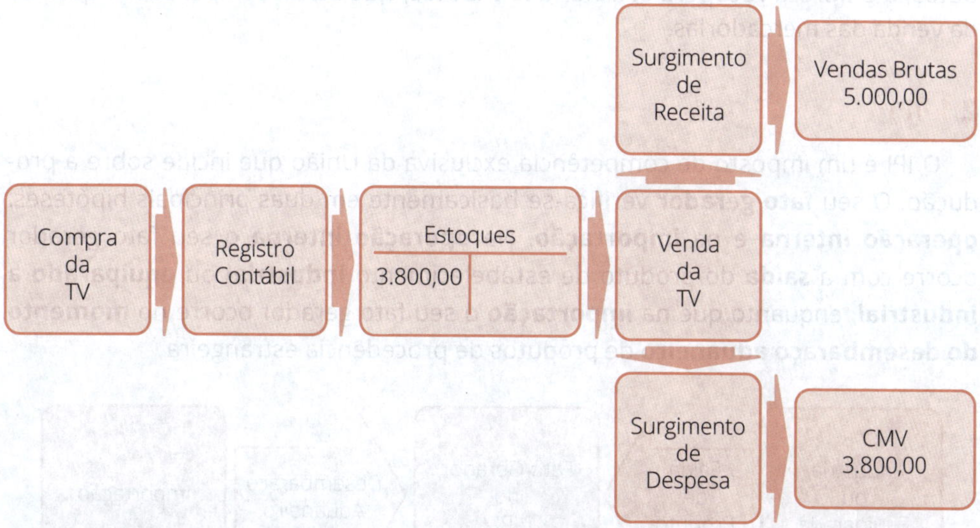

Analisando o gráfico acima, podemos observar que a empresa **comprou** uma TV de tela plana por **3.800,00**, que foi para os **estoques**. Ao realizar a venda dessa mercadoria por **5.000,00** (à vista ou prazo), temos o **surgimento concomitante** de uma **receita de vendas** no montante de **5.000,00** e um **CMV** de **3.800,00**.

2. OPERAÇÕES TRIBUTADAS COM MERCADORIAS

Os **principais tributos** que incidem em uma operação com mercadorias são:

a) IPI
b) ICMS
c) PIS cumulativo e o PIS não cumulativo
d) COFINS cumulativa e a COFINS não cumulativa

A Constituição Federal determina a adoção do **princípio da não-cumulatividade** para o **IPI** (Imposto sobre Produtos Industrializados) e para o **ICMS** (Imposto sobre a Circulação de Mercadorias e sobre Prestações de Serviços de Transporte Interestadual e Intermunicipal e de Comunicação) e **determina** em seus arts. 153, § 3º, inciso II (para o **IPI**) e 155, § 2º, inciso I (para o **ICMS**) que os **valores devidos** em cada operação **serão compensados** com o montante cobrado nas **operações anteriores.**

Além da previsão constitucional, ocorreu a implementação da não cumulatividade para o PIS (Programa de Integração Social) por meio da **lei nº 10.637/02** e para a COFINS (Contribuição para Financiamento da Seguridade Social) através da **lei nº 10.833/03.**

Resumindo, se a empresa for contribuinte do IPI, PIS não cumulativo, COFINS não cumulativa e o ICMS, na aquisição de mercadorias com a incidência desses tributos, a empresa recupera os referidos tributos, que serão compensados quando da venda das mercadorias.

2.1 IPI

O IPI é um imposto de competência exclusiva da União que incide sobre a produção. O seu **fato gerador** verifica-se basicamente em duas principais hipóteses: **operação interna** e na **importação**. Na **operação interna** o seu fato gerador ocorre com a **saída** do produto de estabelecimento **industrial** ou **equiparado a industrial**, enquanto que na **importação** o seu fato gerador ocorre no **momento do desembaraço aduaneiro** de produtos de procedência estrangeira.

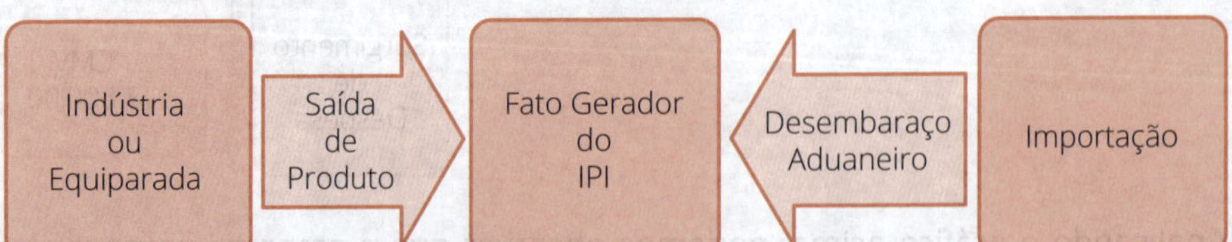

O **IPI** é um **imposto por fora**, pois **não está** embutido no **valor da operação** que é o valor definido para os produtos nas vendas. Portanto, o **IPI** é calculado sobre o valor da operação e **adicionado** a esse valor, pelo fato de ser um imposto **por fora** da operação.

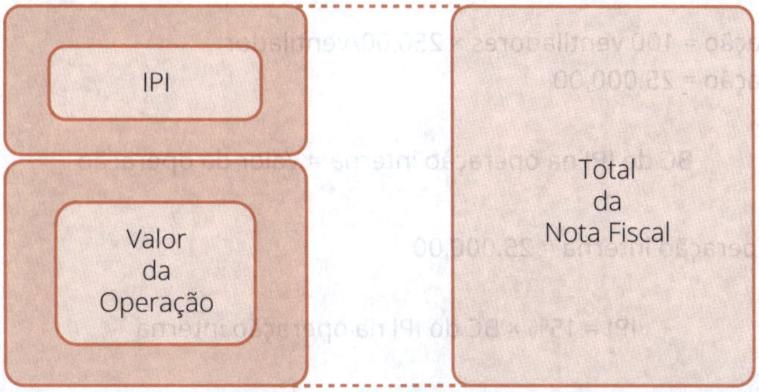

A **base de cálculo** do IPI na **operação interna** é o valor total da operação na saída do estabelecimento industrial ou equiparado a industrial, enquanto que na **importação a base de cálculo** é o valor determinado pela autoridade aduaneira para o cálculo dos tributos aduaneiros, no momento do despacho de importação, acrescido do imposto de importação (II), encargos cambiais efetivamente pagos pelo importador ou deste exigíveis e taxas relativas à importação.

BC do IPI na operação interna = Valor da operação na saída de indústria ou equiparada

BC do IPI na importação = Valor determinado na Aduana + II + Encargos cambiais + Taxas de importação

A indústria ou equiparada apenas calcula o valor do IPI e efetua o recolhimento para os cofres públicos, enquanto que o **consumidor final** é o **contribuinte de fato**, pois na aquisição dos produtos industrializados o **IPI** encontra-se **acrescentado** no preço cobrado do consumidor.

01º QUESTÃO: A indústria Gama emitiu uma nota fiscal no montante de 25.000,00 decorrente da venda de 100 ventiladores ao preço unitário de 250,00 com a incidência de IPI à alíquota de 15%.

( ) Certo
( ) Errado

☛ SOLUÇÃO

A **base de cálculo do IPI** é o valor da operação que corresponde a venda de 100 ventiladores ao preço unitário de 250,00.

Valor da operação = Número de ventiladores × Preço unitário

Valor da operação = 100 ventiladores × 250,00/ventilador
Valor da operação = 25.000,00

BC do IPI na operação interna = Valor da operação

BC do IPI na operação interna = 25.000,00

IPI = 15% × BC do IPI na operação interna

IPI = 15% × 25.000,00 = 3.750,00

Montando a nota fiscal de vendas, temos:

Nota Fiscal	
Mercadorias (valor da operação)	25.000,00
+ IPI (por fora da operação)	3.750,00
= Total da Nota Fiscal	28.750,00

Esquematicamente, temos:

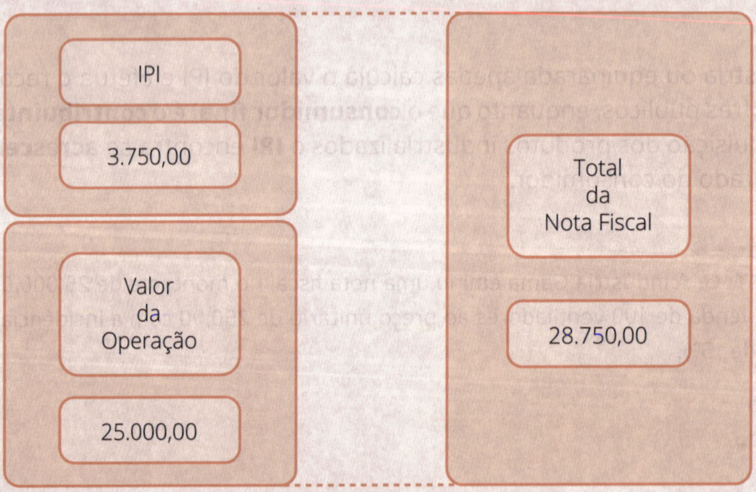

A indústria Gama **emitiu a nota fiscal** no montante de **28.750,00**.

Gabarito: **Errado**

2.2 IPI E DESCONTO INCONDICIONAL CONCEDIDO

O **desconto incondicional concedido** ou **desconto comercial concedido** é aquele dado incondicionalmente (não existe condição) pelo fornecedor ao cliente no ato da venda, independente das condições de pagamento, mas em função de outros fatores, tais como, uma grande quantidade adquirida ou cliente preferencial, e como se trata de um desconto dado no ato da venda, **aparece na nota fiscal**.

ATENÇÃO, na **nota fiscal de devolução de vendas** deve aparecer o **desconto comercial** que consta na **nota fiscal de vendas**, e o seu valor será proporcional a operação de devolução de mercadorias.

Segundo o artigo 14 da lei nº 4.502/64, **compõe** a base de cálculo do IPI o preço do produto, acrescido do valor do frete e das demais despesas acessórias, cobradas ou debitadas pelo contribuinte ao comprador ou destinatário, e **não podem ser deduzidos** do valor da operação os **descontos**, diferenças ou abatimentos, concedidos a qualquer título, ainda que **incondicionalmente**.

No dia 04 de setembro de 2014, por unanimidade, o Supremo Tribunal Federal declarou **inconstitucional** o parágrafo 2º do artigo 14 da lei nº 4.502/64, com o entendimento de que **somente** o valor dos **descontos incondicionais não integra a base de cálculo** do IPI. No entendimento do ministro Marco Aurélio, o **desconto incondicional** é aquele concedido independentemente de qualquer condição, não sendo necessário que o comprador pratique qualquer ato subsequente ao de compra para fazer jus ao benefício, e nesse caso o **desconto incondicional** representa um **valor abatido** no preço final de um produto, e apesar de o produtor não receber o referido **valor abatido**, o mesmo é **obrigado a recolher o IPI** sobre o respectivo **valor abatido.** Portanto, de acordo com o ministro, a **lei ordinária nº 4.502/64** ao incluir o **desconto incondicional** na base de cálculo do IPI invadiu a competência da **lei ordinária nº 5.172/66** que define os fatos geradores, as bases de cálculo e os contribuintes dos impostos previstos na Constituição.

Com base na **decisão do STF** que julgou **inconstitucional** a cobrança de IPI sobre o **valor do desconto incondicional**, o Senado Federal suspendeu a cobrança do IPI sobre o desconto incondicional concedido.

Conclusão, por meio da Resolução nº 01/2017 o Senado Federal **suspendeu a execução** do parágrafo 2º do artigo 14 da lei nº 4.502/64, **declarado inconstitucional** por decisão definitiva proferida pelo **Supremo Tribunal Federal**, apenas quanto à previsão de inclusão dos **descontos incondicionais concedidos** na base de cálculo do IPI.

Desconto incondicional e a base de cálculo do IPI

Segundo a lei nº 4.502/64

Preço do produto **sem o desconto**
+ Valor do frete
+ Despesas acessórias
+ Abatimentos concedidos
= Base de cálculo do IPI

Segundo o Senado Federal

Preço do produto **sem o desconto**
+ Valor do frete
+ Despesas acessórias
– Descontos incondicionais concedidos
+ Abatimentos concedidos
= Base de cálculo do IPI

ATENÇÃO NAS PROVAS, pois o desconto incondicional concedido **afeta** a base de cálculo do **IPI**.

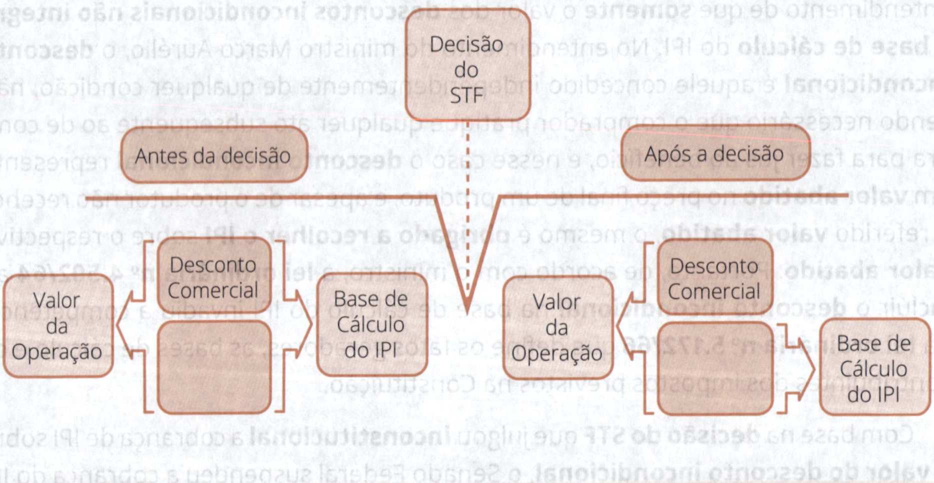

02ª QUESTÃO: A Indústria Delta adquiriu 1.000 lingotes de ferro ao custo unitário de 500,00 com a incidência de IPI à alíquota de 15%. Sabendo-se que a operação foi à vista e a Indústria obteve um desconto incondicional de 20%, podemos afirmar que o total da nota fiscal de aquisição foi de 475.000,00.

( ) Certo

( ) Errado

☛ SOLUÇÃO

Com a finalidade de um melhor entendimento, vamos resolver a questão segundo o entendimento da lei nº 4.502/64 e a Resolução nº 01/2017 do Senado Federal.

ATENÇÃO, atualmente prevalece o entendimento da Resolução nº 01/2017 do Senado Federal.

1ª forma: Solução segundo o entendimento da lei nº 4.502/64.

IPI a recuperar segundo a lei nº 4.502/64	
Preço do produto sem o desconto	500.000,00
= BC de cálculo do IPI	500.000,00
× Alíquota do IPI	×15%
= IPI a Recuperar	75.000,00

De acordo com a **lei nº 4.502/64** o desconto incondicional concedido **não afeta** a base de cálculo do IPI.

Montando a nota fiscal de aquisição, temos:

Nota Fiscal segundo a lei nº 4.502/64	
Lingotes de ferro	500.000,00
+ IPI	75.000,00
– Desconto comercial	(100.000,00)
= Total da Nota Fiscal	475.000,00

2ª forma: Solução segundo o entendimento da Resolução nº 01/2017 do Senado Federal.

IPI a recuperar segundo a Resolução nº 01/2017	
Preço do produto sem o desconto	500.000,00
– Desconto comercial	(100.000,00)
= BC de cálculo do IPI	400.000,00
× Alíquota do IPI	×15%
= IPI a Recuperar	60.000,00

Segundo a **Resolução nº 01/2017** o desconto incondicional concedido **afeta** a base de cálculo do IPI.

Montando a nota fiscal de aquisição, temos:

Nota Fiscal segundo a Resolução nº 01/2017	
Lingotes de ferro	500.000,00
+ IPI	60.000,00
– Desconto comercial	(100.000,00)
= Total da Nota Fiscal	460.000,00

Atualmente prevalece o entendimento da **Resolução nº 01/2017 do Senado Federal**, e nesse caso o montante da nota fiscal é de **460.000,00**.

Gabarito: **Errado**

3. ICMS

O **ICMS** é um imposto **por dentro**, pois está embutido no valor da operação.

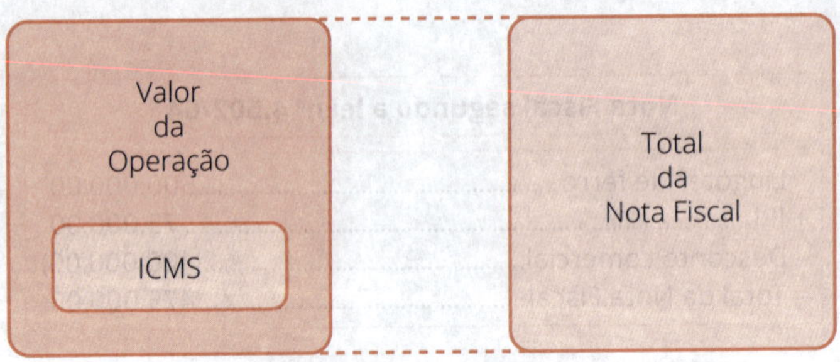

Base de cálculo do ICMS = Valor da operação

Segundo o artigo 155, § 2º, incisos I, II e III da Constituição Federal, o **ICMS** atenderá ao seguinte:

I. será **não cumulativo**, compensando-se o que for devido em cada operação relativa à circulação de mercadorias ou prestação de serviços com o montante cobrado nas anteriores pelo mesmo ou outro Estado ou pelo Distrito Federal;

II. a **isenção ou não-incidência**, salvo determinação em contrário da legislação:

a) **não implicará crédito** para compensação com o montante devido nas operações ou prestações seguintes;

b) acarretará a **anulação do crédito** relativo às operações anteriores.

III. **poderá ser seletivo**, em função da essencialidade das mercadorias e dos serviços.

3.1 ICMS E NÃO CUMULATIVIDADE

O princípio da não cumulatividade autoriza o contribuinte a compensar o montante do ICMS pago na **operação anterior** com o montante do ICMS devido na **operação posterior**.

03ª QUESTÃO: A cia. Atacadista vende mercadorias para a cia. Comércio S.A. por 40.000,00, que as revende para o consumidor final por 50.000,00. Supondo que a alíquota do ICMS em todas as etapas é de 18%, o montante do ICMS a ser recolhido pela cia. Comércio S.A. para o Governo é de 9.000,00.

( ) Certo
( ) Errado

SOLUÇÃO

Companhia	Vendas	ICMS na operação	Compensação do ICMS	ICMS a recolher
Atacadista	40.000,00	7.200,00	7.200,00 – 0,00	7.200,00
Comércio	50.000,00	9.000,00	9.000,00 – 7.200,00	1.800,00
		Total		9.000,00

Conclusão, da tabela acima temos que o montante do **ICMS a recolher** pela cia. Comércio S.A. para o Governo é no valor de 1.800,00.

Gabarito: **Errado**

No regime de não cumulatividade, o valor pago do ICMS em operações anteriores (**compras**) gera um **crédito** que poderá ser compensado com os **débitos** oriundos de operações posteriores (**vendas**). O consumidor final, que sofre efetivamente o ônus pelo fato de não ter para quem repassar. **Conclusão**, nessa cadeia de transações existe dois tipos de contribuintes:

a) o **contribuinte de direito** que é a pessoa designada pela lei para pagar o imposto; e

b) o **contribuinte de fato** que é a pessoa que de fato suporta o ônus fiscal.

Contribuinte de direito	Contribuinte de fato
Atacadista e Comércio	Consumidor final

3.2 ICMS E ISENÇÃO OU NÃO INCIDÊNCIA

O ICMS é um imposto **não cumulativo**, pois o contribuinte pode compensar o montante do ICMS pago na **operação anterior** com o montante do ICMS devido na **operação posterior**. Porém, o crédito apurado do ICMS em operações anteriores **não poderá ser compensado** nas transações em que a **saída** de mercadorias é **isenta** ou **não tributada** pelo ICMS, **exceto** se houver determinação em contrário da legislação.

ATENÇÃO, essa regra **não se aplica na exportação**, pois apesar de não haver a tributação do ICMS na exportação, a Constituição Federal permite que as empresas registrem os créditos de operações anteriores, e como não existem débitos de ICMS nas exportações, temos o surgimento de **créditos acumulados** que podem ser utilizados pelos contribuintes nas aquisições de mercadorias e equipamentos.

3.3 ICMS SOBRE VENDAS

Segundo o artigo 113, § 1º do CTN, a obrigação **principal** surge com a ocorrência do **fato gerador** (FG) e tem por objeto o pagamento de tributo ou penalidade pecuniária e extingue-se juntamente com o crédito dela decorrente. Por exemplo, quando a empresa vende mercadorias por 100.000,00 com ICMS à alíquota de 20%, o **fato gerador** do ICMS nasce com a **saída das mercadorias** do estabelecimento vendedor, que faz surgir a **obrigação principal.**

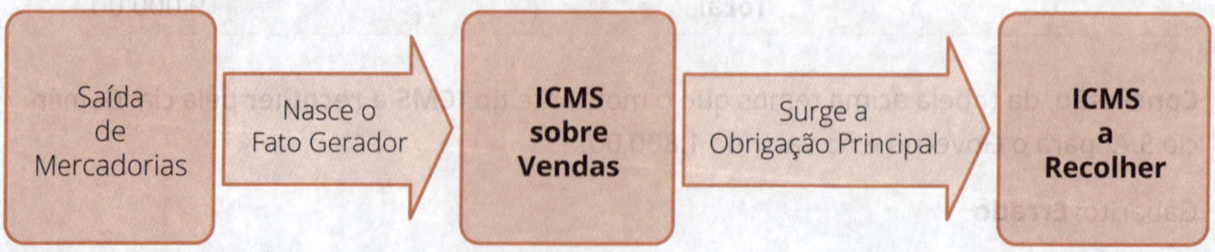

ICMS sobre Vendas = 20% × 100.000,00 = 20.000,00

O registro contábil da operação é:

ICMS sobre Vendas (**FG**) – DRE
a ICMS a Recolher (**Obrigação**) – PC........................ 20.000,00

Segundo o artigo 113, § 2º do CTN, a **obrigação acessória** decorre da legislação tributária e tem por objeto as prestações, **positivas** ou **negativas**, nela previstas no interesse da arrecadação ou da fiscalização dos tributos.

A obrigação acessória **positiva** (o que a pessoa jurídica **deve fazer**) é, por exemplo, a emissão da nota fiscal no ato da venda e a obrigação acessória **negativa** (o que a pessoa jurídica **não deve fazer**), por exemplo, diz respeito que a nota fiscal não pode conter rasuras.

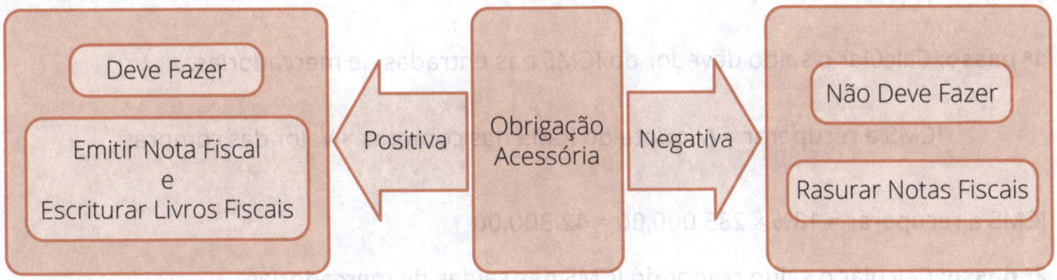

Ainda de acordo com o artigo 113, § 3º do CTN, caso a empresa nessa operação de venda não cumpra com a sua obrigação acessória positiva (por exemplo, **não emita a nota fiscal de vendas**) e em uma auditoria realizada pelo Fisco seja detectada que ocorreu a operação de vendas e a empresa não emitiu a respectiva nota fiscal, o **Fisco** nesse caso **aplicará uma multa**, por exemplo, de 150% sobre o valor do ICMS que não foi recolhido, além de exigir o recolhimento do ICMS devido no valor de 20.000,00.

Auto de Infração e Imposição de Multa	
ICMS devido	20.000,00
Multa	30.000,00
Total	50.000,00

3.4 APURAÇÃO DE SALDO DO ICMS

Nas operações de compras (**entradas**) de mercadorias, as empresas registram o **ICMS a recuperar** (**crédito** com o Governo), enquanto que nas operações de vendas (**saídas**) de mercadorias, as empresas registram o **ICMS a recolher** (**débito** com o Governo). Portanto, do confronto entre o ICMS a recolher e o ICMS a recuperar, a empresa encerra sempre a conta de menor saldo em contrapartida com a conta de maior saldo, apurando o **saldo do ICMS**, que poderá ser **devedor** (ICMS a recuperar) ou **credor** (ICMS a recolher).

04ª QUESTÃO: A cia. Atacadista no mês de março de 2019 havia adquirido mercadorias por 235.000,00, e no mesmo período realizou vendas no montante de 150.000,00. Sabendo-se que as compras e vendas são tributadas pelo ICMS às alíquotas de 18% e 20% respectivamente, pode-se afirmar que no final do mês de março a cia. Atacadista deverá discriminar um saldo devedor de ICMS no montante de 12.300,00.

( ) Certo
( ) Errado

SOLUÇÃO

1º passo: Calcular o saldo devedor do ICMS nas entradas de mercadorias.

ICMS a recuperar = Alíquota do ICMS nas compras × Valor das compras

ICMS a recuperar = 18% × 235.000,00 = 42.300,00

2º passo: Calcular o saldo credor do ICMS nas saídas de mercadorias.

ICMS a recolher = Alíquota do ICMS nas vendas × Valor das vendas

ICMS a recolher = 20% × 150.000,00 = 30.000,00

3º passo: Compensação dos saldos apurados do ICMS.

A empresa deverá compensar os saldos devedores e credores do ICMS, encerrando a conta de **menor saldo** (ICMS a recolher) em contrapartida com a conta de **maior saldo** (ICMS a recuperar), apurando em seguida, o saldo do ICMS.

ICMS a Recuperar – AC	
42.300,00	30.000,00 (1)
12.300,00	

ICMS a Recolher – PC	
(1) 30.000,00	30.000,00

CONCLUSÃO, após a compensação, a empresa apurou um ICMS a recuperar no montante de 12.300,00. Nesse caso, o saldo de ICMS a recuperar será utilizado no mês seguinte, para a compensação com o ICMS a recolher.

Gabarito: **Certo**

Saldos devedores e credores

ATENÇÃO, segundo o § 3º do artigo 178 da lei nº 6.404/76, os **saldos devedores e credores** que a companhia **não tiver direito de compensar** serão classificados **separadamente**.

Por exemplo, uma indústria que tenha apurado um saldo devedor de IPI no valor de 11.700,00 e um saldo credor de ICMS no montante de 9.500,00, segundo o § 3º do artigo 178 da lei nº 6.404/76 a companhia **não poderá compensar** o **IPI** com o **ICMS**, e nesse caso **deverá classificar separadamente** os respectivos impostos no balanço patrimonial.

Ativo	Passivo
Ativo Circulante IPI a recuperar.................................11.700,00	**Passivo Circulante** ICMS a recolher.................................9.500,00

3.5 ICMS E DESCONTO INCONDICIONAL CONCEDIDO

O **desconto incondicional concedido** ou **desconto comercial concedido** é aquele dado incondicionalmente (não existe condição) pelo fornecedor ao cliente no ato da venda, independente das condições de pagamento, mas em função de outros fatores, tais como, uma grande quantidade adquirida ou cliente preferencial, e como se trata de um desconto dado no ato da venda, **aparece na nota fiscal**.

ATENÇÃO, na **nota fiscal de devolução de vendas** deve aparecer o **desconto comercial** que consta na **nota fiscal de vendas**, e o seu valor será proporcional a operação de devolução de mercadorias.

Segundo o artigo 13, § 1º, inciso II, alínea a, da lei complementar nº 87/96, **integra a base de cálculo** do ICMS:

I. o montante do próprio imposto, constituindo o respectivo destaque mera indicação para fins de controle;

II. o valor correspondente a:

a) **seguros**, **juros** e demais importâncias pagas, recebidas ou debitadas, bem como **descontos concedidos sob condição**;

b) **frete**, caso o transporte seja efetuado pelo **próprio remetente** ou por sua conta e ordem e seja cobrado em separado.

Analisando a **parte final da alínea (a)** retrotranscrita podemos observar que os **descontos incondicionais não integram** a base de cálculo, apenas os **descontos condicionais concedidos** integram a base de cálculo do ICMS.

Em razão da clareza do texto da lei de regência nacional do ICMS o STJ editou a Súmula 457 com o seguinte enunciado:

Os **descontos incondicionais** nas operações mercantis **não se incluem na base de cálculo** do ICMS.

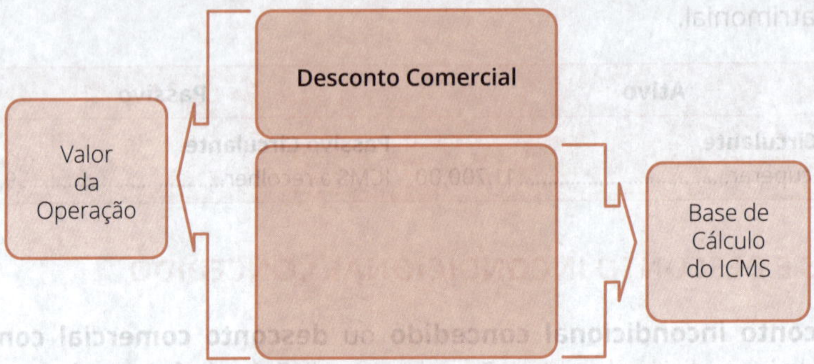

05ª QUESTÃO: A cia. Atacadista realizou vendas a prazo de mercadorias no valor de 100.000,00 ao custo de 60.000,00, com ICMS à alíquota de 20% e desconto comercial de 10%. O lucro bruto na operação foi de 20.000,00.

( ) Certo

( ) Errado

SOLUÇÃO

1º passo: Calcular o ICMS sobre vendas

ICMS sobre Vendas	
Preço das mercadorias sem o desconto	100.000,00
– Desconto comercial	(10.000,00)
= BC de cálculo do ICMS	90.000,00
× Alíquota do ICMS	×20%
= ICMS sobre Vendas	18.000,00

ATENÇÃO, o **desconto comercial** (ou **desconto incondicional concedido**) afeta a base de cálculo do ICMS.

Montando a nota fiscal de vendas, temos:

Nota Fiscal	
Mercadorias	100.000,00
– Desconto comercial	(10.000,00)
= Total da Nota Fiscal	90.000,00
ICMS	18.000,00

2º passo: Calcular o lucro bruto na DRE

Montando a DRE da cia. Atacadista, temos:

Demonstração do Resultado do Exercício	
Vendas Brutas	100.000,00
– ICMS sobre Vendas	(18.000,00)
– Desconto Incondicional Concedido	(10.000,00)
= Vendas Líquidas	72.000,00
– Custo das Mercadorias Vendidas	(60.000,00)
= Lucro Bruto	12.000,00

O lucro bruto da operação foi no valor de 12.000,00.

Gabarito: **Errado**

3.6 ICMS NA IMPORTAÇÃO

Segundo o artigo 13, inciso V e § 1º, inciso I, da lei complementar nº 87/96, a **base de cálculo do ICMS na importação** de mercadorias compreende a soma dos seguintes valores:

a) o valor da mercadoria ou bem constante dos documentos de importação, observado o disposto no artigo 14 da lei complementar nº 87/96

b) imposto de importação (II)

c) imposto sobre produtos industrializados (IPI)

d) imposto sobre operações de câmbio (IOF)

e) quaisquer outros impostos, taxas, contribuições e despesas aduaneiras

O **preço de importação expresso em moeda estrangeira** será convertido em **moeda nacional** pela mesma **taxa de câmbio** utilizada no cálculo do **imposto de importação**, sem qualquer acréscimo ou devolução posterior se houver variação da taxa de câmbio até o pagamento efetivo do preço.

Valor fixado pela autoridade aduaneira

O **valor fixado** pela **autoridade aduaneira** para base de cálculo do imposto de importação, nos termos da lei aplicável, **substituirá o preço declarado na nota fiscal de importação**.

MEMORIZAR PARA A PROVA

Valor da mercadoria em moeda estrangeira
× Taxa de câmbio utilizada no cálculo do Imposto de Importação
= Valor da mercadoria em moeda nacional
+ Imposto de Importação – II
+ Imposto sobre Produtos Industrializados – IPI
+ Imposto sobre Operações de Câmbio – IOF
+ Outros impostos, taxas, contribuições e despesas aduaneiras
= Base de cálculo do ICMS sem o montante do mesmo

ATENÇÃO, integra a base de cálculo do ICMS na importação, o **montante do próprio imposto**, constituindo o respectivo destaque mera indicação para fins de controle.

CONCLUSÃO, dividindo a base de cálculo do ICMS sem o montante do mesmo por (1 – alíquota do ICMS), incluímos o montante do ICMS na sua própria base de cálculo e encontramos a base de cálculo do ICMS na importação.

MEMORIZAR PARA A PROVA

$$\text{Base de cálculo do ICMS na importação} = \frac{\text{Base de cálculo do ICMS sem o montante do mesmo}}{(1 - \text{alíquota do ICMS})}$$

Caso haja **fretes e seguros** da alfândega do porto até o estabelecimento do importador, os referidos fretes e seguros **não integram a base de cálculo do ICMS na importação**, pois se trata de fatos ocorridos após o desembaraço aduaneiro.

06ª QUESTÃO (Contador Júnior BR Cesgranrio 2010): Admita que uma empresa que importou uma máquina para o seu imobilizado apresentou as informações abaixo relativas a tal importação.

- Valor da máquina, em dólar, declarado nos documentos de importação – US$ 50.000,00
- Valor da máquina fixado pela autoridade aduaneira para a base de cálculo do imposto de importação – US$ 54.000,00
- Imposto de Importação (II) = 10%
- Taxa de câmbio na operação US$ 1 = R$ 1,50
- Imposto sobre Produtos Industrializados (IPI) = R$ 4.100,00
- Despesas aduaneiras = R$ 1.800,00
- Frete do porto até ao estabelecimento do importador = R$ 5.000,00

A base de cálculo do ICMS na importação dessa máquina, em reais, é:

a) 89.000,00
b) 94.000,00
c) 95.000,00
d) 95.100,00
e) 100.000,00

SOLUÇÃO

Segundo o parágrafo único do artigo 14 da lei complementar nº 87/96, o valor **fixado pela autoridade aduaneira** para base de cálculo do imposto de importação, nos termos da lei aplicável, **substituirá o preço declarado**.

1º passo: Calcular a base de cálculo do ICMS sem o montante do mesmo

Valor fixado pela autoridade aduaneira em US$	54.000,00
× Taxa de câmbio da operação	× 1,50
= Valor da mercadoria em R$	81.000,00
+ Imposto de Importação em R$	8.100,00
= Valor da mercadoria com o Imposto de Importação em R$	89.100,00
+ Imposto sobre Produtos Industrializados em R$	4.100,00
+ Despesas aduaneiras em R$	1.800,00
= Base de cálculo do ICMS sem o montante do mesmo em R$	95.000,00

2º passo: Calcular a base de cálculo do ICMS na importação

ATENÇÃO, integra a base de cálculo do ICMS na importação, o **montante do próprio imposto**, constituindo o respectivo destaque mera indicação para fins de controle.

Dividindo a base de cálculo do ICMS sem o montante do mesmo por (1 – alíquota do ICMS), incluímos o montante do ICMS na sua própria base de cálculo e encontramos a base de cálculo do ICMS na importação.

$$\text{Base de cálculo do ICMS na importação} = \frac{\text{Base de cálculo do ICMS sem o montante do mesmo}}{(1 - \text{alíquota do ICMS})}$$

ATENÇÃO NA PROVA

Geralmente nas provas, a questão informando a alíquota do ICMS na importação e pedindo a base de cálculo do ICMS na importação ou o montante do ICMS na importação, o **examinador** ao efetuar a solução, **não inclui** o ICMS na sua própria base de cálculo. Portanto, na prova, caso **não encontrem** a base de cálculo correta do ICMS na importação dentre as alternativas dadas como resposta, **marquem a alternativa** que contém a base de cálculo do ICMS sem o montante do mesmo.

Nessa questão **foi omitido a alíquota do ICMS na importação**, e a banca considerou como base de cálculo do ICMS na importação o montante de 95.000,00.

Gabarito: **C**

4. IPI E ICMS NA AQUISIÇÃO DE MERCADORIAS PARA CONSUMO PRÓPRIO

Na aquisição de bens para consumo, a empresa não recupera o IPI e nem o ICMS, e nesse caso, o IPI incide na base de cálculo do ICMS.

Base de cálculo do ICMS = Valor da Operação + IPI

4.1 RELAÇÃO ENTRE O IPI E O ICMS NA AQUISIÇÃO DE MERCADORIAS

Na aquisição de mercadorias, dependendo da **destinação** destas, temos:

Destinação	IPI	ICMS	Incidência do IPI na base de cálculo do ICMS
Consumo	não recupera	não recupera	**Sim**
Comércio	não recupera	recupera	**Não**
Indústria	recupera	recupera	**Não**

07ª QUESTÃO (AFRFB ESAF 2003): A empresa Comércio Industrial Ltda. comprou 250 latas de tinta ao custo unitário de 120,00, tributadas com IPI de 5% e ICMS de 12%. Pagou entrada de 20% e aceitou duas duplicatas mensais de igual valor. A tinta adquirida foi contabilizada conforme sua natureza contábil funcional, com a seguinte destinação:

– 50 latas para consumo interno

– 100 latas para revender

– 100 latas para usar como matéria-prima

Após efetuar o competente lançamento contábil, é correto afirmar que, com essa operação, os estoques da empresa sofreram aumento no valor de:

a) 31.500,00
b) 28.020,00
c) 30.000,00
d) 27.900,00
e) 26.500,00

☛ SOLUÇÃO

Na aquisição de mercadorias, dependendo da destinação destas, temos:

Destinação	IPI	ICMS	Incidência do IPI na base de cálculo do ICMS
Consumo	não recupera	não recupera	**Sim**
Comércio	não recupera	recupera	**Não**
Indústria	recupera	recupera	**Não**

1º passo: Calcular a aquisição para consumo interno.

Itens	IPI	ICMS
Valor da operação	6.000,00	6.000,00
+ IPI	xxx	300,00
= Base de cálculo	6.000,00	6.300,00
× Alíquota	× 5%	× 12%
= Imposto	**300,00**	**756,00**

Nota fiscal para consumo

Mercadorias..6.000,00
+ IPI..300,00
= Total da nota fiscal..6.300,00

ICMS..756,00

Estoques para consumo = 50 latas × 120,00/lata × 1,05 = 6.300,00

Multiplicando o valor da operação (50 latas × 120,00/lata = 6.000,00), por 1,05 **incluímos** o montante do **IPI** que **não é recuperável** em uma aquisição para **consumo próprio**.

Supondo que a aquisição foi a prazo, temos:

(1) Registro contábil da aquisição para consumo:

Estoques para Consumo	
(1) 6.300,00	

Fornecedores	
	6.300,00 (1)

Na aquisição para **consumo** a empresa **não recupera** o IPI e nem o ICMS.

2º passo: Calcular a aquisição para o comércio.

Item	IPI	ICMS
Valor da operação	12.000,00	12.000,00
= Base de cálculo	12.000,00	12.000,00
× Alíquota	× 5%	× 12%
= Imposto	**600,00**	**1.440,00**

Nota fiscal para comércio

Mercadorias 12.000,00
+ IPI 600,00
= Total da nota fiscal 12.600,00

ICMS 1.440,00

Estoques para comércio = 100 latas × 120,00/lata × 0,88 + 100 latas × 120,00/lata × 0,05 = 11.160,00

ATENÇÃO, nas mercadorias adquiridas para comércio a empresa recupera o ICMS e não recupera o IPI. Portanto, ao multiplicarmos o valor da operação (100 latas × 120,00/lata = 12.000,00) por 0,88 retiramos o ICMS à alíquota de 12% e multiplicando o valor da operação por 0,05 incluímos o IPI à alíquota de 5%.

(2) Registro contábil da aquisição para o comércio:

Estoques para Comércio	
(2) 11.160,00	

ICMS a Recuperar	
(2) 1.440,00	

Fornecedores	
	12.600,00 (2)

3º passo: Calcular a aquisição para usar como matéria-prima.

Itens	IPI	ICMS
Valor da operação	12.000,00	12.000,00
= Base de cálculo	12.000,00	12.000,00
× Alíquota	× 5%	× 12%
= Imposto	**600,00**	**1.440,00**

Nota fiscal para indústria

Mercadorias	12.000,00
+ IPI	600,00
= Total da nota fiscal	12.600,00
ICMS	1.440,00

Estoques para Indústria = 100 latas × 120,00/lata × 0,88 = 10.560,00

Ao multiplicarmos o valor da operação (100 latas × 120,00/lata = 12.000,00) por 0,88 retiramos o ICMS à alíquota de 12%. **Atenção**, o **IPI** é um **imposto por fora**, e nesse caso não precisamos subtrair, pois o mesmo **encontra-se fora do valor da operação**.

(3) Registro contábil da aquisição para usar como matéria-prima:

Estoques para Produção	
(3) 10.560,00	

IPI a Recuperar	
(3) 600,00	

ICMS a Recuperar	
(3) 1.440,00	

Fornecedores	
	12.600,00 (3)

4º passo: Calcular o montante dos estoques.

Estoques = Consumo + Comércio + Indústria

Estoques = 6.300,00 + 11.160,00 + 10.560,00 = 28.020,00

Gabarito: **B**

5. OPERAÇÕES QUE AFETAM UMA VENDA

As principais operações que afetam uma venda estão relacionadas com a devolução de vendas, abatimentos sobre vendas, descontos incondicionais concedidos e ajustes a valor presente de vendas.

5.1 DEVOLUÇÃO DE VENDAS

É o ato pelo qual as mercadorias compradas retornam do cliente para o fornecedor, por estarem em desacordo com o pedido. Na **devolução de vendas** é obrigatória a emissão de **nota fiscal**, e nesse caso, tudo que está na nota fiscal de vendas, tem que constar na nota fiscal de devolução de vendas, proporcionalmente ao percentual das vendas devolvidas.

Por exemplo, a Indústria de Estruturas Metálicas realizou uma venda no valor de 100.000,00 com um desconto comercial de 15% e a incidência de IPI e ICMS às alíquotas respectivamente de 10% e 20%. Em seguida, ocorreu uma devolução de 40% dessas vendas por parte do cliente. Montando as notas fiscais das vendas e devoluções das vendas, tem-se:

Nota Fiscal de vendas	
Mercadorias	100.000,00
+ IPI	8.500,00
– Desconto Comercial	(15.000,00)
= Total da nota fiscal	93.500,00
ICMS	17.000,00

Nota Fiscal da devolução de vendas	
Mercadorias	40.000,00
+ IPI	3.400,00
– Desconto Comercial	(6.000,00)
= Total da nota fiscal	37.400,00
ICMS	6.800,00

Como podemos observar, na **nota fiscal de devolução de vendas** consta todos os itens da nota fiscal de vendas, proporcionalmente a **40% das vendas devolvidas**.

Mercadorias na NF de devolução = 40% × Mercadorias vendidas

Mercadorias na NF de devolução = 40% × 100.000,00

Mercadorias na NF de devolução = 40.000,00

IPI na NF de devolução = 40% × IPI nas vendas

IPI na NF de devolução = 40% × 8.500,00

IPI na NF de devolução = 3.400,00

Desconto comercial na NF de devolução = 40% × Desconto comercial na venda

Desconto comercial na NF de devolução = 40% × 15.000,00

Desconto comercial na NF de devolução = 6.000,00

ICMS na NF de devolução = 40% × ICMS nas vendas

ICMS na NF de devolução = 40% × 17.000,00

ICMS na NF de devolução = 6.800,00

ATENÇÃO, apenas as vendas canceladas dentro do período são contabilizadas na DRE em dedução de vendas. As vendas canceladas de períodos anteriores são registradas na DRE em despesas comerciais ou despesas com vendas, que correspondem as despesas operacionais.

5.2 ABATIMENTOS SOBRE VENDAS

Ocorre quando o cliente está insatisfeito com a mercadoria adquirida (por exemplo, a cor da mercadoria não está de acordo com o pedido do cliente), por culpa do fornecedor, e não julgar necessário devolvê-la, pode o cliente entrar em acordo com o fornecedor e pedir um abatimento, a fim de evitar a devolução. Na operação de **abatimentos sobre vendas** não existe a emissão de **nota fiscal**, pois não há circulação de mercadorias.

5.3 DESCONTO INCONDICIONAL CONCEDIDO

O desconto incondicional concedido ou **desconto comercial concedido** é aquele dado incondicionalmente (**não existe condição**) pelo fornecedor ao cliente no **ato da venda**, independente das condições de pagamento, mas em função de outros fatores, tais como, uma grande quantidade adquirida ou cliente preferencial, e como se trata de um desconto dado no ato da venda, **aparece na nota fiscal**.

Quando ocorrer uma devolução de vendas adquiridas com desconto comercial, na nota fiscal de devolução de mercadorias deve aparecer o desconto comercial, sendo que seu valor é proporcional a operação de devolução de mercadorias.

ATENÇÃO, o desconto incondicional concedido **afeta a base de cálculo** do IPI e do ICMS.

5.4 AJUSTES A VALOR PRESENTE DE VENDAS

Segundo o artigo 12, § 1º, inciso IV da lei nº 12.973/2014, os valores decorrentes do ajuste a valor presente, serão deduzidos da receita bruta.

Regra geral, a conta **ajustes a valor presente de clientes** é decorrente de operações de longo prazo e contabilizada no **ativo não circulante realizável a longo prazo**. Em relação as operações de curto prazo, quando houver efeito relevante, as contas do **ativo circulante** estarão sujeitas a a**justes a valor presente de clientes**. O efeito relevante é aquele que causa distorções no patrimônio líquido da empresa caso não seja registrado.

O **ajuste a valor presente** tem como origem o CPC 30 (R1) – Receitas, o qual define que a receita deve ser mensurada pelo valor justo da contraprestação recebida ou a receber, pois quando uma receita é gerada por uma venda a prazo, o valor justo da contraprestação pode vir a ser menor do que a quantia nominal do dinheiro recebido ou a receber, devido à existência de juros embutidos no montante a receber que não fazem parte do valor justo. Como resultado dessas operações de vendas a prazo, o CPC 12 – Ajuste a Valor Presente conclui que os ativos monetários com juros implícitos ou explícitos embutidos devem ser mensurados pelo seu valor presente quando do seu reconhecimento inicial, por ser este o valor de custo original dentro da filosofia de valor justo (*fair value*).

6. FRETES E SEGUROS

Os **fretes e o seguros** podem ser cobrados pelo fornecedor da mercadoria ou não.

6.1 FRETES E SEGUROS COBRADOS PELO FORNECEDOR

Caso o frete e o seguro estejam incluídos na nota fiscal, significa que o próprio fornecedor está transportando a mercadoria adquirida pelo cliente.

Neste caso o **IPI** e o **ICMS incidirão** também sobre os **fretes e os seguros**.

6.2 FRETES E SEGUROS COBRADOS PELA TRANSPORTADORA

Caso o frete e o seguro sejam cobrados por uma empresa transportadora contratada pelo cliente, os referidos impostos não incidirão sobre o valor do frete e do seguro, apenas sobre o valor da compra.

Neste caso o **IPI** e o **ICMS não incidirão** sobre os **fretes** e os **seguros**.

MEMORIZAR PARA A PROVA

Tratando-se das provas de **concursos públicos em geral**, quando a questão não informar quem efetuou o transporte, devemos supor que este foi feito por uma empresa transportadora e, nesse caso, **não haverá incidência** do **IPI** e **ICMS** sobre os **fretes** e os **seguros.**

Incidência dos fretes e seguros na base de cálculo do IPI e do ICMS

Nas **compras CIF** os fretes e os seguros **integram** a base de cálculo do **IPI** e do **ICMS**.

Nas **compras FOB** os fretes e os seguros **não integram** a base de cálculo do **IPI** e do **ICMS**.

A sigla **CIF** é *Cost, Insurance and Freight* e significa **custos, seguros e fretes**.

A sigla **FOB** é *Free On Board* e significa **posto a bordo**.

7. APURAÇÃO EXTRACONTÁBIL DAS COMPRAS ADQUIRIDAS COM TRIBUTOS

A apuração extracontábil (ou **apuração matemática**) calcula o valor das compras de mercadorias através da utilização de uma fórmula matemática, que utiliza o conceito de **compras brutas** e **compras líquidas**.

As **compras brutas** correspondem ao valor das compras acrescidos dos tributos, quer sejam por fora ou por dentro, recuperáveis ou não. Em outras palavras, as compras brutas correspondem ao valor total da nota fiscal de aquisição das mercadorias.

As **compras líquidas** representam o valor das compras, líquidas apenas dos tributos recuperáveis, pois os tributos não recuperáveis, sempre serão acrescidos nas compras líquidas. Nas compras líquidas deveremos **somar** os demais **gastos**

incorridos na aquisição das mercadorias que **não são recuperáveis**, como, por exemplo, os fretes e seguros, despesas com armazenagem, etc. e **subtrair** as **deduções de compras**, que são semelhantes às **deduções das vendas brutas**, porém, não são tratadas contabilmente como receitas e sim como **contas retificadoras** das compras brutas. Compõem as **deduções de compras**:

- devoluções de compras
- abatimentos sobre compras
- descontos incondicionais obtidos ou **descontos comerciais obtidos**

As **compras brutas** (CB) correspondem ao valor **total da nota fiscal.**

CB = Valor da Operação + IPI

As **compras líquidas** (CL) representam o valor efetivamente lançado nos **estoques**.

CL = CB – ICMS – PIS/COFINS não cum. + Fretes/Seguros/Armazenagem – Deduções de compras

7.1 STF E NÃO INCIDÊNCIA DO ICMS NA BASE DE CÁLCULO DO PIS/COFINS

Após décadas de discussão da possibilidade de **exclusão do ICMS** da base de cálculo do PIS/COFINS, sob a alegação de que o **ICMS não configura faturamento** da sociedade empresária, a matéria retornou por meio do Recurso Especial nº 574.706 ao debate no Supremo Tribunal Federal, o qual decidiu no dia 09 de março de 2017, que o ICMS não compõe a base de cálculo para a incidência do PIS e da COFINS, cuja decisão servirá de orientação para casos idênticos que tramitam no Judiciário.

Entretanto, a **Secretaria da Receita Federal**, por meio da Solução de Consulta nº 6.032/2017 publicada no DOU de 05 de julho de 2017 disse **não a exclusão do ICMS** da base de cálculo do PIS e da COFINS.

Conclusão, para a Secretaria da Receita Federal, o **ICMS devido** pela pessoa jurídica na condição de contribuinte do imposto (em virtude de operações ou prestações próprias) **compõe a sua receita bruta**, não havendo previsão legal que possibilite a sua **exclusão da base de cálculo** não cumulativa do PIS e da COFINS devidos nas operações realizadas no mercado interno.

MEMORIZAR PARA A PROVA

ATENÇÃO, esse livro é destinado ao público voltado para **concursos públicos da área fiscal**, e como vimos, apesar do **STF** determinar a **exclusão do ICMS** da base de cálculo do PIS/COFINS, a **Secretaria da Receita Federal, não reconhece a sua exclusão.** Em outras palavras, nas provas de concursos das áreas fiscais, devemos seguir o entendimento da SRF, ou seja, o **ICMS não é excluído** da base de cálculo do PIS/COFINS. As **questões de provas comentadas** a seguir, seguem o entendimento da Secretaria da Receita Federal.

08ª QUESTÃO: A empresa Atacadista S.A. adquiriu mercadorias a prazo para revenda ao preço total de 110.000,00, com a incidência de IPI a 10%, ICMS a 20%, PIS não cumulativo a 1,65% e COFINS não cumulativa a 7,6%. Pode-se afirmar que o valor das compras a ser lançado nos estoques é de 80.750,00.

( ) Certo

( ) Errado

☛ SOLUÇÃO

ATENÇÃO, toda vez que a questão perguntar o valor das compras registrada nos estoques, significa que o examinador está pedindo o valor das compras líquidas.

Não se esqueça que **compras líquidas** é sinônimo do **custo de aquisição das mercadorias** que foram registradas nos **estoques**.

1º passo: Montar a nota fiscal de aquisição das mercadorias para revenda com os dados da questão.

ATENÇÃO, a nota fiscal das compras de mercadorias é no montante de 110.000,00, e nesse valor, temos incluso o **IPI** que é um **imposto por fora** do valor da operação, e o **ICMS** que é um **imposto por dentro** do valor da operação. Montando a nota fiscal de compras de acordo com os dados da questão, tem-se:

Nota Fiscal de mercadorias para revender

Mercadorias..X
+ IPI nas compras de 10%..0,10X
= Total da Nota Fiscal.. 110.000,00

ICMS nas compras de 20%..0,20X
PIS não cumulativo...?
COFINS não cumulativa...?

Da nota fiscal acima, calculamos X que é o **valor da operação** ou **valor das compras**.

X + 0,10X = 110.000,00
1,10X = 110.000,00
X = 100.000,00

2º passo: Calcular os tributos incidentes na operação.

Agora devemos tomar cuidado com as bases de cálculos dos tributos, pois com relação ao **IPI** e o **ICMS**, a base de cálculo é o **valor da operação**, e o **IPI não incide** na base de cálculo do ICMS, pois tratam-se de mercadorias destinadas à comercialização. Com relação ao **PIS não cumulativo** e a **COFINS não cumulativa**, o **IPI incide** na base de cálculo do PIS/COFINS não cumulativos, pois tratam-se de mercadorias destinadas à comercialização.

Base de cálculo do IPI e ICMS = Valor da Operação

Base de cálculo do PIS/COFINS não cumulativos = Valor da Operação + IPI

ATENÇÃO, pois caso existisse um desconto comercial (ou desconto incondicional concedido) teríamos que subtrair esse montante do valor da operação, para encontrarmos a base de cálculo dos tributos.

Itens	IPI	ICMS	PIS não cum.	COFINS não cum.
Valor da operação	100.000,00	100.000,00	100.000,00	100.000,00
+ IPI	xxx	xxx	10.000,00	10.000,00
= Base de cálculo	100.000,00	100.000,00	110.000,00	110.000,00
× Alíquota	× 10%	× 20%	× 1,65%	× 7,60%
= Tributo	**10.000,00**	**20.000,00**	**1.815,00**	**8.360,00**

3º passo: Calcular as compras brutas.

O termo técnico **compras brutas** (CB) significa que os **tributos recuperáveis** se encontram embutidos no valor da operação, além dos **tributos não recuperáveis**.

Compras Brutas = Valor das Compras + IPI

Compras Brutas = 100.000,00 + 10.000,00 = 110.000,00

No **valor das compras** (ou **valor da operação**) encontra-se inseridos os **tributos recuperáveis** (ICMS, PIS não cumulativo e a COFINS não cumulativa). O **IPI** é um tributo que incide **por fora da operação**, e nesse caso, temos que somá-lo ao valor da operação.

Conclusão, as **compras brutas** correspondem ao valor **total da nota fiscal** de aquisição.

Uma outra forma de calcular as compras brutas, é montando a nota fiscal com os valores relativos as mercadorias adquiridas e os respectivos tributos incidentes na operação.

Nota fiscal de mercadorias para revender

Mercadorias	100.000,00
+ IPI	10.000,00
= Total da nota fiscal	110.000,00
ICMS	20.000,00
PIS não cumulativo	1.815,00
COFINS não cumulativa	8.360,00

Da nota fiscal de aquisição, temos que as **compras brutas** é no montante de **110.000,00**.

4º passo: Calcular as compras líquidas.

O termo técnico **compras líquidas** (CL) significa que as compras se encontram líquidas apenas dos **tributos recuperáveis**, pois os **tributos não recuperáveis** sempre ficarão embutidos. Nesse caso, os demais gastos incorridos na aquisição das mercadorias que não são recuperáveis, também compõem as compras líquidas, como, por exemplo, os fretes e seguros, despesas com armazenagem, etc.

CL = CB – ICMS – PIS/COFINS não cum. + Fretes/Seguros/Armazenagem – Deduções de compras

Conclusão, as **compras líquidas** representam o valor registrado nos **estoques**, em uma aquisição.

Compras Líquidas = 110.000,00 – 20.000,00 – 1.815,00 – 8.360,00
Compras Líquidas = 79.825,00

O registro contábil na empresa Atacadista S.A. é por meio do lançamento.

D: Mercadorias...79.825,00
D: ICMS a Recuperar..20.000,00
D: PIS não cumulativo a Recuperar...................1.815,00
D: COFINS não cumulativo a Recuperar.........8.360,00
C: Duplicatas a Pagar 110.000,00

Gabarito: **Errado**

8. RELAÇÃO ENTRE O IPI E O PIS/COFINS NÃO CUMULATIVOS

Na aquisição de mercadorias, dependendo da **destinação** destas, temos:

Destinação	IPI	PIS/COFINS não cumulativos	Incidência do IPI na base de cálculo do PIS/COFINS não cumulativos
Consumo	não recupera	não recupera	**Sim**
Comércio	não recupera	recupera	**Sim**
Indústria	recupera	recupera	**Não**

8.1 CONTRIBUINTE DO PIS/COFINS NÃO CUMULATIVOS

A empresa (indústria ou comércio) só é contribuinte do PIS não cumulativo e da COFINS não cumulativa se for tributada pelo **lucro real**, pois caso a empresa (indústria ou comércio) sofrer tributação do imposto de renda com base no **lucro presumido**, nesse caso, estará sujeita à incidência do PIS cumulativo e da COFINS cumulativa.

Contribuinte do IR com base no:	Contribuinte do PIS/COFINS
lucro real ou lucro fiscal	não cumulativo
lucro presumido	cumulativo

9. REGISTRO CONTÁBIL DAS COMPRAS NOS ESTOQUES

A **empresa comercial** tributada pelo **lucro fiscal** que adquirir mercadorias para revenda **será contribuinte** do ICMS, PIS não cumulativo e da COFINS não cumulativa. Portanto, nas compras de mercadorias, o ICMS, o PIS não cumulativo e a COFINS não cumulativa **não integram o custo de aquisição** das mercadorias, pois a empresa recupera-os no ato da aquisição, compensado-os quando da venda dessas mercadorias.

Nas aquisições de produtos de uma indústria com a incidência de IPI, a empresa comercial não recupera o IPI. Nesse caso, o IPI integra o custo de aquisição das mercadorias, não integra a base de cálculo do ICMS, mas incide na base de cálculo do PIS não cumulativo e da COFINS não cumulativa.

As **questões de concurso** que cobram esse assunto normalmente pedem o valor das mercadorias lançadas nos estoques, o custo das mercadorias vendidas, o lucro bruto, etc.

As mercadorias registradas nos estoques são calculadas por meio da fórmula matemática:

CL = CB – ICMS – PIS/COFINS não cum. + Fretes/Seguros/Armazenagem – Deduções de compras

Vimos que as **compras líquidas** correspondem ao valor lançado nos estoques da **empresa comercial**, e nesse caso, podemos memorizar a **seguinte fórmula simplificada**:

Compras Líquidas de uma empresa comercial = Valor das Compras + SIFA – TrD

O **valor das compras** é o montante das mercadorias adquiridas.

SIFA: **S**eguros, **I**PI, **F**retes e **A**rmazenagens

TrD: **Tr**ibutos recuperáveis e **D**eduções de compras

Os tributos recuperáveis são: ICMS, PIS não cumulativo e a COFINS não cumulativa

As **deduções de compras**, compreendem:

- devoluções de compras
- abatimentos sobre compras
- descontos incondicionais obtidos ou **descontos comerciais obtidos**

Portanto, os seguros, IPI, fretes e despesas com armazenagem **integram** o custo de aquisição dos estoques, pois os mesmos não são recuperáveis pela empresa comercial na compra, enquanto que os **tributos recuperáveis** (ICMS, PIS não cumulativo e a COFINS não cumulativa) e as **deduções de compras** devem ser **deduzidas** do custo de aquisição dos estoques.

ATENÇÃO, as questões de **números 09 a 17** a seguir, estão relacionadas com o registro nos estoques de **mercadorias adquiridas com tributos**.

09ª QUESTÃO: A empresa Comércio de Tecidos Ltda adquiriu mercadorias a prazo para revenda no valor de 100.000,00, com IPI à alíquota de 10% e ICMS 20%. Podemos afirmar que o contador realizou o registro das compras por meio do lançamento:

D: Estoques de Mercadorias....................90.000,00
D: ICMS a Recuperar 20.000,00
C: Duplicatas a Pagar 110.000,00

( ) Certo
( ) Errado

SOLUÇÃO

ATENÇÃO, a apuração extracontábil é a que deve ser utilizada na hora da prova. Para um melhor aprendizado, vamos resolver esse exercício e os demais que se seguem por meio da apuração contábil também, com a finalidade de visualizarmos as contas debitadas e creditadas na operação.

Apuração Extracontábil

Na prova, para calcularmos o valor registrado nos estoques, sempre utilizaremos a fórmula:

CL = Valor das Compras + SIFA – TrD

1º passo: Calcular o IPI e o ICMS.

ATENÇÃO, com relação as mercadorias adquiridas para revenda (comercialização), o **IPI não incide** na base de cálculo do ICMS.

Itens	IPI integra o custo	ICMS não integra o custo
Valor da operação	100.000,00	100.000,00
= Base de cálculo	100.000,00	100.000,00
× Alíquota	× 10%	× 20%
= Tributo	**10.000,00**	**20.000,00**

A empresa Comércio não é contribuinte do IPI, mas é contribuinte do ICMS, e nessa aquisição apenas o ICMS é recuperado. Portanto, o IPI integra o custo de aquisição das mercadorias, enquanto que o ICMS não integra.

2º passo: Calcular as compras líquidas por meio da fórmula.

CL = Valor das Compras + SIFA – TrD

Valor das compras 100.000,00
+ IPI 10.000,00
– ICMS .... (20.000,00)
= Compras Líquidas 90.000,00

3º passo: Registro contábil de aquisição das mercadorias:

D: Estoques de Mercadorias 90.000,00
D: ICMS a Recuperar 20.000,00
C: Duplicatas a Pagar 110.000,00

Apuração Contábil

1º passo: Calcular as compras brutas.

Montando a nota fiscal de aquisição das mercadorias, temos:

Nota Fiscal da compra de mercadorias	
Mercadorias	100.000,00
+ IPI	10.000,00
= Total da Nota Fiscal	110.000,00
ICMS	20.000,00

Compras Brutas = Total da nota fiscal

Compras Brutas = 110.000,00

2º passo: Calcular as compras líquidas.

Compras Líquidas = Total da Nota Fiscal – ICMS – PIS não cumulativo – COFINS não cumulativa

Total da Nota Fiscal	110.000,00
– ICMS	(20.000,00)
= Compras Líquidas	90.000,00

3º passo: Registro contábil de aquisição das mercadorias.

D: Estoques de Mercadorias........................90.000,00
D: ICMS a Recuperar.......................................20.000,00
C: Duplicatas a Pagar...110.000,00

Gabarito: **Certo**

10ª QUESTÃO: A empresa Comércio de Calçados Ltda adquiriu mercadorias a prazo para revenda no valor de 100.000,00, com IPI à alíquota de 10%, ICMS 20% e desconto comercial de 10%. Podemos afirmar que o contador realizou o registro das compras por meio do lançamento:

D: Estoques de Mercadorias....................80.000,00
D: ICMS a Recuperar 20.000,00
C: Duplicatas a Pagar 100.000,00

( ) Certo
( ) Errado

SOLUÇÃO

Apuração Extracontábil

Na prova, para calcularmos o valor registrado nos estoques, sempre utilizaremos a fórmula:

CL = Valor das Compras + SIFA – TrD

1º passo: Calcular o IPI e o ICMS.

ATENÇÃO, com relação as mercadorias adquiridas para revenda (comercialização), o **IPI não incide** na base de cálculo do ICMS. Não se esqueça, atualmente o desconto comercial afeta a base de cálculo do IPI e do ICMS.

Itens	IPI integra o custo	ICMS não integra o custo
Valor da operação	100.000,00	100.000,00
– Desconto Comercial	(10.000,00)	(10.000,00)
= Base de cálculo	90.000,00	90.000,00
× Alíquota	× 10%	× 20%
= Tributo	**9.000,00**	**18.000,00**

A empresa Comércio não é contribuinte do IPI, mas é contribuinte do ICMS, e nessa aquisição apenas o ICMS é recuperado. Portanto, o IPI integra o custo de aquisição das mercadorias, enquanto que o ICMS não integra.

2º passo: Calcular as compras líquidas por meio da fórmula.

CL = Valor das Compras + SIFA – TrD

Valor das compras 100.000,00
+ IPI 9.000,00
– ICMS .... (18.000,00)
– Desconto Comercial .... (10.000,00)
= Compras Líquidas 81.000,00

3º passo: Registro contábil de aquisição das mercadorias.

D: Estoques de Mercadorias 81.000,00
D: ICMS a Recuperar.. 18.000,00
C: Duplicatas a Pagar 99.000,00

Apuração Contábil

1º passo: Calcular as compras brutas.

Montando a nota fiscal de aquisição das mercadorias, temos:

Nota Fiscal da compra de mercadorias	
Mercadorias	100.000,00
+ IPI	9.000,00
– Desconto Comercial	(10.000,00)
= Total da Nota Fiscal	99.000,00
ICMS	18.000,00

Compras Brutas = Total da nota fiscal

Compras Brutas = 99.000,00

2º passo: Calcular as compras líquidas.

Compras Líquidas = Total da Nota Fiscal – ICMS – PIS não cumulativo – COFINS não cumulativa

Total da Nota Fiscal 99.000,00
– ICMS ....(18.000,00)
= Compras Líquidas...81.000,00

3º passo: Registro contábil de aquisição das mercadorias.

D: Estoques de Mercadorias 81.000,00
D: ICMS a Recuperar.. 18.000,00
C: Duplicatas a Pagar 99.000,00

Registro contábil do desconto comercial concedido

Na empresa que **vende** as mercadorias **com desconto**

D: Duplicatas a Receber – AC
D: Desconto Comercial Concedido – DRE
C: Vendas Brutas – DRE

Na empresa que **compra** as mercadorias **com desconto**

D: Estoques de Mercadorias – AC
C: Duplicatas a Pagar – PC

- O **desconto incondicional concedido** (ou desconto comercial concedido) só é registrado na empresa que realiza as vendas, pois na empresa que está adquirindo as mercadorias com desconto comercial, o desconto não é contabilizado.
- O **desconto comercial concedido** afeta a base de cálculo do ICMS, e atualmente, segundo a Resolução nº 01/2017 do Senado Federal, o desconto comercial concedido passou a afetar a base de cálculo do IPI.

Gabarito: **Errado**

11ª QUESTÃO: A empresa Osare Shoes adquiriu calçados a prazo para revenda no valor de 13.000,00, com IPI à alíquota de 10% e ICMS 20%. Na operação o fornecedor cobrou 1.500,00 de fretes e 500,00 de seguros. Podemos afirmar que o contador realizou o registro das compras por meio do lançamento:

D: Estoques de Mercadorias........................13.500,00
D: ICMS a Recuperar 3.000,00
C: Duplicatas a Pagar 16.500,00

( ) Certo
( ) Errado

☛ **SOLUÇÃO**

Apuração Extracontábil

Na prova, para calcularmos o valor registrado nos estoques, sempre utilizaremos a fórmula:

CL = Valor das Compras + SIFA – TrD

1º passo: Calcular o IPI e o ICMS.

Cuidado, pois os fretes e os seguros foram cobrados pelo fornecedor e estão incluídos na nota fiscal, e isto significa que o próprio fornecedor está transportando a mercadoria adquirida pelo cliente.

Neste caso o **IPI** e o **ICMS incidirão** também sobre os **fretes e os seguros**.

Itens	IPI integra o custo	ICMS não integra o custo
Valor da operação	13.000,00	13.000,00
+ Fretes e Seguros	2.000,00	2.000,00
= Base de cálculo	15.000,00	15.000,00
× Alíquota	× 10%	× 20%
= Tributo	**1.500,00**	**3.000,00**

A empresa Osare Shoes não é contribuinte do IPI, mas é contribuinte do ICMS, e nessa aquisição apenas o ICMS é recuperado. Portanto, o IPI integra o custo de aquisição das mercadorias, enquanto que o ICMS não integra.

2º passo: Calcular as compras líquidas por meio da fórmula.

CL = Valor das Compras + SIFA – TrD

Valor das compras....................13.000,00
+ IPI....................1.500,00
+ Fretes/Seguros....................2.000,00
– ICMS....................(3.000,00)
= Compras Líquidas....................13.500,00

3º passo: Registro contábil de aquisição das mercadorias.

D: Estoques de Mercadorias 13.500,00
D: ICMS a Recuperar 3.000,00
C: Duplicatas a Pagar 16.500,00

Apuração Contábil

1º passo: Calcular as compras brutas.

Montando a nota fiscal de aquisição das mercadorias, temos:

Nota Fiscal da compra de mercadorias	
Mercadorias	13.000,00
+ IPI	1.500,00
+ Fretes/Seguros	2.000,00
= Total da Nota Fiscal	16.500,00
ICMS	3.000,00

Compras Brutas = Total da nota fiscal

Compras Brutas = 16.500,00

2º passo: Calcular as compras líquidas.

Compras Líquidas = Total da Nota Fiscal – ICMS – PIS não cumulativo – COFINS não cumulativa

Total da Nota Fiscal	16.500,00
– ICMS	(3.000,00)
= Compras Líquidas	13.500,00

3º passo: Registro contábil de aquisição das mercadorias.

D: Estoques de Mercadorias 13.500,00
D: ICMS a Recuperar 3.000,00
C: Duplicatas a Pagar 16.500,00

Como podemos observar, o valor das duplicatas a pagar de 16.500,00 corresponde ao total da nota fiscal.

O IPI, os fretes e os seguros **integram o custo de aquisição** das mercadorias, pois **não são recuperáveis**. Os fretes e os seguros integram a base de cálculo do IPI e do ICMS, pois foram realizados pelo fornecedor, e nesse caso, estamos diante uma compra CIF, isto é, quando os fretes e seguros são pagos pelo fornecedor.

Gabarito: **Certo**

12ª QUESTÃO: A Osare Clothes adquiriu vestidos a prazo para revenda no valor de 10.000,00, com IPI à alíquota de 10%, ICMS 20% e fretes no valor de 2.500,00. Podemos afirmar que o contador realizou o registro das compras por meio do lançamento:

D: Estoques de Mercadorias........................11.000,00
D: ICMS a Recuperar.......................................2.500,00
C: Duplicatas a Pagar..13.500,00

( ) Certo
( ) Errado

☛ SOLUÇÃO

Apuração Extracontábil

Na prova, para calcularmos o valor registrado nos estoques, sempre utilizaremos a fórmula:

CL = Valor das Compras + SIFA – TrD

1º passo: Calcular o IPI e o ICMS.

ATENÇÃO, a questão **não informou** quem realizou os fretes, se foi o fornecedor ou a transportadora. Nessas omissões, supomos que os fretes foram realizados por uma transportadora e nesse caso os fretes e os seguros **não integram** a base de cálculo do IPI e do ICMS.

Neste caso o **IPI** e o **ICMS** não **incidirão** sobre os **fretes e os seguros**.

Itens	IPI integra o custo	ICMS não integra o custo
Valor da operação	10.000,00	10.000,00
= Base de cálculo	10.000,00	10.000,00
× Alíquota	× 10%	× 20%
= Tributo	**1.000,00**	**2.000,00**

A empresa Osare Clothes não é contribuinte do IPI, mas é contribuinte do ICMS, e nessa aquisição apenas o ICMS é recuperado. Portanto, o IPI integra o custo de aquisição das mercadorias, enquanto que o ICMS não integra.

2º passo: Calcular as compras líquidas por meio da fórmula.

CL = Valor das Compras + SIFA – TrD

Valor das compras 10.000,00
+ IPI 1.000,00
+ Fretes/Seguros 2.500,00
– ICMS .... (2.000,00)
= Compras Líquidas 11.500,00

3º passo: Registro contábil de aquisição das mercadorias.

D: Estoques de Mercadorias 11.500,00
D: ICMS a Recuperar 2.000,00
C: Duplicatas a Pagar 13.500,00

Apuração Contábil

1º passo: Calcular as compras brutas.

Montando a nota fiscal de aquisição das mercadorias, temos:

Nota Fiscal da compra de mercadorias

Mercadorias 10.000,00
+ IPI 1.000,00
= Total da Nota Fiscal 11.000,00

ICMS 2.000,00

Montando a nota fiscal da prestação de serviços de transportes (PST), temos:

Nota Fiscal da PST

Fretes...2.500,00
= Total da Nota Fiscal...2.500,00

Compras Brutas = Total da nota fiscal de mercadorias

Compras Brutas = 11.000,00

2º passo: Calcular as compras líquidas.

Compras Líquidas = Total da Nota Fiscal – ICMS – PIS não cum. – COFINS não cum. + Fretes

Total da Nota Fiscal 11.000,00
– ICMS ....(2.000,00)
+ Fretes...2.500,00
= Compras Líquidas...11.500,00

3º passo: Registro contábil de aquisição das mercadorias.

D: Estoques de Mercadorias 11.500,00
D: ICMS a Recuperar... 2.000,00
C: Duplicatas a Pagar 13.500,00

Nas **compras CIF**, os fretes e seguros **integram** a base de cálculo do IPI e do ICMS.

Nas **compras FOB**, os fretes e seguros **não integram** a base de cálculo do IPI e do ICMS.

Gabarito: **Errado**

13ª QUESTÃO: A empresa Atacadista Ltda adquiriu mercadorias a prazo para revenda no valor de 15.000,00, com IPI à alíquota de 10%, ICMS 20% e fretes no valor de 3.500,00. Sabendo-se que ocorreu a devolução de 30% das compras anteriores, podemos afirmar que o contador realizou o registro da devolução das compras por meio do lançamento:

D: Duplicatas a Pagar..5.100,00
C: Estoques de Mercadorias... 4.200,00
C: ICMS a Recolher...900,00

( ) Certo
( ) Errado

SOLUÇÃO

Na prova, para calcularmos o valor registrado nos estoques, sempre utilizaremos a fórmula:

CL = Valor das Compras + SIFA – TrD

1º passo: Calcular o IPI e o ICMS.

ATENÇÃO, a questão **não informou** quem realizou os fretes, se foi o fornecedor ou a transportadora. Nessas omissões, supomos que os fretes foram realizados por uma transportadora e nesse caso os fretes e os seguros **não integram** a base de cálculo do IPI e do ICMS.

Neste caso o **IPI** e o **ICMS** não **incidirão** sobre os **fretes e os seguros**.

Item	IPI integra o custo	ICMS não integra o custo
Valor da operação	15.000,00	15.000,00
= Base de cálculo	15.000,00	15.000,00
× Alíquota	× 10%	× 20%
= Tributo	**1.500,00**	**3.000,00**

A empresa Atacadista Ltda não é contribuinte do IPI, mas é contribuinte do ICMS, e nessa aquisição apenas o ICMS é recuperado. Portanto, o **IPI integra** o custo de aquisição das mercadorias, enquanto que o **ICMS não integra**.

Montando a nota fiscal de aquisição das mercadorias, temos:

Nota Fiscal da compra de mercadorias	
Mercadorias	15.000,00
+ IPI	1.500,00
= Total da Nota Fiscal	16.500,00
ICMS	3.000,00

Montando a nota fiscal da prestação de serviços de transportes (PST), temos:

Nota Fiscal da PST	
Fretes	3.500,00
= Total da Nota Fiscal	3.500,00

Compras Brutas = Total da nota fiscal de mercadorias

Compras Brutas = 16.500,00

2º passo: Calcular as compras líquidas.

Compras Líquidas = Total da Nota Fiscal – ICMS – PIS não cum. – COFINS não cum. + Fretes

Total da Nota Fiscal	16.500,00
– ICMS	(3.000,00)
+ Fretes	3.500,00
= Compras Líquidas	17.000,00

3º passo: Registro contábil de aquisição das mercadorias.

D: Estoques de Mercadorias	17.000,00	
D: ICMS a Recuperar	3.000,00	
C: Duplicatas a Pagar		20.000,00

4º passo: Calcular o valor da devolução das compras líquidas (CL).

O valor da devolução das compras líquidas é calculado por meio da fórmula:

Devolução das CL = (Valor das Compras + SIFA – TrD) × Percentual de devolução das compras líquidas

Valor das compras	15.000,00
+ IPI	1.500,00
+ Fretes	3.500,00
– ICMS	(3.000,00)
= Compras Líquidas	17.000,00
× Percentual de devolução	× 30%
= Devolução das CL	5.100,00

Montando a nota fiscal de devolução das mercadorias, temos:

Nota Fiscal da devolução de mercadorias	
Mercadorias	4.500,00
+ IPI	450,00
= Total da Nota Fiscal	4.950,00
ICMS	900,00

Com relação aos **fretes**, a empresa registra uma **despesa com perda de fretes** proporcional à devolução das compras, pois os fretes estão relacionados com serviços de transportes que já foram executados na aquisição das compras de mercadorias, e serviços, uma vez prestados, não são passíveis de devolução.

ATENÇÃO, na devolução de compras, ocorre uma saída de mercadorias, e nesse caso com relação ao ICMS, a empresa Atacadista Ltda., deverá registrar na conta ICMS a Recolher um valor de 900,00.

5º passo: Registro contábil da devolução de 30% das mercadorias.

D: Duplicatas a Pagar	4.950,00	
D: Despesas com perdas de fretes	1.050,00	
C: Estoques de Mercadorias		5.100,00
C: ICMS a Recolher		900,00

Registro contábil da operação de devolução das mercadorias:

Estoques de Mercadorias	
17.000,00	5.100,00 (1)
11.900,00	

Duplicatas a Pagar	
(1) 4.950,00	20.000,00
	15.050,00

Despesas com Perdas de Fretes	
(1) 1.050,00	

ICMS a Recolher	
	900,00 (1)

O montante das duplicatas a pagar no valor de 15.050,00 após a devolução das mercadorias é composto por:

Duplicatas a Pagar de mercadorias 16.500,00
+ Duplicatas a Pagar dos fretes................................. 3.500,00
– Duplicatas devolvidas de mercadorias................ (4.950,00)
= Duplicatas a Pagar... 15.050,00

Gabarito: **Errado**

14ª QUESTÃO: A empresa Osare Shoes, contribuinte do IR com base no lucro real, adquiriu mercadorias a prazo para revenda no valor de 100.000,00, com ICMS à alíquota de 20%, PIS não cumulativo de 1,65% e COFINS não cumulativa de 7,6%. Podemos afirmar que o contador realizou o registro das compras por meio do lançamento:

D: Estoques de Mercadorias................................ 70.750,00
D: ICMS a Recuperar 20.000,00
D: PIS não cumulativo a Recuperar 1.650,00
D: COFINS não cumulativa a Recuperar................. 7.600,00
C: Duplicatas a Pagar 100.000,00

( ) Certo
( ) Errado

SOLUÇÃO

Apuração Extracontábil

Na prova, para calcularmos o valor registrado nos estoques, sempre utilizaremos a fórmula:

CL = Valor das Compras + SIFA – TrD

1º passo: Calcular o ICMS, PIS não cumulativo e a COFINS não cumulativa.

Itens	ICMS	PIS não cum.	COFINS não cum.
Valor da operação	100.000,00	100.000,00	100.000,00
= Base de cálculo	100.000,00	100.000,00	100.000,00
× Alíquota	× 20%	× 1,65%	× 7,6%
= Tributo	**20.000,00**	**1.650,00**	**7.600,00**

A empresa Osare Shoes contribuinte do IR com base no lucro real, é contribuinte do ICMS, PIS não cumulativo e da COFINS não cumulativa. Portanto, nessa aquisição o ICMS, o PIS não cumulativo e a COFINS não cumulativa **não integram o custo de aquisição** das mercadorias.

2º passo: Calcular as compras líquidas por meio da fórmula.

CL = Valor das Compras + SIFA – TrD

Valor das compras 100.000,00
– ICMS .... (20.000,00)
– PIS não cumulativo .... (1.650,00)
– COFINS não cumulativa .... (7.600,00)
= Compras Líquidas 70.750,00

3º passo: Registro contábil de aquisição das mercadorias.

D: Estoques de Mercadorias 70.750,00
D: ICMS a Recuperar 20.000,00
D: PIS não cumulativo a Recuperar 1.650,00
D: COFINS não cumulativa a Recuperar 7.600,00
C: Duplicatas a Pagar 100.000,00

Apuração Contábil

1º passo: Calcular as compras brutas.

Montando a nota fiscal de aquisição das mercadorias, temos:

Nota Fiscal da compra de mercadorias

Mercadorias	100.000,00
= Total da Nota Fiscal	100.000,00

ICMS	20.000,00
PIS não cumulativo	1.650,00
COFINS não cumulativa	7.600,00

Compras Brutas = Total da nota fiscal

Compras Brutas = 100.000,00

2º passo: Calcular as compras líquidas.

Compras Líquidas = Total da Nota Fiscal – ICMS – PIS não cumulativo – COFINS não cumulativa

Total da Nota Fiscal	100.000,00
– ICMS	(20.000,00)
– PIS não cumulativo	(1.650,00)
– COFINS não cumulativa	(7.600,00)
= Compras Líquidas	70.750,00

3º passo: Registro contábil de aquisição das mercadorias.

D: Estoques de Mercadorias	70.750,00	
D: ICMS a Recuperar	20.000,00	
D: PIS não cumulativo a Recuperar	1.650,00	
D: COFINS não cumulativa a Recuperar	7.600,00	
C: Duplicatas a Pagar		100.000,00

Gabarito: **Certo**

15ª QUESTÃO: A Indústria ConcreJet adquiriu matéria-prima a prazo para industrialização ao preço total de 110.000,00 com IPI à alíquota de 10%, ICMS 20%, PIS não cumulativo 1,65% e COFINS não cumulativa de 7,6%. Podemos afirmar que o contador realizou o registro das compras por meio do lançamento:

D: Estoques de matéria-prima 70.750,00
D: IPI a Recuperar 10.000,00
D: PIS não cumulativo a Recuperar 1.650,00
D: COFINS não cumulativa a Recuperar................ 7.600,00
D: ICMS a Recuperar 20.000,00
C: Duplicatas a Pagar 110.000,00

( ) Certo
( ) Errado

☛ SOLUÇÃO

Apuração Extracontábil

1º passo: Montar a nota fiscal de aquisição das mercadorias para revenda com os dados da questão.

Nota Fiscal de mercadorias para revender	
Mercadorias	X
+ IPI nas compras de 10%	0,10X
= Total da Nota Fiscal	110.000,00
ICMS nas compras de 20%	0,20X
PIS não cumulativo	?
COFINS não cumulativa	?

Da nota fiscal acima, calculamos X que é o **valor da operação** ou **valor das compras**.

X + 0,10X = 110.000,00
1,10X = 110.000,00
X = 100.000,00

2º passo: Calcular os tributos incidentes na operação.

Na prova, para calcularmos o valor registrado nos estoques, sempre utilizaremos a fórmula:

CL = Valor das Compras + SFA – TrD

Base de cálculo do IPI, PIS não cumulativo, COFINS não cumulativa e ICMS = Valor da Operação

Itens	IPI	PIS não cum.	COFINS não cum.	ICMS
Valor da operação	100.000,00	100.000,00	100.000,00	100.000,00
= Base de cálculo	100.000,00	100.000,00	100.000,00	100.000,00
× Alíquota	× 10%	× 1,65%	× 7,6%	× 20%
= Tributo	**10.000,00**	**1.650,00**	**7.600,00**	**20.000,00**

ATENÇÃO, na **aquisição** de matéria-prima destinada à **industrialização**, o IPI **não incide** na base de cálculo do ICMS, do PIS não cumulativo e da COFINS não cumulativa.

2º passo: Calcular as compras líquidas por meio da fórmula

CL = Valor das Compras + SFA – TrD

Valor das compras 100.000,00
– ICMS .... (20.000,00)
– PIS não cumulativo .... (1.650,00)
– COFINS não cumulativa .... (7.600,00)
= Compras Líquidas 70.750,00

CUIDADO, nas compras líquidas de uma indústria, **não somamos o IPI**. Por isso que na fórmula consta **SFA**, ou seja, **S**eguros, **F**retes e **A**rmazenagem.

3º passo: Registro contábil de aquisição das mercadorias.

D: Estoques de matéria-prima 70.750,00
D: IPI a Recuperar 10.000,00
D: PIS não cumulativo a Recuperar 1.650,00
D: COFINS não cumulativa a Recuperar 7.600,00
D: ICMS a Recuperar 20.000,00
C: Duplicatas a Pagar 110.000,00

Apuração Contábil

1º passo: Calcular as compras brutas.

Montando a nota fiscal de aquisição das mercadorias, temos:

Nota fiscal de mercadorias para revender	
Matéria-Prima	100.000,00
+ IPI	10.000,00
= Total da nota fiscal	110.000,00
ICMS	20.000,00
PIS não cumulativo	1.650,00
COFINS não cumulativa	7.600,00

Compras Brutas = Total da nota fiscal

Compras Brutas = 110.000,00

2º passo: Calcular as compras líquidas.

Compras Líquidas = Total da Nota Fiscal – IPI – PIS não cumulativo – COFINS não cumulativa – ICMS

Total da Nota Fiscal	110.000,00
– IPI	(10.000,00)
– PIS não cumulativo	(1.650,00)
– COFINS não cumulativa	(7.600,00)
– ICMS	(20.000,00)
= Compras Líquidas	70.750,00

3º passo: Registro contábil de aquisição das mercadorias.

D: Estoques de matéria-prima	70.750,00	
D: IPI a Recuperar	10.000,00	
D: PIS não cumulativo a Recuperar	1.650,00	
D: COFINS não cumulativa a Recuperar	7.600,00	
D: ICMS a Recuperar	20.000,00	
C: Duplicatas a Pagar		110.000,00

Gabarito: **Certo**

ATENÇÃO, as compras líquidas da **empresa comercial** são diferentes das compras líquidas de uma **indústria**.

Compras líquidas de um **comércio**

CL = Valor das Compras + SIFA – TrD

Compras Líquidas = Nota Fiscal – ICMS – PIS não cumulativo – COFINS não cumulativa

Compras líquidas de uma **indústria**

CL = Valor das Compras + SFA – TrD

Compras Líquidas = Nota Fiscal – IPI – PIS não cumulativo – COFINS não cumulativa – ICMS

Para calcular as **compras líquidas** de uma indústria, **devemos subtrair** do total da Nota Fiscal, o montante do IPI.

16ª QUESTÃO: A empresa Osare Shoes adquiriu mercadorias a prazo para revenda ao preço total de 138.000,00 com IPI à alíquota de 15%, ICMS 20%, PIS não cumulativo 1,65% e COFINS não cumulativa de 7,6%. Podemos afirmar que o contador debitou na conta estoques de mercadorias um valor de 102.900,00.

( ) Certo

( ) Errado

SOLUÇÃO

Apuração Extracontábil

1º passo: Montar a nota fiscal de aquisição das mercadorias para revenda com os dados da questão.

ATENÇÃO, a nota fiscal das compras de mercadorias é no montante de 138.000,00, e nesse valor, temos incluso o **IPI** que é um **imposto por fora** do valor da operação, e o **ICMS** que é um **imposto por dentro** do valor da operação. Montando a nota fiscal de compras de acordo com os dados da questão, tem-se:

Nota Fiscal de mercadorias para revender	
Mercadorias	X
+ IPI nas compras de 15%	0,15X
= Total da Nota Fiscal	138.000,00
ICMS nas compras de 20%	0,20X
PIS não cumulativo	?
COFINS não cumulativa	?

Da nota fiscal acima, calculamos X que é o **valor da operação** ou **valor das compras**.

X + 0,15X = 138.000,00
1,15X = 138.000,00
X = 120.000,00

2º passo: Calcular os tributos incidentes na operação.

Agora devemos tomar cuidado com as bases de cálculos dos tributos, pois com relação ao **IPI** e o **ICMS**, a base de cálculo é o **valor da operação**, e o **IPI não incide** na base de cálculo do ICMS, pois tratam-se de mercadorias destinadas à comercialização. Com relação ao **PIS não cumulativo** e a **COFINS não cumulativa**, o **IPI incide** na base de cálculo do PIS/COFINS não cumulativos, pois tratam-se de mercadorias destinadas à comercialização.

Base de cálculo do IPI e ICMS = Valor da Operação

Base de cálculo do PIS/COFINS não cumulativos = Valor da Operação + IPI

ATENÇÃO, pois caso existisse um desconto comercial (ou desconto incondicional concedido) teríamos que subtrair esse montante do valor da operação, para encontrarmos a base de cálculo dos tributos.

Itens	IPI	ICMS	PIS não cum.	COFINS não cum.
Valor da operação	120.000,00	120.000,00	120.000,00	120.000,00
+ IPI	xxx	xxx	18.000,00	18.000,00
= Base de cálculo	120.000,00	120.000,00	138.000,00	138.000,00
× Alíquota	× 15%	× 20%	× 1,65%	× 7,60%
= Tributo	**18.000,00**	**24.000,00**	**2.277,00**	**10.488,00**

3º passo: Calcular as compras líquidas por meio da fórmula

CL = Valor das Compras + SIFA – TrD

Valor das compras 120.000,00
+ IPI 18.000,00
– ICMS .... (24.000,00)
– PIS não cumulativo .... (2.277,00)
– COFINS não cumulativa .... (10.488,00)
= Compras Líquidas 101.235,00

4º passo: Registro contábil de aquisição das mercadorias:

D: Estoques de Mercadorias 101.235,00
D: ICMS a Recuperar 24.000,00
D: PIS não cumulativo a Recuperar 2.277,00
D: COFINS não cumulativa a Recuperar 10.488,00
C: Duplicatas a Pagar 138.000,00

CONCLUSÃO, o contador debitou na conta estoques de mercadorias um valor de 101.235,00.

Apuração Contábil

1º passo: Calcular as compras brutas.

Montando a nota fiscal de aquisição das mercadorias, temos:

Nota fiscal de mercadorias para revender

Mercadorias 120.000,00
+ IPI 18.000,00
= Total da nota fiscal 138.000,00

ICMS 24.000,00
PIS não cumulativo 2.277,00
COFINS não cumulativa 10.488,00

Compras Brutas = Total da nota fiscal

Compras Brutas = 138.000,00

2º passo: Calcular as compras líquidas.

Compras Líquidas = Total da Nota Fiscal – ICMS – PIS não cumulativo – COFINS não cumulativa

Total da Nota Fiscal 138.000,00
– ICMS .... (24.000,00)
– PIS não cumulativo .... (2.277,00)
– COFINS não cumulativa .... (10.488,00)
= Compras Líquidas 101.235,00

3º passo: Registro contábil de aquisição das mercadorias.

D: Estoques de Mercadorias 101.235,00
D: ICMS a Recuperar 24.000,00
D: PIS não cumulativo a Recuperar 2.277,00
D: COFINS não cumulativa a Recuperar 10.488,00
C: Duplicatas a Pagar 138.000,00

Gabarito: **Errado**

17ª QUESTÃO: A empresa Atacadista Ltda vendeu uma partida de feijão por 3.500,00 no dia 10 de junho, com ICMS à alíquota de 17%, tendo obtido na operação um lucro bruto de 644,00. O feijão foi comprado a prazo, para pagamento de uma única vez, com incidência de ICMS à alíquota de 15%. Sabendo-se que, após a venda do dia 10, restou em estoque apenas 30% do feijão comprado, podemos afirmar que o contador realizou o registro das compras por meio do lançamento:

D: Estoques de Feijão..3.230,00
D: ICMS a Recuperar 570,00
C: Duplicatas a Pagar 3.800,00

( ) Certo
( ) Errado

SOLUÇÃO

1º passo: Montar a DRE e calcular o CMV.

Demonstração do Resultado do Exercício	
Vendas Brutas	3.500,00
– ICMS sobre Vendas	(595,00)
= Vendas Líquidas	2.905,00
– Custo das Mercadorias Vendidas	(CMV)
= Lucro Bruto	644,00

Da DRE, calculamos o CMV.

2.905,00 – CMV = 644,00
CMV = 2.261,00

2º passo: Calcular as compras líquidas.

ATENÇÃO, o CMV corresponde a 70% das compras líquidas, pois após as vendas, restou em estoque apenas 30% do feijão comprado.

CMV = 70% × Compras Líquidas

2.261,00 = 70% × Compras Líquidas
Compras Líquidas = 3.230,00

3º passo: Calcular o valor das compras (ou Duplicatas a Pagar).

$$\text{Duplicatas a Pagar} = \frac{\text{Compras Líquidas}}{(1 - \text{alíquota do ICMS})}$$

$$\text{Duplicatas a Pagar} = \frac{3.230,00}{(1 - 0,15)}$$

Duplicatas a Pagar = 3.800,00

Montando a nota fiscal de compras, temos:

Nota Fiscal da compra do feijão	
Mercadorias	3.800,00
= Total da Nota Fiscal	3.800,00
ICMS	570,00

ICMS = 15% × Valor da Operação

ICMS = 15% × 3.800,00
ICMS = 570,00

Registro contábil da aquisição do feijão:

D: Estoques de Feijão..3.230,00
D: ICMS a Recuperar..570,00
C: Duplicatas a Pagar 3.800,00

Gabarito: **Certo**

A seguir, temos um quadro resumo envolvendo o IPI, ICMS e PIS/COFINS não cumulativos.

Destinação	Incidência do **IPI** na base de cálculo do:	
	ICMS	**PIS/COFINS** não cumulativos
Consumo	Sim	Sim
Uso	Sim	Sim
Comércio	Não	Sim
Indústria	Não	Não

Destinação	**IPI**	**ICMS**	**PIS/COFINS** não cumulativos
Consumo	Não Recupera	Não Recupera	Não Recupera
Uso	Não Recupera	Recupera = 1/48 por mês	Não Recupera
Comércio	Não Recupera	Recupera	Recupera
Indústria	Recupera	Recupera	Recupera

Forma de Tributação	**Incidência**	Alíquota do **PIS**	Alíquota da **COFINS**
Lucro Presumido	Cumulativa	0,65%	3,00%
Lucro Real	Não Cumulativa	1,65%	7,60%

Instruções: Para responder às **questões de números 18 a 20**, considere as informações abaixo.

Uma companhia comercial adquiriu um lote de mercadorias, o qual foi revendido integralmente alguns dias depois. Na operação, a sociedade auferiu um lucro bruto de 120.000,00, que correspondeu a 20% da receita bruta de vendas. A companhia não é contribuinte do IPI, é contribuinte do PIS e da COFINS no regime não cumulativo (alíquotas de 1,65% e 7,6%, respectivamente) e o ICMS incidiu à alíquota de 18% sobre as operações de compra e venda. Nas operações, não houve devolução de compras e de vendas, tampouco qualquer tipo de abatimento ou desconto.

18ª QUESTÃO (Contador – TRE – PI – FCC – 2009): A receita líquida de vendas dessa operação equivaleu a:

a) 600.000,00
b) 544.500,00
c) 540.000,00
d) 492.000,00
e) 436.500,00

SOLUÇÃO

1º passo: Calcular as vendas brutas.

Segundo dados da questão, o lucro bruto no valor de 120.000,00 corresponde a 20% das vendas brutas.

Lucro Bruto = 20% × Vendas Brutas

120.000,00 = 0,20 × Vendas Brutas
Vendas Brutas = 600.000,00

2º passo: Calcular as vendas líquidas.

Vendas Líquidas = Vendas Brutas × (1 – Alíquota do ICMS – Alíquota do PIS – Alíquota da COFINS)

Vendas Líquidas = 600.000,00 × 0,7275
Vendas Líquidas = 436.500,00

- Multiplicando as vendas brutas no valor de 600.000,00 por 0,7275, retiramos o ICMS de 18%, o PIS não cumulativo de 1,65% e a COFINS não cumulativa de 7,6%.

Gabarito: **E**

19ª QUESTÃO (Contador- TRE – PI – FCC 2009): O custo das mercadorias vendidas na operação correspondeu a:

a) 300.000,00
b) 316.500,00
c) 372.000,00
d) 424.500,00
e) 480.000,00

SOLUÇÃO

Lucro Bruto = Vendas Líquidas – CMV

120.000,00 = 436.500,00 – CMV
CMV = 316.500,00

Gabarito: **B**

20ª QUESTÃO (Contador TRE PI FCC 2009): O valor do ICMS incidente sobre vendas em decorrência dessa operação corresponde a:

a) 144.000,00
b) 116.000,00
c) 108.000,00
d) 76.000,00
e) 54.000,00

☛ SOLUÇÃO

ICMS sobre Vendas = 18% × Vendas Brutas

ICMS sobre Vendas = 0,18 × 600.000,00
ICMS sobre Vendas = 108.000,00

Gabarito: **C**

21ª QUESTÃO (Contador – TJ – PI – FCC – Adaptada 2009): A Empresa Comercial Alfa comprou um lote de 200 unidades de ventiladores, pagando o preço unitário de 100,00. Sobre a transação, incidiram ICMS à alíquota de 18% e IPI à alíquota de 10%. Posteriormente, revendeu 60% do lote ao preço unitário de 200,00, com incidência de ICMS à alíquota de 12%, COFINS à alíquota de 3% e PIS à alíquota de 0,65%. O lucro bruto auferido pela empresa na transação foi de:

a) 10.660,00
b) 10.404,00
c) 9.860,00
d) 9.360,00
e) 9.204,00

☛ SOLUÇÃO

1º passo: Montar a nota fiscal de aquisição
Montando a nota fiscal de aquisição, temos:

Nota Fiscal da compra

Ventiladores	20.000,00
+ IPI	2.000,00
= Total da Nota Fiscal	22.000,00

ICMS	3.600,00
PIS cumulativo	130,00
COFINS cumulativa	600,00

2º passo: Calcular as compras líquidas

Compras Líquidas = Total da Nota Fiscal – ICMS

Total da Nota Fiscal 22.000,00
– ICMS ....(3.600,00)
= Compras Líquidas 18.400,00

Registro das compras de mercadorias:

D: Estoques de ventiladores 18.400,00
D: ICMS a Recuperar.. 3.600,00
C: Duplicatas a Pagar 22.000,00

3º passo: Calcular o lucro bruto

Vendas Brutas = Lote × Preço unitário de venda × Percentual do lote vendido

Vendas Brutas = 200 unidades × 200,00/unidade × 60%
Vendas Brutas = 24.000,00

Lucro Bruto = Vendas Líquidas – CMV

Lucro Bruto = 24.000,00 × 0,8435 – 18.400,00 × 60%
Lucro Bruto = 9.204,00

- **Atenção** no cálculo das vendas brutas, pois apenas 60% das 200 unidades adquiridas foram vendidas.
- Multiplicando as vendas brutas no valor de 24.000,00 por 0,8435, retiramos o ICMS sobre vendas de 12%, o PIS cumulativo de 0,65% e a COFINS cumulativa de 3%.
- Multiplicando as compras líquidas no valor de 18.400,00 por 60%, calculamos o CMV.

Gabarito: **E**

22ª QUESTÃO (Contador – TRT – 18ª Região – FCC – 2008): A Cia. Industrial Luar do Sertão vendeu 10.000 unidades de um produto de sua fabricação ao preço unitário de 20,00, tendo havido incidência de ICMS à alíquota de 18% e IPI à 10%. O preço de custo correspondeu a 60% do preço de venda das mercadorias. Sabendo-se que a companhia é contribuinte do PIS e da COFINS na sistemática cumulativa (alíquotas de 0,65% e 3%, respectivamente), a devolução de 10% do lote pela empresa adquirente diminuiu o lucro bruto da companhia vendedora no valor de:

a) 3.670,00
b) 3.800,00
c) 4.330,00
d) 4.400,00
e) 5.670,00

SOLUÇÃO

1º passo: Calcular o preço de venda ou vendas brutas e o CMV.

Preço de Venda = 10.000 unidades × 20,00/unidade
Preço de Venda = 20.000,00

CMV = 60% × Preço de Venda

CMV = 60% × 20.000,00
CMV = 12.000,00

2º passo: Calcular o lucro bruto.

Lucro Bruto = Vendas Líquidas – CMV

Lucro Bruto = 20.000,00 × 0,7835 – 12.000,00
Lucro Bruto = 36.700,00

- Multiplicando as vendas brutas no valor de 20.000,00 por 0,7835, retiramos o ICMS sobre vendas de 18%, o PIS cumulativo de 0,65% e a COFINS cumulativa de 3%.

3º passo: Calcular a redução do lucro bruto.

A **redução do lucro bruto** é proporcional ao percentual de devolução de vendas. Portanto, multiplicando o lucro bruto pelo percentual de devolução, obtemos o montante de redução do lucro bruto.

Redução do Lucro Bruto = 10% × Lucro Bruto

Redução do Lucro Bruto = 10% × 36.700,00
Redução do Lucro Bruto = 3.670,00

Gabarito: **A**

23ª QUESTÃO (Contador – TRE – PI – FCC – 2009): Sobre os fatos contábeis que modificam o valor das compras e das vendas, é correto afirmar:

a) O frete sobre compras, quando o ônus de seu pagamento cabe à empresa compradora, deve ser sempre incluído no custo do estoque das mercadorias adquiridas.
b) Os descontos incondicionais concedidos são aqueles concedidos pela empresa vendedora numa alienação
a prazo, quando a empresa compradora quita sua duplicata antes da data do vencimento.
c) Na escrituração comercial regular, a conta devolução de vendas tem sempre saldo credor.
d) Os impostos incidentes sobre as compras, quando recuperáveis, devem compor o valor do estoque das mercadorias adquiridas.
e) Os impostos incidentes sobre vendas, quando não cumulativos, devem ser escriturados como despesa pelo seu valor líquido, ou seja, o total de débitos menos o total de créditos.

☛ SOLUÇÃO

Analisando as alternativas, temos:

a) Correta. Nas aquisições de mercadorias, os gastos que não são passíveis de recuperação, compõem o custo de aquisição das mercadorias. Por exemplo, os fretes sobre compras, quando o ônus de seu pagamento cabe à empresa compradora, são incluídos no custo do estoque das mercadorias adquiridas, pois não são passíveis de recuperação por parte da empresa compradora.

b) Errada. Os descontos incondicionais concedidos ou descontos comerciais concedidos são aqueles concedidos no ato da venda, independentemente de qualquer condição.

c) Errada. A conta devolução de vendas tem saldo devedor.

d) Errada. Os impostos recuperáveis na compra não integram o custo de aquisição das mercadorias.

e) Errada. Os impostos sobre vendas não cumulativos são deduções das vendas brutas, sendo contabilizados pelo seu valor integral.

Gabarito: **A**

24ª QUESTÃO (Contador – TRE – PI – FCC – 2009): Uma empresa adquiriu mercadorias, a prazo, no valor de 85.000,00. Nesse montante, estão inclusos os impostos recuperáveis no valor de 12.000,00 e os impostos não recuperáveis, no valor de 7.000,00. No momento da aquisição das mercadorias, a empresa debitou:

a) a conta estoques e creditou a conta fornecedores, no valor de 85.000,00.
b) a conta estoques e creditou a conta fornecedores, no valor de 73.000,00.
c) 73.000,00 na conta estoques e creditou 85.000,00 na conta fornecedores.
d) a conta caixa e creditou a conta fornecedores, no valor de 85.000,00.
e) 66.000,00 na conta estoques e creditou 73.000,00 na conta fornecedores.

☛ **SOLUÇÃO**

1º passo: Calcular as compras brutas

Montando a nota fiscal de aquisição das mercadorias, temos:

Nota Fiscal da compra de mercadorias	
Mercadorias	78.000,00
+ IPI	7.000,00
= Total da Nota Fiscal	85.000,00
ICMS	12.000,00

Compras Brutas = Total da nota fiscal

Compras Brutas = 85.000,00

O IPI é um imposto não recuperável, enquanto que o ICMS é um imposto recuperável.

2º passo: Calcular as compras líquidas

Compras Líquidas = Total da Nota Fiscal – ICMS – PIS não cumulativo – COFINS não cumulativa

Total da Nota Fiscal	85.000,00
– ICMS	(12.000,00)
= Compras Líquidas	73.000,00

3º passo: Registro contábil de aquisição das mercadorias:

D: Estoques de Mercadorias 73.000,00
D: ICMS a Recuperar...12.000,00
C: Duplicatas a Pagar 85.000,00

Analisando as alternativas, tem-se:

a) Errada. A empresa **debitou** a conta estoques no valor de **73.000,00** e creditou a conta fornecedores de 85.000,00.

b) Errada. A empresa debitou a conta estoques no valor de 73.000,00 e **creditou** a conta fornecedores de **85.000,00**.

c) Correta. A empresa **debitou** a conta estoques no valor de **73.000,00** e **creditou** a conta fornecedores de **85.000,00**.

d) Errada. A conta caixa **não foi debitada**.

e) Errada. A empresa **debitou** a conta estoques no valor de **73.000,00** e **creditou** a conta fornecedores de **85.000,00**.

Gabarito: **C**

25º QUESTÃO (Contador – DNOCS – FCC – 2010): A seguinte nota fiscal de entrada foi registrada na contabilidade da Cia. Alfa, que produz bens sujeitos à incidência do ICMS e do IPI e que está sujeita à incidência do PIS e da COFINS na sistemática cumulativa:

100 quilos de matéria-prima 30.000,00
IPI (12)...3.600,00
Valor total da Nota 33.600,00
ICMS destacado (18%)..5.400,00

A companhia pagou frete para transporte da matéria-prima até seu estabelecimento no valor de 2.000,00, no qual estava incluso ICMS de 360,00 (desconsidere a substituição tributária). Na ficha de estoque, referente à essa matéria-prima, o custo unitário do quilo dessa aquisição deve ser registrado, em reais, no valor de:

a) 262,40
b) 246,00
c) 266,00
d) 300,00
e) 278,40

☛ SOLUÇÃO

1º passo: Calcular os tributos incidentes na operação

Base de cálculo do IPI, PIS cumulativo, COFINS cumulativa e ICMS = Valor da Operação

Itens	IPI	PIS cumulativo	COFINS cumulativa	ICMS
Valor da operação	30.000,00	30.000,00	30.000,00	30.000,00
= Base de cálculo	30.000,00	30.000,00	30.000,00	30.000,00
× Alíquota	× 12%	× 0,65%	× 3%	× 18%
= Tributo	**3.600,00**	**195,00**	**900,00**	**5.400,00**

ATENÇÃO, na **aquisição** de matéria-prima destinada à **industrialização**, o IPI **não incide** na base de cálculo do ICMS.

A questão **não informou** quem realizou os **fretes**, se foi o fornecedor ou a transportadora. Nessas omissões, supomos que os **fretes** foram realizados por uma **transportadora** e nesse caso os fretes e os seguros **não integram** a base de cálculo do IPI e do ICMS.

2º passo: Calcular as compras líquidas por meio da fórmula

CL = Valor das Compras + SFA – TrD

Valor das compras	30.000,00
+ Fretes	2.000,00
– ICMS da matéria-prima	(5.400,00)
– ICMS sobre fretes	(360,00)
= Compras Líquidas	26.240,00

$$\text{Custo unitário} = \frac{\text{Compras Líquidas}}{\text{Peso da matéria-prima}}$$

$$\text{Custo unitário} = \frac{26.240,00}{100\ \text{Kg}}$$

Custo unitário = 262,40/Kg

Uma outra forma de calcular, é por meio da apuração contábil, a seguir:

1º passo: Calcular as compras brutas

Montando a nota fiscal de aquisição das mercadorias, temos:

Nota Fiscal da compra de matéria-prima	
Matéria-Prima	30.000,00
+ IPI	3.600,00
= Total da Nota Fiscal	33.600,00
ICMS	5.400,00
PIS cumulativo	195,00
COFINS cumulativa	900,00

Montando a nota fiscal da prestação de serviços de transportes (PST), temos:

Nota Fiscal da PST	
Fretes	2.000,00
= Total da Nota Fiscal	2.000,00
ICMS	360,00

A **Cia. Alfa** é contribuinte do IPI e do ICMS, portanto na aquisição das matérias-primas, o IPI e o ICMS **não integram** o custo de aquisição, pois a empresa recupera os respectivos impostos. Nessa aquisição, de produtos destinados à industrialização o IPI **não incide** na base de cálculo do ICMS.

Compras Brutas = Nota Fiscal da compra de matéria-prima

Compras Brutas = 33.600,00

2º passo: Calcular as compras líquidas

Compras Líquidas = Total da Nota Fiscal – IPI – ICMS + Fretes

Total da Nota Fiscal 33.600,00
– IPI ....(3.600,00)
– ICMS da matéria-prima ....(5.400,00)
– ICMS sobre fretes .... (360,00)
+ Fretes 2.000,00
= Compras Líquidas 26.240,00

Registro da aquisição das matérias-primas:

Matéria-Prima 26.240,00
IPI a Recuperar 3.600,00
ICMS a Recuperar 5.760,00
a Caixa 35.600,00

ICMS a Recuperar = ICMS a recuperar da matéria-prima + ICMS a recuperar dos fretes

ICMS a Recuperar = 5.400,00 + 360,00
ICMS a Recuperar = 5.760,00

Pagamento a Fornecedores = Nota Fiscal da compra de matéria-prima + Nota Fiscal da PST

Pagamento a Fornecedores = 33.600,00 + 2.000,00
Pagamento a Fornecedores = 35.600,00

Gabarito: **A**

Dados para resolução das questões de **números 26 e 27**. A empresa Iracemapólis, contribuinte do IPI e ICMS, teve as seguintes operações:

- compras a prazo de matéria-prima por 5.000,00, descontos incondicionais de 1.000,00, IPI à alíquota de 10% e ICMS de 20%
- vendas à vista de 80% do estoque adquirido resultando em um faturamento bruto de 13.000,00, com descontos incondicionais de 2.000,00, IPI de 10% e ICMS de 20%
- as compras foram CIF e o valor dos fretes e seguros foi de 1.500,00
- nas vendas os fretes no valor de 2.000,00 foi por conta da empresa Iracemapólis

26ª QUESTÃO (Contábeis – Bahiagás – FCC – Adaptada – 2010): O lançamento referente a aquisição da matéria-prima é:

a) Matéria-Prima 4.700,00
ICMS a Recuperar 800,00
IPI a Recuperar 500,00
a Fornecedores 6.000,00

b) Matéria-Prima 5.000,00
ICMS a Recuperar 1.000,00
IPI a Recuperar 500,00
a Fornecedores 6.500,00

c) Matéria-Prima 4.400,00
ICMS a Recuperar 1.100,00
IPI a Recuperar 650,00
a Fornecedores 6.150,00

d) Matéria-Prima 5.150,00
ICMS a Recuperar 1.100,00
a Fornecedores 6.150,00

e) Matéria-Prima 4.400,00
ICMS a Recuperar 1.100,00
a Fornecedores 5.500,00

☛ SOLUÇÃO

1º passo: Calcular os tributos incidentes na operação de aquisição da matéria-prima.

Base de cálculo do IPI e ICMS = Valor da Operação + Fretes – Desconto Comercial

Itens	IPI não integra o custo	ICMS não integra o custo
Valor da operação	5.000,00	5.000,00
+ Fretes e Seguros	1.500,00	1.500,00
– Desconto Comercial	(1.000,00)	(1.000,00)
= Base de cálculo	5.500,00	5.500,00
× Alíquota	× 10%	× 20%
= Tributo	**550,00**	**1.100,00**

ATENÇÃO, na **aquisição** de matéria-prima destinada à **industrialização**, o IPI **não incide** na base de cálculo do ICMS, mas os fretes e seguros que foram efetuados por conta do fornecedor, **integram** a base de cálculo do IPI e do ICMS. **Não se esqueça**, atualmente o desconto comercial **afeta a base de cálculo** do IPI e do ICMS. A **empresa Iracemapólis** é contribuinte do IPI e do ICMS, portanto na aquisição das matérias-primas, o IPI e o ICMS **não integram** o custo de aquisição, pois a empresa recupera os respectivos impostos.

2º passo: Calcular as compras brutas.

Montando a nota fiscal de aquisição das mercadorias, temos:

Nota Fiscal da compra de matéria-prima	
Matéria-Prima	5.000,00
+ IPI	550,00
+ Fretes	1.500,00
– Descontos Incondicionais	(1.000,00)
= Total da Nota Fiscal	6.050,00
ICMS	1.100,00

Compras Brutas = Nota Fiscal da compra de matéria-prima

Compras Brutas = 6.050,00

3º passo: Calcular as compras líquidas.

Total da Nota Fiscal = Nota Fiscal da compra de matéria-prima

Total da Nota Fiscal = 6.050,00

Compras Líquidas = Total da Nota Fiscal – IPI – ICMS

Total da Nota Fiscal	6.050,00
– IPI	(550,00)
– ICMS	(1.100,00)
= Compras Líquidas	4.400,00

Registro da aquisição das matérias-primas:

Matéria-Prima	4.400,00	
ICMS a Recuperar	1.100,00	
IPI a Recuperar	650,00	
a Fornecedores		6.150,00

Gabarito: **C**

27ª QUESTÃO (Contábeis – Bahiagás – FCC – Adaptada – 2010): O lucro bruto na operação foi de:

a) 2.480,00
b) 3.600,00
c) 4.160,00
d) 4.480,00
e) 5.600,00

☛ SOLUÇÃO

1º passo: Calcular as vendas brutas.

Cuidado, atualmente os descontos incondicionais **afetam** a base de cálculo do IPI.

IPI Faturado = 10% × (Vendas Brutas – Descontos Incondicionais)

IPI Faturado = 10% × (Vendas Brutas – 2.000,00)
IPI Faturado = 0,10 × Vendas Brutas – 200,00

Faturamento Bruto = Vendas Brutas + **IPI Faturado**

Substituindo o IPI Faturado, na fórmula do faturamento, tem-se:

13.000,00 = Vendas Brutas + **0,10 × Vendas Brutas – 200,00**
1,10 × Vendas Brutas = 13.200,00
Vendas Brutas = 12.000,00

2º passo: Calcular os tributos incidentes na operação de vendas.

Base de cálculo do IPI e ICMS = Valor da Operação – Descontos Incondicionais

Itens	IPI Faturado – DRE	ICMS sobre Vendas – DRE
Valor da operação	12.000,00	12.000,00
– Desconto Comercial	(2.000,00)	(2.000,00)
= Base de cálculo	10.000,00	10.000,00
× Alíquota	× 10%	× 20%
= Tributo	**1.000,00**	**2.000,00**

3º passo: Calcular o lucro bruto.

Demonstração do Resultado do Exercício	
Faturamento Bruto	13.000,00
– IPI Faturado	(1.000,00)
= Vendas Brutas	12.000,00
– ICMS sobre Vendas	(2.000,00)
– Descontos Incondicionais	(2.000,00)
= Vendas Líquidas	8.000,00
– CPV	(3.520,00)
= Lucro Bruto	4.480,00

ATENÇÃO, os **fretes sobre vendas** são despesas comerciais ou despesas com vendas.

Gabarito: **D**

28ª QUESTÃO (AFTE – RO – FCC – 2010): A empresa Beira Mar, comercial de trajes de praia, adquiriu um lote de 100 sungas no valor faturado de 800,00 da Indústria de Tecidos Ltda. Pagou, também, frete no valor de 50,00 e seguros no valor de 34,00. Quando do recebimento do produto, percebeu que as cores das sungas não estavam de acordo com o pedido de compra e o vendedor concedeu-lhe um abatimento de 50,00. O ICMS (Imposto sobre a Circulação de Mercadorias e Prestação de Serviços) foi 144,00 sobre a compra de sungas e 6,00 sobre o frete. Sabendo que a empresa vendeu 70 sungas ao preço líquido de vendas unitário de 15,00, o lucro bruto apurado com a venda desta mercadoria foi, em reais, de:

a) 466,20
b) 536,20
c) 567,00
d) 571,20
e) 630,00

☛ SOLUÇÃO

1º passo: Calcular as compras brutas.

Montando a nota fiscal de aquisição das mercadorias, tem-se:

Nota Fiscal da compra de mercadorias

Mercadorias	800,00
= Total da Nota Fiscal	800,00
ICMS	144,00

Montando a nota fiscal dos fretes e seguros, tem-se:

Nota Fiscal da compra da PST

Fretes	50,00
Seguros	34,00
= Total da Nota Fiscal	84,00
ICMS	6,00

Compras Brutas = Nota Fiscal da compra de mercadorias

Compras Brutas = 800,00

2º passo: Calcular as compras líquidas.

Compras Líquidas = Total da Nota Fiscal – ICMS – Abatimentos sobre Compras + Fretes

Total da Nota Fiscal	800,00
– ICMS de mercadorias, fretes e seguros	(150,00)
– Abatimentos sobre Compras	(50,00)
+ Fretes	84,00
= Compras Líquidas	684,00

Registro da aquisição das matérias-primas:

Mercadorias	684,00	
ICMS a Recuperar	150,00	
a Caixa		834,00

3º passo: Calcular o lucro bruto.

$$\text{CMV unitário} = \frac{\text{Compras Líquidas}}{\text{Lote de sungas}}$$

$$\text{CMV unitário} = \frac{684{,}00}{100}$$

CMV unitário = 6,84/sunga

Lucro Bruto = Vendas Líquidas – CMV

Lucro Bruto = 70 sungas × 15,00/sunga – 70 sungas × 6,84/sunga
Lucro Bruto = 571,20

- O exercício não informa quem efetuou os **fretes** e **seguros**, e nesse caso supomos que os fretes foram realizados por uma transportadora. Portanto, os fretes e seguros **não integram** a base de cálculo do ICMS.
- Os **abatimentos** não afetam a base de cálculo do ICMS, pois não existe circulação de mercadorias. Em outras palavras, os abatimentos não aparecem na nota fiscal.

Gabarito: **D**

29ª QUESTÃO (Contador – INFRAERO – FCC – Adaptada – 2011): A comercial varejista adquiriu 1.000 unidades de um determinado produto pelo valor unitário de 10,00, tendo pago o IPI de 10% incidente sobre a compra, cujo valor total foi 11.000,00. Posteriormente, ela revendeu 80% do lote por 25,00 cada unidade. Ambas as operações foram tributadas pelo ICMS à alíquota de 18% e a companhia está sujeita à incidência do PIS e da COFINS no regime da não cumulatividade. O lucro bruto da empresa, em reais foi:

a) 5.875,00
b) 8.004,00
c) 8.275,00
d) 13.380,00
e) 13.454,00

☛ SOLUÇÃO

A empresa comercial é contribuinte do ICMS, PIS/COFINS não cumulativos e **não contribuinte do IPI**. As mercadorias são destinadas à comercialização, e nesse caso, o IPI **não incide** na base de cálculo do **ICMS**, mas **incide** na base de cálculo do **PIS/COFINS não cumulativos**.

1º passo: Calcular os tributos incidentes na operação.

Base de cálculo do IPI e ICMS = Valor da Operação

Itens	IPI Faturado – DRE	ICMS sobre Vendas – DRE
Valor da operação	10.000,00	10.000,00
= Base de cálculo	10.000,00	10.000,00
× Alíquota	× 10%	× 18%
= Tributo	**1.000,00**	**1.800,00**

Valor da Operação = Número de unidades adquiridas × Preço da unidade

Valor da Operação = 1.000 unidades × 10,00/unidade
Valor da Operação = 10.000,00

Base de cálculo do PIS/COFINS sobre o faturamento = Valor da Operação + IPI

Itens	PIS não cumulativo	COFINS não cumulativa
Valor da operação	10.000,00	10.000,00
+ IPI	1.000,00	1.000,00
= Base de cálculo	11.000,00	11.000,00
× Alíquota	× 1,65%	× 7,6%
= Tributo	**181,50**	**836,00**

2º passo: Calcular as compras brutas.

Nota Fiscal da compra de mercadorias	
Mercadorias	10.000,00
+ IPI	1.000,00
= Total da Nota Fiscal	11.000,00
ICMS	1.800,00
PIS cumulativo	181,50
COFINS cumulativa	836,00

Compras Brutas = Nota Fiscal da Compra de mercadorias

Compras Brutas = 11.000,00

3º passo: Calcular as compras líquidas.

As compras líquidas são calculadas por meio da seguinte fórmula:

Compras Líquidas = Total da Nota Fiscal – ICMS – PIS não cumulativo – COFINS não cumulativa

Segundo os dados da banca, o **IPI** incidente nas compras **não é recuperável**, pois a comercial varejista não é contribuinte do IPI.

Total das Nota Fiscal	11.000,00
– ICMS	(1.800,00)
– PIS não cumulativo	(181,50)
– COFINS não cumulativa	(836,00)
= Compras Líquidas	8.182,50

Registro da aquisição das mercadorias:

Mercadorias	8.182,50	
ICMS a Recuperar	1.800,00	
PIS não cumulativo a Recuperar	181,50	
COFINS não cumulativa a Recuperar	836,00	
a Caixa		11.000,00

4º passo: Calcular o lucro bruto.

Vendas Brutas = Lote adquirido × Preço de venda unitário × Percentual do lote vendido

Vendas Brutas = 1.000 unidades × 25,00/unidade × 80%
Vendas Brutas = 20.000,00

Lucro Bruto = Vendas Líquidas – CMV

Lucro Bruto = 20.000,00 × 0,7275 – 8.182,50 × 80%
Lucro Bruto = 8.004,00

- Multiplicando as vendas brutas no valor de 20.000,00 por 0,7275, retiramos 18% de ICMS, 1,65% de PIS não cumulativo e 7,6% de COFINS não cumulativa.
- Multiplicando as compras líquidas no valor de 8.182,50 por 80%, encontramos o valor do CMV.
- Apesar da questão não ter dado as alíquotas do PIS não cumulativo e da COFINS não cumulativa, é importante a memorização das respectivas alíquotas, pois sem o conhecimento de seus valores não tem como resolver a questão.

Gabarito: **B**

Capítulo 4

Sistemas de Inventários

1. ESTOQUES

Os **estoques** estão intrinsecamente relacionados com as **atividades operacionais** das sociedades, e no caso das empresas industriais e comerciais, os estoques são os principais ativos que representam o **capital de giro**, de modo que a determinação do seu saldo no início e final do período contábil é fundamental para a correta apuração do resultado do exercício, que pode ser um **lucro líquido** ou **prejuízo líquido**.

Regra geral, os **estoques** são compostos por **bens tangíveis**, porém, dependendo da estrutura das empresas, os **estoques** compreendem também os **bens intangíveis**, os quais podem ser **produzidos** pela empresa ou **adquiridos** de terceiros, como é o caso dos **ativos especiais** e das **despesas antecipadas**. Portanto, os **estoques** são bens tangíveis ou intangíveis adquiridos com o **objetivo** de serem consumidos, transformados no processo de produção para venda ou destinados para venda no curso normal dos negócios.

1.1 ESTOQUES DE PEÇAS E MATERIAIS DE MANUTENÇÃO

As **peças e os materiais de manutenção com vida útil de curta duração**, apesar de apresentar algumas características de despesas antecipadas, por serem bens corpóreos, **não podem** ser classificados no subgrupo de **despesas do exercício seguinte**. Portanto, esses **itens** são contabilizados e evidenciados como **material de consumo**, separadamente no último detalhe dos **estoques**, segundo a regra de liquidez decrescente.

ATENÇÃO, a conta **material de consumo** evidenciada separadamente nos **estoques**, corresponde as **peças e materiais de manutenção** com vida útil de curta duração.

Apesar da legislação societária não definir o que é **material de consumo**, a fim de distingui-lo de um **ativo imobilizado**, segundo o artigo 15 do Decreto-Lei nº 1.578/77, o **custo de aquisição** de bens do ativo não circulante imobilizado e intangível **não poderá ser deduzido** como despesa operacional, **salvo se o bem adquirido** tiver valor unitário não superior a 1.200,00 (mil e duzentos reais) ou prazo de vida útil não superior a 1 (um) ano. Portanto, as peças e materiais de manutenção para ser considerado componentes do ativo não circulante imobilizado ou intangível deverá ter valor unitário superior a 1.200,00 ou prazo de vida útil superior a 1 ano.

Peças e materiais de manutenção	Classificação
Valor unitário **inferior** a 1.200,00 **ou** vida útil **inferior** a 1 ano.	**Ativo Circulante** Estoques – Material de Consumo
Valor unitário **superior** a 1.200,00 **ou** vida útil **superior** a 1 ano.	**AÑC Imobilizado**

Conclusão, os **materiais de consumos** representados por peças de pouca duração e materiais destinados à manutenção com óleo, graxas, etc., que são transformados em custo de produto ou despesas do período, devem ser classificados em **estoques** no ativo circulante. À medida que são utilizados ou consumidos, tais itens são apropriados como custos de produto ou despesas.

Muitas empresas, quando adquirem uma **grande quantidade** de itens com **valor total inexpressivo**, por questão de controle, registram esses **materiais de consumo** como despesas no momento da compra. Nesse caso, apesar da quantidade adquirida conter até milhares de itens, o seu montante total é inexpressivo, não afetando o resultado da empresa. Apesar de não ser uma prática contábil correta, devido a inobservância do **princípio da competência**, é aceitável pela **convenção da materialidade**, quando usada adequadamente.

Por exemplo, a Petrobrás ao adquirir 2.000 grampeadores, no momento da aquisição desses itens, registrará essa compra diretamente no seu resultado, pois apesar da quantidade adquirida ser na casa dos milhares de itens, o valor total desses grampeadores, não gerará distorções no seu resultado.

1.2 ESTOQUES DE PEÇAS DE REPOSIÇÃO DE MÁQUINAS E EQUIPAMENTOS

As peças de reposição de máquinas e equipamentos a serem adicionadas ao ativo imobilizado em operação, devem ser classificadas no grupo do ativo imobilizado, na conta estoques de peças de reposição de máquinas e equipamentos. Assim, quando da substituição e respectiva baixa das peças e equipamentos anteriores, a empresa registra a substituição, debitando a conta do ativo imobilizado respectivo, em contrapartida com um crédito na conta estoques de peças de reposição de máquinas e equipamentos, classificada no ativo imobilizado.

Registro da substituição de peças de reposição de máquinas e equipamentos:

D: Máquinas e Equipamentos – AÑC Imobilizado
C: Estoques para peças de reposição de máquinas e equipamentos – AÑC Imobilizado

As peças de reposição de máquinas e equipamentos poderão sofrer **depreciação** (caso **não sejam usadas** e **não tenham** outra utilidade ou valor residual) na mesma base dos equipamentos a que se referem. Nesse caso, a sua vida útil (mesmo que não sejam utilizadas) pode ser a mesma que a do respectivo equipamento.

As **peças de reposição** de máquinas e equipamentos por serem de uso específico, são fundamentais para que o equipamento não fique paralisado por um longo período, caso ocorra uma substituição preventiva ou corretiva desses itens. Nesse caso, essas peças são classificadas no **ativo imobilizado**, com a sua vida útil vinculada à vida útil do equipamento e depreciadas em base similar à do respectivo equipamento.

ATENÇÃO, mesmo as peças mantidas pela empresa que apresentam disponibilidade no mercado com vida útil física e valor econômico próprio (independentemente da vida útil e valor do equipamento específico) são classificadas no **ativo imobilizado**.

2. REGIMES DE INVENTÁRIOS

Existem **dois regimes de inventários** para controle dos estoques: o **periódico** e o **permanente**. No **regime periódico**, a empresa para calcular o CMV, necessita do estoque final, que é obtido por meio de um inventário (levantamento físico) dos estoques no encerramento do período contábil. Portanto, as empresas que adotam o **regime periódico** de controle dos estoques, somente após a contagem física dos estoques, poderão calcular o CMV e o resultado do exercício (lucro líquido ou prejuízo líquido).

No **regime permanente**, a empresa tem acesso ao saldo final de estoques imediatamente após cada operação de compra e venda de mercadorias, sem a necessidade de um levantamento físico para a obtenção do saldo final dos estoques.

2.1 REGIME DE INVENTÁRIO PERIÓDICO

No inventário periódico, a empresa não obtém o custo das mercadorias vendidas após cada venda realizada, pois não possui o controle permanente dos seus estoques. O inventário periódico é adotado por empresas de pequeno e médio porte, que calcula o custo das mercadorias vendidas após a contagem física dos estoques no encerramento do exercício social. No sistema de inventário periódico, após a apuração do estoque final por meio de uma **contagem física** (**apuração extracontábil** dos estoques), a empresa utiliza uma **fórmula matemática** para calcular o seu CMV.

A fórmula utilizada pelas empresas no cálculo do CMV é:

CMV = EI + CL – EF

CMV é custo das mercadorias vendidas
EI é estoque inicial de mercadorias
CL é compras líquidas de mercadorias
EF é estoque final de mercadorias

As **compras líquidas** são obtidas por meio de uma fórmula matemática, que utiliza o conceito de **compras brutas** e **compras líquidas.**

As **compras brutas** correspondem ao valor das compras acrescidos dos tributos, quer sejam por fora ou por dentro, **recuperáveis ou não**. Em outras palavras, as **compras brutas** correspondem ao valor **total da nota fiscal** de aquisição das mercadorias.

Compras Brutas = Total da Nota Fiscal

As **compras líquidas** representam o valor das compras, **líquidas** apenas dos tributos recuperáveis, pois os tributos não recuperáveis integram as compras líquidas. Nas compras líquidas deveremos **somar** os demais **gastos incorridos** na aquisição das mercadorias que **não são recuperáveis**, como, por exemplo, os fretes e seguros, despesas com armazenagem, etc. e **subtrair** as **deduções de compras**, que são semelhantes às **deduções das vendas brutas**, porém, não são tratadas contabilmente como receitas e sim como **contas retificadoras** das compras brutas.

Compõem as **deduções de compras**:

- devoluções de compras
- abatimentos sobre compras
- descontos incondicionais obtidos ou **descontos comerciais obtidos**

As **compras brutas** (CB) correspondem ao valor **total da nota fiscal**.

CB = Valor da Operação + IPI

As **compras líquidas** (CL) representam o valor efetivamente lançado nos **estoques**.

CL = CB – ICMS – PIS/COFINS não cum. + Fretes/Seguros/Armazenagem – Deduções de compras

01ª QUESTÃO: A cia. Atacadista Ltda, localizada na cidade de Jundiaí, adquiriu mercadorias da Indústria Gama situada em Curitiba, para revenda. Na nota fiscal de aquisição, constava os seguintes itens:

Nota Fiscal da compra de mercadorias	
Mercadorias	150.000,00
+ IPI	16.500,00
– Desconto Comercial	(18.000,00)
= Total da Nota Fiscal	148.500,00
ICMS	23.760,00

As mercadorias foram adquiridas no dia 11 de fevereiro de 2019, e levadas para um depósito fechado na cidade de Curitiba, pela transportadora Delta que emitiu a seguinte nota fiscal para a cia. Atacadista:

Nota Fiscal da PST	
Fretes e Seguros	7.500,00
= Total da Nota Fiscal	7.500,00
ICMS	1.340,00

Sabendo-se que a cia. Atacadista incorreu em gastos com armazenagem de 2.500,00, podemos afirmar que o valor das compras líquidas foi de 134.740,00.

( ) Certo
( ) Errado

☛ **SOLUÇÃO**

1º passo: Calcular as compras brutas

Compras Brutas = Total da Nota Fiscal

Compras Brutas = 148.500,00

2º passo: Calcular as compras líquidas

As **compras líquidas** correspondem ao **custo de aquisição** dos estoques.

CL = CB – ICMS – PIS/COFINS não cum. + Fretes/Seguros/Armazenagem – Deduções de compras

A cia. Atacadista Ltda recupera apenas o ICMS, e os gastos com fretes, seguros e despesas de armazenagem **integram** o valor das compras líquidas, pois tratam-se de gastos que **não são recuperáveis**.

Compras Líquidas = Compras Brutas – ICMS + Fretes e Seguros + Despesas com Armazenagem

Compras Líquidas = 148.500,00 – 23.760,00 – 1.340,00 + 7.500,00 + 2.500,00
Compras Líquidas = 133.400,00

Gabarito: **Errado**

Nas **provas de concurso público** além do tempo ser curto, não existe espaço para solução das questões, assim temos que treinar soluções em pequenos espaços e com rapidez de cálculo. Normalmente, as questões de inventários periódicos sobre operações com mercadorias e tributação, pedem o valor do custo das mercadorias vendidas, das compras líquidas e o resultado com mercadorias, que pode ser um lucro bruto ou prejuízo bruto. Nesse caso, a dificuldade na solução dessas questões, é a grande quantidade de informações e a sequência de cálculo, pois existem tributos na aquisição que são recuperáveis e não, fretes, seguros e devolução de compras, bem como as suas implicações nos cálculos do custo das mercadorias vendidas, compras líquidas e do resultado com mercadorias. Portanto, com a finalidade de facilitar o entendimento e não errarmos esse tipo de questão nas provas, iremos desenvolver fórmulas de simples memorização a seguir.

ATENÇÃO, nas provas de concursos públicos, utilizamos o **cálculo extracontábil**, que é realizado por meio de **fórmulas matemáticas**.

Cálculo extracontábil do CMV:

CMV = EI + CL – EF

As **compras líquidas** correspondem ao **custo de aquisição das mercadorias** que é contabilizado nos **estoques** no ato da compra, transformando-se no **custo das mercadorias vendidas** quando das vendas dos estoques.

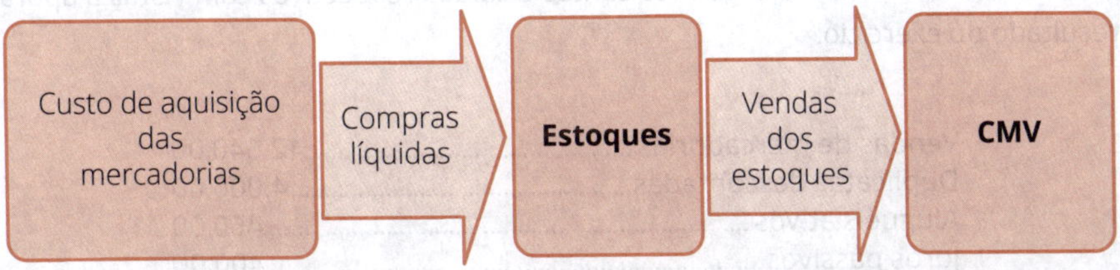

Nas aquisições de mercadorias, podem ocorrer a incidência de IPI, ICMS, PIS cumulativos ou não, COFINS cumulativas ou não, fretes, seguros, despesas com armazenagem, deduções de compras, etc. Essas operações alteram as **compras líquidas**, que por sua vez modificam o **custo das mercadorias vendidas**, afetando, por conseguinte, o **resultado com mercadorias**.

Cálculo extracontábil das compras líquidas de uma **empresa do comércio**:

CL = CB – ICMS – PIS/COFINS não cum. + IPI/Fretes/Seguros/Armazenagem – Deduções de compras

As compras brutas, fretes, seguros, despesas com armazenagem e IPI estão relacionados com gastos que a empresa compradora **não recupera**, enquanto que os tributos recuperáveis e as deduções de compras são gastos **recuperáveis**. Portanto, na fórmula das compras líquidas, **somamos** todos os gastos na aquisição de mercadorias que **não são recuperáveis**, e **subtraímos** todos os gastos **recuperáveis** na aquisição.

Os gastos totais compreendem:

Gastos Totais = Total da Nota Fiscal + Fretes + Seguros + Armazenagem + IPI

Os gastos recuperáveis compreendem:

Gastos Recuperáveis = ICMS + PIS/COFINS não cumulativos + Deduções de compras

O PIS e o COFINS **cumulativos** não são recuperáveis na aquisição de mercadorias, portanto, não compõem os gastos recuperáveis.

Conclusão, as **compras líquidas** (CL) podem ser calculadas por meio da fórmula simplificada:

CL = **Gastos totais** na aquisição de mercadorias – **Gastos recuperáveis** na aquisição de mercadorias

02ª QUESTÃO (AFRFB ESAF 2009): Em 31/12/2008, a empresa Baleias e Cetáceos S.A. colheu em seu livro razão as seguintes contas e saldos respectivos com vistas à apuração do resultado do exercício:

Vendas de mercadorias	12.640,00
Duplicatas descontadas	4.000,00
Aluguéis ativos	460,00
Juros passivos	400,00
ICMS sobre vendas	2.100,00
Fornecedores	3.155,00
Mercadorias	1.500,00
FGTS	950,00
Compras de mercadorias	3.600,00
ICMS a recolher	1.450,00
Clientes	4.500,00
Salários e ordenados	2.000,00
PIS sobre faturamento	400,00
COFINS	1.100,00
Frete sobre vendas	800,00
Frete sobre compras	300,00
ICMS sobre compras	400,00

O saldo de mercadorias em 31/12/08 era de 1.000,00. Considerando que na relação de saldos acima estão indicadas todas as contas que formam o resultado dessa empresa, pode-se dizer que no exercício em causa foi apurado um lucro operacional bruto no valor de:

a) 9.040,00
b) 6.540,00
c) 5.040,00
d) 4.240,00
e) 2.350,00

☛ **SOLUÇÃO**

1º passo: Calcular as compras líquidas

CL = **Gastos totais** na aquisição de mercadorias – **Gastos recuperáveis** na aquisição de mercadorias

Itens	Gastos recuperáveis	Valor
Compras de mercadorias	não	3.600,00
Frete sobre compras	não	300,00
ICMS sobre compras	sim	400,00
Compras Líquidas		3.500,00

Compras Líquidas = Compras de mercadorias + Frete sobre compras – ICMS sobre compras

Compras Líquidas = 3.600,00 + 300,00 – 400,00
Compras Líquidas = 3.500,00

2º passo: Calcular o custo das mercadorias vendidas

CMV = EI + CL – EF

Itens	Classificação	Valor
Mercadorias	EI	1.500,00
Compras Líquidas	CL	3.500,00
Mercadorias em 31/12/2008	EF	1.000,00
CMV		4.000,00

CMV = 1.500,00 + 3.500,00 – 1.000,00
CMV = 4.000,00

3º passo: Calcular o lucro bruto

Vendas Líquidas = Vendas Brutas – Dedução de Vendas

Contas	Classificação	Valor
Vendas de Mercadorias	Receita Bruta	12.640,00
ICMS sobre Vendas	Dedução de vendas	2.100,00
PIS sobre Faturamento	Dedução de vendas	400,00
COFINS	Dedução de vendas	1.100,00
Vendas Líquidas		9.040,00

Vendas Líquidas = 12.640,00 – 2.100,00 – 400,00 – 1.100,00
Vendas Líquidas = 9.040,00

Lucro Bruto = Vendas Líquidas – CMV

Lucro Bruto = 9.040,00 – 4.000,00
Lucro Bruto = 5.040,00

Gabarito: **C**

3. MENSURAÇÃO DE ESTOQUES

Segundo o CPC 16, os estoques devem ser mensurados pelo custo de aquisição ou valor realizável líquido, dos dois o menor. O valor de **custo do estoque** deve incluir **todos** os custos de aquisição e de transformação, bem como outros custos incorridos para trazer os estoques à sua condição e localização atuais.

O **custo de aquisição** dos estoques **compreende** o preço de compra, os impostos de importação (II) e outros tributos (**exceto** os recuperáveis junto ao fisco), bem como os custos de transporte, seguro, manuseio e outros diretamente atribuíveis à aquisição de produtos acabados, materiais e serviços. Os descontos comerciais, abatimentos e outros itens semelhantes **devem ser deduzidos** na determinação do **custo de aquisição**.

Custo de aquisição = Gastos totais – Gastos recuperáveis

Gastos recuperáveis = Tributos recuperáveis + Descontos comerciais + Abatimentos sobre compras

03ª QUESTÃO (Contadoria STJ Cespe 2015): Com relação aos critérios de avaliação de ativos de companhias abertas, o imposto de importação e os impostos não recuperáveis junto ao fisco, diretamente atribuíveis à aquisição de mercadorias destinadas à revenda, devem compor o custo de aquisição desses estoques.

( ) Certo
( ) Errado

☛ SOLUÇÃO

O **custo de aquisição** dos estoques compreende o preço de compra, os impostos de importação e outros tributos (**exceto** os recuperáveis junto ao fisco), bem como os custos de transporte, seguro, manuseio e outros diretamente atribuíveis à aquisição de produtos acabados, materiais e serviços. Os descontos comerciais, abatimentos e outros itens semelhantes **devem ser deduzidos** na determinação do **custo de aquisição**.

Gabarito: **Certo**

04ª QUESTÃO (Exame de Suficiência CFC FBC 2015.2): Uma sociedade empresária importou mercadoria por um valor equivalente a 21.400,00. Foram gastos mais 2.421,00 com seguro e tarifas aduaneiras. Além dos valores citados, a sociedade empresária incorreu nos seguintes tributos, dos quais apenas o imposto de importação não é recuperável:

Imposto de importação.. 8.337,35
ICMS.. 7.595,12
PIS 393,05
Cofins... 2.048,61
Total dos Tributos 18.374,13

Considerando-se os dados informados, o custo de aquisição das mercadorias é igual a:

a) 29.737,35
b) 31.416,12

c) 32.158,35
d) 42.195,13

☛ SOLUÇÃO

O **custo de aquisição** dos estoques **compreende** o preço de compra, os impostos de importação e outros tributos (**exceto** os recuperáveis junto ao fisco), bem como os custos de transporte, seguro, manuseio e outros diretamente atribuíveis à aquisição de produtos acabados, materiais e serviços. Os descontos comerciais, abatimentos, tributos recuperáveis e outros itens semelhantes **devem ser deduzidos** na determinação do **custo de aquisição**.

Preço de compra..21.400,00
+ Seguros e tarifas aduaneiras..................................... 2.421,00
+ Imposto de importação.. 8.337,35
= Custo de aquisição 32.158,35

Gabarito: **C**

4. REGIME DE INVENTÁRIO PERMANENTE

Nesse regime o controle das mercadorias é efetuado de modo permanente, pois ao final de cada operação de compra e venda, é possível saber o valor do estoque final e do custo das mercadorias vendidas, ou seja, as informações são contínuas e atualizadas. O inventário permanente é efetuado por meio da utilização de fichas de controle para cada espécie de mercadoria, sendo utilizado nas grandes empresas devido ao enorme volume de estoques, e atualmente essas fichas são preenchidas via processamento eletrônico de dados. Com a finalidade de atestar a veracidade das informações registradas nas fichas de controle, as empresas podem realizar inventários por meio de contagem física dos estoques e comparar com os valores registrados nas fichas.

4.1 MECANISMO DE REGISTRO NO REGIME DE INVENTÁRIO PERMANENTE

Uma ficha de controle de estoques permanentes apresenta três colunas: entradas, saídas e estoque final.

Ficha de controle								
Entradas			Saídas			Estoque Final		
Quantidade	**Unidade**	**Total**	**Quantidade**	**Unidade**	**Total**	**Quantidade**	**Unidade**	**Total**

Na **coluna de entradas**, a empresa contabiliza as compras líquidas, devoluções de compras e os abatimentos sobre compras. As **compras** são registradas na **coluna das entradas** com **sinal positivo** e **somadas** aos estoques iniciais, obtendo-se os estoques finais.

Ficha de controle		
Entradas	**Saídas**	**Estoque Final**
xxx	xxx	EI da ficha de controle
Compras	xxx	EI + Compras

Estoque Final = Estoque Inicial da ficha de controle + Compras

A **devolução de compras** e os **abatimentos sobre compras** são registrados na **coluna das entradas** com **sinal negativo** e **subtraídas** dos estoques iniciais, obtendo-se os estoques finais.

Ficha de controle		
Entradas	**Saídas**	**Estoque Final**
xxx	xxx	EI da ficha de controle
(Devolução de compras)	xxx	EI – Devolução de compras

A **devolução de compras** é registrada na coluna de entradas entre parênteses, indicando que se trata de uma devolução de compras.

Ficha de controle		
Entradas	**Saídas**	**Estoque Final**
xxx	xxx	EI da ficha de controle
(Abatimentos sobre compras)	xxx	EI – Abatimentos sobre compras

O **abatimento sobre compras** é registrado na coluna de entradas entre parênteses, indicando que se trata de uma devolução de compras.

Estoque Final = Estoque Inicial da ficha de controle – Devolução de compras – Abatimentos s/ compras

Na **coluna das saídas**, a empresa contabiliza todas as saídas de mercadorias vendidas e as devoluções de vendas relacionadas com as mercadorias vendidas.

Os **estoques vendidos** (CMV) são registrados na **coluna das saídas** com **sinal positivo** e **subtraídos** dos estoques iniciais, resultando nos estoques finais.

Ficha de controle		
Entradas	**Saídas**	**Estoque Final**
xxx	xxx	EI da ficha de controle
xxx	CMV	EI – CMV

As **mercadorias vendidas** são registradas na coluna das saídas com sinal positivo, indicando que se trata de uma venda de mercadorias.

Estoque Final = Estoque Inicial da ficha de controle – CMV

As **devoluções de vendas** são registradas na **coluna das saídas** com **sinal negativo** e **somadas** aos estoques iniciais, resultando nos estoques finais.

Ficha de controle		
Entradas	**Saídas**	**Estoque Final**
xxx	xxx	EI da ficha de controle
xxx	(Devolução de vendas)	EI + Devolução de vendas

As **mercadorias recebidas em devolução de uma venda** são registradas na coluna das saídas com sinal negativo, indicando que se trata de uma devolução de vendas.

Estoque Final = Estoque Inicial da ficha de controle – Devolução de vendas

ATENÇÃO, quando ocorre uma devolução de mercadorias vendidas, o CMV final corresponde a diferença entre o CMV das vendas e o montante das mercadorias devolvidas.

CMV final = CMV inicial – Devolução de vendas

Na coluna **estoque final**, a empresa obtém a informação contínua e atualizada do saldo de estoques após cada operação de compra, devolução de compras, abatimentos sobre compras, venda e devolução de vendas.

5. MÉTODOS DE INVENTÁRIOS PERMANENTES

As empresas podem efetuar o controle permanente de seus estoques por meio dos seguintes métodos:

- PEPS (**P**rimeiro que **E**ntra, **P**rimeiro que **S**ai)
- UEPS (**Ú**ltimo que **E**ntra, **P**rimeiro que **S**ai)
- Custo Médio Móvel

5.1 MÉTODO PEPS

Nesse método o estoque final é avaliado pelo custo de aquisição das mercadorias mais recentes (últimas mercadorias adquiridas) e o custo das mercadorias vendidas é avaliado pelo custo de aquisição das mercadorias mais antigas (primeiras mercadorias adquiridas).

O método **PEPS** é também chamado de **FIFO** (*First In, First Out*).

05ª QUESTÃO: A empresa Alfa em 01 de março de 2021 apresentava 50 unidades da mercadoria gama em estoque adquiridas ao custo unitário de 10,00. Durante o mês de março ocorreram, na sequência cronológica, os seguintes fatos:

- aquisição de 100 unidades de gama ao custo unitário de 11,50
- aquisição de 150 unidades de gama ao custo unitário de 13,00
- venda de 230 unidades de gama ao preço unitário de 20,00

Sabendo-se que a empresa Alfa adota o método PEPS para controle de seus estoques, podemos afirmar que o lucro bruto foi de 1.730,00.

( ) Certo

( ) Errado

SOLUÇÃO

1º passo: Registro da compra de 100 unidades ao custo unitário de 11,50.

Controle UEPS								
Entradas			Saídas			Estoque Final		
Quantidade	**Unidade**	**Total**	**Quantidade**	**Unidade**	**Total**	**Quantidade**	**Unidade**	**Total**
xxx	xxx	xxx	xxx	xxx	xxx	50	10,00	500,00
100	11,50	1.150,00	xxx	xxx	xxx	50 100	10,00 11,50	500,00 1.150,00

2º passo: Registro da compra de 150 unidades ao custo unitário de 13,00.

Controle UEPS								
Entradas			Saídas			Estoque Final		
Quantidade	**Unidade**	**Total**	**Quantidade**	**Unidade**	**Total**	**Quantidade**	**Unidade**	**Total**
xxx	xxx	xxx	xxx	xxx	xxx	50 100	10,00 11,50	500,00 1.150,00
150	13,00	1.950,00	xxx	xxx	xxx	50 100 150	10,00 11,50 13,00	500,00 1.150,00 1.950,00

3º passo: Registro das vendas de 230 unidades ao preço unitário de 20,00.

Vendas Brutas = 230 unidades × 20,00/unidade
Vendas Brutas = 4.600,00

Controle UEPS								
Entradas			Saídas			Estoque Final		
Quantidade	**Unidade**	**Total**	**Quantidade**	**Unidade**	**Total**	**Quantidade**	**Unidade**	**Total**
150	13,00	1.950,00	xxx	xxx	xxx	50 100 150	10,00 11,50 13,00	500,00 1.150,00 1.950,00
xxx	xxx	xxx	50 100 80	10,00 11,50 13,00	500,00 1.150,00 1.040,00	70	13,00	910,00

O estoque final é no valor de 910,00

O CMV é obtido na coluna das saídas:

CMV = 500,00 + 1.150,00 + 1.040,00
CMV = 2.690,00

4º passo: Calcular o lucro bruto pelo método PEPS.

Lucro Bruto = Vendas – CMV

Lucro Bruto = 4.600,00 – 2.690,00
Lucro Bruto = 1.910,00

Gabarito: **Errado**

5.2 MÉTODO UEPS

Nesse método o estoque final é avaliado pelo custo de aquisição das mercadorias mais antigas (primeiras mercadorias adquiridas) e o custo das mercadorias vendidas) é avaliado pelo custo de aquisição das mercadorias mais recentes (últimas mercadorias adquiridas).

O método **UEPS** é também chamado de **LIFO** (*Last In, First Out*).

06ª QUESTÃO: A empresa Alfa em 01 de março de 2021 apresentava 50 unidades da mercadoria gama em estoque adquiridas ao custo unitário de 10,00. Durante o mês de março ocorreram, na sequência cronológica, os seguintes fatos:

- aquisição de 100 unidades de gama ao custo unitário de 11,50
- aquisição de 150 unidades de gama ao custo unitário de 13,00
- venda de 230 unidades de gama ao preço unitário de 20,00

Sabendo-se que a empresa Alfa adota o método UEPS para controle de seus estoques, podemos afirmar que o lucro bruto foi de 1.910,00.

( ) Certo

( ) Errado

SOLUÇÃO

1º passo: Registro da compra de 100 unidades ao custo unitário de 11,50.

Controle UEPS								
Entradas			Saídas			Estoque Final		
Quantidade	**Unidade**	**Total**	**Quantidade**	**Unidade**	**Total**	**Quantidade**	**Unidade**	**Total**
xxx	xxx	xxx	xxx	xxx	xxx	50	10,00	500,00
100	11,50	1.150,00	xxx	xxx	xxx	100 50	11,50 10,00	1.150,00 500,00

2º passo: Registro da compra de 150 unidades ao custo unitário de 13,00.

Controle UEPS								
Entradas			Saídas			Estoque Final		
Quantidade	**Unidade**	**Total**	**Quantidade**	**Unidade**	**Total**	**Quantidade**	**Unidade**	**Total**
xxx	xxx	xxx	xxx	xxx	xxx	100 50	11,50 10,00	1.150,00 500,00
150	13,00	1.950,00	xxx	xxx	xxx	150 100 50	13,00 11,50 10,00	1.950,00 1.150,00 500,00

3º passo: Registro das vendas de 230 unidades ao preço unitário de 20,00.

Vendas Brutas = 230 unidades × 20,00/unidade = 4.600,00

Vendas Brutas = 4.600,00

Controle UEPS								
Entradas			Saídas			Estoque Final		
Quantidade	**Unidade**	**Total**	**Quantidade**	**Unidade**	**Total**	**Quantidade**	**Unidade**	**Total**
150	13,00	1.950,00	xxx	xxx	xxx	150 100 50	13,00 11,50 10,00	1.950,00 1.150,00 500,00
xxx	xxx	xxx	150 80	13,00 11,50	1.950,00 920,00	20 50	11,50 10,00	230,00 500,00

O estoque final é no valor de 730,00

O CMV é obtido na coluna das saídas:

CMV = 1.950,00 + 920,00

CMV = 2.870,00

4º passo: Calcular o lucro bruto pelo método UEPS.

Lucro Bruto = Vendas – CMV

Lucro Bruto = 4.600,00 – 2.870,00

Lucro Bruto = 1.730,00

Gabarito: **Errado**

5.3 CUSTO MÉDIO MÓVEL

No custo médio móvel ou custo médio ponderado, o estoque final é avaliado pelo custo médio das mercadorias adquiridas, ou seja, a cada nova aquisição, o custo médio das mercadorias altera e influencia diretamente o custo das mercadorias vendidas.

07ª QUESTÃO: A empresa Alfa em 01 de março de 2021 apresentava 50 unidades da mercadoria gama em estoque adquiridas ao custo unitário de 10,00. Durante o mês de março ocorreram, na sequência cronológica, os seguintes fatos:

- aquisição de 100 unidades de gama ao custo unitário de 11,50

- aquisição de 150 unidades de gama ao custo unitário de 13,00
- venda de 230 unidades de gama ao preço unitário de 20,00

Sabendo-se que a empresa Alfa adota o método do custo médio móvel para controle de seus estoques, podemos afirmar que o lucro bruto foi de 1.840,00.

( ) Certo
( ) Errado

SOLUÇÃO

1º passo: Registro da compra de 100 unidades ao custo unitário de 11,50.

Controle do Custo Médio Ponderado Móvel								
Entradas			Saídas			Estoque Final		
Quantidade	**Unidade**	**Total**	**Quantidade**	**Unidade**	**Total**	**Quantidade**	**Unidade**	**Total**
xxx	xxx	xxx	xxx	xxx	xxx	50	10,00	500,00
100	11,50	1.150,00	xxx	xxx	xxx	150	11,00	1.650,00

O novo custo unitário é obtido por meio da fórmula:

$$\text{Custo unitário} = \frac{\text{Estoque Inicial + Compras Líquidas}}{\text{Total de itens}}$$

$$\text{Custo unitário} = \frac{500{,}00 + 1.150{,}00}{50 + 100}$$

$$\text{Custo unitário} = \frac{1.650{,}00}{150}$$

Custo unitário = 11,00/unidade

2º passo: Registro da compra de 150 unidades ao custo unitário de 13,00.

Controle do Custo Médio Ponderado Móvel								
Entradas			Saídas			Estoque Final		
Quantidade	**Unidade**	**Total**	**Quantidade**	**Unidade**	**Total**	**Quantidade**	**Unidade**	**Total**
xxx	xxx	xxx	xxx	xxx	xxx	150	11,00	1.650,00
150	13,00	1.950,00	xxx	xxx	xxx	300	12,00	3.600,00

O novo custo unitário é obtido por meio da fórmula:

$$\text{Custo unitário} = \frac{\text{Estoque Inicial + Compras Líquidas}}{\text{Total de itens}}$$

$$\text{Custo unitário} = \frac{1.650,00 + 1.950,00}{150 + 150}$$

$$\text{Custo unitário} = \frac{3.600,00}{300}$$

Custo unitário = 12,00/unidade

3º passo: Registro das vendas de 230 unidades ao preço unitário de 20,00.

Vendas Brutas = 230 unidades × 20,00/unidade = 4.600,00

Controle do Custo Médio Ponderado Móvel								
Entradas			Saídas			Estoque Final		
Quantidade	**Unidade**	**Total**	**Quantidade**	**Unidade**	**Total**	**Quantidade**	**Unidade**	**Total**
xxx	xxx	xxx	xxx	xxx	xxx	300	12,00	3.600,00
xxx	xxx	xxx	230	12,00	2.760,00	70	12,00	840,00

O estoque final é no valor de 840,00

O CMV é obtido na coluna das saídas:

CMV = 2.760,00

4º passo: Calcular o lucro bruto pelo método UEPS.

Lucro Bruto = Vendas – CMV

Lucro Bruto = 4.600,00 – 2.760,00 = 1.840,00

Gabarito: **Certo**

5.4 COMPARAÇÃO DO PEPS, UEPS E CUSTO MÉDIO

No ambiente inflacionário o método **UEPS** resulta em menor lucro, quando comparado com o método **PEPS** ou **custo médio**.

Lucro Bruto no sistema PEPS > Lucro Bruto no sistema do custo médio > Lucro Bruto no sistema UEPS

O **Fisco não aceita** que as empresas adotem o **método UEPS**, pelo fato de que este leva a um menor lucro bruto, diminuindo por conseguinte a base de cálculo do IR e CSLL, resultando em uma menor arrecadação.

Descrição	PEPS	Custo Médio	UEPS
Estoque Final	910,00	840,00	730,00
CMV	2.690,00	2.760,00	2.870,00
Lucro Bruto	1.910,00	1.840,00	1.730,00

É importante **memorizar** a tabela abaixo para responder as perguntas teóricas na prova.

Inflacionário	Deflacionário
EF PEPS > EF Custo Médio > EF UEPS	EF PEPS < EF Custo Médio < EF UEPS
CMV PEPS < CMV Custo Médio < CMV UEPS	CMV PEPS > CMV Custo Médio > CMV UEPS
LB PEPS > LB Custo Médio > LB UEPS	LB PEPS < LB Custo Médio < LB UEPS

ATENÇÃO, no ambiente **deflacionário os preços reduzem** com o passar do tempo.

6. VALOR REALIZÁVEL LÍQUIDO

O custo dos estoques pode não ser recuperável se esses estoques estiverem danificados, se tornarem-se total ou parcialmente obsoletos ou se os seus preços de venda tiverem diminuído. O custo dos estoques pode também não ser recuperável se os custos estimados de acabamento ou os custos estimados a serem incorridos para realizar a venda tiverem aumentado. A **prática de reduzir** o valor de custo dos estoques (*write down*) para o **valor realizável líquido** é consistente com o ponto de vista de que os ativos **não devem ser escriturados** por quantias **superiores** àquelas que se espera que sejam **realizadas com a sua venda ou uso**.

Os **estoques** devem ser geralmente **reduzidos** para o seu **valor realizável líquido** item a item. Em algumas circunstâncias, porém, pode ser apropriado agrupar unidades semelhantes ou relacionadas. Pode ser o caso dos itens de estoque relacionados com a mesma linha de produtos que tenham finalidades ou usos finais semelhantes, que sejam produzidos e comercializados na mesma área geográfica e não possam ser avaliados separadamente de outros itens dessa linha de produtos. Não é apropriado reduzir o valor do estoque com base em uma classificação de estoque, como, por exemplo, bens acabados, ou em todo estoque de determinado setor ou segmento operacional. Os prestadores de serviços normalmente acumulam custos relacionados a cada serviço para o qual será cobrado um preço de venda específico. Portanto, cada um desses serviços deve ser tratado como um item em separado.

IMPORTANTE

Regra geral, a redução dos ativos tem por base o seu **valor recuperável**, enquanto que para os estoques, a base a ser considerada é o **valor realizável líquido**.

A quantia de toda reversão de redução de estoques, proveniente de aumento no valor realizável líquido, deve ser registrada como redução do item em que for reconhecida a despesa ou a perda, no período em que a reversão ocorrer.

As **estimativas do valor realizável líquido** devem ser baseadas nas **evidências mais confiáveis disponíveis** no momento em que são feitas as estimativas do valor dos estoques que se espera realizar. Essas estimativas devem levar em consideração variações nos preços e nos custos diretamente relacionados com eventos que ocorram após o fim do período, à medida que tais eventos confirmem as condições existentes no fim do período.

As **estimativas do valor realizável líquido** também devem levar em consideração a **finalidade** para a qual o **estoque é mantido**. Por exemplo, o valor realizável líquido da quantidade de **estoque mantido para atender contratos de venda ou de prestação de serviços** deve ser baseado no **preço do contrato**. Se os contratos de venda dizem respeito a quantidades inferiores às quantidades de estoque possuídas, o valor realizável líquido do excesso deve basear-se em preços gerais de venda. Podem surgir provisões resultantes de contratos firmes de venda superiores às quantidades de estoques existentes ou de contratos firmes de compra em andamento se as aquisições adicionais a serem feitas para atender a esses contratos de venda forem previstas com base em valores estimados que levem à situação de prejuízo no atendimento desses contratos de venda. Tais provisões devem ser tratadas de acordo com o CPC 25 que trata de provisão e passivo e ativo contingentes.

Os materiais e os outros bens de consumo mantidos para uso na produção de estoques ou na prestação de serviços **não serão reduzidos abaixo do custo** se for previsível que os produtos acabados em que eles devem ser incorporados ou os serviços em que serão utilizados sejam vendidos pelo custo ou acima do custo. Porém, quando a diminuição no preço dos produtos acabados ou no preço dos serviços prestados indicar que o custo de elaboração desses produtos ou serviços excederá seu valor realizável líquido, os materiais e os outros bens de consumo devem ser reduzidos ao valor realizável líquido. Em tais circunstâncias, o custo de reposição dos materiais pode ser a melhor medida disponível do seu valor realizável líquido.

Em **cada período subsequente** deve ser feita uma nova avaliação do **valor realizável líquido**. Quando as **circunstâncias** que anteriormente provocaram a **redução** dos estoques abaixo do custo **deixarem de existir** ou quando houver uma clara evidência de um **aumento no valor realizável líquido** devido à alteração nas circunstâncias econômicas, a quantia da redução **deve ser revertida** (a **reversão é limitada** à quantia da redução original) de modo a que o novo montante registrado do estoque seja o **menor valor entre** o custo e o valor realizável líquido revisto. Isso ocorre, por exemplo, com um item de estoque registrado pelo valor realizável líquido quando o seu preço de venda tiver sido reduzido e, enquanto ainda mantido em período posterior, tiver o seu preço de venda aumentado.

08ª QUESTÃO (ATM PM SJC SP VUNESP 2012): De acordo com o CPC 16 (R1), o custo dos estoques pode não ser recuperável se esses estoques estiverem danificados, se tornarem-se total ou parcialmente obsoletos ou se os seus preços de venda tiverem diminuído. O custo dos estoques pode também não ser recuperável se os custos estimados de acabamento ou os custos estimados a serem incorridos para realizar a venda tiverem aumentado. Diante disso, o procedimento correto do contador será:

a) obter descontos razoáveis no sentido de minimizar o impacto contábil dos estoques elevados.
b) contabilizar uma reserva contingencial sob o valor não realizável.
c) elevar o valor da receita de vendas no sentido de cobrir o acréscimo dos custos.
d) contabilizar um passivo, no sentido de mitigar o impacto na compra de insumos com valor superior ao do mercado.
e) contabilizar uma provisão para perdas com os estoques não realizáveis.

☛ SOLUÇÃO

O custo dos estoques pode não ser recuperável se esses estoques estiverem danificados, se tornarem-se total ou parcialmente obsoletos ou se os seus preços de venda tiverem diminuído. O custo dos estoques pode também não ser recuperável se os custos estimados de acabamento ou os custos estimados a serem incorridos para realizar a venda tiverem aumentado. A **prática de reduzir** o valor de custo dos estoques (*write down*) para o **valor realizável líquido** é consistente com o ponto de vista de que os ativos **não devem ser escriturados** por quantias **superiores** àquelas que se espera que sejam **realizadas com a sua venda ou uso**.

CONCLUSÃO, segundo o CPC 16 o contador deverá contabilizar uma provisão para perdas com os estoques não realizáveis, reduzindo o custo de aquisição dos estoques para o seu valor realizável líquido.

Gabarito: **E**

INSTRUÇÕES: Para responder às questões de **números 09 a 11** utilize as informações abaixo, relativas às transações efetuadas pela Cia. Comercial Monte Azul no mês de início de suas atividades. A companhia utiliza o método do inventário permanente e os impostos recuperáveis já estão deduzidos dos preços unitários das compras.

Dia	Transação
03	Compra de 40 unidades a 200,00 cada uma
09	Compra de 60 unidades a 220,00 cada uma
15	Venda de 90 unidades a 400,00 cada uma
25	Compra de 50 unidades a 240,00 cada uma

09ª QUESTÃO (Contador – TJ – PI – FCC – 2009): Se a companhia avaliar seus estoques pelo critério PEPS, o valor do seu estoque de mercadorias no final do mês corresponderá, em reais, a:

a) 13.980,00
b) 14.000,00
c) 14.120,00
d) 14.240,00
e) 14.200,00

☛ SOLUÇÃO

ATENÇÃO, como a banca não cita valores relacionados com o estoque inicial, nesse caso, o estoque inicial é 0,00 (zero). Registrando as compras e vendas na ordem cronológica, tem-se:

1º passo: Registro da compra de 40 unidades ao preço unitário de 200,00.

Controle UEPS								
Entradas			Saídas			Estoque Final		
Quantidade	**Unidade**	**Total**	**Quantidade**	**Unidade**	**Total**	**Quantidade**	**Unidade**	**Total**
40	200,00	8.000,00	xxx	xxx	xxx	40	200,00	8.000,00

2º passo: Registro da compra de 60 unidades ao preço unitário de 220,00.

Controle UEPS								
Entradas			Saídas			Estoque Final		
Quantidade	**Unidade**	**Total**	**Quantidade**	**Unidade**	**Total**	**Quantidade**	**Unidade**	**Total**
xxx	xxx	xxx	xxx	xxx	xxx	40	200,00	8.000,00
60	220,00	13.200,00	xxx	xxx	xxx	40 60	200,00 220,00	8.000,00 13.200,00

3º passo: Registro das vendas de 90 unidades ao preço unitário de 400,00.

Vendas Brutas = 90 unidades × 400,00/unidade
Vendas Brutas = 36.000,00

Controle UEPS								
Entradas			Saídas			Estoque Final		
Quantidade	**Unidade**	**Total**	**Quantidade**	**Unidade**	**Total**	**Quantidade**	**Unidade**	**Total**
xxx	xxx	xxx	xxx	xxx	xxx	40 60	200,00 220,00	8.000,00 13.200,00
xxx	xxx	xxx	40 50	200,00 220,00	8.000,00 11.000,00	10	220,00	2.200,00

CMV = 8.000,00 + 11.000,00
CMV = 19.000,00

4º passo: Registro da compra de 50 unidades ao preço unitário de 240,00.

Controle UEPS								
Entradas			Saídas			Estoque Final		
Quantidade	**Unidade**	**Total**	**Quantidade**	**Unidade**	**Total**	**Quantidade**	**Unidade**	**Total**
xxx	xxx	xxx	xxx	xxx	xxx	10	220,00	2.200,00
50	240,00	12.000,00	xxx	xxx	xxx	10 50	220,00 240,00	2.200,00 12.000,00

EF = 2.200,00 + 12.000,00
EF = 14.200,00

Gabarito: **E**

10ª QUESTÃO (Contador – TJ – PI – FCC – 2009): O custo das mercadorias vendidas da sociedade, nas transações do mês, se esta avaliar seus estoques pelo critério UEPS, foi, em reais, de:

a) 19.200,00
b) 19.120,00
c) 19.080,00
d) 19.000,00
e) 18.920,00

SOLUÇÃO

Registrando as compras e vendas na ordem cronológica, tem-se:

1º passo: Registro da compra de 40 unidades ao preço unitário de 200,00.

Controle UEPS								
Entradas			Saídas			Estoque Final		
Quantidade	**Unidade**	**Total**	**Quantidade**	**Unidade**	**Total**	**Quantidade**	**Unidade**	**Total**
40	200,00	8.000,00	xxx	xxx	xxx	40	200,00	8.000,00

2º passo: Registro da compra de 60 unidades ao preço unitário de 220,00.

Controle UEPS								
Entradas			Saídas			Estoque Final		
Quantidade	**Unidade**	**Total**	**Quantidade**	**Unidade**	**Total**	**Quantidade**	**Unidade**	**Total**
xxx	xxx	xxx	xxx	xxx	xxx	40	200,00	8.000,00
60	220,00	13.200,00	xxx	xxx	xxx	60 40	220,00 200,00	13.200,00 8.000,00

3º passo: Registro das vendas de 90 unidades ao preço unitário de 400,00.

Vendas Brutas = 90 unidades × 400,00/unidade
Vendas Brutas = 36.000,00

Controle UEPS								
Entradas			Saídas			Estoque Final		
Quantidade	**Unidade**	**Total**	**Quantidade**	**Unidade**	**Total**	**Quantidade**	**Unidade**	**Total**
xxx	xxx	xxx	xxx	xxx	xxx	60 40	220,00 200,00	13.200,00 8.000,00
xxx	xxx	xxx	60 30	220,00 200,00	13.200,00 6.000,00	10	200,00	2.000,00

CMV = 13.200,00 + 6.000,00
CMV = 19.200,00

4º passo: Registro da compra de 50 unidades ao preço unitário de 240,00.

Controle UEPS								
Entradas			Saídas			Estoque Final		
Quantidade	**Unidade**	**Total**	**Quantidade**	**Unidade**	**Total**	**Quantidade**	**Unidade**	**Total**
xxx	xxx	xxx	xxx	xxx	xxx	10	200,00	2.000,00
50	240,00	12.000,00	xxx	xxx	xxx	50 10	240,00 200,00	12.000,00 2.000,00

EF = 12.000,00 + 2.000,00
EF = 14.000,00

Gabarito: **A**

11ª QUESTÃO (Contador – TJ – PI – FCC – 2009): Supondo-se que a companhia avalie seus estoques por meio do critério do custo médio ponderado móvel e que as vendas sejam tributadas pelo ICMS a 12%, pela COFINS a 3% e pelo PIS a 0,65%, o lucro bruto da sociedade no final do mês foi equivalente, em reais, a:

a) 11.166,00
b) 11.216,00
c) 11.286,00
d) 11.326,00
e) 11.366,00

☛ SOLUÇÃO

ATENÇÃO, a empresa adota o método do custo médio ponderado móvel para registro das suas mercadorias. Portanto, registrando as compras líquidas segundo o método do custo médio ponderado móvel, tem-se:

1º passo: Registro da compra de 40 unidades ao preço unitário de 200,00.

Controle do Custo Médio Ponderado Móvel								
Entradas			Saídas			Estoque Final		
Quantidade	**Unidade**	**Total**	**Quantidade**	**Unidade**	**Total**	**Quantidade**	**Unidade**	**Total**
40	200,00	8.000,00	xxx	xxx	xxx	40	200,00	8.000,00
40	200,00	8.000,00	xxx	xxx	xxx	40	200,00	8.000,00

2º passo: Registro da compra de 60 unidades ao preço unitário de 220,00.

Controle do Custo Médio Ponderado Móvel								
Entradas			Saídas			Estoque Final		
Quantidade	**Unidade**	**Total**	**Quantidade**	**Unidade**	**Total**	**Quantidade**	**Unidade**	**Total**
xxx	xxx	xxx	xxx	xxx	xxx	40	200,00	8.000,00
60	220,00	13.200,00	xxx	xxx	xxx	100	212,00	21.200,00

3º passo: Registro das vendas de 90 unidades ao preço unitário de 400,00.

Vendas Brutas = 90 unidades × 400,00/unidade
Vendas Brutas = 36.000,00

Controle do Custo Médio Ponderado Móvel								
Entradas			Saídas			Estoque Final		
Quantidade	**Unidade**	**Total**	**Quantidade**	**Unidade**	**Total**	**Quantidade**	**Unidade**	**Total**
xxx	xxx	xxx	xxx	xxx	xxx	100	212,00	21.200,00
xxx	xxx	xxx	90	212,00	19.080,00	10	212,00	2.120,00

CMV = 19.080,00

4º passo: Registro da compra de 50 unidades ao preço unitário de 240,00.

Controle do Custo Médio Ponderado Móvel								
Entradas			Saídas			Estoque Final		
Quantidade	**Unidade**	**Total**	**Quantidade**	**Unidade**	**Total**	**Quantidade**	**Unidade**	**Total**
xxx	xxx	xxx	xxx	xxx	xxx	10	212,00	2.120,00
50	240,00	12.000,00	xxx	xxx	xxx	60	235,33	14.120,00

Lucro Bruto = Vendas Brutas – CMV

Lucro Bruto = 36.000,00 × 0,8435 – 19.080,00
Lucro Bruto = 11.286,00

Multiplicando as vendas brutas no valor de 36.000,00 por 0,8435 retiramos o ICMS de 12%, o PIS de 0,65% e a COFINS de 3% e obtemos as vendas líquidas no montante de 30.366,00.

Gabarito: **C**

12ª QUESTÃO (Auditor – INFRAERO – FCC – 2009): A Cia. Comercial Bento do Sul iniciou o ano-calendário de 2009 com 200 unidades de uma determinada mercadoria com custo unitário de 30,00. No mês de janeiro, ocorreram as seguintes operações com esse tipo de mercadoria, cujos preços unitários de aquisição já estão líquidos dos impostos recuperáveis, apresentadas em ordem cronológica:

- aquisição de 100 unidades por 32,00
- alienação de 180 unidades por 65,00
- aquisição de 200 unidades por 35,00

- alienação de 280 unidades por 70,00
- aquisição de 50 unidades por 36,00

É correto concluir que o estoque final dessas mercadorias em 31/01/2009, avaliado pelo critério PEPS, corresponderá a:

a) 3.000,00
b) 3.080,00
c) 3.150,00
d) 3.200,00
e) 3.240,00

☛ SOLUÇÃO

A empresa adota o sistema de inventário permanente PEPS, e no início do mês havia um estoque inicial de 200 unidades ao custo unitário de 30,00. Registrando as compras e vendas na ordem cronológica, tem-se:

1º passo: Registro da aquisição de 100 unidades por 32,00

Controle PEPS								
Entradas			Saídas			Estoque Final		
Quantidade	**Unidade**	**Total**	**Quantidade**	**Unidade**	**Total**	**Quantidade**	**Unidade**	**Total**
xxx	xxx	xxx	xxx	xxx	xxx	200	30,00	6.000,00
100	32,00	3.200,00	xxx	xxx	xxx	200 100	30,00 32,00	6.000,00 3.200,00

2º passo: Registro da alienação de 180 unidades por 65,00

Vendas Brutas da 1ª venda = 180 unidades × 65,00/unidade
Vendas Brutas da 1ª venda = 11.700,00

Controle PEPS								
Entradas			Saídas			Estoque Final		
Quantidade	**Unidade**	**Total**	**Quantidade**	**Unidade**	**Total**	**Quantidade**	**Unidade**	**Total**
xxx	xxx	xxx	xxx	xxx	xxx	200 100	30,00 32,00	6.000,00 3.200,00
xxx	xxx	xxx	180	30,00	5.400,00	20 100	30,00 32,00	600,00 3.200,00

Na coluna das saídas, obtemos o valor do CMV pelo método PEPS.

CMV da 1ª venda = 5.400,00

3º passo: Registro da aquisição de 200 unidades por 35,00

Controle PEPS								
Entradas			Saídas			Estoque Final		
Quantidade	**Unidade**	**Total**	**Quantidade**	**Unidade**	**Total**	**Quantidade**	**Unidade**	**Total**
xxx	xxx	xxx	xxx	xxx	xxx	20 100	30,00 32,00	600,00 3.200,00
200	35,00	7.000,00	xxx	xxx	xxx	20 100 200	30,00 32,00 35,00	600,00 3.200,00 7.000,00

4º passo: Registro da alienação de 280 unidades por 70,00

Vendas Brutas da 2ª venda = 280 unidades × 70,00/unidade
Vendas Brutas da 2ª venda = 19.600,00

Controle PEPS								
Entradas			Saídas			Estoque Final		
Quantidade	**Unidade**	**Total**	**Quantidade**	**Unidade**	**Total**	**Quantidade**	**Unidade**	**Total**
xxx	xxx	xxx	xxx	xxx	xxx	20 100 200	30,00 32,00 35,00	600,00 3.200,00 7.000,00
xxx	xxx	xxx	20 100 160	30,00 32,00 35,00	600,00 3.200,00 5.600,00	40	35,00	1.400,00

Na coluna das saídas, obtemos o valor do CMV pelo método PEPS.

CMV da 2ª venda = 600,00 + 3.200,00 + 5.600,00
CMV da 2ª venda = 9.400,00

5º passo: Registro da aquisição de 50 unidades por 36,00

Controle PEPS								
Entradas			Saídas			Estoque Final		
Quantidade	**Unidade**	**Total**	**Quantidade**	**Unidade**	**Total**	**Quantidade**	**Unidade**	**Total**
xxx	xxx	xxx	xxx	xxx	xxx	40	35,00	1.400,00
50	36,00	1.800,00	xxx	xxx	xxx	40 50	35,00 36,00	1.400,00 1.800,00

EF pelo método PEPS = 1.400,00 + 1.800,00
EF pelo método PEPS = 3.200,00

ATENÇÃO, caso a banca pedisse o lucro bruto, teríamos:

Lucro Bruto = Vendas Brutas – CMV

Lucro Bruto = 11.700,00 + 19.600,00 – (5.400,00 + 9.400,00)
Lucro Bruto = 16.500,00

Gabarito: **D**

13ª QUESTÃO (Contador – TRF – 4ª Região – FCC – 2010): Se uma mercadoria vendida por uma empresa comercial apresentar constantemente elevação de seu preço de custo, é correto afirmar que, em relação aos métodos de avaliação de estoques, o:

a) lucro bruto obtido em sua venda será maior se ela utilizar o método UEPS em vez do PEPS.
b) custo da mercadoria vendida, se adotado o critério do custo médio ponderado, será maior do que se fosse adotado o método PEPS.
c) estoque final, se adotado o método PEPS, será menor do que o obtido adotando-se o critério do custo médio ponderado.
d) lucro obtido em sua venda será maior se ela utilizar o método do custo médio ponderado em vez do PEPS.
e) valor do estoque final, se adotado o método UEPS, será maior do que se fossem adotados o método PEPS ou o método do custo médio ponderado.

☛ SOLUÇÃO

No ambiente **inflacionário**, o **custo** de uma nova aquisição **aumenta** com o passar do tempo, enquanto que em um ambiente **deflacionário**, o **custo** de uma nova aquisição se **reduz** com a passagem do tempo.

A seguir, temos um quadro comparativo entre um ambiente inflacionário e um deflacionário.

Inflacionário	Deflacionário
EF PEPS > EF Custo Médio > EF UEPS	EF PEPS < EF Custo Médio < EF UEPS
CMV PEPS < CMV Custo Médio < CMV UEPS	CMV PEPS > CMV Custo Médio > CMV UEPS
LB PEPS > LB Custo Médio > LB UEPS	LB PEPS < LB Custo Médio < LB UEPS

Analisando as alternativas, segundo a tabela acima, no **ambiente inflacionário**, temos:

a) Errada. O lucro bruto obtido no ambiente **inflacionário** pelo sistema PEPS é **maior** do que o lucro bruto pelo sistema UEPS. **Conclusão**, no ambiente inflacionário, tem-se:

Lucro Bruto no sistema PEPS > Lucro Bruto no sistema UEPS

b) Correta. O custo das mercadorias vendidas obtido no ambiente **inflacionário** pelo sistema do custo médio é **maior** do que o custo das mercadorias vendidas pelo sistema PEPS. **Conclusão**, no ambiente inflacionário, tem-se:

CMV no sistema do custo médio > CMV no sistema PEPS

c) Errada. O estoque final obtido no ambiente **inflacionário** pelo sistema PEPS é **maior** do que o estoque final obtido pelo sistema do custo médio. **Conclusão**, no ambiente inflacionário, tem-se:

EF no sistema PEPS > EF no sistema do custo médio

d) Errada. O lucro bruto obtido no ambiente **inflacionário** pelo sistema do custo médio é **menor** do que o lucro bruto pelo sistema PEPS. **Conclusão**, no ambiente inflacionário, tem-se:

Lucro Bruto no sistema do custo médio < Lucro Bruto no sistema PEPS

e) Errada. O estoque final obtido no ambiente **inflacionário** pelo sistema UEPS é **menor** do que o estoque final se fossem adotados o método PEPS ou o método do custo médio ponderado. **Conclusão**, no ambiente inflacionário, tem-se:

EF no sistema UEPS < EF no sistema do custo médio < EF no sistema PEPS

Gabarito: **B**

14ª QUESTÃO (Contador – TRE – PI – FCC – 2009): Uma empresa foi assaltada no dia 31/01/2011 e precisa apurar o valor das mercadorias roubadas para pedir indenização à seguradora. Os assaltantes levaram tudo. O último inventário da empresa, realizado em 31/12/2010, apontava um saldo de 200,00. Sabe-se que o estabelecimento adquiriu mercadorias no valor de 450,00 e o valor das vendas realizadas em janeiro foram de 600,00. O dono também sabe que o lucro bruto da empresa é de 40%. O valor das mercadorias roubadas é:

a) 50,00
b) 210,00
c) 240,00
d) 290,00
e) 410,00

☛ SOLUÇÃO

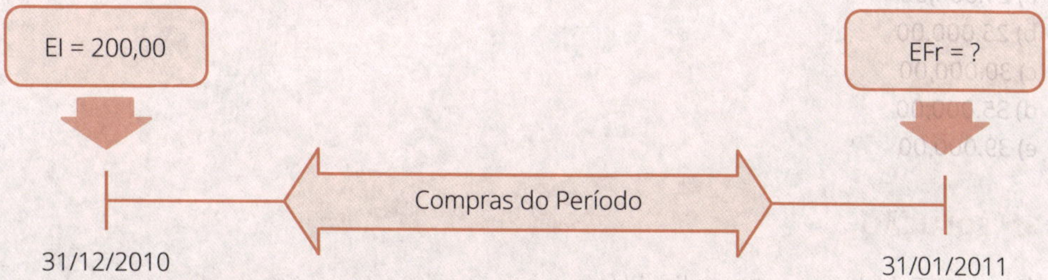

1º passo: Calcular o lucro bruto em janeiro de 2011

ATENÇÃO, o lucro bruto da empresa corresponde a 40% das vendas.

Lucro Bruto = 40% × Vendas de janeiro

Lucro Bruto de janeiro = 40% × 600,00 = 240,00

2º passo: Calcular o custo das mercadorias vendidas em janeiro em função dos estoques roubados.

EF_R = estoque roubado

$$CMV = EI + CL - EF_R$$

CMV de janeiro = 200,00 + 450,00 – EF_R
CMV de janeiro = 650,00 – EF_R

3º passo: Calcular o montante dos estoques roubados

Lucro Bruto de janeiro = Vendas de janeiro – CMV de janeiro

240,00 = 600,00 – (650,00 – EF_R)
240,00 = 600,00 – 650,00 + EF_R
EF_R = 290,00

Gabarito: **D**

15ª QUESTÃO (Contador – TRE – PI – FCC – 2009): Uma empresa adquiriu mercadorias para revenda no valor de 25.000,00 e incorreu nos seguintes gastos: frete sobre compras: 5.000,00; impostos não recuperáveis: 7.000,00 (não incluso no valor das mercadorias) e seguros: 2.000,00. Ao receber as mercadorias a empresa verificou que um lote não estava dentro das especificações e, por isso, obteve um abatimento de 4.000,00. O valor acrescido no estoque pela aquisição das mercadorias foi:

a) 21.000,00
b) 25.000,00
c) 30.000,00
d) 35.000,00
e) 39.000,00

SOLUÇÃO

1º passo: Calcular as compras líquidas

CL = **Gastos totais** na aquisição de mercadorias – **Gastos recuperáveis** na aquisição de mercadorias

Itens	Gastos recuperáveis	Valor
Compras de mercadorias	não	25.000,00
Frete sobre compras	não	5.000,00
Impostos não recuperáveis	não	7.000,00
Seguros	não	2.000,00
Abatimentos sobre compras	**sim**	**(4.000,00)**
Compras Líquidas		35.000,00

Compras Líquidas = 25.000,00 + 5.000,00 + 7.000,00 + 2.000,00 – 4.000,00
Compras Líquidas = 35.000,00

Gabarito: **D**

16ª QUESTÃO (Contador – TRE – PI – FCC – 2009): A empresa XX realizou vendas no valor de 55.000,00, recebeu em devolução 8.000,00, concedeu abatimento de 5.000,00, registrou impostos sobre vendas de 10.000,00 e apurou o custo das mercadorias vendidas no valor 20.000,00. O resultado obtido com as mercadorias foi:

a) 12.000,00
b) 22.000,00

c) 25.000,00
d) 27.000,00
e) 35.000,00

☛ SOLUÇÃO

1º passo: Calcular as vendas líquidas

Vendas Líquidas = Vendas Brutas – Dedução de Vendas

Contas	Classificação	Valor
Vendas	Receita Bruta	55.000,00
Devolução de vendas	Dedução de vendas	8.000,00
Abatimentos sobre vendas	Dedução de vendas	5.000,00
Impostos sobre vendas	Dedução de vendas	10.000,00
Vendas Líquidas		32.000,00

Vendas Líquidas = 55.000,00 – 8.000,00 – 5.000,00 – 10.000,00
Vendas Líquidas = 32.000,00

2º passo: Calcular o resultado com mercadorias

Resultado com Mercadorias = Vendas Líquidas – CMV

Lucro Bruto = 32.000,00 – 20.000,00
Lucro Bruto = 12.000,00

Gabarito: **A**

INSTRUÇÕES: Para responder às **questões de números 17 a 19**, considere as informações abaixo relativas à Cia. Comercial Vale Seco, no exercício de início de suas atividades.

- Total das notas fiscais de compras de mercadorias no período 300.000,00
- Total das notas fiscais de vendas de mercadorias no período 500.000,00
- Estoque final de mercadorias 87.300,00

A companhia está sujeita ao ICMS, PIS e COFINS na modalidade de incidência não cumulativa, às alíquotas, respectivamente, de 18%, 1,65% e 7,6%.

17ª QUESTÃO (Contador – PMSP – FCC – 2008): A receita líquida de vendas da companhia, no período, correspondeu a:

a) 363.750,00
b) 372.000,00
c) 401.750,00
d) 410.000,00
e) 500.000,00

SOLUÇÃO

Vendas Líquidas = Vendas Brutas – Deduções de Vendas
Vendas Líquidas = 500.000,00 × 0,7275 = 363.750,00

Multiplicando as vendas brutas no valor de 500.000,00 por 0,7275 retiramos o ICMS de 18%, o PIS de 1,65% e a COFINS de 7,6% e obtemos as vendas líquidas no montante de 363.750,00.

Gabarito: **A**

18ª QUESTÃO (Contador – PMSP – FCC – 2008): O custo das mercadorias vendidas pela companhia, no período, montou a:

a) 125.950,00
b) 130.950,00
c) 180.975,00
d) 218.250,00
e) 232.800,00

SOLUÇÃO

1º passo: Calcular as compras brutas

Base de cálculo do ICMS e PIS/COFINS não cumulativos = Valor da Operação

Itens	ICMS	PIS não cum.	COFINS não cum.
Valor da operação	300.000,00	300.000,00	300.000,00
= Base de cálculo	300.000,00	300.000,00	300.000,00
× Alíquota	× 18%	× 1,65%	× 7,60%
= Tributo	**54.000,00**	**4.950,00**	**22.800,00**

Montando a nota fiscal completa de compras, tem-se:

Nota Fiscal – Fornecedor Indústria

Mercadorias	300.000,00
= Total da Nota Fiscal	300.000,00
ICMS	54.000,00
PIS não cumulativo	4.950,00
COFINS não cumulativa	22.800,00

Compras Brutas = Total da Nota Fiscal

Compras Brutas = 300.000,00

2º passo: Calcular as compras líquidas

Compras Líquidas = Total da Nota Fiscal – ICMS – PIS não cumulativo – COFINS não cumulativa

Total da Nota Fiscal	300.000,00
– ICMS	(54.000,00)
– PIS não cumulativo	(4.950,00)
– COFINS não cumulativa	(22.800,00)
= Compras Líquidas	218.250,00

CONCLUSÃO, o valor a ser lançado nos estoques é de 218.250,00.

3º passo: Calcular o custo das mercadorias vendidas

ATENÇÃO, a empresa adota o sistema de inventário periódico, pois o estoque final (apesar da banca não ter informado explícita) é obtido através de contagem física, e nesse caso, apuração do CMV é por meio de fórmulas matemáticas. Cuidado, a banca não informa o estoque inicial de mercadorias, portanto, o seu valor é 0,00 (zero).

CMV = EI + CL – EF

CMV = 0,00 + 218.250,00 – 87.300,00
CMV = 130.950,00

SOLUÇÃO NA PROVA

CMV = 0,00 + 300.000,00 × 0,7275 – 87.300,00

CMV = 130.950,00

Multiplicando as compras no valor de 300.000,00 por 0,7275 excluímos o ICMS de 18%, o PIS não cumulativo de 1,65% e a COFINS não cumulativa de 7,6% e obtemos as compras líquidas no montante de 218.500,00.

Gabarito: **B**

19ª QUESTÃO (Contador – PMSP – FCC – 2008): O lucro bruto da companhia, no período, foi equivalente a:

a) 232.800,00
b) 218.250,00
c) 180.975,00
d) 150.365,00
e) 130.950,00

☛ SOLUÇÃO

Lucro Bruto = Vendas Líquidas – CMV

Lucro Bruto = 363.750,00 – 130.950,00
Lucro Bruto = 232.800,00

Gabarito: **A**

20ª QUESTÃO (Contador – TRT – FCC – 2008): A Cia. Comercial Madureira iniciou o exercício com um estoque de 800.000,00. Adquiriu 1.300.000,00 de mercadorias, já deduzidos desse valor os impostos recuperáveis.

As vendas líquidas da empresa no exercício totalizaram 1.800.000,00. A companhia adota o sistema do inventário periódico e a contagem do estoque final de mercadorias indicou que ele equivalia a 120% do estoque inicial. O lucro bruto da companhia nesse exercício equivaleu a:

a) 1.140.000,00
b) 980.000,00
c) 960.000,00
d) 840.000,00
e) 660.000,00

☛ SOLUÇÃO

1º passo: Calcular o estoque final.

EF = 120% × Estoque Inicial

EF = 1,2 × 800.000,00
EF= 960.000,00

No **sistema de inventário periódico**, o estoque final é obtido por meio de **contagem física** das mercadorias existentes no **encerramento do exercício.**

2º passo: Calcular o custo das mercadorias vendidas.

CMV = EI + CL – EF

CMV = 800.000,00 + 1.300.000,00 – 960.000,00
CMV = 1.140.000,00

3º passo: Calcular o lucro bruto.

Lucro Bruto = Vendas Líquidas – CMV

Lucro Bruto = 1.800.000,00 – 1.140.000,00
Lucro Bruto = 660.000,00

Gabarito: **E**

INSTRUÇÕES: Considere os dados abaixo da Cia. Maranhense de Máquinas Industriais em 31/12/2005, para responder às **questões de números 21 e 22.**

Receita bruta de vendas	10.280.000,00
Devolução de vendas	200.000,00
Compras de mercadorias	4.270.000,00
Devolução de compras	180.000,00
Descontos incondicionais obtidos	90.000,00
Descontos incondicionais concedidos	80.000,00
Impostos incidentes sobre vendas	2.725.000,00
IPI sobre vendas	1.000.000,00
Fretes sobre as compras de mercadorias	40.000,00
Fretes sobre as vendas de mercadorias	100.000,00
Seguro sobre as compras de mercadorias	60.000,00
Seguro sobre as vendas de mercadorias	100.000,00
Estoque inicial de mercadorias (saldo de 31/12/2004)	325.000,00
Estoque final de mercadorias (saldo em 31/12/2005)	475.000,00
Descontos financeiros obtidos	3.000,00
Descontos financeiros concedidos	19.000,00
Devolução de vendas de exercícios anteriores	75.000,00

21ª QUESTÃO (AFRE – CE – FCC – 2006): Os valores da receita operacional bruta e da receita operacional líquida da Cia. Maranhense de Máquinas Industriais em 31/12/2005, nessa ordem, foram de:

a) 9.986.000,00 e 6.981.000,00
b) 10.061.000,00 e 7.000.000,00
c) 10.186.000,00 e 7.056.000,00
d) 10.280.000,00 e 7.275.000,00
e) 11.280.000,00 e 7.275.000,00

☛ SOLUÇÃO

ATENÇÃO, apenas com o valor da receita operacional bruta (ou **vendas brutas**) de 10.280.000,00, já obtemos a resposta correta, a alternativa D. Portanto, na hora da prova, como não temos tempo sobrando, marcamos a resposta e partimos para a próxima questão. Porém, o nosso intuito é aprender o assunto, e nesse caso vamos calcular a receita operacional líquida (ou **vendas líquidas**).

Vendas Líquidas = Vendas Brutas – Dedução de Vendas

Contas	Classificação	Valor
Vendas Brutas	Receita Bruta	10.280.000,00
Devolução de Vendas	Dedução de vendas	200.000,00
Impostos Incidentes sobre Vendas	Dedução de vendas	2.725.000,00
Descontos Incondicionais Concedidos	Dedução de vendas	80.000,00
Vendas Líquidas		7.275.000,00

Vendas Líquidas = 10.280.000,00 – 200.000,00 – 2.725.000,00 – 80.000,00
Vendas Líquidas = 7.275.000,00

Gabarito: **D**

22ª QUESTÃO (AFRE – CE – FCC – 2006): Os valores do custo das mercadorias vendidas e do lucro operacional bruto da Cia. Maranhense de Máquinas Industriais em 31/12/2005, nessa ordem, foram de:

a) 3.837.500,00 e 3.437.500,00
b) 3.887.000,00 e 3.485.000,00
c) 3.950.000,00 e 3.325.000,00
d) 3.950.000,00 e 4.325.000,00
e) 4.000.000,00 e 4.131.000,00

☛ SOLUÇÃO

1º passo: Calcular as compras líquidas

CL = **Gastos totais** na aquisição de mercadorias – **Gastos recuperáveis** na aquisição de mercadorias

Itens	Gastos recuperáveis	Valor
Compras de mercadorias	não	4.270.000,00
Devolução de Compras	sim	180.000,00
Descontos Incondicionais Obtidos	sim	90.000,00
Fretes sobre as compras de mercadorias	não	40.000,00
Seguro sobre as compras de mercadorias	não	60.000,00
Compras Líquidas		4.100.000,00

Compras Líquidas = 4.270.000,00 – 180.000,00 – 90.000,00 + 40.000,00 + 60.000,00
Compras Líquidas = 4.100.000,00

2º passo: Calcular o custo das mercadorias vendidas

CMV = EI + CL – EF

Itens	Classificação	Valor
Estoque inicial de mercadorias (saldo de 31/12/2004)	EI	325.000,00
Compras Líquidas	CL	4.100.000,00
Estoque final de mercadorias (saldo em 31/12/2005)	EF	475.000,00
CMV		3.950.000,00

CMV = 325.000,00 + 4.100.000,00 – 475.000,00
CMV = 3.950.000,00

3º passo: Calcular o lucro operacional bruto ou **lucro bruto**

Lucro Bruto = Vendas Líquidas – CMV

Lucro Bruto = 7.275.000,00 – 3.950.000,00
Lucro Bruto = 3.325.000,00

ATENÇÃO, explorando mais a questão, vamos montar a DRE completa e calcular o resultado do exercício, que pode ser um **lucro líquido** ou **prejuízo líquido**.

DRE da Cia. Maranhense de Máquinas Industriais

Faturamento Bruto.......11.280.000,00
– IPI sobre vendas.......(1.000.000,00)
= Receita bruta de vendas.......10.280.000,00
– Devolução de vendas.......(200.000,00)
– Impostos incidentes sobre vendas.......(2.725.000,00)
– Descontos incondicionais concedidos.......(80.000,00)
= Vendas Líquidas.......7.275.000,00
– Custo das Mercadorias Vendidas.......(3.950.000,00)
= Lucro Bruto.......3.325.000,00
– Fretes sobre as vendas de mercadorias.......(100.000,00)
– Seguro sobre as vendas de mercadorias.......(100.000,00)
– Devolução de vendas de exercícios anteriores.......(75.000,00)
= Lucro antes do resultado financeiro.......3.050.000,00
+ Descontos financeiros obtidos.......63.000,00
– Descontos financeiros concedidos.......(19.000,00)
= Lucro antes do IR.......3.094.000,00
– Provisão para o IR.......0,00
– Participações Estatutárias sobre o Lucro.......0,00
= Lucro Líquido.......3.094.000,00

Os fretes sobre as vendas de mercadorias, o seguro sobre as vendas de mercadorias e a devolução de vendas de exercícios anteriores integram as **despesas com vendas**. Atenção, apenas as devoluções de vendas do exercício integram as deduções de vendas, enquanto que as **devoluções de vendas de exercícios anteriores** são classificadas em despesas com vendas ou **despesas operacionais**.

Gabarito: **C**

23ª QUESTÃO (Contador – MPE – SE – FCC – 2009): No inventário periódico, o levantamento, a consequente identificação do valor físico e financeiro dos saldos dos estoques e o valor do CMV são realizados:

a) de forma extracontábil, após a identificação do saldo físico e a respectiva atribuição de preço aos itens de estoque.
b) emitindo constantes relatórios de entrada e de saída a cada movimentação ocorrida nos estoques.
c) registrando as entradas de estoques pela média ponderada.
d) apurando o valor das saídas dos estoques pelos preços mais antigos.
e) utilizando o critério último que entra é o primeiro que sai.

☛ SOLUÇÃO

No inventário periódico, o **estoque final** é obtido por meio de contagem física, e o **custo das mercadorias vendidas** é calculado com a utilização de uma fórmula matemática.

$$CMV = EI + CL - EF$$

Gabarito: **A**

Utilize as seguintes informações para responder às **questões de números 24 a 26**.

Dados da Cia. Comercial Capivari para o mês de janeiro de 2009:

- aquisição de mercadorias no mês: 100 unidades a 2.500,00 cada uma
- ICMS na compra: alíquota de 18%
- vendas de mercadorias no mês: 80 unidades a 6.000,00 cada
- despesas de arrendamento mercantil junto à pessoa jurídica arrendadora: 20.000,00
- despesas de energia elétrica: 5.000,00
- aluguel de imóvel efetuado a uma pessoa física: 10.000,00
- a companhia utiliza o método UEPS para avaliação de estoques
- a companhia é contribuinte do PIS e da COFINS no regime não cumulativo

24ª QUESTÃO (Auditor – INFRAERO – FCC – 2009): A conta de custo das mercadorias vendidas foi debitada no mês pela importância de, em reais:

a) 145.500,00
b) 156.500,00
c) 164.000,00
d) 181.875,00
e) 200.000,00

☛ SOLUÇÃO

1º passo: Montar a nota fiscal de compras.

Valor da operação = Número de mercadorias adquiridas × Preço unitário

Valor da operação = 100 unidades × 2.500,00/unidade
Valor da operação = 250.000,00

Nota Fiscal da compra de mercadorias	
Mercadorias	250.000,00
= Total da Nota Fiscal	250.000,00
ICMS	45.000,00
PIS não cumulativo	4.125,00
COFINS não cumulativa	19.000,00

Memória de cálculo do ICMS, PIS não cumulativo e a COFINS não cumulativa:

Itens	ICMS	PIS não cum.	COFINS não cum.
Valor da operação	250.000,00	250.000,00	250.000,00
= Base de cálculo	250.000,00	250.000,00	250.000,00
× Alíquota	× 18%	× 1,65%	× 7,6%
= Tributo	**45.000,00**	**4.125,00**	**19.000,00**

ATENÇÃO, a banca não informou quais eram as alíquotas do PIS e da COFINS no regime não cumulativo, mas como vimos no capítulo 11, para a prova é importante a memorização das alíquotas do **PIS/Pasep** e da **COFINS** cumulativos e não cumulativos. Lembramos mais uma vez que, as empresas tributadas pelo **lucro fiscal** estão sujeitas à incidência das alíquotas não cumulativas de 1,65% para o PIS/Pasep e de 7,6% para a COFINS. As empresas tributadas pelo **lucro presumido** sofrem a incidência das alíquotas **cumulativas** e 0,65% para o PIS/Pasep e de 3% para a COFINS.

Forma de tributação do IR	Contribuições	Alíquotas
Lucro Presumido	PIS cumulativo	0,65%
	COFINS cumulativa	3,00%
Lucro Fiscal ou Lucro Real	PIS não cumulativo	1,65%
	COFINS não cumulativa	7,60%

ATENÇÃO, caso a banca informasse apenas que a companhia é contribuinte do IR com base no lucro fiscal, teríamos que ter em mente que a empresa é contribuinte do PIS e da COFINS no regime não cumulativo, além de saber as respectivas alíquotas.

Compras Brutas = Total da Nota Fiscal da Compra de mercadorias

Compras Brutas = 250.000,00

2º passo: Calcular as compras líquidas unitárias.

As compras líquidas são calculadas por meio da seguinte fórmula:

Compras Líquidas = Total da Nota Fiscal – ICMS – PIS não cumulativo – COFINS não cumulativa

Total da Nota Fiscal	250.000,00
– ICMS	(45.000,00)
– PIS não cumulativo	(4.125,00)
– COFINS não cumulativa	(19.000,00)
= Compras Líquidas	181.875,00

$$\text{CL unitárias} = \frac{\text{Compras Líquidas}}{\text{Quantidade}}$$

$$\text{CL unitárias} = \frac{181.875,00}{100 \text{ unid.}} = 1.818,75/\text{unidade}$$

CL unitárias = 1.818,75/unidade

3º passo: Calcular o custo das mercadorias vendidas.

A empresa adota o sistema de inventário permanente UEPS para o controle dos seus estoques. Nesse método o custo das mercadorias vendidas é obtido pelo valor das últimas entradas, que corresponde as compras líquidas no montante de 181.875,00. A empresa vendeu 80 unidades, portanto o CMV será:

CMV = 80 unidades × 1.818,75/unidade
CMV = 145.500,00

CONCLUSÃO, apesar da banca **não ter informado** as alíquotas do PIS/COFINS não cumulativos, **o candidato tinha que saber**, pois do contrário, não conseguiria resolver a questão.

Gabarito: **A**

25ª QUESTÃO (Auditor – INFRAERO – FCC – 2009): O valor total dos créditos de PIS que a companhia teria direito de utilizar no mês correspondeu a, em reais:

a) 4.702,50
b) 4.125,00
c) 4.440,00
d) 4.290,00
e) 4.537,50

☛ SOLUÇÃO

A pessoa jurídica tributada pelo lucro real sujeita à incidência não cumulativa do PIS **poderá descontar** créditos decorrentes de:

Mercadorias adquiridas para revenda	250.000,00
+ Despesas de energia elétrica	5.000,00
+ Despesas de arrendamento mercantil junto à **pessoa jurídica** arrendadora	20.000,00
= Base de cálculo dos créditos do PIS não cumulativo	275.000,00

ATENÇÃO, o aluguel de imóvel efetuado a uma **pessoa física** no valor de 10.000,00 não gera crédito, somente o aluguel efetuado a **pessoa jurídica**.

PIS não cumulativo a Recuperar = 1,65% × Base de cálculo dos créditos do PIS não cumulativo

PIS não cumulativo a Recuperar = 1,65% × 275.000,00
PIS não cumulativo a Recuperar = 4.537,50

Gabarito: **E**

26ª QUESTÃO (Auditor – INFRAERO – FCC – 2009): Se a companhia utilizou integralmente os créditos de COFINS que tem direito, o valor recolhido relativo a essa contribuição no período de janeiro de 2009 foi, em reais:

a) 36.480,00
b) 18.240,00
c) 16.340,00
d) 16.580,00
e) 15.580,00

☛ SOLUÇÃO

ATENÇÃO, a banca está pedindo o montante efetivamente recolhido da COFINS.

COFINS não cumulativa a recolher = 7,6% × (Faturamento – Exclusões – Créditos)

1º passo: Calcular o faturamento.

Faturamento = Receitas operacionais + Outras receitas

As **outras receitas** compreendem as **receitas oriundas** das transações do AÑC classificados nos subgrupos de investimentos, imobilizado e intangível.

As **outras receitas operacionais** são receitas que apesar de não serem classificadas em receitas brutas, receitas líquidas ou receitas financeiras, ainda assim, são classificadas em **receitas operacionais**.

Faturamento = Receita Bruta = 80 unidades × 6.000,00/unidade = 480.000,00

2º passo: Calcular os créditos.

A pessoa jurídica tributada pelo lucro real sujeita à incidência não cumulativa da COFINS **poderá descontar** créditos decorrentes de:

Mercadorias adquiridas para revenda	250.000,00
+ Despesas de energia elétrica	5.000,00
+ Despesas de arrendamento mercantil junto à **pessoa jurídica** arrendadora	20.000,00
= Créditos da COFINS não cumulativa	275.000,00

O aluguel de imóvel efetuado a uma **pessoa física** no valor de 10.000,00 não gera crédito, somente o aluguel efetuado a **pessoa jurídica**, e nesse exercício **não existem exclusões**.

3º passo: Calcular a COFINS não cumulativa a recolher.

Base de cálculo da COFINS não cumulativa = Faturamento – Exclusões – Créditos

Base de cálculo da COFINS não cumulativa = 480.000,00 – 0,00 – 275.000,00
Base de cálculo da COFINS não cumulativa = 205.000,00

COFINS não cumulativa a recolher = 7,6% × Base de cálculo da COFINS não cumulativa

COFINS não cumulativa a recolher = 7,6% × 205.000,00
COFINS não cumulativa a recolher = 15.580,00

Gabarito: **E**

27ª QUESTÃO (Auditor – INFRAERO – FCC – 2009): Ao supervisionar a contagem física dos estoques de uma companhia comercial, um auditor constatou que 5 unidades de um tipo de mercadoria estavam totalmente deterioradas, devido ao mau acondicionamento, sendo que seu valor líquido de realização é nulo. A companhia utiliza o método PEPS para avaliação de seus estoques. A última aquisição dessa mercadoria foi feita pelo preço unitário de 100,00, no qual estava incluso o ICMS de 18,00. No lançamento de correção, a conta:

a) custo das mercadorias vendidas será creditada em 500,00.
b) custo das mercadorias vendidas será debitada em 410,00.
c) ICMS a recuperar será debitada em 90,00.
d) ICMS a recolher será creditada em 90,00.
e) mercadorias em estoque será creditada em 410,00.

☛ SOLUÇÃO

Atenção especial com relação ao preço unitário de 100,00, que encontra-se incluso um ICMS de 18,00, pois as compras líquidas, como o próprio nome diz, são líquidas de todos os gastos recuperáveis, dentre eles, temos os tributos recuperáveis, que nesse caso é o ICMS sobre compras.

Preço unitário = Custo unitário + ICMS unitário

Portanto, o auditor deverá calcular o custo unitário de aquisição, para poder realizar a baixa dessas mercadorias deterioradas.

Compras Líquidas = (Preço unitário – ICMS sobre compras) × Quantidade

Compras Líquidas = (100,00 – 18,00) × 5 unidades
Compras Líquidas = 410,00

O registro da baixa nos estoques deteriorados será realizado por meio do lançamento:

D: Despesas Comerciais – DRE
C: Mercadorias – AC..410,00

Gabarito: **E**

Para responder às **questões de números 28 a 30**, considere os dados abaixo.

A Cia. Comercial Olavo Bilac iniciou o mês com estoque de 10 unidades de uma determinada mercadoria com preço unitário de 400,00, já líquido de impostos recuperáveis. As operações abaixo foram efetuadas pela companhia nesse mês, sendo que os preços de compras estão sujeitos à alíquota hipotética do ICMS de 20%. A Cia. é contribuinte do PIS e da COFINS pela sistemática cumulativa, com alíquotas respectivas de 0,65% e 3%.

- compra de 20 unidades ao preço unitário de 520,00
- venda de 25 unidades ao preço unitário de 1.000,00
- compra de 30 unidades ao preço unitário de 550,00
- venda de 20 unidades ao preço unitário de 640,00

28ª QUESTÃO (Contador – TRF – 4ª Região – FCC – 2010): O estoque final da mercadoria no mês, caso a companhia use o método UEPS para avaliação de seus estoques, equivale, em reais, a:

a) 6.600,00
b) 6.400,00
c) 8.250,00
d) 7.515,00
e) 7.480,00

☛ SOLUÇÃO

1º passo: Calcular as compras brutas da 1ª compra.

Base de cálculo do ICMS e PIS/COFINS cumulativos = Valor da Operação

Itens	ICMS	PIS cum.	COFINS cum.
Valor da operação	10.400,00	10.400,00	10.400,00
= Base de cálculo	10.400,00	10.400,00	10.400,00
× Alíquota	× 20%	× 0,65%	× 3%
= Tributo	**2.080,00**	**67,60**	**312,00**

Valor da Operação = Quantidade × Preço unitário de compras

Valor da Operação = 20 unidades × 520,00/unidade
Valor da Operação = 10.400,00

Montando a nota fiscal completa das compras, tem-se:

Nota Fiscal da 1ª compra de mercadorias

Mercadorias..10.400,00
= Total da Nota Fiscal........................10.400,00

ICMS..2.080,00
PIS cumulativo..67,60
COFINS cumulativo..312,00

Compras Brutas = Total da Nota Fiscal

Compras Brutas da 1ª compra = 10.400,00

2º passo: Calcular as compras líquidas da 1ª compra .

Compras Líquidas = Total da Nota Fiscal – ICMS – PIS não cumulativo – COFINS não cumulativa

Total da Nota Fiscal..10.400,00
– ICMS..(2.080,00)
= Compras Líquidas..8.320,00

CONCLUSÃO, o valor a ser lançado nos estoques é de 8.320,00.

$$\text{Compra Líquida unitária} = \frac{\text{Compras Líquidas}}{\text{Quantidade}}$$

$$\text{Compra Líquida unitária} = \frac{8.320,00}{20}$$

Compra Líquida unitária = 416,00/unidade

ATENÇÃO, a empresa adota o método UEPS para registro das suas mercadorias. Portanto, registrando as compras líquidas segundo o método UEPS, tem-se:

Controle PEPS								
Entradas			Saídas			Estoque Final		
Quantidade	**Unidade**	**Total**	**Quantidade**	**Unidade**	**Total**	**Quantidade**	**Unidade**	**Total**
xxx	xxx	xxx	xxx	xxx	xxx	10	400,00	4.000,00
20	416,00	8.320,00	xxx	xxx	xxx	20 10	416,00 400,00	8.320,00 4.000,00

3º passo: Registro no controle de estoques das vendas de 25 unidades ao preço unitário de 1.000,00.

Vendas Brutas = Preço unitário de venda × Quantidade

Vendas Brutas = 1.000,00/unidade × 25 unidades
Vendas Brutas da 1ª venda = 25.000,00

Controle PEPS								
Entradas			Saídas			Estoque Final		
Quantidade	**Unidade**	**Total**	**Quantidade**	**Unidade**	**Total**	**Quantidade**	**Unidade**	**Total**
xxx	xxx	xxx	xxx	xxx	xxx	20 10	416,00 400,00	8.320,00 4.000,00
xxx	xxx	xxx	20 5	416,00 400,00	8.320,00 2.000,00	5	400,00	2.000,00

ATENÇÃO, no UEPS as últimas compras são as primeiras que saem, e na coluna das saídas, obtemos o CMV da 1ª venda.

CMV da 1ª venda = 8.320,00 + 2.000,00
CMV da 1ª venda = 10.320,00

4º passo: Calcular as compras brutas da 2ª compra.

Base de cálculo do ICMS e PIS/COFINS cumulativos = Valor da Operação

Itens	ICMS	PIS cum.	COFINS cum.
Valor da operação	16.500,00	16.500,00	16.500,00
= Base de cálculo	16.500,00	16.500,00	16.500,00
× Alíquota	× 20%	× 0,65%	× 3%
= Tributo	**3.300,00**	**107,25**	**495,00**

Valor da Operação = Quantidade × Preço unitário de compras

Valor da Operação = 30 unidades × 550,00/unidade
Valor da Operação = 16.500,00

Montando a nota fiscal completa das compras, tem-se:

Nota Fiscal da 2ª compra de mercadorias

Mercadorias 16.500,00
= Total da Nota Fiscal 16.500,00

ICMS 3.300,00
PIS cumulativo 107,25
COFINS cumulativo 495,00

Compras Brutas = Total da Nota Fiscal

Compras Brutas da 2ª compra = 16.500,00

5º passo: Calcular as compras líquidas da 2ª compra.

Compras Líquidas = Total da Nota Fiscal – ICMS – PIS não cumulativo – COFINS não cumulativa

Total da Nota Fiscal 16.500,00
– ICMS .... (3.300,00)
= Compras Líquidas 13.200,00

CONCLUSÃO, o valor a ser lançado nos estoques é de 13.200,00.

$$\text{Compra Líquida unitária} = \frac{\text{Compras Líquidas}}{\text{Quantidade}} = \frac{13.200,00}{30} = 440,00/\text{unidade}$$

Controle PEPS								
Entradas			Saídas			Estoque Final		
Quantidade	**Unidade**	**Total**	**Quantidade**	**Unidade**	**Total**	**Quantidade**	**Unidade**	**Total**
xxx	xxx	xxx	xxx	xxx	xxx	5	400,00	2.000,00
30	440,00	13.200,00	xxx	xxx	xxx	30 5	440,00 400,00	13.200,00 2.000,00

6º passo: Registro no controle de estoques das vendas de 20 unidades ao preço unitário de 640,00.

Vendas Brutas = Preço unitário de venda × Quantidade

Vendas Brutas = 640,00/unidade × 20 unidades
Vendas Brutas da 2ª venda = 12.800,00

Controle PEPS								
Entradas			Saídas			Estoque Final		
Quantidade	**Unidade**	**Total**	**Quantidade**	**Unidade**	**Total**	**Quantidade**	**Unidade**	**Total**
xxx	xxx	xxx	xxx	xxx	xxx	30 5	440,00 400,00	13.200,00 2.000,00
xxx	xxx	xxx	20	440,00	8.800,00	10 5	440,00 400,00	4.400,00 2.000,00

CMV da 2ª venda = 8.800,00
EF pelo método UEPS = 4.400,00 + 2.000,00
EF pelo método UEPS = 6.400,00

Para efeitos didáticos, caso a banca pedisse o resultado com mercadorias (RCM), teríamos:

RCM = Vendas Brutas × 0,7635 – CMV

RCM = (25.000,00 + 12.800,00) × 0,7635 – (10.320,00 + 8.800,00)
RCM = 37.800,00 × 0,7635 – 19.120,00
RCM = 9.740,30

ATENÇÃO, ao multiplicarmos as vendas brutas no valor de 37.800,00 por 0,7635 excluímos o ICMS de 20%, o PIS cumulativo de 0,65% e a COFINS cumulativa de 3%, e obtemos as vendas líquidas no montante de 28.860,30.

O resultado com mercadorias seria um lucro no valor de 9.740,30.

Gabarito: **B**

29ª QUESTÃO (Contador – TRF – 4ª Região – FCC – 2010): O custo das mercadorias vendidas no mês, caso a companhia utilize o método PEPS de avaliação de estoques, foi, em reais, igual a:

a) 19.020,00
b) 19.120,00
c) 19.040,00
d) 18.920,00
e) 19.080,00

SOLUÇÃO

1º passo: Calcular as compras brutas da 1ª compra.

Nota Fiscal da 1ª compra de mercadorias

Mercadorias 10.400,00
= Total da Nota Fiscal 10.400,00

ICMS 2.080,00
PIS cumulativo 67,60
COFINS cumulativo 312,00

Compras Brutas = Total da Nota Fiscal

Compras Brutas da 1ª compra = 10.400,00

2º passo: Calcular as compras líquidas da 1ª compra

Compras Líquidas = Total da Nota Fiscal – ICMS – PIS não cumulativo – COFINS não cumulativa

Total da Nota Fiscal 10.400,00
– ICMS .... (2.080,00)
= Compras Líquidas 8.320,00

$$\text{Compra Líquida unitária} = \frac{\text{Compras Líquidas}}{\text{Quantidade}}$$

$$\text{Compra Líquida unitária} = \frac{8.320,00}{20}$$

Compra Líquida unitária = 416,00/unidade

ATENÇÃO, a empresa adota o método PEPS para registro das suas mercadorias. Portanto, registrando as compras líquidas segundo o método PEPS, tem-se:

Controle PEPS								
Entradas			Saídas			Estoque Final		
Quantidade	**Unidade**	**Total**	**Quantidade**	**Unidade**	**Total**	**Quantidade**	**Unidade**	**Total**
xxx	xxx	xxx	xxx	xxx	xxx	10	400,00	4.000,00
20	416,00	8.320,00	xxx	xxx	xxx	10 20	400,00 416,00	4.000,00 8.320,00

3º passo: Registro no controle de estoques das vendas de 25 unidades ao preço unitário de 1.000,00.

Vendas Brutas = Preço unitário de venda × Quantidade

Vendas Brutas = 1.000,00/unidade × 25 unidades
Vendas Brutas da 1ª venda = 25.000,00

Controle PEPS								
Entradas			Saídas			Estoque Final		
Quantidade	**Unidade**	**Total**	**Quantidade**	**Unidade**	**Total**	**Quantidade**	**Unidade**	**Total**
xxx	xxx	xxx	xxx	xxx	xxx	10 20	400,00 416,00	4.000,00 8.320,00
xxx	xxx	xxx	10 15	400,00 416,00	4.000,00 6.240,00	5	416,00	2.080,00

ATENÇÃO, no PEPS as últimas compras são as últimas que saem, e na coluna das saídas, obtemos o CMV da 1º venda.

CMV da 1ª venda = 4.000,00 + 6.240,00
CMV da 1ª venda = 10.240,00

4º passo: Calcular as compras brutas da 2ª compra.

Nota Fiscal da 2ª compra de mercadorias

Mercadorias..........16.500,00
= Total da Nota Fiscal..........16.500,00

ICMS..........3.300,00
PIS cumulativo..........107,25
COFINS cumulativo..........495,00

Compras Brutas da 2ª compra = 16.500,00

5º passo: Calcular as compras líquidas da 2ª compra.

Compras Líquidas = Total da Nota Fiscal – ICMS – PIS não cumulativo – COFINS não cumulativa

Total da Nota Fiscal..........16.500,00
– ICMS..........(3.300,00)
= Compras Líquidas..........13.200,00

$$\text{Compra Líquida unitária} = \frac{\text{Compras Líquidas}}{\text{Quantidade}} = \frac{13.200,00}{30} = 440,00/\text{unidade}$$

Controle PEPS								
Entradas			Saídas			Estoque Final		
Quantidade	**Unidade**	**Total**	**Quantidade**	**Unidade**	**Total**	**Quantidade**	**Unidade**	**Total**
xxx	xxx	xxx	xxx	xxx	xxx	5	416,00	2.080,00
30	440,00	13.200,00	xxx	xxx	xxx	5 30	416,00 440,00	2.080,00 13.200,00

6º passo: Registro no controle de estoques das vendas de 20 unidades ao preço unitário de 640,00.

Vendas Brutas = Preço unitário de venda × Quantidade

Vendas Brutas = 640,00/unidade × 20 unidades
Vendas Brutas da 2ª venda = 12.800,00

Controle PEPS								
Entradas			Saídas			Estoque Final		
Quantidade	**Unidade**	**Total**	**Quantidade**	**Unidade**	**Total**	**Quantidade**	**Unidade**	**Total**
xxx	xxx	xxx	xxx	xxx	xxx	5 30	416,00 440,00	2.080,00 13.200,00
xxx	xxx	xxx	5 15	416,00 440,00	2.080,00 6.600,00	15	440,00	6.600,00

CMV da 2ª venda = 8.800,00
EF pelo método PEPS = 2.080,00 + 6.600,00
EF pelo método PEPS = 8.680,00

Para efeitos didáticos, caso a banca pedisse o resultado com mercadorias (RCM), teríamos:

RCM = Vendas Brutas × 0,7635 – CMV

RCM = (25.000,00 + 12.800,00) × 0,7635 – (10.240,00 + 8.680,00)
RCM = 37.800,00 × 0,7635 – 18.920,00
RCM = 9.940,30

ATENÇÃO, ao multiplicarmos as vendas brutas no valor de 37.800,00 por 0,7635 excluímos o ICMS de 20%, o PIS cumulativo de 0,65% e a COFINS cumulativa de 3%, e obtemos as vendas líquidas no montante de 28.860,30.

O resultado com mercadorias seria um lucro no valor de 9.940,30.

Gabarito: **D**

30ª QUESTÃO (Contador – TRF – 4ª Região – FCC – 2010): O lucro bruto auferido pela empresa na primeira venda de 25 unidades, caso a companhia tenha utilizado o método do custo médio ponderado para avaliação de seus estoques foi, em reais, (desprezando-se os centavos a partir da terceira casa decimal depois da vírgula para obtenção do custo médio) igual a:

a) 9.721,00
b) 8.821,00
c) 8.633,50
d) 8.563,50
e) 9.733,50

SOLUÇÃO

1º passo: Calcular as compras brutas da 1ª compra.

Nota Fiscal da 1ª compra de mercadorias	
Mercadorias	10.400,00
= Total da Nota Fiscal	10.400,00
ICMS	2.080,00
PIS cumulativo	67,60
COFINS cumulativo	312,00

Compras Brutas = Total da Nota Fiscal

Compras Brutas da 1ª compra = 10.400,00

2º passo: Calcular as compras líquidas da 1ª compra.

Compras Líquidas = Total da Nota Fiscal – ICMS – PIS não cumulativo – COFINS não cumulativa

Total da Nota Fiscal	10.400,00
– ICMS	(2.080,00)
= Compras Líquidas	8.320,00

$$\text{Compra Líquida unitária} = \frac{\text{Compras Líquidas}}{\text{Quantidade}} = \frac{8.320,00}{20} = 416,00/\text{unidade}$$

ATENÇÃO, a empresa adota o método do custo médio ponderado para registro das suas mercadorias. Portanto, registrando as compras líquidas segundo o método do custo médio ponderado, tem-se:

Controle do Custo Médio Ponderado								
Entradas			Saídas			Estoque Final		
Quantidade	**Unidade**	**Total**	**Quantidade**	**Unidade**	**Total**	**Quantidade**	**Unidade**	**Total**
xxx	xxx	xxx	xxx	xxx	xxx	10	400,00	4.000,00
20	416,00	8.320,00	xxx	xxx	xxx	30	410,67	12.320,00

3º passo: Registro no controle de estoques das vendas de 25 unidades ao preço unitário de 1.000,00.

Vendas Brutas = Preço unitário de venda × Quantidade

Vendas Brutas = 1.000,00/unidade × 25 unidades
Vendas Brutas da 1ª venda = 25.000,00

Controle PEPS								
Entradas			Saídas			Estoque Final		
Quantidade	**Unidade**	**Total**	**Quantidade**	**Unidade**	**Total**	**Quantidade**	**Unidade**	**Total**
xxx	xxx	xxx	xxx	xxx	xxx	30	410,67	12.320,00
xxx	xxx	xxx	25	410,67	10.266,65	5	410,67	2.053,35

ATENÇÃO, no PEPS as últimas compras são as últimas que saem, e na coluna das saídas, obtemos o CMV da 1ª venda.

CMV da 1ª venda = 10.266,65

Lucro Bruto na 1ª venda = 25.000,00 × 0,7635 – 10.266,65
Lucro Bruto na 1ª venda = 8.820,85 ≈ 8.821,00

4º passo: Calcular as compras brutas da 2ª compra.

Nota Fiscal da 2ª compra de mercadorias

Mercadorias 16.500,00
= Total da Nota Fiscal 16.500,00

ICMS 3.300,00
PIS cumulativo 107,25
COFINS cumulativo 495,00

Compras Brutas da 2ª compra = 16.500,00

5º passo: Calcular as compras líquidas da 2ª compra.

Compras Líquidas = Total da Nota Fiscal – ICMS – PIS não cumulativo – COFINS não cumulativa

Total da Nota Fiscal 16.500,00
– ICMS ....(3.300,00)
= Compras Líquidas 13.200,00

$$\text{Compra Líquida unitária} = \frac{\text{Compras Líquidas}}{\text{Quantidade}} = \frac{13.200,00}{30} = 440,00/\text{unidade}$$

Controle do Custo Médio Ponderado								
Entradas			Saídas			Estoque Final		
Quantidade	**Unidade**	**Total**	**Quantidade**	**Unidade**	**Total**	**Quantidade**	**Unidade**	**Total**
xxx	xxx	xxx	xxx	xxx	xxx	5	410,67	2.053,35
30	440,00	13.200,00	xxx	xxx	xxx	35	435,81	15.253,35

6º passo: Registro no controle de estoques das vendas de 20 unidades ao preço unitário de 640,00.

Vendas Brutas = Preço unitário de venda × Quantidade

Vendas Brutas = 640,00/unidade × 20 unidades
Vendas Brutas da 2ª venda = 12.800,00

Controle PEPS								
Entradas			Saídas			Estoque Final		
Quantidade	**Unidade**	**Total**	**Quantidade**	**Unidade**	**Total**	**Quantidade**	**Unidade**	**Total**
xxx	xxx	xxx	xxx	xxx	xxx	35	435,81	15.253,35
xxx	xxx	xxx	20	435,81	8.716,20	15	435,81	6.537,15

CMV da 2ª venda = 8.716,20

EF pelo método do Custo Médio Ponderado = 6.537,15

Para efeitos didáticos, caso a banca pedisse o resultado com mercadorias (RCM), teríamos:

RCM = Vendas Brutas × 0,7635 – CMV

RCM = (25.000,00 + 12.800,00) × 0,7635 – (10.266,65 + 8.716,20)

RCM = 37.800,00 × 0,7635 – 18.982,85

RCM = 9.877,45

Gabarito: **B**

31ª QUESTÃO (Contador – TRF – 4ª Região – FCC – 2010): Se uma mercadoria vendida por uma empresa comercial constantemente apresentar diminuição de seu preço de custo num determinado período, em relação aos métodos de avaliação de estoques, é correto afirmar que:

a) o lucro bruto obtido em sua venda será maior se ela utilizar o método UEPS em vez do PEPS.

b) o custo da mercadoria vendida, se adotado o critério do custo médio ponderado, será maior do que se fosse adotado o método PEPS.

c) o estoque final, se adotado o método PEPS, será maior do que o obtido adotando-se o critério do custo médio ponderado.

d) o lucro obtido em sua venda será menor se ela utilizar o método do custo médio ponderado em vez do PEPS.

e) o valor do estoque final, se adotado o método UEPS, será menor do que se fossem adotados o método PEPS ou o método do custo médio ponderado.

☛ SOLUÇÃO

No ambiente **deflacionário**, o **custo** de uma nova aquisição **reduz** com o passar do tempo, enquanto que em um ambiente **inflacionário**, o **custo** de uma nova aquisição **aumenta** com a passagem do tempo.

A seguir, temos um quadro comparativo entre um ambiente inflacionário e um deflacionário.

Inflacionário	Deflacionário
EF PEPS > EF Custo Médio > EF UEPS	EF PEPS < EF Custo Médio < EF UEPS
CMV PEPS < CMV Custo Médio < CMV UEPS	CMV PEPS > CMV Custo Médio > CMV UEPS
LB PEPS > LB Custo Médio > LB UEPS	LB PEPS < LB Custo Médio < LB UEPS

Analisando as alternativas, segundo a tabela acima, no **ambiente deflacionário**, temos:

a) Correta. O lucro bruto obtido no ambiente **deflacionário** pelo sistema UEPS é **maior** do que o lucro bruto pelo sistema PEPS. **Conclusão**, no ambiente deflacionário, tem-se:

Lucro Bruto no sistema UEPS > Lucro Bruto no sistema PEPS

b) Errada. O custo das mercadorias vendidas obtido no ambiente **deflacionário** pelo sistema do custo médio é **menor** do que o custo das mercadorias vendidas pelo sistema PEPS. **Conclusão**, no ambiente deflacionário, tem-se:

CMV no sistema do custo médio < CMV no sistema PEPS

c) Errada. O estoque final obtido no ambiente **deflacionário** pelo sistema PEPS é **menor** do que o estoque final obtido pelo sistema do custo médio. **Conclusão**, no ambiente deflacionário, tem-se:

EF no sistema PEPS < EF no sistema do custo médio

d) Errada. O lucro bruto obtido no ambiente **deflacionário** pelo sistema do custo médio é **maior** do que o lucro bruto pelo sistema PEPS. **Conclusão**, no ambiente deflacionário, tem-se:

Lucro Bruto no sistema do custo médio > Lucro Bruto no sistema PEPS

e) Errada. O estoque final obtido no ambiente **deflacionário** pelo sistema UEPS é **maior** do que o estoque final se fossem adotados o método PEPS ou o método do custo médio ponderado. **Conclusão**, no ambiente deflacionário, tem-se:

EF no sistema UEPS > EF no sistema do custo médio > EF no sistema PEPS

Gabarito: **A**

Capítulo 5

Sefaz BA 2019

01ª QUESTÃO: Uma empresa adquiriu no exterior, em 15/09/2018, mercadorias para comercialização no mercado brasileiro. Além do preço pago ao fornecedor no exterior, que foi 3.000.000,00, a empresa arcou com os seguintes encargos para dispor das mercadorias em condições de venda:

- 300.000,00 de transporte marítimo internacional para trazer as mercadorias até o Brasil;
- 150.000,00 de taxas e tarifas alfandegárias para ingresso das mercadorias no Brasil, incluindo o imposto de importação;
- 45.000,00 de impostos locais que são compensados com os impostos incidentes no momento em que ocorre a venda das mercadorias; e
- 50.000,00 para transportar as mercadorias do porto até a sede da empresa.

Antes dessa compra, a empresa não tinha nenhum item em estoque e, em novembro de 2018, vendeu 90% das mercadorias que haviam sido importadas. O valor bruto das vendas foi 4.250.000,00 e os impostos incidentes sobre essas vendas totalizaram 637.500,00. O resultado bruto com mercadorias apurado pela empresa no ano de 2018, exclusivamente em relação às mercadorias importadas e vendidas, foi, em reais:

a) 1.550.000,00

b) 462.500,00

c) 422.000,00

d) 777.500,00

e) 507.500,00

☛ **SOLUÇÃO**

ATENÇÃO, essa questão trata do **CPC 16 – Estoques**, e está relacionada com a **contabilização inicial dos estoques**.

O **custo dos estoques** compreende o preço de compra, os impostos de importação e outros tributos (**exceto os recuperáveis junto ao fisco**), bem como os custos de transporte, seguro, manuseio e outros diretamente atribuíveis à aquisição de produtos acabados, materiais e serviços.

Os descontos comerciais ou **descontos incondicionais concedidos**, abatimentos sobre compras e outros itens semelhantes **devem ser deduzidos** na determinação do **custo de aquisição**.

Preço de compra
+ Impostos de importação
+ **Tributos não recuperáveis**
+ Custos de transporte, seguro, manuseio
– Descontos comerciais ou **descontos incondicionais concedidos**
– Abatimentos sobre compras e outros itens semelhantes
– **Tributos recuperáveis**
= Custo de aquisição

CUIDADO NA PROVA!!!!!! Com relação aos tributos na aquisição de mercadorias, **somamos** os tributos não recuperáveis e **subtraímos** os tributos recuperáveis.

Por exemplo, uma indústria que adquira matéria-prima com a incidência de IPI, ICMS, PIS/COFINS não cumulativos, **deverá subtrair** do custo de aquisição dessa matéria-prima **todos os tributos**, pois trata-se de **tributos recuperáveis**.

Cuidado com essa análise, pois se a indústria adquirir matéria-prima com a incidência de IPI, ICMS, PIS/COFINS cumulativos, **deverá subtrair** do custo de aquisição dessa matéria-prima **apenas o IPI e o ICMS** que são **tributos recuperáveis**, pois o PIS/COFINS cumulativos são **tributos não recuperáveis**.

Preço pago à vista ao fornecedor no exterior 3.000.000,00
+ Transporte marítimo internacional..300.000,00
+ Taxas e tarifas para o ingresso e regularização no Brasil 150.000,00
+ Gasto com **transporte nacional** 50.000,00
= Custo de aquisição das mercadorias 3.500.000,00

ATENÇÃO, cuidado com a pegadinha da questão!!!!!!!!

O examinador informa que existem **impostos locais no valor de 45.000,00** que podem ser compensados com os impostos incidentes no momento da venda das mercadorias. Esses **impostos locais** (por exemplo, o ICMS) são **tributos recuperáveis** na aquisição e nesse caso **não integram o custo de aquisição** das mercadorias. Em outras palavras, como trata-se de **mercadorias importados do exterior**, no preço pago à vista ao fornecedor estrangeiro no montante de 3.000.000,00, não existe a incidência desses impostos locais. Portanto, apesar de serem impostos recuperáveis, **nós não subtraímos esses impostos locais**, pois os mesmos **não constam da aquisição** dessas mercadorias.

Sabe-se que não havia saldo de estoque antes desta compra e que, em dezembro de 2018, a empresa vendeu 90% das mercadorias que haviam sido importadas. O **resultado bruto com mercadorias** apurado pela empresa no ano de 2018, exclusivamente em relação às mercadorias importadas e vendidas, foi:

1º passo: Calcular o CMV.

CMV = 90% × Custo de aquisição das mercadorias

CMV = 90% × 3.500.000,00
CMV = 3.150.000,00

2º passo: Calcular o lucro bruto.

Lucro Bruto = Vendas Brutas – Impostos sobre Vendas – CMV

Lucro Bruto = 4.250.000,00 – 637.500,00 – 3.150.000,00
Lucro Bruto = 462.500,00

Gabarito: **B**

02ª QUESTÃO: No dia 01/12/2018 a empresa Só no Sapatinho S.A. realizou as seguintes vendas de mercadorias:

- vendas à vista 500.000,00
- vendas a prazo 660.000,00

As vendas a prazo serão recebidas integralmente em 01/12/2020 e a empresa estava praticando para elas, na data da venda, a taxa de juros de 0,398% ao mês, equivalente a 4,88% ao ano e a 10% para o período de dois anos. A empresa Só no Sapatinho S.A. reconheceu, na demonstração do resultado do ano de 2018, exclusivamente em relação às vendas efetuadas em 01/12/2018, receita de vendas no valor de:

a) 1.160.000,00, apenas.
b) 1.100.000,00, apenas.
c) 1.094.000,00 e receita financeira no valor de 2.364,12.
d) 1.100.000,00 e receita financeira no valor de 2.388,00.
e) 1.160.000,00 e receita financeira no valor de 4.616,80.

☛ **SOLUÇÃO**

1º passo: Calcular o total das vendas realizadas em 01/12/2018.

Vendas Brutas a valor nominal = Vendas à vista + Vendas a prazo

Vendas Brutas a valor nominal = 500.000,00 + 660.000,00
Vendas Brutas a valor nominal = 1.160.000,00

2º passo: Calcular o valor presente das vendas a prazo.

ATENÇÃO, segundo os dados da questão, com relação as vendas a prazo, temos:

Período	Taxa de juros
1 mês	0,398% ao mês
1 ano	4,88% ao ano
2 anos	10% para o período de dois anos

Nesse caso, como as **vendas a prazo** serão recebidas **daqui a 2 anos**, nós utilizaremos a **taxa de 10%** para o período de dois anos.

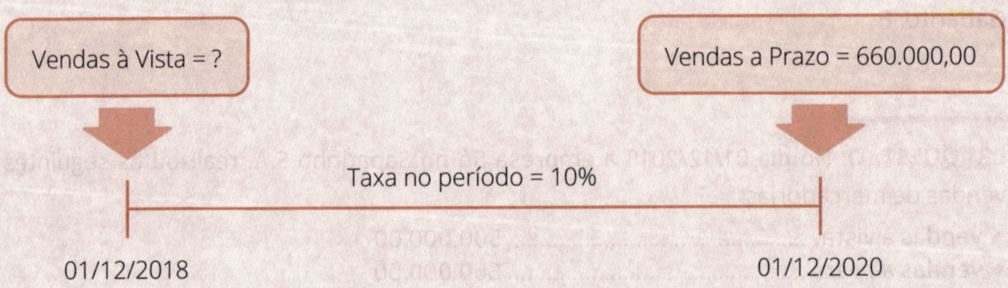

$$\text{Vendas a prazo a valor presente} = \frac{\text{Vendas a prazo}}{1 + \text{taxa}}$$

$$\text{Vendas a prazo a valor presente} = \frac{660.000{,}00}{1{,}1}$$

Vendas a prazo a valor presente = 600.000,00

3º passo: Calcular o total das vendas brutas a valor presente.

Vendas Brutas a valor presente = Vendas à vista + Vendas a prazo a valor presente

Vendas Brutas a valor presente = 500.000,00 + 600.000,00
Vendas Brutas a valor presente = 1.100.000,00

4º passo: Calcular a receita financeira a apropriar nas vendas a prazo.

Receita Financeira a apropriar = Vendas Brutas a valor nominal – Vendas Brutas a valor presente

Receita Financeira a apropriar = 1.160.000,00 – 1.100.000,00
Receita Financeira a apropriar = 60.000,00

5º passo: Calcular as receitas financeiras apropriadas para o resultado em 2018.

Receitas Financeiras apropriadas = 0,398% × Vendas a prazo a valor presente

Receitas Financeiras apropriadas = 0,398% × 600.000,00
Receitas Financeiras apropriadas = 2.388,00

6º passo: Montar a DRE segundo a estrutura do CPC 26.

CUIDADO EXTRA NA PROVA!!!!!!!!!

Nas questões envolvendo a DRE, atualmente a FCC **segue a estrutura do CPC 26** que trata da Apresentação das Demonstrações Contábeis, ou seja, na apuração do **resultado operacional**, a FCC **não incluiu as despesas financeiras**. Portanto, quando nos depararmos com uma questão da FCC pedindo o **resultado operacional**, nós devemos ter em mente que esse **resultado operacional** corresponde ao **resultado antes do resultado financeiro**, segundo a estrutura de DRE apresentada pelo CPC 26.

Lucro antes do resultado financeiro (CPC 26) ≠ **Lucro Operacional** (Legislação Societária)

Demonstração do Resultado do Exercício	
Vendas Brutas	1.160.000,00
– AVP de Vendas	(60.000,00)
= **Vendas Líquidas**	**1.100.000,00**
...	
= Resultado antes do resultado financeiro	x,00
+ **Receitas Líquidas**	**2.388,00**
= Resultado antes do IR e CSLL	y,00

Na DRE temos uma **receita de vendas** no mês de dezembro de 2018 de **1.100.000,00** e uma **receita financeira** no valor de **2.388,00.**

Gabarito: **D**

03ª QUESTÃO: Um equipamento foi adquirido à vista, em 30/06/2017, pelo custo total de 1.500.000,00. A empresa definiu sua vida útil em 8 anos, o valor líquido de venda do equipamento no final do 8º ano foi estimado em 660.000,00 e, para fins fiscais, a vida útil é definida em 10 anos. A empresa adota o método das quotas constantes para o cálculo da despesa mensal de depreciação. No final de 2018, a empresa realizou o teste de redução ao valor recuperável para o equipamento (teste de *impairment*) e os valores obtidos, em 31/12/2018, para a realização desse teste foram os seguintes:

- valor justo 1.300.000,00
- valor em uso 1.325.000,00

O valor da despesa para redução ao valor recuperável (despesa por *impairment*) registrado na demonstração do resultado de 2018 foi, em reais:

a) 42.500,00
b) 122.500,00
c) 17.500,00
d) 147.500,00
e) 175.000,00

SOLUÇÃO

1º passo: Calcular a depreciação acumulada no encerramento do exercício de 2018.

Custo de aquisição = 1.500.000,00
Valor residual em 2017 = 660.000,00
Vida útil em 2017 = 8 anos
Período de utilização = 1,5 anos

A fórmula de depreciação pelo **método da linha reta** é:

$$\text{Depreciação Acumulada} = (\text{Custo de aquisição} - \text{Valor residual}) \times \frac{\text{Período de utilização}}{\text{Vida útil}}$$

$$\text{Depreciação Acumulada em 2018} = (1.500.000{,}00 - 660.000{,}00) \times \frac{1{,}5 \text{ anos}}{8 \text{ anos}}$$

Depreciação Acumulada em 2018 = 157.500,00

2º passo: Realizar o *impairment* test.

O ***impairment test*** ou teste de recuperabilidade é realizado em 3 etapas.

1ª etapa: Calcular o valor recuperável do equipamento em 31/12/2018.

ATENÇÃO, o valor recuperável será sempre o **maior valor**.

Valor justo líquido das despesas de venda	1.300.000,00	**MAIOR VALOR**	Valor recuperável = 1.325.000,00
Valor em uso	1.325.000,00		

Valor recuperável em 2018 = 1.325.000,00

2ª etapa: Calcular o valor contábil líquido em 31/12/2018.

Valor contábil em 31/12/2018 = Custo de aquisição – Depreciação Acumulada em 2018

Valor contábil em 31/12/2018 = 1.500.000,00 – 157.500,00
Valor contábil em 31/12/2018 = 1.342.500,00

3ª etapa: Comparar o valor recuperável com o valor contábil líquido.

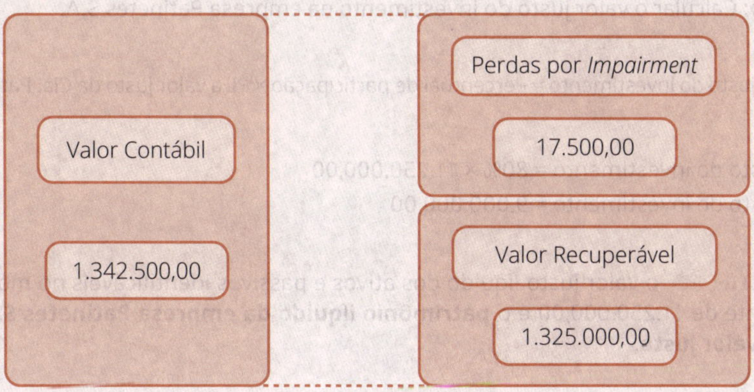

CONCLUSÃO, o valor recuperável do equipamento no montante de **1.325.000,00** é inferior ao valor contábil líquido de **1.342.500,00**, e nesse caso, a empresa deverá reconhecer uma despesa por ***impairment*** no valor de **17.500,00** a ser registrado na DRE de 2018.

Gabarito: **C**

04ª QUESTÃO: O valor registrado no patrimônio líquido da empresa Patinetes S.A. era, em determinada data, 10.000.000,00. A empresa Bicicletas S.A. adquiriu, nessa data, 80% das ações com direito a voto da Patinetes S.A. pagando o preço total de 12.000.000,00 e passando a deter o seu controle. O valor justo líquido dos ativos e passivos identificáveis da Patinetes S.A. era, nessa mesma data, 11.250.000,00. O valor reconhecido no grupo investimentos do balanço individual da empresa Bicicletas S.A. na data da aquisição foi, em reais:

a) 8.000.000,00
b) 10.000.000,00
c) 9.600.000,00
d) 9.000.000,00
e) 12.000.000,00

SOLUÇÃO

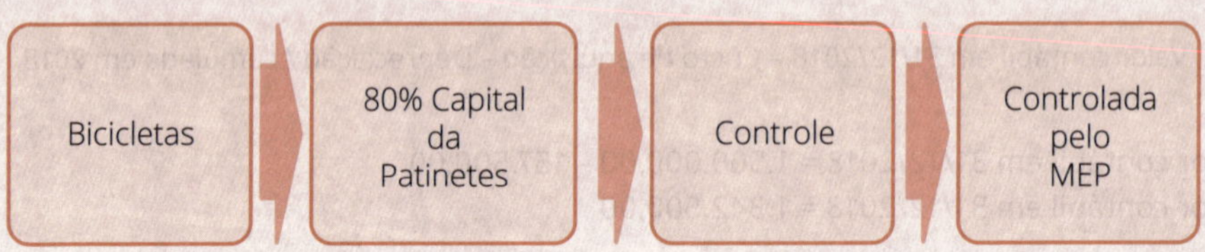

1º passo: Calcular o valor justo do investimento na empresa Patinetes S.A.

Valor justo do investimento = Percentual de participação × PL a valor justo da Cia. Patinetes

Valor justo do investimento = 80% × 11.250.000,00
Valor justo do investimento = 9.000.000,00

ATENÇÃO, o valor justo líquido dos ativos e passivos identificáveis no montante de 11.250.000,00 é o **patrimônio líquido da empresa Patinetes S.A. a valor justo**.

2º passo: Calcular o valor patrimonial do investimento na empresa Patinetes S.A.

Valor patrimonial do investimento = Percentual de participação × PL a valor contábil da Cia. Patinetes

Valor patrimonial do investimento = 80% × 10.000.000,00
Valor patrimonial do investimento = 8.000.000,00

3º passo: Calcular o *goodwill* na aquisição do investimento.

Goodwill = Valor Pago – Valor Justo

Goodwill = 12.000.000,00 – 9.000.000,00
Goodwill = 3.000.000,00

4º passo: Calcular o ágio por mais-valia de ativos líquidos.

Ágio por mais-valia = Valor Justo – Valor Patrimonial

Ágio por mais-valia = 9.000.000,00 – 8.000.000,00
Ágio por mais-valia = 1.000.000,00

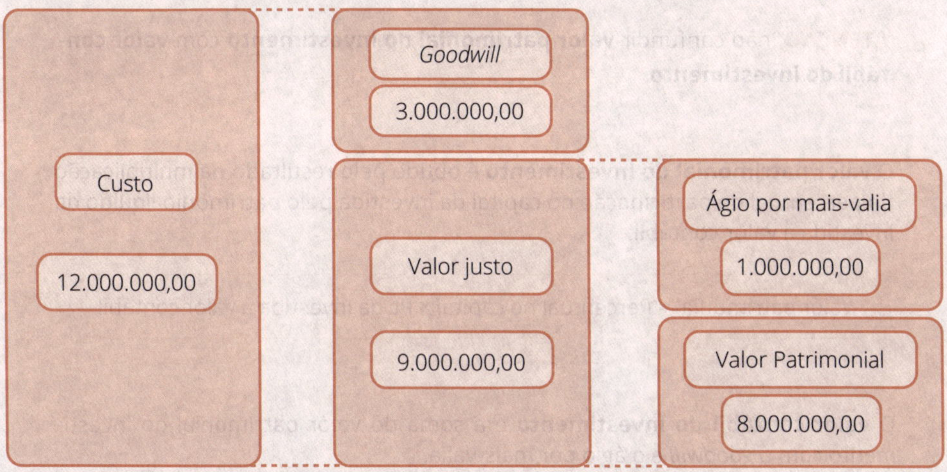

Do gráfico, temos que o *goodwill* é no montante de 3.000.000,00 e o ágio por mais-valia de 1.000.000,00.

ATENÇÃO, no balanço patrimonial individual da empresa Bicicletas, o contador registrará o investimento pelo seu **valor contábil** no montante de 12.000.000,00.

Valor contábil do investimento = Valor patrimonial do investimento + *Goodwill* + Ágio por mais-valia

Valor contábil do investimento = 8.000.000,00 + 3.000.000,00 + 1.000.000,00
Valor contábil do investimento = 12.000.000,00

O ágio pago na aquisição corresponde ao ***goodwill***.

No livro diário da empresa Bicicletas, o contador registra a aquisição por meio do seguinte lançamento:

Investimentos na Cia. Patinetes........................8.000.000,00
Goodwill..3.000.000,00
Ágio por mais-valia..1.000.000,00
a Disponibilidades.. 12.000.000,00

No **balanço patrimonial individual da empresa Bicicletas**, o contador registra o **investimento** da Cia. Patinetes no subgrupo do AÑC Investimentos pelo valor de **12.000.000,00**. Nas notas explicativas da Cia. Bicicletas, encontraremos os registros do *goodwill* e o ágio por mais-valia.

ATENÇÃO, não confundir **valor patrimonial do investimento** com **valor contábil do investimento**.

O **valor patrimonial do investimento** é obtido pelo resultado da multiplicação do percentual de participação no capital da investida pelo patrimônio líquido da investida a valor contábil.

Valor patrimonial = Percentual no capital × PL da investida a valor contábil

O **valor contábil do investimento** é a soma do valor patrimonial do investimento com o *goodwill* e o ágio por mais-valia.

Valor contábil = Valor patrimonial + *Goodwill* + Ágio por mais-valia

Com a finalidade de visualizarmos a operação, vamos supor que o balanço patrimonial da empresa Bicicletas S.A. imediatamente antes da aquisição do investimento na empresa Patinetes S.A. fosse:

Ativo	Passivo
Ativo Circulante	**Passivo Circulante**
Caixa 12.000.000,00	Empréstimos 16.000.000,00
Estoques.. 8.000.000,00	**Patrimônio Líquido**
	Capital.. 4.000.000,00
Total.. 20.000.000,00	Total.. 20.000.000,00

CONCLUSÃO, o valor reconhecido no grupo investimentos do **balanço individual da empresa Bicicletas S.A.** na data da aquisição será:

Ativo	Passivo
Ativo Circulante	**Passivo Circulante**
Estoques.. 8.000.000,00	Empréstimos 16.000.000,00
AÑC Investimentos	**Patrimônio Líquido**
Investimentos na Cia. Patinetes .. 12.000.000,00	Capital.. 4.000.000,00
Total.. 20.000.000,00	Total.. 20.000.000,00

Nas **notas explicativas** da empresa Bicicletas S.A., deverá constar o valor patrimonial, o *goodwill* e o ágio por mais-valia do investimento.

SOLUÇÃO NA PROVA

Na prova, **a resposta é direta**, pois o **valor do investimento** que sempre será reconhecido e divulgado no balanço patrimonial na data da aquisição é exatamente o valor pago na aquisição, ou seja, nesse caso, um montante de **12.000.000,00**.

Gabarito: **E**

05ª QUESTÃO: No dia 01/12/2018, uma empresa aplicou 1.800.000,00 em diversos ativos financeiros. As condições negociadas para cada instrumento financeiro adquirido e a classificação feita pela empresa para cada instrumento foram as seguintes:

Valor	Vencimento	Critério de avaliação definido pela empresa.	Taxa	Valor justo em 31/12/2018
300.000,00	31/12/2022	Custo amortizado	1,2% a.m.	307.000,00
700.000,00	31/12/2023	Valor justo por meio de outros resultados abrangentes.	1,0% a.m.	710.000,00
800.000,00	31/12/2021	Valor justo por meio do resultado.	0,8% a.m.	805.000,00

O valor total registrado no resultado da empresa, em 2018, decorrente das três aplicações apresentadas na tabela acima foi, em reais:

a) 15.600,00
b) 20.400,00
c) 22.000,00
d) 17.000,00
e) 18.600,00

☛ SOLUÇÃO

Segundo o CPC 48 que trata dos instrumentos financeiros, a entidade pode adotar as seguintes classificações para um ativo financeiro:

- custo amortizado
- valor justo por meio do resultado (VJR)
- valor justo por meio de outros resultados abrangentes (VJORA)

Essa **classificação** deve ter por base as características de **fluxo de caixa contratual** do ativo financeiro e o **modelo de negócios** da entidade para a gestão dos ativos financeiros.

Classificação do ativo financeiro = Características do fluxo de caixa contratual + Modelo de negócios

Fazendo um paralelo com a **classificação antiga**, temos:

Classificação ANTIGA	Classificação ATUAL	Rendimentos	Ajustes ao valor justo
Mantido até o vencimento	Custo amortizado	DRE	Não tem ajuste
Disponível para venda futura	VJORA	DRE	Na conta AAP do PL
Destinados à venda imediata	VJR	DRE	DRE

Juros ativos = Taxa efetiva × Custo de aquisição do título

Os **juros ativos** resultantes da aplicação dos títulos mensurados ao **VJORA, custo amortizado** e **VJR** vão para o resultado do exercício (**DRE**).

No encerramento do exercício, comparamos o **valor pela curva do papel** dos títulos com o seu **valor justo**, e dependendo da **classificação** desses títulos, **não haverá** ajustes ou os ajustes podem ir para a **DRE** ou **AAP**.

Classificação ATUAL	Rendimentos	Mensuração pela curva do papel	Ajustes ao valor justo
Custo amortizado	DRE	Custo de aquisição + Juros ativos	Não tem ajuste
VJORA	DRE	Custo de aquisição + Juros ativos	+/– AAP do PL
VJR	DRE	Custo de aquisição + Juros ativos	+/– DRE

Classificação	Rendimentos	Curva do papel	Valor justo
Custo amortizado	Juros	Custo amortizado + Juros	Custo amortizado + Juros
VJORA	Juros	VJORA + Juros	VJORA + Juros +/– AAP
VJR	Juros	VJR + Juros	VJR + Juros +/– DRE

Custo amortizado ao valor justo = Custo de aquisição + Juros

VJR ao valor justo = Custo de aquisição + Juros +/– DRE

VJORA ao valor justo = Custo de aquisição + Juros +/– AAP no PL

1º passo: Calcular os rendimentos pela taxa efetiva de cada título e o valor pela curva do papel em 31/12/2018.

Custo	Taxa efetiva	Mensuração definida pela empresa	Juros ativos	Curva do papel
300.000,00	1,2% a.m.	Custo amortizado	3.600,00	303.600,00
700.000,00	1,0% a.m.	VJORA	7.000,00	707.000,00
800.000,00	0,8% a.m.	VJR	6.400,00	806.400,00

2º passo: Ajustar o valor pela curva do papel ao valor justo em 31/12/2018.

Classificação	Valor pela curva do papel	Valor justo	Ajuste ao valor justo
Custo amortizado	**303.600,00**	307.000,00	Não tem ajuste
VJORA	707.000,00	**710.000,00**	AAP = + 3.000,00
VJR	806.400,00	**805.000,00**	DRE = – 1.400,00

CONCLUSÃO, o montante evidenciado no BP em 31/12/2018 será:

BP = Custo amortizado pela curva do papel + VJORA ao valor justo + VJR ao valor justo

BP = 303.600,00 + 710.000,00 + 805.000,00
BP = 1.818.600,00

O valor total evidenciado na DRE em 31/12/2018 será:

DRE = Juros do Custo amortizado + Juros do VJORA + Juros do VJR – Juros de ajuste do VJR

DRE = 3.600,00 + 7.000,00 + 6.400,00 – 1.400,00
DRE = 15.600,00

SOLUÇÃO NA PROVA

Títulos	Custo	Juros	Ajuste	BP	PL	DRE
Custo amortizado	300.000,00	3.600,00	**Não existe**	303.600,00	–	3.600,00
VJORA	700.000,00	7.000,00	AAP = 3.000,00	710.000,00	3.000,00	7.000,00
VJR	800.000,00	6.400,00	DRE = (1.400,00)	805.000,00	–	5.000,00
Total				1.818.600,00	3.000,00	**15.600,00**

Gabarito: **A**

06ª QUESTÃO: Uma patente foi adquirida em 31/12/2017 pelo valor total de 30.000.000,00. A patente poderá ser explorada pelo prazo de 20 anos e após tal período passará a ser de domínio público. Em 31/12/2018, a empresa realizou o teste de redução ao valor recuperável (teste de *impairment*) utilizando-se das seguintes informações sobre a patente:

- valor em uso da patente..........................25.500.000,00
- valor justo da patente..............................24.000.000,00

Na apuração do resultado do ano de 2018, a empresa:

a) reconheceu uma despesa de amortização no valor de 1.500.000,00 e uma perda por desvalorização no valor de 3.000.000,00.
b) reconheceu uma despesa de amortização no valor de 1.500.000,00 e uma perda por desvalorização no valor de 4.500.000,00.

c) não reconheceu nenhuma despesa por se tratar de ativo intangível que não deve ser amortizado.

d) reconheceu uma despesa de amortização no valor de 1.500.000,00, apenas.

e) reconheceu uma perda por desvalorização no valor de 4.500.000,00, apenas.

☛ SOLUÇÃO

Vida útil do ativo intangível	Amortização	*Impairment test*	Reversão de perda estimada
Definida	**Sim**	**Sim**	**Sim**
Indefinida	Não	Sim	Sim
Goodwill	Não	Sim	Não

ATENÇÃO, na tabela podemos verificar que a **patente a ser explorada pelo prazo de 20 anos** é um ativo intangível com vida útil definida, e nesse caso está sujeito ao ***impairment test*** e a **amortização**.

1ª etapa: Calcular o valor recuperável da patente.

ATENÇÃO, o valor recuperável será sempre o **maior valor**.

Valor justo líquido das despesas de venda	24.000.000,00	MAIOR VALOR	Valor recuperável = 25.500.000,00
Valor em uso	25.500.000,00		

Valor recuperável em 2018 = 25.500.000,00

2ª etapa: Calcular o valor contábil da patente.

NÃO SE ESQUEÇA!!!!!!! A patente a ser explorada pelo prazo de 20 anos é um ativo intangível com vida útil definida e está sujeito a amortização.

$$\text{Amortização Acumulada em 2018} = (\text{Custo de aquisição} - \text{Valor residual}) \times \frac{\text{Período de utilização}}{\text{Vida útil}}$$

$$\text{Amortização Acumulada em 2018} = (30.000.000{,}00 - 0{,}00) \times \frac{1 \text{ ano}}{20 \text{ anos}}$$

Amortização Acumulada em 2016 = 1.500.000,00

Valor contábil = Custo de Aquisição – Amortização Acumulada – Perdas Acumuladas por *Impairment*

Valor contábil em 31/12/2018 = 30.000.000,00 – 1.500.000,00 – 0,00
Valor contábil em 31/12/2018 = 28.500.000,00

3ª etapa: Comparar o valor recuperável com o valor contábil.

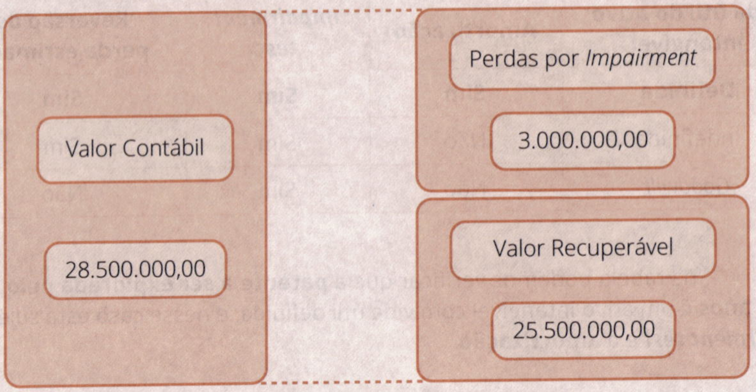

ATENÇÃO, o valor recuperável da patente é inferior ao valor contábil líquido, portanto, uma **perda por *impairment*** no montante de **3.000.000,00** será reconhecida. O valor contábil líquido em 31/12/2018 após o reconhecimento da **perda por *impairment*** será de 25.500.000,00.

CONCLUSÃO, a empresa reconhecerá uma despesa com amortização no montante de **1.500.000,00** e uma despesa com *impairment* de **3.000.000,00**.

Gabarito: **A**

07ª QUESTÃO: Em 01/12/2014, uma empresa obteve um empréstimo a uma taxa de juros de 1,2% ao mês. O valor solicitado foi 30.000.000,00 e os pagamentos para liquidação do empréstimo seriam realizados da seguinte forma:

- os juros, no valor de 360.000,00, são pagos mensalmente, tendo a primeira parcela vencido em 01/01/2015; e
- o principal será pago integralmente em uma única parcela que vencerá em 01/12/2020.

A empresa pagou, adicionalmente, na data da obtenção do empréstimo, despesas relacionadas com o contrato no valor de 1.000.000,00, o que fez com que a taxa de custo efetivo da operação fosse de 1,2709% ao mês. O valor dos encargos financeiros evidenciados pela empresa, na demonstração do resultado de 2014, foi, em reais:

a) 348.000,00
b) 360.000,00
c) 381.270,00
d) 368.561,00
e) 1.360.000,00

☛ SOLUÇÃO

Captação Líquida = Valor do contrato – Custos de transação

Captação Líquida = 30.000.000,00 – 1.000.000,00
Captação Líquida = 29.000.000,00

Encargos financeiros de 2014 = Taxa efetiva × Captação Líquida

Encargos financeiros de 2014 = 1,2709% × 29.000.000,00
Encargos financeiros de 2014 = 368.561,00

ATENÇÃO, caso o examinador pedisse o saldo líquido do empréstimo no balanço patrimonial em 31/12/2014, teríamos:

Empréstimos em 31/12/2014 = Captação Líquida + Encargos Financeiros de 2014 – 1ª Parcela

Empréstimos em 31/12/2014 = 29.000.000,00 + 368.561,00 – 0,00
Empréstimos em 31/12/2014 = 29.368.561,00

Cuidado, pois o pagamento da **1ª parcela** ocorrerá apenas em **01/12/2020**, enquanto que o **pagamento dos juros** no montante de **360.000,00** em 01/01/2015.

Gabarito: **D**

08ª QUESTÃO: Em 31/12/2017, uma empresa estava respondendo a dois processos, sendo um relacionado a questionamentos de ex-funcionários e outro a uma autuação efetuada por um órgão de fiscalização tributária. O balanço patrimonial da empresa apresentava, nessa data, no grupo do passivo não circulante, a conta provisões com a composição e o saldo total constantes da tabela a seguir:

Tipo de processo	Provisão reconhecida em 31/12/2017
Trabalhista	400.000,00
Tributário	720.000,00
Saldo total da conta	1.120.000,00

Para a realização do balanço patrimonial em 31/12/2018 a empresa reavaliou a situação dos processos a que estava respondendo em 2017 e identificou, adicionalmente, dois novos processos judiciais surgidos em 2018. A tabela a seguir apresenta as informações obtidas de uma assessoria jurídica independente sobre os diversos processos a que a empresa responde em 31/12/2018:

Tipo de processo	Avaliação da probabilidade de perda em 31/12/2018.	Valor estimado de perda em 31/12/2018.
Trabalhista	Provável	320.000,00
Tributário	Possível	400.000,00
Cível	Possível	200.000,00
Ambiental	Provável	160.000,00

Com base nas informações apresentadas, o efeito líquido total causado na demonstração do resultado de 2018 da empresa, relacionado com as provisões necessárias foi, em reais:

a) despesa de 1.080.000,00.
b) despesa de 480.000,00.
c) receita de 40.000,00.
d) receita de 800.000,00.
e) receita de 640.000,00.

☛ SOLUÇÃO

Uma dica para a prova é lembrar da frase:

Pro Po R uma provisão para contingências.

Montando a tabela com as obrigações presentes que podem ser prováveis, possíveis ou remotas, temos:

Provisão para contingências	Provável	Possível	Remota
Registro contábil	Sim	Não	Não
Divulgação em notas explicativas	Sim	Sim	Não

CONCLUSÃO, apenas os **processos prováveis** de perda pela empresa serão registrados no balanço patrimonial e divulgados em notas explicativas.

Processo	Valor em 2017	Valor em 2018	Perda em 2018	DRE de 2018
Trabalhista	400.000,00	320.000,00	**Provável**	+ 80.000,00
Tributário	720.000,00	400.000,00	Possível	+ 720.000,00
Cível	0,00	200.000,00	Possível	0,00
Ambiental	0,00	160.000,00	**Provável**	– 160.000,00
Efeitos na DRE de 2018				**+ 640.000,00**

O processo **tributário** até o encerramento do exercício de 2017 era **provável** de perda na justiça. No **exercício de 2018**, os advogados reavaliaram a perda, e chegaram à conclusão de que a probabilidade de perda na justiça era **possível**. Nesse caso, a empresa deverá **reverter integralmente a provisão tributária** no exercício de 2018.

Efeito na DRE de 2018 = 80.000,00 + 720.000,00 – 160.000,00
Efeito na DRE de 2018 = Receita de 640.000,00

Gabarito: **E**

09ª QUESTÃO: A composição do patrimônio líquido de uma empresa, no balanço patrimonial de 31/12/2017, é apresentada a seguir com os valores expressos em reais:

Capital Social	16.000.000,00
Reserva Legal	2.800.000,00
Reserva Estatutária	1.000.000,00
Reserva para Expansão	600.000,00
Total do patrimônio líquido	20.400.000,00

As seguintes informações, relacionadas com eventos ocorridos no ano de 2018, que podem afetar o patrimônio líquido da empresa, foram identificadas:

- Lucro líquido apurado no valor de 9.600.000,00
- As seguintes reservas foram constituídas:

I. A reserva legal, de acordo com o estabelecido na lei das sociedades por ações.

II. A reserva estatutária no valor correspondente a 10% do lucro líquido sem qualquer dedução.

- O fundamento econômico para a manutenção da reserva para expansão contabilizada em 31/12/2017 não mais existia no final de 2018, pois a empresa já concluiu o projeto de expansão.
- O estatuto da empresa não define o critério para cálculo do dividendo mínimo obrigatório.

O valor dos dividendos mínimos obrigatórios que deveria ser evidenciado no passivo, no balanço patrimonial de 31/12/2018, era, em reais:

a) 2.400.000,00
b) 2.280.000,00
c) 4.600.000,00
d) 4.560.000,00
e) 2.450.000,00

☛ SOLUÇÃO

1º passo: Calcular a reserva legal.

Segundo o **artigo 193 da legislação societária** (lei nº 6.404/76) do lucro líquido 5% serão aplicados, antes de qualquer outra destinação, na constituição da reserva legal, que não excederá de 20% do **capital social**.

Reserva Legal = 5% × Lucro Líquido

Reserva Legal = 5% × 9.600.000,00
Reserva Legal = 480.000,00

ATENÇÃO, segundo o artigo 182 da legislação societária, o **capital social** discriminará o montante subscrito e, **por dedução**, a parcela ainda não realizada. Em outras palavras, o **capital social** é:

Capital Social = Capital Subscrito – Capital a Integralizar

CONCLUSÃO, o limite máximo da reserva da reserva legal é:

Limite máximo da reserva legal = 20% × Capital Social

ou

Limite máximo da reserva legal = 20% × (Capital Subscrito – Capital a Integralizar)

Limite máximo da reserva legal = 20% × (16.000.000,00 – 0,00)
Limite máximo da reserva legal = 3.200.000,00

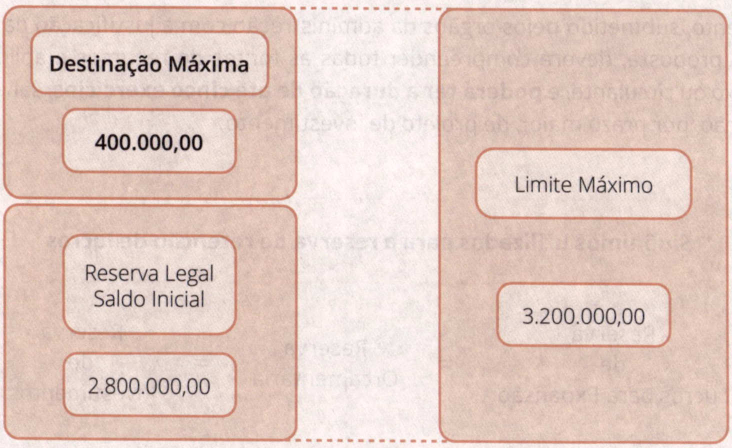

Analisando o gráfico acima, podemos observar que o **valor máximo** que a empresa poderá destinar para a constituição da reserva legal é **400.000,00**. A empresa não poderá destinar **5% do lucro líquido** no valor de **480.000,00**, pois ultrapassa o limite máximo permitido por lei para a constituição da reserva legal. Conclusão, o valor a ser destinado para a reserva legal é no montante de **400.000,00**.

(1) Registro contábil da constituição da reserva de lucros.

Lucros Acumulados – PL	
(1) 400.000,00	9.600.000,00
	9.200.000,00

Reserva Legal – PL	
	2.800.000,00
	400.000,00 (1)
	3.200.000,00

(2) Registro contábil da constituição da reserva estatutária.

Lucros Acumulados – PL	
(2) 960.000,00	9.200.000,00
	8.240.000,00

Reserva Estatutária – PL	
	1.000.000,00
	960.000,00 (2)
	1.960.000,00

Reserva Estatutária = 10% × Lucro Líquido

Reserva Estatutária = 10% × 9.600.000,00
Reserva Estatutária = 960.000,00

(3) Registro contábil da reversão da reserva para expansão.

Segundo o **artigo 196 da lei nº 6.404/76**, a assembleia-geral poderá, por proposta dos órgãos da administração, deliberar reter parcela do lucro líquido do exercício **prevista em orçamento** de capital por ela previamente aprovado, **para aplicar nos planos de expansão e investimentos da empresa**.

O orçamento, submetido pelos órgãos da administração com a justificação da retenção de lucros proposta, deverá compreender todas as fontes de recursos e aplicações de capital, fixo ou circulante, e **poderá ter a duração de até cinco exercícios**, salvo no caso de execução, por prazo maior, de projeto de investimento.

Sinônimos utilizados para a reserva de retenção de lucros

Reserva de Lucros para Expansão = Reserva Orçamentária = Reserva de Investimentos

ATENÇÃO, a reversão da reserva para expansão não afeta a base de cálculo dos dividendos.

Lucros Acumulados – PL	
	8.240.000,00
	600.000,00 (3)
	8.840.000,00

Reservas para Expansão – PL	
(3) 600.000,00	600.000,00

2º passo: Calcular o montante dos dividendos obrigatórios.

Segundo os dados da banca, o **estatuto não define o critério** para cálculo do dividendo mínimo obrigatório, e nesse caso a empresa **deverá ajustar o lucro líquido** segundo o **artigo 202 da legislação societária**. O **lucro líquido ajustado** (LLA) nos termos do artigo 202 é:

LLA = LL – R. Legal +/– R. Contingências +/– RIF +/– RLE

Base de cálculo dos dividendos = LL – R. Legal +/– R. Contingências +/– RIF +/– RLE

Lucro Líquido	9.600.000,00
– Reserva Legal	(400.000,00)
– Reserva para Contingências	0,00
– Reserva de Incentivos Fiscais	0,00
– Reserva de Lucros Específica	0,00
= Base de cálculo dos dividendos	9.200.000,00

Dividendos a Pagar = 50% × Base de cálculo dos dividendos

Dividendos a Pagar = 50% × 9.200.000,00
Dividendos a Pagar = 4.600.000,00

(4) Registro contábil da distribuição de dividendos.

Lucros Acumulados – PL	
(4) 4.600.000,00	8.840.000,00
	4.240.000,00

Dividendos a Pagar	
	4.600.000,00 (4)

ATENÇÃO NA PROVA!!!!!!!!!

Segundo o artigo 202, § 6º da lei nº 6.404/76, **existindo saldo remanescente** na conta lucros acumulados, a empresa deverá distribuir o **saldo remanescente** para **dividendos complementares**, de tal forma que a conta **lucros acumulados** fique com o **saldo zerado** no final do exercício. A contabilização dos **dividendos complementares** ou **dividendo adicional ao mínimo obrigatório** será por meio do lançamento:

D: Lucros Acumulados – conta do PL
C: Dividendo Adicional ao Mínimo Obrigatório – conta do PL

Afinal, esse **dividendo adicional ao mínimo obrigatório** não se caracteriza como **obrigação presente na data do balanço**, já que a assembleia dos sócios ou outro órgão competente poderá, não havendo qualquer restrição estatutária ou contratual, **deliberar ou não** pelo seu pagamento ou por pagamento **por valor diferente do proposto**.

ATENÇÃO NA PROVA!!!!!!!!!

Conclusão, apesar da **banca não mencionar qual foi a destinação específica** do saldo remanescente, segundo o artigo 202, § 6º da lei nº 6.404/76, esse saldo remanescente só tem uma destinação: **dividendos complementares**, que é uma conta do **patrimônio líquido**.

(5) Registro contábil da distribuição do saldo remanescente para dividendos adicionais.

Lucros Acumulados – PL	
(5) 4.240.000,00	4.240.000,00

Dividendos Complementares – PL	
	4.240.000,00 (5)

Gabarito: **C**

10ª QUESTÃO: A demonstração do resultado do ano de 2018 da empresa Importadora sem Fronteiras S.A. é apresentada a seguir:

Demonstração do Resultado do Período: 01/01/2018 a 31/12/2018	
Receita líquida de vendas	4.080.000,00
– Custo dos produtos vendidos	(2.620.000,00)
= Resultado Bruto	1.460.000,00
– Depreciação	(120.000,00)
– Despesas diversas	(1.180.000,00)
+ Resultado de Equivalência Patrimonial	60.000,00
= Lucro antes dos efeitos financeiros	220.000,00
– Despesas Financeiras	(100.000,00)
= Lucro após os efeitos financeiros	120.000,00
+ Lucro na venda de imobilizado	140.000,00
= Lucro antes de impostos e participações	260.000,00
– Despesa com impostos sobre lucro	(78.000,00)
= Lucro Líquido	182.000,00

Os balanços patrimoniais da empresa Importadora sem Fronteiras S.A., em 31/12/2017 e 31/12/2018, são os seguintes:

Ativo	31/12/2017	31/12/2018	Passivo	31/12/2017	31/12/2018
Ativo Circulante	**1.320.000,00**	**2.574.000,00**	**Passivo Circulante**	**1.560.000,00**	**2.938.300,00**
Caixa	100.000,00	634.000,00	Fornecedores	660.000,00	854.000,00
Clientes	560.000,00	960.000,00	Empréstimos	900.000,00	1.940.000,00
Estoques	660.000,00	980.000,00	Dividendos a pagar	–	66.300,00
Ativo Não Circulante	1.440.000,00	2.180.000,00	Impostos a pagar	–	78.000,00
Investimentos	140.000,00	360.000,00	Patrimônio Líquido	1.200.000,00	1.815.700,00
Imobilizado			Capital	1.000.000,00	1.500.000,00
Equipamentos	840.000,00	1.820.000,00	Reservas de Lucros	200.000,00	315.700,00
Terrenos	460.000,00	–			
Total	**2.760.000,00**	**4.754.000,00**	**Total**	**2.760.000,00**	**4.754.000,00**

No ano de 2018, a empresa não pagou as despesas financeiras, não liquidou qualquer empréstimo e não vendeu participações societárias nem equipamentos. O aumento de capital foi em dinheiro. Os valores, no ano de 2018, correspondentes ao caixa das atividades operacionais e ao caixa das atividades de financiamento foram, respectivamente, em reais:

a) negativo de 346.000,00 e positivo de 1.040.000,00.
b) negativo de 106.000,00 e positivo de 1.040.000,00.
c) negativo de 106.000,00 e positivo de 1.440.000,00.
d) negativo de 246.000,00 e positivo de 1.040.000,00.
e) negativo de 246.000,00 e positivo de 1.440.000,00.

SOLUÇÃO

SOLUÇÃO NA PROVA

Na prova, calculamos o caixa líquido consumido no FCO pelo **método indireto**, que é o mais rápido nessa questão. **Mas muita atenção!** Na prova não é necessário calcular a variação de cada conta do ativo e do passivo circulantes, pois isso consome tempo, e o tempo é um artigo de luxo na prova. Com a finalidade de ganhar agilidade, nós calculamos apenas as **variações dos ativos e passivos circulantes** e somamos essas variações ao **lucro líquido ajustad**o.

Balanços Patrimoniais					
Ativo Circulante	**31/12/2017**	**31/12/2018**	**Passivo Circulante**	**31/12/2017**	**31/12/2018**
Clientes	560.000,00	960.000,00	Fornecedores	660.000,00	854.000,00
Estoques	660.000,00	980.000,00	Impostos a pagar	–	78.000,00
Total	**1.220.000,00**	**1.940.000,00**	**Total**	**660.000,00**	**932.000,00**

Variação do AC = AC em 2018 – AC em 2017
Variação do AC = 1.940.000,00 – 1.220.000,00
Variação do AC = **aumento** de 720.000,00

Variação do PC = PC em 2018 – PC em 2017
Variação do PC = 932.000,00 – 660.000,00
Variação do PC = **aumento** de 272.000,00

Lembrem-se dos ajustes relacionados com as variações dos ativos circulantes e passivos circulantes.	
Aumento do AC é um **ajuste negativo** na DFC.	**Aumento** do PC é um **ajuste positivo** na DFC.
Redução do AC é um ajuste positivo na DFC.	Redução do PC é um ajuste negativo na DFC.

Fluxo de Caixa Operacional – **Método Indireto**

Lucro Líquido..**182.000,00**
1º **ajuste:** Ajustes oriundos da **DRE**
+ Depreciação..120.000,00
+ Despesas Financeiras..100.000,00
– Lucro na venda do terreno..(140.000,00)
– Ganho de Equivalência Patrimonial..(60.000,00)
= **Lucro Líquido ajustado**..**202.000,00**
2º **ajuste:** Ajustes oriundos do **BP**
– Aumento do AC..(720.000,00)
+ Aumento do PC..272.000,00
= **Caixa líquido consumido no FCO**..**(246.000,00)**

ATENÇÃO, as despesas financeiras estão relacionadas com a atualização dos empréstimos de 2017, pois não foram pagas. Essas despesas financeiras **não têm efeito caixa e não pertencem as atividades operacionais**, e nesse caso elas devem ser excluídas no ajuste do lucro líquido. A seguir, podemos observar o registro contábil dessas despesas financeiras.

Cálculo do **fluxo de caixa das atividades de financiamentos**.

1º passo: Calcular o montante dos empréstimos obtidos em 2018.

ATENÇÃO, a questão informa que a empresa **não liquidou** qualquer empréstimo, e **não pagou** as despesas financeiras. Nesse caso, as despesas financeiras **atualizam os empréstimos de 2017**.

(1) Registro contábil da atualização dos empréstimos de 2017, por meio das despesas financeiras de 2018:

Despesas Financeiras – DRE	
(1) 100.000,00	

Empréstimos em 2018	
	900.000,00
	100.000,00 (1)
	1.000.000,00

Mas como podemos observar no balanço patrimonial, o saldo final dos empréstimos em 2018 foi no montante de 1.940.000,00. Conclusão, a empresa **obteve novos empréstimos em 2018** no montante de 940.000,00.

Novos empréstimos em 2018 = Empréstimos de 2018 – Empréstimos de 2017 – Despesas Financeiras

Novos empréstimos em 2018 = 1.940.000,00 – 900.000,00 – 100.000,00
Novos empréstimos em 2018 = 940.000,00

2º passo: Calcular o montante do capital integralizado em dinheiro pelos sócios.

(2) Registro contábil do aumento de capital.

ATENÇÃO, segundo os dados da banca, o aumento de capital foi em dinheiro.

Caixa	
(2) 500.000,00	

Capital	
	1.000.000,00
	500.000,00 (2)
	1.500.000,00

3º passo: Calcular o montante dos dividendos pagos em 2018.

ATENÇÃO, analisando os balanços patrimoniais de 2017 e 2018, com relação aos dividendos, à primeira vista temos a impressão de que não houve pagamento de dividendos, pois o seu saldo em 2017 era de 0,00 e passou para 66.300,00 em 2018. Em outras palavras, houve um aumento de 2017 para 2018 no saldo contábil de dividendos em 66.300,00. Portanto, para encontrarmos **se realmente ocorreu algum pagamento de dividendos em 2018**, seguiremos os seguintes registros contábeis:

(3) Registro contábil da transferência do lucro líquido de 2018 para a conta lucros acumulados:

Lucro Líquido de 2018	
(3) 182.000,00	182.000,00

Lucros Acumulados	
	182.000,00 (3)

(4) Registro contábil da constituição das reservas de lucros em 2018.

Analisando o balanço patrimonial, podemos verificar que o saldo final das reservas de lucros em 2018, é no montante de 315.700,00.

Lucros Acumulados	
(4) 115.700,00	182.000,00
	66.300,00

Reservas de Lucros	
	200.000,00
	115.700,00 (4)
	315.700,00

(5) Registro contábil da distribuição de dividendos em 2018.

ATENÇÃO!!!!!!!!!! Atualmente, caso haja saldo residual na conta lucros acumulados, a companhia deverá destinar esse saldo remanescente para os dividendos.

Lucros Acumulados	
(5) 66.300,00	66.300,00

Dividendos a Pagar	
	0,00
	66.300,00 (5)
	66.300,00

Analisando a conta dividendos a pagar, podemos observar que havia um saldo inicial de 0,00, foi destinado 66.300,00, restando um saldo final de 66.300,00. **Não houve pagamento de dividendos em 2018**.

Fluxo de Caixa de Financiamentos	
Obtenção de novos empréstimos	940.000,00
+ Integralização de capital	500.000,00
= Caixa líquido gerado no FCI	**1.440.000,00**

Gabarito: **E**

Capítulo 6

Auditor Fiscal Municipal de Manaus 2019

01ª QUESTÃO: No dia 31/10/2018 a empresa Tecnologia de Revenda S.A. adquiriu mercadorias para revenda, tendo pago os seguintes valores:

- Fornecedor 109.500,00
- Frete para transporte das mercadorias até a empresa 2.500,00

No valor pago ao fornecedor estavam incluídos tributos recuperáveis no valor de 11.500,00 e tributos não recuperáveis no valor de 8.000,00. Todas estas mercadorias foram negociadas em 18/12/2018 pelo valor de 225.000,00, mas foram vendidas com um desconto comercial de 10% em função da quantidade. A empresa pagou 2.250,00 de comissão para os vendedores e 3.500,00 de frete para entrega das mercadorias vendidas. O lucro bruto apurado pela empresa Tecnologia de Revenda S.A., especificamente em relação à compra e venda das mercadorias, foi, em reais:

a) 124.500,00
b) 102.000,00
c) 99.750,00
d) 96.250,00
e) 90.500,00

☛ SOLUÇÃO

1º passo: Calcular as compras líquidas ou custo do estoque.

Fornecedor das mercadorias 109.500,00
\+ Frete para transporte das mercadorias até a empresa 2.500,00
– Tributos recuperáveis .... (11.500,00)
= Compras Líquidas 100.500,00

2º passo: Calcular o CMV.

CMV = Estoque Inicial + Compras Líquidas – Estoque Final

CMV = 0,00 + 100.500,00 – 0,00
CMV = 100.500,00

3º passo: Calcular o lucro bruto na DRE.

Demonstração do Resultado do Exercício	
Vendas Brutas	225.000,00
– Descontos Incondicionais	(22.500,00)
= Vendas Líquidas	202.500,00
– Custo das Mercadorias Vendidas	(100.500,00)
= **Lucro Bruto**	**102.000,00**
– Despesas com comissão de vendedores	(2.250,00)
– Despesas com fretes	(3.500,00)
= **Lucro operacional antes do resultado financeiro**	**96.250,00**

Descontos Incondicionais = 10% × Vendas Brutas

Descontos Incondicionais = 10% × 225.000,00
Descontos Incondicionais = 22.500,00

Gabarito: **B**

02ª QUESTÃO: Uma empresa realizou três aplicações financeiras no dia 01/12/2018 e as características de cada uma são apresentadas na tabela abaixo.

Valor aplicado	Vencimento	Mensuração definida pela empresa.	Taxa	Valor justo em 31/12/2018.
400.000,00	30/06/2023	Mensuração ao valor justo por meio do resultado.	1,5% a.m.	412.000,00
400.000,00	31/10/2021	Mensuração ao custo amortizado.	1% a.m.	420.000,00
400.000,00	30/09/2022	Mensuração ao valor justo por meio de outros resultados abrangentes.	2% a.m.	404.000,00

O valor total destas aplicações apresentado no balanço patrimonial da empresa, em 31/12/2018, foi, em reais:

a) 1.218.000,00
b) 1.234.000,00
c) 1.236.000,00
d) 1.216.000,00
e) 1.220.000,00

☛ SOLUÇÃO

Segundo o CPC 48 que trata dos instrumentos financeiros, a entidade pode adotar as seguintes classificações para um ativo financeiro:

- custo amortizado
- valor justo por meio do resultado (VJR)
- valor justo por meio de outros resultados abrangentes (VJORA)

Essa **classificação** deve ter por base as características de **fluxo de caixa contratual** do ativo financeiro e o **modelo de negócios** da entidade para a gestão dos ativos financeiros.

Classificação do ativo financeiro = Características do fluxo de caixa contratual + Modelo de negócios

Fazendo um paralelo com a **classificação antiga**, temos:

Classificação ANTIGA	Classificação ATUAL	Rendimentos	Ajustes ao valor justo
Destinados à venda imediata	VJR	DRE	DRE
Mantido até o vencimento	Custo amortizado	DRE	Não tem ajuste
Disponível para venda futura	VJORA	DRE	Na conta AAP do PL

Juros ativos = Taxa efetiva × Custo de aquisição do título

Os **juros ativos** resultantes da aplicação dos títulos mensurados ao **VJR, custo amortizado** e **VJORA** vão para o resultado do exercício (**DRE**).

No encerramento do exercício, comparamos o **valor pela curva do papel** dos títulos com o seu **valor justo**, e dependendo da **classificação** desses títulos, **não haverá** ajustes ou os ajustes podem ir para a **DRE** ou **AAP**.

Classificação ATUAL	Rendimentos	Mensuração pela curva do papel	Ajustes ao valor justo
VJR	DRE	Custo de aquisição + Juros ativos	+/– DRE
Custo amortizado	DRE	Custo de aquisição + Juros ativos	Não tem ajuste
VJORA	DRE	Custo de aquisição + Juros ativos	+/– AAP do PL

Classificação	Rendimentos	Curva do papel	Valor justo
VJR	Juros	VJR + Juros	VJR + Juros +/– DRE
Custo amortizado	Juros	Custo amortizado + Juros	Custo amortizado + Juros
VJORA	Juros	VJORA + Juros	VJORA + Juros +/– AAP

Custo amortizado ao valor justo = Custo de aquisição + Juros

VJR ao valor justo = Custo de aquisição + Juros +/– DRE

VJORA ao valor justo = Custo de aquisição + Juros +/– AAP no PL

1º passo: Calcular os rendimentos pela taxa efetiva de cada título e o valor pela curva do papel.

Custo	Taxa efetiva	Mensuração definida pela empresa	Juros ativos	Curva do papel
400.000,00	1,5% a.m.	VJR	6.000,00	406.000,00
400.000,00	1% a.m.	Custo amortizado	4.000,00	404.000,00
400.000,00	2% a.m.	VJORA	8.000,00	408.000,00

2º passo: Ajustar o valor pela curva do papel ao valor justo.

Classificação	Valor pela curva do papel	Valor justo	Ajuste ao valor justo
VJR	406.000,00	**412.000,00**	DRE = + 6.000,00
Custo amortizado	**404.000,00**	420.000,00	Não tem ajuste
VJORA	408.000,00	**404.000,00**	AAP = (4.000,00)

CONCLUSÃO, o montante evidenciado no BP em 31/12/2018 será:

BP = VJR ao valor justo + Custo amortizado pela curva do papel + VJORA ao valor justo

BP = 412.000,00 + 404.000,00 + 404.000,00
BP = 1.220.000,00

O valor total evidenciado na DRE em 31/12/2018 será:

DRE = Juros do VJR + Juros do Custo amortizado + Juros do VJORA + Juros de ajuste do VJR

DRE = 6.000,00 + 4.000,00 + 8.000,00 + 6.000,00
DRE = 24.000,00

SOLUÇÃO NA PROVA

Títulos	Custo	Juros	Ajuste	BP	PL	DRE
VJR	400.000,00	4.000,00	DRE = 6.000,00	404.000,00	–	10.000,00
Custo amortizado	400.000,00	6.000,00	**Não existe**	412.000,00	–	6.000,00
VJORA	400.000,00	8.000,00	AAP = (4.000,00)	404.000,00	(4.000,00)	8.000,00
Total				**1.220.000,00**	(4.000,00)	**24.000,00**

Gabarito: **E**

03ª QUESTÃO: Os valores relacionados com as compras de mercadorias, por uma empresa, ocorridas durante o ano de 2018, foram os seguintes:

- Pagamento efetuado para o fornecedor das mercadorias: 431.250,00
- Pagamento de seguro para cobertura de riscos até a mercadoria chegar à sede da empresa: 30.000,00
- Valor do frete pago para transportar as mercadorias até a empresa: 20.250,00

Nos diversos valores pagos pela empresa, estão incluídos tributos recuperáveis no valor de 33.750,00 e tributos não recuperáveis no valor de 24.000,00. A empresa conseguiu negociar no ano abatimentos sobre as diversas compras efetuadas no valor de 45.000,00.

O estoque inicial de mercadorias estava registrado pelo valor de 150.000,00 e no final do período o saldo apresentado era 112.500,00. O custo das mercadorias vendidas (CMV) evidenciado no resultado do ano de 2018 foi, em reais:

a) 390.000,00
b) 410.250,00
c) 420.000,00
d) 485.250,00
e) 440.250,00

☛ **SOLUÇÃO**

1º passo: Calcular as compras líquidas ou custo do estoque.

Fornecedor das mercadorias	431.250,00
+ Frete para transporte das mercadorias até a empresa	20.250,00
+ Seguros para transporte das mercadorias até a empresa	30.000,00
– Tributos recuperáveis	(33.750,00)
– Abatimentos sobre compras	(45.000,00)
= Compras Líquidas	402.750,00

2º passo: Calcular o CMV.

CMV = Estoque Inicial + Compras Líquidas – Estoque Final

CMV = 150.000,00 + 402.750,00 – 112.500,00
CMV = 440.250,00

Gabarito: **E**

04ª QUESTÃO: A empresa Quase Tudo S.A. apresentava, em determinada data, o valor de 120.000.000,00 para o patrimônio líquido contabilizado. A empresa Totalmente S.A. adquiriu, nessa data, 60% das ações da empresa Quase Tudo S.A., pagando o valor de 110.000.000,00, e passando a deter o seu controle. O valor justo líquido dos ativos e passivos identificáveis da empresa Quase Tudo S.A. era 150.000.000,00 nessa data e a participação dos não controladores é mensurada pela parte que lhes cabe no valor justo líquido dos ativos e passivos identificáveis. O valor reconhecido, na data da aquisição, no grupo investimentos do balanço individual da empresa Totalmente S.A. foi, em reais:

a) 72.000.000,00
b) 150.000.000,00

c) 110.000.000,00
d) 66.000.000,00
e) 90.000.000,00

☛ SOLUÇÃO

Empresa Totalmente → 60% Capital da Quase Tudo → Controlada → Investimento pelo MEP

1º passo: Calcular o valor justo do investimento na empresa Quase Tudo S.A.

Valor justo do investimento = Percentual de participação × PL a valor justo da Cia. Quase Tudo

Valor justo do investimento = 60% × 150.000.000,00
Valor justo do investimento = 90.000.000,00

ATENÇÃO, o valor justo líquido dos ativos e passivos identificáveis no montante de 150.000.000,00 é o **patrimônio líquido da empresa Quase Tudo S.A. a valor justo**.

2º passo: Calcular o valor patrimonial do investimento na empresa Quase Tudo S.A.

Valor patrimonial do investimento = Percentual de participação × PL a valor contábil da Cia. Quase Tudo

Valor patrimonial do investimento = 60% × 120.000.000,00
Valor patrimonial do investimento = 72.000.000,00

3º passo: Calcular o *goodwill* na aquisição do investimento.

Goodwill = Valor Pago – Valor Justo

Goodwill = 110.000.000,00 – 90.000.000,00
Goodwill = 20.000.000,00

4º passo: Calcular o ágio por mais-valia de ativos líquidos.

Ágio por mais-valia = Valor Justo – Valor Patrimonial

Ágio por mais-valia = 90.000.000,00 – 72.000.000,00
Ágio por mais-valia = 18.000.000,00

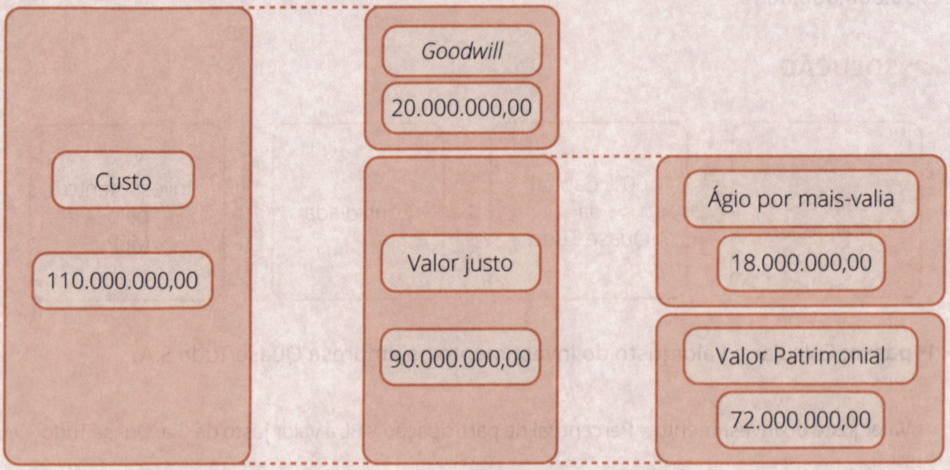

Do gráfico, temos que o *goodwill* é no montante de 20.000.000,00 e o ágio por mais-valia de 18.000.000,00.

ATENÇÃO, no balanço patrimonial individual da empresa Totalmente, o contador registrará o investimento pelo seu **valor contábil** no montante de 110.000.000,00.

Valor contábil do investimento = Valor patrimonial do investimento + *Goodwill* + Ágio por mais-valia

Valor contábil do investimento = 72.000.000,00 + 20.000.000,00 + 18.000.000,00
Valor contábil do investimento = 110.000.000,00

O ágio pago na aquisição corresponde ao ***goodwill***.

No livro diário da empresa Totalmente, o contador registra a aquisição por meio do seguinte lançamento:

Investimentos na Cia. Quase Tudo 72.000.000,00
Goodwill 20.000.000,00
Ágio por mais-valia 18.000.000,00
a Disponibilidades 110.000.000,00

No **balanço patrimonial individual da empresa Totalmente**, o contador registra o **investimento** da Cia. Quase Tudo no subgrupo do AÑC Investimentos pelo valor de

110.000.000,00. Nas notas explicativas da Cia. Totalmente, encontraremos os registros do *goodwill* e o ágio por mais-valia.

ATENÇÃO, não confundir **valor patrimonial do investimento** com **valor contábil do investimento**.

O **valor patrimonial do investimento** é obtido pelo resultado da multiplicação do percentual de participação no capital da investida pelo patrimônio líquido da investida a valor contábil.

Valor patrimonial = Percentual no capital × PL da investida a valor contábil

O **valor contábil do investimento** é a soma do valor patrimonial do investimento com o *goodwill* e o ágio por mais-valia.

Valor contábil = Valor patrimonial + *Goodwill* + Ágio por mais-valia

Com a finalidade de visualizarmos a operação, vamos supor que o balanço patrimonial da empresa Totalmente imediatamente antes da aquisição do investimento na empresa Quase Tudo fosse:

Ativo	Passivo
Ativo Circulante	**Passivo Circulante**
Caixa 110.000.000,00	Empréstimos 30.000.000,00
Estoques 10.000.000,00	**Patrimônio Líquido**
	Capital 90.000.000,00
Total 120.000.000,00	Total 120.000.000,00

CONCLUSÃO, o valor reconhecido no grupo investimentos do **balanço individual da empresa Bicicletas S.A.** na data da aquisição será:

Ativo	Passivo
Ativo Circulante	**Passivo Circulante**
Estoques 10.000.000,00	Empréstimos 30.000.000,00
AÑC Investimentos	**Patrimônio Líquido**
Investimentos na Cia. Quase Tudo . 110.000.000,00	Capital 90.000.000,00
Total 120.000.000,00	Total 120.000.000,00

Nas **notas explicativas** da empresa Totalmente, deverá constar o valor patrimonial, o *goodwill* e o ágio por mais-valia do investimento.

SOLUÇÃO NA PROVA

Na prova, **a resposta é direta**, pois o **valor do investimento** que sempre será reconhecido e divulgado no balanço patrimonial na data da aquisição é exatamente o valor pago na aquisição, ou seja, nesse caso, um montante de **110.000.000,00**.

Gabarito: **C**

05ª QUESTÃO: Uma empresa adquiriu, à vista, um equipamento por 8.000.000,00. A compra ocorreu em 30/06/2015. A empresa definiu a vida útil do equipamento em 8 anos e estimou o valor residual esperado para sua venda no final do prazo de vida útil em 1.280.000,00. A empresa vendeu o equipamento em 31/12/2017 por 5.960.000,00, valor este que foi recebido à vista. Sabendo que a empresa adota o método das quotas constantes para determinar a despesa de depreciação, o resultado apurado na venda do equipamento evidenciado na demonstração do resultado de 2017 foi um:

a) prejuízo no valor de 2.040.000,00.
b) lucro no valor de 460.000,00.
c) lucro no valor de 5.960.000,00.
d) lucro no valor de 60.000,00.
e) lucro no valor de 480.000,00.

☛ SOLUÇÃO

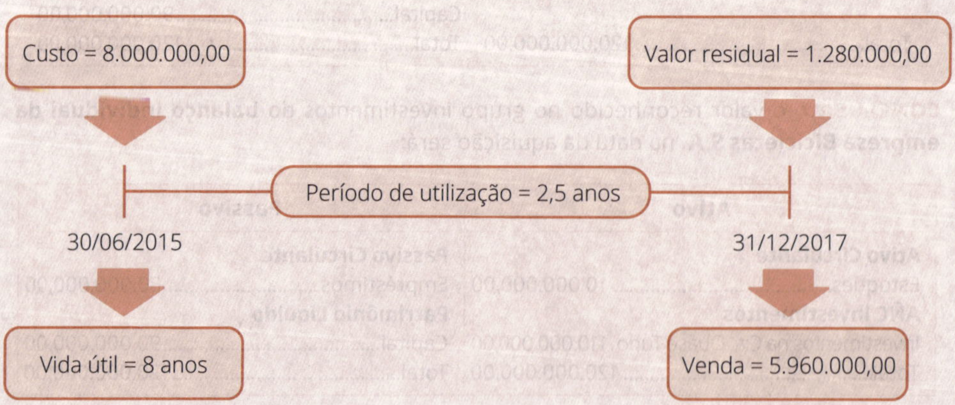

1º passo: Calcular a depreciação acumulada em 2017.

$$\text{Depreciação Acumulada} = (\text{Custo de aquisição} - \text{Valor residual}) \times \frac{\text{Período de utilização}}{\text{Vida útil}}$$

$$\text{Depreciação Acumulada em 2017} = (8.000.000{,}00 - 1.280.000{,}00) \times \frac{2{,}5 \text{ anos}}{8 \text{ anos}}$$

Depreciação Acumulada em 2017 = 2.100.000,00

2º passo: Calcular o valor contábil da máquina em 31/12/2017.

Valor contábil em 31/12/2017 = Custo de aquisição – Depreciação Acumulada em 31/12/2017

Valor contábil em 31/12/2017 = 8.000.000,00 – 2.100.000,00
Valor contábil em 31/12/2017 = 5.900.000,00

3º passo: Calcular o ganho de capital na alienação do equipamento em 31/12/2017.

Lucro = Valor de venda – Valor contábil em 31/12/2017

Lucro = 5.960.000,00 – 5.900.000,00
Lucro = 60.000,00

Gabarito: **D**

06ª QUESTÃO: A Cia. Só Dívida obteve um empréstimo no valor de 30.000.000,00, em 01/12/2018. Tanto o principal quanto os juros serão pagos em 01/12/2025 e a taxa de juros compostos negociada foi 2% ao mês. Na data da obtenção do empréstimo, a empresa pagou 800.000,00 referentes aos custos de transação e a taxa de custo efetivo da operação foi 2,033% ao mês. É correto afirmar que a Cia. Só Dívida reconheceu:

a) despesa financeira de 584.000,00 em dezembro de 2018.
b) despesa financeira de 609.900,00 em dezembro de 2018.
c) passivo total de 30.600.000,00, em 31/12/2018.
d) despesa financeira de 1.400.000,00 em dezembro de 2018.
e) despesa financeira de 593.636,00 em dezembro de 2018.

☛ SOLUÇÃO

Captação Líquida = Valor do contrato – Custos de transação

Captação Líquida = 30.000.000,00 – 800.000,00
Captação Líquida = 29.200.000,00

Encargos financeiros de 2018 = Taxa efetiva × Captação Líquida

Encargos financeiros de 2018 = 2,033% × 29.200.000,00
Encargos financeiros de 2018 = 593.636,00

ATENÇÃO, caso o examinador pedisse o saldo líquido do empréstimo no balanço patrimonial em 31/12/2018, teríamos:

Empréstimos em 31/12/2018 = Captação Líquida + Encargos Financeiros de 2018 – 1ª Parcela

Empréstimos em 31/12/2018 = 29.200.000,00 + 593.636,00 – 0,00
Empréstimos em 31/12/2018 = 29. 793.636,00

CUIDADO, pois o pagamento da **1ª parcela** ocorrerá apenas em **01/12/2025**.

Gabarito: **E**

07ª QUESTÃO: Em 31/12/2016, o saldo líquido da conta Intangíveis evidenciado no balanço patrimonial da empresa Invisível S.A. era 21.500.000,00, composto dos seguintes valores:

Custo de aquisição 25.000.000,00
– Amortização Acumulada ....(3.500.000,00)
= Valor contábil 21.500.000,00

As notas explicativas dessa conta apresentavam, nessa data, as seguintes informações:

Tipo de ativo intangível	Custo de aquisição	Amortização acumulada	Vida útil
Patentes	17.500.000,00	3.500.000,00	20 anos
Marca adquirida	7.500.000,00	–	Indefinida
Total	25.000.000,00	3.500.000,00	–

A empresa adota o método linear para cálculo da despesa de amortização.

A empresa realizou, em 31/12/2017, o teste de redução ao valor recuperável (teste de *impairment*) para os dois ativos e obteve as seguintes informações:

Tipo de ativo intangível	Valor justo	Valor em uso
Patentes	Não existe	13.250.000,00
Marca adquirida	6.500.000,00	7.000.000,00

O saldo líquido evidenciado no balanço patrimonial de 31/12/2017 para a conta Intangíveis foi, em reais:

a) 20.250.000,00
b) 20.125.000,00
c) 19.750.000,00
d) 19.625.000,00
e) 20.625.000,00

☛ SOLUÇÃO

1º passo: Calcular o valor contábil das patentes.

O *impairment test* segue 3 etapas.

1ª etapa: Calcular o valor recuperável das patentes.

ATENÇÃO, o valor recuperável será sempre o **maior valor**.

<table>
<tr><td>Valor justo líquido das despesas de venda</td><td>Não existe.</td><td rowspan="2">MAIOR VALOR</td><td rowspan="2">Valor recuperável = 13.250.000,00</td></tr>
<tr><td>Valor em uso</td><td>13.250.000,00</td></tr>
</table>

Valor recuperável em 2017 = 13.250.000,00

2ª etapa: Calcular o valor contábil das patentes.

$$\text{Amortização em 2017} = (\text{Custo de aquisição} - \text{Valor residual}) \times \frac{\text{Período de utilização}}{\text{Vida útil}}$$

$$\text{Amortização em 2017} = (17.500.000,00 - 0,00) \times \frac{1 \text{ ano}}{20 \text{ anos}}$$

Amortização em 2017 = 875.000,00

(1) Registro contábil da amortização em 31/12/2017.

Amortização	
(1) 875.000,00	

Amortização Acumulada	
	3.500.000,00
	875.000,00 (1)
	4.375.000,00

Valor Contábil = Custo de Aquisição – Amortização Acumulada – Perdas por *Impairment*

Valor contábil em 2017 = 17.500.000,00 – 4.375.000,00 – 0,00

Valor contábil em 2017 = 13.125.000,00

3ª etapa: Comparar o valor recuperável com o valor contábil.

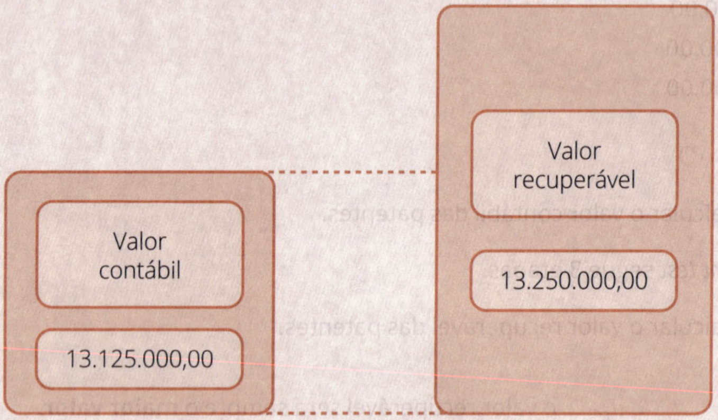

CONCLUSÃO, como o **valor recuperável** das patentes é superior ao seu **valor contábil**, nenhuma perda por *impairment* será reconhecida.

2º passo: Calcular o valor contábil da marca adquirida.

Vida útil do ativo intangível	Amortização	*Impairment test*	Reversão de perda estimada
Definida	Sim	Sim	Sim
Indefinida	**Não**	Sim	Sim
Goodwill	Não	Sim	Não

CONCLUSÃO, a marca adquirida **não sofrerá amortização**, mas está sujeito ao *impairment test*.

O *impairment test* segue 3 etapas.

1ª etapa: Calcular o valor recuperável da marca adquirida.

ATENÇÃO, o valor recuperável será sempre o **maior valor**.

Valor justo líquido das despesas de venda	6.500.000,00	**MAIOR VALOR**	Valor recuperável = 7.000.000,00
Valor em uso	7.000.000,00		

Valor recuperável em 2017 = 7.000.000,00

2ª etapa: Calcular o valor contábil da marca adquirida.

Valor Contábil = Custo de Aquisição – Perdas por *Impairment*

Valor contábil em 2017 = 7.500.000,00 – 0,00
Valor contábil em 2017 = 7.500.000,00

3ª etapa: Comparar o valor recuperável com o valor contábil.

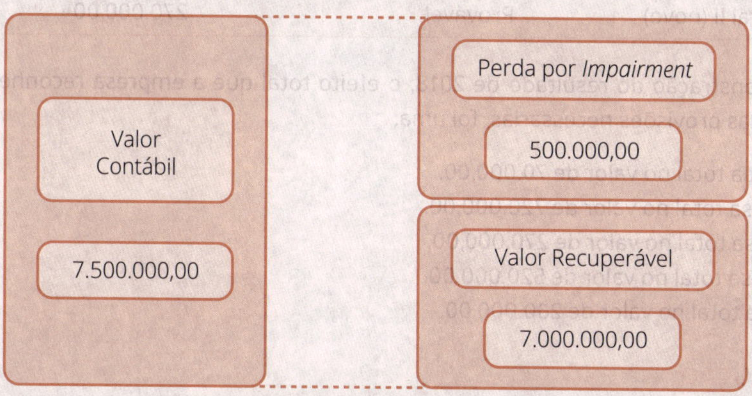

CONCLUSÃO, como o valor recuperável da marca adquirida é inferior ao valor contábil líquido, uma **perda por *impairment*** no montante de **500.000,00** será reconhecida. O valor contábil líquido em 31/12/2017 após o reconhecimento da **perda por *impairment*** será de 7.000.000,00.

O saldo líquido evidenciado no balanço patrimonial de 31/12/2017 para a conta Intangíveis será:

Saldo líquido para a conta Intangíveis = Valor contábil das patentes + Valor contábil da marca

Saldo líquido para a conta Intangíveis = 13.125.000,00 + 7.000.000,00
Saldo líquido para a conta Intangíveis = 20.125.000,00

Gabarito: **B**

08ª QUESTÃO: O balanço patrimonial de uma empresa, em 31/12/2017, apresentava no passivo o saldo de 840.000,00 na conta provisões, que era composto dos valores abaixo.

Processo	Saldo em 31/12/2017
Ambiental	300.000,00
Trabalhista	540.000,00

Em 31/12/2018 a empresa analisou as condições destes dois processos e identificou dois novos processos que surgiram durante o ano, sendo que as seguintes informações sobre os processos foram obtidas junto à sua assessoria jurídica:

Processo	Probabilidade de perda em 31/12/2018.	Valor estimado em 31/12/2018 para as perdas.
Ambiental	Provável	240.000,00
Trabalhista	Provável	400.000,00
Fiscal I (novo)	Possível	450.000,00
Fiscal II (novo)	Provável	270.000,00

Na demonstração do resultado de 2018, o efeito total que a empresa reconheceu, em função das provisões necessárias, foi uma:

a) despesa total no valor de 70.000,00.
b) despesa total no valor de 720.000,00.
c) despesa total no valor de 270.000,00.
d) despesa total no valor de 520.000,00.
e) receita total no valor de 200.000,00.

SOLUÇÃO

Uma dica para a prova é lembrar da frase:

Pro Po R uma provisão para contingências.

Montando a tabela com as obrigações presentes que podem ser prováveis, possíveis ou remotas, temos:

Provisão para contingências	Provável	Possível	Remota
Registro contábil	Sim	Não	Não
Divulgação em notas explicativas	Sim	Sim	Não

CONCLUSÃO, apenas os **processos prováveis** de perda pela empresa serão registrados no balanço patrimonial e divulgados em notas explicativas.

ATENÇÃO, com relação aos processos ambiental e trabalhista, podemos observar que os seus saldos em 31/12/2017 eram respectivamente de 300.000,00 e 540.000,00. No encerramento do exercício de 2018, os saldos dos processos ambiental e trabalhista passaram respectivamente para 240.000,00 e 400.000,00. Em outras palavras, a empresa deverá reverter uma parte da provisão constituída em 2017 para os processos ambiental e trabalhista em 31/12/2018.

(1) Registro contábil da reversão de parte da provisão ambiental em 31/12/2018.

Provisão Ambiental – 2018	
(1) 60.000,00	300.000,00
	240.000,00

Receita de Reversão – 2018	
	60.000,00 (1)

(2) Registro contábil da reversão de parte da provisão trabalhista em 31/12/2018.

Provisão Trabalhista – 2018	
(2) 140.000,00	540.000,00
	400.000,00

Receita de Reversão – 2018	
	60.000,00
	140.000,00 (2)
	200.000,00

(3) Registro contábil da provisão Fiscal II (novo) em 31/12/2018.

Despesas com Provisão – 2018	
(3) 270.000,00	

Provisão Fiscal II – 2018	
	270.000,00 (3)

Efeito total na DRE de 2018 = Receitas de reversão em 2018 – Despesas com provisão em 2018

Efeito total na DRE de 2018 = 200.000,00 – 270.000,00
Efeito total na DRE de 2018 = (70.000,00)

CONCLUSÃO, a empresa reconheceu uma despesa total de 70.000,00 no resultado de 2018.

Gabarito: **A**

09ª QUESTÃO: Um contrato de arrendamento foi realizado por uma empresa para a utilização de um equipamento industrial. O contrato será pago em 36 parcelas mensais de 32.135,00 e uma parcela adicional no valor de 100.000,00 que deverá ser paga juntamente com a 36ª parcela mensal. As demais informações sobre o contrato são as seguintes:

- data do contrato 01/12/2018
- taxa implícita de juros do contrato .... 1,2% ao mês
- valor presente das parcelas em 01/12/2018 .... 1.000.000,00
- vida útil do equipamento para a empresa .... 7 anos
- valor residual esperado de venda do equipamento pela empresa 328.000,00

O valor total das despesas que afetaram o resultado de dezembro de 2018, decorrentes do contrato de arrendamento citado foi, em reais:

a) 32.135,00
b) 12.000,00
c) 20.000,00
d) 8.000,00
e) 23.904,76

SOLUÇÃO

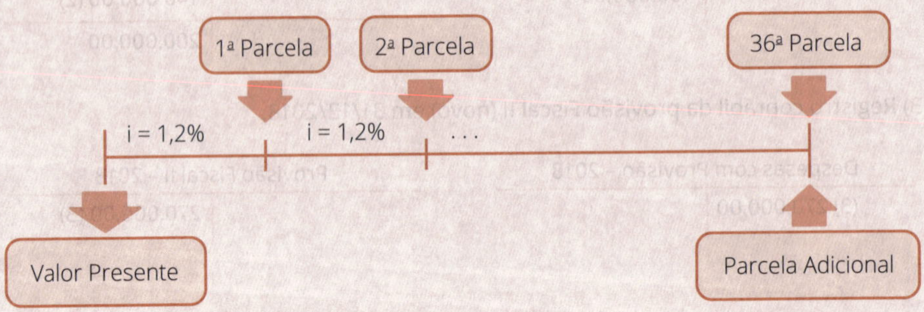

ATENÇÃO, o valor presente das parcelas em 01/12/2018 é obtido por meio da descapitalização das 36 parcelas somadas com a parcela adicional a uma taxa de 1,2% a.m.

$$\text{VP das parcelas em 01/12/2018} = \frac{1^{a}\text{ parcela}}{(1{,}012)^{1}} + \frac{2^{a}\text{ parcela}}{(1{,}012)^{2}} + \ldots + \frac{36^{a}\text{ parcela}}{(1{,}012)^{36}} + \frac{\text{Parcela adicional}}{(1{,}012)^{36}}$$

$$1.000.000{,}00 = \frac{32.135{,}00}{(1{,}012)^{1}} + \frac{32.135{,}00}{(1{,}012)^{2}} + \ldots + \frac{32.135{,}00}{(1{,}012)^{36}} + \frac{100.000{,}00}{(1{,}012)^{36}}$$

1º passo: Calcular o investimento bruto do arrendamento mercantil.

Investimento bruto = 1ª parcela + 2ª parcela + ... + 36ª parcela + Parcela adicional

Investimento bruto = 36 parcelas × 32.135,00/parcela + 100.000,00
Investimento bruto = 1.256.860,00

2º passo: Calcular os juros a transcorrer.

Juros a Transcorrer = Investimento bruto – Valor presente das parcelas em 01/12/2018

Juros a Transcorrer = 1.256.860,00 – 1.000.000,00
Juros a Transcorrer = 256.860,00

O balanço patrimonial **imediatamente após a aquisição** do equipamento industrial, será:

Ativo	Passivo
AÑC Imobilizado Equipamentos em AMF.............. 1.000.000,00 Total... 1.000.000,00	**Passivo Exigível** AMF a Pagar.................................1.256.860,00 Juros a Transcorrer.........................(256.860,00) Total... 1.000.000,00

3º passo: Calcular a depreciação no mês de dezembro de 2018.

ATENÇÃO, como o período de utilização está em meses, temos que converter a vida útil em anos para meses.

Vida útil em meses = Vida útil em anos × 12 meses

Vida útil em meses = 7 anos × 12 meses
Vida útil em meses = 84 meses

$$\text{Depreciação} = (\text{Custo de aquisição} - \text{Valor residual}) \times \frac{\text{Período de utilização}}{\text{Vida útil}}$$

$$\text{Depreciação em 2018} = (1.000.000{,}00 - 328.000{,}00) \times \frac{1 \text{ mês}}{84 \text{ meses}}$$

Depreciação em 2018 = 8.000,00

(2) Registro contábil da depreciação acumulada do equipamento industrial em 31/12/2018.

Depreciação	
(2) 8.000,00	

Depreciação Acumulada	
	8.000,00 (2)

4º passo: Calcular a despesa financeira em dezembro de 2018.

Despesa Financeira em 2018 = Taxa de juros × Valor Presente em 01/12/2018

Despesa Financeira em 2018 = 1,2% × 1.000.000,00
Despesa Financeira em 2018 = 12.000,00

(3) Registro contábil da despesa financeira em 31/12/2018.

Despesa Financeira	
(3) 12.000,00	

Juros a Transcorrer	
256.860,00	12.000,00 (3)
244.860,00	

ARE = Despesas com depreciação + Despesas financeiras

Prejuízo Líquido = 8.000,00 + 12.000,00
Prejuízo Líquido = 20.000,00

Considerando apenas essas operações, o balanço patrimonial **em 31/12/2018**, será:

Ativo	Passivo
AÑC Imobilizado	**Passivo Exigível**
Equipamentos em AMF............. 1.000.000,00	AMF a Pagar.................................1.256.860,00
Depreciação Acumulada.................. (8.000,00)	Juros a Transcorrer.........................(244.860,00)
	Patrimônio Líquido
	Prejuízos Acumulados.....................(20.000,00)
Total..992.000,00	Total..992.000,00

Gabarito: **C**

10ª QUESTÃO: As contas do patrimônio líquido de uma empresa em 31/12/2017 apresentavam os seguintes saldos:

Capital Social	250.000,00
Reservas de Capital	25.000,00
Reservas de Lucros	150.000,00
Ações em Tesouraria	50.000,00

Os seguintes fatos, relacionados com a atividade da empresa, ocorreram durante ano de 2018:

- Em junho de 2018, foi recebido em doação um terreno no valor de 30.000,00, sem quaisquer restrições a serem cumpridas pela empresa.
- O lucro líquido apurado em 2018 foi 90.000,00.
- Foram propostos dividendos mínimos obrigatórios no valor de 22.500,00.
- Foi constituída reserva de incentivos fiscais no valor de 15.000,00.
- As ações em tesouraria foram totalmente vendidas por 60.000,00.

O valor do patrimônio líquido da empresa, em 31/12/2018, era, em reais:

a) 502.500,00
b) 552.500,00
c) 465.000,00
d) 542.500,00
e) 532.500,00

SOLUÇÃO

(1) Registro contábil do recebimento da doação de um terreno sem restrições.

Terrenos – AÑC Imobilizado	
(1) 30.000,00	

Outras Receitas – DRE	
	30.000,00 (1)

(2) Registro contábil da transferência do lucro líquido para lucros acumulados.

Lucro Líquido – DRE	
(2) 90.000,00	90.000,00

Lucros Acumulados – PL	
	90.000,00 (2)

As **outras receitas** no montante de **30.000,00** oriundas da doação de um terreno sem restrições encontram-se no **lucro líquido** apurado em 31/12/2018 no valor de **90.000,00**.

Demonstração do Resultado do Exercício

Vendas Líquidas	x,00
...	
+ **Outras Receitas**	**30.000,00**
...	
= Resultando antes do IR	y,00
...	
= **Lucro Líquido**	**90.000,00**

(3) Registro contábil da distribuição de dividendos no montante de 22.500,00.

Lucros Acumulados – PL	
(3) 22.500,00	90.000,00
	67.500,00

Dividendos a Pagar – PC	
	22.500,00 (3)

(4) Registro contábil da constituição da reserva de incentivos fiscais.

Lucros Acumulados – PL	
(4) 15.000,00	67.500,00
	52.500,00

Reserva de Incentivo Fiscal – PL	
	15.000,00 (4)

A constituição de reservas de incentivos fiscais **não altera** o patrimônio líquido.

(5) Registro da alienação das ações em tesouraria por 60.000,00.

Caixa – AC	
(5) 60.000,00	

Ações em Tesouraria – PL	
50.000,00	50.000,00 (5)

Reservas de Capital – PL	
	10.000,00 (5)

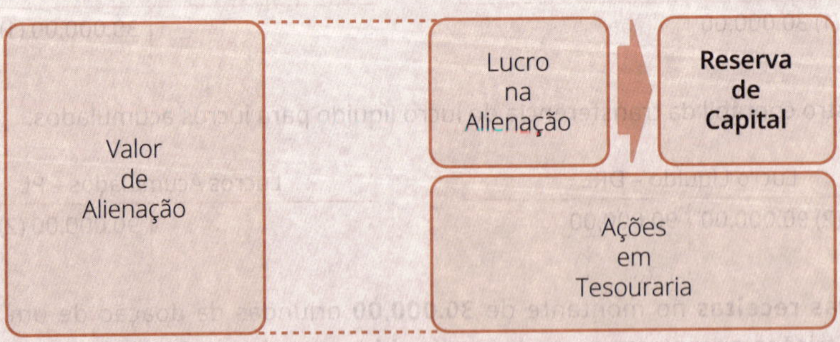

Analisando o gráfico acima, podemos observar que o ágio na alienação das ações em tesouraria no montante de 10.000,00 é uma **reserva de capital**.

3º passo: Calcular a variação do patrimônio líquido.

Variações no PL = Lucro Líquido – Dividendos + Alienação de ações em tesouraria

Variações no PL = 90.000,00 – 22.500,00 + 60.000,00
Variações no PL = 127.500,00

4º passo: Calcular o patrimônio líquido inicial.

PL Inicial = Capital Social + Reservas de Capital + Reservas de Lucros – Ações em Tesouraria

PL Inicial = 250.000,00 + 25.000,00 + 150.000,00 – 50.000,00
PL Inicial = 375.000,00

5º passo: Calcular o patrimônio líquido final.

O **patrimônio líquido final** é obtido por meio da soma do patrimônio líquido inicial com o registro das transações que geraram reflexos no patrimônio líquido.

PL Final = PL Inicial + Variações no PL

PL Final = 375.000,00 + 127.500,00
PL Final = 502.500,00

SOLUÇÃO NA PROVA

Fato contábil	Variação no PL
Lucro Líquido	90.000,00
+ Recebimento em doação de terreno	0,00
– Dividendos obrigatórios	(22.500,00)
+ Constituição de reservas de incentivos fiscais	0,00
+ Venda de ações em tesouraria	60.000,00
= Variação total no PL	**127.500,00**

PL Inicial	375.000,00
+ Variação total no PL	127.500,00
= PL Final	**502.500,00**

Gabarito: **A**

11ª QUESTÃO: São apresentados abaixo os balanços patrimoniais em 31/12/16 e 31/12/17, e a demonstração do resultado de 2017 da empresa Celulares à Válvula S.A.

Ativo	31/12/16	31/12/17	Passivo	31/12/16	31/12/17
Ativo Circulante	**765.000,00**	**1.179.000,00**	**Passivo Circulante**	**315.000,00**	**210.000,00**
Caixa	540.000,00	969.000,00	Fornecedores	255.000,00	135.000,00
Clientes	105.000,00	180.000,00	Impostos a pagar	60.000,00	75.000,00
Estoques	120.000,00	30.000,00	**Passivo Ñ Circulante**	**300.000,00**	**471.000,00**
Ativo Ñ Circulante	**450.000,00**	**810.000,00**	Empréstimos	300.000,00	471.000,00
Imobilizado			**Patrimônio Líquido**	**600.000,00**	**1.308.000,00**
Imóveis	450.000,00	900.000,00	Capital Social	600.000,00	900.000,00
– Dep. Acumulada	–	(90.000,00)	Reservas de Lucros	–	408.000,00
Total	**1.215.000,00**	**1.989.000,00**	**Total**	**1.215.000,00**	**1.989.000,00**

Demonstração do Resultado do Exercício – 01/01/2017 a 31/12/2017	
Receitas de Vendas	2.040.000,00
– Custo dos Produtos Vendidos	(1.260.000,00)
= Resultado Bruto	780.000,00
– Despesas com Salários	(180.000,00)
– Despesa com Seguros	(96.000,00)
– Despesa de Depreciação	(90.000,00)
+ Resultado na venda de imóveis	240.000,00
= Resultado antes dos efeitos financeiros	654.000,00
– Despesa financeira (juros)	(21.000,00)
= Resultado antes dos impostos	633.000,00
– Despesa com impostos sobre o lucro	(225.000,00)
= Resultado líquido	408.000,00

As seguintes informações adicionais são conhecidas:

- O saldo da conta imóveis existente em 31/12/16 corresponde ao custo de um terreno que foi vendido à vista em 2017.
- No período não ocorreu o pagamento da despesa financeira (juros).
- O aumento de capital em 2017 foi realizado parte em dinheiro (150.000,00) e parte com a incorporação de imóveis no valor de 150.000,00.
- Do valor dos demais imóveis adquiridos em 2017, 150.000,00 foram pagos com recursos obtidos de um novo empréstimo e o restante com recursos próprios da empresa.

O caixa gerado nas atividades operacionais da empresa no ano de 2017 foi, em reais:

a) 519.000,00
b) 279.000,00
c) 189.000,00
d) 429.000,00
e) 609.000,00

SOLUÇÃO

SOLUÇÃO NA PROVA

Na prova, calculamos o caixa líquido consumido no FCO pelo **método indireto**, que é o mais rápido nessa questão. **Mas muita atenção!** Na prova não é necessário calcular a variação de cada conta do ativo e do passivo circulantes, pois isso consome tempo, e o tempo é um artigo de luxo na prova. Com a finalidade de ganhar agilidade, nós calculamos apenas as **variações dos ativos e passivos circulantes** e somamos essas variações ao **lucro líquido ajustado**.

Balanços Patrimoniais					
Ativo Circulante	**31/12/2016**	**31/12/2017**	**Passivo Circulante**	**31/12/2016**	**31/12/2017**
Clientes	105.000,00	180.000,00	Fornecedores	255.000,00	135.000,00
Estoques	120.000,00	30.000,00	Impostos a pagar	60.000,00	75.000,00
Total	**225.000,00**	**210.000,00**	**Total**	**315.000,00**	**210.000,00**

Variação do AC = AC em 2017 – AC em 2016
Variação do AC = 210.000,00 – 225.000,00
Variação do AC = **redução** de 15.000,00

Variação do PC = PC em 2017 – PC em 2016
Variação do PC = 210.000,00 – 315.000,00
Variação do PC = **redução** de 105.000,00

Lembrem-se dos ajustes relacionados com as variações dos ativos circulantes e passivos circulantes.	
Aumento do AC é um ajuste negativo na DFC.	Aumento do PC é um ajuste positivo na DFC.
Redução do AC é um **ajuste positivo** na DFC.	**Redução** do PC é um **ajuste negativo** na DFC.

Fluxo de Caixa Operacional – **Método Indireto**	
Lucro Líquido	**408.000,00**
1º ajuste: Ajustes oriundos da **DRE**	
+ Depreciação	90.000,00
+ Despesas Financeiras	21.000,00
– Lucro na venda de imóveis	(240.000,00)
= **Lucro Líquido ajustado**	**279.000,00**
2º ajuste: Ajustes oriundos do **BP**	
+ Redução do AC	15.000,00
– Redução do PC	(105.000,00)
= **Caixa líquido gerado no FCO**	**189.000,00**

ATENÇÃO, as despesas financeiras estão relacionadas com a atualização dos empréstimos de 2016, pois não foram pagas. Essas despesas financeiras **não têm efeito caixa e não pertencem as atividades operacionais**, e nesse caso elas devem ser excluídas no ajuste do lucro líquido. A seguir, podemos observar o registro contábil dessas despesas financeiras.

A resposta é a alternativa **C. Atenção**, como a nossa finalidade é aprofundar o conhecimento na DFC, vamos calcular o fluxo de caixa das atividades de investimento e financiamentos.

Cálculo do **fluxo de caixa das atividades de investimentos.**

ATENÇÃO, o valor de alienação dos terrenos é obtido por meio das informações extraídas da DRE e do BP. A **DRE** informa que a venda do terreno gerou um **lucro no montante de 240.000,00**, enquanto que no **BP** podemos observar que o **valor contábil do terreno em 2016 era no valor de 450.000,00.**

Portanto, o lucro na alienação de terrenos (ou **ganho de capital**) é obtido por meio da seguinte fórmula:

Lucro na venda de terreno (DRE) = Valor de alienação – Valor contábil (BP)

240.000,00 = Valor de alienação – 450.000,00
Valor de alienação = 690.000,00

(1) Registro contábil da integralização de capital em imóveis em 2017.

Imóvel	
(1) 150.000,00	

Capital Social	
	750.000,00
	150.000,00 (1)
	900.000,00

Prestem muita atenção! A integralização de capital em imóveis **não tem efeito caixa**! Em outras palavras, o **imóvel não é dinheiro**, portanto, esse registro contábil não existe na DFC.

AQUI ESTÁ A ARMADILHA DA PROVA!

ATENÇÃO, a banca informa que o **imóvel** existente em **31/12/2016** no valor de **450.000,00** corresponde ao **custo do terreno** alienado à vista no **exercício de 2017**. Analisando as movimentações ocorridas na conta imóvel em 2017, temos:

Saldo de imóveis em 31/12/2016	450.000,00
– Alienação de imóvel em 2017	(450.000,00)
+ Integralização de capital em imóveis em 2017	150.000,00
+ Aquisição com recursos de empréstimos em 2017	150.000,00
+ Aquisição com recursos próprios em 2017	600.000,00
= Saldo de imóveis em 31/12/2017	900.000,00

O examinador de uma forma muito **capciosa e inteligente**, está induzindo os candidatos (até os mais preparados) ao raciocínio de que **o aumento dos imóveis em dinheiro no montante de 750.000,00** é composto de **duas operações distintas**:

- a **1ª operação** de aquisição com **recursos de empréstimos** no montante de **150.000,00**, o examinador induz o candidato ao raciocínio de que esta operação está relacionada com as **atividades de financiamentos** na DFC; e
- a **2ª operação** de aquisição com **recursos próprios** no valor de **600.000,00**, o examinador induz o candidato ao raciocínio de que esta operação está relacionada com as **atividades de investimentos** na DFC.

Portanto, montando um fluxograma das entradas de dinheiro para a aquisição do imóvel, temos:

No fluxograma podemos observar que **existem duas operações distintas** realizadas pela empresa. A **1ª operação** está relacionada com a **empresa e a instituição financeira**, e nesse caso, o montante de **150.000,00** obtido da instituição financeira está relacionado com as **atividades de financiamentos**, na DFC. A **2ª operação** está relacionada com a aquisição do imóvel diretamente pela empresa no montante de **750.000,00**. Em outras palavras, o dinheiro oriundo do **empréstimo é uma atividade de financiamento**, enquanto que o **investimento** realizado pela empresa para adquirir os imóveis no montante de **750.000,00 é uma atividade de investimentos**.

(1) Registro contábil dos novos empréstimos obtidos para a aquisição do imóvel.

Disponível – BP	
(1) 150.000,00	

Empréstimos – BP	
	150.000,00 (1)

ATENÇÃO, esse lançamento contábil está relacionado com a obtenção de novos empréstimos, e nesse caso estamos diante de uma **operação de financiamento**. Não importa se em um segundo momento a empresa utilizou uma parte desse dinheiro para a aquisição de novos imóveis. Na DFC, o importante é identificarmos cada operação, para a correta classificação nas respectivas atividades da DFC.

(2) Registro contábil da aquisição de novos imóveis.

Disponível – BP	
Saldo Inicial	750.000,00 (2)

Imóveis – AÑC Imobilizado	
(2) 750.000,00	

Nos **lançamentos (1) e (2)** demonstramos apenas as respectivas operações, sem se preocupar com o verdadeiro saldo na conta disponível.

Fluxo de Caixa de Investimentos	
Alienação de terrenos	690.000,00
– Aquisição de imóveis	(750.000,00)
= **Caixa líquido consumido no FCI**	**(60.000,00)**

Cálculo do **fluxo de caixa das atividades de financiamentos**.

1º passo: Calcular o montante dos empréstimos obtidos em 2017.

ATENÇÃO, a questão informa que a empresa **não liquidou** qualquer empréstimo, e **não pagou** as despesas financeiras. Nesse caso, as despesas financeiras **atualizam os empréstimos de 2016**.

(1) Registro contábil da atualização dos empréstimos de 2016, por meio das despesas financeiras de 2017:

Despesas Financeiras – DRE	
(1) 21.000,00	

Empréstimos em 2017	
	300.000,00
	21.000,00 (1)
	321.000,00

Mas como podemos observar no balanço patrimonial, o saldo final dos empréstimos em 2017 foi no montante de **471.000,00**. Conclusão, a empresa **obteve novos empréstimos em 2017** no montante de **150.000,00**.

Novos empréstimos em 2017 = Empréstimos de 2017 – Empréstimos de 2016 – Despesas Financeiras

Novos empréstimos em 2017 = 471.000,00 – 300.000,00 – 21.000,00
Novos empréstimos em 2017 = 150.000,00

(2) Registro contábil da aquisição de novos empréstimos em 2017.

Caixa	
(2) 150.000,00	

Empréstimos em 2017	
	321.000,00
	150.000,00 (2)
	471.000,00

2º passo: Calcular o montante do lucro líquido para as reservas de lucros em 31/12/2017.

(2) Registro contábil da transferência do lucro líquido de 2017 para a conta lucros acumulados:

Lucro Líquido de 2017	
(2) 408.000,00	408.000,00

Lucros Acumulados	
	408.000,00 (2)

(3) Registro contábil da integralização de capital em dinheiro em 2017.

Caixa	
(3) 150.000,00	

Capital Social	
	600.000,00
	150.000,00 (3)
	750.000,00

(4) Registro contábil da constituição das reservas de lucros em 2017.

Analisando o balanço patrimonial, podemos verificar que o saldo final das reservas de lucros em 2017, é no montante de **408.000,00**.

Lucros Acumulados	
(4) 408.000,00	408.000,00
	0,00

Reservas de Lucros	
	0,00
	408.000,00 (4)
	408.000,00

ATENÇÃO, o lucro líquido do exercício de 2017 no montante de **408.000,00** foi integralmente destinado para a constituição da **reserva de lucros**. Conclusão, **não houve distribuição de dividendos** e nem pagamento de dividendos.

Fluxo de Caixa de Financiamentos	
Obtenção de novos empréstimos	150.000,00
+ Integralização de capital	150.000,00
= **Caixa líquido gerado no FCF**	**300.000,00**

O saldo final de caixa em 2016 somado as atividades operacionais, investimentos e financiamentos resulta no saldo final de caixa em 2017.

Caixa em 31/12/2017 = Caixa em 31/12/2016 + FCO + FCI + FCF

Caixa em 31/12/2017 = 540.000,00 + 189.000,00 – 60.000,00 + 300.000,00
Caixa em 31/12/2017 = 969.000,00

Gabarito: **C**

12ª QUESTÃO: Utilizando os dados do balanço patrimonial de uma empresa em 31/12/2016, foram obtidas as seguintes informações:

- Ativo Não Circulante = 2.100.000,00
- Passivo Circulante = 800.000,00
- Índice de liquidez corrente = 1,5
- Concentração da dívida no curto prazo = 40%

Em 31/12/2015, o valor total do patrimônio líquido da empresa era 1.160.000,00. Sabe-se que durante o ano 2016 não houve aumento de capital nem proposta de distribuição de dividendos. Se ainda não foi realizada a distribuição do resultado obtido em 2016, o resultado líquido obtido pela empresa neste período foi, em reais um:

a) lucro de 140.000,00.
b) lucro de 75.000,00.
c) prejuízo de 250.000,00.
d) lucro de 640.000,00.
e) prejuízo de 640.000,00.

☛ SOLUÇÃO

1º passo: Calcular o ativo circulante.

A liquidez corrente ou **liquidez comum** avalia a capacidade de pagamento das obrigações de curto prazo que uma empresa possui, utilizando as suas disponibilidades e os direitos de curto prazo.

$$\text{Liquidez Corrente} = \frac{\text{Ativo Circulante}}{\text{Passivo Circulante}}$$

$$1{,}5 = \frac{\text{Ativo Circulante}}{800.000{,}00}$$

Ativo Circulante = 1.200.000,00

2º passo: Calcular o passivo não circulante.

A **composição do endividamento** (concentração da dívida) avalia o montante das obrigações de curto em relação à dívida total da empresa.

$$\text{Composição do Endividamento de curto prazo} = \frac{\text{Passivo Circulante}}{\text{Passivo Circulante + Passivo Não Circulante}} \times 100\%$$

Quanto **menor a composição do endividamento**, melhor é para a empresa, pois este indicador permite visualizar a ocorrência da **renegociação** de dívidas de curto prazo para longo prazo, bem como a contratação de empréstimos, caracterizando a dificuldade da empresa em saldar as suas dívidas de curto prazo.

$$40\% = \frac{800.000,00}{800.000,00 + P\tilde{N}C} \times 100\%$$

320.000,00 + 0,4 × PÑC = 800.000,00
PÑC = 1.200.000,00

3º passo: Calcular o patrimônio líquido de 2016.

Montando o balanço patrimonial em 31/12/2016, temos:

Ativo	Passivo
AC.......... 1.200.000,00 AÑC.......... 2.100.000,00 Total.......... 3.300.000,00	PC.......... 800.000,00 PÑC.......... 1.200.000,00 PL em 2016.......... ? Total.......... 3.300.000,00

Do balanço patrimonial, calculamos o patrimônio líquido em 2016.

800.000,00 + 1.200.000,00 + PL em 2016 = 3.300.000,00
PL em 2016 = 1.300.000,00

4º passo: Calcular o resultado obtido em 2016.

PL em 2016 = PL em 2015 + Resultado em 2016

1.300.000,00 = 1.160.000,00 + Resultado em 2016
Resultado em 2016 = lucro de 140.000,00

Gabarito: **A**

13ª QUESTÃO: A Cia. Só Rolos produz quatro tipos de rolos: A, B, C e D. As informações referentes a cada tipo são apresentadas abaixo.

Produtos	A	B	C	D
Preço de venda unitário	90,00	90,00	90,00	90,00
Custos variáveis unitários	22,00	25,00	24,00	16,00
Custos fixos unitários	16,00	13,00	18,00	17,00
Despesas variáveis unitárias	6,00	2,00	6,00	8,00
Despesas fixas unitárias	3,00	1,00	3,00	4,00

Os custos fixos são comuns aos quatro tipos de rolos e alocados com base nos volumes produzidos. As despesas fixas são alocadas em função das despesas variáveis unitárias. Sabendo que a empresa tem recursos limitados para investir em propaganda e que o objetivo é a maximização do lucro, a ordem de prioridade em que os produtos devem ter sua venda incentivada é:

a) D, A, C e B
b) D, B, A e C
c) D, A, B e C
d) B, D, A e C
e) B, A, D e C

SOLUÇÃO

A empresa deverá da ordem de prioridade a produção dos produtos com **maior margem de contribuição**. A margem de contribuição corresponde ao quanto sobra das vendas para que uma empresa possa pagar suas despesas fixas e **ainda gerar lucro**.

Margem de Contribuição = Vendas – Custos Variáveis – Despesas Variáveis

ATENÇÃO NA PROVA!!!! Apesar da banca mencionar os **custos fixos unitários e as despesas fixas unitárias**, esses dados **não são utilizados** no cálculo da margem de contribuição, pois independentemente da empresa produzir ou não, os **custos e as despesas fixas, continuam existindo**.

Calculando as margens de contribuição, temos:

Produtos	A	B	C	D
Preço líquido de venda por unidade	90,00	90,00	90,00	90,00
– Custos variáveis por unidade	(22,00)	(25,00)	(24,00)	(16,00)
– Despesas variáveis por unidade	(6,00)	(2,00)	(6,00)	(8,00)
= Margem de contribuição unitária	62,00	63,00	60,00	66,00

CONCLUSÃO, a ordem de prioridade da produção é:

1º D, 2º B, 3º A e 4º C

Gabarito: **B**

14ª QUESTÃO: A Cia. Gira Gira, ao analisar o processo de produção e venda de seu único produto no mês de abril de 2019, obteve as seguintes informações:

Custos fixos	650.000,00
Custos variáveis por unidade	50,00
Despesas fixas	100.000,00
Despesas variáveis por unidade	25,00
Preço bruto de venda por unidade	200,00
Comissões de venda	5% do preço bruto de venda
Impostos sobre a venda	10% da receita bruta de vendas

Sabendo que não havia estoques no início de abril de 2019, que a Cia. Gira Gira produziu integralmente 5.000 unidades nesse mês e utiliza o método de custeio por absorção, o custo unitário da produção de abril de 2019 foi, em reais:

a) 50,00
b) 130,00
c) 180,00
d) 200,00
e) 190,00

SOLUÇÃO

O **custeio por absorção** consiste na **apropriação dos custos** (diretos, indiretos, fixos e variáveis) utilizados no processo de produção para o resultado do exercício quando da venda, sendo que os custos relativos aos produtos em elaboração e aos produtos acabados que não tenham sido vendidos são ativados nos estoques destes produtos.

1º passo: Calcular o custo fixo unitário.

$$\text{Custo fixo unitário} = \frac{\text{Custos fixos no mês}}{\text{Produção no mês}}$$

$$\text{Custo fixo unitário} = \frac{650.000,00}{5.000 \text{ u}}$$

Custo fixo unitário = 130,00/unidade

2º passo: Calcular o custo de produção unitário.

$$\text{CP unitário} = \text{CF unitário} + \text{CV unitário}$$

CP unitário = 130,00/u + 50,00/u
CP unitário = 180,00/u

ATENÇÃO, as despesas fixas e variáveis **não compõem** os custos de produção, pois encontram-se fora área de produção.

Despesas fixas e despesas variáveis → Estão relacionadas com a área administrativa → Não compõem os custos de produção

Gabarito: **C**

15ª QUESTÃO: A indústria Só Batuque, para produzir seu único produto, incorreu nos seguintes gastos:

Custos fixos	175.000,00
Custos variáveis:	
Matéria-prima por unidade	12,00
Mão de obra direta por unidade	3,00
Despesas fixas	25.000,00
Despesas variáveis por unidade	3,00
Comissões de venda	5% do preço de venda
Informações adicionais:	
Preço de venda por unidade	80,00
Impostos sobre a venda	10% da receita de vendas

Com base nestas informações e sabendo que a empresa deseja obter um lucro de 100.000,00 e que adota o custeio por absorção, o ponto de equilíbrio econômico da indústria Só Batuque, em unidades, é:

a) 6.000
b) 4.000
c) 3.500
d) 5.660
e) 5.500

☛ SOLUÇÃO

Vamos chamar de **Q** a quantidade que a empresa deverá **produzir e vender** para atingir o ponto de equilíbrio econômico, ou seja, para obter um **lucro de 100.000,00**.

O **ponto de equilíbrio econômico** é o ponto em que o lucro contábil resultante da atividade empresarial se iguala aos rendimentos do capital próprio da empresa aplicado em outra alternativa de investimento.

1º passo: Calcular a receita total.

Receita Total = Preço de Venda unitário × Q

Receita Total = 80,00×Q

2º passo: Calcular o custo e a despesa total.

Comissões de venda = 5% × Preço de venda
Comissões de venda = 5% × 80,00
Comissões de venda = 4,00

Impostos sobre venda = 10% × Preço de venda
Impostos sobre venda = 10% × 80,00
Impostos sobre venda = 8,00

Matéria-prima	12,00
+ Mão de obra direta	3,00
= **Custos variáveis unitários**	**15,00**

Despesas variáveis	3,00
+ Comissões de venda	4,00
+ Impostos sobre venda	8,00
= **Despesas variáveis unitárias**	**15,00**

ATENÇÃO, o custo variável total é obtido por meio da fórmula:

Custo variável total = Custo variável unitário × Q

Custo variável total = 15,00×Q

Custo Total = Custo Variável total + Custo Fixo total

Custo Total = 15,00×Q + 175.000,00

A despesa variável total é obtida por meio da fórmula:

Despesa variável total = Despesa variável unitária × Q

Despesa variável total = 15,00×Q

Despesa Total = Despesa Variável total + Despesa Fixa total

Despesa Total = 15,00×Q + 25.000,00

3º passo: Calcular o ponto de equilíbrio econômico.

No ponto de equilíbrio econômico, temos:

Lucro Esperado = Receita Total – Custo Total – Despesa Total

Em outras palavras, no **ponto de equilíbrio econômico** não se a empresa adota o **custeio por absorção** ou **custeio variável**, pois todos os custos e despesas são computados.

100.000,00 = 80,00×Q – (15,00×Q + 175.000,00) – (15,00×Q + 25.000,00)

100.000,00 = 80,00×Q – 15,00×Q – 175.000,00 – 15,00×Q – 25.000,00

50,00×Q = 300.000,00

Q = 6.000 unidades

Gabarito: **A**

16ª QUESTÃO: A Cia. Só Máquinas, ao analisar o desempenho operacional de seu setor produtivo, obteve as informações abaixo.

Custo-padrão da matéria-prima	3 kg/unidade	10,00/kg	30,00/unidade
Custos reais da matéria-prima	3,1 kg/unidade	11,00/kg	34,10/unidade

Com base nas informações acima, a variação:

a) do preço da matéria-prima por unidade foi 1,00 desfavorável.
b) de preço da matéria-prima por unidade foi 3,00 desfavorável.
c) da quantidade de matéria-prima por unidade foi 1,00 favorável.
d) mista (devida ao preço e à quantidade) por unidade foi 1,10 desfavorável.
e) do preço da matéria-prima por unidade foi 4,10 desfavorável.

☛ **SOLUÇÃO**

MEMORIZAR PARA A PROVA

Variação de consumo = (Consumo padrão – Consumo real) × Preço padrão

Variação de preço = (Preço padrão – Preço real) × Consumo padrão

Variação mista = (Consumo padrão – Consumo real) × (Preço padrão – Preço real)

Sinal da variação	Variação
Negativo	Consumo e preço são desfavoráveis
Negativo	Mista é **favorável**
Positivo	Consumo e preço são favoráveis
Positivo	Mista é **desfavorável**

1º passo: Calcular o consumo padrão.

Consumo padrão = Consumo unitário padrão × unidades produzidas

Consumo padrão = 3 Kg/unidade × 1 unidade
Consumo padrão = 3 Kg

2º passo: Calcular o consumo real.

Consumo real = Consumo unitário real × unidades produzidas

Consumo real = 3,1 Kg/unidade × 1 unidade
Consumo real = 3,1 Kg

3º passo: Calcular a variação de quantidade.

Variação de quantidade = Diferença de quantidade × Preço padrão

Preço padrão = 10,00/Kg
Variação de quantidade = (Quantidade padrão – Quantidade real) × Preço padrão
Variação de quantidade = (3 Kg – 3,1 Kg) × 10,00/Kg
Variação de quantidade = – 1,00

Sinal negativo a variação de **quantidade é desfavorável de 1,00**.

4º passo: Calcular a variação de preço.

Variação de preço = Diferença de preço × Quantidade padrão

Preço real = 11,00/Kg
Variação de preço = (Preço padrão – Preço real) × Quantidade padrão
Variação de preço = (10,00/Kg – 11,00/Kg) × 3 Kg
Variação de preço = – 3,00

Sinal negativo a variação de **preço é desfavorável de 3,00**.

5º passo: Calcular a variação mista.

Variação mista = (Consumo padrão – Consumo real) × (Preço padrão – Preço real)

Variação mista = (3 kg/unidade – 3,1 kg/unidade) × (10,00/kg – 11,00/kg)
Variação mista = + 0,10

Sinal positivo a variação **mista é desfavorável de 0,10**.

Analisando as alternativas, temos:

a) Errada. A variação do **preço da matéria-prima** por unidade foi **3,00 desfavorável**.

b) Correta. A variação de preço da matéria-prima por unidade foi 3,00 desfavorável.

c) Errada. A variação da **quantidade de matéria-prima** por unidade foi **1,00 desfavorável**.

d) Errada. A **variação mista** (devida ao preço e à quantidade) por unidade foi **0,10 desfavorável**.

e) Errada. A variação do **preço da matéria-prima** por unidade foi **3,00 desfavorável**.

Gabarito: **B**

17ª QUESTÃO: A Cia. Construções produz os produtos A, B e C utilizando um único departamento. Ao analisar a produção ocorrida no mês de janeiro de 2019, a Cia. obteve as informações abaixo.

Produto	Matéria-prima	Mão de obra direta	Quantidade total produzida	Preço de venda	Horas de mão de obra direta
A	80,00/unidade	100,00/unidade	1.000	300,00/unidade	1,2h/unidade
B	90,00/unidade	100,00/unidade	2.000	250,00/unidade	1,5h/unidade
C	100,00/unidade	70,00/unidade	1.000	350,00/unidade	1,3h/unidade

Sabe-se que a Cia. Construções utiliza o custeio por absorção, que os custos indiretos totais incorridos no mês de janeiro de 2019 foram 165.000,00, os quais são alocados aos produtos em função da quantidade de horas de mão de obra direta total utilizada. Com base nestas informações e sabendo que não havia estoques iniciais e finais de produtos em processo, o custo unitário de produção do mês de janeiro de 2019 foi:

a) 180,00 para o produto A.
b) 190,00 para o produto B.
c) 203,00 para o produto C.
d) 216,00 para o produto A.
e) 200,00 para o produto C.

SOLUÇÃO

O **custeio por absorção** consiste na **apropriação dos custos** (diretos, indiretos, **fixos** e **variáveis**) utilizados no processo de produção para o resultado do exercício quando da venda, sendo que os custos relativos aos produtos em elaboração e aos produtos acabados que não tenham sido vendidos são ativados nos estoques destes produtos.

1º passo: Calcular o percentual dos custos fixos indiretos alocados aos produtos.

Produto	Quantidade total produzida	Horas MOD	Total de horas MOD	Percentual
A	1.000	1,2h/unidade	1.200	21,82%
B	2.000	1,5h/unidade	3.000	54,55%
C	1.000	1,3h/unidade	1.300	23,63%
Total			5.500	100%

$$\text{Percentual do produto A} = \frac{1.200\text{ h}}{5.500\text{ h}} \times 100\%$$

Percentual do produto A = 21,82%

$$\text{Percentual do produto B} = \frac{3.000\text{ h}}{5.500\text{ h}} \times 100\%$$

Percentual do produto B = 54,55%

$$\text{Percentual do produto C} = \frac{1.300\text{ h}}{5.500\text{ h}} \times 100\%$$

Percentual do produto C = 23,63%

2º passo: Calcular o custo fixo indireto unitário.

Produto	Percentual	Custos Fixos Indiretos	Quantidade total produzida	CIF unitário
A	21,82%	36.000,00	1.000	36,00
B	54,55%	90.000,00	2.000	45,00
C	23,63%	39.000,00	1.000	39,00

$$\text{CIF unitário de A} = \frac{\text{Percentual} \times \text{CIF Total}}{\text{Produção de A}}$$

$$\text{CIF unitário de A} = \frac{21{,}82\% \times 165.000{,}00}{1.000\text{ unidades}}$$

CIF unitário de A = 36,00/unidade

$$\text{CIF unitário de B} = \frac{\text{Percentual} \times \text{CIF Total}}{\text{Produção de B}}$$

$$\text{CIF unitário de B} = \frac{54{,}55\% \times 165.000{,}00}{2.000\text{ unidades}}$$

CIF unitário de B = 45,00

$$\text{CIF unitário de C} = \frac{\text{Percentual} \times \text{CIF Total}}{\text{Produção de C}}$$

$$\text{CIF unitário de C} = \frac{23{,}63\% \times 165.000{,}00}{1.000 \text{ unidades}}$$

CIF unitário de C = 39,00

3º passo: Calcular o custo de produção unitário dos produtos.

Produto	MPA	MOD	CIF	Custo de Produção unitário
A	80,00	100,00	36,00	216,00
B	90,00	100,00	45,00	235,00
C	100,00	70,00	39,00	209,00

Gabarito: **D**

Capítulo 7

Analista Contábil PM Recife 2019

01ª QUESTÃO: Em 30/06/2017, a Cia. Só Recursos obteve um empréstimo no valor de 3.000.000,00 com as seguintes características:

- Prazo total: 4 anos.
- Taxa de juros compostos: 4,2 % ao semestre.
- Pagamentos: parcelas iguais e semestrais no valor de 449.270,70 cada.

Para a obtenção do empréstimo a empresa incorreu em custos de transação no valor total de 100.000,00 e a taxa de custo efetivo foi 5,0% ao semestre. O valor total dos encargos financeiros reconhecidos no resultado de 2017, decorrente do empréstimo obtido, foi, em reais:

a) 126.000,00
b) 121.800,00
c) 145.000,00
d) 150.000,00
e) 226.000,00

☛ SOLUÇÃO

1º passo: Calcular a captação líquida dos empréstimos.

Captação líquida em 30/06/2017 = Valor do contrato – Custos de transação

Captação líquida = 3.000.000,00 – 100.000,00
Captação líquida = 2.900.000,00

Em 30/06/2017, o fluxo de caixa disponível para ser utilizado é o líquido dos custos de transação no montante de 2.900.000,00, ou seja, **na essência**, esse é o **valor líquido captado**.

Com base nesse fluxo de caixa, a taxa interna de retorno mensal, que **nominalmente** era de 4,2% a.s., passa para 5,0% a.s., e esse é **efetivamente** o custo da captação efetuada.

2º passo: Calcular os encargos financeiros em 31/12/2017.

Encargos financeiros em 31/12/2017 = [(1 + i efetiva)^n – 1] × Captação líquida

ATENÇÃO: *n* é o período de capitalização que equivale a 1 semestre.

Encargos financeiros em 31/12/2017 = [(1 + 5%)^1 – 1] × 2.900.000,00
Encargos financeiros em 31/12/2017 = 145.000,00

3º passo: Calcular o valor do empréstimo em 31/12/2017, após o pagamento da 1ª parcela.

Empréstimos em 31/12/2017 = Captação líquida + Encargos financeiros – Pagamento da 1ª parcela

Empréstimos em 31/12/2017 = 2.900.000,00 + 145.000,00 – 449.270,70
Empréstimos em 31/12/2017 = 2.595.729,30

4º passo: Calcular os encargos financeiros em 30/06/2018.

Encargos financeiros em 30/06/2018 = [(1 + i efetiva)^n – 1] × Empréstimos em 31/12/2017

Encargos financeiros em 30/06/2018 = [(1 + 5%)^1 – 1] × 2.595.729,30
Encargos financeiros em 30/06/2018 = 129.786,47

ATENÇÃO, caso o examinador pedisse os juros do 1º semestre de 2018, a resposta seria **129.786,47**.

SOLUÇÃO NA PROVA

Juros efetivos em 2017 = [(1 + i efetiva)^n – 1] × Captação líquida

Juros efetivos em 2017 = [(1 + 5%)^1 – 1] × 2.900.000,00
Juros efetivos em 2017 = 145.000,00

Gabarito: **C**

02ª QUESTÃO: Em 31/12/2017, a Cia. Santa Joana adquiriu 40% de participação na Cia. São João pelo valor de 2.000.000,00. O patrimônio líquido da Cia. São João era composto apenas pelo Capital Social, formado por 2.000 ações ordinárias. No período de 01/01/2018 a 30/06/2018, a Cia. São João reconheceu as seguintes mutações em seu patrimônio líquido:

- Lucro líquido do primeiro semestre de 2018 .... 700.000,00
- Distribuição de dividendos 200.000,00
- Ajustes acumulados de conversão devedor de investida no exterior 100.000,00

O valor reconhecido na demonstração do resultado da Cia. Santa Joana, no primeiro semestre de 2018, referente ao investimento na Cia. São João foi, em reais:

a) 200.000,00
b) 160.000,00
c) 240.000,00
d) 80.000,00
e) 280.000,00

☛ SOLUÇÃO

Santa Joana → 40% Capital da São João → Influência significativa → Coligada pelo MEP

(1) Registro contábil da aquisição dos investimentos na Cia. Santa Joana.

Disponível – BP	
Saldo Inicial	2.000.000,00 (1)

Ações da Cia. São João – BP	
(1) 2.000.000,00	

1º passo: Calcular o ganho de equivalência patrimonial na Cia. Santa Joana.

GEP = 40% × Lucro Líquido da Cia. São João

GEP = 40% × 700.000,00
GEP = 280.000,00

(2) Registro contábil do GEP na Cia. Santa Joana.

Ações da Cia. São João – BP	
2.000.000,00	
(2) 280.000,00	
2.280.000,00	

GEP – DRE	
	280.000,00 (2)

2º passo: Calcular os dividendos a receber da Cia. São João.

Dividendos a Receber = 40% × Dividendos distribuídos pela Cia. São João

Dividendos a Receber = 40% × 200.000,00
Dividendos a Receber = 80.000,00

(3) Registro contábil dos dividendos a receber na Cia. Santa Joana.

Dividendos a Receber – BP	
(3) 80.000,00	

Ações da Cia. São João – BP	
2.280.000,00	80.000,00 (3)
2.200.000,00	

(4) Registro contábil do AAC reflexo na Cia. Santa Joana.

AAC na Cia. Santa Joana = 40% × AAC na Cia. São João

AAC na Cia. Santa Joana = 40% × 100.000,00
AAC na Cia. Santa Joana = 40.000,00

Ações da Cia. São João – BP	
2.200.000,00	
(4) 40.000,00	
2.240.000,00	

AAC na Cia. Santa Joana – PL	
	40.000,00 (4)

CONCLUSÃO, o valor reconhecido na DRE da Cia. Santa Joana, será uma GEP no valor de 280.000,00.

Gabarito: **E**

03ª QUESTÃO: A Cia. Beta, ao analisar o processo de produção e venda de seu único produto em um determinado mês, obteve as seguintes informações:

Custos fixos 330.000,00
Custos variáveis:
Matéria prima por unidade 13,00
Mão de obra direta por unidade 7,00
Despesas fixas 150.000,00
Despesas variáveis por unidade 30,00
Preço bruto de venda por unidade 200,00
Comissões de venda .... 5% da receita bruta de venda
Impostos sobre a venda .... 10% da receita bruta de vendas

Considerando os gastos incorridos pela Cia. Beta no processo de produção de seu único produto e que a empresa adota o custeio por absorção, o ponto de equilíbrio contábil da Cia., em quantidade, é:

a) 2.200
b) 3.200
c) 2.750
d) 4.000
e) 2.667

☛ SOLUÇÃO

Vamos chamar de **Q** a quantidade que a empresa deverá **produzir e vender** para atingir o **ponto de equilíbrio contábil**, ou seja, o ponto em que a **receita total é igual ao custo total mais a despesa total**.

1º passo: Calcular a receita total.

Receita Total = Preço de Venda × Q

Receita Total = 200,00×Q

2º passo: Calcular o custo e a despesa total.

Comissões de venda = 5% × Preço de venda
Comissões de venda = 5% × 200,00
Comissões de venda = 10,00

Impostos sobre venda = 10% × Preço de venda
Impostos sobre venda = 10% × 200,00
Impostos sobre venda = 20,00

Matéria-prima	13,00
+ Mão de obra direta	7,00
= **Custos variáveis unitários**	**20,00**

Despesas variáveis	30,00
+ Comissões de venda	10,00
+ Impostos sobre venda	20,00
= **Despesas variáveis unitários**	**60,00**

ATENÇÃO, o custo variável total é obtido por meio da fórmula:

Custo variável total = Custo variável unitário × Q

Custo variável total = 20,00 × Q

Custo Total = Custo Variável total + Custo Fixo total

Custo Total = 20,00 × Q + 330.000,00

A despesa variável total é obtido por meio da fórmula:

Despesa variável total = Despesa variável unitária × Q

Despesa variável total = 60,00 × Q

Despesa Total = Despesa Variável total + Despesa Fixa total

Despesa Total = 60,00 × Q + 150.000,00

3º passo: Calcular o ponto de equilíbrio contábil.

No ponto de equilíbrio contábil, temos:

Receita Total = Custo Total + Despesa Total

Em outras palavras, no **ponto de equilíbrio contábil** não importa se a empresa adota o **custeio por absorção** ou **custeio variável**, pois todos os custos e despesas são computados.

200,00 × Q = 20,00 × Q + 330.000,00 + 60,00 × Q + 150.000,00
120,00 × Q = 480.000,00
Q = 4.000 unidades

Gabarito: **D**

04ª QUESTÃO: Em 30/11/2017, a Cia. Comercial apresentava a seguinte situação patrimonial:

Caixa e Equivalentes de Caixa	96.000,00
Capital Social	150.000,00
Fornecedores	80.000,00
Imobilizado	170.000,00
Depreciação Acumulada	36.000,00

Durante o mês de dezembro de 2017, a Cia. Comercial realizou as seguintes operações:

- Aquisição de estoque no valor de 50.000,00, à vista.
- Pagamento de 18.000,00 aos fornecedores.
- Obtenção de empréstimo, em 01/12/2017, no valor de 200.000,00, sendo que a taxa de juros compostos contratada foi de 3% a.m. Os juros serão pagos no vencimento, em 30/11/2019.
- Venda de 40% do estoque disponível por 120.000,00, à vista.
- Pagamento de despesas gerais referentes ao mês de dezembro de 2017 no valor total de 15.000,00.
- Aquisição de estoque no valor de 70.000,00, à vista.

Sabe-se que, na data da aquisição, a vida útil estimada para o imobilizado era 36 meses e o valor residual era 26.000,00, não tendo ocorrido qualquer alteração nestas estimativas. A empresa adota o método das cotas constantes para cálculo da despesa de depreciação. O total do ativo da Cia. Comercial era, em 31/12/2017, em reais:

a) 497.000,00
b) 493.000,00
c) 487.000,00
d) 513.000,00
e) 494.000,00

☛ SOLUÇÃO

1º passo: Registrar as operações ocorridas no mês de dezembro de 2017.

(1) Registro contábil de aquisição de estoque no valor de 50.000,00, à vista.

Caixa e Equivalentes	
96.000,00	50.000,00 (1)
46.000,00	

Estoques	
(1) 50.000,00	

(2) Registro contábil de pagamento aos fornecedores de 18.000,00.

Caixa e Equivalentes	
46.000,00	18.000,00 (2)
28.000,00	

Fornecedores	
(2) 18.000,00	80.000,00
	62.000,00

(3) Registro contábil da obtenção de empréstimo, em 01/12/2017, no valor de 200.000,00.

Caixa e Equivalentes	
28.000,00 (3) 200.000,00	
228.000,00	

Empréstimos	
	200.000,00 (3)

(4) Registro contábil da venda à vista de 40% do estoque por 120.000,00.

Caixa e Equivalentes	
228.000,00	
(4) 120.000,00	
348.000,00	

Vendas Brutas	
	120.000,00 (4)

(5) Registro contábil do custo das mercadorias vendidas.

Estoques	
50.000,00	20.000,00 (5)
30.000,00	

CMV	
(5) 20.000,00	

CMV = 40% × Estoques

CMV = 40% × 50.000,00

CMV = 20.000,00

(6) Registro contábil do pagamento de despesas gerais de 15.000,00.

Caixa e Equivalentes	
348.000,00	15.000,00 (6)
333.000,00	

Despesas Gerais	
(6) 15.000,00	

(7) Registro contábil da aquisição à vista de estoque por 70.000,00.

Caixa e Equivalentes	
333.000,00	70.000,00 (7)
263.000,00	

Estoques	
30.000,00	
(7) 70.000,00	
100.000,00	

(8) Registro contábil da depreciação no mês de dezembro de 2017.

Depreciação	
(8) 4.000,00	

Depreciação Acumulada	
	36.000,00
	4.000,00 (8)
	40.000,00

$$\text{Depreciação} = (\text{Custo de aquisição} - \text{Valor residual}) \times \frac{\text{Período de utilização}}{\text{Vida útil}}$$

$$\text{Depreciação em 2017} = (170.000{,}00 - 26.000{,}00) \times \frac{1 \text{ mês}}{36 \text{ meses}}$$

Depreciação em 2017 = 4.000,00

(9) Registro contábil da apropriação de juros dos empréstimos.

Juros Passivos	
(9) 6.000,00	

Empréstimos	
	200.000,00
	6.000,00 (9)
	206.000,00

Juros Passivos = 3% a.m. × Empréstimos

Juros Passivos = 3% a.m. × 200.000,00
Juros Passivos = 6.000,00

2º passo: Calcular o resultado do exercício em 2017.

Demonstração do Resultado do Exercício	
Vendas Brutas	120.000,00
– Custo das Mercadorias Vendidas	(20.000,00)
= **Lucro Bruto**	**100.000,00**
– Despesas Gerais	(15.000,00)
– Depreciação	(4.000,00)
= **Lucro operacional antes do resultado financeiro**	**81.000,00**
– Juros Passivos	(6.000,00)
= **Lucro Líquido**	**75.000,00**

ATENÇÃO, o lucro líquido de 75.000,00 apurado na DRE é transferido para a conta **lucros acumulados**.

3º passo: Montar o balanço patrimonial final.

Ativo		Passivo	
Ativo Circulante		**Passivo Circulante**	
Caixa e Equivalentes de Caixa	263.000,00	Fornecedores	62.000,00
Estoques	100.000,00	**Passivo Não Circulante**	
AÑC Imobilizado		Empréstimos	206.000,00
Imobilizado	170.000,00	**Patrimônio Líquido**	
Depreciação Acumulada	(40.000,00)	Capital Social	150.000,00
		Lucros Acumulados	75.000,00
Total	493.000,00	Total	493.000,00

SOLUÇÃO NA PROVA

ATENÇÃO, na prova nós calculamos apenas as operações que causam **variações no ativo**, e somamos essas variações ao ativo inicial.

Ativo Final = Ativo Inicial + Variações no Ativo

Variações no Ativo = Entradas de bens e direitos – Saídas de bens e direitos

Ativo Inicial = 96.000,00 + 170.000,00 – 36.000,00
Ativo Inicial = 230.000,00

ATENÇÃO, aqui nós vamos considerar apenas as **entradas e saídas** que causaram variações **quantitativas no ativo**. Por exemplo, a aquisição à vista de mercadorias, é um fato que **não causa uma variação quantitativa no ativo**, pois entra mercadorias por 50.000,00 e simultaneamente ocorre uma saída de dinheiro no montante de 50.000,00.

Entradas = Empréstimos + Vendas

Entradas = 200.000,00 + 120.000,00
Entradas = 320.000,00

Saídas = Pagto. a fornecedores + Pagto. de despesas gerais + CMV + Depreciação

Saídas = 18.000,00 + 15.000,00 + 20.000,00 + 4.000,00
Saídas = 57.000,00

Variações no Ativo = Entradas de bens e direitos – Saídas de bens e direitos

Variações no Ativo = 320.000,00 – 57.000,00
Variações no Ativo = 263.000,00

Ativo Final = Ativo Inicial + Variações no Ativo

Ativo Final = 230.000,00 + 263.000,00

Ativo Final = 493.000,00

Gabarito: **B**

05ª QUESTÃO: A Cia. Produtora adquiriu, em 31/12/2015, um equipamento por 800.000,00, efetuando o pagamento à vista. Na data da aquisição, a Cia. estimou a vida útil do equipamento em 10 anos e o valor residual em 80.000,00. Em 1/1/2017, após um ano de uso, a empresa reavaliou a vida útil do equipamento e determinou que a vida útil remanescente era 15 anos e o valor residual era 8.000,00. O valor contábil do equipamento evidenciado no balanço patrimonial da Cia. Produtora, em 31/12/2017, foi, em reais:

a) 680.000,00
b) 672.000,00
c) 701.000,00
d) 693.000,00
e) 694.400,00

☛ SOLUÇÃO

Segundo o CPC 27 que trata do ativo imobilizado, o **valor residual e a vida útil** de um ativo **são revisados** pelo menos ao **final de cada exercício** e, se as expectativas diferirem das estimativas anteriores, a mudança deve ser contabilizada como **mudança de estimativa contábil**, segundo o CPC 23 que trata das políticas contábeis, mudança de estimativa e retificação de erro.

Itens	2016	2017
Custo de aquisição	800.000,00	800.000,00
Valor residual	80.000,00	8.000,00
Vida útil econômica	10 anos	15 anos

ATENÇÃO, analisando a tabela, podemos verificar que o **valor residual e a vida útil econômica** sofrem alterações de valores com o passar dos anos. O mesmo não ocorre com o **custo de aquisição** no montante de 800.000,00, que permanece constante com o decorrer dos anos.

1º passo: Calcular a depreciação acumulada em 2016.

$$\text{Depreciação Acumulada} = (\text{Custo de aquisição} - \text{Valor residual}) \times \frac{\text{Período de utilização}}{\text{Vida útil}}$$

$$\text{Depreciação Acumulada em 2016} = (800.000{,}00 - 80.000{,}00) \times \frac{1 \text{ ano}}{10 \text{ anos}}$$

Depreciação Acumulada em 2016 = 72.000,00

2º passo: Calcular a depreciação de 2017.

No início de 2017 foi realizado o **teste de *impairment*** na máquina, e nessa data, a companhia obteve uma nova vida útil de 15 anos e um valor residual de 8.000,00. Portanto, a nova fórmula de depreciação será:

$$\text{Depreciação} = (\text{Custo de aquisição} - \text{Depreciação Acumulada} - \text{Valor residual}) \times \frac{\text{Período de utilização}}{\text{Nova vida útil}}$$

$$\text{Depreciação em 2017} = (800.000{,}00 - 72.000{,}00 - 8.000{,}00) \times \frac{1 \text{ ano}}{15 \text{ anos}}$$

Depreciação em 2017 = 48.000,00

3º passo: Calcular a depreciação acumulada em 2017.

Depreciação Acumulada em 2017 = Depreciação de 2016 + Depreciação de 2017

Depreciação Acumulada em 2017 = 72.000,00 + 48.000,00

Depreciação Acumulada em 2017 = 120.000,00

4º passo: Calcular o valor contábil da máquina em 31/12/2017.

Valor contábil em 31/12/2017 = Custo de aquisição – Depreciação Acumulada em 31/12/2017

Valor contábil em 31/12/2017 = 800.000,00 – 120.000,00

Valor contábil em 31/12/2017 = 680.000,00

Gabarito: **A**

06ª QUESTÃO: A Cia. Vende & Revende comprou, à vista, mercadorias no valor de 280.000,00, obtendo um desconto de 14.000,00 em função do volume. Adicionalmente, incorreu nos seguintes gastos que foram pagos à parte:

- Imposto de importação no valor de 20.000,00.
- Gasto com transporte das mercadorias até a empresa no valor de 8.000,00.
- Gastos com seguros para transporte das mercadorias até a empresa no valor de 3.000,00.
- IPI não recuperável no valor de 6.000,00.
- ICMS recuperável no valor de 9.000,00.

O valor atribuído ao estoque das mercadorias adquiridas pela Cia. Vende & Revende foi, em reais:

a) 312.000,00
b) 297.000,00
c) 303.000,00
d) 286.000,00
e) 292.000,00

SOLUÇÃO

ATENÇÃO, essa questão trata do **CPC 16 – Estoques**, e está relacionada com a **contabilização inicial dos estoques**.

O **custo dos estoques** compreende o preço de compra, os impostos de importação e outros tributos (**exceto os recuperáveis junto ao Fisco**), bem como os custos de transporte, seguro, manuseio e outros diretamente atribuíveis à aquisição de produtos acabados, materiais e serviços.

Os descontos comerciais ou **descontos incondicionais concedidos**, abatimentos sobre compras e outros itens semelhantes **devem ser deduzidos** na determinação do **custo de aquisição**.

O **desconto incondicional concedido** é aquele desconto que **aparece na nota fiscal**, no momento da venda. O **desconto incondicional** só é contabilizado na empresa que vende, pois ele é uma **dedução das vendas brutas**. Na empresa que compra o desconto incondicional **não é contabilizado**, pois ele só aparece na **nota fiscal de aquisição**, mas não compõe o custo de aquisição das mercadorias.

Preço de compra 280.000,00
+ Impostos de importação 20.000,00
+ **Tributos não recuperáveis** (IPI)......................... **6.000,00**
+ Custos de transportes e seguros........................ 11.000,00
– **Descontos incondicionais obtidos**............... **(14.000,00)**
– **Tributos recuperáveis** (ICMS)................................. **(0,00)**
= Custo de aquisição.. 303.000,00

ATENÇÃO, aqui está a pegadinha da questão!!!!!!!!!

Cuidado na hora da prova! O examinador informa que as mercadorias foram adquiridas à vista por 280.000,00, e **adicionalmente ocorreram gastos** com II, IPI, ICMS, seguros e transportes. **Em outras palavras**, no preço das mercadorias adquiridas do exterior por 280.000,00, **não existem** o II, IPI e o **ICMS**. Conclusão, se o ICMS é um tributo recuperável, **não faz sentido subtrairmos** do preço de compra das mercadorias, pois o mesmo **não se encontra incluso no preço de compras**.

Na importação, o procedimento de **emissão da nota fiscal** é por conta do **importador**. Vamos entender melhor a operação de importação, por meio dos esquemas gráficos a seguir.

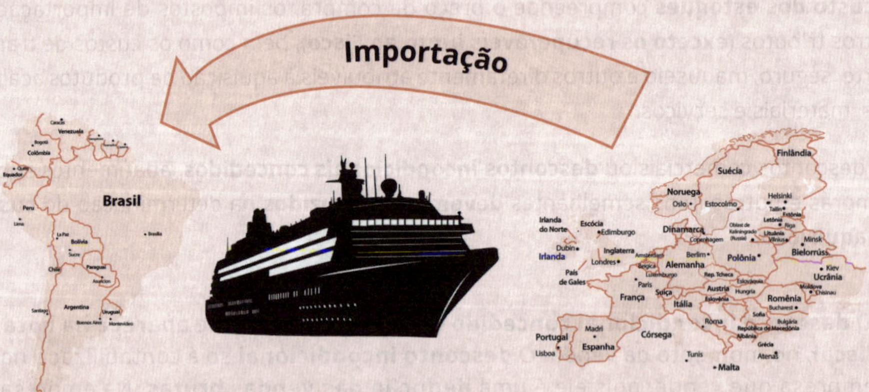

Nessa fase, como podemos **observar no gráfico acima**, a mercadoria encontra-se no navio, a caminho do Brasil, com destino ao porto.

A emissão da **nota fiscal de importação** permite que a **mercadoria importada** seja **nacionalizada** e **registrada** nos estoques da empresa importadora. A importadora de posse da **Declaração de Importação** (DI) identifica:

- o número da declaração de importação
- os pesos líquidos e brutos das mercadorias
- a quantidade da embalagem
- o tipo da embalagem
- o total dos impostos
- o valor dos fretes
- o valor dos seguros
- a taxa do dólar
- a taxa do Sistema Integrado de Comércio Exterior (**Siscomex**)
- o resumo dos tributos
- a base de cálculo dos impostos
- as alíquotas dos impostos

A **importadora** ao analisar as informações da DI **insere os seguintes dados** na nota fiscal de importação:

- o valor unitário da mercadoria
- a quantidade da mercadoria
- a classificação fiscal da Nomenclatura Comum do Mercosul (**NCM**)
- as alíquotas dos tributos
- os valores dos impostos
- as bases de cálculos
- a descrição dos produtos em português

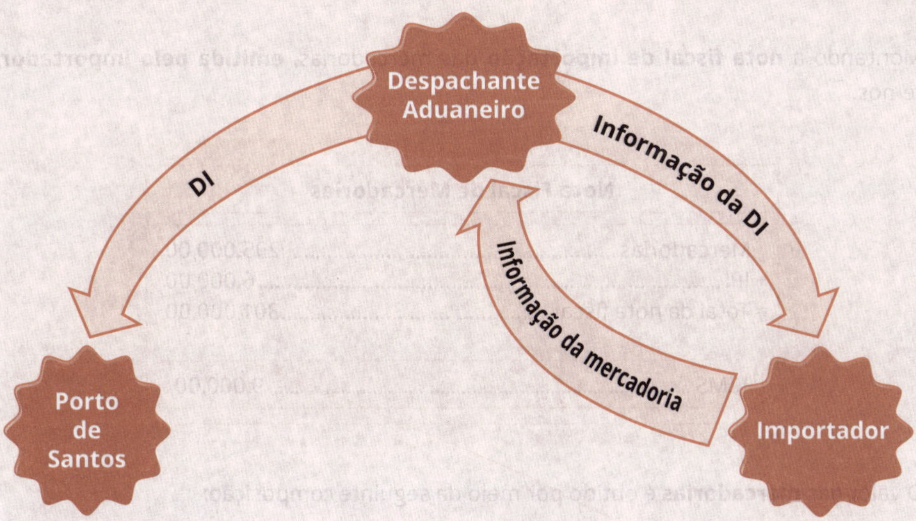

A **importadora** informa ao **despachante aduaneiro** (que é uma pessoa jurídica de direito privado), a descrição completa da mercadoria, valor, local de origem, etc., e antes que ocorra a atracação do navio ao porto, o **despachante aduaneiro** preenche a DI (**Declaração de Importação**) e emite para a **SRF** com todos os dados da respectiva mercadoria, bem como, os valores dos respectivos tributos incidentes na operação (II, IPI, PIS, COFINS, IOF, ICMS, taxas aduaneiras, etc.). A **SRF** efetua a análise da **DI**, e concordando com os seus valores, informa o **despachante aduaneiro**, que passa as informações para o estabelecimento importador realizar o pagamento da **DI**.

ATENÇÃO, o estabelecimento importador ao realizar o pagamento da DI, a SRF libera a mercadoria, e nesse momento, o **importador** emite uma **nota fiscal de importação** de mercadoria e se **credita dos tributos recuperáveis** na operação de importação.

PRESTEM MUITA ATENÇÃO!!!!!

Nas operações que envolvem **mercadorias importadas**, a legislação fiscal autoriza o **importador** emitir uma **nota fiscal de entrada** no seu estabelecimento, **imediatamente** após o pagamento da DI, e nesse caso, a **mercadoria é transportada** da aduana até o estabelecimento do **importador sem a nota fiscal**. Os únicos documentos probantes que acompanham a mercadoria nesse trajeto são a DI, os comprovantes de fretes e seguros e as notas fiscais do país de origem.

Montando a **nota fiscal de importação** das mercadorias, **emitida pelo importador**, temos:

Nota Fiscal de Mercadorias	
Mercadorias	295.000,00
+ IPI	6.000,00
= Total da nota fiscal	301.000,00
ICMS	9.000,00

O valor das **mercadorias** é obtido por meio da seguinte composição:

Mercadorias = Preço de Compra + II + ICMS – Descontos Incondicionais Obtidos

Mercadorias = 280.000,00 + 20.000,00 + 9.000,00 – 14.000,00
Mercadorias = 295.000,00

Nota Fiscal de Fretes e Seguros	
Transportes	8.000,00
+ Seguros	3.000,00
= Total da nota fiscal	11.000,00

Compras Líquidas = Nota Fiscal de Importação + Nota Fiscal de Fretes e Seguros – ICMS

Compras Líquidas = 301.000,00 + 11.000,00 – 9.000,00
Compras Líquidas = 303.000,00

Com a finalidade de um melhor aprendizado, vamos supor que o balanço patrimonial imediatamente antes da aquisição das mercadorias no exterior, fosse:

Ativo		**Passivo**	
Ativo Circulante		**Patrimônio Líquido**	
Disponível	312.000,00	Capital	312.000,00
Total	312.000,00	Total	312.000,00

(1) Registro contábil de aquisição de mercadorias importadas.

Disponível		Estoques		ICMS a Recuperar	
312.000,00	312.000,00 (1)	(1) 303.000,00		(1) 9.000,00	

O balanço patrimonial, imediatamente após a emissão da nota fiscal de entradas pela Cia. Vende & Revende (**importador das mercadorias**), será:

Ativo		**Passivo**	
Ativo Circulante		**Patrimônio Líquido**	
ICMS a Recuperar	9.000,00	Capital	312.000,00
Estoques	303.000,00		
Total	312.000,00	Total	312.000,00

Gabarito: **C**

07ª QUESTÃO: A tabela a seguir apresenta as aplicações financeiras realizadas pela Cia. Investidora no dia 01/07/2018, onde são encontradas as características de cada aplicação e a forma de mensuração definida pela empresa para cada uma delas:

Valor	Vencimento	Mensuração definida pela empresa	Taxa de juros compostos	Valor justo em 31/07/2018
200.000,00	30/04/2020	Mensuração ao custo amortizado.	1,5% a.m.	202.000,00
250.000,00	31/07/2021	Mensuração ao valor justo por meio de outros resultados abrangentes.	2% a.m.	257.000,00
150.000,00	31/12/2022	Mensuração ao valor justo por meio do resultado.	1% a.m.	154.000,00

O valor total dessas aplicações apresentado no balanço patrimonial da Cia. Investidora, em 31/07/2018, foi, em reais:

a) 614.000,00
b) 613.000,00
c) 609.500,00
d) 612.000,00
e) 611.000,00

☛ SOLUÇÃO

Segundo o CPC 48 que trata dos instrumentos financeiros, a entidade pode adotar as seguintes classificações para um ativo financeiro:

- custo amortizado
- valor justo por meio do resultado (**VJR**)
- valor justo por meio de outros resultados abrangentes (**VJORA**)

Essa **classificação** deve ter por base as características de **fluxo de caixa contratual** do ativo financeiro e o **modelo de negócios** da entidade para a gestão dos ativos financeiros.

Classificação do ativo financeiro = Características do fluxo de caixa contratual + Modelo de negócios

Fazendo um paralelo com a **classificação antiga**, temos:

Classificação ANTIGA	Classificação ATUAL	Rendimentos	Ajustes ao valor justo
Mantido até o vencimento	Custo amortizado	DRE	Não tem ajuste
Disponível para venda futura	VJORA	DRE	Na conta AAP do PL
Destinados à venda imediata	VJR	DRE	DRE

Juros ativos = Taxa efetiva × Custo de aquisição do título

Os **juros ativos** resultantes da aplicação dos títulos mensurados ao **custo amortizado**, **VJR** e **VJORA** vão para o resultado do exercício (**DRE**).

No encerramento do exercício, comparamos o **valor pela curva do papel** dos títulos com o seu **valor justo**, e dependendo da **classificação** desses títulos, **não haverá** ajustes ou os ajustes podem ir para a **DRE** ou **AAP**.

Classificação ATUAL	Rendimentos	Mensuração pela curva do papel	Ajustes ao valor justo
Custo amortizado	DRE	Custo de aquisição + Juros ativos	Não tem ajuste
VJORA	DRE	Custo de aquisição + Juros ativos	+/– AAP do PL
VJR	DRE	Custo de aquisição + Juros ativos	+/– DRE

Mensuração pela curva do papel = Custo de aquisição + Juros ativos

1º passo: Calcular os rendimentos pela taxa efetiva de cada título e o valor pela curva do papel.

Custo	Taxa efetiva	Mensuração definida pela empresa	Juros ativos	Curva do papel
200.000,00	1,5% a.m.	Custo amortizado	3.000,00	203.000,00
250.000,00	2% a.m.	VJORA	5.000,00	255.000,00
150.000,00	1% a.m.	VJR	1.500,00	151.500,00

2º passo: Ajustar o valor pela curva do papel ao valor justo.

Classificação	Valor pela curva do papel	Valor justo	Ajuste ao valor justo
Custo amortizado	**203.000,00**	202.000,00	Não tem ajuste
VJORA	255.000,00	**257.000,00**	AAP = + 2.000,00
VJR	151.500,00	**154.000,00**	DRE = + 2.500,00

3º passo: Calcular o montante evidenciado no balanço patrimonial.

Evidenciado no BP = Custo amortizado + VJORA + VJR

Evidenciado no BP = 203.000,00 + 257.000,00 + 154.000,00
Evidenciado no BP = 614.000,00

SOLUÇÃO NA PROVA

Títulos	Custo	Juros ativos	Ajuste ao valor justo	Valor justo	BP
Custo amortizado	200.000,00	3.000,00	**Não tem ajuste**	202.000,00	**203.000,00**
VJORA	250.000,00	**Não calcula**	**Não calcula**	257.000,00	**257.000,00**
VJR	150.000,00	**Não calcula**	**Não calcula**	154.000,00	**154.000,00**
Total					**614.000,00**

Na **PROVA** calculamos apenas os **juros ativos** dos títulos mensurados pelo **custo amortizado**.

Gabarito: **A**

08ª QUESTÃO: A tabela a seguir apresenta informações que foram obtidas das demonstrações contábeis da Cia. Líquida e da Cia. Duvidosa publicadas em 31/12/2017:

Variável	Cia. Líquida	Cia. Duvidosa
Índice de liquidez corrente	2,0	1,5
Ativo Não Circulante	600.000,00	600.000,00
Passivo Não Circulante	500.000,00	400.000,00
Total do Ativo	2.400.000,00	2.400.000,00
Retorno sobre o Patrimônio Líquido	10%	10%

Com base nessas informações, é correto afirmar que a Cia.:

a) Duvidosa apresentou maior passivo não circulante em 31/12/2017.
b) Líquida apresentou maior passivo circulante em 31/12/2017.
c) Duvidosa apresentou maior patrimônio líquido em 31/12/2017.
d) Duvidosa apresentou um montante menor de recursos de terceiros.
e) Líquida teve um lucro líquido em 2017 maior do que a Cia. Duvidosa.

☛ **SOLUÇÃO**

Analisando as alternativas, temos:

a) Errada. A **Cia. Duvidosa** apresentou um passivo não circulante **400.000,00**, enquanto que a **Cia. Líquida** teve um passivo não circulante de **500.000,00**. Em outras palavras, a **Cia. Duvidosa** apresentou um passivo não circulante **menor** em 31/12/2017.

b) Errada. A **Cia. Líquida** apresentou um passivo circulante de **900.000,00**, enquanto a **Cia. Duvidosa** teve um passivo circulante de **1.200.000,00**. Em outras palavras, a **Cia. Líquida** apresentou um passivo circulante **menor** em 31/12/2017.

AC + AÑC = Total do Ativo

AC da Cia. Líquida + 600.000,00 = 2.400.000,00

AC da Cia. Líquida = 1.800.000,00

$$\text{Liquidez Corrente da Cia. Líquida} = \frac{\text{AC da Cia. Líquida}}{\text{PC da Cia. Líquida}}$$

$$2{,}0 = \frac{1.800.000{,}00}{\text{PC da Cia. Líquida}}$$

PC da Cia. Líquida = 900.000,00

AC + AÑC = Total do Ativo

AC da Cia. Duvidosa + 600.000,00 = 2.400.000,00
AC da Cia. Duvidosa = 1.800.000,00

$$\text{Liquidez Corrente da Cia. Duvidosa} = \frac{\text{AC da Cia. Duvidosa}}{\text{PC da Cia. Duvidosa}}$$

$$1{,}5 = \frac{1.800.000{,}00}{\text{PC da Cia. Duvidosa}}$$

PC da Cia. Duvidosa = 1.200.000,00

c) Errada. A **Cia. Duvidosa** apresentou um patrimônio líquido **800.000,00**, enquanto que a **Cia. Líquida** teve um patrimônio líquido de **1.000.000,00**. Em outras palavras, a **Cia. Duvidosa** apresentou um patrimônio líquido **menor** em 31/12/2017.

PC + PÑC + PL = Total do Passivo

900.000,00 + 500.000,00 + PL da Cia. Líquida = 2.400.000,00
PL da Cia. Líquida = 1.000.000,00

PC + PÑC + PL = Total do Passivo

1.200.000,00 + 400.000,00 + PL da Cia. Duvidosa = 2.400.000,00
PL da Cia. Duvidosa = 800.000,00

d) Errada. A **Cia. Duvidosa** apresentou um montante de recursos de terceiros de **1.600.000,00**, enquanto que a **Cia. Líquida** apresentou um montante de recursos de terceiros de **1.400.000,00**. Em outras palavras, a **Cia. Duvidosa** apresentou um montante de recursos de terceiros **maior** em 31/12/2017.

Recursos de terceiros = PC + PÑC

Recursos de terceiros da Cia. Duvidosa = 1.200.000,00 + 400.000,00
Recursos de terceiros da Cia. Duvidosa = 1.600.000,00

Recursos de terceiros = PC + PÑC

Recursos de terceiros da Cia. Líquida = 900.000,00 + 500.000,00
Recursos de terceiros da Cia. Líquida = 1.400.000,00

e) Correta. A **Cia. Líquida** apresentou um lucro líquido de **100.000,00**, enquanto a **Cia. Duvidosa** teve um lucro líquido de **80.000,00**. Em outras palavras, a **Cia. Líquida** apresentou um lucro líquido **maior** do que a Cia. Duvidosa.

A rentabilidade do patrimônio líquido ou **retorno sobre o PL** representa o retorno que os acionistas estão obtendo em relação aos seus investimentos realizados na empresa.

$$\text{Retorno sobre o PL da Cia} = \frac{\text{Lucro Líquido da Cia}}{\text{PL total da Cia}} \times 100\%$$

$$10\% = \frac{\text{Lucro Líquido da Cia. Líquida}}{1.000.000,00} \times 100\%$$

Lucro Líquido da Cia. Líquida = 100.000,00

$$\text{Retorno sobre o PL da Cia} = \frac{\text{Lucro Líquido da Cia}}{\text{PL total da Cia}} \times 100\%$$

$$10\% = \frac{\text{Lucro Líquido da Cia. Duvidosa}}{800.000,00} \times 100\%$$

Lucro Líquido da Cia. Duvidosa = 80.000,00

Gabarito: **E**

09ª QUESTÃO: A Cia. Incorpórea tinha registrado, em 31/12/17, um ativo intangível com vida útil indefinida (marca X), cujo valor contábil de 520.000,00 era composto por:

- Custo de aquisição 650.000,00
- Perda por desvalorização (reconhecida em 2016) 130.000,00

Nesta data, antes de elaborar as demonstrações contábeis, a Cia. realizou o teste de recuperabilidade do ativo intangível e obteve as seguintes informações:

- Valor em uso 470.000,00
- Valor justo líquido de despesas de venda 670.000,00

Com base nas informações acima, a Cia. Incorpórea, em 31/12/17:

a) não fez nenhum registro contábil.
b) reconheceu um ganho no valor de 130.000,00.
c) reconheceu uma perda por desvalorização no valor de 50.000,00.
d) reconheceu uma perda por desvalorização no valor de 180.000,00.
e) reconheceu um ganho no valor de 150.000,00.

☛ SOLUÇÃO

MEMORIZAR PARA A PROVA

Vida útil do ativo intangível	Amortização	*Impairment test*	Reversão de perda estimada
Definida	Sim	Sim	Sim
Indefinida	Não	Sim	**Sim**
Goodwill	Não	Sim	Não

ATENÇÃO, na tabela podemos verificar que no caso de um ativo intangível com vida útil indefinida, a norma internacional permite a **reversão no exercício subsequente**, quando da realização de um novo teste de *impairment*, a perda por *impairment* constituída em exercícios anteriores.

1ª etapa: Calcular o valor recuperável do ativo intangível com vida útil indefinida.

ATENÇÃO, o valor recuperável será sempre o **maior valor**.

Valor justo líquido das despesas de venda	670.000,00	**MAIOR VALOR**	Valor recuperável = 670.000,00
Valor em uso	470.000,00		

Valor recuperável em 2017 = 670.000,00

2ª etapa: Calcular o valor contábil do ativo intangível.

Valor contábil = Custo de Aquisição – Perdas Acumuladas por *Impairment*

LEMBREM-SE!!!!! O ativo intangível com vida útil indefinida **não é amortizado**, portanto no cálculo do seu valor contábil, **não subtraímos a amortização acumulada** (vide tabela).

Valor contábil = 650.000,00 – 130.000,00
Valor contábil = 520.000,00

3ª etapa: Comparar o valor recuperável com o valor contábil.

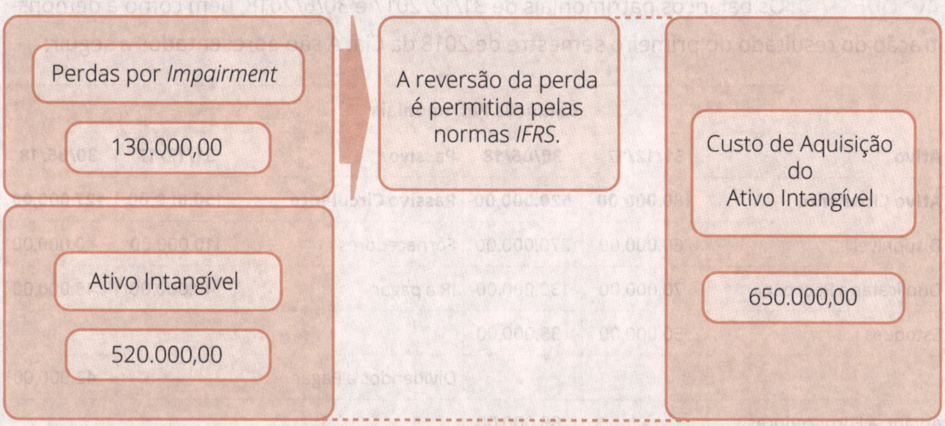

De acordo com o CPC 01, a **perda por desvalorização** reconhecida para o **ativo intangível com vida útil indefinida** no exercício de 2016 no montante de 130.000,00 **poderá** ser revertida no exercício de 2017, pois **essa reversão é permitida** pelas normas nacionais e internacionais de Contabilidade.

(1) Registro contábil da **reversão da perda por *impairment*** em 31/12/2017.

Perdas Estimadas Acumuladas (Débito)	Perdas Estimadas Acumuladas (Crédito)	Outras Receitas (Débito)	Outras Receitas (Crédito)
(1) 130.000,00	130.000,00		130.000,00 (1)

Outras receitas	Outras despesas
As **outras receitas** compreendem as **receitas oriundas** das transações do AÑC classificados nos subgrupos de investimentos, imobilizado e intangível.	As **outras despesas** compreendem as **despesas oriundas** das transações do AÑC classificados nos subgrupos de investimentos, imobilizado e intangível.

CONCLUSÃO, em 31/12/2017 a Cia. Incorpórea deverá reconhecer uma **receita com reversão de perda por *impairment* (outras receitas)** no valor de 130.000,00.

Gabarito: **B**

10ª QUESTÃO: Os balanços patrimoniais de 31/12/2017 e 30/6/2018, bem como a demonstração do resultado do primeiro semestre de 2018 da Cia. A são apresentados a seguir:

Balanços Patrimoniais					
Ativo	**31/12/17**	**30/06/18**	**Passivo**	**31/12/17**	**30/06/18**
Ativo Circulante	**180.000,00**	**520.000,00**	**Passivo Circulante**	**150.000,00**	**127.000,00**
Disponível	60.000,00	270.000,00	Fornecedores	110.000,00	40.000,00
Duplicatas a Receber	70.000,00	130.000,00	IR a pagar	40.000,00	45.000,00
Estoques	50.000,00	35.000,00			
			Dividendos a Pagar	–	42.000,00
Adiant. a Fornecedores	–	85.000,00			
Ativo Não Circulante	**520.000,00**	**240.000,00**	**Passivo Não Circulante**	**250.000,00**	**270.000,00**
Terreno	250.000,00	–	Empréstimos	250.000,00	270.000,00
Máquinas	300.000,00	300.000,00			
– Depreciação Acumulada	(30.000,00)	(60.000,00)	**Patrimônio Líquido**	**300.000,00**	**363.000,00**
			Capital Social	200.000,00	200.000,00
			Reservas de Lucros	100.000,00	163.000,00
Total	**700.000,00**	**760.000,00**	**Total**	**700.000,00**	**760.000,00**

Demonstração do Resultado do Exercício 01/01/2018 a 30/6/2018	
Receita Bruta de Vendas	580.000,00
– Custo dos Produtos Vendidos	(310.000,00)
= Resultado Bruto	270.000,00
– Despesas administrativas e gerais	(80.000,00)
– Despesa de depreciação	(30.000,00)
Outras Receitas Operacionais	
+ Lucro na venda do terreno	10.000,00
= Resultado antes do Resultado Financeiro	170.000,00
– Despesa financeira (juros)	(20.000,00)
= Resultado antes do IR e CSLL	150.000,00
– Despesa com Imposto de Renda e CSLL	(45.000,00)
= Resultado Líquido	105.000,00

Informações adicionais:

- A despesa financeira (juros) não foi paga.
- O terreno foi vendido à vista.

O fluxo de caixa decorrente das atividades operacionais apurado no primeiro semestre de 2018 pela Cia. A foi, em reais:

a) 50.000,00, negativo.
b) 40.000,00, negativo.
c) 8.000,00, negativo.
d) 2.000,00, positivo.
e) 35.000,00, positivo.

SOLUÇÃO

CUIDADO EXTRA NA PROVA!

Nas questões envolvendo a DRE, atualmente a FCC **segue a estrutura do CPC 26** que trata da Apresentação das Demonstrações Contábeis, ou seja, na apuração do **resultado operacional**, a FCC **não inclui as despesas financeiras**. Portanto, quando nos depararmos com uma questão da FCC pedindo o **resultado operacional**, nós devemos ter em mente que esse **resultado operacional** corresponde ao **resultado antes do resultado financeiro**, segundo a estrutura de DRE apresentada pelo CPC 26.

Lucro antes do resultado financeiro (CPC 26) ≠ **Lucro Operacional** (Legislação Societária)

Fluxo de Caixa Operacional – **Método Indireto**	
Lucro Líquido	**105.000,00**
1º ajuste: Ajustes oriundos da **DRE**	
+ Depreciação	30.000,00
+ Despesas Financeiras	20.000,00
– Lucro na venda do terreno	(10.000,00)
= **Lucro Líquido ajustado**	**145.000,00**
2º ajuste: Ajustes oriundos do **BP**	
– Aumento de duplicatas a receber	(60.000,00)
+ Redução de estoques	15.000,00
– Aumento de adiantamento a fornecedores	(85.000,00)
– Redução de fornecedores	(70.000,00)
+ Aumento de IR a pagar	5.000,00
= **Caixa líquido consumido no FCO**	**(50.000,00)**

Da DFC pelo método indireto, temos que o **FCO foi negativo de 50.000,00**.

Como este livro é destinado ao aprendizado, vamos montar a DFC pelo método direto.

Cálculo do **fluxo de caixa das atividades operacionais**.

1º passo: Calcular o montante das vendas recebidas em 2018.

(1) Registro contábil das vendas a prazo realizadas em 2018.

Duplicatas a Receber	
70.000,00	x (Caixa)
(1) 580.000,00	
130.000,00	

Vendas Brutas	
	580.000,00 (1)

Analisando o razonete **duplicatas a receber**, podemos observar que havia um saldo inicial de 70.000,00, em seguida, ocorreu um débito de 580.000,00 devido as vendas a prazo ocorridas em 2018, restando um saldo final de 130.000,00. Portanto, devemos registrar um **crédito** no **valor de x** no razonete **duplicatas a receber**, que tem como contrapartida um **débito** no **valor de x** no razonete **caixa**. Conclusão, do razonete duplicatas a receber, calculamos o montante das vendas recebidas de 2018.

70.000,00 + 580.000,00 – x = 130.000,00

x = 520.000,00

2º passo: Calcular o montante pago a fornecedores em 2018.

(2) Registro do custo das mercadorias vendidas em 2018.

Estoques (D)	Estoques (C)
50.000,00	310.000,00 (2)
x	
35.000,00	

CMV (D)	CMV (C)
(2) 310.000,00	

Analisando o razonete **estoques** podemos observar que havia um saldo inicial de 50.000,00, em seguida, ocorreu um crédito de 310.000,00 devido as vendas de mercadorias ocorridas em 2018, restando um saldo final de 35.000,00. Portanto, devemos registrar um **débito** no **valor de x** no razonete **estoques**, que tem como contrapartida um **crédito** no **valor de x** no razonete **fornecedores**. Conclusão, do razonete estoques, calculamos o montante das compras a prazo em 2018.

50.000,00 + x – 310.000,00 = 35.000,00
x = 295.000,00

(3) Registro das compras a prazo em 2018.

Estoques (D)	Estoques (C)
50.000,00	310.000,00
(3) 295.000,00	
35.000,00	

Fornecedores (D)	Fornecedores (C)
(Caixa) x	110.000,00
	295.000,00 (3)
	40.000,00

Analisando o razonete **fornecedores** podemos observar que havia um saldo inicial de 110.000,00, em seguida, ocorreu um crédito de 295.000,00 devido a compras a prazo ocorridas em 2018, restando um saldo final de 40.000,00. Portanto, devemos registrar um **débito** no **valor de x** no razonete **fornecedores**, que tem como contrapartida um **crédito** no **valor de x** no razonete **caixa**. Conclusão, do razonete fornecedores, calculamos o montante do pagamento de fornecedores em 2018.

110.000,00 + 295.000,00 – x = 40.000,00
x = 365.000,00

3º passo: Calcular o montante dos adiantamentos a fornecedores pagos em 2018.

(4) Registro contábil do pagamento antecipado de fornecedores.

Adiantamento a Fornecedores (D)	Adiantamento a Fornecedores (C)
0,00	
(4) 85.000,00	
85.000,00	

Disponível (D)	Disponível (C)
Saldo Inicial	85.000,00 (4)

Analisando o razonete **adiantamento a fornecedores** podemos observar que havia um saldo inicial de 0,00, em seguida, ocorreu um **débito** de 85.000,00 devido a um pagamento antecipado de fornecedores em 2018, restando um saldo final de 85.000,00. **Conclusão**, ocorreu uma saída de caixa no montante de 85.000,00 devido ao pagamento antecipado de fornecedores em 2018.

4º passo: Calcular o montante de IR pagos em 2018.

(5) Registro contábil das despesas com IR e CSLL.

Despesas com IR e CSLL	
(5) 45.000,00	

IR e CSLL a Pagar	
x	40.000,00
	45.000,00 (5)
	45.000,00

Analisando o razonete **IR e CSLL a pagar** podemos observar que havia um saldo inicial de 40.000,00, em seguida, ocorreu um **crédito** de 45.000,00 devido a apropriação de **despesas com IR e CSLL** em 2018, restando um saldo final de 45.000,00. Portanto, devemos registrar um **débito** no **valor de x** no razonete **IR e CSLL a pagar**, que tem como contrapartida um **crédito** no **valor de x** no razonete **caixa**. Conclusão, do razonete IR e CSLL a pagar, calculamos o montante do pagamento de IR e CSLL em 2018.

40.000,00 + 45.000,00 – x = 45.000,00
x = 40.000,00

5º passo: Calcular o montante das despesas gerais e administrativas pagas em 2018.

ATENÇÃO, analisando o balanço patrimonial, podemos observar que **não existe nenhuma conta no passivo** relacionada com as **despesas gerais e administrativas**. Por exemplo, caso houvesse no passivo **contas a pagar** de um determinado valor, essas **contas a pagar**, estariam relacionadas com as **despesas gerais e administrativas**. Nesse caso, como não existe contas a pagar no passivo, significa que o total das despesas gerais e administrativas no montante de 80.000,00 foram integralmente pagas. Em outras palavras, as despesas gerais e administrativas foram pagas à vista na sua integralidade.

CUIDADO EXTRA!

Como podemos observar na DRE de 2018, a banca **discrimina** as despesas com **depreciação** (que não tem efeito caixa) no montante de **30.000,00**. Caso essas despesas com depreciação se encontrassem **inseridas nas despesas gerais e administrativas**, nós deveríamos **subtrair** das despesas gerais e administrativas, as despesas com depreciação.

(6) Registro contábil do pagamento de despesas gerais e administrativas.

Despesas gerais e administrativas	
(6) 80.000,00	

Disponível	
Saldo Inicial	80.000,00 (6)

Cálculo do **fluxo de caixa das atividades de investimentos**.

Para encontrarmos o **fluxo de caixa das atividades de investimentos**, temos que calcular o valor de venda do terreno em 2018.

1º passo: Calcular o valor de venda do terreno.

A questão informa que o terreno foi vendido à vista em 2018. **Atenção**, os terrenos não sofrem depreciação.

Lucro na venda do terreno = Valor de venda do terreno – Valor contábil do terreno vendido

10.000,00 = Valor de venda do terreno – 250.000,00
Valor de venda do terreno = 250.000,00 + 10.000,00
Valor de venda do terreno = 260.000,00

Fluxo de Caixa de Investimentos	
Alienação de terreno	260.000,00
= Caixa líquido gerado nas atividades de investimentos	260.000,00

Cálculo do **fluxo de caixa das atividades de financiamentos**.

1º passo: Calcular o montante dos empréstimos obtidos em 2018.

ATENÇÃO, a questão informa que a empresa **não liquidou** qualquer empréstimo, e **não pagou** as despesas financeiras. Nesse caso, as despesas financeiras **atualizam os empréstimos de 2017**.

(1) Registro contábil da atualização dos empréstimos de 2017, por meio das despesas financeiras de 2018:

Despesas Financeiras – DRE	
(1) 20.000,00	

Empréstimos em 2018	
	250.000,00
	20.000,00 (1)
	270.000,00

Mas como podemos observar no balanço patrimonial, o saldo final dos empréstimos em 2018 foi no montante de 270.000,00. Conclusão, a empresa **não obteve novos empréstimos em 2018**.

2º passo: Calcular o montante dos dividendos pagos em 2018.

ATENÇÃO, analisando os balanços patrimoniais de 2017 e 2018, com relação aos dividendos, à primeira vista temos a impressão de que não houve pagamento de dividendos, pois o seu saldo em 2017 era de 0,00 e passou para 42.000,00 em 2018. Em outras palavras, houve um aumento de 2017 para 2018 no saldo contábil de dividendos em 42.000,00. Portanto, para encontrarmos **se realmente ocorreu algum pagamento de dividendos em 2018**, seguiremos os seguintes registros contábeis:

(1) Registro contábil da transferência do lucro líquido de 2018 para a conta lucros acumulados:

Lucro Líquido de 2018	
(1) 105.000,00	105.000,00

Lucros Acumulados	
	105.000,00 (1)

(2) Registro contábil da constituição das reservas de lucros em 2018.

Analisando o balanço patrimonial, podemos verificar que o saldo final das reservas de lucros em 2018, após a integralização do capital é no montante de 163.000,00.

Lucros Acumulados	
(2) 63.000,00	105.000,00
	42.000,00

Reservas de Lucros	
	100.000,00
	63.000,00 (2)
	163.000,00

(3) Registro contábil da distribuição de dividendos em 2018.

ATENÇÃO! Atualmente, caso haja saldo residual na conta lucros acumulados, a companhia deverá destinar esse saldo remanescente para os dividendos.

Lucros Acumulados	
(3) 42.000,00	42.000,00

Dividendos a Pagar	
	0,00
	42.000,00 (3)
	42.000,00

Analisando a conta dividendos a pagar, podemos observar que havia um saldo inicial de 0,00, foi destinado 42.000,00, restando um saldo final de 42.000,00. **Não houve pagamento de dividendos em 2018**.

Portanto, o FCF no exercício de 2018 foi 0,00 (zero).

CONCLUSÃO, a DFC completa pelo método direto, será:

Demonstração do Fluxo de Caixa	
1. Fluxo de Caixa Operacional	
Recebimento de clientes	520.000,00
– Pagamento a fornecedores	(365.000,00)
– Pagamento de adiantamento a fornecedores	(85.000,00)
– Pagamento de IR e CSLL	(40.000,00)
– Pagamento de despesas gerais e administrativas	(80.000,00)
= Caixa líquido consumido nas atividades operacionais	**(50.000,00)**
2. Fluxo de Caixa de Investimentos	
Alienação de terreno	260.000,00
= Caixa líquido gerado nas atividades de investimentos	**260.000,00**
3. Variação Líquida de Caixa	210.000,00
5. Saldo Inicial de Caixa	60.000,00
6. Saldo Final de Caixa	**270.000,00**

SOLUÇÃO NA PROVA

Na prova, calculamos o caixa líquido consumido no FCO pelo **método indireto**, que é o mais rápido nessa questão. **Mas muita atenção!** Na prova não é necessário calcular a variação de cada conta do ativo e do passivo circulantes, pois isso consome tempo, e o tempo é um artigo de luxo na prova. Com a finalidade de ganhar agilidade, nós calculamos apenas as **variações dos ativos e passivos circulantes** e somamos essas variações ao **lucro líquido ajustado**.

Balanços Patrimoniais					
Ativo Circulante	**31/12/17**	**30/06/18**	**Passivo Circulante**	**31/12/17**	**30/06/18**
Duplicatas a Receber	70.000,00	130.000,00	Fornecedores	110.000,00	40.000,00
Estoques	50.000,00	35.000,00	IR a pagar	40.000,00	45.000,00
Adiant. a Fornecedores	–	85.000,00			
Total	**120.000,00**	**250.000,00**	**Total**	**150.000,00**	**85.000,00**

Variação do AC = AC em 2018 – AC em 2017
Variação do AC = 250.000,00 – 120.000,00
Variação do AC = **aumento** de 130.000,00

Variação do PC = PC em 2018 – PC em 2017
Variação do PC = 85.000,00 – 150.000,00
Variação do PC = **redução** de 65.000,00

Lembrem-se dos ajustes relacionados com as variações dos ativos circulantes e passivos circulantes.	
Aumento do AC é um **ajuste negativo** na DFC.	Aumento do PC é um ajuste positivo na DFC.
Redução do AC é um ajuste positivo na DFC.	**Redução** do PC é um **ajuste negativo** na DFC.

Fluxo de Caixa Operacional – **Método Indireto**	
Lucro Líquido	**105.000,00**
1º ajuste: Ajustes oriundos da **DRE**	
+ Depreciação	30.000,00
+ Despesas Financeiras	20.000,00
– Lucro na venda do terreno	(10.000,00)
= **Lucro Líquido ajustado**	**145.000,00**
2º ajuste: Ajustes oriundos do **BP**	
– Aumento do Ativo Circulante	(130.000,00)
– Redução do Passivo Circulante	(65.000,00)
= **Caixa líquido consumido no FCO**	**(50.000,00)**

Gabarito: **A**

Capítulo 8

Contador Afap 2019

01ª QUESTÃO: A empresa Nova Era S.A. não registrou em seus passivos provisão para demandas trabalhistas, apesar de serem devidas, mas imateriais. Nesse caso, a empresa deve:

a) alterar a demonstração do período anterior por se tratar de erro.

b) manter os registros sem alteração por serem imateriais.

c) alterar a contabilidade por se tratar de mudança em política contábil.

d) manter os registros por se tratar de demandas trabalhistas.

e) alterar os registros por se tratar de erro, mesmo que imaterial.

SOLUÇÃO

A **relevância** das informações é afetada pela sua natureza e **materialidade**. Em outras palavras, uma informação é material se a sua omissão ou distorção puder influenciar as decisões econômicas dos usuários, tomadas com base nas demonstrações contábeis. A **materialidade** depende do tamanho do item ou do erro, julgado nas circunstâncias específicas de sua omissão ou distorção.

As características qualitativas fundamentais são **relevância** e **representação fidedigna**.

Características qualitativas fundamentais = Relevância + Representação Fidedigna

A **informação contábil-financeira relevante** é aquela capaz de **fazer diferença nas decisões** que possam ser tomadas pelos usuários.

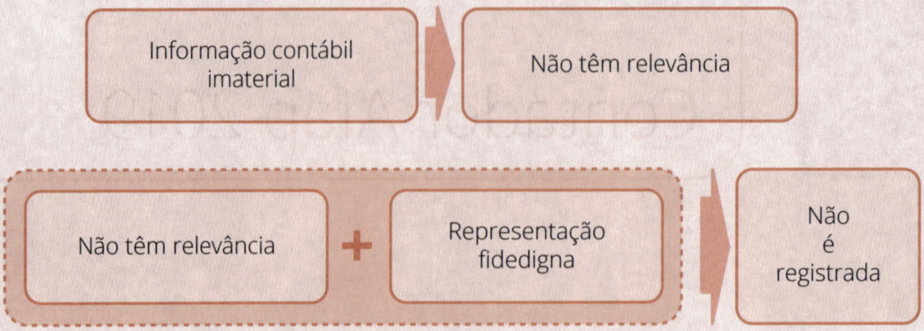

Do gráfico acima, podemos observar que apesar de uma informação contábil ser **fidedigna**, para que ocorra a sua **divulgação nas demonstrações contábeis**, a mesma tem que ser relevante (**material**).

CONCLUSÃO, uma provisão trabalhista **imaterial** não é relevante, e nesse caso, **não é necessário** fazer o seu registro e a divulgação em notas explicativas, **pela falta de relevância** da informação contábil, que é uma **característica qualitativa fundamental**.

Gabarito: **B**

02ª QUESTÃO: A empresa Inovação S.A. comercializa fertilizantes e registrou em sua contabilidade ganho com a venda de máquinas e equipamentos no valor de 1.000.000,00, à vista. Esse valor deve ser contabilizado como:

a) ganho não operacional.
b) receita diferida operacional.
c) receita de vendas.
d) receitas extraordinárias.
e) outras receitas operacionais.

☛ SOLUÇÃO

ATENÇÃO, sinal vermelho nessa questão!

As normas contábeis brasileiras devem seguir o entendimento das normas contábeis internacionais (***IFRS***), e nesse sentido, alertamos que em relação a estrutura da DRE, **existe uma diferença** descrita pela legislação societária brasileira e as normas ***IFRS*** (CPC 26 – Apresentação das Demonstrações Contábeis).

DRE segundo a **legislação societária**	**DRE** segundo as **normas *IFRS***
Vendas Brutas – Impostos sobre vendas – Devolução de vendas – Abatimentos sobre vendas – Descontos incondicionais concedidos – Ajuste a valor presente de vendas = **Vendas Líquidas** – Custo das Mercadorias Vendidas = **Lucro Bruto** – Despesas com vendas – Despesas financeiras + Receitas financeiras – Despesas gerais e administrativas – Outras despesas operacionais + Outras receitas operacionais = **Lucro Operacional** – Outras despesas + Outras receitas = **Lucro antes do Imposto de Renda** – Provisão para o Imposto de Renda – Participações Estatutárias sobre o Lucro = **Lucro líquido**	**Vendas Líquidas** – Custo das Mercadorias Vendidas = **Lucro Bruto** – Despesas com vendas – Despesas gerais e administrativas – Outras despesas operacionais + Outras receitas operacionais – Outras despesas + Outras receitas = **Lucro operacional antes do resultado financeiro** – Despesas financeiras + Receitas financeiras = **Lucro antes do Imposto de Renda** – Provisão para o Imposto de Renda – Participações Estatutárias sobre o Lucro = **Lucro Líquido**

Analisando a DRE segundo a **legislação societária** e as **normas *IFRS***, temos as seguintes diferenças:

Legislação Societária	Normas *IFRS*
A **DRE tem início** com as vendas brutas e as respectivas deduções de vendas.	A **DRE tem início** com as vendas líquidas.
As despesas e receitas financeiras **compõem** o lucro operacional.	As despesas e receitas financeiras **não compõem** o lucro operacional antes do resultado financeiro.
As outras despesas e outras receitas **não compõem** o lucro operacional.	As outras despesas e outras receitas **compõem** o lucro operacional antes do resultado financeiro.

ATENÇÃO, cuidado com o termo técnico **outras receitas** e **outras despesas**, utilizado atualmente na DRE.

Analisando ambas as DREs, podemos observar **que existem as seguintes contas de resultado**:

outras despesas operacionais outras receitas operacionais	≠	outras despesas outras receitas

Existe uma linha tênue que diferencia as **outras despesas e receitas operacionais** do termo técnico **outras despesas e outras receitas**, que é a palavra **operacionais.**

Outras receitas operacionais

As **receitas operacionais** que não são estão relacionadas com as **receitas brutas**, **receitas líquidas** ou **receitas financeiras**, são classificadas em **outras receitas operacionais**.

Por exemplo, as **receitas com ganho de equivalência patrimonial** é uma **receita operacional**, que não está relacionada com as **receitas brutas**, **receitas líquidas** ou **receitas financeiras**, e nesse caso, a entidade a classifica em **outras receitas operacionais**.

Outras despesas operacionais

As **despesas operacionais** que não são estão relacionadas com as **despesas comerciais**, **despesas financeiras** ou **despesas gerais**, são classificadas em **outras despesas operacionais**.

Por exemplo, as **despesas com perda de equivalência patrimonial** é uma **despesa operacional**, que não são estão relacionadas com as **despesas comerciais**, **despesas financeiras** ou **despesas gerais**, e nesse caso, a entidade a classifica em **outras despesas operacionais**.

As **receitas e despesas** relacionadas com as **atividades de investimentos** (operações eventuais) da empresa, ou seja, que tiveram origens em transações do AÑC investimentos, imobilizado e intangível são classificadas em **outras receitas** e **outras despesas**.

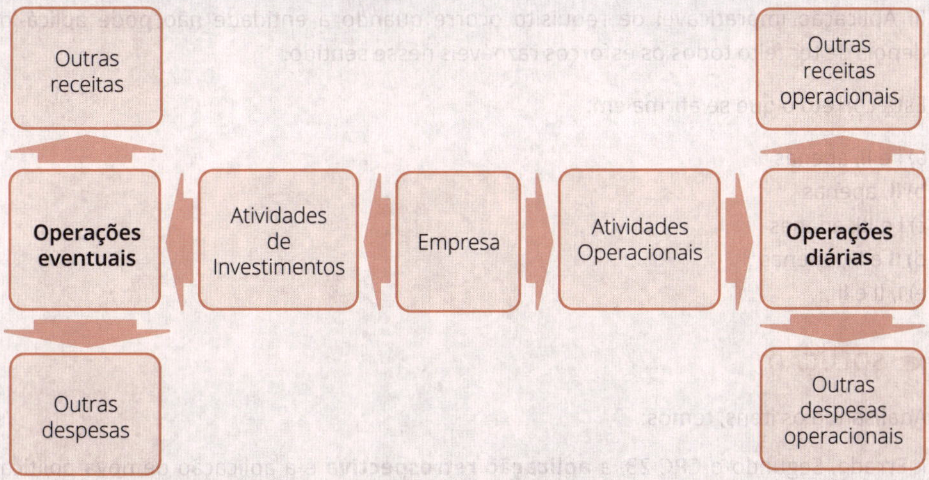

Analisando o gráfico, podemos observar que a **atividade operacional** (operações diárias) da empresa é a **venda de fertilizantes**, e não a venda de máquinas e equipamentos (operações eventuais). **Conclusão**, o termo técnico correto relacionado com a venda de máquinas e equipamentos seria **outras receitas**, mas a banca cometeu um **equívoco grosseiro e pueril** ao classificar a referida venda em **outras receitas operacionais**. Discordamos do gabarito oficial da banca e a **questão deveria ter sido anulada**.

PRESTEM MUITA ATENÇÃO!

Termo técnico segundo as normas *IFRS*	Termo técnico errôneo utilizado pela banca
Outras receitas	**Outras receitas operacionais**

Gabarito Oficial: **E**

03ª QUESTÃO: Considere as assertivas abaixo.

I. Aplicação retrospectiva é a aplicação de nova política contábil a transações, a outros eventos e a condições, como se essa política tivesse sido aplicada parcialmente.

II. Reapresentação retrospectiva é a correção do reconhecimento, da mensuração e da divulgação de valores de elementos das demonstrações contábeis, como se um erro de períodos anteriores nunca tivesse ocorrido.

III Aplicação impraticável de requisito ocorre quando a entidade não pode aplicá-lo depois de ter feito todos os esforços razoáveis nesse sentido.

Está correto o que se afirma em:

a) I e II, apenas
b) II, apenas
c) I e III, apenas
d) II e III, apenas
e) I, II e III

☛ SOLUÇÃO

Analisando os itens, temos:

I. Errado. Segundo o CPC 23, a **aplicação retrospectiva** é a aplicação de nova política contábil a transações, a outros eventos e a condições, como se essa política **tivesse sido sempre aplicada**. O erro da alternativa encontra-se em afirmar que: "como se essa política **tivesse sido aplicada parcialmente**".

II. Correto. Esse item é a literalidade do CPC 23, que diz: a **reapresentação retrospectiva** é a correção do reconhecimento, da mensuração e da divulgação de valores de elementos das demonstrações contábeis, como se um erro de períodos anteriores nunca tivesse ocorrido.

III. Correto. Esse item é a literalidade do CPC 23, que diz: a **aplicação impraticável** de requisito ocorre quando a entidade não pode aplicá-lo depois de ter feito todos os esforços razoáveis nesse sentido.

Gabarito: **D**

04ª QUESTÃO: As demonstrações contábeis estão em conformidade com os Pronunciamentos, Interpretações e Orientações se contiverem erros:

a) materiais ou erros imateriais cometidos intencionalmente para alcançar determinada apresentação da posição patrimonial e financeira, do desempenho ou dos fluxos de caixa da entidade.
b) materiais cometidos exclusivamente para melhorar determinada apresentação da posição patrimonial e financeira, do desempenho ou dos fluxos de caixa da entidade.
c) imateriais cometidos intencionalmente e especificamente para alcançar determinada apresentação da posição patrimonial e financeira deficitária do desempenho ou dos fluxos de caixa negativos da entidade.

d) materiais ou erros imateriais cometidos involuntariamente para alcançar determinada apresentação da posição patrimonial ou econômica, do desempenho ou dos fluxos de receitas da entidade.
e) imateriais cometidos involuntariamente que distorçam determinada apresentação da posição patrimonial e financeira, do desempenho ou dos fluxos de caixa da entidade.

☛ SOLUÇÃO

Segundo o CPC 23, as **demonstrações contábeis não estarão em conformidade** com os Pronunciamentos, Interpretações e Orientações deste CPC se contiverem erros materiais ou erros imateriais **cometidos intencionalmente** para alcançar determinada apresentação da posição patrimonial e financeira, do desempenho ou dos fluxos de caixa da entidade.

CONCLUSÃO, as demonstrações contábeis que contiverem erros materiais ou erros imateriais **cometidos involuntariamente**, estarão estão em conformidade com os Pronunciamentos, Interpretações e Orientações.

Gabarito: **E**

05ª QUESTÃO: A empresa Ágil S.A. entregou um terreno ao banco para liquidação de um empréstimo. Pode-se afirmar que o evento evidencia:

a) a fruição de benefício econômico futuro.
b) um aumento patrimonial, pela redução do passivo.
c) uma redução na demonstração dos fluxos de caixa.
d) uma perda do valor recuperável do ativo.
e) uma operação de *hedge accounting*.

☛ SOLUÇÃO

O **benefício econômico futuro** é a essência de um ativo e refere-se ao seu potencial em contribuir, **direta ou indiretamente**, para o fluxo de caixa ou equivalentes de caixa para a entidade. Este **benefício** pode ser sob a forma de **algo que será convertido em caixa** ou que pode produzir as **saídas de caixa**, como é o caso de um processo industrial que **irá reduzir os custos de produção.**

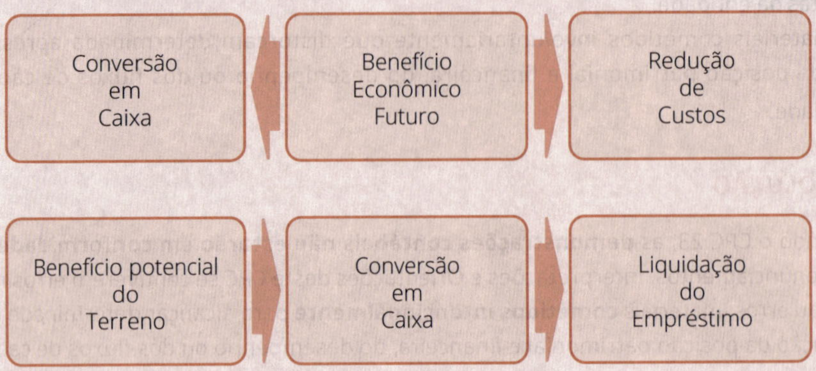

Analisando o gráfico acima, o **benefício econômico futuro** foi o potencial que o terreno tinha de **conversão em caixa** que permitiu à empresa Ágil S.A. quitar a sua dívida junto a instituição financeira, por meio da **entrega direta** do mesmo.

Gabarito: **A**

06ª QUESTÃO: A empresa Aplic S.A. ajustou o valor em sua contabilidade de um Certificado de Depósito Bancário (CDB), refletindo o valor de mercado do papel. Esse procedimento contábil evidencia que o CDB passou a estar registrado a:

a) custo histórico.
b) valor justo.
c) valor financeiro.
d) custo amortizado.
e) custo de reposição.

☛ SOLUÇÃO

Segundo o CPC 48 que trata dos instrumentos financeiros, a entidade pode adotar as seguintes classificações para um ativo financeiro:

- custo amortizado
- valor justo por meio do resultado (**VJR**)
- valor justo por meio de outros resultados abrangentes (**VJORA**)

Essa **classificação** deve ter por base as características de **fluxo de caixa contratual** do ativo financeiro e o **modelo de negócios** da entidade para a gestão dos ativos financeiros.

Classificação do ativo financeiro = Características do fluxo de caixa contratual + Modelo de negócios

A banca informa que o Certificado de Depósito Bancário (CDB) será ajustado de modo a refletir o **valor de mercado do papel**, e nesse caso, poderemos ter **duas classificações distintas**:

<table>
<tr><td rowspan="3">Certificado de Depósito Bancário (CDB)</td><td>Classificação</td><td>Rendimentos</td><td>Ajustes ao valor justo</td></tr>
<tr><td>VJORA</td><td>DRE</td><td>Na conta AAP do PL</td></tr>
<tr><td>VJR</td><td>DRE</td><td>DRE</td></tr>
</table>

CONCLUSÃO, se o CDB for classificado pelo VJORA, a sua mensuração pela curva do papel será:

Mensuração do **CDB** pelo VJORA ao **valor justo** = Custo de aquisição do CDB + Juros +/– AAP no PL

Porém, caso a empresa classifique o CDB pelo VJR, a sua mensuração pela curva do papel será:

Mensuração do **CDB** pelo VJR ao **valor justo** = Custo de aquisição do CDB + Juros +/– DRE

Gabarito: **B**

ATENÇÃO: Considere os dados abaixo para responder às **questões de números 07 e 08**.

Contas	2018	2017
Caixa	100,00	500,00
Bancos	2.000,00	1.500,00
Aplicações financeiras de curto prazo	34.900,00	3.000,00
Contas a receber	50.000,00	48.000,00
Fornecedores	100.000,00	10.000,00
Financiamentos contratados - curto prazo	100.000,00	80.000,00

Salários a pagar	1.000,00	6.000,00
Duplicatas descontadas	3.000,00	2.000,00
Terrenos	100.000,00	100.000,00
Máquinas e equipamentos	20.000,00	18.000,00
Veículos	7.000,00	7.000,00
Capital social	110.000,00	100.000,00
Reserva de lucros	100.000,00	70.000,00
Aplicação financeira - longo prazo	20.000,00	0,00

07ª QUESTÃO: O total do passivo circulante em 2017 é:

a) 98.000,00
b) 204.000,00
c) 96.000,00
d) 201.000,00
e) 143.000,00

☛ SOLUÇÃO

O examinador está exigindo apenas conhecimentos de classificação das contas.

Contas	Classificação	2018	2017
Caixa	AC	100,00	500,00
Bancos	AC	2.000,00	1.500,00
Aplicações financeiras – CP	AC	34.900,00	3.000,00
Contas a receber	AC	50.000,00	48.000,00
Fornecedores	PC	100.000,00	10.000,00
Financiamentos contratados – CP	PC	100.000,00	80.000,00
Salários a pagar	PC	1.000,00	6.000,00
Duplicatas descontadas	PC	3.000,00	2.000,00
Terrenos	AÑC Imobilizado	100.000,00	100.000,00
Máquinas e equipamentos	AÑC Imobilizado	20.000,00	18.000,00

Veículos	AÑC Imobilizado	7.000,00	7.000,00
Capital social	PL	110.000,00	100.000,00
Reserva de lucros	PL	100.000,00	70.000,00
Aplicação financeira – LP	AÑC RLP	20.000,00	0,00

PC em 2017 = 10.000,00 + 80.000,00 + 6.000,00 + 2.000,00

PC em 2017 = 98.000,00

Gabarito: **A**

08ª QUESTÃO: O total do ativo não circulante em 2018 é:

a) 147.000,00
b) 127.000,00
c) 125.000,00
d) 165.000,00
e) 145.000,00

☛ SOLUÇÃO

Contas	Classificação	2018	2017
Terrenos	AÑC Imobilizado	100.000,00	100.000,00
Máquinas e equipamentos	AÑC Imobilizado	20.000,00	18.000,00
Veículos	AÑC Imobilizado	7.000,00	7.000,00
Aplicação financeira – LP	AÑC RLP	20.000,00	0,00

AÑC em 2018 = 100.000,00 + 20.000,00 + 7.000,00 + 20.000,00

AÑC em 2018 = 147.000,00

Gabarito: **A**

09ª QUESTÃO: A empresa Ajustes S.A. realizou uma retificação de erro imputável relativo ao exercício anterior e que não pode ser atribuído a fatos subsequentes. Em regra, o ajuste deve ser demonstrado:

a) somente nas notas explicativas.
b) na demonstração de resultados abrangentes.
c) na demonstração de lucros e prejuízos acumulados.
d) na demonstração de resultados do exercício.
e) somente no balanço patrimonial.

☛ SOLUÇÃO

Segundo o artigo 186 da lei nº 6.404/76, temos:

A demonstração de lucros ou prejuízos acumulados **discriminará**:

I. o **saldo do início do período**, os ajustes de exercícios anteriores e a correção monetária do saldo inicial;

II. as **reversões** de reservas e o lucro líquido do exercício;

III. as **transferências** para reservas, os dividendos, a parcela dos lucros incorporada ao capital e o **saldo ao fim do período**.

§ 1º Como **ajustes de exercícios anteriores** serão considerados apenas os decorrentes de efeitos da mudança de critério contábil, ou da **retificação de erro imputável** a determinado exercício anterior, e que não possam ser atribuídos a fatos subsequentes.

§ 2º A demonstração de lucros ou prejuízos acumulados **deverá indicar o montante do dividendo por ação do capital social** e poderá ser **incluída na demonstração das mutações do patrimônio líquido**, se elaborada e publicada pela companhia.

Segundo o § 1º, do artigo 186 da lei nº 6.404/76, como **ajustes de exercícios anteriores** serão considerados apenas os decorrentes de efeitos da **mudança de critério contábil**, ou da **retificação de erro imputável** a determinado exercício anterior, e que **não possam ser atribuídos a fatos subsequentes**.

A lei nº 6.404/76, ao incluir o § 1º no artigo 186, **eliminou os prováveis efeitos relativos a exercícios anteriores que poderiam influenciar a apuração do lucro líquido do exercício atual**. Assim, o resultado do exercício atual pode ser comparado com o resultado de exercícios anteriores em bases similares. Os valores relativos a ajustes de exercícios anteriores são lançados diretamente na **conta de lucros ou prejuízos acumulados**, sem afetar o resultado do exercício atual.

Perceba que os **ajustes podem ser** de mudança de critério contábil ou de erro imputável a determinado exercício anterior.

Gabarito: **C**

10ª QUESTÃO: A empresa Linha Curva S.A. procedeu à contabilização em 2018 das despesas de provisão de férias, considerando o cenário em que todos os funcionários viessem a vender seus dez dias previstos na legislação. Durante os últimos cinco anos, somente 30% do quadro exerceu esse direito. A empresa também constatou um erro material de aplicação da norma de arrendamento mercantil, sendo que a administração decidiu por ajustar a demonstração de 2018, sem retroagir. Em relação a essas duas decisões é correto afirmar que:

a) a empresa está correta, em decorrências das normas contábeis demandarem julgamento do profissional da contabilidade para sua aplicação.
b) estão adequadas, tendo o profissional da contabilidade liberdade para interpretá-las e aplicá-las de forma que a demonstração contábil reflita os interesses da administração.
c) não estão adequadas, por não terem sido aplicadas de acordo com o princípio da neutralidade e por não atender às normas pertinentes a estimativas e erros.
d) a primeira não atende às normas contábeis vigentes, mas que a segunda está dentro das exceções permitidas em norma.
e) a segunda não atende às normas contábeis vigentes, mas que a primeira está dentro das exceções permitidas em norma.

☛ SOLUÇÃO

Os relatórios contábil-financeiros mostram um fenômeno econômico em palavras e números, e para ser útil a informação contábil-financeira além de representar um **fenômeno relevante**, tem também que reproduzir com **fidedignidade** o fenômeno divulgado.

Para ser representação **perfeitamente fidedigna**, a realidade retratada precisa ter três atributos: **completa**, **neutra** e **livre de erro**. Como na realidade a perfeição da informação contábil-financeira é rara de se atingir, o objetivo da fidedignidade é maximizar os referidos atributos na extensão do possível.

Representação Fidedigna = Completa + Neutra + Livre de Erro

Um retrato neutro da realidade econômica é desprovido de viés (**tendências**) na seleção ou na apresentação da informação contábil-financeira. Um retrato **neutro** não deve ser **distorcido** com contornos que possa receber dando a ele **maior** ou **menor** peso, ênfase **maior** ou **menor**, ou qualquer outro tipo de manipulação que aumente a probabilidade de a informação contábil-financeira ser recebida pelos seus usuários de modo **favorável** ou **desfavorável**. Informação neutra **não significa** informação **sem propósito** ou **sem influência** no comportamento dos usuários. A bem da verdade, informação contábil-financeira relevante, por definição, é aquela capaz de fazer diferença nas decisões tomadas pelos usuários.

CONCLUSÃO, a empresa Linha Curva S.A. ao contabilizar em 2018 as **despesas com provisão** de férias, considerando o cenário em que **todos os funcionários** viessem a vender seus dez dias previstos na legislação, **infringiu a realidade econômica**, pois a administração da empresa Linha Curva S.A. sabe que na realidade econômica, nem todos os funcionários venderão as suas férias. Por outro lado, a decisão da administração em não retroagir o ajuste na demonstração de 2018 decorrente da aplicação da norma de arrendamento mercantil que culminou em um erro material, tem por objetivo **distorcer a informação contábil-financeira** a ser recebida pelos seus usuários de modo **favorável**, pois caso a administração retroagisse, a informação contábil-financeira poderia ser desfavorável para a empresa.

Gabarito: **C**

11ª QUESTÃO: A Empresa de Segurança Maduro S.A. apresentou a demonstração do resultado do ano de 2017 e os balanços patrimoniais em 31/12/2016 e 31/12/2017 a seguir:

Demonstração do Resultado - Período: 01/01/2017 a 31/12/2017	
Receitas de vendas	204.000,00
– Custo das Mercadorias Vendidas	(131.000,00)
= Resultado com Mercadorias	73.000,00
– Despesas diversas	(59.000,00)
– Depreciação	(6.000,00)
+ Resultado de Equivalência Patrimonial	3.000,00
= Resultado antes dos efeitos financeiros	11.000,00
– Despesas financeiras	(5.000,00)
= Resultado após os efeitos financeiros	6.000,00
+ Lucro na venda de imóveis	7.000,00
= Resultado antes de impostos e participações	13.000,00
– Despesa com imposto de renda	(3.900,00)
= Resultado líquido	9.100,00

Balanços Patrimoniais em 31/12/2016 e 31/12/2017					
Ativo	**31/12/2016**	**31/12/2017**	**Passivo**	**31/12/2016**	**31/12/2017**
Ativo Circulante	66.000,00	128.700,00	Passivo Circulante	78.000,00	146.915,00
Caixa e Equivalentes	5.000,00	31.700,00	Fornecedores a pagar	33.000,00	42.700,00
Duplicatas a Receber	28.000,00	48.000,00	Empréstimos	45.000,00	97.000,00

Estoques	33.000,00	49.000,00	Dividendos a pagar	–	3.315,00
Ativo Não Circulante	72.000,00	109.000,00	Imposto de Renda a pagar	–	3.900,00
Investimentos	7.000,00	18.000,00	Patrimônio Líquido	60.000,00	90.785,00
Imobilizado			Capital	50.000,00	75.000,00
Máquinas	42.000,00	91.000,00	Reservas de Lucros	10.000,00	15.785,00
Imóveis	23.000,00	–			
Total	**138.000,00**	**237.700,00**	**Total**	**138.000,00**	**237.700,00**

Sabe-se que no ano de 2017 a empresa não vendeu investimentos nem máquinas, não liquidou qualquer empréstimo, não pagou as despesas financeiras do ano e o aumento de capital foi em dinheiro. Se os imóveis não são depreciados, os valores no ano de 2017, correspondentes ao caixa das atividades operacionais e ao caixa das atividades de financiamentos foram, respectivamente, em reais:

a) 17.300,00 negativo e 52.000,00 positivo.
b) 5.300,00 negativo e 52.000,00 positivo.
c) 5.300,00 negativo e 72.000,00 positivo.
d) 12.300,00 negativo e 52.000,00 positivo.
e) 12.300,00 negativo e 72.000,00 positivo.

SOLUÇÃO

SOLUÇÃO NA PROVA

Na prova, calculamos o caixa líquido consumido no FCO pelo **método indireto**, que é o mais rápido nessa questão. **Mas muita atenção!** Na prova não é necessário calcular a variação de cada conta do ativo e do passivo circulantes, pois isso consome tempo, e o tempo é um artigo de luxo na prova. Com a finalidade de ganhar agilidade, nós calculamos apenas as **variações dos ativos e passivos circulantes** e somamos essas variações ao **lucro líquido ajustado**.

Balanços Patrimoniais em 31/12/2016 e 31/12/2017					
Ativo Circulante	**31/12/2016**	**31/12/2017**	**Passivo Circulante**	**31/12/2016**	**31/12/2017**
Duplicatas a Receber	28.000,00	48.000,00	Fornecedores a pagar	33.000,00	42.700,00
Estoques	33.000,00	49.000,00	Imposto de Renda a pagar	–	3.900,00
Total	**61.000,00**	**97.000,00**	**Total**	**33.000,00**	**46.600,00**

O **método indireto** parte do **lucro líquido** ajustando-o pelas **despesas e receitas** que não tem efeito caixa e que não pertençam às atividades operacionais com as variações de **ativos e passivos** relacionados com as **atividades operacionais** da empresa.

ATENÇÃO! A conta **caixa e equivalentes de caixa não são incluídas** nas variações dos ativos e passivos operacionais, para ajuste do lucro ou prejuízo líquido, quando a empresa realizar a DFC pelo método indireto. Os **fluxos de caixa excluem movimentos** entre itens que constituem **caixa ou equivalentes de caixa** porque esses componentes são parte da gestão de caixa da entidade e, não, parte de suas atividades **operacionais**, **investimentos** ou **financiamentos**.

Variação do AC = AC em 2017 – AC em 2016
Variação do AC = 97.000,00 – 61.000,00
Variação do AC = **aumento** de 36.000,00

Variação do PC = PC em 2017 – PC em 2016
Variação do PC = 46.600,00 – 33.000,00
Variação do PC = **aumento** de 13.600,00

Lembrem-se dos ajustes relacionados com as variações dos ativos circulantes e passivos circulantes.	
Aumento do AC é um **ajuste negativo** na DFC.	**Aumento** do PC é um **ajuste positivo** na DFC.
Redução do AC é um ajuste positivo na DFC.	Redução do PC é um ajuste negativo na DFC.

Fluxo de Caixa Operacional – **Método Indireto**

Lucro Líquido..**9.100,00**
1º ajuste: Ajustes oriundos da **DRE**
+ Depreciação...6.000,00
– Resultado de Equivalência Patrimonial ....(3.000,00)
+ Despesas Financeiras..................................5.000,00
– Lucro na venda de imóveis ....(7.000,00)
= **Lucro Líquido ajustado**..............................**10.100,00**
2º ajuste: Ajustes oriundos do **BP**
– Aumento do Ativo Circulante ....(36.000,00)
+ Aumento do Passivo Circulante.........................13.600,00
= **Caixa líquido consumido no FCO**.....................**(12.300,00)**

O fluxo operacional foi **12.300,00 negativo**.

Agora vamos calcular o montante do **fluxo de caixa de financiamentos**.

1º passo: Calcular o montante dos empréstimos obtidos em 2017.

ATENÇÃO, a questão informa que a empresa **não liquidou** qualquer empréstimo, e **não pagou** as despesas financeiras. Nesse caso, as despesas financeiras **atualizam os empréstimos de 2017**.

(1) Registro contábil da atualização dos empréstimos de 2017, por meio das despesas financeiras de 2017:

Despesas Financeiras – DRE	
(1) 5.000,00	

Empréstimos em 2017	
	45.000,00
	5.000,00 (1)
	50.000,00

Mas como podemos observar no balanço patrimonial, o saldo final dos empréstimos em 2017 foi no montante de 97.000,00. Em outras palavras, a empresa obteve novos empréstimos em 2017.

(2) Registro da aquisição de novos empréstimos em 2017:

Disponibilidades	
(2) 47.000,00	

Empréstimos em 2017	
	50.000,00
	47.000,00 (2)
	97.000,00

CONCLUSÃO, em 2017 a empresa adquiriu **novos empréstimos** no montante de **47.000,00**.

2º passo: Calcular o montante dos dividendos pagos em 2017.

ATENÇÃO, analisando os balanços patrimoniais de 2016 e 2017, com relação aos dividendos, à primeira vista temos a impressão de que não houve pagamento de dividendos, pois o seu saldo em 2016 era de 0,00 e passou para 3.315,00 em 2017. Em outras palavras, houve um aumento de 2016 para 2017 no saldo contábil de dividendos em 3.315,00. Portanto, para encontrarmos se realmente ocorreu algum pagamento de dividendos em 2017, seguiremos os seguintes registros contábeis:

(1) Registro contábil da transferência do lucro líquido de 2017 para a conta lucros acumulados:

Lucro Líquido de 2017	
(1) 9.100,00	9.100,00

Lucros Acumulados	
	9.100,00 (1)

(2) Registro contábil da constituição das reservas de lucros em 2017.

Analisando o balanço patrimonial, o saldo final das reservas de lucros em 2017 é de 15.785,00.

Lucros Acumulados	
(2) 5.785,00	9.100,00
	3.315,00

Reservas de Lucros	
	10.000,00
	5.785,00 (2)
	15.785,00

(3) Registro contábil da distribuição de dividendos em 2017.

ATENÇÃO! Atualmente, caso haja saldo residual na conta lucros acumulados, a companhia deverá destinar esse saldo remanescente para os dividendos.

Lucros Acumulados	
(3) 3.315,00	3.315,00

Dividendos a Pagar	
	0,00
	3.315,00 (3)
	3.315,00

Analisando a conta **dividendos a pagar**, podemos observar que havia um saldo inicial de **0,00**, foi destinado **3.315,00**, restando um saldo final de **3.315,00**. Em outras palavras, **não houve pagamento de dividendos em 2017**.

(4) Registro contábil da integralização de capital.

ATENÇÃO, apesar da banca **não divulgar o montante do capital integralizado em dinheiro**, nós podemos afirmar, que a empresa integralizou **25.000,00** em dinheiro, pois do lucro líquido no montante de **9.100,00**, a empresa destinou **5.785,00** para reserva de lucros e **3.315,00** para dividendos distribuídos

Disponível	
(4) 25.000,00	

Capital	
	50.000,00
	25.000,00 (4)
	75.000,00

3º passo: Montar o fluxo de caixa de financiamentos.

Fluxo de Caixa de Financiamentos	
Obtenção de empréstimos	47.000,00
+ Integralização de capital	25.000,00
= Caixa líquido gerado nas atividades de financiamentos	72.000,00

O fluxo de caixa de financiamentos foi **positivo de 72.000,00**.

Gabarito: **E**

12ª QUESTÃO: Para financiar suas atividades, uma empresa emitiu debêntures no valor de 40.000.000,00, com as seguintes características:

- data da emissão: 31/12/2017.
- taxa de juros: 10% ao ano (juros compostos).
- prazo total: 15 anos.
- forma de pagamento: parcelas anuais constantes no valor de 5.258.951,08.

A empresa incorreu em custos de transação no valor total de 416.000,00 para a emissão e colocação das debêntures no mercado. Como havia uma expectativa de queda nas taxas de juros nos próximos anos, houve uma grande demanda pelas debêntures emitidas e a empresa conseguiu obter um valor superior ao desejado, vendendo-as por 42.800.000,00. Sabendo-se que a taxa de custo efetivo da operação foi 9% ao ano (juros compostos), o impacto no resultado de 2018 decorrente das debêntures emitidas foi, em reais:

a) 4.416.000,00
b) 3.814.560,00
c) 4.654.400,00
d) 4.016.000,00
e) 4.268.000,00

☛ SOLUÇÃO

ATENÇÃO, trata-se de uma emissão de **debêntures acima do par**, ou seja, nessa emissão de debêntures, existe um **prêmio na emissão de debêntures** (ágio na emissão de debêntures).

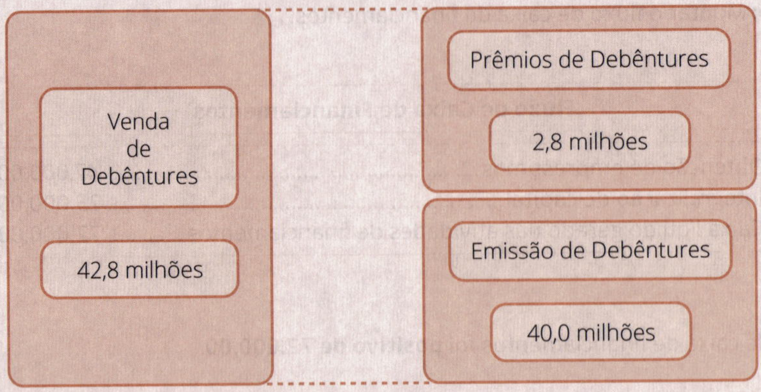

Analisando o gráfico acima, podemos observar que a empresa **emitiu debêntures por 40 milhões de reais**, mas devido à alta demanda por essas debêntures no mercado financeiro, a empresa vendeu por 42,8 milhões de reais, cobrando um ágio na emissão de debêntures **no valor de 2,8 milhões de reais.**

Prêmio na emissão de debêntures = Valor de venda das debêntures – Valor de emissão das debêntures

1º passo: Calcular a captação líquida de debêntures em 31/12/2017.

Captação líquida de debêntures = Valor do contrato + Prêmios de debêntures – Custos de transação

ATENÇÃO!!!! O valor do contrato corresponde ao **valor de emissão** das debêntures.

Captação líquida de debêntures = 40.000.000,00 + 2.800.000,00 – 416.000,00
Captação líquida de debêntures = 42.384.000,00

2º passo: Calcular os encargos financeiros no exercício de 2018.

Encargos financeiros de 2018 = Taxa efetiva × Captação líquida de debêntures em 2017

Encargos financeiros de 2018 = 9% × 42.384.000,00
Encargos financeiros de 2018 = 3.814.560,00

Gabarito: **B**

13ª QUESTÃO: Uma empresa obteve um equipamento industrial por meio de um contrato de arrendamento. O contrato foi realizado em 31/12/2016, o prazo total é de 8 anos e a empresa pagará 8 parcelas anuais de 502.403,29, vencendo-se a primeira parcela em 31/12/2017. O valor presente das parcelas do contrato, na data de início do arrendamento, era 3.000.000,00 e foi calculado com a taxa implícita de juros do contrato que era 7% ao ano. No final do prazo do contrato o equipamento será transferido gratuitamente para a empresa que pretende ficar com o mesmo após este prazo. Sabendo-se que a empresa estimou a vida útil para o equipamento em 10 anos e o valor residual esperado em 480.000,00, a despesa total reconhecida na demonstração do resultado de 2017, decorrente da operação de arrendamento realizada foi, em reais:

a) 502.403,29
b) 252.000,00
c) 462.000,00
d) 210.000,00
e) 585.000,00

☛ SOLUÇÃO

Segundo o CPC 06 o equipamento deverá ser reconhecido pelo **valor justo** ou **valor presente**, dos dois, o **menor**. A banca não informou o valor justo, porém informou que o valor presente é de 3.000.000,00. Nesse caso, o equipamento será reconhecido no balanço patrimonial pelo **custo de aquisição de 3.000.000,00**.

No início do arrendamento financeiro o arrendatário deverá reconhecer os **juros a transcorrer**, os quais serão apropriados para o resultado do exercício ***pro rata tempore*** (proporcional ao tempo transcorrido), ou seja, em 8 anos.

Juros a transcorrer = AMF a pagar – Valor presente do veículo

Juros a transcorrer = 8 parcelas × 502.403,29/parcela – 3.000.000,00

Juros a transcorrer = 1.019.226,32

1º passo: Calcular a depreciação no exercício de 2017.

$$\text{Depreciação} = (\text{Custo de aquisição} - \text{Valor residual}) \times \frac{\text{Período de utilização}}{\text{Vida útil}}$$

$$\text{Depreciação em 2017} = (3.000.000{,}00 - 480.000{,}00) \times \frac{1 \text{ ano}}{10 \text{ anos}}$$

Depreciação em 2017 = 252.000,00

2º passo: Calcular as despesas financeiras em 2017.

Despesas financeiras em 2017 = Taxa implícita × Arrendamento a valor presente em 2016

Despesas financeiras em 2017 = 7% × 3.000.000,00

Despesas financeiras em 2017 = 210.000,00

3º passo: Calcular a despesa total reconhecida na demonstração do resultado de 2017.

Despesa total em 2017 = Depreciação em 2017 + Despesas financeiras em 2017

Despesa total em 2017 = 252.000,00 + 210.000,00

Despesa total em 2017 = 462.000,00

Gabarito: **C**

ATENÇÃO: Considere as informações a seguir para responder às **questões de números 14 e 15.**

A Cia. dos Cálculos apresentava a seguinte situação patrimonial, em 31/12/2018:

Cia. dos Cálculos Balanço Patrimonial - 31/12/2018			
Ativo Circulante	**600,00**	**Passivo Circulante**	**700,00**
Financeiro	300,00	Financeiro	500,00
Operacional	300,00	Operacional	200,00
Ativo Não Circulante	**1.500,00**	**Passivo Não Circulante**	**600,00**
Realizável a longo prazo	700,00	Financiamentos	600,00
Investimentos	300,00	**Patrimônio Líquido**	**800,00**
Imobilizado	500,00	Capital Social	500,00
		Reservas de Lucro	300,00
Total	2.100,00	Total	2.100,00

14ª QUESTÃO: Considere as seguintes assertivas elaboradas a partir do balanço patrimonial da Cia. dos Cálculos:

I. O índice de liquidez geral é igual a 1,0.

II. O índice composição do endividamento é igual a 62%.

III. O índice imobilização dos recursos não correntes é igual a 100%.

Está correto o que se afirma em:

a) I, apenas
b) III, apenas
c) I e III, apenas
d) II, apenas
e) I, II e III

☛ SOLUÇÃO

Analisando os itens, temos:

I. Correto. O índice de liquidez geral é igual a 1,0.

A liquidez geral avalia a capacidade de pagamento das obrigações de curto e longo prazos que uma empresa possui, utilizando as disponibilidades e os direitos de curto e longo prazos.

$$\text{Liquidez Geral} = \frac{\text{Ativo Circulante} + \text{AÑC Realizável a Longo Prazo} - \text{Despesas Antecipadas}}{\text{Passivo Circulante} + \text{PÑC}}$$

$$\text{Liquidez Geral} = \frac{600{,}00 + 700{,}00}{700{,}00 + 600{,}00}$$

Liquidez Geral = 1,0

II. Errado. O índice composição do endividamento é igual a **53,85%**.

A **composição do endividamento** avalia o montante das **obrigações de curto** em relação à **dívida total** da empresa.

$$\text{Composição do Endividamento} = \frac{\text{PC}}{\text{PC} + \text{PÑC}} \times 100\%$$

$$\text{Composição do Endividamento} = \frac{700{,}00}{700{,}00 + 600{,}00} \times 100\%$$

Composição do Endividamento = 53,85%

III. Errado. O índice imobilização dos recursos não correntes é igual a **57,14%**.

O índice de imobilização de recursos não correntes demonstra o montante de recursos que a empresa aplicou nos **ativos fixos** (AÑC Investimentos, Imobilizado e Intangível) para cada real de obrigações de longo prazo e de capital próprio.

$$\text{Imobilização de RÑC} = \frac{\text{AÑC (Investimentos + Imobilizado + Intangível)}}{\text{PL + PÑC}} \times 100\%$$

O ideal é que esse índice seja inferior a 1, pois nesse caso temos uma folga financeira para a empresa, ou seja, temos um percentual de recursos não correntes que é o capital circulante líquido e que financia o ativo circulante.

Ativo Fixo = AÑC (Investimentos + Imobilizado + Intangível)

$$\text{Imobilização de RÑC} = \frac{300{,}00 + 500{,}00}{800{,}00 + 600{,}00} \times 100\%$$

Imobilização de RÑC = 57,14%

Gabarito: **A**

15ª QUESTÃO: Considere as seguintes assertivas elaboradas a partir do balanço patrimonial da Cia. dos Cálculos:

I. A necessidade de capital de giro é de 100,00.

II. A necessidade de capital de giro está sendo financiada com recursos financeiros de curto prazo.

III. O capital circulante próprio é igual a 200,00.

Está correto o que se afirma em:

a) II, apenas
b) I e III, apenas
c) I e II, apenas
d) I, apenas
e) I, II e III

☛ **SOLUÇÃO**

Com a finalidade de entendermos o que é **necessidade de capital de giro** (NCG), por hipótese, vamos supor que uma determinada Farmácia Celta realizou as seguintes operações:

♦ Constituição da Farmácia Celta em 11/02/2020 com a subscrição de 100.000 ações com valor nominal de 1,00.

Ativo	Passivo
Bens .... 0,00 Direitos .... 0,00 Total........ 0,00	Obrigações........ 0,00 **Patrimônio Líquido** Capital........ 100.000,00 Capital a Integralizar........ (100.000,00) Total........ 0,00

♦ Integralização em 13/02/2020 de 30% do capital em dinheiro e o restante em imóvel.

Ativo	Passivo
Ativo Circulante Disponível .... 30.000,00 **AÑC Imobilizado** Imóvel .... 70.000,00 Total........ 100.000,00	**Patrimônio Líquido** Capital........ 100.000,00 Total........ 100.000,00

♦ Compras de mercadorias em 15/02/2020 no montante de 50.000,00, sendo 30.000,00 à vista, e o restante a prazo.

Ativo	Passivo
Ativo Circulante Mercadorias .... 50.000,00 **AÑC Imobilizado** Imóvel .... 70.000,00 Total........ 120.000,00	**Passivo Circulante** Fornecedores........ 20.000,00 **Patrimônio Líquido** Capital........ 100.000,00 Total........ 120.000,00

ATENÇÃO, o ativo operacional é composto apenas de **mercadorias** e o passivo operacional de **fornecedores**. Dessa forma, a necessidade de capital de giro pode ser calculada pela seguinte fórmula:

NCG = Mercadorias – Fornecedores

NCG = 50.000,00 – 20.000,00
NCG – 30.000,00

CONCLUSÃO, a necessidade de capital de giro é **positiva** de 30.000,00. Em outras palavras, a empresa não precisa de **fontes externas** para financiar o seu **capital de giro**, e nesse caso, a necessidade de capital de giro de 30.000,00 está sendo financiada com **recursos financeiros de curto prazo da empresa**, pois do montante de 50.000,00 das mercadorias adquiridas, a empresa adquiriu 30.000,00 com recursos próprios.

Analisando os itens, temos:

I. Correto. A necessidade de capital de giro é de 100,00.

NCG = AC operacional – PC operacional

NCG = 300,00 – 200,00

NCG = 100,00

II. Correto. A necessidade de capital de giro está sendo financiada com recursos financeiros de curto prazo.

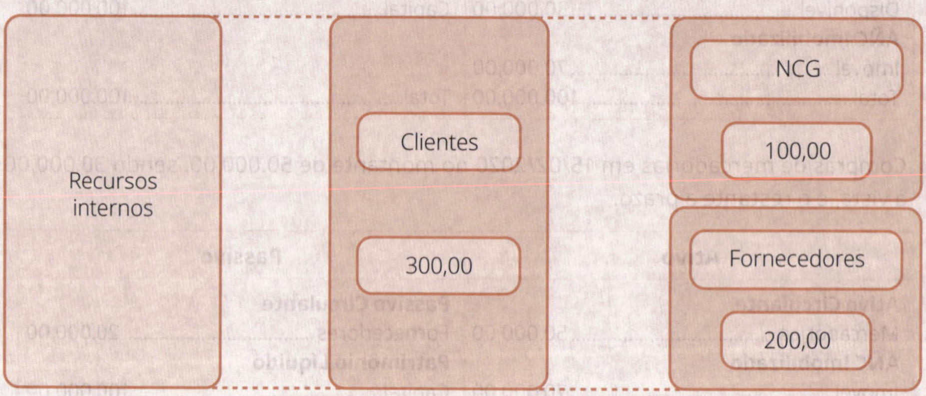

Analisando o gráfico acima, **para efeitos didáticos**, nós consideramos que o ativo operacional era composto apenas de **clientes** e o passivo operacional de **fornecedores**. Dessa forma, a necessidade de capital de giro pode ser calculada por meio da fórmula a seguir:

NCG = Clientes – Fornecedores

NCG = 300,00 – 200,00

NCG = 100,00

CONCLUSÃO, a necessidade de capital de giro é positiva de 100,00. Em outras palavras, a empresa não precisa de fontes externas para financiar o seu **capital de giro**, e nesse caso, a necessidade de capital de giro de 100,00 está sendo financiada com **recursos financeiros de curto prazo da empresa**.

O **capital de giro** representa os recursos aplicados no caixa, estoques, duplicatas a receber, etc. e que são necessários para que uma empresa possa dar **continuidade as suas atividades** (manter os seus negócios em giro).

III. Errado. O capital circulante próprio é igual a **700,00**.

O **capital de giro próprio** (capital circulante próprio) representa a capacidade que uma empresa tem em financiar o seu **ciclo operacional** com recursos próprios.

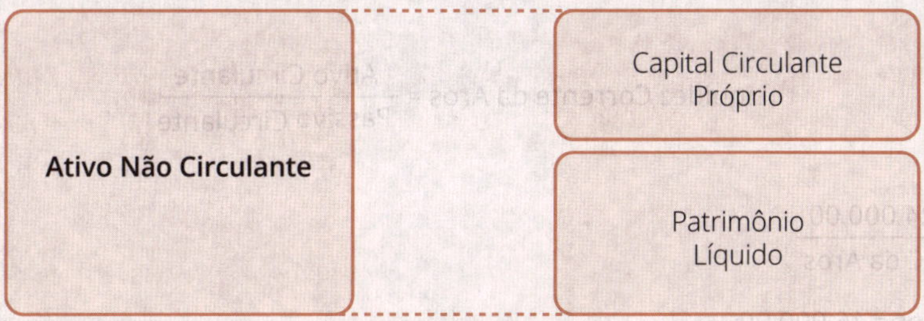

Capital Circulante Próprio = AÑC (RLP + Investimentos + Imobilizado + Intangível) – PL

Capital Circulante Próprio = 700,00 + 300,00 + 500,00 – 800,00
Capital Circulante Próprio = 700,00

Gabarito: **C**

16ª QUESTÃO: Considere as seguintes informações obtidas a partir das demonstrações contábeis das empresas Aros S.A. e Rodas S.A.:

Informação	Aros S.A.	Rodas S.A.
Ativo Circulante	24.000,00	36.000,00
Liquidez Corrente	1,50	2,00
Composição do Endividamento	40%	60%
Grau de Endividamento (em relação aos recursos totais)	80%	60%
Retorno sobre o PL	15%	10%

Com base nas informações acima é correto afirmar que o:

a) passivo não circulante da empresa Aros S.A. é igual a 12.000,00.
b) total de recursos de terceiros da empresa Rodas S.A. é igual a 40.000,00.
c) patrimônio líquido da empresa Aros S.A. é igual a 20.000,00.
d) passivo não circulante da empresa Rodas S.A. é igual a 24.000,00.
e) lucro líquido apurado pela empresa Rodas S.A. foi 2.000,00.

☛ SOLUÇÃO

Analisando as alternativas, temos:

a) Errada. O passivo não circulante da empresa Aros S.A. é igual a **24.000,00**.

$$\text{Liquidez Corrente da Aros} = \frac{\text{Ativo Circulante}}{\text{Passivo Circulante}}$$

$$1,50 = \frac{24.000,00}{\text{PC da Aros}}$$

PC da Aros = 16.000,00

A **composição do endividamento** avalia o montante das **obrigações de curto** em relação à **dívida total** da empresa.

$$\text{Composição do Endividamento da Aros} = \frac{\text{PC}}{\text{PC + PÑC}} \times 100\%$$

$$40\% = \frac{16.000,00}{16.000,00 + \text{PÑC da Aros}} \times 100\%$$

6.400,00 + 0,4 × PÑC da Aros = 16.000,00
PÑC da Aros = 24.000,00

b) Errada. O total de recursos de terceiros da empresa Rodas S.A. é igual a **30.000,00**.

$$\text{Liquidez Corrente da Rodas} = \frac{\text{Ativo Circulante}}{\text{Passivo Circulante}}$$

$$2,00 = \frac{36.000,00}{\text{PC da Rodas}}$$

PC da Rodas = 18.000,00

A **composição do endividamento** avalia o montante das **obrigações de curto** em relação à **dívida total** da empresa.

$$\text{Composição do Endividamento da Rodas} = \frac{PC}{PC + P\tilde{N}C} \times 100\%$$

$$60\% = \frac{18.000,00}{18.000,00 + P\tilde{N}C \text{ da Rodas}} \times 100\%$$

10.800,00 + 0,6 × PÑC da Rodas = 18.000,00
PÑC da Rodas = 12.000,00

Total de recursos de terceiros da Rodas = PC da Rodas + PÑC da Rodas

Total de recursos de terceiros da empresa Rodas = 18.000,00 + 12.000,00
Total de recursos de terceiros da empresa Rodas = 30.000,00

c) Errada. O patrimônio líquido da empresa Aros S.A. é igual a **10.000,00.**

O **grau de endividamento** demonstra o montante de recursos que a empresa obteve de capital de terceiros para cada real de capital aplicado, ou seja, mede a porcentagem do ativo total que encontra-se financiada por capital de terceiros. Quanto maior o grau de endividamento, maior é a possibilidade de falência de uma empresa.

Passivo Exigível da Aros = PC da Aros + PÑC da Aros

Passivo Exigível da Aros = 16.000,00 + 24.000,00
Passivo Exigível da Aros = 40.000,00

$$\text{Grau de Endividamento da Aros} = \frac{\text{Passivo Exigível}}{\text{Ativo total}} \times 100\%$$

$$80\% = \frac{40.000,00}{\text{Ativo da Aros}} \times 100\%$$

Ativo da Aros = 50.000,00

Ativo da Aros = Passivo Exigível da Aros + PL da Aros

50.000,00 = 40.000,00 + PL da Aros
PL da Aros = 10.000,00

d) Errada. O passivo não circulante da empresa Rodas S.A. é igual a **12.000,00**.

ATENÇÃO, na alternativa **B** calculamos o PÑC da Rodas que é no montante de 12.000,00.

e) Correta. O lucro líquido apurado pela empresa Rodas S.A. foi 2.000,00.

Da alternativa **B** temos que o **passivo exigível da Rodas** é de 30.000,00.

$$\text{Grau de Endividamento da Rodas} = \frac{\text{Passivo Exigível da Rodas}}{\text{Ativo total da Rodas}} \times 100\%$$

$$60\% = \frac{30.000,00}{\text{Ativo da Rodas}} \times 100\%$$

Ativo da Rodas = 50.000,00

$$\text{Ativo da Rodas} = \text{Passivo Exigível da Rodas} + \text{PL da Rodas}$$

50.000,00 = 30.000,00 + PL da Rodas

PL da Rodas = 20.000,00

A **rentabilidade do patrimônio líquido** ou **retorno sobre o PL** representa o retorno que os acionistas estão obtendo em relação aos seus investimentos realizados na empresa.

$$\text{Retorno sobre o PL da Rodas} = \frac{\text{Lucro Líquido}}{\text{PL da Rodas}} \times 100\%$$

$$10\% = \frac{\text{Lucro Líquido da Rodas}}{20.000,00} \times 100\%$$

Lucro Líquido da Rodas = 2.000,00

Gabarito: **E**

17ª QUESTÃO: A demonstração do resultado do ano de 2017 da empresa Só Negócios S.A. é apresentada a seguir, com os valores expressos em reais.

Demonstração do Resultado - 01/01/2017 a 31/12/2017	
Receita Bruta de Vendas	120.000,00
– Impostos sobre vendas	(27.500,00)
= Receita Líquida	92.500,00
– Custo das Mercadorias Vendidas	(37.500,00)
= Lucro Bruto	55.000,00
– Despesa de depreciação	(8.750,00)
– Despesa com salários	(5.000,00)
– INSS sobre salários (empresa)	(1.000,00)
– FGTS sobre salários	(400,00)
= Lucro antes do IR e CSLL	39.850,00
– IR e CSLL	(8.850,00)
= Lucro Líquido	31.000,00

Com base na demonstração acima e sabendo que o valor dos tributos recuperáveis referentes aos produtos comercializados em 2017 foi 6.750,00, o valor adicionado total a distribuir pela empresa no período foi, em reais:

a) 75.750,00
b) 73.750,00
c) 39.500,00
d) 67.000,00
e) 31.000,00

☛ SOLUÇÃO

ATENÇÃO, no CMV da DVA devemos **incluir o valor dos tributos recuperáveis** (ICMS) destacado nas compras de mercadorias no primeiro semestre de 2017 no montante de 6.750,00.

CMV da DVA = CMV da DRE + ICMS nas compras

CMV da DVA = 37.500,00 + 6.750,00
CMV da DVA = 44.250,00

Demonstração do Valor Adicionado	
1. **Receitas**	**120.000,00**
Receita Bruta de Vendas	120.000,00
2. **Insumos Adquiridos de Terceiros**	**(44.250,00)**
Custo das Mercadorias Vendidas	44.250,00
3. **Valor Adicionado Bruto**	**75.750,00**
4. **Depreciação, Amortização e Exaustão**	**(8.750,00)**
Despesas de depreciação	8.750,00
5. **Valor Adicionado Líquido**	**67.000,00**
6. **Valor Adicionado Recebido de Terceiros**	**0,00**
7. **Valor Adicionado Total a Distribuir**	**67.000,00**
8. **Distribuição do Valor Adicionado**	**67.000,00**
Governo	**30.600,00**
Impostos (1)	20.750,00
IR e CSLL	8.850,00
INSS sobre salários	1.000,00
Empregados	**5.400,00**
Salários	5.000,00
FGTS sobre salários	400,00
Remuneração dos Capital de Terceiros	**0,00**
Remuneração do Capital Próprio	**31.000,00**
Lucro Líquido	31.000,00

(1) **ATENÇÃO,** no cálculo dos impostos na DVA devemos compensar os impostos incidentes nas vendas com os impostos incluídos no CMV da DRE.

Impostos = ICMS sobre Vendas – ICMS sobre Compras

Impostos = 27.500,00 – 6.750,00

Impostos = 20.750,00

Gabarito: **D**

ATENÇÃO: Utilize as informações abaixo para responder às **questões de números 18 e 19**.

A Cia. dos Amores, ao analisar o processo de produção e venda de seu único produto no mês de janeiro de 2019, obteve as seguintes informações:

Custos fixos 330.000,00
Custos variáveis por unidade 40,00
Despesas fixas 60.000,00
Despesas variáveis por unidade 15,00
Preço bruto de venda por unidade 300,00
Comissões de venda .... 5% do preço bruto de venda
Impostos sobre a venda ....10% do preço bruto de vendas

18ª QUESTÃO: Sabendo que não havia estoques no início de janeiro de 2019, que a Cia. dos Amores produziu integralmente 6.000 unidades nesse mês e utiliza o método de custeio por absorção, o custo unitário da produção no mês de janeiro de 2019 foi, em reais:

a) 40,00
b) 95,00
c) 55,00
d) 105,00
e) 120,00

☛ SOLUÇÃO

O **custeio por absorção** consiste na **apropriação dos custos** (diretos, indiretos, fixos e variáveis) utilizados no processo de produção para o resultado do exercício quando da venda, sendo que os custos relativos aos produtos em elaboração e aos produtos acabados que não tenham sido vendidos são ativados nos estoques destes produtos.

1º passo: Calcular o custo fixo unitário.

$$\text{Custo fixo unitário} = \frac{\text{Custos fixos no mês}}{\text{Produção no mês}}$$

$$\text{Custo fixo unitário} = \frac{330.000{,}00}{6.000\ \text{u}}$$

Custo fixo unitário = 55,00

2º passo: Calcular o custo de produção unitário.

CP unitário = CF unitário + CV unitário

CP unitário = 55,00 + 40,00
CP unitário = 95,00

ATENÇÃO, as despesas fixas e variáveis **não compõem** os custos de produção, pois encontram-se fora área de produção.

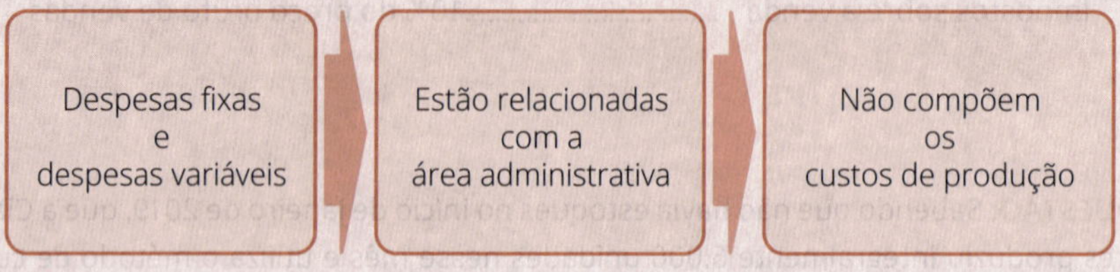

Gabarito: **B**

19ª QUESTÃO: Sabendo que a Cia. dos Amores deseja obter um lucro de 270.000,00 apurado de acordo com método de custeio variável, o ponto de equilíbrio econômico da Cia. dos Amores, em unidades, é:

a) 1.350
b) 1.650
c) 3.000
d) 3.300
e) 2.276

☛ SOLUÇÃO

Vamos chamar de **Q** a quantidade que a empresa deverá **produzir e vender** para atingir o **ponto de equilíbrio econômico**, ou seja, para obter um **lucro de 270.000,00**.

O **ponto de equilíbrio econômico** é o ponto em que o lucro contábil resultante da atividade empresarial se iguala aos rendimentos do capital próprio da empresa aplicado em outra alternativa de investimento.

1º passo: Calcular a receita total.

Receita Total = Preço de Venda × Q

Receita Total = 300,00 × Q

2º passo: Calcular o custo e a despesa total.

Comissões de venda = 5% × Preço de venda
Comissões de venda = 5% × 300,00
Comissões de venda = 15,00

Impostos sobre venda = 10% × Preço de venda
Impostos sobre venda = 10% × 300,00
Impostos sobre venda = 30,00

Custos variáveis unitários 40,00

Despesas variáveis 15,00
\+ Comissões de venda 15,00
\+ Impostos sobre venda 30,00
= **Despesas variáveis unitários 60,00**

ATENÇÃO, o custo variável total é obtido por meio da fórmula:

Custo variável total = Custo variável unitário × Q

Custo variável total = 40,00 × Q

Custo Total = Custo Variável total + Custo Fixo total

Custo Total = 40,00 × Q + 330.000,00

A despesa variável total é obtido por meio da fórmula:

Despesa variável total = Despesa variável unitária × Q

Despesa variável total = 60,00 × Q

Despesa Total = Despesa Variável total + Despesa Fixa total

Despesa Total = 60,00 × Q + 60.000,00

3º passo: Calcular o ponto de equilíbrio econômico.

No ponto de equilíbrio econômico, temos:

Lucro Esperado = Receita Total – Custo Total – Despesa Total

Em outras palavras, no **ponto de equilíbrio econômico** não se a empresa adota o **custeio por absorção** ou **custeio variável**, pois todos os custos e despesas são computados.

270.000,00 = 300,00 × Q – (40,00 × Q + 330.000,00) – (60,00 × Q + 60.000,00)

270.000,00 = 300,00 × Q – 40,00 × Q – 330.000,00 – 60,00 × Q – 60.000,00

200,00 × Q = 660.000,00

Q = 3.300 unidades

Gabarito: **D**

20ª QUESTÃO: A empresa Cremes e Cia. produz três tipos de cremes: Azul, Rosa e Branco. As informações referentes a cada produto são apresentadas abaixo.

Produtos	Azul	Rosa	Branco
Preço de venda unitário	180,00	160,00	200,00
Custos variáveis unitário	40,00	30,00	64,00
Custos fixos unitário	40,00	24,00	32,00
Despesas variáveis unitário	8,00	4,00	12,00
Despesas fixas unitário	12,00	6,00	18,00

Os custos e as despesas fixas são comuns aos três produtos, sendo que os custos fixos são alocados aos produtos com base nos volumes produzidos e as despesas fixas alocadas em função das despesas variáveis unitárias. A empresa produz apenas o que é vendido em cada mês e, caso decida paralisar a produção de qualquer um dos produtos não haverá eliminação de custos fixos e despesas fixas. Sabendo que a empresa tem recursos limitados para investir em propaganda e que o objetivo é a maximização do lucro, a ordem de prioridade em que os cremes devem ter sua venda incentivada é:

a) Azul, Rosa e Branco
b) Azul, Branco e Rosa
c) Rosa, Azul e Branco
d) Rosa, Branco e Azul
e) Branco, Azul e Rosa

☛ SOLUÇÃO

A empresa deverá descontinuar a produção dos produtos com **menor margem de contribuição**. A margem de contribuição corresponde ao quanto sobra das vendas para que uma empresa possa pagar suas despesas fixas e **ainda gerar lucro**.

Margem de Contribuição = Vendas – Custos Variáveis – Despesas Variáveis

Calculando as margens de contribuição, temos:

Produtos	Azul	Rosa	Branco
Preço de venda unitário	180,00	160,00	200,00
– Custos variáveis unitário	(40,00)	(30,00)	(64,00)
– Despesas variáveis unitário	(8,00)	(4,00)	(12,00)
= Margem de contribuição unitária	132,00	126,00	124,00

CONCLUSÃO, a ordem de prioridade em que os cremes devem ter sua venda incentivada é:

1ª azul, 2ª rosa e 3ª branco

Gabarito: **A**

Capítulo 9

Sefaz SC 2018

01ª QUESTÃO: Em 30/11/2017, a empresa TecnoBite, que atua no setor de revenda de computadores, apresentava a seguinte situação patrimonial:

Caixa e Equivalentes de Caixa 5.000,00
Capital Social..41.000,00
Contas a Pagar 14.000,00
Imobilizado...75.000,00
Depreciação Acumulada 25.000,00

Durante o mês de dezembro de 2017, a TecnoBite realizou as seguintes operações:

- Obtenção de empréstimo, em 01/12/2017, no valor de 50.000,00, para ser pago em 60 dias. A taxa de juros compostos contratada foi de 2% a.m.
- Aquisição de estoque no valor de 35.000,00, à vista.
- Pagamento de 8.000,00 do total de contas a pagar.
- Venda de 60% do estoque no valor total de 75.000,00 à vista, para diversos clientes.
- Aquisição de estoque no valor de 30.000,00, à vista.
- Pagamento de despesas gerais referentes ao mês de dezembro de 2017 no valor total de 6.000,00.
- O imobilizado tem uma vida útil de 60 meses, sem valor residual, sendo utilizado o método das cotas constantes, dos quais já passaram 20 meses.

O valor do patrimônio líquido da empresa TecnoBite era, em 31/12/2017, em reais:

a) 89.000,00
b) 87.750,00
c) 86.750,00
d) 88.000,00
e) 73.000,00

☛ SOLUÇÃO

1º passo: Calcular o patrimônio líquido inicial.

Montando o balanço patrimonial inicial, temos:

Ativo	Passivo
Ativo Circulante	**Passivo Circulante**
Caixa e Equivalentes.......................... 5.000,00	Contas a Pagar................................ 14.000,00
AÑC Imobilizado	**Patrimônio Líquido**
Imobilizado....................................... 75.000,00	Capital... 41.000,00
Depreciação Acumulada................ (25.000,00)	
Total.. 55.000,00	Total.. 55.000,00

PL Inicial = 41.000,00

2º passo: Registrar as operações que ocorreram no mês de dezembro de 2017.

(1) Registro da obtenção de empréstimo, em 01/12/2017, no valor de 50.000,00, para ser pago em 60 dias, com a incidência de uma taxa de juros compostos de 2% a.m.

Caixa e Equivalentes	
5.000,00	
(1) 50.000,00	
55.000,00	

Empréstimos a Pagar	
	50.000,00 (1)

ATENÇÃO, trata-se de um empréstimo pré-fixado e nesse caso a empresa recebe integralmente o empréstimo no montante de 50.000,00. Os juros pós-fixados de 2% a.m. incidentes sobre o empréstimo, são contabilizados pelo regime de competência, isto é, em função do tempo transcorrido.

(2) Registro da aquisição de estoque no valor de 35.000,00, à vista.

Caixa e Equivalentes	
55.000,00	35.000,00 (2)
20.000,00	

Estoques	
(2) 35.000,00	

(3) Registro do pagamento de 8.000,00 do total de contas a pagar.

Caixa e Equivalentes	
20.000,00	8.000,00 (3)
12.000,00	

Contas a Pagar	
(3) 8.000,00	14.000,00
	6.000,00

(4) Registro da venda de 60% do estoque no valor total de 75.000,00 à vista, para diversos clientes.

Caixa e Equivalentes	
12.000,00	
(4) 75.000,00	
87.000,00	

Vendas Brutas	
	75.000,00 (4)

(5) Registro da baixa de 60% dos estoques:

Estoques	
35.000,00	21.000,00 (5)
14.000,00	

CMV	
(5) 21.000,00	

(6) Registro da aquisição de estoque no valor de 30.000,00, à vista.

Caixa e Equivalentes	
87.000,00	30.000,00 (6)
57.000,00	

Estoques	
14.000,00	
(6) 30.000,00	
44.000,00	

(7) Registro do pagamento de despesas gerais referentes ao mês de dezembro de 2017 no valor total de 6.000,00.

Caixa e Equivalentes	
57.000,00	6.000,00 (7)
51.000,00	

Despesas Gerais	
(7) 6.000,00	

(8) Registro da depreciação do imobilizado referente ao mês de dezembro de 2017.

Depreciação	
(8) 1.250,00	

Depreciação Acumulada	
	25.000,00
	1.250,00 (8)
	26.250,00

$$\text{Depreciação} = (\text{Custo de Aquisição} - \text{Valor Residual}) \times \frac{\text{Período de utilização}}{\text{Vida útil}}$$

$$\text{Depreciação} = (75.000{,}00 - 0{,}00) \times \frac{1\ \text{mês}}{60\ \text{meses}}$$

Depreciação = 1.250,00

(9) Apropriação das despesas financeiras em 31/12/2017:

Despesas Financeiras	
(9) 1.000,00	

Empréstimos a Pagar	
	50.000,00
	1.000,00 (9)
	51.000,00

Despesas Financeiras = 2% × Empréstimos

Despesas Financeiras = 2% × 50.000,00
Despesas Financeiras = 1.000,00

ATENÇÃO, aqui está a pegadinha da questão, pois o candidato que desconsiderou a apropriação das despesas financeiras em 31/12/2017, encontrou como resposta, a alternativa **B**.

3º passo: Apuração do resultado do exercício.

Demonstração do Resultado do Exercício	
Vendas Brutas	75.000,00
– CMV	(21.000,00)
= **Lucro Bruto**	**54.000,00**
– Despesas Gerais	(6.000,00)
– Depreciação	(1.250,00)
= **Lucro operacional antes do resultado financeiro**	**46.750,00**
– Despesas Financeiras	(1.000,00)
= **Lucro Líquido**	**45.750,00**

4º passo: Montar o balanço patrimonial final.

Ativo		Passivo	
Ativo Circulante		**Passivo Circulante**	
Caixa e Equivalentes	51.000,00	Contas a Pagar	6.000,00
Estoques	44.000,00	Empréstimos	50.000,00
AÑC Imobilizado		**Patrimônio Líquido**	
Imobilizado	75.000,00	Capital	41.000,00
Depreciação Acumulada	(26.250,00)	Lucros Acumulados	45.750,00
Total	143.750,00	Total	143.750,00

Do balanço patrimonial final, temos:

PL Final = 41.000,00 + 45.750,00

PL Final = 86.750,00

CUIDADO, pois apesar da legislação societária proibir atualmente um saldo na conta lucros acumulados no encerramento do exercício social, no cálculo do patrimônio líquido final, consideramos o saldo da conta lucros, pois **o examinador não informa** a destinação do lucro líquido.

SOLUÇÃO NA PROVA

Na prova, apuramos o **resultado do exercício** e somamos ao capital, encontrando o **patrimônio líquido final**.

Apuração do Resultado do Exercício	
Vendas Brutas	75.000,00
– CMV (60% × 35.000,00)	(21.000,00)
= **Lucro Bruto**	**54.000,00**
– Despesas Gerais	(6.000,00)
– Depreciação	(1.250,00)
= **Lucro operacional antes do resultado financeiro**	**46.750,00**
– Despesas Financeiras (2% × 50.000,00)	(1.000,00)
= **Lucro Líquido**	**45.750,00**

PL Final = Capital + Lucro Líquido

PL Final = 41.000,00 + 45.750,00

PL Final = 86.750,00

Gabarito: **C**

02ª QUESTÃO: A empresa Monta e Desmonta adquiriu, em 01/01/2016, uma máquina no valor de 150.000,00, à vista. Para a aquisição e colocação em funcionamento, a empresa incorreu adicionalmente nos seguintes gastos:

- Tributos recuperáveis no valor de 20.000,00.

- Gastos com transporte e seguro no valor de 8.000,00.
- Gastos com instalação no valor de 6.000,00.

A empresa estima que incorrerá em gastos no valor de 12.000,00 (equivalentes à vista) para desinstalar esta máquina ao final de sua vida útil. A vida útil da máquina era 5 anos, sendo que essa máquina ficou disponível para o uso apenas em 31/03/2016. Ademais, espera-se que ao final do período de vida útil a máquina valha 14.000,00. Sabendo que a empresa utiliza o método das cotas constantes, o valor contábil da máquina, em 31/12/2017, era, em reais:

a) 111.200,00
b) 105.300,00
c) 111.500,00
d) 132.300,00
e) 119.300,00

☛ SOLUÇÃO

1º passo: Calcular o custo de aquisição da máquina.

Segundo o CPC 27 que trata do **ativo imobilizado**, o custo da máquina compreende:

Preço de compra
\+ Impostos de importação e impostos não recuperáveis sobre a compra
– Descontos comerciais e abatimentos
\+ Custos necessários para colocá-lo em condições de funcionamento.
\+ Custos de desmontagem e remoção
= **Custo de aquisição do ativo imobilizado**

Atenção, os **custos de desmontagem e remoção** do ativo imobilizado e de restauração do local no qual este está localizado representam a obrigação em que a entidade incorre quando o ativo imobilizado é adquirido.

Exemplos de **custos diretamente atribuíveis** ao imobilizado
♦ custos de benefícios aos empregados decorrentes diretamente da construção ou aquisição de item do ativo imobilizado ♦ custos de preparação do local ♦ custos de frete e de manuseio para recebimento e instalação ♦ custos de instalação e montagem ♦ custos com testes para verificar se o ativo está funcionando corretamente ♦ honorários profissionais

Preço de compra da máquina 150.000,00
+ Gastos com transporte e seguro 8.000,00
+ Gastos com instalação 6.000,00
+ Gastos com desinstalação 12.000,00
= Custo de aquisição 176.000,00

2º passo: Calcular a depreciação acumulada em 31/12/2017.

ATENÇÃO, a depreciação **tem início** quando o ativo está disponível para uso, ou seja, quando está no local e em condição de funcionamento na forma pretendida pela administração. Nesse caso, a **depreciação tem início em 31/03/2016**, que corresponde a data em que a máquina ficou disponível para o uso.

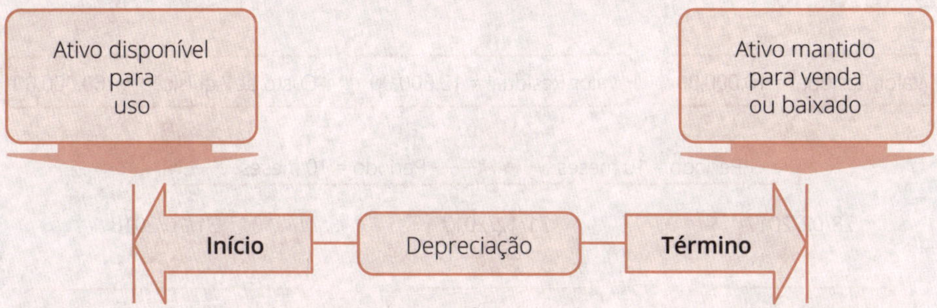

$$\text{Depreciação Acumulada} = (\text{Custo de aquisição} - \text{Valor residual}) \times \frac{\text{Período de utilização}}{\text{Vida útil}}$$

O período de utilização compreende 31/03/2016 a 31/12/2017, ou seja, 21 meses.

$$\text{Depreciação Acumulada} = (176.000{,}00 - 14.000{,}00) \times \frac{21 \text{ meses}}{60 \text{ meses}}$$

Depreciação Acumulada = 56.700,00

3º passo: Calcular o valor contábil em 31/12/2017.

Valor Contábil = Custo de Aquisição – Depreciação Acumulada

Valor Contábil = 176.000,00 – 56.700,00
Valor Contábil = 119.300,00

Gabarito: **E**

03ª QUESTÃO: Em 28/02/2017, a empresa Monta e Desmonta comprou uma nova máquina no valor de 160.000,00, à vista, com vida útil econômica estimada de 5 anos e valor residual de 10.000,00. Em 31/12/2017, após utilizar a máquina por 10 meses, a empresa Monta e Desmonta reavaliou a vida útil econômica remanescente da máquina em 40 meses e valor residual de 15.000,00. Em 31/10/2018, a empresa Monta e Desmonta decidiu vender esta máquina por 130.000,00, à vista. Com base nessas informações, o resultado obtido pela empresa Monta e Desmonta com a venda da máquina foi, em reais:

a) 5.000,00, de prejuízo.
b) 5.000,00, de ganho.
c) 40.000,00, de ganho.
d) 25.000,00, de ganho.
e) 28.000,00, de ganho.

SOLUÇÃO

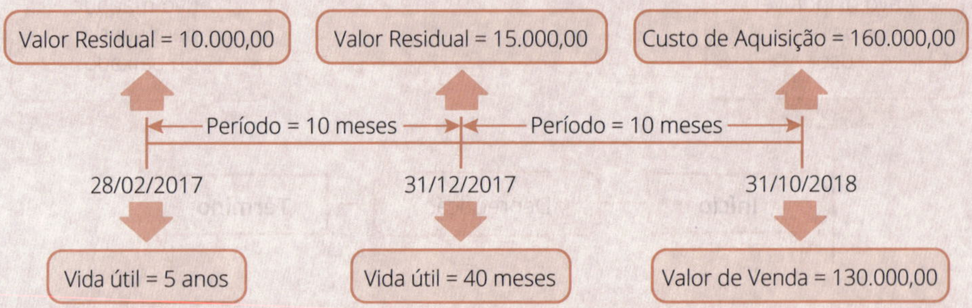

1º passo: Calcular a depreciação acumulada em 31/12/2017.

$$\text{Depreciação Acumulada} = (\text{Custo de aquisição} - \text{Valor residual}) \times \frac{\text{Período de utilização}}{\text{Vida útil}}$$

$$\text{Depreciação Acumulada} = (160.000,00 - 10.000,00) \times \frac{10 \text{ meses}}{60 \text{ meses}}$$

Depreciação Acumulada = 25.000,00

2º passo: Calcular a depreciação no exercício de 2018.

ATENÇÃO, em 31/12/2017 ocorreu uma mudança na estimativa contábil, e a vida útil econômica remanescente da máquina passou para 40 meses e o valor residual para 15.000,00.

A fórmula de depreciação quando ocorre uma mudança na estimativa contábil é:

$$\text{Depreciação} = (\text{Custo} - \text{Depreciação Acumulada} - \text{Valor residual}) \times \frac{\text{Período de utilização}}{\text{Vida útil}}$$

$$\text{Depreciação em 2018} = (160.000,00 - 25.000,00 - 15.000,00) \times \frac{10 \text{ meses}}{40 \text{ meses}}$$

Depreciação em 2018 = 30.000,00

3º passo: Calcular a depreciação acumulada em 31/10/2018.

Depreciação Acumulada em 31/12/2018 = Depreciação Acumulada em 2017 + Depreciação em 2018

Depreciação Acumulada em 31/10/2018 = 25.000,00 + 30.000,00
Depreciação Acumulada em 31/10/2018 = 55.000,00

4º passo: Calcular o valor contábil da máquina em 31/10/2018.

Valor Contábil em 31/12/2018 = Custo de Aquisição – Depreciação Acumulada em 31/10/2018

Valor Contábil em 31/10/2018 = 160.000,00 – 55.000,00
Valor Contábil em 31/10/2018 = 105.000,00

5º passo: Calcular o ganho de capital na alienação da máquina.

Ganho de Capital = Valor de Venda – Valor Contábil

Ganho de Capital = 130.000,00 – 105.000,00
Ganho de Capital = 25.000,00

Para efeitos didáticos, vamos realizar os registros contábeis no **livro razão** referente a alienação da máquina.

(1) Registro contábil da baixa da máquina:

Máquinas	
160.000,00	160.000,00 (1)

Outras Despesas	
(1) 160.000,00	

(2) Registro contábil da baixa da depreciação acumulada:

Depreciação Acumulada	
(2) 55.000,00	55.000,00

Outras Receitas	
	55.000,00 (2)

(3) Registro contábil da venda à vista da máquina:

Disponibilidades	
(3) 130.000,00	

Outras Receitas	
	55.000,00
	130.000,00 (3)
	185.000,00

(4) e (5) Registro contábil do ganho de capital:

Outras Despesas	
160.000,00	160.000,00 (4)

Outras Receitas	
(5) 185.000,00	185.000,00

Ganho de Capital	
(4) 160.000,00	185.000,00 (5)
	25.000,00

Outras receitas

As **outras receitas** compreendem as **receitas oriundas** das transações do AÑC classificados nos subgrupos de investimentos, imobilizado e intangível.

Outras despesas

As **outras despesas** compreendem as **despesas oriundas** das transações do AÑC classificados nos subgrupos de investimentos, imobilizado e intangível.

Ganho de Capital = Outras Receitas – Outras Despesas

Gabarito: **D**

04ª QUESTÃO: A empresa Estocagem comprou, à vista, mercadorias para revenda no valor de 100.000,00, com desconto de 15.000,00 em função do volume. Adicionalmente, incorreu nos seguintes gastos:

- Imposto de importação no valor de 10.000,00.
- Gastos com armazenamento para que a mercadoria chegue até a empresa no valor de 15.000,00.
- Gasto com transporte das mercadorias até a empresa no valor de 5.000,00.
- IPI não recuperável no valor de 4.000,00.
- ICMS recuperável no valor de 7.000,00.
- Gastos com seguros para transporte das mercadorias até a empresa no valor de 3.000,00.

O custo das mercadorias adquiridas foi, em reais:

a) 137.000,00
b) 122.000,00
c) 129.000,00
d) 115.000,00
e) 107.000,00

SOLUÇÃO

Os **custos das mercadorias adquiridas** incluem todos os gastos não recuperáveis, deduzidos dos descontos e impostos recuperáveis.

Preço de aquisição	100.000,00
– Descontos incondicionais concedidos	(15.000,00)
+ Imposto de importação	10.000,00
+ Gastos com armazenamento	15.000,00
+ Gasto com transporte das mercadorias	5.000,00
+ IPI não recuperável	4.000,00
+ Gastos com seguros para transporte das mercadorias	3.000,00
= Custo das mercadorias adquiridas	122.000,00

AQUI ESTÁ A PEGADINHA DA QUESTÃO, pois no **preço de aquisição** de mercadorias importadas, **não existe** o imposto de importação, o IPI e o ICMS. Em outras palavras, o **examinador assevera que os gastos com esses impostos são adicionais**, ou seja, não se encontram no preço de aquisição de 100.000,00. Por isso, **não subtraímos do custo das mercadorias adquiridas o ICMS**, apesar do mesmo ser um tributo recuperável. **Cuidado**, pois se você subtrair o ICMS, encontrará uma resposta errada, que corresponde a alternativa **D**.

Gabarito: **B**

05ª QUESTÃO: A empresa Solaris possuía as seguintes contas com os respectivos saldos em 31/12/2017:

Duplicatas a Receber de Clientes	600.000,00
Estimativa de Perdas com Créditos de Liquidação Duvidosa	10.000,00
Caixa e Equivalentes de Caixa	110.000,00
Contas a Pagar	150.000,00
Patrimônio Líquido	550.000,00

No entanto, antes do encerramento do período, a empresa realizou as seguintes transações em 31/12/2017:

- Desconto de uma duplicata de 150.000,00, 30 dias antes do vencimento, com taxa de desconto comercial de 7% ao mês.
- Reconhecimento da estimativa de perdas com créditos de liquidação duvidosa. A empresa possui conhecimento de que 5% dos seus clientes nunca pagam suas dívidas.

Ao elaborar o balanço patrimonial de 31/12/2017, o total do ativo e o valor do passivo (capital de terceiros) da empresa Solaris eram, respectivamente, em reais:

a) 819.500,00 e 289.500,00
b) 680.000,00 e 150.000,00
c) 819.500,00 e 269.500,00
d) 809.500,00 e 289.500,00
e) 809.500,00 e 300.000,00

☛ SOLUÇÃO

1º passo: Registrar as operações que ocorreram em 31/12/2017.

(1) Registro contábil do desconto de duplicatas no valor de 150.000,00, 30 dias antes do vencimento, a uma taxa de 7% ao mês.

Caixa e Equivalentes	
110.000,00	
(1) 139.500,00	
249.500,00	

Juros a Transcorrer	
(1) 10.500,00	

Duplicatas Descontadas	
	150.000,00 (1)

Juros a Transcorrer = Taxa de desconto no período × Duplicatas Descontadas

Juros a Transcorrer = 7% a.m. × 150.000,00
Juros a Transcorrer = 10.500,00

(2) Registro contábil do reconhecimento da estimativa de perdas com créditos de liquidação duvidosa.

Despesas com PECLD = 5% × Duplicatas a Receber de Clientes

Despesas com PECLD = 5% × 600.000,00
Despesas com PECLD = 30.000,00

ATENÇÃO, a empresa deverá apresentar uma PECLD em 31/12/2017 no seu balanço patrimonial no montante de 30.000,00. Analisando o **balanço inicial**, podemos observar que existe um saldo inicial de PECLD no montante de 10.000,00. Nesse caso temos **duas hipóteses** para a constituição da PECLD: na **1ª hipótese** revertemos o saldo de 10.000,00 para outras receitas operacionais e constituímos uma PECLD no montante de 30.000,00, enquanto que na **2ª hipótese** complementamos em 20.000,00 o saldo inicial da PECLD que é de 10.000,00. Vamos realizar o registro contábil pela **2ª hipótese**.

Despesas com PECLD	
(2) 20.000,00	

PECLD	
	10.000,00
	20.000,00 (2)
	30.000,00

2º passo: Montar o balanço patrimonial final.

Montando o balanço patrimonial final, temos:

Ativo		Passivo	
Ativo Circulante		**Passivo Circulante**	
Caixa e Equivalentes	249.500,00	Contas a Pagar	150.000,00
Duplicatas a Receber	600.000,00	Duplicatas Descontadas	150.000,00
PECLD	(30.000,00)	Juros a Transcorrer	(10.500,00)
		Patrimônio Líquido	530.000,00
Total	819.500,00	Total	819.500,00

ATENÇÃO, considerando apenas esses lançamentos, o resultado da empresa é um **prejuízo líquido de 20.000,00**. Portanto, o patrimônio líquido final é obtido por meio da diferença:

PL Final = PL Inicial – Prejuízo Líquido

PL Final = 550.000,00 – 20.000,00
PL Final = 530.000,00

Passivo = Contas a Pagar + Duplicatas Descontadas – Juros a Transcorrer

Passivo = 150.000,00 + 150.000,00 – 10.500,00
Passivo = 289.500,00

Gabarito: **A**

ATENÇÃO: Para responder às **questões de números 06 e 07**, considere as informações a seguir:

A tabela a seguir apresenta as aplicações financeiras realizadas pela empresa Valoração S.A. no dia 01/07/2017. Na tabela, são encontradas as características de cada aplicação, bem como a forma de mensuração definida pela empresa para cada aplicação:

Valor aplicado	Vencimento	Mensuração definida pela empresa	Taxa	Valor Justo em 31/07/2017
250.000,00	31/05/2023	Mensuração ao custo amortizado.	1,5% a.m.	260.000,00
225.000,00	31/03/2020	Mensuração ao valor justo por meio do resultado.	2% a.m.	220.000,00
300.000,00	31/10/2022	Mensuração ao valor justo por meio de outros resultados abrangentes.	1% a.m.	305.000,00

06ª QUESTÃO: O valor total dessas aplicações apresentado no balanço patrimonial da empresa Valoração S.A., em 31/07/2017, foi, em reais:

a) 778.750,00
b) 785.000,00
c) 783.000,00
d) 786.250,00
e) 776.750,00

☛ SOLUÇÃO

Segundo o CPC 48 que trata dos instrumentos financeiros, a entidade pode adotar as seguintes classificações para um ativo financeiro:

- custo amortizado
- valor justo por meio do resultado (**VJR**)
- valor justo por meio de outros resultados abrangentes (**VJORA**)

Essa **classificação** deve ter por base as características de **fluxo de caixa contratual** do ativo financeiro e o **modelo de negócios** da entidade para a gestão dos ativos financeiros.

Classificação do ativo financeiro = Características do fluxo de caixa contratual + Modelo de negócios

Fazendo um paralelo com a **classificação antiga**, temos:

Classificação ANTIGA	Classificação ATUAL	Rendimentos	Ajustes ao valor justo
Mantido até o vencimento	Custo amortizado	DRE	Não tem ajuste
Destinados à venda imediata	VJR	DRE	DRE
Disponível para venda futura	VJORA	DRE	Na conta AAP do PL

Juros ativos = Taxa efetiva × Custo de aquisição do título

Os **juros ativos** resultantes da aplicação dos títulos mensurados ao **VJR, custo amortizado** e **VJORA** vão para o resultado do exercício (**DRE**).

No encerramento do exercício, comparamos o **valor pela curva do papel** dos títulos com o seu **valor justo**, e dependendo da **classificação** desses títulos, **não haverá** ajustes ou os ajustes podem ir para a **DRE** ou **AAP**.

Classificação ATUAL	Rendimentos	Mensuração pela curva do papel	Ajustes ao valor justo
Custo amortizado	DRE	Custo de aquisição + Juros ativos	Não tem ajuste
VJR	DRE	Custo de aquisição + Juros ativos	+/– DRE
VJORA	DRE	Custo de aquisição + Juros ativos	+/– AAP do PL

Classificação	Rendimentos	Curva do papel	Valor justo
Custo amortizado	Juros	Custo amortizado + Juros	Custo amortizado + Juros
VJR	Juros	VJR + Juros	VJR + Juros +/– DRE
VJORA	Juros	VJORA + Juros	VJORA + Juros +/– AAP

1º passo: Calcular os rendimentos pela taxa efetiva de cada título e o valor pela curva do papel.

Custo	Taxa efetiva	Mensuração definida pela empresa	Juros ativos	Curva do papel
250.000,00	1,5% a.m.	Custo amortizado	3.750,00	253.750,00
225.000,00	2% a.m.	VJR	4.500,00	229.500,00
300.000,00	1% a.m.	VJORA	3.000,00	303.000,00

2º passo: Ajustar o valor pela curva do papel ao valor justo.

Classificação	Valor pela curva do papel	Valor justo	Ajuste ao valor justo
Custo amortizado	**253.750,00**	260.000,00	**Não tem ajuste**
VJR	229.500,00	**220.000,00**	DRE = – 9.500,00
VJORA	303.000,00	**305.000,00**	AAP = + 2.000,00

Conclusão, o montante evidenciado no BP em 31/07/2017 será:

BP = Custo amortizado pela curva do papel + VJR ao valor justo + VJORA ao valor justo

BP = 253.750,00 + 220.000,00 + 305.000,00
BP = 778.750,00

SOLUÇÃO NA PROVA

Evidenciado no BP = (1 + i) × Custo amortizado + VJR ao valor justo + VJORA ao valor justo

Evidenciado no BP = (1 + 1,5%) × 250.000,00 + 220.000,00 + 305.000,00

Evidenciado no BP = 253.750,00 + 220.000,00 + 305.000,00

Evidenciado no BP = 778.750,00

Gabarito: **A**

07ª QUESTÃO: O impacto reconhecido no resultado da empresa Valoração S.A., referente às aplicações financeiras, no mês de julho de 2017, foi, em reais:

a) 11.250,00
b) 13.250,00
c) 3.750,00
d) 10.000,00
e) 1.750,00

SOLUÇÃO

Títulos	Custo	Juros	Ajuste	BP	PL	DRE
Custo amortizado	250.000,00	3.750,00	**Não existe**	253.750,00	-	3.750,00
VJR	225.000,00	4.500,00	DRE = (9.500,00)	220.000,00	-	(5.000,00)
VJORA	300.000,00	3.000,00	AAP = + 2.000,00	305.000,00	2.000,00	3.000,00
Total				**778.750,00**	2.000,00	**1.750,00**

DRE = Juros do Custo amortizado + Juros do VJR – Juros de ajuste do VJR + Juros do VJORA

DRE = 3.750,00 + 4.500,00 – 9.500,00 + 3.000,00
DRE = 1.750,00 positivos

Gabarito: **E**

08ª QUESTÃO: A empresa Apuração S.A. apresentava, em 31/12/2016, as seguintes contas no seu patrimônio líquido:

Capital Social Subscrito 1.500.000,00
Capital Social a Integralizar.................... 250.000,00
Ações em Tesouraria..............................150.000,00
Reserva Legal 235.000,00
Reserva Estatutária................................ 250.000,00
Reserva para Expansão 25.000,00

No exercício social seguinte, aconteceram os seguintes fatos em ordem cronológica:

- Integralização de 50.000,00 do capital social, em dinheiro.
- Obtenção de lucro líquido no valor de 700.000,00.
- O estatuto social estabelece a seguinte destinação do lucro:
  - reserva estatutária no valor de 20% do lucro líquido.
  - reserva de lucros para expansão no valor de 30% do lucro líquido.
  - dividendo mínimo obrigatório no valor de 30% do lucro líquido ajustado nos termos da lei nº 6.404/76.
- A reserva legal é constituída de acordo com a lei nº 6.404/76.
- Todo o saldo remanescente é distribuído como dividendos adicionais.

Com base nessas informações, o saldo do patrimônio líquido da empresa Apuração S.A., em 31/12/2017, era, em reais:

a) 2.160.500,00
b) 2.457.500,00
c) 2.157.500,00
d) 2.460.500,00
e) 2.360.000,00

☛ SOLUÇÃO

1º passo: Calcular o patrimônio líquido inicial.

O patrimônio líquido em 31/12/2016 é:

Capital Social Subscrito	1.500.000,00
– Capital Social a Integralizar	(250.000,00)
+ Reserva Legal	235.000,00
+ Reserva Estatutária	250.000,00
+ Reserva para Expansão	25.000,00
– Ações em Tesouraria	(150.000,00)
= Patrimônio Líquido em 31/12/2016	1.610.000,00

2º passo: Registrar as operações que ocorreram no exercício de 2017.

(1) Registro contábil da integralização de 50.000,00 do capital social, em dinheiro.

Disponibilidades – AC	
(1) 50.000,00	

Capital a Integralizar – PL	
250.000,00	50.000,00 (1)
200.000,00	

(2) Registro contábil da transferência do lucro líquido de 700.000,00 para lucros acumulados.

Lucro Líquido – DRE	
(2) 700.000,00	700.000,00

Lucros Acumulados – PL	
	700.000,00 (2)

(3) Registro contábil da constituição de reserva estatutária de 20% do lucro líquido.

Lucros Acumulados – PL	
(3) 140.000,00	700.000,00
	560.000,00

Reserva Estatutária – PL	
	250.000,00
	140.000,00 (3)
	390.000,00

Reserva Estatutária = 20% × Lucro Líquido

Reserva Estatutária = 20% × 700.000,00
Reserva Estatutária = 140.000,00

(4) Registro contábil da constituição da reserva de lucros para expansão de 30% do lucro líquido.

Segundo o **artigo 196 da lei nº 6.404/76**, a assembleia-geral poderá, por proposta dos órgãos da administração, deliberar reter parcela do lucro líquido do exercício **prevista em orçamento** de capital por ela previamente aprovado, **para aplicar nos planos de expansão e investimentos da empresa**.

O orçamento, submetido pelos órgãos da administração com a justificação da retenção de lucros proposta, deverá compreender todas as fontes de recursos e aplicações de capital, fixo ou circulante, e **poderá ter a duração de até cinco exercícios**, salvo no caso de execução, por prazo maior, de projeto de investimento.

Sinônimos utilizados para a reserva de retenção de lucros

Reserva de Lucros para Expansão = Reserva Orçamentária = Reserva de Investimentos

Lucros Acumulados – PL	
(4) 210.000,00	560.000,00
	350.000,00

Reservas para Expansão – PL	
	25.000,00
	210.000,00 (4)
	235.000,00

Reserva para Expansão = 30% × Lucro Líquido

Reserva para Expansão = 30% × 700.000,00
Reserva para Expansão = 210.000,00

(5) Registro contábil da constituição da reserva legal.

Segundo o **artigo 193 da legislação societária** (lei nº 6.404/76) do lucro líquido 5% serão aplicados, antes de qualquer outra destinação, na constituição da reserva legal, que não excederá de 20% do **capital social**.

Reserva Legal = 5% × Lucro Líquido

Reserva Legal = 5% × 700.000,00
Reserva Legal = 35.000,00

ATENÇÃO, segundo o artigo 182 da legislação societária, o **capital social** discriminará o montante subscrito e, **por dedução**, a parcela ainda não realizada. Em outras palavras, o **capital social** é:

Capital Social = Capital Subscrito – Capital a Integralizar

CONCLUSÃO, o limite máximo da reserva da reserva legal é:

Limite máximo da reserva legal = 20% × Capital Social

ou

Limite máximo da reserva legal = 20% × (Capital Subscrito – Capital a Integralizar)

Limite máximo da reserva legal = 20% × (1.500.000,00 – 200.000,00)
Limite máximo da reserva legal = 260.000,00

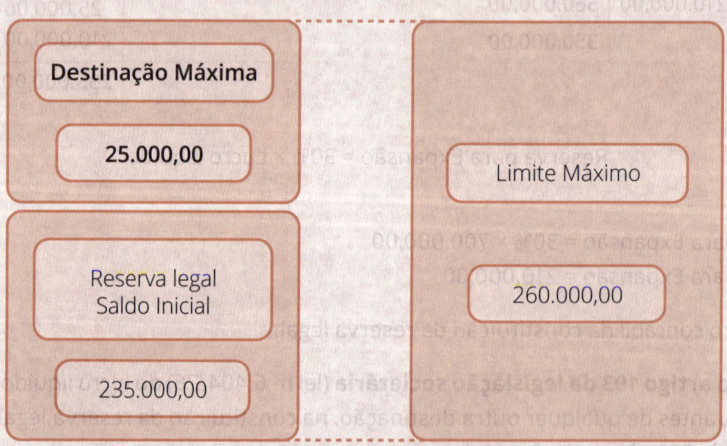

Analisando o gráfico acima, podemos observar que o **valor máximo** que a empresa poderá destinar para a constituição da reserva legal é **25.000,00**. Portanto, **5% do lucro**

líquido no valor de **35.000,00 ultrapassa o limite máximo** permitido pela legislação societária, e nesse caso, **poderá destinar apenas 25.000,00** para a constituição da reserva legal.

Lucros Acumulados – PL	
(5) 25.000,00	350.000,00
	325.000,00

Reserva Legal – PL	
	235.000,00
	25.000,00 (5)
	260.000,00

(6) Registro contábil dos dividendos mínimos obrigatórios no valor de 30% do lucro líquido ajustado nos termos da lei nº 6.404/76.

Lucros Acumulados – PL	
(6) 202.500,00	325.000,00
	122.500,00

Dividendos a Pagar – PC	
	202.500,00 (6)

Dividendos = 30% × (Lucro Líquido – Reserva Legal)

Dividendos = 30% × (700.000,00 – 25.000,00)
Dividendos = 202.500,00

(7) Registro contábil da distribuição do saldo remanescente para dividendos adicionais.

Segundo o artigo 202, § 6º da lei nº 6.404/76, **existindo saldo remanescente** na conta lucros acumulados, a empresa deverá distribuir o **saldo remanescente** para **dividendos complementares**, de tal forma que a conta **lucros acumulados** fique com o **saldo zerado** no final do exercício. A contabilização dos **dividendos complementares** ou **dividendo adicional ao mínimo obrigatório** será por meio do lançamento:

D: Lucros Acumulados – conta do PL
C: Dividendo Adicional ao Mínimo Obrigatório – conta do PL

Afinal, esse **dividendo adicional ao mínimo obrigatório** não se caracteriza como **obrigação presente na data do balanço**, já que a assembleia dos sócios ou outro órgão competente poderá, não havendo qualquer restrição estatutária ou contratual, deliberar ou não pelo seu pagamento ou por pagamento por valor diferente do proposto.

Lucros Acumulados – PL	
(7) 122.500,00	122.500,00

Dividendos Complementares – PL	
	122.500,00 (7)

3º passo: Montando o patrimônio líquido em 31/12/2017, temos:

Capital Social Subscrito	1.500.000,00
– Capital Social a Integralizar	(200.000,00)
+ Reserva Legal	260.000,00
+ Reserva Estatutária	390.000,00
+ Reserva para Expansão	235.000,00
+ Dividendos Complementares	122.500,00
– Ações em Tesouraria	(150.000,00)
= Patrimônio Líquido em 31/12/2017	2.157.500,00

SOLUÇÃO NA PROVA

A **solução passo a passo é impraticável na prova**, pois além do tempo que é ínfimo, não temos espaço disponível para esses tipos de cálculos passo a passo. Na prova calculamos o PL final por meio da seguinte fórmula:

PL Final = PL Inicial + Integralização de Capital + Lucro Líquido – Dividendos a Pagar

Portanto, temos apenas que calcular o montante destinado para a reserva legal, pois como vimos, a reserva legal afeta diretamente a base de cálculo dos dividendos obrigatórios.

Limite máximo da reserva legal = 20% × (Capital Subscrito – Capital a Integralizar)

Limite máximo da reserva legal = 20% × (1.500.000,00 – 200.000,00)

Limite máximo da reserva legal = 260.000,00

Valor máximo a ser destinado = Limite máximo da reserva legal – Saldo inicial da reserva legal

Valor máximo a ser destinado = 260.000,00 – 235.000,00

Valor máximo a ser destinado = 25.000,00

Reserva Legal = 5% × Lucro Líquido

Reserva Legal = 5% × 700.000,00

Reserva Legal = 35.000,00

CONCLUSÃO, o valor a ser destinado para a **reserva legal é de 25.000,00**.

Dividendos = 30% × (Lucro Líquido – Reserva Legal)

Dividendos = 30% × (700.000,00 – **25.000,00**)
Dividendos = 202.500,00

PL Final = PL Inicial + Integralização de Capital + Lucro Líquido – Dividendos a Pagar

PL Final = 1.610.000,00 + 50.000,00 + 700.000,00 – 202.500,00
PL Final = 2.157.500,00

Gabarito: **C**

09ª QUESTÃO: A Cia. Negociante possuía a seguinte estrutura patrimonial em 31/12/2016:

Ativo		Passivo	
Ativo Circulante		**Passivo Circulante**	
Caixa e equivalentes de caixa	100.000,00	Fornecedores	145.000,00
Duplicatas a receber de clientes	100.000,00	**Patrimônio Líquido**	
Estoque	50.000,00	Capital Social	205.000,00
Ativo Não Circulante			
Imobilizado Imóvel A	120.000,00		
Depreciação Acumulada	(20.000,00)		
Total	350.000,00	Total	350.000,00

Durante o ano 2017, a Cia. Negociante realizou as seguintes transações:

- Venda do imóvel A em 01/01/2017 por 110.000,00, à vista.
- Pagamento a fornecedores no valor de 80.000,00.
- Recebimento de duplicatas a receber de clientes no valor de 90.000,00.
- Aquisição, em 01/07/2017, do imobilizado B no valor de 60.000,00, sendo 25%, à vista, e o restante para ser pago em 2018. A vida útil econômica estimada do bem era de 5 anos e valor residual de 10.000,00.
- Obtenção de empréstimo, em 01/07/2017, no valor de 150.000,00, com taxa de juros de 5% ao semestre, sendo que os juros serão pagos em 2018.

- Recompra, em 30/09/2017, de ações de sua própria emissão no valor de 20.000,00.
- Pagamento antecipado ao fornecedor Duvidoso, no valor de 50.000,00, por mercadorias a serem entregues em dezembro de 2017.
- Recebimento antecipado do cliente João no valor de 200.000,00, para que a Cia. lhe entregue produtos em dezembro de 2017.
- Recebimento das mercadorias pagas antecipadamente ao fornecedor Duvidoso.
- Entrega em dezembro das mercadorias ao cliente João. O custo das mercadorias entregues foi de 75.000,00.

Após o reconhecimento das transações acima, o total do ativo da Cia. Negociante era, em 31/12/2017, em reais:

a) 575.000,00
b) 580.000,00
c) 567.500,00
d) 525.000,00
e) 595.000,00

☛ SOLUÇÃO

1º passo: Registrar as operações que ocorreram no exercício de 2017.

(1) Registro contábil da baixa do imóvel A em 01/01/2017.

Imobilizado Imóvel A	
120.000,00	120.000,00 (1)

Outras Despesas	
(1) 120.000,00	

(2) Registro contábil da baixa da depreciação acumulada do imóvel A em 01/01/2017.

Depreciação Acumulada	
(2) 20.000,00	20.000,00

Outras Receitas	
	20.000,00 (2)

(3) Registro contábil da venda do imóvel A em 01/01/2017 por 110.000,00, à vista.

Caixa e Equivalente	
100.000,00	
(3) 110.000,00	
210.000,00	

Outras Receitas	
	20.000,00
	110.000,00 (3)
	130.000,00

(4) Registro contábil do ganho de capital.

Outras Despesas	
120.000,00	120.000,00 (4)

Outras Receitas	
(5) 130.000,00	130.000,00

Ganho de Capital	
(4) 120.000,00	130.000,00 (5)
	10.000,00

Outras receitas

As **outras receitas** compreendem as **receitas oriundas** das transações do AÑC classificados nos subgrupos de investimentos, imobilizado e intangível.

Outras despesas

As **outras despesas** compreendem as **despesas oriundas** das transações do AÑC classificados nos subgrupos de investimentos, imobilizado e intangível.

Ganho de Capital = Outras Receitas – Outras Despesas

ATENÇÃO, o contador para efetuar no **livro diário** o lançamento da alienação do imóvel, teria que calcular na sequencia o valor contábil do imóvel e o resultado na venda do imóvel (**ganho de capita**l), para em seguida realizar o registro contábil no livro diário.

Valor Contábil = Custo de Aquisição – Depreciação Acumulada

Valor Contábil = 120.000,00 – 20.000,00

Valor Contábil = 100.000,00

Ganho de Capital = Valor de Venda – Valor Contábil

Ganho de Capital = 110.000,00 – 100.000,00

Ganho de Capital = 10.000,00

O registro contábil no livro diário é feito por meio do seguinte lançamento:

D: Caixa e Equivalentes................................ 110.000,00
D: Depreciação Acumulada 20.000,00
C: Imobilizado Imóvel A... 120.000,00
C: Ganho de Capital..10.000,00

(5) Registro contábil do pagamento a fornecedores no valor de 80.000,00.

Caixa e Equivalente	
210.000,00	80.000,00 (5)
130.000,00	

Fornecedores	
(5) 80.000,00	145.000,00
	65.000,00

(6) Registro contábil do recebimento de duplicatas no valor de 90.000,00.

Caixa e Equivalente	
130.000,00	
(6) 90.000,00	
220.000,00	

Duplicatas a Receber	
100.000,00	90.000,00 (6)
10.000,00	

(7) Registro contábil da aquisição, em 01/07/2017, do imobilizado B no valor de 60.000,00, sendo 25%, à vista, e o restante para ser pago em 2018.

Caixa e Equivalente	
220.000,00	15.000,00 (7)
205.000,00	

Imobilizado Imóvel B	
(7) 60.000,00	

Fornecedores	
	65.000,00
	45.000,00 (7)
	110.000,00

(8) Registro contábil da depreciação acumulada do imóvel B em 31/12/2017.

$$\text{Depreciação} = (\text{Custo} - \text{Valor residual}) \times \frac{\text{Período de utilização}}{\text{Vida útil}}$$

$$\text{Depreciação em 2017} = (60.000{,}00 - 10.000{,}00) \times \frac{6 \text{ meses}}{60 \text{ meses}}$$

Depreciação em 2017 = 5.000,00

Depreciação	
(8) 5.000,00	

Depreciação Acumulada	
	5.000,00 (8)

(9) Registro contábil da obtenção de empréstimo, em 01/07/2017, no valor de 150.000,00.

Caixa e Equivalente	
205.000,00	
(9) 150.000,00	
355.000,00	

Empréstimos	
	150.000,00 (9)

(10) Registro contábil das despesas financeiras decorrentes do empréstimo, em 31/12/2017.

Juros Passivos	
(10) 7.500,00	

Juros a Pagar	
	7.500,00 (10)

Juros Passivos = 5% a.s. × Empréstimos em 01/07/2017

Juros Passivos = 5% a.s. × 150.000,00

Juros Passivos = 7.500,00

(11) Registro contábil da recompra, em 30/09/2017, de ações de sua própria emissão no valor de 20.000,00.

Caixa e Equivalente	
355.000,00	20.000,00 (11)
335.000,00	

Ações em Tesouraria	
(11) 20.000,00	

(12) Registro contábil do pagamento antecipado ao fornecedor Duvidoso, no valor de 50.000,00, por mercadorias a serem entregues em dezembro de 2017.

Caixa e Equivalente	
335.000,00	50.000,00 (12)
285.000,00	

Adiantamentos a Fornecedores	
(12) 50.000,00	

(13) Registro contábil do recebimento antecipado do cliente João no valor de 200.000,00, para que a Cia. lhe entregue produtos em dezembro de 2017.

Caixa e Equivalente	
285.000,00	
(13) 200.000,00	
485.000,00	

Adiantamentos de Clientes	
	200.000,00 (13)

(14) Registro contábil da entrega de mercadorias em dezembro de 2017 pelo fornecedor Duvidoso.

Estoques	
50.000,00	
(14) 50.000,00	
100.000,00	

Adiantamentos a Fornecedores	
50.000,00	50.000,00 (14)

(15) Registro contábil da entrega de mercadorias ao custo de 75.000,00 para o cliente João em dezembro de 2017.

Adiantamentos de Clientes	
(15) 200.000,00	200.000,00

Vendas Brutas	
	200.000,00 (15)

(16) Registro contábil da baixa dos estoques ao custo de 75.000,00.

Estoques	
100.000,00	75.000,00 (16)
25.000,00	

CMV	
(16) 75.000,00	

2º passo: Montar a demonstração do resultado do exercício em 31/12/2017.

Montando a DRE segundo o CPC 26 que trata da apresentação das demonstrações contábeis, temos:

Demonstração do Resultado do Exercício em 31/12/2017	
Vendas Brutas	200.000,00
– Custo das Mercadorias Vendidas	(75.000,00)
= **Lucro Bruto**	**125.000,00**
– Depreciação	(5.000,00)
+ Ganho de Capital	10.000,00
= **Lucro operacional antes do resultado financeiro**	**130.000,00**
– Juros Passivos	(7.500,00)
= **Lucro Líquido**	**122.500,00**

3º passo: Montar o balanço patrimonial em 31/12/2017.

Ativo		Passivo	
Ativo Circulante		**Passivo Circulante**	
Caixa e equivalentes de caixa	485.000,00	Fornecedores	110.000,00
Duplicatas a receber de clientes	10.000,00	Juros a Pagar	7.500,00
Estoque	25.000,00	Empréstimos	150.000,00
Ativo Não Circulante		**Patrimônio Líquido**	
Imobilizado Imóvel B	60.000,00	Capital Social	205.000,00
Depreciação Acumulada	(5.000,00)	Lucros Acumulados	122.500,00
		Ações em Tesouraria	(20.000,00)
Total	575.000,00	Total	575.000,00

Gabarito: **A**

10ª QUESTÃO: Considere:

I. A companhia poderá deixar de constituir a reserva legal no exercício em que o saldo dessa reserva, acrescido do montante das reservas de capital, exceder a 20% do capital social.

II. A companhia somente pode pagar dividendos à conta de lucro líquido do exercício, de lucros acumulados e de reserva de lucros; e à conta de reserva de capital, em casos específicos.

III. A assembleia geral poderá, por proposta dos órgãos de administração, destinar para a reserva de incentivos fiscais a parcela do lucro líquido decorrente de doações ou subvenções governamentais para investimentos, que poderá ser excluída da base de cálculo do dividendo obrigatório.

Está correto o que se afirma apenas em:

a) I
b) II
c) III
d) II e III
e) I e III

☛ SOLUÇÃO

Analisando os itens, temos:

I. Errado. A companhia poderá deixar de constituir a reserva legal no exercício em que o saldo dessa reserva, acrescido do montante das reservas de capital, **exceder a 30% do capital social**.

II. Correto. A companhia **somente pode pagar dividendos** à conta de lucro líquido do exercício, de lucros acumulados e de reserva de lucros; e à conta de reserva de capital, em casos específicos.

III. Correto. **Segundo o artigo 195 A da legislação societária**, a assembleia geral poderá, por proposta dos órgãos de administração, destinar para a reserva de incentivos fiscais a parcela do lucro líquido decorrente de doações ou subvenções governamentais para investimentos, que poderá ser excluída da base de cálculo do dividendo obrigatório.

Gabarito: **D**

11ª QUESTÃO: A empresa comercial Compra & Venda S.A. apresentou as seguintes informações referentes ao resultado do primeiro semestre de 2018:

Demonstração do Resultado de 01/01/2018 a 30/06/2018	
Receita Bruta de Vendas	780.000,00
− Impostos sobre vendas	(210.000,00)
= Receita Líquida	570.000,00
− Custo das Mercadorias Vendidas	(330.000,00)
= Lucro Bruto	240.000,00
− Despesas de depreciação	(40.000,00)
− Despesas gerais	(20.000,00)
= Lucro antes do IR e CSLL	180.000,00
− IR e CSLL	(53.500,00)
= Lucro Líquido	126.500,00

Sabe-se que o valor dos tributos recuperáveis referentes aos produtos vendidos no primeiro semestre de 2018 foi 48.000,00. Com base nessas informações, o valor adicionado a distribuir gerado pela empresa Compra & Venda S.A., no primeiro semestre de 2018, foi, em reais:

a) 450.000,00
b) 402.000,00
c) 362.000,00
d) 240.000,00
e) 410.000,00

☛ SOLUÇÃO

ATENÇÃO, no CMV da DVA devemos **incluir o valor dos tributos recuperáveis** (ICMS) destacado nas compras de mercadorias.

CMV da DVA = CMV da DRE + ICMS nas compras

CMV da DVA = 330.000,00 + 48.000,00
CMV da DVA = 378.000,00

1º passo: Calcular o valor adicionado total a distribuir.

Demonstração do Valor Adicionado	
1. **Receitas**	**780.000,00**
Receita Bruta de Vendas	780.000,00
2. **Insumos Adquiridos de Terceiros**	**(378.000,00)**
CMV da DVA	378.000,00
3. **Valor Adicionado Bruto**	**402.000,00**
4. **Depreciação, Amortização e Exaustão**	**(40.000,00)**
Despesas de depreciação	40.000,00
5. **Valor Adicionado Líquido**	**362.000,00**
6. **Valor Adicionado Recebido de Terceiros**	**0,00**
7. **Valor Adicionado Total a Distribuir**	**362.000,00**

2º passo: Realizar a distribuição do valor adicionado.

ATENÇÃO, na DVA, o valor adicionado total a distribuir é exatamente igual ao montante da distribuição do valor adicionado. Caso haja alguma diferença entre esses dois itens, a DVA está errada.

Demonstração do Valor Adicionado	
8. **Distribuição do Valor Adicionado**	**342.000,00**
Governo	**215.500,00**
Impostos [(1)]	162.000,00
IR e CSLL	53.500,00
Empregados	**0,00**
Remuneração dos Capital de Terceiros	**0,00**
Remuneração do Capital Próprio	**126.500,00**
Lucro Líquido	126.500,00

(1) **Atenção,** no cálculo dos impostos na DVA devemos compensar os impostos incidentes nas vendas com os impostos incluídos no CMV da DRE.

Impostos = ICMS nas Vendas – ICMS nas Compras

Impostos = 210.000,00 – 48.000,00
Impostos = 162.000,00

ATENÇÃO, como podemos observar o **valor adicionado total a distribuir** no montante de 362.000,00 é diferente do montante da **distribuição do valor adicionado** de 342.000,00. Em outras palavras, existe uma diferença de 20.000,00 que corresponde ao montante das despesas gerais na DRE. Nesse caso, para que o montante da **distribuição do valor adicionado** fosse de 362.000,00, a banca deveria informar que as **despesas gerais no valor de 20.000,00** estavam relacionadas com **salários dos empregados**.

O gabarito oficial foi a alternativa **C**, pois a banca considerou que o **valor adicionado a distribuir foi no valor de 362.000,00**. Discordamos do gabarito oficial, pois a **banca deveria informar que as despesas gerais no montante de 20.000,00** estavam relacionadas com os salários dos empregados. Os candidatos que entraram com recurso, deveriam pedir a **anulação da questão** com base na falta de **especificidade** na identificação das **despesas gerais** evidenciadas na DRE.

Gabarito: **C**

12ª QUESTÃO: A Cia. Só Papel realizou as seguintes transações em 30/11/2017:

Aplicação financeira no valor de 100.000,00 em títulos que rendem 3% ao mês (juros compostos). A Cia. classificou estes títulos como mensurados ao valor justo por meio de outros resultados abrangentes.

Aquisição por 300.000,00, à vista, de 40% de uma investida no exterior que possui como moeda funcional o Euro (€).

Em 31/12/2017, ao converter as demonstrações contábeis da coligada para reais, a Cia. Só Papel verificou que o lucro líquido apurado pela investida era 50.000,00 e que o valor dos ajustes acumulados de conversão era 20.000,00 negativos. Na mesma data, o valor justo da aplicação financeira era 101.000,00.

O impacto reconhecido pela Cia. Só Papel na demonstração do resultado abrangente de 2017, exclusivamente em relação a essas duas transações, desconsiderando o lucro líquido do período e os possíveis efeitos tributários, foi, em reais:

a) 1.000,00, positivos.
b) 2.000,00, negativos.
c) 7.000,00, negativos.
d) 8.000,00, negativos.
e) 10.000,00, negativos

SOLUÇÃO

1º passo: Mensurar os títulos ao valor justo por meio de outros resultados abrangentes.

Fazendo um paralelo com a **classificação antiga**, temos:

Classificação ANTIGA	Classificação ATUAL	Rendimentos	Ajustes ao valor justo
Mantido até o vencimento	Custo amortizado	DRE	Não tem ajuste
Destinados à venda imediata	VJR	DRE	DRE
Disponível para venda futura	VJORA	DRE	Na conta AAP do PL

Custo	Taxa efetiva	Mensuração definida pela empresa	Juros ativos	Curva do papel
100.000,00	3% a.m.	VJORA	3.000,00	103.000,00

Classificação	Valor pela curva do papel	Valor justo	Ajuste ao valor justo
VJORA	103.000,00	**101.000,00**	AAP = – 2.000,00

Mensuração do VJORA ao valor justo = VJORA pela curva do papel +/– AAP no PL

101.000,00 = 103.000,00 + AAP no PL
AAP no PL = 2.000,00 (devedor)

ATENÇÃO, a perda no montante de 2.000,00 decorrente do ajuste do título ao valor justo é registrada no patrimônio líquido, na conta **ajustes de avaliação patrimonial** devedor, que compõe os **outros resultados abrangentes na DRA**.

2º passo: Registrar os ajustes acumulados de conversão.

CIA Só Papel → 40% Capital da Investida no Exterior → Influência Significativa → Coligada pelo MEP

(1) Registro contábil da aquisição de investimentos no exterior em 31/11/2017.

Disponibilidades	
Saldo Inicial	300.000,00 (1)

Ações de Coligadas no Exterior	
(1) 300.000,00	

(2) Registro contábil do GEP na Cia. Só Papel decorrentes do lucro líquido da coligada no exterior.

Ações de Coligadas no Exterior	
300.000,00	
(2) 20.000,00	
320.000,00	

GEP	
	20.000,00 (2)

GEP na Cia. Só Papel = 40% × Lucro Líquido da coligada no exterior em R$

GEP na Cia. Só Papel = 40% × 50.000,00
GEP na Cia. Só Papel = 20.000,00

Com a finalidade de facilitar a análise, vamos considerar os **balanços patrimoniais a seguir**, da investida no exterior:

ATIVO	PASSIVO
T — € 100.000,00	T — € 100.000,00

Após a conversão

ATIVO	PASSIVO
T — R$ 580.000,00	T — R$ 600.000,00

Analisando os **balanços patrimoniais acima**, podemos observar que o balanço patrimonial da investida no exterior que encontrava-se fechando no valor de € 100.000,00, após a conversão da **moeda euro** para a **moeda real** (R$), apresentou um total do ativo no montante de R$ 580.000,00 **diferente** do total do passivo de R$ 600.000,00.

ATIVO	PASSIVO
	Patrimônio líquido
	AAC ________ (R$ 20.000,00)
T ________ R$ 580.000,00	T ________ R$ 580.000,00

Nesse caso, a investidora Cia. Só Papel após a conversão do balanço patrimonial da **moeda euro** para a **moeda real**, realiza um ajuste devedor na conta **ajustes acumulados**

de conversão de R$ 20.000,00, para que o total do ativo e do passivo se igualem em R$ 580.000,00.

CONCLUSÃO, a Cia. Só Papel deverá realizar na conta **ajustes acumulados de conversão** do seu patrimônio líquido, um ajuste reflexo **proporcional ao percentual de participação no capital** da coligada no exterior, que é de 40%.

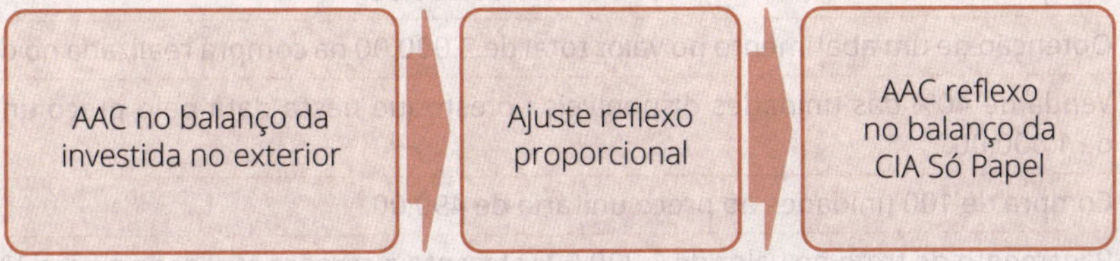

(3) Registro contábil dos **ajustes acumulados de conversão** na Cia. Só Papel resultantes da conversão do balanço patrimonial da coligada no exterior na moeda funcional euro (€) para a moeda real (R$).

Ações de Coligadas no Exterior	
320.000,00	8.000,00 (3)
312.000,00	

AAC na Cia. Só Papel	
(3) 8.000,00	

AAC na Cia. Só Papel = 40% × AAC no balanço patrimonial da coligada no exterior

AAC na Cia. Só Papel = 40% × (20.000,00)
AAC na Cia. Só Papel = 8.000,00 (devedor)

ATENÇÃO, o **ajuste acumulado de conversão** resultante da conversão do balanço patrimonial do euro (€) para a moeda real (R$), afeta a DRA.

CONCLUSÃO, a DRA de 2017 sofrerá o seguinte impacto:

DRA da Cia. Só Papel = AAP devedor + AAC devedor

DRA da Cia. Só Papel = 2.000,00 + 8.000,00
DRA da Cia. Só Papel = 10.000,00 negativos

Gabarito: **E**

13ª QUESTÃO: Em 31/07/2018, a Cia. Só Fitas apresentava 500 unidades de um determinado produto em seu estoque, registrados pelo custo total de 300.000,00. A Cia. comercializa somente esse produto e durante o mês de agosto de 2018 realizou, em ordem cronológica, as seguintes transações relacionadas com a compra e a venda do produto:

Dia	Transação
03	Compra de 300 unidades ao preço unitário de 500,00.
08	Obtenção de um abatimento no valor total de 2.000,00 na compra realizada no dia 03.
14	Venda de 40% das unidades disponíveis no estoque nesta data pelo preço unitário de 1.000,00.
22	Compra de 100 unidades ao preço unitário de 490,00.
29	Pagamento de frete no valor de 1.200,00 referente à compra realizada no dia 22.
30	Recebimento em devolução de 20 unidades vendidas no dia 14.
31	Devolução de 20 unidades da compra realizada no dia 22.

Sabendo que não há incidência de qualquer tributo na compra e na venda desse produto, e que a Cia. Só Fitas utiliza o critério da média ponderada móvel, o saldo da conta estoque evidenciado no balanço patrimonial de 31/08/2018 foi, em reais:

a) 319.000,00
b) 320.200,00
c) 329.200,00
d) 320.400,00
e) 328.960,00

SOLUÇÃO

ATENÇÃO, segundo o critério da **média ponderada móvel**, a cada nova aquisição de mercadorias, o **custo das mercadorias se altera**.

Data	Entradas			Saídas			Saldo final de estoques		
	Q	Custo unitário	Total	Q	Custo unitário	Total	Q	Custo unitário	Total
EI	500	600,00	300.000,00				500	600,00	300.000,00
03	300	500,00	148.000,00				800	560,00	448.00,00
14				320	560,00	179.200,00	480	560,00	268.800,00
22	100	490,00	50.200,00				580	550,00	319.000,00
30				(20)	560,00	(11.200,00)	600	550,33	330.200,00
31	(20)	490,00	(9.800,00)				580	552,41	320.400,00

Na **coluna saídas**, as vendas devolvidas no dia 30, o valor das quantidades e o total são lançados entre parênteses, pois significa que se trata de **vendas devolvidas**.

Na **coluna das entradas**, as compras devolvidas no dia 31, o valor das quantidades e o total são lançados entre parênteses, pois significa que se trata de **compras devolvidas**.

CONCLUSÃO, da tabela temos que o **saldo final de estoques** avaliados pela média ponderada móvel é de **320.400,00**.

Gabarito: **D**

14ª QUESTÃO: Em 31/12/2016, a Cia. Conta Certa obteve um empréstimo no valor de 5.000.000,00 com as seguintes características:

- Prazo total: 3 anos.
- Taxa de juros compostos: 9% ao ano.
- Pagamentos: parcelas iguais e anuais de 1.975.273,79.
- Datas de vencimentos das parcelas: 31 de dezembro de cada ano.

Para a obtenção do empréstimo, a empresa incorreu em custos de transação no valor total de 90.000,00 e a taxa de custo efetivo da emissão foi 10% ao ano. O saldo líquido total apresentado para o empréstimo no balanço patrimonial de 31/12/2017, após o pagamento da primeira parcela, e o valor dos encargos financeiros reconhecidos no resultado de 2017 foram, respectivamente, em reais:

a) 3.425.726,21 e 491.000,00
b) 3.524.726,21 e 500.000,00
c) 3.474.726,21 e 450.000,00
d) 3.376.626,21 e 441.900,00
e) 3.414.726,21 e 480.000,00

SOLUÇÃO

1º passo: Calcular a captação líquida em 31/12/2016.

Captação líquida = Valor do contrato – Custos de transação

Captação líquida = 5.000.000,00 – 90.000,00
Captação líquida = 4.910.000,00

2º passo: Calcular os encargos financeiros em 31/12/2017.

Encargos financeiros = Taxa efetiva ao ano × Captação líquida

Encargos financeiros = 10% × 4.910.000,00
Encargos financeiros = 491.000,00

3º passo: Calcular o saldo devedor dos empréstimos em 31/12/2017.

Saldo devedor dos empréstimos = Captação líquida + Encargos financeiros – Pagamento da 1ª parcela

Saldo devedor dos empréstimos = 4.910.000,00 + 491.000,00 – 1.975.273,79
Saldo devedor dos empréstimos = 3.425.726,21

SOLUÇÃO NA PROVA

Empréstimos em 31/12/2016	5.000.000,00
– Custos de transação em 31/12/2016	(90.000,00)
= Captação líquida em 31/12/2016	4.910.000,00
+ Juros efetivos em 2017 (10% × 4.910.000,00)	**491.000,00**
= Empréstimos em 31/12/2017	5.401.000,00
– Pagamento da 1ª parcela em 31/12/2017	(1.975.273,79)
= Saldo devedor do empréstimo em 31/12/2017	**3.425.726,21**

Da tabela temos que o saldo líquido do empréstimo em 31/12/2017 após o pagamento da 1ª parcela é no montante de **3.425.726,21** e os encargos financeiros de 2017 no valor de **491.000,00**.

ATENÇÃO, na prova **calculamos apenas os encargos financeiros** no montante de 491.000,00, e marcamos a alternativa **A**, que é a única opção que contém como resposta o valor de 491.000,00.

Gabarito: **A**

15ª QUESTÃO: Em 31/12/2016, a Cia. Participativa adquiriu 30% de participação na Cia. Iluminada por 800.000,00 e passou a ter influência significativa sobre a investida. O patrimônio líquido da Cia. Iluminada era composto apenas pelo capital social, o qual era formado por 5.000 ações ordinárias. Durante o ano de 2017, a Cia. Iluminada apurou lucro líquido de 200.000,00 e distribuiu dividendos no valor de 80.000,00. A Cia. Participativa, em 2017, reconheceu receita de:

a) dividendos no valor de 24.000,00, em função de avaliar a Cia. Iluminada pelo método da equivalência patrimonial.
b) equivalência patrimonial no valor de 36.000,00, em função de avaliar a Cia. Iluminada pelo método de custo.
c) dividendos no valor de 24.000,00, em função de avaliar a Cia. Iluminada pelo método de custo.
d) equivalência patrimonial no valor de 60.000,00, em função de avaliar a Cia. Iluminada pelo método da equivalência patrimonial.
e) equivalência patrimonial no valor de 36.000,00 e receita de dividendos no valor de 24.000,00, em função de avaliar a Cia. Iluminada pelo método da equivalência patrimonial.

☛ SOLUÇÃO

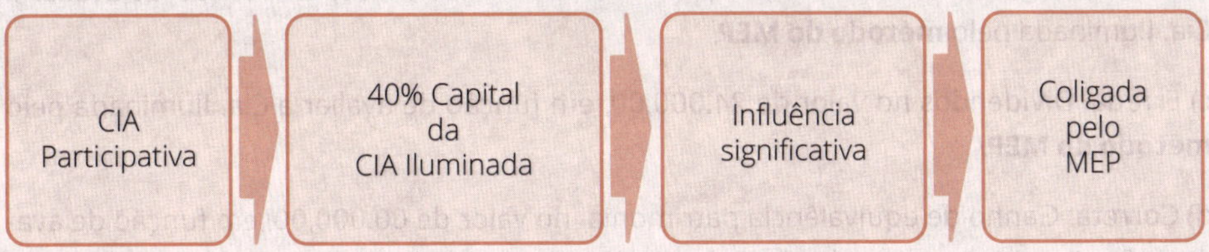

1º passo: Calcular o GEP na Cia. Participativa.

GEP na Cia. Participativa = 30% × Lucro Líquido da Cia. Iluminada

GEP na Cia. Participativa = 30% × 200.000,00
GEP na Cia. Participativa = 60.000,00

(1) Registro contábil do GEP na Cia. Participativa.

Ações da Cia. Iluminada	
800.000,00	
(1) 60.000,00	
860.000,00	

GEP	
	60.000,00 (1)

2º passo: Calcular os dividendos a receber da Cia. Iluminada.

Dividendos a Receber = 30% × Dividendos distribuídos pela Cia. Iluminada

Dividendos a Receber = 30% × 80.000,00

Dividendos a Receber = 24.000,00

(2) Registro contábil dos dividendos a receber da Cia. Iluminada.

Dividendos a Receber	
(2) 24.000,00	

Ações da Cia. Iluminada	
860.000,00	24.000,00 (2)
836.000,00	

Analisando as alternativas, temos:

a) Errada. O **erro está em afirmar** que a empresa está recebendo uma **receita de dividendos** de 24.000,00, em função de avaliar a Cia. Iluminada pelo método da equivalência patrimonial. **Atenção**, só seria receita de dividendos se o investimento fosse avaliado pelo **custo de aquisição**.

b) Errada. O ganho de equivalência patrimonial é de 60.000,00, em função de avaliar a Cia. Iluminada pelo **método do MEP**.

c) Errada. Dividendos no valor de 24.000,00, em função de avaliar a Cia. Iluminada pelo **método do MEP**.

d) Correta. Ganho de equivalência patrimonial no valor de 60.000,00, em função de avaliar a Cia. Iluminada pelo método da equivalência patrimonial.

e) Errada. O ganho de equivalência patrimonial é de 60.000,00 e os **dividendos de 24.000,00**, em função de avaliar a Cia. Iluminada pelo método da equivalência patrimonial.

Gabarito: **D**

ATENÇÃO: Para responder às **questões de números 16 e 17**, considere os balanços patrimoniais da Cia. Batucada, em 31/12/2017 e 30/06/2018, e a demonstração do resultado do primeiro semestre de 2018 apresentados a seguir:

Balanços Patrimoniais					
Ativo	**31/12/2017**	**30/06/2018**	**Passivo**	**31/12/2017**	**30/06/2018**
Ativo Circulante	260.000,00	504.000,00	Passivo Circulante	165.000,00	118.000,00
Disponível	110.000,00	291.000,00	Fornecedores	120.000,00	85.000,00
Duplicatas a receber	90.000,00	75.000,00	Imposto de renda a pagar	23.000,00	10.000,00
Estoques	60.000,00	102.000,00	Adiantamento de clientes	22.000,00	-
Seguros antecipados	-	36.000,00	Dividendos a pagar	-	23.000,00
Ativo Ñ Circulante	540.000,00	393.000,00	Passivo Não Circulante	210.000,00	270.000,00
Investimento Cia. A	180.000,00	196.000,00	Empréstimos	200.000,00	245.000,00
Imobilizado			Provisões	10.000,00	25.000,00
Terreno	180.000,00	-	Patrimônio Líquido	425.000,00	509.000,00
Máquinas	200.000,00	242.000,00	Capital social	350.000,00	400.000,00
Dep. Acumulada	(20.000,00)	(45.000,00)	Reservas de lucros	75.000,00	109.000,00
Total	**800.000,00**	**897.000,00**	**Total**	**800.000,00**	**897.000,00**

Demonstração do Resultado de 01/01/2018 a 30/06/2018	
Receita Bruta de Vendas	940.000,00
– Custo dos Produtos Vendidos	(530.000,00)
= Resultado Bruto	410.000,00
– Despesas administrativas e gerais	(216.000,00)
– Despesas de depreciação	(25.000,00)
– Despesas com provisões	(15.000,00)
+ Resultado de equivalência patrimonial	16.000,00
– Prejuízo na venda do terreno	(38.000,00)
= Resultado antes do Resultado Financeiro	132.000,00
– Despesa financeira (juros)	(9.000,00)
= Resultado Antes do IR e CSLL	123.000,00
– Despesa com Imposto de Renda e CSLL	(34.000,00)
= Resultado Líquido	89.000,00

As seguintes informações adicionais são conhecidas:

- As despesas financeiras (juros) do período não foram pagas.
- Os investimentos são avaliados pelo método da equivalência patrimonial.
- O terreno foi vendido à vista.
- Não houve venda de máquinas no período.

- O aumento de capital foi realizado com os seguintes recursos: 25.000,00 em máquinas e o restante com reservas de lucros.
- Não houve pagamento de empréstimos.

16ª QUESTÃO: O fluxo de caixa decorrente das atividades de investimento e das atividades de financiamento apurado pela Cia. Batucada no primeiro semestre de 2018 foram, respectivamente, em reais:

a) 109.000,00 e 45.000,00, positivos.
b) 125.000,00 e 36.000,00, positivos.
c) 100.000,00 e 61.000,00, positivos.
d) 125.000,00 e 29.000,00, positivos.
e) 109.000,00 e 36.000,00, positivos.

SOLUÇÃO

Para encontrarmos o **fluxo de caixa das atividades de investimentos**, temos que calcular o valor de venda do terreno em 2018.

1º passo: Calcular o valor de venda do terreno.

A questão informa que o terreno foi vendido no 1º semestre de 2018. **Atenção**, os terrenos não sofrem depreciação.

Prejuízo na venda do terreno = Valor de venda do terreno – Valor contábil do terreno vendido

– 38.000,00 = Valor de venda do terreno – 180.000,00

Valor de venda do terreno = 180.000,00 – 38.000,00
Valor de venda do terreno = 142.000,00

2º passo: Calcular o custo de aquisição das novas máquinas em 2018.

Da leitura do balanço patrimonial, temos que o saldo do **custo de aquisição das máquinas** em 2017 e 2018, foi respectivamente de 200.000,00 e 242.000,00.

ATENÇÃO, aqui está a pegadinha da questão!

A banca informa que em 2018 houve a **integralização do capital** no montante de 25.000,00 **em máquinas**! Portanto, ao analisarmos a **variação do saldo de máquinas**, devemos **desconsiderar** esse valor de 25.000,00 relativo a **integralização do capital em máquinas**. Lembrem-se, a DFC demonstra as **entradas e saídas de dinheiro**, e integralização de capital em máquinas não afeta a DFC, pois **máquinas não é dinheiro**!

O **custo de aquisição das novas máquinas no 2º semestre de 2018**, foi no montante de:

Saldo de máquinas em 30/06/2018	242.000,00
– Saldo de máquinas em 31/12/2017	(200.000,00)
– Capital integralizado em máquinas	(25.000,00)
= Custo de aquisição das novas máquinas em 2018	17.000,00

3º passo: Analisar a variação dos investimentos na Cia. A.

Analisando os balanços patrimoniais, podemos observar que houve uma variação na conta de investimentos na Cia. A, que passou de 180.000,00 no encerramento do exercício de 2017, para um saldo final no valor de 196.000,00 em 2018. A pergunta é: será que houve aquisição de novos investimentos em 2018?

Para responder a essa pergunta, vamos analisar os **balanços patrimoniais** em conjunto com a **DRE**. Na DRE identificamos um resultado de equivalência patrimonial positivo de 16.000,00 (GEP).

(1) Registro contábil do GEP na investidora em 2018.

Investimentos na Cia. A – BP (Débito)	Investimentos na Cia. A – BP (Crédito)
180.000,00	
(1) 16.000,00	
196.000,00	

GEP – DRE (Débito)	GEP – DRE (Crédito)
	16.000,00 (1)

Analisando a conta investimentos na Cia. A verificamos que a variação positiva no montante de 16.000,00 foi decorrente de um lucro líquido na investida (Cia. A). **Conclusão**, em 2018 não houve aquisição de novos investimentos.

4º passo: Montar o fluxo de caixa de investimentos.

Fluxo de Caixa de Investimentos

Alienação de terreno	142.000,00
– Aquisição de máquinas	(17.000,00)
= Caixa líquido gerado nas atividades de investimentos	125.000,00

O fluxo de caixa de investimentos foi **positivo de 125.000,00**.

Agora vamos calcular o montante do **fluxo de caixa de financiamentos**.

1º passo: Calcular o montante dos empréstimos obtidos em 2018.

ATENÇÃO, a questão informa que a empresa **não liquidou** qualquer empréstimo, e **não pagou** as despesas financeiras. Nesse caso, as despesas financeiras **atualizam os empréstimos de 2018**.

(1) Registro contábil da atualização dos empréstimos de 2017, por meio das despesas financeiras de 2018:

Despesas Financeiras – DRE	
(1) 9.000,00	

Empréstimos em 2018	
	200.000,00
	9.000,00 (1)
	209.000,00

Mas como podemos observar no balanço patrimonial, o saldo final dos empréstimos em 2018 foi no montante de 245.000,00. Em outras palavras, a empresa obteve novos empréstimos em 2018.

(2) Registro da aquisição de novos empréstimos em 2018:

Disponibilidades	
(2) 36.000,00	

Empréstimos em 2018	
	209.000,00
	36.000,00 (2)
	245.000,00

CONCLUSÃO, em 2018 a empresa adquiriu **novos empréstimos** no montante de **36.000,00**.

2º passo: Calcular o montante dos dividendos pagos em 2018.

ATENÇÃO, analisando os balanços patrimoniais de 2017 e 2018, com relação aos dividendos, à primeira vista temos a impressão de que não houve pagamento de dividendos, pois o seu saldo em 2017 era de 0,00 e passou para 23.000,00 em 2018. Em outras palavras, houve um aumento de 2017 para 2018 no saldo contábil de dividendos em 23.000,00. Portanto, para encontrarmos se realmente ocorreu algum pagamento de dividendos em 2018, seguiremos os seguintes registros contábeis:

(1) Registro contábil da transferência do lucro líquido de 2018 para a conta lucros acumulados:

Lucro Líquido de 2018

Débito	Crédito
(1) 89.000,00	89.000,00

Lucros Acumulados

Débito	Crédito
	89.000,00 (1)

(2) Registro contábil da integralização de capital com reservas de lucros em 2018:

Analisando o balanço patrimonial, podemos observar que o saldo final das reservas de lucros em 2017 e 2018 foi respectivamente de 75.000,00 e 109.000,00. Entretanto, não podemos esquecer que houve uma integralização de capital no montante de 50.000,00, sendo que 25.000,00 foi em máquinas, e o restante em reservas de lucros no valor de 25.000,00.

Reservas de Lucros

Débito	Crédito
(2) 25.000,00	75.000,00
	50.000,00

Capital Social

Débito	Crédito
	350.000,00
	25.000,00 (2)
	375.000,00

(3) Registro contábil da constituição das reservas de lucros em 2018.

Analisando o balanço patrimonial, podemos verificar que o saldo final das reservas de lucros em 2018, após a integralização do capital é no montante de 109.000,00.

Lucros Acumulados

Débito	Crédito
(3) 59.000,00	89.000,00
	30.000,00

Reservas de Lucros

Débito	Crédito
	50.000,00
	59.000,00 (3)
	109.000,00

(4) Registro contábil da distribuição de dividendos em 2018.

ATENÇÃO!!!!!!!!!! Atualmente, caso haja saldo residual na conta lucros acumulados, a companhia deverá destinar esse saldo remanescente para os dividendos.

Lucros Acumulados

Débito	Crédito
(4) 30.000,00	30.000,00

Dividendos a Pagar

Débito	Crédito
	0,00
	30.000,00 (4)
	23.000,00

Analisando a conta dividendos a pagar, podemos observar que havia um saldo inicial de 0,00, foi destinado 30.000,00, restando um saldo final de 23.000,00. Em outras palavras, do montante de 30.000,00 destinados para dividendos em 2018, a empresa pagou 7.000,00.

(5) Registro contábil do pagamento de dividendos em 2018.

Disponível	
Saldo Inicial	x (5)

Dividendos a Pagar	
(5) x	30.000,00
	23.000,00

Do razonete dividendos a pagar, calculamos o montante dos dividendos pagos em 2018.

30.000,00 – x = 23.000,00
x = 7.000,00

Aqui podemos observar uma **pegadinha espetacular**!!!!!!!Na hora da prova, a maioria dos candidatos jamais pensariam que a empresa pagou dividendos em 2018.

3º passo: Montar o fluxo de caixa de financiamentos.

Fluxo de Caixa de Financiamentos

Obtenção de empréstimos	36.000,00
– Pagamento de dividendos	(7.000,00)
= Caixa líquido gerado nas atividades de financiamentos	29.000,00

O fluxo de caixa de financiamentos foi **positivo de 29.000,00**.

Gabarito: **D**

17ª QUESTÃO: O fluxo de caixa decorrente das atividades operacionais gerado pela Cia. Batucada no primeiro semestre de 2018 foi, em reais:

a) 11.000,00, negativo
b) 27.000,00, positivo
c) 26.000,00, negativo
d) 19.000,00, positivo
e) 57.000,00, positivo

SOLUÇÃO

1º passo: Calcular a variação de caixa no **Balanço Patrimonial**.

No balanço patrimonial, obtemos a variação do fluxo de caixa a seguir:

Variação de Caixa (BP) = Disponível em 2018 – Disponível em 2017

Variação de Caixa (BP) = 291.000,00 – 110.000,00
Variação de Caixa (BP) = 181.000,00

2º passo: Calcular a variação de caixa na **DFC**.

Variação de Caixa (DFC) = FCO + FCI + FCF

Variação de Caixa (DFC) = FCO + 125.000,00 + 29.000,00
Variação de Caixa (DFC) = FCO + 154.000,00

Igualando as variações de caixa do BP e DFC, temos:

181.000,00 = FCO + 154.000,00
FCO = 27.000,00

CONCLUSÃO, o fluxo de caixa operacional foi **positivo de 27.000,00**.

Mas, como se trata de um livro voltado para o aprendizado, poderá surgir uma pergunta por algum leitor:

– Será que o fluxo de caixa das **atividades operacionais é de 27.000,00**? Como ficaria a solução, utilizando o método direto e indireto para as atividades operacionais?

Fluxo de Caixa Operacional – **Método Indireto**	
Lucro Líquido	**89.000,00**
1º ajuste: Ajustes oriundos da **DRE**	
+ Depreciação	25.000,00
+ Despesas Financeiras	9.000,00
– Resultado de Equivalência Patrimonial	(16.000,00)
+ Prejuízo na venda do terreno	38.000,00
= **Lucro Líquido ajustado**	**145.000,00**
2º ajuste: Ajustes oriundos do **BP**	
+ Redução de duplicatas a receber	15.000,00
– Aumento de estoques	(42.000,00)
– Aumento de seguros antecipados	(36.000,00)
– Redução de fornecedores	(35.000,00)
– Redução de IR a pagar	(13.000,00)
– Redução de adiantamento de clientes	(22.000,00)
+ Aumento de provisões	15.000,00
= **Caixa líquido gerado no FCO**	**27.000,00**

ATENÇÃO NA PROVA!

No método indireto, o caixa líquido gerado ou consumido nas atividades operacionais é obtido por meio de ajustes oriundos da DRE e do BP. Com relação aos **ajustes do BP**, com a finalidade de **ganhar velocidade na prova**, nós calculamos apenas as **variações dos ativos e passivos operacionais** e somamos essas variações ao **resultado líquido ajustado**.

Ativo Circulante	31/12/2017	30/06/2018	Passivo Exigível	31/12/2017	30/06/2018
Duplicatas a receber	90.000,00	75.000,00	Fornecedores	120.000,00	85.000,00
Estoques	60.000,00	102.000,00	Imposto de renda a pagar	23.000,00	10.000,00
Seguros antecipados	-	36.000,00	Adiantamento de clientes	22.000,00	-
			Provisões de Longo Prazo	10.000,00	25.000,00
Total	**150.000,00**	**213.000,00**	**Total**	**175.000,00**	**120.000,00**

ATENÇÃO NA PROVA! A conta **provisões** apesar de encontrar-se no grupo do **passivo não circulante**, compõe o ajuste do lucro líquido, pois está relacionada com as **atividades operacionais** da empresa. O mesmo não ocorre com as contas de **dividendos a pagar e empréstimos**, já que estas contas estão relacionadas com as **atividades de financiamentos**.

Variação do AC = AC em 2018 – AC em 2017

Variação do AC = 213.000,00 – 150.000,00

Variação do AC = **aumento** de 63.000,00

Variação do PC = PC em 2018 – PC em 2017

Variação do PC = 120.000,00 – 175.000,00

Variação do PC = **redução** de 55.000,00

Lembrem-se dos ajustes relacionados com as variações dos ativos circulantes e passivos circulantes.	
Aumento do AC é um **ajuste negativo** na DFC.	Aumento do PC é um ajuste positivo na DFC.
Redução do AC é um ajuste positivo na DFC.	**Redução** do PC é um **ajuste negativo** na DFC.

Fluxo de Caixa Operacional – **Método Indireto**	
Lucro Líquido	**89.000,00**
1º ajuste: Ajustes oriundos da **DRE**	
+ Depreciação	25.000,00
+ Despesas Financeiras	9.000,00
– Resultado de Equivalência Patrimonial	(16.000,00)
+ Prejuízo na venda do terreno	38.000,00
= **Lucro Líquido ajustado**	**145.000,00**
2º ajuste: Ajustes oriundos do **BP**	
– Aumento do AC	(63.000,00)
– Redução do PC	(55.000,00)
= **Caixa líquido gerado no FCO**	**27.000,00**

No **fluxo de caixa operacional pelo método direto**, calculamos as entradas e saídas brutas de dinheiro.

1º passo: Identificar as contas que estão relacionadas com as vendas brutas da empresa.

Analisando o balanço patrimonial podemos observar que existem **duas contas relacionadas com as vendas brutas**: duplicatas a receber e adiantamentos de clientes.

A conta **adiantamentos de clientes** representa um recebimento antecipado que a empresa teve de um cliente por conta de uma **entrega futura de mercadorias**. Segundo o balanço patrimonial, verificamos que o cliente realizou um adiantamento para empresa em 2017 no montante de 22.000,00 e no exercício de 2018, a empresa entregou efetivamente as mercadorias para o cliente, e nessa data, de acordo com o princípio da competência, **reconheceu uma receita de vendas no valor de 22.000,00**.

2º passo: Calcular o montante das vendas a prazo em 2018.

ATENÇÃO, as vendas brutas do exercício de 2018 no montante de 940.000,00 é composta de uma parte oriunda da apropriação de **adiantamentos de clientes** em 2017. Nesse caso, devemos excluir as vendas provenientes dos adiantamentos de clientes, para calcularmos o valor das vendas a prazo em 2018.

(1) Registro contábil das vendas em 2018 decorrentes do adiantamento de clientes em 2017.

Adiantamentos de Clientes	
(1) 22.000,00	22.000,00

Vendas Brutas	
	22.000,00 (1)
	x
	940.000,00

x = Vendas brutas a prazo realizadas em 2018

Do razonete vendas brutas, calculamos o montante das vendas brutas a prazo realizadas em 2018.

Vendas Brutas a prazo em 2018 + 22.000,00 = 940.000,00
Vendas Brutas a prazo em 2018 = 918.000,00

FIQUEM ALERTAS!

Caso o examinador mencionasse que em 2018 a empresa estivesse realizado, por exemplo, vendas à vista no montante de 200.000,00, nesse caso, teríamos que subtrair dos 918.000,00 os 200.000,00 referentes as vendas à vista, pois quando uma empresa realiza **vendas à vista**, a contrapartida é um **débito** na conta **caixa**.

(2) Registro contábil das vendas a prazo realizadas em 2018.

Duplicatas a Receber (D)	Duplicatas a Receber (C)
90.000,00	x (Caixa)
(2) 918.000,00	
75.000,00	

Vendas Brutas (D)	Vendas Brutas (C)
	22.000,00
	918.000,00 (2)
	940.000,00

Analisando o razonete **duplicatas a receber**, podemos observar que havia um saldo inicial de 90.000,00, em seguida, ocorreu um débito de 918.000,00 devido as vendas a prazo ocorridas em 2018, restando um saldo final de 75.000,00. Portanto, devemos registrar um **crédito** no **valor de x** no razonete **duplicatas a receber**, que tem como contrapartida um **débito** no **valor de x** no razonete **caixa**. Conclusão, do razonete duplicatas a receber, calculamos o montante das vendas recebidas de 2018.

90.000,00 + 918.000,00 – x = 75.000,00
x = 933.000,00

3º passo: Calcular o montante pago a fornecedores em 2018.

(3) Registro do custo das mercadorias vendidas em 2018.

Estoques (D)	Estoques (C)
60.000,00	530.000,00 (3)
x	
102.000,00	

CMV (D)	CMV (C)
(3) 530.000,00	

Analisando o razonete **estoques** podemos observar que havia um saldo inicial de 60.000,00, em seguida, ocorreu um crédito de 530.000,00 devido as vendas de mercadorias ocorridas em 2018, restando um saldo final de 102.000,00. Portanto, devemos registrar um **débito** no **valor de x** no razonete **estoques**, que tem como contrapartida um **crédito** no **valor de x** no razonete **fornecedores**. Conclusão, do razonete estoques, calculamos o montante das compras a prazo em 2018.

60.000,00 + x – 530.000,00 = 102.000,00

x = 572.000,00

(4) Registro das compras a prazo em 2018.

Estoques	
60.000,00	530.000,00
(4) 572.000,00	
102.000,00	

Fornecedores	
(Caixa) x	120.000,00
	572.000,00 (4)
	85.000,00

Analisando o razonete **fornecedores** podemos observar que havia um saldo inicial de 120.000,00, em seguida, ocorreu um crédito de 572.000,00 devido a compras a prazo ocorridas em 2018, restando um saldo final de 85.000,00. Portanto, devemos registrar um **débito** no **valor de x** no razonete **fornecedores**, que tem como contrapartida um **crédito** no **valor de x** no razonete **caixa**. Conclusão, do razonete fornecedores, calculamos o montante do pagamento de fornecedores em 2018.

120.000,00 + 572.000,00 – x = 85.000,00

x = 607.000,00

4º passo: Calcular o montante dos seguros antecipados pagos em 2018.

(5) Registro contábil do pagamento antecipado de seguros.

Seguros Antecipados	
0,00	
(5) 36.000,00	
36.000,00	

Disponível	
Saldo Inicial	36.000,00 (5)

Analisando o razonete **seguros antecipados** podemos observar que havia um saldo inicial de 0,00, em seguida, ocorreu um **débito** de 36.000,00 devido a um pagamento antecipado de seguros em 2018, restando um saldo final de 36.000,00. **Conclusão**, ocorreu uma saída de caixa no montante de 36.000,00 devido ao pagamento antecipado de seguros em 2018.

5º passo: Calcular o montante de IR pagos em 2018.

(6) Registro contábil das despesas com IR e CSLL.

Despesas com IR e CSLL	
(6) 34.000,00	

IR e CSLL a Pagar	
x	23.000,00
	34.000,00 (6)
	10.000,00

Analisando o razonete **IR e CSLL a pagar** podemos observar que havia um saldo inicial de 23.000,00, em seguida, ocorreu um **crédito** de 34.000,00 devido a apropriação de **despesas com IR e CSLL** em 2018, restando um saldo final de 10.000,00. Portanto, devemos registrar um **débito** no **valor de x** no razonete **IR e CSLL a pagar**, que tem como contrapartida um **crédito** no **valor de x** no razonete **caixa**. Conclusão, do razonete IR e CSLL a pagar, calculamos o montante do pagamento de IR e CSLL em 2018.

23.000,00 + 34.000,00 – x = 10.000,00
x = 47.000,00

6º passo: Calcular o montante das despesas gerais e administrativas pagas em 2018.

ATENÇÃO, analisando o balanço patrimonial, podemos observar que **não existe nenhuma conta no passivo** relacionada com as **despesas gerais e administrativas**. Por exemplo, se caso houvesse no passivo **contas a pagar** de um determinado valor, essas **contas a pagar**, estariam relacionadas com as **despesas gerais e administrativas**. Nesse caso, como não existe contas a pagar no passivo, significa que o total das despesas gerais e administrativas no montante de 216.000,00 foram integralmente pagas. Em outras palavras, as despesas gerais e administrativas foram pagas à vista na sua integralidade.

CUIDADO EXTRA!

Como podemos observar na DRE de 2018, a banca **discrimina** as despesas com **depreciação** (que não tem efeito caixa) no montante de **25.000,00**. Caso essas despesas com depreciação se encontrassem **inseridas nas despesas gerais e administrativas**, nós deveríamos **subtrair** das despesas gerais e administrativas, as despesas com depreciação.

(7) Registro contábil do pagamento de despesas gerais e administrativas.

Despesas gerais e administrativas	
(7) 216.000,00	

Disponível	
Saldo Inicial	216.000,00 (7)

CONCLUSÃO, a DFC completa pelo método direto, será:

Demonstração do Fluxo de Caixa	
1. Fluxo de Caixa Operacional	
Recebimento de Clientes	933.000,00
– Pagamento a Fornecedores	(607.000,00)
– Pagamento de Seguros Antecipados	(36.000,00)
– Pagamento de IR e CSLL	(47.000,00)
– Pagamento de despesas gerais e administrativas	(216.000,00)
= Caixa líquido gerado nas atividades operacionais	27.000,00
2. Fluxo de Caixa de Investimentos	
Alienação de terreno	142.000,00
– Aquisição de máquinas	(17.000,00)
= Caixa líquido gerado nas atividades de investimentos	125.000,00
3. Fluxo de Caixa de Financiamentos	
Obtenção de empréstimos	36.000,00
– Pagamento de dividendos	(7.000,00)
= Caixa líquido gerado nas atividades de financiamentos	29.000,00
4. Variação Líquida de Caixa	181.000,00
5. Saldo Inicial de Caixa	110.000,00
6. Saldo Final de Caixa	291.000,00

Gabarito: **B**

18ª QUESTÃO: A Cia. Negociante reconheceu, durante o ano de 2017, vendas brutas no valor total de 2.000.000,00. As seguintes informações adicionais são conhecidas sobre fatos ocorridos no mesmo ano:

Devoluções de vendas	240.000,00
Abatimentos sobre vendas	150.000,00
Comissões sobre as vendas realizadas	50.000,00
Frete para entrega das vendas realizadas	20.000,00
Impostos sobre vendas	370.000,00
Estimativa para perdas com créditos de liquidação duvidosa	60.000,00
Recuperação de créditos com clientes	10.000,00

Sabendo que o custo das mercadorias vendidas foi 800.000,00, a receita líquida de vendas e o lucro bruto (resultado com mercadorias) apurados pela Cia. Negociante, no ano de 2017, foram, respectivamente, em reais:

a) 1.240.000,00 e 320.000,00
b) 1.220.000,00 e 420.000,00
c) 1.240.000,00 e 440.000,00
d) 1.240.000,00 e 420.000,00
e) 1.220.000,00 e 370.000,00

☛ SOLUÇÃO

Montando a DRE, temos:

Demonstração do Resultado do Exercício	
Vendas Brutas	**2.000.000,00**
– Devolução de Vendas	(240.000,00)
– Abatimentos sobre Vendas	(150.000,00)
– Impostos sobre Vendas	(370.000,00)
= **Receita Líquida de Vendas**	**1.240.000,00**
– Custo das Mercadorias Vendidas	(800.000,00)
= **Resultado com Mercadorias** (Lucro Bruto)	**440.000,00**
– Comissões sobre as vendas realizadas	(50.000,00)
– Frete para entrega das vendas realizadas	(20.000,00)
– Estimativa para perdas com créditos de liquidação duvidosa	(60.000,00)
+ Recuperação de créditos com clientes	10.000,00
= **Lucro antes do IR**	**320.000,00**

ATENÇÃO, as despesas com fretes para entrega das vendas realizadas são **despesas com vendas** (despesas operacionais). **Cuidado**, pois elas não são deduções das vendas brutas.

Gabarito: **C**

19ª QUESTÃO: Em 31/12/2016, o patrimônio líquido da empresa Dividendos S.A. possuía a seguinte composição:

Capital Social 750.000,00
Reserva Legal 60.000,00
Ajuste de Avaliação Patrimonial 50.000,00

O lucro, antes do imposto de renda e dos juros sobre o capital próprio de 2017, era 100.000,00 e a TJLP de 2017 foi 10% no ano. O valor dos juros sobre o capital próprio que a empresa Dividendos S.A. poderia ter distribuído era, em reais:

a) 81.000,00
b) 86.000,00
c) 50.000,00
d) 75.000,00
e) 80.000,00

☛ SOLUÇÃO

O **mercado financeiro** utiliza com frequência o termo **proventos**, que decorre da forma de remuneração adotada pelas empresas em relação aos seus acionistas: **dividendos** ou **JSCP**.

Os acionistas podem ser remunerados por meio de dividendos ou JSCP.

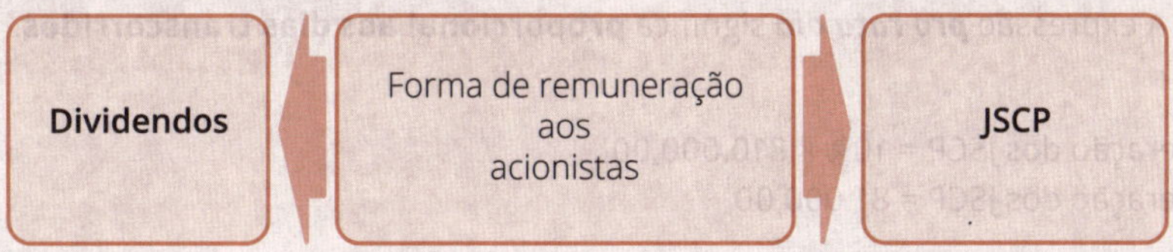

ATENÇÃO, contabilmente os **dividendos** são entendidos como uma **distribuição de lucros**, enquanto que os **JSCP** são entendidos como **despesas com juros** para pagar os acionistas por emprestarem dinheiro à empresa.

Para o investidor, isso vai implicar em diferentes formas de tributação:

- Os **dividendos** já veem líquidos dos impostos, pois a empresa já pagou todos os impostos que deveriam ter pagos antes da distribuição dos seus lucros.
- Os **JSCP** são tributados no lado do investidor em 15% de Imposto de Renda, pois para a empresa, esta **despesa com juros**, diminui o lucro e, consequentemente, o total de impostos que ela deveria pagar. Por conta desta maneira ser mais interessante para a empresa, existe um **limite máximo de JSCP** que pode ser distribuído aos acionistas.

1º passo: Calcular a base de cálculo dos juros sobre o capital próprio (JSCP).

Segundo a lei nº 12.973/14, compõem a base de cálculo dos JSCP **exclusivamente** as seguintes contas do **patrimônio líquido**:

BC dos JSCP = Capital Social + Res. Capital + Res. Lucros – Ações em Tesouraria – Prej. Acumulados

ATENÇÃO, a conta de **ajuste de avaliação patrimonial** não integra a base de cálculo dos JSCP.

BC dos JSCP = 750.000,00 + 60.000,00
BC dos JSCP = 810.000,00

2º passo: Calcular a remuneração dos JSCP.

Remuneração dos JSCP = TJLP × Base de cálculo dos JSCP

Segundo o artigo 9º da lei nº 9.249/95, a pessoa jurídica poderá deduzir, para efeitos da apuração do lucro real, os **juros sobre o capital próprio** (JSCP) pagos ou creditados individualizadamente a titular, sócios ou acionistas, a título de remuneração do capital próprio, calculados sobre as contas do **patrimônio líquido** e limitados à variação, ***pro rata dia***, da **taxa de juros de longo prazo** (TJLP).

A expressão ***pro rata dia*** significa **proporcional aos dias transcorridos**.

Remuneração dos JSCP = 10% × 810.000,00
Remuneração dos JSCP = 81.000,00

3º passo: Calcular o limite da remuneração dos JSCP.

Para fins de **dedutibilidade dos JSCP da base de cálculo do IR com base no lucro real**, o limite da remuneração dos JSCP será o **menor valor** entre a **remuneração dos JSCP** e o **maior valor** resultante entre 50% do lucro antes do IR e após a CSSL (LAIR após a CSLL) e 50% do somatório dos lucros acumulados com as reservas de lucros.

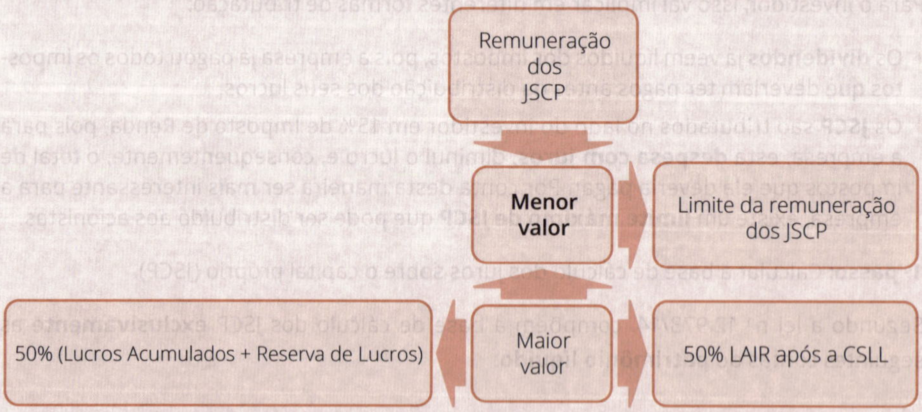

Com relação ao **limite para a constituição dos JSCP**, vamos realizar o cálculo de duas formas.

1ª forma: Cálculo da banca.

ATENÇÃO, a banca considerou que o saldo dos **lucros acumulados** é o lucro líquido de 100.000,00.

1º limite = 50% × (Reservas de Lucros + Lucros Acumulados)

1º limite = 50% × (60.000,00 + 100.000,00)

1º limite = 80.000,00

2º limite = 50% × Lucro Líquido

2º limite = 50% × 100.000,00

2º limite = 50.000,00

A empresa **poderá** (faculdade) utilizar o **limite de 80.000,00** para a **constituição dos JSCP**, pois esse limite é **inferior** a remuneração dos JSCP que é no montante de **81.000,00**.

Gabarito oficial: **E**

2ª forma: Cálculo correto.

1º limite = 50% × (Reservas de Lucros + Lucros Acumulados)

1º limite = 50% × (60.000,00 + 0,00)

1º limite = 30.000,00

2º limite = 50% × Lucro Líquido

2º limite = 50% × 100.000,00

2º limite = 50.000,00

A empresa **poderá** (faculdade) utilizar o **limite de 50.000,00** para a **constituição dos JSCP**, pois esse limite é **inferior** a remuneração dos JSCP que é no montante de **81.000,00**.

Gabarito correto: **C**

CONCLUSÃO, discordamos do **gabarito oficial** da banca que é a alternativa **E**, segundo os motivos acima descritos. Na nossa opinião, o **gabarito correto** é a alternativa **C**.

Gabarito: **E**

20ª QUESTÃO: Sobre ativos intangíveis, considere:

I. Os gastos incorridos com pesquisa devem ser reconhecidos como ativo em desenvolvimento, uma vez que gerarão benefícios futuros para a entidade.

II. O ágio derivado da expectativa de rentabilidade futura gerado internamente não deve ser reconhecido como ativo.

III. Um ativo intangível com vida útil definida deve ser reconhecido inicialmente pelo custo, deve ser amortizado e não está sujeito ao teste de redução ao valor recuperável, existindo ou não qualquer indicação de redução ao valor recuperável.

IV. Um ativo intangível com vida útil indefinida deve ser reconhecido inicialmente pelo custo, não sofre amortização e está sujeito ao teste de redução ao valor recuperável anualmente, existindo ou não qualquer indicação de redução ao valor recuperável.

Está correto o que se afirma apenas em:

a) I, II e III
b) II e IV
c) I, II e IV
d) III e IV
e) I e III

☛ **SOLUÇÃO**

Analisando as alternativas, temos:

I. Errado. Os gastos incorridos com pesquisa **devem ser reconhecidos como despesa quando incorridos**, pois durante a **fase de pesquisa** de projeto interno, a entidade **não está apta a demonstrar a existência de ativo intangível** que gerará prováveis benefícios econômicos futuros.

MEMORIZAR PARA A PROVA

Gastos na fase de	Classificação
Pesquisas	Sempre serão **despesas**, quando incorridos.
Desenvolvimento	São **despesas**, quando **não gerar** prováveis benefícios econômicos futuros.
Desenvolvimento	É **ativo intangível**, quando **gerar** prováveis benefícios econômicos futuros.

II. Correto. Segundo o item 48 do CPC 04, o ágio derivado da expectativa de rentabilidade futura (*goodwill*) gerado internamente não deve ser reconhecido como ativo.

III. Errado. Um ativo intangível com vida útil definida deve ser reconhecido inicialmente pelo custo, deve ser amortizado **e está sujeito ao teste de redução ao valor recuperável**, existindo ou não qualquer indicação de redução ao valor recuperável.

IV. Correto. Um ativo intangível com vida útil indefinida deve ser reconhecido inicialmente pelo custo, não sofre amortização e está sujeito ao teste de redução ao valor recuperável anualmente, existindo ou não qualquer indicação de redução ao valor recuperável.

MEMORIZAR PARA A PROVA

Vida útil do ativo intangível	Amortização	*Impairment test*	Reversão de perda estimada
Definida	Sim	Sim	Sim
Indefinida	Não	Sim	Sim
Goodwill	Não	Sim	Não

Gabarito: **B**

ATENÇÃO: Para responder às **questões de números 21 a 23**, considere as informações a seguir.

Em 31/12/2016, a Cia. Rosa adquiriu 90% das ações da Cia. Colorida pelo valor de 15.000.000,00 à vista. Na data da aquisição, o patrimônio líquido contabilizado da Cia. Colorida era 9.000.000,00 e o valor justo líquido dos seus ativos e passivos identificáveis era 13.000.000,00, sendo a diferença decorrente de um ativo imobilizado adquirido anteriormente e avaliado pelo custo.

21ª QUESTÃO: O valor do ágio pago pela Cia. Rosa na aquisição do investimento na Cia. Colorida foi, em reais:

a) 2.000.000,00
b) 3.300.000,00
c) 6.000.000,00
d) 6.900.000,00
e) 4.000.000,00

☛ SOLUÇÃO

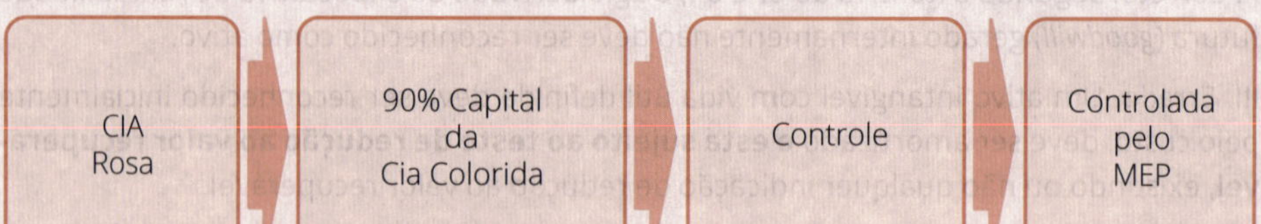

1º passo: Calcular o valor justo do investimento.

Valor justo do investimento = 90% × PL da Cia. Colorida a valor justo

Valor justo do investimento = 90% × 13.000.000,00
Valor justo do investimento = 11.700.000,00

2º passo: Calcular o valor patrimonial do investimento.

Valor patrimonial do investimento = 90% × PL da Cia. Colorida a valor contábil

Valor patrimonial do investimento = 90% × 9.000.000,00
Valor patrimonial do investimento = 8.100.000,00

3º passo: Calcular o goodwill na aquisição do investimento.

Goodwill = Valor de aquisição do investimento – Valor justo do investimento

Goodwill = 15.000.000,00 – 11.700.000,00
Goodwill = 3.300.000,00

4º passo: Calcular o ágio por mais-valia de ativos líquidos.

Ágio por mais-valia de ativos = Valor justo do investimento – Valor patrimonial do investimento

Ágio por mais-valia de ativos = 11.700.000,00 – 8.100.000,00
Ágio por mais-valia de ativos = 3.600.000,00

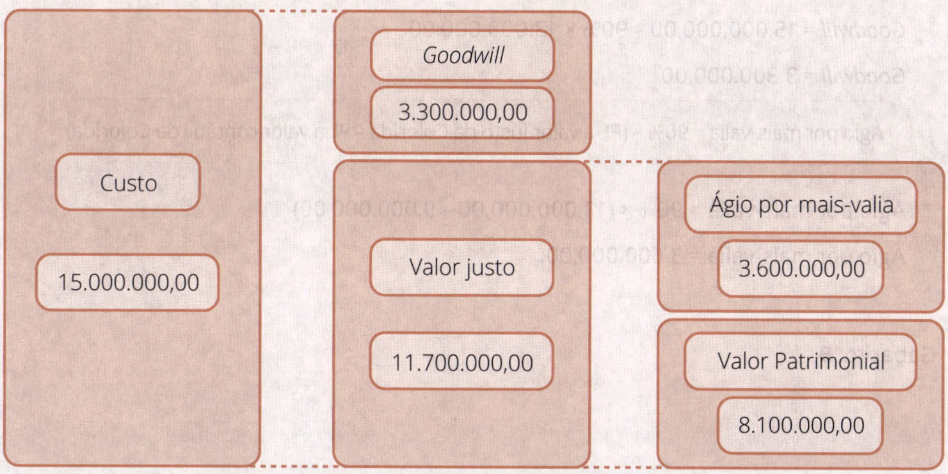

Do gráfico, temos que o *goodwill* é no montante de 3.300.000,00 e o ágio por mais-valia de 3.600.000,00.

5º passo: Registro contábil da aquisição do investimento.

Por ocasião da operação de compra acima descrita, a Cia. Rosa deverá efetuar o seguinte lançamento contábil:

D: Investimentos na Cia. Colorida......................8.100.000,00
D: *Goodwill*..3.300.000,00
D: Ágio por mais-valia...3.600.000,00
C: Disponibilidades.. 15.000.000,00

CUIDADO, o examinador pede o valor do ágio pago na aquisição, **mas não especifica qual dos dois ágios**, ou seja, se o *goodwill* ou ágio por mais-valia. Nesse caso, a resposta está relacionada com o *goodwill*, pois não existe alternativa com o valor do ágio por mais-valia que é de 3.600.000,00. **Atenção**, caso houvesse uma alternativa com o valor do ágio por mais-valia, a **banca deveria informar** qual dos dois ágios, pois do contrário, a **questão deveria ser anulada** por falta de especificidade.

SOLUÇÃO NA PROVA

Goodwill = Valor Pago – 90% × PL a valor justo da Colorida

Goodwill = 15.000.000,00 – 90% × 13.000.000,00

Goodwill = 3.300.000,00

Ágio por mais-valia = 90% × (PL a valor justo da Colorida – PL a valor contábil da Colorida)

Ágio por mais-valia = 90% × (13.000.000,00 – 9.000.000,00)

Ágio por mais-valia = 3.600.000,00:

Gabarito: **B**

22ª QUESTÃO: O valor que a Cia. Rosa reconheceu no balanço patrimonial individual, na conta investimentos em controladas, na data da aquisição, foi, em reais:

a) 8.100.000,00
b) 11.700.000,00
c) 15.000.000,00
d) 13.500.000,00
e) 13.000.000,00

☛ SOLUÇÃO

Por ocasião da operação de compra, a Cia. Rosa deverá efetuar o seguinte lançamento contábil:

D: Investimentos na Cia. Colorida........................8.100.000,00
D: *Goodwill*...3.300.000,00
D: Ágio por mais-valia...3.600.000,00
C: Disponibilidades..15.000.000,00

Segundo o CPC 18, no balanço individual, o *goodwill* e o ágio por mais-valia **integram o valor contábil do investimento**.

Valor contábil do investimento = Valor patrimonial do investimento + *Goodwill* + Ágio por mais-valia

Valor contábil do investimento = 8.100.000,00 + 3.300.000,00 + 3.600.000,00
Valor contábil do investimento = 15.000.000,00

CONCLUSÃO, segundo o CPC 18, a Cia. Rosa reconhecerá no seu **balanço patrimonial individual**, o valor contábil do investimento no montante de 15.000.000,00. Nas **notas explicativas** a Cia. Rosa **deverá discriminar** o *goodwill* no valor de 3.300.000,00 e o ágio por mais-valia de 3.600.000,00.

Gabarito: **C**

23ª QUESTÃO: No período de 01/01/2017 a 31/12/2017, a Cia. Colorida reconheceu as seguintes mutações em seu patrimônio líquido:

- Lucro líquido..500.000,00
- Distribuição de dividendos...100.000,00
- Ajustes acumulados de conversão de investida no exterior (saldo devedor) 50.000,00

Sabendo que a vida útil remanescente do ativo imobilizado que originou a diferença entre o patrimônio líquido contábil e o patrimônio líquido avaliado pelo valor justo dos ativos e passivos identificáveis da Cia. Colorida era 20 anos, o impacto total reconhecido na demonstração do resultado individual de 2017 da Cia. Rosa, decorrente do investimento na Cia. Colorida, foi, em reais:

a) 450.000,00
b) 270.000,00
c) 360.000,00
d) 315.000,00
e) 250.000,00

☛ SOLUÇÃO

CIA Rosa → 90% Capital da Cia Colorida → Controle → Controlada pelo MEP

1º passo: Calcular o GEP na Cia. Rosa.

GEP na Cia. Rosa = 90% × Lucro Líquido da Cia. Colorida

GEP na Cia. Rosa = 90% × 500.000,00
GEP na Cia. Rosa = 450.000,00

(1) Registro contábil do GEP na Cia. Rosa.

Ações da Cia. Colorida	
8.100.000,00	
(1) 450.000,00	
8.550.000,00	

GEP	
	450.000,00 (1)

ATENÇÃO, trata-se de um investimento adquirido com ***goodwill*** e ágio por mais-valia. Nesse caso, para efeitos de contabilização do GEP debitamos apenas o **valor patrimonial do investimento**, pois é esse valor que reflete o **patrimônio líquido contábil da Cia. Colorida**.

2º passo: Calcular os dividendos a receber da Cia. Colorida.

Dividendos a Receber = 90% × Dividendos distribuídos pela Cia. Colorida

Dividendos a Receber = 90% × 100.000,00
Dividendos a Receber = 90.000,00

(2) Registro contábil dos dividendos a receber da Cia. Colorida.

Dividendos a Receber	
(2) 90.000,00	

Ações da Cia. Colorida	
8.550.000,00	90.000,00 (2)
8.460.000,00	

3º passo: Calcular os AAC reflexos no patrimônio líquido da Cia. Rosa.

AAC reflexos na Cia. Rosa = 90% × AAC na Cia. Colorida

AAC reflexos na Cia. Rosa = 90% × (50.000,00)
AAC reflexos na Cia. Rosa = 45.000,00 (devedor)

(3) Registro contábil dos AAC reflexos na Cia. Rosa.

Ações da Cia. Colorida	
8.460.000,00	45.000,00 (3)
8.415.000,00	

AAC reflexos na Cia. Rosa	
(3) 45.000,00	

4º passo: Calcular a amortização do ágio por mais-valia.

Os ativos que deram origem ao ágio por mais-valia têm vida útil de 20 anos. Em outras palavras, o ágio por mais-valia será amortizado na **mesma proporção** em que esses ativos forem depreciados, ou seja, em **20 anos**.

$$\text{Amortização do ágio por mais-valia} = \text{Ágio por mais-valia} \times \frac{\text{Período de utilização do imobilizado}}{\text{Vida útil do imobilizado}}$$

$$\text{Amortização do ágio por mais-valia} = 3.600.000,00 \times \frac{1 \text{ ano}}{20 \text{ anos}}$$

Amortização do ágio por mais-valia = 180.000,00

(4) Registro contábil da amortização do ágio por mais-valia.

Despesas com Amortização	
(4) 180.000,00	

Amortização Acumulada	
	180.000,00 (4)

5º passo: Calcular o impacto total reconhecido na DRE individual de 2017 da Cia. Rosa

DRE da Cia. Rosa = GEP – Despesas com amortização

DRE da Cia. Rosa = 450.000,00 – 180.000,00
DRE da Cia. Rosa = 270.000,00

Gabarito: **B**

24ª QUESTÃO: A Demonstração do Resultado do ano de 2017 da empresa Só-Negar é apresentada a seguir:

Demonstração do Resultado de 2017	
Receitas de Vendas	12.000,00
– Custo das Mercadorias Vendidas	(6.300,00)
= Resultado Bruto com Vendas	5.700,00
– Despesas gerais	(4.000,00)
= Resultado Líquido	1.700,00

As seguintes informações são conhecidas:

I. A empresa Controlar detém 100% do capital da empresa Só-Negar.

II. A empresa Só-Negar realizou uma venda no valor de 5.000,00 para a empresa Controlar, sendo que o custo dos produtos vendidos foi 3.000,00. Desta forma, a margem bruta nessa venda foi 40%.

III. A empresa Controlar ainda mantém em seu estoque o valor de 1.500,00 das compras que fez da empresa Só-Negar.

Com base nessas informações, em 2017, o resultado:

a) de equivalência patrimonial reconhecido pela empresa Controlar foi 1.700,00.
b) não realizado considerado pela empresa Só-Negar foi 2.000,00.
c) de equivalência patrimonial reconhecido pela empresa Controlar foi 1.100,00.
d) de equivalência patrimonial reconhecido pela empresa Controlar foi 300,00, negativo.
e) líquido da empresa Só-Negar foi reduzido em 900,00.

☛ SOLUÇÃO

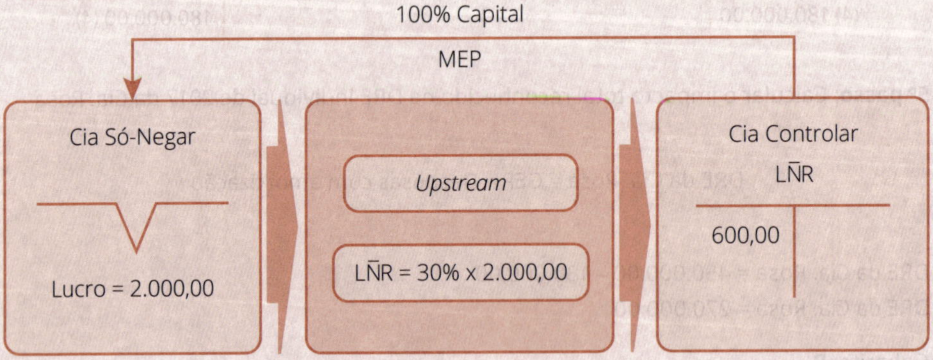

1º passo: Calcular os lucros não realizados (LÑR) nos estoques da empresa Controlar.

Lucro da Só-Negar = Vendas para Controlar – CMV para Controlar

Lucro da Só-Negar para Controlar = 5.000,00 – 3.000,00
Lucro da Só-Negar para Controlar = 2.000,00

$$\% \text{ adquirido da Cia. Só-Negar e não vendido} = \frac{\text{Estoques na Controlar}}{\text{Mercadorias adquiridas da Cia. Só-Negar}} \times 100\%$$

$$\% \text{ adquirido da Cia. Só-Negar e não vendido} = \frac{1.500,00}{5.000,00} \times 100\%$$

% adquirido da Cia. Só-Negar e não vendido = 30%

LÑR na Controlar = % adquirido da Cia. Só-Negar e não vendido × Lucro da Cia. Só-Negar

LÑR na Controlar = 30% × 2.000,00
LÑR na Controlar = 600,00

2º passo: Calcular o GEP na empresa Controlar.

Nas operações de venda da **controlada** (Só-Negar) para sua **investidora** (Controlar), os **lucros não realizados** por operação de ativos ainda em poder da **investidora** devem ser eliminados da seguinte forma:

Lucro não realizado de **transações ascendentes com controladas**

Lucro Líquido da controlada
– LÑR nos estoques da investidora
= Lucro Líquido ajustado para fins de MEP
× Percentual do capital social da investida
= Ganho de Equivalência Patrimonial

Nas **transações ascendentes** (*upstream*), as vendas são realizadas da **controlada** para a **investidora**.

ATENÇÃO, trata-se de uma **operação *upstream*** (transações ascendentes), pois as vendas são realizadas da **controlada** (empresa Só-Negar) para a **investidora** (empresa Controlar).

Lucro Líquido da controlada	1.700,00
– LÑR nos estoques da investidora	(600,00)
= Lucro líquido ajustado para fins de MEP	1.100,00
× Percentual do capital social da investida	× 100%
= Ganho de Equivalência Patrimonial	1.100,00

Analisando as alternativas, temos:

a) Errada. O **GEP** reconhecido pela empresa Controlar foi de **1.100,00**.

b) Errada. O **lucro não realizado** considerado pela **empresa Controlar foi de 600,00**.

c) Correta. O GEP reconhecido pela empresa Controlar foi de 1.100,00.

d) Errada. O **GEP** reconhecido pela empresa Controlar foi de **1.100,00**, **positivo**.

e) Errada. O **lucro líquido** da empresa Só-Negar não foi alterado. Nesse caso, é o resultado líquido da investidora (empresa Controlar) que foi reduzido, devido a uma redução no seu de **600,00**.

SOLUÇÃO NA PROVA

LÑR nos estoques = Margem Bruta × Estoques da Controlar

LÑR nos estoques = 40% × 1.500,00

LÑR nos estoques = 600,00

GEP = (LL da Controlada – LÑR nos estoques) × Percentual de ações

GEP na Controlar = (1.700,00 – 600,00) × 100%

GEP na Controlar = 1.100,00

Gabarito: **C**

ATENÇÃO: Para responder às **questões de números 25 e 26**, considere as informações a seguir.

Em 30/11/2017, a Cia. Segura adquiriu um caminhão por meio de um contrato de arrendamento mercantil. O contrato estabelecia o pagamento de 36 prestações mensais, iguais e consecutivas no valor de 8.000,00 cada, vencendo a primeira prestação em 31/12/2017. O valor presente das prestações, na data de início do contrato, era 245.000,00 (igual ao valor justo do caminhão nessa data) e a taxa de juros implícita na operação era 0,9% ao mês. A vida útil estimada do caminhão na data de aquisição foi 6 anos e o valor residual estimado pela empresa foi 29.000,00. A empresa adota o método das quotas constantes para a despesa de depreciação e pretende ficar com o caminhão no final do prazo do arrendamento.

25ª QUESTÃO: A Cia. Segura reconheceu, em 30/11/2017, um ativo no valor de:

a) 288.000,00 e despesa de depreciação no valor de 3.597,22, no mês de dezembro de 2017.
b) 259.000,00 e despesa de depreciação no valor de 3.597,22, no mês de dezembro de 2017.
c) 245.000,00 e despesa financeira no valor de 43.000,00, no mês de dezembro de 2017.
d) 245.000,00 e despesa de depreciação no valor de 3.000,00, no mês de dezembro de 2017.
e) 216.000,00 e despesa de depreciação no valor de 3.000,00, no mês de dezembro de 2017.

☛ SOLUÇÃO

Segundo o CPC 06 o caminhão deverá ser reconhecido pelo **valor justo** ou **valor presente**, dos dois, o **menor**.

Valor justo	Não informado	**MENOR VALOR**	Balanço Patrimonial em 30/11/2017
Valor presente	245.000,00		Custo de aquisição = 245.000,00

Valor **presente** das parcelas em 30/11/2017	245.000,00
Valor **justo** do caminhão em 30/11/2017	Não informado.
Valor a ser **registrado no ativo** em 30/11/2017	**245.000,00**

1º passo: Calcular os juros a transcorrer.

Arrendamento mercantil financeiro a pagar = Número de prestações × Valor da prestação

Arrendamento mercantil financeiro a pagar = 36 prestações × 8.000,00/prestação
Arrendamento mercantil financeiro a pagar = 288.000,00

Juros a Transcorrer = Arrendamento mercantil financeiro a pagar – Valor presente do caminhão

Juros a Transcorrer = 288.000,00 – 245.000,00
Juros a Transcorrer = 43.000,00

(1) Registro do arrendamento financeiro na arrendatária (Cia. Segura).

Veículos adquiridos em AMF		Juros a Transcorrer		AMF a Pagar	
(1) 245.000,00		(1) 43.000,00			288.000,00 (1)

O balanço patrimonial **imediatamente após a aquisição** do caminhão, será:

Ativo	Passivo
AÑC Imobilizado	**Passivo Exigível**
Veículos em AMF 245.000,00	AMF a Pagar........288.000,00
	Juros a Transcorrer........(43.000,00)
Total........245.000,00	Total........245.000,00

2º passo: Calcular a depreciação no mês de dezembro de 2017.

ATENÇÃO, como o período de utilização está em meses, temos que converter a vida útil em anos para meses.

Vida útil em meses = Vida útil em anos × 12 meses

Vida útil em meses = 6 anos × 12 meses
Vida útil em meses = 72 meses

$$\text{Depreciação} = (\text{Custo de Aquisição} - \text{Valor residual}) \times \frac{\text{Período de utilização}}{\text{Vida útil}}$$

$$\text{Depreciação em 2017} = (245.000{,}00 - 29.000{,}00) \times \frac{1 \text{ mês}}{72 \text{ meses}}$$

Depreciação em 2017 = 3.000,00

(2) Registro contábil da depreciação acumulada do imóvel B em 31/12/2017.

Depreciação		Depreciação Acumulada	
(2) 3.000,00			3.000,00 (2)

3º passo: Calcular a despesa financeira em dezembro de 2017.

Despesa Financeira em 2017 = Taxa de juros × Valor Presente em 30/11/2017

Despesa Financeira em 2017 = 0,9% × 245.000,00

Despesa Financeira em 2017 = 2.205,00

(3) Registro contábil da despesa financeira em 31/12/2017.

Despesa Financeira	
(3) 2.205,00	

Juros a Transcorrer	
43.000,00	2.205,00 (3)
40.795,00	

ARE = Despesas com depreciação + Despesas financeiras

Prejuízo Líquido = 3.000,00 + 2.205,00

Prejuízo Líquido = 5.205,00

Considerando apenas essas operações, o balanço patrimonial **em 31/12/2017**, será:

Ativo		**Passivo**	
AÑC Imobilizado		**Passivo Exigível**	
Veículos em AMF	245.000,00	AMF a Pagar	288.000,00
Depreciação Acumulada	(3.000,00)	Juros a Transcorrer	(40.795,00)
		Patrimônio Líquido	
		Prejuízos Acumulados	(5.205,00)
Total	242.000,00	Total	242.000,00

Analisando as alternativas, temos:

a) Errada. Um ativo de **245.000,00** e depreciação de **3.000,00**, no mês de dezembro de 2017.

b) Errada. Um ativo de **245.000,00** e depreciação de **3.000,00**, no mês de dezembro de 2017.

c) Errada. Um ativo de 245.000,00 e despesa financeira de **2.205,00**, no mês de dezembro de 2017.

d) Correta. Um ativo de 245.000,00 e depreciação de 3.000,00, no mês de dezembro de 2017.

e) Errada. Um ativo de **245.0000,00** e depreciação de 3.000,00, no mês de dezembro de 2017.

Gabarito: **D**

26ª QUESTÃO: A Cia. Segura reconheceu, em 30/11/2017, um passivo no valor líquido de:

a) 288.000,00 e não houve nenhuma despesa no ano.

b) 288.000,00 e despesa financeira no valor de 2.592,00, no mês de dezembro de 2017.

c) 245.000,00 e despesa financeira no valor de 43.000,00, no mês de dezembro de 2017.

d) 245.000,00 e despesa financeira no valor de 1.194,44, no mês de dezembro de 2017.

e) 245.000,00 e despesa financeira no valor de 2.205,00, no mês de dezembro de 2017.

SOLUÇÃO

O balanço patrimonial **imediatamente após a aquisição** do caminhão, será:

Ativo	Passivo
AÑC Imobilizado	**Passivo Exigível**
Veículos em AMF 245.000,00	AMF a Pagar 288.000,00
	Juros a Transcorrer .... (43.000,00)
Total 245.000,00	Total 245.000,00

Despesa Financeira em 2017 = Taxa de Juros × Valor Presente em 30/11/2017

Despesa Financeira em 2017 = 0,9% × 245.000,00

Despesa Financeira em 2017 = 2.205,00

(1) Registro contábil da despesa financeira em 31/12/2017.

Despesa Financeira

Débito	Crédito
(1) 2.205,00	

Juros a Transcorrer

Débito	Crédito
43.000,00	2.205,00 (1)
40.795,00	

Gabarito: **E**

27ª QUESTÃO: A empresa Brasil Investe S.A., cuja moeda funcional é o real, é controladora da empresa Ronald Corporation, que atua nos Estados Unidos da América e tem como moeda funcional o dólar americano. O balanço patrimonial da empresa Ronald Corporation, em 31/12/2017, apresentava os seguintes saldos, expressos em dólar americano:

Ronald Corporation - Balanço Patrimonial em 31/12/2017			
Ativo	**US$**	**Passivo**	**US$**
Ativo Circulante	**9.300,00**	**Passivo Circulante**	**9.000,00**
Caixa e Equivalentes	2.000,00	Fornecedores	4.600,00
Clientes	4.000,00	Impostos a pagar	2.400,00
Estoques	3.300,00	Contas a pagar	2.000,00
Ativo Não Circulante	**16.500,00**	**Passivo Não Circulante**	**4.000,00**
Realizável no Longo Prazo	500,00	Empréstimos	4.000,00
Imobilizado	11.000,00	**Patrimônio Líquido**	**12.800,00**
Intangíveis	5.000,00	Capital	10.000,00
		Reservas de Lucros	2.800,00
Total	**25.800,00**	**Total**	**25.800,00**

O resultado líquido obtido em 2017 pela empresa Ronald Corporation, após a conversão para a moeda funcional da empresa brasileira, foi 5.940,00, e a conta reservas de lucros da empresa, em 31/12/2016, convertida para reais, apresentava o saldo de 3.360,00. As seguintes informações adicionais são conhecidas:

- Os estoques foram adquiridos em 31/10/2017.
- O capital foi integralizado em 31/12/2014.

As cotações do dólar para diversas datas são as seguintes:

Data	Cotação do dólar em R$
31/12/2014	3,00
31/12/2016	3,20
31/10/2017	3,50
31/12/2017	4,00
Média de 2017	3,30

Após a conversão do balanço patrimonial da empresa Ronald Corporation para reais, o:

a) total do ativo é 85.140,00.
b) capital social é 40.000,00.
c) total dos ajustes acumulados de conversão é 10.250,00.
d) patrimônio líquido é 39.300,00.
e) total dos ajustes acumulados de conversão é 11.900,00.

☛ **SOLUÇÃO**

LEMBREM-SE NA PROVA!!!!!!!!!!

Na **conversão** de demonstrações contábeis em moeda estrangeira para o real, **utilizamos:**

BP em moeda estrangeira	Câmbio de conversão	BP em moeda R$
Ativo em US$	Fechamento	Ativo em R$
Passivo em US$	Fechamento	Passivo em R$
PL em US$	Histórica	PL em R$
Resultado Líquido em US$	Taxa média ou taxa da data de transação	Resultado Líquido em R$

AAC = Ativo convertido em R$ – (Passivo convertido em R$ + PL convertido em R$)

1º passo: Converter o balanço patrimonial em US$ para o R$.

Balanço em US$	Taxa	Câmbio	Balanço em US$	Balanço em R$
Ativo	Fechamento	US$ 1,00 = R$ 4,00	25.800,00	103.200,00
Passivo	Fechamento	US$ 1,00 = R$ 4,00	12.800,00	52.000,00
Capital Social	Histórica	US$ 1,00 = R$ 3,00	10.000,00	30.000,00
Reservas de Lucros	Histórica	?	Res. Lucros em US$ (1)	3.360,00
Lucro Líquido	Média	US$ 1,00 = R$ 3,30	LL em US$ (2)	5.940,00

(1) A banca informou que o saldo da **reserva de lucros** em 31/12/2016 era de 3.360,00 reais. Portanto, como não sabemos qual era o montante e nem a data em que foi constituída a **reserva de lucros**, utilizamos o valor já convertido em 2016 de **3.360,00** reais.

(2) Com relação ao **lucro líquido** a banca apesar de ter informado a taxa média de 2017, a mesma não informou qual era o seu valor em US$. Da mesma forma que a reserva de lucros, vamos utilizar o valor já convertido do **lucro líquido de 5.940,00 reais**.

2º passo: Calcular o patrimônio líquido convertido para reais.

ATENÇÃO, o **lucro líquido apurado** na DRE no valor de 5.940,00 reais é transferido para a conta **lucros acumulados**, do patrimônio líquido.

PL convertido em R$ = Capital Social em R$ + Reservas de Lucros em R$ + Lucros Acumulados em R$

PL convertido em R$ = 30.000,00 + 3.360,00 + 5.940,00
PL convertido em R$ = 39.300,00

3º passo: Calcular o Ajuste Acumulado de Conversão.

AAC = Ativo convertido em R$ – (Passivo convertido em R$ + PL convertido em R$)

AAC = 103.200,00 – (52.000,00 + 39.300,00)
AAC = 11.900,00

4º passo: Montar o balanço patrimonial após a conversão e a contabilização do AAC.

Ronald Corporation - Balanço Patrimonial em 31/12/2017			
Ativo	**R$**	**Passivo**	**R$**
Ativo Circulante	**37.200,00**	**Passivo Circulante**	**36.000,00**
Caixa e Equivalentes	8.000,00	Fornecedores	18.400,00
Clientes	16.000,00	Impostos a pagar	9.600,00
Estoques	13.200,00	Contas a pagar	8.000,00
Ativo Não Circulante	**66.000,00**	**Passivo Não Circulante**	**16.000,00**
Realizável no Longo Prazo	2.000,00	Empréstimos	16.000,00
Imobilizado	44.000,00	**Patrimônio Líquido**	**51.200,00**
Intangíveis	20.000,00	Capital	30.000,00
		Reservas de Lucros	3.360,00
		Lucros Acumulados	5.940,00
		AAC	11.900,00
Total	**103.200,00**	**Total**	**103.200,00**

Analisando as alternativas, temos:

a) Errada. O total do **ativo** é no valor de **103.200,00**.

b) Errada. O **capital social** é no valor de **30.000,00**.

c) Errada. O total dos **ajustes acumulados de conversão** é no valor de **11.900,00**.

d) Errada. O **patrimônio líquido** é no valor de **51.200,00**.

e) Correta. O total dos ajustes acumulados de conversão é 11.900,00.

Gabarito: **E**

ATENÇÃO: Para responder às **questões de números 28 e 29**, considere as informações a seguir.

A Cia. Produtos Naturais apresentou no balanço patrimonial publicado em 31/12/2016 o saldo total de 470.000,00 na conta de provisões, cuja composição era a seguinte:

Tipo de processo	Provisão reconhecida em 31/12/2016
Trabalhista 1	190.000,00
Ambiental 1	280.000,00

No final de 2017, a empresa reavaliou a situação dos processos a que estava respondendo em 2016 e identificou quatro novos processos judiciais surgidos em 2017. As informações sobre os diversos processos, em 31/12/2017, são apresentadas na tabela a seguir:

Tipo de processo	Avaliação da probabilidade de perda em 31/12/2017	Valor estimado de perda em 31/12/2017
Trabalhista 1	Provável	210.000,00
Trabalhista 2	Possível	150.000,00
Tributário 1	Possível	340.000,00
Tributário 2	Provável	170.000,00
Cível 1	Provável	140.000,00
Ambiental 1	Possível	250.000,00

28ª QUESTÃO: Com base nas informações fornecidas, o impacto total causado no resultado de 2017 da Cia. Produtos Naturais, relacionado às provisões, foi, em reais:

a) 50.000,00, negativo.
b) 520.000,00, negativo.
c) 310.000,00, negativo.
d) 60.000,00, negativo.
e) 80.000,00, negativo.

☛ SOLUÇÃO

Uma dica para a prova é lembrar da frase:

Pro Po R uma provisão para contingências.

Montando a tabela com as obrigações presentes que podem ser prováveis, possíveis ou remotas, temos:

Provisão para contingências	**Provável**	**Possível**	**Remota**
Registro contábil	Sim	Não	Não
Divulgação em notas explicativas	Sim	Sim	Não

CONCLUSÃO, apenas os **processos prováveis** de perda pela empresa serão registrados no balanço patrimonial e divulgados em notas explicativas.

Processo	**Valor em 2016**	**Valor em 2017**	**Perda em 2017**	**DRE**
Trabalhista 1	190.000,00	210.000,00	**Provável**	(20.000,00)
Trabalhista 2	0,00	150.000,00	Possível	0,00
Tributário 1	0,00	340.000,00	Possível	0,00
Tributário 2	0,00	170.000,00	**Provável**	(170.000,00)
Cível 1	0,00	140.000,00	**Provável**	(140.000,00)
Ambiental 1	280.000,00	250.000,00	Possível	280.000,00
Efeitos na DRE				(50.000,00)

O processo **ambiental 1** até o encerramento do exercício de 2016 era **provável** de perda na justiça. No **exercício de 2017**, os advogados reavaliaram a perda, e chegaram à conclusão de que a probabilidade de perda na justiça era **possível**. Nesse caso, a empresa deverá **reverter a provisão ambiental 1** no exercício de 2018.

Efeito na DRE de 2017 = 280.000,00 – 20.000,00 – 170.000,00 – 140.000,00
Efeito na DRE de 2017 = 50.000,00 negativos

Gabarito: **A**

29ª QUESTÃO: Com base nas informações fornecidas, o saldo apresentado como provisões, no balanço patrimonial da Cia. Produtos Naturais de 31/12/2017, foi, em reais:

a) 780.000,00
b) 530.000,00
c) 520.000,00
d) 550.000,00
e) 500.000,00

☛ **SOLUÇÃO**

ATENÇÃO, apenas os **processos prováveis** de perda pela empresa serão registrados no **balanço patrimonial** e divulgados em notas explicativas.

Processo	Valor em 2017	Perda em 2017	Balanço Patrimonial
Trabalhista 1	**210.000,00**	**Provável**	210.000,00
Trabalhista 2	150.000,00	Possível	0,00
Tributário 1	340.000,00	Possível	0,00
Tributário 2	**170.000,00**	**Provável**	170.000,00
Cível 1	**140.000,00**	**Provável**	140.000,00
Ambiental 1	250.000,00	Possível	0,00
Provisões para Contingências no BP de 2017			520.000,00

Provisões para Contingências no BP de 2017 = 210.000,00 + 170.000,00 + 140.000,00
Provisões para Contingências no BP de 2017 = 520.000,00

Gabarito: **C**

30ª QUESTÃO: Uma empresa adquiriu uma marca que poderá ser explorada pelo prazo de 10 anos, não podendo ser revendida no final deste prazo. O preço pago foi 5.000.000,00 e a aquisição ocorreu em 31/12/2016. Em 31/12/2017, antes do fechamento das demonstrações contábeis, a empresa realizou o teste de redução ao valor recuperável (teste de *impairment*) e obteve as seguintes informações sobre a marca adquirida:

- Valor em uso da marca 4.200.000,00
- Valor justo líquido das despesas de venda 4.000.000,00

Com base nessas informações, no resultado de 2017 a empresa deveria ter reconhecido uma:

a) perda por desvalorização no valor de 800.000,00, apenas.
b) despesa de amortização no valor de 500.000,00, apenas.

c) perda por desvalorização no valor de 1.000.000,00, apenas.

d) despesa de amortização no valor de 500.000,00 e uma perda por desvalorização no valor de 500.000,00.

e) despesa de amortização no valor de 500.000,00 e uma perda por desvalorização no valor de 300.000,00.

SOLUÇÃO

1ª etapa: Calcular o valor recuperável da marca.

ATENÇÃO, o valor recuperável será sempre o **maior valor**.

Valor justo líquido das despesas de venda	4.000.000,00	**MAIOR VALOR**	Valor recuperável = 4.200.000,00
Valor em uso	4.200.000,00		

Valor recuperável em 2017 = 4.200.000,00

2ª etapa: Calcular o valor contábil da marca.

$$\text{Amortização Acumulada em 2017} = (\text{Custo de Aquisição} - \text{Valor Residual}) \times \frac{\text{Período de utilização}}{\text{Vida útil}}$$

$$\text{Amortização Acumulada em 2017} = (5.000.000,00 - 0,00) \times \frac{1 \text{ ano}}{10 \text{ anos}}$$

Amortização Acumulada em 2017 = 500.000,00

(1) Registro contábil da amortização acumulada em 31/12/2017.

Amortização	
(1) 500.000,00	

Amortização Acumulada	
	500.000,00 (1)

Valor Contábil = Custo de Aquisição – Amortização Acumulada – Perdas por *Impairment*

Valor contábil em 2017 = 5.000.000,00 – 500.000,00

Valor contábil em 2017 = 4.500.000,00

3ª etapa: Comparar o valor recuperável com o valor contábil.

Valor contábil

4.500.000,00

Perdas por *Impairment*

300.000,00

Valor recuperável

4.200.000,00

Perdas estimadas por *impairment* = Valor contábil – Valor recuperável

Perdas estimadas por *impairment* = 4.500.000,00 – 4.200.000,00
Perdas estimadas por *impairment* = 300.000,00

(2) Registro contábil da **perda por *impairment*** em 31/12/2017.

Outras Despesas			Perdas Estimadas Acumuladas	
(2) 300.000,00				300.000,00 (2)

Outras receitas

As **outras receitas** compreendem as **receitas oriundas** das transações do AÑC classificados nos subgrupos de investimentos, imobilizado e intangível.

Outras despesas

As **outras despesas** compreendem as **despesas oriundas** das transações do AÑC classificados nos subgrupos de investimentos, imobilizado e intangível.

CONCLUSÃO, em 31/12/2017 a empresa deverá reconhecer uma **despesa com amortização** de 500.000,00 e uma perda por desvalorização (**outras despesas**) de 300.000,00.

Gabarito: **E**

31ª QUESTÃO: A Cia. das Tintas apresentava, em seu balanço patrimonial de 31/12/2017, um ágio derivado de expectativa de rentabilidade futura, cujo valor contábil era 880.000,00 e composto por:

- Custo.. 990.000,00
- Perda por desvalorização reconhecida em 2016...............................110.000,00

Em 31/12/2017, a Cia. realizou o teste de recuperabilidade do ágio (**teste de *impairment***) e obteve as seguintes informações:

- Valor em uso... 1.050.000,00
- Valor justo líquido de despesas de venda 830.000,00

Com base nessas informações, o valor que a Cia. das Tintas apresentou em seu balanço patrimonial de 31/12/2017 para este ativo (ágio) foi, em reais:

a) 880.000,00
b) 1.050.000,00
c) 830.000,00
d) 990.000,00
e) 770.000,00

SOLUÇÃO

No balanço patrimonial da Cia. das Tintas de 31/12/2017 constava:

Ativo	Passivo
AÑC Investimentos	**Passivo Circulante**
Goodwill...990.000,00	**Passivo Não Circulante**
Perdas Acumuladas por *Impairment* .....(110.000,00)	**Patrimônio Líquido**

Em 31/12/2017, a Cia. realizou o teste de *impairment* no *goodwill* e obteve um valor recuperável no montante de 1.050.000,00.

ATENÇÃO, o valor recuperável será sempre o **maior valor**.

Valor justo líquido das despesas de venda	830.000,00	**MAIOR VALOR**	Valor recuperável = 1.050.000,00
Valor em uso	1.050.000,00		

Valor recuperável em 2017 = 1.050.000,00

Perdas por *Impairment*

110.000,00

A reversão do *goodwill* é proibida pelas normas *IFRS*

Goodwill

880.000,00

Goodwill

880.000,00

Segundo o CPC 04, a perda reconhecida no *goodwill* em 2016 no valor de 110.000,00 não poderá ser revertida no exercício de 2017. A **proibição tem por base** o fato de que o *goodwill* gerado internamente **não pode ser reconhecido**. Em outras palavras, a perda não pode ser revertida pelo fato da entidade não conseguir distinguir uma parte desse ganho, do ganho proveniente do ***goodwill* gerado internamente**.

MEMORIZAR PARA A PROVA

Vida útil do ativo intangível	Amortização	*Impairment test*	Reversão de perda estimada
Definida	Sim	Sim	Sim
Indefinida	Não	Sim	Sim
Goodwill	Não	Sim	**Não**

CONCLUSÃO, o *goodwill* continuará registrado pelo valor contábil de 880.000,00. No balanço patrimonial da Cia. das Tintas de 31/12/2018, teremos:

Ativo	Passivo
AÑC Investimentos *Goodwill*....................990.000,00 Perdas Acumuladas por *Impairment*.....(110.000,00)	**Passivo Circulante** **Passivo Não Circulante** **Patrimônio Líquido**

Gabarito: **A**

ATENÇÃO: Para responder às **questões de números 32 e 33**, considere as informações a seguir.

Para obter recursos com o objetivo de financiar sua expansão, a Cia. Enrolada emitiu um lote de debêntures no valor total de 12.000.000,00 com as seguintes características:

- Data da emissão: 30/11/2017.
- Prazo total: 10 anos.
- Taxa de juros compostos: 1,1% ao mês.
- Pagamentos: parcelas anuais de 2.303.132,61.

A Cia. incorreu em gastos no valor total de 180.000,00 para a emissão e colocação das debêntures no mercado. Como havia uma expectativa de que as taxas de juros sofreriam uma queda nos próximos anos, houve uma grande demanda pelas debêntures emitidas e a empresa conseguiu vendê-las por 12.840.000,00 (valor superior ao desejado), o que fez com que a taxa de custo efetivo da emissão fosse 1% ao mês.

32ª QUESTÃO: O saldo líquido que a Cia. Enrolada apresentou no balanço patrimonial, em 30/11/2017, para as debêntures emitidas foi, em reais:

a) 12.000.000,00
b) 11.820.000,00
c) 12.660.000,00
d) 12.840.000,00
e) 12.180.000,00

☛ SOLUÇÃO

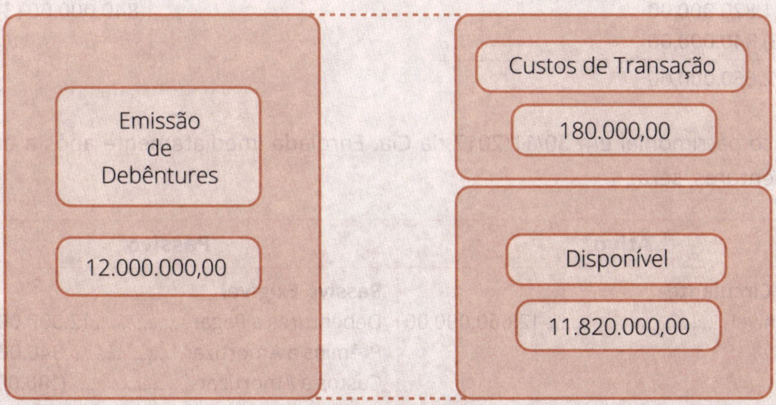

ATENÇÃO, trata-se de uma emissão de **debêntures acima do par**, ou seja, nessa emissão de debêntures, existe um **prêmio na emissão de debêntures**.

(1) Registro da captação de debêntures em 30/11/2017.

Disponível	
(1) 12.000.000,00	

Debêntures a Pagar	
	12.000.000,00 (1)

(2) Registro dos custos de transação em 30/11/2017.

Disponível	
12.000.000,00	180.000,00 (2)
11.820.000,00	

Custos de Transação a Amortizar	
(2) 180.000,00	

(3) Registro dos prêmios na emissão de debêntures em 30/11/2017.

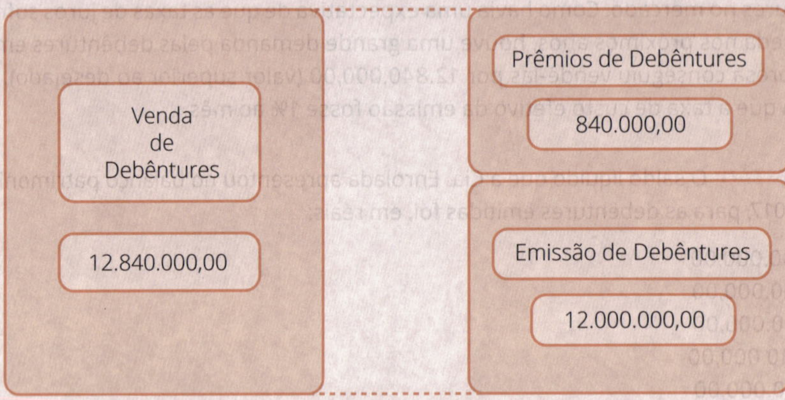

Disponível	
11.820.000,00	
(3) 840.000,00	
12.660.000,00	

Prêmios de Debêntures a Amortizar	
	840.000,00 (3)

O balanço patrimonial em 30/11/2017 da Cia. Enrolada imediatamente após a emissão das debêntures, será:

Ativo		Passivo	
Ativo Circulante		**Passivo Exigível**	
Disponível	12.660.000,00	Debêntures a Pagar	12.000.000,00
		Prêmios a Amortizar	840.000,00
		Custos a Amortizar	(180.000,00)
Total	12.660.000,00	Total	12.660.000,00

Taxa de custo efetivo = 1% ao mês

i = Taxa de custo efetivo ao ano

$i = (1 + 1\%)^{12}$
$i = 12{,}68\%$ a.a.

$$\text{Valor da captação líquida} = \frac{1^a\ \text{Parcela}}{(1+i)} + \frac{2^a\ \text{Parcela}}{(1+i)^2} + \ldots + \frac{10^a\ \text{Parcela}}{(1+i)^{10}}$$

$$12.660.000{,}00 = \frac{2.303.132{,}61}{(1+0{,}1268)^1} + \frac{2.303.132{,}61}{(1+0{,}1268)^2} + \ldots + \frac{2.303.132{,}61}{(1+0{,}1268)^{10}}$$

12.660.000,00 = 2.043.958,65 + 1.813.949,82 + ... + 697.992,19
12.660.000,00 = 12.660.000,00

SOLUÇÃO NA PROVA

Captação Líquida = Valor de venda das debêntures – Gastos para emissão

Captação Líquida = 12.840.000,00 – 180.000,00

Captação Líquida = 12.660.000,00

Gabarito: **C**

33ª QUESTÃO: O valor dos encargos financeiros apropriado no resultado de 2017 da Cia. Enrolada, referente às debêntures emitidas foi, em reais:

a) 132.000,00
b) 312.000,00
c) 118.200,00
d) 128.400,00
e) 126.600,00

☛ SOLUÇÃO

Encargos Financeiros em 2017 = Taxa efetiva mensal × Captação Líquida

Encargos Financeiros em 2017 = 1% a.m. × 12.660.000,00
Encargos Financeiros em 2017 = 126.600,00

Gabarito: **E**

34ª QUESTÃO: No dia 30/11/2017, a Cia. das Aves realizou as seguintes vendas de mercadorias:

- Vendas à vista no valor de 1.500.000,00.
- Vendas a prazo no valor nominal de 2.300.000,00 que será recebido integralmente em 30/04/2019.

Na data da venda a empresa praticava a taxa de juros de 0,83% ao mês, que corresponde a 15% para o período das vendas a prazo. Em relação às vendas efetuadas em 30/11/2017, a Cia. das Aves deveria reconhecer receita de vendas no valor de:

a) 3.800.000,00 no resultado de 2017, apenas.
b) 3.500.000,00 no resultado de 2017, apenas.
c) 3.500.000,00 e receita financeira no valor de 300.000,00, ambos no resultado de 2017.
d) 3.500.000,00 e receita financeira no valor de 16.600,00, ambos no resultado de 2017.
e) 3.455.000,00 e receita financeira no valor de 16.226,50, ambos no resultado de 2017.

☛ SOLUÇÃO

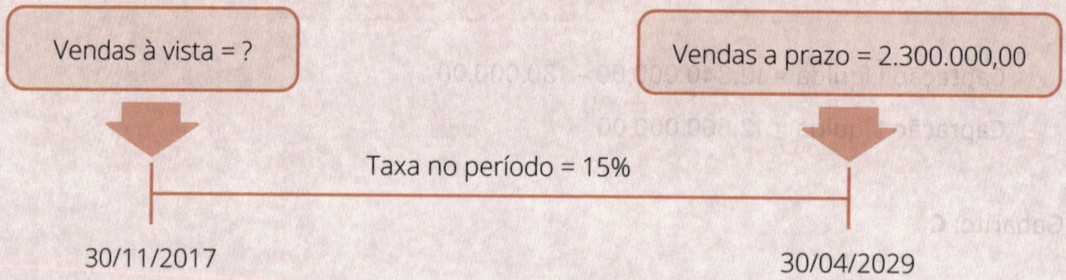

1º passo: Calcular o valor presente das vendas a prazo no montante de 2.300.000,00.

$$\text{Vendas a valor presente} = \frac{\text{Vendas a prazo}}{1{,}15}$$

$$\text{Vendas a valor presente} = \frac{2.300.000{,}00}{1{,}15}$$

Vendas a valor presente = 2.000.000,00

2º passo: Calcular as receitas financeiras a transcorrer.

AVP de Vendas = Vendas a prazo – Vendas a valor presente

AVP de Vendas = 2.300.000,00 – 2.000.000,00
AVP de Vendas = 300.000,00

3º passo: Registro contábil das vendas (à vista e a prazo) em 30/11/2017.

(1) Registro contábil das vendas à vista.

Disponível	
(1) 1.500.000,00	

Vendas Brutas	
	1.500.000,00 (1)

(2) Registro contábil das vendas a prazo em 30/11/2017.

Duplicatas a Receber	
(2) 2.300.000,00	

Vendas Brutas	
	1.500.000,00
	2.300.000,00 (2)
	3.800.000,00

(3) Registro contábil das receitas financeiras a transcorrer nas vendas a prazo em 30/11/2017.

Receitas Financeiras a Transcorrer	
	300.000,00 (3)

AVP de Vendas Brutas	
(3) 300.000,00	

4º passo: Montar a DRE em 30/11/2017.

Demonstração do Resultado do Exercício	
Vendas Brutas	3.800.000,00
– AVP de Vendas Brutas	(300.000,00)
= Vendas Líquidas	3.500.000,00

5º passo: Montar o balanço patrimonial em 30/11/2017.

Ativo		Passivo	
Ativo Circulante		**Patrimônio Líquido**	
Disponível	1.500.000,00	Lucros Acumulados	3.500.000,00
AÑC RLP			
Duplicatas a Receber	2.300.000,00		
Rec. Fin. a Transcorrer	(300.000,00)		
Total	3.500.000,00	Total	3.500.000,00

6º passo: Apropriar as receitas financeiras de dezembro de 2017.

(4) Registro contábil da apropriação das receitas financeiras de dezembro de 2017.

Receitas Financeiras a Transcorrer	
(4) 16.600,00	300.000,00
	283.400,00

Receitas Financeiras	
	16.600,00 (4)

Receitas Financeiras de dezembro de 2017 = 0,83% × Vendas a valor presente

Receitas Financeiras de dezembro de 2017 = 0,83% × 2.000.000,00
Receitas Financeiras de dezembro de 2017 = 16.600,00

7º passo: Montar a DRE em 31/12/2017.

Demonstração do Resultado do Exercício	
Vendas Brutas	3.800.000,00
– AVP de Vendas Brutas	(300.000,00)
= Vendas Líquidas	3.500.000,00
+ Receitas Financeiras	16.600,00
= Lucro Líquido	3.516.600,00

8º passo: Montar o balanço patrimonial em 31/12/2017.

Ativo		Passivo	
Ativo Circulante		**Patrimônio Líquido**	
Disponível	1.500.000,00	Lucros Acumulados	3.516.600,00
AÑC RLP			
Duplicatas a Receber	2.300.000,00		
Rec. Fin. a Transcorrer	(283.400,00)		
Total	3.516.600,00	Total	3.516.600,00

SOLUÇÃO NA PROVA

Vendas no resultado de 2017 = Vendas à vista + Vendas a valor presente

$$\text{Vendas no resultado de 2017} = 1.500.000,00 + \frac{2.300.000,00}{1,15}$$

Vendas no resultado de 2017 = 3.500.000,00

Receitas Financeiras de dezembro de 2017 = 0,83% × Vendas a valor presente

Receitas Financeiras de dezembro de 2017 = 0,83% × 2.000.000,00
Receitas Financeiras de dezembro de 2017 = 16.600,00

Gabarito: **D**

35ª QUESTÃO: Em 15/12/2017, uma empresa realizou uma venda a prazo no valor total de US$ 300.000,00. Sabendo que a taxa de câmbio em 15/12/2017 era R$ 3,00/US$, em 31/12/2017 era R$ 3,50/US$ e a taxa de câmbio média do mês de dezembro de 2017 foi R$ 3,20/US$, a empresa reconheceu, no mês de dezembro de 2017, uma receita de vendas de:

a) 900.000,00 e receita financeira de 60.000,00.
b) 1.050.000,00, apenas.
c) 960.000,00, apenas.
d) 960.000,00 e receita financeira de 90.000,00.
e) 900.000,00 e receita financeira de 150.000,00.

☛ SOLUÇÃO

CUIDADO COM A PEGADINHA DA QUESTÃO!!!!!!!! A banca informa que a **taxa média** do mês de dezembro de 2017 foi R$ 3,20/US$, mas como a empresa realizou uma única transação em 15/12/2017, nesse caso, nós utilizamos a **taxa da data de transação**, que foi de R$ 3,00/US$. **Atenção**, a taxa média é utilizada quando a empresa realiza uma **grande quantidade de transações em um curto período de tempo** (por exemplo, no mês de dezembro) e a taxa de câmbio **não apresenta grandes oscilações** no período.

(1) Registro contábil das vendas a prazo em 15/12/2017.

Duplicatas a Receber	
(1) 900.000,00	

Vendas Brutas	
	900.000,00 (1)

Vendas Brutas em R$ = Taxa de câmbio em 15/12/2017 × Vendas Brutas em US$

Vendas Brutas em R$ = 3,00 × US$ 300.000,00
Vendas Brutas em R$ = 900.000,00

(2) Registro contábil em 31/12/2017 da variação cambial ativa (VCA).

Duplicatas a Receber	
900.000,00	
(2) 150.000,00	
1.050.000,00	

Variação Cambial Ativa	
	150.000,00 (2)

VCA = (Câmbio em 31/12/2017 – Câmbio em 15/12/2017) × Vendas Brutas em US$

Variação Cambial Ativa = (3,50 – 3,00) × 300.000,00
Variação Cambial Ativa = 150.000,00

ATENÇÃO, a variação cambial ativa é uma **receita financeira.**

Gabarito: **E**

36ª QUESTÃO: Em junho de 2017, ao analisar detalhadamente o seu ativo imobilizado, a Cia. das Dúvidas identificou dois itens:

I. O valor da despesa de depreciação dos edifícios, referente ao ano de 2016, foi calculada considerando o valor residual incorreto. A diferença entre os valores calculados e o que deveria ter sido calculado é material.

II. Ao analisar a vida útil econômica estimada dos veículos, a Cia. identificou que a vida útil remanescente aumentou. Assim, a vida útil remanescente que era de 2 anos, passou a ser de 4 anos.

Nesse caso, a Cia. das Dúvidas:

a) não precisa fazer nenhum ajuste nas demonstrações contábeis de forma retrospectiva.

b) corrige suas demonstrações contábeis de forma retrospectiva referente ao item I e divulga o erro em 2017.

c) corrige suas demonstrações contábeis de forma prospectiva referente ao item I e divulga o erro em 2017.

d) corrige suas demonstrações contábeis de forma retrospectiva referente aos itens I e II e divulga os erros em 2017.

e) ajusta suas demonstrações contábeis de 2016 para fins de comparação com as de 2017, para os dois itens.

☛ SOLUÇÃO

A questão está **relacionada com o CPC 23** que trata das políticas contábeis, mudança de estimativas e retificação de erro. Analisando os itens, temos:

I. A empresa deve corrigir de **forma retrospectiva** o erro e divulgar em notas explicativas em 2017, pois o erro no cálculo da depreciação é material (**relevante**).

II. A mudança na vida útil remanescente do veículo está relacionada com a mudança na estimativa contábil. Nesse caso, a empresa aplica a mudança de **forma prospectiva**.

Gabarito: **B**

37ª QUESTÃO: A empresa comercial Só Negócios S.A. apresentou as seguintes informações referentes ao primeiro semestre de 2018:

Demonstração do Resultado de 01/01/2018 a 30/06/2018	
Receita Bruta de Vendas	480.000,00
– Impostos sobre Vendas	(110.000,00)
= Receita Líquida	370.000,00
– Custo das Mercadorias Vendidas	(150.000,00)
= Lucro Bruto	220.000,00
– Despesas de depreciação	(35.000,00)
– Despesas com salários	(20.000,00)
– INSS sobre salários (empresa)	(4.000,00)
– FGTS sobre salários	(1.600,00)
= Lucro antes do IR e CSLL	159.400,00
– IR e CSLL	(35.400,00)
= Lucro Líquido	124.000,00

Com base nessas informações e sabendo que o valor dos tributos recuperáveis referentes aos produtos comercializados no primeiro semestre de 2018 foi 27.000,00, o valor adicionado distribuído na forma de impostos, taxas e contribuições pela empresa Só Negócios S.A. foi, em reais:

a) 122.400,00
b) 145.400,00
c) 176.400,00
d) 118.400,00
e) 124.000,00

☛ **SOLUÇÃO**

ATENÇÃO, no CMV da DVA devemos **incluir o valor dos tributos recuperáveis** (ICMS) destacado nas compras de mercadorias no primeiro semestre de 2018 no montante de 27.000,00.

CMV da DVA = CMV da DRE + ICMS nas compras

CMV da DVA = 150.000,00 + 27.000,00
CMV da DVA = 177.000,00

Demonstração do Valor Adicionado	
1. **Receitas**	**480.000,00**
Receita Bruta de Vendas	480.000,00
2. **Insumos Adquiridos de Terceiros**	**(177.000,00)**
Custo das Mercadorias Vendidas	177.000,00
3. **Valor Adicionado Bruto**	**303.000,00**
4. **Depreciação, Amortização e Exaustão**	**(35.000,00)**
Despesas de depreciação	35.000,00
5. **Valor Adicionado Líquido**	**268.000,00**
6. **Valor Adicionado Recebido de Terceiros**	**0,00**
7. **Valor Adicionado Total a Distribuir**	**268.000,00**
8. **Distribuição do Valor Adicionado**	**268.000,00**
Governo	**122.400,00**
Impostos (1)	83.000,00
IR e CSLL	35.400,00
INSS sobre salários	4.000,00
Empregados	**21.600,00**
Salários	20.000,00
FGTS sobre salários	1.600,00
Remuneração dos Capital de Terceiros	**0,00**
Remuneração do Capital Próprio	**124.000,00**
Lucro Líquido	124.000,00

(1) **Atenção**, no cálculo dos impostos na DVA devemos compensar os impostos incidentes nas vendas com os impostos incluídos no CMV da DRE.

Impostos = ICMS nas Vendas – ICMS nas Compras

Impostos = 110.000,00 – 27.000,00
Impostos = 83.000,00

Gabarito: **A**

38ª QUESTÃO: Considere as seguintes assertivas:

I. Uma subvenção governamental recebida deve ser reconhecida diretamente no patrimônio líquido, desde que não haja obrigações a serem cumpridas pela entidade.

II. Subvenção relacionada a ativo depreciável deve ser reconhecida como receita ao longo do período da vida útil do bem e na mesma proporção de sua depreciação.

III. Caso uma subvenção governamental não possa ser distribuída aos acionistas, ela deve ser reconhecida diretamente na conta reserva de incentivos fiscais, no patrimônio líquido.

IV. A subvenção governamental relacionada a ativos não monetários e com obrigações a serem cumpridas deve ser apresentada no balanço patrimonial em conta de passivo, como receita diferida, ou deduzindo o valor contábil do ativo relacionado.

Está correto o que se afirma em:

a) II e III, apenas
b) I e IV, apenas
c) II e IV, apenas
d) I, II e III, apenas
e) I, II, III e IV

☛ SOLUÇÃO

Analisando os itens, temos:

I. Errado. Uma **subvenção governamental** recebida **não pode ser reconhecida diretamente** no patrimônio líquido, mesmo que não haja obrigações a serem cumpridas pela entidade.

> A **subvenção governamental** é também **designada** por subsídio, incentivo fiscal, doação, prêmio, etc.

II. Correto. A subvenção relacionada a ativo depreciável deve ser reconhecida como receita ao longo do período da vida útil do bem e na mesma proporção de sua depreciação.

III. Errado. Caso uma subvenção governamental não possa ser distribuída aos acionistas, ela **poderá** (faculdade) ser reconhecida diretamente na conta **reserva de incentivos fiscais**, no patrimônio líquido.

IV. Correto. A subvenção governamental relacionada a ativos não monetários e com obrigações a serem cumpridas deve ser apresentada no balanço patrimonial em conta de passivo, como receita diferida, ou deduzindo o valor contábil do ativo relacionado.

Portanto, são considerados aceitáveis **dois métodos** de apresentação, nas demonstrações contábeis, da subvenção (ou parte apropriada de subvenção) não vinculada a obrigações futuras, relacionada com ativos.

1º método de registro da subvenção governamental

O **1º método** reconhece a subvenção governamental como **receita diferida no passivo**, sendo reconhecida como receita em **base sistemática e racional** durante a vida útil do ativo.

Registro da subvenção governamental em **conta específica do passivo**:

D: Ativo de Subvenção (**conta do ativo**)
C: Receita Diferida de Subvenção (**conta do passivo**)

Apresentação da subvenção governamental de acordo com o **1º método** no balanço patrimonial:

Ativo	Passivo
Ativo Não Circulante Ativo de subvenção............................ 8.000,00 Total.. 8.000,00	**Passivo Não Circulante** Receita diferida de subvenção .... 8.000,00 Total.. 8.000,00

2º método de registro da subvenção governamental

O **2º método** deduz a subvenção governamental do valor contábil do ativo relacionado com a subvenção para se chegar ao valor escriturado líquido do ativo, que **pode ser nulo**.

Registro da subvenção governamental como **dedução do valor contábil do ativo**:

D: Ativo de Subvenção (**conta do ativo**)
C: Receita Diferida de Subvenção (**conta retificadora do ativo**)

Apresentação da subvenção governamental de acordo com o **2º método** no balanço patrimonial:

Ativo	Passivo
Ativo Não Circulante Ativo de subvenção........................... 8.000,00 Receita diferida de subvenção .... (8.000,00) Total.. 0,00	**Passivo Não Circulante** Obrigações de Subvenções......................0,00 Total...0,00

A **subvenção** deve ser **reconhecida como receita** durante a vida do ativo depreciável por meio de crédito à depreciação registrada como despesa no resultado.

Gabarito: **C**

39ª QUESTÃO: Considere as seguintes assertivas:

I. As propriedades para investimento devem ser inicialmente mensuradas pelo seu custo. Os custos de transação devem ser incluídos na mensuração inicial.

II. Para propriedades para investimento mensuradas ao valor justo, as alterações no seu valor justo devem ser reconhecidas no resultado do período se for perda e no patrimônio líquido se for ganho.

III. As entidades devem mensurar o valor justo das propriedades para investimento, mesmo escolhendo o método de custo para fins de mensuração, uma vez que precisa divulgar esta informação para estas propriedades.

Está correto o que se afirma em:

a) I, apenas
b) I e II, apenas
c) III, apenas
d) I e III, apenas
e) I, II e III

☛ SOLUÇÃO

Analisando os itens, temos:

I. Correto. As propriedades para investimento **devem ser inicialmente mensuradas pelo seu custo**. Os custos de transação devem ser incluídos na mensuração inicial.

II. Errado. As propriedades para investimento mensuradas ao valor justo, **as alterações no seu valor justo devem ser reconhecidas no resultado do período**, quer seja uma **perda** ou um **ganho**.

III. Correto. As entidades **devem mensurar o valor justo** das propriedades para investimento, mesmo escolhendo o **método de custo para fins de mensuração**, uma vez que precisa divulgar esta informação para estas propriedades.

Em outras palavras, a empresa Alfa possui um **imóvel para aluguel** registrado no seu balanço patrimonial pelo **custo de aquisição**, no montante de 100.000,00. Sabendo-se que o **valor justo** desse imóvel para aluguel é de **180.000,00**, a empresa Alfa deverá (**obrigação**), divulgar em suas notas explicativas, que apesar do imóvel encontrar-se **mensurado no seu balanço patrimonial pelo custo de 100.000,00**, o seu **valor justo é de 180.000,00**.

Gabarito: **D**

40ª QUESTÃO: O patrimônio líquido da Cia. Giro Certo possuía a seguinte composição em 31/12/2016:

Capital Social	600.000,00
Reserva Legal	80.000,00
Reserva para Expansão	200.000,00
Ações em Tesouraria	40.000,00
Ajustes de Avaliação Patrimonial credor	20.000,00

Durante o ano de 2017, a Cia. Giro Certo reconheceu as seguintes transações:

- Aplicação financeira mensurada ao valor justo por meio de outros resultados abrangentes: juros calculados pela taxa contratual no valor de 8.000,00, sendo o valor justo da aplicação financeira 5.000,00 inferior ao valor atualizado pela taxa contratual.
- Lucro líquido de 800.000,00. Os impactos da aplicação financeira já estão considerados no lucro líquido.
- Constituição da reserva legal no montante de 40.000,00.
- Dividendos obrigatórios distribuídos no valor de 240.000,00.
- Aumento de capital social: emissão de 40.000 novas ações com valor nominal de 2,00 por ação, tendo conseguido negociá-las por 3,00 cada.
- Venda das ações em tesouraria por 60.000,00.

Considerando o registro dessas transações, o patrimônio líquido da Cia. Giro Certo, no balanço patrimonial de 31/12/2017, era, em reais:

a) 1.595.000,00
b) 1.555.000,00
c) 1.603.000,00
d) 1.563.000,00
e) 1.635.000,00

☛ SOLUÇÃO

1º passo: Calcular o patrimônio líquido inicial.

PL Inicial = Capital + Reserva Legal + Reserva para Expansão + AAP – Ações em Tesouraria

Capital Social	600.000,00
+ Reserva Legal	80.000,00
+ Reserva para Expansão	200.000,00
+ Ajustes de Avaliação Patrimonial credor	20.000,00
– Ações em Tesouraria	(40.000,00)
= Patrimônio Líquido Inicial	860.000,00

Classificação ANTIGA	Classificação ATUAL	Rendimentos	Ajustes ao valor justo
Mantido até o vencimento	Custo amortizado	DRE	Não tem ajuste
Destinados à venda imediata	VJR	DRE	DRE
Disponível para venda futura	VJORA	DRE	Na conta AAP do PL

Juros ativos = Taxa efetiva × Custo de aquisição do título

Os **juros ativos** resultantes da aplicação dos títulos mensurados ao **VJR, custo amortizado** e **VJORA** vão para o resultado do exercício (**DRE**). No encerramento do exercício, comparamos o **valor pela curva do papel** dos títulos com o seu **valor justo**, e dependendo da **classificação** desses títulos, **não haverá** ajustes ou os ajustes podem ir para a **DRE** ou **AAP**.

Classificação	Rendimentos	Curva do papel	Valor justo
Custo amortizado	Juros	Custo amortizado + Juros	Custo amortizado + Juros
VJR	Juros	VJR + Juros	VJR + Juros +/– DRE
VJORA	Juros	VJORA + Juros	VJORA + Juros +/– AAP

(1) Registro contábil da aplicação financeira de VJORA ao valor justo.

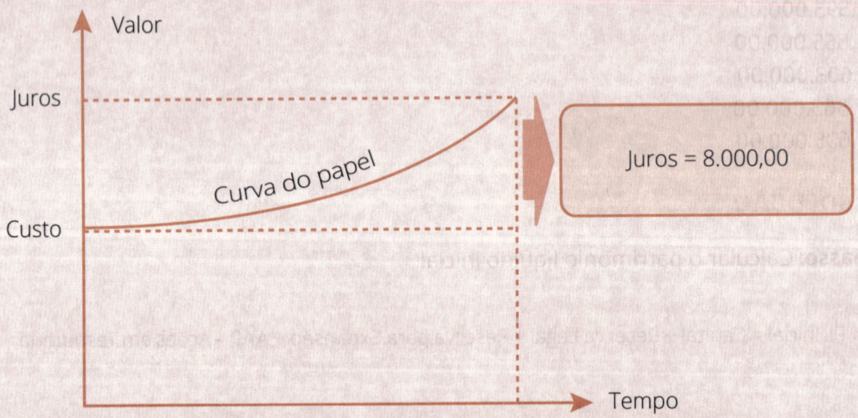

Analisando o gráfico acima, podemos observar que o **custo de aquisição** da aplicação financeira rendeu juros ativos no montante de 8.000,00. Portanto, temos:

VJORA pela curva do papel = Custo de aquisição + Rendimentos pela taxa efetiva

No encerramento do exercício social, a empresa ao realizar o ajuste do VJORA pela curva do papel ao valor justo, verificou que o valor justo da aplicação financeira **encontrava-se inferior em 5.000,00 ao valor atualizado pela taxa contratual** (VJORA pela curva do papel).

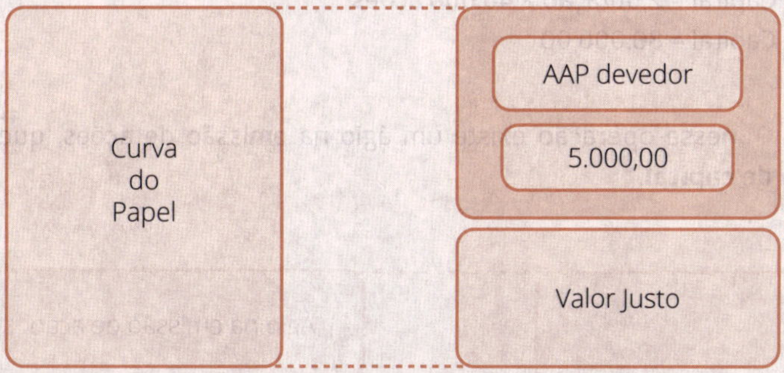

Portanto, segundo o gráfico, podemos observar que a **empresa deverá fazer um débito na conta AAP**, no montante de **5.000,00**, para ajustar o VJORA pela curva do papel ao valor justo.

(1) Registro contábil do VJORA pela curva do papel ao valor justo.

IF de VJORA ao valor justo	
	5.000,00 (1)

AAP – PL	
(1) 5.000,00	

(2) Registro contábil da transferência do lucro líquido para a conta lucros acumulados.

Lucro Líquido – DRE	
(2) 800.000,00	800.000,00

Lucros Acumulados – PL	
	800.000,00 (2)

(3) Registro contábil da constituição da reserva legal no montante de 40.000,00.

Lucros Acumulados – PL	
(3) 40.000,00	800.000,00
	760.000,00

Reserva Legal – PL	
	40.000,00 (3)

(4) Registro contábil dos dividendos obrigatórios distribuídos no valor de 240.000,00.

Lucros Acumulados – PL	
(4) 240.000,00	760.000,00
	520.000,00

Dividendos a Pagar – PC	
	240.000,00 (4)

(5) Registro contábil do aumento de capital social: emissão de 40.000 novas ações com valor nominal de 2,00 por ação, tendo conseguido negociá-las por 3,00 cada.

Aumento de Capital = Valor nominal da ação × Número de ações

Aumento de Capital = 2,00/ação × 40.000 ações
Aumento de Capital = 80.000,00

ATENÇÃO, nessa operação existe um ágio na emissão de ações, que é uma **reserva de capital**.

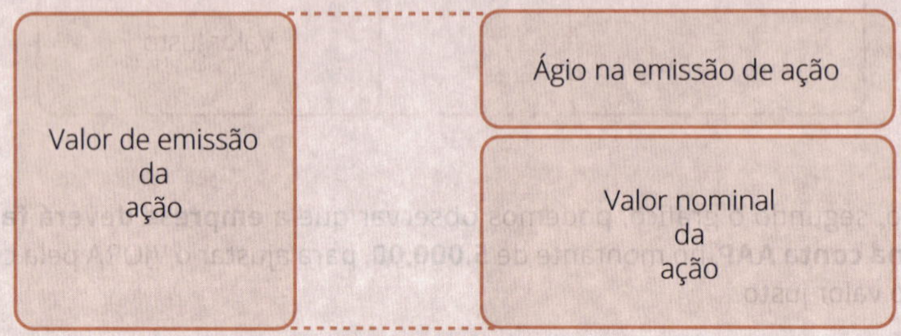

Ágio na Emissão de Ações = (Valor de emissão da ação – Valor nominal da ação) × Capital

Ágio na Emissão de Ações = (3,00 – 2,00) × 40.000 ações
Ágio na Emissão de Ações = 40.000,00

Disponível – AC		Capital Social – PL		Reserva de Capital – PL	
Débito	Crédito	Débito	Crédito	Débito	Crédito
(5) 120.000,00			600.000,00		40.000,00 (5)
			80.000,00 (5)		
			680.000,00		

(6) Registro contábil da venda das ações em tesouraria por 60.000,00.

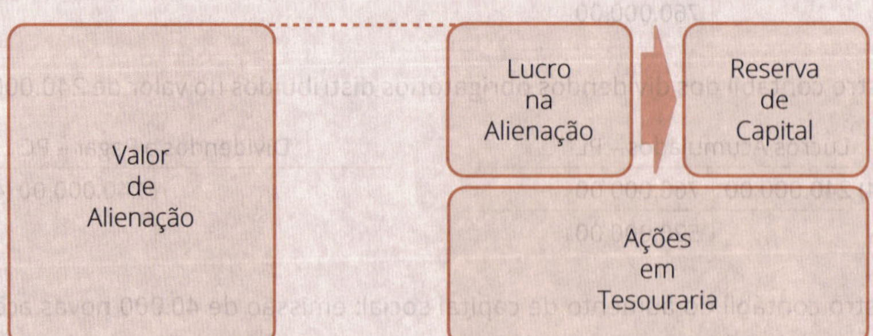

Analisando o gráfico, podemos observar que o **valor de emissão** (valor de venda**) é superior ao valor das ações em tesouraria em 20.000,00**. Em outras palavras, o **lucro** que a empresa obteve na venda das ações em tesouraria de **20.000,00** é uma **reserva de capital**, pois esse lucro equivale a um ágio na emissão de ações.

Disponível – AC		Ações em Tesouraria – PL		Reserva de Capital – PL	
(6) 60.000,00		40.000,00	40.000,00 (6)		20.000,00 (6)

3º passo: Calcular a variação ocorrida no patrimônio líquido.

$$\Delta \text{ PL} = -(1) + (2) - (4) + (5) + (6)$$

Δ PL = – 5.000,00 + 800.000,00 – 240.000,00 + 120.000,00 + 60.000,00
Δ PL = 735.000,00

4º passo: Calcular o patrimônio líquido final.

$$\text{PL Final} = \text{PL Inicial} + \Delta \text{ PL}$$

PL final = 860.000,00 + 735.000,00
PL final = 1.595.000,00

SOLUÇÃO NA PROVA

Capital Social	600.000,00
+ Reserva Legal	80.000,00
+ Reserva para Expansão	200.000,00
+ Ajustes de Avaliação Patrimonial credor	20.000,00
– Ações em Tesouraria	(40.000,00)
= **Patrimônio Líquido inicial**	**860.000,00**
– AAP de aplicação financeira ao VJORA	(5.000,00)
+ Lucro Líquido do exercício	800.000,00
– Dividendos obrigatórios distribuídos	(240.000,00)
+ Aumento do Capital Social	120.000,00
+ Alienação das ações em tesouraria	60.000,00
= **Patrimônio Líquido final**	**1.595.000,00**

Gabarito: **A**

ATENÇÃO: Para responder às **questões 41 e 42**, considere as informações a seguir:

A Cia. das Indústrias, ao analisar o processo de produção e venda de seu único produto no mês de agosto de 2018, obteve as seguintes informações:

Custos fixos no mês 270.000,00
Custos variáveis:
Matéria-prima por unidade 20,00
Mão de obra direta por unidade 40,00
Despesas fixas no mês 54.000,00
Despesas variáveis por unidade 10,00
Preço bruto de venda por unidade 400,00
Comissões de venda .... 5% do preço bruto de venda
Impostos sobre venda .... 10% da receita bruta de vendas

41ª QUESTÃO: Sabendo que não havia estoques no início de agosto de 2018, que a Cia. das Indústrias produziu integralmente 3.000 unidades nesse mês e utiliza o método de custeio por absorção, o custo unitário da produção de agosto de 2018 foi, em reais:

a) 60,00
b) 150,00
c) 160,00
d) 168,00
e) 178,00

☛ SOLUÇÃO

O **custeio por absorção** consiste na **apropriação dos custos** (diretos, indiretos, fixos e variáveis) utilizados no processo de produção para o resultado do exercício quando da venda, sendo que os custos relativos aos produtos em elaboração e aos produtos acabados que não tenham sido vendidos são ativados nos estoques destes produtos.

1º passo: Calcular o custo fixo unitário.

$$\text{Custo fixo unitário} = \frac{\text{Custos fixos no mês}}{\text{Produção no mês}}$$

$$\text{Custo fixo unitário} = \frac{270.000,00}{3.000 \text{ u}}$$

Custo fixo unitário = 90,00/unidade

2º passo: Calcular o custo variável unitário.

CV unitário = MPA unitária + MOD unitária

CV unitário = 20,00 + 40,00
CV unitário = 60,00/unidade

3º passo: Calcular o custo de produção unitário.

CP unitário = CF unitário + CV unitário

CP unitário = 90,00/u + 60,00/u
CP unitário = 150,00/u

ATENÇÃO, as despesas fixas e variáveis **não compõem** os custos de produção, pois encontram-se fora área de produção.

Despesas fixas e despesas variáveis → Estão relacionadas com a área administrativa → Não compõem os custos de produção

Gabarito: **B**

42ª QUESTÃO: Sabendo que a Cia. das Indústrias deseja obter um lucro de 405.000,00 apurado de acordo com o método de custeio variável, o ponto de equilíbrio econômico da Cia. das Indústrias, em quantidade, é de:

a) 1.000
b) 1.200
c) 1.500
d) 2.500
e) 2.700

SOLUÇÃO

Vamos chamar de **Q** a quantidade que a empresa deverá **produzir e vender** para atingir o ponto de equilíbrio econômico, ou seja, para obter um **lucro de 405.000,00**.

O **ponto de equilíbrio econômico** é o ponto em que o lucro contábil resultante da atividade empresarial se iguala aos rendimentos do capital próprio da empresa aplicado em outra alternativa de investimento.

1º passo: Calcular a receita total.

Receita Total = Preço de Venda × Q

Receita Total = 400,00×Q

2º passo: Calcular o custo e a despesa total.

Comissões de venda = 5% × Preço de venda
Comissões de venda = 5% × 400,00
Comissões de venda = 20,00

Impostos sobre venda = 10% × Preço de venda
Impostos sobre venda = 10% × 400,00
Impostos sobre venda = 40,00

Matéria-prima	20,00
+ Mão de obra direta	40,00
= **Custos variáveis unitários**	**60,00**

Despesas variáveis	10,00
+ Comissões de venda	20,00
+ Impostos sobre venda	40,00
= **Despesas variáveis unitários**	**70,00**

Custo variável total = Custo variável unitário × Q

ATENÇÃO, o custo variável total é obtido por meio da fórmula:

Custo variável total = 60,00×Q

Custo Total = Custo Variável total + Custo Fixo total

Custo Total = 60,00×Q + 270.000,00

A despesa variável total é obtido por meio da fórmula:

Despesa variável total = Despesa variável unitária × Q

Despesa variável total = 70,00×Q

Despesa Total = Despesa Variável total + Despesa Fixa total

Despesa Total = 70,00×Q + 54.000,00

3º passo: Calcular o ponto de equilíbrio econômico.

No ponto de equilíbrio econômico, temos:

Lucro Esperado = Receita Total – Custo Total – Despesa Total

Em outras palavras, no **ponto de equilíbrio econômico** não importa se a empresa adota o **custeio por absorção** ou **custeio variável**, pois todos os custos e despesas são computados.

405.000,00 = 400,00×Q – (60,00×Q + 270.000,00) – (70,00×Q + 54.000,00)
405.000,00 = 400,00×Q – 60,00×Q – 270.000,00 – 70,00×Q – 54.000,00
270,00×Q = 729.000,00
Q = 2.700 unidades

Gabarito: **E**

43ª QUESTÃO: A Cia. Produtos Especiais é uma empresa industrial e produz um único produto. Durante o mês de setembro de 2018, incorreu em gastos relativos aos seguintes itens:

Mão de obra direta	100.000,00
Compra de matéria-prima	350.000,00
Energia elétrica (consumida pela fábrica em setembro de 2018)	35.000,00
Salário do supervisor da fábrica	18.000,00
Comissões dos vendedores	20.000,00
Aluguel da área administrativa	10.000,00

Considere ainda as seguintes informações:

Depreciação das máquinas industriais	60.000,00
Estoque inicial de matéria-prima em 31/08/2018	50.000,00
Estoque final de matéria-prima em 30/09/2018	40.000,00
Estoque inicial de produtos em processo em 31/08/2018	80.000,00
Estoque final de produtos em processo em 30/09/2018	25.000,00

Com base nessas informações, o custo da produção acabada no período utilizando o custeio por absorção foi, em reais:

a) 573.000,00
b) 608.000,00
c) 628.000,00
d) 658.000,00
e) 610.000,00

SOLUÇÃO

1º passo: Calcular a Matéria-Prima Aplicada (MPA).

MPA = EIMP + CMP – EFMP

MPA = 50.000,00 + 350.000,00 – 40.000,00
MPA = 360.000,00

2º passo: Calcular o Custo Indireto de Fabricação (CIF).

O **CIF** são os custos apropriados por meio de **critérios de rateio**, como por exemplo, uma mão de obra indireta que é apropriada por meio da relação **horas/homem** da mão de obra direta, ou dos gastos com energia elétrica, que são apropriados com base em **horas/máquinas utilizadas**, etc.

CIF = Energia da fábrica + Salário do supervisor da fábrica + Depreciação das máquinas industriais

CIF = 35.000,00 + 18.000,00 + 60.000,00
CIF = 113.000,00

3º passo: Calcular o Custo de Produção do Período (CPP).

CPP = MPA + MOD + CIF

CPP = 360.000,00 + 100.000,00 + 113.000,00
CPP = 573.000,00

4º passo: Calcular o Custo da Produção Acabada (CPA).

CPA = EIPE + CPP – EFPE

CPA = 80.000,00 + 573.000,00 – 25.000,00
CPA = 628.000,00

Gabarito: **C**

44ª QUESTÃO: A Cia. Só Novelos produz os produtos X, Y e Z em um único departamento. Ao analisar o processo produtivo de determinado mês, a Cia. obteve as seguintes informações:

Produto	Matéria-prima	MOD	Quantidade total produzida	Preço de venda	Horas de MOD
X	100,00/u	60,00/u	2.000	400,00/u	1h/u
Y	150,00/u	80,00/u	1.000	300,00/u	2h/u
Z	120,00/u	20,00/u	500	500,00/u	2h/u

Sabe-se que a Cia. Só Novelos utiliza o custeio por absorção e os custos fixos indiretos totais incorridos nesse mês foram 175.000,00, os quais são alocados aos produtos em função da quantidade de horas de mão de obra direta total utilizada. Com base nessas informações e sabendo que não havia estoques iniciais e finais de produtos em processo, o custo unitário de produção do produto:

a) X foi 210,00.
b) Y foi 265,00.
c) Z foi 175,00.
d) X foi 195,00.
e) Y foi 230,00.

SOLUÇÃO

O **custeio por absorção** consiste na **apropriação dos custos** (diretos, indiretos, **fixos** e **variáveis**) utilizados no processo de produção para o resultado do exercício quando da venda, sendo que os custos relativos aos produtos em elaboração e aos produtos acabados que não tenham sido vendidos são ativados nos estoques destes produtos.

1º passo: Calcular o percentual dos custos fixos indiretos alocados aos produtos.

Produto	Quantidade total produzida	Horas de MOD	Total de horas MOD	Percentual
X	2.000	1h/u	2.000 h	40%
Y	1.000	2h/u	2.000 h	40%
Z	500	2h/u	1.000 h	20%
Total			5.000 h	100%

$$\text{Percentual do produto X} = \frac{2.000\text{ h}}{5.000\text{ h}} \times 100\%$$

Percentual do produto X = 40%

$$\text{Percentual do produto Y} = \frac{2.000\text{ h}}{5.000\text{ h}} \times 100\%$$

Percentual do produto Y = 40%

$$\text{Percentual do produto Z} = \frac{1.000\ h}{5.000\ h} \times 100\%$$

Percentual do produto Z = 20%

2º passo: Calcular o custo fixo indireto unitário.

Produto	Percentual	Custos Fixos Indiretos	Quantidade total produzida	CIF unitário
X	40%	70.000,00	2.000	35,00
Y	40%	70.000,00	1.000	70,00
Z	20%	35.000,00	500	70,00

$$\text{CIF unitário de X} = \frac{\text{Percentual} \times \text{CIF Total}}{\text{Produção de X}}$$

$$\text{CIF unitário de X} = \frac{40\% \times 175.000,00}{2.000\ \text{unidades}}$$

CIF unitário de X = 35,00/unidade

$$\text{CIF unitário de Y} = \frac{\text{Percentual} \times \text{CIF Total}}{\text{Produção de B}}$$

$$\text{CIF unitário de Y} = \frac{40\% \times 175.000,00}{1.000\ \text{unidades}}$$

CIF unitário de Y = 70,00

$$\text{CIF unitário de Z} = \frac{\text{Percentual} \times \text{CIF Total}}{\text{Produção de C}}$$

$$\text{CIF unitário de Z} = \frac{20\% \times 175.000,00}{500\ \text{unidades}}$$

CIF unitário de Z = 70,00

3º passo: Calcular o custo de produção unitário dos produtos.

Produto	MPA	MOD	CIF	Custo de Produção
X	100,00	60,00	35,00	195,00
Y	150,00	80,00	70,00	300,00
Z	120,00	20,00	70,00	210,00

Gabarito: **D**

45ª QUESTÃO: A Cia. Abre e Fecha produz três tipos de fechaduras: Azul, Branca e Dourada. As informações referentes a cada fechadura são apresentadas a seguir:

Produtos	Azul	Branca	Dourada
Preço líquido de venda por unidade	90,00	80,00	100,00
Custos variáveis por unidade	20,00	15,00	30,00
Custos fixos por unidade	20,00	12,00	16,00
Despesas variáveis por unidade	4,00	2,00	6,00
Despesas fixas por unidade	6,00	3,00	9,00

Os custos e despesas fixos são comuns aos três tipos de fechaduras, sendo que os custos fixos são alocados aos produtos com base nos volumes produzidos e as despesas fixas em função das despesas variáveis unitárias. A empresa só produz o que é vendido em cada mês, ou seja, não há formação de estoques de produtos acabados ou em elaboração e, no caso de descontinuidade da produção de qualquer um dos produtos, não há eliminação de custos fixos e despesas fixas. Se a Cia. Abre e Fecha deseja descontinuar a produção de um produto de cada vez até a sua completa paralisação, a ordem de paralisação da produção dos tipos de fechaduras, considerando a maximização do lucro operacional enquanto estiver em operação, é:

a) azul, dourada e branca.
b) azul, branca e dourada.
c) branca, azul e dourada.
d) branca, dourada e azul.
e) dourada, azul e branca.

☛ SOLUÇÃO

A empresa deverá descontinuar a produção dos produtos com **menor margem de contribuição**. A margem de contribuição corresponde ao quanto sobra das vendas para que uma empresa possa pagar suas despesas fixas e **ainda gerar lucro**.

Margem de Contribuição = Vendas – Custos Variáveis – Despesas Variáveis

Calculando as margens de contribuição, temos:

Produtos	Azul	Branca	Dourada
Preço líquido de venda por unidade	90,00	80,00	100,00
– Custos variáveis por unidade	(20,00)	(15,00)	(30,00)
– Despesas variáveis por unidade	(4,00)	(2,00)	(6,00)
= Margem de contribuição unitária	66,00	63,00	64,00

Conclusão, a ordem de paralisação da produção é:

1ª branca, 2ª dourada e 3ª azul

Gabarito: **D**

Capítulo 10

Sefaz GO 2018

01ª QUESTÃO: Em 31/12/2016, a Cia. das Traças apresentava as seguintes contas do patrimônio líquido, com os respectivos saldos:

Ágio na emissão de ações........................20.000,00
Capital subscrito.......................................200.000,00
Ações em tesouraria 15.000,00
Reserva legal...24.000,00
Reserva de retenção de lucros................25.000,00
Capital a integralizar................................80.000,00

O lucro líquido apurado pela Cia. das Traças, no ano de 2017, foi 100.000,00 e o estatuto da Cia. estabelece a seguinte destinação:

- Dividendos mínimos obrigatórios: 30% do lucro líquido ajustado nos termos da lei nº 6.404/76.
- Retenção de lucros: saldo remanescente.

Do lucro líquido apurado, o valor de 40.000,00 foi decorrente de incentivos fiscais recebidos pela Cia. que foram retidos na forma de reserva de incentivos fiscais, utilizando a possibilidade estabelecida na lei nº 6.404/76 em relação aos dividendos. A reserva legal é constituída nos termos da lei nº 6.404/76. Com base nestas informações, o valor do patrimônio líquido da Cia. das Traças, em 31/12/2017, era, em reais:

a) 286.000,00
b) 256.000,00
c) 257.500,00
d) 244.000,00
e) 287.500,00

☛ SOLUÇÃO

1º passo: Calcular o patrimônio líquido em 31/12/2016.

Capital Subscrito 200.000,00
– Capital a Integralizar..(80.000,00)
+ Ágio na Emissão de Ações 20.000,00
+ Reserva Legal 24.000,00
+ Reserva de Retenção de Lucros 25.000,00
– Ações em Tesouraria...(15.000,00)
= PL em 31/12/2016 .... 174.000,00

2º passo: Calcular o montante do lucro líquido destinado para a reserva legal.

Limite máximo da reserva legal = 20% × (Capital Subscrito – Capital a Integralizar)

Limite máximo da reserva legal = 20% × (200.000,00 – 80.000,00)
Limite máximo da reserva legal = 24.000,00

ATENÇÃO, a reserva legal já atingiu o limite máximo permitido pela legislação societária. Portanto, não haverá destinação para a constituição da reserva legal.

3º passo: Calcular os dividendos obrigatórios.

ATENÇÃO, o estatuto da empresa informa que os dividendos mínimos obrigatórios correspondem a **30% do lucro líquido ajustado** nos termos da lei nº 6.404/76.

Lucro Líquido ajustado = Lucro Líquido – Reserva Legal +/– Reserva para Contingências +/ RIF

Dividendos segundo o estatuto = 30% × Lucro Líquido ajustado

Dividendos segundo o estatuto = 30% × (100.000,00 – 40.000,00)
Dividendos segundo o estatuto = 18.000,00

Cuidado com a base de cálculo dos dividendos, pois a **reserva legal não foi constituída**.

4º passo: Calcular o patrimônio líquido em 31/12/2017.

PL em 31/12/2016	174.000,00
+ Lucro Líquido	100.000,00
– Dividendos	(18.000,00)
= PL em 31/12/2017	256.000,00

A constituição da reserva de retenção de lucros **não altera o patrimônio líquido**, pois a sua constituição é um **fato permutativo**.

5º passo: Para efeitos didáticos, vamos realizar os lançamentos referentes aos fatos contábeis.

(1) Registro da transferência do lucro líquido para a conta lucros acumulados.

Lucro Líquido – DRE	
(1) 100.000,00	100.000,00

Lucros Acumulados – PL	
	100.000,00 (1)

(2) Registro da distribuição de dividendos.

Lucros Acumulados – PL	
(2) 18.000,00	100.000,00
	82.000,00

Dividendos a Pagar – PC	
	18.000,00 (2)

(3) Registro da constituição da reserva de incentivos fiscais.

Lucros Acumulados – PL	
(3) 40.000,00	82.000,00
	42.000,00

Reserva de Incentivo Fiscal – PL	
	40.000,00 (3)

(4) Registro da constituição da reserva de retenção de lucros.

Lucros Acumulados – PL	
(4) 42.000,00	42.000,00

Reserva de Retenção de Lucros – PL	
	25.000,00
	42.000,00 (4)
	67.000,00

Portanto, uma outra forma de calcular o patrimônio líquido em 31/12/2017, seria:

Capital Subscrito 200.000,00
– Capital a Integralizar...(80.000,00)
+ Ágio na Emissão de Ações 20.000,00
+ Reserva Legal 24.000,00
+ Reserva de Retenção de Lucros 67.000,00
+ Reserva de Incentivo Fiscal 40.000,00
– Ações em Tesouraria..(15.000,00)
= PL em 31/12/2017 ....256.000,00

Gabarito: **B**

02ª QUESTÃO: A Cia. Recursos Disponíveis realizou três aplicações financeiras em 01/12/2017, cujas características são apresentadas na tabela a seguir:

Valor aplicado	Data de vencimento	Mensuração definida pela empresa	Taxa de juros	Valor justo em 31/12/2017
500.000,00	01/12/2019	Mensuração ao valor justo por meio de outros resultados abrangentes.	2% a.m.	507.000,00
300.000,00	01/04/2018	Mensuração ao custo amortizado.	1% a.m.	305.000,00
400.000,00	01/08/2020	Mensuração ao valor justo por meio do resultado.	2% a.m.	409.000,00

Com base nas informações acima, é correto afirmar que:

a) o valor apresentado no balanço patrimonial de 31/12/2017 para as três aplicações financeiras em conjunto foi 1.222.000,00.

b) o impacto reconhecido na demonstração do resultado de dezembro de 2017 para as três aplicações financeiras em conjunto foi 21.000,00 positivo.

c) o valor apresentado no balanço patrimonial de 31/12/2017 para as três aplicações financeiras em conjunto foi 1.221.000,00.

d) o impacto reconhecido na demonstração do resultado de dezembro de 2017 para as três aplicações financeiras em conjunto foi 19.000,00 positivo.

e) o valor apresentado no balanço patrimonial de 31/12/2017 para as três aplicações financeiras em conjunto foi 1.219.000,00.

☛ SOLUÇÃO

Segundo o CPC 48 que trata dos instrumentos financeiros, a entidade pode adotar as seguintes classificações para um ativo financeiro:

- custo amortizado
- valor justo por meio do resultado (**VJR**)
- valor justo por meio de outros resultados abrangentes (**VJORA**)

Essa **classificação** deve ter por base as características de **fluxo de caixa contratual** do ativo financeiro e o **modelo de negócios** da entidade para a gestão dos ativos financeiros.

Classificação do ativo financeiro = Características do fluxo de caixa contratual + Modelo de negócios

Fazendo um paralelo com a **classificação antiga**, temos:

Classificação ANTIGA	Classificação ATUAL	Rendimentos	Ajustes ao valor justo
Disponível para venda futura	VJORA	DRE	Na conta AAP do PL
Mantido até o vencimento	Custo amortizado	DRE	Não tem ajuste
Destinados à venda imediata	VJR	DRE	DRE

Juros ativos = Taxa efetiva × Custo de aquisição do título

Os **juros ativos** resultantes da aplicação dos títulos mensurados ao **VJORA, custo amortizado** e **VJR** vão para o resultado do exercício (**DRE**).

No encerramento do exercício, comparamos o **valor pela curva do papel** dos títulos com o seu **valor justo**, e dependendo da **classificação** desses títulos, **não haverá** ajustes ou os ajustes podem ir para a **DRE** ou **AAP**.

Classificação ATUAL	Rendimentos	Mensuração pela curva do papel	Ajustes ao valor justo
VJORA	DRE	Custo de aquisição + Juros ativos	+/– AAP do PL
Custo amortizado	DRE	Custo de aquisição + Juros ativos	Não tem ajuste
VJR	DRE	Custo de aquisição + Juros ativos	+/– DRE

Classificação	Rendimentos	Curva do papel	Valor justo
VJORA	Juros	VJORA + Juros	VJORA + Juros +/– AAP
Custo amortizado	Juros	Custo amortizado + Juros	Custo amortizado + Juros
VJR	Juros	VJR + Juros	VJR + Juros +/– DRE

Custo amortizado ao valor justo = Custo de aquisição + Juros

VJR ao valor justo = Custo de aquisição + Juros +/– DRE

VJORA ao valor justo = Custo de aquisição + Juros +/– AAP no PL

1º passo: Calcular os rendimentos pela taxa efetiva de cada título e o valor pela curva do papel.

Custo	Taxa efetiva	Mensuração definida pela empresa	Juros ativos	Curva do papel
500.000,00	2% a.m.	VJORA	10.000,00	510.000,00
300.000,00	1% a.m.	Custo amortizado	3.000,00	303.000,00
400.000,00	2% a.m.	VJR	8.000,00	408.000,00

2º passo: Ajustar o valor pela curva do papel ao valor justo.

Classificação	Valor pela curva do papel	Valor justo	Ajuste ao valor justo
VJORA	510.000,00	**507.000,00**	AAP = (3.000,00)
Custo amortizado	**303.000,00**	305.000,00	Não tem ajuste
VJR	408.000,00	**409.000,00**	DRE = + 1.000,00

Conclusão, o montante evidenciado no BP em 31/12/2017 será:

BP = VJORA ao valor justo + Custo amortizado pela curva do papel + VJR ao valor justo

BP = 507.000,00 + 303.000,00 + 409.000,00
BP = 1.219.000,00

O valor total evidenciado na DRE em 31/12/2017 será:

DRE = Juros do VJORA + Juros do Custo amortizado + Juros do VJR + Juros de ajuste do VJR

DRE = 10.000,00 + 3.000,00 + 8.000,00 + 1.000,00
DRE = 22.000,00

SOLUÇÃO NA PROVA

Títulos	Custo	Juros	Ajuste	BP	PL	DRE
VJORA	500.000,00	10.000,00	AAP = (3.000,00)	507.000,00	(3.000,00)	10.000,00
Custo amortizado	300.000,00	3.000,00	**Não existe**	303.000,00	–	3.000,00
VJR	400.000,00	8.000,00	DRE = 1.000,00	409.000,00	–	9.000,00
Total				**1.219.000,00**	(3.000,00)	**22.000,00**

Analisando as alternativas, temos:

a) Errada. O valor apresentado no **balanço patrimonial de 31/12/2017** para as três aplicações financeiras em conjunto foi **1.219.000,00**.

b) Errada. O impacto reconhecido na **demonstração do resultado de dezembro de 2017** para as três aplicações financeiras em conjunto foi **22.000,00 positivo**.

c) Errada. O valor apresentado no **balanço patrimonial de 31/12/2017** para as três aplicações financeiras em conjunto foi **1.219.000,00**.

d) Errada. O impacto reconhecido na **demonstração do resultado de dezembro de 2017** para as três aplicações financeiras em conjunto foi **22.000,00 positivo**.

e) Correta. O valor apresentado no balanço patrimonial de 31/12/2017 para as três aplicações financeiras em conjunto foi 1.219.000,00.

Gabarito: **E**

ATENÇÃO: Com base nas informações a seguir responda as **questões 03 e 04**.

Em 31/12/2016, a Cia. Brasileira adquiriu, à vista, 40% das ações da Cia. Francesa. O valor pago pela aquisição foi 7.000.000,00 e a Cia. Brasileira passou a ter influência significativa na administração. Na data da aquisição, o patrimônio líquido contábil da Cia. Francesa era 10.000.000,00 e o valor justo líquido dos ativos e passivos identificáveis era 15.000.000,00, sendo esta diferença decorrente da avaliação a valor justo de um ativo intangível com vida útil indefinida que a Cia. Francesa detinha. No período de 01/01/2017 a 31/12/2017, a Cia. Francesa apurou lucro líquido de 500.000,00. Sabe-se que, em 2017, a Cia. Francesa realizou uma venda no valor de 100.000,00 para a Cia. Brasileira com margem de lucro de 50% sobre as vendas, e estas mercadorias adquiridas da Cia. Francesa ainda estão no estoque da Cia. Brasileira. A alíquota de imposto de renda para a Cia. Francesa é 34% e esta distribuiu dividendos totais no valor de 150.000,00.

03ª QUESTÃO: Com base nestas informações, o valor que a Cia. Brasileira reconheceu na conta investimentos em coligadas, no balanço patrimonial individual de 31/12/2016, e o valor do ágio que foi pago na aquisição foram, respectivamente, em reais:

a) 7.000.000,00 e 1.000.000,00
b) 4.000.000,00 e 3.000.000,00
c) 6.000.000,00 e 1.000.000,00
d) 7.000.000,00 e 3.000.000,00
e) 4.000.000,00 e 1.000.000,00

☛ SOLUÇÃO

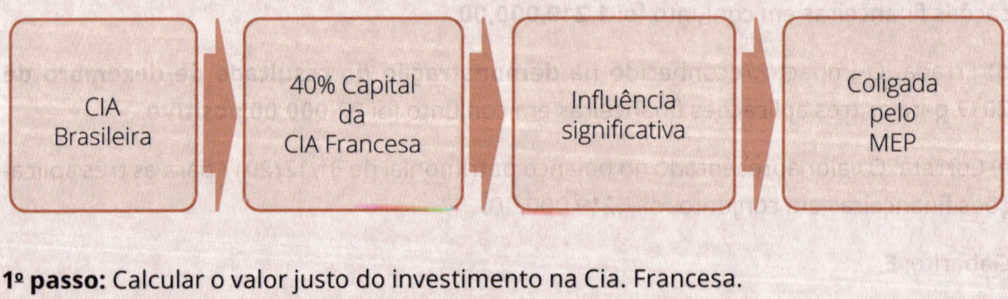

1º passo: Calcular o valor justo do investimento na Cia. Francesa.

Valor justo do investimento = Percentual de participação × PL a valor justo da Cia. Francesa

Valor justo do investimento = 40% × 15.000.000,00
Valor justo do investimento = 6.000.000,00

ATENÇÃO, o valor justo líquido dos ativos e passivos identificáveis de 15.000.000,00 é o **patrimônio líquido da Cia. Francesa a valor justo.**

2º passo: Calcular o valor patrimonial do investimento na Cia. Francesa.

Valor patrimonial do investimento = Percentual de participação × PL a valor contábil da Cia. Francesa

Valor patrimonial do investimento = 40% × 10.000.000,00
Valor patrimonial do investimento = 4.000.000,00

3º passo: Calcular o *goodwill* na aquisição do investimento.

Goodwill = Valor Pago – Valor Justo

Goodwill = 7.000.000,00 – 6.000.000,00
Goodwill = 1.000.000,00

4º passo: Calcular o ágio por mais-valia de ativos líquidos.

Ágio por mais-valia = Valor Justo – Valor Patrimonial

Ágio por mais-valia = 6.000.000,00 – 4.000.000,00
Ágio por mais-valia = 2.000.000,00

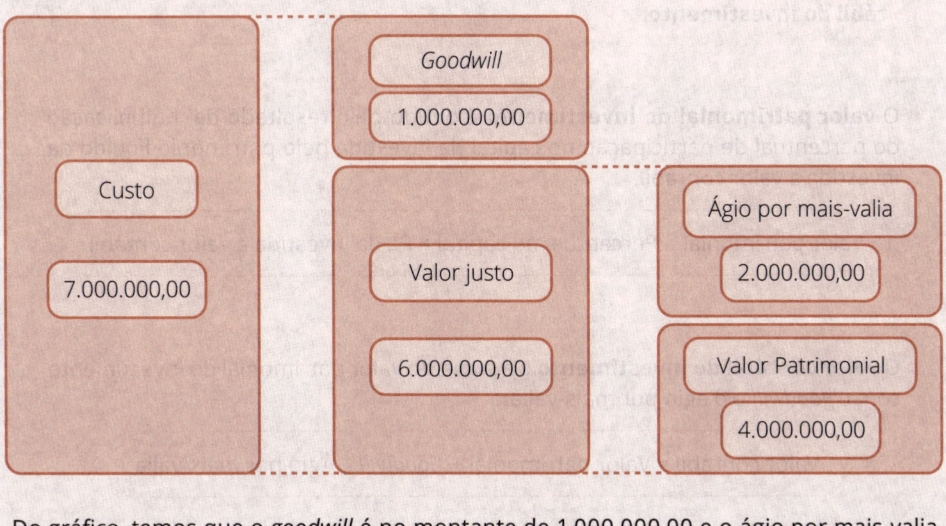

Do gráfico, temos que o *goodwill* é no montante de 1.000.000,00 e o ágio por mais-valia de 2.000.000,00.

ATENÇÃO, no balanço patrimonial individual da Cia. Brasileira, o contador registrará o investimento pelo seu **valor contábil** no montante de 7.000.000,00.

Valor contábil do investimento = Valor patrimonial do investimento + *Goodwill* + Ágio por mais-valia

Valor contábil do investimento = 4.000.000,00 + 1.000.000,00 + 2.000.000,00
Valor contábil do investimento = 7.000.000,00

O ágio pago na aquisição corresponde ao ***goodwill***.

No livro diário da Cia. Brasileira, o contador registra a aquisição por meio do seguinte lançamento:

Investimentos na Cia. Francesa........................4.000.000,00
Goodwill..1.000.000,00
Ágio por mais-valia...2.000.000,00
a Disponibilidades..7.000.000,00

No **balanço patrimonial individual da Cia. Brasileira**, o contador registra o **investimento** da Cia. Francesa no subgrupo do AÑC Investimentos pelo valor de **7.000.000,00**. Nas notas explicativas da Cia. Brasileira, encontraremos os registros do *goodwill* e o ágio por mais-valia.

ATENÇÃO, não confundir **valor patrimonial do investimento** com **valor contábil do investimento**.

O **valor patrimonial do investimento** é obtido pelo resultado da multiplicação do percentual de participação no capital da investida pelo patrimônio líquido da investida a valor contábil.

Valor patrimonial = Percentual no capital × PL da investida a valor contábil

O **valor contábil do investimento** é a soma do valor patrimonial do investimento com o *goodwill* e o ágio por mais-valia.

Valor contábil = Valor patrimonial + *Goodwill* + Ágio por mais-valia

Gabarito: **A**

04ª QUESTÃO: O impacto reconhecido na demonstração do resultado individual de 2017 da Cia. Brasileira, referente ao investimento na Cia. Francesa, foi, em reais:

a) 120.000,00
b) 180.000,00
c) 186.800,00
d) 167.000,00
e) 126.800,00

SOLUÇÃO

1º passo: Calcular o lucro da Cia. Francesa nas vendas para a Cia. Brasileira.

Lucro da Cia. Francesa = Vendas para Cia. Brasileira × Margem de lucro × (1 – Alíquota do IR)

Lucro da Cia. Francesa = 100.000,00 × 50% × (1 – 34%)
Lucro da Cia. Francesa = 33.000,00

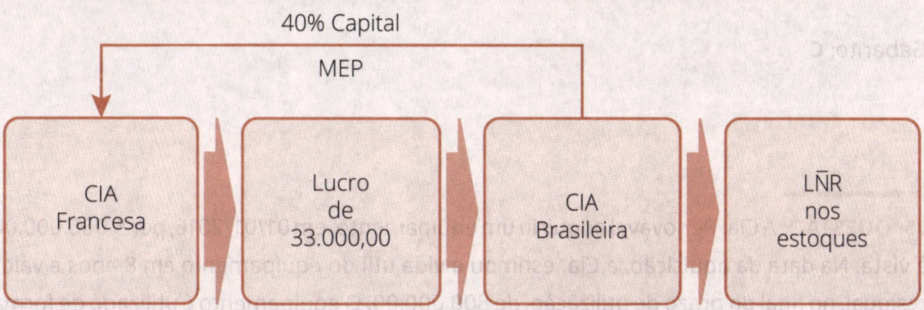

2º passo: Calcular o lucro não realizado (LÑR) nos estoques da Cia. Brasileira.

LÑR na Cia. Brasileira = Lucro da Cia. Francesa × % adquirido da Cia. Francesa e não vendido

LÑR na Cia. Brasileira = 33.000,00 × 100%
LÑR na Cia. Brasileira = 33.000,00

3º passo: Calcular o GEP.

Nas operações de venda da **coligada** (Cia. Francesa) para sua **investidora** (Cia. Brasileira), os **lucros não realizados** por operação de ativos ainda em poder da **investidora** devem ser eliminados da seguinte forma:

Lucro não realizado de **transações ascendentes com coligadas**

Lucro Líquido da coligada
– LÑR nos estoques da investidora
= Lucro Líquido ajustado para fins de MEP
× Percentual do capital social da investida
= Ganho de Equivalência Patrimonial

Nas **transações ascendentes** (*upstream*), as vendas são realizadas da **coligada** para a **investidora**.

Lucro Líquido da Cia. Francesa	500.000,00
– LÑR nos estoques da Cia. Brasileira	(33.000,00)
= Lucro Líquido ajustado para fins de MEP	467.000,00
× Percentual do capital social da Cia. Francesa	× 40%
= Ganho de Equivalência Patrimonial	186.800,00

Gabarito: **C**

05ª QUESTÃO: A Cia. Renovável adquiriu um equipamento, em 01/01/2016, por 5.000.000,00 à vista. Na data da aquisição, a Cia. estimou a vida útil do equipamento em 8 anos e valor residual, no final do prazo de utilização, de 800.000,00. O equipamento é utilizado de forma contínua e a Cia. utiliza o método das cotas constantes para o cálculo da depreciação. Em 01/01/2017, a Cia. Renovável reavaliou a vida útil remanescente do equipamento para 5 anos e o valor residual para 500.000,00. Em 31/12/2017, a Cia. Renovável vendeu este equipamento por 3.100.000,00 à vista. O resultado apurado em 2017 com a venda do equipamento foi, em reais:

a) 100.000,00, positivo.
b) 560.000,00, negativo.
c) 400.000,00, negativo.
d) 580.000,00, negativo.
e) 80.000,00, negativo.

☛ SOLUÇÃO

Itens	2016	2017
Custo de aquisição	5.000.000,00	5.000.000,00
Valor residual	800.000,00	500.000,00
Vida útil econômica	8 anos	5 anos

ATENÇÃO, analisando a tabela, podemos verificar que o **valor residual e a vida útil econômica** sofrem alterações de valores com o passar dos anos. O mesmo não ocorre com o **custo de aquisição** no montante de 5.000.000,00, que permanece constante com o decorrer dos anos.

1º passo: Calcular a depreciação no exercício de 2016.

Custo de aquisição = 5.000.000,00
Valor residual em 2016 = 800.000,00
Vida útil em 2016 = 8 anos
Período de utilização em 2016 = 1 ano

A fórmula de depreciação pelo **método da linha reta** é:

$$\text{Depreciação} = (\text{Custo de aquisição} - \text{Valor residual}) \times \frac{\text{Período de utilização}}{\text{Vida útil}}$$

$$\text{Depreciação em 2016} = (5.000.000,00 - 800.000,00) \times \frac{1 \text{ ano}}{8 \text{ anos}}$$

Depreciação em 2016 = 525.000,00

2º passo: Calcular a depreciação no exercício de 2017.

ATENÇÃO, em 01/01/2017 ocorreu uma mudança de estimativa contábil, e a vida útil passou para 5 anos e o valor residual para 500.000,00.

Custo de aquisição = 5.000.000,00
Valor residual em 2017 = 500.000,00
Vida útil em 2017 = 5 anos
Período de utilização em 2017 = 1 ano

A fórmula de depreciação quando ocorre uma mudança na estimativa contábil é:

$$\text{Depreciação} = (\text{Custo de aquisição} - \text{Depreciação Acumulada} - \text{Valor residual}) \times \frac{\text{Período de utilização}}{\text{Vida útil}}$$

$$\text{Depreciação em 2017} = (5.000.000{,}00 - 525.000{,}00 - 500.000{,}00) \times \frac{1 \text{ ano}}{5 \text{ anos}}$$

Depreciação em 2017 = 795.000,00

3º passo: Calcular o valor contábil do equipamento em 31/12/2017.

Depreciação Acumulada em 2017 = Depreciação em 2016 + Depreciação em 2017

Depreciação Acumulada em 2017 = 525.000,00 + 795.000,00
Depreciação Acumulada em 2017 = 1.320.000,00

Valor contábil em 31/12/2017 = Custo de aquisição – Depreciação Acumulada em 2017

Valor contábil em 31/12/2017 = 5.000.000,00 – 1.320.000,00
Valor contábil em 31/12/2017 = 3.680.000,00

4º passo: Calcular o resultado apurado em 2017 com a venda do equipamento.

Perda de Capital = Valor de venda em 2017 – Valor contábil em 2017

Perda de Capital = 3.100.000,00 – 3.680.000,00
Perda de Capital = (580.000,00)

ATENÇÃO, para efeitos didáticos, vamos registrar a transação por meio de razonetes.

Em 31/12/2017, imediatamente antes da venda dos equipamentos, consta no balanço patrimonial, no AÑC Imobilizado:

Equipamentos – AÑC Imobilizado	
5.000.000,00	

Depreciação Acumulada	
	1.320.000,00

(1) Registro da baixa dos equipamentos.

Equipamentos – AÑC Imobilizado	
5.000.000,00	5.000.000,00 (1)

Outras Despesas – DRE	
(1) 5.000.000,00	

(2) Registro da baixa da depreciação acumulada dos equipamentos.

Depreciação Acumulada	
(2) 1.320.000,00	1.320.000,00

Outras Receitas – DRE	
	1.320.000,00 (2)

(3) Registro da venda à vista dos equipamentos por 3.100.000,00.

Disponibilidades	
(3) 3.100.000,00	

Outras Receitas – DRE	
	1.320.000,00
	3.100.000,00 (3)
	4.420.000,00

(4) Registro da transferência das outras despesas para a conta perda de capital.

Outras Despesas – DRE	
5.000.000,00	5.000.000,00 (4)

Perda de Capital – DRE	
(4) 5.000.000,00	

(5) Registro da transferência das outras receitas para a conta perda de capital.

Outras Receitas – DRE	
(5) 4.420.000,00	4.420.000,00

Perda de Capital – DRE	
5.000.000,00	4.420.000,00 (5)
580.000,00	

Outras receitas

As **outras receitas** compreendem as **receitas oriundas** das transações do AÑC classificados nos subgrupos de investimentos, imobilizado e intangível.

Outras despesas

As **outras despesas** compreendem as **despesas oriundas** das transações do AÑC classificados nos subgrupos de investimentos, imobilizado e intangível.

Perda de Capital = Outras Receitas – Outras Despesas

Gabarito: **D**

06ª QUESTÃO: A Cia. A apresentava em seu balanço patrimonial de 31/12/2016 um ativo intangível com vida útil indefinida registrado pelo valor contábil de 1.500.000,00, o qual era composto pelos seguintes valores:

- Custo de aquisição 1.900.000,00
- Perda por desvalorização (*impairment* 400.000,00

Em 31/12/2017 a empresa realizou o teste de recuperabilidade (*impairment*) para este ativo intangível e obteve as seguintes informações:

- Valor em uso 2.000.000,00
- Valor justo líquido das despesas de venda 1.400.000,00

Com base nestas informações, nas demonstrações contábeis de 2017, a Cia. A deveria ter:

a) mantido o valor contábil de 1.500.000,00.
b) reconhecido um ganho no valor de 500.000,00.
c) reconhecido uma perda por desvalorização no valor de 100.000,00.
d) reconhecido um ganho no valor de 100.000,00.
e) reconhecido um ganho no valor de 400.000,00.

SOLUÇÃO

O ***impairment test*** ou teste de recuperabilidade é realizado em 3 etapas.

1ª etapa: Calcular o valor recuperável do ativo intangível em 31/12/2017.

ATENÇÃO, o valor recuperável será sempre o **maior valor**.

Valor justo líquido das despesas de venda	1.400.000,00	**MAIOR VALOR**	Valor recuperável = 2.000.000,00
Valor em uso	2.000.000,00		

Valor recuperável em 2017 = 2.000.000,00

2ª etapa: Calcular o valor contábil líquido em 31/12/2017.

Valor contábil = Custo histórico – Amortização Acumulada – Perdas Acumuladas por *Impairment*

Valor contábil líquido em 31/12/2017 = 1.900.000,00 – 0,00 – 400.000,00
Valor contábil líquido em 31/12/2017 = 1.500.000,00

ATENÇÃO, o ativo intangível com vida útil indefinida **não sofre amortização**, mas está sujeito ao **teste de recuperabilidade**.

3ª etapa: Comparar o valor recuperável com o valor contábil líquido.

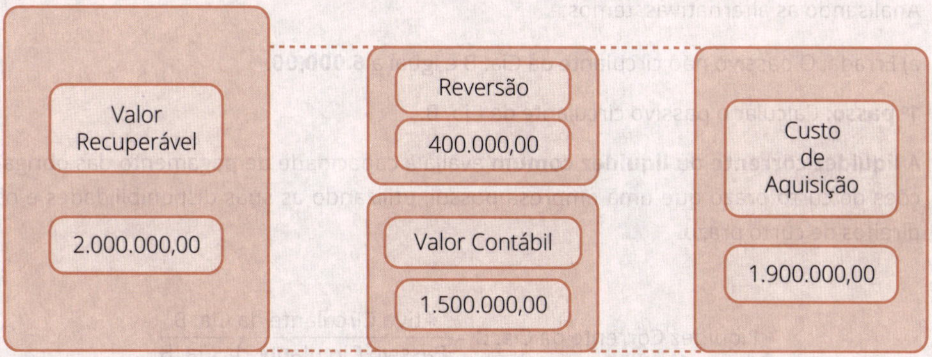

Conclusão, o valor recuperável do ativo intangível no montante de 2.000.000,00 é superior ao valor contábil líquido de 1.500.000,00, e nesse caso, como trata-se de um ativo intangível com vida útil indefinida que **não sofre amortização**, a empresa deverá reconhecer um ganho com reversão de ***impairment*** no limite de 400.000,00.

Gabarito: **E**

07ª QUESTÃO: Considere as seguintes informações obtidas a partir das demonstrações contábeis da Cia. A e da Cia. B:

Informação	Cia. A	Cia. B
Ativo Circulante	30.000,00	21.000,00
Liquidez corrente	1,5	1,5
Composição do endividamento	40%	70%
Grau de endividamento (em relação aos recursos totais)	80%	80%
Retorno sobre o PL	20%	40%

Com base nas informações acima, é correto afirmar que:

a) o passivo não circulante da Cia. B é igual a 20.000,00.
b) o lucro líquido da Cia. A é igual a 2.500,00.

c) o passivo não circulante da Cia. A é igual a 50.000,00.
d) o patrimônio líquido da Cia. B é igual a 25.000,00.
e) o total de recursos de terceiros da Cia. A é igual a 62.500,00.

☛ SOLUÇÃO

Analisando as alternativas, temos:

a) Errada. O passivo não circulante da Cia. B é igual a **6.000,00**.

1º passo: Calcular o passivo circulante da Cia. B.

A **liquidez corrente** ou **liquidez comum** avalia a capacidade de pagamento das obrigações de curto prazo que uma empresa possui, utilizando as suas disponibilidades e os direitos de curto prazo.

$$\text{Liquidez Corrente da Cia. B} = \frac{\text{Ativo Circulante da Cia. B}}{\text{Passivo Circulante da Cia. B}}$$

$$1{,}5 = \frac{21.000{,}00}{\text{PC da Cia. B}}$$

PC da Cia. B = 14.000,00

2º passo: Calcular o passivo não circulante da Cia. B.

A **composição do endividamento** avalia o montante das **obrigações de curto** em relação à dívida total da empresa.

$$\text{Composição do Endividamento da Cia. B} = \frac{\text{PC da Cia. B}}{\text{PC da Cia. B + PÑC da Cia. B}}$$

$$70\% = \frac{14.000{,}00}{14.000{,}00 + \text{PÑC da Cia. B}} \times 100\%$$

14.000,00 + PÑC da Cia. B = 20.000,00
PÑC da Cia. B = 6.000,00

b) Correta. O lucro líquido da Cia. A é igual a **2.500,00**.

1º passo: Calcular o passivo circulante da Cia. A.

$$\text{Liquidez Corrente da Cia. A} = \frac{\text{Ativo Circulante da Cia. A}}{\text{Passivo Circulante da Cia. A}}$$

$$1{,}5 = \frac{30.000{,}00}{\text{PC da Cia. A}}$$

PC da Cia. A = 20.000,00

2º passo: Calcular o passivo não circulante da Cia. A.

A **composição do endividamento** avalia o montante das **obrigações de curto** em relação à dívida total da empresa.

$$\text{Composição do Endividamento da Cia. A} = \frac{\text{PC da Cia. A}}{\text{PC da Cia. A + PÑC da Cia. A}} \times 100\%$$

$$40\% = \frac{20.000{,}00}{20.000{,}00 + \text{PÑC da Cia. A}} \times 100\%$$

20.000,00 + PÑC da Cia. A = 50.000,00
PÑC da Cia. A = 30.000,00

3º passo: Calcular o ativo total da Cia. A.

O **grau de endividamento** demonstra o montante de recursos que a empresa obteve de capital de terceiros para cada real de capital aplicado, ou seja, mede a porcentagem do ativo total que encontra-se financiada por capital de terceiros. Quanto maior o grau de endividamento, maior é a possibilidade de falência de uma empresa.

$$\text{Grau de Endividamento da Cia. A} = \frac{\text{PC da Cia. A + PÑC da Cia. A}}{\text{Ativo total da Cia. A}} \times 100\%$$

$$80\% = \frac{20.000{,}00 + 30.000{,}00}{\text{Ativo total da Cia. A}}$$

Ativo total da Cia. A = 62.500,00

4º passo: Calcular o PL da Cia. A.

PL da Cia. A = Ativo da Cia. A – (PC da Cia. A + PÑC da Cia. A)

PL da Cia. A = 62.500,00 – (20.000,00 + 30.000,00)
PL da Cia. A = 12.500,00

5º passo: Calcular o lucro líquido da Cia. A.

A rentabilidade do patrimônio líquido ou **retorno sobre o PL** representa o retorno que os acionistas estão obtendo em relação aos seus investimentos realizados na empresa.

$$\text{Retorno sobre o PL da Cia. A} = \frac{\text{Lucro Líquido da Cia. A}}{\text{PL total da Cia. A}} \times 100\%$$

$$20\% = \frac{\text{Lucro Líquido da Cia. A}}{12.500,00} \times 100\%$$

Lucro Líquido da Cia. A = 2.500,00

c) Errada. O passivo não circulante da Cia. A é igual a **30.000,00**.

d) Errada. O patrimônio líquido da Cia. B é igual a **5.000,00**.

1º passo: Calcular o ativo total da Cia. B.

O **grau de endividamento** demonstra o montante de recursos que a empresa obteve de capital de terceiros para cada real de capital aplicado, ou seja, mede a porcentagem do ativo total que encontra-se financiada por capital de terceiros. Quanto maior o grau de endividamento, maior é a possibilidade de falência de uma empresa.

$$\text{Grau de Endividamento da Cia. B} = \frac{\text{PC da Cia. B + PÑC da Cia. B}}{\text{Ativo total da Cia. B}} \times 100\%$$

$$80\% = \frac{14.000,00 + 6.000,00}{\text{Ativo total da Cia. B}}$$

Ativo total da Cia. B = 25.000,00

2º passo: Calcular o PL da Cia. B.

PL da Cia. B = Ativo da Cia. B – (PC da Cia. B + PÑC da Cia. B)

PL da Cia. B = 25.000,00 – (14.000,00 + 6.000,00)
PL da Cia. B = 5.000,00

e) Errada. O total de recursos de terceiros da Cia. A é igual a **50.000,00**.

Total de recursos de terceiros da Cia. A = PC da Cia. A + PÑC da Cia. A

Total de recursos de terceiros da Cia. A = 20.000,00 + 30.000,00
Total de recursos de terceiros da Cia. A = 50.000,0

Gabarito: **B**

08ª QUESTÃO: Em 01/12/2016 a empresa Rapidinha S.A. adquiriu a prazo, por 2.070.000,00, um lote de mercadorias para revenda. O prazo de pagamento era superior a 12 meses da data da compra e a taxa de juros praticada pelo fornecedor, para suas vendas a prazo, era 0,8% ao mês que equivale a 15% no prazo concedido à empresa compradora. A empresa Rapidinha S.A. pagou, adicionalmente, os seguintes encargos para dispor das mercadorias em condições de venda:

- 80.000,00 de transporte para trazer a mercadoria da fábrica do fornecedor até seu depósito.
- 10.000,00 de seguro para o transporte das mercadorias até seu depósito.

Sabe-se que nos diversos gastos efetuados pela empresa para dispor das mercadorias estavam incluídos os seguintes impostos:

- 10.000,00 de impostos não recuperáveis
- 290.000,00 de impostos recuperáveis

A empresa Rapidinha S.A. não tinha estoque de mercadorias antes desta compra e, em dezembro de 2016, vendeu 80% destas mercadorias pelo valor bruto de 3.000.000,00. Sabendo-se que os impostos incidentes sobre estas vendas totalizaram 450.000,00, o impacto total no resultado de 2016 decorrente da compra das mercadorias e da venda de parte do lote comprado foi, em reais:

a) 894.000,00
b) 1.054.000,00
c) 1.255.600,00
d) 1.270.000,00
e) 1.327.600,00

SOLUÇÃO

1º passo: Calcular o valor das compras à vista.

$$\text{Valor das compras à vista} = \frac{\text{Valor das compras a prazo}}{1 + \text{Taxa global do período}}$$

$$\text{Valor das compras à vista} = \frac{2.070.000{,}00}{1{,}15}$$

Valor das compras à vista = 1.800.000,00

ATENÇÃO, nas compras a prazo existem **encargos financeiros a transcorrer**, que correspondem aos juros cobrados pelos fornecedores.

Encargos Financeiros a Transcorrer = Compras a Prazo – Compras à Vista

Encargos Financeiros a Transcorrer = 2.070.000,00 – 1.800.000,00
Encargos Financeiros a Transcorrer = 270.000,00

CONCLUSÃO, os encargos financeiros a transcorrer é uma conta retificadora de fornecedores, e que será apropriada para o resultado ***pro rata tempore*** (proporcional ao tempo transcorrido).

2º passo: Calcular as compras líquidas (CL).

Uma empresa comercial quando adquire mercadorias para a revenda, utiliza a seguinte fórmula:

Compras Líquidas = Valor das compras à vista + SIFA – TrD

SIFA = **S**eguros + **I**PI + **F**retes + **A**rmazenagem

TrD = **Tr**ibutos recuperáveis + **D**escontos obtidos nas compras

Calculando as **compras líquidas**, temos:

Valor das compras à vista	1.800.000,00
+ Transporte para trazer a mercadoria	80.000,00
+ Seguro para o transporte das mercadorias	10.000,00
– Impostos recuperáveis	(290.000,00)
= Compras Líquidas	1.600.000,00

Cuidado com a **pegadinha da questão**, pois o montante dos impostos recuperáveis e não recuperáveis, encontram-se **inseridos** no valor das compras à vista.

Com a finalidade de um melhor entendimento, vamos supor que o balanço patrimonial da empresa Rapidinha S.A. imediatamente antes da aquisição das mercadorias, era:

Ativo		Passivo	
Ativo Circulante		**Patrimônio Líquido**	
Disponibilidades	90.000,00	Capital	90.000,00
Total	90.000,00	Total	90.000,00

(1) Registro contábil da aquisição de mercadorias a prazo:

Estoques	
(1) 1.800 mil	

Fornecedores	
	2.070 mil (1)

Encargos Fin. a Transcorrer	
	270 mil (1)

(2) Registro do pagamento à vista dos fretes e seguros:

Disponibilidades	
90.000,00	90.000,00 (2)

Estoques	
1.800.000,00	
(2) 90.000,00	
1.890.000,00	

(3) Registro dos tributos recuperáveis:

Estoques	
1.890.000,00	290.000,00 (3)
1.600.000,00	

Tributos Recuperáveis	
(3) 290.000,00	

No balanço patrimonial da empresa Rapidinha S.A. imediatamente após a aquisição dos estoques, temos:

Ativo	Passivo
Ativo Circulante	**Passivo Circulante**
Estoques..1.600.000,00	Fornecedores...............................2.070.000,00
Tributos recuperáveis.....................290.000,00	Encargos Fin. a Transcorrer..........(270.000,00)
	Patrimônio Líquido
	Capital...90.000,00
Total...1.890.000,00	Total...1.890.000,00

3º passo: Registro das vendas à vista de 80% das mercadorias.

(4) Registro das vendas brutas à vista no montante de 3.000.000,00 em 31 de dezembro de 2016:

Disponibilidades	
(4) 3.000.000,00	

Vendas Brutas	
	3.000.000,00 (4)

(5) Registro dos tributos incidentes sobre vendas em 31 de dezembro de 2016:

Tributos sobre Vendas	
(5) 450.000,00	

Tributos a Recolher	
	450.000,00 (5)

(6) Registro do custo das mercadorias vendidas em 31 de dezembro de 2016:

Estoques	
1.600.000,00	1.280.000,00 (6)
320.000,00	

CMV	
(6) 1.280.000,00	

CMV = 80% × Estoques

CMV = 80% × 1.600.000,00
CMV = 1.280.000,00

4º passo: Apropriação dos encargos financeiros a transcorrer em 31 de dezembro de 2016:

(7) Registro dos encargos financeiros a transcorrer referente ao mês de dezembro em 31 de dezembro de 2016:

Juros Passivos de dezembro	
(7) 14.400,00	

Encargos Fin. a Transcorrer	
270.000,00	14.400,00 (7)
255.600,00	

Juros passivos de dezembro = 0,8% × Valor das compras à vista

Juros passivos de dezembro = 0,8% × 1.800.000,00
Juros passivos de dezembro = 14.400,00

5º passo: Montar a DRE.

Demonstração do Resultado do Exercício	
Vendas Brutas	3.000.000,00
– Tributos sobre Vendas	(450.000,00)
= Vendas Líquidas	2.550.000,00
– Custo das Mercadorias Vendidas	(1.280.000,00)
= Lucro Bruto	1.270.000,00
– Juros passivos	(14.400,00)
= **Lucro Líquido**	**1.255.600,00**

O balanço patrimonial em 31 de dezembro de 2016 será:

Ativo	Passivo
Ativo Circulante	**Passivo Circulante**
Disponibilidades........................ 3.000.000,00	Fornecedores..............................2.070.000,00
Estoques...320.000,00	Encargos Fin. a Transcorrer..........(255.600,00)
Tributos recuperáveis....................290.000,00	Tributos a recolher.........................450.000,00
	Patrimônio Líquido
	Capital...90.000,00
	Lucros Acumulados 1.255.600,00
Total...3.610.000,00	Total..3.610.000,00

SOLUÇÃO NA PROVA

$$\text{Compras Líquidas} = \frac{\text{Compras a prazo}}{1{,}15} + \text{Fretes} + \text{Seguros} - \text{Tributos recuperáveis}$$

$$\text{Compras Líquidas} = \frac{2.070.000{,}00}{1{,}15} + 80.000{,}00 + 10.000{,}00 - 290.000{,}00$$

Compras Líquidas = 1.600.000,00

Lucro Líquido = Vendas Brutas – Tributos sobre Vendas – CMV – Juros Passivos

Lucro Líquido = 3.000.000,00 – 450.000,00 – 80% × 1.600.000,00 – 0,8% × 1.800.000,00
Lucro Líquido = 1.255.600,00

Gabarito: **C**

09ª QUESTÃO: No dia 31/12/2015 uma empresa realizou uma emissão de debêntures para captação de recursos no valor de 50.000.000,00. As debêntures apresentavam as seguintes características:

- Prazo total: 15 anos.
- Taxa de juros: 10% ao ano.
- Pagamentos: parcelas iguais e anuais no valor de 6.573.688,84.

Para a emissão e colocação das debêntures no mercado a empresa incorreu em custos de transação no valor total de 520.000,00. Tendo em vista que a expectativa do mercado futuro de juros é que ocorrerá uma queda nos próximos anos, houve uma grande demanda pelas debêntures emitidas e a empresa conseguiu obter um valor superior ao desejado, vendendo os títulos por 53.500.000,00. Sabendo-se que a taxa de custo efetivo da operação foi 9% ao ano, o saldo contábil líquido evidenciado no passivo, no balanço patrimonial de 31/12/2016 da empresa, e o impacto no resultado de 2016 decorrente das debêntures emitidas foram, respectivamente, em reais:

a) 48.426.311,16 e 5.520.000,00
b) 51.174.511,16 e 4.768.200,00
c) 51.704.311,16 e 5.818.000,00
d) 47.926.311,16 e 5.020.000,00
e) 51.741.311,16 e 5.335.000,00

☛ SOLUÇÃO

1º passo: Calcular os prêmios de debêntures a amortizar em 2015.

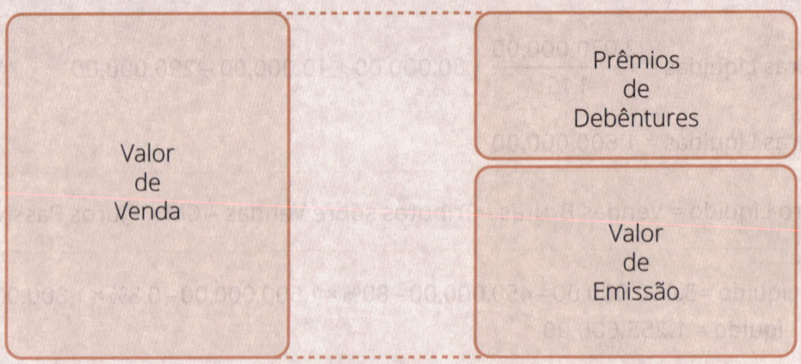

Prêmios de debêntures a amortizar = Valor de venda das debêntures – Valor de emissão das debêntures

Prêmios de debêntures a amortizar = 53.500.000,00 – 50.000.000,00
Prêmios de debêntures a amortizar = 3.500.000,00

2º passo: Calcular a captação líquida em 2015.

Captação líquida = Valor de emissão das debêntures + Prêmios de debêntures – Custos de transação

Captação líquida = 50.000.000,00 + 3.500.000,00 – 520.000,00
Captação líquida = 52.980.000,00

3º passo: Calcular os encargos financeiros em 2016.

Encargos financeiros = Taxa efetiva ao ano × Captação líquida

Encargos financeiros = 9% × 52.980.000,00
Encargos financeiros = 4.768.200,00

4º passo: Calcular o saldo devedor das debêntures em 2016.

Saldo devedor das debêntures = Captação líquida + Encargos financeiros – Pagamento da 1ª parcela

Saldo devedor das debêntures = 52.980.000,00 + 4.768.200,00 – 6.573.688,84
Saldo devedor das debêntures = 51.174.511,16

SOLUÇÃO NA PROVA

Valor de emissão das debêntures	50.000.000,00
+ Prêmios de debêntures a amortizar	3.500.000,00
– Custos de transação a amortizar	(520.000,00)
= Valor de captação líquida	52.980.000,00
+ **Encargos financeiros de 2016**	**4.768.200,00**
– Pagamento da 1ª parcela em 31/12/2016	(6.573.688,84)
= **Saldo devedor das debêntures em 31/12/2016**	**51.174.511,16**

Com a finalidade de um **melhor aprendizado**, vamos realizar os registros contábeis.

(1) Registro da captação de debêntures em 31/12/2016.

Disponibilidades	
(1) 50.000.000,00	

Debêntures a Pagar	
	50.000.000,00 (1)

(2) Registro dos custos de transação em 31/12/2016.

Disponibilidades	
50.000.000,00	520.000,00 (2)
49.480.000,00	

Custos de Transação a Amortizar	
(2) 520.000,00	

(3) Registro dos prêmios na emissão de debêntures em 31/12/2016.

Disponibilidades	
49.480.000,00	
(3) 3.500.000,00	
52.980.000,00	

Prêmios de debêntures a amortizar	
	3.500.000,00 (3)

Balanço patrimonial em 31/12/2015, imediatamente após a captação das debêntures:

Ativo	Passivo
Ativo Circulante	**Passivo Não Circulante**
Disponibilidades....52.980.000,00	Debêntures a Pagar.... 50.000.000,00
	Prêmios de debêntures a amortizar 3.500.000,00
	Custos de transação a amortizar ....(520.000,00)
Total 52.980.000,00	Total 52.980.000,00

Para efeitos didáticos, vamos calcular a receita com prêmios de debêntures e as despesas com custos de transação apropriadas para o resultado do exercício de 2016.

Os **encargos financeiros de 2016** correspondem a diferença entre as despesas com custos de transação mais os juros passivos e a receita com prêmios de debêntures.

Encargos financeiros = Receitas com prêmios de debêntures – Custos de transação – Juros passivos

1º passo: Calcular os juros passivos de 2016.

Valor de emissão das debêntures 50.000.000,00
× Taxa nominal .... × 10%
= Juros passivos de 2016.........................5.000.000,00

2º passo: Calcular a diferença entre os custos de transação e as receitas com prêmios de debêntures.

Demonstração do Resultado do Exercício de 2016
Receitas de prêmios de debêntures amortizados em 2016....?
– Custos de transação amortizados em 2016....?
– Juros passivos de 2016....(5.000.000,00)
= Encargos financeiros de 2016....(4.768.200,00)

Da DRE de 2016, obtemos a diferença entre os custos de transação e as receitas com prêmios de debêntures.

Receitas de prêmios de debêntures – Custos de transação – 5.000.000,00 = – 4.768.200,00
Receitas de prêmios de debêntures – Custos de transação = 5.000.000,00 – 4.768.200,00
Receitas de prêmios de debêntures – Custos de transação = 231.800,00

3º passo: Calcular os custos de transação amortizados em 2016.

Do balanço patrimonial em 31/12/2015, imediatamente após a operação de emissão de debêntures, temos:

Σ prêmios de debêntures a amortizar 3.500.000,00
– Σ custos de transação a amortizar ....(520.000,00)
= Σ prêmios – Σ custos 2.980.000,00

$$\text{Custos amortizados} = \frac{\Sigma\ \text{custos}}{\Sigma\ \text{prêmios} - \Sigma\ \text{custos}} \times (\text{Receitas de prêmios} - \text{Custos amortizados})$$

$$\text{Custos amortizados em 2016} = \frac{520.000{,}00}{2.980.000{,}00} \times 231.800{,}00$$

Custos amortizados em 2016 = 40.448,32

(1) Registro dos custos de transação amortizados em 2016.

Custos de Transação a Amortizar	
520.000,00	40.448,32 (1)
479.551,68	

Custos Amortizados – DRE	
(1) 40.448,32	

4º passo: Calcular os prêmios de debêntures amortizados em 2016.

$$\text{Prêmios amortizados} = \frac{\Sigma\ \text{prêmios}}{\Sigma\ \text{prêmios} - \Sigma\ \text{custos}} \times (\text{Receitas de prêmios} - \text{Custos amortizados})$$

$$\text{Prêmios amortizados em 2016} = \frac{3.500.000{,}00}{2.980.000{,}00} \times 231.800{,}00$$

Prêmios amortizados em 2016 = 272.248,32

(2) Registro da receita de debêntures apropriadas em 2016.

Prêmios de Debêntures a Amortizar	
(2) 272.248,32	3.500.000,00
	3.227.751,68

Receitas de Debêntures – DRE	
	272.248,32 (2)

(3) Registro da apropriação dos juros passivos de 2016.

Juros Passivos – DRE

Débito	Crédito
(3) 5.000.000,00	

Debêntures a Pagar

Débito	Crédito
	50.000.000,00
	5.000.000,00 (3)
	55.000.000,00

(4) Registro do pagamento da 1ª parcela em 31/12/2016.

Disponibilidades

Débito	Crédito
52.980.000,00	6.573.688,84 (4)
46.406.311,16	

Debêntures a Pagar

Débito	Crédito
(4) 6.573.688,84	55.000.000,00
	48.426.311,16

Balanço patrimonial em 31/12/2016, imediatamente após o pagamento da 1ª parcela e apropriação dos encargos financeiros de 2016:

Ativo		Passivo	
Ativo Circulante		**Passivo Não Circulante**	
Disponibilidades	46.406.311,16	Debêntures a Pagar	48.426.311,16
		Prêmios de debêntures a amortizar	3.227.751,68
		Custos de transação a amortizar	(479.551,68)
		Patrimônio Líquido	
		Prejuízos Acumulados	(4.768.200,00)
Total	46.406.311,16	Total	46.406.311,16

Gabarito: **B**

10ª QUESTÃO: Uma máquina foi adquirida à vista por 12.500.000,00 e a empresa gastou, adicionalmente, 1.000.000,00 na alteração da estrutura do imóvel para fazer a instalação da máquina. O imóvel utilizado pela empresa é alugado e uma cláusula contratual estabelece que, no final do prazo contratado, esta deverá fazer a reestruturação necessária para devolver o imóvel nas mesmas condições do início do contrato. A aquisição ocorreu em 30/06/2015 e a empresa definiu que utilizará a máquina durante 10 anos, mesmo prazo de vigência do contrato de aluguel do imóvel. A empresa estima que os gastos para a reestruturação do imóvel, no final do 10º ano, totalizarão 1.650.000,00 e a taxa de juros vigente era de 10% para o prazo de 10 anos. A empresa calcula a despesa de depreciação em função do tempo decorrido, tendo em vista que a máquina funciona sem qualquer interrupção. No início do prazo de utilização da máquina, o valor residual estimado para sua venda no final da vida útil era 3.750.000,00. Se a vida útil do equipamento para fins fiscais é definida em 8 anos, a despesa de depreciação evidenciada na demonstração do resultado de 2015 para esta máquina foi, em reais:

a) 625.000,00
b) 437.500,00
c) 487.500,00
d) 675.000,00
e) 562.500,00

☛ SOLUÇÃO

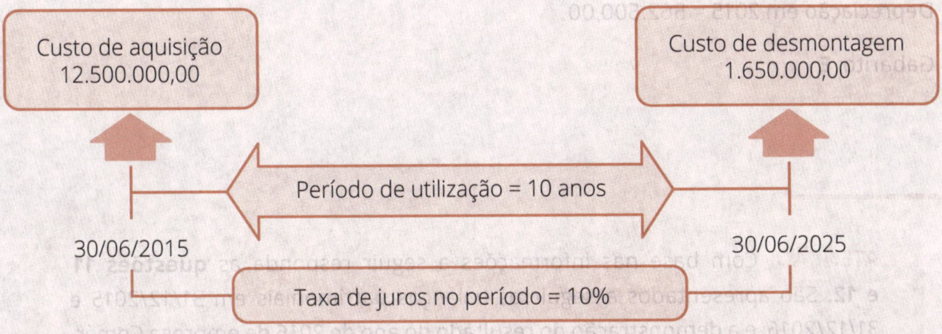

1º passo: Calcular os custos de desmontagem a valor presente.

$$\text{Custos de desmontagem a valor presente} = \frac{\text{Custos de desmontagem no final do 10º ano}}{1 + \text{Taxa de juros no prazo de 10 anos}}$$

$$\text{Custos de desmontagem a valor presente} = \frac{1.650.000,00}{1,10}$$

Custos de desmontagem a valor presente = 1.500.000,00

2º passo: Calcular o custo de aquisição do ativo imobilizado.

Segundo o CPC 27 o custo de um item do ativo imobilizado compreende:

Custo do imobilizado = Preço de aquisição + Gastos na alteração da estrutura + Custos de desmontagem

Preço de aquisição	12.500.000,00
+ Gastos na alteração da estrutura do imóvel	1.000.000,00
+ Custos de desmontagem a valor presente	1.500.000,00
= Custo de aquisição do ativo imobilizado	15.000.000,00

3º passo: Calcular a depreciação em 2015.

$$\text{Depreciação em 2015} = (\text{Custo de aquisição} - \text{Valor residual}) \times \frac{\text{Período de utilização em 2015}}{\text{Vida útil}}$$

$$\text{Depreciação em 2015} = (15.000.000{,}00 - 3.750.000{,}00) \times \frac{0{,}5 \text{ ano}}{10 \text{ anos}}$$

Depreciação em 2015 = 562.500,00

Gabarito: **E**

ATENÇÃO: Com base nas informações a seguir responda as **questões 11 e 12**. São apresentados a seguir os balanços patrimoniais em 31/12/2015 e 31/12/2016, e a demonstração do resultado do ano de 2016 da empresa Comércio de Produtos Populares S.A. (valores expressos em reais):

Comércio de Produtos Populares S.A.
Balanços Patrimoniais em 31/12/2015 e 31/12/2016

Ativo	31/12/2015	31/12/2016	Passivo	31/12/2015	31/12/2016
Ativo Circulante	822.000,00	1.544.400,00	Passivo Circulante	966.000,00	1.757.520,00
Caixa e Equivalentes de Caixa	90.000,00	380.400,00	Fornecedores	396.000,00	512.400,00
Duplicatas a Receber	336.000,00	576.000,00	Empréstimos obtidos	540.000,00	1.164.000,00
Estoques para venda	396.000,00	508.000,00	Dividendos a pagar	30.000,00	49.920,00
Adiantamento a fornecedores	–	80.000,00	IR a pagar	–	31.200,00
Ativo Não Circulante	864.000,00	1.308.000,00	Patrimônio Líquido	720.000,00	1.094.880,00
Investimentos	84.000,00	216.000,00	Capital Social	600.000,00	900.000,00
Imobilizado			Reservas de Lucros	120.000,00	194.880,00
Veículos	504.000,00	1.092.000,00			
Imóveis	276.000,00	–			
Total	1.686.000,00	2.852.400,00	Total	1.686.000,00	2.852.400,00

Comércio de Produtos Populares S.A. **Demonstração do Resultado do Período: 01/01/2016 a 31/12/2016**	
Receitas de vendas	2.250.000,00
– Custo das Mercadorias Vendidas	(1.572.000,00)
= Resultado com mercadorias	678.000,00
– Depreciação	(72.000,00)
– Despesas com vendas	(210.000,00)
– Despesas administrativas	(300.000,00)
+ Resultado de equivalência patrimonial	36.000,00
= Resultado antes dos efeitos financeiros	132.000,00
– Despesas financeiras	(60.000,00)
= Resultado após os efeitos financeiros	72.000,00
= Outras receitas e despesas não recorrentes	
+ Lucro na venda de imóveis	84.000,00
= Resultado antes de Impostos e Participações	156.000,00
– Despesa com Imposto de Renda	(31.200,00)
= Resultado líquido	124.800,00

11ª QUESTÃO: Considere que os imóveis foram vendidos em 02/01/2016 e que durante o ano de 2016 a empresa não vendeu investimentos nem veículos, não liquidou qualquer empréstimo, não pagou as despesas financeiras e pagou os dividendos constantes do balanço de 31/12/2015. Com base nestas informações, é correto afirmar que o fluxo de caixa das atividades de:

a) investimento foi 396.000,00, negativo.
b) financiamento foi 894.000,00, positivo.
c) investimento foi 480.000,00, negativo.
d) investimento foi 324.000,00, negativo.
e) financiamento foi 864.000,00, positivo.

☛ SOLUÇÃO

Para encontrarmos o **fluxo de caixa das atividades de investimentos**, temos que calcular o valor de venda dos imóveis em 2016.

1º passo: Calcular o valor de venda do imobilizado.

> **ATENÇÃO,** a questão informa que os imóveis foram vendidos em 02/01/2016. Em outras palavras, do balanço patrimonial de 31/12/2015 temos que o valor contábil do imóvel (líquido da depreciação acumulada) é de 276.000,00.

Lucro na venda de imóveis = Valor de venda do imobilizado – Valor contábil do imobilizado vendido

84.000,00 = Valor de venda do imobilizado – 276.000,00
Valor de venda do imobilizado = 360.000,00

2º passo: Calcular o custo de aquisição dos novos veículos em 2016.

Da leitura do balanço patrimonial, temos que o saldo dos **veículos líquido da depreciação acumulada** em 2015 e 2016, foi respectivamente de 504.000,00 e 1.092.000,00. Portanto, temos que considerar a despesa com depreciação em 2016 no montante de 72.000,00, para encontrarmos o valor desembolsado na aquisição dos novos veículos em 2016.

Aquisição de veículos em 2016 = Veículos em 2016 + Depreciação de 2016 – Veículos em 2015

Aquisição de novos veículos em 2016 = 1.092.000,00 + 72.000,00 – 504.000,00
Aquisição de novos veículos em 2016 = 660.000,00

3º passo: Calcular o custo de aquisição dos novos investimentos em 2016.

Da leitura do balanço patrimonial, temos que o saldo final de investimentos em 2015 e 2016, foi respectivamente de 84.000,00 e 216.000,00. Portanto, temos que considerar o **ganho de equivalência patrimonial** (GEP) em 2016 no montante de 36.000,00, para encontrarmos o valor desembolsado na aquisição dos novos investimentos em 2016.

Aquisição de investimentos em 2016 = Investimentos em 2016 – Investimentos em 2015 – GEP em 2016

Aquisição de investimentos em 2016 = 216.000,00 – 84.000,00 – 36.000,00
Aquisição de investimentos em 2016 = 96.000,00

4º passo: Montar o fluxo de caixa de investimentos.

Fluxo de Caixa de Investimentos	
Alienação de imóveis	360.000,00
– Aquisição de veículos	(660.000,00)
– Aquisição de investimentos	(96.000,00)
= Caixa líquido consumido nas atividades de investimentos	(396.000,00)

O fluxo de caixa de investimentos foi **negativo de 396.000,00**.

Para efeitos didáticos, vamos calcular o montante do fluxo de caixa de financiamentos.

1º passo: Calcular o montante dos empréstimos obtidos em 2016.

> **ATENÇÃO,** a questão informa que a empresa **não liquidou** qualquer empréstimo, e **não pagou** as despesas financeiras. Nesse caso, as despesas financeiras **atualizam** os empréstimos de 2015.

(1) Registro contábil da atualização dos empréstimos de 2015, por meio das despesas financeiras de 2016.

Despesas Financeiras – DRE	
(1) 60.000,00	

Empréstimos em 2016	
	540.000,00
	60.000,00 (1)
	600.000,00

Mas como podemos observar no balanço patrimonial, o saldo final dos empréstimos em 2016 foi no montante de 1.164.000,00. Em outras palavras, a empresa obteve novos empréstimos em 2016.

(2) Registro da aquisição de novos empréstimos em 2016.

Disponibilidades	
(2) 564.000,00	

Empréstimos em 2016	
	600.000,00
	564.000,00 (2)
	1.164.000,00

2º passo: Calcular o montante dos dividendos pagos em 2016.

> **ATENÇÃO,** analisando os balanços patrimoniais de 2015 e 2016, com relação aos dividendos, à primeira vista temos a impressão de que não houve pagamento de dividendos, pois o seu saldo em 2015 no montante de 30.000,00 passou para 49.920,00 em 2016. Em outras palavras, houve um aumento de 2015 para 2016 no saldo contábil de dividendos em 19.920,00. Portanto, para encontrarmos o montante pago de dividendos em 2016, seguiremos os seguintes registros contábeis:

(1) Registro contábil da transferência do lucro líquido de 2016 para a conta lucros acumulados.

Lucro Líquido de 2016	
(1) 124.800,00	124.800,00

Lucros Acumulados	
	124.800,00 (1)

(2) Registro contábil da constituição das reservas de lucros em 2016.

Da leitura do balanço patrimonial, temos que o saldo final das reservas de lucros em 2015 e 2016 foi respectivamente de 120.000,00 e 194.880,00. Em outras palavras, no exercício de 2016 a empresa destinou 74.880,00 para as reservas de lucros.

Lucros Acumulados	
(2) 74.880,00	124.800,00
	49.920,00

Reservas de Lucros	
	120.000,00
	74.880,00 (2)
	194.880,00

(3) Registro contábil da distribuição de dividendos em 2016.

ATENÇÃO, apesar de ter ocorrido uma integralização de capital e o examinador não ter informado se essa integralização foi com lucros acumulados ou não, nós temos a certeza de que esse **aumento não foi com uma parte de lucros acumulados**, pois analisando a conta **lucros acumulados**, nós podemos observar que o saldo remanescente de **49.920,00 foi integralmente** destinado para **dividendos a pagar**.

Lucros Acumulados	
(3) 49.920,00	49.920,00

Dividendos a Pagar	
	30.000,00
	49.920,00 (3)
	49.920,00

Analisando a conta **dividendos a pagar**, podemos observar que havia um saldo inicial de **30.000,00**, ocorreu um crédito de **49.920,00**, resultando em um saldo final de **49.920,00** em 2016. Em outras palavras, houve um pagamento de **30.000,00** no exercício de 2016.

CUIDADO NAS PROVAS! Atualmente, caso haja **saldo residual na conta lucros acumulados**, a companhia **deverá destinar** esse saldo remanescente para os **dividendos complementares**.

(4) Registro contábil do pagamento de dividendos.

Disponibilidades	
Saldo Inicial	30.000,00 (4)

Dividendos a Pagar	
(4) 30.000,00	30.000,00
	49.920,00
	49.920,00

3º passo: Calcular o montante do capital integralizado em dinheiro.

Da leitura do balanço patrimonial, temos que o saldo do capital em 2015 e 2016, foi respectivamente de 600.000,00 e 900.000,00. Em outras palavras, houve uma integralização de capital no montante de 300.000,00. Aqui devemos tomar um cuidado extra, pois essa integralização poderia ser:

- parte com lucros acumulados, que **não tem efeito caixa**
- parte com bens móveis ou imóveis, suscetíveis de avaliação em dinheiro, mas que **não tem efeito caixa**
- parte com dinheiro, que **tem efeito caixa**

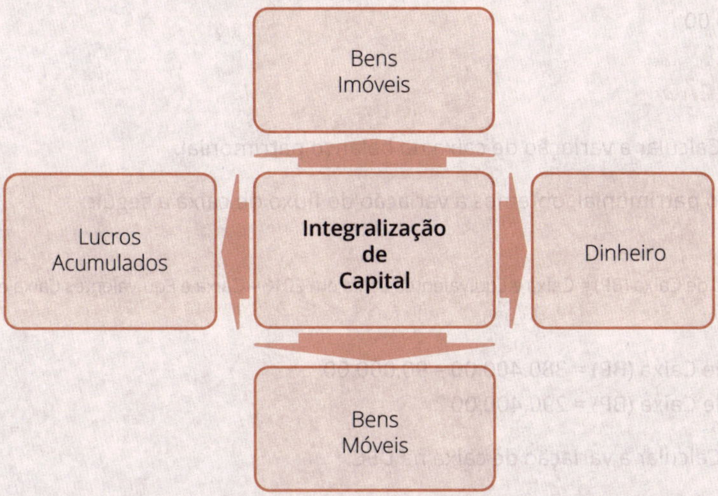

Analisando o gráfico acima, apenas a **integralização de capital em dinheiro**, tem efeito caixa e **será demonstrada** no fluxo de caixa de financiamentos.

(5) Registro da integralização de capital em dinheiro no montante de 300.000,00.

Disponibilidades	
(5) 300.000,00	

Capital Social	
	600.000,00
	300.000,00 (5)
	900.000,00

3º passo: Montar o fluxo de caixa de financiamentos.

Fluxo de Caixa de Financiamentos	
Obtenção de empréstimos	564.000,00
+ Integralização de capital	300.000,00
– Pagamento de dividendos	(30.000,00)
= Caixa líquido gerado nas atividades de financiamentos	834.000,00

O fluxo de caixa de financiamentos foi **positivo de 834.000,00**.

Gabarito: **A**

12ª QUESTÃO: Considerando que as despesas financeiras não foram pagas em 2016, o fluxo de caixa das atividades operacionais de 2016 foi, em reais, negativo de:

a) 147.600,00
b) 207.600,00
c) 63.600,00
d) 111.600,00
e) 123.600,00

☛ SOLUÇÃO

1º passo: Calcular a variação de caixa no balanço patrimonial.

No balanço patrimonial, obtemos a variação do fluxo de caixa a seguir:

Variação de Caixa (BP) = Caixa e Equivalentes Caixa em 2016 – Caixa e Equivalentes Caixa em 2015

Variação de Caixa (BP) = 380.400,00 – 90.000,00
Variação de Caixa (BP) = 290.400,00

2º passo: Calcular a variação de caixa na DFC.

Variação de Caixa (DFC) = FCO + FCI + FCF

Variação de Caixa (DFC) = FCO – 396.000,00 + 834.000,00
Variação de Caixa (DFC) = FCO + 438.000,00

Igualando as variações de caixa do BP e DFC, temos:

290.400,00 = FCO + 438.000,00
FCO = (147.600,00)

CONCLUSÃO, o fluxo de caixa operacional foi **negativo de 147.600,00**.

Gabarito: **A**

13ª QUESTÃO: Uma empresa realizou, em 31/12/2016, um contrato de arrendamento mercantil de um equipamento industrial. O contrato tem prazo de 8 anos, a empresa pagará 8 parcelas anuais de 837.338,81, vencendo-se a primeira parcela em 31/12/2017, e a taxa implícita de juros no contrato é 7% ao ano. O valor presente das parcelas do contrato, na data de início do arrendamento, era 5.000.000,00 (igual ao valor justo do equipamento) e a empresa pretende ficar com o equipamento após o término do contrato. A vida útil estimada para o equipamento é 10 anos e o valor residual esperado é 800.000,00. Com base nestas informações, a despesa total reconhecida na demonstração do resultado de 2017, decorrente da operação de arrendamento mercantil realizada foi, em reais:

a) 837.338,81
b) 420.000,00
c) 770.000,00
d) 350.000,00
e) 750.000,00

SOLUÇÃO

1º passo: Calcular as despesas com juros em 31/12/2017.

Despesas com juros em 2017 = Taxa implícita de juros × Valor presente das parcelas

Despesas com juros em 2017 = 7% × 5.000.000,00
Despesas com juros em 2017 = 350.000,00

2º passo: Calcular as despesas com depreciação em 31/12/2017.

$$\text{Depreciação em 2017} = (\text{Custo de Aquisição} - \text{Valor Residual}) \times \frac{\text{Período de utilização}}{\text{Vida útil}}$$

$$\text{Depreciação em 2017} = (5.000.000{,}00 - 800.000{,}00) \times \frac{1 \text{ ano}}{10 \text{ anos}}$$

Depreciação em 2017 = 420.000,00

3º passo: Calcular a despesa total reconhecida na demonstração do resultado de 2017.

Despesa total em 2017 = Despesa com juros em 2017 + Despesa com depreciação em 2017

Despesa total em 2017 = 350.000,00 + 420.000,00
Despesa total em 2017 = 770.000,00

Gabarito: **C**

14ª QUESTÃO: Uma empresa adquiriu um imóvel de 20 andares e está utilizando apenas 3 andares para suas atividades administrativas. Por decisão da diretoria, os demais andares foram alugados para terceiros, por prazo determinado e sem possibilidade de venda, com o objetivo de gerar receita de aluguel, sendo que a empresa presta os serviços de manutenção, acesso e segurança para o edifício. Caso a empresa deseje, os andares podem ser comercializados separadamente e é possível identificar valor de mercado para cada andar. Com relação à contabilização do imóvel, é correto afirmar que:

a) deve ser registrado inteiramente como ativo imobilizado.

b) deve ser registrado inteiramente como propriedade para investimentos (no grupo investimentos).

c) todos os andares devem ser mensurados pelo valor justo na data de cada balanço patrimonial.

d) o valor correspondente a três andares deve ser registrado como ativo imobilizado e os demais andares como propriedade para investimentos (no grupo investimentos).

e) os andares alugados devem ser tratados como arrendamento mercantil financeiro pela empresa.

☛ SOLUÇÃO

A propriedade para investimento é o **imobilizado** mantido pelo proprietário ou arrendatário sob arrendamento financeiro **destinada** para gerar **aluguel**, valorização do capital ou ambas, sendo **classificada** no subgrupo do ativo não circulante investimentos.

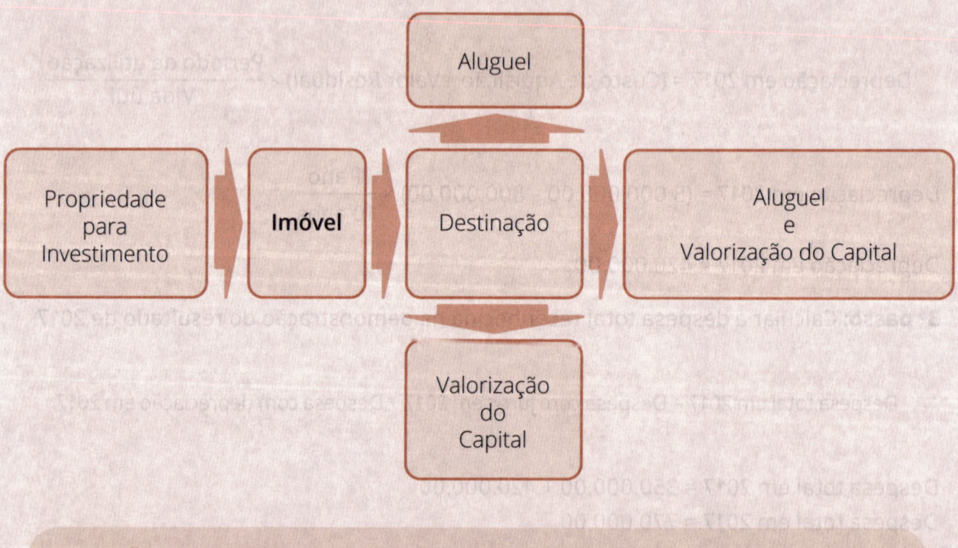

ATENÇÃO, a propriedade para investimento é um **imobilizado** que pode ser um terreno ou edifício, parte de um edifício ou ambos.

Portanto, quaisquer ativos imobilizados que não sejam terrenos ou edifícios, como por exemplo, **máquinas**, **equipamentos**, **veículos**, etc. **não podem** ser classificados como propriedades para investimentos.

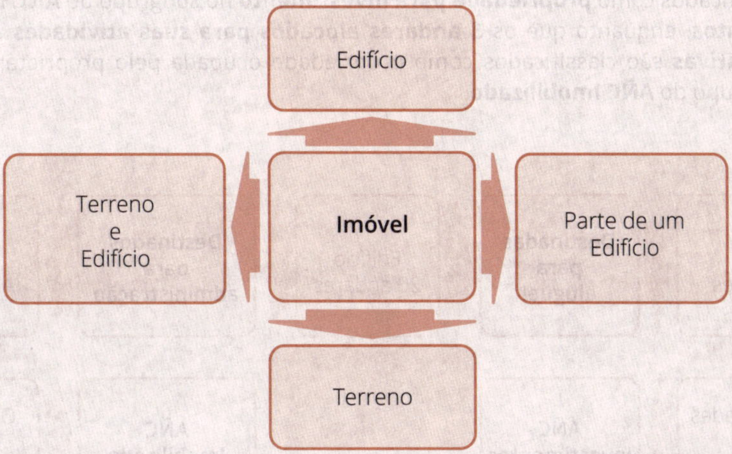

Uma característica das propriedades para investimento é a **geração de fluxos de caixa** altamente independentes dos outros ativos mantidos pela entidade, **distinguindo** as propriedades para investimento de **propriedades ocupadas pelos proprietários**.

PROPRIEDADE PARA INVESTIMENTO

É destinada para:	**NÃO É** destinada para:
♦ geração de aluguel ♦ valorização do capital ♦ geração de aluguel e valorização do capital	♦ fornecimento de bens ou serviços, produção e finalidades administrativas. ♦ venda no curso ordinário do negócio.

Algumas propriedades compreendem **uma parte** que é mantida para obter rendimentos ou valorização de capital e **outra parte** que é mantida para uso na produção ou fornecimento de bens ou serviços ou para finalidades administrativas. Se **essas partes** puderem ser vendidas **separadamente** (ou arrendadas **separadamente** sob arrendamento financeiro), a entidade contabiliza as **partes separadamente**.

Nesse caso, o investidor possui um edifício com 20 andares, sendo **17 andares destinados à locação** e **3 andares alocados para suas atividades administrativas**. Portanto, segundo o CPC 28, os **17 andares destinados à locação** são classificados como **propriedade para investimento** no subgrupo do **AÑC Investimentos**, enquanto que os **3 andares alocados para suas atividades administrativas** são classificados como propriedade ocupada pelo proprietário no subgrupo do **AÑC Imobilizado**.

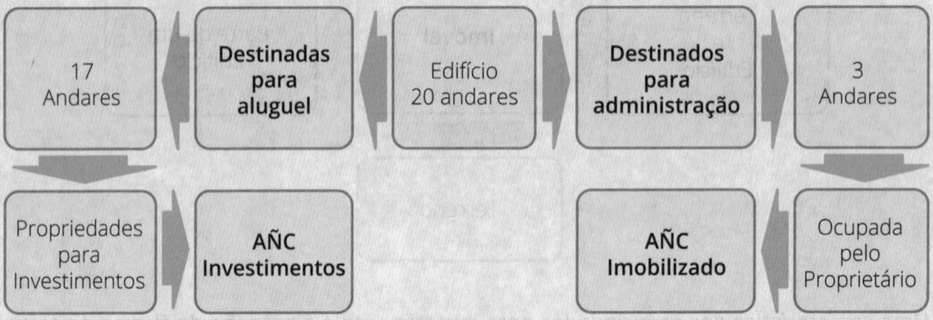

QUADRO RESUMO

Propriedade para **investimento**	Propriedade **ocupada pelo proprietário**
É um **terreno**, **edifício**, **parte de um edifício** ou **ambos**, mantido pelo proprietário ou arrendatário em arrendamento financeiro, para auferir **aluguel**, **valorização do capital** ou para **ambos**.	É um **imobilizado** mantido pelo proprietário ou arrendatário sob arrendamento financeiro, para uso na produção, fornecimento de bens e serviços ou finalidades administrativas.
Classificada no **AÑC Investimentos**	Classificada no **AÑC Imobilizado**

Gabarito: **D**

Capítulo 11

Contador Sabesp 2018

01ª QUESTÃO: Em 31/12/2016 a Cia. das Flores apresentava os seguintes saldos para as contas componentes do seu patrimônio líquido:

Capital Social.. 500.000,00
Reservas de Capital..................................50.000,00
Reservas de Lucros 300.000,00
Ações em Tesouraria..............................100.000,00

Durante o ano de 2017 ocorreram os seguintes fatos relacionados com a empresa:

1. apurou lucro líquido de 180.000,00.
2. recebeu em doação um terreno no valor de 60.000,00, com restrições a serem cumpridas pela empresa.
3. distribuiu dividendos no valor de 45.000,00.
4. constituiu reserva de incentivos fiscais no valor de 30.000,00.
5. vendeu todas as ações em tesouraria por 120.000,00.

Após o registro destas transações, o patrimônio líquido da Cia. das Flores era, em reais:

a) 1.105.000,00
b) 1.005.000,00
c) 930.000,00
d) 1.085.000,00
e) 1.065.000,00

☛ SOLUÇÃO

ATENÇÃO, trata-se de uma questão relacionada com a **DMPL**.

1º passo: Calcular o patrimônio líquido inicial.

PL Inicial = Capital + Reservas de Capital + Reservas de Lucros – Ações em Tesouraria

PL Inicial = 500.000,00 + 50.000,00 + 300.000,00 – 100.000,00
PL Inicial = 750.000,00

2º passo: Registrar os lançamentos contábeis.

(1) Registro contábil da transferência do lucro líquido para a conta lucros acumulados.

Lucro Líquido – DRE	
(1) 180.000,00	180.000,00

Lucros Acumulados – PL	
	180.000,00 (1)

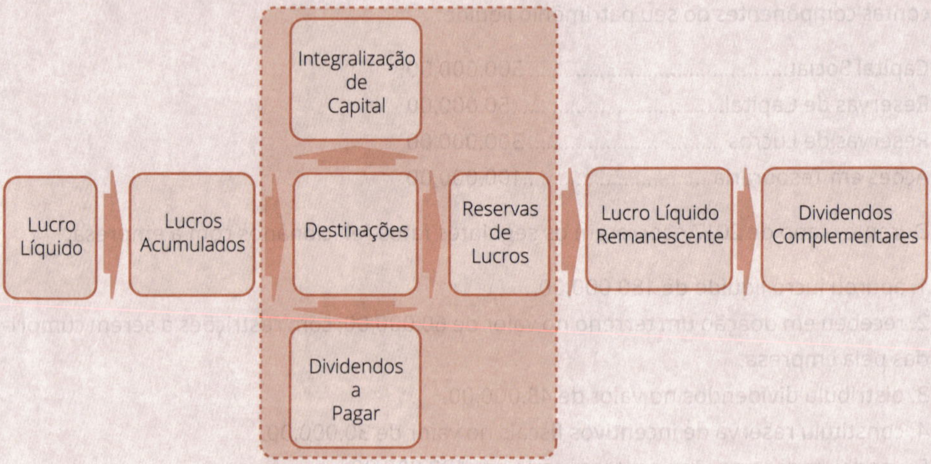

ATENÇÃO, o lucro líquido é apurado na DRE e transferido para a conta **lucros acumulados**, que é a conta responsável pela **distribuição do lucro líquido**. Lembramos que o lucro líquido tem três destinações específicas:

- integralização ou aumento do capital
- constituição de reservas de lucros
- distribuição para dividendos obrigatórios

Segundo o artigo 202, parágrafo 6º da legislação societária (lei nº 6.404/76), o **lucro líquido remanescente** após a destinação do lucro líquido para a constituição das reservas de lucros, integralização de capital e distribuição para dividendos obrigatórios, deverá ser distribuído para a conta **dividendos complementares** pertencente ao patrimônio líquido, de modo que a **conta lucros acumulados** fique com o seu **saldo zerado** no encerramento do exercício social.

(2) Registro do recebimento da doação de um terreno no valor de 60.000,00, com restrições a serem cumpridas pela empresa.

Terrenos – AÑC Imobilizado	
(2) 60.000,00	

Receitas Diferidas de Doação – PÑC	
	60.000,00 (2)

No recebimento de uma doação com restrições a serem cumpridas, **não existe reflexo no patrimônio líquido**, pois a empresa registra a doação em uma conta de **receitas diferidas de doação** no passivo não circulante.

(3) Registro da distribuição de dividendos no valor de 45.000,00.

Lucros Acumulados – PL	
(3) 45.000,00	180.000,00
	135.000,00

Dividendos a Pagar – PC	
	45.000,00 (3)

(4) Registro da constituição da reserva de incentivos fiscais no valor de 30.000,00.

Lucros Acumulados – PL	
(4) 30.000,00	135.000,00
	105.000,00

Reserva de Incentivo Fiscal – PL	
	30.000,00 (4)

A constituição de reservas de incentivos fiscais **não altera** o patrimônio líquido.

(5) Registro da alienação das ações em tesouraria por 120.000,00.

Caixa – AC	
(5) 120.000,00	

Ações em Tesouraria – PL	
100.000,00	100.000,00 (5)

Reservas de Capital – PL	
	20.000,00 (5)

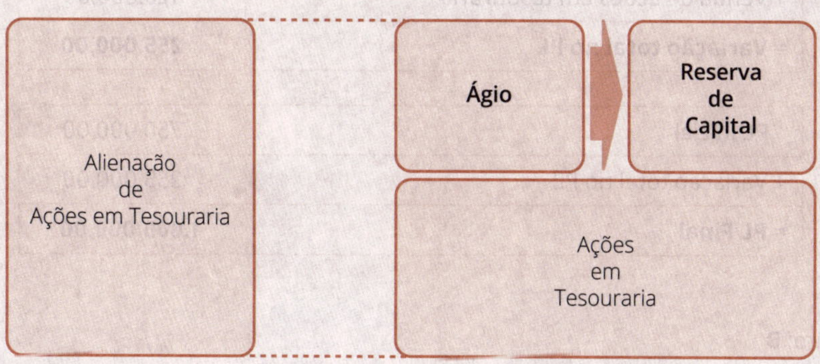

Analisando o gráfico, podemos observar que o **ágio na alienação das ações em tesouraria** no montante de 20.000,00 é uma **reserva de capital**.

3º passo: Calcular a variação do patrimônio líquido.

Variações no PL = Lucro Líquido – Dividendos + Alienação de ações em tesouraria

Variações no PL = 180.000,00 – 45.000,00 + 120.000,00
Variações no PL = 255.000,00

4º passo: Calcular o patrimônio líquido final.

O **patrimônio líquido final** é obtido por meio da soma do **patrimônio líquido inicial** com o registro das transações que geraram **reflexos no patrimônio líquido**.

PL Final = PL Inicial + Variações no PL

PL Final = 750.000,00 + 255.000,00
PL Final = 1.005.000,00

SOLUÇÃO NA PROVA

Fato contábil	Variação no PL
Lucro Líquido	180.000,00
+ Recebimento em doação de terreno	0,00
– Dividendos obrigatórios	(45.000,00)
+ Constituição de reservas de incentivos fiscais	0,00
+ Venda de ações em tesouraria	120.000,00
= Variação total no PL	**255.000,00**

PL Inicial	750.000,00
+ Variação total no PL	255.000,00
= **PL Final**	**1.005.000,00**

Gabarito: **B**

02ª QUESTÃO: O Estatuto Social da Cia. Societária determina as seguintes destinações obrigatórias do lucro apurado em cada período:

- Reserva estatutária ....10% do lucro líquido
- Dividendo mínimo obrigatório ....30% do lucro líquido

A reserva legal é constituída de acordo com a lei nº 6.404/1976, sendo que o limite estabelecido na lei não foi atingido. No ano de 2017, a Cia. Societária apurou lucro líquido no valor de 150.000,00 e, de acordo com o orçamento de capital aprovado na Assembleia Geral da empresa, esta precisaria reter 100.000,00 do lucro para realizar os investimentos planejados. Com base nestas informações, o valor retido como reserva para expansão e o valor distribuído como dividendo mínimo obrigatório foram, respectivamente, em reais:

a) 82.500,00 e 45.000,00
b) 100.000,00 e 27.500,00
c) 100.000,00 e 45.000,00
d) 100.000,00 e 42.500,00
e) 97.500,00 e 45.000,00

SOLUÇÃO

1º passo: Transferir o lucro líquido para a conta lucros acumulados.

(1) Registro contábil da transferência do lucro líquido para a conta lucros acumulados.

Lucro Líquido – DRE	
(1) 150.000,00	150.000,00

Lucros Acumulados – PL	
	150.000,00 (1)

2º passo: Calcular a reserva legal.

Reserva Legal = 5% × Lucro Líquido

Reserva Legal = 5% × 150.000,00
Reserva Legal = 7.500,00

(2) Registro contábil da constituição da reserva legal.

Lucros Acumulados – PL	
(2) 7.500,00	150.000,00
	142.500,00

Reserva Legal – PL	
	7.500,00 (2)

3º passo: Calcular a reserva estatutária.

Reserva Estatutária = 10% × Lucro Líquido

Reserva Estatutária = 10% × 150.000,00
Reserva Estatutária = 15.000,00

(3) Registro contábil da constituição da reserva estatutária.

Lucros Acumulados – PL

Débito	Crédito
(3) 15.000,00	142.500,00
	127.500,00

Reserva Estatutária – PL

Débito	Crédito
	15.000,00 (3)

4º passo: Calcular os dividendos obrigatórios.

ATENÇÃO, a banca informou que a base de cálculo dos dividendos obrigatórios **segundo o Estatuto** é de 30% do lucro líquido, e nesse caso **não há que se falar em lucro líquido ajustado**.

Dividendos obrigatórios segundo o Estatuto = 30% × Lucro Líquido

Dividendos obrigatórios = 30% × 150.000,00
Dividendos obrigatórios = 45.000,00

(4) Registro contábil dos dividendos obrigatórios.

Lucros Acumulados – PL

Débito	Crédito
(4) 45.000,00	127.500,00
	82.500,00

Dividendos a Pagar – PC

Débito	Crédito
	45.000,00 (4)

(5) Registro contábil da constituição das reservas para expansão.

Segundo o **artigo 196 da lei nº 6.404/76**, a assembleia-geral poderá, por proposta dos órgãos da administração, deliberar reter parcela do lucro líquido do exercício **prevista em orçamento** de capital por ela previamente aprovado, **para aplicar nos planos de expansão e investimentos da empresa**.

O orçamento, submetido pelos órgãos da administração com a justificação da retenção de lucros proposta, deverá compreender todas as fontes de recursos e aplicações de capital, fixo ou circulante, e **poderá ter a duração de até cinco exercícios**, salvo no caso de execução, por prazo maior, de projeto de investimento.

Sinônimos utilizados para a reserva de retenção de lucros

Reserva de Lucros para Expansão = Reserva Orçamentária = Reserva de Investimentos

Lucros Acumulados – PL	
(5) 82.500,00	82.500,00

Reservas para Expansão – PL	
	82.500,00 (5)

De acordo com o **orçamento de capital** aprovado na Assembleia Geral da empresa, **esta precisaria reter 100.000,00** do lucro para realizar os investimentos planejados. Como podemos observar, restaram apenas **82.500,00** na conta lucros acumulados, e nesse caso, a importância destinada para a constituição da **reserva para expansão** será no montante de **82.500,00.**

Gabarito: **A**

03ª QUESTÃO: O balanço patrimonial da Cia. Analítica, em 31/12/2017, apresentava a seguinte situação:

Balanço Patrimonial da Cia. Analítica em 31/12/2017			
Ativo Circulante		**Passivo Circulante**	
Disponível	3.000,00	Fornecedores	3.000,00
Duplicatas a Receber	2.000,00	Salários a pagar	1.000,00
Ativo Não Circulante		**Passivo Não Circulante**	
Realizável a LP	650,00	Empréstimos	2.000,00
Investimentos	3.350,00	**Patrimônio Líquido**	
Imobilizado	6.000,00	Capital Social	6.500,00
		Reservas de Lucro	2.500,00
Total	15.000,00	Total	15.000,00

Com base neste balanço patrimonial, é possível afirmar que a Cia. Analítica apresentava em 31/12/2017:

a) índice de liquidez corrente igual a 1,00.
b) índice de liquidez geral igual a 2,50.
c) índice de imobilização dos recursos não correntes igual a 85%.
d) grau de endividamento (capital de terceiros em relação aos recursos totais) igual a 30%.
e) índice de composição do endividamento igual a 40%.

SOLUÇÃO

Analisando as alternativas, temos:

a) Errada. O índice de liquidez corrente igual a **1,25.**

A **liquidez corrente** ou **liquidez comum** avalia a capacidade de pagamento das obrigações de curto prazo que uma empresa possui, utilizando as suas disponibilidades e os direitos de curto prazo.

$$\text{Liquidez Corrente} = \frac{\text{Ativo Circulante}}{\text{Passivo Circulante}}$$

$$\text{Liquidez Corrente} = \frac{5.000,00}{4.000,00}$$

Liquidez Corrente = 1,25

b) Errada. O índice de liquidez geral igual a **0,94**.

A **liquidez geral** avalia a capacidade de pagamento das obrigações de curto e longo prazos que uma empresa possui, utilizando as disponibilidades e os direitos de curto e longo prazos.

$$\text{Liquidez Geral} = \frac{\text{AC + AÑC RLP – Despesas Antecipadas}}{\text{PC + PÑC}}$$

$$\text{Liquidez Geral} = \frac{5.000,00 + 650,00}{4.000,00 + 2.000,00}$$

$$\text{Liquidez Geral} = \frac{5.650,00}{6.000,00}$$

Liquidez Geral = 0,94

c) Correta. O índice de imobilização dos recursos não correntes igual a 85%.

O índice **de imobilização de recursos não correntes** demonstra o montante de recursos que a empresa aplicou nos **ativos fixos** (AÑC Investimentos, Imobilizado e Intangível) para cada real de obrigações de longo prazo e de capital próprio.

$$\text{Índice de imobilização dos recursos não correntes} = \frac{\text{AÑC, exceto o RLP}}{\text{PÑC + PL}} \times 100\%$$

$$\text{Índice de imobilização dos recursos não correntes} = \frac{3.350,00 + 6.000,00}{2.000,00 + 9.000,00} \times 100\%$$

$$\text{Índice de imobilização dos recursos não correntes} = \frac{9.350,00}{11.000,00} \times 100\%$$

Índice de imobilização dos recursos não correntes = 85%

d) Errada. O grau de endividamento é igual a **40%**.

Com relação ao **grau de endividamento não existe um consenso entre os analistas**, pois existem duas versões atualmente aceitas.

A **primeira versão** para o **grau de endividamento** demonstra o montante de recursos que a empresa obteve de capital de terceiros para cada real de capital próprio. Quanto maior o grau de endividamento, maior é a possibilidade de falência de uma empresa.

$$\text{Grau de Endividamento} = \frac{\text{Passivo Circulante + Passivo Não Circulante}}{\text{Patrimônio Líquido}} \times 100\%$$

A **segunda versão** para o **grau de endividamento** demonstra o montante de recursos que a empresa obteve de capital de terceiros para cada real de capital aplicado, ou seja, mede a porcentagem do ativo total que encontra-se financiada por capital de terceiros. Quanto maior o grau de endividamento, maior é a possibilidade de falência de uma empresa. **Atenção**, esta é a versão adotada pela **FCC** em suas provas.

$$\text{Grau de Endividamento} = \frac{\text{Passivo Circulante + Passivo Não Circulante}}{\text{Ativo total}} \times 100\%$$

ATENÇÃO NA PROVA! O examinador pede o **grau de endividamento** do capital de terceiros em relação aos recursos totais, e nesse caso, a fórmula é:

$$\text{Grau de Endividamento} = \frac{\text{PC + PÑC}}{\text{Ativo total}} \times 100\%$$

$$\text{Grau de endividamento} = \frac{4.000,00 + 2.000,00}{15.000,00} \times 100\%$$

$$\text{Grau de endividamento} = \frac{6.000,00}{15.000,00} \times 100\%$$

Grau de endividamento = 40%

e) Errada. O índice de composição do endividamento igual a **66,7%**.

O índice de **composição do endividamento** avalia o montante das obrigações de curto em relação à dívida total da empresa. Quanto menor a **composição do endividamento**, melhor é para a empresa, pois este indicador permite visualizar a ocorrência da renegociação de dívidas de curto prazo para longo prazo, bem como a contratação de empréstimos, caracterizando a dificuldade da empresa em saldar as suas dívidas de curto prazo.

Empresas com **altos níveis de endividamento no curto prazo**, regra geral, apresentam **maiores riscos de insolvência**.

$$\text{Índice de composição do endividamento} = \frac{\text{PC}}{\text{PC + PÑC}} \times 100\%$$

$$\text{Índice de composição do endividamento} = \frac{4.000,00}{4.000,00 + 2.000,00} \times 100\%$$

$$\text{Índice de composição do endividamento} = \frac{4.000,00}{6.000,00} \times 100\%$$

Índice de composição do endividamento = 66,7%

Gabarito: **C**

ATENÇÃO: Com base nas informações a seguir, responda às **questões de números 04 e 05**.

As demonstrações contábeis da Cia. Só Pizza são apresentadas a seguir, sendo constituídas dos balanços patrimoniais em 31/12/2016 e 31/12/2017, e da demonstração do resultado de 2017:

Balanços Patrimoniais					
Ativo	**31/12/16**	**31/12/17**	**Passivo**	**31/12/16**	**31/12/17**
Ativo Circulante	**255.000,00**	**393.000,00**	**Passivo Circulante**	**105.000,00**	**70.000,00**
Disponível	180.000,00	323.000,00	Fornecedores	85.000,00	45.000,00
Duplicatas a Receber	35.000,00	60.000,00	Impostos a Pagar	20.000,00	25.000,00
Estoques	40.000,00	10.000,00	**Passivo Não Circulante**	**100.000,00**	**157.000,00**
AÑC Imobilizado	**150.000,00**	**270.000,00**	Empréstimos	100.000,00	157.000,00
Terreno	150.000,00	–	**Patrimônio Líquido**	**200.000,00**	**436.000,00**
Imóveis	–	300.000,00	Capital Social	200.000,00	300.000,00
Depreciação Acumulada	–	(30.000,00)	Reserva de Lucros	–	136.000,00
Total	**405.000,00**	**663.000,00**	**Total**	**405.000,00**	**663.000,00**

DRE de 01/01/2017 a 31/12/2017

Receita bruta de vendas......................................680.000,00
– Custo dos Produtos vendidos...........................(420.000,00)
= Lucro Bruto...260.000,00
– Despesas de salários...(60.000,00)
– Despesa de seguros...(32.000,00)
– Despesa de depreciação.....................................(30.000,00)
+ Lucro na venda do terreno..................................80.000,00
= Lucro antes do resultado financeiro.................218.000,00
– Despesa financeira (juros)...................................(7.000,00)
= Lucro antes do IR e CSLL 211.000,00
– Despesa com Imposto de Renda e CSLL ....(75.000,00)
= Lucro Líquido..136.000,00

As seguintes informações adicionais são conhecidas:

- A despesa financeira (juros) não foi paga.
- O terreno foi vendido à vista.
- O aumento de capital foi integralizado com 50.000,00 em dinheiro e 50.000,00 em imóveis.
- Do valor dos imóveis adquiridos, 50.000,00 foram pagos com recursos obtidos de um novo empréstimo e o restante com recursos da Cia.

04ª QUESTÃO: É correto afirmar que o fluxo de caixa das atividades de:

a) financiamento foi 150.000,00, positivo.
b) investimento foi 20.000,00, negativo.
c) investimento foi 70.000,00, negativo.
d) financiamento foi 107.000,00, positivo.
e) investimento foi 10.000,00, positivo.

☛ SOLUÇÃO

1º passo: Calcular o fluxo de caixa das atividades de investimentos.

Na DFC, as atividades de investimentos são obtidas principalmente no AÑC investimentos, imobilizado e intangível, as quais encontram-se no balanço patrimonial.

Fluxo de Caixa de Investimentos	
Alienação de terrenos	230.000,00
– Aquisição de imóveis	(250.000,00)
= Caixa líquido consumido	(20.000,00)

ATENÇÃO, o valor de alienação dos terrenos é obtido por meio das informações extraídas da DRE e do BP. A **DRE** informa que a venda do terreno gerou um **lucro no montante de 80.000,00**, enquanto que no **BP** podemos observar que o **valor contábil do terreno é no valor de 150.000,00**.

Portanto, o lucro na alienação de terrenos (ou **ganho de capital**) é obtido por meio da seguinte fórmula:

Lucro na venda de terreno (DRE) = Valor de alienação – Valor contábil (BP)

80.000,00 = Valor de alienação – 150.000,00

Valor de alienação = 230.000,00

ARMADILHA NA PROVA

CUIDADO COM AS ARMADILHAS INSERIDAS NAS PROVAS, pois o examinador nessa questão poderia ser mais malicioso ainda. Por exemplo, a banca poderia informar que a venda do terreno foi 60% à vista e o restante a prazo. Nesse caso, o montante a ser discriminado na DFC seria 138.000,00, ou seja, 60% de 230.000,00.

AQUI ESTÁ A ARMADILHA DA PROVA!

ATENÇÃO, a banca informa que os **imóveis adquiridos** no montante de **300.000,00** apresentam a seguinte composição:

Saldo de imóveis em 31/12/2016	0,00
+ Integralização de capital em imóveis	50.000,00
+ Aquisição com recursos de empréstimos	50.000,00
+ Aquisição com recursos próprios	200.000,00
= Saldo de imóveis em 31/12/2017	300.000,00

O examinador de uma forma muito **capciosa e inteligente**, está induzindo os candidatos ao raciocínio de que **o aumento dos imóveis em dinheiro no montante de 250.000,00** é composto de **duas operações distintas**:

- a **1ª operação** de aquisição com **recursos de empréstimos** no montante de **50.000,00**, o examinador induz o candidato ao raciocínio de que esta operação está relacionada com as **atividades de financiamentos** na DFC; e
- a **2ª operação** de aquisição com **recursos próprios** no valor de **200.000,00**, o examinador induz o candidato ao raciocínio de que esta operação está relacionada com as **atividades de investimentos** na DFC.

Portanto, montando um fluxograma das entradas de dinheiro para a aquisição do imóvel, temos:

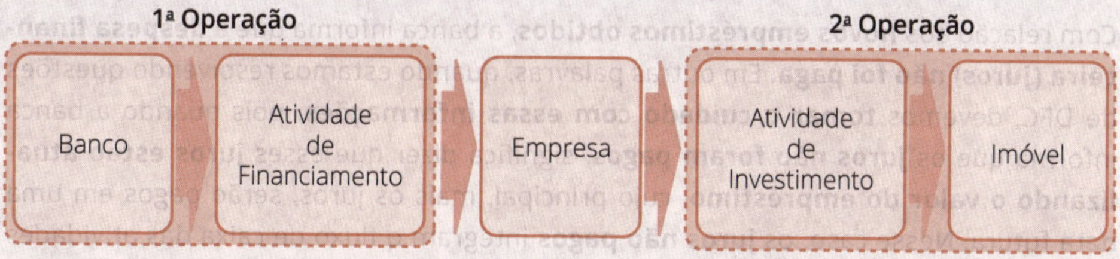

No fluxograma podemos observar que **existem duas operações distintas** realizadas pela empresa. A **1ª operação** está relacionada com a **empresa e a instituição financeira**, e nesse caso, o montante de 50.000,00 obtido da instituição financeira está relacionado com as **atividades de financiamentos**, na DFC. A **2ª operação** está relacionada com a aquisição do imóvel diretamente pela empresa no montante de 250.000,00. Em outras palavras, o dinheiro oriundo do **empréstimo é uma atividade de financiamento**, enquanto que o **investimento** realizado pela empresa para adquirir os imóveis no montante de 250.000,00 é **uma atividade de investimentos.**

(1) Registro contábil dos novos empréstimos obtidos para a aquisição do imóvel.

Disponível – BP	
(1) 50.000,00	

Empréstimos – BP	
	50.000,00 (1)

ATENÇÃO, esse lançamento contábil está relacionado com a **obtenção de novos empréstimos**, e nesse caso estamos diante de uma **operação de financiamento**. Não importa se em um segundo momento a empresa utilizou uma parte desse dinheiro para a aquisição de novos imóveis. Na DFC, o importante é identificarmos **cada operação**, para a correta classificação nas respectivas atividades da DFC.

(2) Registro contábil da aquisição de novos imóveis.

Disponível – BP	
Saldo Inicial	250.000,00 (2)

Imóveis – AÑC Imobilizado	
(2) 250.000,00	

Nos **lançamentos (1) e (2)** demonstramos apenas as respectivas operações, sem se preocupar com o verdadeiro saldo na conta disponível. Lembramos, que o saldo dessa conta será demonstrado mais adiante.

2º passo: Calcular o fluxo de caixa das atividades de financiamentos.

Fluxo de Caixa de Financiamentos	
Empréstimos obtidos em 2017	50.000,00
+ Integralização de capital com dinheiro	50.000,00
= Caixa líquido gerado	100.000,00

Com relação aos **novos empréstimos obtidos**, a banca informa que a **despesa financeira (juros) não foi paga**. Em outras palavras, quando estamos resolvendo questões de DFC, devemos **tomar o cuidado com essas informações**, pois quando a banca informa que os **juros não foram pagos**, significa dizer que esses **juros estão atualizando o valor do empréstimo**, cujo principal, mais os juros, serão pagos em uma data futura. Nesse caso, os **juros não pagos** integram o fluxo de caixa das atividades de financiamentos, pois em uma data futura a empresa paga o principal acrescido dos respectivos juros.

(3) Registro contábil dos juros não pagos no valor de 7.000,00.

Despesas Financeiras – DRE	
(3) 7.000,00	

Empréstimos – BP	
	100.000,00
	7.000,00 (3)
	107.000,00

(4) Registro contábil dos novos empréstimos obtidos que foram utilizados para a aquisição do imóvel.

Disponível – BP	
(4) 50.000,00	

Empréstimos – BP	
	107.000,00
	50.000,00 (4)
	157.000,00

(5) Registro contábil da integralização de capital em dinheiro no valor de 50.000,00.

ATENÇÃO, a banca informa que o aumento de capital foi integralizado com 50.000,00 em dinheiro e 50.000,00 em imóveis. Portanto, o aumento de capital no montante de 50.000,00 com a integralização em imóveis não tem efeito caixa, **pois imóvel não é dinheiro**.

Disponível	
(5) 50.000,00	

Capital Social	
	200.000,00
	50.000,00 (5)
	250.000,00

Na **integralização de capital em dinheiro**, podemos observar que houve a **entrada de caixa** no montante de 50.000,00, e nesse caso, esse montante de 50.000,00 em dinheiro é discriminado nas **atividades de financiamentos na DFC**.

(6) Registro contábil da integralização de capital em imóveis no valor de 50.000,00.

Imóveis (D)	Imóveis (C)
250.000,00	
(6) 50.000,00	
300.000,00	

Capital Social (D)	Capital Social (C)
	250.000,00
	50.000,00 (6)
	300.000,00

Na **integralização de capital em imóveis**, podemos observar que houve a **entrada de imóvel** no montante de 50.000,00, e nesse caso, esse montante de 50.000,00 em imóvel não é discriminado nas **atividades de financiamentos na DFC**, pois imóvel não é dinheiro. **Lembramos** que o saldo inicial da conta imóveis no montante de 250.000,00 foi decorrente da aquisição de novos imóveis, que encontra-se registrado no lançamento (2).

Gabarito: **B**

05ª QUESTÃO: O fluxo de caixa das atividades operacionais gerado no ano de 2017 foi, em reais:

a) 173.000,00
b) 93.000,00
c) 63.000,00
d) 143.000,00
e) 123.000,00

☛ SOLUÇÃO

O fluxo de caixa das atividades operacionais será calculado por meio da seguinte fórmula:

FCO + FCI + FCF = Variação de Caixa

A **variação de caixa** é obtida por meio da diferença:

Variação de Caixa = (Caixa + Equivalente Caixa) Final – (Caixa + Equivalente Caixa) Inicial

Portanto, uma equação mais completa é:

FCO + FCI + FCF = (Caixa + Equivalente Caixa) Final – (Caixa + Equivalente Caixa) Inicial

Nessa questão, não será preciso calcular as atividades de investimentos e financiamentos, pois as mesmas **foram calculadas na 04ª questão**. Portanto, nesse caso, calculamos apenas a **variação de caixa**.

1º passo: Calcular a variação de caixa.

Variação de Caixa = Disponível em 31/12/2017 – Disponível em 31/12/2016

Variação de Caixa = 323.000,00 – 180.000,00
Variação de Caixa = 143.000,00

2º passo: Calcular o fluxo de caixa das atividades operacionais.

FCO + FCI + FCF = Variação de Caixa

FCO – 20.000,00 + 100.000,00 = 143.000,00
FCO = 63.000,00

Mas, como se trata de um livro voltado para o aprendizado, poderá surgir uma pergunta por algum leitor:

– Será que o fluxo de caixa das **atividades operacionais é de 63.000,00**? Como ficaria a solução, utilizando o **método direto e indireto** para as atividades operacionais?

No método indireto, o caixa líquido gerado ou consumido nas atividades operacionais é obtido por meio de ajustes oriundos da DRE e do BP. Com relação aos **ajustes do BP**, nós calculamos apenas as **variações dos ativos e passivos circulantes** e somamos essas variações ao **resultado líquido ajustado**.

Ativo Circulante	31/12/16	31/12/17	Passivo Circulante	31/12/16	31/12/17
Duplicatas a Receber	35.000,00	60.000,00	Fornecedores	85.000,00	45.000,00
Estoques	40.000,00	10.000,00	Impostos a Pagar	20.000,00	25.000,00
Total	**75.000,00**	**70.000,00**	**Total**	**105.000,00**	**70.000,00**

Variação do AC = AC em 2017 – AC em 2016

Variação do AC = 70.000,00 – 75.000,00

Variação do AC = **redução** de 5.000,00

Variação do PC = PC em 2017 – PC em 2016

Variação do PC = 70.000,00 – 105.000,00

Variação do PC = **redução** de 35.000,00

Lembrem-se dos ajustes relacionados com as variações dos ativos circulantes e passivos circulantes.	
Aumento do AC é um ajuste negativo na DFC.	Aumento do PC é um ajuste positivo na DFC.
Redução do AC é um **ajuste positivo** na DFC.	**Redução** do PC é um **ajuste negativo** na DFC.

Fluxo de Caixa Operacional – **Método Indireto**

Lucro Líquido	**136.000,00**
1º ajuste: Ajustes oriundos da **DRE**	
+ Depreciação	30.000,00
+ Despesas Financeiras	7.000,00
– Lucro na venda do terreno	(80.000,00)
= **Lucro Líquido ajustado**	**93.000,00**
2º ajuste: Ajustes oriundos do **BP**	
+ Redução do AC	5.000,00
– Redução do PC	(35.000,00)
= **Caixa líquido gerado no FCO**	**63.000,00**

No **fluxo de caixa operacional pelo método direto**, calculamos as entradas e saídas brutas de dinheiro. Analisando o balanço patrimonial, podemos observar no **ativo circulante** que existem as contas duplicatas a receber e estoques, enquanto que no **passivo circulante** temos as contas fornecedores e impostos a pagar. Portanto, no FCO pelo método direto, teremos **entradas de caixa** provenientes de recebimento de duplicatas e **saídas de caixa** relacionadas com os pagamentos de fornecedores e impostos a pagar.

(1) Registro contábil das vendas no montante de 680.000,00.

Duplicatas a Receber	
35.000,00	Saídas (?) = x
(1) 680.000,00	
60.000,00	

Vendas Brutas	
	680.000,00 (1)

ATENÇÃO, a banca não informa qual foi o percentual à vista ou prazo das vendas brutas no montante de 680.000,00. Nesse caso, considera-se que as vendas foram todas a prazo. Analisando em seguida o **razonete duplicatas a receber**, podemos observar que havia um saldo inicial de 35.000,00, em seguida ocorreu uma entrada de 680.000,00 decorrente de vendas a prazo, restando um saldo final de 60.000,00, cujas informações encontram-se no balanço patrimonial. Portanto, necessariamente ocorreu uma saída de duplicatas a receber devido ao pagamento de clientes, que tem como contrapartida um débito na conta disponível. **Conclusão**, do razonete duplicatas a receber, calculamos o montante das vendas recebida dos clientes.

35.000,00 + 680.000,00 – x = 60.000,00
x = 655.000,00

(2) Registro contábil do custo das mercadorias vendidas.

Estoques	
40.000,00	420.000,00 (2)
Entradas (?) = x	
10.000,00	

CMV	
(2) 420.000,00	

Analisando o **razonete estoques**, podemos observar que havia um **saldo inicial de 40.000,00**, e houve uma **saída de mercadorias** devido as vendas, no montante de **420.000,00**, restando um **saldo final de 10.000,00**. Portanto, houve necessariamente uma **entrada de mercadorias** no montante de "x" decorrente de uma aquisição de mercadorias com fornecedores. A questão não informa qual foi o percentual à vista ou a prazo na aquisição de mercadorias, e nesse caso, consideramos que a **aquisição de mercadorias foi a prazo**. **Conclusão**, do razonete estoques, calculamos o montante das compras a prazo de mercadorias no período.

40.000,00 + x – 420.000,00 = 10.000,00
x = 390.000,00

(3) Registro contábil das compras a prazo de mercadorias no valor de 390.000,00.

Estoques	
40.000,00	420.000,00
(3) 390.000,00	
10.000,00	

Fornecedores	
Saídas (y) = ?	85.000,00
	390.000,00 (3)
	45.000,00

Analisando o **razonete fornecedores**, podemos observar que havia um saldo inicial de 85.000,00, e em seguida houve uma entrada de 390.000,00 decorrente de compras a prazo, restando um saldo final de 45.000,00. Portanto, necessariamente houve uma saída no montante de "y" que corresponde ao pagamento de fornecedores, cuja contrapartida, é um lançamento de crédito na conta disponível. **Conclusão**, do razonete fornecedores, calculamos o montante das compras a prazo pagas no período.

85.000,00 + 390.000,00 – y = 45.000,00
y = 430.000,00

(4) Registro contábil das despesas com IR e CSLL.

Despesas com IR e CSLL	
(4) 75.000,00	

Impostos a Pagar	
Saídas (?) = x	20.000,00
	75.000,00 (4)
	25.000,00

ATENÇÃO, a questão não informa qual foi o percentual à vista ou prazo das despesas com IR e CSLL, e quando não informa, consideramos que as despesas foram integralmente a prazo. Analisando o **razonete impostos a pagar**, podemos observar que havia um saldo inicial de 20.000,00, em seguida houve uma entrada de 75.000,00, restando um saldo final de 25.000,00. Portanto, necessariamente houve uma saída no montante de "x" que corresponde ao valor de impostos pagos pela empresa. **Conclusão**, do razonete impostos a pagar, calculamos o montante dos impostos pagos pela empresa no período.

20.000,00 + 75.000,00 – x = 25.000,00
x = 70.000,00

MUITA ATENÇÃO, pois analisando a DRE, verificamos que existem despesas relacionadas com salários no valor de 60.000,00 e seguros no montante de 32.000,00. Por outro lado, analisando o BP, podemos observar que não existem contas relacionadas com essas despesas de salários e seguros. Portanto, essas despesas com salários e seguros foram à vista, apesar da questão não ter informado nada. **Conclusão**, na DFC, constará o pagamento dessas despesas. Montando a DFC pelo método direto, temos:

Fluxo de Caixa Operacional – **Método Direto**	
Recebimento de duplicatas	655.000,00
– Pagamento a fornecedores	(430.000,00)
– Pagamento de impostos	(70.000,00)
– Pagamento de salários	(60.000,00)
– Pagamento de seguros	(32.000,00)
= **Caixa líquido gerado no FCO**	**63.000,00**

Gabarito: **C**

06ª QUESTÃO: Considere as seguintes informações sobre a Cia. das Frutas:

Patrimônio Líquido em 31/12/2017	1.200.000,00
Patrimônio Líquido médio em 2017	960.000,00
Receita bruta de vendas	3.000.000,00
Receita líquida de vendas	2.400.000,00
Lucro bruto	800.000,00
Lucro líquido	240.000,00
Giro do ativo	1,5

Com base nestas informações, é correto afirmar que a Cia. das Frutas apresentou:

a) retorno sobre ativo total igual a 15%, sendo decomposto pelo giro do ativo de 1,5 e margem líquida de 10%.

b) retorno sobre ativo total igual a 12%, sendo decomposto pelo giro do ativo de 1,5 e margem líquida de 8%.

c) retorno sobre o patrimônio líquido igual a 20%, decomposto pelo giro do ativo de 1,5 e margem líquida de 10%.

d) retorno sobre o ativo total é 12% e o retorno sobre o patrimônio líquido é 25%.

e) retorno sobre o ativo total é 12% e o retorno sobre o patrimônio líquido é 20%.

☛ SOLUÇÃO

1º passo: Calcular a margem líquida.

A **margem líquida** compara o lucro líquido do exercício com as vendas líquidas, tendo como resultado, o percentual das vendas líquidas convertido em lucro líquido gerado pela empresa.

Sinônimos para margem líquida

Margem Líquida = Lucratividade Líquida = Lucratividade sobre Vendas

$$\text{Margem Líquida} = \frac{\text{Lucro Líquido}}{\text{Vendas Líquidas}}$$

$$\text{Margem Líquida} = \frac{240.000,00}{2.400.000,00} \times 100\%$$

Margem Líquida = 10%

2º passo: Calcular o retorno do ativo.

O **retorno do ativo** demonstra a relação entre o lucro líquido e o investimento total ou ativo total de uma empresa.

$$\text{Retorno do ativo} = \frac{\text{Lucro Líquido}}{\text{Ativo total ou médio}} \times 100\%$$

O **retorno do ativo** também pode ser calculado por meio da seguinte fórmula:

Retorno do ativo = Giro do ativo × Margem Líquida

Retorno do ativo = 1,5 × 10%
Retorno do ativo = 15%

Sinônimos para retorno do ativo

Retorno do ativo = Rentabilidade do ativo = Taxa de retorno sobre investimentos

CONCLUSÃO, o retorno sobre ativo total é igual a 15%, sendo decomposto pelo giro do ativo de 1,5 e margem líquida de 10%.

Gabarito: **A**

ATENÇÃO: Com base nas informações a seguir responda às **questões de números 07 e 08**.

Em 31/12/2016, a Cia. Xadrez adquiriu 70% das ações da Cia. Listrada por 7.200.000,00 à vista. Na data da aquisição, o patrimônio líquido da Cia. Listrada era 8.500.000,00 e o valor justo líquido dos ativos e passivos identificáveis dessa Cia. era 9.000.000,00, cuja diferença foi decorrente de um ativo intangível com vida útil indefinida que a Cia. Listrada havia adquirido em junho de 2014. No período de 01/01/2017 a 31/12/2017, a Cia. Listrada reconheceu as seguintes mutações em seu patrimônio líquido:

- Lucro líquido 800.000,00
- Distribuição de dividendos 300.000,00
- Ajustes acumulados de conversão de investida no exterior (negativo) 100.000,00

07ª QUESTÃO: O valor que a Cia. Xadrez reconheceu na conta Investimentos em Controladas, no seu balanço individual na data da aquisição das ações, foi, em reais:

a) 5.950.000,00
b) 6.300.000,00
c) 8.500.000,00
d) 9.000.000,00
e) 7.200.000,00

☛ SOLUÇÃO

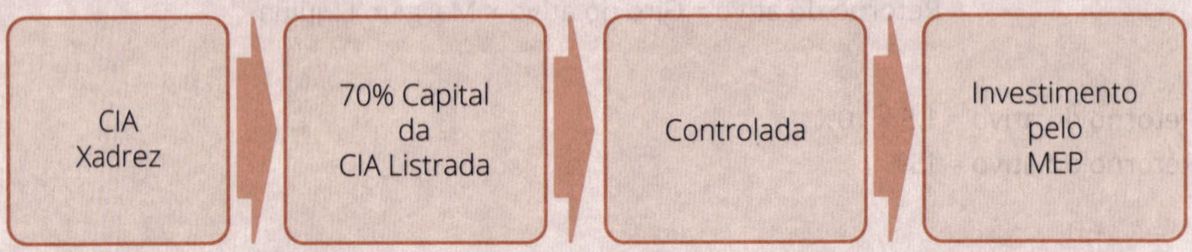

1º passo: Calcular o valor justo do investimento.

Valor justo do investimento = 70% × PL da Cia. Listrada a valor justo

Valor justo do investimento = 70% × 9.000.000,00
Valor justo do investimento = 6.300.000,00

2º passo: Calcular o valor patrimonial do investimento.

Valor patrimonial do investimento = 70% × PL da Cia. Listrada a valor contábil

Valor patrimonial do investimento = 70% × 8.500.000,00
Valor patrimonial do investimento = 5.950.000,00

3º passo: Calcular o *goodwill* na aquisição do investimento.

Goodwill = Valor Pago – Valor Justo

Goodwill = 7.200.000,00 – 6.300.000,00
Goodwill = 900.000,00

4º passo: Calcular o ágio por mais-valia na aquisição do investimento.

Ágio por mais-valia = Valor Justo – Valor Patrimonial

Ágio por mais-valia = 6.300.000,00 – 5.950.000,00
Ágio por mais-valia = 350.000,00

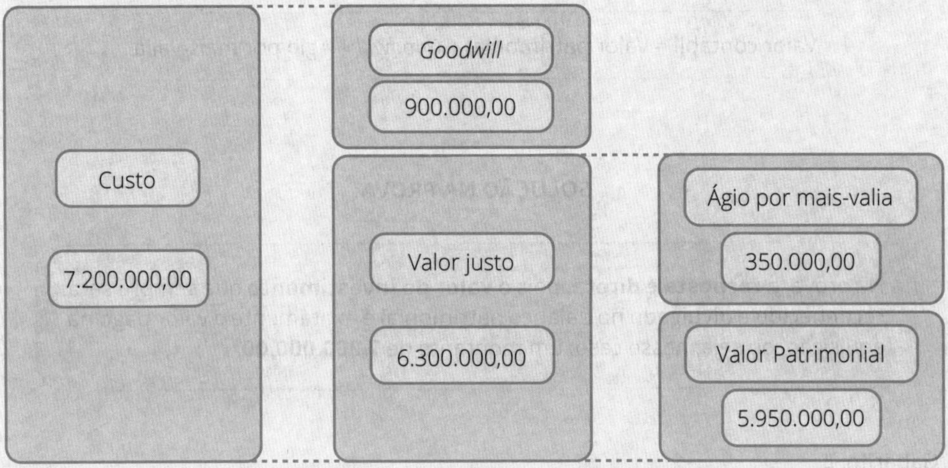

Do gráfico, temos que o *goodwill* é no montante de 900.000,00 e o ágio por mais-valia de 350.000,00.

No livro diário da Cia. Xadrez, o contador registra a aquisição por meio do seguinte lançamento:

Investimentos na Cia. Listrada..............5.950.000,00
Goodwill...900.000,00
Ágio por mais-valia.......................................350.000,00
a Disponibilidades...7.200.000,00

No **balanço patrimonial individual da Cia. Xadrez**, o contador registra o **investimento** da Cia. Listrada no subgrupo do AÑC Investimentos pelo valor de **7.200.000,00**. Nas notas explicativas da Cia. Listrada, encontraremos os registros do *goodwill* e o ágio por mais valia.

ATENÇÃO, não confundir **valor patrimonial do investimento** com **valor contábil do investimento**.

O **valor patrimonial do investimento** é obtido pelo resultado da multiplicação do percentual de participação no capital da investida pelo patrimônio líquido da investida a valor contábil.

Valor patrimonial = Percentual no capital × PL da investida a valor contábil

O **valor contábil do investimento** é a soma do valor patrimonial do investimento com o *goodwill* e o ágio por mais-valia.

Valor contábil = Valor patrimonial + *Goodwill* + Ágio por mais-valia

SOLUÇÃO NA PROVA

Na prova, **a resposta é direta**, pois o **valor do investimento** que sempre será reconhecido e divulgado no balanço patrimonial é exatamente o valor pago na aquisição, ou seja, nesse caso, um montante de **7.200.000,00**.

Gabarito: **E**

08ª QUESTÃO: No ano de 2017, o impacto reconhecido na demonstração do resultado da Cia. Xadrez referente ao Investimento na Cia. Listrada foi, em reais:

a) 350.000,00
b) 210.000,00
c) 280.000,00
d) 560.000,00
e) 490.000,00

SOLUÇÃO

No período de 01/01/2017 a 31/12/2017, a Cia. Listrada reconheceu as seguintes mutações em seu patrimônio líquido:

(1) Registro na Cia. Xadrez referente ao lucro líquido da Cia. Listrada de 800.000,00.

Investimentos na Cia. Listrada	
5.950.000,00	
(1) 560.000,00	
6.510.000,00	

GEP – DRE	
	560.000,00 (1)

GEP = Percentual de participação × Lucro Líquido da Cia. Listrada

GEP = 70% × 800.000,00
GEP = 560.000,00

(2) Registro na Cia. Xadrez da distribuição de dividendos no valor de 300.000,00 pela Cia. Listrada.

Investimentos na Cia. Listrada	
6.510.000,00	210.000,00 (2)
6.300.000,00	

Dividendos a Receber	
(2) 210.000,00	

Dividendos a receber = Percentual de participação × Dividendos distribuídos

Dividendos a receber = 70% × 300.000,00
Dividendos a receber = 210.000,00

(3) Registro na Cia. Xadrez referente ao ajuste acumulado de conversão negativo de investida no exterior no montante de 100.000,00.

Investimentos na Cia. Listrada	
6.300.000,00	70.000,00 (3)
6.230.000,00	

AAC reflexo no PL da Xadrez	
(3) 70.000,00	

AAC reflexo na Xadrez = Percentual de participação × AAC na Cia. Listrada

AAC reflexo na Xadrez = 70% × 100.000,00 negativos
AAC reflexo na Xadrez = 70.000,00 negativos

CONCLUSÃO, apenas o GEP no valor de 560.000,00 causa impacto na DRE da Cia. Xadrez.

Note que o **valor patrimonial do investimento** no encerramento do exercício de 2017 é de **6.230.000,00**. Caso a questão pedisse o **valor contábil do investimento** no encerramento do exercício social de 2017, teríamos que somar o ***goodwill*** e o ágio por mais-**valia**.

Gabarito: **D**

09ª QUESTÃO: A Cia. Liga Tudo adquiriu um equipamento, em 30/06/2014, por 1.000.000,00, à vista, definiu que a vida útil do mesmo seria 9 anos e estimou o valor residual no final do prazo desta vida útil em 190.000,00. A Cia. utiliza o método das cotas constantes para cálculo da depreciação e, em 31/12/2017, vendeu este equipamento por 750.000,00, à vista. O resultado apurado na venda do equipamento pela Cia. Liga Tudo foi, em reais:

a) prejuízo no valor de 250.000,00.
b) lucro no valor de 255.000,00.

c) lucro no valor de 210.000,00.
d) lucro no valor de 65.000,00.
e) lucro no valor de 20.000,00.

☛ SOLUÇÃO

1º passo: Calcular a depreciação acumulada em 31/12/2017.

Custo de aquisição = 1.000.000,00
Valor residual = 190.000,00
Período de utilização = 3,5 anos
Vida útil = 9,0 anos

$$\text{Depreciação Acumulada} = (\text{Custo de aquisição} - \text{Valor residual}) \times \frac{\text{Período de utilização}}{\text{Vida útil}}$$

$$\text{Depreciação Acumulada} = (1.000.000,00 - 190.000,00) \times \frac{3,5 \text{ anos}}{9,0 \text{ anos}}$$

Depreciação Acumulada = 315.000,00

2º passo: Calcular o valor contábil em 31/12/2017.

Valor contábil em 31/12/2017 = Custo de aquisição – Depreciação Acumulada em 31/12/2017

Valor contábil em 31/12/2017 = 1.000.000,00 – 315.000,00
Valor contábil em 31/12/2017 = 685.000,00

3º passo: Calcular o resultado apurado na venda do equipamento em 31/12/2017.

Lucro em 31/12/2017 = Valor de venda – Valor contábil em 31/12/2017

Lucro em 31/12/2017 = 750.000,00 – 685.000,00
Lucro em 31/12/2017 = 65.000,00

Gabarito: **D**

10ª QUESTÃO: A Cia. Garante Tudo adquiriu, em 31/12/2015, uma máquina por 1.800.000,00, à vista. Na data de aquisição, a vida útil econômica estimada da máquina foi 20 anos e o valor residual foi 120.000,00. Em 01/01/2017, a Cia. reavaliou a vida útil remanescente para 15 anos e o novo valor residual esperado para 66.000,00. Sabendo que a Cia. Garante Tudo utiliza o método das cotas constantes para cálculo da despesa de depreciação, o valor contábil da máquina evidenciado no balanço patrimonial de 31/12/2017 foi, em reais:

a) 1.583.250,00
b) 1.428.000,00
c) 1.568.800,00
d) 1.540.000,00
e) 1.606.000,00

☛ SOLUÇÃO

Segundo o CPC 27 que trata do ativo imobilizado, o **valor residual e a vida útil** de um ativo **são revisados** pelo menos ao **final de cada exercício** e, se as expectativas diferirem das estimativas anteriores, a mudança deve ser contabilizada como **mudança de estimativa contábil**, segundo o CPC 23 que trata das políticas contábeis, mudança de estimativa e retificação de erro.

Itens	2016	2017
Custo de aquisição	1.800.000,00	1.800.000,00
Valor residual	120.000,00	66.000,00
Vida útil econômica	20 anos	15 anos

ATENÇÃO, analisando a tabela, podemos verificar que o **valor residual e a vida útil econômica** sofrem alterações de valores com o passar dos anos. O mesmo não ocorre com o **custo de aquisição** no montante de 1.800.000,00, que permanece constante com o decorrer dos anos.

1º passo: Calcular a depreciação acumulada em 2016.

$$\text{Depreciação Acumulada} = (\text{Custo de aquisição} - \text{Valor residual}) \times \frac{\text{Período de utilização}}{\text{Vida útil}}$$

$$\text{Depreciação Acumulada em 2016} = (1.800.000,00 - 120.000,00) \times \frac{1 \text{ ano}}{20 \text{ anos}}$$

Depreciação Acumulada em 2016 = 84.000,00

2º passo: Calcular a depreciação de 2017.

No início de 2017 foi realizado o **teste de *impairment*** na máquina, e nessa data, a companhia obteve uma nova vida útil de 15 anos e um valor residual de 66.000,00. Portanto, a nova fórmula de depreciação será:

$$\text{Depreciação} = (\text{Custo de aquisição} - \text{Depreciação Acumulada} - \text{Valor residual}) \times \frac{\text{Período de utilização}}{\text{Nova vida útil}}$$

$$\text{Depreciação em 2017} = (1.800.000{,}00 - 84.000{,}00 - 66.000{,}00) \times \frac{1\ \text{ano}}{15\ \text{anos}}$$

Depreciação em 2017 = 110.000,00

3º passo: Calcular a depreciação acumulada em 2017.

Depreciação Acumulada em 2017 = Depreciação de 2016 + Depreciação de 2017

Depreciação Acumulada em 2017 = 84.000,00 + 110.000,00
Depreciação Acumulada em 2017 = 194.000,00

4º passo: Calcular o valor contábil da máquina em 31/12/2017.

Valor contábil em 31/12/2017 = Custo de aquisição – Depreciação Acumulada em 31/12/2017

Valor contábil em 31/12/2017 = 1.800.000,00 – 194.000,00
Valor contábil em 31/12/2017 = 1.606.000,00

Gabarito: **E**

11ª QUESTÃO: O balancete da empresa Produtos Simplex S.A. apresentava, em 31/12/2017, os saldos das seguintes contas, entre outras:

Nome da conta	Saldo	Nome da conta	Saldo
Receita bruta de vendas	1.800.000,00	Despesa de depreciação	80.000,00
Despesas com salários	60.000,00	Despesa com comissões s/ vendas	40.000,00
Despesas com propaganda	20.000,00	Devolução de vendas	100.000,00
Impostos sobre vendas	320.000,00	Abatimentos sobre vendas	32.000,00
Descontos financeiros concedidos	40.000,00	Fretes sobre vendas	148.000,00
Receita financeira	280.000,00	Despesa com imposto de renda	36.000,00

Sabe-se que o valor das compras de estoque, no ano de 2017, foi 880.000,00, que o saldo dos estoques existente em 31/12/2016 era 200.000,00 e que no final de 2017 o saldo remanescente em estoque era 160.000,00. Com base nestas informações, o resultado bruto com vendas (lucro bruto) e o resultado operacional apurados pela empresa Produtos Simplex S.A. no ano de 2017 foram, respectivamente, em reais:

a) 280.000,00 e 80.000,00
b) 280.000,00 e 320.000,00
c) 428.000,00 e 80.000,00
d) 428.000,00 e 320.000,00
e) 240.000,00 e 44.000,00

☛ SOLUÇÃO

1º passo: Calcular o custo das mercadorias vendidas.

ATENÇÃO, trata-se de uma empresa que utiliza o sistema de inventário periódico, e nesse caso, o CMV é calculado por meio da seguinte fórmula:

$$CMV = EI + CL - EF$$

EI = estoque existente em 31/12/2016 = 200.000,00
EF = estoque remanescente no final de 2017 = 160.000,00
CL = compras de estoque, no ano de 2017 = 880.000,00

CMV = 200.000,00 + 880.000,00 – 160.000,00
CMV = 920.000,00

CUIDADO EXTRA NA PROVA!!!!!!!!!

Nas questões envolvendo a DRE, atualmente a FCC **segue a estrutura do CPC 26** que trata da Apresentação das Demonstrações Contábeis, ou seja, na apuração do **resultado operacional**, a FCC **não incluiu as despesas financeiras**. Portanto, quando nos depararmos com uma questão da FCC pedindo o **resultado operacional**, nós devemos ter em mente que esse **resultado operacional** corresponde ao **resultado operacional antes do resultado financeiro**, segundo a estrutura de DRE apresentada pelo CPC 26.

Lucro antes do resultado financeiro (CPC 26) ≠ **Lucro operacional** (Legislação Societária)

2º passo: Calcular o lucro bruto.

Montando a DRE, temos:

Demonstração do Resultado do Exercício	
Receita bruta de vendas	1.800.000,00
– Impostos sobre vendas	(320.000,00)
– Devolução de vendas	(100.000,00)
– Abatimentos sobre vendas	(32.000,00)
= Receita líquida de vendas	1.348.000,00
– Custo das Mercadorias Vendidas	(920.000,00)
= **Lucro Bruto**	**428.000,00**
– Despesas com salários	(60.000,00)
– Despesas com propaganda	(20.000,00)
– Despesa de depreciação	(80.000,00)
– Despesa com comissões sobre vendas	(40.000,00)
– Fretes sobre vendas	(148.000,00)
= **Lucro operacional antes do resultado financeiro**	**80.000,00**
– Descontos financeiros concedidos	(40.000,00)
+ Receita financeira	280.000,00
= Lucro antes do IR	320.000,00
– Despesa com imposto de renda	(36.000,00)
= Lucro Líquido	284.000,00

ATENÇÃO, a banca resolveu a questão **segundo o entendimento do CPC 26** que trata da apresentação das demonstrações contábeis. A **legislação societária inclui** as receitas e despesas financeiras no resultado operacional, enquanto que o **CPC 26 exclui** as receitas e despesas financeiras do resultado operacional.

Gabarito: **C**

12ª QUESTÃO: As características das aplicações financeiras realizadas por uma empresa no dia 01/12/2016 são apresentadas na tabela a seguir:

Valor aplicado	Vencimento	Mensuração definida pela empresa	Taxa de juros	Valor justo em 31/12/2016
600.000,00	31/05/2020	Mensuração ao valor justo por meio de outros resultados abrangentes.	1% a.m.	604.000,00
800.000,00	30/06/2022	Mensuração ao custo amortizado.	2% a.m.	820.000,00
1.000.000,00	31/10/2019	Mensuração ao valor justo por meio do resultado.	1,5% a.m.	1.018.000,00

O valor total apresentado no balanço patrimonial da empresa, em 31/12/2016, e o efeito total na demonstração do resultado de 2016, para as três aplicações em conjunto foram, respectivamente, em reais:

a) 2.437.000,00 e 37.000,00
b) 2.442.000,00 e 42.000,00
c) 2.438.000,00 e 38.000,00
d) 2.438.000,00 e 40.000,00
e) 2.438.000,00 e 35.000,00

SOLUÇÃO

Segundo o CPC 48 que trata dos instrumentos financeiros, a entidade pode adotar as seguintes classificações para um ativo financeiro:

- custo amortizado
- valor justo por meio do resultado (**VJR**)
- valor justo por meio de outros resultados abrangentes (**VJORA**)

Essa **classificação** deve ter por base as características de **fluxo de caixa contratual** do ativo financeiro e o **modelo de negócios** da entidade para a gestão dos ativos financeiros.

Classificação do ativo financeiro = Características do fluxo de caixa contratual + Modelo de negócios

Fazendo um paralelo com a **classificação antiga**, temos:

Classificação ANTIGA	Classificação ATUAL	Rendimentos	Ajustes ao valor justo
Mantido até o vencimento	Custo amortizado	DRE	Não tem ajuste
Destinados à venda imediata	VJR	DRE	DRE
Disponível para venda futura	VJORA	DRE	Na conta AAP do PL

Juros ativos = Taxa efetiva × Custo de aquisição do título

Os **juros ativos** resultantes da aplicação dos títulos mensurados ao **VJR, custo amortizado** e **VJORA** vão para o resultado do exercício (**DRE**).

No encerramento do exercício, comparamos o **valor pela curva do papel** dos títulos com o seu **valor justo**, e dependendo da **classificação** desses títulos, **não haverá** ajustes ou os ajustes podem ir para a **DRE** ou **AAP**.

Classificação ATUAL	Rendimentos	Mensuração pela curva do papel	Ajustes ao valor justo
Custo amortizado	DRE	Custo de aquisição + Juros ativos	Não tem ajuste
VJR	DRE	Custo de aquisição + Juros ativos	+/– DRE
VJORA	DRE	Custo de aquisição + Juros ativos	+/– AAP do PL

Classificação	Rendimentos	Curva do papel	Valor justo
Custo amortizado	Juros	Custo amortizado + Juros	Custo amortizado + Juros
VJR	Juros	VJR + Juros	VJR + Juros +/– DRE
VJORA	Juros	VJORA + Juros	VJORA + Juros +/– AAP

Custo amortizado ao valor justo = Custo de aquisição + Juros

VJR ao valor justo = Custo de aquisição + Juros +/– DRE

VJORA ao valor justo = Custo de aquisição + Juros +/– AAP no PL

1º passo: Calcular os rendimentos pela taxa efetiva de cada título e o valor pela curva do papel.

Custo	Taxa efetiva	Mensuração definida pela empresa	Juros ativos	Curva do papel
600.000,00	1,0% a.m.	VJORA	6.000,00	606.000,00
800.000,00	2,0% a.m.	Custo amortizado	16.000,00	816.000,00
1.000.000,00	1,5% a.m.	VJR	15.000,00	1.015.000,00

2º passo: Ajustar o valor pela curva do papel ao valor justo.

Classificação	Valor pela curva do papel	Valor justo	Ajuste ao valor justo
VJORA	606.000,00	604.000,00	AAP = (2.000,00)
Custo amortizado	816.000,00	820.000,00	Não tem ajuste
VJR	1.015.000,00	1.018.000,00	DRE = + 3.000,00

CONCLUSÃO, o montante evidenciado no BP em 31/12/2016 será:

BP = VJORA ao valor justo + Custo amortizado pela curva do papel + VJR ao valor justo

BP = 604.000,00 + 816.000,00 + 1.018.000,00
BP = 2.438.000,00

O valor total evidenciado na DRE em 31/12/2016 será:

DRE = Juros do VJORA + Juros do Custo amortizado + Juros do VJR + Juros de ajuste do VJR

DRE = 6.000,00 + 16.000,00 + 15.000,00 + 3.000,00
DRE = 40.000,00

SOLUÇÃO NA PROVA

Títulos	Custo	Juros	Ajuste	BP	PL	DRE
Custo amortizado	800.000,00	16.000,00	**Não existe**	816.000,00	–	16.000,00
VJR	1.000.000,00	15.000,00	DRE = 3.000,00	1.018.000,00	–	18.000,00
VJORA	600.000,00	6.000,00	AAP = (2.000,00)	604.000,00	(2.000,00)	6.000,00
Total				**2.438.000,00**	(2.000,00)	**40.000,00**

Gabarito: **D**

13ª QUESTÃO: A empresa Compra e Vende Comércio S.A. adquiriu mercadorias para revenda e incorreu nos seguintes gastos durante o ano de 2017:

- Pagamento ao fornecedor das mercadorias: 862.500,00.
- Valor do frete para transporte das mercadorias até a empresa: 40.500,00 que foram pagos após 30 dias da data da compra.
- Pagamento de seguro para transporte das mercadorias até a empresa: 60.000,00.

Nos diversos valores pagos ou a pagar para dispor das mercadorias estavam incluídos tributos recuperáveis que totalizavam 67.500,00 e tributos não recuperáveis que totalizavam 48.000,00. A empresa obteve durante o ano abatimentos sobre as compras efetuadas no valor de 90.000,00. Sabe-se que o estoque inicial de mercadorias era 300.000,00 e que no final do período o saldo apresentado era 225.000,00. O preço de venda das mercadorias vendidas foi 1.305.000,00, e a empresa concedeu um desconto de 5% ao comprador em função do volume negociado. Os tributos incidentes sobre as vendas realizadas totalizaram o valor de 129.750,00. Adicionalmente, a empresa incorreu nos seguintes gastos relacionados com a venda efetuada:

- Pagamento de frete no valor de 12.000,00 para a entrega das mercadorias vendidas.
- Pagamento de comissão para os vendedores no valor de 18.000,00.
- Despesas gerais no valor de 60.000,00.

Considerando as informações apresentadas anteriormente, o custo das mercadorias vendidas (CMV) e o valor do resultado bruto com vendas (lucro bruto) são, respectivamente, em reais:

a) 780.000,00 e 330.000,00
b) 880.500,00 e 199.500,00
c) 780.000,00 e 300.000,00
d) 880.500,00 e 424.500,00
e) 880.500,00 e 229.500,00

SOLUÇÃO

1º passo: Calcular as compras líquidas ou custo do estoque.

Fornecedor das mercadorias 862.500,00
+ Frete para transporte das mercadorias até a empresa 40.500,00
+ Seguro para transporte das mercadorias até a empresa 60.000,00
– Tributos recuperáveis .... (67.500,00)
– Abatimentos sobre as compras .... (90.000,00)
= Compras Líquidas 805.500,00

2º passo: Calcular o CMV.

CMV = Estoque Inicial + Compras Líquidas – Estoque Final

CMV = 300.000,00 + 805.500,00 – 225.000,00
CMV = 880.500,00

3º passo: Calcular o lucro bruto na DRE.

Demonstração do Resultado do Exercício	
Vendas Brutas	1.305.000,00
– Descontos Incondicionais	(65.250,00)
– Tributos sobre vendas	(129.750,00)
= Vendas Líquidas	1.110.000,00
– Custo das Mercadorias Vendidas	(880.500,00)
= **Lucro Bruto**	**229.500,00**

Descontos Incondicionais = 5% × Vendas Brutas

Descontos Incondicionais = 5% × 1.305.000,00
Descontos Incondicionais = 65.250,00

Gabarito: **E**

14ª QUESTÃO: No dia 01/12/2015 uma empresa obteve um empréstimo à taxa de juros de 1,5% ao mês. O valor total do empréstimo foi 10.000.000,00, o pagamento do principal será feito em uma única parcela em 01/12/2026 e os juros serão pagos semestralmente, com a primeira parcela vencendo em 01/06/2016. O valor das parcelas semestrais de juros é 934.432,64 e a empresa pagou, adicionalmente, na data da obtenção do empréstimo, despesas relacionadas com o contrato no valor de 250.000,00. A taxa de custo efetivo da operação foi 1,5429% ao mês. O valor contábil do empréstimo apresentado no balanço patrimonial de 31/12/2015 e o valor total dos encargos financeiros evidenciados no resultado de 2015, relativo ao empréstimo obtido foram, respectivamente, em reais:

a) 10.150.000,00 e 400.000,00
b) 10.154.290,00 e 404.290,00
c) 9.900.432,75 e 150.432,75
d) 10.155.738,75 e 405.738,77
e) 9.896.250,00 e 146.250,00

☛ SOLUÇÃO

1º passo: Calcular a captação líquida dos empréstimos.

Captação líquida em 01/12/2015 = Valor do contrato – Custos de transação

Captação líquida = 10.000.000,00 – 250.000,00
Captação líquida = 9.750.000,00

Em 01/12/2015, o fluxo de caixa disponível para ser utilizado é o líquido dos custos de transação no montante de 9.750.000,00, ou seja, **na essência**, esse é o **valor líquido captado**. Com base nesse fluxo de caixa, a taxa interna de retorno mensal, que **nominalmente** era de 1,5% a.m., passa para 1,5429% a.m., e esse é **efetivamente** o custo da captação efetuada.

2º passo: Calcular os encargos financeiros em 31/12/2015.

Encargos financeiros em 31/12/2015 = Taxa efetiva × Captação líquida

Encargos financeiros = 1,5429% × 9.750.000,00
Encargos financeiros = 150.432,75

3º passo: Calcular o valor do empréstimo em 31/12/2015.

Empréstimos em 31/12/2015 = Captação líquida + Encargos financeiros

Empréstimos = 9.750.000,00 + 150.432,75
Empréstimos = 9.900.432,75

Gabarito: **C**

15ª QUESTÃO: Em 31/12/2015 uma empresa adquiriu uma patente por 10.000.000,00 e poderá explorá-la pelo prazo de 20 anos. No final do prazo de exploração a patente passa a ser de domínio público e, portanto, não terá valor residual para a empresa. No final do ano de 2016 a empresa realizou o teste de redução ao valor recuperável (teste de *impairment*) e obteve as seguintes informações sobre a patente:

Valor em uso da patente 8.750.000,00
Valor justo líquido das despesas de venda da patente 8.000.000,00

Na demonstração do resultado do ano de 2016, a empresa deveria:

a) reconhecer uma despesa de amortização no valor de 500.000,00 e uma perda por desvalorização no valor de 750.000,00.
b) reconhecer uma despesa de amortização no valor de 500.000,00 e uma perda por desvalorização no valor de 1.500.000,00.

c) não reconhecer nenhuma despesa por se tratar de ativo intangível que não deve ser amortizado.
d) reconhecer uma despesa de amortização no valor de 500.000,00, apenas.
e) reconhecer uma perda por desvalorização no valor de 1.250.000,00, apenas.

☛ SOLUÇÃO

1ª etapa: Calcular o valor recuperável da patente.

ATENÇÃO, o valor recuperável será sempre o **maior valor**.

Valor justo líquido das despesas de venda	8.000.000,00	**MAIOR VALOR**	Valor recuperável = 8.750.000,00
Valor em uso	8.750.000,00		

Valor recuperável em 2016 = 8.750.000,00

2ª etapa: Calcular o valor contábil da patente.

$$\text{Depreciação Acumulada} = (\text{Custo de aquisição} - \text{Valor residual}) \times \frac{\text{Período de utilização}}{\text{Vida útil}}$$

$$\text{Amortização Acumulada em 2016} = (10.000.000,00 - 0,00) \times \frac{1 \text{ ano}}{20 \text{ anos}}$$

Amortização Acumulada em 2016 = 500.000,00

O registro das **despesas com amortização** em 31/12/2016 é realizado por meio do lançamento:

D: Despesas com amortização
C: Amortização Acumulada 500.000,00

Valor Contábil = Custo de Aquisição – Amortização Acumulada – Perdas por *Impairment*

Valor contábil em 2016 = 10.000.000,00 – 500.000,00 – 0,00
Valor contábil em 2016 = 9.500.000,00

3ª etapa: Comparar o valor recuperável com o valor contábil.

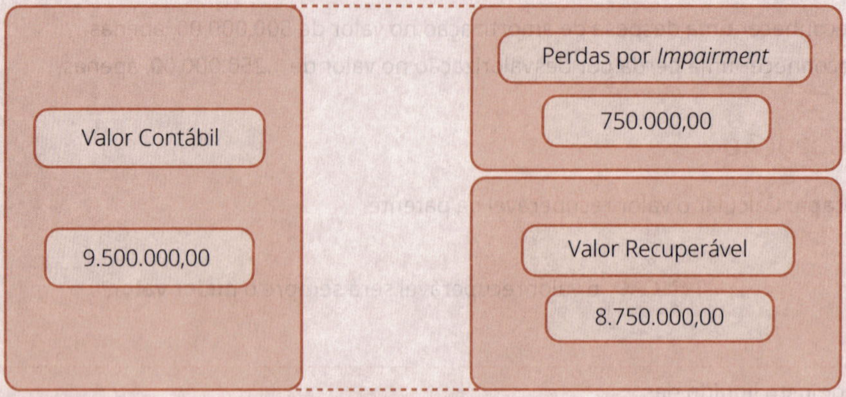

Perdas estimadas por *impairment* = Valor contábil – Valor recuperável

Perdas estimadas por *impairment* = 9.500.000,00 – 8.750.000,00
Perdas estimadas por *impairment* = 750.000,00

O registro da **perda por *impairment*** em 31/12/2016 é realizado por meio do lançamento:

D: Outras Despesas (Perdas estimadas por *Impairment*)
C: Perdas Estimadas Acumuladas 750.000,00

CONCLUSÃO, em 31/12/2016 a empresa deverá reconhecer uma despesa com amortização de 500.000,00 e uma perda por desvalorização de 750.000,00.

Gabarito: **A**

16ª QUESTÃO: A empresa Não Compro Nada S.A. realizou um contrato de arrendamento mercantil financeiro para a aquisição de um caminhão. O contrato será pago em 36 parcelas mensais de 16.067,50 e uma parcela adicional no valor de 50.000,00 que deverá ser paga juntamente com a 24ª parcela mensal. As demais informações sobre o contrato são as seguintes:

- Data do contrato.. 01/12/2016
- Taxa implícita de juros ao mês do contrato 1,2%
- Valor presente das parcelas em 01/12/2016 .... 500.000,00

- Valor justo do caminhão em 01/12/2016 ....550.000,00
- Vida útil do caminhão em anos para a empresa 7
- Valor residual esperado de venda do caminhão 164.000,00

O valor total das despesas que afetaram o resultado de dezembro de 2016, decorrentes do contrato de arrendamento mercantil financeiro citado foi, em reais:

a) 16.067,50
b) 6.000,00
c) 10.000,00
d) 64.600,00
e) 10.600,00

☛ SOLUÇÃO

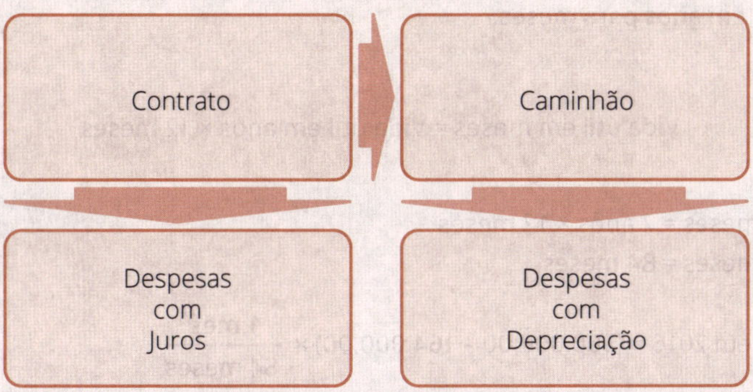

> **ATENÇÃO,** de acordo com a linha do tempo acima, podemos observar que em dezembro de 2016, a empresa Não Compro Nada S.A. **deverá reconhecer duas despesas operacionais**:
>
> - **juros passivos** decorrentes do contrato e **depreciação** oriunda do caminhão.

CONCLUSÃO, o valor total das despesas que afetaram o resultado de dezembro de 2016 é:

Total das despesas em 2016 = Depreciação em 2016 + Juros passivos em 2016

1º passo: Calcular as despesas com depreciação.

Segundo o CPC 06 o caminhão deverá ser reconhecido pelo **valor justo** ou **valor presente**, dos dois, o **menor**.

Valor justo	550.000,00	**MENOR VALOR**	Balanço Patrimonial em 01/12/2016
Valor presente	500.000,00		Custo de aquisição = 500.000,00

Valor **presente** das parcelas em 01/12/2016	500.000,00
Valor **justo** do caminhão em 01/12/2016	550.000,00
Valor a ser **registrado no ativo** em 01/12/2016	**500.000,00**

$$\text{Depreciação em 2016} = (\text{Custo de aquisição} - \text{Valor residual}) \times \frac{\text{Período de utilização}}{\text{Vida útil}}$$

ATENÇÃO, como o período de utilização está em meses, temos que converter a vida útil em anos para meses.

Vida útil em meses = Vida útil em anos × 12 meses

Vida útil em meses = 7 anos × 12 meses
Vida útil em meses = 84 meses

$$\text{Depreciação em 2016} = (500.000{,}00 - 164.000{,}00) \times \frac{1 \text{ mês}}{84 \text{ meses}}$$

Depreciação em 2016 = 4.000,00

2º passo: Calcular os juros passivos.

Juros passivos em 2016 = Taxa implícita de juros × Valor presente das parcelas em 01/12/2016

Juros passivos em 2016 = 1,2% × 500.000,00
Juros passivos em 2016 = 6.000,00

3º passo: Calcular o valor total das despesas que afetaram o resultado de dezembro de 2016 é:

Total das despesas em 2016 = Depreciação em 2016 + Juros passivos em 2016

Total das despesas em 2016 = 4.000,00 + 6.000,00
Total das despesas em 2016 = 10.000,00

Gabarito: **C**

17ª QUESTÃO: No dia 31/12/2016 uma empresa realizou as seguintes vendas de mercadorias:

- Vendas à vista no valor de 10.000.000,00.
- Vendas a prazo no valor nominal de 11.000.000,00 que será recebido integralmente em 31/12/2017.
- Na data da venda a empresa praticava a taxa de juros de 10% ao ano nas suas vendas a prazo.

Em relação às vendas efetuadas em 31/12/2016, é correto afirmar que a empresa deveria reconhecer:

a) receita de vendas no valor de 20.000.000,00 no resultado do ano de 2016 e receita financeira no valor de 1.000.000,00 no resultado do ano de 2017.
b) receita de vendas no valor de 10.000.000,00 no resultado do ano de 2016 e receita de vendas no valor de 11.000.000,00 no resultado do ano de 2017.
c) receita de vendas no valor de 21.000.000,00 no resultado do ano de 2016, apenas.
d) receita de vendas no valor de 10.500.000,00 no resultado do ano de 2016 e receita de vendas no valor de 10.500.000,00 no resultado do ano de 2017.
e) receita de vendas no valor de 20.000.000,00 e receita financeira no valor de 1.000.000,00 no resultado do ano de 2016.

☛ SOLUÇÃO

1º passo: Calcular o valor presente das vendas a prazo.

$$\text{Vendas a prazo a valor presente} = \frac{\text{Vendas a prazo no valor nominal}}{(1 + \text{Taxa de juros})}$$

$$\text{Vendas a prazo a valor presente} = \frac{11.000.000,00}{1,1}$$

Vendas a prazo a valor presente = 10.000.000,00

2º passo: Calcular a receita de vendas no resultado do ano de 2016.

Receita de vendas no resultado de 2016 = Vendas à vista + Vendas a prazo a valor presente

Receita de vendas no resultado de 2016 = 10.000.000,00 + 10.000.000,00
Receita de vendas no resultado de 2016 = 20.000.000,00

3º passo: Calcular a receita financeira (RF) no resultado de 2017.

RF a apropriar em 31/12/2016 = Vendas a prazo em 2017 – Vendas a prazo em 2017 a valor presente

Receita Financeira a apropriar em 31/12/2016 = 11.000.000,00 – 10.000.000,00
Receita Financeira a apropriar em 31/12/2016 = 1.000.000,00

ATENÇÃO, com a finalidade de um melhor aprendizado, vamos registrar as vendas em 31/12/2016.

(1) Registro das vendas à vista (em milhares de R$) em 31/12/2016.

Disponibilidades – BP	
(1) 10.000,00	

Receita de Vendas – DRE	
	10.000,00 (1)

(2) Registro das vendas a prazo (em milhares de R$) em 31/12/2016.

Duplicatas a Receber – BP	
(2) 11.000,00	

Receita de Vendas – DRE	
	10.000,00
	11.000,00 (2)
	21.000,00

(3) Registro receita financeira a apropriar (em milhares de R$) em 31/12/2016.

Receita Fin. a Apropriar – BP	
(3) 1.000,00	

AVP de Vendas – DRE	
	1.000,00 (3)

Montando a DRE em 31/12/2016, temos:

Demonstração do Resultado do Exercício em 31/12/2016	
Receita Bruta de Vendas	21.000.000,00
– AVP de Vendas	(1.000.000,00)
= Receita Líquida de Vendas	20.000.000,00

No balanço patrimonial, em 31/12/2016, temos:

Balanço Patrimonial em 31/12/2016			
Ativo		**Passivo**	
Ativo Circulante		**Patrimônio Líquido**	
Disponibilidades	10.000.000,00	Lucros Acumulados	20.000.000,00
Duplicatas a Receber	11.000.000,00		
Receita Fin. a Apropriar	(1.000.000,00)		
Total	20.000.000,00	Total	20.000.000,00

CONCLUSÃO, a empresa deverá receita de vendas de 20.000.000,00 no resultado de 2016 e receita financeira de 1.000.000,00 no resultado de 2017.

Gabarito: **A**

18ª QUESTÃO: O saldo da conta provisões evidenciadas no balanço patrimonial de uma empresa, em 31/12/2016, era composto dos seguintes valores:

Processo	Saldo em 31/12/2016
Ambiental	600.000,00
Trabalhista	1.080.000,00

Em 31/12/2017 a empresa obteve as seguintes informações sobre os diversos processos a que está respondendo:

Processo	Probabilidade de perda em 31/12/2017	Valor estimado em 31/12/2017 para as perdas
Ambiental	Provável	480.000,00
Trabalhista	Provável	800.000,00
Fiscal I (novo)	Possível	900.000,00
Fiscal II (novo)	Provável	540.000,00

Na demonstração do resultado de 2017, o efeito total que a empresa reconheceu, em função das provisões necessárias, foi:

a) despesa total no valor de 1.440.000,00.
b) despesa total no valor de 140.000,00.
c) despesa total no valor de 540.000,00.
d) despesa total no valor de 1.040.000,00.
e) receita total no valor de 400.000,00.

☛ SOLUÇÃO

Uma dica para a prova é lembrar da frase:

Pro Po R uma provisão para contingências.

Montando a tabela com as obrigações presentes que podem ser prováveis, possíveis ou remotas, temos:

Provisão para contingências	Provável	Possível	Remota
Registro contábil	Sim	Não	Não
Divulgação em notas explicativas	Sim	Sim	Não

CONCLUSÃO, apenas os **processos prováveis** de perda pela empresa serão registrados no balanço patrimonial e divulgados em notas explicativas.

ATENÇÃO, com relação aos processos ambiental e trabalhista, podemos observar que os seus saldos em 31/12/2016 eram respectivamente de 600.000,00 e 1.080.000,00. No encerramento do exercício de 2017, os saldos dos processos ambiental e trabalhista passaram respectivamente para 480.000,00 e 800.000,00. Em outras palavras, a empresa deverá reverter uma parte da provisão constituída em 2016 para os processos ambiental e trabalhista em 31/12/2017.

(1) Registro contábil da reversão de parte da provisão ambiental em 31/12/2017.

Provisão Ambiental – 2017	
(1) 120.000,00	600.000,00
	480.000,00

Receita de Reversão – 2017	
	120.000,00 (1)

(2) Registro contábil da reversão de parte da provisão trabalhista em 31/12/2017.

Provisão Trabalhista – 2017	
(2) 280.000,00	1.080.000,00
	800.000,00

Receita de Reversão – 2017	
	120.000,00
	280.000,00 (2)
	400.000,00

(3) Registro contábil da provisão Fiscal II (novo) em 31/12/2017.

Despesas com Provisão – 2017	
(3) 540.000,00	

Provisão Fiscal II – 2017	
	540.000,00 (3)

Efeito total na DRE de 2017 = Receitas de reversão em 2017 – Despesas com provisão em 2017

Efeito total na DRE de 2017 = 400.000,00 – 540.000,00
Efeito total na DRE de 2017 = (140.000,00)

CONCLUSÃO, a empresa reconheceu uma despesa total de 140.000,00 no resultado de 2017.

Gabarito: **B**

19ª QUESTÃO: A Cia. de Águas Marítimas adquiriu um estoque de mercadorias para revenda no valor de 500.000,00. A compra foi realizada no dia 30/12/2017, o prazo para pagamento concedido pelo fornecedor foi de 300 dias e sabe-se que o preço das mercadorias seria 453.000,00 se a compra fosse efetuada à vista. A Cia. de Águas Marítimas pagou, adicionalmente, 7.000,00 referente a frete e seguro para retirada das mercadorias junto ao fornecedor. A Cia. possui um estudo estatístico confiável e auditado por empresa independente e avalia, por este modelo, que as perdas de estoque, em função do seu processo de armazenagem e distribuição, representa 2% do valor total de cada compra. Com base nestas informações, os valores líquidos reconhecidos pela Cia. de Águas Marítimas nas demonstrações contábeis de 2017 foram:

a) estoque = 507.000,00 e fornecedores a pagar = 500.000,00.
b) estoque = 450.800,00, fornecedores a pagar = 453.000,00 e despesa com *impairment* = 9.200,00.
c) estoque = 460.000,00, fornecedores a pagar = 500.000,00 e despesa financeira = 47.000,00.
d) estoque = 453.000,00, fornecedores a pagar = 500.000,00, despesas com fretes = 7.000,00 e despesa financeira = 47.000,00.
e) estoque = 443.940,00, fornecedores a pagar = 453.000,00, despesas com fretes = 7.000,00 e despesa com *impairment* = 9.060,00.

☛ SOLUÇÃO

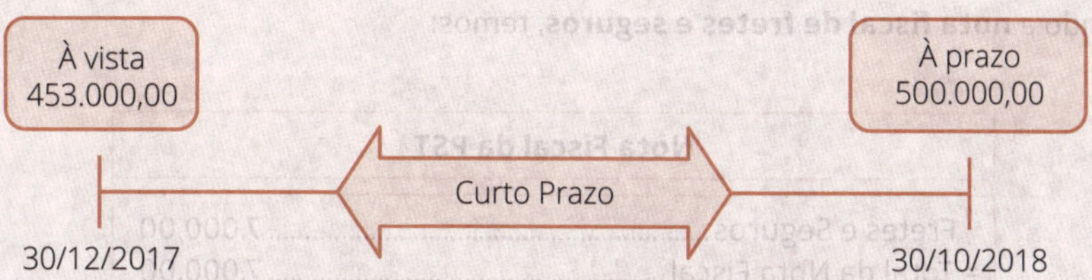

Segundo o artigo 184, inciso III, da lei nº 6.404/76, os **passivos** decorrentes de **operações de curto prazo**, quando houver **efeito relevante**, devem ser **ajustados a valor presente** com base em taxas de desconto. O exercício não informa qual foi a taxa de desconto mensal, mas analisando a linha do tempo acima, podemos observar que a Cia. de Águas Marítimas adquiriu as mercadorias a prazo por 500.000,00, que à vista custariam 453.000,00. **Conclusão**, o fornecedor cobrou juros na venda dessas mercadorias para a Cia. de Águas Marítimas.

1º passo: Calcular os juros a transcorrer na operação.

Os juros a transcorrer ou AVP de Fornecedores é obtido por meio da seguinte fórmula:

Juros a Transcorrer = Fornecedores a Prazo – Fornecedores à Vista

Juros a Transcorrer = 500.000,00 – 453.000,00
Juros a Transcorrer = 47.000,00

Os juros a transcorrer de 47.000,00 serão apropriados ao longo do período de 10 meses, ***pro rata tempore***.

Montando a **nota fiscal de compras das mercadorias**, temos:

Nota Fiscal da compra de mercadorias	
Mercadorias	500.000,00
= Total da Nota Fiscal	500.000,00
ICMS	0,00

ATENÇÃO, o valor das mercadorias destacado na nota fiscal é de **500.000,00**, pois corresponde ao valor de aquisição a prazo. Em outras palavras, as mercadorias no montante de **500.000,00** contém **juros** cobrados pelo fornecedor **no valor de 47.000,00**.

Montando a **nota fiscal de fretes e seguros**, temos:

Nota Fiscal da PST	
Fretes e Seguros	7.000,00
= Total da Nota Fiscal	7.000,00
ICMS	0,00

ATENÇÃO, segundo os dados da banca **não existe ICMS** na operação. Portanto, para efeitos didáticos, o **ICMS** encontra-se destacado nas notas fiscais com valor **0,00** (zero).

2º passo: Calcular as compras brutas.

As **compras brutas** correspondem ao valor das compras acrescidos dos tributos, quer sejam por fora ou por dentro, **recuperáveis ou não**. Em outras palavras, as **compras brutas** correspondem ao valor **total da nota fiscal** de aquisição das mercadorias.

Compras Brutas = Total da Nota Fiscal

Compras Brutas = NF das Mercadorias

Compras Brutas = 500.000,00

3º passo: Calcular as compras líquidas.

As **compras líquidas** representam o valor das compras, **líquidas** apenas dos tributos recuperáveis e **ajustes a valor presente de compras**, pois os tributos não recuperáveis integram as compras líquidas. Nas compras líquidas deveremos **somar** os demais **gastos incorridos** na aquisição das mercadorias que **não são recuperáveis**, como, por exemplo, os fretes e seguros, despesas com armazenagem, etc. e **subtrair** as **deduções de compras**, que são semelhantes às **deduções das vendas brutas**, porém, não são tratadas contabilmente como receitas e sim como **contas retificadoras** das compras brutas.

Nessa questão, como **não existe tributos recuperáveis** (ICMS, PIS/COFINS não cumulativos), mas apenas um **ajuste a valor presente de compras e fretes mais seguros**, as compras líquidas serão obtidas por meio da seguinte fórmula:

Compras Líquidas = Compras Brutas + Fretes/Seguros – AVP de compras

Compras Líquidas = 500.000,00 + 7.000,00 – 47.000,00
Compras Líquidas = 460.000,00

(1) Registro contábil da operação de aquisição das mercadorias.

Disponibilidades – AC	
Saldo Inicial	7.000,00 (1)

Mercadorias – AC	
(1) 460.000,00	

Juros a Transcorrer – PC	
(1) 47.000,00	

Fornecedores – PC	
	500.000,00 (1)

No livro diário, o registro contábil é realizado por meio do seguinte lançamento:

D: Mercadorias..460.000,00
D: Juros a Transcorrer.............................47.000,00
C: Fornecedores...500.000,00
C: Disponibilidades...7.000,00

4º passo: Calcular as perdas estimadas na realização dos estoques.

Segundo o artigo 183, inciso II e parágrafo 1º, alínea b da lei nº 6.404/76, os produtos prontos e as **mercadorias são ajustadas ao valor de mercado** mediante a constituição de **perdas estimadas para ajuste ao valor de mercado** (PEAVM) quando o **custo de aquisição** (compras líquidas) for superior ao valor justo ou **valor realizável líquido** delas.

PEAVM = 2% × Compras Líquidas

PEAVM = 2% × 460.000,00

PEAVM = 9.200,00

ATENÇÃO, o CPC 01 que trata do teste de recuperabilidade (***impairment test***) tem por objetivo principal assegurar que os **ativos** da companhia **estejam registrados** contabilmente por um **valor que não exceda os seus valores recuperáveis**. Portanto, quando uma empresa efetua o registro das mercadorias disponíveis para venda pelo **custo de aquisição** ou **valor de mercado**, dos dois o menor, a empresa **passa a registrar as mercadorias** por um valor que possa ser **efetivamente recuperado** em termos de benefícios econômicos futuros.

Atualmente, as mercadorias **não são vistas como bens**, mas como recursos que **produzirão benefícios econômicos futuros**, ou seja, recursos que terão reflexos na geração do fluxo de caixa futuro da empresa. Com essa nova sistemática nós migramos de uma contabilidade que registrava as respectivas mercadorias com base no custo histórico para uma contabilidade na qual passa a registrar essas mesmas mercadorias com base nos benefícios econômicos futuros que as mesmas poderão gerar para a empresa.

A empresa ao reduzir o custo dos estoques (***write-off***) ao valor realizável líquido, está coerente com o conceito de ***impairment test***, pois as mercadorias não devem ser registradas por valores superiores ao que a empresa espera realizar quando da venda ou uso dessas mercadorias.

CONCLUSÃO, a empresa reconhece uma perda estimada para ajuste ao valor de mercado ou **despesas com *impairment***, por meio do seguinte lançamento:

(2) Registro contábil das perdas estimadas para ajuste ao valor de mercado (Despesas com *Impairment*).

Despesas com *Impairment*		PEAVM	
(2) 9.200,00			9.200,00 (2)

5º passo: Calcular os valores líquidos reconhecidos pela Cia. de Águas Marítimas nas demonstrações contábeis de 2017.

Estoques em 2017 = Compras Líquidas – PEAVM

Estoques em 2017 = 460.000,00 – 9.200,00
Estoques em 2017 = 450.800,00

Fornecedores em 2017 = Fornecedores – Juros a Transcorrer

Fornecedores em 2017 = 500.000,00 – 47.000,00
Fornecedores em 2017 = 453.000,00

Despesas com *Impairment* em 2017 = 2% × Compras Líquidas

Despesas com *Impairment* em 2017 = 2% × 460.000,00
Despesas com *Impairment* em 2017 = 9.200,00

Gabarito: **B**

20ª QUESTÃO: A empresa Novos Problemas S.A. nunca teve problemas com ações de qualquer natureza, mas no ano de 2017 se deparou com alguns processos movidos contra ela. Até o dia 31/12/2017 não ocorreu nenhuma audiência ou julgamento para qualquer dos processos. A assessoria jurídica apresentou para a diretoria da empresa, em 31/12/2017, as informações constantes da tabela a seguir, onde constam a avaliação feita quanto à possibilidade de perda dos diversos processos e os valores prováveis que poderão ser desembolsados pela empresa:

Informações apresentadas em 31/12/2017		
Tipo de processo	Valor estimado	Probabilidade de perda
Ação por não cumprimento de garantia de produto	5.000.000,00	Provável
Ação fiscal relativa ao PIS	18.000.000,00	Possível
Ação fiscal relativa ao ICMS	12.000.000,00	Remota
Ação por danos ambientais	3.000.000,00	Possível
Ações trabalhistas	12.000.000,00	Provável

Sabendo que os valores estimados para as ações são confiáveis e as probabilidades de perda foram avaliadas com critérios adequados, o valor total que deveria ser evidenciado como provisão no passivo, no balanço patrimonial de 31/12/2017 da empresa Novos Problemas S.A. é, em reais:

a) 50.000.000,00
b) 38.000.000,00
c) 0,00
d) 17.000.000,00
e) 21.000.000,00

☛ SOLUÇÃO

Uma dica para a prova é lembrar da frase:

Pro Po R uma provisão para contingências.

Montando a tabela com as obrigações presentes que podem ser prováveis, possíveis ou remotas, temos:

Provisão para contingências	Provável	Possível	Remota
Registro contábil	Sim	Não	Não
Divulgação em notas explicativas	Sim	Sim	Não

CONCLUSÃO, apenas os **processos prováveis** de perda pela empresa serão registrados no balanço patrimonial e divulgados em notas explicativas.

Provisão no passivo = Ação por não cumprimento de garantia de produto + Ações trabalhistas

Provisão no passivo = 5.000.000,00 + 12.000.000,00
Provisão no passivo = 17.000.000,00

(1) Registro contábil das provisões.

Despesas com Provisões – DRE	
(1) 17.000.000,00	

Provisão para Contingências – BP	
	17.000.000,00 (1)

Gabarito: **D**

Capítulo 12

Semfaz São Luiz 2018

01ª QUESTÃO: O patrimônio líquido da Cia. Floresta, em 31/12/2016, era composto pelas seguintes contas:

Capital Social.. 800.000,00
Reserva Legal..150.000,00
Reserva Estatutária.................................100.000,00

No ano de 2017, o lucro líquido apurado pela Cia. Floresta foi 300.000,00 e o estatuto da Cia. estabelece a seguinte destinação:

- Dividendos mínimos obrigatórios: 40% do lucro líquido ajustado nos termos da lei.
- Retenção de lucros: saldo remanescente.

Do lucro líquido apurado, 60.000,00 foram decorrentes de incentivos fiscais recebidos pela empresa e, para não tributar este ganho, a Cia. Floresta reteve-o na forma de reserva de incentivos fiscais, utilizando a possibilidade estabelecida na lei nº 6.404/76. A reserva legal é constituída nos termos da mesma lei. Com base nestas informações, a Cia. Floresta:

a) reteve na forma de reserva legal 15.000,00.
b) distribuiu como dividendos mínimos obrigatórios 116.000,00.
c) reteve na forma de retenção de lucros 114.000,00.
d) distribuiu como dividendos mínimos obrigatórios 90.000,00.
e) reteve na forma de reserva orçamentária 138.000,00.

☛ **SOLUÇÃO**

1º passo: Calcular a reserva legal.

Segundo o **artigo 193 da legislação societária** (lei nº 6.404/76) do lucro líquido 5% serão aplicados, antes de qualquer outra destinação, na constituição da reserva legal, que não excederá de 20% do **capital social**.

Reserva Legal = 5% × Lucro Líquido

Reserva Legal = 5% × 300.000,00
Reserva Legal = 15.000,00

ATENÇÃO, segundo o artigo 182 da legislação societária, o **capital social** discriminará o montante subscrito e, **por dedução**, a parcela ainda não realizada. Em outras palavras, o **capital social** é:

Capital Social = Capital Subscrito – Capital a Integralizar

CONCLUSÃO, o limite máximo da reserva da reserva legal é:

Limite máximo da reserva legal = 20% × Capital Social

ou

Limite máximo da reserva legal = 20% × (Capital Subscrito – Capital a Integralizar)

Limite máximo da reserva legal = 20% × (800.000,00 – 0,00)
Limite máximo da reserva legal = 160.000,00

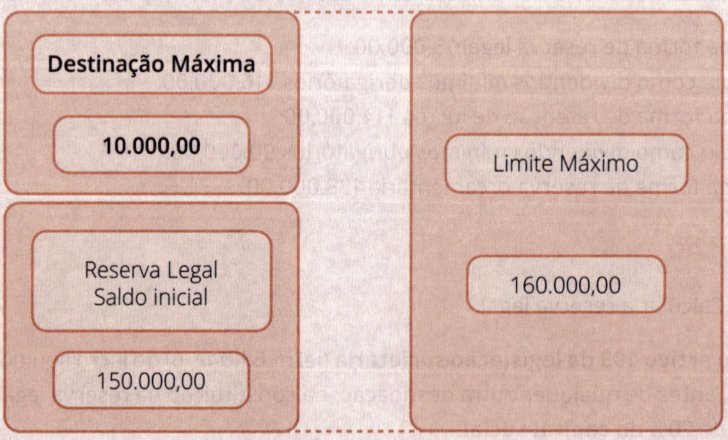

Analisando o gráfico, podemos observar que o **valor máximo** que a empresa poderá destinar para a constituição da reserva legal é **10.000,00**. Portanto, **5% do lucro líquido** no valor de **15.000,00 ultrapassa o limite máximo** permitido pela legislação societária, e nesse caso, **poderá destinar apenas 10.000,00** para a constituição da reserva legal.

(1) Registro contábil da constituição da reserva de lucros.

Lucros Acumulados – PL	
(1) 10.000,00	300.000,00
	290.000,00

Reserva Legal – PL	
	150.000,00
	10.000,00 (1)
	160.000,00

(2) Registro contábil da constituição da reserva de incentivos fiscais.

Lucros Acumulados – PL	
(2) 60.000,00	290.000,00
	230.000,00

Reserva de Incentivos Fiscais – PL	
	60.000,00 (2)

2º passo: Calcular o montante dos dividendos obrigatórios.

Base de cálculo dos dividendos = LL – R. Legal +/– R. Contingências +/– RIF +/– RLE

Lucro Líquido	300.000,00
– Reserva Legal	(10.000,00)
– Reserva para Contingências	0,00
– Reserva de Incentivos Fiscais	(60.000,00)
– Reserva de Lucros Específica	0,00
= Base de cálculo dos dividendos	230.000,00

Dividendos a Pagar = 40% × Base de cálculo dos dividendos

Dividendos a Pagar = 40% × 230.000,00
Dividendos a Pagar = 92.000,00

(3) Registro contábil dos dividendos mínimos obrigatórios no valor de 40% do lucro líquido ajustado nos termos da lei nº 6.404/76.

Lucros Acumulados – PL	
(3) 92.000,00	230.000,00
	138.000,00

Dividendos a Pagar – PC	
	92.000,00 (3)

(4) Registro contábil da destinação do saldo remanescente para reserva de retenção de lucros.

Lucros Acumulados – PL		Reserva de Retenção de Lucros – PL	
(4) 138.000,00	138.000,00		138.000,00 (4)

Segundo o **artigo 196 da lei nº 6.404/76**, a assembleia-geral poderá, por proposta dos órgãos da administração, deliberar reter parcela do lucro líquido do exercício **prevista em orçamento** de capital por ela previamente aprovado, **para aplicar nos planos de expansão e investimentos da empresa**.

O orçamento, submetido pelos órgãos da administração com a justificação da retenção de lucros proposta, deverá compreender todas as fontes de recursos e aplicações de capital, fixo ou circulante, e **poderá ter a duração de até cinco exercícios**, salvo no caso de execução, por prazo maior, de projeto de investimento.

Sinônimos utilizados para a reserva de retenção de lucros

Reserva de Lucros para Expansão = Reserva Orçamentária = Reserva de Investimentos

Analisando as alternativas, temos:

a) Errada. Constituiu uma **reserva legal** no montante de **10.000,00**.

b) Errada. Destinou para **dividendos mínimos obrigatórios** um montante de **92.000,00**.

c) Errada. Constituiu uma **reserva de retenção de lucros** no valor de **138.000,00**.

d) Errada. Destinou para **dividendos mínimos obrigatórios** um montante de **92.000,00**.

e) Correta. Constituiu uma reserva orçamentária (reserva de retenção de lucros) no valor de 138.000,00.

Gabarito: **E**

02ª QUESTÃO: A Cia. Comercial Corujão adquiriu produtos para revenda e desembolsou os seguintes valores:

- Valor total dos produtos adquiridos..420.000,00
- Valor total do seguro para transporte dos produtos adquiridos até a empresa...... 10.000,00

No valor total dos produtos adquiridos estavam inclusos:

- Tributos recuperáveis 52.000,00
- Tributos não recuperáveis...23.000,00

A Cia. Comercial Corujão revendeu todos os produtos adquiridos por 800.000,00, concedendo 5% de desconto pelo pagamento à vista. Sobre o valor da venda houve a incidência de ICMS no valor de 92.000,00, a Cia. pagou comissão para os vendedores no valor de 8.000,00 e arcou com o pagamento do frete para entrega dos produtos vendidos no valor de 12.000,00. Com base nessas informações, o valor do lucro bruto apurado pela Cia. Comercial Corujão, em relação à transação realizada foi, em reais:

a) 278.000,00
b) 290.000,00
c) 270.000,00
d) 261.000,00
e) 382.000,00

SOLUÇÃO

Montando a nota fiscal de aquisição das mercadorias, temos:

Nota Fiscal de Mercadorias	
Mercadorias	397.000,00
+ Tributos não recuperáveis	23.000,00
= Total da nota fiscal	420.000,00
Tributos recuperáveis	52.000,00

Montando a nota fiscal dos seguros de transportes, temos:

Nota Fiscal de Seguros	
Fretes/Seguros	10.000,00
= Total da nota fiscal	10.000,00

1º passo: Calcular as compras brutas.

As **compras brutas** (CB) correspondem ao valor das compras acrescidos dos tributos, quer sejam por fora ou por dentro, **recuperáveis ou não**. Em outras palavras, as compras brutas correspondem ao valor **total da nota fiscal** de aquisição das mercadorias.

Compras Brutas = Nota Fiscal de Mercadorias

Compras Brutas = 420.000,00

2º passo: Calcular as compras líquidas.

As **compras líquidas** (CL) representam o valor efetivamente **lançado nos estoques**.

CL = CB – Tributos recuperáveis + Fretes/Seguros/Armazenagem – Deduções de compras

Compras Líquidas = 420.000,00 – 52.000,00 + 10.000,00
Compras Líquidas = 378.000,00

(1) Registro contábil das compras líquidas.

Estoques		Tributos a Recuperar		Fornecedor	
(1) 378.000,00		(1) 52.000,00			430.000,00 (1)

ATENÇÃO, supondo que a aquisição de mercadorias e os fretes foram a prazo, temos:

Fornecedor = Nota Fiscal de **Mercadorias** + Nota Fiscal de **Seguros**

Fornecedor = 420.000,00 + 10.000,00
Fornecedor = 430.000,00

ATENÇÃO, a Cia. Comercial Corujão revendeu **todos os produtos adquiridos** por 800.000,00. Portanto, o custo das mercadorias vendidas será de 378.000,00.

3º passo: Montar a demonstração do resultado do exercício.

CUIDADO COM A PEGADINHA DA QUESTÃO! A banca informa que a Cia. Comercial Corujão concedeu 5% de desconto pelo pagamento à vista. Em outras palavras, trata-se de um desconto incondicional concedido no ato das vendas, e que aparece na nota fiscal de vendas, ou seja, esse **desconto é uma dedução das vendas brutas**.

Demonstração do Resultado do Exercício	
Vendas Brutas	800.000,00
– Desconto Incondicional Concedido	(40.000,00)
– ICMS sobre Vendas	(92.000,00)
= Vendas Líquidas	668.000,00
– Custo das Mercadorias Vendidas	(378.000,00)
= Lucro Bruto	**290.000,00**
– Despesas com comissão dos vendedores	(8.000,00)
– Despesas com fretes	(12.000,00)
= Lucro antes do IR e CSLL	270.000,00

Gabarito: **B**

03ª QUESTÃO: A empresa comercial Só Pastilhas S.A. apresentou as seguintes informações referentes ao ano de 2017, com os valores expressos em reais:

Receita Bruta de Vendas	2.000.000,00
− Impostos sobre Vendas	(360.000,00)
= Receita Líquida	1.640.000,00
− Custo das Mercadorias Vendidas	(740.000,00)
= Lucro Bruto	900.000,00
− Despesas Operacionais	
Despesa de Depreciação	(80.000,00)
Despesa com Salários	(40.000,00)
+ Receita Financeira	15.000,00
= Lucro antes do IR e CSLL	795.000,00
− IR e CSLL	(115.000,00)
= Lucro Líquido	680.000,00

O valor dos tributos recuperáveis referentes aos produtos comercializados no ano de 2017 foi 110.000,00. Com base nessas informações, o valor adicionado a distribuir gerado pela empresa comercial Só Pastilhas S.A. no ano de 2017 foi, em reais:

a) 1.195.000,00

b) 1.150.000,00

c) 1.085.000.00

d) 1.070.000,00

e) 1.260.000,00

☛ SOLUÇÃO

ATENÇÃO, no CMV da DVA devemos **incluir o valor dos tributos recuperáveis** (ICMS) referentes aos produtos comercializados no ano de 2017 foi 110.000,00.

CMV da DVA = CMV da DRE + ICMS nas compras

CMV da DVA = 740.000,00 + 110.000,00
CMV da DVA = 850.000,00

Demonstração do Valor Adicionado	
1. **Receitas**	**2.000.000,00**
Receita Bruta de Vendas	2.000.000,00
2. **Insumos Adquiridos de Terceiros**	**(850.000,00)**
Custo das Mercadorias Vendidas	850.000,00
3. **Valor Adicionado Bruto**	**1.150.000,00**
4. **Depreciação, Amortização e Exaustão**	**(80.000,00)**
Despesas de depreciação	80.000,00
5. **Valor Adicionado Líquido**	**1.170.000,00**
6. **Valor Adicionado Recebido de Terceiros**	**15.000,00**
Receita financeira	15.000,00
7. **Valor Adicionado Total a Distribuir**	**1.085.000,00**
8. **Distribuição do Valor Adicionado**	**1.085.000,00**
Governo	**365.000,00**
Impostos (1)	250.000,00
IR e CSLL	115.000,00
Empregados	**40.000,00**
Salários	40.000,00
Remuneração dos Capital de Terceiros	**0,00**
Remuneração do Capital Próprio	**680.000,00**
Lucro Líquido	680.000,00

(1) **Atenção**, no cálculo dos impostos na DVA devemos compensar os impostos incidentes nas vendas com os impostos incluídos no CMV da DRE.

Impostos = ICMS nas Vendas – ICMS nas Compras

Impostos = 360.000,00 – 110.000,00
Impostos = 250.000,00

SOLUÇÃO NA PROVA

8. **Distribuição do Valor Adicionado**	**1.085.000,00**
Governo	**365.000,00**
Impostos [1]	250.000,00
IR e CSLL	115.000,00
Empregados	**40.000,00**
Salários	40.000,00
Remuneração do Capital Próprio	**680.000,00**
Lucro Líquido	680.000,00

ATENÇÃO, na prova nós calculamos apenas a distribuição do valor adicionado. **Lembrem-se** de que o valor adicionado total a distribuir é exatamente igual a distribuição do valor adicionado.

Gabarito: **C**

04ª QUESTÃO: Considere as seguintes informações obtidas a partir das demonstrações contábeis da Cia. Copa e da Cia. Campeã:

Informação	Cia. Copa	Cia. Campeã
Passivo Circulante	12.000,00	9.000,00
Índice de Liquidez corrente	1,5	2,0
Composição do endividamento	60%	40%
Grau de endividamento (em relação aos recursos totais)	80%	80%
Retorno sobre o PL	20%	18%

Com base nessas informações, a Cia.

a) Campeã apresenta maior ativo circulante.
b) Copa apresenta maior montante de recursos de terceiros.
c) Copa apresenta maior passivo não circulante.
d) Campeã apresenta maior patrimônio líquido.
e) Copa apurou maior lucro líquido.

SOLUÇÃO

Analisando as alternativas, temos:

a) Errada. O **ativo circulante** da Cia. Campeã é igual ao da Cia. Copa.

$$\text{Liquidez Corrente} = \frac{\text{Ativo Circulante}}{\text{Passivo Circulante}}$$

$$\text{LC Copa} = \frac{\text{AC da Copa}}{\text{PC da Copa}}$$

$$1{,}5 = \frac{\text{AC da Copa}}{12.000{,}00}$$

AC Copa = 18.000,00

$$\text{LC Campeã} = \frac{\text{AC da Campeã}}{\text{PC da Campeã}}$$

$$2{,}0 = \frac{\text{AC da Campeã}}{9.000{,}00}$$

AC Campeã = 18.000,00

b) Errada. A **Cia. Campeã** apresenta maior montante de recursos de terceiros.

A **composição do endividamento** avalia o montante das **obrigações de curto** em relação à **dívida total** da empresa.

$$\text{Composição do Endividamento} = \frac{\text{PC}}{\text{PC + PÑC}} \times 100\%$$

$$\text{CE Copa} = \frac{\text{PC da Copa}}{\text{(PC + PÑC) da Copa}}$$

$$60\% = \frac{12.000{,}00}{\text{Passivo Exigível da Copa}}$$

Passivo Exigível da Copa = 20.000,00

$$\text{CE Campeã} = \frac{\text{PC da Campeã}}{\text{(PC + PÑC) da Campeã}}$$

$$40\% = \frac{9.000{,}00}{\text{Passivo Exigível da Campeã}}$$

Passivo Exigível da Campeã = 22.500,00

c) Errada. A **Cia. Campeã** apresenta maior passivo não circulante.

Na alternativa **B**, calculamos o total do passivo exigível. Portanto, temos:

PC da Copa + PÑC da Copa = Passivo Exigível da Copa

12.000,00 + PÑC da Copa = 20.000,00

PÑC da Copa = 8.000,00

PC da Campeã + PÑC da Campeã = Passivo Exigível da Campeã

9.000,00 + PÑC da Campeã = 22.500,00

PÑC da Campeã = 13.500,00

d) Correta. A Cia. Campeã apresenta maior patrimônio líquido.

O **grau de endividamento** demonstra o montante de recursos que a empresa obteve de capital de terceiros para cada real de capital aplicado, ou seja, mede a porcentagem do ativo total que se encontra financiada por capital de terceiros. Quanto maior o grau de endividamento, maior é a possibilidade de falência de uma empresa.

$$\text{Grau de Endividamento} = \frac{\text{Passivo Exigível}}{\text{Ativo total}} \times 100\%$$

$$\text{GE Copa} = \frac{\text{Passivo Exigível da Copa}}{\text{Ativo da Copa}} \times 100\%$$

$$80\% = \frac{20.000,00}{\text{Ativo da Copa}} \times 100\%$$

Ativo da Copa = 25.000,00

$$\text{GE Campeã} = \frac{\text{Passivo Exigível da Campeã}}{\text{Ativo da Campeã}} \times 100\%$$

$$80\% = \frac{22.500,00}{\text{Ativo da Campeã}} \times 100\%$$

Ativo da Campeã = 28.125,00

Ativo da Copa = Passivo Exigível da Copa + PL da Copa

25.000,00 = 20.000,00 + PL da Copa

PL da Copa = 5.000,00

Ativo da Campeã = Passivo Exigível da Campeã + PL da Campeã

28.125,00 = 22.500,00 + PL da Campeã

PL da Campeã = 5.625,00

e) Errada. A Cia. Campeã apurou maior lucro líquido.

A **rentabilidade do patrimônio líquido** ou **retorno sobre o PL** representa o retorno que os acionistas estão obtendo em relação aos seus investimentos realizados na empresa.

$$\text{Retorno sobre o PL} = \frac{\text{Lucro Líquido}}{\text{PL}} \times 100\%$$

$$\text{Retorno sobre o PL da Copa} = \frac{\text{Lucro Líquido da Copa}}{\text{PL da Copa}} \times 100\%$$

$$20\% = \frac{\text{Lucro Líquido da Copa}}{5.000,00} \times 100\%$$

Lucro Líquido da Copa = 1.000,00

$$\text{Retorno sobre o PL da Campeã} = \frac{\text{Lucro Líquido da Campeã}}{\text{PL da Campeã}} \times 100\%$$

$$18\% = \frac{\text{Lucro Líquido da Campeã}}{5.625,00} \times 100\%$$

Lucro Líquido da Campeã = 1.012,50

Gabarito: **D**

05ª QUESTÃO: Uma empresa adquiriu o direito sobre uma tecnologia e definiu que a vida útil esperada pela sua utilização será de 15 anos. O valor pago foi 30.000.000,00 e, quando terminar o prazo de vida útil, o ativo não apresentará valor para negociação. O início de utilização do direito foi em 31/12/2014 e no final de 2015 a empresa realizou o teste de redução ao valor recuperável (teste de *impairment*), utilizando-se das seguintes informações:

- Valor em uso da tecnologia... 25.700.000,00
- Valor justo líquido das despesas de venda da tecnologia................ 24.000.000,00

Na demonstração do resultado do ano de 2015 a empresa:

a) reconheceu uma despesa de amortização no valor de 2.000.000,00 e uma perda por desvalorização no valor de 2.300.000,00.

b) reconheceu uma despesa de amortização no valor de 2.000.000,00 e uma perda por desvalorização no valor de 4.000.000,00.

c) não reconheceu nenhuma despesa de amortização e reconheceu uma perda por desvalorização no valor de 1.700.000,00.

d) reconheceu uma despesa de amortização no valor de 2.000.000,00, apenas.

e) reconheceu uma perda por desvalorização no valor de 4.300.000,00, apenas.

SOLUÇÃO

1ª etapa: Calcular o valor recuperável do direito da tecnologia.

ATENÇÃO, o valor recuperável será sempre o **maior valor**.

Valor justo líquido das despesas de venda	24.000.000,00	**MAIOR VALOR**	Valor recuperável = 25.700.000,00
Valor em uso	25.700.000,00		

Valor recuperável em 2015 = 25.700.000,00

2ª etapa: Calcular o valor contábil da tecnologia.

$$\text{Amortização Acumulada em 2015} = (\text{Custo de Aquisição} - \text{Valor Residual}) \times \frac{\text{Período de utilização}}{\text{Vida útil}}$$

$$\text{Amortização Acumulada em 2015} = (30.000.000{,}00 - 0{,}00) \times \frac{1 \text{ ano}}{15 \text{ anos}}$$

Amortização Acumulada em 2015 = 2.000.000,00

(1) Registro contábil da amortização acumulada em 31/12/2015.

Amortização	
(1) 2.000.000,00	

Amortização Acumulada	
	2.000.000,00 (1)

Valor Contábil = Custo de Aquisição – Amortização Acumulada – Perdas por *Impairment*

Valor contábil em 2015 = 30.000.000,00 – 2.000.000,00

Valor contábil em 2015 = 28.000.000,00

3ª etapa: Comparar o valor recuperável com o valor contábil.

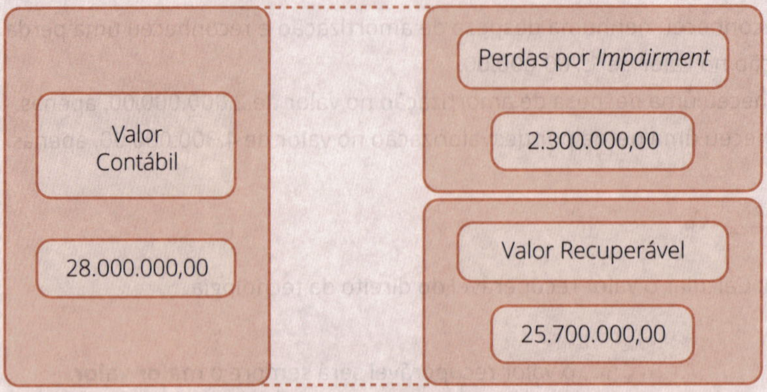

Perdas estimadas por *impairment* = Valor contábil – Valor recuperável

Perdas estimadas por *impairment* = 28.000.000,00 – 25.700.000,00
Perdas estimadas por *impairment* = 2.300.000,00

(2) Registro contábil da **perda por *impairment*** em 31/12/2015.

Outras Despesas	
(2) 2.300.000,00	

Perdas Estimadas Acumuladas	
	2.300.000,00 (2)

Outras receitas

As **outras receitas** compreendem as **receitas oriundas** das transações do AÑC classificados nos subgrupos de investimentos, imobilizado e intangível.

Outras despesas

As **outras despesas** compreendem as **despesas oriundas** das transações do AÑC classificados nos subgrupos de investimentos, imobilizado e intangível.

CONCLUSÃO, em 31/12/2015 a empresa deverá reconhecer uma **despesa com amortização** de 2.000.000,00 e uma perda por desvalorização (**outras despesas**) de 2.300.000,00.

Gabarito: **A**

06ª QUESTÃO: A Cia. Transparente publicou os balanços patrimoniais em 31/12/2016 e 31/12/2017, e a demonstração do resultado para o ano 2017, os quais estão apresentados a seguir:

Cia. Transparente Balanços Patrimoniais em 31/12/2016 e 31/12/2017					
Ativo	**31/12/16**	**31/12/17**	**Passivo**	**31/12/16**	**31/12/17**
Ativo Circulante	210.000,00	277.000,00	Passivo Circulante	125.000,00	202.000,00
Caixa e Equivalentes	50.000,00	87.000,00	Fornecedores	75.000,00	45.000,00
Clientes	70.000,00	130.000,00	Dividendos a Pagar	–	18.000,00
Estoques	90.000,00	40.000,00	Empréstimos	50.000,00	122.000,00
Despesas antecipadas	–	20.000,00	Impostos a Pagar	–	17.000,00
Ativo Não Circulante	195.000,00	371.000,00	Patrimônio Líquido	280.000,00	446.000,00
Investimentos	30.000,00	40.000,00	Capital	260.000,00	260.000,00
Imobilizado			Reservas de Lucros	20.000,00	186.000,00
Equipamentos	200.000,00	400.000,00			
Depreciação Acumulada	(35.000,00)	(69.000,00)			
Total	405.000,00	648.000,00	Total	405.000,00	648.000,00

Cia. Transparente

Demonstração do Resultado – Período: 01/01/2017 a 31/12/2017

Receitas de Vendas	850.000,00
– Custo das Mercadorias Vendidas	(420.000,00)
= Resultado com Mercadorias	430.000,00
– **Despesas Operacionais**	
– Depreciação	(34.000,00)
– Outras Despesas Operacionais	(146.000,00)
+ **Outras Receitas e Despesas**	
+ Resultado de Equivalência Patrimonial	10.000,00
+ Resultado antes dos Efeitos Financeiros	260.000,00
– Despesas Financeiras	(12.000,00)
= Resultado antes de Impostos e Participações	248.000,00
– Despesa com Imposto de Renda	(27.000,00)
= Resultado Líquido	221.000,00

Durante o ano de 2017 a empresa não liquidou nenhum empréstimo e não pagou as despesas financeiras incorridas. O valor correspondente ao caixa das atividades operacionais é, em reais:

a) 214.000,00
b) 212.000,00
c) 224.000,00
d) 244.000,00
e) 269.000,00

☛ SOLUÇÃO

Montando a **DFC pelo método indireto**, tem-se:

Fluxo de Caixa Operacional – **Método Indireto**	
Lucro Líquido	**221.000,00**
1º ajuste: Ajustes oriundos da **DRE**	
+ Depreciação	34.000,00
+ Despesas Financeiras	12.000,00
– Ganho de Equivalência Patrimonial	(10.000,00)
= **Lucro Líquido ajustado**	**257.000,00**
2º ajuste: Ajustes oriundos do **BP**	
– Aumento de clientes	(60.000,00)
+ Redução de estoques	50.000,00
– Aumento de despesas antecipadas	(20.000,00)
– Redução de fornecedores	(30.000,00)
+ Aumento de IR a pagar	17.000,00
= **Caixa líquido gerado no FCO**	**214.000,00**

Para efeitos didáticos, vamos calcular o fluxo de caixa das atividades de investimentos e financiamentos, além de montar a DFC pelo método direto.

Cálculo do **fluxo de caixa das atividades de investimentos.**

1º passo: Analisar a variação dos investimentos.

Analisando os balanços patrimoniais, podemos observar que houve uma variação na conta de investimentos, que passou de 30.000,00 no encerramento do exercício de 2016, para um saldo final no valor de 40.000,00 em 2017. **A pergunta é:** será que houve aquisição de novos investimentos em 2017??????

Para responder a essa pergunta, vamos analisar os balanços patrimoniais em conjunto com a DRE. Na DRE identificamos um resultado de equivalência patrimonial positivo de 10.000,00 (GEP).

(1) Registro contábil do GEP na investidora em 2017.

Investimentos – BP	
30.000,00	
(1) 10.000,00	
40.000,00	

GEP – DRE	
	10.000,00 (1)

Analisando a conta investimentos verificamos que a variação positiva de 10.000,00 foi decorrente de um lucro líquido na investida. **Conclusão**, em 2017 não houve aquisição de novos investimentos.

2º passo: Analisar a variação dos equipamentos.

Analisando os balanços patrimoniais, podemos observar que houve uma variação na conta de equipamentos, que passou de 200.000,00 no encerramento do exercício de 2016, para um saldo final no valor de 400.000,00 em 2017. **A pergunta é:** será que houve aquisição de novos equipamentos em 2017?

Para responder a essa pergunta, vamos analisar os balanços patrimoniais em conjunto com a DRE. Na DRE não existe nenhuma conta relacionada com a alienação dos equipamentos, como, por exemplo, ganho ou perda de capital. Portanto, em 2017 **não ocorreu alienação de equipamentos**, porém a empresa adquiriu novos equipamentos no valor de 200.000,00.

3º passo: Montar o fluxo de caixa de investimentos.

Fluxo de Caixa de Investimentos	
– Aquisição de máquinas	(200.000,00)
= Caixa líquido consumido nas atividades de investimentos	(200.000,00)

O fluxo de caixa de investimentos foi **negativo de 200.000,00.**

Cálculo do **fluxo de caixa das atividades de financiamentos**.

1º passo: Calcular o montante dos empréstimos obtidos em 2017.

ATENÇÃO, a questão informa que a empresa **não liquidou** qualquer empréstimo, e **não pagou** as despesas financeiras. Nesse caso, as despesas financeiras **atualizam os empréstimos de 2017**.

(1) Registro contábil da atualização dos empréstimos de 2016, por meio das despesas financeiras de 2017:

Despesas Financeiras – DRE	
(1) 12.000,00	

Empréstimos em 2018	
	50.000,00
	12.000,00 (1)
	62.000,00

Mas como podemos observar no balanço patrimonial, o saldo final dos empréstimos em 2017 foi no montante de 122.000,00. Em outras palavras, a empresa obteve novos empréstimos em 2017.

(2) Registro da aquisição de novos empréstimos em 2017:

Disponibilidades	
(2) 60.000,00	

Empréstimos em 2017	
	62.000,00
	60.000,00 (2)
	122.000,00

CONCLUSÃO, em 2017 a empresa adquiriu **novos empréstimos** no montante de **60.000,00**.

2º passo: Calcular o montante dos dividendos pagos em 2017.

Atenção, analisando os balanços patrimoniais de 2016 e 2017, com relação aos dividendos, à primeira vista temos a impressão de que não houve pagamento de dividendos, pois o seu saldo em 2016 era de 0,00 e passou para 18.000,00 em 2017. Em outras palavras, houve um aumento de 2016 para 2017 no saldo contábil de dividendos em 17.000,00. Portanto, para encontrarmos se realmente ocorreu algum pagamento de dividendos em 2017, seguiremos os seguintes registros contábeis:

(1) Registro contábil da transferência do lucro líquido de 2017 para a conta lucros acumulados:

Lucro Líquido de 2017	
(1) 221.000,00	221.000,00

Lucros Acumulados	
	221.000,00 (1)

(2) Registro contábil da constituição das reservas de lucros em 2017.

Analisando o balanço patrimonial, podemos verificar que o saldo final das reservas de lucros em 2018 é no montante de 186.000,00.

Lucros Acumulados	
(2) 166.000,00	221.000,00
	55.000,00

Reservas de Lucros	
	20.000,00
	166.000,00 (2)
	186.000,00

(3) Registro contábil da distribuição de dividendos em 2017.

ATENÇÃO! Atualmente, caso haja saldo residual na conta lucros acumulados, a companhia deverá destinar esse saldo remanescente para os dividendos.

Lucros Acumulados

Débito	Crédito
(3) 55.000,00	55.000,00

Dividendos a Pagar

Débito	Crédito
	0,00
	55.000,00 (3)
	18.000,00

Analisando a conta dividendos a pagar, podemos observar que havia um saldo inicial de 0,00, foi destinado 55.000,00, restando um saldo final de 18.000,00. Em outras palavras, do montante de 55.000,00 destinados para dividendos em 2017, a empresa pagou 37.000,00.

(4) Registro contábil do pagamento de dividendos em 2017.

Disponível

Débito	Crédito
Saldo Inicial	x (4)

Dividendos a Pagar

Débito	Crédito
(4) x	55.000,00
	18.000,00

Do razonete dividendos a pagar, calculamos o montante dos dividendos pagos em 2017.

55.000,00 – x = 18.000,00
x = 37.000,00

Aqui podemos observar uma **pegadinha espetacular**!!!!!!!Na hora da prova, a maioria dos candidatos jamais pensariam que a empresa pagou dividendos em 2017.

3º passo: Montar o fluxo de caixa de financiamentos.

Fluxo de Caixa de Financiamentos	
Obtenção de empréstimos	60.000,00
– Pagamento de dividendos	(37.000,00)
= Caixa líquido gerado nas atividades de financiamentos	23.000,00

O fluxo de caixa de financiamentos foi **positivo de 23.000,00**.

Para tirar a prova dos nove, do balanço patrimonial, obtemos a variação do fluxo de caixa a seguir:

Variação de Caixa no BP = Disponível em 2017 – Disponível em 2016

Variação de Caixa no BP = 87.000,00 – 50.000,00
Variação de Caixa no BP = 37.000,00

Mas sabemos que a variação de caixa na **DFC** é:

Variação de Caixa na DFC = FCO + FCI + FCF

Variação de Caixa na DFC = 214.000,00 – 200.000,00 + 23.000,00
Variação de Caixa na DFC = 37.000,00

Mas, como se trata de um livro voltado para o aprendizado, poderá surgir uma pergunta por algum leitor:

– Será que o fluxo de caixa das **atividades operacionais é de 214.000,00**? Como ficaria a solução, utilizando o método direto?

No **fluxo de caixa operacional pelo método direto**, calculamos as entradas e saídas brutas de dinheiro.

1º passo: Identificar as contas que estão relacionadas com as vendas brutas da empresa.

Analisando o balanço patrimonial podemos observar que existe **apenas uma conta relacionada com as vendas brutas**: clientes.

2º passo: Calcular o montante das vendas a prazo em 2017.

(1) Registro contábil das vendas a prazo realizadas em 2017.

Clientes	
70.000,00	x (Caixa)
(1) 850.000,00	
130.000,00	

Vendas Brutas	
	850.000,00 (1)

Analisando o razonete **clientes**, podemos observar que havia um saldo inicial de 70.000,00, em seguida, ocorreu um débito de 850.000,00 devido as vendas a prazo ocorridas em 2017, restando um saldo final de 130.000,00. Portanto, devemos registrar um **crédito** no **valor de x** no razonete **clientes**, que tem como contrapartida um **débito** no

valor de x no razonete **caixa**. Conclusão, do razonete clientes, calculamos o montante das vendas recebidas de 2017.

70.000,00 + 850.000,00 – x = 130.000,00
x = 790.000,00

3º passo: Calcular o montante pago a fornecedores em 2017.

(2) Registro do custo das mercadorias vendidas em 2017.

Estoques (Débito)	Estoques (Crédito)
90.000,00	420.000,00 (2)
x	
40.000,00	

CMV (Débito)	CMV (Crédito)
(2) 420.000,00	

Analisando o razonete **estoques** podemos observar que havia um saldo inicial de 90.000,00, em seguida, ocorreu um crédito de 420.000,00 devido as vendas de mercadorias ocorridas em 2017, restando um saldo final de 40.000,00. Portanto, devemos registrar um **débito** no **valor de x** no razonete **estoques**, que tem como contrapartida um **crédito** no **valor de x** no razonete **fornecedores**. Conclusão, do razonete estoques, calculamos o montante das compras a prazo em 2017.

90.000,00 + x – 420.000,00 = 40.000,00
x = 370.000,00

(3) Registro das compras a prazo em 2017.

Estoques (Débito)	Estoques (Crédito)
90.000,00	420.000,00
(3) 370.000,00	
40.000,00	

Fornecedores (Débito)	Fornecedores (Crédito)
(Caixa) x	75.000,00
	370.000,00 (3)
	45.000,00

Analisando o razonete **fornecedores** podemos observar que havia um saldo inicial de 75.000,00, em seguida, ocorreu um crédito de 370.000,00 devido a compras a prazo ocorridas em 2017, restando um saldo final de 45.000,00. Portanto, devemos registrar um **débito** no **valor de x** no razonete **fornecedores**, que tem como contrapartida um **crédito** no **valor de x** no razonete **caixa**. Conclusão, do razonete fornecedores, calculamos o montante do pagamento de fornecedores em 2017.

75.000,00 + 370.000,00 – x = 45.000,00
x = 400.000,00

4º passo: Calcular o montante das despesas antecipadas pagas em 2017.

(4) Registro contábil do pagamento antecipado de despesas.

Despesas Antecipadas (Débito)	Despesas Antecipadas (Crédito)
0,00	
(4) 20.000,00	
20.000,00	

Disponível (Débito)	Disponível (Crédito)
Saldo Inicial	20.000,00 (4)

Analisando o razonete **despesas antecipadas** podemos observar que havia um saldo inicial de 0,00, em seguida, ocorreu um **débito** de 20.000,00 devido a um pagamento antecipado de seguros em 2017, restando um saldo final de 20.000,00. **Conclusão**, ocorreu uma saída de caixa no montante de 20.000,00 devido ao pagamento antecipado de despesas em 2017.

5º passo: Calcular o montante de impostos pagos em 2017.

(5) Registro contábil das despesas com Imposto de Renda.

Despesas com Imposto de Renda (Débito)	Despesas com Imposto de Renda (Crédito)
(5) 27.000,00	

Impostos a Pagar (Débito)	Impostos a Pagar (Crédito)
x	0,00
	27.000,00 (5)
	17.000,00

Analisando o razonete **Impostos a Pagar** podemos observar que havia um saldo inicial de 0,00, em seguida, ocorreu um **crédito** de 27.000,00 devido a apropriação de **despesas com Imposto de Renda** em 2017, restando um saldo final de 17.000,00. Portanto, devemos registrar um **débito** no **valor de x** no razonete **Impostos a Pagar**, que tem como contrapartida um **crédito** no **valor de x** no razonete **caixa**. Conclusão, do razonete Impostos a Pagar, calculamos o montante do pagamento de impostos em 2017.

0,00 + 27.000,00 – x = 17.000,00

x = 10.000,00

6º passo: Calcular o montante das outras despesas operacionais pagas em 2017.

ATENÇÃO, analisando o balanço patrimonial, podemos observar que **não existe nenhuma conta no passivo** relacionada com as **outras despesas operacionais**. Por exemplo, se caso houvesse no passivo **contas a pagar** de um determinado valor, essas **contas a pagar**, estariam relacionadas com as **outras despesas operacionais**. Nesse caso, como não existe contas a pagar no passivo, significa que o total das **outras despesas operacionais** no montante de **146.000,00** foram integralmente pagas. Em outras palavras, as **outras despesas operacionais** foram pagas à vista e na sua integralidade.

CUIDADO EXTRA!

Como podemos observar na DRE de 2017, a banca **discrimina** as despesas com **depreciação** (que não tem efeito caixa) no montante de **34.000,00**. Caso essas despesas com depreciação se encontrassem **inseridas nas outras despesas operacionais**, nós deveríamos **subtrair** das outras despesas operacionais, as despesas com depreciação.

(6) Registro contábil do pagamento das outras despesas operacionais.

Outras despesas operacionais	
(6) 146.000,00	

Disponível	
Saldo Inicial	146.000,00 (6)

CONCLUSÃO, a DFC completa pelo método direto, será:

Demonstração do Fluxo de Caixa	
1. Fluxo de Caixa Operacional	
Recebimento de Clientes	790.000,00
– Pagamento a Fornecedores	(400.000,00)
– Pagamento de Despesas Antecipadas	(20.000,00)
– Pagamento de impostos	(10.000,00)
– Pagamento de outras despesas operacionais	(146.000,00)
= Caixa líquido gerado nas atividades operacionais	**214.000,00**
2. Fluxo de Caixa de Investimentos	
– Aquisição de máquinas	(200.000,00)
= Caixa líquido consumido nas atividades de investimentos	**(200.000,00)**
3. Fluxo de Caixa de Financiamentos	
Obtenção de empréstimos	60.000,00
– Pagamento de dividendos	(37.000,00)
= Caixa líquido gerado nas atividades de financiamentos	**23.000,00**
4. Variação Líquida de Caixa	37.000,00
5. Saldo Inicial de Caixa	50.000,00
6. Saldo Final de Caixa	87.000,00

Gabarito: **A**

07ª QUESTÃO: Em 31/12/2016, uma empresa realizou vendas totais no valor de 1.075.000,00, sendo que 500.000,00 foram vendidos à vista e o saldo remanescente será recebido integralmente após 15 meses. A empresa praticava a taxa de juros de 11,83% ao ano para as suas vendas a prazo, que equivale a uma taxa de 15% no prazo de 15 meses. Em relação às vendas efetuadas em 31/12/2016, a empresa reconheceu receita de vendas no valor de:

a) 1.075.000,00 no resultado do ano de 2016, apenas.
b) 500.000,00 no resultado do ano de 2016 e receita de vendas no valor de 575.000,00 no resultado do ano de 2017.
c) 1.000.000,00 no resultado do ano de 2016 e receita financeira no valor de 59.150,00 no resultado do ano de 2017.
d) 537.500,00 no resultado do ano de 2016 e receita de vendas no valor de 537.500,00 no resultado do ano de 2017.
e) 1.000.000,00 e receita financeira no valor de 75.000,00, ambas no resultado do ano de 2016.

☛ SOLUÇÃO

1º passo: Calcular o montante das vendas a prazo.

Vendas à Vista + Vendas a Prazo = Vendas Totais em 2016

500.000,00 + Vendas a Prazo = 1.075.000,00
Vendas a Prazo = 575.000,00

2º passo: Calcular o valor presente das vendas a prazo no montante de 575.000,00.

$$\text{Vendas a valor presente} = \frac{\text{Vendas a prazo}}{1 + \text{Taxa de desconto}}$$

$$\text{Vendas a valor presente} = \frac{575.000,00}{1,15}$$

Vendas a valor presente = 500.000,00

2º passo: Calcular as receitas financeiras a transcorrer.

AVP de Vendas = Vendas a prazo – Vendas a valor presente

AVP de Vendas = 575.000,00 – 500.000,00
AVP de Vendas = 75.000,00

3º passo: Registro contábil das vendas (à vista e a prazo) em 31/12/2016.

(1) Registro contábil das vendas à vista.

Disponível	
(1) 500.000,00	

Vendas Brutas	
	500.000,00 (1)

(2) Registro contábil das vendas a prazo em 31/12/2016.

Duplicatas a Receber	
(2) 575.000,00	

Vendas Brutas	
	500.000,00
	575.000,00 (2)
	1.075.000,00

(3) Registro contábil das receitas financeiras a transcorrer nas vendas a prazo em 31/12/2016.

Receitas Financeiras a Transcorrer	
	75.000,00 (3)

AVP de Vendas Brutas	
(3) 75.000,00	

4º passo: Montar a DRE em 31/12/2016.

Demonstração do Resultado do Exercício	
Vendas Brutas	1.075.000,00
– AVP de Vendas Brutas	(75.000,00)
= Vendas Líquidas	1.000.000,00

5º passo: Montar o balanço patrimonial em 31/12/2016.

Ativo		Passivo	
Ativo Circulante		**Patrimônio Líquido**	
Disponível	500.000,00	Lucros Acumulados	1.000.000,00
AÑC RLP			
Duplicatas a Receber	575.000,00		
Rec. Fin. a Transcorrer	(75.000,00)		
Total	1.000.000,00	Total	1.000.000,00

Analisando as alternativas, temos:

a) Correta. **Atenção**, essa alternativa foi o gabarito oficial. No entendimento da banca, a empresa reconheceu apenas as vendas brutas no valor de 1.075.000,00 no resultado de

2016, pois as receitas financeiras de 75.000,00 serão apropriadas apenas nos exercícios de 2017 e 2018. Discordamos do gabarito oficial, pois o valor correto das vendas a serem reconhecidas no resultado de 2016 é no montante de 1.000.000,00, enquanto que as receitas financeiras de 75.000,00 serão apropriadas nos exercícios futuros, ou seja, em 2017 a empresa apropria 59.150,00 de receitas e em 2018 apropria 15.850,00 de receitas para o resultado. A questão deveria ter sido **anulada**.

b) Errada. A empresa **reconheceu integralmente** as vendas brutas no valor de **1.075.000,00** no resultado de 2016.

c) Errada. A empresa **reconheceu integralmente** as vendas brutas no valor de **1.075.000,00** no resultado de 2016, enquanto que as **receitas financeiras** no valor de 59.150,00 foram apropriadas aos resultados dos anos de 2017 e 2018.

d) Errada. A empresa **reconheceu integralmente** as vendas brutas no valor de **1.075.000,00** no resultado de 2016.

e) Errada. A empresa **reconheceu integralmente** as vendas brutas no valor de **1.075.000,00** no resultado de 2016, enquanto que as **receitas financeiras** no valor de 59.150,00 foram apropriadas aos resultados dos anos de 2017 e 2018.

SOLUÇÃO NA PROVA

Vendas no resultado de 2016 = Vendas à vista + Vendas a valor presente

$$\text{Vendas no resultado de 2016} = 500.000{,}00 + \frac{575.000{,}00}{1{,}15}$$

Vendas no resultado de 2016 = 1.000.000,00

Receitas Financeiras do exercício de 2017 = 11,83% × Vendas a valor presente

Receitas Financeiras do exercício de 2017 = 11,83% × 500.000,00

Receitas Financeiras do exercício de 2017 = 59.150,00

Gabarito Oficial: **A**

08ª QUESTÃO: As demonstrações dos resultados do ano de 2016 das empresas Dominadora e Submissa estão apresentadas a seguir:

Demonstrações dos resultados de 2016		
Descrição das contas	**Dominadora**	**Submissa**
Receitas de Vendas	15.000,00	9.000,00
− Custo da Mercadoria Vendida	(9.000,00)	(5.400,00)
= Resultado Bruto com Vendas	6.000,00	3.600,00
− Despesas gerais	(1.500,00)	(3.000,00)
+ Resultado de Equivalência Patrimonial	240,00	–
= Resultado Líquido	4.740,00	600,00

As seguintes informações são conhecidas:

I. A empresa Dominadora detém 100% do capital da empresa Submissa.

II. A empresa Submissa efetuou uma venda no valor de 3.000,00 para a empresa Dominadora, sendo que o custo dos produtos vendidos foi 2.100,00. Desta forma, a margem bruta nesta venda foi 30%.

III. A empresa Dominadora ainda mantém em estoque o valor de 1.200,00 das compras que fez da empresa Submissa.

O resultado bruto com vendas e o resultado líquido evidenciados na demonstração consolidada dos resultados do ano de 2016 foram, respectivamente, em reais:

a) 9.240,00 e 4.740,00
b) 9.600,00 e 4.740,00
c) 9.600,00 e 5.100,00
d) 8.700,00 e 4.200,00
e) 9.240,00 e 5.100,00

☛ SOLUÇÃO

As **demonstrações consolidadas** representam as demonstrações contábeis de um **grupo econômico**, em que ativos, passivos, patrimônio líquido, receitas, despesas e fluxos de caixa da **controladora** e de suas **controladas** são apresentados como se fossem uma única entidade econômica.

Demonstrações
CIA Dominadora Controladora

+

Demonstrações
CIA Submissa Controlada

=

Demonstrações Consolidadas
Grupo Econômico

Não existe consolidação entre entidades **coligadas**, apenas entre **controladoras** e **controladas**.

Soma dos saldos de mesma natureza

Na elaboração de **demonstrações contábeis consolidadas**, a entidade controladora combina suas demonstrações contábeis com as de suas controladas, **linha a linha**, ou seja, somando os saldos de itens de mesma natureza: ativos, passivos, receitas e despesas.

Ativo	Controladora	Controlada X	Controlada Y	Consolidado
Caixa	5.000,00	4.000,00	3.000,00	12.000,00
Clientes	3.500,00	2.500,00	1.000,00	7.000,00

Como podemos observar, na demonstração acima, a **controladora** combina as suas demonstrações com as de suas **controladas** X e Y, **linha a linha**. Podemos observar que:

- na **1ª linha** a **controladora** combinou o seu **caixa**, com os **caixas** das suas **controladas** X e Y.
- na **2ª linha**, a **controladora** combinou o seu **cliente**, com os **clientes** das suas **controladas** X e Y.

E assim por diante, até a última linha do balanço patrimonial da **controladora** com as demais **controladas**. Por exemplo, se o balanço patrimonial da controladora possuir **50 linhas no ativo**, a controladora deverá fazer **50 linhas no seu consolidado**.

Saldos e transações intragrupo

Os saldos, transações, receitas e despesas intragrupo (**entre as entidades do grupo econômico**), devem ser **eliminados em sua totalidade**.

Os saldos de balanços e transações intragrupo, incluindo receitas, despesas e dividendos devem ser **eliminados em sua totalidade**.

Os resultados decorrentes das transações intragrupo que estiverem reconhecidos nos ativos, tais como estoques ou ativo imobilizado, devem ser **eliminados em sua totalidade**.

As **perdas intragrupo** podem indicar redução no valor recuperável dos ativos correspondentes que precisa ser reconhecida nas demonstrações contábeis consolidadas.

Os **impostos e contribuições** decorrentes das **diferenças temporárias** pela eliminação de resultados não realizados nas transações intragrupo **devem ser reconhecidos** no ativo ou passivo como **tributos diferidos**.

MEMORIZAR PARA A PROVA

Na **consolidação das demonstrações contábeis**, as operações entre controladoras e controladas **são totalmente eliminadas**, prevalecendo apenas as **transações com terceiros**, isto é, empresas fora do grupo econômico.

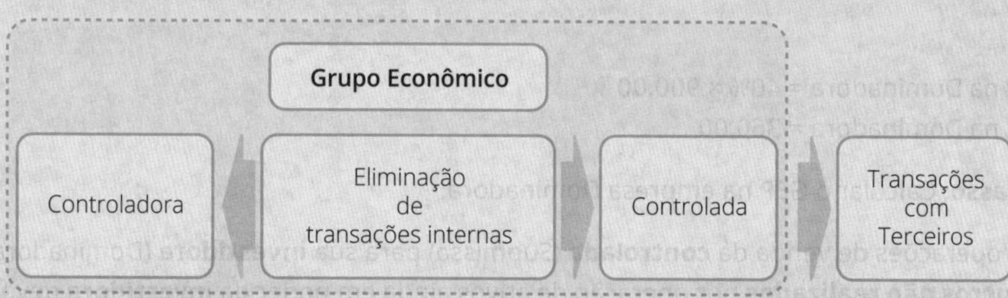

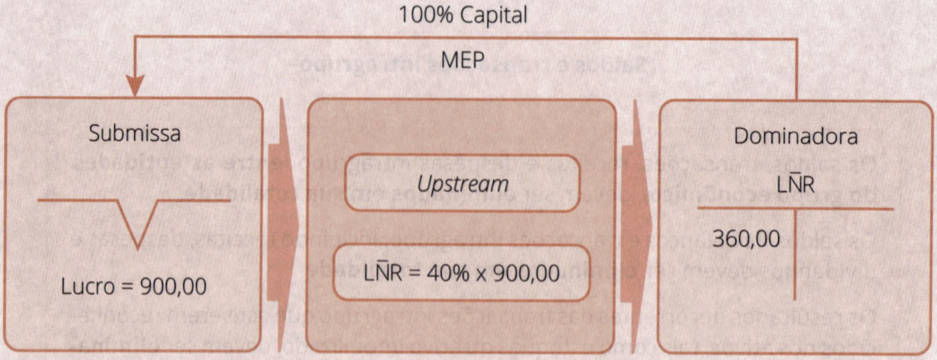

1º passo: Calcular os lucros não realizados (LÑR) nos estoques da empresa Dominadora.

Lucro da Submissa = Vendas para Dominadora – CMV para Dominadora

Lucro da Submissa para Dominadora = 3.000,00 – 2.100,00
Lucro da Submissa para Dominadora = 900,00

$$\text{\% adquirido da Cia. Submissa e não vendido} = \frac{\text{Estoques na Dominadora}}{\text{Mercadorias adquiridas da Cia. Submissa}} \times 100\%$$

$$\text{\% adquirido da Cia. Submissa e não vendido} = \frac{1.200,00}{3.000,00} \times 100\%$$

% adquirido da Cia. Submissa e não vendido = 40%

LÑR na Dominadora = % adquirido da Submissa e não vendido × Lucro da Submissa

LÑR na Dominadora = 40% × 900,00
LÑR na Dominadora = 360,00

2º passo: Calcular o GEP na empresa Dominadora.

Nas operações de venda da **controlada** (Submissa) para sua **investidora** (Dominadora), os **lucros não realizados** por operação de ativos ainda em poder da **investidora** devem ser eliminados da seguinte forma:

Lucro não realizado de **transações ascendentes com controladas**

Lucro Líquido da controlada
– LÑR nos estoques da investidora
= Lucro Líquido ajustado para fins de MEP
× Percentual do capital social da investida
= Ganho de Equivalência Patrimonial

Nas **transações ascendentes** (*upstream*), as vendas são realizadas da **controlada** para a **investidora**.

ATENÇÃO, trata-se de uma **operação *upstream*** (transações ascendentes), pois as vendas são realizadas da **controlada** (Submissa) para a **investidora** (empresa Dominadora).

Lucro Líquido da controlada..600,00
– LÑR nos estoques da investidora .... (360,00)
= Lucro líquido ajustado para fins de MEP 240,00
× Percentual do capital social da investida................× 100%
= Ganho de Equivalência Patrimonial...........................240,00

SOLUÇÃO NA PROVA

LÑR nos estoques da Dominadora = Margem Bruta × Estoques da Dominadora

LÑR nos estoques da Dominadora = 30% × 1.200,00
LÑR nos estoques da Dominadora = 360,00

GEP = (LL da Submissa – LÑR nos estoques da Dominadora) × Percentual de ações

GEP na Dominadora = (600,00 – 360,00) × 100%
GEP na Dominadora = 240,00

3º passo: Montar a DRE consolidada.

Demonstrações dos resultados de 2016			Ajustes e eliminações		DRE Consolidada
Descrição das contas	**Dominadora**	**Submissa**	**Débito**	**Crédito**	
Receitas de Vendas	15.000,00	9.000,00	3.000,00 (1)	–	21.000,00
– CMV	(9.000,00)	(5.400,00)	–	2.640,00 (2)	(11.760,00)
= Lucro Bruto	6.000,00	3.600,00	–	–	9.240,00
– Despesas gerais	(1.500,00)	(3.000,00)	–	–	(4.500,00)
+ GEP	240,00	–	240,00 (3)	–	0,00
= Lucro Líquido	4.740,00	600,00	3.240,00	–	4.740,00

Explicação dos lançamentos extracontábeis:

(1) Eliminação das vendas da Cia. Submissa para a Cia. Dominadora no montante de 3.000,00.

(2) Eliminação do CMV intragrupo das vendas da Cia. Submissa para a Cia. Dominadora de 2.640,00.

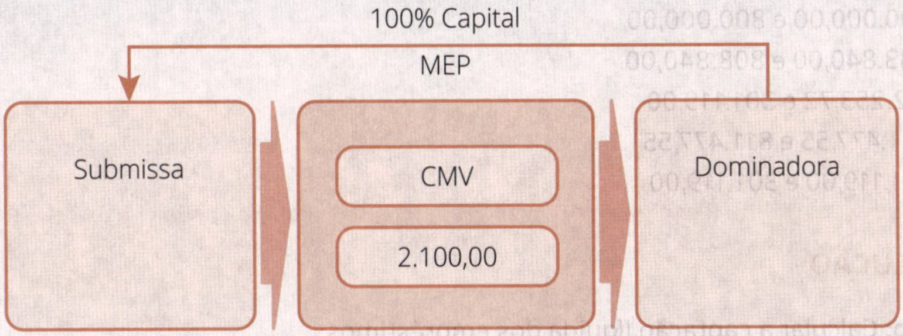

Lucro da Submissa na Dominadora............................900,00
× % dos estoques vendidos pela Dominadora............ × 60%
= Lucro realizado no CMV da Dominadora................. 540,00

CMV da Submissa... 2.100,00
+ Lucro realizado no CMV da Dominadora................. 540,00
= Valor eliminado no CMV consolidado 2.640,00

(3) Eliminação do GEP, pois para o grupo econômico, essa receita não ocorreu.

A contabilização dos ajustes e eliminações, é realizada por meio do seguinte lançamento:

D: Receita de Vendas....................................3.000,00
C: Custo das Mercadorias Vendidas..........................2.640,00
C: Estoques no BP da Dominadora................................360,00

Gabarito: **A**

09ª QUESTÃO: No dia 01/12/2015, uma empresa obteve um empréstimo no valor de 20.000.000,00. O prazo do empréstimo se encerrará em 01/12/2025, data em que a empresa deverá pagar integralmente o valor do principal. Os juros deverão ser pagos semestralmente com a primeira parcela vencendo em 01/06/2016 e a taxa de juros compostos negociada foi 1,5% ao mês. O valor das parcelas semestrais de juros é 1.868.865,28 e a empresa pagou, adicionalmente, na data da obtenção do empréstimo, despesas relacionadas com o contrato no valor de 500.000,00. A taxa de custo efetivo da operação foi 1,5442% ao mês. O valor contábil do empréstimo que foi apresentado no balanço patrimonial de 31/12/2015 e o valor total dos encargos financeiros evidenciados no resultado de 2015, referentes ao empréstimo obtido, foram, respectivamente, em reais:

a) 20.300.000,00 e 800.000,00
b) 20.083.840,00 e 808.840,00
c) 17.932.253,72 e 301.119,00
d) 20.311.477,55 e 811.477,55
e) 19.801.119,00 e 301.119,00

☛ SOLUÇÃO

1º passo: Calcular a captação líquida dos empréstimos.

Considerando-se as despesas relacionadas com o contrato no valor de 500.000,00, que foram pagas na data da obtenção do empréstimo no montante de 20.000.000,00, o fluxo de caixa líquido é:

Fluxo de caixa líquido em 01/12/2015 = Montante da captação – Custos de transação

Fluxo de caixa líquido em 01/12/2015 = 20.000.000,00 – 500.000,00
Fluxo de caixa líquido em 01/12/2015 = 19.500.000,00

Em 01/12/2015, o fluxo de caixa disponível para ser utilizado é o líquido dos custos de transação no montante de 19.500.000,00, ou seja, **na essência**, esse é o **valor líquido captado**. Com base nesse fluxo de caixa, a taxa interna de retorno mensal, que **nominalmente** era de 1,5% a.m., passa para 1,5442% a.m., e esse é **efetivamente** o custo da captação efetuada.

ATENÇÃO, o fluxo de caixa líquido (**FCL**) corresponde a captação líquida dos empréstimos.

2º passo: Calcular os encargos financeiros em 31/12/2015.

Encargos financeiros em 31/12/2015 = Taxa efetiva × Fluxo de caixa líquido em 01/12/2015

Encargos financeiros em 31/12/2015 = 1,5442% × 19.500.000,00
Encargos financeiros em 31/12/2015 = 301.119,00

3º passo: Calcular o valor do empréstimo em 31/12/2015.

Empréstimos em 31/12/2015 = FCL em 01/12/2015 + Encargos financeiros em 31/12/2015

Empréstimos em 31/12/2015 = 19.500.000,00 + 301.119,00
Empréstimos em 31/12/2015 = 19.801.119,00

Gabarito: **E**

10ª QUESTÃO: A empresa American Products Corporation atua nos Estados Unidos da América e sua moeda funcional é o dólar americano. Esta empresa é controlada da empresa brasileira Brasil Importados S.A., cuja moeda funcional é o real. O balanço patrimonial da empresa American Products Corporation, em 31/12/2016, apresentava os seguintes saldos nas diversas contas, com os valores expressos em dólar americano:

American Products Corporation – Balanço Patrimonial em 31/12/2016			
Ativo	**US$**	**Passivo**	**US$**
Ativo Circulante	**5.200,00**	**Passivo Circulante**	**6.000,00**
Caixa e Equivalentes	1.000,00	Fornecedores	3.500,00
Clientes	2.000,00	Impostos a pagar	1.500,00
Estoques	2.200,00	Contas a pagar	1.000,00
Ativo Não Circulante	**14.800,00**	**Passivo Não Circulante**	**3.000,00**
Realizável no Longo Prazo	800,00	Empréstimos	3.000,00
Imobilizado	10.000,00	**Patrimônio Líquido**	**11.000,00**
Intangíveis	4.000,00	Capital	8.000,00
		Reservas de Lucros	3.000,00
Total	**20.000,00**	**Total**	**20.000,00**

O resultado líquido obtido em 2016 pela empresa American Products Corporation, após a conversão para a moeda funcional da empresa brasileira, foi de 6.000,00 reais, e a conta reservas de lucros da empresa, em 31/12/2015, convertida para reais, apresentava o saldo de 4.000,00.

As seguintes informações adicionais são conhecidas:

- Os estoques foram adquiridos em 30/11/2016.
- O imobilizado e os intangíveis foram adquiridos em 31/12/2015.
- O capital foi integralizado em 31/12/2012.

As cotações do dólar para diversas datas são as seguintes:

Data	Cotação do dólar (em R$)
31/12/2012	2,00
31/12/2015	3,00
30/11/2016	3,80
31/12/2016	4,00
Média de 2016	3,40

Após a conversão do balanço patrimonial da empresa American Products Corporation para R$, o valor:

a) total do ativo é 68.000,00.
b) da conta ajustes acumulados de conversão é 18.000,00.
c) do patrimônio líquido é 37.400,00.
d) da conta ajustes acumulados de conversão é 28.000,00.
e) do patrimônio líquido é 29.560,00.

SOLUÇÃO

LEMBREM-SE NA PROVA!!!!!!!!!!

Na **conversão** de demonstrações contábeis em moeda estrangeira para o real, **utilizamos**:

Moeda estrangeira	Câmbio de conversão	Moeda R$
Ativo em US$	Fechamento	Ativo em R$
Passivo em US$	Fechamento	Passivo em R$
PL em US$	Histórica	PL em R$
Resultado Líquido em US$	Taxa média ou taxa da data de transação	Resultado Líquido em R$

AAC = Ativo convertido em R$ – (Passivo convertido em R$ + PL convertido em R$)

1º passo: Converter o balanço patrimonial em US$ para o R$.

Balanço em US$	Taxa	Câmbio	Balanço em US$	Balanço em R$
Ativo	Fechamento	US$ 1,00 = R$ 4,00	20.000,00	80.000,00
Passivo	Fechamento	US$ 1,00 = R$ 4,00	9.000,00	36.000,00
Capital Social	Histórica	US$ 1,00 = R$ 2,00	8.000,00	16.000,00
Reservas de Lucros	Histórica	?	Res. Lucros em US$ (1)	4.000,00
Lucro Líquido	Média	US$ 1,00 = R$ 3,40	LL em US$ (2)	6.000,00

(1) A banca informou que o saldo da reserva de lucros em 31/12/2015 era de 4.000,00 reais. Portanto, como não sabemos qual era o montante e nem a data em que foi constituída a reserva de lucros, utilizamos o valor já convertido em 2015 de 4.000,00 reais.

(2) Com relação ao lucro líquido a banca apesar de ter informado a taxa média de 2016, a mesma não informou qual era o seu valor em US$. Da mesma forma que a reserva de lucros, vamos utilizar o valor já convertido do lucro líquido de 6.000,00 reais.

2º passo: Calcular o patrimônio líquido convertido para reais.

ATENÇÃO, o lucro **líquido apurado** na DRE no valor de 6.000,00 reais é transferido para a conta **lucros acumulados**, do patrimônio líquido.

PL convertido em R$ = Capital Social em R$ + Reservas de Lucros em R$ + Lucros Acumulados em R$

PL convertido em R$ = 16.000,00 + 4.000,00 + 6.000,00
PL convertido em R$ = 26.000,00

3º passo: Calcular o Ajuste Acumulado de Conversão.

AAC = Ativo convertido em R$ – (Passivo convertido em R$ + PL convertido em R$)

AAC = 80.000,00 – (36.000,00 + 26.000,00)
AAC = 18.000,00

4º passo: Montar o balanço patrimonial após a conversão e a contabilização do AAC.

American Products Corporation – Balanço Patrimonial em 31/12/2016			
Ativo	**R$**	**Passivo**	**R$**
Ativo Circulante	**20.800,00**	**Passivo Circulante**	**24.000,00**
Caixa e Equivalentes	1.000,00	Fornecedores	14.000,00
Clientes	2.000,00	Impostos a pagar	6.000,00
Estoques	2.200,00	Contas a pagar	4.000,00
Ativo Não Circulante	**59.200,00**	**Passivo Não Circulante**	**12.000,00**
Realizável no Longo Prazo	800,00	Empréstimos	12.000,00
Imobilizado	10.000,00	**Patrimônio Líquido**	**44.000,00**
Intangíveis	4.000,00	Capital	16.000,00
		Reservas de Lucros	4.000,00
		Lucros Acumulados	6.000,00
		AAC	18.000,00
Total	**80.000,00**	**Total**	**80.000,00**

Analisando as alternativas, temos:

a) Errada. Após a conversão para R$, o total do ativo é **80.000,00**.

b) Correta. Após a conversão para R$, a conta ajustes acumulados de conversão é 18.000,00.

c) Errada. Após a conversão para R$ o patrimônio líquido é **44.000,00**.

d) Errada. Após a conversão para R$, a conta ajustes acumulados de conversão é **18.000,00**.

e) Errada. Após a conversão para R$ o patrimônio líquido é **44.000,00**.

Gabarito: **B**

11ª QUESTÃO: A Cia. Chuva Fina fabrica os produtos A, B e C utilizando um único departamento. Ao analisar a produção ocorrida no mês de abril de 2018, a Cia. obteve as seguintes informações:

Produto	Gasto c/ MP	Gasto c/ MOD	Horas de MOD utilizada	Produção total	Preço de venda
A	100/unidade	150/unidade	1,00 h/unidade	2.000	500/unidade
B	200/unidade	100/unidade	1,60 h/unidade	1.000	700/unidade
C	300/unidade	50/unidade	1,40 h/unidade	1.000	600/unidade

Os custos indiretos totais incorridos no mês de abril de 2018 foram 200.000,00 e são alocados aos produtos em função da quantidade de horas de mão de obra direta total utilizada, tendo em vista que a Cia. Chuva Fina utiliza o método de custeio por absorção. Com base nessas informações e sabendo que não havia estoques iniciais e finais de produtos em processo, os custos unitários de produção do mês de abril de 2018 para os produtos A, B e C foram, respectivamente, em reais:

a) 290,00, 340,00 e 390,00

b) 250,00, 300,00 e 350,00

c) 300,00, 350,00 e 400,00

d) 290,00, 364,00 e 406,00

e) 283,33, 366,67 e 416,67

☛ SOLUÇÃO

O **custeio por absorção** consiste na **apropriação dos custos** (diretos, indiretos, **fixos** e **variáveis**) utilizados no processo de produção para o resultado do exercício quando da venda, sendo que os custos relativos aos produtos em elaboração e aos produtos acabados que não tenham sido vendidos são ativados nos estoques destes produtos.

1º passo: Calcular o percentual dos custos fixos indiretos alocados aos produtos.

Produto	Quantidade total produzida	Horas de MOD	Total de horas MOD	Percentual
A	2.000	1,00 h/u	2.000 h	50%
B	1.000	1,60 h/u	1.600 h	25%
C	1.000	1,40 h/u	1.400 h	25%
Total			5.000 h	100%

$$\text{Percentual do produto A} = \frac{2.000 \text{ h}}{5.000 \text{ h}} \times 100\%$$

Percentual do produto A = 40%

$$\text{Percentual do produto B} = \frac{1.600 \text{ h}}{5.000 \text{ h}} \times 100\%$$

Percentual do produto B = 32%

$$\text{Percentual do produto C} = \frac{1.400 \text{ h}}{5.000 \text{ h}} \times 100\%$$

Percentual do produto C = 28%

2º passo: Calcular o custo fixo indireto unitário.

Produto	Percentual	Custos Fixos Indiretos	Quantidade total produzida	CIF unitário
A	40%	80.000,00	2.000	40,00
B	32%	64.000,00	1.000	64,00
C	28%	56.000,00	1.000	56,00

$$\text{CIF unitário de A} = \frac{\text{Percentual} \times \text{CIF Total}}{\text{Produção de A}}$$

$$\text{CIF unitário de A} = \frac{40\% \times 200.000,00}{2.000 \text{ unidades}}$$

CIF unitário de A = 40,00/unidade

$$\text{CIF unitário de B} = \frac{\text{Percentual} \times \text{CIF Total}}{\text{Produção de B}}$$

$$\text{CIF unitário de B} = \frac{32\% \times 200.000{,}00}{1.000 \text{ unidades}}$$

CIF unitário de B = 64,00

$$\text{CIF unitário de C} = \frac{\text{Percentual} \times \text{CIF Total}}{\text{Produção de C}}$$

$$\text{CIF unitário de C} = \frac{28\% \times 200.000{,}00}{1.000 \text{ unidades}}$$

CIF unitário de C = 56,00

3º passo: Calcular o custo de produção unitário dos produtos.

Produto	MPA	MOD	CIF	Custo de Produção
A	100,00	150,00	40,00	290,00
B	200,00	100,00	64,00	364,00
C	300,00	50,00	56,00	406,00

Gabarito: **D**

12ª QUESTÃO: Determinada indústria incorreu nos seguintes gastos para produzir seu único produto:

Custos fixos 60.000,00
Custos variáveis:
Matéria-prima por unidade 10,00
Mão de obra direta por unidade 5,00
Despesas fixas 20.000,00
Despesas variáveis por unidade 2,00
Comissões de venda .... 3% do preço de venda
Informações sobre a venda do produto:
Preço de venda por unidade 100,00
Impostos sobre a venda .... 10% da receita de vendas

Se a empresa deseja obter um lucro de 130.000,00 e adota o método de custeio por absorção, o ponto de equilíbrio econômico é, em unidades:

a) 1.900
b) 3.000
c) 2.100
d) 2.625
e) 2.715

SOLUÇÃO

Vamos chamar de **Q** a quantidade que a empresa deverá **produzir e vender** para atingir o ponto de equilíbrio econômico, ou seja, para obter um **lucro de 130.000,00**.

O **ponto de equilíbrio econômico** é o ponto em que o lucro contábil resultante da atividade empresarial se iguala aos rendimentos do capital próprio da empresa aplicado em outra alternativa de investimento.

1º passo: Calcular a receita total.

Receita Total = Preço de Venda unitário × Q

Receita Total = 100,00×Q

2º passo: Calcular o custo e a despesa total.

Comissões de venda = 3% × Preço de venda

Comissões de venda = 3% × 100,00

Comissões de venda = 3,00

Impostos sobre venda = 10% × Preço de venda

Impostos sobre venda = 10% × 100,00

Impostos sobre venda = 10,00

Matéria-prima	10,00
+ Mão de obra direta	5,00
= **Custos variáveis unitários**	**15,00**

Despesas variáveis	2,00
+ Comissões de venda	3,00
+ Impostos sobre venda	10,00
= **Despesas variáveis unitárias**	**15,00**

ATENÇÃO, o custo variável total é obtido por meio da fórmula:

Custo variável total = Custo variável unitário × Q

Custo variável total = 15,00×Q

Custo Total = Custo Variável total + Custo Fixo total

Custo Total = 15,00×Q + 60.000,00

A despesa variável total é obtida por meio da fórmula:

Despesa variável total = Despesa variável unitária × Q

Despesa variável total = 15,00×Q

Despesa Total = Despesa Variável total + Despesa Fixa total

Despesa Total = 15,00×Q + 20.000,00

3º passo: Calcular o ponto de equilíbrio econômico.

No ponto de equilíbrio econômico, temos:

Lucro Esperado = Receita Total – Custo Total – Despesa Total

Em outras palavras, no **ponto de equilíbrio econômico** não se a empresa adota o **custeio por absorção** ou **custeio variável**, pois todos os custos e despesas são computados.

130.000,00 = 100,00×Q – (15,00×Q + 60.000,00) – (15,00×Q + 20.000,00)

130.000,00 = 100,00×Q – 15,00×Q – 60.000,00 – 15,00×Q – 20.000,00

70,00×Q = 210.000,00

Q = 3.000 unidades

Gabarito: **B**

13ª QUESTÃO: A Cia. Porosa fabrica quatro produtos (X, Y, Z e W) e as informações referentes a cada um deles estão apresentadas a seguir:

Variável	Produto			
	X	Y	Z	W
Preço de venda unitário	100,00	100,00	100,00	100,00
Custos variáveis unitário	26,00	30,00	28,00	20,00
Custos fixos unitário	15,00	12,00	17,00	18,00
Despesas variáveis unitário	9,00	3,00	6,00	12,00
Despesas fixas unitário	3,00	1,00	2,00	4,00

Os custos fixos são comuns aos quatro produtos e alocados com base nos volumes produzidos. As despesas fixas são alocadas em função das despesas variáveis unitárias. Sabendo que a empresa tem recursos limitados para investir em propaganda e que o objetivo é a maximização do lucro, a ordem de prioridade em que os produtos devem ter sua venda incentivada é:

a) W, X, Z e Y
b) Y, W, X e Z
c) W, Y, Z e X
d) Y, X, Z e W
e) X, Y, W e Z

☛ SOLUÇÃO

A empresa deverá da ordem de prioridade a produção dos produtos com **maior margem de contribuição**. A margem de contribuição corresponde ao quanto sobra das vendas para que uma empresa possa pagar suas despesas fixas e **ainda gerar lucro**.

Margem de Contribuição = Vendas – Custos Variáveis – Despesas Variáveis

ATENÇÃO NA PROVA!!!! Apesar da banca mencionar os **custos fixos unitários e as despesas fixas unitárias**, esses dados **não são utilizados** no cálculo da margem de contribuição, pois independentemente da empresa produzir ou não, os **custos e as despesas fixas, continuam existindo**.

Calculando as margens de contribuição, temos:

Produtos	X	Y	Z	W
Preço líquido de venda por unidade	100,00	100,00	100,00	100,00
– Custos variáveis por unidade	(26,00)	(30,00)	(28,00)	(20,00)
– Despesas variáveis por unidade	(9,00)	(3,00)	(6,00)	(12,00)
= Margem de contribuição unitária	65,00	67,00	66,00	68,00

CONCLUSÃO, a ordem de prioridade da produção é:

1ª W, 2ª Y, 3ª Z e 4ª X

Gabarito: **C**

14ª QUESTÃO: A Cia. das Peças, ao analisar o desempenho operacional de seu setor produtivo, obteve as seguintes informações sobre a matéria-prima utilizada na fabricação de determinado produto:

Variável	Custo padrão	Custo real
Quantidade consumida	2 kg/unidade	2,1 kg/unidade
Preço	10,00/kg	9,00/kg
Total	20,00/unidade	18,90/unidade

Com base nessas informações, a variação:

a) do preço da matéria-prima por unidade foi 2,00 favorável.
b) da quantidade de matéria-prima por unidade foi 1,00 favorável.
c) do preço da matéria-prima por unidade foi 1,00 favorável.
d) da quantidade de matéria-prima por unidade foi 0,90 desfavorável.
e) do preço da matéria-prima por unidade foi 2,10 favorável.

☛ SOLUÇÃO

MEMORIZAR PARA A PROVA

Variação de consumo = (Consumo padrão – Consumo real) × Preço padrão

MEMORIZAR PARA A PROVA

Variação de preço = (Preço padrão – Preço real) × Consumo padrão

Variação mista = (Consumo padrão – Consumo real) × (Preço padrão – Preço real)

Sinal da variação	Variação
Negativo	Consumo e preço são desfavoráveis
Negativo	Mista é **favorável**
Positivo	Consumo e preço são favoráveis
Positivo	Mista é **desfavorável**

1º passo: Calcular o consumo padrão.

Consumo padrão = Consumo unitário padrão × unidades produzidas

Consumo padrão = 2 Kg/unidade × 1 unidade
Consumo padrão = 2 Kg

2º passo: Calcular o consumo real.

Consumo real = Consumo unitário real × unidades produzidas

Consumo real = 2,1 Kg/unidade × 1 unidade
Consumo real = 2,1 Kg

3º passo: Calcular a variação de quantidade.

Variação de quantidade = Diferença de quantidade × Preço padrão

Preço padrão = 10,00/Kg

Variação de quantidade = (Quantidade padrão – Quantidade real) × Preço padrão
Variação de quantidade = (2 Kg – 2,1 Kg) × 10,00/Kg
Variação de quantidade = – 1,00

Sinal negativo a variação de **quantidade é desfavorável de 1,00**.

4º passo: Calcular a variação de preço.

Variação de preço = Diferença de preço × Quantidade padrão

Preço real = 9,00/Kg

Variação de preço = (Preço padrão – Preço real) × Quantidade padrão
Variação de preço = (10,00/Kg – 9,00/Kg) × 2 Kg
Variação de preço = + 2,00

Sinal positivo a variação de **preço é favorável de 2,00**.

Gabarito: **A**

15ª QUESTÃO: Considere as seguintes informações sobre os dois produtos fabricados pela Cia. Especializada:

	Especial 1 (unidade de 1kg)	**Especial 2 (unidade de 1kg)**
Lucro bruto por unidade	12,00	15,00
Margem de contribuição unitária	10,00	12,00
Quantidade de material especial por unidade	5	8
Quantidade demandada pelo mercado	100 unidades por semana	200 unidades por semana

A Cia. Especializada só consegue comprar 1.700 unidades de material especial por semana para a fabricação dos dois produtos. Considerando o objetivo de maximizar o lucro, a Cia. deve produzir e vender as seguintes quantidades semanais do produto Especial 1 e do Especial 2, respectivamente:

a) 0 e 200
b) 20 e 200
c) 100 e 200
d) 0 e 212
e) 100 e 150

☛ **SOLUÇÃO**

1º passo: Calcular o fator de restrição de produção.

ATENÇÃO, a Cia. Especializada **só consegue comprar 1.700 unidades** de material especial por semana para a fabricação dos dois produtos. Portanto, existe um **fator de restrição** na produção, que é a quantidade de material especial por unidade.

Nesse caso, quando existe um **fator de restrição** na produção, a empresa deverá dar prioridade ao produto que apresentar melhor relação de **margem de contribuição** unitária pelo **fator de restrição** de produção.

$$\text{Fator de prioridade de produção} = \frac{\text{Margem de contribuição unitária}}{\text{Fator de restrição de produção}}$$

Fator de restrição de produção = Quantidade de material especial por unidade

	Especial 1 (unidade de 1 kg)	**Especial 2 (unidade de 1 kg)**
Margem de contribuição unitária	10,00	12,00
Quantidade de material especial por unidade	5	8
Fator de prioridade de produção	2,00/unidade	1,50/unidade

2º passo: Calcular o consumo de material do produto Especial 1.

A demanda do produto Especial 1 por semana pelo mercado é de 100 unidades. Logo, a Cia. Especializada ao dar prioridade na produção do **produto Especial 1**, tem-se o seguinte consumo de material especial:

Consumo de material do Produto Especial 1 = 100 unidades × 5
Consumo de material do Produto Especial 1 = 500 unidades

3º passo: Calcular o estoque residual de material especial para a produção do produto Especial 2.

Estoque residual = Compra de material especial – Consumo de material do Produto Especial 1

Estoque residual = 1.700 unidades – 500 unidades
Estoque residual = 1.200 unidades

4º passo: Calcular a quantidade de produto Especial 2 produzida por semana.

$$\text{Produção de produção Especial 2} = \frac{\text{Estoque residual de material especial}}{\text{Consumo de material por unidade}}$$

$$\text{Produção de produção Especial 2} = \frac{\text{1.200 unidades}}{8}$$

Produção de produção Especial 2 = 150 unidades

A Cia. Especializada deverá **incentivar** a produção do **produto Especial 1**, pois é o produto que apresenta o **maior fator** de prioridade de produção. Conclusão, a Cia. Especializada deve produzir semanalmente **100 unidades do produto Especial 1 e 150 unidades do produto Especial 2.**

Gabarito: **E**

Capítulo 13

Contador TRT • 2ª Região 2018

01ª QUESTÃO: Em 31/12/2016, uma empresa obteve um empréstimo no valor de 10.000.000,00 com as seguintes características:

- Prazo total: 10 anos.
- Taxa de juros compostos: 8% ao ano.
- Pagamentos: parcelas iguais e anuais de 1.490.295,00, sendo que a primeira parcela tinha vencimento para 31/12/2017. Para a obtenção do empréstimo, a empresa incorreu em custos de transação no valor total de 435.797,00, sendo que a taxa de custo efetivo da operação foi de 9% ao ano.

Com base nessas informações, o valor dos encargos financeiros reconhecidos no resultado de 2017 e o saldo referente ao empréstimo apresentado no balanço patrimonial, em 31/12/2017, foram, respectivamente, em reais:

a) 1.235.797,00 e 9.745.502,00

b) 900.000,00 e 9.409.705,00

c) 860.778,27 e 9.370.483,27

d) 1.235.797,00 e 9.309.705,00

e) 860.778,27 e 8.934.686,27

SOLUÇÃO

1º passo: Calcular os encargos financeiros de 2017.

Captação Líquida = Valor do contrato – Custos de transação

Captação Líquida = 10.000.000,00   435.797,00

Captação Líquida = 9.564.203,00

Encargos financeiros de 2017 = Taxa efetiva × Captação Líquida

Encargos financeiros de 2017 = 9% × 9.564.203,00
Encargos financeiros de 2017 = 860.778,27

2º passo: Calcular o saldo líquido do empréstimo no balanço patrimonial em 31/1/2017.

Empréstimos em 31/12/2017 = Captação Líquida + Encargos Financeiros de 2017 – 1ª Parcela

Empréstimos em 31/12/2017 = 9.564.203,00 + 860.778,27 – 1.490.295,00
Empréstimos em 31/12/2017 = 8.934.686,27

Gabarito: **E**

02ª QUESTÃO: A empresa Trabalhos Manuais S.A., ao adquirir mercadorias para revenda, em 30/03/2017, pagou os seguintes valores:

- Fornecedor: 180.000,00 (valor líquido, sem tributos)
- Seguro para transporte das mercadorias até a empresa: 5.000,00
- Tributos recuperáveis: 23.000,00
- Tributos não recuperáveis: 16.000,00

Em 16/4/2017, a empresa revendeu todas estas mercadorias por 450.000,00, concedendo um desconto comercial de 10%, pagou 4.500,00 de comissão para os vendedores e 7.000,00 de frete para entrega das mercadorias vendidas. Com base nestas informações, o lucro bruto apurado pela empresa Trabalhos Manuais S.A., especificamente em relação à compra e venda das mercadorias, foi, em reais:

a) 249.000,00
b) 204.000,00
c) 181.000,00
d) 192.500,00
e) 199.500,00

☛ SOLUÇÃO

Montando as notas fiscais de aquisição das mercadorias e dos transportes e seguros, temos:

Nota Fiscal de Mercadorias	
Mercadorias	203.000,00
+ Tributos não recuperáveis	16.000,00
= Total da nota fiscal	219.000,00
Tributos recuperáveis	23.000,00

Nota Fiscal de Transportes	
Transportes/Seguros	5.000,00
= Total da nota fiscal	5.000,00

1º passo: Calcular as compras brutas.

As **compras brutas** (CB) correspondem ao valor das compras acrescidos dos tributos, quer sejam por fora ou por dentro, **recuperáveis ou não**. Em outras palavras, as compras brutas correspondem ao valor **total da nota fiscal** de aquisição das mercadorias.

Compras Brutas = Nota Fiscal de Mercadorias

Compras Brutas = 219.000,00

2º passo: Calcular as compras líquidas.

As **compras líquidas** (CL) representam o valor efetivamente **lançado nos estoques**.

CL = CB – Tributos recuperáveis + Fretes/Seguros/Armazenagem – Deduções de compras

Compras Líquidas = 219.000,00 (Compras Brutas) – 23.000,00 (Tributos recuperáveis) + 5.000,00 (Fretes)

Compras Líquidas = 201.000,00

3º passo: Registro contábil das operações de compra e venda de mercadorias.

(1) Registro contábil das compras à vista.

Mercadorias		Tributos Recuperáveis		Disponível	
(1) 201.000,00		(1) 23.000,00		Saldo Inicial	224.000,00 (1)

Disponível = Nota Fiscal de Mercadorias + Nota Fiscal de Transportes

Disponível = 219.000,00 + 5.000,00
Disponível = 224.000,00

4º passo: Registro contábil das vendas.

(3) Registro contábil das vendas brutas no montante de 450.000,00, com desconto comercial de 10%.

Disponível		Desconto Comercial Concedido		Vendas Brutas	
(3) 405.000,00		(3) 45.000,00			450.000,00 (3)

(4) Registro contábil do custo das mercadorias vendidas em 16/04/2017.

Mercadorias		CMV	
201.000,00	201.000,00 (4)	(4) 201.000,00	

Montando a DRE, temos:

Demonstração do Resultado do Exercício	
Vendas Brutas	450.000,00
– Desconto Comercial Concedido	(45.000,00)
= Vendas Líquidas	405.000,00
– Custo das Mercadorias Vendidas	(201.000,00)
= **Lucro Bruto**	**204.000,00**
– Despesas com comissão dos vendedores	(4.500,00)
– Despesas com fretes sobre vendas	(7.000,00)
= **Lucro antes do resultado financeiro**	**192.500,00**

SOLUÇÃO NA PROVA

CL = Fornecedor sem tributos + Tributos não recuperáveis + Transportes

Compras Líquidas = 180.000,00 + 16.000,00 + 5.000,00
Compras Líquidas = 201.000,00

Lucro Bruto = Vendas Líquidas – CMV

Lucro Bruto = 450.000,00 × 90% – 201.000,00

Lucro Bruto = 204.000,00

Gabarito: **B**

03ª QUESTÃO: A Cia. dos Direitos possuía, em 31/12/16, um ativo intangível com vida útil indefinida correspondente a ágio derivado de expectativa de rentabilidade futura, cujo valor contábil era 730.000,00 composto por:

- Custo de aquisição 880.000,00
- Perda por desvalorização reconhecida em 2016.......... 150.000,00

Em 31/12/17, a Cia. realizou o teste de recuperabilidade do ativo e obteve as seguintes informações:

- Valor em uso.. 900.000,00
- Valor justo líquido de despesas de venda 700.000,00

Com base nas informações acima, a Cia. dos Direitos, em 31/12/17:

a) manteve o valor contábil de 730.000,00.
b) reconheceu um ganho no valor de 150.000,00.
c) reconheceu uma perda por desvalorização no valor de 30.000,00.
d) reconheceu um ganho no valor de 170.000,00.
e) reconheceu um ganho no valor de 20.000,00.

SOLUÇÃO

LEMBREM-SE!!!!!!!! O ágio derivado de expectativa de rentabilidade futura é sinônimo de ***goodwill***.

Vida útil do ativo intangível	Amortização	*Impairment test*	Reversão de perda estimada
Definida	Sim	Sim	Sim
Indefinida	Não	Sim	**Sim**
Goodwill	Não	Sim	Não

1ª etapa: Calcular o valor recuperável do ***goodwill***.

ATENÇÃO, o valor recuperável será sempre o **maior valor**.

<table>
<tr><td>Valor justo líquido das despesas de venda</td><td>700.000,00</td><td rowspan="2">MAIOR VALOR</td><td rowspan="2">Valor recuperável = 900.000,00</td></tr>
<tr><td>Valor em uso</td><td>900.000,00</td></tr>
</table>

Valor recuperável do *goodwill* em 2017 = 900.000,00

2ª etapa: Calcular o valor contábil do *goodwill.*

Valor contábil = Custo de Aquisição – Perdas Acumuladas por *Impairment*

LEMBREM-SE!!!!! O *goodwill* **não é amortizado**, portanto no cálculo do seu valor contábil, **não subtraímos a amortização acumulada** (vide tabela).

Valor contábil = 880.000,00 – 150.000,00

Valor contábil = 730.000,00

3ª etapa: Comparar o valor recuperável com o valor contábil.

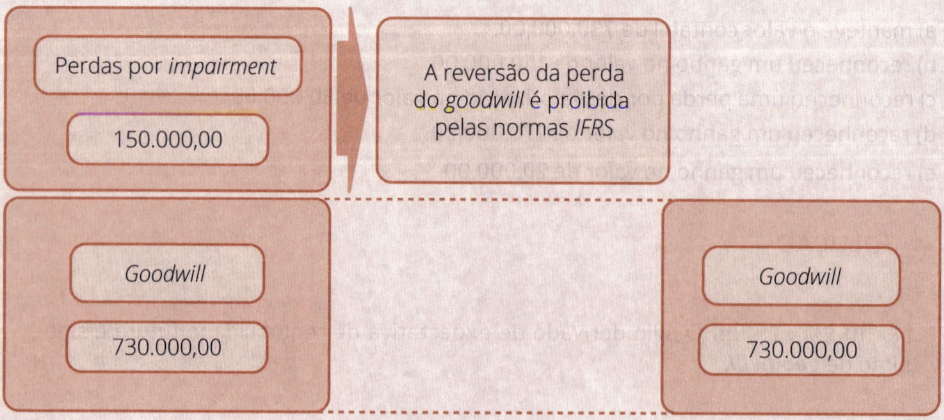

Segundo o CPC 04, a perda reconhecida no *goodwill* em 2016 no valor de 150.000,00 **não poderá ser revertida** no exercício de 2017. A **proibição tem por base** o fato de que o *goodwill* gerado internamente **não pode ser reconhecido**. Em outras palavras, a perda não pode ser revertida pelo fato da entidade não conseguir distinguir uma parte desse ganho, do ganho proveniente do ***goodwill* gerado internamente**.

CONCLUSÃO, o *goodwill* **continuará** registrado pelo valor contábil de **730.000,00**.

Gabarito: **A**

04ª QUESTÃO: A Cia. Produtora adquiriu, em 31/12/2015, uma máquina por 1.680.000,00, à vista. A vida útil econômica estimada desta máquina, na data da aquisição, era 12 anos e o valor residual era 240.000,00. Em 1/1/2017, a empresa reavaliou a vida útil remanescente da máquina para 10 anos e o novo valor residual esperado era 120.000,00. Com base nessas informações, o valor contábil da máquina evidenciado no balanço patrimonial da Cia. Produtora, em 31/12/2017, foi de:

a) 1.368.000,00
b) 1.080.000,00
c) 1.416.000,00
d) 1.248.000,00
e) 1.296.000,00

☛ SOLUÇÃO

Segundo o CPC 27 que trata do ativo imobilizado, o **valor residual e a vida útil** de um ativo **são revisados** pelo menos ao **final de cada exercício** e, se as expectativas diferirem das estimativas anteriores, a mudança deve ser contabilizada como **mudança de estimativa contábil**, segundo o CPC 23 que trata das políticas contábeis, mudança de estimativa e retificação de erro.

Itens	2016	2017
Custo de aquisição	1.680.000,00	1.680.000,00
Valor residual	240.000,00	120.000,00
Vida útil econômica	12 anos	10 anos

ATENÇÃO, analisando a tabela, podemos verificar que o **valor residual e a vida útil econômica** sofrem alterações de valores com o passar dos anos. O mesmo não ocorre com o **custo de aquisição** no montante de 1.680.000,00, que permanece constante com o decorrer dos anos.

1º passo: Calcular a depreciação acumulada em 2016.

$$\text{Depreciação Acumulada} = (\text{Custo de aquisição} - \text{Valor residual}) \times \frac{\text{Período de utilização}}{\text{Vida útil}}$$

$$\text{Depreciação Acumulada em 2016} = (1.680.000{,}00 - 240.000{,}00) \times \frac{1 \text{ ano}}{12 \text{ anos}}$$

Depreciação Acumulada em 2016 = 120.000,00

2º passo: Calcular a depreciação de 2017.

No início de 2017 foi realizado o **teste de *impairment*** na máquina, e nessa data, a companhia obteve uma nova vida útil de 10 anos e um valor residual de 120.000,00. Portanto, a nova fórmula de depreciação será:

$$\text{Depreciação} = (\text{Custo de aquisição} - \text{Depreciação Acumulada} - \text{Valor residual}) \times \frac{\text{Período de utilização}}{\text{Nova vida útil}}$$

$$\text{Depreciação em 2017} = (1.680.000{,}00 - 120.000{,}00 - 120.000{,}00) \times \frac{1 \text{ ano}}{10 \text{ anos}}$$

Depreciação em 2017 = 144.000,00

3º passo: Calcular a depreciação acumulada em 2017.

Depreciação Acumulada em 2017 = Depreciação de 2016 + Depreciação de 2017

Depreciação Acumulada em 2017 = 120.000,00 + 144.000,00
Depreciação Acumulada em 2017 = 264.000,00

4º passo: Calcular o valor contábil da máquina em 31/12/2017.

Valor contábil em 31/12/2017 = Custo de aquisição – Depreciação Acumulada em 31/12/2017

Valor contábil em 31/12/2017 = 1.680.000,00 – 264.000,00
Valor contábil em 31/12/2017 = 1.416.000,00

Gabarito: **C**

05ª QUESTÃO: A Cia. Riscos Ativos está respondendo a diversos processos em diversas áreas. Os valores das provisões reconhecidas em 31/12/2016, as informações sobre a reavaliação das condições destes processos em 31/12/2017, e as informações sobre dois novos processos que foram identificados em 2017, são apresentados na tabela a seguir:

Processo	Provisão reconhecida em 31/12/2016	Probabilidade de perda considerada em 31/12/2017	Valor reestimado da perda em 31/12/2017
Trabalhista	180.000,00	Provável	240.000,00
Tributário 1	550.000,00	Possível	730.000,00
Tributário 2	0,00	Provável	150.000,00
Cível	120.000,00	Possível	80.000,00
Ambiental	0,00	Remota	50.000,00

Com base nessas informações, em 2017, a Cia Riscos Ativos:

a) reconheceu, na demonstração do resultado, uma perda de 390.000,00.
b) reconheceu, na demonstração do resultado, uma perda de 210.000,00.
c) apresentou, no balanço patrimonial, um saldo na conta provisões de 1.060.000,00.
d) apresentou, no balanço patrimonial, um saldo na conta provisões de 1.200.000,00.
e) reconheceu, na demonstração do resultado, um ganho de 460.000,00.

☛ SOLUÇÃO

UMA DICA PARA A PROVA é lembrar da frase:

Pro Po R uma provisão para contingências.

Montando a tabela com as obrigações presentes que podem ser prováveis, possíveis ou remotas, temos:

Provisão para contingências	Provável	Possível	Remota
Registro contábil	Sim	Não	Não
Divulgação em notas explicativas	Sim	Sim	Não

CONCLUSÃO, apenas os **processos prováveis** de perda pela empresa serão registrados no balanço patrimonial e divulgados em notas explicativas.

Processo	Provisão em 31/12/2016	Probabilidade de perda em 31/12/2017	Valor reestimado da perda em 31/12/2017	DRE
Trabalhista	180.000,00	Provável	240.000,00	(60.000,00)
Tributário 1	550.000,00	Possível	730.000,00	550.000,00
Tributário 2	0,00	Provável	150.000,00	(150.000,00)
Cível	120.000,00	Possível	80.000,00	120.000,00
Ambiental	0,00	Remota	50.000,00	0,00
Efeitos na DRE				460.000,00

Efeitos na DRE = 550.000,00 + 120.000,00 – 60.000,00 – 150.000,00

Efeitos na DRE = 460.000,00 positivos

CONCLUSÃO, reconheceu, na DRE, um **ganho de 460.000,00**.

Gabarito: **E**

Capítulo 14

Contador da Câmara Legislativa DF 2018

01ª QUESTÃO: A Cia. das Viradas realizou, durante o mês de dezembro de 2017, as vendas nas condições apresentadas na tabela a seguir:

Data	Valores	Data de vencimento
01/12/2017	1.020.000,00	01/12/2019
09/12/2017	870.000,00	À vista
27/12/2017	530.000,00	À vista
Total do mês	2.420.000,00	–

A taxa de juros compostos cobrada nas vendas a prazo é de 0,76% ao mês, que equivale a uma taxa de juros de 20% para o prazo total da venda ocorrida em 01/12/2017. Os efeitos evidenciados na demonstração do resultado do ano de 2017 da Cia. das Viradas, decorrentes especificamente das vendas efetuadas durante o mês de dezembro de 2017, foram:

a) receita de vendas no valor de 2.420.000,00 e receita financeira no valor de 6.460,00.
b) receita de vendas no valor de 2.250.000,00 e receita financeira no valor de 8.500,00.
c) receita de vendas no valor de 2.250.000,00 e receita financeira no valor de 170.000,00.
d) receita de vendas no valor de 2.216.000,00 e receita financeira no valor de 8.500,00.
e) receita de vendas no valor de 2.250.000,00 e receita financeira no valor de 6.460,00.

☛ SOLUÇÃO

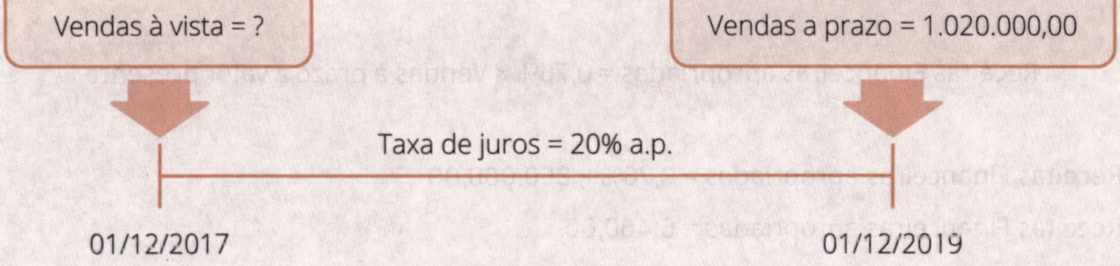

1º passo: Calcular o total das vendas realizadas em dezembro de 2017.

Vendas Brutas = Vendas a prazo + Vendas à vista

Vendas Brutas = 1.020.000,00 + 870.000,00 + 530.000,00

Vendas Brutas = 2.420.000,00

2º passo: Calcular o valor presente das vendas a prazo.

$$\text{Vendas a prazo a valor presente} = \frac{\text{Vendas a Prazo}}{1 + \text{Taxa}}$$

$$\text{Vendas a prazo a valor presente} = \frac{1.020.000,00}{1,2}$$

Vendas a prazo a valor presente = 850.000,00

3º passo: Calcular o total das vendas à vista.

Total das vendas à vista = Vendas à vista + Vendas a prazo a valor presente

Total das vendas à vista = 1.400.000,00 + 850.000,00

Total das vendas à vista = 2.250.000,00

4º passo: Calcular a receita financeira a apropriar nas vendas a prazo.

Receita Financeira a apropriar = Vendas a prazo no valor nominal – Vendas a prazo a valor presente

Receita Financeira a apropriar = 1.020.000,00 – 850.000,00

Receita Financeira a apropriar = 170.000,00

5º passo: Calcular as receitas financeiras apropriadas para o resultado em 2017.

Receitas Financeiras apropriadas = 0,76% × Vendas a prazo a valor presente

Receitas Financeiras apropriadas = 0,76% × 850.000,00

Receitas Financeiras apropriadas = 6.460,00

6º passo: Montar a DRE segundo a estrutura do CPC 26.

CUIDADO EXTRA NA PROVA!

Nas questões envolvendo a DRE, atualmente a FCC **segue a estrutura do CPC 26** que trata da Apresentação das Demonstrações Contábeis, ou seja, na apuração do **resultado operacional**, a FCC **não incluiu as despesas financeiras**. Portanto, quando nos depararmos com uma questão da FCC pedindo o **resultado operacional**, nós devemos ter em mente que esse **resultado operacional** corresponde ao **resultado antes do resultado financeiro**, segundo a estrutura de DRE apresentada pelo CPC 26.

Lucro antes do resultado financeiro (CPC 26) ≠ **Lucro Operacional** (Legislação Societária)

Demonstração do Resultado do Exercício	
Vendas Brutas	2.420.000,00
– AVP de Vendas	(170.000,00)
= **Vendas Líquidas**	**2.250.000,00**
= Resultado antes do resultado financeiro	x,00
+ **Receitas Líquidas**	**6.460,00**
= Resultado antes do IR e CSLL	y,00

Na DRE temos uma **receita de vendas** no mês de dezembro de 2017 de **2.250.000,00** e uma **receita financeira** no valor de **6.460,00**.

Gabarito: **E**

02ª QUESTÃO: A Cia. das Caixas é uma empresa comercial e apresentava as seguintes demonstrações contábeis, com valores em reais:

Balanço Patrimonial					
Ativo	**31/12/16**	**31/12/17**	**Passivo**	**31/12/16**	**31/12/17**
Ativo Circulante	245.000,00	655.000,00	Passivo Circulante	92.000,00	183.000,00
Caixa e Equivalentes	140.000,00	500.000,00	Fornecedores	32.000,00	82.000,00
Duplicatas a Receber	60.000,00	130.000,00	Adiantamentos de Clientes	60.000,00	35.000,00
Estoques	35.000,00	20.000,00	Dividendos a Pagar	–	66.000,00
Seguros a Vencer	10.000,00	5.000,00	Passivo Não Circulante	193.000,00	218.000,00
Ativo Não Circulante	290.000,00	150.000,00	Empréstimos	193.000,00	218.000,00
Imobilizado			Patrimônio Líquido	250.000,00	404.000,00
Terreno	120.000,00	–	Capital Social	250.000,00	250.000,00
Máquinas	200.000,00	200.000,00	Reservas de Lucros	–	154.000,00
Depreciação Acumulada	(30.000,00)	(50.000,00)			
Total	**535.000,00**	**805.000,00**	**Total**	**535.000,00**	**805.000,00**

Demonstração do Resultado – 01/01/2017 a 31/12/2017

Receita Bruta de Vendas	750.000,00
– Custo dos Produtos Vendidos	(380.000,00)
= Lucro Bruto	370.000,00
– Despesas de salários	(70.000,00)
– Despesas de seguros	(15.000,00)
– Despesas de depreciação	(20.000,00)
+ Lucro na venda do terreno	32.000,00
= Lucro antes do resultado financeiro	297.000,00
– Despesa financeira (juros)	(25.000,00)
= Lucro antes do IR e CSLL	272.000,00
– Despesa com Imposto de Renda e CSLL	(52.000,00)
= Lucro Líquido	220.000,00

Sabendo-se que a despesa financeira não foi paga e que o terreno foi vendido à vista, o fluxo de caixa decorrente das atividades operacionais gerado no ano de 2017 foi, em reais:

a) 208.000,00
b) 240.000,00
c) 274.000,00
d) 233.000,00
e) 213.000,00

☛ SOLUÇÃO

SOLUÇÃO NA PROVA

Na prova, calculamos o caixa líquido consumido no FCO pelo **método indireto**, que é o mais rápido nessa questão. **Mas muita atenção!** Na prova não é necessário calcular a variação de cada conta do ativo e do passivo circulantes, pois isso consome tempo, e o tempo é um artigo de luxo na prova. Com a finalidade de ganhar agilidade, nós calculamos apenas as **variações dos ativos e passivos circulantes** e somamos essas variações ao **lucro líquido ajustado**.

Ativo Circulante	31/12/16	31/12/17	Passivo Circulante	31/12/16	31/12/17
Duplicatas a Receber	60.000,00	130.000,00	Fornecedores	32.000,00	82.000,00
Estoques	35.000,00	20.000,00	Adiantamentos de Clientes	60.000,00	35.000,00
Seguros a Vencer	10.000,00	5.000,00			
Total	**105.000,00**	**155.000,00**	**Total**	**92.000,00**	**117.000,00**

Variação do AC = AC em 2017 – AC em 2016
Variação do AC = 155.000,00 – 105.000,00
Variação do AC = **aumento** de 50.000,00

Variação do PC = PC em 2017 – PC em 2016
Variação do PC = 117.000,00 – 92.000,00
Variação do PC = **aumento** de 25.000,00

Lembrem-se dos ajustes relacionados com as variações dos ativos circulantes e passivos circulantes.	
Aumento do AC é um **ajuste negativo** na DFC.	**Aumento** do PC é um **ajuste positivo** na DFC.
Redução do AC é um ajuste positivo na DFC.	Redução do PC é um ajuste negativo na DFC.

Fluxo de Caixa Operacional – **Método Indireto**	
Lucro Líquido	**220.000,00**
1º ajuste: Ajustes oriundos da **DRE**	
+ Depreciação	20.000,00
+ Despesas Financeiras	25.000,00
– Lucro na venda do terreno	(32.000,00)
= **Lucro Líquido ajustado**	**233.000,00**
2º ajuste: Ajustes oriundos do **BP**	
– Aumento do AC	(50.000,00)
+ Aumento do PC	25.000,00
= **Caixa líquido gerado no FCO**	**208.000,00**

Gabarito: **A**

03ª QUESTÃO: Cia. Brasileira apresentava em seu balanço patrimonial de 31/12/2017, na conta provisões, o valor de 580.000,00, composto dos seguintes valores:

Processos	Saldo em 31/12/2017
Trabalhista	250.000,00
Fiscal	330.000,00

Em 30/06/2018, a Cia. obteve as seguintes informações relacionadas aos diversos processos a que está respondendo:

Processo	Probabilidade de perda em 30/06/2018	Valor estimado em 30/06/2018 para as perdas
Trabalhista	Provável	220.000,00
Fiscal	Provável	320.000,00
Ambiental (novo)	Provável	300.000,00
Trabalhista II (novo)	Possível	120.000,00

O impacto que a Cia. Brasileira reconheceu na demonstração do resultado do primeiro semestre de 2018, referente às provisões, foi, em reais:

a) 300.000,00, negativo.
b) 260.000,00, negativo.
c) 420.000,00, negativo.
d) 380.000,00, negativo.
e) 40.000,00, positivo.

☛ SOLUÇÃO

UMA DICA PARA A PROVA é lembrar da frase:

Pro Po R uma provisão para contingências.

Montando a tabela com as obrigações presentes que podem ser prováveis, possíveis ou remotas, temos:

Provisão para contingências	Provável	Possível	Remota
Registro contábil	Sim	Não	Não
Divulgação em notas explicativas	Sim	Sim	Não

CONCLUSÃO, apenas os **processos prováveis** de perda pela empresa serão registrados no balanço patrimonial e divulgados em notas explicativas.

Processo	Probabilidade de perda em 30/06/2018	Valor estimado em 30/06/2018 para as perdas	Efeitos na DRE Constituição/ Reversão
Trabalhista	Provável	220.000,00	Reversão de 30.000,00
Fiscal	Provável	320.000,00	Reversão de 10.000,00
Ambiental (novo)	Provável	300.000,00	(300.000,00)
Trabalhista II (novo)	Possível	120.000,00	0,00

Efeitos na DRE = 30.000,00 + 10.000,00 – 300.000,00
Efeitos na DRE = negativo de 260.000,00

Gabarito: **B**

04ª QUESTÃO: A Cia. Metais Pesados possuía, em 31/12/2017, uma patente com vida útil indefinida, a qual estava contabilizada por 730.000,00, composto dos seguintes valores:

- Custo de aquisição.. 880.000,00
- Perda por desvalorização (reconhecida em 2016....................150.000,00

Em dezembro de 2017, a Cia. realizou novamente o teste de recuperabilidade do ativo (teste de *impairment*) e obteve as seguintes informações:

- Valor em uso da patente 940.000,00
- Valor justo líquido das despesas de venda da patente........... 670.000,00

Sabendo que as evidências indicaram que a vida útil desse ativo continua indefinida, a Cia. Metais Pesados, em dezembro em de 2017:

a) não alterou o valor contábil da patente.
b) reconheceu perda por desvalorização no valor de 60.000,00.
c) reconheceu um ganho no valor de 210.000,00.
d) reconheceu um ganho no valor de 150.000,00.
e) reconheceu um ganho no valor de 60.000,00.

SOLUÇÃO

MEMORIZAR PARA A PROVA

Vida útil do ativo intangível	Amortização	*Impairment test*	Reversão de perda estimada
Definida	Sim	Sim	Sim
Indefinida	Não	Sim	**Sim**
Goodwill	Não	Sim	Não

ATENÇÃO, na tabela podemos verificar que no caso de um ativo intangível com **vida útil indefinida**, a norma internacional permite a **reversão no exercício subsequente**, quando da realização de um novo teste de *impairment*, a perda por *impairment* constituída em exercícios anteriores.

1ª etapa: Calcular o valor recuperável da patente com vida útil indefinida.

ATENÇÃO, o valor recuperável será sempre o **maior valor**.

Valor justo líquido das despesas de venda	670.000,00	MAIOR VALOR	Valor recuperável = 940.000,00
Valor em uso	940.000,00		

Valor recuperável em 2017 = 940.000,00

2ª etapa: Calcular o valor contábil da patente.

Valor contábil = Custo de Aquisição – Perdas Acumuladas por *Impairment*

LEMBREM-SE!!!!! O ativo intangível com vida útil indefinida **não é amortizado**, portanto no cálculo do seu valor contábil, **não subtraímos a amortização acumulada** (vide tabela).

Valor contábil = 880.000,00 – 150.000,00
Valor contábil = 730.000,00

3ª etapa: Comparar o valor recuperável com o valor contábil.

De acordo com o CPC 01, a **perda por desvalorização** reconhecida para a **patente com vida útil indefinida** no exercício de 2016 no montante de 150.000,00 **poderá** ser revertida no exercício de 2017, pois **essa reversão é permitida** pelas normas nacionais e internacionais de Contabilidade.

(1) Registro contábil da **reversão da perda por *impairment*** em 31/12/2017.

Perdas Estimadas Acumuladas	
(1) 150.000,00	150.000,00

Outras Receitas	
	150.000,00 (1)

Outras receitas	Outras despesas
As **outras receitas** compreendem as **receitas oriundas** das transações do AÑC classificados nos subgrupos de investimentos, imobilizado e intangível.	As **outras despesas** compreendem as **despesas oriundas** das transações do AÑC classificados nos subgrupos de investimentos, imobilizado e intangível.

CONCLUSÃO, em 31/12/2017 a empresa deverá reconhecer no resultado do ano, um ganho (**outras receitas**) no valor de 150.000,00 decorrente da **reversão da perda por desvalorização**.

Gabarito: **D**

05ª QUESTÃO: A empresa Dinheiro & Cia. realizou 3 aplicações financeiras em 01/12/2017 e as características de cada uma delas são apresentadas na tabela a seguir:

Valor	Vencimento	Mensuração definida pela empresa	Taxa de juros	Valor justo em 31/12/2017
500.000,00	01/12/2021	Mensuração ao valor justo por meio de outros resultados abrangentes.	1,0% a.m.	503.000,00
400.000,00	01/05/2019	Mensuração ao custo amortizado.	2,0% a.m.	406.000,00
300.000,00	30/09/2020	Mensuração ao valor justo por meio do resultado.	1,5% a.m.	305.000,00

O valor total apresentado no balanço patrimonial da empresa, em 31/12/2017, e o efeito total apresentado na demonstração do resultado de 2017, para as três aplicações em conjunto foram, respectivamente, em reais:

a) 1.214.000,00 e 14.000,00
b) 1.217.500,00 e 17.500,00
c) 1.216.000,00 e 18.000,00

d) 1.214.000,00 e 16.000,00

e) 1.216.000,00 e 16.000,00

SOLUÇÃO

Segundo o CPC 48 que trata dos instrumentos financeiros, a entidade pode adotar as seguintes classificações para um ativo financeiro:

- custo amortizado
- valor justo por meio do resultado (**VJR**)
- valor justo por meio de outros resultados abrangentes (**VJORA**)

Essa **classificação** deve ter por base as características de **fluxo de caixa contratual** do ativo financeiro e o **modelo de negócios** da entidade para a gestão dos ativos financeiros.

Classificação do ativo financeiro = Características do fluxo de caixa contratual + Modelo de negócios

Fazendo um paralelo com a **classificação antiga**, temos:

Classificação ANTIGA	Classificação ATUAL	Rendimentos	Ajustes ao valor justo
Disponível para venda futura	VJORA	DRE	Na conta AAP do PL
Destinados à venda imediata	VJR	DRE	DRE
Mantido até o vencimento	Custo amortizado	DRE	Não tem ajuste

Juros ativos = Taxa efetiva × Custo de aquisição do título

Os **juros ativos** resultantes da aplicação dos títulos mensurados ao **custo amortizado**, **VJR** e **VJORA** vão para o resultado do exercício (**DRE**).

No encerramento do exercício, comparamos o **valor pela curva do papel** dos títulos com o seu **valor justo**, e dependendo da **classificação** desses títulos, **não haverá** ajustes ou os ajustes podem ir para a **DRE** ou **AAP**.

Classificação ATUAL	Rendimentos	Mensuração pela curva do papel	Ajustes ao valor justo
VJORA	DRE	Custo de aquisição + Juros ativos	+/– AAP do PL
VJR	DRE	Custo de aquisição + Juros ativos	+/– DRE
Custo amortizado	DRE	Custo de aquisição + Juros ativos	Não tem ajuste

Mensuração pela curva do papel = Custo de aquisição + Juros ativos

1º passo: Calcular os rendimentos pela taxa efetiva de cada título e o valor pela curva do papel.

Custo	Taxa efetiva	Mensuração definida pela empresa	Juros ativos	Curva do papel
500.000,00	1,0% a.m.	VJORA	5.000,00	505.000,00
300.000,00	1,5% a.m.	VJR	4.500,00	304.500,00
400.000,00	2,0% a.m.	Custo amortizado	8.000,00	408.000,00

2º passo: Ajustar o valor pela curva do papel ao valor justo.

Classificação	Valor pela curva do papel	Valor justo	Ajuste ao valor justo
VJORA	505.000,00	**503.000,00**	AAP = – 2.000,00
VJR	304.500,00	**305.000,00**	DRE = + 500,00
Custo amortizado	**408.000,00**	406.000,00	Não tem ajuste

CONCLUSÃO, da tabela temos:

Balanço Patrimonial = VJORA + VJR + Custo amortizado

Balanço Patrimonial = 503.000,00 + 305.000,00 + 408.000,00
Balanço Patrimonial = 1.216.000,00

DRE = Juros do VJORA + Juros do VJR + Juros do Custo amortizado + Juros de ajuste do VJR

DRE = 5.000,00 + 4.500,00 + 8.000,00 + 500,00

DRE = 18.000,00

Gabarito: **C**

06ª QUESTÃO: Em 31/12/2015, a Cia. dos Esportes adquiriu um equipamento por 320.000,00 à vista. Estimou que a vida útil econômica era 6 anos e o valor residual esperado era 20.000,00. Em 01/01/2017, a empresa reavaliou a vida útil econômica remanescente do equipamento para 4 anos e o valor residual para 10.000,00. Em 31/12/2017, a Cia. dos Esportes resolveu trocar o equipamento e o vendeu por 200.000,00, à vista. O resultado obtido pela Cia. dos Esportes com a venda do equipamento foi:

a) prejuízo no valor de 120.000,00.
b) prejuízo no valor de 5.000,00.
c) lucro no valor de 5.000,00.
d) lucro no valor de 4.000,00.
e) lucro no valor de 14.000,00.

SOLUÇÃO

Segundo o CPC 27 que trata do ativo imobilizado, o **valor residual e a vida útil** de um ativo **são revisados** pelo menos ao **final de cada exercício** e, se as expectativas diferirem das estimativas anteriores, a mudança deve ser contabilizada como **mudança de estimativa contábil**, segundo o CPC 23 que trata das políticas contábeis, mudança de estimativa e retificação de erro.

Itens	2016	2017
Custo de aquisição	320.000,00	320.000,00
Valor residual	20.000,00	10.000,00
Vida útil econômica	6 anos	4 anos

ATENÇÃO, analisando a tabela, podemos verificar que o **valor residual e a vida útil econômica** sofrem alterações de valores com o passar dos anos. O mesmo não ocorre com o **custo de aquisição** no montante de 320.000,00, que permanece constante com o decorrer dos anos.

1º passo: Calcular a depreciação acumulada em 2016.

$$\text{Depreciação Acumulada} = (\text{Custo de aquisição} - \text{Valor residual}) \times \frac{\text{Período de utilização}}{\text{Vida útil}}$$

$$\text{Depreciação Acumulada em 2016} = (320.000,00 - 20.000,00) \times \frac{1 \text{ ano}}{6 \text{ anos}}$$

Depreciação Acumulada em 2016 = 50.000,00

2º passo: Calcular a depreciação de 2017.

No início de 2017 foi realizado o **teste de *impairment*** na máquina, e nessa data, a companhia obteve uma nova vida útil de 4 anos e um valor residual de 10.000,00. Portanto, a nova fórmula de depreciação será:

$$\text{Depreciação} = (\text{Custo de aquisição} - \text{Depreciação Acumulada} - \text{Valor residual}) \times \frac{\text{Período de utilização}}{\text{Nova vida útil}}$$

$$\text{Depreciação em 2017} = (320.000{,}00 - 50.000{,}00 - 10.000{,}00) \times \frac{1 \text{ ano}}{4 \text{ anos}}$$

Depreciação em 2017 = 65.000,00

3º passo: Calcular a depreciação acumulada em 2017.

Depreciação Acumulada em 2017 = Depreciação de 2016 + Depreciação de 2017

Depreciação Acumulada em 2017 = 50.000,00 + 65.000,00

Depreciação Acumulada em 2017 = 115.000,00

4º passo: Calcular o valor contábil da máquina em 31/12/2017.

Valor contábil em 31/12/2017 = Custo de aquisição – Depreciação Acumulada em 31/12/2017

Valor contábil em 31/12/2017 = 320.000,00 – 115.000,00

Valor contábil em 31/12/2017 = 205.000,00

5º passo: Calcular o resultado obtido na venda em 31/12/2017.

Prejuízo na venda = Valor de venda – Valor contábil

Prejuízo na venda = 200.000,00 – 205.000,00

Prejuízo na venda = (5.000,00)

Gabarito: **B**

07ª QUESTÃO: A Cia. Azul produz um único produto e para produzir integralmente 5.000 unidades incorreu nos seguintes gastos durante o mês de junho de 2018:

Custos fixos 50.000,00
Custos variáveis:
• Matéria-prima por unidade........ 21,00
• Mão de obra direta por unidade 4,00
Despesas fixas 25.000,00
Despesas variáveis por unidade........ 2,00
Comissões de venda .... 10% do preço de venda
Preço de venda por unidade 100,00
Impostos sobre a venda........ 12% da receita bruta de vendas

Sabendo que a Cia. Azul utiliza o custeio por absorção, o custo unitário da produção de junho de 2018 foi, em reais:

a) 25,00
b) 49,00
c) 35,00
d) 40,00
e) 64,00

SOLUÇÃO

O **custeio por absorção** consiste na **apropriação dos custos** (diretos, indiretos, fixos e variáveis) utilizados no processo de produção para o resultado do exercício quando da venda, sendo que os custos relativos aos produtos em elaboração e aos produtos acabados que não tenham sido vendidos são ativados nos estoques destes produtos.

1º passo: Calcular o custo fixo unitário.

$$\text{Custo fixo unitário} = \frac{\text{Custos fixos no mês}}{\text{Produção no mês}}$$

$$\text{Custo fixo unitário} = \frac{50.000,00}{5.000 \text{ u}}$$

Custo fixo unitário = 10,00/unidade

2º passo: Calcular o custo variável unitário.

CV unitário = MPA unitária + MOD unitária

CV unitário = 21,00 + 4,00
CV unitário = 25,00/unidade

3º passo: Calcular o custo de produção unitário.

CP unitário = CF unitário + CV unitário

CP unitário = 10,00/u + 25,00/u
CP unitário = 35,00/u

ATENÇÃO, as despesas fixas e variáveis **não compõem** os custos de produção, pois encontram-se fora área de produção.

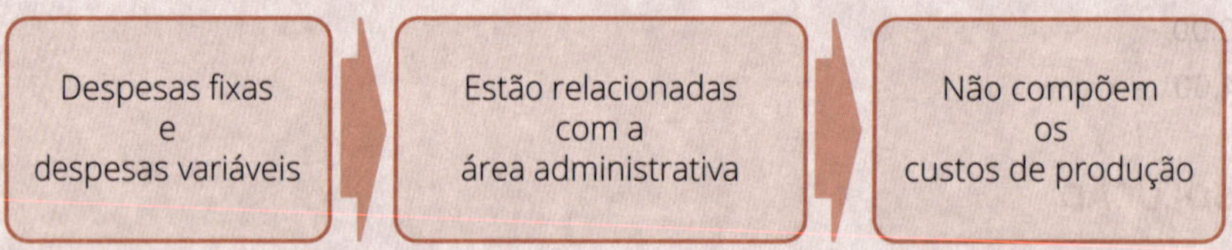

Gabarito: **C**

08ª QUESTÃO: A Só Zebra S.A. é uma empresa industrial e produz um único produto. Durante o mês de junho de 2018 incorreu nos seguintes gastos:

Mão de obra direta	80.000,00
Energia elétrica (fábrica)	23.000,00
Aluguel (administração)	15.000,00
Salário do supervisor da fábrica	25.000,00
Comissões de vendedores	12.000,00
Compra de matéria-prima	220.000,00
Depreciação das máquinas e equipamentos (fábrica)	40.000,00

O estoque inicial de matéria-prima, em 31/05/2018, era 30.000,00 e o estoque final, em 30/06/2018, era 37.000,00. O estoque inicial de produtos em processo, em 31/05/2018, era 44.000,00 e o estoque final, em 30/06/2018, era 18.000,00. O custo da produção acabada no período utilizando o custeio por absorção foi, em reais:

a) 407.000,00
b) 414.000,00
c) 381.000,00
d) 422.000,00
e) 434.000,00

☛ SOLUÇÃO

1º passo: Calcular a Matéria-Prima Aplicada (MPA).

MPA = EIMP + CMP – EFMP

MPA = 30.000,00 + 220.000,00 – 37.000,00
MPA = 213.000,00

2º passo: Calcular o Custo Indireto de Fabricação (CIF).

O **CIF** são os custos apropriados por meio de **critérios de rateio**, como por exemplo, uma mão de obra indireta que é apropriada por meio da relação **horas/homem** da mão de obra direta, ou dos gastos com energia elétrica, que são apropriados com base em **horas/máquinas utilizadas**, etc.

CIF = Energia da fábrica + Salário do supervisor da fábrica + Depreciação das máquinas industriais

CIF = 23.000,00 + 25.000,00 + 40.000,00
CIF = 88.000,00

3º passo: Calcular o Custo de Produção do Período (CPP).

CPP = MPA + MOD + CIF

CPP = 213.000,00 + 80.000,00 + 88.000,00
CPP = 381.000,00

4º passo: Calcular o Custo da Produção Acabada (CPA).

CPA = EIPE + CPP – EFPE

CPA = 44.000,00 + 381.000,00 – 18.000,00
CPA = 407.000,00

Gabarito: **A**

Capítulo 15

Contábeis DPE AM 2018

01ª QUESTÃO: Em 31/12/2016 a Cia. Calacrada adquiriu 60% das ações da Cia. Topa Tudo por 9.000.000,00 à vista. Na data da aquisição o patrimônio líquido contábil da Cia. Topa Tudo era 14.000.000,00 e o valor justo líquido dos ativos e passivos identificáveis dessa Cia. era 18.000.000,00, sendo que a diferença era decorrente da avaliação a valor justo de um terreno que a Cia. Topa Tudo havia adquirido dois anos antes.

No período de 01/01/2017 a 31/12/2017 a Cia. Topa Tudo reconheceu as seguintes mutações em seu patrimônio líquido:

- Lucro líquido 500.000,00
- Distribuição de dividendos 100.000,00
- Ajustes acumulados de conversão de investida no exterior (valor negativo 100.000,00

O valor reconhecido no balanço patrimonial individual da Cia. Calacrada, na conta investimentos em controladas, em 31/12/2016 e 31/12/2017 foram, respectivamente:

a) 10.800.000,00 e 10.980.000,00
b) 9.000.000,00 e 9.180.000,00
c) 10.800.000,00 e 11.040.000,00
d) 9.000.000,00 e 9.240.000,00
e) 8.400.000,00 e 8.700.000,00

SOLUÇÃO

1º passo: Calcular o valor patrimonial do investimento na Cia. Calacrada.

Valor patrimonial do investimento = 60% × PL a valor contábil da Cia. Topa Tudo

Valor patrimonial do investimento = 60% × 14.000.000,00
Valor patrimonial do investimento = 8.400.000,00

2º passo: Calcular o valor justo do investimento na empresa Cia. Calacrada.

Valor justo do investimento = 60% × PL a valor justo da Cia. Topa Tudo

Valor justo do investimento = 60% × 18.000.000,00
Valor justo do investimento = 10.800.000,00

3º passo: Calcular o ganho por compra vantajosa.

Ganho por compra vantajosa = Valor justo do investimento – Valor pago do investimento

Ganho por compra vantajosa = 10.800.000,00 – 9.000.000,00
Ganho por compra vantajosa = 1.800.000,00

4º passo: Calcular o ágio por mais-valia de ativos líquidos.

Ágio por mais-valia = Valor justo do investimento – Valor patrimonial do investimento

Ágio por mais-valia = 10.800.000,00 – 8.400.000,00
Ágio por mais-valia = 2.400.000,00

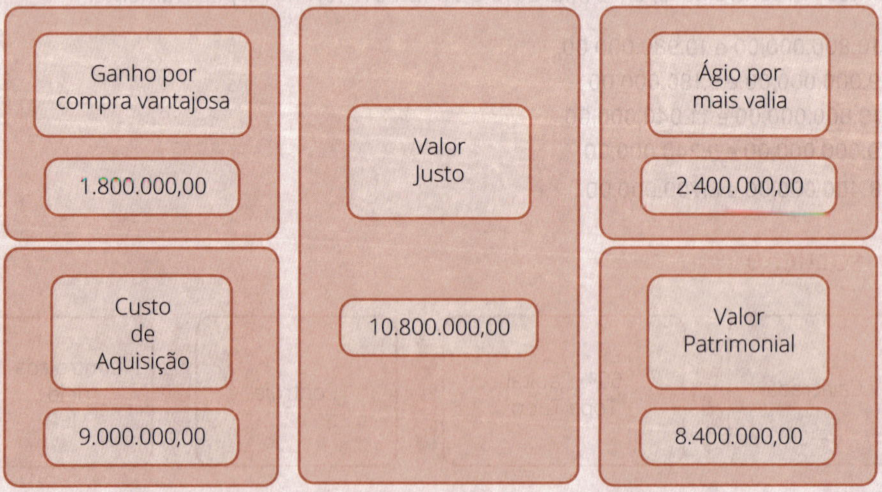

5º passo: Registro da aquisição dos investimentos na Cia. Calacrada.

Investimentos na Cia. Topa Tudo................. 8.400.000,00
Ágio por mais-valia.. 2.400.000,00
a Disponibilidades.. 9.000.000,00
a Ganho por Compra Vantajosa... 1.800.000,00

6º passo: Reconhecimento na Cia. Calacrada das mutações ocorridas no patrimônio líquido da investida no exercício social de 2017.

(1) Registro na investidora do lucro líquido de 500.000,00 apurado na Cia. Topa Tudo.

Ações da Cia. Topa Tudo	
8.400.000,00	
(1) 300.000,00	
8.700.000,00	

GEP – DRE da Cia. Calacrada	
	300.000,00 (1)

GEP na Cia. Calacrada = 60% × Lucro líquido da Cia. Topa Tudo

GEP na Panela Funda S.A. = 60% × 500.000,00
GEP na Panela Funda S.A. = 300.000,00

(2) Registro na investidora da distribuição de dividendos.

Disponibilidades	
(2) 60.000,00	

Ações da Cia. Topa Tudo	
8.700.000,00	60.000,00 (2)
8.640.000,00	

Disponibilidades na Cia. Calacrada = 60% × Dividendos pagos pela Cia. Topa Tudo

Disponibilidades na Cia. Calacrada = 60% × 100.000,00
Disponibilidades na Cia. Calacrada = 60.000,00

(3) Registro na investidora da variação negativa do AAC de 100.000,00 apurado na Cia. Topa Tudo.

Ações da Cia. Topa Tudo	
8.640.000,00	60.000,00 (3)
8.580.000,00	

AAC reflexo no PL da Cia. Calacrada	
(3) 60.000,00	

AAP reflexo no PL da Cia. Calacrada = 60% × AAC da Cia. Topa Tudo

AAP reflexo no PL da Cia. Calacrada = 60% × (100.000,00)

AAP reflexo no PL da Cia. Calacrada = 60.000,00 negativos

O valor reconhecido no balanço patrimonial individual da Cia. Calacrada, na **conta investimentos** em controladas, em **31/12/2016** e **31/12/2017** foram, respectivamente:

AÑC Investimentos	**31/12/2016**	**31/12/2017**
Ações da Cia. Topa Tudo	8.400.000,00	8.580.000,00
+ Ágio por mais-valia	2.400.000,00	2.400.000,00
= **Conta investimentos**	**10.800.000,00**	**10.980.000,00**

ATENÇÃO, nos balanços patrimoniais de 2016 e 2017 a Cia. Calacrada **evidenciará** na conta ações da Cia. Topa Tudo, os seguintes saldos:

Balanço Patrimonial da Cia. Calacrada	**31/12/2016**	**31/12/2017**
Ações da Cia. Topa Tudo (1)	10.800.000,00	10.980.000,00

No item (1) das **notas explicativas**, a Cia. Calacrada **discriminará** o valor patrimonial das ações, o montante do ganho por compra vantajosa na aquisição do investimento, o ágio por mais-valia e a sua forma de amortização.

Gabarito: **A**

02ª QUESTÃO: A empresa *Profile* S.A. adquiriu, em 31/12/2015, uma máquina por 420.000,00 à vista. Adicionalmente, a empresa incorreu em gastos para instalação adequada da mesma no valor de 60.000,00. Na data da aquisição, a empresa definiu que a vida útil econômica da máquina seria 6 anos e o valor residual esperado no final da vida útil seria 30.000,00. A empresa adota o método das cotas constantes para cálculo da depreciação. Em 30/06/2017, a empresa *Profile* S.A. vendeu esta máquina por 350.000,00 à vista. O resultado apurado na venda da máquina foi, em reais:

a) 27.500,00 positivos.

b) 17.500,00 negativos.

c) 12.500,00 positivos.
d) 57.500,00 positivos.
e) 70.000,00 negativos.

☛ SOLUÇÃO

1º passo: Calcular o custo de aquisição do ativo imobilizado.

Custo do imobilizado = Preço de compra + Gastos para instalação

Custo do imobilizado = 420.000,00 + 60.000,00
Custo do imobilizado = 480.000,00

2º passo: Calcular a depreciação acumulada em 30/06/2017.

$$\text{Depreciação Acumulada} = (\text{Custo de aquisição} - \text{Valor residual}) \times \frac{\text{Período de utilização}}{\text{Vida útil}}$$

$$\text{Depreciação Acumulada} = (480.000,00 - 30.000,00) \times \frac{1,5 \text{ anos}}{6 \text{ anos}}$$

Depreciação Acumulada = 112.500,00

3º passo: Calcular o valor contábil em 30/06/2017.

Valor Contábil = Custo de Aquisição – Depreciação Acumulada

Valor Contábil = 480.000,00 – 112.500,00
Valor Contábil = 367.500,00

4º passo: Calcular o resultado apurado na venda em 30/06/2017.

Resultado na venda = Valor de venda – Valor contábil

Resultado na venda = 350.000,00 – 367.500,00
Resultado na venda = 17.500,00 negativos

ATENÇÃO, o resultado na venda foi uma **perda de capital** no montante de **17.500,00**.

Gabarito: **B**

03ª QUESTÃO: Em 31/12/2014, a Cia. Só Concreto adquiriu um equipamento por 1.300.000,00 à vista. Na data da aquisição, a Cia. estimou que a vida útil econômica seria 10 anos e o valor residual esperado seria 300.000,00. Em 01/01/2016, a empresa reavaliou a vida útil econômica remanescente para 8 anos e o valor residual para 200.000,00. Sabendo que a empresa utiliza o método das cotas constantes para cálculo da depreciação, o valor contábil apresentado pela Cia. Só Concreto, no balanço patrimonial de 31/12/2016, foi, em reais:

a) 1.075.000,00
b) 1.025.000,00
c) 875.000,00
d) 825.000,00
e) 1.100.000,00

☛ SOLUÇÃO

Segundo o CPC 27 que trata do ativo imobilizado, o **valor residual e a vida útil** de um ativo **são revisados** pelo menos ao **final de cada exercício** e, se as expectativas diferirem das estimativas anteriores, a mudança deve ser contabilizada como **mudança de estimativa contábil**, segundo o CPC 23 que trata das políticas contábeis, mudança de estimativa e retificação de erro.

Itens	2015	2016
Custo de aquisição	1.300.000,00	1.300.000,00
Valor residual	300.000,00	200.000,00
Vida útil econômica	10 anos	8 anos

ATENÇÃO, analisando a tabela, podemos verificar que o **valor residual e a vida útil econômica** sofrem alterações de valores com o passar dos anos. O mesmo não ocorre com o **custo de aquisição** no montante de 1.300.000,00, que permanece constante com o decorrer dos anos.

1º passo: Calcular a depreciação acumulada em 2015.

$$\text{Depreciação Acumulada} = (\text{Custo de aquisição} - \text{Valor residual}) \times \frac{\text{Período de utilização}}{\text{Vida útil}}$$

$$\text{Depreciação Acumulada em 2015} = (1.300.000,00 - 300.000,00) \times \frac{1 \text{ ano}}{10 \text{ anos}}$$

Depreciação Acumulada em 2015 = 100.000,00

2º passo: Calcular a depreciação de 2016.

No encerramento do exercício social de 2016 foi realizado o **teste de *impairment*** no imobilizado, e nessa data, a companhia obteve uma nova vida útil de 8 anos e um valor residual de 200.000,00. Portanto, a nova fórmula de depreciação será:

$$\text{Depreciação} = (\text{Custo de aquisição} - \text{Depreciação Acumulada} - \text{Valor residual}) \times \frac{\text{Período de utilização}}{\text{Nova vida útil}}$$

$$\text{Depreciação em 2016} = (1.300.000,00 - 100.000,00 - 200.000,00) \times \frac{1 \text{ ano}}{8 \text{ anos}}$$

Depreciação em 2016 = 125.000,00

3º passo: Calcular a depreciação acumulada em 2016.

Depreciação Acumulada em 2016 = Depreciação de 2015 + Depreciação de 2016

Depreciação Acumulada em 2016 = 100.000,00 + 125.000,00
Depreciação Acumulada em 2016 = 225.000,00

4º passo: Calcular o valor contábil em 31/12/2016.

Valor Contábil = Custo de Aquisição – Depreciação Acumulada

Valor Contábil = 1.300.000,00 – 225.000,00
Valor Contábil = 1.075.000,00

Gabarito: **A**

04ª QUESTÃO: A Cia. Açúcar & Sal adquiriu produtos para serem utilizados no seu processo industrial. Os produtos foram adquiridos à vista pelo valor total de 120.000,00. No valor pago pelos produtos estavam inclusos tributos recuperáveis de 25.000,00 e tributos não recuperáveis de 15.000,00. Na mesma data, a Cia. pagou frete e seguro no valor de 8.000,00 para transporte dos produtos até a empresa. Na aquisição dos produtos, a Cia. Açúcar & Sal efetuou nas contas caixa e estoques os seguintes lançamentos:

a) débito em estoques e crédito em caixa, ambos no valor de 128.000,00.
b) débito em estoques e crédito em caixa, ambos no valor de 95.000,00.

c) débito em estoques no valor de 95.000,00 e crédito em caixa no valor de 128.000,00.
d) débito em estoques no valor de 80.000,00 e crédito em caixa no valor de 128.000,00.
e) débito em estoques no valor de 103.000,00 e crédito em caixa no valor de 128.000,00.

☛ **SOLUÇÃO**

ATENÇÃO, os produtos adquiridos por **120.000,00** correspondem ao montante total da nota fiscal. Portanto, ao montarmos a nota fiscal de aquisição, subtraímos desse valor os tributos não recuperáveis, e calculamos o preço das mercadorias. **Lembrem-se** de que os tributos recuperáveis encontram-se inseridos no **preço das mercadorias**.

Mercadorias = Total da nota fiscal – Tributos não recuperáveis

Mercadorias = 120.000,00 – 15.000,00
Mercadorias = 105.000,00

Montando as notas fiscais de aquisição das **mercadorias** e dos **fretes e seguros**, temos:

Nota Fiscal de Mercadorias	
Mercadorias	105.000,00
+ Tributos não recuperáveis	15.000,00
= Total da nota fiscal	120.000,00
Tributos recuperáveis	25.000,00

Nota Fiscal de Transportes	
Fretes/Seguros	8.000,00
= Total da nota fiscal	8.000,00

1º passo: Calcular as compras brutas.

As **compras brutas** (CB) correspondem ao valor das compras acrescidos dos tributos, quer sejam por fora ou por dentro, **recuperáveis ou não**. Em outras palavras, as compras brutas correspondem ao valor **total da nota fiscal** de aquisição das mercadorias.

Compras Brutas = Nota Fiscal de Mercadorias

Compras Brutas = 120.000,00

2º passo: Calcular as compras líquidas.

As **compras líquidas** (CL) representam o valor efetivamente **lançado nos estoques**.

CL = CB – Tributos recuperáveis + Fretes/Seguros/Armazenagem – Deduções de compras

Compras Líquidas = 120.000,00 (Compras Brutas) – 25.000,00 (Tributos recuperáveis) + 8.000,00 (Fretes)
Compras Líquidas = 103.000,00

3º passo: Registro contábil das operações de compra e venda de mercadorias.

(1) Registro contábil das compras à vista.

Estoques		Tributos Recuperáveis		Caixa	
(1) 103.000,00		(1) 25.000,00		Saldo Inicial	128.000,00 (1)

Disponível = Nota Fiscal de Mercadorias + Nota Fiscal de Transportes

Caixa = 120.000,00 + 8.000,00

Caixa = 128.000,00

No livro diário, o registro contábil da compra é por meio do lançamento:

D: Estoques 103.000,00
D: Tributos a Recuperar.............................. 25.000,00
C: Caixa 128.000,00

SOLUÇÃO NA PROVA

CL = Fornecedor com tributos – Tributos recuperáveis + Fretes/Seguros

Compras Líquidas = 120.000,00 – 25.000,00 + 8.000,00
Compras Líquidas = 103.000,00

ATENÇÃO, na prova calculamos apenas as compras líquidas que correspondem ao montante debitado nos estoques, pois a única alternativa que apresenta um débito de 103.000,00 é a alternativa **E** que é a resposta.

Gabarito: **E**

05ª QUESTÃO: A Cia. Bana & Lara apresentava, em 31/12/2016, os seguintes saldos em algumas contas contábeis, com valores em reais:

Compras de mercadorias	15.000,00
Estoque inicial de mercadorias	35.000,00
Receita de vendas	64.000,00
Devolução de vendas	4.500,00
Estoque final de mercadorias	20.500,00
Comissões de vendas	7.000,00
Devolução de compras	4.000,00
Despesas financeiras	2.000,00
Impostos sobre vendas	9.000,00
Frete sobre vendas	3.000,00

Com base nestas informações, o custo das mercadorias vendidas e o lucro bruto foram, respectivamente, em reais:

a) 25.500,00 e 18.000,00
b) 25.500,00 e 25.000,00
c) 28.500,00 e 25.000,00
d) 28.500,00 e 18.000,00
e) 25.500,00 e 15.000,00

SOLUÇÃO

1º passo: Calcular as compras líquidas.

CL = Compras de mercadorias – Devolução de compras

CL = 15.000,00 – 4.000,00
CL = 11.000,00

2º passo: Calcular o custo das mercadorias vendidas.

CMV = EI + CL – EF

CMV = 35.000,00 + 11.000,00 – 20.500,00
CMV = 25.500,00

3º passo: Montar a DRE segundo a estrutura do CPC 26 e calcular o lucro bruto.

CUIDADO EXTRA NA PROVA!!!!!!!!!

Nas questões envolvendo a DRE, atualmente a FCC **segue a estrutura do CPC 26** que trata da Apresentação das Demonstrações Contábeis, ou seja, na apuração do **resultado operacional**, a FCC **não incluiu as despesas financeiras**. Portanto, quando nos depararmos com uma questão da FCC pedindo o **resultado operacional**, nós devemos ter em mente que esse **resultado operacional** corresponde ao **resultado antes do resultado financeiro**, segundo a estrutura de DRE apresentada pelo CPC 26.

Lucro antes do resultado financeiro (CPC 26) ≠ **Lucro Operacional** (Legislação Societária)

Demonstração do Resultado do Exercício	
Receita bruta de vendas	64.000,00
– Impostos sobre vendas	(9.000,00)
– Devolução de vendas	(4.500,00)
= Receita líquida de vendas	50.500,00
– Custo das Mercadorias Vendidas	(25.500,00)
= Lucro Bruto	**25.000,00**
– Comissões sobre vendas	(7.000,00)
– Fretes sobre vendas	(3.000,00)
= Lucro operacional antes do resultado financeiro	**15.000,00**
– Despesas financeiras	(2.000,00)
= Lucro antes do IR e CSLL	**13.000,00**

Gabarito: **B**

06ª QUESTÃO: A Cia. Fantástica possuía em seu estoque um lote de mercadoria e, em 01/12/2016, vendeu 60% desse lote por 650.000,00 para ser recebido em 30/03/2018. Sabe-se que se o cliente tivesse adquirido as mercadorias à vista teria pago 554.333,00, que não há incidência de qualquer tributo na compra nem na venda das mercadorias e que a taxa de juros cobrada pela empresa foi 1% ao mês. Com base nestas informações, a Cia. Fantástica reconheceu na demonstração do resultado de 2016, receita de vendas no valor de:

a) 554.333,00 e receita financeira no valor de 95.667,00.
b) 650.000,00 e despesa financeira no valor de 95.667,00.
c) 554.333,00 e receita financeira no valor de 5.543,33.
d) 650.000,00, apenas.
e) 554.333,00, apenas.

☛ SOLUÇÃO

1º passo: Calcular as receitas financeiras a transcorrer.

AVP de Vendas = Vendas a prazo – Vendas a valor presente

AVP de Vendas = 650.000,00 – 554.333,00
AVP de Vendas = 95.667,00

2º passo: Registro contábil das vendas em 01/12/2016.

(1) Registro contábil das vendas a prazo em 01/12/2016.

Duplicatas a Receber	
(1) 650.000,00	

Vendas Brutas	
	650.000,00 (1)

(2) Registro contábil das receitas financeiras a transcorrer nas vendas a prazo em 01/12/2016.

Receitas Financeiras a Transcorrer	
	95.667,00 (2)

AVP de Vendas Brutas	
(2) 95.667,00	

(3) Registro contábil das receitas financeiras transcorridas em dezembro de 2016.

Receitas financeiras em dezembro de 2016 = Taxa mensal × Vendas a valor presente em 01/12/2016

Receitas financeiras em dezembro de 2016 = 1% × 554.333,00
Receitas financeiras em dezembro de 2016 = 5.543,33

Receitas Financeiras a Transcorrer	
(3) 5.543,33	95.667,00
	90.123,67

Receitas Financeiras	
	5.543,00 (3)

3º passo: Montar a DRE em 31/12/2016.

Demonstração do Resultado do Exercício	
Vendas Brutas	650.000,00
– AVP de Vendas Brutas	(95.667,00)
= **Vendas Líquidas**	**554.333,00**
+ **Receitas Financeiras**	**5.543,33**
= Lucro Líquido	559.876,33

4º passo: Montar o balanço patrimonial em 31/12/2016.

Ativo		Passivo	
Ativo Circulante		**Patrimônio Líquido**	
Duplicatas a Receber	650.000,00	Lucros Acumulados	559.876,33
Rec. Fin. a Transcorrer	(90.123,67)		
Total	559.876,33	Total	559.876,63

CONCLUSÃO, da DRE temos que a Cia. Fantástica em 01/12/2016 reconheceu **554.333,00** como receita de vendas, e **receita financeira de 5.543,33**, em 31/12/2016.

SOLUÇÃO NA PROVA

Receitas Financeiras = Taxa mensal × Vendas a valor presente em 01/12/2016

Receitas financeiras em 31/12/2016 = 1% a.m. × 554.333,00
Receitas financeiras em 31/12/2016 = 5.543,33

Na prova calculamos apenas as receitas financeiras, pois a única alternativa que apresenta uma receita financeira no montante de 5.543,33 é **alternativa C** que é a resposta.

Gabarito: **C**

07ª QUESTÃO: O balanço patrimonial de uma empresa apresentava, em 31/12/2011, o saldo contábil de 600.000,00 para um equipamento de produção, composto pelas seguintes contas, com valores em reais:

Custo de Aquisição 1.000.000,00
– Depreciação Acumulada .... (300.000,00)
– Perdas por redução ao valor recuperável ....(100.000,00)
= Saldo Contábil 600.000,00

Em 01/01/2012, a empresa reavaliou a vida útil do equipamento para 5 anos restantes e identificou um valor residual de 50.000,00 no final desta nova vida útil. A empresa adota o método das cotas constantes para fins de cálculo da depreciação. No final de 2012, para a elaboração do balanço patrimonial, após o reconhecimento da depreciação do referido ano, a empresa identificou os seguintes valores, em reais, para a realização do teste de redução ao valor recuperável (teste de *impairment*):

Valor justo líquido de despesas de venda 580.000,00
Valor em uso 585.000,00

O saldo contábil apresentado para o equipamento, no balanço patrimonial de 31/12/2012, foi, em reais:

a) 490.000,00
b) 570.000,00
c) 580.000,00
d) 585.000,00
e) 590.000,00

☛ SOLUÇÃO

1ª etapa: Calcular o valor recuperável do equipamento.

ATENÇÃO, o valor recuperável será sempre o **maior valor**.

<table>
<tr><td>Valor justo líquido das despesas de venda</td><td>580.000,00</td><td rowspan="2">MAIOR VALOR</td><td rowspan="2">Valor recuperável = 585.000,00</td></tr>
<tr><td>Valor em uso</td><td>585.000,00</td></tr>
</table>

2ª etapa: Calcular o valor contábil com *impairment* em 31/12/2012.

No início de 2012 foi realizado o ***impairment test*** no equipamento, e a companhia obteve uma vida útil de **5 anos** e um valor residual de **50.000,00**. A fórmula de depreciação será:

$$\text{Depreciação} = (\text{Custo} - \text{Depreciação Acumulada} - \text{Valor residual} - \text{Perdas por } \textit{Impairment}) \times \frac{\text{Período de utilização}}{\text{Vida útil}}$$

$$\text{Depreciação em 2012} = (1.000.000{,}00 - 300.000{,}00 - 50.000{,}00 - 100.000{,}00) \times \frac{1 \text{ ano}}{5 \text{ anos}}$$

Depreciação em 2012 = 110.000,00

Depreciação Acumulada em 2012 = Depreciação em 2012 + Depreciação Acumulada em 2011

Depreciação Acumulada em 2012 = 110.000,00 + 300.000,00
Depreciação Acumulada em 2012 = 410.000,00

Valor contábil com *impairment* = Custo – Depreciação Acumulada em 2012 – Perdas por *impairment* em 2011

Valor contábil com *impairment* em 2012 = 1.000.000,00 – 410.000,00 – 100.000,00
Valor contábil com *impairment* em 2012 = 490.000,00

3ª etapa: Comparar o valor recuperável e o valor contábil com *impairment*.

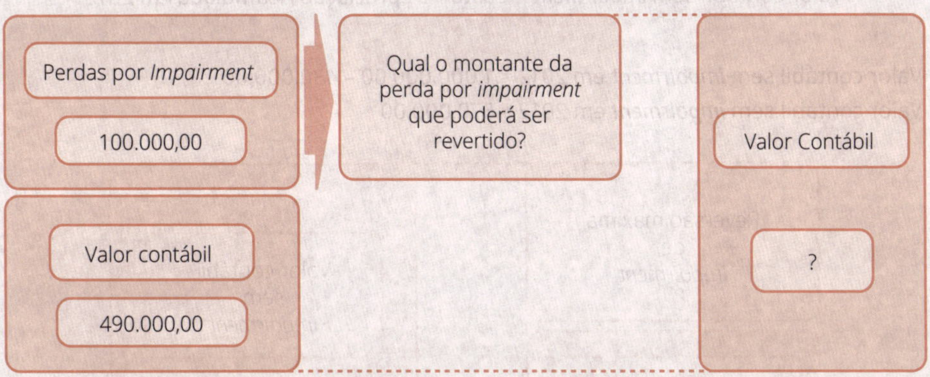

ATENÇÃO, aqui está uma pegadinha dificílima. O valor recuperável supera o valor contábil com *impairment* do equipamento em 95.000,00, mas **será que a empresa poderá reverter integralmente esse montante** em 2012, tendo em vista que a perda por *impairment* em 2011 foi de 100.000,00?

Resposta: Segundo o CPC 01, o **aumento** do valor contábil dos equipamentos atribuíveis à **reversão de perda** por desvalorização, **não pode exceder** o valor contábil que teria sido determinado, líquido da depreciação, caso nenhuma desvalorização tivesse sido reconhecida em anos anteriores.

Portanto temos que calcular obrigatoriamente o valor contábil **sem** *impairment* em 2012 e comparar com o valor contábil **com** *impairment* no montante de 490.000,00, para obter a **reversão máxima** da perda com *impairment* de exercícios anteriores. A fórmula de depreciação sem o *impairment* será:

$$\text{Depreciação} = (\text{Custo} - \text{Depreciação Acumulada} - \text{Valor residual}) \times \frac{\text{Período de utilização}}{\text{Vida útil}}$$

$$\text{Depreciação em 2012} = (1.000.000{,}00 - 300.000{,}00 - 50.000{,}00) \times \frac{1 \text{ ano}}{5 \text{ anos}}$$

Depreciação em 2012 = 130.000,00

Depreciação Acumulada em 2012 = Depreciação em 2012 + Depreciação Acumulada em 2011

Depreciação Acumulada em 2012 = 130.000,00 + 300.000,00
Depreciação Acumulada em 2012 = 430.000,00

Valor contábil sem *impairment* = Custo – Depreciação Acumulada em 2012

Valor contábil sem *impairment* em 2012 = 1.000.000,00 – 430.000,00
Valor contábil sem *impairment* em 2012 = 570.000,00

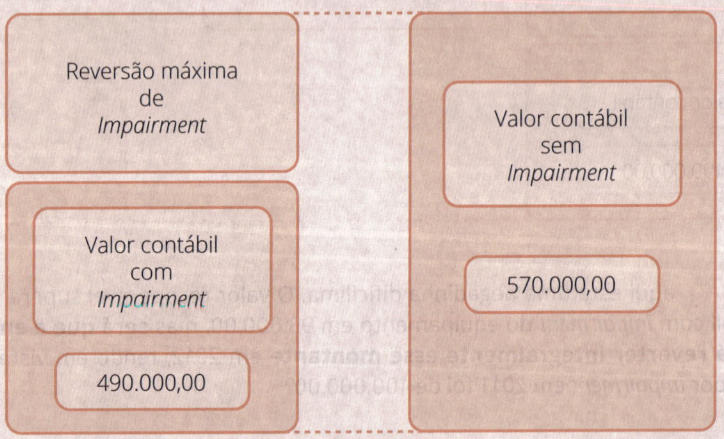

Valor contábil sem *impairment* = Valor contábil com *impairment* + Reversão máxima de *impairment*

570.000,00 = 490.000,00 + Reversão máxima de *impairment*

Reversão máxima de *impairment* = 80.000,00

A empresa poderá **reverter no máximo 80.000,00** com perdas por *impairment* de exercícios anteriores.

CONCLUSÃO, após a realização do *impairment test*, o **valor contábil** do equipamento em 31/12/2012 será:

Valor contábil em 2012 = Valor contábil com *impairment* + Reversão máxima de *impairment*

Valor contábil em 2012 = 490.000,00 + 80.000,00

Valor contábil em 2012 = 570.000,00

Gabarito: **B**

08ª QUESTÃO: Uma empresa apresenta em seu balanço patrimonial um ativo intangível correspondente ao direito de uso de ativos obtidos em um leilão de privatização. A concessão foi obtida em 01/01/2010 pelo prazo de 30 anos, o valor pago foi 60.000.000,00 e a empresa passou a ter controle e fazer uso dos ativos em 01/07/2010. O valor contábil apresentado pela empresa para este ativo intangível, no balanço patrimonial de 31/12/2013 foi, em reais:

a) 60.000.000,00
b) 52.000.000,00
c) 53.000.000,00
d) 48.000.000,00
e) 49.000.000,00

☛ SOLUÇÃO

Segundo o CPC 04 um **ativo intangível** deve ser reconhecido inicialmente ao **custo**. Portanto, a empresa em 01/01/2010 registrou o ativo intangível com vida útil definida por 60.000.000,00.

Vida útil do ativo intangível	Amortização	*Impairment test*	Reversão de perda estimada
Definida	Sim	Sim	Sim
Indefinida	Não	Sim	Sim
Goodwill	Não	Sim	Não

AQUI ESTÁ A PEGADINHA DA QUESTÃO!!!!!! Para que a empresa reconheça um ativo intangível, é necessário que esse ativo atenda cumulativamente a três quesitos:

A **identificação** foi verificada em **01/01/2010**, quando a empresa obteve a concessão por meio da assinatura de um **contrato**.

A **geração de benefício econômico futuro** está relacionada com o **prazo** para exploração da concessão que é de **30 anos** e ocorreu com a assinatura do contrato de concessão em **01/01/2010**.

O **controle** só ocorreu em **01/07/2010**, quando a empresa passou a ter controle e fazer uso dos ativos.

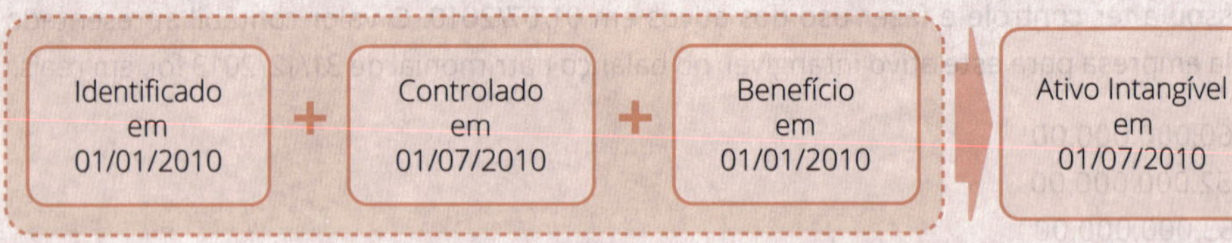

CONCLUSÃO, em **01/07/2010** que o ativo atendeu cumulativamente aos três quesitos: **identificação**, **controle** e **geração de benefício econômico futuro**. Em outras palavras, somente a partir de **01/07/2010** que a empresa reconhece um **ativo intangível** e começa a sua **amortização**.

1º passo: Calcular a amortização acumulada em 31/12/2013.

$$\text{Amortização Acumulada} = (\text{Custo} - \text{Valor residual}) \times \frac{\text{Período de utilização}}{\text{Vida útil}}$$

$$\text{Amortização Acumulada em } 31/12/2013 = (60.000.000{,}00 - 0{,}00) \times \frac{42 \text{ meses}}{360 \text{ meses}}$$

Amortização Acumulada em 31/12/2013 = 7.000.000,00

2º passo: Calcular o valor contábil em 31/12/2013.

Valor Contábil = Custo – Amortização Acumulada

Valor Contábil = 60.000.000,00 – 7.000.000,00
Valor Contábil = 53.000.000,00

CUIDADO NA PROVA, pois caso fosse utilizado a data de **01/01/2010** para início da amortização, a resposta seria a alternativa B e você **erraria a questão**.

Gabarito: **C**

09ª QUESTÃO: Uma empresa obteve um empréstimo no valor de 30.000.000,00 que foi contratado com taxa de juros compostos de 0,9% ao mês. O empréstimo foi liberado pela instituição financeira no dia 01/12/2012 e será liquidado em 10 parcelas semestrais de 3.984.418,94, vencendo-se a primeira parcela no dia 01/06/2013. Para a obtenção dos recursos, a empresa incorreu em custos de transação no valor total de 884.384,29, fazendo com que o custo efetivo da operação fosse de 1% ao mês. O valor do saldo contábil líquido apresentado no balanço patrimonial de 31/12/2012 para o passivo relativo ao empréstimo obtido foi, em reais:

a) 30.270.000,00
b) 29.406.771,87
c) 29.377.656,25
d) 30.300.000,00
e) 31.193.228,13

SOLUÇÃO

1º passo: Calcular a captação líquida em 01/12/2012.

Nas operações de empréstimos a **captação líquida** é obtida por meio da diferença entre o valor contratado e os custos de transação incorridos e pagos na data da operação.

Captação Líquida = Valor do Contrato – Custos de Transação

Captação Líquida = 30.000.000,00 – 884.384,29
Captação Líquida = 29.115.615,70

2º passo: Calcular o saldo contábil líquido apresentado no balanço patrimonial de 31/12/2012.

Empréstimos em 31/12/2012 = (1 + taxa efetiva) × Captação Líquida

Empréstimos em 31/12/2012 = 1,01 × 29.115.615,70
Empréstimos em 31/12/2012 = 29.406.771,87

Gabarito: **B**

10ª QUESTÃO: O balanço patrimonial de 31/12/2014 de uma empresa apresentava o saldo de 1.100.000,00 na conta provisões. A composição desta conta era a seguinte:

Provisão reconhecida	Valor registrado em 31/12/2014
Ação trabalhista	300.000,00
Ação fiscal	800.000,00

Reavaliando a situação dos dois processos, a empresa identificou, em 31/12/2015, alterações nos valores prováveis, em função de novos fatos analisados. Os novos valores prováveis para estes processos são:

Tipo de processo	Valor estimado em 31/12/2015
Ação trabalhista	250.000,00
Ação fiscal	700.000,00

Dois novos processos judiciais surgiram em 2015 contra a empresa e as informações sobre eles são apresentadas a seguir:

Tipo de processo	Avaliação da probabilidade de perda em 31/12/2015	Valor estimado em 31/12/2015
Ambiental	Provável	80.000,00
Cível	Possível	100.000,00

O efeito líquido no resultado de 2015 da empresa, relacionado com as provisões necessárias foi, em reais:

a) redução de 80.000,00.
b) aumento de 150.000,00.
c) redução de 180.000,00.
d) redução de 30.000,00.
e) aumento de 70.000,00.

☛ SOLUÇÃO

UMA DICA PARA A PROVA é lembrar da frase:

Pro Po R uma provisão para contingências.

Montando a tabela com as obrigações presentes que podem ser prováveis, possíveis ou remotas, temos:

Provisão para contingências	Provável	Possível	Remota
Registro contábil	Sim	Não	Não
Divulgação em notas explicativas	Sim	Sim	Não

CONCLUSÃO, apenas os **processos prováveis** de perda pela empresa serão registrados no balanço patrimonial e divulgados em notas explicativas.

Processo	Provisão em 2014	Perda em 2015	Valor em 2016	DRE
Trabalhista	300.000,00	Provável	250.000,00	50.000,00
Fiscal	800.000,00	Provável	700.000,00	100.000,00
Ambiental	0,00	Provável	80.000,00	(80.000,00)
Cível	0,00	Possível	100.000,00	0,00
Efeitos na DRE				**70.000,00**

Efeitos na DRE = 50.000,00 + 100.000,00 – 80.000,00

Efeitos na DRE = 70.000,00 positivos

Gabarito: **E**

11ª QUESTÃO: As contas componentes do balanço patrimonial de uma empresa, em 30/06/2014, apresentavam os seguintes saldos, em reais:

Caixa e equivalentes 230.000,00
Valores a receber de clientes 60.000,00
Adiantamento de clientes 100.000,00
Reservas de lucros 60.000,00
Estoques 110.000,00
Fornecedores a pagar 140.000,00
Capital Social 260.000,00
Imobilizado 160.000,00

As seguintes transações ocorreram durante o mês de julho de 2014:

Data	Operação
06/07/2014	A empresa pagou o valor de 80.000,00 para que um fornecedor lhe entregue mercadorias em 31/07/2014.
10/07/2014	A empresa vendeu a prazo, por 170.000,00, parte do estoque existente. O custo das mercadorias entregues foi 90.000,00, os tributos sobre a venda totalizaram 25.000,00 e serão pagos em agosto de 2014.
15/07/2014	A empresa recebeu 60.000,00 de um cliente para entrega futura de produtos no mês de setembro de 2014.
20/07/2014	A empresa entregou mercadorias para um cliente que já havia efetuado o pagamento anteriormente. O custo das mercadorias entregues foi 30.000,00.
24/07/2014	A empresa comprou, à vista, um novo lote de estoque pelo valor de 50.000,00.
30/07/2014	A empresa recebeu as mercadorias que foram pagas ao fornecedor no dia 06/07/2014.
31/07/2014	A empresa pagou os salários referentes ao mês de julho de 2014 no valor de 25.000,00.

Sabendo que o imobilizado não foi depreciado no mês, após o registro das operações apresentadas o valor total do ativo da empresa, em 31/07/2014, foi, em reais:

a) 615.000,00
b) 695.000,00
c) 505.000,00
d) 535.000,00
e) 645.000,00

SOLUÇÃO

A questão pede o **ativo total**, após o registro de todas as operações. Assim, na prova, nós temos que identificar apenas os lançamentos contábeis que **geram alterações** no ativo da empresa.

1º passo: Calcular o ativo inicial.

Ativo Inicial = Caixa + Clientes + Estoques + Imobilizado

Ativo Inicial = 230.000,00 + 60.000,00 + 110.000,00 + 160.000,00
Ativo Inicial = 560.000,00

2º passo: Calcular a variação no ativo.

A empresa pagou 80.000,00 para que um fornecedor lhe entregue mercadorias em 31/07/2014.

D: Adiantamento a Fornecedor	80.000,00	O ativo aumenta.	O **ativo** permanece **constante**.
C: Caixa	80.000,00	O ativo reduz.	

(2) A empresa vendeu a prazo, por 170.000,00, estoques ao custo de 90.000,00 com a incidência de tributos sobre a venda no valor de 25.000,00 a serem pagos em agosto de 2014.

D: Clientes	170.000,00	O ativo aumenta.	O ativo **aumenta** de 170.000,00.
C: Vendas Brutas	170.000,00	DRE	

D: CMV	90.000,00	DRE	O ativo **reduz** de 90.000,00.
C: Estoques	90.000,00	O ativo reduz.	

D: ICMS sobre Vendas	25.000,00	DRE	O ativo permanece **constante**.
C: ICMS a Recolher	25.000,00	O passivo aumenta.	

(3) A empresa recebeu 60.000,00 de um cliente para entrega futura de produtos em setembro de 2014.

D: Caixa	60.000,00	O ativo aumenta.	O ativo **aumenta** de 60.000,00.
C: Adiantamento de Clientes	60.000,00	O passivo aumenta.	

(4) A empresa entregou mercadorias para um cliente que já havia efetuado o pagamento anteriormente ao custo de 30.000,00.

D: Adiantamento de Clientes	100.000,00	O passivo reduz.	O ativo permanece **constante**.
C: Vendas Brutas	100.000,00	DRE	

D: CMV	30.000,00	DRE	O ativo **reduz** de 30.000,00.
C: Estoques	30.000,00	O ativo reduz.	

ATENÇÃO NA PROVA! Analisando o balanço patrimonial em 30/06/2014 podemos observar que existe a conta adiantamento de clientes no montante de **100.000,00**. Cuidado para não registrar a entrega das mercadorias no adiantamento de clientes no valor de 60.000,00, pois esse adiantamento terá as suas mercadorias entregues em setembro de 2014.

(5) A empresa comprou, à vista, um novo lote de estoque pelo valor de 50.000,00.

D: Estoques	50.000,00	O ativo aumenta.	O ativo permanece **constante**.
C: Caixa	50.000,00	O ativo reduz.	

(6) A empresa pagou os salários referentes ao mês de julho de 2014 no valor de 25.000,00.

D: Salários	25.000,00	DRE	O ativo **reduz** de 25.000,00.
C: Caixa	25.000,00	O ativo reduz.	

Variação do Ativo = 170.000,00 – 90.000,00 + 60.000,00 – 30.000,00 – 25.000,00
Variação do Ativo = 85.000,00

ATENÇÃO, nós desconsideramos a **depreciação** do imobilizado no cálculo do ativo final, pois a banca informa que o **imobilizado não foi depreciado**.

3º passo: Calcular o ativo final.

Ativo Final = Ativo Inicial + Variação do Ativo

Ativo Final = 560.000,00 + 85.000,00
Ativo Final = 645.000,00

Gabarito: **E**

12ª QUESTÃO: O patrimônio líquido de uma empresa constituída na forma de sociedade por ações (S.A.), em 31/12/2014, apresentava a seguinte composição:

Capital Social	10.000.000,00
Reserva Legal	1.900.000,00
Reserva Estatutária	500.000,00
Reserva de Incentivos Fiscais	100.000,00

Em 2015, a empresa apurou lucro líquido de 2.400.000,00 que teve a seguinte destinação:

- reserva legal: conforme estabelecido na lei nº 6.404/1976 e alterações posteriores.
- reserva para expansão: 10% do lucro líquido, conforme já aprovado em assembleia anterior.
- dividendos obrigatórios: 30% do lucro líquido deduzido da reserva legal constituída, conforme estabelecido no Estatuto Social da empresa.
- saldo remanescente: conforme estabelecido na lei nº 6.404/1976 e alterações posteriores.

No balanço patrimonial de 31/12/2015, o valor total do patrimônio líquido era, em reais:

a) 14.216.000,00
b) 14.210.000,00
c) 12.840.000,00
d) 14.900.000,00
e) 13.970.000,00

☛ SOLUÇÃO

1º passo: Calcular a reserva legal.

Segundo o **artigo 193 da legislação societária** (lei nº 6.404/76) do lucro líquido 5% serão aplicados, antes de qualquer outra destinação, na constituição da reserva legal, que não excederá de 20% do **capital social**.

Reserva Legal = 5% × Lucro Líquido

Reserva Legal = 5% × 2.400.000,00
Reserva Legal = 120.000,00

ATENÇÃO, segundo o artigo 182 da legislação societária, o **capital social** discriminará o montante subscrito e, **por dedução**, a parcela ainda não realizada. Em outras palavras, o **capital social** é:

Capital Social = Capital Subscrito – Capital a Integralizar

CONCLUSÃO, o limite máximo da reserva da reserva legal é:

Limite máximo da reserva legal = 20% × Capital Social

ou

Limite máximo da reserva legal = 20% × (Capital Subscrito – Capital a Integralizar)

Limite máximo da reserva legal = 20% × (10.000.000,00 – 0,00)
Limite máximo da reserva legal = 2.000.000,00

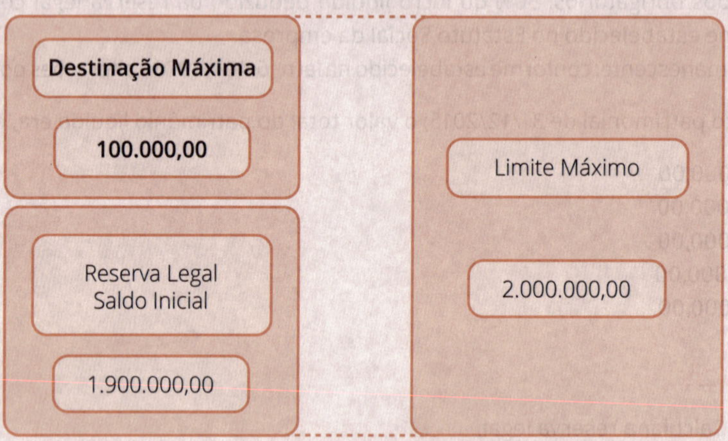

Analisando o gráfico acima, podemos observar que o **valor máximo** que a empresa poderá destinar para a constituição da reserva legal é **100.000,00**. Portanto, **5% do lucro líquido** no valor de **120.000,00 ultrapassa o limite máximo** permitido pela legislação societária, e nesse caso, **poderá destinar apenas 100.000,00** para a constituição da reserva legal.

(1) Registro contábil da constituição da reserva legal.

Lucros Acumulados – PL	
(1) 100.000,00	2.400.000,00
	2.300.000,00

Reserva Legal – PL	
	1.900.000,00
	100.000,00 (1)
	2.000.000,00

(2) Registro contábil da constituição da reserva para expansão.

Lucros Acumulados – PL	
(2) 240.000,00	2.300.000,00
	2.060.000,00

Reserva para Expansão – PL	
	240.000,00 (2)

Reserva para Expansão = 10% × Lucro Líquido

Reserva para Expansão = 10% × 2.400.000,00

Reserva para Expansão = 240.000,00

Segundo o **artigo 196 da lei nº 6.404/76**, a assembleia-geral poderá, por proposta dos órgãos da administração, deliberar reter parcela do lucro líquido do exercício **prevista em orçamento** de capital por ela previamente aprovado, **para aplicar nos planos de expansão e investimentos da empresa**.

O orçamento, submetido pelos órgãos da administração com a justificação da retenção de lucros proposta, deverá compreender todas as fontes de recursos e aplicações de capital, fixo ou circulante, e **poderá ter a duração de até cinco exercícios**, salvo no caso de execução, por prazo maior, de projeto de investimento.

Sinônimos utilizados para a reserva de retenção de lucros

Reserva de Lucros para Expansão = Reserva Orçamentária = Reserva de Investimentos

2º passo: Calcular o montante dos dividendos obrigatórios.

AQUI ESTÁ A *PEGADINHA* DA PROVA!!!! Segundo os dados da banca, o **estatuto define a base de cálculo dos dividendos**, e nesse caso nós **não calculamos** o lucro líquido ajustado nos termos do **artigo 202 da legislação societária**.

Lembramos que no caso do **estatuto omisso**, o **lucro líquido ajustado** nos termos do artigo 202 é:

LLA = LL – Reserva Legal +/– Reserva de Contingências +/– Reserva de Incentivo Fiscal

Dividendos a pagar segundo o estatuto = 30% × (Lucro Líquido – Reserva Legal)

Dividendos a Pagar = 30% × (2.400.000,00 – 100.000,00)

Dividendos a Pagar = 690.000,00

(3) Registro contábil dos dividendos mínimos obrigatórios segundo o Estatuto Social.

Lucros Acumulados – PL	
(3) 690.000,00	2.060.000,00
	1.370.000,00

Dividendos a Pagar – PC	
	690.000,00 (3)

(4) Registro contábil da distribuição do saldo remanescente para dividendos adicionais.

Segundo o artigo 202, § 6º da lei nº 6.404/76, **existindo saldo remanescente** na conta lucros acumulados, a empresa deverá distribuir o **saldo remanescente** para **dividendos complementares**, de tal forma que a conta **lucros acumulados** fique com o **saldo zerado** no final do exercício. A contabilização dos **dividendos complementares** ou **dividendo adicional ao mínimo obrigatório** será por meio do lançamento:

D: Lucros Acumulados – conta do PL
C: Dividendo Adicional ao Mínimo Obrigatório – conta do PL

Afinal, esse **dividendo adicional ao mínimo obrigatório** não se caracteriza como **obrigação presente na data do balanço**, já que a assembleia dos sócios ou outro órgão competente poderá, não havendo qualquer restrição estatutária ou contratual, deliberar ou não pelo seu pagamento ou por pagamento por valor diferente do proposto.

Lucros Acumulados – PL	
(4) 1.370.000,00	1.370.000,00

Dividendos Complementares – PL	
	1.370.000,00 (4)

3º passo: Montando o patrimônio líquido em 31/12/2015, temos:

Capital Social.. 10.000.000,00
+ Reserva Legal.. 2.000.000,00
+ Reserva Estatutária 500.000,00
+ Reserva para Expansão.................................. 240.000,00
+ Reserva de Incentivos Fiscais...........................100.000,00
+ Dividendos adicionais complementares....... .370.000,00
= Patrimônio Líquido em 31/12/2015............ 14.210.000,00

SOLUÇÃO NA PROVA

A **solução passo a passo é impraticável na prova**, pois além do tempo que é ínfimo, não temos espaço disponível para esses tipos de cálculos passo a passo. Na prova, **calculamos** o montante destinado para a **reserva legal**, e em seguida os **dividendos obrigatórios**.

20% × Capital Social – Saldo da reserva legal	100.000,00
5% × Lucro Líquido	120.000,00
Reserva Legal	**100.000,00**

Dividendos = 30% × (Lucro Líquido – Reserva Legal)

Dividendos = 30% × (2.400.000,00 – 100.000,00)
Dividendos = 690.000,00

PL Final = PL Inicial + Lucro Líquido – Dividendos a Pagar

PL Final = 12.500.000,00 + 2.400.000,00 – 690.000,00
PL Final = 14.210.000,00

Gabarito: **B**

Capítulo 16

Analista Técnico SP Parcerias 2018

01ª QUESTÃO: A empresa industrial Só Trabalho S.A., ao analisar o processo de produção e venda de seu único produto em um determinado mês, obteve as seguintes informações:

Custos fixos por mês	138.000,00
Custos variáveis:	
Matéria-prima por unidade	15,00
Mão de obra direta por unidade	12,00
Despesas fixas por mês	27.600,00
Despesas variáveis com frete por unidade	5,00
Preço bruto de venda por unidade	200,00
Comissões sobre venda	5% do preço bruto de venda
Impostos sobre venda	10% do preço bruto de venda

Com base nessas informações e sabendo que a empresa Só Trabalho S.A. deseja obter lucro mensal de 276.000,00, o ponto de equilíbrio econômico é de:

a) 1.200 unidades
b) 3.200 unidades
c) 1.000 unidades
d) 3.000 unidades
e) 3.089 unidades

SOLUÇÃO

Vamos chamar de **Q** a quantidade que a empresa deverá **produzir e vender** para atingir o **ponto de equilíbrio econômico**, ou seja, para obter um **lucro de 276.000,00**.

O **ponto de equilíbrio econômico** é o ponto em que o lucro contábil resultante da atividade empresarial se iguala aos rendimentos do capital próprio da empresa aplicado em outra alternativa de investimento.

1º passo: Calcular a receita total.

Receita Total = Preço de Venda × Q

Receita Total = 200,00×Q

2º passo: Calcular os custos e as despesas variáveis totais.

Comissões sobre venda = 5% × Preço de venda
Comissões sobre venda = 5% × 200,00
Comissões sobre venda = 10,00

Impostos sobre venda = 10% × Preço de venda
Impostos sobre venda = 10% × 200,00
Impostos sobre venda = 20,00

Matéria-Prima	15,00
+ MOD	12,00
= **Custos variáveis unitários**	**27,00**

Despesas variáveis com fretes	5,00
+ Comissões de venda	10,00
+ Impostos sobre venda	20,00
= **Despesas variáveis unitários**	**35,00**

ATENÇÃO, o custo variável total é obtido por meio da fórmula:

Custo variável total = Custo variável unitário × Q

Custo variável total = 27,00×Q

Custo Total = Custo Variável total + Custo Fixo total

Custo Total = 27,00×Q + 138.000,00

A despesa variável total é obtido por meio da fórmula:

Despesa variável total = Despesa variável unitária × Q

Despesa variável total = 35,00×Q

Despesa Total = Despesa Variável total + Despesa Fixa total

Despesa Total = 35,00×Q + 27.600,00

3º passo: Calcular o ponto de equilíbrio econômico.

No ponto de equilíbrio econômico, temos:

Lucro Esperado = Receita Total – Custo Total – Despesa Total

Em outras palavras, no **ponto de equilíbrio econômico** não importa se a empresa adota o **custeio por absorção** ou **custeio variável**, pois todos os custos e despesas são computados.

276.000,00 = 200,00×Q – (27,00×Q + 138.000,00 + 35,00 ×Q + 27.600,00)
276.000,00 = 200,00×Q – 27,00×Q – 138.000,00 – 35,00×Q – 27.600,00
138,00×Q = 441.600,00
Q = 3.200 unidades

Gabarito: **B**

02ª QUESTÃO: A empresa Costureira S.A. produz quatro produtos: Calça, Saia, Shorts e Blusa. As informações referentes a cada produto, cujos valores estão em reais, são apresentadas a seguir:

Produtos	Calça	Saia	Shorts	Blusa
Preço líquido de venda por unidade	80,00	70,00	60,00	55,00
Custos variáveis por unidade	30,00	25,00	10,00	8,00
Custos fixos por unidade	10,00	6,00	8,00	6,00
Despesas variáveis por unidade	4,00	2,00	6,00	2,00
Despesas fixas por unidade	2,00	1,00	3,00	1,00

Os custos fixos são comuns aos quatro produtos e alocados com base nos volumes produzidos. As despesas fixas são alocadas em função das despesas variáveis unitárias. Sabendo que a empresa tem recursos limitados para investir em propaganda e que o seu objetivo é a maximização do lucro, a ordem de prioridade em que os produtos devem ter sua venda incentivada é:

a) Calça, Saia, Shorts e Blusa
b) Shorts, Calça, Blusa e Saia
c) Shorts, Blusa, Calça e Saia
d) Calça, Blusa, Shorts e Saia
e) Blusa, Saia, Calça e Shorts

☛ SOLUÇÃO

A empresa deverá dar prioridade de produção aos produtos com **maior margem de contribuição**. A margem de contribuição corresponde ao quanto sobra das vendas para que uma empresa possa pagar suas despesas fixas e **ainda gerar lucro**.

Margem de Contribuição = Vendas – Custos Variáveis – Despesas Variáveis

Calculando as margens de contribuição, temos:

Produtos	Calça	Saia	Shorts	Blusa
Preço de venda unitário	80,00	70,00	60,00	55,00
– Custos variáveis unitário	(30,00)	(25,00)	(10,00)	(8,00)
– Despesas variáveis unitário	(4,00)	(2,00)	(6,00)	(2,00)
= Margem de contribuição unitária	46,00	43,00	44,00	45,00

CONCLUSÃO, a ordem de prioridade em que os produtos devem ter sua venda incentivada é:

1ª Calça, 2ª Blusa, 3ª Shorts e 4ª Saia

Gabarito: **D**

03ª QUESTÃO: Considere as informações sobre os dois produtos da Cia. Leites Especiais, conforme tabela abaixo.

Produtos	Leite A unidade de 1 litro	Leite B unidade de 1 litro
Lucro bruto por unidade	6,00	5,00
Margem de contribuição unitária	4,00	3,00
Quantidade de material especial por unidade	2	1
Quantidade demandada pelo mercado	200 unidades por semana	300 unidades por semana

A Cia. Leites Especiais só consegue comprar 500 unidades de material especial por semana para a produção dos dois tipos de leite. Considerando o seu objetivo de maximizar o lucro, a Cia. Leites Especiais deve produzir e vender as quantidades semanais do leite A e do leite B, respectivamente, em unidades, de:

a) 100 e 300
b) 200 e 100
c) 125 e 250
d) 200 e 300
e) 400 e 900

☛ SOLUÇÃO

1º passo: Calcular o fator de restrição de produção.

ATENÇÃO, a Cia. Leites Especiais só consegue comprar 500 unidades de material especial por semana para a produção dos dois tipos de leite. Portanto, existe um **fator de restrição** na produção, que é a quantidade de material especial por unidade.

Nesse caso, quando existe um **fator de restrição** na produção, a empresa deverá dar prioridade ao produto que apresentar melhor relação de **margem de contribuição** unitária pelo **fator de restrição** de produção.

$$\textbf{Fator de prioridade de produção} = \frac{\text{Margem de contribuição unitária}}{\text{Fator de restrição de produção}}$$

Fator de restrição de produção = Quantidade de material especial por unidade

	Leite A unidade de 1 litro	**Leite B unidade de 1 litro**
Margem de contribuição unitária	4,00	3,00
Quantidade de material especial por unidade	2	1
Fator de prioridade de produção	2,00/unidade	3,00/unidade

2º passo: Calcular o consumo de material do leite B.

A demanda do leite B por semana pelo mercado é de 300 unidades. Logo, a Cia. Leites Especiais ao dar prioridade na produção do **leite B**, tem-se o seguinte consumo de material especial:

Consumo de material do leite B = 300 unidades × 1
Consumo de material do leite B = 300 unidades

3º passo: Calcular o estoque residual de material especial para a produção do leite A.

Estoque residual = Compra de material especial – Consumo de material do leite B

Estoque residual = 500 unidades – 300 unidades
Estoque residual = 200 unidades

4º passo: Calcular a quantidade de leite A produzida por semana.

$$\text{Produção de leite A} = \frac{\text{Estoque residual de material especial}}{\text{Consumo de material por unidade}}$$

$$\text{Produção de leite A} = \frac{\text{200 unidades}}{\text{2 unidades}}$$

Produção de leite A = 100 unidades

A Cia. Leites Especiais **incentivar** a produção do **leite B**, pois é o produto que apresenta o **maior fator** de prioridade de produção. Conclusão, a Cia. Leites Especiais deve produzir semanalmente **100 unidades do leite A e 300 unidades do leite B**.

Gabarito: **A**

04ª QUESTÃO: A Cia. Produtora produz os produtos A, B e C. Em junho de 2018, foram produzidas 5.000 unidades do produto A, 2.000 unidades do produto B e 4.000 unidades do produto C. Os custos fixos indiretos do mês de junho de 2018 referentes às atividades realizadas no departamento de produção foram, em reais:

Atividades	Custos fixos indiretos
Programação das máquinas	80.000,00
Inspeção da qualidade da produção	50.000,00
Supervisão da produção	50.000,00
Total dos custos indiretos do mês do departamento	180.000,00

As informações sobre os direcionadores de custos de atividades no mês de junho de 2018 foram:

Direcionador	Produto A	Produto B	Produto C	Total
Horas-máquinas trabalhadas	1.600 h	1.400 h	1.000 h	4.000 h
Número de unidades inspecionadas	2.000 u	1.000 u	2.000 u	5.000 u
Tempo gasto dos supervisores da produção	40%	28%	32%	100%

Considerando que a empresa adota o Custeio Baseado em Atividades, o valor dos custos fixos indiretos atribuído ao produto:

a) A foi de 52.000,00
b) B foi de 72.000,00
c) C foi de 72.000,00
d) A foi de 56.000,00
e) B foi de 52.000,00

☛ SOLUÇÃO

O **Custeio Baseado em Atividades** é um método de custeamento que atribui primeiro custos as **atividades** e depois aos **produtos** com base no uso de **direcionadores** de custos.

O **departamento de produção** é composto de **3 atividades**: programação das máquinas, inspeção da qualidade da produção e supervisão da produção.

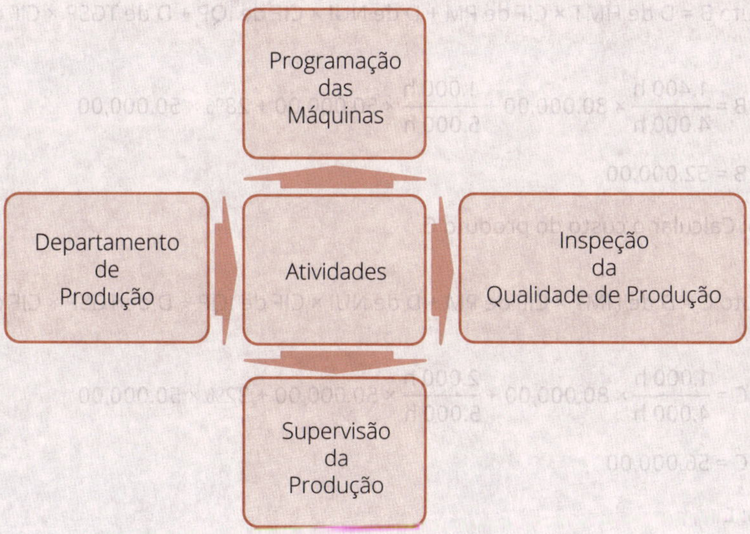

Segundo o custeamento ABC, os custos das atividades programação das máquinas, inspeção da qualidade da produção e supervisão da produção serão apropriados aos produtos A, B e C por meio de direcionadores de recursos. Os **direcionadores de recursos** são: horas-máquinas trabalhadas, número de unidades inspecionadas e tempo gasto dos supervisores da produção.

Siglas utilizadas:

D de HMT: **D**irecionador de **H**oras-**M**áquinas **T**rabalhadas
CIF-PM: **C**ustos **I**ndiretos de **F**abricação - **P**rogramação das **M**áquinas
D de NUI: **D**irecionador de **N**úmero de **U**nidades **I**nspecionadas
CIF-IQP: **C**ustos **I**ndiretos de **F**abricação - **I**nspeção da **Q**ualidade da **P**rodução
D de TGSP: **D**irecionador de **T**empo **G**asto dos **S**upervisores da **P**rodução
CIF-SP: **C**ustos **I**ndiretos de **F**abricação - **S**upervisão da **P**rodução

1º passo: Calcular o custo do produto A.

Produto A = D de HMT × CIF de PM + D de NUI × CIF de IQP + D de TGSP × CIF de SP

$$\text{Produto A} = \frac{1.600 \text{ h}}{4.000 \text{ h}} \times 80.000{,}00 + \frac{2.000 \text{ h}}{5.000 \text{ h}} \times 50.000{,}00 + 40\% \times 50.000{,}00$$

Produto A = 72.000,00

2º passo: Calcular o custo do produto B.

Produto B = D de HMT × CIF de PM + D de NUI × CIF de IQP + D de TGSP × CIF de SP

$$\text{Produto B} = \frac{1.400 \text{ h}}{4.000 \text{ h}} \times 80.000{,}00 + \frac{1.000 \text{ h}}{5.000 \text{ h}} \times 50.000{,}00 + 28\% \times 50.000{,}00$$

Produto B = 52.000,00

3º passo: Calcular o custo do produto C.

Produto C = D de HMT × CIF de PM + D de NUI × CIF de IQP + D de TGSP × CIF de SP

$$\text{Produto C} = \frac{1.000 \text{ h}}{4.000 \text{ h}} \times 80.000{,}00 + \frac{2.000 \text{ h}}{5.000 \text{ h}} \times 50.000{,}00 + 32\% \times 50.000{,}00$$

Produto C = 56.000,00

Gabarito: **E**

Capítulo 17

Contador Alese 2018

01ª QUESTÃO: Durante o ano de 2017 a Cia. Carnavalesca realizou algumas transações com mercadorias e o seu balancete de verificação apresentava, em 31/12/2017, os saldos das seguintes contas, entre outras, em reais:

Receita Bruta de Vendas	500.000,00
Impostos sobre Vendas	80.000,00
Descontos Financeiros Concedidos	10.000,00
Comissões sobre Vendas	15.000,00
Devolução de Vendas	25.000,00
Abatimentos sobre Vendas	8.000,00
Fretes sobre Vendas	35.000,00

O valor das compras de estoque realizadas no ano de 2017 foi 220.000,00, o valor dos estoques de produtos, em 31/12/2016, era 50.000,00 e, em 31/12/2017, o saldo de estoque apresentava o valor de 40.000,00. Com base nestas informações, o lucro bruto apurado pela Cia. Carnavalesca no ano de 2017 foi, em reais:

a) 157.000,00
b) 190.000,00
c) 177.000,00
d) 122.000,00
e) 107.000,00

SOLUÇÃO

1º passo: Calcular o custo das mercadorias vendidas.

CMV = EI + CL – FF

CMV = 50.000,00 + 220.000,00 – 40.000,00

CMV = 230.000,00

2º passo: Calcular o lucro bruto.

CUIDADO EXTRA NA PROVA!!!!!!!!!

Nas questões envolvendo a DRE, atualmente a FCC **segue a estrutura do CPC 26** que trata da Apresentação das Demonstrações Contábeis, ou seja, na apuração do **resultado operacional**, a FCC **não incluiu as despesas financeiras**. Portanto, quando nos depararmos com uma questão da FCC pedindo o **resultado operacional**, nós devemos ter em mente que esse **resultado operacional** corresponde ao **resultado antes do resultado financeiro**, segundo a estrutura de DRE apresentada pelo CPC 26.

Lucro antes do resultado financeiro (CPC 26) ≠ **Lucro Operacional** (Legislação Societária)

Demonstração do Resultado do Exercício	
Receita Bruta de vendas	500.000,00
– Impostos sobre vendas	(80.000,00)
– Devolução de vendas	(25.000,00)
– Abatimentos sobre vendas	(8.000,00)
= Receita Líquida de vendas	387.000,00
– Custo das Mercadorias Vendidas	(230.000,00)
= **Lucro Bruto**	**157.000,00**
– Comissões sobre vendas	(15.000,00)
– Fretes sobre vendas	(35.000,00)
= **Lucro operacional antes do resultado financeiro**	**107.000,00**
– Descontos financeiros concedidos	(10.000,00)
= **Lucro antes do IR e CSLL**	**97.000,00**

Gabarito: **A**

02ª QUESTÃO: O balancete de verificação da Cia. de Pimentas apresentava, em 31/12/2017, as seguintes contas e seus respectivos saldos, em reais:

Conta	Saldo	Conta	Saldo
Depósitos Bancários	180.000,00	Duplicatas a receber de clientes	170.000,00
Direitos Autorais	50.000,00	Capital Social	150.000,00
Empréstimos Obtidos	70.000,00	Reserva Legal	10.000,00
Salários a Pagar	25.000,00	Adiantamento a Fornecedores	45.000,00
Veículos	125.000,00	Depreciação Acumulada	25.000,00
Receita de Vendas	480.000,00	Despesas pagas antecipadamente	30.000,00
Despesa de Depreciação	20.000,00	IR e CSLL a pagar	20.000,00
Despesa de Salário	15.000,00	Custo das Mercadorias Vendidas	180.000,00
Despesa com Vendas	14.000,00	Reserva Estatutária	25.000,00
Ações em Tesouraria	10.000,00	Despesa de IR e CSLL	20.000,00
Adiantamento de Clientes	40.000,00	Reserva de Incentivos Fiscais	14.000,00

Com base nessas informações e assumindo que não ocorrerá distribuição de dividendos, o total do patrimônio líquido da Cia. de Pimentas apresentado em seu balanço patrimonial, em 31/12/2017, foi, em reais:

a) 209.000,00

b) 410.000,00

c) 420.000,00

d) 440.000,00

e) 390.000,00

☛ SOLUÇÃO

Podemos obter o **patrimônio líquido** somando as **contas do patrimônio líquido** com o **rédito** (resultado líquido, que pode ser um **lucro líquido** ou **prejuízo líquido**).

Patrimônio Líquido Final = Patrimônio Líquido Inicial + **Rédito**

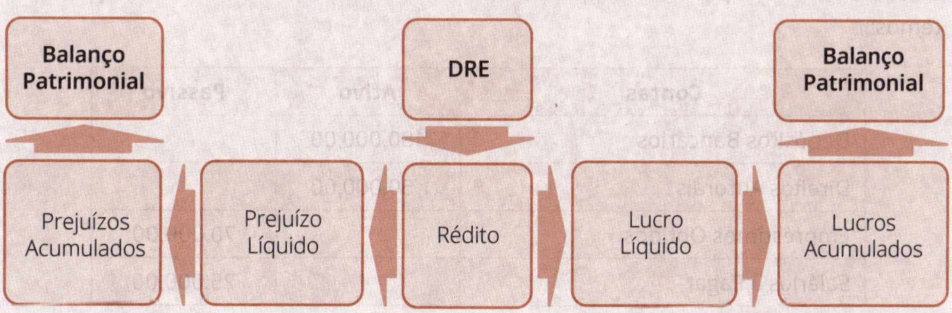

ATENÇÃO, o rédito é obtido na DRE.

Demonstração do Resultado do Exercício	
Receita de Vendas	480.000,00
– Custo das Mercadorias Vendidas	(180.000,00)
= Lucro Bruto	300.000,00
– Despesa de Depreciação	(20.000,00)
– Despesa de Salário	(15.000,00)
– Despesa com Vendas	(14.000,00)
= Lucro antes do IR e CSLL	251.000,00
– Despesa de IR e CSLL	(20.000,00)
= Rédito (**Lucro Líquido)**	**231.000,00**

O somatório das contas do **patrimônio líquido inicial** é:

Capital Social	150.000,00
Reserva Legal	10.000,00
Reserva Estatutária	25.000,00
Reserva de Incentivo Fiscal	14.000,00
– Ações em Tesouraria	(10.000,00)
= **Patrimônio Líquido Inicial**	**189.000,00**

Patrimônio Líquido Final = Patrimônio Líquido Inicial + **Rédito**

Patrimônio Líquido Final = 189.000,00 + 231.000,00

Patrimônio Líquido Final = 420.000,00

A **2ª forma** é calcular o ativo e o passivo, e por meio da equação fundamental da Contabilidade, obtemos o patrimônio líquido. Identificando o montante do **ativo** e do **passivo**, temos:

Contas	Ativo	Passivo
Depósitos Bancários	180.000,00	
Direitos Autorais	50.000,00	
Empréstimos Obtidos		70.000,00
Salários a Pagar		25.000,00

Veículos	125.000,00	
Adiantamento de Clientes		40.000,00
Duplicatas a receber de clientes	170.000,00	
Adiantamento a Fornecedores	45.000,00	
Depreciação Acumulada	(25.000,00)	
Despesas pagas antecipadamente	30.000,00	
IR e CSLL a pagar		20.000,00
Total	**575.000,00**	**155.000,00**

Vamos utilizar a equação fundamental da Contabilidade.

Ativo = Passivo + PL

Patrimônio Líquido = Ativo – Passivo

Patrimônio Líquido = 575.000,00 – 155.000,00

Patrimônio Líquido = 420.000,00

Gabarito: **C**

03ª QUESTÃO: A tabela a seguir apresenta as participações societárias que a Cia. Investe em Tudo detém das empresas investidas, Cias. A, B e C, bem como o resultado líquido que cada uma destas empresas investidas apurou em 2017, em reais:

Cia.	Relação das investidas com a Cia. Investe em Tudo.	Percentual de participação no capital de cada investida.	Resultado das investidas no ano de 2017.
A	Coligada	40%	200.000,00
B	Controlada	60%	(400.000,00)
C	Sem influência significativa	5%	100.000,00

As Cias. A, B e C possuíam apenas ações ordinárias e não existiam resultados não realizados entre a Cia. Investe em Tudo e suas investidas. Com base nestas informações, o resultado de equivalência patrimonial apurado pela Cia. Investe em Tudo, em 2017, foi, em reais:

a) 80.000,00 positivo.
b) 160.000,00 negativo.
c) 155.000,00 negativo.
d) 320.000,00 positivo.
e) 85.000,00 positivo.

SOLUÇÃO

Resultado de EP = 40% × Lucro Líquido da Cia. A – 60% × Prejuízo Líquido da Cia. B

Resultado de Equivalência Patrimonial = 40% × 200.000,00 – 60% × 400.000,00
Resultado de Equivalência Patrimonial = 80.000,00 – 240.000,00
Resultado de Equivalência Patrimonial = 160.000,00 negativo

ATENÇÃO, cuidado na prova! O investimento na Cia. C é avaliado pelo **custo de aquisição**, e nesse caso, mesmo a Cia. C tendo um lucro líquido de 100.000,00, **nenhum registro** é feito na Cia. Investe em Tudo.

Gabarito: **B**

04ª QUESTÃO: Considere as seguintes informações sobre a Cia. Verde & Azul correspondentes ao ano de 2017:

- A empresa apurou o lucro líquido de 350.000,00.
- A destinação do lucro do período foi:
- Constituição de reserva legal no valor de 15.000,00.
- Constituição de reserva de incentivos fiscais no valor de 30.000,00.
- Distribuição de dividendos obrigatórios no valor de 105.000,00.
- Foi realizado aumento do capital social no valor total de 100.000,00, sendo 40.000,00 com incorporação de reservas de lucros e 60.000,00 com um terreno.
- Aquisição de ações de emissão da própria Cia. Verde & Azul por 80.000,00 à vista.

Após o reconhecimento destas operações, a demonstração das mutações do patrimônio líquido (DMPL) de 2017 evidenciou um aumento no patrimônio líquido da Cia. Verde & Azul no valor total de, em reais:

a) 265.000,00
b) 345.000,00

c) 305.000,00

d) 385.000,00

e) 225.000,00

☛ SOLUÇÃO

(1) Registro contábil da transferência do lucro líquido para a conta lucros acumulados.

Lucro Líquido – DRE	
(1) 350.000,00	350.000,00

Lucros Acumulados – PL	
	350.000,00 (1)

(2) Registro contábil da constituição da reserva legal.

Lucros Acumulados – PL	
(2) 15.000,00	350.000,00
	335.000,00

Reserva Legal – PL	
	15.000,00 (2)

(3) Registro contábil da constituição de reserva de incentivos fiscais.

Lucros Acumulados – PL	
(3) 30.000,00	335.000,00
	305.000,00

Reserva de Incentivo Fiscal	
	30.000,00 (3)

(4) Registro contábil da distribuição de dividendos obrigatórios.

Lucros Acumulados – PL	
(4) 105.000,00	305.000,00
	200.000,00

Dividendos a Pagar – PC	
	105.000,00 (4)

(5) Registro da integralização de capital com reservas de lucros.

Reservas de Lucros – PL	
(5) 40.000,00	40.000,00

Capital Social – PL	
	40.000,00 (5)

(6) Registro contábil da integralização de capital com terreno.

Terreno – AÑC Imobilizado	
(6) 60.000,00	

Capital Social – PL	
	40.000,00
	60.000,00 (6)
	100.000,00

(7) Registro contábil da aquisição de ações em tesouraria.

Disponível – AC	
Saldo Inicial	80.000,00 (7)

Ações em Tesouraria – PL	
(7) 80.000,00	

PL = Capital Social (Terreno) + Reserva Legal + RIF + Lucros Acumulados – Ações em Tesouraria

PL = 60.000,00 + 15.000,00 + 30.000,00 + 200.000,00 – 80.000,00
PL = 225.000,00

SOLUÇÃO NA PROVA

PL = Capital Social (Terreno) + Lucro Líquido – Dividendos distribuídos – Ações em Tesouraria

PL = 60.000,00 + 350.000,00 – 105.000,00 – 80.000,00
PL = 225.000,00

Gabarito: **E**

05ª QUESTÃO: Sobre a empresa Gama, considere:

Informação	
Passivo Circulante	400,00
Composição do Endividamento	40%
Grau de Endividamento (participação de capitais de terceiros em relação ao PL)	80%
Retorno sobre o PL	20%

Com base nessas informações, é correto afirmar que:

a) o passivo não circulante da empresa é igual a 1.000,00.
b) o patrimônio líquido da empresa é igual a 1.000,00.

c) o lucro líquido da empresa é igual a 200,00.
d) o total de recursos de terceiros é igual a 600,00.
e) o lucro líquido da empresa é igual a 250,00.

☛ SOLUÇÃO

Analisando as alternativas, temos:

a) Errada. O passivo não circulante da empresa é igual a **600,00**.

A **composição do endividamento** avalia o montante das **obrigações de curto** em relação à **dívida total** da empresa.

$$\text{Composição do Endividamento} = \frac{PC}{PC + P\tilde{N}C} \times 100\%$$

$$\frac{400{,}00}{400{,}00 + P\tilde{N}C} \times 100\% = 40\%$$

$400{,}00 = 160{,}00 + 0{,}4 \times P\tilde{N}C$
$P\tilde{N}C = 600{,}00$

b) Errada. O patrimônio líquido da empresa é igual a **1.250,00**.

$$\text{Passivo Exigível} = PC + P\tilde{N}C$$

Passivo Exigível = 400,00 + 600,00
Passivo Exigível = 1.000,00

O **grau de endividamento** demonstra o montante de recursos que a empresa obteve de capital de terceiros para cada real de capital aplicado, ou seja, mede a porcentagem do ativo total que se encontra financiada por capital de terceiros. Quanto maior o grau de endividamento, maior é a possibilidade de falência de uma empresa. A fórmula do grau de endividamento é:

$$\text{Grau de Endividamento} = \frac{\text{Passivo Exigível}}{\text{Ativo total}} \times 100\%$$

MAS MUITA ATENÇÃO NA PROVA!!!!!!!!! O examinador informa que o grau de endividamento no valor de 80% está relacionado com a participação de capitais de terceiros em relação ao PL. Portanto, a fórmula que iremos utilizar aqui é:

$$\text{Grau de Endividamento} = \frac{\text{Passivo Exigível}}{\text{PL}} \times 100\%$$

$$80\% = \frac{1.000{,}00}{\text{PL}} \times 100\%$$

PL = 1.250,00

c) Errada. O lucro líquido da empresa é igual a **250,00.**

A **rentabilidade do patrimônio líquido** ou **retorno sobre o PL** representa o retorno que os acionistas estão obtendo em relação aos seus investimentos realizados na empresa.

$$\text{Retorno sobre o PL} = \frac{\text{Lucro Líquido}}{\text{PL}} \times 100\%$$

$$20\% = \frac{\text{Lucro Líquido}}{1.250{,}00} \times 100\%$$

Lucro Líquido = 250,00

d) Errada. O total de recursos de terceiros é igual a **1.000,00.**

Recursos de Terceiros = PC + PÑC

Recursos de Terceiros = 400,00 + 600,00
Recursos de Terceiros = 1.000,00

e) Correta. Na alternativa **C** calculamos o lucro líquido da empresa que foi igual a 250,00.

Gabarito: **E**

06ª QUESTÃO: A Cia. Papa Legus possuía, em 31/12/2016, um ativo intangível com vida útil indefinida, cujo valor contábil de 1.200.000,00 era composto dos seguintes valores em reais:

- Custo de aquisição 1.500.000,00
- Perda por desvalorização.. (300.000,00)

Em dezembro de 2017, a Cia. realizou novamente o teste de recuperabilidade do ativo (teste de *impairment*) e obteve as seguintes informações, com valores em reais:

- Valor em uso 1.100.000,00
- Valor justo líquido das despesas de venda 1.600.000,00

As evidências indicaram que a vida útil desse ativo continua indefinida. Com base nestas informações, a Cia. Papa Legus, em dezembro de 2017:

a) não fez nenhum registro.
b) reconheceu uma perda por desvalorização no valor de 100.000,00.
c) reconheceu um ganho no valor de 400.000,00.
d) reconheceu um ganho no valor de 300.000,00.
e) reconheceu um ganho no valor de 100.000,00.

SOLUÇÃO

MEMORIZAR PARA A PROVA

Vida útil do ativo intangível	Amortização	*Impairment test*	Reversão de perda estimada
Definida	Sim	Sim	Sim
Indefinida	Não	Sim	**Sim**
Goodwill	Não	Sim	Não

ATENÇÃO, na tabela podemos verificar que no caso de um ativo intangível com vida útil indefinida, a norma internacional permite a **reversão no exercício subsequente**, quando da realização de um novo teste de *impairment*, a perda por *impairment* constituída em exercícios anteriores.

1ª etapa: Calcular o valor recuperável do ativo intangível com vida útil indefinida.

ATENÇÃO, o valor recuperável será sempre o **maior valor**.

Valor justo líquido das despesas de venda	1.600.000,00	**MAIOR VALOR**	Valor recuperável = 1.600.000,00
Valor em uso	1.100.000,00		

Valor recuperável em 2017 = 1.600.000,00

2ª etapa: Calcular o valor contábil do ativo intangível.

Valor contábil = Custo de Aquisição – Perdas Acumuladas por *Impairment*

LEMBREM-SE! O ativo intangível com vida útil indefinida **não é amortizado**, portanto no cálculo do seu valor contábil, **não subtraímos a amortização acumulada** (vide tabela).

Valor contábil = 1.200.000,00 – 300.000,00
Valor contábil = 900.000,00

3ª etapa: Comparar o valor recuperável com o valor contábil.

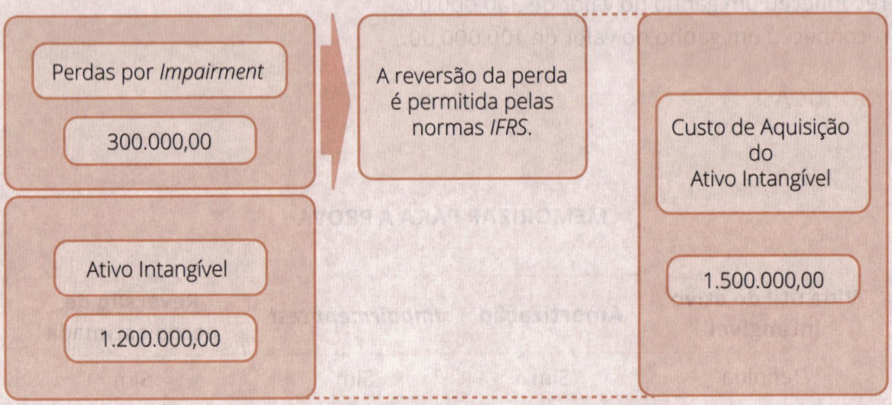

De acordo com o CPC 01, a **perda por desvalorização** reconhecida para o **ativo intangível com vida útil indefinida** no exercício de 2016 no montante de 300.000,00 **poderá** ser revertida no exercício de 2017, pois **essa reversão é permitida** pelas normas nacionais e internacionais de Contabilidade.

(1) Registro contábil da **reversão da perda por *impairment*** em 31/12/2017.

Perdas Estimadas Acumuladas	
(1) 300.000,00	300.000,00

Outras Receitas	
	300.000,00 (1)

Outras receitas

As **outras receitas** compreendem as **receitas oriundas** das transações do AÑC classificados nos subgrupos de investimentos, imobilizado e intangível.

Outras despesas

As **outras despesas** compreendem as **despesas oriundas** das transações do AÑC classificados nos subgrupos de investimentos, imobilizado e intangível.

CONCLUSÃO, em 31/12/2017 a Cia. Incorpórea deverá reconhecer uma **receita com reversão de perda por *impairment* (outras receitas)** no valor de 300.000,00.

ATENÇÃO! A receita com reversão de perda por *impairment* é um **ganho**.

Gabarito: **D**

07ª QUESTÃO: A Cia. Liquidez é uma empresa comercial e apresentava as seguintes demonstrações contábeis, com os valores expressos em reais:

Balanços Patrimoniais					
Ativo	**31/12/2016**	**31/12/2017**	**Passivo**	**31/12/2016**	**31/12/2017**
Ativo Circulante			**Passivo Circulante**		
Disponível	290.000,00	309.000,00	Fornecedores	76.000,00	150.000,00
Duplicatas a Receber	50.000,00	86.000,00	Salários a Pagar	20.000,00	15.000,00
Estoques	36.000,00	50.000,00	**Passivo Não Circulante**		
AÑC Imobilizado			Empréstimos	130.000,00	140.000,00
Terreno	50.000,00	–	**Patrimônio Líquido**		
Equipamentos	–	200.000,00	Capital Social	200.000,00	200.000,00
Depreciação Acumulada		(20.000,00)	Reservas de Lucros	–	120.000,00
Total	426.000,00	625.000,00	Total	426.000,00	625.000,00

Demonstração do Resultado 01/01/2017 a 31/12/2017

Receita de Vendas	320.000,00
– Custo dos Produtos Vendidos	(110.000,00)
= Lucro Bruto	210.000,00
– Despesas com salários	(30.000,00)
– Despesas com aluguel	(15.000,00)
– Despesas de depreciação	(20.000,00)
– Prejuízo na venda do terreno	(12.000,00)
= Lucro antes do resultado financeiro	133.000,00
– Despesas financeiras (juros)	(6.000,00)
= Lucro antes do IR e CSLL	127.000,00
– Despesa com Imposto de Renda e CSLL	(7.000,00)
= Lucro Líquido	120.000,00

Sabendo-se que as despesas com juros não foram pagas e que o terreno foi vendido à vista, o fluxo de caixa decorrente das atividades operacionais gerado em 2017 foi, em reais:

a) 146.000,00
b) 177.000,00
c) 165.000,00
d) 159.000,00
e) 139.000,00

SOLUÇÃO

SOLUÇÃO NA PROVA

Na prova, calculamos o caixa líquido consumido no FCO pelo **método indireto**, que é o mais rápido nessa questão. **Mas muita atenção!** Na prova não é necessário calcular a variação de cada conta do ativo e do passivo circulantes, pois isso consome tempo, e o tempo é um artigo de luxo na prova. Com a finalidade de ganhar agilidade, nós calculamos apenas as **variações dos ativos e passivos circulantes** e somamos essas variações ao **lucro líquido ajustado**.

Balanços Patrimoniais					
Ativo Circulante	**31/12/2016**	**31/12/2017**	**Passivo Circulante**	**31/12/2016**	**31/12/2017**
Duplicatas a Receber	50.000,00	86.000,00	Fornecedores	76.000,00	150.000,00
Estoques	36.000,00	50.000,00	Salários a Pagar	20.000,00	15.000,00
Total	**86.000,00**	**136.000,00**	**Total**	**96.000,00**	**165.000,00**

Variação do AC = AC em 2017 – AC em 2016
Variação do AC = 136.000,00 – 86.000,00
Variação do AC = **aumento** de 50.000,00

Variação do PC = PC em 2017 – PC em 2016
Variação do PC = 165.000,00 – 96.000,00
Variação do PC = **aumento** de 69.000,00

LEMBREM-SE DOS AJUSTES relacionados com as variações dos ativos circulantes e passivos circulantes.	
Aumento do AC é um **ajuste negativo** na DFC.	**Aumento** do PC é um **ajuste positivo** na DFC.
Redução do AC é um ajuste positivo na DFC.	Redução do PC é um ajuste negativo na DFC.

Fluxo de Caixa Operacional – **Método Indireto**
Lucro Líquido..120.000,00
1º ajuste: Ajustes oriundos da **DRE**
+ Depreciação..20.000,00
+ Despesas Financeiras..6.000,00
+ Prejuízo na venda do terreno 12.000,00
= **Lucro Líquido ajustado..............................158.000,00**
2º ajuste: Ajustes oriundos do **BP**
– Aumento do Ativo Circulante..........................(50.000,00)
+ Aumento do Passivo Circulante........................69.000,00
= **Caixa líquido gerado no FCO.......................177.000,00**

Gabarito: **B**

08ª QUESTÃO: A Cia. Desenrola está respondendo a processos em diversas áreas. Em 31/12/2016, apresentava as seguintes informações sobre seus processos, com valores em reais:

Processo	Montante estimado	Probabilidade de perda
Trabalhista I	400.000,00	Provável
Fiscal I	220.000,00	Provável
Cível	100.000,00	Possível

Para o fechamento do balanço patrimonial em 31/12/2017, a Cia. reavaliou os processos nos quais estava envolvida e obteve as seguintes informações, com valores em reais:

Processo	Montante estimado	Probabilidade de perda
Trabalhista I	300.000,00	Provável
Fiscal I	280.000,00	Provável
Fiscal II	320.000,00	Possível
Cível	140.000,00	Provável
Ambiental	170.000,00	Remota

Com base nas informações, o impacto no resultado de 2017 decorrente da reavaliação dos processos judiciais foi, em reais:

a) 100.000,00 negativo.
b) 720.000,00 negativo.
c) 40.000,00 positivo.
d) 320.000,00 negativo.
e) 580.000,00 negativo.

☛ SOLUÇÃO

UMA DICA PARA A PROVA é lembrar da frase:

Pro Po R uma provisão para contingências.

Montando a tabela com as obrigações presentes que podem ser prováveis, possíveis ou remotas, temos:

Provisão para contingências	Provável	Possível	Remota
Registro contábil	Sim	Não	Não
Divulgação em notas explicativas	Sim	Sim	Não

CONCLUSÃO, apenas os **processos prováveis** de perda pela empresa serão registrados no balanço patrimonial e divulgados em notas explicativas.

Processo	Provisão em 31/12/2016	Probabilidade de perda em 31/12/2017	Valor reestimado da perda em 31/12/2017	Efeitos na DRE Constituição/Reversão
Trabalhista I	400.000,00	Provável	300.000,00	Reversão de 100.000,00
Fiscal I	220.000,00	Provável	280.000,00	(60.000,00)
Fiscal II	0,00	Possível	320.000,00	0,00
Cível	0,00	Provável	140.000,00	(140.000,00)
Ambiental	0,00	Remota	170.000,00	0,00

Efeitos na DRE = 100.000,00 – 60.000,00 – 140.000,00
Efeitos na DRE = negativo de 100.000,00

CONCLUSÃO, reconheceu, na DRE, uma perda de 100.000,00.

Gabarito: **A**

09ª QUESTÃO: A Cia. Só Lenha adquiriu, em 31/12/2014, um equipamento por 1.120.000,00, à vista. A vida útil econômica estimada para o equipamento, na data de aquisição, era 12 anos e o valor residual esperado era 160.000,00. Em 01/01/2016, a empresa reavaliou a vida útil do equipamento e determinou que a vida útil remanescente seria 10 anos e o novo valor residual era 80.000,00. Com base nestas informações, o valor contábil evidenciado no balanço patrimonial da Cia. Só Lenha, em 31/12/2017, foi, em reais:

a) 640.000,00
b) 728.000,00
c) 808.000,00
d) 848.000,00
e) 768.000,00

SOLUÇÃO

Segundo o CPC 27 que trata do ativo imobilizado, o **valor residual e a vida útil** de um ativo **são revisados** pelo menos ao **final de cada exercício** e, se as expectativas diferirem das estimativas anteriores, a mudança deve ser contabilizada como **mudança de estimativa contábil**, segundo o CPC 23 que trata das políticas contábeis, mudança de estimativa e retificação de erro.

Itens	2015	2016
Custo de aquisição	1.120.000,00	1.120.000,00
Valor residual	160.000,00	80.000,00
Vida útil econômica	12 anos	10 anos

ATENÇÃO, analisando a tabela, podemos verificar que o **valor residual e a vida útil econômica** sofrem alterações de valores com o passar dos anos. O mesmo não ocorre com o **custo de aquisição** no montante de 1.120.000,00, que permanece constante com o decorrer dos anos.

1º passo: Calcular a depreciação acumulada em 2015.

$$\text{Depreciação Acumulada} = (\text{Custo de aquisição} - \text{Valor residual}) \times \frac{\text{Período de utilização}}{\text{Vida útil}}$$

$$\text{Depreciação Acumulada em 2015} = (1.120.000,00 - 160.000,00) \times \frac{1 \text{ ano}}{12 \text{ anos}}$$

Depreciação Acumulada em 2015 = 80.000,00

2º passo: Calcular a depreciação de 2016.

No início de 2016 foi realizado o **teste de *impairment*** na máquina, e nessa data, a companhia obteve uma nova vida útil de 10 anos e um valor residual de 80.000,00. Portanto, a nova fórmula de depreciação será:

$$\text{Depreciação} = (\text{Custo de aquisição} - \text{Depreciação Acumulada} - \text{Valor residual}) \times \frac{\text{Período de utilização}}{\text{Nova vida útil}}$$

$$\text{Depreciação em 2016/2017} = (1.120.000{,}00 - 80.000{,}00 - 80.000{,}00) \times \frac{2 \text{ anos}}{10 \text{ anos}}$$

Depreciação em 2016/2017 = 192.000,00

ATENÇÃO, a depreciação acumulada no período de 2016 a 2017 foi de 192.000,00.

3º passo: Calcular a depreciação acumulada em 2017.

Depreciação Acumulada em 2017 = Depreciação de 2015 + Depreciação de 2016/2017

Depreciação Acumulada em 2017 = 80.000,00 + 192.000,00
Depreciação Acumulada em 2017 = 272.000,00

4º passo: Calcular o valor contábil da máquina em 31/12/2017.

Valor contábil em 31/12/2017 = Custo de aquisição – Depreciação Acumulada em 31/12/2017

Valor contábil em 31/12/2017 = 1.120.000,00 – 272.000,00
Valor contábil em 31/12/2017 = 848.000,00

Gabarito: **D**

10ª QUESTÃO: A Cia. de Comércio Violeta, ao adquirir mercadorias para revenda, pagou os seguintes valores em reais:

Valor das mercadorias (sem impostos.................... 200.000,00
Seguro para transporte até a empresa 3.000,00
Frete para transporte até a empresa.........................10.000,00
Tributos recuperáveis...25.000,00
Tributos não recuperáveis 14.000,00

Sabendo que a Cia. revendeu todas estas mercadorias por 440.000,00, mas concedeu um desconto de 10% no momento da venda, o custo das mercadorias vendidas e o lucro bruto apurados pela Cia. de Comércio Violeta foram, respectivamente, em reais:

a) 213.000,00 e 183.000,00
b) 227.000,00 e 144.000,00
c) 227.000,00 e 169.000,00
d) 238.000,00 e 144.000,00
e) 238.000,00 e 158.000,00

☛ SOLUÇÃO

Montando as notas fiscais de aquisição das mercadorias e dos fretes e seguros, temos:

ATENÇÃO! **Muita atenção, aqui!** A banca informa que as mercadorias no montante de 200.000,00 **não existe impostos**. Portanto, ao montarmos a nota fiscal, nós devemos somar ao valor das mercadorias, os tributos recuperáveis no montante de 25.000,00. **Lembrem-se!** Os tributos recuperáveis encontram-se inseridos no **preço das mercadorias**.

Nota Fiscal de Mercadorias	
Mercadorias	225.000,00
+ Tributos não recuperáveis	14.000,00
= Total da nota fiscal	239.000,00
Tributos recuperáveis	25.000,00

Nota Fiscal de Transportes	
Fretes/Seguros	13.000,00
= Total da nota fiscal	13.000,00

1º passo: Calcular as compras brutas.

As **compras brutas** (CB) correspondem ao valor das compras acrescidos dos tributos, quer sejam por fora ou por dentro, **recuperáveis ou não**. Em outras palavras, as compras brutas correspondem ao valor **total da nota fiscal** de aquisição das mercadorias.

Compras Brutas = Nota Fiscal de Mercadorias

Compras Brutas = 239.000,00

2º passo: Calcular as compras líquidas.

As **compras líquidas** (CL) representam o valor efetivamente **lançado nos estoques**.

CL = CB – Tributos recuperáveis + Fretes/Seguros/Armazenagem – Deduções de compras

Compras Líquidas = 239.000,00 (Compras Brutas) – 25.000,00 (Tributos recuperáveis) + 13.000,00 (Fretes)

Compras Líquidas = 227.000,00

3º passo: Registro contábil das operações de compra e venda de mercadorias.

(1) Registro contábil das compras à vista.

Mercadorias	
(1) 227.000,00	

Tributos Recuperáveis	
(1) 25.000,00	

Disponível	
Saldo Inicial	252.000,00 (1)

Disponível = Nota Fiscal de Mercadorias + Nota Fiscal de Transportes

Disponível = 239.000,00 + 13.000,00

Disponível = 252.000,00

4º passo: Registro contábil das vendas.

(3) Registro contábil das vendas brutas no montante de 440.000,00, com desconto comercial de 10%.

Disponível	
(3) 396.000,00	

Desconto Comercial Concedido	
(3) 44.000,00	

Vendas Brutas	
	440.000,00 (3)

(4) Registro contábil do custo das mercadorias vendidas.

Mercadorias	
227.000,00	227.000,00 (4)

CMV	
(4) 227.000,00	

Montando a DRE, temos:

Demonstração do Resultado do Exercício	
Vendas Brutas	440.000,00
– Desconto Comercial Concedido	(44.000,00)
= Vendas Líquidas	396.000,00
– **Custo das Mercadorias Vendidas**	**(227.000,00)**
= **Lucro Bruto**	**169.000,00**

SOLUÇÃO NA PROVA

CL = Fornecedor sem tributos + Tributos não recuperáveis + Fretes/Seguros

Compras Líquidas = 200.000,00 + 14.000,00 + 13.000,00

Compras Líquidas = 227.000,00

Lucro Bruto = Vendas Líquidas – CMV

Lucro Bruto = 440.000,00 × 90% – 227.000,00

Lucro Bruto = 169.000,00

Gabarito: **C**

Capítulo 18

Ciências Contábeis Artesp 2017

ATENÇÃO: Para responder às **questões de números 01 e 02**, utilize as informações abaixo.

A Cia. La Panelita S.A. apresentou, em 31/12/2016, as seguintes contas com os respectivos saldos:

Conta	Saldo
Contas a Receber a longo prazo	100.000,00
Veículos	300.000,00
Caixa	3.000,00
Adiantamento a Fornecedores (as mercadorias serão recebidas em 90 dias)	9.000,00
Contas a Receber (em até 120 dias)	36.000,00
Estoques (prazo médio de renovação dos estoques é de 50 dias)	90.000,00
Depreciação Acumulada – Veículos	96.000,00
Móveis e Utensílios	100.000,00
Impostos a pagar (em 30 dias)	60.000,00
Títulos a pagar de longo prazo	12.600,00
Equipamentos	300.000,00
Imposto de Renda a Pagar (em 40 dias)	12.800,00
Contas a pagar (em 20 dias)	60.000,00
Clientes (prazo médio de recebimento das vendas é de 80 dias)	200.000,00
Aplicações Financeiras (resgatáveis em até 150 dias)	296.000,00
Dividendos a pagar (em 50 dias)	66.000,00
Fornecedores (prazo médio de pagamento das compras é de 70 dias)	220.000,00
Capital	858.500,00
Reservas de Capital	150.000,00
Reservas de Lucros	24.700,00

Adiantamento de Clientes (as mercadorias serão entregues em 45 dias)................6.000,00
Depreciação Acumulada - Equipamentos.. 111.000,00
Ajustes por *impairment* acumulados – Equipamentos..10.000,00
Seguros Antecipados (vigência de 6 meses)..3.600,00
Depreciação Acumulada – Móveis e Utensílios..55.000,00
Terrenos.. 305.000,00

01ª QUESTÃO: O valor total do ativo não circulante em 31/12/2016 era, em reais:

a) 833.000,00
b) 853.000,00
c) 637.600,00
d) 424.800,00
e) 1.129.000,00

SOLUÇÃO

LEMBREM-SE NA PROVA!!!!!!!!

Atualmente, de acordo com as **normas *IFRS*** (CPC 26), os bens e direitos com realização prevista **acima de doze meses da data do balanço patrimonial**, são classificados no **ativo não circulante realizável de longo prazo.**

A data de referência para a nossa classificação entre curto e longo prazo, é a **data do balanço**, que nesse caso é **31/12/2016**. Em outras palavras, todos os bens, direitos e obrigações com **vencimento até 1 ano da data do balanço** são classificados no **curto prazo**, e os demais, com **prazo superior a 1 ano** da data do balanço, no **longo prazo**.

Contas	Classificação	Valores
Contas a Receber a longo prazo	**AÑC RLP**	**100.000,00**
Veículos	**AÑC Imobilizado**	**300.000,00**
Caixa	Ativo Circulante	3.000,00
Adiantamento a Fornecedores (Recebimento em 90 dias)	Passivo Circulante	9.000,00

Contas a Receber (em até 120 dias)	Ativo Circulante	36.000,00
Estoques (PMRE é de 50 dias)	Ativo Circulante	90.000,00
Depreciação Acumulada – Veículos	**Retificadora do Imobilizado**	**96.000,00**
Móveis e Utensílios	**AÑC Imobilizado**	**100.000,00**
Impostos a pagar (em 30 dias)	Passivo Circulante	60.000,00
Títulos a pagar de longo prazo	Passivo Não Circulante	12.600,00
Equipamentos	**AÑC Imobilizado**	**300.000,00**
Imposto de Renda a Pagar (em 40 dias)	Passivo Circulante	12.800,00
Contas a pagar (em 20 dias)	Passivo Circulante	60.000,00
Clientes (PMRV é de 80 dias)	Ativo Circulante	200.000,00
Aplicações Financeiras (resgatáveis em até 150 dias)	Ativo Circulante	296.000,00
Dividendos a pagar (em 50 dias)	Passivo Circulante	66.000,00
Fornecedores (PMPF é de 70 dias)	Passivo Circulante	220.000,00
Capital	Patrimônio Líquido	858.500,00
Reservas de Capital	Patrimônio Líquido	150.000,00
Reservas de Lucros	Patrimônio Líquido	24.700,00
Adiantamento de Clientes (entrega em 45 dias)	Passivo Circulante	6.000,00
Depreciação Acumulada – Equipamentos	**Retificadora do Imobilizado**	**111.000,00**
Ajustes por *impairment* acumulados – Equipamentos	**Retificadora do Imobilizado**	**10.000,00**
Seguros Antecipados (vigência de 6 meses)	Ativo Circulante	3.600,00
Depreciação Acumulada – Móveis e Utensílios	**Retificadora do Imobilizado**	**55.000,00**
Terrenos	**AÑC Imobilizado**	**305.000,00**

AÑC = 100.000,00 + 300.000,00 – 96.000,00 + 100.000,00 + 300.000,00 – 111.000,00 – 10.000,00 – 55.000,00 + 305.000,00

AÑC = 833.000,00

Gabarito: **A**

02ª QUESTÃO: A composição do endividamento em 31/12/2016 era, aproximadamente:

a) 28,88%

b) 97,12%

c) 41,12%

d) 29,74%

e) 33,71%

☛ **SOLUÇÃO**

1º passo: Calcular o passivo circulante.

PC = 9.000,00 + 60.000,00 + 12.800,00 + 60.000,00 + 66.000,00 + 220.000,00 + 6.000,00
PC = 433.800,00

2º passo: Calcular o passivo não circulante.

PÑC = 12.600,00

3º passo: Calcular a composição do endividamento.

A **composição do endividamento** avalia o montante das obrigações de curto em relação à dívida total da empresa.

$$\text{Composição do Endividamento} = \frac{\text{Passivo Circulante}}{\text{Passivo Circulante} + \text{Passivo Não Circulante}} \times 100\%$$

Quanto **menor a composição do endividamento**, melhor é para a empresa, pois este indicador permite visualizar a ocorrência da renegociação de dívidas de curto prazo para longo prazo, bem como a contratação de empréstimos, caracterizando a dificuldade da empresa em saldar as suas dívidas de curto prazo.

$$\text{Composição do Endividamento} = \frac{433.800,00}{433.800,00 + 12.600,00} \times 100\%$$

Composição do Endividamento ≈ 97,17%

Gabarito: **B**

03ª QUESTÃO: Em 31/12/2015, a Cia. de Minérios adquiriu um caminhão, por meio de arrendamento mercantil financeiro, para ser pago em 5 prestações anuais, iguais e consecutivas, de 80.000,00 cada, vencendo a primeira em 31/12/2016. Sabe-se que o valor presente das prestações era 303.000,00 e que se a Cia. de Minérios tivesse adquirido o caminhão à vista, teria pagado 310.000,00 (valor justo). Com base nestas informações, a Cia. de Minérios reconheceu:

a) um ativo no valor de 303.000,00 na data da aquisição.
b) um passivo no valor de 400.000,00 na data da aquisição.
c) despesa financeira no valor de 97.000,00 no ano de 2016.

d) um ativo no valor de 310.000,00 na data da aquisição.

e) um ativo no valor de 310.000,00 e um ganho no valor de 7.000,00 na data da aquisição.

SOLUÇÃO

Segundo o CPC 06 o caminhão deverá ser reconhecido pelo **valor justo** ou **valor presente**, dos dois, o **menor**.

Valor justo	310.000,00	**MENOR VALOR**	Balanço Patrimonial em 31/12/2015
Valor presente	303.000,00		Custo de aquisição = 303.000,00

Valor **presente** das parcelas em 31/12/2015	303.000,00
Valor **justo** do caminhão em 31/12/2015	310.000,00
Valor a ser **registrado no ativo** em 31/12/2015	**303.000,00**

Calcular os juros a transcorrer.

Arrendamento mercantil financeiro a pagar = Número de prestações × Valor da prestação

Arrendamento mercantil financeiro a pagar = 5 prestações × 80.000,00/prestação
Arrendamento mercantil financeiro a pagar = 400.000,00

Juros a Transcorrer = Arrendamento mercantil financeiro a pagar – Valor presente do caminhão

Juros a Transcorrer = 400.000,00 – 303.000,00
Juros a Transcorrer = 97.000,00

(1) Registro do arrendamento financeiro na arrendatária (Cia. de Minérios).

Veículos adquiridos em AMF		Juros a Transcorrer		AMF a Pagar	
(1) 303.000,00		(1) 97.000,00			400.000,00 (1)

O balanço patrimonial **imediatamente após a aquisição** do caminhão, será:

Ativo	Passivo
AÑC Imobilizado Veículos em AMF ....303.000,00 Total............303.000,00	**Passivo Exigível** AMF a Pagar............400.000,00 – Juros a Transcorrer............(97.000,00) Total............303.000,00

Analisando as alternativas, temos:

a) Correta. A empresa reconhece um ativo de 303.000,00 na data da aquisição.

b) Errada. A empresa reconhece um **passivo de 303.000,00** na data da aquisição.

c) Errada. A despesa financeira de 97.000,00 **será apropriada ao longo dos 5 anos.**

d) Errada. A empresa reconhece um **ativo de 303.000,00** na data da aquisição.

e) Errada. Um **ativo de 303.000,00**, porém **não existe ganho de 7.000,00** na data da aquisição.

Gabarito: **A**

ATENÇÃO: Para responder às **questões de números 04 e 05**, considere as informações abaixo.

A empresa Contadores S.A. fez uma aplicação financeira em 01/12/2016, adquirindo três títulos no valor de 7.000,00 cada, que remuneram à taxa de 1% ao mês (juros compostos). Na data da aquisição, um título foi classificado como para negociação imediata, outro foi classificado como disponível para venda e o outro foi classificado como mantido até o vencimento. O valor justo de cada título, 30 dias após a sua aquisição era 6.950,00.

04ª QUESTÃO: A empresa reconheceu na demonstração de resultado de dezembro de 2016, referente aos títulos tomados em conjunto, um resultado financeiro de, em reais:

a) 210,00, positivo.
b) 150,00, negativo.
c) 30,00, negativo.
d) 90,00, positivo.
e) 20,00, positivo.

☛ SOLUÇÃO

Segundo o CPC 48 que trata dos instrumentos financeiros, a entidade pode adotar as seguintes classificações para um ativo financeiro:

- custo amortizado
- valor justo por meio do resultado (VJR)
- valor justo por meio de outros resultados abrangentes (VJORA)

Essa **classificação** deve ter por base as características de **fluxo de caixa contratual** do ativo financeiro e o **modelo de negócios** da entidade para a gestão dos ativos financeiros.

Classificação do ativo financeiro = Características do fluxo de caixa contratual + Modelo de negócios

Fazendo um paralelo com a **classificação antiga**, temos:

Classificação ANTIGA	Classificação ATUAL	Rendimentos	Ajustes ao valor justo
Disponível para venda futura	VJORA	DRE	Na conta AAP do PL
Destinados à venda imediata	VJR	DRE	DRE
Mantido até o vencimento	Custo amortizado	DRE	Não tem ajuste

Juros ativos = Taxa efetiva × Custo de aquisição do título

Os **juros ativos** resultantes da aplicação dos títulos mensurados ao **custo amortizado**, **VJR** e **VJORA** vão para o resultado do exercício (**DRE**).

No encerramento do exercício, comparamos o **valor pela curva do papel** dos títulos com o seu **valor justo**, e dependendo da **classificação** desses títulos, **não haverá** ajustes ou os ajustes podem ir para a **DRE** ou **AAP**.

Classificação ATUAL	Rendimentos	Mensuração pela curva do papel	Ajustes ao valor justo
VJORA	DRE	Custo de aquisição + Juros ativos	+/– AAP do PL
VJR	DRE	Custo de aquisição + Juros ativos	+/– DRE
Custo amortizado	DRE	Custo de aquisição + Juros ativos	Não tem ajuste

Mensuração pela curva do papel = Custo de aquisição + Juros ativos

1º passo: Calcular os rendimentos pela taxa efetiva de cada título e o valor pela curva do papel.

Custo	Taxa efetiva	Mensuração definida pela empresa	Juros ativos	Curva do papel
7.000,00	1,0% a.m.	VJORA	70,00	7.070,00
7.000,00	1,0% a.m.	VJR	70,00	7.070,00
7.000,00	1,0% a.m.	Custo amortizado	70,00	7.070,00

2º passo: Ajustar o valor pela curva do papel ao valor justo.

Classificação	Valor pela curva do papel	Valor justo	Ajuste ao valor justo
VJORA	7.070,00	**6.950,00**	AAP = – 120,00
VJR	7.070,00	**6.950,00**	DRE = – 120,00
Custo amortizado	**7.070,00**	6.950,00	Não tem ajuste

DRE = Juros do VJORA + Juros do VJR + Juros do Custo amortizado – Juros de ajuste do VJR

DRE = 70,00 + 70,00 + 70,00 – 120,00
DRE = 90,00 positivo

Gabarito: **D**

05ª QUESTÃO: Os valores apresentados no balanço patrimonial nas contas aplicações financeiras e ajustes de avaliação patrimonial, em 31/12/2016, considerando os três títulos, foram, respectivamente, em reais:

a) 21.090,00 e 120,00 de saldo credor.
b) 20.850,00 e 50,00 de saldo devedor.
c) 20.970,00 e 50,00 de saldo devedor.
d) 21.090,00 e 70,00 de saldo credor.
e) 20.970,00 e 120,00 de saldo devedor.

☛ SOLUÇÃO

CONCLUSÃO, da tabela temos:

Balanço Patrimonial = VJORA + VJR + Custo amortizado

Balanço Patrimonial = 6.950,00 + 6.950,00 + 7.070,00
Balanço Patrimonial = 20.970,00

AAP do VJORA = VJORA ao valor justo – VJORA pela curva do papel

AAP do VJORA = 6.950,00 – 7.070,00
AAP do VJORA = 120,00 devedor

Gabarito: **E**

06ª QUESTÃO: A Cia. Débito e Crédito S.A. possuía um imobilizado para suas atividades operacionais. Os saldos das contas referentes ao ativo, em 31/12/2016, estão demonstrados abaixo.

Imobilizado (custo total de aquisição.................... 400.000,00
– Depreciação Acumulada 100.000,00
= Valor do ativo 300.000,00

Em 31/12/2016 foi realizado o teste de *impairment*, obtendo os seguintes valores:

Valor em uso do ativo 350.000,00
Valor justo líquido das despesas de venda 320.000,00

Ao elaborar as demonstrações contábeis referentes ao ano de 2016, a empresa:

a) não reconheceu perda ou ganho por *impairment*.

b) reconheceu um ganho por valorização no valor de 20.000,00.

c) reconheceu um ganho por valorização no valor de 50.000,00.

d) reconheceu uma perda por desvalorização no valor de 80.000,00.

e) reconheceu uma perda por desvalorização no valor de 50.000,00.

☛ SOLUÇÃO

1ª etapa: Calcular o valor recuperável do imobilizado.

ATENÇÃO, o valor recuperável será sempre o **maior valor**.

Valor justo líquido das despesas de venda	320.000,00	**MAIOR VALOR**	Valor recuperável = 350.000,00
Valor em uso	350.000,00		

Valor recuperável em 2016 = 350.000,00

2ª etapa: Calcular o valor contábil do ativo imobilizado.

Valor contábil = Custo de Aquisição – Depreciação Acumulada – Perdas Acumuladas por *Impairment*

Valor contábil = 400.000,00 – 100.000,00 – 0,00

Valor contábil = 300.000,00

3ª etapa: Comparar o valor recuperável com o valor contábil.

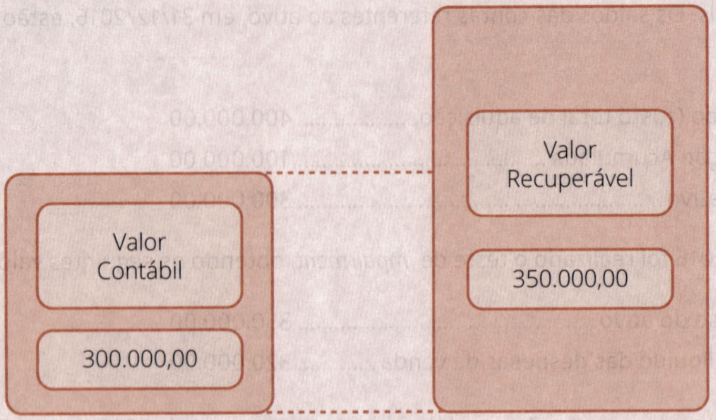

CONCLUSÃO, como o **valor recuperável** do ativo imobilizado é superior ao seu **valor contábil**, nenhuma perda por *impairment* será reconhecida.

Gabarito: **A**

07ª QUESTÃO: A empresa Organizada S.A. controla seu estoque pelo critério primeiro que entra, primeiro que sai – PEPS. No mês de dezembro, a empresa realizou as seguintes operações.

Data	Operação	Quantidade	Preço de compra unitário	Preço de venda unitário
04/12	Compra	300	20,00	–
15/12	Venda	150	–	40,00
25/12	Venda	370	–	40,00
29/12	Compra	60	25,00	–

O estoque inicial de dezembro era composto por 300 peças ao valor de 10,00 cada. O resultado com mercadorias obtido pela empresa em dezembro foi, em reais:

a) 20.800,00
b) 7.400,00
c) 13.400,00
d) 11.900,00
e) 12.600,00

☛ SOLUÇÃO

Montando a ficha de controle de estoques pelo critério PEPS, temos:

Data	Entradas			Saídas			Saldo final de estoques		
	Q	Custo unitário	Total	Q	Custo unitário	Total	Q	Custo unitário	Total
EI	–	–	–	–	–	–	300	10,00	3.000,00
04/12	300	20,00	6.000,00	–	–	–	300 300	10,00 20,00	3.000,00 6.000,00
15/12	–	–	–	150	10,00	1.500,00	150 300	10,00 20,00	1.500,00 6.000,00
25/12	–	–	–	150 220	10,00 20,00	1.500,00 4.400,00	80	20,00	1.600,00
29/12	60	25,00	1.500,00	–	–	–	80 60	20,00 25,00	1.600,00 1.500,00

ATENÇÃO, o custo das mercadorias vendidas é obtido na **coluna das saídas**, na ficha de controle de estoques.

CMV PEPS = 1.500,00 + 1.500,00 + 4.400,00
CMV PEPS = 7.400,00

O **resultado com mercadorias** ou o **lucro bruto**, é:

Vendas Brutas = 150 u × 40,00/u + 370 u × 40,00/u
Vendas Brutas = 20.800,00

Lucro Bruto = Vendas Brutas – CMV PEPS

Lucro Bruto = 20.800,00 – 7.400,00
Lucro Bruto = 13.400,00

Gabarito: **C**

08ª QUESTÃO: A Cia. Só *Softwares* iniciou em 2012 um projeto de pesquisa e desenvolvimento de um novo *software*. Os gastos incorridos com a pesquisa e desenvolvimento deste novo produto estão apresentados abaixo:

Ano	2012	2013	2014	2015	2016
Valor	70.000,00	60.000,00	120.000,00	80.000,00	50.000,00

Em 2012, o projeto estava na fase inicial de pesquisa. Em 2013, a Cia. iniciou a fase de desenvolvimento, mas ainda não conseguiu demonstrar como o novo produto iria gerar benefícios econômicos futuros para a empresa. Em 2014, conseguiu demonstrar que havia viabilidade técnica para concluir o projeto, mas ainda não conseguiu demonstrar que haveria demanda para tornar o produto economicamente viável. No início de 2015, a Cia. conseguiu demonstrar que o *software* era economicamente viável. A expectativa era de que o *software* fosse concluído no início de 2015, no entanto, acabou sendo concluído no final de 2016, cuja comercialização se iniciou em 2017. Com base nestas informações, o valor que a Cia. Só *Softwares* apresentou no balanço patrimonial de 31/12/2016 para este novo produto foi, em reais:

a) 50.000,00
b) 130.000,00
c) 250.000,00
d) 310.000,00
e) 380.000,00

☛ SOLUÇÃO

A **fase de pesquisa de projeto interno** por estar relacionada com a **investigação inicial** de obtenção de novos conhecimentos técnicos ou científicos, a entidade **não tem condições** de demonstrar que os gastos relacionados com as referidas pesquisas de projeto interno **resultem em um ativo intangível que gerará benefícios econômicos futuros**.

Portanto, todos os **gastos com pesquisa** (ou da fase de pesquisa de projeto interno) são **reconhecidos como despesa quando incorridos**.

Os gastos incorridos na **fase de desenvolvimento capaz de gerar** prováveis benefícios econômicos futuros serão contabilizados como **ativo intangível**. Caso os gastos com desenvolvimento **não sejam capazes** de gerar prováveis benefícios econômicos futuros, os mesmos serão tratados como **despesas do exercício**.

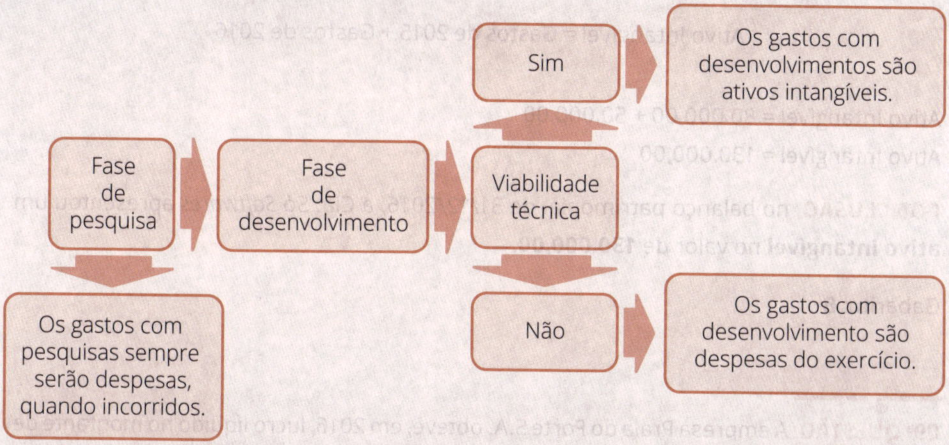

CONCLUSÃO, analisando a fase de pesquisa e desenvolvimento da Cia. Só *Softwares*, temos:

Ano	Fase do projeto	Gastos	Classificação
2012	O projeto estava na fase inicial de pesquisa.	70.000,00	DRE
2013	O projeto estava na fase de desenvolvimento, mas ainda não conseguiu demonstrar como o novo produto iria gerar benefícios econômicos futuros para a empresa.	60.000,00	DRE
2014	A empresa conseguiu demonstrar que havia viabilidade técnica para concluir o projeto, mas ainda não conseguiu demonstrar que haveria demanda para tornar o produto economicamente viável.	120.000,00	DRE
2015	A companhia conseguiu demonstrar que o *software* era economicamente viável.	**80.000,00**	**Ativo Intangível**
2016	A Cia. concluiu o *software* em 2016.	**50.000,00**	**Ativo Intangível**

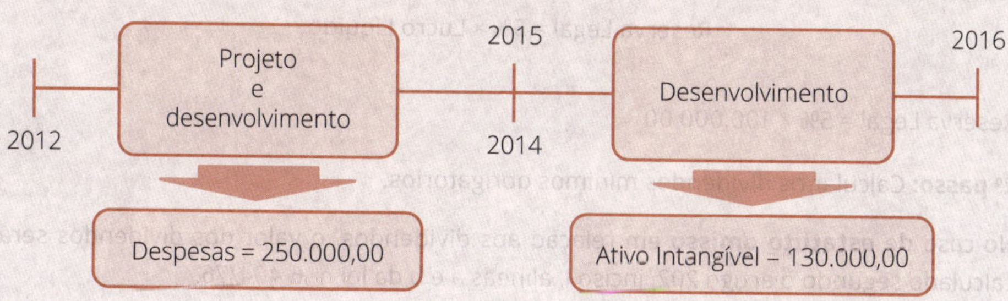

Ativo Intangível = Gastos de 2015 + Gastos de 2016

Ativo Intangível = 80.000,00 + 50.000,00

Ativo Intangível = 130.000,00

CONCLUSÃO, no balanço patrimonial de 31/12/2016, a Cia. Só *Softwares* apresentou um **ativo intangível** no valor de **130.000,00**.

Gabarito: **B**

09ª QUESTÃO: A empresa Praia do Forte S.A. obteve, em 2016, lucro líquido no montante de 100.000,00. No início de 2016, a empresa possuía capital social de 800.000,00, reserva legal de 70.000,00, reserva de capital de 75.000,00 e reserva para contingências de 100.000,00. Sabendo que o Estatuto Social da empresa não define o percentual para pagamento de dividendos mínimos obrigatórios e que a Assembleia Geral já tinha informado que reverteria o saldo da reserva de contingência, o valor distribuído na forma de dividendos mínimos obrigatórios, em 2016, foi, em reais:

a) 50.000,00
b) 48.750,00
c) 47.500,00
d) 23.750,00
e) 97.500,00

☛ SOLUÇÃO

1º passo: Calcular a reserva legal.

Segundo o **artigo 193 da legislação societária** (lei nº 6.404/76) do lucro líquido 5% serão aplicados, antes de qualquer outra destinação, na constituição da reserva legal, que não excederá de 20% do **capital social**.

Reserva Legal = 5% × Lucro Líquido

Reserva Legal = 5% × 100.000,00

2º passo: Calcular os dividendos mínimos obrigatórios.

No caso de **estatuto omisso** em relação aos dividendos, o valor dos dividendos será calculado segundo o artigo 202, inciso I, alíneas a e b da lei nº 6.404/76.

ATENÇÃO NA PROVA! A Assembleia Geral tinha informado que reverteria o saldo da reserva de contingência no montante de **100.000,00**. Portanto, no exercício em que as reservas de contingências **são revertidas**, nós devemos **somar esse montante revertido** (100.000,00) na base de cálculo dos dividendos.

Dividendos de estatuto omisso = 50% × (Lucro Líquido – R. Legal +/– R. Contingências)

Dividendos de estatuto omisso = 50% × (100.000,00 – 5.000,00 + 100.000,00)
Dividendos de estatuto omisso = 50% × 195.000,00
Dividendos de estatuto omisso = 97.500,00

Gabarito: **E**

10ª QUESTÃO: Considere as contas extraídas da demonstração do resultado da *Little Gremlins* Produtos e Serviços Ltda., apresentadas abaixo:

Comissões dos Vendedores	45.000,00
Despesa com Salários	264.000,00
Despesa de Depreciação	99.000,00
ICMS sobre Vendas	60.000,00
Despesas Financeiras	65.000,00
Despesa com Aluguel	100.000,00
Receita Bruta de Vendas	1.000.000,00
Custo dos Serviços Prestados	156.000,00
Resultado na venda de imobilizado (credor)	60.000,00
Receita de Serviços Prestados	300.000,00
Custo das Mercadorias Vendidas	214.000,00
ISS sobre os Serviços Prestados	9.000,00
Imposto de Renda sobre o Lucro	152.800,00

O lucro bruto apurado em 31/12/2016 pela *Little Gremlins* Produtos e Serviços Ltda. foi, em reais:

a) 816.000,00
b) 195.200,00
c) 861.000,00
d) 930.000,00
e) 885.000,00

SOLUÇÃO

CUIDADO EXTRA NA PROVA!!!!!!!!!

Nas questões envolvendo a DRE, atualmente a FCC **segue a estrutura do CPC 26** que trata da Apresentação das Demonstrações Contábeis, ou seja, na apuração do **resultado operacional**, a FCC **não incluiu as despesas financeiras**. Portanto, quando nos depararmos com uma questão da FCC pedindo o **resultado operacional**, nós devemos ter em mente que esse **resultado operacional** corresponde ao **resultado antes do resultado financeiro**, segundo a estrutura de DRE apresentada pelo CPC 26.

Lucro antes do resultado financeiro (CPC 26) ≠ **Lucro Operacional** (Legislação Societária)

Montando a DRE segundo a estrutura do CPC 26, temos:

Demonstração do Resultado do Exercício	
Receita Bruta de Vendas	1.000.000,00
– ICMS sobre Vendas	(60.000,00)
Receita de Serviços Prestados	300.000,00
– ISS sobre os Serviços Prestados	(9.000,00)
= Receita Líquida de Vendas e Serviços Prestados	1.231.000,00
– Custo das Mercadorias Vendidas	(214.000,00)
– Custo dos Serviços Prestados	(156.000,00)
= **Lucro Bruto**	**861.000,00**
– Comissões dos Vendedores	(45.000,00)
– Despesa com Salários	(264.000,00)
– Despesa de Depreciação	(99.000,00)
– Despesa com Aluguel	(100.000,00)
+ Resultado na venda de imobilizado (credor)	60.000,00
= **Lucro antes do resultado financeiro**	**413.000,00**
– Despesas Financeiras	(65.000,00)
= **Lucro antes do Imposto de Renda**	**348.000,00**
– Imposto de Renda sobre o Lucro	(152.800,00)
= **Lucro Líquido**	**195.200,00**

Gabarito: **C**

11ª QUESTÃO: A empresa Metais Pesados S.A. adquiriu, em 31/12/2014, um imobilizado por 50.000,00, à vista. A vida útil econômica estimada da máquina, na data de aquisição, foi 10 anos e o valor residual estimado foi 5.000,00. Em 31/12/2015, a empresa reavaliou a vida útil e determinou que a vida útil econômica remanescente da máquina era 5 anos e o valor residual era 8.000,00. Com base nestas informações e sabendo que a empresa utiliza o critério de quotas constantes para cálculo da depreciação, o valor da depreciação acumulada evidenciado no balanço patrimonial da empresa, em 31/12/2016, foi, em reais:

a) 16.800,00
b) 9.000,00
c) 14.000,00
d) 11.000,00
e) 12.000,00

☛ SOLUÇÃO

Segundo o CPC 27 que trata do ativo imobilizado, o **valor residual e a vida útil** de um ativo **são revisados** pelo menos ao **final de cada exercício** e, se as expectativas diferirem das estimativas anteriores, a mudança deve ser contabilizada como **mudança de estimativa contábil**, segundo o CPC 23 que trata das políticas contábeis, mudança de estimativa e retificação de erro.

Itens	2015	2016
Custo de aquisição	50.000,00	50.000,00
Valor residual	5.000,00	8.000,00
Vida útil econômica	10 anos	5 anos

ATENÇÃO, analisando a tabela, podemos verificar que o **valor residual e a vida útil econômica** sofrem alterações de valores com o passar dos anos. O mesmo não ocorre com o **custo de aquisição** no montante de 50.000,00, que permanece constante com o decorrer dos anos.

1º passo: Calcular a depreciação acumulada em 2015.

$$\text{Depreciação Acumulada} = (\text{Custo de aquisição} - \text{Valor residual}) \times \frac{\text{Período de utilização}}{\text{Vida útil}}$$

$$\text{Depreciação Acumulada em 2015} = (50.000{,}00 - 5.000{,}00) \times \frac{1 \text{ ano}}{10 \text{ anos}}$$

Depreciação Acumulada em 2015 = 4.500,00

2º passo: Calcular a depreciação de 2016.

No encerramento do exercício social de 2016 foi realizado o **teste de *impairment*** no imobilizado, e nessa data, a companhia obteve uma nova vida útil de 5 anos e um valor residual de 8.000,00. Portanto, a nova fórmula de depreciação será:

$$\text{Depreciação} = (\text{Custo de aquisição} - \text{Depreciação Acumulada} - \text{Valor residual}) \times \frac{\text{Período de utilização}}{\text{Nova vida útil}}$$

$$\text{Depreciação em 2016} = (50.000{,}00 - 4.500{,}00 - 8.000{,}00) \times \frac{1 \text{ ano}}{5 \text{ anos}}$$

Depreciação em 2016 = 7.500,00

3º passo: Calcular a depreciação acumulada em 2016.

Depreciação Acumulada em 2016 = Depreciação de 2015 + Depreciação de 2016

Depreciação Acumulada em 2016 = 4.500,00 + 7.500,00

Depreciação Acumulada em 2016 = 12.000,00

Gabarito: **E**

12ª QUESTÃO: A Cia. Egito realizou as seguintes transações em 2016:

- Lucro líquido: 1.000.000,00.
- Dividendos obrigatórios distribuídos: 350.000,00.
- Aumento de capital social: 300.000,00, sendo 50% com reservas de lucros existentes em 31/12/2016 e o restante com imobilizado.
- Aumento de capital social: emissão de 20.000 novas ações com valor nominal de 1,00 por ação, tendo conseguido negociá-las por 2,00.
- Aquisição de 10.000 ações de sua própria emissão pelo valor total de 15.000,00.
- Retificação negativa de erros percebidos pelos auditores no valor de 50.000,00 ocorridas em 2015.

Considerando o registro destas transações, a alteração no patrimônio líquido da Cia. Egito em 2016 foi, em reais:

a) 840.000,00
b) 775.000,00

c) 855.000,00

d) 805.000,00

e) 755.000,00

☛ SOLUÇÃO

SOLUÇÃO NA PROVA

Fato contábil	Variação no PL
Lucro Líquido	+ 1.000.000,00 no PL
Dividendos obrigatórios	– 350.000,00 no PL
Aumento de capital com reservas	PL permanece constante
Aumento de capital com imobilizado	+ 150.000,00 no PL
Aumento de capital com emissão de ações	+ 40.000,00 no PL
Aquisição de ações em tesouraria	– 15.000,00 no PL
Retificação negativa	– 50.000,00 no PL
Variação total no PL	**+ 775.000,00 no PL**

Para efeitos didáticos, vamos contabilizar as respectivas operações por meio de razonetes.

(1) Registro contábil da transferência do lucro líquido para a conta lucros acumulados.

Lucro Líquido – DRE	
(1) 1.000.000,00	1.000.000,00

Lucros Acumulados – PL	
	1.000.000,00 (1)

(2) Registro contábil da distribuição de dividendos obrigatórios.

Lucros Acumulados – PL	
(2) 350.000,00	1.000.000,00
	650.000,00

Dividendos a Pagar – PC	
	350.000,00 (2)

(3) Registro contábil do aumento de capital com reservas de lucros.

Reservas de Lucros – PL	
(3) 150.000,00	150.000,00

Capital Social – PL	
	150.000,00 (3)

(4) Registro contábil do aumento do capital com imobilizado.

Imobilizado – AÑC	
(4) 150.000,00	

Capital Social – PL	
	150.000,00
	150.000,00 (4)
	300.000,00

(5) Registro contábil do aumento de capital com a emissão de ações.

Capital Social = Valor nominal da ação × Nº de ações

Capital Social = 1,00/ação × 20.000,00 ações

Capital Social = 20.000,00

O ágio na emissão de ações corresponde ao **valor de contribuição** do subscritor que **ultrapassar o valor nominal das ações**.

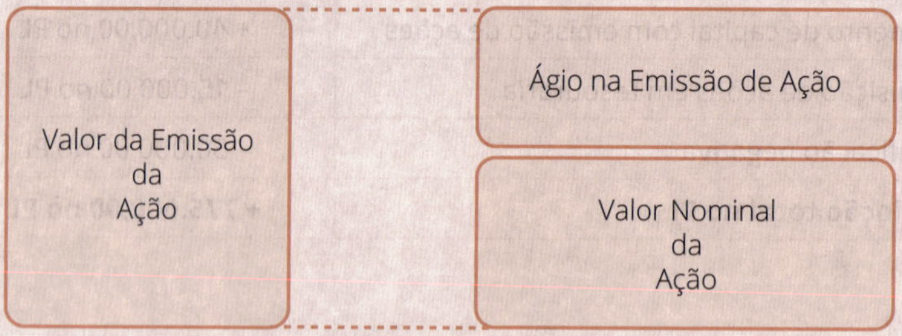

Ágio na emissão de ações = Valor de Emissão – Valor Nominal

Ágio na emissão de ações = 2,00/ação × 20.000 ações – 1,00/ação × 20.000,00 ações

Ágio na emissão de ações = 20.000,00

Disponível – AC	
(5) 40.000,00	

Reserva de Capital – PL	
	20.000,00 (5)

Capital Social	
	20.000,00 (5)

ATENÇÃO, o ágio na emissão de ações é uma reserva de capital.

(6) Registro contábil da aquisição das ações em tesouraria.

Disponível – AC	
Saldo Inicial	15.000,00 (6)

Ações em Tesouraria – PL	
(6) 15.000,00	

(7) Registro contábil no exercício de 2016 da retificação negativa de erros verificados em 2015.

Conta Retificada		Lucros Acumulados – PL	
Saldo Inicial	50.000,00 (7)	(7) 50.000,00	

ATENÇÃO, quando ocorre uma **retificação negativa** referente a exercícios anteriores, significa que a conta **lucros acumulados foi debitada**.

Gabarito: **B**

13ª QUESTÃO: Considere as seguintes informações:

I. A Cia. A adquiriu 60% das ações ordinárias da Cia. B, passando a ter o controle desta.

II. A Cia. B adquiriu ações da Cia. C e as classificou como para negociação.

III. A Cia. C adquiriu da Cia. D um conjunto de computadores especiais para revendê-los.

IV. A Cia. D adquiriu títulos para manter até o vencimento, sendo este em dois anos.

Os ativos adquiridos pelas Cias. A, B, C e D foram classificados no balanço patrimonial das respectivas empresas, no ativo:

a) circulante, não circulante, circulante e circulante.
b) não circulante, circulante, não circulante e não circulante.
c) não circulante, circulante, circulante e não circulante.
d) não circulante, circulante, circulante e circulante.
e) não circulante, não circulante, circulante e não circulante.

☛ SOLUÇÃO

Analisando os itens, temos:

I. A Cia. A ao adquirir 60% das ações ordinárias da Cia. B, e passando a ter o controle desta, avalia o investimento pelo MEP e classifica no **AÑC Investimentos**.

II. A Cia. B ao adquirir ações da Cia. C para negociação, demonstra a intenção de especular e nesse caso, essas ações são classificadas no **ativo circulante**.

III. A Cia. C adquiriu da Cia. D um conjunto de computadores especiais para revendê-los, classifica esses itens em estoques, no **ativo circulante**.

IV. A Cia. D adquirindo títulos para manter até o vencimento, sendo este em dois anos, classifica esses títulos no **AÑC realizável de longo prazo**.

Gabarito: **C**

14ª QUESTÃO: Em determinado mês, a companhia É Biscoito S.A., revendedora de biscoitos confeitados, adquiriu mercadorias para revenda incorrendo nos seguintes gastos:

- Mercadorias: 20.000,00 (valor líquido dos tributos)
- Fretes: 1.200,00 (valor líquido dos tributos)
- Seguros: 400,00
- ICMS: 1.000,00

Neste mesmo mês, a Cia. vendeu todos os produtos adquiridos por 40.000,00 à vista, com desconto de 5%, e incorreu em despesa com frete para entrega das mercadorias no valor de 300,00. Sabendo que a companhia é contribuinte do ICMS, o custo das mercadorias vendidas e o lucro bruto apurados pela É Biscoito S.A., no referido mês, foram, respectivamente, em reais:

a) 22.600,00 e 15.400,00
b) 22.600,00 e 17.100,00
c) 21.600,00 e 16.100,00
d) 21.600,00 e 16.400,00
e) 21.200,00 e 16.100,00

☛ SOLUÇÃO

1º passo: Calcular as compras líquidas (CL).

CL = Mercadorias (líquido dos tributos) + Fretes (líquido dos tributos) + Seguros

CL = 20.000,00 + 1.200,00 + 400,00
CL = 21.600,00

2º passo: Calcular o lucro bruto.

CUIDADO EXTRA NA PROVA!!!!!!!!!

Nas questões envolvendo a DRE, atualmente a FCC **segue a estrutura do CPC 26** que trata da Apresentação das Demonstrações Contábeis, ou seja, na apuração do **resultado operacional**, a FCC **não incluiu as despesas financeiras**. Portanto, quando nos depararmos com uma questão da FCC pedindo o **resultado operacional**, nós devemos ter em mente que esse **resultado operacional** corresponde ao **resultado antes do resultado financeiro**, segundo a estrutura de DRE apresentada pelo CPC 26.

Lucro antes do resultado financeiro (CPC 26) ≠ **Lucro Operacional** (Legislação Societária)

Demonstração do Resultado do Exercício	
Vendas Brutas	40.000,00
– Descontos Incondicionais Concedidos	(2.000,00)
= Vendas Líquidas	38.000,00
– Custo das Mercadorias Vendidas	(21.600,00)
= Lucro Bruto	**16.400,00**
– Despesas com fretes	(300,00)
= Lucro antes do resultado financeiro	**16.100,00**

Gabarito: **D**

15ª QUESTÃO: Sobre reservas de lucros, considere:

I. A reserva legal tem por fim assegurar a integridade do capital social e somente poderá ser utilizada para compensar prejuízos ou aumentar o capital.

II. As reservas de capital podem ser utilizadas para resgate de partes beneficiárias.

III. O estatuto poderá criar reservas desde que, para cada uma, indique de modo preciso e completo a sua finalidade e estabeleça os limites mínimo e máximo.

IV. A assembleia geral poderá, por proposta dos órgãos de administração, destinar para reserva de incentivos fiscais a parcela do lucro líquido decorrente de doações ou subvenções governamentais para investimentos, que poderá ser excluída da base de cálculo do dividendo mínimo obrigatório.

Está correto o que se afirma apenas em:

a) II e III
b) I e III
c) I, II e IV
d) II e IV
e) I, III e IV

☛ SOLUÇÃO

Analisando os itens, temos:

I. Correto. Segundo o **artigo 193, § 2º da legislação societária**, a reserva legal tem por fim assegurar a integridade do capital social e somente poderá ser utilizada para compensar prejuízos ou aumentar o capital.

II. Correto. Segundo o **artigo 200, inciso III da legislação societária**, as reservas de capital podem ser utilizadas para resgate de partes beneficiárias.

III. Errado. Segundo o **artigo 194, incisos I a III da legislação societária**, o estatuto poderá criar reservas desde que, para cada uma indique, de modo preciso e completo, a sua finalidade; fixe os critérios para determinar a parcela anual dos lucros líquidos que serão destinados à sua constituição; e estabeleça o **limite máximo da reserva**.

IV. Correto. Segundo o **artigo 195-A da legislação societária**, a assembleia geral poderá, por proposta dos órgãos de administração, destinar para a reserva de incentivos fiscais a parcela do lucro líquido decorrente de doações ou subvenções governamentais para investimentos, que poderá ser excluída da base de cálculo do dividendo obrigatório.

ATENÇÃO, trata-se de uma questão que exige o conhecimento da **literalidade da lei**.

Gabarito: **C**

16ª QUESTÃO: A Cia. Rapidinha realizou as seguintes vendas de mercadorias, em 01/12/2016:

- Vendas à vista..1.500.000,00
- Vendas (valor nominal) realizadas no longo prazo 1.608.437,25

A taxa de juros efetiva praticada pela Cia. nas vendas a prazo foi 2% ao mês e o valor presente da venda realizada a prazo, na data da venda, era 1.000.000,00. Com base nestas informações, a Cia. Rapidinha reconheceu:

a) 2.500.000,00 como receita de vendas, em 01/12/2016.
b) 3.108.437,25 como receita de vendas, em 01/12/2016.
c) 2.500.000,00 como receita de vendas, em 01/12/2016, e receita financeira de 608.437,25, em 31/12/2016.
d) 2.500.000,00 como receita de vendas, em 01/12/2016, e receita financeira de 50.000,00, em 31/12/2016.
e) 3.108.437,25 como receita de vendas e receita financeira a apropriar de 608.437,25, em 01/12/2016.

☛ SOLUÇÃO

1º passo: Calcular as receitas financeiras a transcorrer.

AVP de Vendas = Vendas a prazo – Vendas a valor presente

AVP de Vendas = 1.608.437,25 – 1.000.000,00

AVP de Vendas = 608.437,25

2º passo: Registro contábil das vendas (à vista e a prazo) em 01/12/2016.

(1) Registro contábil das vendas à vista.

Disponível	
(1) 1.500.000,00	

Vendas Brutas	
	1.500.000,00 (1)

(2) Registro contábil das vendas a prazo em 01/12/2016.

Duplicatas a Receber	
(2) 1.608.437,25	

Vendas Brutas	
	1.500.000,00
	1.608.437,25 (2)
	3.108.437,25

(3) Registro contábil das receitas financeiras a transcorrer nas vendas a prazo em 01/12/2016.

Receitas Financeiras a Transcorrer	
	608.437,25 (3)

AVP de Vendas Brutas	
(3) 608.437,25	

(4) Registro contábil das receitas financeiras transcorridas em dezembro de 2016.

Receitas financeiras em dezembro de 2016 = Taxa mensal × Vendas a valor presente em 01/12/2016

Receitas financeiras em dezembro de 2016 = 2% × 1.000.000,00

Receitas financeiras em dezembro de 2016 = 20.000,00

Receitas Financeiras a Transcorrer	
(4) 20.000,00	608.437,25
	588.437,25

Receitas Financeiras	
	20.000,00 (4)

3º passo: Montar a DRE em 31/12/2016.

Demonstração do Resultado do Exercício	
Vendas Brutas	3.108.437,25
– AVP de Vendas Brutas	(608.437,25)
= Vendas Líquidas	2.500.000,00
+ Receitas Financeiras	20.000,00
= Lucro Líquido	2.520.000,00

4º passo: Montar o balanço patrimonial em 31/12/2016.

Ativo	Passivo
Ativo Circulante	**Patrimônio Líquido**
Disponível 1.500.000,00	Lucros Acumulados 2.520.000,00
AÑC RLP	
Duplicatas a Receber........ 1.608.437,25	
Rec. Fin. a Transcorrer........ (588.437,25)	
Total........ 2.520.000,00	Total........ 2.520.000,00

CONCLUSÃO, da DRE temos que a Cia. Rapidinha em 01/12/2016 reconheceu 2.500.000,00 como receita de vendas, e **receita financeira de 20.000,00**, em 31/12/2016.

SOLUÇÃO NA PROVA

Vendas no resultado de 2016 = Vendas à vista + Vendas a valor presente

Vendas no resultado de 2016 = 1.500.000,00 + 1.000.000,00
Vendas no resultado de 2016 = 2.500.000,00

Receitas Financeiras = Taxa mensal × Vendas a valor presente em 01/12/2016

Receitas financeiras em 31/12/2016 = 2% a.m. × 1.000.000,00
Receitas financeiras em 31/12/2016 = 20.000,00

Gabarito: **A**

ATENÇÃO: Para responder às **questões de números 17 e 18**, considere as informações abaixo.

A empresa Encrenca & Cia. possuía alguns processos judiciais em andamento, cujas informações estão apresentadas abaixo:

Processo	Provisão reconhecida em 31/12/2015.	Probabilidade de perda em 31/12/2016.	Valor reestimado da perda em 31/12/2016.
Tributário 1	200.000,00	Provável	150.000,00
Tributário 2	350.000,00	Possível	230.000,00
Trabalhista 1	0,00	Possível	90.000,00
Cível 1	0,00	Provável	120.000,00
Ambiental	0,00	Remota	50.000,00

17ª QUESTÃO: A empresa Encrenca & Cia. apresentou no balanço patrimonial de 31/12/2016, como provisão, em reais, de:

a) 500.000,00
b) 670.000,00
c) 320.000,00
d) 270.000,00
e) 590.000,00

☛ SOLUÇÃO

UMA DICA PARA A PROVA é lembrar da frase:

Pro Po R uma provisão para contingências.

Montando a tabela com as obrigações presentes que podem ser prováveis, possíveis ou remotas, temos:

Provisão para contingências	Provável	Possível	Remota
Registro contábil	Sim	Não	Não
Divulgação em notas explicativas	Sim	Sim	Não

CONCLUSÃO, apenas os **processos prováveis** de perda pela empresa serão registrados no balanço patrimonial e divulgados em notas explicativas.

Processo	Provisão em 2015	Probabilidade de perda em 31/12/2016	Valor reestimado em 2016	Balanço Patrimonial em 2016
Tributário 1	200.000,00	Provável	150.000,00	150.000,00
Tributário 2	350.000,00	Possível	230.000,00	0,00
Trabalhista 1	0,00	Possível	90.000,00	0,00
Cível 1	0,00	Provável	120.000,00	120.000,00
Ambiental	0,00	Remota	50.000,00	0,00
Total				**270.000,00**

Gabarito: **D**

18ª QUESTÃO: A empresa Encrenca & Cia. reconheceu, na demonstração de resultado de 2016, referente às provisões, um impacto:

a) negativo no valor de 120.000,00.
b) negativo no valor de 40.000,00.
c) negativo no valor de 70.000,00.
d) positivo no valor de 50.000,00.
e) positivo no valor de 280.000,00.

☛ SOLUÇÃO

Processo	Provisão em 2015	Probabilidade de perda em 31/12/2016	Valor reestimado em 2016	Efeitos na DRE Constituição/Reversão
Tributário 1	200.000,00	Provável	150.000,00	Reversão de 50.000,00
Tributário 2	350.000,00	Possível	230.000,00	Reversão de 350.000,00
Trabalhista 1	0,00	Possível	90.000,00	0,00
Cível 1	0,00	Provável	120.000,00	(120.000,00)
Ambiental	0,00	Remota	50.000,00	0,00

Efeitos na DRE = 50.000,00 + 350.000,00 – 120.000,00

Efeitos na DRE = positivo de 280.000,00

Gabarito: **E**

19ª QUESTÃO: A empresa Potiguar S.A. adquiriu, em 31/12/2014, 40% de participação na empresa Pernambucana S.A. por 400.000,00, passando a ter influência na administração desta. O patrimônio líquido da empresa Pernambucana S.A. era composto apenas pelo capital social, o qual era formado apenas por ações ordinárias. Sabendo-se que a empresa Pernambucana S.A. obteve lucro líquido de 50.000,00 durante 2016 e distribuiu dividendos no valor de 10.000,00, a empresa Potiguar S.A., em 2016, reconheceu:

a) receita de dividendos no valor de 4.000,00, em função de avaliar a empresa Pernambucana S.A. pelo método da equivalência patrimonial.

b) receita de equivalência patrimonial no valor de 20.000,00, em função de avaliar a empresa Pernambucana S.A. pelo método de custo.

c) receita de dividendos no valor de 4.000,00, em função de avaliar a empresa Pernambucana S.A. pelo método de custo.

d) receita de equivalência patrimonial no valor de 16.000,00 e receita de dividendos no valor de 4.000,00, em função de avaliar a empresa Pernambucana S.A. pelo método da equivalência patrimonial.

e) receita de equivalência patrimonial no valor de 20.000,00, em função de avaliar a empresa Pernambucana S.A. pelo método da equivalência patrimonial.

☛ SOLUÇÃO

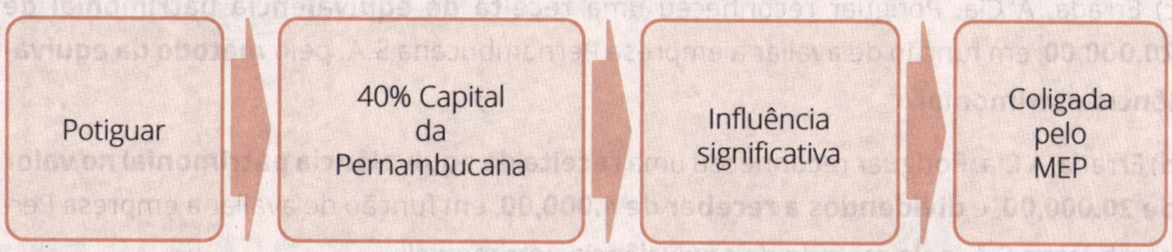

(1) Registro na empresa Potiguar referente ao lucro líquido da Cia. Pernambucana de 50.000,00:

Investimentos na Cia. Pernambucana	
400.000,00	
(1) 20.000,00	
420.000,00	

GEP – DRE	
	20.000,00 (1)

GEP = Percentual de participação × Lucro Líquido da Cia. Pernambucana

GEP = 40% × 50.000,00

GEP = 20.000,00

(2) Registro na empresa Potiguar da distribuição de dividendos no valor de 20.000,00:

Investimentos na Cia. Pernambucana	
420.000,00	4.000,00 (2)
416.000,00	

Dividendos a Receber	
(2) 4.000,00	

Dividendos a receber = Percentual de participação × Dividendos distribuídos

Dividendos a receber = 40% × 10.000,00

Dividendos a receber = 4.000,00

Analisando as alternativas, temos:

a) Errada. A Cia. Potiguar reconheceu uma **receita de equivalência patrimonial de 20.000,00**, em função de avaliar a empresa Pernambucana S.A. pelo método da equivalência patrimonial.

b) Errada. A Cia. Potiguar reconheceu uma receita de equivalência patrimonial de 20.000,00, em função de avaliar a empresa Pernambucana S.A. pelo **método da equivalência patrimonial**.

c) Errada. A Cia. Potiguar reconheceu uma **receita de equivalência patrimonial de 20.000,00**, em função de avaliar a empresa Pernambucana S.A. pelo **método da equivalência patrimonial**.

d) Errada. A Cia. Potiguar reconheceu uma **receita de equivalência patrimonial no valor de 20.000,00**, e **dividendos a receber de 4.000,00**, em função de avaliar a empresa Pernambucana S.A. pelo método da equivalência patrimonial.

e) Correta. A Cia. Potiguar reconheceu uma receita de equivalência patrimonial no valor de 20.000,00, em função de avaliar a empresa Pernambucana S.A. pelo método da equivalência patrimonial.

Gabarito: **E**

20ª QUESTÃO: A empresa de fretes PDF S.A. contratou e pagou, em 31/01/2016, um seguro contra furto de mercadorias no valor de 48.000,00. Esse seguro possui vigência de 01/02/2016 a 31/01/2017. Nas demonstrações contábeis da empresa PDF S.A., em 31/12/2016, a empresa apresentou:

a) seguros pagos antecipadamente de 48.000,00 no balanço patrimonial.

b) seguros pagos antecipadamente de 4.000,00 no balanço patrimonial.

c) seguros pagos antecipadamente de 44.000,00 no balanço patrimonial.
d) despesas com seguros no valor de 40.000,00 na demonstração de resultado.
e) despesas com seguros no valor de 48.000,00 na demonstração de resultado.

☛ SOLUÇÃO

(1) Registro contábil em 31/01/2016 dos seguros pagos antecipadamente.

Disponível – BP		Seguros a Vencer – BP	
Saldo Inicial	48.000,00 (1)	(1) 48.000,00	

No exercício de 2016, a empresa apropriou 11 meses de seguros pagos antecipadamente para o resultado do exercício de 2016.

$$\text{Despesa mensal com seguros} = \frac{\text{Seguros a Vencer}}{\text{Período de cobertura}}$$

$$\text{Despesa mensal com seguros} = \frac{48.000,00}{12 \text{ meses}}$$

Despesa mensal com seguros = 4.000,00/mês

Seguros apropriados em 2016 = Período utilizado em 2016 × Despesa mensal com seguros

Seguros apropriados em 2016 = 11 meses × 4.000,00/mês
Seguros apropriados em 2016 = 44.000,00

(2) Registro contábil dos seguros apropriados em 2016.

Seguros a Vencer – BP		Despesas com Seguros – DRE	
48.000,00	44.000,00 (2)	(2) 44.000,00	
4.000,00			

Gabarito: **B**

21ª QUESTÃO: A Cia. Vai com Fé S.A. foi constituída, em 02/01/2017, mediante integralização em dinheiro de 50% de seu capital social, sendo este, de acordo com o estatuto social, de 500.000,00. Durante o mês de janeiro de 2017, a Cia. realizou as seguintes operações:

Data	Operação
02/01/17	Compra de estoques no valor de 70.000,00, à vista, sendo que neste valor estavam inclusos impostos recuperáveis de 10.000,00. Adicionalmente, a Cia. pagou seguro no valor de 2.000,00 referente a esta compra.
05/01/17	Recebimento antecipado de 70.000,00 do cliente Alfredo, para que a Cia. lhe entregue mercadorias em 30/01/2017.
08/01/17	Venda de 40.000,00 do estoque por 120.000,00, recebendo 40% à vista e o restante para ser recebido em 08/03/2017, sem juros.
20/01/17	Integralização do restante do capital social com um terreno.
30/01/17	Entrega das mercadorias ao cliente Alfredo, referentes ao recebimento antecipado do dia 05/01/2017. O custo das mercadorias entregues foi de 20.000,00.
31/01/17	A Cia. foi informada a respeito de um processo trabalhista, cujo desembolso de caixa no valor de 5.000,00 é considerado provável, de acordo com o entendimento do departamento jurídico da Cia.
31/01/17	Contratação e pagamento de um seguro contra roubo e incêndio no valor de 30.000,00, com vigência de 01/02/2017 a 31/01/2018.

Após o registro das operações acima, o patrimônio líquido Cia. Vai com Fé S.A., em 31/01/2017, era, em reais:

a) 580.000,00
b) 560.000,00
c) 630.000,00
d) 625.000,00
e) 555.000,00

☛ SOLUÇÃO

ATENÇÃO!!!!! Segundo o artigo 182 da legislação societária, o **capital social** discriminará o montante subscrito e, **por dedução**, a parcela ainda não realizada. Em outras palavras, o **capital social** é:

Capital Social = Capital Subscrito – Capital a Integralizar

O **capital** representa o total de **ações subscritas** na constituição de uma companhia. **Atenção nas provas**, pois as bancas utilizam os seguintes **sinônimos para o capital social**:

Capital = Capital Social = Capital Nominal = Capital Subscrito

CONCLUSÃO, como podemos observar, as bancas examinadoras muitas vezes **misturam os conceitos** de capital social e de capital subscrito. Mas, **segundo a legislação societária**, o capital social corresponde à diferença entre o capital subscrito e o capital a integralizar.

Capital Social = Capital Subscrito – Capital a Integralizar

O **capital subscrito** corresponde ao montante das **ações subscritas** pelos sócios. Em outras palavras, o **capital subscrito é o compromisso** assumido pelos sócios na constituição de uma empresa.

Capital Subscrito = Compromisso assumido pelos sócios

O **capital a integralizar** corresponde a **parcela ainda não integralizada**, ou seja, a parcela ainda não paga pelos sócios.

Capital a Integralizar = Parcela do capital subscrito **ainda não paga** pelos sócios.

MEMORIZAR PARA A PROVA

Capital Social segundo a legislação societária

Capital Social = Capital Subscrito – Capital a Integralizar

Capital Social segundo as bancas

FIQUEM LIGADOS!!!!! Nas provas, às vezes o examinador considera o **capital social** como sinônimo de **capital subscrito**.

Capital = Capital Social = Capital Nominal = Capital Subscrito

(1) Registro contábil da subscrição do capital social da Cia. Vai com Fé S.A.

Capital a Integralizar	
(1) 500.000,00	

Capital Subscrito	
	500.000,00 (1)

O balanço patrimonial da Cia. Vai com Fé S.A. imediatamente após a subscrição do capital, será:

Ativo	Passivo
	Patrimônio Líquido
	Capital Subscrito 500.000,00
	Capital a Integralizar......................(500.000,00)
Total.. 0,00	Total.. 0,00

Nesse momento, **segundo a legislação societária**, temos um **capital social** no montante de **0,00**, um capital subscrito de 500.000,00 e um capital a integralizar de 500.000,00.

(2) Registro contábil da integralização em dinheiro de 50% de seu capital social.

ATENÇÃO!!!! O termo técnico **correto** aqui seria a integralização de 50% de seu **capital subscrito!!!!**

Disponível	
(2) 250.000,00	

Capital a Integralizar	
500.000,00	250.000,00 (2)
250.000,00	

O balanço patrimonial da Cia. Vai com Fé S.A. imediatamente após a integralização de 50% do capital em dinheiro, será:

Ativo	Passivo
Ativo Circulante	**Patrimônio Líquido**
Disponível 250.000,00	Capital Subscrito 500.000,00
	Capital a Integralizar......................(250.000,00)
Total..250.000,00	Total...250.000,00

Nesse momento, **segundo a legislação societária**, temos um **capital social** no montante de **250.000,00**, um capital subscrito de 500.000,00 e um capital a integralizar de 250.000,00.

(3) Registro contábil da compra de estoques à vista por 70.000,00, com tributos recuperáveis inclusos de 10.000,00, mais seguros de 2.000,00.

Disponível	
250.000,00	72.000,00 (3)
178.000,00	

Tributos a Recuperar	
(3) 10.000,00	

Estoques	
(3) 62.000,00	

O balanço patrimonial da Cia. Vai com Fé S.A. imediatamente após a aquisição dos estoques, será:

Ativo	Passivo
Ativo Circulante	**Patrimônio Líquido**
Disponível 178.000,00	Capital Subscrito 500.000,00
Estoques...62.000,00	Capital a Integralizar......................(250.000,00)
Tributos a Recuperar 10.000,00	
Total..250.000,00	Total...250.000,00

(4) Registro contábil do recebimento antecipado de 70.000,00 do cliente Alfredo.

Disponível	
178.000,00	
(4) 70.000,00	
248.000,00	

Adiantamento de Clientes	
	70.000,00 (4)

O balanço patrimonial da Cia. Vai com Fé S.A. imediatamente após o recebimento antecipado do cliente, será:

Ativo	Passivo
Ativo Circulante	**Passivo Circulante**
Disponível 248.000,00	Adiantamento de Clientes 70.000,00
Estoques 62.000,00	**Patrimônio Líquido**
Tributos a Recuperar 10.000,00	Capital Subscrito 500.000,00
	Capital a Integralizar .... (250.000,00)
Total 320.000,00	Total 250.000,00

(5) Registro contábil de vendas no valor de 40.000,00, recebendo 40% à vista e o restante para ser recebido em 08/03/2017.

Disponível	
248.000,00	
(5) 48.000,00	
296.000,00	

Duplicatas a Receber	
(5) 72.000,00	

Vendas Brutas	
	120.000,00 (5)

(6) Registro contábil do custo das mercadorias vendidas.

Estoques	
62.000,00	40.000,00 (6)
22.000,00	

CMV	
(6) 40.000,00	

O balanço patrimonial da Cia. Vai com Fé S.A. imediatamente após as vendas, será:

Ativo	Passivo
Ativo Circulante	**Passivo Circulante**
Disponível 296.000,00	Adiantamento de Clientes 70.000,00
Duplicatas a Receber 72.000,00	**Patrimônio Líquido**
Estoques 22.000,00	Capital Subscrito 500.000,00
Tributos a Recuperar 10.000,00	Capital a Integralizar .... (250.000,00)
	Lucros Acumulados 80.000,00
Total 400.000,00	Total 400.000,00

(7) Registro contábil da integralização do restante do capital social com um terreno.

Terrenos	
(7) 250.000,00	

Capital a Integralizar	
250.000,00	250.000,00 (7)

O balanço patrimonial da Cia. Vai com Fé S.A. imediatamente após a integralização do restante do capital social, será:

Ativo	Passivo
Ativo Circulante	**Passivo Circulante**
Disponível 296.000,00	Adiantamento de Clientes 70.000,00
Duplicatas a Receber 72.000,00	**Patrimônio Líquido**
Estoques 22.000,00	Capital Subscrito 500.000,00
Tributos a Recuperar 10.000,00	Lucros Acumulados 80.000,00
AÑC Imobilizado	
Terrenos 250.000,00	
Total 650.000,00	Total 650.000,00

(8) Registro contábil da entrega das mercadorias ao cliente Alfredo.

Adiantamento de Clientes	
(8) 70.000,00	70.000,00

Vendas Brutas	
	70.000,00 (8)

(9) Registro contábil do custo das mercadorias vendidas ao cliente Alfredo.

Estoques	
22.000,00	20.000,00 (9)
2.000,00	

CMV	
(9) 20.000,00	

O balanço patrimonial da Cia. Vai com Fé S.A. imediatamente após a entrega das mercadorias ao cliente Alfredo, será:

Ativo	Passivo
Ativo Circulante	**Patrimônio Líquido**
Disponível 296.000,00	Capital Social 500.000,00
Duplicatas a Receber 72.000,00	Lucros Acumulados 130.000,00
Estoques 2.000,00	
Tributos a Recuperar 10.000,00	
AÑC Imobilizado	
Terrenos 250.000,00	
Total 630.000,00	Total 630.000,00

(10) Registro contábil da constituição de uma provisão trabalhista no montante de 5.000,00.

Despesas com Provisão	
(10) 5.000,00	

Provisão Trabalhista	
	5.000,00 (10)

ATENÇÃO, com relação as provisões, a empresa apenas constitui as que sejam **prováveis de perda**. Nesse caso, a provisão é constituída, registrada no balanço patrimonial e divulgada em notas explicativas.

O balanço patrimonial da Cia. Vai com Fé S.A. imediatamente após a constituição da provisão, será:

Ativo	Passivo
Ativo Circulante	**Passivo Não Circulante**
Disponível........296.000,00	Provisão Trabalhista........5.000,00
Duplicatas a Receber........72.000,00	**Patrimônio Líquido**
Estoques........2.000,00	Capital Social........500.000,00
Tributos a Recuperar........10.000,00	Lucros Acumulados........125.000,00
AÑC Imobilizado	
Terrenos........250.000,00	
Total........630.000,00	Total........630.000,00

ATENÇÃO!!! Regra geral, apesar da banca **não divulgar o prazo da provisão trabalhista**, a sua constituição é registrada no **passivo não circulante**, tendo em vista a morosidade da Justiça no julgamento definitivo da demanda trabalhista.

(11) Registro contábil do pagamento antecipado de seguros no valor de 30.000,00.

Disponível	
296.000,00	30.000,00 (11)
266.000,00	

Seguros a Vencer	
(11) 30.000,00	

O balanço patrimonial da Cia. Vai com Fé S.A. imediatamente após o pagamento dos seguros, será:

Ativo	Passivo
Ativo Circulante	**Passivo Não Circulante**
Disponível........266.000,00	Provisão Trabalhista........5.000,00
Duplicatas a Receber........72.000,00	**Patrimônio Líquido**
Estoques........2.000,00	Capital Social........500.000,00
Tributos a Recuperar........10.000,00	Lucros Acumulados........125.000,00
Seguros a Vencer........30.000,00	
AÑC Imobilizado	
Terrenos........250.000,00	
Total........630.000,00	Total........630.000,00

PL em 31/01/2017 = Capital Social + Lucros Acumulados

PL em 31/01/2017 = 500.000,00 + 125.000,00
PL em 31/01/2017 = 625.000,00

Para efeitos didáticos, registramos todos os fatos contábeis por meio de razonetes, e em seguida evidenciamos os balanços patrimoniais, com a finalidade de demonstrar a evolução patrimonial da entidade.

NA PROVA, infelizmente **não podemos resolver uma questão** desse naipe, seguindo esse passo a passo, pois é praticamente inviável pelo tempo desperdiçado e por não haver espaço suficiente na prova para a referida solução.

A questão pede o patrimônio líquido final, após o registro de todas as operações. Assim, **na prova**, nós temos que **identificar apenas os lançamentos contábeis que geram alterações no patrimônio líquido** da empresa.

Fatos contábeis	Variação no PL
Integralização de 50% do capital social.	+ 250.000,00
Compra de estoques.	Não tem efeito no PL
Recebimento antecipado de cliente no valor de 70.000,00.	Não tem efeito no PL
Vendas por 120.000,00 ao custo de 40.000,00.	+ 80.000,00
Integralização do restante do capital.	+ 250.000,00
Entrega de mercadorias ao cliente Alfredo ao custo de 20.000,00.	+ 50.000,00
Constituição de provisão trabalhista no valor de 5.000,00.	– 5.000,00
Pagamento antecipado de seguros.	Não tem efeito no PL
Variação no Patrimônio Líquido	**625.000,00**

Gabarito: **D**

ATENÇÃO: Para responder às **questões de números 22 e 23**, considere as informações abaixo.

A Cia. Agregada, empresa comercial, apresentou as seguintes informações referentes ao ano de 2016:

Receita Bruta de Vendas	1.200.000,00
− Impostos sobre Vendas	(200.000,00)
= Receita Líquida	1.000.000,00
− Custo das Mercadorias Vendidas	(430.000,00)
= Lucro Bruto	570.000,00
− Despesa de Depreciação	50.000,00
− Despesa com Salários	25.000,00
− Despesa com INSS sobre salários	6.000,00
− FGTS sobre salários	2.000,00
= Lucro antes do IR e CSLL	487.000,00
− IR e CSLL	(140.000,00)
= Lucro Líquido	347.000,00

22ª QUESTÃO: O valor dos tributos recuperáveis referentes aos produtos comercializados no ano de 2016 foi de 77.000,00. O valor adicionado a distribuir gerado pela Cia. Agregada no ano de 2016 foi, em reais:

a) 770.000,00
b) 693.000,00
c) 570.000,00
d) 643.000.00
e) 720.000,00

☛ SOLUÇÃO

ATENÇÃO, no CMV da DVA devemos **incluir o valor dos tributos recuperáveis** (ICMS) referentes aos produtos comercializados no ano de 2016 no montante de 77.000,00.

CMV da DVA = CMV da DRE + ICMS nas compras

CMV da DVA = 430.000,00 + 77.000,00
CMV da DVA = 507.000,00

Demonstração do Valor Adicionado	
1. **Receitas**	**1.200.000,00**
Receita Bruta de Vendas	1.200.000,00
2. **Insumos Adquiridos de Terceiros**	**(507.000,00)**
Custo das Mercadorias Vendidas	507.000,00
3. **Valor Adicionado Bruto**	**693.000,00**

Demonstração do Valor Adicionado	
4. **Depreciação, Amortização e Exaustão**	**(50.000,00)**
Despesas de depreciação	50.000,00
5. **Valor Adicionado Líquido**	**643.000,00**
6. **Valor Adicionado Recebido de Terceiros**	**0,00**
7. **Valor Adicionado Total a Distribuir**	**643.000,00**
8. **Distribuição do Valor Adicionado**	**643.000,00**
Governo	**269.000,00**
Impostos (1)	123.000,00
IR e CSLL	140.000,00
Despesa com INSS sobre salários	6.000,00
Empregados	**27.000,00**
Salários	25.000,00
FGTS sobre salários	2.000,00
Remuneração dos Capital de Terceiros	**0,00**
Remuneração do Capital Próprio	**347.000,00**
Lucro Líquido	347.000,00

(1) **Atenção**, no cálculo dos impostos na DVA devemos compensar os impostos incidentes nas vendas com os impostos incluídos no CMV da DRE.

Impostos = Impostos sobre Vendas – Impostos sobre Compras

Impostos = 200.000,00 – 77.000,00
Impostos = 123.000,00

SOLUÇÃO NA PROVA

8. **Distribuição do Valor Adicionado**	**643.000,00**
Governo	**269.000,00**
Impostos (1)	123.000,00
IR e CSLL	140.000,00
Despesa com INSS sobre salários	6.000,00
Empregados	**27.000,00**
Salários	25.000,00
FGTS sobre salários	2.000,00
Remuneração do Capital Próprio	**347.000,00**
Lucro Líquido	347.000,00

ATENÇÃO, na prova nós calculamos apenas a distribuição do valor adicionado. **Lembrem-se** de que o valor adicionado total a distribuir é exatamente igual a distribuição do valor adicionado.

Gabarito: **D**

23ª QUESTÃO: O valor adicionado distribuído na forma de impostos, taxas e contribuições foi, em reais:

a) 269.000,00
b) 271.000,00
c) 348.000,00
d) 346.000,00
e) 263.000,00

☛ SOLUÇÃO

SOLUÇÃO NA PROVA

8. **Distribuição do Valor Adicionado** **643.000,00**
Governo **269.000,00**
Impostos [(1)] 123.000,00
IR e CSLL 140.000,00
Despesa com INSS sobre salários 6.000,00
Empregados **27.000,00**
Salários 25.000,00
FGTS sobre salários 2.000,00
Remuneração do Capital Próprio **347.000,00**
Lucro Líquido 347.000,00

Gabarito: **A**

ATENÇÃO: Para responder às **questões de números 24 e 25**, considere as informações abaixo.

Em 31/12/2015 uma empresa obteve um empréstimo no valor de 10.000.000,00 com as seguintes características:

Prazo total: 10 anos.
Taxa de juros compostos: 8% ao ano.
Pagamentos: parcelas iguais e anuais de 1.490.294,89. (Pagas em 31/12 de cada ano)

Para a obtenção do empréstimo a empresa incorreu em custos de transação no valor total de 842.783,00. A taxa de custo efetivo da emissão foi 10% ao ano e o empréstimo é mensurado pelo custo amortizado.

24ª QUESTÃO: O reconhecimento deste empréstimo no balanço patrimonial da empresa, em 31/12/2015, provocou um aumento de:

a) 10.000.000,00 no ativo.
b) 10.000.000,00 no passivo.
c) 14.902.948,90 no passivo.
d) 9.157.217,00 no passivo.
e) 10.000.000,00 no passivo e despesa financeira de 842.783,00.

☛ SOLUÇÃO

ATENÇÃO, o montante reconhecido no balanço patrimonial, em 31/12/2015, corresponde a captação líquida.

Captação Líquida = Valor do contrato – Custos de transação

Captação Líquida = 10.000.000,00 – 842.783,00
Captação Líquida = 9.157.217,00

Com a finalidade de um melhor entendimento, vamos registrar a operação por meio de razonetes.

(1) Registro contábil dos empréstimos em 31/12/2015.

Disponível	
(1) 10.000.000,00	

Empréstimos	
	10.000.000,00 (1)

(2) Registro contábil dos custos de transação.

Disponível	
10.000.000,00	842.783,00 (2)
9.157.217,00	

Custos de Transação a Amortizar	
(2) 842.783,00	

O balanço patrimonial imediatamente após a aquisição do empréstimo será:

Ativo	Passivo
Ativo Circulante	**Passivo Exigível**
Disponível 9.157.217,00	Empréstimos 10.000.000,00
	Custos de transação a amortizar...(842.783,00)
Total..................... 9.157.217,00	Total..................... 9.157.217,00

ATENÇÃO, na data do empréstimo, em 31/12/2015, **não haverá** despesas financeiras. Os **custos de transação** serão amortizados pelo **prazo do empréstimo**.

SOLUÇÃO NA PROVA

Empréstimos em 31/12/2015..................... 10.000.000,00
– Custos de transação em 31/12/2015.....................(842.783,00)
= Captação líquida em 31/12/2015..................... 9.157.217,00

Gabarito: **D**

25ª QUESTÃO: O valor dos encargos financeiros reconhecido no resultado de 2016 e o saldo apresentado no balanço patrimonial referente à transação como um todo, em 31/12/2016, foram, respectivamente, em reais:

a) 732.577,36 e 9.889.794,36
b) 732.577,36 e 8.399.499,47
c) 1.000.000,00 e 9.509.705,11
d) 915.721,70 e 10.072.938,70
e) 915.721,70 e 8.582.6443,81

☛ SOLUÇÃO

Encargos Financeiros de 2016 = Taxa efetiva × Captação Líquida

Encargos Financeiros de 2016 = 10% × 9.157.217,00
Encargos Financeiros de 2016 = 915.721,70

Saldo devedor em 31/12/2016 = Captação Líquida + Encargos Financeiros em 2016 – 1ª Parcela

Saldo devedor em 31/12/2016 = 9.157.217,00 + 915.721,70 – 1.490.294,89
Saldo devedor em 31/12/2016 = 8.582.643,81

Gabarito: **E**

26ª QUESTÃO: A Cia. ColorMaq adquiriu, em 31/12/2016, 70% das ações da Cia. ColorRed por 6.000.000,00 à vista. Na data da aquisição, o patrimônio líquido da Cia. ColorRed era 4.500.000,00 e o valor justo líquido dos ativos e passivos identificáveis dessa Cia. era 7.000.000,00. A diferença entre o valor justo líquido dos ativos e passivos identificáveis e o valor do patrimônio líquido contábil era devido à valorização de um terreno. O valor reconhecido na conta investimentos, no balanço patrimonial individual da Cia. ColorMaq, em 31/12/2016, foi, em reais:

a) 3.150.000,00
b) 4.900.000,00
c) 6.000.000,00
d) 4.500.000,00
e) 7.000.000,00

☛ SOLUÇÃO

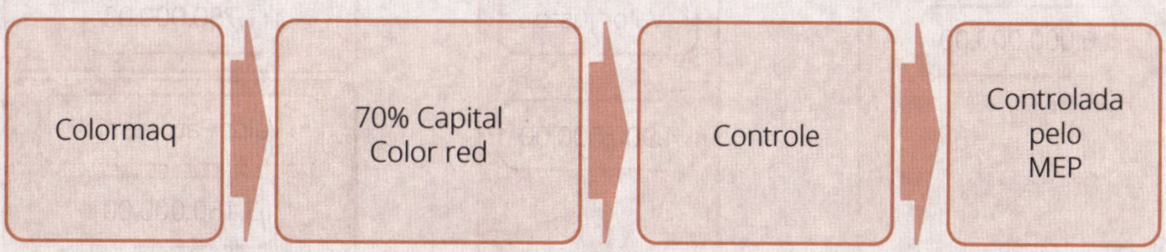

1º passo: Calcular o valor justo do investimento.

Valor justo do investimento = 70% × PL da Cia. ColorRed a valor justo

Valor justo do investimento = 70% × 7.000.000,00
Valor justo do investimento = 4.900.000,00

2º passo: Calcular o valor patrimonial do investimento.

Valor patrimonial do investimento = 70% × PL da Cia. Cia. ColorRed a valor contábil

Valor patrimonial do investimento = 70% × 4.500.000,00
Valor patrimonial do investimento = 3.150.000,00

3º passo: Calcular o *goodwill* na aquisição do investimento.

Goodwill = Valor de aquisição do investimento – Valor justo do investimento

Goodwill = 6.000.000,00 – 4.900.000,00
Goodwill = 1.100.000,00

4º passo: Calcular o ágio por mais-valia de ativos líquidos.

Ágio por mais-valia de ativos = Valor justo do investimento – Valor patrimonial do investimento

Ágio por mais-valia de ativos = 4.900.000,00 – 3.150.000,00
Ágio por mais-valia de ativos = 1.750.000,00

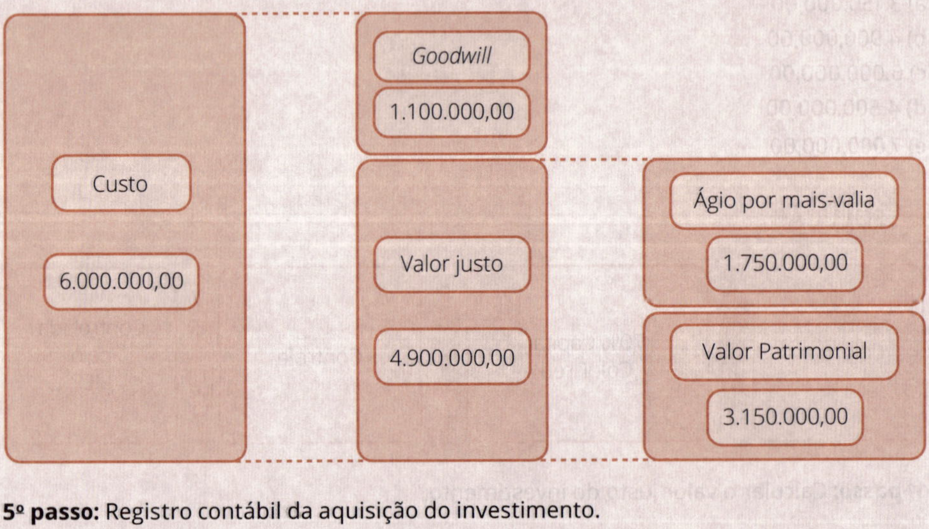

5º passo: Registro contábil da aquisição do investimento.

Por ocasião da operação de compra acima descrita, a Cia. ColorMaq deverá efetuar o seguinte lançamento contábil:

D: Investimentos na Cia. ColorRed..................3.150.000,00
D: *Goodwill*..1.100.000,00
D: Ágio por mais-valia.......................................1.750.000,00
C: Disponibilidades 6.000.000,00

A Cia. ColorMaq no seu balanço patrimonial em 31/12/2016, reconhece na conta investimentos, **ações da Cia. ColorRed por 6.000.000,00**. Porém, nas notas explicativas a Cia. ColorMaq **deverá** (obrigação) esclarecer a composição desse investimento divulgado no seu balanço patrimonial por 6.000.000,00. **Conclusão**, nas notas explicativas encontraremos a discriminação do ***goodwill*** no valor de **1.100.000,00** e o ágio por mais-valia de 1.750.000,00, bem como a sua forma de amortização.

SOLUÇÃO NA PROVA

Na prova, **a resposta é direta**, pois o **valor do investimento** que sempre será reconhecido e divulgado no balanço patrimonial é exatamente o valor pago na aquisição, ou seja, nesse caso, um montante de **6.000.000,00**.

Gabarito: **C**

ATENÇÃO: Para responder às **questões de números 27 a 30**, considere as demonstrações e as informações a seguir. A Cia. *Premium* apresentava as seguintes demonstrações contábeis:

Balanço Patrimonial					
Ativo	**31/12/15**	**31/12/16**	**Passivo**	**31/12/15**	**31/12/16**
Ativo Circulante	240.000,00	565.000,00	Passivo Circulante	220.000,00	130.000,00
Disponível	100.000,00	291.000,00	Fornecedores	140.000,00	80.000,00
Duplicatas a Receber	100.000,00	150.000,00	Salários a Pagar	40.000,00	10.000,00
Estoques	40.000,00	80.000,00	Adiantamento de Clientes	20.000,00	–
Seguros Antecipados	–	24.000,00	Dividendos a Pagar	20.000,00	40.000,00

Contas a Receber	–	20.000,00	Passivo Não Circulante	100.000,00	120.000,00
Ativo Não Circulante	410.000,00	205.000,00	Financiamentos	80.000,00	90.000,00
Investimento	50.000,00	65.000,00	Provisões	20.000,00	30.000,00
Imobilizado			Patrimônio Líquido	330.000,00	520.000,00
Terreno	200.000,00	–	Capital Social	250.000,00	300.000,00
Equipamento	200.000,00	200.000,00	Reservas de Lucros	80.000,00	220.000,00
Depreciação Acumulada	(40.000,00)	(60.000,00)			
Total	**650.000,00**	**770.000,00**	**Total**	**650.000,00**	**770.000,00**

Demonstração do Resultado do Exercício – 01/01/2016 a 31/12/2016

Receita Bruta de vendas	1.500.000,00
– Impostos sobre vendas	(150.000,00)
= Receita Líquida	1.350.000,00
– Custo dos Produtos Vendidos	(750.000,00)
= Resultado Bruto	600.000,00
– Despesas Administrativas	(250.000,00)
– Despesas com Vendas	(75.000,00)
– Despesa com Seguros	(10.000,00)
– Despesa de Depreciação	(20.000,00)
– Despesa com Provisões	(10.000,00)
+ Resultado de Equivalência Patrimonial	15.000,00
+ Lucro na venda do terreno	35.000,00
= Resultado antes do Resultado Financeiro	285.000,00
– Despesa Financeira (juros)	(10.000,00)
= Resultado antes do IR e CSLL	275.000,00
– Despesa com Imposto de Renda e CSLL	(75.000,00)
= Resultado Líquido	200.000,00

Informações adicionais:

- os juros não foram pagos;
- os dividendos de 2015 foram pagos;
- o saldo de contas a receber se refere exclusivamente à parte da venda do terreno que não foi recebida;
- o aumento de capital foi realizado com os seguintes recursos: 30.000,00 em dinheiro e o restante com reservas de lucros;
- não houve pagamento de financiamentos.

27ª QUESTÃO: O fluxo de caixa decorrente das atividades de financiamento apurado no ano de 2016 foi, em reais, positivo de:

a) 50.000,00
b) 40.000,00
c) 30.000,00
d) 20.000,00
e) 10.000,00

☛ SOLUÇÃO

1º passo: Calcular o montante dos empréstimos obtidos em 2016.

ATENÇÃO, a questão informa que a empresa **não liquidou** qualquer empréstimo, e **não pagou** as despesas financeiras. Nesse caso, as despesas financeiras **atualizam os empréstimos de 2015**.

(1) Registro contábil da atualização dos empréstimos de 2015, por meio das despesas financeiras de 2016.

Despesas Financeiras – DRE	
(1) 10.000,00	

Empréstimos em 2016	
	80.000,00
	10.000,00 (1)
	90.000,00

Analisando o **balanço patrimonial de 2016**, podemos verificar que o saldo final dos empréstimos é no montante de 90.000,00. Em outras palavras, a empresa **não obteve novos empréstimos em 2016**.

2º passo: Calcular o montante do lucro líquido destinado para a integralização de capital em 2016.

(2) Registro contábil da transferência do lucro líquido de 2016 para a conta lucros acumulados:

Lucro Líquido de 2016	
(2) 200.000,00	200.000,00

Lucros Acumulados	
	200.000,00 (2)

(3) Registro contábil da integralização de capital com reservas de lucros em 2016:

ATENÇÃO, analisando os balanços patrimoniais de 2015 e 2016, podemos observar que houve um aumento de capital em 50.000,00, sendo 30.000,00 em dinheiro e o restante com reservas de lucros.

Dinheiro + Reserva de Lucros = Aumento de Capital

30.000,00 + Reserva de Lucros = 50.000,00

Reserva de Lucros = 20.000,00

Reserva de Lucros em 2015	
(3) 20.000,00	80.000,00
	60.000,00

Capital Social	
	250.000,00 20.000,00 (3)
	270.000,00

3º passo: Calcular o montante do lucro líquido destinado para a reserva de lucros em 2016.

(4) Registro contábil da constituição das reservas de lucros em 2016.

Analisando o balanço patrimonial, podemos verificar que o saldo final das reservas de lucros em 2016, após a integralização do capital é no montante de 220.000,00.

Lucros Acumulados	
(4) 160.000,00	200.000,00
	40.000,00

Reservas de Lucros	
	60.000,00 160.000,00 (4)
	220.000,00

4º passo: Calcular o montante dos dividendos pagos em 2016.

ATENÇÃO, analisando os balanços patrimoniais de 2015 e 2016, com relação aos dividendos, à primeira vista temos a impressão de que não houve pagamento de dividendos, pois o seu saldo em 2015 era de 20.000,00 e passou para 40.000,00 em 2016. Em outras palavras, houve um aumento de 2015 para 2016 no saldo contábil de dividendos em 20.000,00.

Porém, analisando a conta **lucros acumulados**, podemos observar que **não existe saldo no balanço patrimonial**. Em outras palavras, o **saldo remanescente** da conta lucros acumulados de **40.000,00**, após as destinações para aumento de capital e reservas de lucros, **foi integralmente destinado** para a conta **dividendos a pagar**.

(5) Registro contábil da distribuição de dividendos em 2016.

Lucros Acumulados	
(5) 40.000,00	40.000,00

Dividendos a Pagar	
	20.000,00 40.000,00 (5)
	40.000,00

Analisando a conta dividendos a pagar, podemos observar que havia um saldo inicial de 20.000,00, foi destinado 40.000,00, restando um saldo final de 40.000,00.

(6) Registro contábil do pagamento de dividendos em 2016.

Disponível	
Saldo Inicial	x (6)

Dividendos a Pagar	
(6) x	20.000,00 40.000,00
	40.000,00

Do razonete dividendos a pagar, calculamos o montante dos dividendos pagos em 2016.

20.000,00 – x + 40.000,00 = 40.000,00
x = 20.000,00

MAIS UMA PEGADINHA ESPETACULAR! Na hora da prova, a maioria dos candidatos jamais pensariam que a empresa pagou dividendos em 2016.

5º passo: Montar o fluxo de caixa de financiamentos.

Fluxo de Caixa de Financiamentos	
+ Integralização de Capital	30.000,00
– Pagamento de dividendos	(20.000,00)
= Caixa líquido gerado nas atividades de financiamentos	10.000,00

O fluxo de caixa de financiamentos foi **positivo de 10.000,00.**

Gabarito: **E**

28ª QUESTÃO: O fluxo de caixa decorrente das atividades de investimento apurado no ano de 2016 foi, em reais, positivo de:

a) 235.000,00
b) 215.000,00
c) 200.000,00
d) 220.000,00
e) 185.000,00

☛ SOLUÇÃO

1º passo: Calcular o valor de venda do terreno.

ATENÇÃO, os terrenos **não sofrem** depreciação.

Lucro na venda do terreno = Valor de venda do terreno – Valor contábil do terreno vendido

35.000,00 = Valor de venda do terreno – 200.000,00
Valor de venda do terreno = 200.000,00 + 35.000,00
Valor de venda do terreno = 235.000,00

2º passo: Calcular o valor recebido à vista da venda do terreno.

AQUI ESTÁ A PEGADINHA! A questão informa que o saldo de **contas a receber** no montante de 20.000,00 se refere exclusivamente à parte da venda do terreno que não foi recebida.

Valor à vista do terreno + Contas a receber do terreno = Valor de venda do terreno

Valor à vista do terreno + 20.000,00 = 235.000,00
Valor à vista do terreno = 215.000,00

3º passo: Analisar a variação dos investimentos.

Analisando os balanços patrimoniais, podemos observar que houve uma variação na conta de investimentos, que passou de 50.000,00 no encerramento do exercício de 2015, para um saldo final no valor de 65.000,00 em 2016. A pergunta é: **será que houve aquisição de novos investimentos em 2016?**

Para responder a essa pergunta, vamos analisar os balanços patrimoniais em conjunto com a DRE. Na DRE identificamos um resultado de equivalência patrimonial positivo de 15.000,00 (GEP).

(1) Registro contábil do GEP na investidora em 2016.

Investimentos na Cia. A – BP	
50.000,00	
(1) 15.000,00	
65.000,00	

GEP – DRE	
	15.000,00 (1)

Analisando a conta investimentos verificamos que a **variação positiva de 15.000,00** foi decorrente de um lucro líquido na investida. CONCLUSÃO, em 2016 **não houve aquisição** de novos investimentos.

4º passo: Montar o fluxo de caixa de investimentos.

Fluxo de Caixa de Investimentos	
Alienação de terreno	215.000,00
= Caixa líquido gerado nas atividades de investimentos.....................	215.000,00

O fluxo de caixa de investimentos foi **positivo de 215.000,00**.

Gabarito: **B**

29ª QUESTÃO: O fluxo de caixa decorrente das atividades operacionais apurado no ano de 2016 foi, em reais:

a) negativo de 54.000,00.
b) positivo de 1.000,00.
c) negativo de 34.000,00.
d) negativo de 44.000,00.
e) positivo de 10.000,00.

SOLUÇÃO

1º passo: Calcular a variação de caixa no **Balanço Patrimonial.**

No balanço patrimonial, obtemos a variação do fluxo de caixa a seguir:

Variação de Caixa (BP) = Disponível em 2016 – Disponível em 2015

Variação de Caixa (BP) = 291.000,00 – 100.000,00
Variação de Caixa (BP) = 191.000,00

2º passo: Calcular a variação de caixa na **DFC**.

Variação de Caixa (DFC) = FCO + FCI + FCF

Variação de Caixa (DFC) = FCO + 215.000,00 + 10.000,00
Variação de Caixa (DFC) = FCO + 225.000,00

Igualando as variações de caixa do BP e DFC, temos:

191.000,00 = FCO + 225.000,00

FCO = 34.000,00 negativos

CONCLUSÃO, o fluxo de caixa operacional foi **negativo de 34.000,00**.

Mas, como se trata de um livro voltado para o aprendizado, poderá surgir uma pergunta por algum leitor:

– Será que o fluxo de caixa das **atividades operacionais é negativo de 34.000,00**? Como ficaria a solução, utilizando o método direto e indireto para as atividades operacionais?

Fluxo de Caixa Operacional – Método Indireto	
Lucro Líquido	**200.000,00**
1º ajuste: Ajustes oriundos da **DRE**	
+ Depreciação	20.000,00
+ Despesas Financeiras	10.000,00
– Resultado de Equivalência Patrimonial	(15.000,00)
– Lucro na venda do terreno	(35.000,00)
= **Lucro Líquido ajustado**	**180.000,00**
2º ajuste: Ajustes oriundos do **BP**	
– Aumento de duplicatas a receber	(50.000,00)
– Aumento de estoques	(40.000,00)
– Aumento de seguros antecipados	(24.000,00)
– Redução de fornecedores	(60.000,00)
– Redução de salários a pagar	(30.000,00)
– Redução de adiantamento de clientes	(20.000,00)
+ Aumento de provisões	10.000,00
= **Caixa líquido consumido no FCO**	**(34.000,00)**

No **fluxo de caixa operacional pelo método direto**, calculamos as entradas e saídas brutas de dinheiro.

1º passo: Identificar as contas que estão relacionadas com as vendas brutas da empresa.

Analisando o balanço patrimonial podemos observar que existem **duas contas relacionadas com as vendas brutas**: duplicatas a receber e adiantamentos de clientes.

A conta **adiantamentos de clientes** representa um recebimento antecipado que a empresa teve de um cliente por conta de uma **entrega futura de mercadorias**. Segundo o balanço patrimonial, verificamos que o cliente realizou um adiantamento para empresa em 2015 no montante de 20.000,00 e no exercício de 2016, a empresa entregou efetivamente as mercadorias para o cliente, e nessa data, de acordo com o princípio da competência, **reconheceu uma receita de vendas no valor de 20.000,00**.

2º passo: Calcular o montante das vendas a prazo em 2016.

ATENÇÃO, as vendas brutas do exercício de 2016 no montante de 1.500.000,00 é composta de uma parte oriunda da apropriação de **adiantamentos de clientes** em 2016. Nesse caso, devemos excluir as vendas provenientes dos adiantamentos de clientes, para calcularmos o valor das vendas a prazo em 2016.

(1) Registro contábil das vendas em 2016 decorrentes do adiantamento de clientes em 2015.

Adiantamentos de Clientes	
(1) 20.000,00	20.000,00

Vendas Brutas	
	20.000,00 (1)
	x
	1.500.000,00

x = Vendas brutas a prazo realizadas em 2016

Do razonete vendas brutas, calculamos o montante das vendas brutas a prazo realizadas em 2016.

Vendas Brutas a prazo em 2016 + 20.000,00 = 1.500.000,00
Vendas Brutas a prazo em 2016 = 1.480.000,00

FIQUEM ALERTAS!!!!!!!!!!!

Caso o examinador mencionasse que em 2016 a empresa estivesse realizado, por exemplo, vendas à vista no montante de 80.000,00, nesse caso, teríamos que subtrair dos 1.480.000,00 os 80.000,00 referentes as vendas à vista, pois quando uma empresa realiza **vendas à vista**, a contrapartida é um **débito** na conta **caixa**.

(2) Registro contábil das vendas a prazo realizadas em 2016.

Duplicatas a Receber	
100.000,00	x (Caixa)
(2) 1.480.000,00	
150.000,00	

Vendas Brutas	
	20.000,00
	1.480.000,00 (2)
	1.500.000,00

Analisando o razonete **duplicatas a receber**, podemos observar que havia um saldo inicial de 100.000,00, em seguida, ocorreu um débito de 1.480.000,00 devido as vendas a prazo ocorridas em 2016, restando um saldo final de 150.000,00. Portanto, devemos registrar um **crédito** no **valor de x** no razonete **duplicatas a receber**, que tem como contrapartida um **débito** no **valor de x** no razonete **caixa**. Conclusão, do razonete duplicatas a receber, calculamos o montante das vendas recebidas de 2018.

100.000,00 + 1.480.000,00 – x = 150.000,00
x = 1.430.000,00

3º passo: Calcular o montante pago a fornecedores em 2016.

(3) Registro do custo das mercadorias vendidas em 2016.

Estoques	
40.000,00 x	750.000,00 (3)
80.000,00	

CMV	
(3) 750.000,00	

Analisando o razonete **estoques** podemos observar que havia um saldo inicial de 40.000,00, em seguida, ocorreu um crédito de 750.000,00 devido as vendas de mercadorias ocorridas em 2016, restando um saldo final de 80.000,00. Portanto, devemos registrar um **débito** no **valor de x** no razonete **estoques**, que tem como contrapartida um **crédito** no **valor de x** no razonete **fornecedores**. Conclusão, do razonete estoques, calculamos o montante das compras a prazo em 2016.

40.000,00 + x – 750.000,00 = 80.000,00
x = 790.000,00

(4) Registro das compras a prazo em 2016.

Estoques	
40.000,00 (4) 790.000,00	750.000,00
80.000,00	

Fornecedores	
(Caixa) x	140.000,00 790.000,00 (4)
	80.000,00

Analisando o razonete **fornecedores** podemos observar que havia um saldo inicial de 140.000,00, em seguida, ocorreu um crédito de 790.000,00 devido a compras a prazo ocorridas em 2016, restando um saldo final de 80.000,00. Portanto, devemos registrar um **débito** no **valor de x** no razonete **fornecedores**, que tem como contrapartida um **crédito** no **valor de x** no razonete **caixa**. Conclusão, do razonete fornecedores, calculamos o montante do pagamento de fornecedores em 2016.

140.000,00 + 790.000,00 – x = 80.000,00
x = 850.000,00

4º passo: Calcular o montante dos seguros antecipados pagos em 2016.

(5) Registro contábil do pagamento antecipado de seguros.

Seguros Antecipados	
0,00	10.000,00 (5)
x	
24.000,00	

Despesas com Seguros	
(5) 10.000,00	

Analisando o razonete **seguros antecipados** podemos observar que não havia saldo inicial, e no decorrer do exercício de 2016 foi apropriado um montante de 10.000,00 para o resultado do exercício, restando um saldo final de 24.000,00. Portanto, obrigatoriamente ocorreu um pagamento antecipado de seguros no montante de x. Do razonete seguros antecipados, calculamos os **seguros pagos antecipadamente no valor de x.**

0,00 + x – 10.000,00 = 24.000,00
x = 34.000,00

5º passo: Calcular o montante dos salários pagos em 2016.

(6) Registro contábil do pagamento de salários.

Disponível	
Saldo Inicial	x (6)

Salários a Pagar	
(6) x	40.000,00
	10.000,00

Na DRE não existe **despesas com salários**, e apesar das **despesas administrativas** incluírem as despesas com salários, na **omissão da banca**, devemos considerar que **não houve despesas com salários**. Portanto, do razonete salários a pagar, calculamos o montante de salários pagos em 2016.

40.000,00 – x = 10.000,00
x = 30.000,00

6º passo: Calcular o montante das despesas administrativas, despesas com vendas e IR e CSLL pagos em 2016.

ATENÇÃO, analisando o balanço patrimonial, podemos observar que **não existe nenhuma conta no passivo** relacionada com as **despesas administrativas despesas com vendas e IR e CSLL a pagar**. Por exemplo, se caso houvesse no passivo **contas a pagar** de um determinado valor, essas **contas a pagar**, estariam relacionadas com as **despesas administrativas e despesas com vendas**. Nesse caso, como não existe contas a pagar no passivo, significa que o total das despesas administrativas, despesas com vendas e IR e CSLL foram integralmente pagas. Em outras palavras, as despesas com vendas, administrativas e com IR e CSLL foram pagas à vista na sua integralidade.

(7) Registro contábil do pagamento das despesas administrativas.

Despesas Administrativas	
(7) 250.000,00	

Disponível	
Saldo Inicial	250.000,00 (7)

(8) Registro contábil do pagamento das despesas com vendas.

Despesas com Vendas	
(8) 75.000,00	

Disponível	
Saldo Inicial	75.000,00 (8)

(9) Registro contábil do pagamento do IR e CSLL.

Despesas com IR e CSLL	
(9) 75.000,00	

Disponível	
Saldo Inicial	75.000,00 (9)

ATENÇÃO NA COMPOSIÇÃO DA DFC! Deixamos por último essa análise de propósito. Analisando a DRE podemos observar que existem **impostos sobre vendas** no montante de **150.000,00**. Mas ao verificarmos o balanço patrimonial, notamos que **não existe** nenhuma conta relacionada com impostos sobre vendas. Nesse caso, como **não existe** a conta relacionada com impostos sobre vendas a pagar no passivo, **significa** que o total dos **impostos sobre vendas foram integralmente pagos**.

(10) Registro contábil do pagamento das despesas com vendas.

Despesas com Impostos sobre Vendas	
(10) 150.000,00	

Disponível	
Saldo Inicial	150.000,00 (10)

CONCLUSÃO, a DFC completa pelo método direto, será:

Demonstração do Fluxo de Caixa	
1. Fluxo de Caixa Operacional	
Recebimento de Clientes	1.430.000,00
– Pagamento a Fornecedores	(850.000,00)
– Pagamento de Seguros Antecipados	(34.000,00)
– Pagamento de Salários	(30.000,00)
– Pagamento de despesas administrativas	(250.000,00)
– Pagamento de despesas com vendas	(75.000,00)
– Pagamento de IR e CSLL	(75.000,00)
– Pagamento de impostos sobre vendas	(150.000,00)
= Caixa líquido consumido nas atividades operacionais	(34.000,00)

Demonstração do Fluxo de Caixa	
2. Fluxo de Caixa de Investimentos	
Alienação de terreno	215.000,00
= Caixa líquido gerado nas atividades de investimentos	215.000,00
3. Fluxo de Caixa de Financiamentos	
Integralização de Capital	30.000,00
– Pagamento de dividendos	(20.000,00)
= Caixa líquido gerado nas atividades de financiamentos	10.000,00
4. Variação Líquida de Caixa	191.000,00
5. Saldo Inicial de Caixa	100.000,00
6. Saldo Final de Caixa	291.000,00

Gabarito: **C**

30ª QUESTÃO: Considerando que todo mês tem 30 dias, o prazo médio de recebimento de vendas é:

a) 30 dias
b) 24 dias
c) 36 dias
d) 40 dias
e) 34 dias

SOLUÇÃO

O **prazo médio de rotação de clientes** (ou prazo médio de recebimento de clientes) monstra quantos dias ou meses, em média, a empresa **espera para receber as suas vendas a prazo**.

1º passo: Calcular a média de duplicatas a receber.

$$\text{Média das Duplicatas a Receber} = \frac{\text{Duplicatas a Receber em 2015} + \text{Duplicatas a Receber em 2016}}{2}$$

$$\text{Média das Duplicatas a Receber} = \frac{100.000,00 + 150.000,00}{2}$$

Média das Duplicatas a Receber = 125.000,00

2º passo: Calcular o prazo médio de recebimento de vendas.

$$PMRV = \frac{360 \text{ dias} \times \text{Média das Duplicatas a Receber}}{\text{Vendas a Prazo do período}}$$

$$PMRV = \frac{360 \times 125.000,00}{1.480.000,00}$$

PMRV ≈ 30,4 dias

Gabarito: **A**

Capítulo 19

Contador DPE RS 2017

01ª QUESTÃO: Em 01/07/2017 uma empresa realizou uma venda a prazo, para um cliente no exterior, no valor total de US$ 200.000,00. Sabendo que a taxa de câmbio em 01/07/2017 era US$ 1,00 R$ 3,20, em 31/07/2017 era US$ 1,00 = R$ 3,00 e a taxa de câmbio média do mês de julho de 2017 foi US$ 1,00 = R$ 3,10, a empresa reconheceu no resultado do mês de julho de 2017 receita de vendas de:

a) 600.000,00, apenas.
b) 640.000,00, apenas.
c) 620.000,00 e despesa financeira de 20.000,00.
d) 640.000,00 e despesa financeira de 40.000,00.
e) 620.000,00, apenas.

☛ SOLUÇÃO

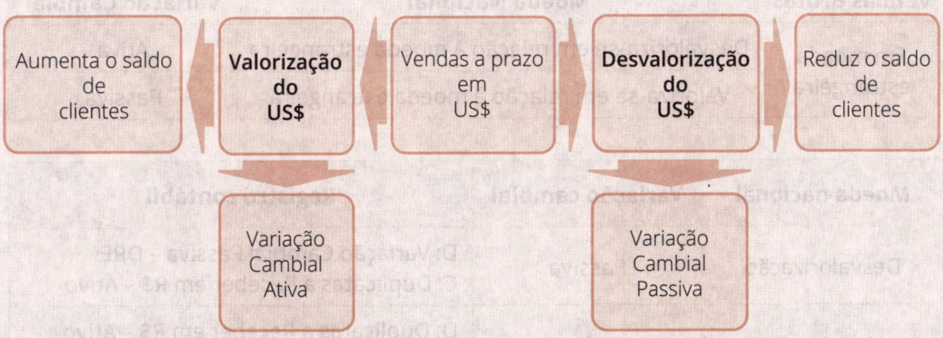

(1) Registro contábil das vendas brutas em 01/07/2017.

Duplicatas a Receber	
(1) 640.000,00	

Vendas Brutas	
	640.000,00 (1)

Vendas Brutas em 01/07/2017 em R$ = Taxa em 01/07/2017 × Vendas Brutas em US$

Vendas Brutas em 01/07/2017 = R$ 3,20 × US$ 200.000,00
Vendas Brutas em 01/07/2017 = R$ 640.000,00

(2) Registro contábil da variação cambial passiva em 31/07/2017.

Variação Cambial Passiva	
(2) 40.000,00	

Duplicatas a Receber	
640.000,00	40.000,00 (2)
600.000,00	

VCP em R$ = (Taxa em 31/07/2017 – Taxa em 01/07/2017) × Duplicatas a Receber em US$

Variação Cambial Passiva em R$ = (3,00 – 3,20) × US$ 200.000,00
Variação Cambial Passiva em R$ = 40.000,00

ATENÇÃO, na operação de venda a prazo em moeda estrangeira, a **variação cambial passiva** surge quando a moeda nacional se **valoriza** em relação à moeda estrangeira e essa variação é tratada como despesa financeira. A **variação cambial ativa** ocorre quando a moeda nacional **desvaloriza** em relação à moeda estrangeira e essa variação ativa é tratada como receita financeira.

Vendas Brutas	Moeda Nacional	Variação Cambial
Em moeda estrangeira	Desvaloriza-se em relação à moeda estrangeira	Ativa
	Valoriza-se em relação à moeda estrangeira	Passiva

Moeda nacional	Variação cambial	Registro contábil
Desvalorização	Passiva	D: Variação Cambial Passiva – DRE C: Duplicatas a Receber em R$ – Ativo
Valorização	Ativa	D: Duplicatas a Receber em R$ – Ativo C: Variação Cambial Ativa – DRE

Gabarito: **D**

02ª QUESTÃO: A Cia. de Minérios adquiriu o direito de exploração de uma mina de zinco por 3.960.000,00 que foram pagos à vista. A capacidade total esperada de extração da mina foi estimada em 80.000 toneladas e no primeiro ano de exploração a Cia. extraiu 8.000 toneladas. No início do segundo ano, ao reanalisar a capacidade de produção da mina, a Cia. de Minérios estimou que ainda havia 80.000 toneladas remanescentes e, durante o segundo ano, fez a extração de 6.000 toneladas. O valor contábil apresentado para esta mina, no final do segundo ano, foi, em reais:

a) 3.296.700,00
b) 3.330.000,00
c) 3.267.000,00
d) 3.960.000,00
e) 3.564.000,00

SOLUÇÃO

Segundo o CPC 27 que trata do ativo imobilizado, o **valor residual e a vida útil** de um ativo **são revisados** pelo menos ao **final de cada exercício** e, se as expectativas diferirem das estimativas anteriores, a mudança deve ser contabilizada como **mudança de estimativa contábil**, segundo o CPC 23 que trata das políticas contábeis, mudança de estimativa e retificação de erro.

Itens	1º ano	2º ano
Custo de aquisição	3.960.000,00	3.960.000,00
Valor residual	0,00	0,00
Possança da mina	80.000 toneladas	80.000 toneladas

1º passo: Calcular a exaustão no 1º ano.

$$\text{Exaustão Acumulada} = (\text{Custo de aquisição} - \text{Valor residual}) \times \frac{\text{Extração no 1° ano}}{\text{Possança da mina}}$$

$$\text{Exaustão Acumulada no 1º ano} = (3.960.000,00 - 0,00) \times \frac{8.000 \text{ toneladas}}{80.000 \text{ toneladas}}$$

Exaustão Acumulada no 1º ano = 396.000,00

2º passo: Calcular a exaustão no 2º ano.

No início do 2º ano foi realizado o **teste de *impairment*** na mina, e nessa data, a companhia estimou que ainda havia 80.000 toneladas remanescentes. Portanto, a nova fórmula de exaustão será:

$$\text{Exaustão} = (\text{Custo de aquisição} - \text{Exaustão Acumulada} - \text{Valor residual}) \times \frac{\text{Extração no 2° ano}}{\text{Possança da mina}}$$

$$\text{Exaustão no 2º ano} = (3.960.000,00 - 396.000,00 - 0,00) \times \frac{6.000 \text{ toneladas}}{80.000 \text{ toneladas}}$$

Exaustão no 2º ano = 267.300,00

3º passo: Calcular a exaustão acumulada no 2º ano.

Exaustão Acumulada no 2º ano = Exaustão no 1º ano + Exaustão no 2º ano

Exaustão Acumulada no 2º ano = 396.000,00 + 267.300,00

Exaustão Acumulada no 2º ano = 663.300,00

4º passo: Calcular o valor contábil da mina no 2º ano.

Valor contábil no 2º ano = Custo de aquisição – Exaustão Acumulada no 2º ano

Valor contábil no 2º ano = 3.960.000,00 – 663.300,00

Valor contábil no 2º ano = 3.296.700,00

Gabarito: **A**

03ª QUESTÃO: A Cia. Industrial possuía, em 31/12/2016, um ativo intangível com vida útil indefinida. Os valores evidenciados para este ativo, nesta data, são apresentados a seguir:

Custo de aquisição 800.000,00
– Ajuste por *impairment* (calculada em 2015) .... (300.000,00)
= Valor contábil do ativo 500.000,00

Ao realizar o teste de redução ao valor recuperável de ativos (teste de *impairment*), a Cia. obteve as seguintes informações a respeito desse ativo em 31/12/2016:

Valor em uso 650.000,00
Valor justo líquido das despesas de venda 550.000,00

O valor contábil apresentado no balanço patrimonial de 31/12/2016 para este ativo foi, em reais:

a) 600.000,00

b) 650.000,00

c) 550.000,00

d) 500.000,00

e) 800.000,00

SOLUÇÃO

Vida útil do ativo intangível	Amortização	*Impairment test*	Reversão de perda estimada
Definida	Sim	Sim	Sim
Indefinida	Não	Sim	**Sim**
Goodwill	Não	Sim	Não

ATENÇÃO, na tabela podemos verificar que no caso de um **ativo intangível com vida útil indefinida**, a norma internacional permite a **reversão no exercício subsequente**, quando da realização de um novo teste de *impairment*, a perda por *impairment* constituída em exercícios anteriores.

1ª etapa: Calcular o valor recuperável do ativo intangível com vida útil indefinida.

ATENÇÃO, o valor recuperável será sempre o **maior valor**.

Valor justo líquido das despesas de venda	550.000,00	**MAIOR VALOR**	Valor recuperável = 650.000,00
Valor em uso	650.000,00		

2ª etapa: Calcular o valor contábil do ativo intangível.

Valor contábil = Custo de Aquisição – Perdas Acumuladas por *Impairment*

LEMBREM-SE!!!!! O ativo intangível com vida útil indefinida **não é amortizado**, portanto no cálculo do seu valor contábil, **não existe a amortização acumulada** (vide tabela).

Valor contábil = 800.000,00 – 300.000,00

Valor contábil = 500.000,00

3ª etapa: Comparar o valor recuperável com o valor contábil.

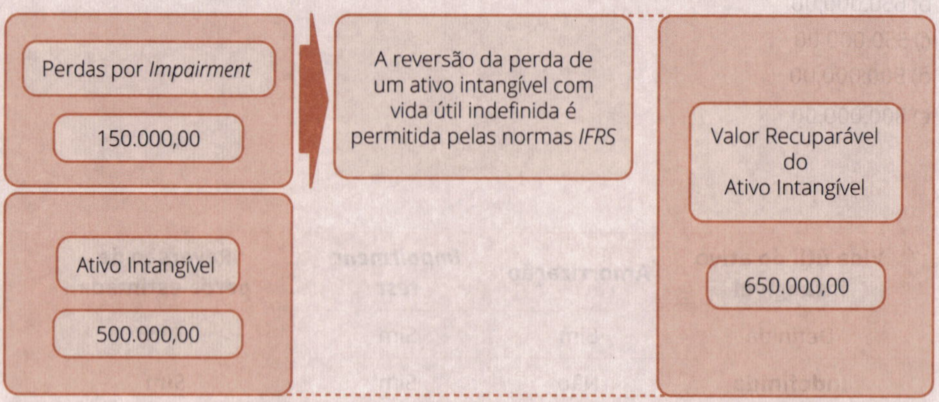

De acordo com o CPC 01, a **perda por desvalorização** reconhecida para o **ativo intangível com vida útil indefinida** no exercício de 2015 no montante de 300.000,00 **poderá** ser revertida no exercício de 2016, pois **essa reversão é permitida** pelas normas nacionais e internacionais de Contabilidade.

(1) Registro contábil da **reversão da perda por *impairment*** em 31/12/2016.

Perdas Estimadas Acumuladas	
(1) 150.000,00	300.000,00
	150.000,00

Outras Receitas	
	150.000,00 (1)

Outras receitas

As **outras receitas** compreendem as **receitas oriundas** das transações do AÑC classificados nos subgrupos de investimentos, imobilizado e intangível.

Outras despesas

As **outras despesas** compreendem as **despesas oriundas** das transações do AÑC classificados nos subgrupos de investimentos, imobilizado e intangível.

CONCLUSÃO, em 31/12/2016 a empresa deverá reconhecer no resultado, um ganho (**outras receitas**) no valor de **150.000,00** decorrente da reversão da perda por desvalorização, enquanto que o **valor contábil** evidenciado no balanço patrimonial será de **650.000,00**.

Gabarito: **B**

04ª QUESTÃO: Em 31/12/2015 a Cia. Grampo adquiriu 80% das ações da Cia. das Pedras por 20.000.000,00 que foram pagos à vista. Na data da aquisição, o patrimônio líquido contábil da Cia. das Pedras era 12.000.000,00 e o valor justo líquido dos ativos e passivos identificáveis dessa Cia. era 30.000.000,00. A diferença entre o valor justo líquido dos ativos e passivos identificáveis e o valor do patrimônio líquido contábil era decorrente da variação entre o valor de custo contabilizado e o valor justo de um terreno. No período de 01/01/2016 a 31/12/2016, a Cia. das Pedras reconheceu as seguintes mutações em seu patrimônio líquido:

Lucro líquido de 2016.. 2.000.000,00
Distribuição e pagamento de dividendos em 2016 .... 500.000,00

Com base nestas informações, é correto afirmar:

a) O valor reconhecido em investimentos pela Cia. Grampo, na data da aquisição, foi 20.000.000,00.
b) O resultado de equivalência patrimonial do ano de 2016 foi 1.200.000,00.
c) O valor reconhecido em investimentos pela Cia. Grampo, na data da aquisição, foi 9.600.000,00.
d) O valor reconhecido no resultado, na data da aquisição, foi um ganho de 4.000.000,00.
e) O valor do ágio pago por expectativa de rentabilidade futura foi 10.400.000,00.

☛ SOLUÇÃO

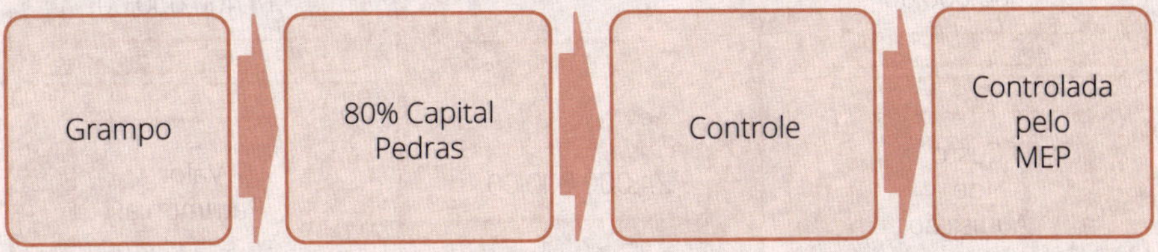

1º passo: Calcular o valor justo do investimento.

Valor justo do investimento = 80% × PL da Cia. das Pedras a valor justo

Valor justo do investimento = 80% × 30.000.000,00
Valor justo do investimento = 24.000.000,00

2º passo: Calcular o valor patrimonial do investimento.

Valor patrimonial do investimento = 80% × PL da Cia. Cia. das Pedras a valor contábil

Valor patrimonial do investimento = 80% × 12.000.000,00
Valor patrimonial do investimento = 9.600.000,00

3º passo: Calcular o ganho por compra vantajosa na aquisição do investimento.

Ganho por Compra Vantajosa = Valor justo do investimento – Valor de aquisição do investimento

Ganho por Compra Vantajosa = 24.000.000,00 – 20.000.000,00
Ganho por Compra Vantajosa = 4.000.000,00

4º passo: Calcular o ágio por mais-valia de ativos líquidos.

Ágio por mais-valia de ativos = Valor justo do investimento – Valor patrimonial do investimento

Ágio por mais-valia de ativos = 24.000.000,00 – 9.600.000,00
Ágio por mais-valia de ativos = 14.400.000,00

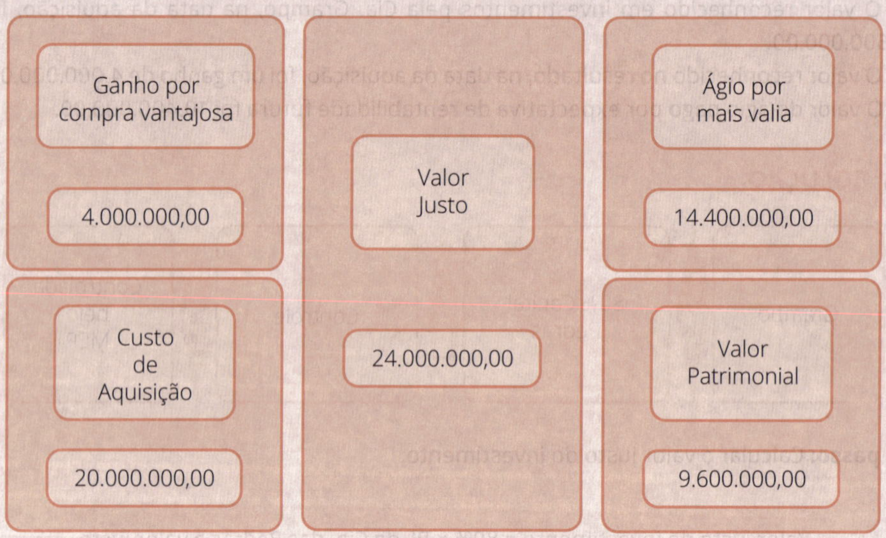

5º passo: Registro contábil da aquisição do investimento.

Por ocasião da operação de compra acima descrita, a Cia. Grampo deverá efetuar o seguinte lançamento contábil:

D: Investimentos na Cia. das Pedras................9.600.000,00
D: Ágio por mais-valia......................................14.400.000,00
C: Disponibilidades 20.000.000,00
C: Ganho por Compra Vantajosa 4.000.000,00

A Cia. Grampo no seu balanço patrimonial em 31/12/2015, reconhece na **conta investimentos**, ações da Cia. das Pedras no valor de **20.000.000,00**. Porém, nas **notas explicativas** a Cia. Grampo deverá (**obrigação**) discriminar o valor patrimonial do investimento no montante de 9.600.000,00, o ganho por compra vantajosa de 4.000.000,00 e o ágio por mais-valia de 14.400.000,00, bem como a sua forma de amortização.

BP da Cia. Grampo em 31/12/2015

Ativo Não Circulante Investimentos

Ações da Cia. das Pedras ....20.000.000,00[1]

Nas **notas explicativas da Cia. Grampo em 31/12/2015**, no item (1) encontraremos:

(1) O investimento na Cia. das Pedras no montante de 20.000.000,00 encontra-se assim discriminado:

- o valor patrimonial do investimento no montante de 9.600.000,00
- o ágio por mais-valia é de 14.400.000,00
- existe um ganho por compra vantajosa de 4.000.000,00 na aquisição do investimento

6º passo: Calcular o ganho de equivalência patrimonial na Cia. Grampo.

GEP = 80% × Lucro Líquido da Cia. das Pedras

GEP = 80% × 2.000.000,00
GEP = 1.600.000,00

(1) Registro contábil do GEP na Cia. Grampo.

Ações da Cia. das Pedras	
(1) 1.600.000,00	

GEP	
	1.600.000,00 (1)

7º passo: Calcular os dividendos a receber da Cia. das Pedras.

Dividendos a Receber = 80% × Dividendos distribuídos pela Cia. das Pedras

Dividendos a Receber = 80% × 500.000,00

Dividendos a Receber = 400.000,00

(2) Registro contábil dos dividendos a receber na Cia. Grampo.

Dividendos a Receber	
(2) 400.000,00	

Ações da Cia. das Pedras	
1.600.000,00	400.000,00 (2)
1.200.000,00	

Analisando as alternativas, temos:

a) Errada. O valor reconhecido em investimentos pela Cia. Grampo, na data da aquisição, foi **24.000.000,00**.

b) Errada. O resultado de equivalência patrimonial do ano de 2016 foi **1.600.000,00**.

c) Errada. O valor reconhecido em investimentos pela Cia. Grampo, na data da aquisição, foi **24.000.000,00**.

d) Correta. O valor reconhecido no resultado, na data da aquisição, foi um ganho de 4.000.000,00.

e) Errada. Nessa aquisição **não existe o *goodwill*** (ágio pago por expectativa de rentabilidade futura).

Gabarito: **D**

05ª QUESTÃO: A Cia. Compra & Vende adquiriu produtos para revenda e desembolsou os seguintes valores:

Valor pago ao fornecedor dos produtos adquiridos 230.000,00
Valor pago por um seguro para transportar os produtos até a empresa 6.000,00

No valor total pago ao fornecedor dos produtos adquiridos estavam incluídos os seguintes tributos:

Tributos recuperáveis 32.000,00
Tributos não recuperáveis 18.000,00

A Cia. Compra & Vende revendeu todos os produtos adquiridos por 500.000,00 à vista, mas concedeu um desconto de 10% no momento da venda. Sobre o valor da venda houve a incidência de ICMS no valor de 53.000,00 e pagamento de comissão para os vendedores no valor de 12.000,00. O lucro bruto apurado pela Cia. Compra & Vende, em relação à esta transação foi, em reais:

a) 161.000,00
b) 143.000,00

c) 193.000,00
d) 181.000,00
e) 179.000,00

☛ SOLUÇÃO

Montando as notas fiscais de aquisição das mercadorias e dos fretes e seguros, temos:

ATENÇÃO!! Muita atenção, aqui!! A banca informa que o valor pago ao fornecedor de 230.000,00 **existem impostos recuperáveis e não recuperáveis**.

Nota Fiscal de Mercadorias	
Mercadorias	212.000,00
+ Tributos não recuperáveis	18.000,00
= Total da nota fiscal	230.000,00
Tributos recuperáveis	32.000,00

Nota Fiscal de Transportes	
Fretes/Seguros	6.000,00
= Total da nota fiscal	6.000,00

1º passo: Calcular as compras brutas.

As **compras brutas** (CB) correspondem ao valor das compras acrescidos dos tributos, quer sejam por fora ou por dentro, **recuperáveis ou não**. Em outras palavras, as **compras brutas** correspondem ao valor **total da nota fiscal** de aquisição das mercadorias.

Compras Brutas = Nota Fiscal de Mercadorias

Compras Brutas = 230.000,00

2º passo: Calcular as compras líquidas.

As **compras líquidas** (CL) representam o valor efetivamente **lançado nos estoques**.

CL = CB – Tributos recuperáveis + Fretes/Seguros/Armazenagem – Deduções de compras

Compras Líquidas = 230.000,00 (Compras Brutas) – 32.000,00 (Tributos recuperáveis) + 6.000,00 (Fretes)
Compras Líquidas = 204.000,00

3º passo: Registro contábil das operações de compra e venda de mercadorias.

(1) Registro contábil das compras à vista.

Mercadorias		Tributos Recuperáveis		Disponível	
(1) 204.000,00		(1) 32.000,00		Saldo Inicial	236.000,00 (1)

Disponível = Nota Fiscal de Mercadorias + Nota Fiscal de Transportes

Disponível = 230.000,00 + 6.000,00
Disponível = 236.000,00

4º passo: Calcular o lucro bruto.

Montando a DRE, temos:

Demonstração do Resultado do Exercício	
Vendas Brutas	500.000,00
– Desconto Comercial Concedido	(50.000,00)
– ICMS sobre Vendas	(53.000,00)
= Vendas Líquidas	397.000,00
– Custo das Mercadorias Vendidas	(204.000,00)
= **Lucro Bruto**	**193.000,00**
– Despesas com comissão de vendedores	(12.000,00)
= **Lucro antes do resultado financeiro**	**181.000,00**

SOLUÇÃO NA PROVA

CL = Fornecedor – Tributos recuperáveis + Fretes/Seguros

Compras Líquidas = 230.000,00 – 32.000,00 + 6.000,00
Compras Líquidas = 204.000,00

Lucro Bruto = Vendas Líquidas – CMV

Lucro Bruto = 500.000,00 × 90% – 53.000,00 – 204.000,00
Lucro Bruto = 193.000,00

Gabarito: **C**

06ª QUESTÃO: Em 31/12/2015 uma empresa obteve um empréstimo no valor de 1.000.000,00 com as seguintes características:

- Prazo total: 6 anos
- Taxa de juros compostos: 10% ao ano
- Pagamentos: parcelas iguais e anuais de 229.607,00

Para a obtenção do empréstimo a empresa incorreu em custos de transação no valor total de 30.000,00, pagos no ato da assinatura, fazendo com que a taxa de custo efetivo do empréstimo fosse 11% ao ano. Sabendo que a empresa efetuou o pagamento da primeira parcela na data do vencimento, o:

a) saldo total apresentado para as contas de passivo (circulante e não circulante) no balanço patrimonial de 31/12/2016 foi 847.093,00.
b) valor dos encargos financeiros de 2016 foi 100.000,00.
c) valor dos encargos financeiros de 2016 foi 229.607,00.
d) impacto total no passivo, no momento da captação, foi 1.000.000,00.
e) saldo total apresentado para as contas de passivo (circulante e não circulante) no balanço patrimonial de 31/12/2016 foi 870.393,00.

SOLUÇÃO

1º passo: Calcular a captação líquida em 31/12/2015.

Captação líquida = Valor do contrato – Custos de transação

Captação Líquida = 1.000.000,00 – 30.000,00
Captação Líquida = 970.000,00

2º passo: Calcular os encargos financeiros em 31/12/2016.

Encargos financeiros de 2016 = Taxa efetiva × Captação Líquida

Encargos Financeiros de 2016 = 11% × 970.000,00
Encargos Financeiros de 2016 = 106.700,00

Saldo devedor em 31/12/2016 = Captação líquida + Encargos financeiros em 2016 – 1ª parcela

Saldo devedor em 31/12/2016 = 970.000,00 + 106.700,00 – 229.607,00
Saldo devedor em 31/12/2016 = 847.093,00

Analisando as alternativas, temos:

a) Correta. O passivo (circulante e não circulante) em 31/12/2016 foi no valor de 847.093,00.

b) Errada. O valor dos encargos financeiros em 2016 foi no valor de **106.700,00**.

c) Errada. O valor dos encargos financeiros em 2016 foi no valor de **106.700,00**.

d) Errada. O impacto total no passivo, no momento da captação, foi no valor de **970.000,00**.

e) Errada. O passivo (circulante e não circulante) em 31/12/2016 foi no valor de **847.093,00**.

Gabarito: **A**

07ª QUESTÃO: O patrimônio líquido da Cia. VIP, em 31/12/2015, era composto das seguintes contas e respectivos saldos:

Capital Social.. 500.000,00
Reserva Legal 70.000,00
Reserva Estatutária..................................50.000,00

No ano de 2016, o lucro líquido apurado pela Cia. VIP foi 150.000,00 e, além da reserva legal prevista na lei das sociedades por ações, o estatuto da Cia. estabelece a seguinte destinação:

- dividendos mínimos obrigatórios: 30% do lucro líquido ajustado nos termos da lei.
- retenção de lucros: saldo remanescente aprovado em assembleia de acionistas.

Sabe-se que 40.000,00 do lucro líquido foram decorrentes de incentivos fiscais recebidos pela Cia. VIP e esta, para não tributar este ganho, reteve-o na forma de reserva de incentivos fiscais, utilizando a possibilidade estabelecida na lei em relação aos dividendos mínimos obrigatórios. O valor:

a) retido para constituição da reserva legal foi 5.500,00.
b) distribuído como dividendos mínimos obrigatórios foi 45.000,00.
c) da retenção de lucros prevista no estatuto foi 59.750,00.
d) distribuído como dividendos mínimos obrigatórios foi 42.750,00.
e) da retenção de lucros prevista no estatuto foi 71.750,00.

☛ SOLUÇÃO

1º passo: Calcular a reserva legal.

Segundo o **artigo 193 da legislação societária** (lei nº 6.404/76) do lucro líquido 5% serão aplicados, antes de qualquer outra destinação, na constituição da reserva legal, que não excederá de 20% do **capital social.**

Reserva Legal = 5% × Lucro Líquido

Reserva Legal = 5% × 150.000,00
Reserva Legal = 7.500,00

ATENÇÃO, segundo o artigo 182 da legislação societária, o **capital social** discriminará o montante subscrito e, **por dedução**, a parcela ainda não realizada. Em outras palavras, o **capital social** é:

Capital Social = Capital Subscrito – Capital a Integralizar

CONCLUSÃO, o limite máximo da reserva da reserva legal é:

Limite máximo da reserva legal = 20% × Capital Social

ou

Limite máximo da reserva legal = 20% × (Capital Subscrito – Capital a Integralizar)

Limite máximo da reserva legal = 20% × (500.000,00 – 0,00)
Limite máximo da reserva legal = 100.000,00

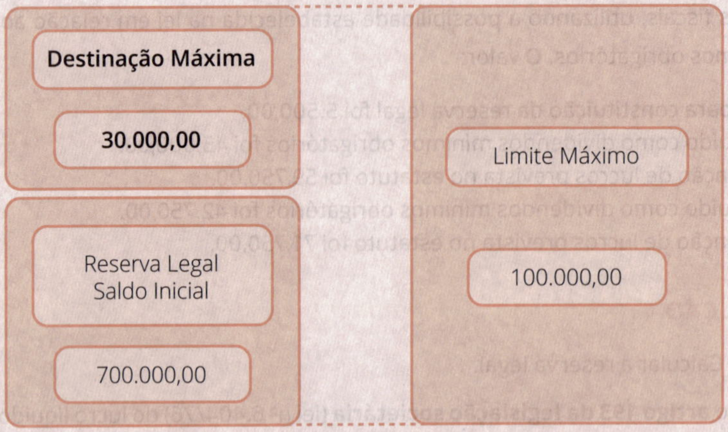

Analisando o gráfico acima, podemos observar que o **valor máximo** que a empresa poderá destinar para a constituição da reserva legal é **30.000,00**. Portanto, a empresa poderá destinar **5% do lucro líquido** no valor de **7.500,00** para a constituição da reserva legal.

(1) Registro contábil da constituição da reserva de lucros.

Lucros Acumulados – PL	
(1) 7.500,00	150.000,00
	142.500,00

Reserva Legal – PL	
	70.000,00
	7.500,00 (1)
	77.500,00

(2) Registro contábil da constituição da reserva de incentivos fiscais.

Lucros Acumulados – PL	
(2) 40.000,00	142.500,00
	102.500,00

Reserva de Incentivos Fiscais – PL	
	40.000,00 (2)

2º passo: Calcular o montante dos dividendos obrigatórios.

Base de cálculo dos dividendos = LL – R. Legal +/– R. Contingências +/– RIF +/– RLE

Lucro Líquido	150.000,00
– Reserva Legal	(7.500,00)
– Reserva para Contingências	0,00
– Reserva de Incentivos Fiscais	(40.000,00)
– Reserva de Lucros Específica	0,00
= Base de cálculo dos dividendos	102.500,00

Dividendos a Pagar = 30% × Base de cálculo dos dividendos

Dividendos a Pagar = 30% × 102.500,00

Dividendos a Pagar = 30.750,00

(3) Registro contábil da distribuição de dividendos.

Lucros Acumulados – PL	
(3) 30.750,00	102.500,00
	71.750,00

Reserva de Incentivos Fiscais – PL	
	30.750,00 (3)

(4) Registro contábil da destinação do saldo remanescente para reserva de retenção de lucros.

Lucros Acumulados – PL	
(4) 71.750,00	71.750,00

Reserva de Retenção de Lucros – PL	
	71.750,00 (4)

Segundo o **artigo 196 da lei nº 6.404/76**, a assembleia-geral poderá, por proposta dos órgãos da administração, deliberar reter parcela do lucro líquido do exercício **prevista em orçamento** de capital por ela previamente aprovado, **para aplicar nos planos de expansão e investimentos da empresa**.

O orçamento, submetido pelos órgãos da administração com a justificação da retenção de lucros proposta, deverá compreender todas as fontes de recursos e aplicações de capital, fixo ou circulante, e **poderá ter a duração de até cinco exercícios**, salvo no caso de execução, por prazo maior, de projeto de investimento.

Sinônimos utilizados para a reserva de retenção de lucros

Reserva de Lucros para Expansão = Reserva Orçamentária = Reserva de Investimentos

Analisando as alternativas, temos:

a) Errada. A empresa destinou **7.500,00** para constituição da reserva legal.

b) Errada. A empresa distribuiu dividendos mínimos obrigatórios no valor de **30.750,00**.

c) Errada. A empresa destinou **71.750,00** para constituição reserva de retenção de lucros.

d) Errada. A empresa distribuiu dividendos mínimos obrigatórios no valor de **30.750,00**.

e) Correta. A empresa destinou 71.750,00 para constituição reserva de retenção de lucros.

Gabarito: **E**

08ª QUESTÃO: A Cia. Só Encrencas possuía alguns processos judiciais em andamento, cujas informações em 31/12/2015 e 31/12/2016 são apresentadas abaixo.

Processo	31/12/2015	31/12/2016	
	Provisão reconhecida	Probabilidade de perda considerada	Valor reestimado da perda
1	250.000,00	Provável	200.000,00
2	0,00	Provável	120.000,00
3	0,00	Possível	80.000,00
4	150.000,00	Possível	90.000,00

O impacto reconhecido no resultado de 2016 e o saldo apresentado em seu balanço patrimonial de 31/12/2016 foram, respectivamente:

a) uma perda de 120.000,00 e um saldo de 520.000,00.
b) um ganho de 80.000,00 e um saldo de 320.000,00.
c) um ganho de 150.000,00 e um saldo de 320.000,00.
d) um ganho de 30.000,00 e um saldo de 370.000,00.
e) uma perda de 30.000,00 e um saldo de 520.000,00.

☛ SOLUÇÃO

UMA DICA PARA A PROVA É lembrar da frase:

Pro Po R uma provisão para contingências.

Montando a tabela com as obrigações presentes que podem ser prováveis, possíveis ou remotas, temos:

Provisão para contingências	Provável	Possível	Remota
Registro contábil	Sim	Não	Não
Divulgação em notas explicativas	Sim	Sim	Não

CONCLUSÃO, apenas os **processos prováveis** de perda pela empresa serão registrados no balanço patrimonial e divulgados em notas explicativas.

Processo	Provisão em 2015	Probabilidade de perda em 2016	Valor reestimado da perda em 2016	Efeitos na DRE	BP em 2016
1	250.000,00	Provável	200.000,00	+ 50.000,00	200.000,00
2	0,00	Provável	120.000,00	– 120.000,00	120.000,00
3	0,00	Possível	80.000,00	0,00	0,00
4	150.000,00	Possível	90.000,00	+ 150.000,00	0,00
Total				**+ 80.000,00**	**320.000,00**

Efeitos na DRE = 50.000,00 – 120.000,00 + 150.000,00

Efeitos na DRE = 80.000,00 positivos

Gabarito: **B**

09ª QUESTÃO: A Cia. S.A. é uma empresa comercial e possuía, em 30/04/2017, a seguinte situação patrimonial:

Disponível...115.000,00
Estoques 55.000,00
Adiantamento de Clientes (cliente José 60.000,00
Capital Social...110.000,00

Durante o mês de maio de 2017, a Cia. S.A. realizou as seguintes operações:

Data	Operação
02/05/17	Pagamento antecipado, no valor de 32.000,00, ao fornecedor Augusto. O fornecedor entregará as mercadorias em 31/05/2017.
08/05/17	Venda de estoque por 88.000,00, para ser recebida em agosto de 2017. O custo das mercadorias entregues foi 35.000,00 e os tributos incidentes sobre a venda foram 7.000,00 e serão pagos em junho de 2017.
16/05/17	Recebimento antecipado de 12.000,00 do cliente Rafael, para que a Cia. lhe entregue produtos em setembro.
19/05/17	Entrega das mercadorias para o cliente José. O custo das mercadorias entregues foi 15.000,00.

22/05/17	Compra de estoque no valor de 23.000,00, à vista.
30/05/17	Pagamento dos salários dos funcionários no valor de 9.000,00, referentes aos serviços prestados em maio de 2017.
31/05/17	Recebimento das mercadorias, pagas no dia 2/5/2017, do fornecedor Augusto.

Após o registro das operações acima, o total do ativo da Cia. S.A., em 31/05/17, era, em reais:

a) 211.000,00
b) 204.000,00
c) 179.000,00
d) 219.000,00
e) 188.000,00

☛ SOLUÇÃO

1º passo: Calcular o ativo inicial.

Ativo Inicial = Disponível + Estoques

Ativo Inicial = 115.000,00 + 55.000,00

Ativo Inicial = 170.000,00

2º passo: Calcular a variação do ativo.

Fato contábil	Variação no ativo
Pagamento antecipado, no valor de 32.000,00, ao fornecedor Augusto.	Não existe variação
Venda de estoque por 88.000,00, para ser recebida em agosto de 2017.	+ 88.000,00
O custo das mercadorias entregues foi 35.000,00.	– 35.000,00
Os tributos incidentes sobre a venda foram 7.000,00.	Não existe variação
Recebimento antecipado de 12.000,00 do cliente Rafael.	+ 12.000,00
Entrega das mercadorias para o cliente José ao custo de 15.000,00.	– 15.000,00
Compra de estoque no valor de 23.000,00, à vista.	Não existe variação
Pagamento dos salários dos funcionários no valor de 9.000,00.	– 9.000,00
Recebimento das mercadorias do fornecedor Augusto.	Não existe variação
Variação no Ativo	**+ 41.000,00**

3º passo: Calcular o ativo final.

Ativo Final = Ativo Inicial + Variação do Ativo

Ativo Final = 170.000,00 + 41.000,00

Ativo Final = 211.000,00

ATENÇÃO, para aqueles alunos que ficaram com dúvidas, realizaremos a seguir os respectivos lançamentos contábeis.

(1) Pagamento antecipado, no valor de 32.000,00, ao fornecedor Augusto. O fornecedor entregará as mercadorias em 31/05/2017.

D: Adiantamento a Fornecedor	32.000,00	O ativo aumenta.	O **ativo** permanece **constante**.
C: Caixa	32.000,00	O ativo reduz.	

(2) Venda de estoque por 88.000,00, para ser recebida em agosto de 2017. O custo das mercadorias entregues foi 35.000,00 e os tributos incidentes sobre a venda foram 7.000,00 e serão pagos em junho de 2017.

D: Clientes	88.000,00	O ativo aumenta.	O ativo **aumenta** de 88.000,00.
C: Vendas Brutas	88.000,00	DRE	

D: CMV	35.000,00	DRE	O ativo **reduz** de 35.000,00.
C: Estoques	35.000,00	O ativo reduz.	

D: ICMS sobre Vendas	7.000,00	DRE	O ativo permanece **constante**.
C: ICMS a Recolher	7.000,00	O passivo aumenta.	

(3) Recebimento antecipado de 12.000,00 do cliente Rafael, para que a Cia. lhe entregue produtos em setembro.

D: Caixa	12.000,00	O ativo aumenta.	O ativo **aumenta** de 12.000,00.
C: Adiantamento de Clientes	12.000,00	O passivo aumenta.	

(4) Entrega das mercadorias para o cliente José. O custo das mercadorias entregues foi 15.000,00.

D: Adiantamento de Clientes	60.000,00	O passivo reduz.	O ativo permanece **constante**.
C: Vendas Brutas	60.000,00	DRE	

D: CMV	15.000,00	DRE	O ativo **reduz** de 15.000,00.
C: Estoques	15.000,00	O ativo reduz.	

ATENÇÃO NA PROVA! Analisando o balanço patrimonial em 30/04/2017 podemos observar que existe a conta adiantamento de clientes (**cliente José**) no montante de **60.000,00**. Cuidado para não registrar a entrega das mercadorias no adiantamento de clientes no valor de **12.000,00**, pois esse **adiantamento** terá as suas mercadorias entregues em **setembro de 2014**.

(5) Compra de estoque no valor de 23.000,00, à vista.

D: Estoques	23.000,00	O ativo aumenta.	O ativo permanece **constante**.
C: Caixa	23.000,00	O ativo reduz.	

(6) Pagamento dos salários dos funcionários no valor de 9.000,00, referentes aos serviços prestados em maio de 2017.

D: Salários	9.000,00	DRE	O ativo **reduz** de 9.000,00.
C: Caixa	9.000,00	O ativo reduz.	

(7) Recebimento das mercadorias do fornecedor Augusto.

D: Estoques	23.000,00	O ativo aumenta.	O ativo permanece **constante**.
C: Adiantamento a Fornecedor	23.000,00	O ativo reduz.	

Gabarito: **A**

10ª QUESTÃO: A empresa Flores Verdes S.A. publicou os balanços patrimoniais em 31/12/2015 e 31/12/2016, e a demonstração do resultado para o ano 2016, os quais são apresentados abaixo.

Balanços Patrimoniais em 31/12/2015 e 31/12/2016					
Ativo	**31/12/15**	**31/12/16**	**Passivo**	**31/12/15**	**31/12/16**
Ativo Circulante	240.000,00	341.000,00	Passivo Circulante	200.000,00	240.000,00
Caixa e Equivalentes	40.000,00	101.000,00	Fornecedores	120.000,00	58.000,00
Clientes	120.000,00	90.000,00	Dividendos a Pagar	–	32.000,00
Estoques	80.000,00	140.000,00	Empréstimos	80.000,00	118.000,00
Despesas antecipadas	–	10.000,00	Impostos a Pagar	–	32.000,00
Ativo Não Circulante	301.000,00	383.000,00	Patrimônio Líquido	341.000,00	484.000,00
Investimentos	28.000,00	43.000,00	Capital	300.000,00	300.000,00
Imobilizado			Reservas de Lucros	41.000,00	184.000,00
Equipamentos	188.000,00	340.000,00			
Terrenos	85.000,00	–			
Total	**541.000,00**	**724.000,00**	**Total**	**541.000,00**	**724.000,00**

Demonstração do Resultado do Período: 1/1/2016 a 31/12/2016

Receitas de Vendas	720.000,00
– Custo das Mercadorias Vendidas	(330.000,00)
= Resultado com Mercadorias	390.000,00
– Depreciação	(42.000,00)
– Outras despesas operacionais	(196.000,00)
+ Resultado de Equivalência Patrimonial	15.000,00
+ Resultado antes dos Efeitos Financeiros	167.000,00
– Despesas Financeiras	(8.000,00)
= Resultado após os Efeitos Financeiros	159.000,00
+ Lucro na venda de terrenos	48.000,00
= Resultado antes de Impostos e Participações	207.000,00
– Despesa com Imposto de Renda	(32.000,00)
= Resultado Líquido	175.000,00

Durante o ano de 2016 a empresa não liquidou os empréstimos e não pagou as despesas financeiras incorridas. O valor em reais correspondente ao caixa das atividades operacionais é:

a) 210.000,00
b) 162.000,00
c) 92.000,00
d) 140.000,00
e) 132.000,00

SOLUÇÃO

SOLUÇÃO NA PROVA

Na prova, calculamos o caixa líquido consumido no FCO pelo **método indireto**, que é o mais rápido nessa questão. **Mas muita atenção!** Na prova não é necessário calcular a variação de cada conta do ativo e do passivo circulantes, pois isso consome tempo, e o tempo é um artigo de luxo na prova. Com a finalidade de ganhar agilidade, nós calculamos apenas as **variações dos ativos e passivos circulantes** e somamos essas variações ao **lucro líquido ajustado**.

Balanços Patrimoniais em 31/12/2015 e 31/12/2016					
Ativo Circulante	**31/12/15**	**31/12/16**	**Passivo Circulante**	**31/12/15**	**31/12/16**
Clientes	120.000,00	90.000,00	Fornecedores	120.000,00	58.000,00
Estoques	80.000,00	140.000,00	Impostos a Pagar	–	32.000,00
Despesas antecipadas	–	10.000,00			
Total	**200.000,00**	**240.000,00**	**Total**	**120.000,00**	**90.000,00**

O **método indireto** parte do **lucro líquido** ajustando-o pelas **despesas e receitas** que não tem efeito caixa e que não pertençam às atividades operacionais com as variações de **ativos e passivos** relacionados com as **atividades operacionais** da empresa.

ATENÇÃO! A conta **caixa e equivalentes de caixa não são incluídas** nas variações dos ativos e passivos operacionais, para ajuste do lucro ou prejuízo líquido, quando a empresa quando realizar a DFC pelo método indireto. Os **fluxos de caixa excluem movimentos** entre itens que constituem **caixa ou equivalentes de caixa** porque esses componentes são parte da gestão de caixa da entidade e, não, parte de suas atividades **operacionais**, **investimentos** e **financiamentos**.

Variação do AC = AC em 2016 – AC em 2015
Variação do AC = 240.000,00 – 200.000,00
Variação do AC = **aumento** de 40.000,00

Variação do PC = PC em 2016 – PC em 2015
Variação do PC = 90.000,00 – 120.000,00
Variação do PC = **redução** de 30.000,00

Lembrem-se dos ajustes relacionados com as variações dos ativos circulantes e passivos circulantes.	
Aumento do AC é um **ajuste negativo** na DFC.	Aumento do PC é um ajuste positivo na DFC.
Redução do AC é um ajuste positivo na DFC.	**Redução** do PC é um **ajuste negativo** na DFC.

Fluxo de Caixa Operacional – **Método Indireto**	
Lucro Líquido	**175.000,00**
1º ajuste: Ajustes oriundos da **DRE**	
+ Depreciação	42.000,00
– Resultado de Equivalência Patrimonial	(15.000,00)
+ Despesas Financeiras	8.000,00
– Lucro na venda de imóveis	(48.000,00)
= **Lucro Líquido ajustado**	**162.000,00**
2º ajuste: Ajustes oriundos do **BP**	
– Aumento do AC	(40.000,00)
– Redução do PC	(30.000,00)
= **Caixa líquido consumido no FCO**	**92.000,00**

O fluxo operacional foi **positivo de 92.000,00**.

Gabarito: **C**

Capítulo 20

Contador TRT • 11ª Região 2017

01ª QUESTÃO: Considere os seguintes eventos ocorridos na Cia. Limpa Tudo no exercício financeiro de 2016:

I. Recebimento de um imóvel, em doação, no valor de 100.000,00 com restrições a serem cumpridas nos exercícios de 2017 e 2018.

II. Reconhecimento de variação cambial de controladas no exterior no valor de 25.000,00, o que gerou um ajuste de avaliação patrimonial de natureza credora.

III. Emissão de novas ações no valor de 215.000,00, sendo que neste valor está incluído ágio por expectativa de rentabilidade futura no valor de 15.000,00.

IV. Apuração de lucro líquido do exercício de 2016 no valor de 150.000,00.

V. Distribuição de dividendos no valor de 45.000,00.

VI. Aumento de capital social no valor de 85.000,00, sendo 40.000,00 em dinheiro e o restante com reservas de lucros.

Pelo reconhecimento desses eventos, em conjunto, a alteração no saldo do patrimônio líquido da Cia. Limpa Tudo em 2016 foi, em reais:

a) 385.000,00
b) 485.000,00
c) 345.000,00
d) 360.000,00
e) 370.000,00

☛ **SOLUÇÃO**

(1) Registro contábil do recebimento de um imóvel em doação no valor de 100.000,00.

Segundo o CPC 07, a **subvenção governamental não pode ser creditada** diretamente no patrimônio líquido, mas **deve ser reconhecida** como receita ao longo do período e confrontada com as despesas que pretende compensar, em base sistemática.

Imóvel – AÑC Imobilizado	
(1) 100.000,00	

Receita Diferida de Subvenção	
	100.000,00 (1)

(2) Registro contábil da variação cambial de controladas no exterior no valor de 25.000,00.

Ações de Controladas no Exterior	
(2) 25.000,00	

AAP – PL da Cia. Limpa Tudo	
	25.000,00 (2)

(3) Registro contábil da emissão de novas ações no valor de 215.000,00.

ATENÇÃO, nessa emissão existe um ágio por expectativa de rentabilidade futura no valor de **15.000,00**, que equivale a uma **reserva de capital**.

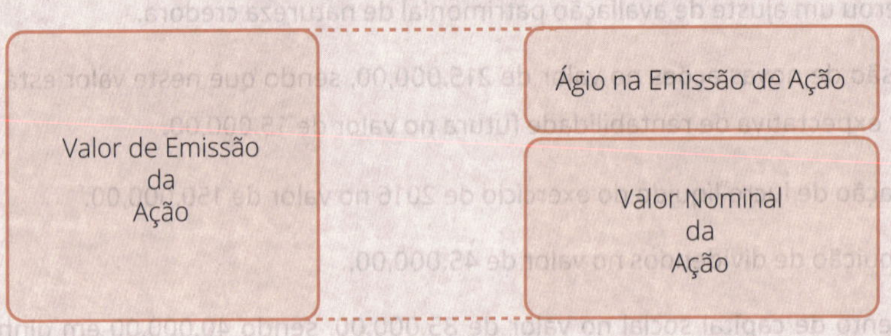

Ágio na emissão de ações = Valor de emissão das ações – Valor nominal das ações

15.000,00 = 215.000,00 – Valor nominal das ações
Valor nominal das ações = 200.000,00

ATENÇÃO, o valor nominal das ações equivale ao montante do **capital social**.

Disponível	
(3) 215.000,00	

Capital Social	
	200.000,00 (3)

Reservas de Capital	
	15.000,00 (3)

(4) Registro contábil da transferência do lucro líquido para lucros acumulados.

Lucro Líquido – DRE	
(4) 150.000,00	150.000,00

Lucros Acumulados – PL	
	150.000,00 (4)

(5) Registro contábil da distribuição de dividendos no valor de 45.000,00.

Lucros Acumulados – PL	
(5) 45.000,00	150.000,00
	105.000,00

Dividendos a Pagar – PC	
	45.000,00 (5)

(6) Registro contábil do aumento do capital no valor de 40.000,00, em dinheiro.

Disponível	
215.000,00	
(6) 40.000,00	
255.000,00	

Capital Social	
	200.000,00
	40.000,00 (6)
	240.000,00

ATENÇÃO, para efeitos didáticos, vamos supor que a empresa destinou integralmente o **saldo remanescente de lucros acumulados** para a constituição de **reservas de lucros.**

Lucros Acumulados – PL	
(7) 105.000,00	105.000,00

Reservas de Lucros – PL	
	105.000,00 (7)

(8) Registro contábil do aumento do capital com reservas de lucros no valor de 45.000,00.

Reservas de Lucros – PL	
(8) 45.000,00	105.000,00
	60.000,00

Capital Social	
	240.000,00
	45.000,00 (8)
	285.000,00

Δ PL = Capital Social + Reserva de Capital + Reserva de Lucros + AAP

Δ PL = 285.000,00 + 15.000,00 + 60.000,00 + 25.000,00

Δ PL = 385.000,00

SOLUÇÃO NA PROVA

Ajustes de Avaliação Patrimonial.. 25.000,00
+ Emissão de novas ações.. 215.000,00
+ Lucro Líquido.. 150.000,00
– Dividendos distribuídos .... (45.000,00)
+ Integralização de capital em dinheiro.............................. 40.000,00
= Variação do patrimônio líquido 385.000,00

Gabarito: **A**

02ª QUESTÃO: A Cia. Até que Enfim possuía em 30/11/2016 a seguinte situação patrimonial:

Disponível.. 200.000,00
Terreno.. 100.000,00
Capital Social... 300.000,00

Em dezembro de 2016, a Cia. realizou as seguintes operações:

Data	Operação
01/12/16	Aplicação financeira no valor 60.000,00 em 6 títulos no valor de 10.000,00 cada, sendo classificados do seguinte modo: 3 títulos como ativo financeiro mantido até o vencimento e 3 títulos como ativo financeiro destinado para negociação imediata. A taxa de juros compostos contratual de todos os títulos era 2% ao mês. O valor justo de cada título em 31/12/2016 era 10.500,00.
31/12/16	Compra de um veículo, por meio de arrendamento mercantil financeiro, para ser pago em 24 prestações mensais, iguais e consecutivas de 2.500,00 cada. Na data da aquisição, o valor presente das prestações era 53.000,00 e o valor justo do veículo arrendado era 52.000,00.

Após os registros contábeis referentes às duas operações acima, o ativo da Cia. Até que Enfim em 31/12/16 era, em reais:

a) 355.000,00
b) 356.000,00
c) 353.200,00

d) 355.100,00
e) 354.100,00

SOLUÇÃO

Segundo o CPC 48 que trata dos instrumentos financeiros, a entidade pode adotar as seguintes classificações para um ativo financeiro:

- custo amortizado
- valor justo por meio do resultado (**VJR**)
- valor justo por meio de outros resultados abrangentes (**VJORA**)

Essa **classificação** deve ter por base as características de **fluxo de caixa contratual** do ativo financeiro e o **modelo de negócios** da entidade para a gestão dos ativos financeiros.

Classificação do ativo financeiro = Características do fluxo de caixa contratual + Modelo de negócios

Fazendo um paralelo com a **classificação antiga**, temos:

Classificação ANTIGA	Classificação ATUAL	Rendimentos	Ajustes ao valor justo
Disponível para venda futura	VJORA	DRE	Na conta AAP do PL
Destinados à negociação imediata	VJR	DRE	DRE
Mantido até o vencimento	Custo amortizado	DRE	Não tem ajuste

Juros ativos = Taxa efetiva × Custo de aquisição do título

Os **juros ativos** resultantes da aplicação dos títulos mensurados ao **custo amortizado**, **VJR** e **VJORA** vão para o resultado do exercício (**DRE**).

No encerramento do exercício, comparamos o **valor pela curva do papel** dos títulos com o seu **valor justo**, e dependendo da **classificação** desses títulos, **não haverá** ajustes ou os ajustes podem ir para a **DRE** ou **AAP**.

Classificação ATUAL	Rendimentos	Mensuração pela curva do papel	Ajustes ao valor justo
VJORA	DRE	Custo de aquisição + Juros ativos	+/– AAP do PL
VJR	DRE	Custo de aquisição + Juros ativos	+/– DRE
Custo amortizado	DRE	Custo de aquisição + Juros ativos	Não tem ajuste

Mensuração pela curva do papel = Custo de aquisição + Juros ativos

(1) Registro contábil da aquisição dos títulos mensurados pelo custo amortizado.

Disponível	
200.000,00	30.000,00 (1)
170.000,00	

Títulos pelo custo amortizado	
(1) 30.000,00	

(2) Registro contábil da aquisição dos títulos mensurados pelo VJR.

Disponível	
170.000,00	30.000,00 (2)
140.000,00	

Títulos pelo VJR	
(2) 30.000,00	

1º passo: Calcular os rendimentos pela taxa efetiva de cada título e o valor pela curva do papel.

Custo	Taxa efetiva	Mensuração definida pela empresa	Juros ativos	Curva do papel
30.000,00	2,0% a.m.	VJR	600,00	30.600,00
30.000,00	2,0% a.m.	Custo amortizado	600,00	30.600,00

(3) Registro contábil dos juros ativos dos títulos mensurados pelo custo amortizado.

Títulos pelo custo amortizado	
30.000,00	
(3) 600,00	
30.600,00	

Juros ativos – DRE	
	600,00 (3)

(4) Registro contábil da aquisição dos títulos mensurados pelo custo amortizado.

Títulos pelo VJR	
30.000,00	
(4) 600,00	
30.600,00	

Juros ativos – DRE	
	600,00
	600,00 (4)
	1.200,00

2º passo: Ajustar o valor pela curva do papel ao valor justo.

Classificação	Valor pela curva do papel	Valor justo	Ajuste ao valor justo
VJR	30.600,00	**31.500,00**	DRE = + 900,00
Custo amortizado	**30.600,00**	31.500,00	Não tem ajuste

(5) Registro contábil do ajuste ao valor justo dos títulos mensurados pelo VJR.

Títulos pelo VJR	
30.600,00	
(5) 900,00	
31.500,00	

Juros ativos – DRE	
	1.200,00
	900,00 (5)
	2.100,00

3º passo: Calcular os juros a transcorrer do veículo adquirido por meio de arrendamento mercantil.

Segundo o CPC 06 o caminhão deverá ser reconhecido pelo **valor justo** ou **valor presente**, dos dois, o **menor.**

Valor justo	52.000,00	**Sempre o menor valor**	Valor registrado no Balanço Patrimonial
Valor presente	53.000,00		Custo de aquisição = **52.000,00**

No **início do arrendamento financeiro** o arrendatário deverá reconhecer os **juros a transcorrer**, os quais serão apropriados para o resultado do exercício ***pro rata tempore*** (proporcional ao tempo transcorrido), ou seja, em 24 meses.

Juros a transcorrer = AMF a pagar – Valor justo do veículo

Juros a transcorrer = 24 parcelas × 2.500,00/parcela – 52.000,00
Juros a transcorrer = 8.000,00

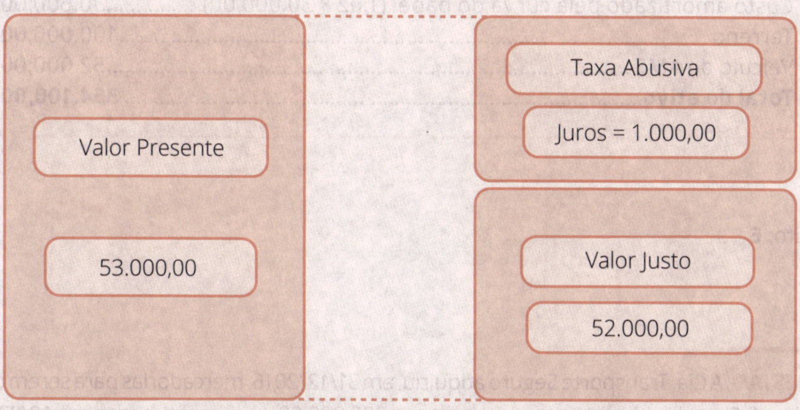

ATENÇÃO! Analisando o gráfico acima, podemos observar que nesse arrendamento o **valor presente de 53.000,00** é superior ao **valor justo de 52.000,00**. Isso significa que a instituição financeira aplicou uma taxa de juros acima do valor de mercado (**taxa abusiva**) ou que o arrendador cobrou um **preço acima do praticado no mercado**.

(6) Registro contábil da aquisição do veículo por meio de arrendamento mercantil.

Veículos de AMF		AMF a Pagar		Juros a Transcorrer	
(6) 52.000,00			60.000,00 (6)	(6) 8.000,00	

4º passo: Registrar no balanço patrimonial os títulos e o veículo adquirido.

Ativo	Passivo
Ativo Circulante	**Passivo Exigível**
Disponível 140.000,00	AMF a Pagar 60.000,00
Títulos pelo custo amortizado 30.600,00	Juros a Transcorrer .... (8.000,00)
Títulos pelo VJR 31.500,00	**Patrimônio Líquido**
AÑC Imobilizado	Capital Social 300.000,00
Terreno 100.000,00	Lucros Acumulados 2.100,00
Veículos de AMF 52.000,00	
Total 354.100,00	Total 354.100,00

SOLUÇÃO NA PROVA

Disponível 200.000,00
– Custo de aquisição dos títulos .... (60.000,00)
+ VJR ao valor justo 31.500,00
+ Custo amortizado pela curva do papel (1,02 × 30.000,00) 30.600,00
+ Terreno 100.000,00
+ Veículo de AMF 52.000,00
= **Total do ativo 354.100,00**

Gabarito: **E**

03ª QUESTÃO: A Cia. Transporte Seguro adquiriu, em 31/12/2016, mercadorias para serem comercializadas. A Cia. adquiriu estas mercadorias por 200.000,00 para serem pagos em 10/03/2018. Sabe-se que se a Cia. tivesse adquirido estas mercadorias à vista teria pagado 165.000,00. Em 13/01/2017, a Cia. Transporte Seguro vendeu todas estas mercadorias por 370.000,00, para serem recebidos integralmente em 15/04/2018. Sabendo que a Cia. concede, normalmente, um prazo de 50 dias para seus clientes e que se o cliente tivesse adquirido as mercadorias à vista teria pagado 310.000,00, é correto afirmar que a Cia. Transporte Seguro reconheceu:

a) 200.000,00 na conta estoques, na data da aquisição.
b) 370.000,00 na conta receita de vendas, na data da venda.
c) 370.000,00 na conta receita de vendas e 165.000,00 na conta custo das mercadorias vendidas, na data da venda.
d) 310.000,00 na conta receita de vendas e 165.000,00 na conta custo das mercadorias vendidas, na data da venda.
e) 310.000,00 na conta receita de vendas, 165.000,00 na conta custo das mercadorias vendidas e 25.000,00 na conta resultado financeiro, na data da venda.

☛ **SOLUÇÃO**

ATENÇÃO, após o alinhamento das normas contábeis internacionais (***IFRS***) com as normas contábeis brasileiras, a **FCC** passou a adotar a classificação de **curto ou longo prazo** segundo o entendimento do ***IFRS***.

Segundo as normas *IFRS*, a classificação no **curto ou longo prazo** tem por base o último balanço patrimonial. Nesse caso, como a banca não cita qual foi a data de encerramento do último balanço, nós consideramos que o último balanço foi em 31/12/2016. Portanto, todas as operações compreendidas no período de **01/01/2017** a **31/12/2017** são classificadas no **curto prazo**, e as operações ocorridas a partir de **01/01/2018**, no **longo prazo**.

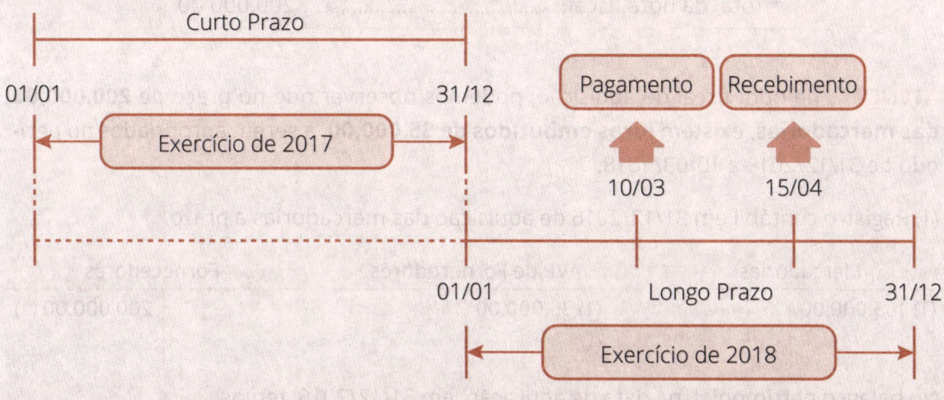

Analisando o gráfico acima, podemos observar que as operações de **compras a prazo** de mercadorias em **31/12/2016** para pagamento em **10/03/2018** e as **vendas a prazo em 13/01/2017** para recebimento em **15/04/2018** são classificadas no **longo prazo.** Em outras palavras, as **compras** e as **vendas a prazo** serão classificadas respectivamente no **passivo não circulante** e no **ativo não circulante realizável de longo prazo**.

Segundo o CPC 12 que trata do ajuste a valor presente, os **direitos de longo prazo** e as **obrigações de longo prazo** serão **ajustados ao seu valor presente**.

MEMORIZAR PARA A PROVA

Itens	Classificação no BP	Ajuste a valor presente
Direitos de longo prazo	AÑC Realizável de Longo Prazo	Sim
Obrigações de longo prazo	Passivo Não Circulante	Sim

1º passo: Calcular os juros nas compras de longo prazo.

AVP das mercadorias = Fornecedores a prazo – Fornecedores à vista

AVP das mercadorias = 200.000,00 – 165.000,00
AVP das mercadorias = 35.000,00

Montando a nota fiscal de aquisição das mercadorias, temos:

Nota Fiscal de Mercadorias	
Mercadorias	200.000,00
= Total da nota fiscal	200.000,00

ATENÇÃO, na nota fiscal de aquisição, podemos observar que no preço de **200.000,00 das mercadorias**, existem **juros embutidos de 35.000,00**, a serem apropriados no período de 31/12/2016 a 10/03/2018.

(1) Registro contábil em 31/12/2016 de aquisição das mercadorias a prazo.

Mercadorias		AVP de Fornecedores		Fornecedores	
(1) 165.000,00		(1) 35.000,00			200.000,00 (1)

No balanço patrimonial, na data de aquisição, em 31/12/2016, temos:

Ativo		Passivo	
Ativo Circulante		**Passivo Não Circulante**	
Mercadorias	165.000,00	Fornecedores	200.000,00
		AVP de Fornecedores	(35.000,00)
Total	165.000,00	Total	165.000,00

2º passo: Calcular os juros nas vendas de longo prazo.

AVP de Vendas = Vendas Brutas a prazo – Vendas Brutas à vista

AVP de Vendas = 370.000,00 – 310.000,00
AVP de Vendas = 60.000,00

Montando a nota fiscal de vendas das mercadorias, temos:

Nota Fiscal de Mercadorias	
Mercadorias	370.000,00
= Total da nota fiscal	370.000,00

ATENÇÃO, na nota fiscal de vendas, podemos observar que no preço de **370.000,00 das mercadorias**, a Cia. Transporte Seguro cobrou **juros de 60.000,00**, a serem apropriados no período de 13/01/2017 a 15/04/2018.

(2) Registro contábil em 13/01/2017 das vendas a prazo de mercadorias.

Duplicatas a Receber (Débito)	Duplicatas a Receber (Crédito)	Vendas Brutas (Débito)	Vendas Brutas (Crédito)
(2) 370.000,00			370.000,00 (2)

(3) Registro contábil em 13/01/2017 do ajuste a valor presente das vendas.

Receitas Financeiras a Apropriar (Débito)	Receitas Financeiras a Apropriar (Crédito)	AVP de Vendas (Débito)	AVP de Vendas (Crédito)
	60.000,00 (3)	(3) 60.000,00	

(4) Registro contábil do custo das mercadorias vendidas.

Mercadorias (Débito)	Mercadorias (Crédito)	CMV (Débito)	CMV (Crédito)
165.000,00	165.000,00 (4)	(4) 165.000,00	

CMV = 100% × Mercadorias

CMV = 100% × 165.000,00
CMV = 165.000,00

ATENÇÃO, na alternativa **E**, o examinador informa que o **resultado financeiro** foi no valor de **10.000,00**.

Na prova, devido ao motivo de não termos calculadora científica, **fica praticamente impossível** de calcular o **resultado financeiro**. Lembramos que o **resultado financeiro** é obtido entre o confronto das despesas financeiras relativas ao período de **31/12/2016** a **13/01/2017** e as receitas financeiras relativas a data da venda em **13/01/2017**.

MAS A PERGUNTA É: Como calculamos o montante apropriado das **despesas financeiras** do dia 31/12/2016 até 13/01/2017 e das **receitas financeiras** no dia 13/01/2017?

Para responder a essa pergunta, vamos desenvolver os seguintes passos:

3º passo: Calcular a taxa de juros na operação de compras a prazo.

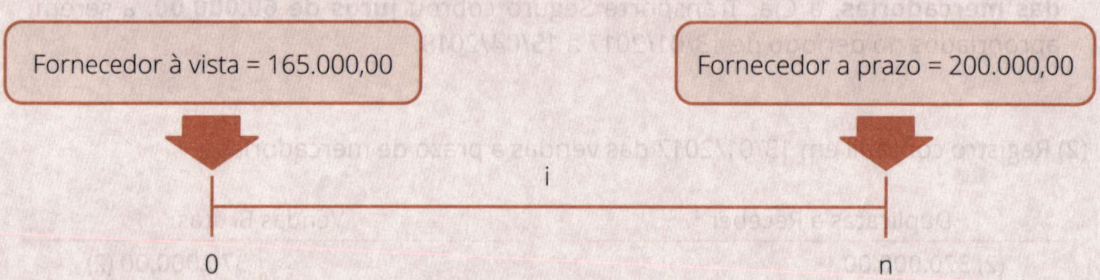

Analisando a linha do tempo acima, temos:

$$\text{Fornecedor a prazo} = (1 + i)^n \times \text{Fornecedor à vista}$$

$200.000,00 = (1 + i)^n \times 165.000,00$

$(1 + i)^n = 1,2121$

Calculando o **i** em função dos **meses**, tem-se:

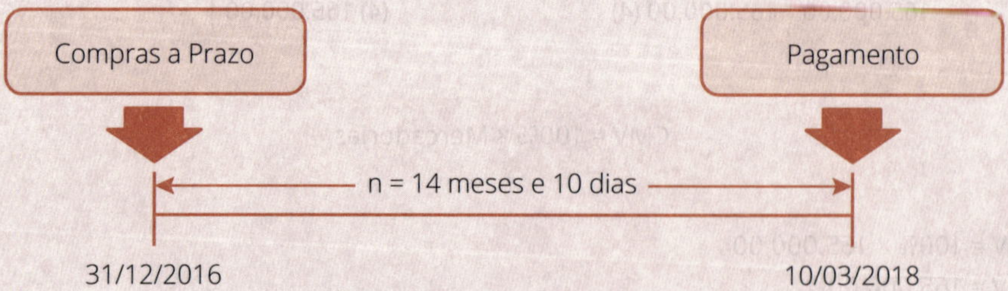

O expoente **n** corresponde ao **período de capitalização** de 14 meses e 10 dias. Em outras palavras, o **período de capitalização das compras a prazo de** 31/12/2016 até 10/03/2018 é de **14 meses e 10 dias**.

n = 14 meses e 10 dias ≈ 14,33 meses

$(1 + i)^{14,33} = 1,2121$
$1 + i = 1,013514$
$i \approx 1,3514\%$ a.m.

4º passo: Calcular o montante das despesas financeiras apropriadas para o resultado em 13/01/2017.

ATENÇÃO, o período de capitalização das compras a prazo de **31/12/2016** a **13/01/2017** é de 13 dias. Portanto, no cálculo das **despesas financeiras** apropriadas para o resultado em **2017**, o expoente n será de **0,43 meses** (13 dias ≈ 0,43 meses).

Despesas financeiras = $[(1 + i)^n - 1] \times$ Fornecedor à vista

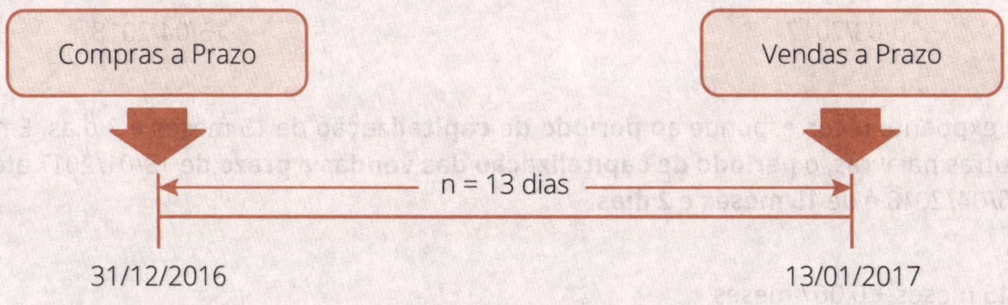

Analisando a linha do tempo acima, podemos observar que o n = 0,43 meses.

Despesas financeiras = $[(1 + 1,3514\%)^{0,43} - 1] \times 165.000,00$
Despesas financeiras = 955,15

(5) Registro contábil da apropriação das despesas financeiras em 13/01/2017.

Despesas Financeiras	
(5) 955,15	

AVP de Fornecedores	
35.000,00	955,15 (5)
34.044,85	

5º passo: Calcular a taxa de juros na operação de vendas a prazo.

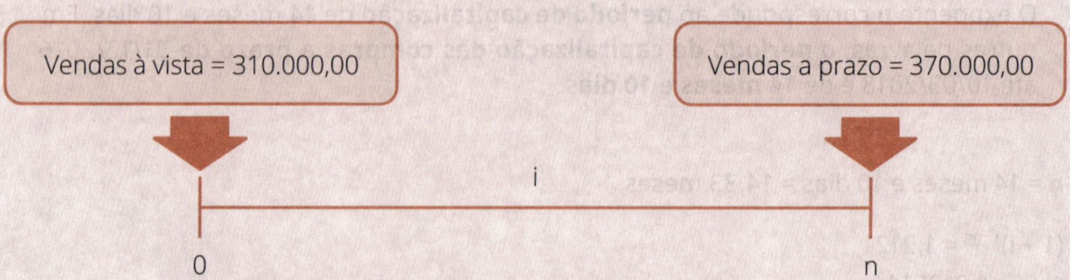

Analisando a linha do tempo acima, temos:

$$\text{Vendas a prazo} = (1 + i)^n \times \text{Vendas à vista}$$

$370.000,00 = (1 + i)^n \times 310.000,00$
$(1 + i)^n = 1,193548$

Calculando o **i** em função dos **meses**, tem-se:

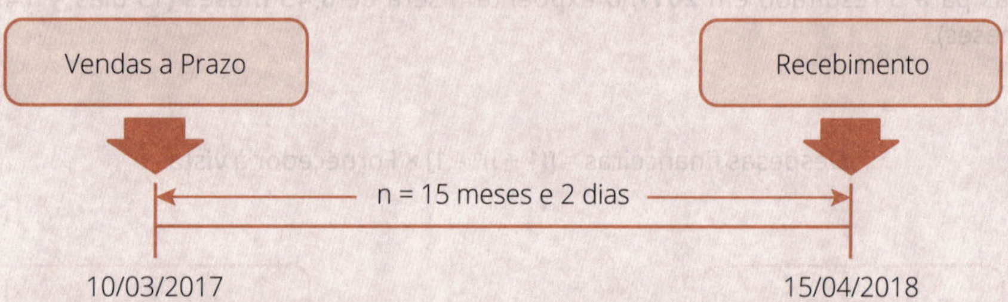

O expoente **n** corresponde ao **período de capitalização** de 15 meses e 2 dias. Em outras palavras, o **período de capitalização das vendas a prazo de** 13/01/2017 até 15/04/2018 é de **15 meses e 2 dias**.

$n = 15 \text{ meses} + 0,067 \text{ meses}$
$n = 15,067 \text{ meses}$

$(1 + i)^{15,067} = 1,193548$
$1 + i = 1,011812$
$i \approx 1,1812\% \text{ a.m.}$

6º passo: Calcular o montante das receitas financeiras apropriadas para o resultado em 13/01/2017.

ATENÇÃO, o período de capitalização das vendas a prazo de **13/01/2017** a **15/04/2018** é de 15 meses e 2 dias. Portanto, no cálculo das receitas financeiras apropriadas para o resultado em 13/01/2017 2017, o expoente **n** será de **0 meses**, pois na data da venda a empresa **não reconhecerá receitas financeiras**.

Receitas financeiras = $[(1 + i)^n - 1] \times$ Vendas à vista

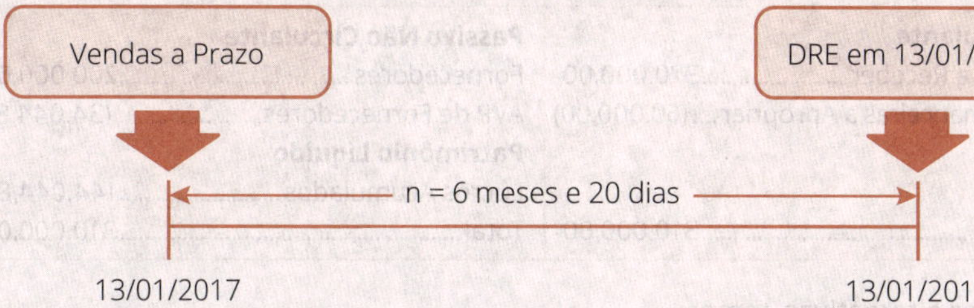

n = 0 meses

Receitas financeiras = $[(1 + 1{,}1812\%)^0 - 1] \times 310.000{,}00$
Receitas financeiras = $[(1{,}011812)^0 - 1] \times 310.000{,}00$
Receitas financeiras = $[1 - 1] \times 310.000{,}00$
Receitas financeiras = 0,00

7º passo: Calcular o resultado financeiro em 13/01/2017.

Resultado financeiro em 13/01/2017 = Receitas financeiras em 2017 – Despesas financeiras em 2017

Resultado financeiro em 13/01/2017 = 0,00 – 955,15
Resultado financeiro em 13/01/2017 = (955,15)

Montando a DRE em 13/01/2017, tem-se:

Demonstração do Resultado do Exercício	
Vendas Brutas	370.000,00
– AVP de Vendas	(60.000,00)
= Vendas Líquidas	**310.000,00**
– Custo das Mercadorias Vendidas	(165.000,00)
= Lucro Bruto	**145.000,00**
– Despesas Operacionais	0,00
= Lucro antes do resultado financeiro	**145.000,00**
– Despesas Financeiras	(955,15)
= Lucro antes do IR e CSLL	144.044,85

(6) Registro contábil da transferência do lucro líquido para lucros acumulados.

Lucro Líquido – DRE	
(6) 144.044,85	144.044,85

Lucros Acumulados – BP	
	144.044,85 (6)

Considerando apenas essas operações, no balanço patrimonial em 13/01/2017, temos:

Ativo	Passivo
Ativo Circulante	**Passivo Não Circulante**
Duplicatas a Receber 370.000,00	Fornecedores 200.000,00
Receitas Financeiras a Apropriar.... (60.000,00)	AVP de Fornecedores.......................(34.044,85)
	Patrimônio Líquido
	Lucros Acumulados 144.044,85
Total...310.000,00	Total...310.000,00

Analisando as alternativas, temos:

a) Errada. A Cia. reconheceu **165.000,00** na conta estoques, na data da aquisição.

b) Errada. A Cia. reconheceu **310.000,00** na receita de vendas, na data da venda.

c) Errada. A Cia. reconheceu **310.000,00** na receita de vendas e 165.000,00 na conta custo das mercadorias vendidas, na data da venda.

d) Correta. A Cia. reconheceu 310.000,00 na receita de vendas e 165.000,00 na conta custo das mercadorias vendidas, na data da venda.

e) Errada. A Cia. reconheceu 310.000,00 na receita de vendas, 165.000,00 na conta custo das mercadorias vendidas e **despesas financeiras de 955,15** na data da venda.

SOLUÇÃO NA PROVA

Mercadorias = Fornecedor à vista

Mercadorias = 165.000,00

Vendas Líquidas = Vendas Brutas à vista

Vendas Líquidas = 310.000,00

Lucro Bruto = Vendas Líquidas – CMV

Lucro Bruto = 310.000,00 – 165.000,00

Lucro Bruto = 145.000,00

Gabarito: **C**

04ª QUESTÃO: Em 31/12/2015, a Cia. BMW adquiriu 90% das ações da Cia. Voyage por 8.500.000,00 à vista. Na data da aquisição, o patrimônio líquido da Cia. Voyage era 6.000.000,00 e o valor justo líquido dos ativos e passivos identificáveis dessa Cia. era 9.000.000,00, cuja diferença foi decorrente de um ativo intangível com vida útil indefinida que a Cia. Voyage havia adquirido em 2014. Com base nestas informações, o valor que a Cia. BMW reconheceu no balanço patrimonial em investimentos em controladas, na data da aquisição, foi, em reais:

a) 6.000.000,00
b) 8.500.000,00
c) 9.000.000,00
d) 8.100.000,00
e) 5.400.000,00

SOLUÇÃO

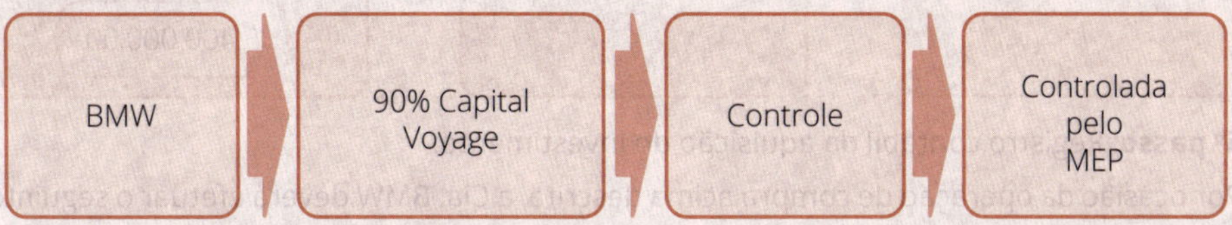

1º passo: Calcular o valor justo do investimento.

Valor justo do investimento = 90% × PL da Cia. Voyage a valor justo

Valor justo do investimento = 90% × 9.000.000,00
Valor justo do investimento = 8.100.000,00

2º passo: Calcular o valor patrimonial do investimento.

Valor patrimonial do investimento = 90% × PL da Cia. Voyage a valor contábil

Valor patrimonial do investimento = 90% × 6.000.000,00
Valor patrimonial do investimento = 5.400.000,00

3º passo: Calcular o *goodwill* na aquisição do investimento.

Goodwill = Valor de aquisição do investimento – Valor justo do investimento

Goodwill = 8.500.000,00 – 8.100.000,00
Goodwill = 400.000,00

4º passo: Calcular o ágio por mais-valia de ativos líquidos.

Ágio por mais-valia de ativos = Valor justo do investimento – Valor patrimonial do investimento

Ágio por mais-valia de ativos = 8.100.000,00 – 5.400.000,00
Ágio por mais-valia de ativos = 2.700.000,00

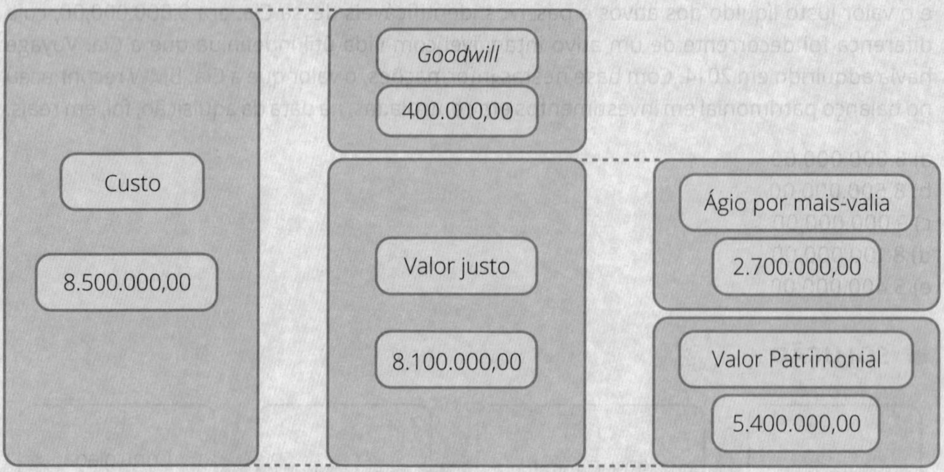

5º passo: Registro contábil da aquisição do investimento.

Por ocasião da operação de compra acima descrita, a Cia. BMW deverá efetuar o seguinte lançamento contábil:

D: Investimentos na Cia. Voyage.................................5.400.000,00
D: *Goodwill* 400.000,00
D: Ágio por mais-valia...2.700.000,00
C: Disponibilidades 8.500.000,00

A Cia. BMW no seu balanço patrimonial em 31/12/2015, reconhece na conta investimentos, **ações da Cia. Voyage por 8.500.000,00**. Porém, nas notas explicativas a Cia. BMW **deverá** (obrigação) esclarecer a composição desse investimento divulgado no seu balanço patrimonial por 8.500.000,00. **Conclusão**, nas notas explicativas encontraremos a discriminação do ***goodwill*** no valor de **400.000,00** e o ágio por mais-valia de **2.700.000,00**, bem como a sua forma de amortização.

SOLUÇÃO NA PROVA

Na prova, **a resposta é direta**, pois o **valor do investimento** que sempre será reconhecido e divulgado no balanço patrimonial na data da aquisição é exatamente o valor pago na aquisição, ou seja, nesse caso, um montante de **8.500.000,00**.

Gabarito: **B**

ATENÇÃO: Para responder às **questões de números 05 a 07**, considere as informações abaixo.

A Cia. Premium apresentou as seguintes demonstrações contábeis:

Balanço Patrimonial					
Ativo	**31/12/15**	**31/12/16**	**Passivo**	**31/12/15**	**31/12/16**
Ativo Circulante	240.000,00	565.000,00	Passivo Circulante	220.000,00	130.000,00
Disponível	100.000,00	311.000,00	Fornecedores	150.000,00	80.000,00
Duplicatas a Receber	100.000,00	150.000,00	Salários a Pagar	50.000,00	10.000,00
Estoques	40.000,00	80.000,00	Adiantamento de Clientes	20.000,00	–
Seguros Antecipados	–	24.000,00	Dividendos a Pagar	–	40.000,00
Ativo Não Circulante	410.000,00	205.000,00	Passivo Não Circulante	100.000,00	120.000,00
Investimento	50.000,00	65.000,00	Financiamentos	80.000,00	90.000,00
Imobilizado			Provisões	20.000,00	30.000,00
Terreno	200.000,00	–	Patrimônio Líquido	330.000,00	520.000,00
Equipamento	200.000,00	200.000,00	Capital Social	250.000,00	300.000,00
Depreciação Acumulada	(40.000,00)	(60.000,00)	Reservas de Lucros	80.000,00	220.000,00
Total	**650.000,00**	**770.000,00**	**Total**	**650.000,00**	**770.000,00**

Demonstração do Resultado – 01/01/2016 a 31/12/2016

Receita de Vendas	1.500.000,00
− Custo das Mercadorias Vendidas	(900.000,00)
= Resultado Bruto	600.000,00
− Despesas Administrativas	(250.000,00)
− Despesas com Vendas	(70.000,00)
− Despesa com Seguros	(10.000,00)
− Despesa de Depreciação	(20.000,00)
− Despesa com Provisões	(10.000,00)
+ Resultado de Equivalência Patrimonial	15.000,00
+ Lucro na venda do terreno	30.000,00
= Resultado antes do resultado financeiro	285.000,00
− Despesa Financeira (juros)	(10.000,00)
= Resultado antes do IR e CSLL	275.000,00
− Despesa com Imposto de Renda e CSLL	(75.000,00)
= Resultado Líquido	200.000,00

Informações adicionais:

- As despesas com juros não foram pagas.
- O terreno foi vendido à vista.
- O aumento de capital foi realizado com os seguintes recursos: 30.000,00 em dinheiro e o restante com reservas de lucros.
- Não houve pagamento de financiamentos.

05ª QUESTÃO: Com base nessas informações, as atividades operacionais, em 2016:

a) consumiram caixa de 49.000,00.
b) geraram caixa de 179.000,00.
c) geraram caixa de 195.000,00.
d) consumiram caixa de 19.000,00.
e) consumiram caixa de 59.000,00.

☛ SOLUÇÃO

SOLUÇÃO NA PROVA

Na prova, calculamos o caixa líquido consumido no FCO pelo **método indireto**, que é o mais rápido nessa questão. **Mas muita atenção!** Na prova não é necessário calcular a variação de cada conta do ativo e do passivo circulantes, pois isso consome tempo, e o tempo é um artigo de luxo na prova. Com a finalidade de ganhar agilidade, nós calculamos apenas as **variações dos ativos e passivos circulantes** e somamos essas variações ao **lucro líquido ajustado**.

Ativo Circulante	31/12/15	31/12/16	Passivo Circulante	31/12/15	31/12/16
Duplicatas a Receber	100.000,00	150.000,00	Fornecedores	150.000,00	80.000,00
Estoques	40.000,00	80.000,00	Salários a Pagar	50.000,00	10.000,00
Seguros Antecipados	–	24.000,00	Adiantamento de Clientes	20.000,00	–
–	–	–	Provisões	20.000,00	30.000,00
Total	**140.000,00**	**254.000,00**	**Total**	**240.000,00**	**120.000,00**

O **método indireto** parte do **lucro líquido** ajustando-o pelas **despesas e receitas** que não tem efeito caixa e que não pertençam às atividades operacionais com as variações de **ativos e passivos** relacionados com as **atividades operacionais** da empresa.

ATENÇÃO! A conta **disponível não é incluída** nas variações dos ativos e passivos operacionais, para ajuste do lucro ou prejuízo líquido, quando a empresa quando realizar a DFC pelo método indireto. Os **fluxos de caixa excluem movimentos** entre itens que constituem **caixa ou equivalentes de caixa** porque esses componentes são parte da gestão de caixa da entidade e, não, parte de suas atividades **operacionais**, **investimentos** e **financiamentos**.

Variação do AC = AC em 2016 – AC em 2015
Variação do AC = 254.000,00 – 140.000,00
Variação do AC = **aumento** de 114.000,00

Variação do PC = PC em 2016 – PC em 2015
Variação do PC = 120.000,00 – 240.000,00
Variação do PC = **redução** de 120.000,00

Lembrem-se dos ajustes relacionados com as variações dos ativos circulantes e passivos circulantes.	
Aumento do AC é um **ajuste negativo** na DFC.	Aumento do PC é um ajuste positivo na DFC.
Redução do AC é um ajuste positivo na DFC.	**Redução** do PC é um **ajuste negativo** na DFC.

Fluxo de Caixa Operacional – **Método Indireto**	
Lucro Líquido	**200.000,00**
1º ajuste: Ajustes oriundos da **DRE**	
+ Depreciação	20.000,00
– Resultado de Equivalência Patrimonial	(15.000,00)
+ Despesas Financeiras	10.000,00
– Lucro na venda de imóveis	(30.000,00)
= **Lucro Líquido ajustado**	**185.000,00**
2º ajuste: Ajustes oriundos do **BP**	
– Aumento do AC	(114.000,00)
– Aumento do PC	(120.000,00)
= **Caixa líquido consumido no FCO**	**(49.000,00)**

AQUI ESTÁ A PEGADINHA SUTIL DA PROVA! O **1º ajuste** está relacionado com as receitas e despesas que não têm efeito caixa e não pertençam as atividades operacionais. As **despesas com provisões**, apesar de encontrarem-se no **passivo não circulante** e não terem efeito caixa, **pertencem as atividades operacionais**, portanto, essas despesas não compõem os **1ºs ajustes** do lucro líquido, mas são incluídas no **2º ajuste**.

Gabarito: **A**

06ª QUESTÃO: Com base nessas informações, as atividades de financiamento, em 2016, geraram caixa, em reais, de:

a) 10.000,00
b) 60.000,00
c) 30.000,00
d) 40.000,00
e) 50.000,00

☛ SOLUÇÃO

1º passo: Calcular o montante dos empréstimos obtidos em 2016.

> **ATENÇÃO,** a questão informa que a empresa **não liquidou** qualquer financiamento, e **não pagou** as despesas financeiras. Nesse caso, as despesas financeiras **atualizam os financiamentos de 2015**.

(1) Registro contábil da atualização dos financiamentos de 2015, por meio das despesas financeiras de 2016:

Despesas Financeiras – DRE	
(1) 10.000,00	

Financiamentos em 2016	
	80.000,00
	10.000,00 (1)
	90.000,00

Mas como podemos observar no balanço patrimonial, o saldo final dos financiamentos em 2016 foi no montante de 90.000,00. Em outras palavras, a empresa **não obteve novos financiamentos em 2016**.

2º passo: Calcular o montante dos dividendos pagos em 2016.

> **ATENÇÃO,** analisando os balanços patrimoniais de 2015 e 2016, com relação aos dividendos, à primeira vista temos a impressão de que não houve pagamento de dividendos, pois o seu saldo em 2015 era de 0,00 e passou para 40.000,00 em 2016. Em outras palavras, houve um aumento de 2015 para 2016 no saldo contábil de dividendos em 40.000,00. Portanto, para encontrarmos se realmente ocorreu algum pagamento de dividendos em 2016, seguiremos os seguintes registros contábeis:

(1) Registro contábil da transferência do lucro líquido de 2016 para a conta lucros acumulados:

Lucro Líquido de 2016

Débito	Crédito
(1) 200.000,00	200.000,00

Lucros Acumulados

Débito	Crédito
	200.000,00 (1)

(2) Registro contábil da integralização de capital com reservas de lucros em 2016:

Analisando o balanço patrimonial, podemos observar que o saldo final das reservas de lucros em 2015 e 2016 foi respectivamente de 80.000,00 e 220.000,00. Entretanto, não podemos esquecer que houve uma integralização de capital no montante de 50.000,00, sendo que 30.000,00 foi em dinheiro, e o restante em reservas de lucros no valor de 20.000,00.

Reservas de Lucros

Débito	Crédito
(2) 20.000,00	80.000,00
	60.000,00

Capital Social

Débito	Crédito
	250.000,00
	20.000,00 (2)
	270.000,00

(3) Registro contábil da constituição das reservas de lucros em 2016.

Analisando o balanço patrimonial, podemos verificar que o saldo final das reservas de lucros em 2016, após a integralização do capital é no montante de 220.000,00.

Lucros Acumulados

Débito	Crédito
(3) 160.000,00	200.000,00
	40.000,00

Reservas de Lucros

Débito	Crédito
	60.000,00
	160.000,00 (3)
	220.000,00

(4) Registro contábil da distribuição de dividendos em 2016.

ATENÇÃO!!!!!!!!!!! Atualmente, caso haja saldo residual na conta lucros acumulados, a companhia deverá destinar esse saldo remanescente para os dividendos.

Lucros Acumulados

Débito	Crédito
(4) 40.000,00	40.000,00

Dividendos a Pagar

Débito	Crédito
	0,00
	40.000,00 (4)
	40.000,00

Analisando a conta dividendos a pagar, podemos observar que havia um saldo inicial de 0,00, foi destinado 40.000,00, restando um saldo final de 40.000,00. Em outras palavras, **não houve pagamento de dividendos em 2016**.

3º passo: Montar o fluxo de caixa de financiamentos.

Fluxo de Caixa de Financiamentos	
Integralização de capital	30.000,00
= Caixa líquido gerado nas atividades de financiamentos	30.000,00

O fluxo de caixa de financiamentos foi **positivo de 30.000,00**.

Gabarito: **C**

07ª QUESTÃO: Pela análise das demonstrações contábeis:

a) as dívidas da empresa, tanto em 31/12/2015 quanto em 31/12/2016, eram em sua maior parte de longo prazo.
b) a liquidez imediata em 31/12/2016 era menor do que 1,00.
c) a liquidez corrente em 31/12/2016 era menor do que em 31/12/2015.
d) o giro do ativo em 2016 foi 3,85 vezes.
e) a liquidez geral em 31/12/2015 era 0,75.

☛ SOLUÇÃO

Analisando as alternativas, temos:

a) Errada. Analisando os balanços patrimoniais de 2015 e 2016, verificamos que as dívidas em 2015 e 2016, eram em sua **maior parte de curto prazo**.

Passivo	31/12/15	31/12/16
PC = Dívidas de curto prazo	220.000,00	130.000,00
PÑC = Dívidas de longo prazo	100.000,00	120.000,00

b) Errada. A liquidez imediata em 31/12/2016 era **maior do que 1,00**.

A liquidez imediata ou **liquidez instantânea** avalia a capacidade de pagamento imediato das obrigações de curto prazo que uma empresa possui, utilizando as suas disponibilidades (caixa, bancos conta movimento, aplicações de liquidez imediata, numerários em trânsito, etc.).

$$\text{Liquidez Imediata} = \frac{\text{Disponibilidades}}{\text{Passivo Circulante}}$$

$$\text{Liquidez Imediata em 31/12/2016} = \frac{311.000,00}{130.000,00}$$

Liquidez Imediata em 31/12/2016 = 2,39

c) Errada. A liquidez corrente em 31/12/2016 era **maior do que em 31/12/2015**.

A liquidez corrente ou **liquidez comum** avalia a capacidade de pagamento das obrigações de curto prazo que uma empresa possui, utilizando as suas disponibilidades e os direitos de curto prazo.

$$\text{Liquidez Corrente} = \frac{\text{Ativo Circulante}}{\text{Passivo Circulante}}$$

$$\text{Liquidez Corrente de 2015} = \frac{240.000,00}{220.000,00}$$

Liquidez Corrente de 2015 = **1,09**

$$\text{Liquidez Corrente de 2016} = \frac{565.000,00}{130.000,00}$$

Liquidez Corrente de 2016 = **4,35**

d) Errada. O giro do ativo em 2016 foi **1,94 vezes.**

O **giro do ativo** demonstra o montante das vendas líquidas realizadas pela empresa para cada real de investimento total ou ativo total.

$$\text{Giro do Ativo} = \frac{\text{Vendas Líquidas}}{\text{Ativo total ou médio}}$$

Quanto maior o giro do ativo, melhor é para empresa, pois significa que os recursos aplicados no ativo estão sendo utilizados com maior eficiência.

$$\text{Giro do ativo em 2016} = \frac{1.500.000,00}{770.000,00}$$

Giro do ativo em 2016 = 1,94

e) Correta. A liquidez geral em 31/12/2015 era 0,75.

A liquidez geral avalia a capacidade de pagamento das obrigações de curto e longo prazos que uma empresa possui, utilizando as disponibilidades e os direitos de curto e longo prazos.

$$\text{Liquidez Geral} = \frac{\text{Ativo Circulante + AÑC Realizável a Longo Prazo – Despesas Antecipadas}}{\text{Passivo Circulante + PÑC}}$$

$$\text{Liquidez Geral em 2015} = \frac{240.000,00 + 0,00 - 0,00}{220.000,00 + 100.000,00}$$

Liquidez Geral em 2015 = 0,75

Gabarito: **E**

08ª QUESTÃO: A empresa Metais Leves & Cia. adquiriu, em 31/12/2014, ações de sua própria emissão e, para isso, incorreu nos seguintes gastos:

Valor pago pelas ações........................ 1.000.000,00
Custos adicionais totais............................50.000,00

Em 31/12/2016, a empresa revendeu todas estas ações por 1.200.000,00 à vista, incorrendo em custos de transação no valor de 10.000,00. Com base nestas informações, a empresa Metais Leves & Cia.:

a) reconheceu como ações em tesouraria o valor de 1.000.000,00, em 31/12/2014.
b) reconheceu como despesa do exercício o valor de 50.000,00, em 31/12/2014.
c) reduziu o seu patrimônio líquido em 1.000.000,00, em 31/12/2014.
d) apurou resultado positivo com a venda das ações em tesouraria no valor de 140.000,00, em 31/12/2016.
e) aumentou o seu patrimônio líquido em 1.200.000,00, em 31/12/2016.

☛ SOLUÇÃO

Segundo o CPC 08, a aquisição de ações de emissão própria (**ações em tesouraria**) e sua alienação são também transações de capital da entidade com seus sócios e igualmente **não devem afetar o resultado da entidade**.

ATENÇÃO, NÃO ESQUEÇA NA PROVA! Os custos de transação incorridos na aquisição de ações de emissão da própria entidade **devem ser tratados como acréscimo** do custo de aquisição (**valor pago**) de tais ações.

Ações em Tesouraria = Valor pago pelas ações + Custos adicionais

Ações em Tesouraria = 1.000.000,00 + 50.000,00
Ações em Tesouraria = 1.050.000,00

(1) Registro contábil da aquisição das ações em tesouraria ao custo de 50.000,00.

Disponível – AC	
Saldo Inicial	1.050.000,00 (1)

Ações em Tesouraria – PL	
(1) 1.050.000,00	

Os **custos de transação incorridos na alienação** de ações em tesouraria devem ser tratados como **redução do lucro ou acréscimo do prejuízo** dessa transação, resultados esses **contabilizados diretamente no patrimônio líquido**, na conta que houver sido utilizada como suporte à aquisição de tais ações, não afetando o resultado da entidade.

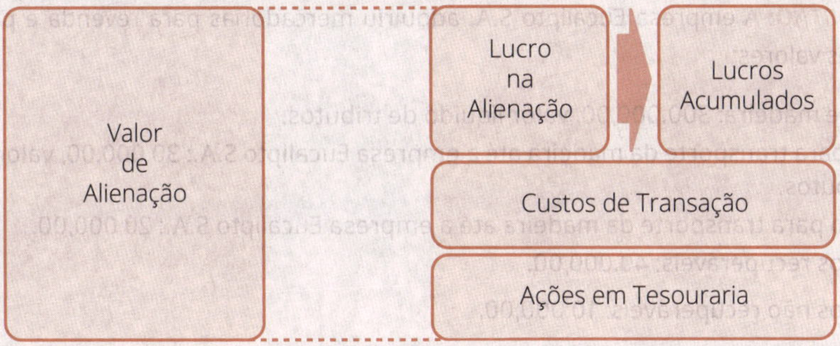

Lucro na Alienação = Valor de Alienação – Ações em Tesouraria – Custos de Transação

Lucro na Alienação = 1.200.000,00 – 1.050.000,00 – 10.000,00
Lucro na Alienação = 140.000,00

O **lucro na alienação** das ações em tesouraria é contabilizado **diretamente** no patrimônio líquido, na conta que houver sido utilizada como suporte à aquisição de tais ações. Essa conta utilizada como suporte pode ser lucros acumulados, reservas de capital ou reservas de lucros.

O registro contábil da alienação das ações em tesouraria é por meio do lançamento:

D: Disponível 1.190.000,00
C: Ações em Tesouraria 1.050.000,00
C: Lucros Acumulados 140.000,00

Analisando as alternativas, temos:

a) Errada. A empresa adquiriu ações em tesouraria em 31/12/2014 por **1.050.000,00**.

b) Errada. Segundo o CPC 08, os custos de transação no valor de **50.000,00** incorridos na aquisição de ações em tesouraria, **são acrescidos ao valor pago pelas ações**.

c) Errada. A aquisição das ações em tesouraria reduziu o patrimônio líquido em **1.050.000,00**.

d) Correta. O resultado com a alienação das ações em tesouraria foi um lucro de 140.000,00.

e) Errada. A alienação aumentou o patrimônio líquido em **1.190.000,00**.

Gabarito: **D**

09ª QUESTÃO: A empresa Eucalipto S.A. adquiriu mercadorias para revenda e pagou os seguintes valores:

- Lote de madeira: 300.000,00, valor líquido de tributos.
- Frete para transporte da madeira até a empresa Eucalipto S.A.: 30.000,00, valor líquido de tributos.
- Seguro para transporte da madeira até a empresa Eucalipto S.A.: 20.000,00.
- Tributos recuperáveis: 40.000,00.
- Tributos não recuperáveis: 10.000,00.

Sabendo que a empresa Eucalipto S.A. revendeu todo o lote de madeira por 600.000,00 à vista, o resultado bruto apurado nesta operação pela empresa Eucalipto S.A. foi, em reais:

a) 300.000,00
b) 250.000,00
c) 210.000,00
d) 200.000,00
e) 240.000,00

☛ SOLUÇÃO

Montando as notas fiscais de aquisição das mercadorias e dos fretes e seguros, temos:

ATENÇÃO!!! MUITA ATENÇÃO, AQUI!!!! A banca informa que as mercadorias no montante de 300.000,00 **não existe impostos**. Portanto, ao montarmos a nota fiscal, nós devemos somar ao valor das mercadorias, os tributos recuperáveis no montante de 40.000,00. **Lembrem-se!!!** Os tributos recuperáveis encontram-se inseridos no **preço das mercadorias**.

Nota Fiscal de Mercadorias	
Mercadorias	340.000,00
+ Tributos não recuperáveis	10.000,00
= Total da nota fiscal	350.000,00
Tributos recuperáveis	40.000,00

Nota Fiscal de Transportes	
Fretes/Seguros	50.000,00
= Total da nota fiscal	50.000,00

1º passo: Calcular as compras brutas.

As **compras brutas** (CB) correspondem ao valor das compras acrescidos dos tributos, quer sejam por fora ou por dentro, **recuperáveis ou não**. Em outras palavras, as compras brutas correspondem ao valor **total da nota fiscal** de aquisição das mercadorias.

Compras Brutas = Nota Fiscal de Mercadorias

Compras Brutas = 350.000,00

2º passo: Calcular as compras líquidas.

As **compras líquidas** (CL) representam o valor efetivamente **lançado nos estoques**.

CL = CB – Tributos recuperáveis + Fretes/Seguros/Armazenagem – Deduções de compras

Compras Líquidas = 350.000,00 (Compras Brutas) – 40.000,00 (Tributos recuperáveis) + 50.000,00 (Fretes)

Compras Líquidas = 360.000,00

3º passo: Registro contábil das operações de compra e venda de mercadorias.

(1) Registro contábil das compras à vista.

Mercadorias		Tributos Recuperáveis		Disponível	
(1) 360.000,00		(1) 40.000,00		Saldo Inicial	400.000,00 (1)

Disponível = Nota Fiscal de Mercadorias + Nota Fiscal de Transportes

Disponível = 350.000,00 + 50.000,00
Disponível = 400.000,00

4º passo: Registro contábil das vendas.

(3) Registro contábil das vendas brutas no montante de 600.000,00.

Disponível	
(3) 600.000,00	

Vendas Brutas	
	600.000,00 (3)

(4) Registro contábil do custo das mercadorias vendidas.

Mercadorias	
360.000,00	360.000,00 (4)

CMV	
(4) 360.000,00	

Lucro Bruto = Vendas – CMV

Lucro Bruto = 600.000,00 – 360.000,00
Lucro Bruto = 240.000,00

SOLUÇÃO NA PROVA

CL = Fornecedor sem tributos + Tributos não recuperáveis + Fretes/Seguros

Compras Líquidas = 300.000,00 + 10.000,00 + 50.000,00
Compras Líquidas = 360.000,00

Lucro Bruto = Vendas Líquidas – CMV

Lucro Bruto = 600.000,00 – 360.000,00
Lucro Bruto = 240.000,00

Gabarito: **E**

10ª QUESTÃO: A Cia. Vai & Volta possuía, em 31/12/2016, um ativo intangível com vida útil indefinida cujo valor contábil era 380.000,00, o qual era composto por:

Custo de aquisição 480.000,00
Perda por desvalorização (reconhecida em 2015) 100.000,00

Em 31/12/2016, ao realizar o teste de recuperabilidade do ativo, obteve as seguintes informações:

Valor em uso.. 520.000,00
Valor justo líquido das despesas de venda 350.000,00

Adicionalmente, as evidências indicaram que a vida útil desse ativo continuava indefinida. Com base nessas informações, o valor contábil que a Cia. Vai & Volta apresentou no balanço patrimonial de 31/12/2016, para o ativo em análise foi, em reais:

a) 480.000,00
b) 520.000,00
c) 350.000,00
d) 380.000,00
e) 310.000,00

SOLUÇÃO

Vida útil do ativo intangível	Amortização	*Impairment test*	Reversão de perda estimada
Definida	Sim	Sim	Sim
Indefinida	**Não**	**Sim**	**Sim**
Goodwill	Não	Sim	Não

ATENÇÃO, na tabela podemos verificar que no caso de um **ativo intangível com vida útil indefinida**, a norma internacional permite a **reversão no exercício subsequente**, quando da realização de um novo teste de *impairment*, a perda por *impairment* constituída em exercícios anteriores.

1ª etapa: Calcular o valor recuperável do ativo intangível com vida útil indefinida.

ATENÇÃO, o valor recuperável será sempre o **maior valor**.

Valor justo líquido das despesas de venda	350.000,00	**MAIOR VALOR**	Valor recuperável = 520.000,00
Valor em uso	520.000,00		

Valor recuperável em 2016 = 520.000,00

2ª etapa: Calcular o valor contábil do ativo intangível.

Valor contábil = Custo de Aquisição – Perdas Acumuladas por *Impairment*

LEMBREM-SE!!!!! O ativo intangível com vida útil indefinida **não é amortizado**, portanto no cálculo do seu valor contábil, **não subtraímos a amortização acumulada** (vide tabela).

Valor contábil = 480.000,00 – 100.000,00
Valor contábil = 380.000,00

3ª etapa: Comparar o valor recuperável com o valor contábil.

De acordo com o CPC 01, a **perda por desvalorização** reconhecida para o **ativo intangível com vida útil indefinida** no exercício de 2015 no montante de 100.000,00 **poderá** ser revertida no exercício de 2016, pois **essa reversão é permitida** pelas normas nacionais e internacionais de Contabilidade.

(1) Registro contábil da **reversão da perda por *impairment*** em 31/12/2016.

Perdas Estimadas Acumuladas	
(1) 100.000,00	100.000,00

Outras Receitas	
	100.000,00 (1)

Outras receitas	Outras despesas
As **outras receitas** compreendem as **receitas oriundas** das transações do AÑC classificados nos subgrupos de investimentos, imobilizado e intangível.	As **outras despesas** compreendem as **despesas oriundas** das transações do AÑC classificados nos subgrupos de investimentos, imobilizado e intangível.

CONCLUSÃO, em 31/12/2016 a empresa deverá reconhecer no resultado do ano, um ganho (**outras receitas**) no valor de 100.000,00 decorrente da reversão da perda por desvalorização, enquanto que o **valor contábil** evidenciado no balanço patrimonial será de **480.000,00**.

Gabarito: **A**

11ª QUESTÃO: Considere as afirmativas abaixo.

I. A demonstração do resultado abrangente deve apresentar o total do resultado do período, o total de outros resultados abrangentes e o resultado abrangente do período, sendo este o total do resultado e de outros resultados abrangentes.

II. A demonstração do resultado abrangente deve apresentar resultados abrangentes classificados por natureza e agrupados nos que não serão reclassificados subsequentemente para o resultado do período e nos que serão reclassificados subsequentemente para o resultado do período, quando condições específicas forem atendidas.

III. Os componentes dos outros resultados abrangentes podem ser apresentados líquidos dos seus respectivos efeitos tributários ou antes dos seus respectivos efeitos tributários, sendo apresentado em montante único o efeito tributário total relativo a esses componentes.

Está correto o que se afirma em:

a) I, II e III
b) II, apenas
c) II e III, apenas
d) I e III, apenas
e) I, apenas

SOLUÇÃO

Analisando os itens, temos:

I. Correto. Segundo o CPC 26, a **Demonstração do Resultado Abrangente** (DRA) compreende todos os componentes da Demonstração do Resultado do Exercício (DRE) e da Demonstração dos Outros Resultados Abrangentes. Portanto, temos:

DRA = DRE + Demonstração dos Outros Resultados Abrangentes

II. Correto. Literalidade do CPC 26.
III. Correto. Literalidade do CPC 26.

Gabarito: **A**

12ª QUESTÃO: Um veículo foi adquirido, em 01/06/2015, por 72.000,00 à vista para ser utilizado na atividade de uma empresa. Na data de aquisição, a empresa definiu que a vida útil do veículo era 4 anos e o valor residual para este veículo no final da vida útil definida era 24.000,00. Em 31/12/2016, a empresa vendeu este veículo por 59.000,00 à vista. Sabendo que a empresa calcula a despesa de depreciação pelo método das cotas constantes, o resultado evidenciado na demonstração de resultados de 2016, correspondente à venda do veículo, foi um lucro, em reais, de:

a) 5.000,00
b) 6.000,00
c) 11.000,00
d) 15.500,00
e) 30.000,00

SOLUÇÃO

1º passo: Calcular a depreciação acumulada em 31/12/2016.

$$\text{Depreciação Acumulada em 2016} = (\text{Custo de Aquisição} - \text{Valor Residual}) \times \frac{\text{Período de utilização}}{\text{Vida útil}}$$

$$\text{Depreciação Acumulada em 2016} = (72.000,00 - 24.000,00) \times \frac{19 \text{ meses}}{48 \text{ meses}}$$

Depreciação Acumulada em 2016 = 19.000,00

ATENÇÃO, a vida útil foi convertida para 48 meses, pois o período de utilização que compreende o período de 01/06/2015 a 31/12/2016 é de 19 meses.

2º passo: Calcular o valor contábil em 31/12/2016.

Valor Contábil = Custo de Aquisição – Depreciação Acumulada

Valor Contábil = 72.000,00 – 19.000,00

Valor Contábil = 53.000,00

3º passo: Calcular o resultado na venda.

Ganho de Capital = Valor de Venda – Valor Contábil

Ganho de Capital = 59.000,00 – 53.000,00

Ganho de Capital = 6.000,00

CONCLUSÃO, a venda do veículo gerou um impacto positivo no resultado antes do imposto de renda e contribuição social sobre o lucro de 6.000,00.

Gabarito: **B**

13ª QUESTÃO: Em 31/12/2015, a empresa ATP S.A. possuía 20.000,00 em duplicatas a receber de clientes e saldo na conta estimativa de perdas com créditos de liquidação duvidosa (EPCLD) no valor de 20.800,00. Em fevereiro de 2016, o cliente Ônix, que devia 22.000,00, se tornou incobrável. Ao registrar este evento na contabilidade, a empresa ATP S.A.:

a) debitou o valor de 22.000,00 na conta patrimonial duplicatas a receber.
b) debitou o valor de 20.800,00 na conta patrimonial EPCLD.
c) debitou o valor de 1.200,00 na conta patrimonial ajuste de avaliação patrimonial.
d) creditou o valor de 1.200,00 na conta de resultado perda com clientes.
e) creditou o valor de 20.800,00 na conta de resultado reversão de EPCLD.

SOLUÇÃO

(1) Registro contábil em fevereiro de 2016 do calote de clientes no valor de 22.000,00 na conta EPCLD.

EPCLD	
(1) 20.800,00	20.800,00

Cliente Ônix	
22.000,00	20.800,00 (1)
1.200,00	

ATENÇÃO, a empresa constituiu uma EPCLD no encerramento do exercício social de 2015 para se prevenir de possíveis calotes no decorrer do exercício de 2016. No exercício de 2016, a empresa teve um calote no montante de 22.000,00, e utilizou a integralidade da EPCLD constituída no encerramento do exercício social 2015, e ainda restou um saldo de 1.200,00. **Conclusão**, o saldo remanescente no montante de 1.200,00 que não foi provisionado no exercício de 2015 é considerado uma perda com clientes e vai para o resultado do exercício de 2016.

(2) Registro contábil da despesa com perda com clientes no valor de 1.200,00.

Despesas com perdas de clientes	
(2) 1.200,00	

Cliente Ônix	
1.200,00	1.200,00 (2)

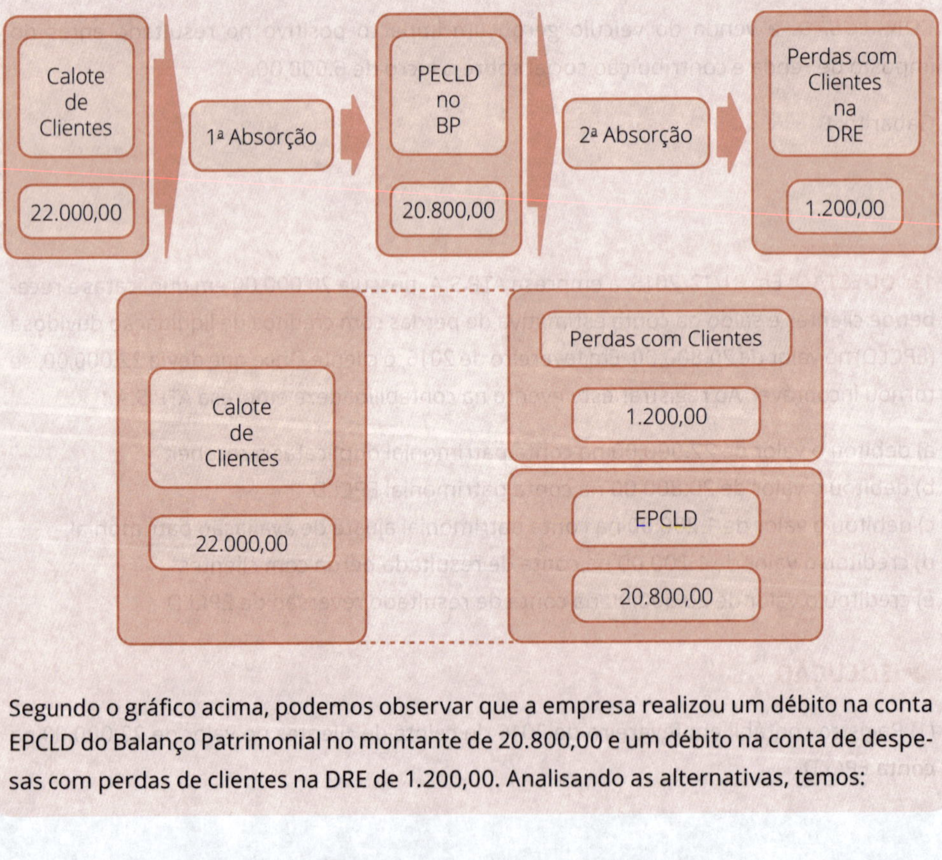

Segundo o gráfico acima, podemos observar que a empresa realizou um débito na conta EPCLD do Balanço Patrimonial no montante de 20.800,00 e um débito na conta de despesas com perdas de clientes na DRE de 1.200,00. Analisando as alternativas, temos:

a) Errada. A Cia. debitou o valor de **20.800,00** na conta patrimonial **EPCLD**.

b) Correta. A Cia. debitou o valor de 20.800,00 na conta patrimonial EPCLD.

c) Errada. A Cia. debitou o valor de 1.200,00 na conta de resultado **despesas com perdas de clientes**.

d) Errada. A Cia. **debitou** o valor de 1.200,00 na conta de resultado perda com clientes.

e) Errada. A Cia. **debitou** o valor de 20.800,00 na conta **patrimonial** de EPCLD.

Gabarito: **B**

14ª QUESTÃO: O objetivo da elaboração e divulgação de relatório contábil-financeiro de propósito geral é:

a) atender a todas as informações de que investidores, credores por empréstimo e outros credores, existentes e em potencial, necessitam para a tomada de decisão.
b) determinar o valor de mercado da entidade que reporta a informação para que investidores existentes e em potencial, credores por empréstimos e outros credores, possam tomar decisão ligada ao fornecimento de recursos para a entidade.
c) fornecer informações contábil-financeiras acerca da entidade que reporta essa informação que sejam úteis a investidores existentes e em potencial, a credores por empréstimos e a outros credores, quando da tomada de decisão ligada ao fornecimento de recursos para a entidade.
d) fornecer informações contábil-financeiras acerca da entidade que reporta essa informação que sejam úteis à tomada de decisão pelos administradores da entidade, já que estes são incapazes de obter a informação no formato que necessitam.
e) fornecer uma descrição ou retrato exato da situação econômico-financeira da entidade para que investidores existentes e em potencial, credores por empréstimos e outros credores, possam tomar decisão ligada ao fornecimento de recursos para a entidade.

SOLUÇÃO

Analisando as alternativas, temos:

a) Errada. Segundo o CPC 00, **item OB 6**, os relatórios contábil-financeiros de propósito geral **não atendem e não podem atender a todas as informações** de que investidores, credores por empréstimo e outros credores, existentes e em potencial, necessitam. Esses usuários **precisam considerar informação pertinente de outras fontes**, como, por exemplo, condições econômicas gerais e expectativas, eventos políticos e clima político, e perspectivas e panorama para a indústria e para a entidade.

b) Errada. Segundo o CPC 00, **item OB 7**, os relatórios contábil-financeiros de propósito geral **não são elaborados para se chegar ao valor da entidade** que reporta a informação; a rigor, fornecem informação para auxiliar investidores, credores por empréstimo e outros credores, existentes e em potencial, a estimarem o valor da entidade que reporta a informação.

c) Correta. Segundo o CPC 00, **item OB 12**, os relatórios contábil-financeiros de propósito geral fornecem informação acerca da posição patrimonial e financeira da entidade que reporta a informação, a qual representa informação sobre os recursos econômicos da entidade e reivindicações contra a entidade que reporta a informação. Os relatórios contábil-financeiros também fornecem informação sobre os efeitos de transações e outros eventos que alteram os recursos econômicos da entidade que reporta a informação e reivindicações contra ela. Ambos os tipos de informação fornecem dados de entrada úteis para decisões ligadas ao fornecimento de recursos para a entidade.

d) Errada. Segundo o CPC 00, **item OB 9**, a administração da entidade que reporta a informação está também interessada em informação contábil-financeira sobre a entidade. Contudo, a administração **não precisa apoiar-se** em relatórios contábil-financeiros de propósito geral uma vez **que é capaz de obter a informação** contábil-financeira de que precisa i**nternamente**.

e) Errada. Os relatórios contábil-financeiros são em larga escala baseados em **estimativas**, **julgamentos** e **modelos**, e não em **descrições** ou **retratos exatos**. A Estrutura Conceitual estabelece os conceitos que devem amparar tais estimativas, julgamentos e modelos. Assim como a maioria dos objetivos, a visão contida na Estrutura Conceitual do que sejam a elaboração e a divulgação do relatório contábil-financeiro ideal é improvável de ser atingida em sua totalidade, pelo menos no curto prazo, visto que se requer tempo para a compreensão, aceitação e implementação de novas formas de analisar transações e outros eventos.

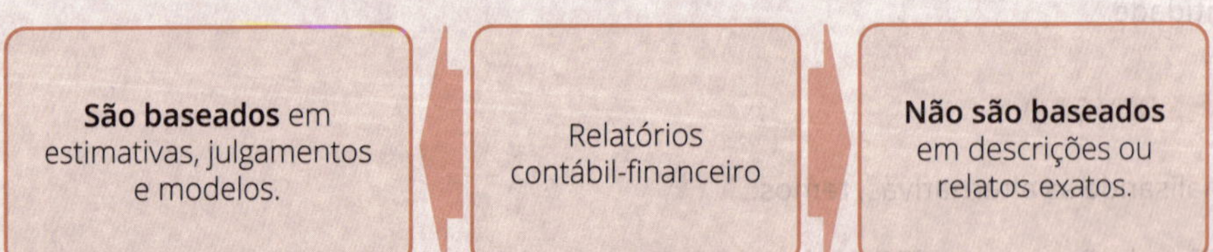

Gabarito: **C**

15ª QUESTÃO: Na demonstração do valor adicionado, um item evidenciado como valor adicionado recebido em transferência por uma empresa é:

a) juros de aplicações financeiras.
b) despesa com aluguel.
c) tributos não recuperáveis.
d) depreciação do ativo imobilizado.
e) lucros retidos pela empresa.

☛ SOLUÇÃO

O **valor adicionado recebido em transferência** representa a riqueza que não tenha sido criada pela própria entidade, e sim por terceiros, e que a ela é transferida, como por exemplo, receitas financeiras, de equivalência patrimonial, dividendos, aluguel, *royalties*, etc. Precisa ficar destacado, inclusive para evitar dupla-contagem em certas agregações. Compõem o **valor adicionado recebido em transferência**:

a) **resultado de equivalência patrimonial** – o resultado da equivalência pode representar receita ou despesa; se despesa, deve ser considerado como redução ou valor negativo.

b) **receitas financeiras** – inclui todas as receitas financeiras, inclusive as variações cambiais ativas, independentemente de sua origem.

c) **outras receitas** – inclui os dividendos relativos a investimentos avaliados ao custo, aluguéis, direitos de franquia, etc.

Gabarito: **A**

Capítulo 21

Contador TRE PR 2017

01ª QUESTÃO: Uma empresa comercializa mercadorias importadas do continente asiático e não tinha nenhum estoque inicial. No mês de novembro de 2014 adquiriu um grande lote do fornecedor, incorrendo nos seguintes gastos para dispor das mercadorias em condições de venda:

O valor pago ao fornecedor no exterior foi 12.000.000,00.

Pagamento de 800.000,00 para o transporte das mercadorias até o Brasil.

Pagamento de 450.000,00 de taxas e tarifas alfandegárias para ingresso das mercadorias no país.

Pagamento de 50.000,00 para transporte das mercadorias do aeroporto até a sede da empresa.

Pagamento de 950.000,00 correspondente aos seguintes impostos:

- 400.000,00 a título de imposto de importação não recuperável.
- 550.000,00 a título de outros impostos locais que podem ser compensados com os impostos incidentes no momento da venda das mercadorias.

Em dezembro de 2014, a empresa vendeu 80% das mercadorias que haviam sido importadas em novembro de 2014 pelo valor bruto de 18.000.000,00 e os impostos incidentes sobre estas vendas totalizaram 2.000.000,00. O resultado bruto com mercadorias apurado pela empresa no ano de 2014, exclusivamente em relação às mercadorias importadas em novembro e vendidas em dezembro, foi, em reais:

a) 8.400.000,00
b) 4.600.000,00
c) 5.040.000,00

d) 5.360.000,00

e) 5.590.000,00

☛ **SOLUÇÃO**

1º passo: Calcular o custo de aquisição das mercadorias.

ATENÇÃO, as compras líquidas estão relacionadas com o **CPC 16 – Estoques**, que trata da **contabilização inicial dos estoques**.

O **custo dos estoques** compreende o preço de compra, os impostos de importação e outros tributos (**exceto os recuperáveis junto ao fisco**), bem como os custos de transporte, seguro, manuseio e outros diretamente atribuíveis à aquisição de produtos acabados, materiais e serviços.

Os descontos comerciais ou **descontos incondicionais concedidos**, abatimentos sobre compras e outros itens semelhantes **devem ser deduzidos** na determinação do **custo de aquisição**.

Preço de compra
\+ Impostos de importação
\+ **Tributos não recuperáveis**
\+ Custos de transporte, seguro, manuseio
– Descontos comerciais ou **descontos incondicionais concedidos**
– Abatimentos sobre compras e outros itens semelhantes
– **Tributos recuperáveis**
= Custo de aquisição

Preço pago à vista ao fornecedor no exterior	12.000.000,00
+ Imposto de importação	400.000,00
+ Taxas e tarifas para o ingresso e regularização no Brasil	450.000,00
+ Gastos com **transporte internacional**	800.000,00
+ Gasto com **transporte nacional**	50.000,00
= Custo de aquisição das mercadorias	13.700.000,00

ATENÇÃO, a empresa registra nos seus **estoques**, mercadorias ao custo de **13.700.000,00**.

ATENÇÃO, **cuidado com a pegadinha da questão!!!!!!!!**

O examinador informa que existem **impostos locais no valor de 550.000,00** que podem ser compensados com os impostos incidentes no momento da venda das mercadorias. Esses **impostos locais** (por exemplo, o ICMS) são **tributos recuperáveis** na aquisição e nesse caso **não integram o custo de aquisição** das mercadorias. Em outras palavras, como trata-se de **mercadorias importadas do exterior**, no preço pago à vista ao fornecedor estrangeiro no montante de 12.000.000,00, não existe a incidência desses impostos locais. Portanto, apesar de serem impostos recuperáveis, **nós não subtraímos esses impostos locais**, pois os mesmos **não constam da aquisição** dessas mercadorias.

2º passo: Calcular o custo das mercadorias vendidas.

Sabe-se que não havia saldo de estoque antes desta compra e que, em dezembro de 2014, a empresa vendeu 80% das mercadorias que haviam sido importadas.

CMV = 80% × Custo de aquisição das mercadorias

CMV = 80% × 13.700.000,00
CMV = 10.960.000,00

3º passo: Calcular o lucro bruto.

Lucro Bruto = Vendas Brutas – Impostos sobre Vendas – CMV

Lucro Bruto = 18.000.000,00 – 2.000.000,00 – 10.960.000,00
Lucro Bruto = 5.040.000,00

SOLUÇÃO NA PROVA

Custo de aquisição = Fornecedor + II + Taxas + Fretes Internacionais + Fretes Nacionais

Custo de aquisição = 12.000.000,00 + 400.000,00 + 450.000,00 + 800.000,00 + 50.000,00
Custo de aquisição = 13.700.000,00

Lucro Bruto = Vendas Brutas – Impostos sobre Vendas – CMV

Lucro Bruto = 18.000.000,00 – 2.000.000,00 – 80% × 13.700.000,00
Lucro Bruto = 5.040.000,00

Gabarito: **C**

02ª QUESTÃO: No dia 02/01/2013 uma empresa adquiriu um equipamento de produção pelo valor de 30.000.000,00 e efetuou o pagamento à vista. A vida útil definida pela empresa para o equipamento foi 12 anos e a vida útil para fins fiscais é 10 anos. A despesa de depreciação é calculada em função do tempo decorrido e no início do prazo de utilização a empresa estimou o valor residual para venda do equipamento no final da vida útil em 3.000.000,00. No início do ano de 2016 foi identificado que o valor residual no final da vida útil estimada originalmente pela empresa foi reduzido para 2.550.000,00, em decorrência de mudanças no mercado secundário para este tipo de equipamento. O valor contábil que deveria ser evidenciado no balanço patrimonial de 31/12/2016 para este equipamento era, em reais:

a) 19.200.000,00
b) 20.000.000,00
c) 18.000.000,00
d) 20.950.000,00
e) 21.000.000,00

☛ SOLUÇÃO

Segundo o CPC 27 que trata do ativo imobilizado, o **valor residual e a vida útil** de um ativo **são revisados** pelo menos ao **final de cada exercício** e, se as expectativas diferirem das estimativas anteriores, a mudança deve ser contabilizada como **mudança de estimativa contábil**, segundo o CPC 23 que trata das políticas contábeis, mudança de estimativa e retificação de erro.

Segundo o CPC 01, o valor contábil líquido é calculado de acordo com a **vida útil** do equipamento, em outras palavras, o equipamento é depreciado a princípio em 12 anos. A **depreciação fiscal** não é utilizada no cálculo do valor contábil líquido, pois a sua única finalidade é deduzir a base de cálculo do imposto de renda.

Itens	2013	2016
Custo de aquisição	30.000.000,00	30.000.000,00
Valor residual	3.000.000,00	2.550.000,00
Vida útil econômica	12 anos	**9 anos**

ATENÇÃO, analisando a tabela, podemos verificar que o **valor residual e a vida útil econômica** sofrem alterações de valores com o passar dos anos. O mesmo não ocorre com o **custo de aquisição** no montante de 30.000.000,00, que permanece constante com o decorrer dos anos.

1º passo: Calcular a depreciação acumulada em 2015.

$$\text{Depreciação Acumulada} = (\text{Custo de aquisição} - \text{Valor residual}) \times \frac{\text{Período de utilização}}{\text{Vida útil}}$$

ATENÇÃO, o período de utilização compreende a data de aquisição em 02/01/2013 até o *impairment test* em 01/01/2016.

$$\text{Depreciação Acumulada em 2015} = (30.000.000,00 - 3.000.000,00) \times \frac{3 \text{ anos}}{12 \text{ anos}}$$

Depreciação Acumulada em 2015 = 6.750.000,00

2º passo: Calcular a depreciação de 2016.

No início de 2016 foi realizado o **teste de *impairment*** no equipamento, e nessa data, a companhia obteve que o **valor residual foi reduzido para 2.550.000,00**.

ATENÇÃO, AQUI ESTÁ A PEGADINHA MALICIOSA DA BANCA! Segundo a banca a vida útil do equipamento **não foi alterada**, apenas o valor residual sofreu alteração. Mas como foi realizado o **teste de *impairment*** e houve **alteração no valor residual do equipamento**, a nova vida útil para efeitos de depreciação será de **9 anos**.

Nova vida útil após o *impairment* = Vida útil econômica em 02/01/2013 – Período de utilização

Nova vida útil após o *impairment* = 12 anos – 3 anos
Nova vida útil após o *impairment* = **9 anos**

Portanto, a nova fórmula de depreciação será:

$$\text{Depreciação} = (\text{Custo de aquisição} - \text{Depreciação Acumulada} - \text{Valor residual}) \times \frac{\text{Período de utilização}}{\text{Nova vida útil}}$$

$$\text{Depreciação em 2016} = (30.000.000{,}00 - 6.750.000{,}00 - 2.550.000{,}00) \times \frac{1 \text{ ano}}{9 \text{ anos}}$$

Depreciação em 2016 = 2.300.000,00

3º passo: Calcular a depreciação acumulada em 2016.

Depreciação Acumulada em 2016 = Depreciação de 2015 + Depreciação de 2016

Depreciação Acumulada em 2016 = 6.750.000,00 + 2.300.000,00

Depreciação Acumulada em 2016 = 9.050.000,00

4º passo: Calcular o valor contábil da máquina em 31/12/2016.

Valor contábil em 31/12/2016 = Custo de aquisição – Depreciação Acumulada em 31/12/2016

Valor contábil em 31/12/2016 = 30.000.000,00 – 9.050.000,00

Valor contábil em 31/12/2016 = 20.950.000,00

Gabarito: **D**

03ª QUESTÃO: Uma empresa adquiriu o direito de concessão para explorar uma atividade controlada por um órgão regulador público pelo prazo de 30 anos, após o que a concessão se encerra e a atividade volta para o domínio do órgão regulador. O preço pago para a aquisição do direito de exploração foi 60.000.000,00 e a aquisição ocorreu em 31/12/2012. No final do ano de 2015 a empresa realizou o teste de redução ao valor recuperável (teste de *impairment*) e obteve as seguintes informações sobre o direito de concessão:

Valor em uso esperado para o direito: 50.000.000,00.

Valor justo: não há valor justo porque o direito não pode ser negociado.

Na apuração do resultado do ano de 2015 a empresa deveria:

a) reconhecer uma despesa de amortização no valor de 2.000.000,00, apenas.

b) reconhecer uma despesa de amortização no valor de 2.000.000,00 e uma perda por desvalorização no valor de 54.000.000,00.

c) reconhecer uma despesa de amortização no valor de 6.000.000,00, apenas.

d) reconhecer uma despesa de amortização no valor de 2.000.000,00 e uma perda por desvalorização no valor de 4.000.000,00.

e) não deve reconhecer nenhuma despesa porque continua com o direito de exploração.

☛ SOLUÇÃO

Vida útil do ativo intangível	Amortização	*Impairment test*	Reversão de perda estimada
Definida	**Sim**	**Sim**	**Sim**
Indefinida	Não	Sim	Sim
Goodwill	Não	Sim	Não

ATENÇÃO, na tabela podemos verificar que o **direito de concessão** é um ativo intangível com vida útil definida, e nesse caso está sujeito ao ***impairment test*** e a **amortização.**

1ª etapa: Calcular o valor recuperável do direito de concessão.

ATENÇÃO, o valor recuperável será sempre o **maior valor**.

Valor justo líquido das despesas de venda	0,00	**MAIOR VALOR**	Valor recuperável = 50.000.000,00
Valor em uso	50.000.000,00		

O valor justo do direito é **0,00**, pois o direito de concessão **não pode ser negociado.**

Valor recuperável em 2015 = 50.000.000,00

2ª etapa: Calcular o valor contábil do direito de concessão.

NÃO SE ESQUEÇA!!!!!!! O direito de concessão é um ativo intangível com vida útil definida e está sujeito a amortização.

$$\text{Amortização Acumulada em 2015} = (\text{Custo de aquisição} - \text{Valor residual}) \times \frac{\text{Período de utilização}}{\text{Vida útil}}$$

$$\text{Amortização Acumulada em 2015} = (60.000.000,00 - 0,00) \times \frac{3 \text{ anos}}{30 \text{ anos}}$$

Amortização Acumulada em 2015 = 6.000.000,00

Valor contábil = Custo de Aquisição – Amortização Acumulada – Perdas Acumuladas por *Impairment*

Valor contábil em 31/12/2015 = 60.000.000,00 – 6.000.000,00

Valor contábil em 31/12/2015 = 54.000.000,00

3ª etapa: Comparar o valor recuperável com o valor contábil.

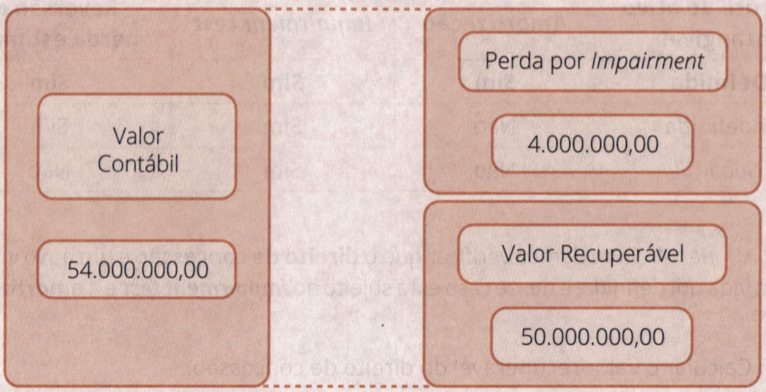

CONCLUSÃO, como o valor recuperável do direito de concessão é inferior ao valor contábil líquido, uma **perda por *impairment*** no montante de **4.000.000,00** será reconhecida. O valor contábil líquido em 31/12/2015 após o reconhecimento da **perda por *impairment*** será de 50.000.000,00.

ATENÇÃO, a despesa de amortização em 2015 será:

$$\text{Amortização em 2015} = (\text{Custo de aquisição} - \text{Valor residual}) \times \frac{\text{Período de utilização}}{\text{Vida útil}}$$

$$\text{Amortização em 2015} = (60.000.000,00 - 0,00) \times \frac{1 \text{ ano}}{30 \text{ anos}}$$

Amortização em 2015 = 2.000.000,00

Gabarito: **D**

04ª QUESTÃO: O balanço patrimonial da empresa Grandes Riscos S.A. publicado em 31/12/2015 evidenciava o saldo de 1.120.000,00 na conta passiva de provisões, que era composta por dois grupos de processos:

Processo	Provisão reconhecida em 31/12/2015
Tributário	720.000,00
Trabalhista	400.000,00

A empresa reavaliou a situação destes processos no final de 2016 e identificou dois novos processos judiciais surgidos neste ano. As informações sobre os diversos processos, em 31/12/2016, são as seguintes:

Processo	Probabilidade de perda em 31/12/2016	Valor estimado de perda em 31/12/2016
Tributário	Provável	320.000,00
Trabalhista	Possível	400.000,00
Cível	Possível	200.000,00
Ambiental	Provável	160.000,00

O efeito líquido causado na demonstração do resultado da empresa Grandes Riscos S.A., no ano de 2016, relacionado às provisões necessárias foi, em reais:

a) 640.000,00, positivos.
b) 1.080.000,00, negativos.
c) 480.000,00, negativos.
d) zero.
e) 800.000,00, positivos.

☛ SOLUÇÃO

UMA DICA PARA A PROVA é lembrar da frase:

Pro Po R uma provisão para contingências.

Montando a tabela com as obrigações presentes que podem ser prováveis, possíveis ou remotas, temos:

Provisão para contingências	Provável	Possível	Remota
Registro contábil	Sim	Não	Não
Divulgação em notas explicativas	Sim	Sim	Não

CONCLUSÃO, apenas os **processos prováveis** de perda pela empresa serão registrados no balanço patrimonial e divulgados em notas explicativas.

Processo	Valor em 2015	Perda em 2016	Valor em 2016	DRE de 2016
Tributário	720.000,00	**Provável**	320.000,00	+ 400.000,00
Trabalhista	400.000,00	Possível	400.000,00	+ 400.000,00
Cível	0,00	Possível	200.000,00	0,00
Ambiental	0,00	**Provável**	160.000,00	– 160.000,00
Efeitos na DRE de 2016				**+ 640.000,00**

Efeitos na DRE de 2016 = 400.000,00 + 400.000,00 – 160.000,00

Efeitos na DRE de 2016 = 640.000,00 positivos

Gabarito: **A**

05ª QUESTÃO: O valor contábil do patrimônio líquido da Lavanderia Molhada S.A., em 31 de dezembro de 2015, era 120.000.000,00. A Lavanderia a Seco S.A. adquiriu, nesta data, 80% das ações com direito a voto da Lavanderia Molhada S.A. pelo preço de 120.000.000,00 e passou a deter o seu controle. O valor justo líquido dos ativos e passivos identificáveis da Lavanderia Molhada S.A. que foram adquiridos era, nesta data, 135.000.000,00. Os valores totais reconhecidos nas demonstrações individuais da empresa Lavanderia a Seco S.A. foram, em reais:

a) investimentos no valor de 96.000.000,00 e intangíveis de 24.000.000,00.

b) investimentos no valor de 108.000.000,00 e intangíveis de 12.000.000,00.

c) investimentos no valor de 120.000.000,00, apenas.

d) investimentos no valor de 96.000.000,00 e perda por compra desvantajosa de 24.000.000,00.

e) investimentos no valor de 108.000.000,00 e perda por compra desvantajosa de 12.000.000,00

SOLUÇÃO

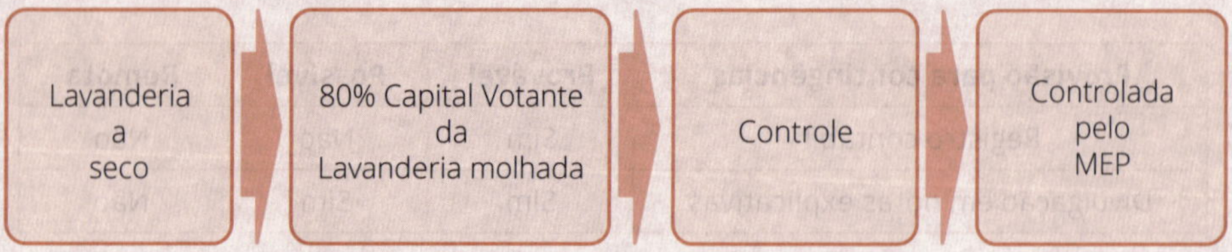

1º passo: Calcular o valor patrimonial do investimento na empresa Lavanderia Molhada S.A.

Valor patrimonial do investimento = 80% × PL a valor contábil da empresa Lavanderia Molhada S.A.

Valor patrimonial do investimento = 80% × 120.000.000,00
Valor patrimonial do investimento = 96.000.000,00

2º passo: Calcular o valor justo do investimento na empresa Lavanderia Molhada S.A.

Valor justo do investimento = 80% × PL a valor justo da empresa Lavanderia Molhada S.A.

Valor justo do investimento = 80% × 135.000.000,00
Valor justo do investimento = 108.000.000,00

3º passo: Calcular o *goodwill*.

Goodwill = Valor pago no investimento – Valor justo do investimento

Goodwill = 120.000.000,00 – 108.000.000,00
Goodwill = 12.000.000,00

4º passo: Calcular o ágio por mais-valia de ativos líquidos.

Ágio por mais-valia = Valor justo do investimento – Valor patrimonial do investimento

Ágio por mais-valia = 108.000.000,00 – 96.000.000,00
Ágio por mais-valia = 12.000.000,00

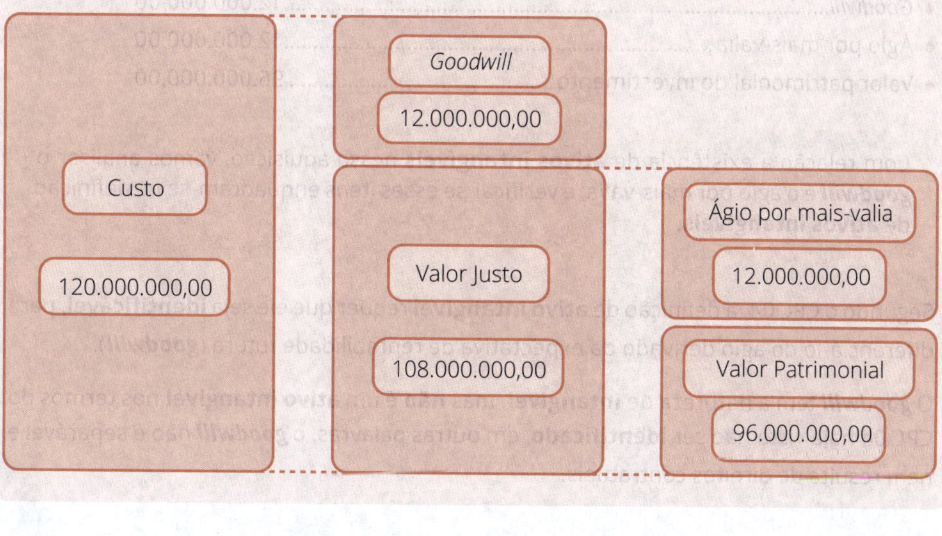

5º passo: Registro da aquisição dos investimentos na empresa Lavanderia a Seco S.A.

Investimentos na Lavanderia Molhada S.A.........96.000.000,00
Goodwill...12.000.000,00
Ágio por mais-valia...12.000.000,00
a Disponibilidades..120.000.000,00

CUIDADO EXTRA!!!!!!!!!

A conta de investimentos **deve ser detalhada em notas explicativas** quanto aos seus três componentes, se existirem: valor patrimonial do investimento, ágio por mais-valia e *goodwill*.

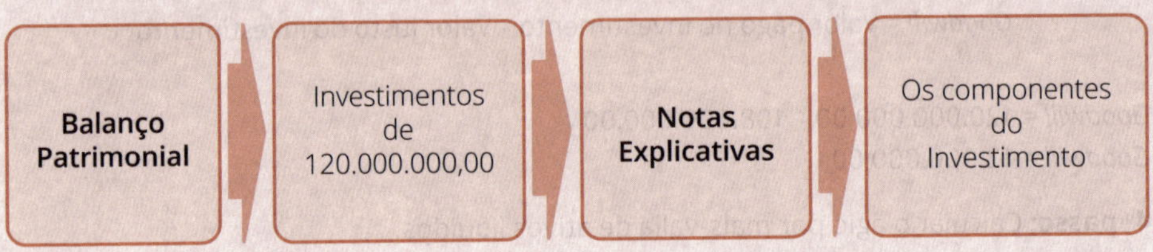

Segundo o gráfico acima, no balanço patrimonial, a empresa deverá (**obrigação**) de acordo com as normas *IFRS* divulgar na conta investimentos o valor de 120.000.000,00, enquanto que nas **notas explicativas** essa conta de investimentos será discriminada nos seguintes componentes:

- *Goodwill*..12.000.000,00
- Ágio por mais-valia...12.000.000,00
- Valor patrimonial do investimento.. 96.000.000,00

Com relação a existência de **ativos intangíveis** nessa aquisição, vamos analisar o ***goodwill*** e o ágio por mais-valia, e verificar se esses itens enquadram-se na definição de **ativos intangíveis**.

Segundo o CPC 04, a definição de **ativo intangível** requer que ele seja **identificável**, para diferenciá-lo do ágio derivado da expectativa de rentabilidade futura (***goodwill***).

O ***goodwill*** tem a natureza de **intangível**, mas **não é** um **ativo intangível** nos termos do CPC 04 haja vista não ser **identificado**, em outras palavras, o ***goodwill*** não é separável e nem resulta de direitos contratuais.

Os **benefícios econômicos futuros** oriundos do ***goodwill*** podem advir da sinergia entre os ativos identificáveis adquiridos ou de ativos que, individualmente, não se qualificam para reconhecimento em separado nas demonstrações contábeis. Conclusão, o ***goodwill*** representa uma expectativa de rentabilidade futura que surge de uma combinação de negócios, ou seja, ele existe, mas **não** podemos **identificá-lo** com clareza.

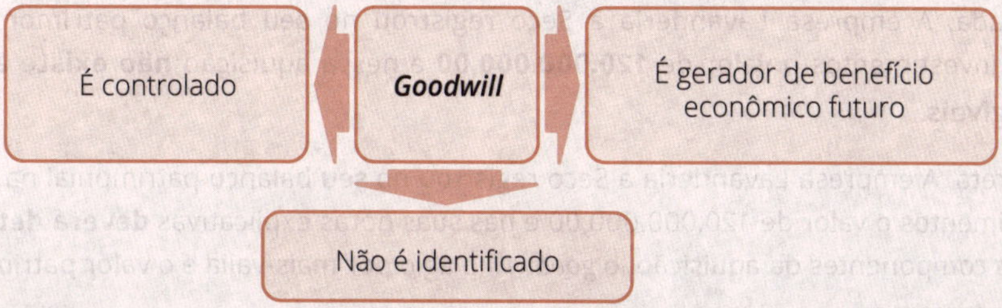

ATENÇÃO! Para que um ativo seja um **ativo intangível**, é necessário que esse ativo, seja cumulativamente:

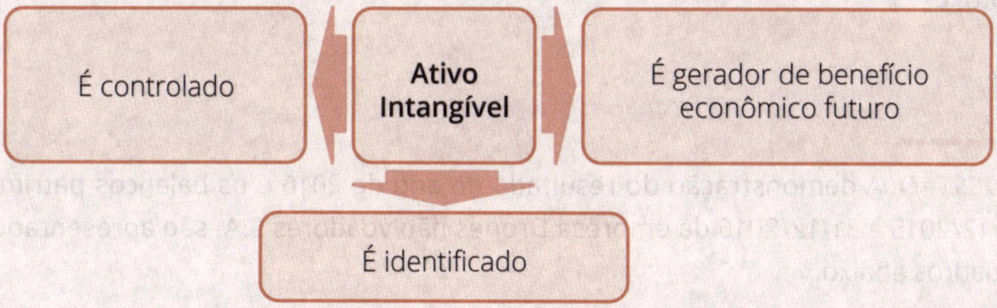

O ***goodwill*** pelo fato de **não ser identificado**, não é um ativo intangível.

O ágio por mais-valia **fundamenta-se na existência** de ativos e passivos líquidos cujo valor justo é superior ao valor contábil.

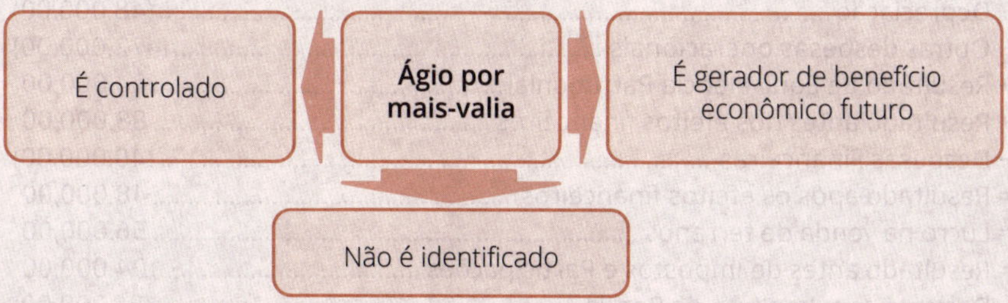

O ágio por mais-valia pelo fato de **não ser identificado**, não é um ativo intangível.

Analisando as alternativas, temos:

a) Errada. A empresa Lavanderia a Seco registrou no seu balanço patrimonial na conta investimentos o valor de **120.000.000,00** e nessa aquisição **não existe ativos intangíveis**.

b) Errada. A empresa Lavanderia a Seco registrou no seu balanço patrimonial na conta investimentos o valor de **120.000.000,00** e nessa aquisição **não existe ativos intangíveis**.

c) Correta. A empresa Lavanderia a Seco registrou no seu balanço patrimonial na conta investimentos o valor de 120.000.000,00 e nas suas notas explicativas **deverá detalhar** os três componentes da aquisição: o *goodwill*, o ágio por mais-valia e o valor patrimonial do investimento.

d) Errada. Nessa aquisição **não existe** a perda por compra desvantajosa.

e) Errada. Nessa aquisição **não existe** a perda por compra desvantajosa.

Gabarito: **C**

06ª QUESTÃO: A demonstração do resultado do ano de 2016 e os balanços patrimoniais em 31/12/2015 e 31/12/2016 da empresa Drones não voadores S.A. são apresentados nos dois quadros abaixo.

Demonstração do Resultado do Período: 01/01/2016 a 31/12/2016	
Receitas de Vendas	1.632.000,00
– Custo das Mercadorias Vendidas	(1.048.000,00)
= Resultado com Mercadorias	584.000,00
– Depreciação	(48.000,00)
– Outras despesas operacionais	(472.000,00)
+ Resultado de Equivalência Patrimonial	24.000,00
+ Resultado antes dos efeitos financeiros	88.000,00
– Despesas Financeiras	(40.000,00)
= Resultado após os efeitos financeiros	48.000,00
= Lucro na venda de terrenos	56.000,00
= Resultado antes de Impostos e Participações	104.000,00
– Despesa com Imposto de Renda	(31.200,00)
= Resultado Líquido	72.800,00

Ativo	31/12/2015	31/12/2016	Passivo	31/12/2015	31/12/2016
Ativo Circulante	528.000,00	1.029.600,00	Passivo Circulante	624.000,00	1.175.320,00
Caixa e Equivalentes	40.000,00	253.600,00	Fornecedores	264.000,00	341.600,00
Clientes	224.000,00	384.000,00	Empréstimos	360.000,00	776.000,00
Estoques	264.000,00	392.000,00	Dividendos a Pagar	–	26.520,00
Ativo Não Circulante	576.000,00	872.000,00	IR a Pagar	–	31.200,00
Investimentos	56.000,00	144.000,00	Patrimônio Líquido	480.000,00	726.280,00
Imobilizado			Capital	400.000,00	600.000,00
Equipamentos	336.000,00	728.000,00	Reservas de Lucros	80.000,00	126.280,00
Terrenos	184.000,00	–			
Total	**1.104.000,00**	**1.901.600,00**	**Total**	**1.104.000,00**	**1.901.600,00**

Durante o ano de 2016 a empresa não vendeu nenhum outro bem ou direito do ativo não circulante além do terreno, não liquidou qualquer empréstimo e não pagou as despesas financeiras do ano. Os valores em reais no ano de 2016, correspondentes ao caixa das atividades operacionais, caixa das atividades de investimentos e ao caixa das atividades de financiamentos foram, respectivamente, em reais:

a) negativo de 138.400,00, negativo de 264.000,00 e positivo de 616.000,00.
b) negativo de 42.400,00, negativo de 320.000,00 e positivo de 576.000,00.
c) negativo de 82.400,00, negativo de 320.000,00 e positivo de 616.000,00.
d) negativo de 74.400,00, negativo de 288.000,00 e positivo de 576.000,00.
e) negativo de 98.400,00, negativo de 264.000,00 e positivo de 576.000,00.

☛ SOLUÇÃO

SOLUÇÃO NA PROVA

Na prova, calculamos o caixa líquido consumido no FCO pelo **método indireto**, que é o mais rápido nessa questão. **Mas muita atenção!** Na prova não é necessário calcular a variação de cada conta do ativo e do passivo circulantes, pois isso consome tempo, e o tempo é um artigo de luxo na prova. Com a finalidade de ganhar agilidade, nós calculamos apenas as **variações dos ativos e passivos circulantes** e somamos essas variações ao **lucro líquido ajustado**.

Ativo Circulante	31/12/2015	31/12/2016	Passivo Circulante	31/12/2015	31/12/2016
Clientes	224.000,00	384.000,00	Fornecedores	264.000,00	341.600,00
Estoques	264.000,00	392.000,00	IR a Pagar	–	31.200,00
Total	**488.000,00**	**776.000,00**	**Total**	**264.000,00**	**372.800,00**

Variação do AC = AC em 2016 – AC em 2015
Variação do AC = 776.000,00 – 488.000,00
Variação do AC = **aumento** de 288.000,00

Variação do PC = PC em 2016 – PC em 2015
Variação do PC = 372.800,00 – 264.000,00
Variação do PC = **aumento** de 108.800,00

Lembrem-se dos ajustes relacionados com as variações dos ativos circulantes e passivos circulantes.	
Aumento do AC é um **ajuste negativo** na DFC.	**Aumento** do PC é um **ajuste positivo** na DFC.
Redução do AC é um ajuste positivo na DFC.	Redução do PC é um ajuste negativo na DFC.

Fluxo de Caixa Operacional – **Método Indireto**

Lucro Líquido..**72.800,00**
1º ajuste: Ajustes oriundos da **DRE**
+ Depreciação..48.000,00
– Resultado de Equivalência Patrimonial............(24.000,00)
+ Despesas Financeiras..40.000,00
– Lucro na venda do terreno...............................(56.000,00)
= **Lucro Líquido ajustado**...................................**80.800,00**
2º ajuste: Ajustes oriundos do **BP**
– Aumento do Ativo Circulante..........................(288.000,00)
+ Aumento do Passivo Circulante.......................108.800,00
= **Caixa líquido consumido no FCO**..................**(98.400,00)**

ATENÇÃO! Na **PROVA** calculamos apenas o FCO e já encontramos a resposta que é a alternativa **E**.

Para encontrarmos o **fluxo de caixa das atividades de investimentos**, temos que calcular o valor de venda do terreno em 2016.

1º passo: Calcular o valor de venda do terreno.

A questão informa que o terreno foi vendido em 2016. **Atenção**, os terrenos não sofrem depreciação.

Lucro na venda do terreno = Valor de venda do terreno – Valor contábil do terreno vendido

56.000,00 = Valor de venda do terreno – 184.000,00

Valor de venda do terreno = 184.000,00 + 56.000,00

Valor de venda do terreno = 240.000,00

2º passo: Calcular o custo de aquisição dos novos equipamentos em 2016.

Da leitura do balanço patrimonial, temos que o saldo do **custo de aquisição dos equipamentos** em 2015 e 2016, foi respectivamente de 336.000,00 e 728.000,00.

MAIS UMA PEGADINHA ESPETACULAR!!!! A maioria dos candidatos jamais pensariam que as despesas com depreciação afetariam no cálculo de aquisição dos novos equipamentos em 2016. **Muita atenção**, pois os **equipamentos** estão evidenciados no balanço patrimonial **pelos seus montantes líquidos**, isto é, já encontram-se descontados da depreciação.

Equipamentos em 2016 = Equipamentos em 2015 + Custo dos novos em 2016 – Depreciação em 2016

728.000,00 = 336.000,00 + Custo dos novos em 2016 – 48.000,00

Custo dos novos em 2016 = 440.000,00

Uma outra forma de calcular o custo de aquisição dos novos equipamentos é por meio de razonetes.

(1) Registro contábil da depreciação dos equipamentos em 2016.

Equipamentos (Débito)	Equipamentos (Crédito)
336.000,00	48.000,00 (1)
x	
728.000,00	

Depreciação (Débito)	Depreciação (Crédito)
(1) 48.000,00	

Analisando o razonete equipamentos, podemos observar que havia um saldo inicial de 336.000,00, em seguida a empresa reconheceu uma despesa com depreciação de 48.000,00, restando um saldo final no valor de 728.000,00. Portanto, obrigatoriamente ocorreu uma entrada de novos equipamentos no montante de "x", que teve como contrapartida, um crédito na conta caixa. Do razonete equipamentos, calculamos o montante adquirido em 2016.

336.000,00 + x – 48.000,00 = 728.000,00

x = 440.000,00

3º passo: Analisar a variação na conta investimentos.

Analisando os balanços patrimoniais, podemos observar que houve uma variação na conta de investimentos, que passou de 56.000,00 no encerramento do exercício de 2015, para um saldo final no valor de 144.000,00 em 2016. A pergunta é: será que houve aquisição de novos investimentos em 2016??????

Para responder a essa pergunta, vamos analisar os balanços patrimoniais em conjunto com a DRE. Na DRE identificamos um resultado de equivalência patrimonial positivo de 24.000,00 (GEP).

(1) Registro contábil do GEP na investidora em 2016.

Investimentos – BP	
56.000,00	
(1) 24.000,00	
80.000,00	

GEP – DRE	
	24.000,00 (1)

(2) Registro contábil da aquisição de novos investimentos em 2016.

Disponível – BP	
Saldo Inicial	64.000,00 (2)

Investimentos – BP	
80.000,00	
(2) 64.000,00	
144.000,00	

Conclusão, em 2016 houve a aquisição de novos investimentos no montante de 64.000,00.

4º passo: Montar o fluxo de caixa de investimentos.

Fluxo de Caixa de Investimentos	
Alienação de terreno	240.000,00
– Aquisição de equipamentos	(440.000,00)
– Aquisição de investimentos	(64.000,00)
= Caixa líquido consumido nas atividades de investimentos	(264.000,00)

O fluxo de caixa de investimentos foi **negativo de 264.000,00**.

Agora vamos calcular o montante do **fluxo de caixa de financiamentos**.

1º passo: Calcular o montante dos empréstimos obtidos em 2016.

ATENÇÃO, a questão informa que a empresa **não liquidou** qualquer empréstimo, e **não pagou** as despesas financeiras. Nesse caso, as despesas financeiras **atualizam os empréstimos de 2015.**

(1) Registro contábil da atualização dos empréstimos de 2015, por meio das despesas financeiras de 2016.

Despesas Financeiras – DRE	
(1) 40.000,00	

Empréstimos em 2016	
	360.000,00
	40.000,00 (1)
	400.000,00

Mas como podemos observar no balanço patrimonial, o saldo final dos empréstimos em 2016 foi no montante de 776.000,00. Em outras palavras, a empresa obteve novos empréstimos em 2016.

(2) Registro da aquisição de novos empréstimos em 2016.

Disponibilidades	
(2) 376.000,00	

Empréstimos em 2016	
	400.000,00
	376.000,00 (2)
	776.000,00

CONCLUSÃO, em 2016 a empresa adquiriu **novos empréstimos** no montante de **376.000,00**.

2º passo: Calcular o montante dos dividendos pagos em 2016.

ATENÇÃO, analisando os balanços patrimoniais de 2015 e 2016, com relação aos dividendos, à primeira vista temos a impressão de que não houve pagamento de dividendos, pois o seu saldo em 2015 era de 0,00 e passou para 26.520,00 em 2016. Em outras palavras, houve um aumento de 2015 para 2016 no saldo contábil de dividendos em 26.520,00. Portanto, para encontrarmos se realmente ocorreu algum pagamento de dividendos em 2016, seguiremos os seguintes registros contábeis:

(1) Registro contábil da transferência do lucro líquido de 2016 para a conta lucros acumulados.

Lucro Líquido de 2016	
(1) 72.800,00	72.800,00

Lucros Acumulados	
	72.800,00 (1)

(2) Registro contábil da constituição das reservas de lucros em 2016.

Analisando o balanço patrimonial, podemos verificar que o saldo final das reservas de lucros em 2016 é no montante de 126.280,00.

Lucros Acumulados

Débito	Crédito
(2) 46.280,00	72.800,00
	26.520,00

Reservas de Lucros

Débito	Crédito
	80.000,00
	46.280,00 (2)
	126.280,00

(3) Registro contábil da distribuição de dividendos em 2016.

> **ATENÇÃO!!!!!!!!!!!** Atualmente, caso haja saldo residual na conta lucros acumulados, a companhia deverá destinar esse saldo remanescente para os dividendos.

Lucros Acumulados

Débito	Crédito
(3) 26.520,00	26.520,00

Dividendos a Pagar

Débito	Crédito
	0,00
	26.520,00 (3)
	26.520,00

Analisando a conta dividendos a pagar, podemos observar que havia um saldo inicial de 0,00, foi destinado 26.520,00, restando um saldo final de 26.520,00. Em outras palavras, não houve pagamento de dividendos em 2016.

(4) Registro contábil da integralização de capital em 2016.

Disponível

Débito	Crédito
(4) 200.000,00	

Capital

Débito	Crédito
	400.000,00
	200.000,00 (4)
	600.000,00

3º passo: Montar o fluxo de caixa de financiamentos.

Fluxo de Caixa de Financiamentos	
Obtenção de empréstimos	376.000,00
+ Integralização de capital	200.000,00
= Caixa líquido gerado nas atividades de financiamentos	576.000,00

O fluxo de caixa de financiamentos foi **positivo de 576.000,00.**

Gabarito: **E**

07ª QUESTÃO: O índice de liquidez corrente de uma empresa, obtido a partir do balanço publicado em 31/12/2015, era 1,8 e o grau de concentração do passivo no curto prazo (passivo circulante em relação ao passivo total) era 30%. Os seguintes valores estavam evidenciados no citado balanço patrimonial:

Total do ativo.. 10.000.000,00
Patrimônio Líquido... 4.000.000,00

O valor total do ativo não circulante da empresa, em 31/12/2015, era, em reais:

a) 4.000.000,00
b) 9.000.000,00
c) 2.440.000,00
d) 6.760.000,00
e) 3.240.000,00

SOLUÇÃO

1º passo: Calcular o passivo circulante.

$$PC + P\tilde{N}C + PL = \text{Total do Ativo}$$

PC + PÑC + 4.000.000,00 = 10.000.000,00
PC + PÑC = 6.000.000,00

O grau de concentração do passivo no curto prazo (**composição do endividamento**) avalia o montante das obrigações de curto em relação à dívida total da empresa.

$$\text{Composição do Endividamento} = \frac{PC}{PC + P\tilde{N}C} \times 100\%$$

Quanto menor a **composição do endividamento**, melhor é para a empresa, pois este indicador permite visualizar a ocorrência da renegociação de dívidas de curto prazo para longo prazo, bem como a contratação de empréstimos, caracterizando a dificuldade da empresa em saldar as suas dívidas de curto prazo.

Empresas com **altos níveis de endividamento no curto prazo**, regra geral, apresentam **maiores riscos de insolvência**.

$$\frac{PC}{6.000.000,00} = 30\%$$

PC = 1.800.000,00

2º passo: Calcular o ativo circulante.

A liquidez corrente ou **liquidez comum** avalia a capacidade de pagamento das obrigações de curto prazo que uma empresa possui, utilizando as suas disponibilidades e os direitos de curto prazo.

$$\text{Liquidez Corrente} = \frac{\text{Ativo Circulante}}{\text{Passivo Circulante}}$$

$$\frac{AC}{1.800.000,00} = 1,8$$

AC = 3.240.000,00

3º passo: Calcular o ativo não circulante.

AC + AÑC = Total do Ativo

3.240.000,00 + AÑC = 10.000.000,00

AÑC = 6.760.000,00

Gabarito: **D**

08ª QUESTÃO: A tabela abaixo apresenta os dados de três aplicações financeiras realizadas por uma empresa, bem como a classificação efetuada pela empresa para cada uma delas.

Aplicação	Valor	Vencimento	Classificação pela empresa	Taxa	Valor justo em 31/12/2015
01/10/2015	500.000,00	31/12/2018	Destinados à venda imediata	0,7% a.m.	511.000,00
01/11/2015	300.000,00	31/12/2019	Mantido até o vencimento	1,0% a.m.	307.000,00
01/12/2015	200.000,00	31/12/2017	Disponível para venda futura	0,8% a.m.	202.000,00

O valor total evidenciado no resultado da empresa em 2015, decorrente somente das três aplicações apresentadas na tabela anterior, foi, em reais:

a) 18.630,00
b) 19.173,67
c) 20.000,00
d) 18.203,67
e) 17.030,00

☛ SOLUÇÃO

Segundo o CPC 48 que trata dos instrumentos financeiros, a entidade pode adotar as seguintes classificações para um ativo financeiro:

- custo amortizado
- valor justo por meio do resultado (**VJR**)
- valor justo por meio de outros resultados abrangentes (**VJORA**)

Essa **classificação** deve ter por base as características de **fluxo de caixa contratual** do ativo financeiro e o **modelo de negócios** da entidade para a gestão dos ativos financeiros.

Classificação do ativo financeiro = Características do fluxo de caixa contratual + Modelo de negócios

Fazendo um paralelo com a **classificação antiga**, temos:

Classificação ANTIGA	Classificação ATUAL	Rendimentos	Ajustes ao valor justo
Destinados à venda imediata	VJR	DRE	DRE
Mantido até o vencimento	Custo amortizado	DRE	Não tem ajuste
Disponível para venda futura	VJORA	DRE	Na conta AAP do PL

Juros ativos = Taxa efetiva × Custo de aquisição do título

Os **juros ativos** resultantes da aplicação dos títulos mensurados ao **VJR, custo amortizado** e **VJORA** vão para o resultado do exercício (**DRE**).

No encerramento do exercício, comparamos o **valor pela curva do papel** dos títulos com o seu **valor justo**, e dependendo da **classificação** desses títulos, **não haverá** ajustes ou os ajustes podem ir para a **DRE** ou **AAP**.

Classificação ATUAL	Rendimentos	Mensuração pela curva do papel	Ajustes ao valor justo
VJR	DRE	Custo de aquisição + Juros ativos	+/– DRE
Custo amortizado	DRE	Custo de aquisição + Juros ativos	Não tem ajuste
VJORA	DRE	Custo de aquisição + Juros ativos	+/– AAP do PL

Mensuração pela curva do papel = Custo de aquisição + Juros ativos

1º passo: Calcular os rendimentos pela taxa efetiva de cada título e o valor pela curva do papel.

Custo	Taxa efetiva	Mensuração definida pela empresa	Juros ativos	Curva do papel
500.000,00	0,7% a.m.	VJR	10.573,67	510.573,67
300.000,00	1,0% a.m.	Custo amortizado	6.030,00	306.030,00
200.000,00	0,8% a.m.	VJORA	1.600,00	201.600,00

Juros do VJR = $[(1 + i)^n - 1]$ × Custo de aquisição

Juros do VJR = $[(1 + 0{,}7\%)^3 - 1]$ × 500.000,00
Juros do VJR = 10.573,67

Juros do Custo amortizado = $[(1 + i)^n - 1]$ × Custo de aquisição

Juros do Custo amortizado = $[(1 + 1{,}0\%)^2 - 1]$ × 300.000,00
Juros do Custo amortizado = 6.030,00

Juros do VJORA = $[(1 + i)^n - 1]$ × Custo de aquisição

Juros do VJORA = $[(1 + 0{,}8\%)^1 - 1]$ × 200.000,00
Juros do VJORA = 1.600,00

2º passo: Ajustar o valor pela curva do papel ao valor justo.

Classificação	Valor pela curva do papel	Valor justo	Ajuste ao valor justo
VJR	510.573,67	**511.000,00**	DRE = + 426,33
Custo amortizado	**306.030,00**	307.000,00	Não tem ajuste
VJORA	201.600,00	**202.000,00**	AAP = + 400,00

CONCLUSÃO, o valor total evidenciado no resultado da empresa em 2015, será:

DRE = Juros do VJR + Juros ajuste do VJR + Juros do Custo amortizado + Juros do VJORA

DRE = 10.573,67 + 426,33 + 6.030,00 + 1.600,00
DRE = 18.630,00

SOLUÇÃO NA PROVA

Títulos	Custo	Juros ativos	Ajuste ao valor justo	Valor justo	DRE
VJR	500.000,00	**Não calcula**	**Não calcula**	511.000,00	**11.000,00**
Custo amortizado	300.000,00	6.030,00	**Não calcula**	307.000,00	**6.030,00**
VJORA	200.000,00	1.600,00	**Não calcula**	202.000,00	**1.600,00**
Total					**18.630,00**

Juros do VJR = Valor Justo – Custo

Juros do VJR = 511.000,00 – 500.000,00
Juros do VJR = 11.000,00

Juros do Custo amortizado = $[(1 + i)^n - 1] \times$ Custo

Juros do Custo amortizado = $[(1 + 1{,}0\%)^2 - 1] \times 300.000{,}00$
Juros do Custo amortizado = 6.030,00

Juros do VJORA = $[(1 + i)^n - 1] \times$ Custo

Juros do VJORA = $[(1 + 0{,}8\%)^1 - 1] \times 200.000{,}00$
Juros do VJORA = 1.600,00

Na **PROVA** calculamos apenas os **juros ativos** dos títulos mensurados pelo **custo amortizado e VJORA**.

Gabarito: **A**

Capítulo 22

Contador TRT • 24ª Região 2017

01ª QUESTÃO: A empresa Pássaro Azul S.A. foi constituída em 1 janeiro de 2017 para comercialização de cereais pela internet. A sociedade é formada por quatro acionistas que se comprometeram a integralizar sua parcela de capital social, da seguinte forma:

Acionista 1	Transferiu imóvel para funcionamento do centro administrativo.
Acionista 2	Entregou em dinheiro o total de sua subscrição.
Acionista 3	Transferiu imóvel para posterior venda.
Acionista 4	Assumiu compromisso de integralizar sua parte em 36 parcelas.

Na empresa Pássaro Azul S.A., o:

a) imóvel do acionista 1 foi contabilizado como propriedade para investimento e o valor entregue pelo acionista 2 foi contabilizado no caixa.

b) compromisso de integralização do acionista 4 foi contabilizado no passivo circulante e o imóvel do acionista 3 foi contabilizado no imobilizado.

c) imóvel do acionista 3 foi contabilizado no imobilizado e o imóvel do acionista 1 foi contabilizado como propriedade para investimento.

d) valor entregue pelo acionista 2 foi contabilizado no caixa e o compromisso de integralização do acionista 4 foi contabilizado como passivo não circulante.

e) compromisso assumido pelo acionista 4 foi contabilizado no patrimônio líquido e o imóvel entregue pelo acionista 1 foi contabilizado no ativo imobilizado.

☛ **SOLUÇÃO**

(1) Registro contábil da integralização do **acionista 1**.

D: Imóvel – AÑC Imobilizado
C: Capital a Integralizar – PL

(2) Registro contábil da integralização do **acionista 2**.

D: Disponibilidades – AC
C: Capital a Integralizar – PL

(3) Registro contábil da integralização do **acionista 3**.

D: Estoques (Imóvel disponível para venda) – AC
C: Capital a Integralizar – PL

(4) Registro contábil da integralização do **acionista 4**.

D: Notas Promissórias a Receber – AC/AÑC RLP
C: Capital a Integralizar – PL

A **subscrição do capital social** é o ato irrevogável pelo qual os acionistas **formalizam o compromisso de contribuir** com certa quantia para empresa.

A **integralização do capital social** é o ato pelo qual os proprietários **pagam** (realizam) o **compromisso assumido na subscrição** do capital.

Analisando as alternativas, temos:

a) Errada. O imóvel do **acionista 1** foi contabilizado no **ativo imobilizado** e o valor entregue pelo **acionista 2** foi contabilizado no caixa.

b) Errada. O compromisso de integralização do **acionista 4** foi contabilizado no **patrimônio líquido**, enquanto que o imóvel do **acionista 3** foi contabilizado no **ativo circulante**, em estoques.

c) Errada. O imóvel do **acionista 3** foi contabilizado no **ativo circulante**, em estoques e o imóvel do **acionista 1** foi contabilizado no **ativo imobilizado**.

d) Errada. O valor entregue pelo **acionista 2** foi contabilizado no caixa e o compromisso de integralização do **acionista 4** foi contabilizado no **patrimônio líquido**.

e) Correta. O compromisso assumido pelo **acionista 4** foi contabilizado no **patrimônio líquido** e o imóvel entregue pelo **acionista 1** foi contabilizado no **ativo imobilizado**.

Gabarito: **E**

02ª QUESTÃO: A empresa Eficiência S.A. tem previsto em seu estatuto dividendos obrigatórios de 25% do lucro. A empresa apurou 1.000.000,00 de lucro base de cálculo do dividendo. A empresa está propondo a distribuição de 300.000,00. Dessa forma, deve a empresa Eficiência S.A. registrar:

a) 300.000,00 como dividendos a pagar no passivo circulante.
b) 250.000,00 como dividendos a pagar no passivo circulante e 50.000,00 como dividendos a pagar no passivo não circulante.
c) 300.000,00 como dividendos a distribuir em conta redutora da reserva de lucros.
d) 300.000,00 como dividendos a distribuir em conta de redutora da reserva de lucros a realizar.
e) 250.000,00 como dividendos a pagar no passivo circulante e 50.000,00 como conta de dividendo adicional proposto do patrimônio líquido.

☛ SOLUÇÃO

1º passo: Calcular os dividendos obrigatórios.

AQUI ESTÁ A 1ª PEGADINHA DA QUESTÃO! A banca informou que a base de cálculo dos dividendos obrigatórios é de 25% do lucro líquido, e nesse caso **não há que se falar em lucro líquido ajustado**, pois o estatuto **não é omisso** com relação aos dividendos.

Dividendos obrigatórios previsto no estatuto = 25% × Lucro Líquido

Dividendos obrigatórios = 25% × 1.000.000,00
Dividendos obrigatórios = 250.000,00

(1) Registro contábil dos dividendos obrigatórios:

Lucros Acumulados – PL	
(1) 250.000,00	1.000.000,00
	750.000,00

Dividendos a Pagar – PC	
	250.000,00 (1)

AQUI ESTÁ A ARMADILHA DO EXAMINADOR!!!!!!!!

Cuidado, pois **dividendos distribuídos** não são o mesmo que **dividendos propostos**. Os **dividendos distribuídos** estão previstos na legislação societária brasileira e referem-se a parcela do **dividendo mínimo obrigatório** que se caracterize efetivamente como uma obrigação legal, registrada no passivo circulante da **empresa**, que tem como contrapartida um crédito na conta lucros acumulados.

Os **dividendos propostos** são dividendos adicionais, que serão contabilizados ou não, dependendo da data em que forem declarados. Segundo o CPC 24, se a entidade declarar **dividendos** após o encerramento do **exercício** a que se referem as demonstrações contábeis, a entidade **não poderá** reconhecer esses **dividendos** como passivo ao final desse **exercício**, em virtude desses **dividendos** não atenderem aos critérios de **obrigação presente** na data das demonstrações contábeis. Nesse caso, esses **dividendos** devem ser divulgados nas notas explicativas segundo o CPC 26 que trata da apresentação das demonstrações contábeis.

Os **dividendos adicionais** declarados pela assembleia geral ou outro órgão competente **antes da data base** das demonstrações contábeis, atendem aos requisitos de **obrigação presente** e são **registrados** nas demonstrações contábeis da entidade. A parcela do dividendo que se caracterize **efetivamente** como **obrigação presente** deve figurar no **passivo** da entidade. Mas a parcela que exceder ao previsto legal ou estatutariamente **deve ser mantida no patrimônio líquido**, em conta específica, do tipo **dividendo adicional proposto**, até a deliberação definitiva que vier a ser tomada pelos sócios. Afinal, esse **dividendo adicional** não se caracteriza como **obrigação presente** na data do balanço, já que a assembleia dos sócios ou outro órgão competente **poderá**, não havendo qualquer restrição estatutária ou contratual, **deliberar ou não** pelo seu pagamento ou por pagamento por **valor diferente** do proposto.

Dividendos obrigatórios

São **registrados** no passivo circulante, na data de encerramento das demonstrações contábeis.

D: Lucros Acumulados – Patrimônio Líquido
C: Dividendos a pagar – Passivo Circulante

Dividendos adicionais declarados antes do encerramento do período contábil

São contabilizados no patrimônio líquido, até a sua aprovação pela assembleia, quando são transferidos para o passivo circulante.

D: Lucros Acumulados – Patrimônio Líquido
C: Dividendos adicional ao mínimo obrigatório – Patrimônio Líquido

(2) Registro contábil dos dividendos adicionais:

Lucros Acumulados – PL	
(2) 50.000,00	750.000,00
	700.000,00

Dividendos Adicionais – PL	
	50.000,00 (2)

Montando o balanço patrimonial da empresa Eficiência S.A. com esses dados, temos:

Passivo Circulante
Dividendos a Pagar 250.000,00
Patrimônio Líquido
Dividendo adicional ao mínimo obrigatório 50.000,00
Lucros Acumulados... 700.000,00

Analisando as alternativas, temos:

a) Errada. A empresa registrou **250.000,00** como dividendos a pagar no passivo circulante.

b) Errada. A empresa registrou 250.000,00 como dividendos a pagar no passivo circulante e 50.000,00 como **dividendo adicional ao mínimo obrigatório no patrimônio líquido**.

c) Errada. A empresa registrou 50.000,00 como **dividendo adicional ao mínimo obrigatório no patrimônio líquido**.

d) Errada. A empresa registrou 50.000,00 como **dividendo adicional ao mínimo obrigatório no patrimônio líquido**.

e) Correta. A empresa registrou 250.000,00 como dividendos a pagar no passivo circulante e 50.000,00 como conta de dividendo adicional proposto do patrimônio líquido.

Gabarito: **E**

03ª QUESTÃO: A empresa Diamante Verde S.A. adquiriu em 1 de julho de 2016 uma nova empresa, a Dourados, que possui o direito de exploração de uma mina de ouro. A mina de ouro está em plena atividade. A participação da Diamante Verde é de 50% na empresa Dourados. Em 31 de dezembro de 2016, a empresa Diamante Verde possuía os seguintes registros e informações:

Valor do investimento na Dourados.............................1.200.000,00
Ágio por expectativa de rentabilidade futura sobre o investimento na Dourados.............800.000,00
Fluxo de caixa descontado da Dourados.............................1.900.000,00
Valor das ações da Dourados na bolsa de valores.............................800,00
Total de ações representativas do capital da Dourados.............................2.500

Dessa forma, a empresa deve:

a) manter o valor do investimento em decorrência do valor de mercado da empresa ser de 2.000.000,00, igual ao valor do investimento efetuado pela empresa Diamante Verde.
b) contabilizar uma perda de valor recuperável, em decorrência do valor em uso do investimento na Dourados ser 100.000,00 menor que o investimento.
c) registrar uma perda de valor recuperável, em decorrência do valor do investimento ser 1.000.000,00 menor que o valor justo.
d) permanecer com o valor do investimento inalterado, uma vez que não se deve fazer teste de perda de valor recuperável sobre investimento com ágio decorrente de expectativa de rentabilidade futura.

e) modificar o valor do investimento somente se houver dividendos distribuídos pela empresa Dourados, confirmando assim o ágio por expectativa de rentabilidade futura.

☛ SOLUÇÃO

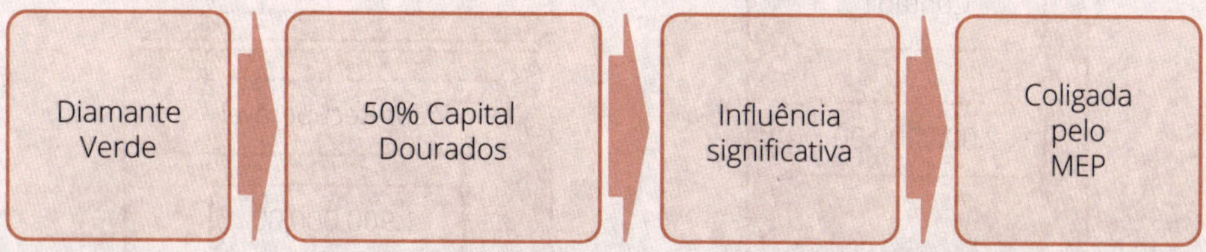

A Cia. Diamante Verde S.A. com uma participação de 50% no capital votante da Cia. Dourados possui influência significativa. Portanto, a Cia. Dourados é uma coligada e o investimento é avaliado pelo MEP. **Atenção**, para que a Cia. Diamante Verde S.A. controle a Cia. Dourados é necessário 50% do capital votante e mais uma ação ordinária.

1ª etapa: Calcular o valor recuperável do investimento.

O valor recuperável é o fluxo de caixa descontado da Cia. Dourados no montante de 1.900.000,00.

Valor recuperável em 2016 = 1.900.000,00

2ª etapa: Calcular o valor contábil do investimento.

Custo de aquisição = Valor patrimonial do investimento na Dourados + *Goodwill* na Dourados

Custo de aquisição = 1.200.000,00 + 800.000,00

Custo de aquisição = 2.000.000,00

Valor contábil do investimento = Custo de aquisição – Perdas acumuladas por *impairment*

Valor contábil do investimento = 2.000.000,00 – 0,00

Valor contábil do investimento = 2.000.000,00

ATENÇÃO!!!!!!!! Não existe perdas acumuladas por *impairment* até o momento.

3ª etapa: Comparar o valor recuperável com o valor contábil.

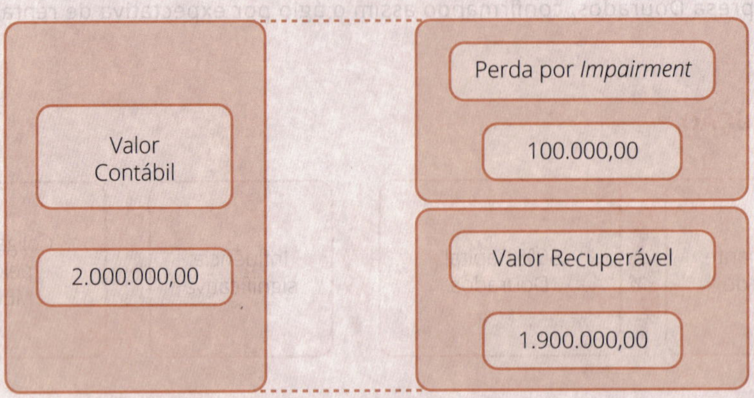

Conclusão, como o valor recuperável do investimento é inferior ao valor contábil líquido, uma **perda por *impairment*** no montante de **100.000,00** será reconhecida. O valor contábil líquido em 31/12/2016 após o reconhecimento da **perda por *impairment*** será de 1.900.000,00.

Gabarito: **B**

04ª QUESTÃO: A Cia Alvorada fabrica e vende o produto x incorrendo em custos e despesas conforme abaixo.

Itens	Valores
Custos fixos anuais	10.000.000,00
Despesas fixas anuais	2.000.000,00
Custos variáveis unitários	2.800,00
Despesas variáveis unitárias	1.200,00

A empresa consegue colocar seu produto, no mercado, a um preço de venda unitário de 6.500,00. Para que a mesma obtenha um lucro anual de 2.000.000,00 é necessário que a empresa:

a) produza e venda 5.600 unidades do produto x.
b) venda, no mínimo, 4.800 unidades do produto x.
c) aumente sua produção em 200 unidades.
d) reduza seus custos fixos em 1.000.000,00.
e) venda 5.000 unidades do produto x.

☛ SOLUÇÃO

Vamos chamar de **Q** a quantidade que a empresa deverá **produzir e vender** para atingir o ponto de equilíbrio econômico, ou seja, para obter um **lucro de 2.000.000,00**.

O **ponto de equilíbrio econômico** é o ponto em que o lucro contábil resultante da atividade empresarial se iguala aos rendimentos do capital próprio da empresa aplicado em outra alternativa de investimento.

1º passo: Calcular a receita total.

Receita Total = Preço de Venda × Q

Receita Total = 6.500,00 × Q

2º passo: Calcular a despesa total.

Custos variáveis unitários	2.800,00
+ Despesas variáveis unitárias	1.200,00
= **Custos variáveis unitários**	**4.000,00**

ATENÇÃO, o custo variável total é obtido por meio da fórmula:

Custo variável total = Custo variável unitário × Q

Custo variável total = 4.000,00 × Q

Despesa Total = Custo variável total + Custo Fixo anual + Despesa Fixa anual

Despesa Total = 4.000,00 × Q + 10.000.000,00 + 2.000.000,00

Despesa Total = 4.000,00 × Q + 12.000.000,00

3º passo: Calcular o ponto de equilíbrio econômico.

No ponto de equilíbrio econômico, temos:

Lucro Esperado = Receita Total – Despesa Total

Em outras palavras, no **ponto de equilíbrio econômico** não importa se a empresa adota o **custeio por absorção** ou **custeio variável**, pois todos os custos e despesas são computados.

2.000.000,00 = 6.500,00 × Q – (4.000,00 × Q + 12.000.000,00)
2.000.000,00 = 6.500,00 × Q – 4.000,00 × Q – 12.000.000,00
2.500,00 × Q = 14.000.000,00
Q = 5.600 unidades

CONCLUSÃO, a empresa deverá produzir e vender **5.600** unidades do produto x para atingir um lucro de 2 milhões de reais.

Gabarito: **A**

05ª QUESTÃO: Conforme mostras a tabela abaixo as contas de resultado da Cia Azul nos períodos de 2014/2015 foram:

Cia AZUL		
Saldo de contas	**2014**	**2015**
CMV	88.000,00	150.000,00
Despesa de venda PCLD – constituição	3.000,00	6.000,00
Despesas administrativas	52.000,00	100.000,00
Despesas de depreciação	15.000,00	20.000,00
Despesas financeiras	18.500,00	23.000,00
Ganhos com vendas de imobilizado	0,00	13.000,00
Outras despesas de vendas	30.000,00	65.000,00
Provisão para Imposto de Renda e Contribuições	4.000,00	8.000,00
Resultado positivo de equivalência patrimonial	3.500,00	6.000,00
Vendas	230.000,00	385.000,00

Levando em conta os dados fornecidos, na identificação do valor do resultado ajustado a ser considerado na elaboração da demonstração do fluxo de caixa, pelo modelo indireto, relativos aos dois períodos, pode-se afirmar que o valor:

a) final ajustado apurado, em 2015, é 36.000,00.
b) apurado, em 2014, é menor que o do exercício de 2015.
c) do resultado ajustado, em 2015, é 45.000,00.

d) do resultado ajustado, em 2014, é 34.500,00.

e) do resultado ajustado, em 2015, é 52.000,00.

☛ SOLUÇÃO

1º passo: Calcular o lucro líquido de 2014.

Demonstração do Resultado do Exercício de 2014	
Vendas	230.000,00
– CMV	(88.000,00)
= Lucro Bruto	142.000,00
– Despesa de venda PCLD	(3.000,00)
– Despesas administrativas	(52.000,00)
– Despesas de depreciação	(15.000,00)
– Outras despesas de vendas	(30.000,00)
+ Resultado positivo de equivalência patrimonial	3.500,00
= Lucro antes do resultado financeiro	45.500,00
– Despesas financeiras	(18.500,00)
= Lucro antes do IR e CSLL	27.000,00
– Provisão para Imposto de Renda e Contribuições	(4.000,00)
= **Lucro Líquido de 2014**	**3.000,00**

2º passo: Calcular o lucro líquido ajustado em 2014.

Fluxo de Caixa Operacional – **Método Indireto**	
Lucro Líquido de 2014	**23.000,00**
1º ajuste: Ajustes oriundos da **DRE**	
+ Depreciação	15.000,00
– Resultado de Equivalência Patrimonial	(3.500,00)
= **Lucro Líquido ajustado de 2014**	**34.500,00**

ATENÇÃO NA PROVA!!!!!! Nós resolvemos várias questões de DFC pelo método indireto, somando as despesas financeiras, para obter o **lucro líquido ajustado**.

Porém, nessa questão, nós **não somamos as despesas financeiras** para ajustar o lucro líquido.

Aí começa a **surgir a uma dúvida**: quando que nós devemos somar as despesas financeiras? Para responder a essa pergunta, nós devemos sempre observar o enunciado da questão. A banca quando informar que as despesas financeiras não foram pagas, isso significa que essas despesas estão atualizando os empréstimos e nesse caso as despesas financeiras não tem efeito caixa e não pertencem as atividades operacionais.

Entretanto, quando a **banca não informar** se as despesas financeiras não foram pagas, na omissão da banca nós consideramos que essas despesas foram pagas e pertencem as atividades operacionais, e **não ajustam** o lucro líquido.

3º passo: Calcular o lucro líquido de 2015.

Demonstração do Resultado do Exercício de 2015	
Vendas	385.000,00
– CMV	(150.000,00)
= Lucro Bruto	235.000,00
– Despesa de venda PCLD	(6.000,00)
– Despesas administrativas	(100.000,00)
– Despesas de depreciação	(20.000,00)
– Outras despesas de vendas	(65.000,00)
+ Resultado positivo de equivalência patrimonial	6.000,00
+ Ganhos com vendas de imobilizado	13.000,00
= Lucro antes do resultado financeiro	63.000,00
– Despesas financeiras	(23.000,00)
= Lucro antes do IR e CSLL	40.000,00
– Provisão para Imposto de Renda e Contribuições	(8.000,00)
= **Lucro Líquido de 2015**	**32.000,00**

4º passo: Calcular o lucro líquido ajustado em 2015.

Fluxo de Caixa Operacional – **Método Indireto**	
Lucro Líquido de 2015	**32.000,00**
1º ajuste: Ajustes oriundos da **DRE**	
+ Depreciação	20.000,00
– Resultado de Equivalência Patrimonial	(6.000,00)
– Ganhos com vendas de imobilizado	(13.000,00)
= **Lucro Líquido ajustado de 2015**	**33.000,00**

Gabarito: **D**

Capítulo 23

Contador TST 2017

01ª QUESTÃO: O balanço patrimonial da empresa Petróleos Profundos S.A. apresentava, em 31/12/2014, a conta de registro de provisões com o saldo de 800.000,00 e a seguinte composição:

Tipo de processo	Provisão reconhecida em 31/12/2014
Trabalhista	300.000,00
Tributário	400.000,00
Ambiental	100.000,00

Em 2015, uma decisão judicial fez com que o valor correspondente ao processo trabalhista fosse revisado para 400.000,00. Um novo processo cível foi movido contra a empresa no mesmo ano e, no final de 2015, foram reavaliadas também as situações dos demais processos. As seguintes informações estavam disponíveis em 31/12/2015:

Tipo de processo	Probabilidade de perda em 31/12/2015	Valor estimado de perda em 31/12/2015
Trabalhista	Provável	400.000,00
Tributário	Possível	350.000,00
Ambiental	Provável	150.000,00
Cível	Possível	80.000,00

O efeito líquido causado na demonstração do resultado de 2015 da empresa Petróleos Profundos S.A., relacionado às provisões apresentadas foi, em reais:

a) redução de 180.000,00.
b) aumento de 250.000,00.
c) redução de 200.000,00.
d) redução de 280.000,00.
e) aumento de 170.000,00.

☛ SOLUÇÃO

UMA DICA PARA A PROVA é lembrar da frase:

Pro Po R uma provisão para contingências.

Montando a tabela com as obrigações presentes que podem ser prováveis, possíveis ou remotas, temos:

Provisão para contingências	Provável	Possível	Remota
Registro contábil	Sim	Não	Não
Divulgação em notas explicativas	Sim	Sim	Não

CONCLUSÃO, apenas os **processos prováveis** de perda pela empresa serão registrados no balanço patrimonial e divulgados em notas explicativas.

Processo	Valor em 2014	Perda em 2015	Valor em 2015	DRE de 2015
Trabalhista	300.000,00	**Provável**	400.000,00	– 100.000,00
Tributário	400.000,00	Possível	350.000,00	+ 400.000,00
Ambiental	100.000,00	**Provável**	150.000,00	– 50.000,00
Cível	0,00	Possível	80.000,00	0,00
Efeitos na DRE de 2015				**+ 250.000,00**

Efeitos na DRE de 2015 = – 100.000,00 + 400.000,00 – 50.000,00

Efeitos na DRE de 2015 = 250.000,00 positivos

Gabarito: **B**

02ª QUESTÃO: Uma empresa adquiriu à vista, em 30/11/2016, mercadorias pelo valor total de 10.000.000,00, sendo que neste valor estavam incluídos os seguintes impostos:

- 1.000.000,00 de impostos não recuperáveis.
- 1.200.000,00 de impostos que são compensados com os impostos incidentes no momento da venda das mercadorias.

No mês de dezembro de 2016 a empresa vendeu 80% das mercadorias que foram adquiridas em 30/11/2016 pelo valor bruto de 9.400.000,00, sendo que os impostos incidentes sobre estas vendas totalizaram 940.000,00. O valor das despesas com frete para a entrega das vendas efetuadas foi 60.000,00. Sabendo-se que não havia saldo de estoque de mercadorias antes da compra de 30/11/2016, o resultado bruto com mercadorias apurado pela empresa no ano de 2016, exclusivamente relacionado com as vendas aqui apresentadas, foi, em reais:

a) 1.360.000,00
b) 2.220.000,00
c) 1.420.000,00
d) 2.360.000,00
e) 3.160.000,00

☛ SOLUÇÃO

Montando as notas fiscais de aquisição das mercadorias e dos fretes e seguros, temos:

ATENÇÃO!!! MUITA ATENÇÃO, AQUI!!!! A banca informa que as mercadorias no montante total de 10.000.000,00 **existem impostos** recuperáveis e não recuperáveis. Portanto, ao montarmos a nota fiscal, nós devemos subtrair do **valor das mercadorias**, os tributos não recuperáveis no montante de 1.000.000,00. **Lembrem-se!!!** Os tributos não recuperáveisnão encontram-se inseridos no **preço das mercadorias**.

Nota Fiscal de Mercadorias	
Mercadorias	9.000.000,00
+ Tributos não recuperáveis	1.000.000,00
= Total da nota fiscal	10.000.000,00
Tributos recuperáveis	1.200.000,00

1° passo: Calcular as compras brutas.

As **compras brutas** (CB) correspondem ao valor das compras acrescidos dos tributos, quer sejam por fora ou por dentro, **recuperáveis ou não**. Em outras palavras, as compras brutas correspondem ao valor **total da nota fiscal** de aquisição das mercadorias.

Compras Brutas = Nota Fiscal de Mercadorias

Compras Brutas = 10.000.000,00

2º passo: Calcular as compras líquidas.

As **compras líquidas** (CL) representam o valor efetivamente **lançado nos estoques**.

CL = CB – Tributos recuperáveis + Fretes/Seguros/Armazenagem – Deduções de compras

Compras Líquidas = 10.000.000,00 (Compras Brutas) – 1.200.000,00 (Tributos recuperáveis)
Compras Líquidas = 8.800.000,00

3º passo: Registro contábil das operações de compra e venda de mercadorias.

(1) Registro contábil das compras à vista (em milhares de reais).

Mercadorias	
(1) 8.800,00	

Tributos Recuperáveis	
(1) 1.200,00	

Disponível	
Saldo Inicial	10.000,00 (1)

4º passo: Registro contábil das vendas.

(2) Registro contábil das vendas brutas no montante de 9.400.000,00.

Disponível	
(2) 9.400.000,00	

Vendas Brutas	
	9.400.000,00 (2)

(3) Registro contábil dos impostos sobre vendas no montante de 940.000,00.

Impostos sobre Vendas	
(3) 940.000,00	

Impostos a Recolher	
	940.000,00 (3)

(4) Registro contábil do custo das mercadorias vendidas.

Mercadorias	
8.800.000,00	7.040.000,00 (4)
1.760.000,00	

CMV	
(4) 7.040.000,00	

CMV = 80% × Mercadorias

CMV = 80% × 8.800.000,00

CMV = 7.040.000,00

Montando a DRE, temos:

Demonstração do Resultado do Exercício	
Vendas Brutas	9.400.000,00
– Impostos sobre Vendas	(940.000,00)
= Vendas Líquidas	8.460.000,00
– Custo das Mercadorias Vendidas	(7.040.000,00)
= **Lucro Bruto**	**1.420.000,00**
– Despesas com fretes	(60.000,00)
= **Lucro antes do resultado financeiro**	**1.360.000,00**

SOLUÇÃO NA PROVA

CL = Fornecedor com tributos – Tributos recuperáveis

Compras Líquidas = 10.000.000,00 – 1.200.000,00

Compras Líquidas = 8.800.000,00

Lucro Bruto = Vendas Líquidas – CMV

Lucro Bruto = 9.400.000,00 – 940.000,00 – 80% × 8.800.000,00

Lucro Bruto = 1.420.000,00

Gabarito: **C**

03ª QUESTÃO: A empresa Só Rodovias S.A. ganhou a concessão para administrar uma rodovia federal e pagou pelo direito de exploração da atividade o valor de 90.000.000,00. O prazo da concessão é 30 anos e, no final do prazo do contrato, o governo reassume a administração da rodovia. A concessão iniciou-se em 01/01/2015 e no final de 2016 a Só Rodovias S.A. identificou que o valor em uso da concessão havia sofrido uma grande redução, pois a quantidade de usuários da rodovia estava bem abaixo do que havia sido projetado quando a concessão foi adquirida. Em 31/12/2016 a empresa realizou o teste de redução ao valor recuperável (teste de *impairment*) e o valor em uso calculado para a concessão foi 75.000.000,00. Na demonstração do resultado do ano de 2016 a empresa deveria:

a) reconhecer uma despesa de amortização no valor de 3.000.000,00, apenas.
b) reconhecer uma despesa de amortização no valor de 3.000.000,00 e uma perda por desvalorização no valor de 12.000.000,00.
c) não reconhecer nenhuma despesa por se tratar de ativo intangível que não deve ser amortizado.
d) reconhecer uma perda por desvalorização no valor de 15.000.000,00, apenas.
e) reconhecer uma despesa de amortização no valor de 3.000.000,00 e uma perda por desvalorização no valor de 9.000.000,00.

☛ SOLUÇÃO

Vida útil do ativo intangível	Amortização	*Impairment test*	Reversão de perda estimada
Definida	Sim	Sim	Sim
Indefinida	Não	Sim	**Sim**
Goodwill	Não	Sim	Não

ATENÇÃO, na tabela podemos verificar o **direito de concessão** é um ativo intangível com vida útil definida, e nesse caso está sujeito ao ***impairment test*** e a **amortização**.

1ª etapa: Calcular o valor recuperável do direito de concessão.

ATENÇÃO, o valor recuperável será sempre o **maior valor**.

Valor justo líquido das despesas de venda	0,00	**MAIOR VALOR**	Valor recuperável = 75.000.000,00
Valor em uso	75.000.000,00		

O valor justo do direito que é **0,00**, pois o direito de concessão **não pode ser negociado**.

Valor recuperável em 2016 = 75.000.000,00

2ª etapa: Calcular o valor contábil do direito de concessão.

NÃO SE ESQUEÇA!!!!!!! O direito de concessão é um ativo intangível com vida útil definida e está sujeito a amortização.

$$\text{Amortização Acumulada em 2016} = (\text{Custo de aquisição} - \text{Valor residual}) \times \frac{\text{Período de utilização}}{\text{Vida útil}}$$

$$\text{Amortização Acumulada em 2016} = (90.000.000{,}00 - 0{,}00) \times \frac{2\text{ anos}}{30\text{ anos}}$$

Amortização Acumulada em 2016 = 6.000.000,00

Valor contábil = Custo de Aquisição – Amortização Acumulada – Perdas Acumuladas por *Impairment*

Valor contábil em 31/12/2016 = 90.000.000,00 – 6.000.000,00
Valor contábil em 31/12/2016 = 84.000.000,00

3ª etapa: Comparar o valor recuperável com o valor contábil.

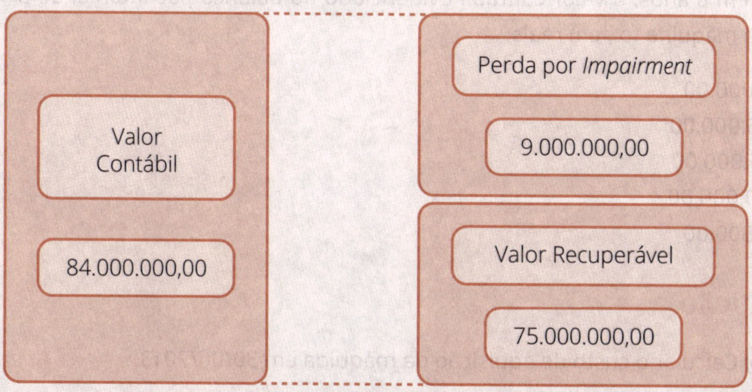

CONCLUSÃO, como o valor recuperável do direito de concessão é inferior ao valor contábil líquido, uma **perda por *impairment*** no montante de **9.000.000,00** será reconhecida. O valor contábil líquido em 31/12/2016 após o reconhecimento da **perda por *impairment*** será de 75.000.000,00.

ATENÇÃO, a despesa de amortização em 2015 será:

$$\text{Amortização em 2015} = (\text{Custo de aquisição} - \text{Valor residual}) \times \frac{\text{Período de utilização}}{\text{Vida útil}}$$

$$\text{Amortização em 2015} = (90.000.000,00 - 0,00) \times \frac{1 \text{ ano}}{30 \text{ anos}}$$

Amortização em 2015 = 3.000.000,00

Gabarito: **E**

04ª QUESTÃO: Uma máquina foi adquirida em 30/06/2013 pelo valor de 17.700.000,00, o qual foi pago após 18 meses da data da aquisição. A taxa de juros implícita na compra foi 0,924% ao mês que corresponde a 18% no prazo concedido pelo vendedor da máquina. A empresa definiu a vida útil da máquina em 10 anos de utilização e calcula a despesa de depreciação em função do tempo decorrido. No início do prazo de utilização da máquina a empresa identificou que o valor residual estimado para sua venda no final da vida útil seria 3.000.000,00. No início do ano de 2016 a empresa identificou que o valor residual no final da vida útil foi reduzido para 1.500.000,00. Sabendo-se que não houve necessidade de redução do valor contábil da máquina e que a vida útil da mesma para fins fiscais é definida em 8 anos, o valor contábil evidenciado no balanço patrimonial de 31/12/2016 para esta máquina foi, em reais:

a) 9.750.000,00
b) 12.555.000,00
c) 12.355.000,00
d) 10.600.000,00
e) 8.437.500,00

SOLUÇÃO

1º passo: Calcular o custo de aquisição da máquina em 30/06/2013.

O custo de aquisição da máquina corresponde ao valor presente da máquina em 30/06/2013.

$$\text{Custo de Aquisição} = \frac{\text{Valor a Prazo}}{(1 + 0,924\%)^{18}}$$

ATENÇÃO, segundo os dados da banca, temos: $(1 + 0{,}924\%)^{18} \approx 1{,}18$

$$\text{Custo de Aquisição} = \frac{\text{Valor a Prazo}}{1{,}18}$$

$$\text{Custo de Aquisição} = \frac{17.700.000{,}00}{1{,}18}$$

Custo de Aquisição = 15.000.000,00

Segundo o CPC 27 que trata do ativo imobilizado, o **valor residual e a vida útil** de um ativo **são revisados** pelo menos ao **final de cada exercício** e, se as expectativas diferirem das estimativas anteriores, a mudança deve ser contabilizada como **mudança de estimativa contábil**, segundo o CPC 23 que trata das políticas contábeis, mudança de estimativa e retificação de erro.

Itens	2013	2016
Custo de aquisição	15.000.000,00	15.000.000,00
Valor residual	3.000.000,00	1.500.000,00
Vida útil econômica	10 anos	**7,5 anos**

ATENÇÃO, analisando a tabela, podemos verificar que o **valor residual e a vida útil econômica** sofrem alterações de valores com o passar dos anos. O mesmo não ocorre com o **custo de aquisição** no montante de 15.000.000,00, que permanece constante com o decorrer dos anos.

2º passo: Calcular a depreciação acumulada em 31/12/2015.

Segundo o CPC 01, o valor contábil líquido é calculado de acordo com a **vida útil** da máquina, em outras palavras, a máquina é depreciada a princípio em 10 anos. A **depreciação fins fiscais** definida em **8 anos não é utilizada no cálculo do valor contábil líquido**, pois a sua única finalidade é deduzir a base de cálculo do imposto de renda.

$$\text{Depreciação Acumulada} = (\text{Custo de aquisição} - \text{Valor residual}) \times \frac{\text{Período de utilização}}{\text{Vida útil}}$$

$$\text{Depreciação Acumulada em 2015} = (15.000.000{,}00 - 3.000.000{,}00) \times \frac{2{,}5 \text{ anos}}{10 \text{ anos}}$$

Depreciação Acumulada em 2015 = 3.000.000,00

3º passo: Calcular a depreciação de 2016.

No início de 2016 foi realizado o **teste de *impairment*** no equipamento, e nessa data, a companhia obteve que o **valor residual foi reduzido para 1.500.000,00**.

ATENÇÃO, AQUI ESTÁ A PEGADINHA MALICIOSA DA BANCA! Segundo a banca a vida útil do equipamento **não foi alterada**, apenas o valor residual sofreu alteração. Mas como foi realizado o **teste de *impairment*** e houve **alteração no valor residual do equipamento**, a nova vida útil para efeitos de depreciação será de **7,5 anos**.

Nova vida útil após o *impairment* = Vida útil econômica em 30/06/2013 – Período de utilização

Nova vida útil após o *impairment* = 10 anos – 2,5 anos
Nova vida útil após o *impairment* = **7,5 anos**

Portanto, a nova fórmula de depreciação será:

$$\text{Depreciação} = (\text{Custo de aquisição} - \text{Depreciação Acumulada} - \text{Valor residual}) \times \frac{\text{Período de utilização}}{\text{Nova vida útil}}$$

$$\text{Depreciação em 2016} = (15.000.000{,}00 - 3.000.000{,}00 - 1.500.000{,}00) \times \frac{1 \text{ ano}}{7{,}5 \text{ anos}}$$

Depreciação em 2016 = 1.400.000,00

4º passo: Calcular a depreciação acumulada em 2016.

Depreciação Acumulada em 2016 = Depreciação Acumulada em 2015 + Depreciação de 2016

Depreciação Acumulada em 2016 = 3.000.000,00 + 1.400.000,00
Depreciação Acumulada em 2016 = 4.400.000,00

5º passo: Calcular o valor contábil em 31/12/2016.

Valor Contábil = Custo de Aquisição – Depreciação Acumulada

Valor Contábil = 15.000.000,00 – 4.400.000,00
Valor Contábil = 10.600.000,00

Gabarito: **D**

05ª QUESTÃO: Um empréstimo no valor de 5.000.000,00 foi obtido à taxa de juros compostos de 1,4% ao mês para ser liquidado em uma única parcela no final de 15 meses. A data de obtenção do empréstimo foi 01/12/2016 e nesta mesma data a empresa pagou despesas relacionadas com o contrato (custos de transação) no valor de 300.000,00. Sabendo-se que a taxa de custo efetivo da operação era 1,82% ao mês, o valor evidenciado na demonstração do resultado de 2016, correspondente exclusivamente ao empréstimo obtido foi, em reais:

a) 85.540,00
b) 91.000,00
c) 70.000,00
d) 65.800,00
e) 370.000,00

SOLUÇÃO

1º passo: Calcular a captação líquida em 01/12/2016.

Captação Líquida = Valor do contrato – Custos de transação

Captação Líquida = 5.000.000,00 – 300.000,00
Captação Líquida = 4.700.000,00

2º passo: Calcular os encargos financeiros em 31/12/2016.

Encargos Financeiros de 2016 = Taxa efetiva × Captação Líquida

Encargos Financeiros de 2016 = 1,82% × 4.700.000,00
Encargos Financeiros de 2016 = 85.540,00

Gabarito: **A**

06ª QUESTÃO: Em 31/01/2016, o valor registrado no patrimônio líquido da empresa Refrigerantes Adocicados era 90.000.000,00. Nesta data, a empresa Todas Bebidas adquiriu 70% das ações com direito a voto da Refrigerantes Adocicados e passou a controlá-la. O preço pago pela aquisição foi 65.000.000,00 e o valor justo líquido dos ativos e passivos identificáveis da Refrigerantes Adocicados era, nesta mesma data, 100.000.000,00. A diferença entre o valor justo líquido dos ativos e passivos identificáveis e o patrimônio líquido registrado da empresa Refrigerantes Adocicados é decorrente da avaliação a valor justo de um terreno registrado no balanço patrimonial da empresa. Sabendo-se que no ano de 2016 a empresa Refrigerantes Adocicados apurou lucro líquido de 10.000.000,00, o efeito total evidenciado no resultado de 2016 da empresa Todas Bebidas, decorrente exclusivamente da aquisição da participação societária foi, em reais:

a) 7.000.000,00
b) 12.000.000,00
c) 14.000.000,00
d) 5.000.000,00
e) 11.900.000,00

☛ SOLUÇÃO

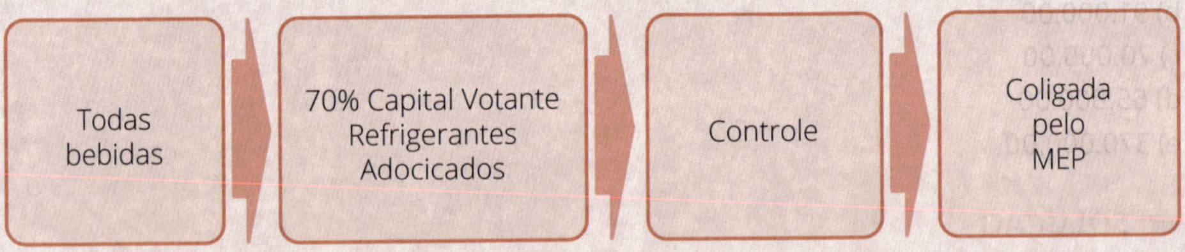

1º passo: Calcular o valor patrimonial do investimento na empresa Refrigerantes Adocicados.

Valor patrimonial do investimento = 70% × PL a valor contábil da empresa Refrigerantes Adocicados

Valor patrimonial do investimento = 70% × 90.000.000,00
Valor patrimonial do investimento = 63.000.000,00

2º passo: Calcular o valor justo do investimento na empresa Refrigerantes Adocicados.

Valor justo do investimento = 70% × PL a valor justo da empresa Refrigerantes Adocicados

Valor justo do investimento = 70% × 100.000.000,00
Valor justo do investimento = 70.000.000,00

3º passo: Calcular o ganho por compra vantajosa.

Ganho por Compra Vantajosa = Valor justo do investimento – Valor pago no investimento

Ganho por Compra Vantajosa = 70.000.000,00 – 65.000.000,00
Ganho por Compra Vantajosa = 5.000.000,00

O ganho por compra vantajosa deve ser reconhecido como **receita no resultado do exercício** do investidor, no período em que o investimento foi adquirido.

4º passo: Calcular o ágio por mais-valia de ativos líquidos.

Ágio por mais-valia = Valor justo do investimento – Valor patrimonial do investimento

Ágio por mais-valia = 70.000.000,00 – 63.000.000,00
Ágio por mais-valia = 7.000.000,00

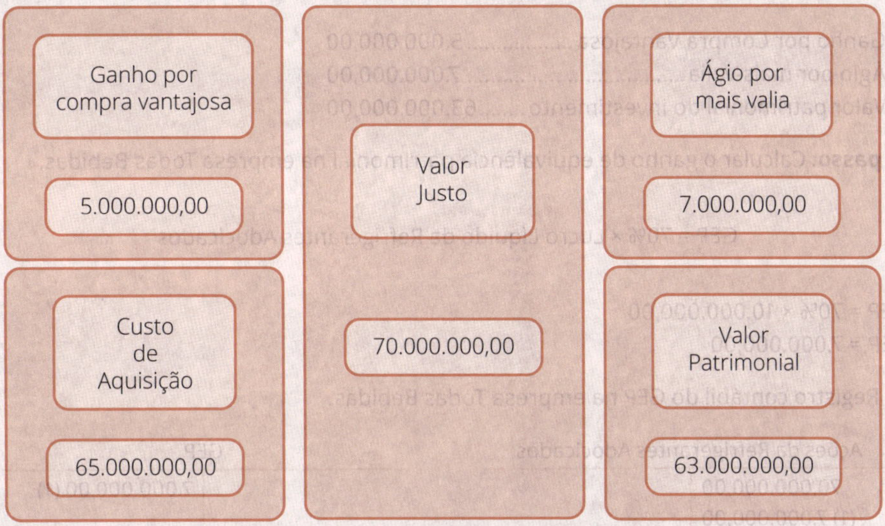

5º passo: Registro da aquisição dos investimentos na empresa Todas Bebidas.

Investimentos na Refrigerantes Adocicados 63.000.000,00
Ágio por mais-valia.. 7.000.000,00
a Disponibilidades.. 65.000.000,00
a Ganho por Compra Vantajosa..5.000.000,00

CUIDADO EXTRA!!!!!!!!!

A conta de investimentos **deve ser detalhada em notas explicativas** quanto aos seus três componentes, se existirem: valor patrimonial do investimento, ágio por mais-valia e *goodwill*.

Balanço Patrimonial → Investimentos de 70.000.000,00 → Notas Explicativas → Os componentes do Investimento

Segundo o gráfico acima, no balanço patrimonial, a empresa deverá (**obrigação**) de acordo com as normas *IFRS* divulgar na conta investimentos o valor de 70.000.000,00, enquanto que nas **notas explicativas** essa conta de investimentos será discriminada nos seguintes componentes:

- Ganho por Compra Vantajosa 5.000.000,00
- Ágio por mais-valia 7.000.000,00
- Valor patrimonial do investimento 63.000.000,00

6º passo: Calcular o ganho de equivalência patrimonial na empresa Todas Bebidas.

GEP = 70% × Lucro Líquido da Refrigerantes Adocicados

GEP = 70% × 10.000.000,00
GEP = 7.000.000,00

(1) Registro contábil do GEP na empresa Todas Bebidas.

Ações da Refrigerantes Adocicados	
70.000.000,00	
(1) 7.000.000,00	
77.000.000,00	

GEP	
	7.000.000,00 (1)

DRE da empresa Todas Bebidas = Ganho por Compra Vantajosa + GEP

DRE da empresa Todas Bebidas = 5.000.000,00 + 7.000.000,00
DRE da empresa Todas Bebidas = 12.000.000,00

Gabarito: **B**

07ª QUESTÃO: A conta aplicações financeiras apresentava a seguinte composição no balanço patrimonial de uma empresa, publicado em 31/12/2015:

Títulos mantidos até o vencimento....................100.000,00
Títulos destinados para venda imediata
Valor do custo amortizado 80.000,00
Ajuste a valor justo 5.000,00
Valor total da conta aplicações financeiras........185.000,00

Os títulos mantidos até o vencimento remuneram à taxa de juros de 10% ao ano, enquanto os títulos destinados para venda imediata remuneram à taxa de juros de 8% ao ano. Os valores justos destes títulos, em 31/12/2016, eram os seguintes:

Categoria dos títulos	Valor justo em 31/12/2016
Títulos mantido até o vencimento	112.000,00
Títulos destinados para venda imediata	92.000,00

O valor total que afetou o resultado da empresa em 2016, decorrente das duas aplicações foi, em reais:

a) 16.800,00
b) 16.400,00
c) 17.000,00
d) 19.000,00
e) 24.000,00

☛ SOLUÇÃO

Segundo o CPC 48 que trata dos instrumentos financeiros, a entidade pode adotar as seguintes classificações para um ativo financeiro:

- custo amortizado
- valor justo por meio do resultado (**VJR**)
- valor justo por meio de outros resultados abrangentes (**VJORA**)

Essa **classificação** deve ter por base as características de **fluxo de caixa contratual** do ativo financeiro e o **modelo de negócios** da entidade para a gestão dos ativos financeiros.

Classificação do ativo financeiro = Características do fluxo de caixa contratual + Modelo de negócios

Fazendo um paralelo com a **classificação antiga**, temos:

Classificação ANTIGA	Classificação ATUAL	Rendimentos	Ajustes ao valor justo
Mantido até o vencimento	Custo amortizado	DRE	Não tem ajuste
Destinados à venda imediata	VJR	DRE	DRE
Disponível para venda futura	VJORA	DRE	Na conta AAP do PL

Juros ativos = Taxa efetiva × Custo de aquisição do título

Os **juros ativos** resultantes da aplicação dos títulos mensurados ao **VJR, custo amortizado** e **VJORA** vão para o resultado do exercício (**DRE**).

No encerramento do exercício, comparamos o **valor pela curva do papel** dos títulos com o seu **valor justo**, e dependendo da **classificação** desses títulos, **não haverá** ajustes ou os ajustes podem ir para a **DRE** ou **AAP**.

Classificação ATUAL	Rendimentos	Mensuração pela curva do papel	Ajustes ao valor justo
Custo amortizado	DRE	Custo de aquisição + Juros ativos	Não tem ajuste
VJR	DRE	Custo de aquisição + Juros ativos	+/– DRE
VJORA	DRE	Custo de aquisição + Juros ativos	+/– AAP do PL

Mensuração pela curva do papel = Custo de aquisição + Juros ativos

1º passo: Calcular os rendimentos pela taxa efetiva de cada título e o valor pela curva do papel.

Custo	Taxa efetiva	Mensuração definida pela empresa	Juros ativos	Curva do papel
100.000,00	10% a.a.	Custo amortizado	10.000,00	110.000,00
85.000,00	8% a.a.	VJR	6.800,00	91.800,00

2º passo: Ajustar o valor pela curva do papel ao valor justo.

Classificação	Valor pela curva do papel	Valor justo	Ajuste ao valor justo
Custo amortizado	110.000,00	112.000,00	Não tem ajuste
VJR	91.800,00	92.000,00	+ 200,00

CONCLUSÃO, o valor total evidenciado no resultado da empresa em 2015, será:

DRE = Juros do Custo amortizado + Juros do VJR + Juros ajuste do VJR

DRE = 10.000,00 + 6.800,00 + 200,00
DRE = 17.000,00

Gabarito: **C**

08ª QUESTÃO: A empresa Enfeites de Natal S.A. realizou, em 31/12/2015, as seguintes vendas de mercadorias:

- Vendas à vista no valor de 1.500.000,00.
- Vendas a prazo no valor de 1.650.000,00, para ser recebido em 31/12/2016.

Na data da venda, a taxa de juros que estava sendo praticada pela empresa nas vendas a prazo era 10% ao ano. A empresa deveria reconhecer, exclusivamente em relação às vendas efetuadas em 31/12/2015, receita de vendas no valor, em reais, de:

a) 3.150.000,00 no resultado do ano de 2015.

b) 1.500.000,00 no resultado do ano de 2015 e receita de vendas no valor de 1.650.000,00 no resultado do ano de 2016.

c) 1.575.000,00 no resultado do ano de 2015 e receita de vendas no valor de 1.575.000,00 no resultado do ano de 2016.

d) 1.500.000,00 no resultado do ano de 2015, receita de vendas no valor de 1.500.000,00 no resultado do ano de 2016 e receita financeira no valor de 150.000,00 no resultado do ano de 2016.

e) 3.000.000,00 no resultado do ano de 2015 e receita financeira no valor de 150.000,00 no resultado do ano de 2016.

☛ SOLUÇÃO

1º passo: Calcular as vendas a prazo a valor presente.

$$\text{Vendas a prazo a valor presente} = \frac{\text{Vendas a prazo}}{1 + \text{Taxa de juros}}$$

$$\text{Vendas a prazo a valor presente} = \frac{1.650.000{,}00}{1{,}10}$$

Vendas a prazo a valor presente = 1.500.000,00

2º passo: Calcular as receitas financeiras a transcorrer.

AVP de Vendas = Vendas a prazo – Vendas a prazo a valor presente

AVP de Vendas = 1.650.000,00 – 1.500.000,00
AVP de Vendas = 150.000,00

3º passo: Registro contábil das vendas (à vista e a prazo) em 31/12/2015.

(1) Registro contábil das vendas à vista.

Disponível	
(1) 1.500.000,00	

Vendas Brutas	
	1.500.000,00 (1)

(2) Registro contábil das vendas a prazo em 31/12/2015.

Duplicatas a Receber	
(2) 1.650.000,00	

Vendas Brutas	
	1.500.000,00
	1.650.000,00 (2)
	3.150.000,00

(3) Registro contábil das receitas financeiras a transcorrer nas vendas a prazo em 31/12/2015.

Receitas Financeiras a Transcorrer	
	150.000,00 (3)

AVP de Vendas Brutas	
(3) 150.000,00	

(4) Registro contábil das receitas financeiras transcorridas em 2016.

Receitas financeiras em 2016 = Taxa mensal × Vendas a valor presente em 31/12/2015

Receitas financeiras em 2016 = 10% × 1.500.000,00
Receitas financeiras em 2016 = 1.500.000,00

Receitas Financeiras a Transcorrer	
(4) 150.000,00	150.000,00

Receitas Financeiras	
	150.000,00 (4)

4º passo: Montar a DRE em 31/12/2015.

Demonstração do Resultado do Exercício	
Vendas Brutas	3.150.000,00
– AVP de Vendas Brutas	(150.000,00)
= Vendas Líquidas	3.000.000,00
+ Receitas Financeiras	0,00
= Lucro Líquido	3.000.000,00

5º passo: Montar o balanço patrimonial em 31/12/2015.

Ativo		Passivo	
Ativo Circulante		**Patrimônio Líquido**	
Disponível	1.500.000,00	Lucros Acumulados	3.000.000,00
AÑC RLP			
Duplicatas a Receber	1.650.000,00		
Rec. Fin. a Transcorrer	(150.000,00)		
Total	3.000.000,00	Total	3.000.000,00

CONCLUSÃO, da DRE temos que a Cia. Rapidinha em 01/12/2016 reconheceu 2.500.000,00 como receita de vendas, e **receita financeira de 20.000,00**, em 31/12/2016.

SOLUÇÃO NA PROVA

Vendas no resultado de 2015 = Vendas à vista + Vendas a valor presente

$$\text{Vendas no resultado de 2015} = 1.500.000,00 + \frac{1.650.000,00}{1,10}$$

Vendas no resultado de 2015 = 3.000.000,00

Receitas Financeiras = Taxa anual × Vendas a valor presente em 31/12/2015

Receitas financeiras em 31/12/2016 = 10% × 1.500.000,00
Receitas financeiras em 31/12/2016 = 150.000,00

Analisando as alternativas, temos:

a) Errada. A empresa reconheceu em 2015 receitas de vendas de **3.000.000,00**.

b) Errada. A empresa reconheceu em 2015 integralmente as receitas de vendas de **3.000.000,00**.

c) Errada. A empresa reconheceu em 2015 integralmente as receitas de vendas de **3.000.000,00**.

d) Errada. A empresa reconheceu em 2015 integralmente as receitas de vendas de **3.000.000,00**, e receitas financeiras em 2016 no montante de **150.000,00**.

e) Correta. A empresa reconheceu em 2015 integralmente as receitas de vendas de 3.000.000,00 e receitas financeiras no valor de 150.000,00 no resultado de 2016.

Gabarito: **E**

09ª QUESTÃO: A demonstração do resultado do ano de 2015 da empresa de ventiladores Bons Ventos S.A. é apresentada abaixo:

Demonstração do Resultado do Período: 01/01/2015 a 31/12/2015	
Receitas de Vendas	40.800,00
− Custo das Mercadorias Vendidas	(26.200,00)
= Resultado com Mercadorias	14.600,00
− Depreciação	(1.200,00)
− Outras despesas operacionais	(11.800,00)
+ Resultado de Equivalência Patrimonial	600,00
+ Resultado antes dos efeitos financeiros	2.200,00
− Despesas Financeiras	(1.000,00)
= Resultado após os efeitos financeiros	1.200,00
+ Lucro na venda de terrenos	1.400,00
= Resultado antes de Impostos e Participações	2.600,00
− Despesa com Imposto de Renda	(780,00)
= Resultado Líquido	1.820,00

Os saldos de algumas contas constantes dos balanços patrimoniais da empresa, em 31/12/2014 e 31/12/2015 são:

Nome da conta	31/12/2014	31/12/2015
Contas a receber de clientes	5.600,00	9.600,00
Estoques	6.600,00	9.800,00
Fornecedores	6.600,00	8.540,00
Imposto de Renda a pagar	–	780,00

Sabendo que as despesas financeiras contabilizadas no resultado de 2015 não foram pagas, o valor correspondente ao caixa das atividades operacionais gerado pela empresa no ano de 2015 foi, em reais:

a) negativo de 3.460,00
b) negativo de 1.060,00
c) 2.420,00
d) 2.020,00
e) negativo 2.460,00

☛ SOLUÇÃO

SOLUÇÃO NA PROVA

Na prova, calculamos o caixa líquido consumido no FCO pelo **método indireto**, que é o mais rápido nessa questão. **Mas muita atenção!** Na prova não é necessário calcular a variação de cada conta do ativo e do passivo circulantes, pois isso consome tempo, e o tempo é um artigo de luxo na prova. Com a finalidade de ganhar agilidade, nós calculamos apenas as **variações dos ativos e passivos circulantes** e somamos essas variações ao **lucro líquido ajustado**.

Ativo Circulante	31/12/2015	31/12/2016	Passivo Circulante	31/12/2015	31/12/2016
Clientes	5.600,00	9.600,00	Fornecedores	6.600,00	8.540,00
Estoques	6.600,00	9.800,00	IR a Pagar	–	780,00
Total	**12.200,00**	**19.400,00**	**Total**	**6.600,00**	**9.320,00**

Variação do AC = AC em 2016 – AC em 2015
Variação do AC = 19.400,00 – 12.200,00
Variação do AC = **aumento** de 7.200,00

Variação do PC = PC em 2016 – PC em 2015
Variação do PC = 9.320,00 – 6.600,00
Variação do PC = **aumento** de 2.720,00

Lembrem-se dos ajustes relacionados com as variações dos ativos circulantes e passivos circulantes.	
Aumento do AC é um **ajuste negativo** na DFC.	**Aumento** do PC é um **ajuste positivo** na DFC.
Redução do AC é um ajuste positivo na DFC.	Redução do PC é um ajuste negativo na DFC.

Fluxo de Caixa Operacional – **Método Indireto**	
Lucro Líquido	**1.820,00**
1º ajuste: Ajustes oriundos da **DRE**	
+ Depreciação	1.200,00
– Resultado de Equivalência Patrimonial	(600,00)
+ Despesas Financeiras	1.000,00
– Lucro na venda do terreno	(1.400,00)
= **Lucro Líquido ajustado**	**2.020,00**
2º ajuste: Ajustes oriundos do **BP**	
– Aumento do AC	(7.200,00)
+ Aumento do PC	2.720,00
= **Caixa líquido consumido no FCO**	**(2.460,00)**

Gabarito: **E**

10ª QUESTÃO: Uma empresa adota o método da média ponderada móvel para avaliação do estoque do único produto que comercializa e não incide qualquer tributo na compra e na venda. Em 02/01/2016, o estoque era composto de 400 unidades registradas pelo valor de 400.000,00. As transações relacionadas com a compra e venda do produto no ano de 2016 são apresentadas abaixo, em ordem cronológica:

Mês	Transação
Fevereiro	Compra de 200 unidades ao preço unitário de 900,00.
Março	Devolução de 30 unidades da compra realizada no mês de fevereiro, por defeitos identificados após a conferência pelo setor de compras.

Abril	Obtenção de abatimento no valor de 5.800,00 sobre as unidades remanescentes da compra realizada no mês de fevereiro.
Agosto	Compra de 100 unidades ao preço unitário de 1.094,00.
Outubro	Venda de 90% das unidades disponíveis no estoque nesta data pelo preço unitário de 1.000,00.
Novembro	Pagamento de frete no valor de 800,00 referente à venda realizada em outubro.
Dezembro	Identificação e pagamento de frete no valor de 670,00 da compra realizada em agosto.

O saldo da conta de estoque evidenciado no balanço patrimonial de 31/12/2016 foi, em reais:

a) 66.240,00
b) 65.660,00
c) 66.910,00
d) 66.330,00
e) 67.130,00

SOLUÇÃO

No sistema de inventário permanente mensurado pelo critério da média ponderada móvel, **a cada nova aquisição**, o custo médio das mercadorias altera e influencia diretamente o custo das mercadorias vendidas.

ATENÇÃO, pois essa questão **deveria ter sido anulada**. Com a finalidade de identificar o erro cometido pela banca, vamos resolver a questão de duas formas.

1ª forma: Solução segundo a banca.

Data	Entradas			Saídas			Saldo final de estoques		
	Q	**Custo unitário**	**Total**	**Q**	**Custo unitário**	**Total**	**Q**	**Custo unitário**	**Total**
Jan	–	–	–	–	–	–	400	1.000,00	400.000,00
Fev	200	900,00	180.000,00	–	–	–	600	966,67	580.000,00
Mar	(30)	900,00	(27.000,00)	–	–	–	570	970,18	553.000,00
Abr	–	–	(5.800,00)	–	–	–	570	960,00	547.200,00
Ago	100	1.094,00	109.400,00	–	–	–	670	980,00	656.600,00
Out	–	–	–	603	980,00	590.940,00	67	980,00	65.660,00

ATENÇÃO, o examinador cometeu um grave erro na solução dessa questão, pois ao informar que em dezembro de 2016, foi identificado o pagamento de frete no valor de 670,00 da compra realizada em agosto, o correto seria incluir esse valor no custo de aquisição das mercadorias. Portanto, segundo o entendimento da banca, o saldo final de estoques evidenciado no balanço patrimonial de 31/12/2016, será:

Estoques em 31/12/2016 = Saldo em outubro de 2016

Estoques em 31/12/2016 = 65.660,00

2ª forma: Solução correta.

CUIDADO, pois em agosto de 2016 a empresa adquiriu 100 unidades com a incidência de fretes no montante de 670,00. Nesse caso, o valor dos fretes no montante de 670,00 compõem o custo de aquisição dos estoques.

Data	Entradas			Saídas			Saldo final de estoques		
	Q	Custo unitário	Total	Q	Custo unitário	Total	Q	Custo unitário	Total
Jan	–	–	–	–	–	–	400	1.000,00	400.000,00
Fev	200	900,00	180.000,00	–	–	–	600	966,67	580.000,00
Mar	(30)	900,00	(27.000,00)	–	–	–	570	970,18	553.000,00
Abr	–	–	(5.800,00)	–	–	–	570	960,00	547.200,00
Ago	100	1.094,00	110.070,00	–	–	–	670	981,00	657.270,00
Out	–	–	–	603	981,00	591.543,00	67	981,00	65.727,00

CONCLUSÃO, o estoque final em dezembro será:

Estoques em 31/12/2016 = Saldo em outubro de 2016

Estoques em 31/12/2016 = 65.727,00

Estoques em 31/12/2016 = Saldo em outubro de 2016

ATENÇÃO! A questão deveria ter sido anulada, pois não existe resposta correta.

Gabarito Oficial: **D**

Capítulo 24

Contador TRE SP 2017

01ª QUESTÃO: Um dos mais importantes títulos do mercado financeiro são as debêntures. Com elas, as empresas podem se financiar de acordo com o fluxo de caixa que melhor se adeque à sua estratégia de financiamento. As empresas podem emitir debêntures com prêmio, ou seja, valores recebidos na emissão de debêntures acima do valor nominal determinado para a liquidação desses valores mobiliários. De acordo com a legislação vigente, esse prêmio é tratado como:

a) reserva de capital, no patrimônio líquido.
b) prêmio a amortizar, no passivo.
c) custos a amortizar, como redutora de passivo.
d) prêmio a amortizar, no patrimônio líquido.
e) receita financeira, no resultado do período.

☛ SOLUÇÃO

Ocorre emissão **acima do par** quando a empresa emite **debêntures com ágio**, mais conhecido como **prêmios na emissão de debêntures**.

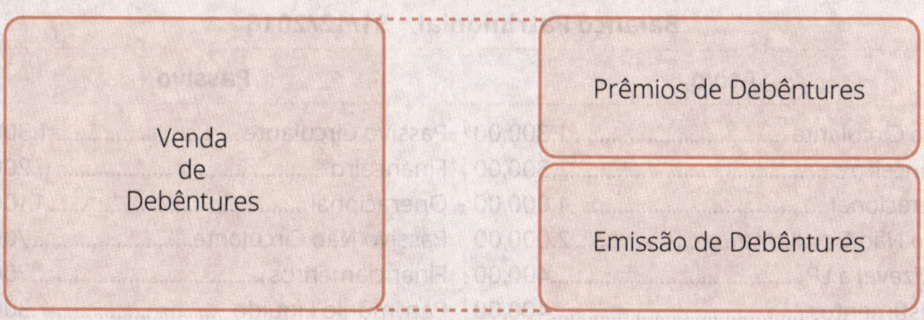

Analisando o gráfico acima, podemos observar que a empresa emitiu debêntures por 10.000,00, mas como essas debêntures eram atraentes no mercado, os investidores pagaram 12.000,00 pelas mesmas, gerando um ágio (**prêmio na emissão de debêntures**) de 2.000,00. Montando o balanço patrimonial, temos:

Ativo	Passivo
Ativo Circulante	**Passivo Não Circulante**
Caixa 12.000,00	Debêntures a pagar 10.000,00
	Prêmios de debêntures a apropriar...2.000,00
Total........ 12.000,00	Total........ 12.000,00

Segundo a **lei nº 12.973/14**, a pessoa jurídica contabilizará os **prêmios** na emissão de debêntures no **passivo não circulante** na conta prêmios de debêntures a amortizar e deverá (**obrigação**) reconhecer o valor do prêmio na emissão de debêntures em conta do resultado do exercício pelo regime de competência e poderá (**faculdade**) destinar o valor referente à parcela do lucro líquido do exercício decorrente do prêmio na emissão de debêntures na constituição da reserva de lucros específica.

De acordo com a lei nº 12.973/14, para fins do limite de que trata o artigo 199 da lei nº 6.404/76, a reserva de lucros específica terá o mesmo tratamento dado à reserva de incentivo fiscal, prevista no artigo 195-A da lei nº 6.404/76.

A empresa poderá destinar para a reserva de lucros específica a parcela do lucro líquido decorrente da receita apropriada da conta dos prêmios de debêntures a apropriar, que poderá (**faculdade**) ser excluída da base de cálculo dos dividendos obrigatórios e do lucro real.

Gabarito: **B**

02ª QUESTÃO: A Cia. Jericoacoara S. A. apresentava os seguintes valores em seu balanço patrimonial:

Balanço Patrimonial – 31/12/2016	
Ativo	**Passivo**
Ativo Circulante 1.300,00	Passivo Circulante 1.300,00
Financeiro 300,00	Financeiro 200,00
Operacional........1.000,00	Operacional........ 1.100,00
Ativo Não Circulante........ 2.000,00	Passivo Não Circulante........700,00
Realizável a LP........400,00	Financiamentos 700,00
Investimentos 400,00	Patrimônio Líquido 1.300,00
Imobilizado........1.200,00	Capital Social........1.000,00
	Reservas de Lucro........300,00
Total........ 3.300,00	Total........ 3.300,00

Com base nas informações acima, o índice de:

a) endividamento em relação ao PL é igual a 100%.
b) imobilização do PL é igual a 2.
c) liquidez corrente é igual a 1,5.
d) liquidez geral é igual a 0,85.
e) composição do endividamento é igual 39%.

SOLUÇÃO

Analisando as alternativas, temos:

a) Errada. O endividamento em relação ao PL é igual a **154%**.

O **grau de endividamento** demonstra o montante de recursos que a empresa obteve de capital de terceiros para cada real de capital próprio. Quanto maior o grau de endividamento, maior é a possibilidade de falência de uma empresa. **Atenção na prova**, pois o examinador pede o **grau de endividamento** em relação ao patrimônio líquido.

$$\text{Grau de Endividamento} = \frac{\text{Passivo Circulante} + \text{Passivo Não Circulante}}{\text{Patrimônio Líquido}} \times 100\%$$

$$\text{Grau de Endividamento} = \frac{1.300,00 + 700,00}{1.300,00} \times 100\%$$

Grau de Endividamento = 154%

b) Errada. A imobilização do PL é igual a **1,23**.

O **grau de imobilização do patrimônio líquido** demonstra o montante de recursos que a empresa aplicou no AÑC Investimentos, Imobilizado e Intangível para cada real de capital próprio. Quanto menor esse índice, melhor é para a empresa, pois quanto mais recursos a empresa investe no AÑC Investimentos, Imobilizado e Intangível, mais dependente de capital de terceiros ela se torna para o seu capital de giro.

$$\text{Imobilização do PL} = \frac{\text{AÑC (Investimentos + Imobilizado + Intangível)}}{\text{Patrimônio Líquido}} \times 100\%$$

$$\text{Imobilização do PL} = \frac{400,00 + 1.200,00}{1.300,00} \times 100\%$$

Imobilização do PL = 1,23

c) Errada. A liquidez corrente é igual a **1,0**.

A liquidez corrente ou **liquidez comum** avalia a capacidade de pagamento das obrigações de curto prazo que uma empresa possui, utilizando as suas disponibilidades e os direitos de curto prazo.

$$\text{Liquidez Corrente} = \frac{\text{Ativo Circulante}}{\text{Passivo Circulante}}$$

$$\text{Liquidez Corrente} = \frac{1.300,00}{1.300,00}$$

Liquidez Corrente = 1,0

d) Correta. O índice de liquidez geral é igual a 0,85.

A **liquidez geral** avalia a capacidade de pagamento das obrigações de curto e longo prazos que uma empresa possui, utilizando as disponibilidades e os direitos de curto e longo prazos.

$$\text{Liquidez Geral} = \frac{\text{Ativo Circulante + AÑC Realizável a Longo Prazo – Despesas Antecipadas}}{\text{Passivo Circulante + Passivo Não Circulante}}$$

$$\text{Liquidez Geral} = \frac{1.300,00 + 400,00}{1.300,00 + 700,00}$$

Liquidez Geral = 0,85

e) Errada. A composição do endividamento é igual **65%**.

A **composição do endividamento** avalia o montante das **obrigações de curto** em relação à **dívida total** da empresa.

$$\text{Composição do Endividamento} = \frac{\text{PC}}{\text{PC + PÑC}} \times 100\%$$

$$\text{Composição do Endividamento} = \frac{1.300,00}{1.300,00 + 700,00} \times 100\%$$

Composição do Endividamento = 65%

Gabarito: **D**

03ª QUESTÃO: A empresa Genipabu S. A. controla o próprio estoque pelo critério da média ponderada móvel. No mês de dezembro de 2016, a empresa realizou as seguintes operações:

Data	Operação	Quantidade (unidades)	Preço de compra (unitário)	Preço de venda unitário
02/12/16	Compra	300	20,00	-
10/12/16	Venda	120	-	40,00
23/12/16	Venda	90	-	40,00
29/12/16	Compra	60	20,00	–

A empresa possuía, no final de novembro de 2016, 300 unidades em seu estoque final, ao custo médio unitário de 10,00. O valor do estoque final de 2016 era, em reais:

a) 6.000,00
b) 7.050,00
c) 3.000,00
d) 6.955,00
e) 8.100,00

SOLUÇÃO

Montando a ficha de controle de estoques pelo critério da média ponderada móvel, temos:

Data	Entradas			Saídas			Saldo final de estoques		
	Q	Custo unitário	Total	Q	Custo unitário	Total	Q	Custo unitário	Total
EI	-	-	-	-	-	-	300	10,00	3.000,00
02/12	300	20,00	6.000,00	-	-	-	600	15,00	9.000,00
10/12	-	-	-	120	15,00	1.800,00	480	15,00	7.200,00
23/12	-	-	-	90	15,00	1.350,00	390	15,00	5.850,00
29/12	60	20,00	1.200,00	-	-	-	450	15,67	7.050,00

No critério da média ponderada móvel, a cada nova aquisição, o custo das mercadorias se altera.

ATENÇÃO, o custo das mercadorias vendidas é obtido na **coluna das saídas**, na ficha de controle de estoques.

CMV Custo médio = 1.800,00 + 1.350,00
CMV PEPS = 3.150,00

O **resultado com mercadorias** ou o **lucro bruto**, é:

Vendas Brutas = 120 u × 40,00/u + 90 u × 40,00/u
Vendas Brutas = 8.400,00

Lucro Bruto = Vendas Brutas – CMV PEPS

Lucro Bruto = 8.400,00 – 3.150,00
Lucro Bruto = 5.250,00

Gabarito: **B**

04ª QUESTÃO: A demonstração do valor adicionado tem por objetivo evidenciar a riqueza gerada pela empresa em determinado período e a forma como foi distribuída. Para elaborar a sua DVA, a Cia. Aberta obteve algumas informações apresentadas abaixo.

Receita de vendas	700.000,00
Despesa de salários	50.000,00
FGTS depositado nas contas dos funcionários	4.000,00
ICMS incidente sobre as vendas	105.000,00
ICMS incidente sobre as mercadorias vendidas adquiridas de terceiros	30.000,00
INSS, parte empregador	11.000,00

Com base nessas informações, a riqueza distribuída na forma de impostos, taxas e contribuições foi, em reais:

a) 150.000,00
b) 116.000,00
c) 120.000,00
d) 86.000,00
e) 90.000,00

SOLUÇÃO

ATENÇÃO, o examinador disponibilizou apenas as contas (**com exceção da receita de vendas** no valor de 700.000,00) que compõem a distribuição do valor adicionado. Montando apenas a parte da DVA relacionada com a **distribuição do valor adicionado**, temos:

8. Distribuição do Valor Adicionado..?

Governo **86.000,00**
Impostos [1]..75.000,00
INSS, parte empregador...11.000,00

Empregados..**54.000,00**
Despesa de salários 50.000,00
FGTS depositado nas contas dos funcionários.....................................4.000,00

Remuneração dos Capital de Terceiros ....?

Remuneração do Capital Próprio..?

Lucro Líquido ....?

(1) **Atenção**, no cálculo dos impostos na DVA devemos compensar os impostos incidentes nas vendas com os impostos incluídos no CMV da DRE.

Impostos = ICMS nas Vendas – ICMS nas Compras

Impostos = 105.000,00 – 30.000,00
Impostos = 75.000,00

Gabarito: **D**

05ª QUESTÃO: A Cia. Catarinense apresentou, em 31/12/2015, as seguintes demonstrações contábeis:

Balanço Patrimonial					
Ativo	**31/12/14**	**31/12/15**	**Passivo**	**31/12/14**	**31/12/15**
Ativo Circulante	210.000,00	426.000,00	Passivo Circulante	150.000,00	225.000,00
Disponível	100.000,00	246.000,00	Fornecedores	150.000,00	175.000,00
Duplicatas a Receber	110.000,00	180.000,00	IR/CSLL a Pagar	–	50.000,00
Ativo Não Circulante	350.000,00	354.000,00	Passivo Não Circulante	190.000,00	205.000,00
Investimento	150.000,00	164.000,00	Empréstimos	190.000,00	205.000,00
Imobilizado	–	–	Patrimônio Líquido	220.000,00	375.000,00
Edifícios	200.000,00	200.000,00	Capital Social	200.000,00	200.000,00
Dep. Acumulada	–	(10.000,00)	Reservas de Lucros	20.000,00	150.000,00
Total	**560.000,00**	**780.000,00**	**Total**	**560.000,00**	**780.000,00**

Demonstração de Resultados do Exercício de 2015	
Receita Bruta de Vendas	760.000,00
– Impostos sobre Vendas	(160.000,00)
= Receita Líquida de Vendas	600.000,00
– Custo dos Produtos Vendidos	(280.000,00)
= Lucro Bruto	320.000,00
– Despesas gerais e administrativas	(72.000,00)
– Despesa de depreciação	(10.000,00)
+ Resultado de Equivalência Patrimonial	14.000,00
= Lucro antes do resultado financeiro	252.000,00
– Despesa financeira	(15.000,00)
= Lucro antes do IR e CSLL	237.000,00
– Despesa com Imposto de Renda e CSLL	(82.000,00)
= Lucro Líquido	155.000,00

Com base nas demonstrações acima, sabendo-se que houve distribuição e pagamento de dividendos no valor de 25.000,00 e que as despesas financeiras não foram pagas, o fluxo de caixa gerado pelas atividades operacionais foi, em reais:

a) 166.000,00
b) 146.000,00
c) 171.000,00
d) 121.000,00
e) 103.000,00

☛ SOLUÇÃO

SOLUÇÃO NA PROVA

Na prova, calculamos o caixa líquido consumido no FCO pelo **método indireto**, que é o mais rápido nessa questão. **Mas muita atenção!** Na prova não é necessário calcular a variação de cada conta do ativo e do passivo circulantes, pois isso consome tempo, e o tempo é um artigo de luxo na prova. Com a finalidade de ganhar agilidade, nós calculamos apenas as **variações dos ativos e passivos circulantes** e somamos essas variações ao **lucro líquido ajustado**.

Ativo Circulante	31/12/14	31/12/15	Passivo Circulante	31/12/14	31/12/15
Duplicatas a Receber	110.000,00	180.000,00	Fornecedores	150.000,00	175.000,00
–	–	–	IR/CSLL a Pagar	–	50.000,00
Total	**110.000,00**	**180.000,00**	**Total**	**150.000,00**	**225.000,00**

Variação do AC = AC em 2015 – AC em 2014
Variação do AC = 180.000,00 – 110.000,00
Variação do AC = **aumento** de 70.000,00

Variação do PC = PC em 2015 – PC em 2014
Variação do PC = 225.000,00 – 150.000,00
Variação do PC = **aumento** de 75.000,00

Lembrem-se dos ajustes relacionados com as variações dos ativos circulantes e passivos circulantes.	
Aumento do AC é um **ajuste negativo** na DFC.	**Aumento** do PC é um **ajuste positivo** na DFC.
Redução do AC é um ajuste positivo na DFC.	Redução do PC é um ajuste negativo na DFC.

Fluxo de Caixa Operacional – **Método Indireto**

Lucro Líquido......**155.000,00**
1º ajuste: Ajustes oriundos da **DRE**
+ Depreciação......10.000,00
– Resultado de Equivalência Patrimonial......(14.000,00)
+ Despesas Financeiras......15.000,00
= **Lucro Líquido ajustado**...... **166.000,00**
2º ajuste: Ajustes oriundos do **BP**
– Aumento do Ativo Circulante......(70.000,00)
+ Aumento do Passivo Circulante...... 75.000,00
= **Caixa líquido gerado no FCO**......**171.000,00**

Gabarito: **C**

06ª QUESTÃO: A diretoria da empresa BMS Beer S. A. está preocupada com a distribuição de dividendos. O lucro líquido da empresa em 2016 foi 200.000,00. No início de 2016, o capital social da empresa era 1.000.000,00, o saldo da reserva legal era 150.000,00 e o saldo da reserva estatutária era 100.000,00. O estatuto social da empresa determina a seguinte destinação do lucro:

- reserva legal de acordo com a lei nº 6.404/76.

- reserva estatutária no valor de 10% do lucro líquido.
- dividendo mínimo obrigatório no valor de 30% do lucro líquido.

Sabendo-se que, de acordo com o orçamento de capital aprovado em assembleia, a empresa precisaria reter 150.000,00 do lucro para realizar os investimentos esperados, o valor retido como reserva para expansão e o valor distribuído como dividendo mínimo obrigatório foram, respectivamente, em reais:

a) 110.000,00 e 60.000,00
b) 113.000,00 e 57.000,00
c) 150.000,00 e 20.000,00
d) 113.000,00 e 60.000,00
e) 110.000,00 e 57.000,00

SOLUÇÃO

(1) Registro contábil da transferência do lucro líquido de 200.000,00 para lucros acumulados.

Lucro Líquido – DRE	
(1) 200.000,00	200.000,00

Lucros Acumulados – PL	
	200.000,00 (1)

(2) Registro contábil da constituição da reserva legal.

Segundo o **artigo 193 da legislação societária** (lei nº 6.404/76) do lucro líquido 5% serão aplicados, antes de qualquer outra destinação, na constituição da reserva legal, que não excederá de 20% do **capital social**.

Reserva Legal = 5% × Lucro Líquido

Reserva Legal = 5% × 200.000,00
Reserva Legal = 10.000,00

ATENÇÃO, segundo o artigo 182 da legislação societária, o **capital social** discriminará o montante subscrito e, **por dedução**, a parcela ainda não realizada. Em outras palavras, o **capital social** é:

Capital Social = Capital Subscrito – Capital a Integralizar

CONCLUSÃO, o limite máximo da reserva da reserva legal é:

Limite máximo da reserva legal = 20% × Capital Social

ou

Limite máximo da reserva legal = 20% × (Capital Subscrito – Capital a Integralizar)

Limite máximo da reserva legal = 20% × (1.000.000,00 – 0,00)
Limite máximo da reserva legal = 200.000,00

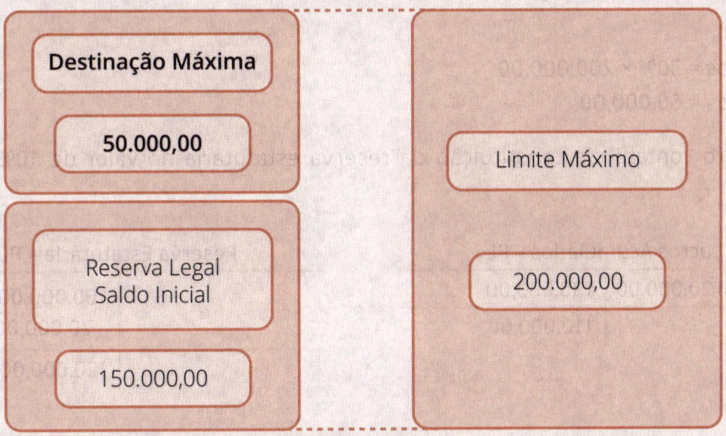

Analisando o gráfico acima, podemos observar que o **valor máximo** que a empresa poderá destinar para a constituição da reserva legal é **50.000,00**. Portanto, **5% do lucro líquido** no valor de **10.000,00 não ultrapassa o limite máximo** permitido pela legislação societária, e nesse caso, **poderá destinar 10.000,00** para a constituição da reserva legal.

Lucros Acumulados – PL	
(2) 10.000,00	200.000,00
	190.000,00

Reserva Legal – PL	
	150.000,00
	10.000,00 (2)
	160.000,00

(3) Registro contábil dos dividendos mínimos obrigatórios no valor de 30% do lucro líquido.

Lucros Acumulados – PL	
(3) 60.000,00	190.000,00
	130.000,00

Dividendos a Pagar – PC	
	60.000,00 (3)

AQUI ESTÁ A PEGADINHA DA PROVA!!!! Segundo os dados da banca, o **estatuto define a base de cálculo dos dividendos**, e nesse caso nós **não calculamos** o lucro líquido ajustado nos termos do **artigo 202 da legislação societária**.

Lembramos que no caso do **estatuto omisso**, o **lucro líquido ajustado** nos termos do artigo 202 é:

LLA = LL – Reserva Legal +/– Reserva de Contingências +/– Reserva de Incentivo Fiscal

Dividendos segundo o Estatuto Social = 30% × Lucro Líquido

Dividendos = 30% × 200.000,00
Dividendos = 60.000,00

(4) Registro contábil da constituição da reserva estatutária no valor de 10% do lucro líquido.

Lucros Acumulados – PL

Débito	Crédito
(4) 20.000,00	130.000,00
	110.000,00

Reserva Estatutária – PL

Débito	Crédito
	100.000,00
	20.000,00 (4)
	120.000,00

Reserva Estatutária = 5% × Lucro Líquido

Reserva Estatutária = 10% × 200.000,00
Reserva Estatutária = 20.000,00

(5) Registro contábil da constituição da reserva de lucros para expansão.

Segundo o **artigo 196 da lei nº 6.404/76**, a assembleia-geral poderá, por proposta dos órgãos da administração, deliberar reter parcela do lucro líquido do exercício **prevista em orçamento** de capital por ela previamente aprovado, **para aplicar nos planos de expansão e investimentos da empresa**.

O orçamento, submetido pelos órgãos da administração com a justificação da retenção de lucros proposta, deverá compreender todas as fontes de recursos e aplicações de capital, fixo ou circulante, e **poderá ter a duração de até cinco exercícios**, salvo no caso de execução, por prazo maior, de projeto de investimento.

Sinônimos utilizados para a reserva de retenção de lucros

Reserva de Lucros para Expansão = Reserva Orçamentária = Reserva de Investimentos

Lucros Acumulados – PL	
(5) 110.000,00	110.000,00

Reserva para Expansão	
	110.000,00 (5)

Gabarito: **A**

07ª QUESTÃO: A empresa AliCaCo S. A. iniciou, em julho de 2016, um projeto de sistemas coordenado pela sua área de TI para venda futura. Até o final de novembro de 2016, a empresa tinha incorrido em gastos no valor de 500.000,00. Em 01/12/2016, a empresa conseguiu demonstrar a viabilidade econômica desse projeto. Em dezembro de 2016, os gastos com o desenvolvimento do sistema foram 300.000,00, totalizando um gasto de 800.000,00 para o desenvolvimento do referido projeto. Sabendo-se que o valor recuperável estimado, em 31/12/2016, foi 400.000,00, o valor que a empresa deveria ter apresentado na conta intangível, referente a este projeto, é, em reais:

a) 800.000,00
b) 500.000,00
c) 100.000,00
d) 400.000,00
e) 300.000,00

SOLUÇÃO

A **fase de pesquisa de projeto interno** por estar relacionada com a **investigação inicial** de obtenção de novos conhecimentos técnicos ou científicos, a entidade **não tem condições** de demonstrar que os gastos relacionados com as referidas pesquisas de projeto interno **resultem em um ativo intangível que gerará benefícios econômicos futuros**.

Portanto, todos os **gastos com pesquisa** (ou da fase de pesquisa de projeto interno) são **reconhecidos como despesa quando incorridos**.

Os gastos incorridos na **fase de desenvolvimento capaz de gerar** prováveis benefícios econômicos futuros serão contabilizados como **ativo intangível**. Caso os gastos com desenvolvimento **não sejam capazes** de gerar prováveis benefícios econômicos futuros, os mesmos serão tratados como **despesas do exercício**.

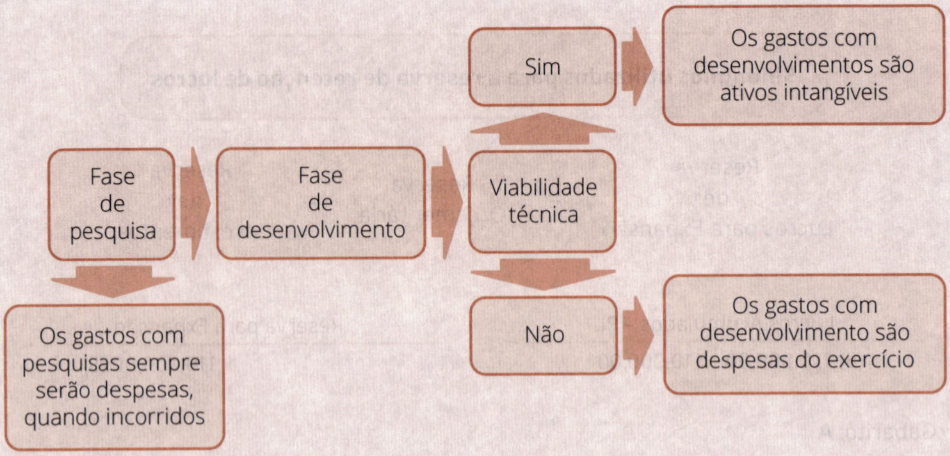

Conclusão, analisando a fase de pesquisa e desenvolvimento da empresa AliCaCo S. A., temos:

2016	Fase do projeto	Gastos	Classificação
Julho até Novembro	O projeto estava na fase inicial de pesquisa.	500.000,00	DRE
01/12/2016	O projeto encontra-se na fase de desenvolvimento, e nessa fase a empresa conseguiu demonstrar que havia viabilidade técnica para concluir o projeto.	**300.000,00**	**Ativo Intangível**
31/12/2016	A empresa realizou o *impairment test*, e obteve um valor recuperável de 400.000,00.	0,00	0,00

ATENÇÃO COM RELAÇÃO AO *IMPAIRMENT TEST*!!!!! A empresa realizou o *impairment test* e obteve um valor recuperável de 400.000,00, que é **superior** ao valor contábil de 300.000,00. Portanto, **nenhuma perda por *impairment*** será reconhecida no resultado em 31/12/2016.

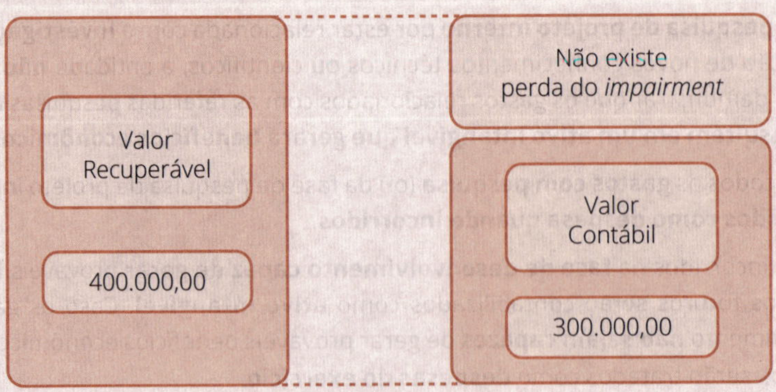

Ativo Intangível = Gastos de dezembro de 2016

Ativo Intangível = 400.000,00

Conclusão, no balanço patrimonial de 31/12/2016, a empresa AliCaCo S. A. apresentou um **ativo intangível** no valor de **300.000,00**.

MEMORIZAR PARA A PROVA

Gastos na fase de	Classificação
Pesquisas	Sempre serão **despesas**, quando incorridos.
Desenvolvimento	São **despesas**, quando **não gerar** prováveis benefícios econômicos futuros.
Desenvolvimento	É **ativo intangível**, quando **gerar** prováveis benefícios econômicos futuros.

Gabarito: **E**

08ª QUESTÃO: A empresa Manequim Challenger S.A. fez uma aplicação financeira em 30/11/2016, adquirindo um título no mercado financeiro no valor de 5.000,00, que remunera à taxa de 10% ao mês. Este título, conforme orientação da controladoria da empresa, foi classificado na data da aquisição como mantido até o vencimento e o seu valor de mercado 30 dias após a sua aquisição era 5.450,00. De acordo com estas informações, em 30/12/2016, a empresa reconheceu:

a) receita financeira no valor de 500,00.
b) receita financeira no valor de 450,00.
c) receita financeira no valor de 500,00 e ajustes de avaliação patrimonial, no patrimônio líquido, no valor de 50,00 (saldo devedor).
d) receita financeira no valor de 450,00 e ajustes de avaliação patrimonial, no patrimônio líquido, no valor de 50,00 (saldo credor).
e) no patrimônio líquido, em ajustes de avaliação patrimonial, o valor de 500,00.

☛ SOLUÇÃO

Segundo o CPC 48 que trata dos instrumentos financeiros, a entidade pode adotar as seguintes classificações para um ativo financeiro:

- custo amortizado
- valor justo por meio do resultado (VJR)
- valor justo por meio de outros resultados abrangentes (VJORA)

Essa **classificação** deve ter por base as características de **fluxo de caixa contratual** do ativo financeiro e o **modelo de negócios** da entidade para a gestão dos ativos financeiros.

Classificação do ativo financeiro = Características do fluxo de caixa contratual + Modelo de negócios

Fazendo um paralelo com a **classificação antiga**, temos:

Classificação ANTIGA	Classificação ATUAL	Rendimentos	Ajustes ao valor justo
Destinados à venda imediata	VJR	DRE	DRE
Mantido até o vencimento	Custo amortizado	DRE	Não tem ajuste
Disponível para venda futura	VJORA	DRE	Na conta AAP do PL

Juros ativos = Taxa efetiva × Custo de aquisição do título

Os **juros ativos** resultantes da aplicação dos títulos mensurados ao **VJR, custo amortizado** e **VJORA** vão para o resultado do exercício (**DRE**).

No encerramento do exercício, comparamos o **valor pela curva do papel** dos títulos com o seu **valor justo**, e dependendo da **classificação** desses títulos, **não haverá** ajustes ou os ajustes podem ir para a **DRE** ou **AAP**.

Classificação ATUAL	Rendimentos	Mensuração pela curva do papel	Ajustes ao valor justo
VJR	DRE	Custo de aquisição + Juros ativos	+/– DRE
Custo amortizado	DRE	Custo de aquisição + Juros ativos	Não tem ajuste
VJORA	DRE	Custo de aquisição + Juros ativos	+/– AAP do PL

Mensuração pela curva do papel = Custo de aquisição + Juros ativos

1º passo: Calcular os rendimentos pela taxa efetiva de cada título e o valor pela curva do papel.

Custo	Taxa efetiva	Mensuração definida pela empresa	Juros ativos	Curva do papel
5.000,00	10% a.m.	Custo amortizado	500,00	5.500,00

2º passo: Ajustar o valor pela curva do papel ao valor justo.

Classificação	Valor pela curva do papel	Valor justo	Ajuste ao valor justo
Custo amortizado	**5.500,00**	5.450,00	Não tem ajuste

CONCLUSÃO, o valor total evidenciado no resultado da empresa em 2016, será:

DRE = Juros do Custo amortizado

DRE = 500,00

Gabarito: **A**

09ª QUESTÃO: A empresa Tudo em Cima S. A., em 01/12/2016, realizou uma venda no valor de 240.000,00. A condição de recebimento da venda acordada foi 120.000,00 à vista e o restante (120.000,00) para ser recebido em 31/05/2018. Esta transação foi realizada nestas condições a pedido do cliente, uma vez que o prazo, normalmente, concedido pela empresa é de 60 dias. Sabe-se que se o cliente efetuasse a compra à vista, ele teria pagado o montante total de 220.000,00. Em 31/12/2016, o valor equivalente à vista que seria recebido do cliente era 101.000,00. Com base nestas informações, no mês de dezembro de 2016, a empresa reconheceu, em reais, receita de venda de:

a) 220.000,00.
b) 240.000,00.
c) 221.000,00.
d) 220.000,00 e receita financeira de 1.000,00.
e) 240.000,00 e despesa financeira de 1.000,00.

☛ SOLUÇÃO

1º passo: Calcular o montante das vendas brutas a prazo em 01/12/2016.

Vendas Brutas em 01/12/2016 = Vendas à Vista + Vendas a Prazo

240.000,00 = 120.000,00 + Vendas a Prazo
Vendas a Prazo = 120.000,00

2º passo: Calcular as vendas brutas a prazo a valor presente em 01/12/2016.

Sabe-se que se o cliente efetuasse a **compra à vista**, ele teria pagado o montante total de **220.000,00**.

Vendas à Vista + Vendas a Prazo AVP = Compra à vista pelo cliente

120.000,00 + Vendas a Prazo AVP = 220.000,00
Vendas a Prazo AVP = 100.000,00

O cliente ao invés de pagar **120.000,00 a prazo**, pagaria à vista pela mesma compra **100.000,00**. Portanto, a empresa Tudo em Cima S. A. está cobrando **juros ativos** no montante de **20.000,00** nas vendas a prazo.

3º passo: Registro contábil das vendas e do ajuste a valor presente.

(1) Registro contábil das vendas à vista no valor de 120.000,00.

Disponível	
(1) 120.000,00	

Vendas Brutas	
	120.000,00 (1)

(2) Registro contábil das vendas a prazo no valor de 120.000,00.

Duplicatas a Receber	
(2) 120.000,00	

Vendas Brutas	
	120.000,00
	120.000,00 (2)
	240.000,00

(3) Registro contábil do ajuste a valor presente das vendas a prazo.

Receitas Financeiras a Apropriar	
	20.000,00 (3)

AVP das Vendas Brutas	
(3) 20.000,00	

4º passo: Apropriação das receitas financeiras em 31/12/2016.

O valor presente das vendas a prazo em 01/12/2016 era de **100.000,00**, e em 31/12/2016 o valor presente passou para **101.000,00**. Em outras palavras, a empresa **apropriou 1.000,00 de receitas financeiras** no exercício de 2016.

Conta	01/12/2016	31/12/2016
Duplicatas a Receber	120.000,00	120.000,00
– Receitas Financeiras a Transcorrer	(20.000,00)	(19.000,00)
= Duplicatas a Receber AVP	100.000,00	101.000,00

(4) Registro das receitas financeiras apropriadas no exercício de 2016.

Receitas Financeiras a Apropriar

Débito	Crédito
(4) 1.000,00	20.000,00
	19.000,00

Receitas Financeiras

Débito	Crédito
	1.000,00 (4)

CUIDADO EXTRA NA PROVA!!!!!!!!!

Nas questões envolvendo a DRE, atualmente a FCC **segue a estrutura do CPC 26** que trata da Apresentação das Demonstrações Contábeis, ou seja, na apuração do **resultado operacional**, a FCC **não incluiu as despesas financeiras**. Portanto, quando nos depararmos com uma questão da FCC pedindo o **resultado operacional**, nós devemos ter em mente que esse **resultado operacional** corresponde ao **resultado antes do resultado financeiro**, segundo a estrutura de DRE apresentada pelo CPC 26.

Lucro antes do resultado financeiro (CPC 26) ≠ **Lucro Operacional** (Legislação Societária)

Demonstração do Resultado do Exercício

Vendas Brutas	120.000,00
– AVP de Vendas	(20.000,00)
= **Vendas Líquidas**	**100.000,00**
...	
= Lucro antes do resultado financeiro	x,00
+ **Receitas Líquidas**	**1.000,00**
= Resultado antes do IR e CSLL	y,00

Na DRE temos uma **receita de vendas** no mês de dezembro de 2016 de **100.000,00** e uma **receita financeira** no valor de **1.000,00**.

Gabarito: **D**

10ª QUESTÃO: A Cia. Verdão possuía, em 31/12/2016, no ativo imobilizado, um maquinário para a produção de camisetas. Os saldos das contas referentes a esse maquinário, no final de 2016, são:

Imobilizado (custo de aquisição)	500.000,00
– Depreciação acumulada	120.000,00
= Valor contábil do ativo	380.000,00

A pedido da controladoria, em 31/12/2016, foi realizado um teste de recuperabilidade do ativo (*impairment*), obtendo os seguintes valores:

Valor em uso do maquinário 350.000,00
Valor justo líquido das despesas de venda 220.000,00

Ao elaborar as demonstrações contábeis referentes ao ano de 2016, a Cia. Verdão:

a) não reconheceu perda por *impairment*.
b) reconheceu uma perda por desvalorização no valor de 130.000,00.
c) reconheceu uma perda por desvalorização no valor de 30.000,00.
d) reconheceu uma perda por desvalorização no valor de 160.000,00.
e) reconheceu uma perda por desvalorização no valor de 150.000,00.

☛ SOLUÇÃO

1ª etapa: Calcular o valor recuperável do maquinário.

ATENÇÃO, o valor recuperável será sempre o **maior valor**.

Valor justo líquido das despesas de venda	220.000,00	**MAIOR VALOR**	Valor recuperável = 350.000,00
Valor em uso	350.000,00		

Valor recuperável em 2016 = 350.000,00

2ª etapa: Calcular o valor contábil do maquinário.

Valor Contábil = Custo de Aquisição – Depreciação Acumulada – Perdas por *Impairment*

Valor contábil em 2016 = 500.000,00 – 120.000,00 – 0,00
Valor contábil em 2016 = 380.000,00

3ª etapa: Comparar o valor recuperável com o valor contábil.

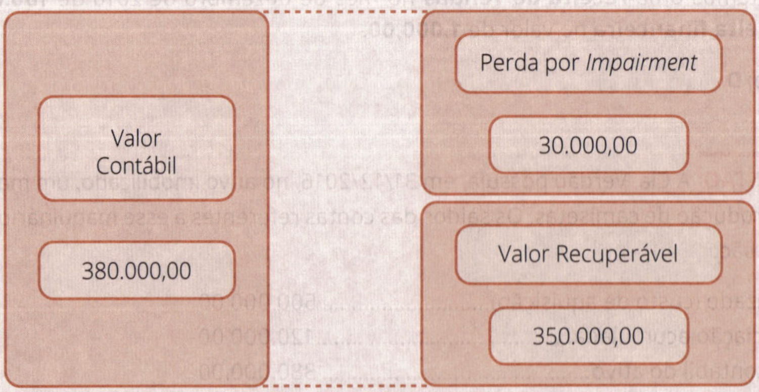

CONCLUSÃO, como o valor recuperável do maquinário é inferior ao valor contábil líquido, uma perda por *impairment* no montante de 30.000,00 será reconhecida. O valor contábil líquido em 31/12/2016 após o reconhecimento da perda será de 350.000,00.

Perdas estimadas por *impairment* = Valor contábil – Valor recuperável

Perdas estimadas por *impairment* = 380.000,00 – 350.000,00
Perdas estimadas por *impairment* = 30.000,00

Gabarito: **C**

Capítulo 25

Sefaz MA 2016

01ª QUESTÃO: Uma empresa importou um lote de mercadorias para comercialização no Brasil, sendo que a compra foi realizada em outubro de 2013 e o preço pago à vista ao fornecedor no exterior foi 3.000.000,00. Os gastos descritos a seguir foram necessários para a empresa dispor das mercadorias em condições de venda, e foram todos pagos à vista: Gasto de 300.000,00 para transportar as mercadorias do país de origem até o Brasil.

- Taxas e tarifas no valor de 120.000,00 para o ingresso e regularização das mercadorias no Brasil.
- Imposto de importação no valor de 30.000,00. Este imposto é definitivo e não é compensável pela empresa.
- Gasto de 50.000,00 para transporte das mercadorias até o depósito da empresa.
- Impostos locais no valor de 45.000,00 que podem ser compensados com os impostos incidentes no momento da venda das mercadorias.

Sabe-se que não havia saldo de estoque antes desta compra e que, em dezembro de 2013, a empresa vendeu oitenta por cento (80%) das mercadorias que haviam sido importadas. O valor evidenciado pela empresa no balanço patrimonial de 31/12/2013, exclusivamente em relação às mercadorias importadas remanescentes, foi, em reais:

a) 600.000,00
b) 709.000,00
c) 700.000,00
d) 630.000,00
e) 606.000,00

☛ **SOLUÇÃO**

ATENÇÃO, essa questão trata do **CPC 16 – Estoques**, e está relacionada com a **contabilização inicial dos estoques**.

O **custo dos estoques** compreende o preço de compra, os impostos de importação e outros tributos (**exceto os recuperáveis junto ao fisco**), bem como os custos de transporte, seguro, manuseio e outros diretamente atribuíveis à aquisição de produtos acabados, materiais e serviços.

Os descontos comerciais ou **descontos incondicionais concedidos**, abatimentos sobre compras e outros itens semelhantes **devem ser deduzidos** na determinação do **custo de aquisição**.

Preço de compra
\+ Impostos de importação
\+ **Tributos não recuperáveis**
\+ Custos de transporte, seguro, manuseio
– Descontos comerciais ou **descontos incondicionais concedidos**
– Abatimentos sobre compras e outros itens semelhantes
– **Tributos recuperáveis**
= Custo de aquisição

CUIDADO NA PROVA!!!!!! Com relação aos tributos na aquisição de mercadorias, **somamos** os tributos não recuperáveis e **subtraímos** os tributos recuperáveis.

Por exemplo, uma indústria que adquira matéria-prima com a incidência de IPI, ICMS, PIS/COFINS não cumulativos, **deverá subtrair** do custo de aquisição dessa matéria-prima **todos os tributos**, pois trata-se de **tributos recuperáveis**.

Cuidado com essa análise, pois se a indústria adquirir matéria-prima com a incidência de IPI, ICMS, PIS/COFINS cumulativos, **deverá subtrair** do custo de aquisição dessa matéria-prima **apenas o IPI e o ICMS** que são **tributos recuperáveis**, pois o PIS/COFINS cumulativos são **tributos não recuperáveis**.

Preço pago à vista ao fornecedor no exterior	3.000.000,00
+ Imposto de importação	30.000,00
+ Taxas e tarifas para o ingresso e regularização no Brasil	120.000,00
+ Gastos com **transporte internacional**	300.000,00
+ Gasto com **transporte nacional**	50.000,00
= Custo de aquisição das mercadorias	3.500.000,00

ATENÇÃO, cuidado com a pegadinha da questão!!!!!!!!

O examinador informa que existem **impostos locais no valor de 45.000,00** que podem ser compensados com os impostos incidentes no momento da venda das mercadorias. Esses **impostos locais** (por exemplo, o ICMS) são **tributos recuperáveis** na aquisição e nesse caso **não integram o custo de aquisição** das mercadorias. Em outras palavras, como trata-se de **mercadorias importados do exterior**, no preço pago à vista ao fornecedor estrangeiro no montante de 3.000.000,00, não existe a incidência desses impostos locais. Portanto, apesar de serem impostos recuperáveis, **nós não subtraímos esses impostos locais**, pois os mesmos **não constam da aquisição** dessas mercadorias.

Sabe-se que não havia saldo de estoque antes desta compra e que, em dezembro de 2013, a empresa vendeu 80% das mercadorias que haviam sido importadas. O valor evidenciado pela empresa no balanço patrimonial de 31/12/2013, exclusivamente em relação às mercadorias importadas remanescentes, será:

Saldo remanescente = 20% × Custo de aquisição

Saldo remanescente = 20% × 3.500.000,00
Saldo remanescente = 700.000,00

SOLUÇÃO NA PROVA

Custo de aquisição = Fornecedor + II + Taxas + Fretes Internacionais + Fretes Nacionais

Custo de aquisição = 3.000.000,00 + 30.000,00 + 120.000,00 + 300.000,00 + 50.000,00
Custo de aquisição = 3.500.000,00

Saldo remanescente = 20% × Custo de aquisição

Saldo remanescente = 20% × 3.500.000,00
Saldo remanescente = 700.000,00

Gabarito: **C**

02ª QUESTÃO: No dia 01/12/2014, a empresa comercial Facilito Vendas S.A. realizou vendas de mercadorias no valor total de 12.800.000,00, sendo que 5.000.000,00 foram recebidos à vista e o restante para ser recebido integralmente em 01/12/2016. Na data da venda, a empresa estava praticando, para as suas vendas a prazo, a taxa de juros de 1,099% ao mês que corresponde a 30% em 2 anos. No balanço patrimonial da empresa Facilito Vendas S.A. de 31/12/2014, o valor evidenciado para o saldo a receber das vendas efetuadas em 01/12/2014 foi, em reais:

a) 7.800.000,00
b) 7.885.722,00
c) 6.000.000,00
d) 6.065.940,00
e) 12.940.672,00

SOLUÇÃO

1º passo: Calcular o montante das vendas a prazo.

Vendas à Vista + Vendas a Prazo = Vendas Totais em 2016

5.000.000,00 + Vendas a Prazo = 12.800.000,00
Vendas a Prazo = 7.800.000,00

CUIDADO!!!!!!!!!! Um candidato apressado já marcaria a alternativa **A**, e erraria a questão.

2º passo: Calcular o valor presente das vendas a prazo no montante de 7.800.000,00.

Analisando a linha do tempo acima, verificamos que a empresa realizou a venda a prazo em 01/12/2014 com recebimento para 01/12/2016, ou seja, daqui a 2 anos. Nesse caso, utilizaremos a taxa global do período (2 anos) de 30% para calcularmos as vendas a valor presente.

$$\text{Vendas a valor presente} = \frac{\text{Vendas a prazo}}{1 + \text{Taxa de desconto}}$$

$$\text{Vendas a valor presente} = \frac{7.800.000{,}00}{1{,}30}$$

Vendas a valor presente = 6.000.000,00

ATENÇÃO COM MAIS ESSA PEGADINHA!!!!!!!!! No calor da prova, um candidato poderia marcar a alternativa **C**, e erraria a questão.

3º passo: Calcular as receitas financeiras a transcorrer.

AVP de Vendas = Vendas a prazo – Vendas a valor presente

AVP de Vendas = 7.800.000,00 – 6.000.000,00
AVP de Vendas = 1.800.000,00

4º passo: Registro contábil das vendas (à vista e a prazo) em 01/12/2014.

(1) Registro contábil das vendas à vista.

Disponível	
(1) 5.000.000,00	

Vendas Brutas	
	5.000.000,00 (1)

(2) Registro contábil das vendas a prazo em 01/12/2014.

Duplicatas a Receber	
(2) 7.800.000,00	

Vendas Brutas	
	5.000.000,00
	7.800.000,00 (2)
	12.800.000,00

(3) Registro contábil das receitas financeiras a transcorrer nas vendas a prazo em 01/12/2014.

Receitas Financeiras a Transcorrer	
	1.800.000,00 (3)

AVP de Vendas Brutas	
(3) 1.800.000,00	

(4) Registro contábil das receitas financeiras transcorridas em dezembro de 2014.

Receitas financeiras em dezembro de 2014 = Taxa mensal × Vendas a valor presente em 01/12/2014

Receitas financeiras em dezembro de 2014 = 1,099% × 6.000.000,00
Receitas financeiras em dezembro de 2014 = 65.940,00

Receitas Financeiras a Transcorrer

Débito	Crédito
(4) 65.940,00	1.800.000,00
	1.734.060,00

Receitas Financeiras

Débito	Crédito
	65.940,00 (4)

5º passo: Montar a DRE em 31/12/2014.

Demonstração do Resultado do Exercício	
Vendas Brutas	12.800.000,00
– AVP de Vendas Brutas	(1.800.000,00)
= Vendas Líquidas	11.000.000,00
+ Receitas Financeiras	65.940,00
= Lucro Líquido	11.065.940,00

6º passo: Montar o balanço patrimonial em 31/12/2014.

Ativo		Passivo	
Ativo Circulante		**Patrimônio Líquido**	
Disponível	5.000.000,00	Lucros Acumulados	11.065.940,00
AÑC RLP			
Duplicatas a Receber	7.800.000,00		
Rec. Fin. a Transcorrer	(1.734.060,00)		
Total	11.065.940,00	Total	11.065.940,00

Do balanço patrimonial da empresa Facilito Vendas S.A. em 31/12/2014, temos que o valor evidenciado para o saldo a receber das vendas efetuadas em 01/12/2014 é:

Valor evidenciado em 31/12/2014 = Duplicatas a Receber – Receitas Financeiras a Transcorrer

Valor evidenciado em 31/12/2014 = 7.800.000,00 – 1.734.060,00
Valor evidenciado em 31/12/2014 = 6.065.940,00

SOLUÇÃO NA PROVA

Vendas no resultado de 2014 = Vendas à vista + Vendas a valor presente

$$\text{Vendas no resultado de 2014} = 5.000.000{,}00 + \frac{7.800.000{,}00}{1{,}30}$$

Vendas no resultado de 2014 = 11.000.000,00

Duplicatas a Receber em 2014 = (1 + 1,099%) × Vendas a valor presente

Duplicatas a Receber em 2014 = 1,01099 × 6.000.000,00

Duplicatas a Receber em 2014 = 6.065.940,00

Gabarito: **D**

03ª QUESTÃO: A empresa Compro Melhor S.A. negociou com um fornecedor a aquisição de 120.000 unidades de determinada mercadoria que deveriam ser entregues nos 12 meses posteriores. A negociação ocorreu em 31/10/2015 e, tendo em vista a perspectiva de aumento de preços no período, a Compro Melhor S.A. pagou, nesta data, o valor integral de 12.000.000,00 ao fornecedor. Durante o ano de 2015, a empresa requereu, e o fornecedor entregou, 40% do total de unidades contratadas. O valor evidenciado no balanço patrimonial de 31/12/2015, correspondente ao direito que a empresa Compro Melhor S.A. detinha sobre o fornecedor foi, em reais:

a) 12.000.000,00

b) 7.200.000,00

c) 10.000.000,00

d) 4.800.000,00

e) 0,00

☛ SOLUÇÃO

Para efeitos didáticos, vamos supor que o balanço patrimonial da empresa Compro Melhor S.A. Imedlatamente antes do adiantamento aos fornecedores, era:

Ativo		Passivo	
Ativo Circulante		**Patrimônio Líquido**	
Disponível	12.000.000,00	Capital	12.000.000,00
Total	12.000.000,00	Total	12.000.000,00

(1) Registro contábil do adiantamento a fornecedores em 31/10/2015.

Disponível	
12.000.000,00	12.000.000,00 (1)

Adiantamento a Fornecedores	
(1) 12.000.000,00	

(2) Registro contábil de 40% das mercadorias entregues em 2015.

Estoques = 40% × Adiantamento a Fornecedores

Estoques = 40% × 12.000.000,00
Estoques = 4.800.000,00

Estoques	
(2) 4.800.000,00	

Adiantamento a Fornecedores	
12.000.000,00	4.800.000,00 (2)
7.200.000,00	

O balanço patrimonial da empresa Compro Melhor S.A. imediatamente após a entrega de 40% dos estoques será:

Ativo		Passivo	
Ativo Circulante		**Patrimônio Líquido**	
Adiantamento a Fornecedor	7.200.000,00	Capital	12.000.000,00
Estoques	4.800.000,00		
Total	12.000.000,00	Total	12.000.000,00

ATENÇÃO, o valor evidenciado no balanço patrimonial de 31/12/2015, correspondente ao **direito** está relacionado com **adiantamento a fornecedor** no montante de 7.200.000,00.

SOLUÇÃO NA PROVA

Adiantamento a Fornecedor = (1 – 40%) × 12.000.000,00
Adiantamento a Fornecedor = 7.200.000,00

Gabarito: **B**

04ª QUESTÃO: O preço de aquisição de um equipamento de produção foi 9.000.000,00, o pagamento da compra ocorreu à vista em 31/12/2013 e o mesmo entrou em funcionamento na mesma data. A empresa definiu a vida útil do equipamento em 8 anos de utilização e calcula sua despesa de depreciação em função do tempo decorrido. Na data da aquisição o valor residual no final do prazo de vida útil foi estimado em 1.120.000,00. No início do ano de 2015, a empresa reavaliou a vida útil remanescente do equipamento para 5 anos, em função de alteração na sua política de substituição do equipamento, e estimou que o valor residual no final desta nova vida útil seria 1.205.000,00. A análise feita pela empresa no final de 2014 identificou que não havia necessidade de redução do valor contábil do equipamento. Para fins fiscais a vida útil do equipamento é definida em 10 anos. O valor contábil que deveria ser evidenciado no balanço patrimonial de 31/12/2015 para este equipamento foi, em reais:

a) 7.030.000,00
b) 6.750.000,00
c) 7.200.000,00
d) 6.653.000,00
e) 5.757.000,00

SOLUÇÃO

Segundo o CPC 27 que trata do ativo imobilizado, o **valor residual e a vida útil** de um ativo **são revisados** pelo menos ao **final de cada exercício** e, se as expectativas diferirem das estimativas anteriores, a mudança deve ser contabilizada como **mudança de estimativa contábil**, segundo o CPC 23 que trata das políticas contábeis, mudança de estimativa e retificação de erro.

Itens	2013	2015
Custo de aquisição	9.000.000,00	9.000.000,00
Valor residual	1.120.000,00	1.205.000,00
Vida útil econômica	8 anos	5 anos

ATENÇÃO, analisando a tabela, podemos verificar que o **valor residual e a vida útil econômica** sofrem alterações de valores com o passar dos anos. O mesmo não ocorre com o **custo de aquisição** no montante de 9.000.000,00, que permanece constante com o decorrer dos anos.

Segundo o CPC 01, o valor contábil líquido é calculado de acordo com a **vida útil** do equipamento, em outras palavras, o equipamento é depreciado a princípio em 8 anos. A **depreciação fiscal** não é utilizada no cálculo do valor contábil líquido, pois a sua única finalidade é deduzir a base de cálculo do imposto de renda.

1º passo: Calcular a depreciação acumulada em 2014.

$$\text{Depreciação Acumulada} = (\text{Custo de aquisição} - \text{Valor residual}) \times \frac{\text{Período de utilização}}{\text{Vida útil}}$$

$$\text{Depreciação Acumulada em 2014} = (9.000.000,00 - 1.120.000,00) \times \frac{1 \text{ ano}}{8 \text{ anos}}$$

Depreciação Acumulada em 2014 = 985.000,00

2º passo: Calcular a depreciação de 2015.

No início de 2015 foi realizado o **teste de *impairment*** na máquina, e nessa data, a companhia obteve uma nova vida útil de 5 anos e um valor residual de 1.205.000,00. Portanto, a nova fórmula de depreciação será:

$$\text{Depreciação} = (\text{Custo de aquisição} - \text{Depreciação Acumulada} - \text{Valor residual}) \times \frac{\text{Período de utilização}}{\text{Nova vida útil}}$$

$$\text{Depreciação em 2015} = (9.000.000,00 - 985.000,00 - 1.205.000,00) \times \frac{1 \text{ ano}}{5 \text{ anos}}$$

Depreciação em 2015 = 1.362.000,00

3º passo: Calcular a depreciação acumulada em 2015.

Depreciação Acumulada em 2015 = Depreciação de 2014 + Depreciação de 2015

Depreciação Acumulada em 2015 = 985.000,00 + 1.362.000,00

Depreciação Acumulada em 2015 = 2.347.000,00

4º passo: Calcular o valor contábil da máquina em 31/12/2015.

Valor contábil em 31/12/2015 = Custo de aquisição – Depreciação Acumulada em 31/12/2015

Valor contábil em 31/12/2015 = 9.000.000,00 – 2.347.000,00

Valor contábil em 31/12/2015 = 6.653.000,00

Gabarito: **D**

05ª QUESTÃO: As aplicações financeiras realizadas por uma empresa durante o ano de 2015 são apresentadas na tabela abaixo, onde são encontradas as informações sobre os valores aplicados, as taxas de juros compostos para remuneração, as datas das aplicações e de vencimentos, a classificação feita pela empresa quanto ao objetivo em relação a cada aplicação financeira e os valores justos de cada aplicação em 31/12/2015.

Aplicação	Valor	Vencimento	Classificação	Taxa	Valor Justo em 31/12/15
01/12/2015	90.000,00	31/12/2018	Mantido até o vencimento	1,5% a.m.	91.500,00
31/10/2015	80.000,00	31/12/2019	Disponível para venda futura	1,2% a.m.	82.000,00
30/09/2015	50.000,00	31/12/2017	Destinados à venda imediata	1,0% a.m.	51.800,00

Ignorando os valores representativos de centavos, o valor total evidenciado no balanço patrimonial de 31/12/2015 para as três aplicações financeiras em conjunto foi, em reais:

a) 220.000,00
b) 224.796,00
c) 225.300,00
d) 224.946,00
e) 225.150,00

☛ SOLUÇÃO

Segundo o CPC 48 que trata dos instrumentos financeiros, a entidade pode adotar as seguintes classificações para um ativo financeiro:

- custo amortizado
- valor justo por meio do resultado (**VJR**)
- valor justo por meio de outros resultados abrangentes (**VJORA**)

Essa **classificação** deve ter por base as características de **fluxo de caixa contratual** do ativo financeiro e o **modelo de negócios** da entidade para a gestão dos ativos financeiros.

> Classificação do ativo financeiro = Características do fluxo de caixa contratual + Modelo de negócios

Fazendo um paralelo com a **classificação antiga**, temos:

Classificação ANTIGA	Classificação ATUAL	Rendimentos	Ajustes ao valor justo
Mantido até o vencimento	Custo amortizado	DRE	Não tem ajuste
Disponível para venda futura	VJORA	DRE	Na conta AAP do PL
Destinados à venda imediata	VJR	DRE	DRE

Juros ativos = Taxa efetiva × Custo de aquisição do título

Os **juros ativos** resultantes da aplicação dos títulos mensurados ao **VJR, custo amortizado** e **VJORA** vão para o resultado do exercício (**DRE**).

No encerramento do exercício, comparamos o **valor pela curva do papel** dos títulos com o seu **valor justo**, e dependendo da **classificação** desses títulos, **não haverá** ajustes ou os ajustes podem ir para a **DRE** ou **AAP**.

Classificação ATUAL	Rendimentos	Mensuração pela curva do papel	Ajustes ao valor justo
Custo amortizado	DRE	Custo de aquisição + Juros ativos	Não tem ajuste
VJORA	DRE	Custo de aquisição + Juros ativos	+/– AAP do PL
VJR	DRE	Custo de aquisição + Juros ativos	+/– DRE

Classificação	Rendimentos	Curva do papel	Valor justo
Custo amortizado	Juros	Custo amortizado + Juros	Custo amortizado + Juros
VJORA	Juros	VJORA + Juros	VJORA + Juros +/– AAP
VJR	Juros	VJR + Juros	VJR + Juros +/– DRE

1º passo: Calcular os rendimentos pela taxa efetiva de cada título e o valor pela curva do papel.

Custo	Taxa efetiva	Mensuração definida pela empresa	Juros ativos	Curva do papel
90.000,00	1,5% a.m.	Custo amortizado	1.350,00	91.350,00
80.000,00	1,2% a.m.	VJORA	1.931,52	81.931,52
50.000,00	1,0% a.m.	VJR	1.515,05	51.515,05

Juros do Custo amortizado = $[(1 + i)^n - 1] \times$ Custo de aquisição

Juros do Custo amortizado = $[(1 + 1{,}5\%)^1 - 1] \times 90.000{,}00$
Juros do Custo amortizado = 1.350,00

Juros do VJORA = $[(1 + i)^n - 1] \times$ Custo de aquisição

Juros do VJORA = $[(1 + 1{,}2\%)^2 - 1] \times 80.000{,}00$
Juros do VJORA = 1.931,52

Juros do VJR = $[(1 + i)^n - 1] \times$ Custo de aquisição

Juros do VJR = $[(1 + 1{,}0\%)^3 - 1] \times 50.000{,}00$
Juros do VJR = 1.515,05

2º passo: Ajustar o valor pela curva do papel ao valor justo.

Classificação	Valor pela curva do papel	Valor justo	Ajuste ao valor justo
Custo amortizado	**91.350,00**	91.500,00	Não tem ajuste
VJORA	81.931,52	**82.000,00**	AAP = + 68,48
VJR	51.515,05	**51.800,00**	DRE = + 284,95

CONCLUSÃO, o montante evidenciado no BP em 31/12/2015 será:

BP = Títulos ao custo amortizado + Títulos ao VJORA + Títulos ao VJR

BP = 91.350,00 + 82.000,00 + 51.800,00
BP = 225.150,00

SOLUÇÃO NA PROVA

Títulos	Custo	Juros efetivos	Ajuste ao valor justo	BP
Custo amortizado	90.000,00	1.350,00	**Não existe ajuste**	91.350,00
VJR	50.000,00	**Não calcula**	Ajustes na DRE	51.800,00
VJORA	80.000,00	**Não calcula**	Ajustes em AAP	82.000,00
Total				**225.150,00**

Como podemos observar na tabela, **na prova realizamos apenas uma única multiplicação** para obtermos a taxa de juros das aplicações mantidas até o vencimento e **somamos** os valores justos das demais aplicações em 31/12/2015.

Gabarito: **E**

06ª QUESTÃO: Uma sociedade por ações utiliza um equipamento obtido por meio de um contrato de arrendamento mercantil financeiro que foi iniciado em 01/12/2015. Pelo contrato de arrendamento, a empresa deverá pagar 48 parcelas mensais de 28.631,46 e um valor residual garantido de 200.000,00 que vence junto com a última parcela mensal. A taxa de juros implícita no contrato é 1,8% ao mês e o valor presente dos pagamentos na data de início do contrato era 1.000.000,00. O valor justo do equipamento na data de início do arrendamento mercantil era 1.200.000,00, a empresa definiu que vai utilizá-lo por 8 anos e no final deste prazo de utilização será possível vendê-lo por um valor líquido de despesas de vendas de 232.000,00. Sabendo-se que para fins fiscais as parcelas mensais são consideradas despesas dedutíveis pelo valor integral e que a empresa calcula a depreciação de seus equipamentos pelo método das quotas constantes, a empresa deveria evidenciar na demonstração do resultado do ano de 2015, em reais, exclusivamente em relação ao contrato de arrendamento mercantil:

a) despesa de arrendamento de 28.631,46.
b) despesa de depreciação de 10.416,67 e despesa de arrendamento de 28.631,46.
c) despesa de depreciação de 12.500,00 e despesa financeira de 21.600,00.
d) despesa de depreciação de 8.000,00 e despesa financeira de 18.000,00.
e) despesa de depreciação de 10.083,33 e despesa financeira de 18.000,00.

SOLUÇÃO

Segundo o CPC 06 o equipamento deverá ser reconhecido pelo **valor justo** ou **valor presente**, dos dois, o **menor**.

Valor justo	1.200.000,00	**MENOR VALOR**	Balanço Patrimonial em 01/12/2015
Valor presente	1.000.000,00		Custo de aquisição = 1.000.000,00

Valor **presente** das parcelas em 01/12/2015	1.000.000,00
Valor **justo** do equipamento em 01/12/2015	1.200.000,00
Valor a ser **registrado no ativo** em 01/12/2015	**1.000.000,00**

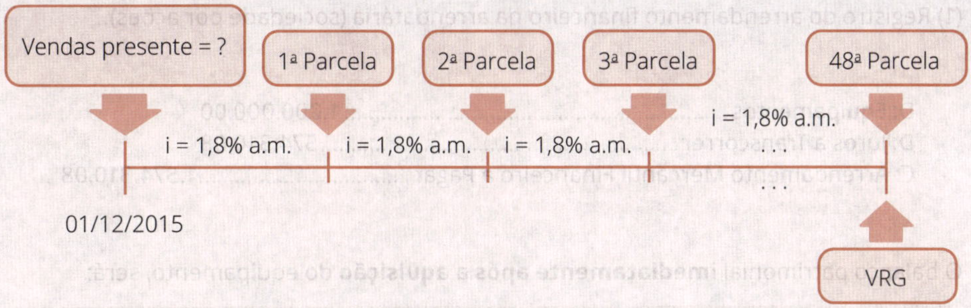

$$\text{Valor presente em 01/12/2015} = \frac{1^{a}\text{ parcela}}{(1{,}018)^{1}} + \frac{2^{a}\text{ parcela}}{(1{,}018)^{2}} + \frac{3^{a}\text{ parcela}}{(1{,}018)^{3}} + \ldots + \frac{48^{a}\text{ parcela}}{(1{,}018)^{48}} + \frac{\text{VRG}}{(1{,}018)^{48}}$$

$$\text{Valor presente em 01/12/2015} = \frac{28.631{,}42}{(1{,}018)^{1}} + \frac{28.631{,}42}{(1{,}018)^{2}} + \frac{28.631{,}42}{(1{,}018)^{3}} + \ldots + \frac{28.631{,}42}{(1{,}018)^{48}} + \frac{200.000{,}00}{(1{,}018)^{48}}$$

Valor presente em 01/12/2015 = 1.000.000,00

1º passo: Calcular os juros a transcorrer.

AMF a pagar = Número de prestações × Valor da prestação + VRG

AMF a pagar = 48 prestações × 28.631,46/prestação + 200.000,00
AMF a pagar = 1.374.310,08 + 200.000,00
AMF a pagar = 1.574.310,08

Juros a Transcorrer = AMF a pagar – Valor presente do equipamento

Juros a Transcorrer = 1.574.310,08 – 1.000.000,00
Juros a Transcorrer = 574.310,08

CUIDADO NA PROVA!!!!!

A banca informa que **para fins fiscais** as parcelas mensais são consideradas **despesas dedutíveis** pelo valor integral e que a empresa calcula a depreciação de seus equipamentos pelo método das quotas constantes. **Em outras palavras**, a banca constantemente **insere critérios fiscais** em suas questões, com a **intenção de induzir os candidatos** a utilizá-los na prova. Na solução das questões, o que deve ser considerado é o **critério contábil**.

(1) Registro do arrendamento financeiro na arrendatária (sociedade por ações).

D: Equipamentos... 1.000.000,00
D: Juros a Transcorrer..574.310,08
C: Arrendamento Mercantil Financeiro a Pagar.................................1.574.310,08

O balanço patrimonial **imediatamente após a aquisição** do equipamento, será:

Ativo	Passivo
AÑC Imobilizado	**Passivo Exigível**
Máquinas em AMF 1.000.000,00	AMF a Pagar................................. 1.574.310,08
	Juros a Transcorrer.........................(574.310,08)
Total.. 1.000.000,00	Total.. 1.000.000,00

2º passo: Calcular a depreciação no mês de dezembro de 2015.

$$\text{Depreciação} = (\text{Custo de aquisição} - \text{Valor residual}) \times \frac{\text{Período de utilização}}{\text{Vida útil}}$$

$$\text{Depreciação em 2015} = (1.000.000{,}00 - 232.000{,}00) \times \frac{1 \text{ mês}}{96 \text{ meses}}$$

Depreciação em 2015 = 8.000,00

ATENÇÃO, o período de utilização foi de 1 mês, e nesse caso, devemos utilizar a vida útil em meses também. Portanto, uma **vida útil de 8 anos** equivale a uma **vida útil de 96 meses**.

(2) Registro contábil da depreciação acumulada do equipamento em 31/12/2015.

Depreciação	
(2) 8.000,00	

Depreciação Acumulada	
	8.000,00 (2)

3º passo: Calcular a despesa financeira em dezembro de 2015.

Despesa Financeira em 2015 = Taxa de juros ao mês × Valor Presente em 30/11/2015

Despesa Financeira em 2015 = 1,8% × 1.000.000,00

Despesa Financeira em 2015 = 18.000,00

(3) Registro contábil da despesa financeira em 31/12/2015.

Despesa Financeira	
(3) 18.000,00	

Juros a Transcorrer	
574.310,08	18.000,00 (3)
556.310,08	

ARE = Despesas com depreciação + Despesas financeiras

Prejuízo Líquido = 8.000,00 + 18.000,00
Prejuízo Líquido = 26.000,00

Considerando apenas essas operações, o balanço patrimonial **em 31/12/2015**, será:

Ativo	Passivo
AÑC Imobilizado	**Passivo Exigível**
Máquinas em AMF 1.000.000,00	AMF a Pagar 1.574.310,08
Depreciação Acumulada.................. (8.000,00)	Juros a Transcorrer......................... (556.310,08)
	Patrimônio Líquido
	Prejuízos Acumulados..................... (26.000,00)
Total...992.000,00	Total...992.000,00

SOLUÇÃO NA PROVA

$$\text{Depreciação} = (\text{Custo de Aquisição} - \text{Valor residual}) \times \frac{\text{Período de utilização}}{\text{Vida útil}}$$

$$\text{Depreciação em 2015} = (1.000.000{,}00 - 232.000{,}00) \times \frac{1 \text{ mês}}{96 \text{ meses}}$$

Depreciação em 2015 = 8.000,00

ATENÇÃO, na prova calculamos apenas a despesa com depreciação, pois a única alternativa que apresenta uma despesa com depreciação de 8.000,00 é a alternativa **D.**

Gabarito: **D**

07ª QUESTÃO: Os saldos das contas do balanço patrimonial de uma empresa, em 31/12/2014, eram os seguintes, em reais:

Fornecedores......30.000,00	Depreciação Acumulada......40.000,00
Receitas Antecipadas......10.000,00	Estoques......50.000,00
Perdas Estimadas com Clientes......7.500,00	Caixa e Equivalentes de Caixa......10.000,00
Equipamentos......200.000,00	Reservas de Lucros......17.500,00
Imóveis......100.000,00	Contas a Pagar......10.000,00
Capital Social......350.000,00	Valores a Receber de Clientes......105.000,00

Os diversos eventos apresentados a seguir, relacionados com os valores a receber de clientes existentes em 31/12/2014, ocorreram durante o ano de 2015 e nesta ordem:

- Valores a receber de clientes no valor total de 10.000,00 foram considerados incobráveis pela empresa.
- Do saldo remanescente da conta valores a receber de clientes a empresa recebeu 90% em 2015 e o restante será recebido em 2016.
- As vendas a prazo de 2015 que vencerão após 31/12/2015 totalizaram 100.500,00.
- A empresa estimou as prováveis perdas com clientes aplicando o percentual de 4% sobre o saldo da conta valores a receber de clientes em 31/12/2015.

No resultado de 2015 o valor total registrado de despesas relacionadas com a não realização de créditos sobre valores a receber de clientes foi, em reais:

a) 6.520,00
b) 14.020,00
c) 14.400,00
d) 4.400,00
e) 6.900,00

☛ SOLUÇÃO

ATENÇÃO, a empresa possuía perdas estimadas com clientes no montante de 7.500,00 constituídas no encerramento do exercício social de 2014. Entretanto, no exercício de 2015, a empresa incorreu com calotes de clientes no valor de 10.000,00, e nesse caso, temos que constituir despesas com perdas estimadas de clientes no montante de 2.500,00.

(1) Registro contábil da utilização das perdas estimadas com clientes no valor de 7.500,00.

Perdas Estimadas c/ Clientes – BP

Débito	Crédito
(1) 7.500,00	7.500,00

Valores a Receber de Clientes – BP

Débito	Crédito
105.000,00	7.500,00 (1)
97.500,00	

(2) Registro contábil de 2.500,00 de perdas com clientes não provisionadas em 2014.

Despesas c/ Perdas Estimadas – DRE	
(2) 2.500,00	

Valores a Receber de Clientes – BP	
97.500,00	2.500,00 (2)
95.000,00	

(3) Registro contábil do recebimento de 90% do montante da conta valores a receber de clientes.

Disponível – BP	
(3) 85.500,00	

Valores a Receber de Clientes – BP	
95.000,00	85.500,00 (3)
9.500,00	

Disponível = 90% × Valores a Receber de Clientes

Disponível = 90% × 95.000,00
Disponível = 85.500,00

(4) Registro contábil das vendas a prazo em 2015.

Valores a Receber de Clientes – BP	
9.500,00	
(4) 100.500,00	
110.000,00	

Vendas Brutas – DRE	
	100.500,00 (4)

(5) Registro contábil de perdas com clientes aplicando o percentual de 4% sobre o saldo da conta valores a receber de clientes em 31/12/2015.

Perdas com Clientes = 4% × Valores a Receber de Clientes em 31/12/2015

Perdas com Clientes = 4% × 110.000,00
Perdas com Clientes = 4.400,00

Despesas com Perdas de Clientes – DRE	
(5) 4.400,00	

Perdas Estimadas c/ Clientes – BP	
	4.400,00 (5)

ATENÇÃO, apenas os lançamentos (2) e (5) geram **despesas no resultado do exercício de 2015**.

Despesas no exercício de 2015 = (2) + (5)

Despesas no exercício de 2015 = 2.500,00 + 4.400,00
Despesas no exercício de 2015 = 6.900,00

SOLUÇÃO NA PROVA

Lançamentos	Reflexos no BP	Reflexos na DRE
(1)	Sim	Não
(2)	Sim	**2.500,00 de despesas**
(3)	Sim	Não
(4)	Sim	100.500,00 de receitas
(5)	Sim	**4.400,00 de despesas**

Despesas na DRE 2015 = 2.500,00 + 4.400,00
Despesas na DRE 2015 = 6.900,00

Gabarito: **E**

08ª QUESTÃO: Uma empresa recebeu de um cliente o valor de 1.200.000,00 para prestar serviços de manutenção pelo prazo de um ano. O contrato foi assinado em 01/10/2015, entrou em vigor imediatamente e estabelecia um total de 10 horas mensais de manutenção ordinária a serem atendidas, limitado a 120 horas no período contratado. Durante 2015, além das 10 horas mensais de manutenção ordinária, no mês de dezembro de 2015 a empresa aplicou mais 35 horas totais de trabalho em função de problemas extraordinários que ocorreram com os equipamentos da empresa contratante. Na empresa contratada, o valor evidenciado na demonstração do resultado de 2015 e o saldo da conta do balanço patrimonial em 31/12/2015 decorrentes do contrato citado foram:

a) receita de serviços de 300.000,00 e receitas antecipadas de 900.000,00.
b) receita de serviços de 650.000,00 e receitas antecipadas de 550.000,00.
c) receita de serviços de 200.000,00 e receitas antecipadas de 1.000.000,00.

d) receita de serviços de 550.000,00 e receitas antecipadas de 650.000,00.

e) receita de serviços de 1.200.000,00.

SOLUÇÃO

ATENÇÃO, esta questão exige conhecimentos **do CPC 47 que trata das Receitas de Contrato com Clientes**. Segundo os dados da questão, **existe uma obrigação de performance** satisfeita ao longo do tempo, pois a medida que a empresa presta os serviços de manutenção ao longo do período de 1 ano de contrato, o **cliente recebe e consome simultaneamente** os benefícios gerados pelo desempenho por parte da empresa à medida que a empresa efetiva o desempenho.

(1) Registro contábil do recebimento antecipado pelo cliente em 01/10/2015.

Disponível – BP	
(1) 1.200.000,00	

Receitas Antecipadas – BP	
	1.200.000,00 (1)

As **receitas antecipadas** ou **adiantamentos de clientes** equivalem a uma **obrigação**, e são registradas no passivo.

$$\text{Valor do serviço prestado por hora} = \frac{\text{Valor do contrato}}{\text{Número de horas no período contrato}}$$

$$\text{Valor do serviço prestado por hora} = \frac{1.200.000,00}{120 \text{ horas}}$$

Valor do serviço prestado por hora = 10.000,00/hora

CUIDADO!!!!!!! O contrato foi assinado em 01/10/2015, com entrada em vigor imediatamente. Portanto, no exercício de 2015, a empresa **deverá reconhecer receitas** de prestação de serviços relativos aos meses de outubro, novembro e dezembro.

(2) Registro contábil das receitas de serviços ordinários em 31/10/2015:

Receitas Antecipadas – BP	
(2) 100.000,00	1.200.000,00
	1.100.000,00

Receitas de Serviços – DRE	
	100.000,00 (2)

Receitas de serviços ordinários em outubro = Nº horas mensal × Valor do serviço por hora

Receitas de serviços ordinários em outubro = 10 horas × 10.000,00/hora
Receitas de serviços ordinários em outubro = 100.000,00

(3) Registro contábil das receitas de serviços ordinários em 30/11/2015:

Receitas Antecipadas – BP	
(3) 100.000,00	1.100.000,00
	1.000.000,00

Receitas de Serviços – DRE	
	100.000,00
	100.000,00 (3)
	200.000,00

Receitas de serviços ordinários em novembro = Nº horas mensal × Valor do serviço por hora

Receitas de serviços ordinários em novembro = 10 horas × 10.000,00/hora

Receitas de serviços ordinários em novembro = 100.000,00

(4) Registro contábil das receitas de serviços ordinários em 31/12/2015:

Receitas Antecipadas – BP	
(4) 100.000,00	1.000.000,00
	900.000,00

Receitas de Serviços – DRE	
	200.000,00
	100.000,00 (4)
	300.000,00

Receitas de serviços ordinários em outubro = Nº horas mensal × Valor do serviço por hora

Receitas de serviços ordinários em dezembro = 10 horas × 10.000,00/hora

Receitas de serviços ordinários em dezembro = 100.000,00

(5) Registro contábil das receitas extraordinárias em 31/12/2015:

Receitas Antecipadas – BP	
(5) 350.000,00	900.000,00
	550.000,00

Receitas de Serviços – DRE	
	300.000,00
	350.000,00 (5)
	650.000,00

Receitas de serviços extraordinários = Nº horas extraordinárias × Valor do serviço por hora

Receitas de serviços extraordinários = 35 horas × 10.000,00/hora

Receitas de serviços extraordinários = 350.000,00

Gabarito: **B**

09ª QUESTÃO: Os estoques de uma empresa são controlados pelo sistema de inventário permanente e mensurados pelo critério da média ponderada móvel. Durante o ano de 2015, a empresa realizou, em ordem cronológica, as seguintes transações com compra e venda de mercadorias:

Data	Operação	Quantidade	Preço unitário de compra	Preço unitário de venda
02/03/2015	Compra	500	100,00	–
06/04/2015	Venda	200	–	140,00
13/05/2015	Compra	100	96,00	–
21/08/2015	Venda	200	–	144,00
29/11/2015	Compra	100	96,00	–

Sabendo que a empresa não detinha estoque inicial, o valor do estoque apresentado no balanço patrimonial de 31/12/2015 foi, em reais:

a) 29.400,00
b) 29.200,00
c) 29.600,00
d) 69.200,00
e) 39.800,00

SOLUÇÃO

No sistema de inventário permanente mensurado pelo critério da média ponderada móvel, **a cada nova aquisição**, o custo médio das mercadorias altera e influencia diretamente o custo das mercadorias vendidas.

Data	Entradas			Saídas			Saldo final de estoques		
	Q	Custo unitário	Total	Q	Custo unitário	Total	Q	Custo unitário	Total
02/03	500	100,00	50.000,00	–	–	–	500	100,00	50.000,00
06/04	–	–	–	200	100,00	20.000,00	300	100,00	30.000,00
13/05	100	96,00	9.600,00	–	–	–	400	99,00	39.600,00
21/08	–	–	–	200	99,00	19.800,00	200	99,00	19.800,00
29/11	100	96,00	9.600,00	–	–	–	300	98,00	29.400,00

CONCLUSÃO, da tabela temos que o **saldo final de estoques** avaliados pela média ponderada móvel é de **29.400,00**.

Gabarito: **A**

10ª QUESTÃO: Um equipamento foi adquirido à vista por 10.000.000,00 em 31/03/2015 e a empresa definiu sua vida útil em 8 anos. O valor realizável líquido de despesa de venda do equipamento no final do prazo de vida útil para a empresa foi estimado em 4.000.000,00 e, para fins fiscais, a vida útil é definida em 10 anos. No final do ano de 2015, a empresa realizou o teste de redução ao valor recuperável para o equipamento (teste de *impairment*) e os valores obtidos em 31/12/2015 para a realização do teste para o equipamento foram:

- valor justo líquido de despesa de venda de 9.200.000,00
- valor em uso de 9.300.000,00

Sabendo-se que a empresa adota o método das quotas constantes para o cálculo da despesa mensal de depreciação, o valor total que impactou negativamente o resultado de 2015, exclusivamente em relação ao equipamento, foi, em reais:

a) 750.000,00
b) 562.500,00
c) 700.000,00
d) 937.500,00
e) 450.000,00

SOLUÇÃO

Segundo o CPC 01, o valor contábil líquido é calculado de acordo com a **vida útil** do equipamento, em outras palavras, o equipamento é depreciado a princípio em 8 anos. A **depreciação fiscal** não é utilizada no cálculo do valor contábil líquido, pois a sua única finalidade é deduzir a base de cálculo do imposto de renda.

1ª etapa: Calcular o valor recuperável do equipamento.

ATENÇÃO, o valor recuperável será sempre o **maior valor**.

Valor justo líquido das despesas de venda	9.200.000,00	**MAIOR VALOR**	Valor recuperável = 9.300.000,00
Valor em uso	9.300.000,00		

Valor recuperável em 2015 = 9.300.000,00

2ª etapa: Calcular o valor contábil do equipamento.

$$\text{Depreciação Acumulada em 2015} = (\text{Custo de aquisição} - \text{Valor residual}) \times \frac{\text{Período de utilização}}{\text{Vida útil}}$$

$$\text{Depreciação Acumulada em 2015} = (10.000.000{,}00 - 4.000.000{,}00) \times \frac{9 \text{ meses}}{96 \text{ meses}}$$

Depreciação Acumulada em 2015 = 562.500,00

ATENÇÃO, o período de utilização em 2015 foi de 9 meses, e nesse caso, devemos utilizar a vida útil em meses também. Portanto, uma **vida útil de 8 anos** equivale a uma **vida útil de 96 meses**.

(1) Registro contábil da amortização acumulada em 31/12/2015.

Depreciação	
(1) 562.500,00	

Depreciação Acumulada	
	562.500,00 (1)

Valor Contábil = Custo de Aquisição – Depreciação Acumulada – Perdas por *Impairment*

Valor contábil em 2015 = 10.000.000,00 – 562.500,00
Valor contábil em 2015 = 9.437.500,00

3ª etapa: Comparar o valor recuperável com o valor contábil.

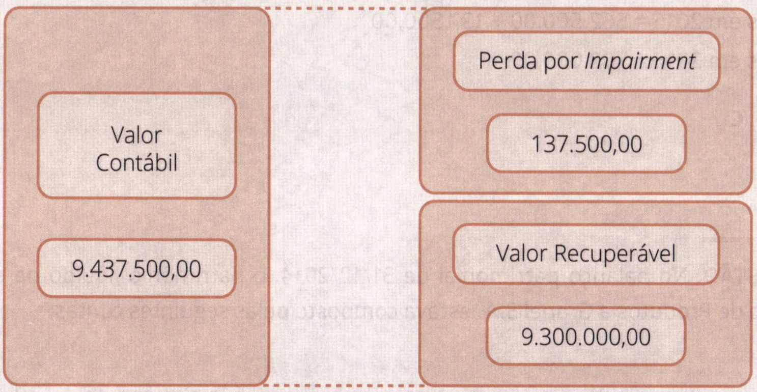

Perdas estimadas por *impairment* = Valor contábil – Valor recuperável

Perdas estimadas por *impairment* = 9.437.500,00 – 9.300.000,00
Perdas estimadas por *impairment* = 137.500,00

(2) Registro contábil da **perda por *impairment*** em 31/12/2015.

Outras Despesas	
(2) 137.500,00	

Perdas Estimadas Acumuladas	
	137.500,00 (2)

Outras receitas	**Outras despesas**
As **outras receitas** compreendem as **receitas oriundas** das transações do AÑC classificados nos subgrupos de investimentos, imobilizado e intangível.	As **outras despesas** compreendem as **despesas oriundas** das transações do AÑC classificados nos subgrupos de investimentos, imobilizado e intangível.

CONCLUSÃO, em 31/12/2015 a empresa deverá reconhecer uma **despesa com depreciação** de 562.500,00 e uma perda por desvalorização (**outras despesas**) de 137.500,00.

Despesas em 2015 = Depreciação + Despesas com *Impairment*

Despesas em 2015 = 562.500,00 + 137.500,00
Despesas em 2015 = 700.000,00

Gabarito: **C**

11ª QUESTÃO: No balanço patrimonial de 31/12/2014, o patrimônio líquido da empresa Comércio de Produtos a Granel S.A. estava composto pelas seguintes contas:

Capital Social	8.000.000,00
Reserva Legal	1.400.000,00
Reserva Estatutária	500.000,00
Reserva de Capital	300.000,00

No ano de 2015, a empresa apurou um lucro líquido de 4.800.000,00 e constituiu as seguintes reservas:

- Reserva legal, de acordo com os critérios e limites estabelecidos na lei das Sociedades por Ações (lei nº 6.404/1976 e alterações posteriores).
- Reserva estatutária no valor correspondente a 10% do lucro líquido deduzido do valor destinado para a constituição da reserva legal.

O estatuto da empresa estabelece que o dividendo mínimo obrigatório é calculado pela alíquota de 30% sobre o saldo remanescente de lucro líquido do período, após a constituição das reservas legal e estatutária. O valor dos dividendos que deveria ser evidenciado no passivo e o valor total do patrimônio líquido, ambos no balanço patrimonial de 31/12/2015, eram respectivamente, em reais:

a) 1.242.000,00 e 13.758.000,00
b) 1.231.200,00 e 13.768.800,00
c) 1.368.000,00 e 13.632.000,00
d) 1.380.000,00 e 13.620.000,00
e) 1.224.000,00 e 13.776.000,00

☛ SOLUÇÃO

CUIDADO EXTRA NA PROVA!!!!!!!!! Trata-se de uma **questão capciosa**!!!!!!

1º passo: Calcular a reserva legal.

AQUI ESTÁ A 1ª PEGADINHA DA BANCA!!!!! No cálculo da reserva legal devemos tomar cuidado, pois temos que **observar o limite obrigatório**.

Segundo o **artigo 193 da legislação societária** (lei nº 6.404/76) do lucro líquido 5% serão aplicados, antes de qualquer outra destinação, na constituição da reserva legal, que não excederá de 20% do **capital social**.

Reserva Legal = 5% × Lucro Líquido

Reserva Legal = 5% × 4.800.000,00
Reserva Legal = 240.000,00

ATENÇÃO, segundo o artigo 182 da legislação societária, o **capital social** discriminará o montante subscrito e, **por dedução**, a parcela ainda não realizada. Em outras palavras, o **capital social** é:

Capital Social = Capital Subscrito – Capital a Integralizar

CONCLUSÃO: o limite máximo da reserva da reserva legal é:

Limite máximo da reserva legal = 20% × Capital Social

ou

Limite máximo da reserva legal = 20% × (Capital Subscrito – Capital a Integralizar)

Limite máximo da reserva legal = 20% × (8.000.000,00 – 0,00)
Limite máximo da reserva legal = 1.600.000,00

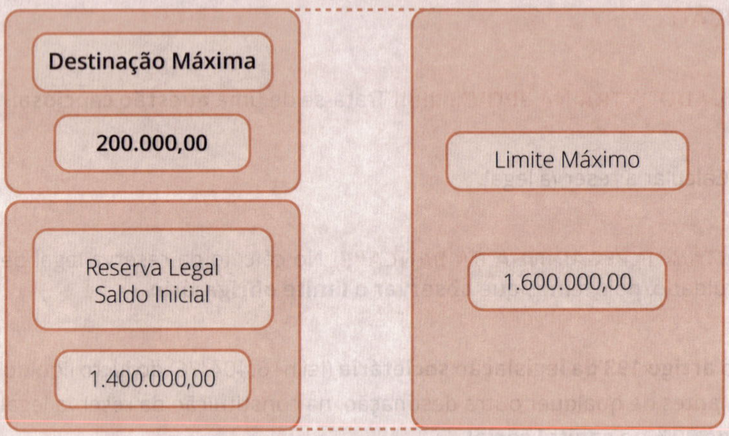

Analisando o gráfico acima, podemos observar que o **valor máximo** que a empresa poderá destinar para a constituição da reserva legal é **200.000,00**. Portanto, **5% do lucro líquido** no valor de **240.000,00 ultrapassa o limite máximo** permitido pela legislação societária, e nesse caso, **poderá destinar apenas 200.000,00** para a constituição da reserva legal.

(1) Registro contábil da constituição da reserva legal.

Lucros Acumulados – PL	
(1) 200.000,00	4.800.000,00
	4.600.000,00

Reserva Legal – PL	
	1.400.000,00
	200.000,00 (1)
	1.600.000,00

2º passo: Calcular a reserva estatutária.

AQUI ESTÁ A 2ª PEGADINHA!!!!! No cálculo da **reserva estatutária** devemos **subtrair a reserva legal**. Caso você tenha errado no cálculo da reserva legal, com certeza você já perdeu essa questão.

Reserva Estatutária = 10% × (Lucro Líquido – Reserva Legal)

Reserva Estatutária = 10% × (4.800.000,00 – 200.000,00)
Reserva Estatutária = 460.000,00

(2) Registro contábil da constituição da reserva estatutária.

Lucros Acumulados – PL	
(2) 460.000,00	4.600.000,00
	4.140.000,00

Reserva Estatutária – PL	
	500.000,00 460.000,00 (2)
	960.000,00

3º passo: Calcular o montante dos dividendos obrigatórios.

AQUI ESTÁ A 3ª PEGADINHA DA PROVA!!!! Segundo os dados da banca, o **estatuto define a base de cálculo dos dividendos**, e nesse caso nós **não calculamos** o lucro líquido ajustado nos termos do **artigo 202 da legislação societária**. Lembramos que no caso do **estatuto omisso**, o **lucro líquido ajustado** nos termos do artigo 202 é:

LLA = LL – Reserva Legal +/– Reserva de Contingências +/– Reserva de Incentivo Fiscal

A base de cálculo dos dividendos é o lucro líquido ajustado segundo o artigo 202. ⇐ **Omisso** ⇐ Estatuto ⇒ **Não omisso** ⇒ O estatuto define a base de cálculo dos dividendos.

Base de cálculo dos dividendos = LL – R. Legal – R. Estatutária

Lucro Líquido	4.800.000,00
– Reserva Legal	(200.000,00)
– Reserva Estatutária	(460.000,00)
= Base de cálculo dos dividendos	4.140.000,00

Dividendos a Pagar = 30% × Base de cálculo dos dividendos

Dividendos a Pagar = 30% × 4.140.000,00
Dividendos a Pagar = 1.242.000,00

(3) Registro contábil dos dividendos obrigatórios **nos termos do estatuto** da empresa.

Lucros Acumulados – PL	
(3) 1.242.000,00	4.140.000,00
	2.898.000,00

Dividendos a Pagar – PC	
	1.242.000,00 (3)

ATENÇÃO NA PROVA!!!!!!!!!

Segundo o artigo 202, § 6º da lei nº 6.404/76, **existindo saldo remanescente** na conta lucros acumulados, a empresa deverá distribuir o **saldo remanescente** para **dividendos complementares**, de tal forma que a conta **lucros acumulados** fique com o **saldo zerado** no final do exercício. A contabilização dos **dividendos complementares** ou **dividendo adicional ao mínimo obrigatório** será por meio do lançamento:

D: Lucros Acumulados – conta do PL
C: Dividendo Adicional ao Mínimo Obrigatório – conta do PL

Afinal, esse **dividendo adicional ao mínimo obrigatório** não se caracteriza como **obrigação presente na data do balanço**, já que a assembleia dos sócios ou outro órgão competente poderá, não havendo qualquer restrição estatutária ou contratual, **deliberar ou não** pelo seu pagamento ou por pagamento **por valor diferente do proposto**.

CONCLUSÃO, apesar da **banca não mencionar qual foi a destinação específica** do saldo remanescente, segundo o artigo 202, § 6º da lei nº 6.404/76, esse saldo remanescente só tem uma destinação: **dividendos complementares**, que é uma conta do **patrimônio líquido**.

(4) Registro contábil da distribuição do saldo remanescente para dividendos adicionais.

Lucros Acumulados – PL	
(4) 2.898.000,00	2.898.000,00

Dividendos Complementares – PL	
	2.898.000,00 (4)

4º passo: Calcular o patrimônio líquido final.

PL Final = Capital + R. Legal + R. Estatutária + R. Capital + Dividendos Complementares

PL Final = 8.000.000,00 + 1.600.000,00 + 960.000,00 + 300.000,00 + 2.898.000,00
PL Final = 13.758.000,00

Gabarito: **A**

12ª QUESTÃO: A demonstração do resultado do ano de 2015 da empresa Produtos de Segurança Porta Aberta S.A. é apresentada a seguir:

Demonstração do Resultado – Período: 01/01/2015 a 31/12/2015	
Receita de Vendas	816.000,00
− Custo das Mercadorias Vendidas	(524.000,00)
= Resultado Bruto com Mercadorias	292.000,00
− Depreciação	(24.000,00)
− Outras despesas operacionais	(236.000,00)
+ Resultado de Equivalência Patrimonial	12.000,00
+ Resultado antes dos efeitos financeiros	44.000,00
− Despesas Financeiras	(20.000,00)
= Resultado após os efeitos financeiros	24.000,00
+ Lucro na venda de terrenos	28.000,00
= Resultado antes de Impostos e Participações	52.000,00
− Despesa com Imposto de Renda	(15.600,00)
= Resultado Líquido	36.400,00

As seguintes informações adicionais são conhecidas:

- A empresa não tinha saldo a receber de vendas no início de 2015.
- Do total das vendas efetuadas em 2015, 20% foram vendidos a prazo e serão recebidos em 2016.
- Todas as mercadorias vendidas foram adquiridas e pagas em 2015 e não havia estoques iniciais de mercadorias.
- No início do período, a empresa não tinha dívidas com fornecedores.
- Todas as outras despesas operacionais foram pagas no próprio ano de 2015.
- Do total de despesas financeiras, a empresa pagou 80% no próprio ano de 2015. A empresa classifica as despesas financeiras no grupo das atividades operacionais.
- O imposto de renda será pago em 2016.

Desconsiderando os tributos sobre vendas e sobre compras, o valor correspondente ao caixa das atividades operacionais do ano de 2015 foi, em reais:

a) positivo de 48.400,00.
b) positivo de 20.400,00.
c) negativo de 127.200,00.
d) positivo de 40.000,00.
e) negativo de 123.200,00.

SOLUÇÃO

ATENÇÃO, nessa questão, nós vamos calcular o **fluxo de caixa operacional pelo método direto**.

(1) Registro contábil das vendas brutas em 2015.

Duplicatas a Receber – BP	
0,00	
(1) 816.000,00	
816.000,00	

Vendas Brutas – DRE	
	816.000,00 (1)

CUIDADO, pois não existia saldo inicial de duplicatas a receber em 2015.

(2) Registro contábil do recebimento de 80% das vendas em 2015.

Disponível – BP	
(2) 652.800,00	

Duplicatas a Receber – BP	
816.000,00	652.800,00 (2)
163.200,00	

Recebimento de Duplicatas = 80% × Duplicatas a Receber

Recebimento de Duplicatas = 80% × 816.000,00
Recebimento de Duplicatas = 652.800,00

(3) Registro contábil do custo das mercadorias vendidas.

CUIDADO EXTRA AQUI! A banca informa que todas as mercadorias vendidas f**oram adquiridas e pagas em 2015** e não havia **estoques iniciais** de mercadorias.

Estoques – BP	
0,00	524.000,00 (3)
F	
0,00	

CMV – DRE	
(3) 524.000,00	

Analisando o razonete **estoques** podemos observar que o saldo inicial era de 0,00, em seguida, ocorreu um crédito de 524.000,00 devido as vendas de mercadorias ocorridas em 2015, restando um saldo final de 0,00. Portanto, devemos registrar um **débito** no **valor de F** no razonete **estoques**, que tem como contrapartida um **crédito** no **valor de F** no razonete **fornecedores**. Conclusão, do razonete estoques, calculamos o montante das **compras a prazo em 2015**.

0,00 + F – 524.000,00 = 0,00

F = 524.000,00

(4) Registro das compras a prazo em 2015.

Estoques – BP	
0,00	524.000,00
(4) 524.000,00	
0,00	

Fornecedores – BP	
(Caixa) x	0,00
	524.000,00 (4)
	0,00

Analisando o razonete **fornecedores** podemos observar que não havia um saldo inicial, em seguida, ocorreu um crédito de 524.000,00 devido a compras a prazo ocorridas em 2015, restando um saldo final de 0,00. Portanto, devemos registrar um **débito** no **valor de x** no razonete **fornecedores**, que tem como contrapartida um **crédito** no **valor de x** no razonete **caixa**. Conclusão, do razonete fornecedores, calculamos o montante do **pagamento de fornecedores em 2015**.

0,00 + 524.000,00 – x = 0,00

x = 524.000,00

(5) Registro contábil do pagamento das outras despesas operacionais.

Disponível – BP	
Saldo Inicial	236.000,00 (5)

Despesas Operacionais – DRE	
(5) 236.000,00	

(6) Registro contábil da apropriação das despesas financeiras.

Despesas Financeiras – DRE	
(6) 20.000,00	

Juros a Pagar – BP	
	20.000,00 (6)

(7) Registro contábil do pagamento de 80% das despesas financeiras.

Disponível – BP	
Saldo Inicial	16.000,00 (7)

Juros a Pagar – BP	
(7) 16.000,00	20.000,00
	4.000,00

Pagamento de despesas financeiras = 80% × Juros a Pagar

Pagamento de despesas financeiras = 80% × 20.000,00
Pagamento de despesas financeiras = 16.000,00

ATENÇÃO, o imposto de renda no montante de 15.600,00 só será pago em 2016.

CUIDADO EXTRA NO FLUXO DE CAIXA!!!!!!! A banca informou que a empresa obteve um **lucro na venda de terrenos** no montante de 28.000,00. Lembramos que a **venda de ativos imobilizados** está relacionada com o fluxo de caixa das **atividades de investimentos**.

Demonstração do Fluxo de Caixa – Método Direto	
1. Fluxo de Caixa Operacional	
Recebimento de duplicatas a receber	652.800,00
– Pagamento a fornecedores	(524.000,00)
– Pagamento de despesas operacionais	(236.000,00)
– Pagamento de despesas financeiras	(16.000,00)
= **Fluxo de caixa operacional consumido**	**(123.200,00)**

SOLUÇÃO NA PROVA

1. Fluxo de Caixa Operacional	
Recebimento de vendas (80% × 816.000,00)	652.800,00
– Pagamento a fornecedores (CMV = 524.000,00)	(524.000,00)
– Pagamento de despesas operacionais (DRE = 236.000,00)	(236.000,00)
– Pagamento de despesas financeiras (80% × 20.000,00)	(16.000,00)
= **Fluxo de caixa operacional consumido**	**(123.200,00)**

Gabarito: **E**

13ª QUESTÃO: Um lote de mercadorias foi adquirido à vista por uma empresa em 31/10/2015. O valor total da compra foi 1.120.000,00 e engloba um imposto compensável pela empresa no valor de 120.000,00. Em 18/12/2015 a empresa vendeu 70% dessas mercadorias por 900.000,00 à vista e no valor total da venda está incluído um imposto sobre vendas de 90.000,00. O valor do resultado bruto com mercadorias reconhecido no resultado de 2015, exclusivamente em relação a estas mercadorias vendidas, foi, em reais:

a) 116.000,00
b) 26.000,00
c) 200.000,00
d) 110.000,00
e) 137.000,00

☛ SOLUÇÃO

Montando a nota fiscal de aquisição das mercadorias, temos:

Nota Fiscal da compra de mercadorias	
Mercadorias	1.120.000,00
= Total da nota fiscal	1.120.000,00
Tributos recuperáveis	120.000,00

1º passo: Calcular as compras brutas.

As **compras brutas** (CB) correspondem ao valor das compras acrescidos dos tributos, quer sejam por fora ou por dentro, **recuperáveis ou não**. Em outras palavras, as compras brutas correspondem ao valor **total da nota fiscal** de aquisição das mercadorias.

Compras Brutas = Nota Fiscal de Mercadorias

Compras Brutas = 1.120.000,00

2º passo: Calcular as compras líquidas.

As **compras líquidas** (CL) representam o valor efetivamente **lançado nos estoques**.

CL = CB – Tributos recuperáveis + Fretes/Seguros/Armazenagem – Deduções de compras

Compras Líquidas = 1.120.000,00 – 120.000,00

Compras Líquidas = 1.000.000,00

O registro contábil das compras líquidas no livro diário é realizado por meio do lançamento:

D: Mercadorias 1.000.000,00
D: Tributos a Recuperar.............................120.000,00
C: Disponibilidades 1.120.000,00

3º passo: Calcular o custo das mercadorias vendidas.

CMV = 70% × Mercadorias

CMV = 70% × 1.000.000,00
CMV = 700.000,00

4º passo: Calcular o lucro bruto.

Lucro Bruto = Vendas Brutas – Impostos sobre Vendas – CMV

Lucro Bruto = 900.000,00 – 90.000,00 – 700.000,00
Lucro Bruto = 110.000,00

Gabarito: **D**

14ª QUESTÃO: Uma empresa contratou um empréstimo junto a uma instituição financeira de fomento com as seguintes características:

- Data da obtenção do empréstimo: 01/12/2015.
- Prazo total do empréstimo: 8 anos.
- Valor do empréstimo: 50.000.000,00.
- Taxa de juros contratada: 1,5% ao mês.
- Carência de 2 anos com pagamentos semestrais dos juros acumulados em cada semestre. O valor de cada parcela semestral de juros é 4.672.163,20.
- Pagamento mensais de 72 parcelas no valor de 1.140.389,55 cada uma, com a primeira vencendo no final do 25º mês.

- A empresa pagou despesas iniciais (custos de transação), na data do contrato, no valor de 1.000.000,00.
- O custo efetivo da operação é 1,549% ao mês.

O valor do passivo relativo ao empréstimo obtido apresentado no balanço patrimonial de 31/12/2015 foi, em reais:

a) 50.774.500,00
b) 50.750.000,00
c) 49.759.010,00
d) 49.735.000,00
e) 50.778.693,87

SOLUÇÃO

1º passo: Calcular a captação líquida dos empréstimos.

Captação líquida em 01/12/2015 = Valor do contrato – Custos de transação

Captação líquida = 50.000.000,00 – 1.000.000,00
Captação líquida = 49.000.000,00

Em 01/12/2015, o fluxo de caixa disponível para ser utilizado é o líquido dos custos de transação no montante de 49.000.000,00, ou seja, **na essência**, esse é o **valor líquido captado**. Com base nesse fluxo de caixa, a taxa interna de retorno mensal, que **nominalmente** era de 1,5% a.m., passa para 1,549% a.m., e esse é **efetivamente** o custo da captação efetuada.

2º passo: Calcular os encargos financeiros em 31/12/2015.

Encargos financeiros em 31/12/2015 = Taxa efetiva × Captação líquida

Encargos financeiros = 1,549% × 49.000.000,00
Encargos financeiros = 759.010,00

3º passo: Calcular o valor do empréstimo em 31/12/2015.

Empréstimos em 31/12/2015 = Captação líquida + Encargos financeiros

Empréstimos = 49.000.000,00 + 759.010,00
Empréstimos = 49.759.010,00

SOLUÇÃO NA PROVA

Empréstimos em 01/12/2015 .... 50.000.000,00
– Custos de transação em 11/12/2015 .... (1.000.000,00)
= Captação líquida em 01/12/2015 .... 49.000.000,00
+ Juros efetivos em 2015 (1,549% × 49.000.000,00) 759.010,00
= Empréstimos em 31/12/2015 .... **49.759.010,00**

Gabarito: **C**

15ª QUESTÃO: O balanço patrimonial de uma empresa, em 31/12/2014, apresentou o saldo de 1.200.000,00 na conta representativa das provisões que era composta dos seguintes valores:

Tipo de processo	Provisão reconhecida em 31/12/2014
Trabalhista	500.000,00
Tributário	700.000,00

Para a elaboração do balanço patrimonial de 31/12/2015, as informações obtidas pela empresa sobre os processos existentes em 31/12/2014 e sobre outros que surgiram durante o ano de 2015 são apresentadas na tabela a seguir:

Tipo de processo	Classificação pela empresa em 31/12/2015	Valor estimado em 31/12/2015
Trabalhista	Provável	400.000,00
Tributário	Possível	200.000,00
Cível	Possível	100.000,00
Ambiental	Provável	150.000,00

O efeito líquido causado na demonstração do resultado de 2015 da empresa relacionado com as provisões foi, em reais:

a) redução de 850.000,00.
b) aumento de 650.000,00.
c) redução de 550.000,00.

d) aumento de 350.000,00.

e) aumento de 450.000,00.

☛ SOLUÇÃO

Uma dica para a prova é se lembrar da frase:

Pro Po R uma provisão para contingências.

Montando a tabela com as obrigações presentes que podem ser prováveis, possíveis ou remotas, temos:

Provisão para contingências	Provável	Possível	Remota
Registro contábil	Sim	Não	Não
Divulgação em notas explicativas	Sim	Sim	Não

CONCLUSÃO, apenas os **processos prováveis** de perda pela empresa serão registrados no balanço patrimonial e divulgados em notas explicativas.

Processo	Valor em 2014	Valor em 2015	Perda em 2015	DRE de 2015
Trabalhista	500.000,00	400.000,00	**Provável**	+ 100.000,00
Tributário	700.000,00	200.000,00	Possível	+ 700.000,00
Cível	0,00	100.000,00	Possível	0,00
Ambiental	0,00	150.000,00	**Provável**	– 150.000,00
Efeitos na DRE de 2015				**+ 650.000,00**

O processo **trabalhista** até o encerramento do exercício de 2014 era **provável** de perda na justiça. No **exercício de 2015**, os advogados reavaliaram a perda, e chegaram à conclusão de que a probabilidade de perda na justiça era **possível**. Nesse caso, a empresa deverá **reverter integralmente a provisão trabalhista** no exercício de 2015.

O processo **tributário** até o encerramento do exercício de 2014 era **provável** de perda na justiça. No **exercício de 2015**, os advogados reavaliaram a perda, e chegaram à conclusão de que a probabilidade de perda na justiça era **possível**. Nesse caso, a empresa deverá **reverter integralmente a provisão tributária** no exercício de 2015.

Efeito na DRE de 2015 = 100.000,00 + 700.000,00 – 150.000,00
Efeito na DRE de 2015 = 650.000,00 positivos

Gabarito: **B**

Capítulo 26

Técnico da Sefaz MA 2016

ATENÇÃO: Considere as informações, abaixo, para responder as **questões de números 01 e 02**.

A empresa comercial Nague S.A. realizou as seguintes transações no mês de julho de 2016:

- Compra de mercadorias para revenda no valor de 33.000,00 à vista.
- Pagamento, por meio de transferência bancária, dos salários dos funcionários da empresa, no valor de 8.000,00, referentes ao mês de junho de 2016.
- Utilização da mão de obra dos funcionários da área administrativa e de vendas, cujos salários e encargos no valor de 9.000,00 seriam pagos em agosto de 2016.
- Venda de mercadorias que custaram 30.000,00 por 80.000,00, sendo 60% à vista e 40% para recebimento em setembro de 2016.
- Consumo de energia elétrica no valor de 500,00, cuja conta seria paga em agosto de 2016.
- Pagamento, no valor de 2.000,00, do aluguel referente ao mês de julho de 2016 do imóvel onde funciona a loja.
- Pagamento, no valor de 3.000,00, referente ao seguro do imóvel, cuja vigência é referente ao período de agosto/2016 a julho/2017.

01ª QUESTÃO: Com base nessas informações e de acordo com o regime da competência, o resultado operacional de julho de 2016 foi, em reais, de:

a) 38.500,00
b) 5.500,00
c) 5.000,00
d) 50.000,00
e) 18.000,00

☛ SOLUÇÃO

Cuidado EXTRA na prova!!!!!!!!!

Nas questões envolvendo a DRE, atualmente a FCC **segue a estrutura do CPC 26** que trata da Apresentação das Demonstrações Contábeis, ou seja, na apuração do **resultado operacional**, a FCC **não incluiu as despesas financeiras**. Portanto, quando nos depararmos com uma questão da FCC pedindo o **resultado operacional**, nós devemos ter em mente que esse **resultado operacional** corresponde ao **resultado antes do resultado financeiro**, segundo a estrutura de DRE apresentada pelo CPC 26.

Lucro antes do resultado financeiro (CPC 26) ≠ **Lucro Operacional** (Legislação Societária)

1º passo: Realizar os registros contábeis das transações verificadas no mês de julho de 2016.

(1) Registro contábil da compra de mercadorias à vista por 33.000,00.

Caixa – BP	
Saldo Inicial	33.000,00 (1)

Mercadorias – BP	
(1) 33.000,00	

(2) Registro contábil do pagamento de salários no valor de 8.000,00, por meio de transferência bancária.

Banco Conta Movimento – BP	
Saldo Inicial	8.000,00 (2)

Salários a Pagar – BP	
(2) 8.000,00	8.000,00

ATENÇÃO, o **pagamento de salários** referentes ao mês de **junho** está ocorrendo em **julho**. No final do mês de **junho**, a empresa **apropriou** os salários de junho, a serem **pagos** em julho. A **apropriação** é reconhecer o fato gerador de uma despesa, e nesse caso, a empresa comercial Nague S.A. **apropriou os salários** do mês de junho **por meio do seguinte lançamento**:

Salários – DRE	
(a) 8.000,00	

Salários a Pagar – BP	
	8.000,00 (a)

(3) Registro contábil da apropriação de salários dos funcionários no valor de 9.000,00 em julho a serem pagos em agosto de 2016.

Salários – DRE	
(3) 9.000,00	

Salários a Pagar – BP	
	9.000,00 (3)

(4) Registro contábil das vendas brutas no valor de 80.000,00, sendo 60% à vista e 40% para recebimento em setembro de 2016.

Caixa – BP	
(4) 48.000,00	

Duplicatas a Receber – BP	
(4) 32.000,00	

Vendas Brutas – DRE	
	80.000,00 (4)

(5) Registro contábil do custo das mercadorias vendidas no valor de 30.000,00.

Mercadorias – BP	
33.000,00	30.000,00 (5)
3.000,00	

CMV – DRE	
(5) 30.000,00	

(6) Registro contábil do consumo de energia elétrica no valor de 500,00 a ser pago em agosto de 2016.

Despesas com Energia – DRE	
(6) 500,00	

Energia a Pagar – BP	
	500,00 (6)

(7) Registro contábil do pagamento de aluguel referente ao mês de julho no valor de 2.000,00.

Despesas com Aluguel – DRE	
(7) 2.000,00	

Caixa – BP	
Saldo Inicial	2.000,00 (7)

ATENÇÃO, o aluguel é referente ao mês de julho, e o pagamento ocorreu dentro do mês de competência do aluguel que é julho. Nesse caso, trata-se de uma despesa à vista com aluguel. **Regra geral**, as empresas apropriam o aluguel no final do mês de competência e pagam o mesmo, no mês subsequente.

(8) Registro contábil do pagamento de seguros no mês de julho no valor de 3.000,00, cuja vigência é referente ao período de agosto/2016 a julho/2017.

Seguros a Vencer – BP	
(8) 3.000,00	

Caixa – BP	
Saldo Inicial	3.000,00 (8)

2º passo: Montar a DRE e apurar o resultado operacional de julho de 2016.

Demonstração do Resultado do Exercício	
Vendas Brutas	80.000,00
– Custo das Mercadorias Vendidas	(30.000,00)
= Lucro Bruto	50.000,00
– Despesas com salários	(9.000,00)
– Despesas com energia elétrica	(500,00)
– Despesas com aluguel	(2.000,00)
= Lucro operacional antes do resultado financeiro	**38.500,00**

Gabarito: **A**

02ª QUESTÃO: Com base nessas informações, a variação no saldo do ativo total em julho de 2016 foi, em reais, de:

a) 63.500,00
b) 8.000,00
c) 5.000,00
d) 40.000,00
e) 37.000,00

☛ SOLUÇÃO

Identificando os registros contábeis da **01ª questão**, temos:

(1) Compra de mercadorias à vista por 33.000,00.

(2) Pagamento de salários no valor de 8.000,00, por meio de transferência bancária.

(3) Apropriação de salários dos funcionários no valor de 9.000,00 em julho a serem pagos em agosto.

(4) Vendas brutas no valor de 80.000,00, sendo 60% à vista e 40% para recebimento em setembro.

(5) Custo das mercadorias vendidas no valor de 30.000,00.

(6) Consumo de energia elétrica no valor de 500,00 a ser pago em agosto de 2016.

(7) Pagamento de aluguel referente ao mês de julho no valor de 2.000,00.

(8) Pagamento de seguros no mês de julho de 3.000,00, cuja vigência é de agosto/2016 a julho/2017.

Fatos contábeis	Aumento	Redução	Variação
(1)	+ 33.000,00	– 33.000,00	0,00
(2)	–	– 8.000,00	– 8.000,00
(3)	–	–	–
(4)	+ 80.000,00	–	+ 80.000,00
(5)	–	– 30.000,00	– 30.000,00
(6)	–	–	–
(7)	–	– 2.000,00	– 2.000,00
(8)	+ 3.000,00	– 3.000,00	0,00
Variação do ativo			**+ 40.000,00**

Gabarito: **D**

03ª QUESTÃO: Em 30/06/2016, a empresa Barlavento S.A. adquiriu um terreno no município de Cataventos, dando em troca, nesta mesma data, um lote de três barcos à vela adquirido em 30/06/2015. A transação teve natureza comercial e os valores justos dos ativos cedidos e recebidos podiam ser mensurados com confiança. De acordo com o Pronunciamento do CPC sobre ativo imobilizado, o terreno deveria ter sido registrado no reconhecimento inicial pela empresa Barlavento S.A. pelo:

a) custo histórico dos três barcos à vela.
b) custo histórico corrigido em 30/06/2016 dos três barcos à vela.
c) valor justo em 30/06/2016 do terreno adquirido.
d) custo de reposição em 30/06/2016 dos três barcos à vela.
e) valor em uso em 30/06/2016 dos três barcos à vela.

☛ SOLUÇÃO

ATENÇÃO, trata-se de uma **questão capciosa** e de um assunto **pouco explorado em provas!!!!!!!!**

A questão está relacionada com permuta de ativos, cujo assunto consta no CPC 27 sobre ativo imobilizado.

Um **ativo imobilizado** pode ser adquirido por meio de **permuta** por ativo não monetário, ou conjunto de ativos monetários e não monetários. Os ativos objetos de **permuta** podem ser de **mesma natureza** ou de **naturezas diferentes**.

Segundo o CPC 27, nas operações que envolvem a aquisição de um ativo não monetário (**terreno**) por meio da **permuta** de ativos não monetários (**3 barcos à vela**), o custo do ativo imobilizado adquirido (**terreno**) é mensurado pelo **valor justo**, desde que a **operação de permuta tenha natureza comercial**.

Analisando o gráfico acima, podemos observar que se trata de uma transação envolvendo uma **permuta entre ativos não monetários**, ou seja, a empresa Barlavento S.A. está trocando 3 barcos a vela por um terreno, e como essa transação tem natureza comercial, o **terreno deve ser mensurado pelo seu valor justo** na data da transação (**30/06/2016**).

Gabarito: **C**

04ª QUESTÃO: Em uma empresa, é um fato contábil modificativo aumentativo:

a) a evidenciação de um passivo contingente.

b) a aquisição, a prazo, de mercadorias para revenda.

c) o pagamento do valor referente ao principal de um empréstimo obtido.

d) a concessão de abatimento para um cliente da empresa.

e) a obtenção de desconto financeiro pelo pagamento antecipado a fornecedores.

☛ SOLUÇÃO

Analisando as alternativas, temos:

a) Errada. O passivo contingente **não é contabilizado**, mas é evidenciado em notas explicativas.

b) Errada. A **aquisição a prazo de mercadorias** é registrada por meio do seguinte lançamento:

D: Mercadorias
C: Fornecedores x,00

+ Ativo	+ Passivo	**PL constante**

CONCLUSÃO, trata-se de um **fato permutativo**.

c) Errada. O pagamento do valor referente ao principal de um empréstimo obtido é registrado por meio do seguinte lançamento:

D: Empréstimos
C: Disponível x,00

– Ativo	– Passivo	**PL constante**

CONCLUSÃO, trata-se de um **fato permutativo**.

d) Errada. A concessão de abatimento para um cliente da empresa é registrada por meio do seguinte lançamento:

D: Abatimentos Concedidos
C: Duplicatas a Receber..x,00

– Ativo	**PL reduz**

CONCLUSÃO, trata-se de um **fato modificativo diminutivo**.

e) Correta. A obtenção de desconto financeiro pelo pagamento antecipado a fornecedores.

D: Fornecedores x,00
C: Descontos Obtidos (Receita Financeira) y,00
C: Disponível z,00

– Ativo	– Passivo	**PL aumenta**

CONCLUSÃO, trata-se de um **fato misto aumentativo**.

Gabarito: **E**

ATENÇÃO: Para responder às **questões de números 05 a 07**, considere as informações abaixo.

A Empresa Atlanta S.A., antes da apuração do resultado do exercício de 2015, apresentava as seguintes contas e seus respectivos saldos em 31/12/2015, em reais:

Conta	Saldo
Ações em Tesouraria	2.500,00
Marcas e Patentes	22.000,00
Adiantamento de Clientes	25.000,00
Ajuste de Avaliação Patrimonial (saldo credor	12.000,00
Alugueis Pagos Antecipadamente	22.500,00
Caixa e Equivalentes de Caixa	15.000,00
Capital Social	230.000,00
Clientes	250.000,00
Custo das Mercadorias Vendidas	210.000,00
Depreciação Acumulada	45.000,00
Despesa com Aluguéis	45.000,00
Despesa com EPCLD	7.500,00
Despesa com Salários	75.000,00
Despesa de Depreciação	30.000,00
Despesa Financeira	6.500,00
Despesas com IR e CSLL	33.000,00
Devoluções de Vendas	20.000,00
Empréstimos a Pagar	160.000,00
Estimativa para Crédito de Liquidação Duvidosa (EPCLD)	7.500,00
Estoques	100.000,00
Fornecedores	82.000,00
Investimentos permanentes em outras empresas	58.000,00
Máquinas e Equipamentos	300.000,00
Provisões Trabalhistas	105.000,00
Receita Bruta de Vendas	590.000,00
Receita de Dividendos	2.000,00
Reserva de Lucros a Realizar	6.500,00
Reserva Legal	12.000,00
Resultado Negativo de Equivalência Patrimonial	10.000,00
Reversão de Provisões Trabalhistas	40.000,00
Tributos sobre Vendas	110.000,00

05ª QUESTÃO: No balancete de verificação de 31/12/2015, antes da apuração do resultado do exercício, o total dos saldos credores foi, em reais, de:

a) 1.317.000,00

b) 1.309.500,00

c) 1.319.500,00

d) 1.232.000,00

e) 1.314.000,00

☛ SOLUÇÃO

O **balancete de verificação inicial** é composto por todas as **contas de resultado** (receitas e despesas) e **contas patrimoniais** (bens, direitos, obrigações, patrimônio líquido, contas retificadoras do ativo e do passivo), ou seja, o referido balancete é levantado antes da apuração do resultado do exercício (ARE). **O balancete que a Empresa Atlanta S.A.** levantou é antes da apuração do resultado do exercício de 2015, ou seja, trata-se de um **balancete de verificação inicial**. Montando o balancete de verificação inicial, temos:

Contas	Devedora	Credora
Ações em Tesouraria	2.500,00	
Marcas e Patentes	22.000,00	
Adiantamento de Clientes		25.000,00
Ajuste de Avaliação Patrimonial (saldo credor)		12.000,00
Alugueis Pagos Antecipadamente	22.500,00	
Caixa e Equivalentes de Caixa	15.000,00	
Capital Social		230.000,00
Clientes	250.000,00	
Custo das Mercadorias Vendidas	210.000,00	
Depreciação Acumulada		45.000,00
Despesa com Alugueis	45.000,00	
Despesa com EPCLD	7.500,00	
Despesa com Salários	75.000,00	
Despesa de Depreciação	30.000,00	
Despesa Financeira	6.500,00	
Despesas com IR e CSLL	33.000,00	
Devoluções de Vendas	20.000,00	
Empréstimos a Pagar		160.000,00
Estimativa para Crédito de Liquidação Duvidosa (EPCLD)		7.500,00

Estoques	100.000,00	
Fornecedores		82.000,00
Investimentos permanentes em outras empresas	58.000,00	
Máquinas e Equipamentos	300.000,00	
Provisões Trabalhistas		105.000,00
Receita Bruta de Vendas		590.000,00
Receita de Dividendos		2.000,00
Reserva de Lucros a Realizar		6.500,00
Reserva Legal		12.000,00
Resultado Negativo de Equivalência Patrimonial	10.000,00	
Reversão de Provisões Trabalhistas		40.000,00
Tributos sobre Vendas	110.000,00	
Total	**1.317.000,00**	**1.317.000,00**

CONCLUSÃO, do balancete de verificação inicial, temos que o saldo devedor é no montante de 1.317.000,00.

Gabarito: **A**

06ª QUESTÃO: O saldo do patrimônio líquido em 31/12/2015 foi, em reais, de:

a) 258.000,00
b) 263.000,00
c) 238.000,00
d) 298.000,00
e) 343.000,00

SOLUÇÃO

Nessa questão podemos calcular o **patrimônio líquido de duas formas.** Como este livro é destinado ao aprendizado, vamos calcular das duas formas.

1ª forma

Identificando o montante do **ativo** e do **passivo**, temos:

Contas	Ativo	Passivo
Marcas e Patentes	22.000,00	
Adiantamento de Clientes		25.000,00
Alugueis Pagos Antecipadamente	22.500,00	
Caixa e Equivalentes de Caixa	15.000,00	
Clientes	250.000,00	
Depreciação Acumulada	(45.000,00)	
Empréstimos a Pagar		160.000,00
Estimativa para Crédito de Liquidação Duvidosa	(7.500,00)	
Estoques	100.000,00	
Fornecedores		82.000,00
Investimentos permanentes em outras empresas	58.000,00	
Máquinas e Equipamentos	300.000,00	
Provisões Trabalhistas		105.000,00
Total	**715.000,00**	**372.000,00**

Vamos utilizar a equação fundamental da Contabilidade.

Ativo = Passivo + PL

Patrimônio Líquido = Ativo – Passivo

Patrimônio Líquido = 715.000,00 – 372.000,00

Patrimônio Líquido = 343.000,00

2ª forma

Podemos obter o **patrimônio líquido** somando as **contas do patrimônio líquido** com o **rédito** (resultado líquido, que pode ser um lucro líquido ou prejuízo líquido).

Patrimônio Líquido Final = Patrimônio Líquido Inicial + Rédito

ATENÇÃO, o rédito é obtido na DRE.

Demonstração do Resultado do Exercício	
Receita Bruta de Vendas	590.000,00
– Devoluções de Vendas	(20.000,00)
– Tributos sobre Vendas	(110.000,00)
= Receita Líquida de Vendas	460.000,00
– Custo das Mercadorias Vendidas	(210.000,00)
= **Lucro Bruto**	**250.000,00**
– Despesa com Alugueis	(45.000,00)
– Despesa com EPCLD	(7.500,00)
– Despesa com Salários	(75.000,00)
– Despesa de Depreciação	(30.000,00)
– Resultado Negativo de Equivalência Patrimonial	(10.000,00)
+ Receita de Dividendos	2.000,00
+ Reversão de Provisões Trabalhistas	40.000,00
= **Lucro operacional antes do resultado financeiro**	**124.500,00**
– Despesa Financeira	(6.500,00)
= Lucro Antes do IR e CSLL	118.000,00
– Despesas com IR e CSLL	(33.000,00)
= **Rédito** (Lucro Líquido)	**85.000,00**

O somatório das contas do patrimônio líquido é:

Capital Social	230.000,00
Reserva de Lucros a Realizar	6.500,00
Reserva Legal	12.000,00
Ajuste de Avaliação Patrimonial (saldo credor)	12.000,00
– Ações em Tesouraria	(2.500,00)
= **Patrimônio Líquido Inicial**	**258.000,00**

Patrimônio Líquido Final = 258.000,00 + 85.000,00

Patrimônio Líquido Final = 343.000,00

Gabarito: **E**

07ª QUESTÃO: Considere ainda que os saldos de estoques e fornecedores em 31/12/2014 eram, respectivamente, 90.000,00 e 70.000,00; todas as compras de mercadorias para revenda foram realizadas a prazo; e o saldo da conta fornecedores, durante 2015, foi alterado exclusivamente pelas compras a prazo e pelos pagamentos realizados pela empresa Atlanta S.A. Desconsiderando os efeitos dos tributos sobre compras e sabendo que a empresa realiza inventário periódico dos estoques, o total das movimentações a crédito na conta fornecedores em 2015 foi, em reais, de:

a) 210.000,00
b) 220.000,00
c) 200.000,00
d) 208.000,00
e) 198.000,00

☛ SOLUÇÃO

ATENÇÃO, o saldo final de estoques e fornecedores em 31/12/2014 corresponde ao saldo inicial dessas contas em 01/01/2015.

Saldo inicial de Estoques = 90.000,00
Saldo inicial de Fornecedores = 70.000,00

No balancete de verificação inicial em 31/12/2015, nós obtemos os saldos finais de estoques e fornecedores:

Saldo final de Estoques = 100.000,00
Saldo final de Fornecedores = 82.000,00

Montando o razonete dos estoques, com os saldos iniciais, finais e o registro do CMV, temos:

(1) Registro contábil do custo das mercadorias vendidas.

Estoques (débito)	Estoques (crédito)
90.000,00	210.000,00 (1)
x	
100.000,00	

CMV (débito)	CMV (crédito)
(1) 210.000,00	

Analisando o razonete **estoques** podemos observar que o saldo inicial era de 90.000,00, em seguida, ocorreu um crédito de 210.000,00 devido as vendas de mercadorias ocorridas em 2015, restando um saldo final de 70.000,00. Portanto, devemos registrar um **débito** no **valor de x** no razonete **estoques**, que tem como contrapartida um **crédito** no **valor de x** no razonete **fornecedores**. Conclusão, do razonete estoques, calculamos o montante das **compras a prazo em 2015**.

90.000,00 + x – 210.000,00 = 100.000,00
x = 220.000,00

Gabarito: **B**

08ª QUESTÃO: Em 01/02/2016, a empresa comercial Filipinas S.A. adquiriu um lote de mercadorias para revenda pelo valor de 80.000,00 a prazo. Além disso, teve gastos com fretes no valor de 6.000,00 e com seguros no valor de 2.000,00 para levar as mercadorias até o seu centro de distribuição. Em 10/02/2016, devido a erros de especificação do pedido, o fornecedor concedeu à empresa um abatimento no valor de 4.000,00. No dia 01/03/2016, metade do lote de mercadorias foi vendido por 70.000,00 para pagamento em 60 dias. Em 31/03/2016, pelo pagamento antecipado do valor de 70.000,00, foi concedido um desconto de 1.400,00. Com base nessas informações e desconsiderando os efeitos dos tributos, o resultado bruto com a venda de mercadorias no primeiro trimestre de 2016 foi, em reais, de:

a) 26.600,00
b) 28.000,00
c) 32.000,00
d) 26.000,00
e) 24.600,00

☛ SOLUÇÃO

Montando a nota fiscal de aquisição das mercadorias, temos:

Nota Fiscal de Mercadorias	
Mercadorias	80.000,00
= Total da nota fiscal	80.000,00

1º passo: Calcular as compras brutas.

As **compras brutas** (CB) correspondem ao valor das compras acrescidos dos tributos, quer sejam por fora ou por dentro, **recuperáveis ou não**. Em outras palavras, as compras brutas correspondem ao valor **total da nota fiscal** de aquisição das mercadorias.

Compras Brutas = Nota Fiscal de Mercadorias

Compras Brutas = 80.000,00

2º passo: Calcular as compras líquidas.

As **compras líquidas** (CL) representam o valor efetivamente **lançado nos estoques**.

CL = CB – Tributos recuperáveis + Fretes/Seguros/Armazenagem – Deduções de compras

Compras Líquidas = 80.000,00 (Compras Brutas) + 6.000,00 (Fretes) + 2.000,00 (Seguros)
Compras Líquidas = 88.000,00

3º passo: Registro contábil das operações de compra e venda de mercadorias.

(1) Registro contábil das compras a prazo.

Mercadorias	
(1) 88.000,00	

Fornecedores	
	88.000,00 (1)

(2) Registro contábil do abatimento de compras no valor de 4.000,00.

Mercadorias	
88.000,00	4.000,00 (2)
84.000,00	

Fornecedores	
(2) 4.000,00	88.000,00
	84.000,00

ATENÇÃO, os abatimentos sobre compras é uma dedução das compras de mercadorias.

Os **abatimentos sobre compras** ocorrem quando o cliente está insatisfeito com a mercadoria adquirida (por exemplo, a cor da mercadoria não está de acordo com o pedido do cliente), **por culpa do fornecedor**, e não julgar necessário devolvê-la, pode o **cliente entrar em acordo com o fornecedor e pedir um abatimento**, a fim de evitar a devolução. Na operação de **abatimentos sobre compras** não existe a emissão de **nota fiscal**, pois não há circulação de mercadorias.

(3) Registro contábil das vendas brutas no montante de 70.000,00 em 01/03/2016.

Duplicatas a Receber	
(3) 70.000,00	

Vendas Brutas	
	70.000,00 (3)

(4) Registro contábil do custo das mercadorias vendidas em 01/03/2016.

Mercadorias	
84.000,00	42.000,00 (4)
42.000,00	

CMV	
(4) 42.000,00	

CMV = 50% × Mercadorias

CMV = 50% × 84.000,00
CMV = 42.000,00

(5) Registro contábil do pagamento antecipado das duplicatas a receber com desconto em 31/03/2016.

Disponível		Desc. Condicional Concedido		Duplicatas a Receber	
(5) 68.600,00		(5) 1.400,00		70.000,00	70.000,00 (5)

O **desconto condicional concedido** é uma despesa financeira e **não afeta a dedução das vendas brutas**, e, por conseguinte, o resultado operacional bruto ou lucro bruto.

Montando a DRE, temos:

Vendas Brutas	70.000,00
– Custo das Mercadorias Vendidas	(42.000,00)
= Lucro Bruto	28.000,00
– Desconto Condicional Concedido	(1.400,00)
= Lucro Líquido	26.600,00

SOLUÇÃO NA PROVA

CL = CB – Tributos recuperáveis + Fretes/Seguros/Armazenagem – Deduções de compras

Compras Líquidas = 80.000,00 + 6.000,00 + 2.000,00 – 4.000,00
Compras Líquidas = 84.000,00

Lucro Bruto = Vendas Líquidas – CMV

Lucro Bruto = 70.000,00 – 50% × 84.000,00

Lucro Bruto = 28.000,00

Gabarito: **B**

09ª QUESTÃO: Em 01/03/2016, a empresa comercial New Orleans S.A. adquiriu mercadorias para revenda no valor de 220.000,00, no qual estavam inclusos tributos recuperáveis de 36.000,00 e tributos não recuperáveis de 20.000,00. Com base nessas informações, em 01/03/2016, a contabilidade da empresa New Orleans S.A. realizou um lançamento de:

a) crédito na conta patrimonial fornecedores no valor de 184.000,00.
b) débito na conta de resultados tributos sobre vendas no valor de 20.000,00.
c) crédito na conta patrimonial tributos a recuperar no valor de 36.000,00.
d) débito na conta patrimonial estoques no valor de 184.000,00.
e) crédito na conta patrimonial tributos a recolher no valor de 20.000,00.

SOLUÇÃO

ATENÇÃO, essa questão trata do **CPC 16 – Estoques**, e está relacionada com a **contabilização inicial dos estoques**.

O **custo dos estoques** compreende o preço de compra, os impostos de importação e outros tributos (**exceto os recuperáveis junto ao fisco**), bem como os custos de transporte, seguro, manuseio e outros diretamente atribuíveis à aquisição de produtos acabados, materiais e serviços.

Os descontos comerciais ou **descontos incondicionais concedidos**, abatimentos sobre compras e outros itens semelhantes **devem ser deduzidos** na determinação do **custo de aquisição**.

Preço de compra
+ Impostos de importação
+ **Tributos não recuperáveis**
+ Custos de transporte, seguro, manuseio
– Descontos comerciais ou **descontos incondicionais concedidos**
– Abatimentos sobre compras e outros itens semelhantes
– **Tributos recuperáveis**
= Custo de aquisição

CUIDADO NA PROVA!!!!!! Com relação aos tributos na aquisição de mercadorias, **somamos** os tributos não recuperáveis e **subtraímos** os tributos recuperáveis.

Por exemplo, uma indústria que adquira matéria-prima com a incidência de IPI, ICMS, PIS/COFINS não cumulativos, **deverá subtrair** do custo de aquisição dessa matéria-prima **todos os tributos**, pois trata-se de **tributos recuperáveis**.

CUIDADO COM ESSA ANÁLISE, pois se a indústria adquirir matéria-prima com a incidência de IPI, ICMS, PIS/COFINS cumulativos, **deverá subtrair** do custo de aquisição dessa matéria-prima **apenas o IPI e o ICMS** que são **tributos recuperáveis**, pois o PIS/COFINS cumulativos são **tributos não recuperáveis**.

MEMORIZAR PARA A PROVA

Custos dos estoques inclui:	Custos dos estoques não inclui:
Preço de compra Impostos de Importação Tributos não recuperáveis Fretes/Seguros/Manuseio Armazenagem	Tributos recuperáveis Descontos Incondicionais Obtidos Abatimentos sobre compras

Montando a nota fiscal de aquisição das mercadorias, temos:

Nota Fiscal de Mercadorias	
Mercadorias	200.000,00
+ Tributos não recuperáveis	20.000,00
= Total da nota fiscal	220.000,00
Tributos recuperáveis	36.000,00

1º passo: Calcular as compras brutas.

As **compras brutas** (CB) correspondem ao valor das compras acrescidos dos tributos, quer sejam por fora ou por dentro, **recuperáveis ou não**. Em outras palavras, as compras brutas correspondem ao valor **total da nota fiscal** de aquisição das mercadorias.

Compras Brutas = Nota Fiscal de Mercadorias

Compras Brutas = 220.000,00

2º passo: Calcular as compras líquidas.

As **compras líquidas** (CL) representam o valor efetivamente **lançado nos estoques**.

CL = CB – Tributos recuperáveis + Fretes/Seguros/Armazenagem – Deduções de compras

Compras Líquidas = 220.000,00 – 36.000,00
Compras Líquidas = 184.000,00

O registro contábil das compras líquidas no livro diário é realizado por meio do lançamento:

D: Mercadorias 184.000,00
D: Tributos a Recuperar................................ 36.000,00
C: Fornecedores 220.000,00

Analisando as alternativas, temos:

a) Errada. A conta fornecedores foi creditada de **220.000,00**.

b) Errada. A conta **tributos a recuperar** foi debitada de 20.000,00.

c) Errada. A conta **tributos a recuperar** foi debitada de 20.000,00.

d) Correta. A conta estoques foi debitada de 184.000,00.

e) Errada. A conta **tributos a recuperar** foi debitada de 20.000,00.

Gabarito: **D**

10ª QUESTÃO: Em 01/12/2015, a Liz Hair S.A. investiu 300.000,00 em títulos e valores mobiliários que remuneravam à taxa de juros compostos de 2,0% a.m. e cujo vencimento ocorreria em 30/01/2016. Sabendo que a empresa classificou tais títulos como destinados para venda imediata e o valor justo dos títulos em 31/12/2015 era 305.000,00, a empresa Liz Hair S.A.:

a) debitou a conta patrimonial títulos e valores mobiliários no valor de 312.120,00 em 01/12/2015.
b) debitou a conta patrimonial títulos e valores mobiliários no valor de 7.120,00 em 30/01/2016.
c) debitou a conta patrimonial ajuste de avaliação patrimonial no valor de 1.000,00 em 31/12/2015.

d) reconheceu resultado financeiro no valor de 5.000,00 em dezembro de 2015.
e) reconheceu resultado financeiro no valor de 6.000,00 em 31/12/2015.

☛ SOLUÇÃO

Segundo o CPC 48 que trata dos instrumentos financeiros, a entidade pode adotar as seguintes classificações para um ativo financeiro:

- custo amortizado
- valor justo por meio do resultado (**VJR**)
- valor justo por meio de outros resultados abrangentes (**VJORA**)

Essa **classificação** deve ter por base as características de **fluxo de caixa contratual** do ativo financeiro e o **modelo de negócios** da entidade para a gestão dos ativos financeiros.

Classificação do ativo financeiro = Características do fluxo de caixa contratual + Modelo de negócios

Fazendo um paralelo com a **classificação antiga**, temos:

Classificação ANTIGA	Classificação ATUAL	Rendimentos	Ajustes ao valor justo
Mantido até o vencimento	Custo amortizado	DRE	Não tem ajuste
Destinados à venda imediata	VJR	DRE	DRE
Disponível para venda futura	VJORA	DRE	Na conta AAP do PL

Juros ativos = Taxa efetiva × Custo de aquisição do título

Os **juros ativos** resultantes da aplicação dos títulos mensurados ao **VJR, custo amortizado** e **VJORA** vão para o resultado do exercício (**DRE**).

No encerramento do exercício, comparamos o **valor pela curva do papel** dos títulos com o seu **valor justo**, e dependendo da **classificação** desses títulos, **não haverá** ajustes ou os ajustes podem ir para a **DRE** ou **AAP**.

Classificação ATUAL	Rendimentos	Mensuração pela curva do papel	Ajustes ao valor justo
Custo amortizado	DRE	Custo de aquisição + Juros ativos	Não tem ajuste
VJR	DRE	Custo de aquisição + Juros ativos	+/– DRE
VJORA	DRE	Custo de aquisição + Juros ativos	+/– AAP do PL

Classificação	Rendimentos	Curva do papel	Valor justo
Custo amortizado	Juros	Custo amortizado + Juros	Custo amortizado + Juros
VJR	Juros	VJR + Juros	VJR + Juros +/– DRE
VJORA	Juros	VJORA + Juros	VJORA + Juros +/– AAP

1º passo: Calcular o rendimento pela taxa efetiva e o valor pela curva do papel.

Custo	Taxa efetiva	Mensuração definida pela empresa	Juros ativos	Curva do papel
300.000,00	2%	VJR	6.000,00	306.000,00

2º passo: Ajustar o valor pela curva do papel ao valor justo.

Classificação	Valor pela curva do papel	Valor justo	Ajuste ao valor justo
VJR	306.000,00	305.000,00	DRE = – 1.000,00

(1) Registro em 01/12/2015 da aquisição dos títulos destinados para venda imediata:

Disponível	
Saldo Inicial	300.000,00 (1)

Títulos de VJR	
(1) 300.000,00	

(2) Registro em 31/12/2015 dos rendimentos dos títulos destinados para venda imediata:

Títulos de VJR	
300.000,00	
(2) 6.000,00	
306.000,00	

Juros Ativos	
	6.000,00 (2)

Rendimentos pela taxa efetiva = Taxa de juros × Aplicações VJR

Juros Ativos = 0,02 × 300.000,00 = 6.000,00

(3) Registro em 31/12/2015 dos títulos ao VJR pela curva do papel ao valor justo:

Títulos de VJR ao valor justo	
306.000,00	1.000,00 (3)
305.000,00	

Ajustes de Juros Passivos	
(3) 1.000,00	

No ajuste ao valor justo das **aplicações ao VJR**, temos:

Mensuração do VJR ao valor justo = VJR pela curva do papel + DRE

305.000,00 = 306.000,00 – Ajustes de Juros Passivos
Ajustes de Juros Passivos = 1.000,00

Resultado Financeiro = Juros Ativos – Ajustes de Juros Passivos

Resultado Financeiro = 6.000,00 – 1.000,00
Resultado Financeiro = 5.000,00

Analisando as alternativas, temos:

a) Errada. A conta patrimonial títulos e valores mobiliários foi **debitada de 6.000,00** em 31/12/2015.

b) Errada. A conta patrimonial títulos e valores mobiliários foi **debitada de 6.000,00** em 31/12/2015.

c) Errada A conta de resultado **despesas com juros foi debitada de 1.000,00** em 31/12/2015.

d) Correta. A empresa reconheceu um resultado financeiro de 5.000,00 em dezembro de 2015.

e) Errada. A empresa reconheceu um resultado financeiro de 5.000,00 em dezembro de 2015.

ATENÇÃO, no dia 31/12/2015 a conta patrimonial títulos e valores mobiliários **recebeu um débito e um crédito**, respectivamente de **6.000,00** e **1.000,00**.

Gabarito: **D**

11ª QUESTÃO: A Detroit S.A., em 31/12/2015, possuía dois processos tributários em andamento, cujas informações apresentadas pela área jurídica da empresa são as seguintes:

Nº do processo	Probabilidade de perda em 31/12/2015	Valor estimado em 31/12/2015	Prazo estimado para desembolso pela empresa (se houver)
1	Provável	360.000,00	25/04/2018
2	Possível	240.000,00	31/10/2016

Tais processos não haviam sido objeto de contabilização pela empresa, sendo assim, em 31/12/2015, a Detroit S.A. reconheceu em seu balanço patrimonial provisões tributárias de:

a) 360.000,00 no passivo não circulante.
b) 360.000,00 no passivo circulante.
c) 240.000,00 no passivo não circulante.
d) 240.000,00 no passivo circulante.
e) 360.000,00 no passivo não circulante e 240.000,00 no passivo circulante.

☛ **SOLUÇÃO**

Uma dica para a prova é lembrar da frase:

Pro Po R uma provisão para contingências.

Montando a tabela com as obrigações presentes que podem ser prováveis, possíveis ou remotas, temos:

Provisão para contingências	Provável	Possível	Remota
Registro contábil	Sim	Não	Não
Divulgação em notas explicativas	Sim	Sim	Não

CONCLUSÃO, apenas os **processos prováveis** de perda pela empresa serão registrados no balanço patrimonial e divulgados em notas explicativas.

(1) Registro contábil do processo com probabilidade de perda provável em 31/12/2015.

Despesas com Provisão – DRE	
(1) 360.000,00	

Provisão para Perdas – PÑC	
	360.000,00 (1)

ATENÇÃO, quando a **saída futura for possível**, significa que estamos diante de um **passivo contingente** e nesse caso, a empresa não contabiliza (**não registra no seu balanço patrimonial**), mas divulga esse passivo contingente em suas **notas explicativas**.

Gabarito: **A**

12ª QUESTÃO: A Cia. Cabriole obteve, em 01/12/2015, um empréstimo no valor de 500.000,00, com taxa de juros compostos contratada de 1,5% ao mês e para pagamento integral (principal e juros) em 01/12/2017. Os custos incorridos e pagos no ato da contratação para a obtenção deste empréstimo foram 4.000,00. Sabendo-se que este empréstimo é mensurado pelo custo amortizado, o reconhecimento desta operação financeira, em 01/12/2015, provocou o aumento:

a) do ativo circulante no valor de 500.000,00.
b) do passivo não circulante no valor de 496.000,00.
c) do passivo circulante no valor de 507.500,00.
d) da despesa financeira no valor de 4.000,00.
e) do ativo circulante no valor de 496.000,00 e da despesa financeira no valor de 4.000,00.

☛ SOLUÇÃO

Captação Líquida = Valor do Contrato – Custos de Transação

Captação Líquida = 500.000,00 – 4.000,00

Captação Líquida = 496.000,00

O registro contábil da captação de empréstimos em 01/12/2015 será por meio do seguinte lançamento:

D: Bancos Conta Movimento.................... 496.000,00
D: Custos de Transação a Amortizar............4.000,00
C: Empréstimos 500.000,00

Analisando as alternativas, temos:

a) Errada. O ativo circulante aumentou de **496.000,00**.

b) Correta. O passivo não circulante aumentou de 496.000,00.

c) Errada. O passivo circulante **não teve aumento**.

d) Errada. Em 01/12/2015 a despesa financeira foi **0,00** (**zero**).

e) Errada. O ativo circulante aumentou de 496.000,00 e a despesa financeira foi **0,00** (**zero**).

Gabarito: **B**

13ª QUESTÃO: A empresa Estelar S.A. efetuou um desconto de duplicatas com as seguintes condições:

- Valor das duplicatas descontadas: 500.000,00
- Taxa de juros simples contratada: 3,0% a.m.
- Custo efetivo da operação financeira: 4,0% a.m.
- Prazo de vencimento: 60 dias
- Data da operação: 01/08/2016
- Custos de transação incorridos e pagos no momento da contratação: 7.721,89

Com base nessas informações, em agosto de 2016, a despesa financeira reconhecida na demonstração do resultado da Estelar S.A. referente a este desconto de duplicatas foi, em reais, de:

a) 37.721,89
b) 7.721,89
c) 22.721.89
d) 19.691,12
e) 18.491,12

SOLUÇÃO

ATENÇÃO COM ESSA QUESTÃO!!!!!! Nas operações de empréstimos a **captação líquida** é obtida por meio da diferença entre o valor contratado e os custos de transação incorridos e pagos na data da operação.

Captação Líquida = Valor do Contrato – Custos de Transação

Nas operações de **desconto de duplicatas**, além dos custos de transação incorridos, existe os juros cobrados pelo banco na antecipação das duplicatas, que a empresa registra em juros a transcorrer, que é uma conta retificadora de duplicatas descontadas.

Captação Líquida = Duplicatas Descontadas – Custos de Transação a Amortizar – Juros a Transcorrer

ATENÇÃO, como a capitalização é de juros simples, os juros a transcorrer são calculados por meio da seguinte fórmula:

Juros a Transcorrer = Taxa de juros × Período do desconto × Duplicatas Descontadas

Juros a Transcorrer = 3% a.m. × 2 meses × 500.000,00
Juros a Transcorrer = 30.000,00

MEMORIZAR PARA A PROVA

Capitalização de juros simples

Juros a Transcorrer = n × i × Valor contratado

Capitalização de juros compostos

Juros a Transcorrer = $[(1 + i)^n - 1]$ × Valor contratado

Encargos a Transcorrer = Custos de Transação a Amortizar + Juros a Transcorrer

Encargos a Transcorrer = 7.721,89 + 30.000,00
Encargos a Transcorrer = 37.721,89

Captação Líquida = Duplicatas Descontadas – Custos de Transação a Amortizar – Juros a Transcorrer

Captação Líquida = 500.000,00 – 7.721,89 – 30.000,00
Captação Líquida = 462.278,11

ATENÇÃO, esse montante da **captação líquida** pode ser obtido por meio da seguinte fórmula:

$$\text{Captação Líquida} = \frac{\text{Duplicatas Descontadas}}{(1 + \text{Taxa efetiva})^2}$$

$$\text{Captação Líquida} = \frac{500.000{,}00}{(1 + 0{,}04)^2}$$

Captação Líquida = 462.278,11

O registro contábil do desconto de duplicatas em 01/08/2016 é realizado por meio do seguinte lançamento:

D: Disponibilidades.................................... 462.278,11
D: Encargos a Transcorrer.............................37.721,89
C: Duplicatas Descontadas... 500.000,00

A **despesa financeira** reconhecida no resultado da Estelar S.A. referente ao desconto de duplicatas em **agosto de 2016**, será:

Despesas Financeiras de agosto de 2016 = Taxa de juros efetiva × Captação Líquida

Despesas Financeiras de agosto de 2016 = 4,0% × 462.278,11
Despesas Financeiras de agosto de 2016 = 18.491,12

Gabarito: **E**

14ª QUESTÃO: No processo de descontinuidade de uma das filiais da empresa KWC, revendedora de equipamentos industriais, foi realizada a venda de um dos seus imóveis em 31/12/2015, cujas informações, após o reconhecimento da depreciação referente a 2015 e da realização do teste de *impairment* em 31/12/2015, são as seguintes:

Custo de Aquisição... 600.000,00
Depreciação Acumulada 240.000,00
Ajuste por Perda por *Impairment*...........................50.000,00

O imóvel foi vendido por 330.000,00, sendo 270.000,00 à vista e 60.000,00 a prazo. Pela venda do imóvel, a empresa KWC reconheceu, na demonstração do resultado de 2015, um impacto:

a) positivo no resultado antes do imposto de renda e contribuição social sobre o lucro de 20.000,00.
b) negativo no resultado antes do imposto de renda e contribuição social sobre o lucro de 30.000,00.
c) negativo no resultado antes do imposto de renda e contribuição social sobre o lucro de 40.000,00.
d) positivo na receita bruta de vendas de 330.000,00.
e) negativo no lucro bruto de 20.000,00.

☛ SOLUÇÃO

1º passo: Calcular o valor contábil em 31/12/2015.

Valor Contábil = Custo de Aquisição – Depreciação Acumulada – Ajuste por Perda por *Impairment*

Valor Contábil = 600.000,00 – 240.000,00 – 50.000,00
Valor Contábil = 310.000,00

2º passo: Calcular o resultado na venda.

Ganho de Capital = Valor de Venda – Valor Contábil

Ganho de Capital = 330.000,00 – 310.000,00
Ganho de Capital = 20.000,00

CONCLUSÃO, a venda do equipamento gerou um impacto positivo no resultado antes do imposto de renda e contribuição social sobre o lucro de 20.000,00.

Gabarito: **A**

15ª QUESTÃO: Considere as aquisições de ativos realizadas por diferentes empresas em 30/11/2015:

- A comercial de livros didáticos Daluz S.A. adquiriu um veículo para ser utilizado pelos vendedores da empresa, cuja vida útil estimada na data da aquisição era 4 anos.
- A empresa Avante S.A. adquiriu um *software*, não integrante de *hardware*, para controlar as atividades de produção, cuja vida útil estimada na data de aquisição era 5 anos.

- A concessionária Negócio Certo S.A. adquiriu um veículo para revenda no curto prazo.
- A empresa Copa S.A. adquiriu ações de outras empresas com a intenção de manter tais títulos para venda imediata.

O veículo na Daluz S.A., o *software* na Avante S.A., o veículo na Negócio Certo S.A. e as ações de outras empresas na Copa S.A. foram classificados no balanço patrimonial de 30/11/2015, respectivamente, no ativo:

a) imobilizado, intangível, circulante e circulante.
b) imobilizado, intangível, circulante e investimentos.
c) investimentos, investimentos, circulante e circulante.
d) imobilizado, intangível, imobilizado e circulante.
e) não circulante, não circulante, circulante e não circulante.

☛ SOLUÇÃO

Em 30/11/2015 a empresa classificará, os ativos adquiridos, nos seguintes grupos do ativo no balanço patrimonial:

Bens	Classificação no balanço patrimonial
Veículo da comercial de livros – CPC 27	AÑC Imobilizado
Software – CPC 04	AÑC Intangível
Veículo para revenda – CPC 16	Ativo Circulante
Ações especulativas – CPC 14	Ativo Circulante

CPC 27 – Ativo Imobilizado

O **ativo imobilizado** é um bem tangível que é utilizado na produção/fornecimento de mercadorias/serviços, aluguel a outros, ou finalidades administrativas e será usado por mais de um período. Portanto, para ser um **ativo imobilizado**, tem que ter cumulativamente, três características:

Ativo Imobilizado = Bem tangível + Utilizado em serviços + Período de uso superior a 1 ano

CPC 04 – Ativo Intangível

Alguns **ativos intangíveis** podem estar contidos em elementos que possuem substância física, como um disco (no caso de ***software***), documentação jurídica (no caso de licença ou patente) ou em um filme. Para saber se um ativo que contém elementos intangíveis e tangíveis deve ser tratado como ativo imobilizado ou como ativo intangível, a entidade deve avaliar **qual o elemento é mais significativo**.

Por exemplo, um ***software*** de uma máquina-ferramenta controlada por computador que não funciona sem esse ***software*** específico é parte integrante do referido equipamento, devendo ser tratado como ativo imobilizado. O mesmo se aplica ao sistema operacional de um computador. Quando o ***software*** não é parte integrante do respectivo ***hardware***, ele deve ser tratado como **ativo intangível**.

Elemento mais significativo

Itens	Elemento mais significativo	Classificação
Software **integra** o equipamento	Equipamento	AÑC Imobilizado
Software **não integra** o equipamento	Software	**AÑC Intangível**

CPC 16 – Estoques

Os **estoques** são ativos **mantidos para venda** no curso normal dos negócios, e são classificados no **ativo circulante**.

CPC 14 – Instrumentos Financeiros

As ações adquiridas de outras empresas com a intenção de manter tais títulos para venda imediata são ativos financeiros especulativos, e são classificados no **ativo circulante**.

Gabarito: **A**

16ª QUESTÃO: Considere os dados extraídos do sistema de informação contábil da Comercial Eixo S.A. referentes ao mês de julho de 2015:

Receita Bruta de Vendas	980.000,00
Comissões sobre Vendas	49.000,00
Custo das Mercadorias Vendidas	290.000,00
Tributos sobre Vendas	205.000,00
Abatimentos sobre Vendas	40.000,00
Devoluções de Vendas	25.000,00
Descontos Comerciais Concedidos	110.000,00

Com base nessas informações, a receita líquida de vendas do mês de julho de 2015 foi, em reais, de:

a) 600.000,00
b) 661.000,00
c) 775.000,00
d) 710.000,00
e) 420.000,00

SOLUÇÃO

Demonstração do Resultado do Exercício	
Receita Bruta de Vendas	980.000,00
– Tributos sobre Vendas	(205.000,00)
– Abatimentos sobre Vendas	(40.000,00)
– Devoluções de Vendas	(25.000,00)
– Descontos Comerciais Concedidos	(110.000,00)
= Receita Líquida de Vendas	600.000,00
– Custo das Mercadorias Vendidas	(290.000,00)
= Lucro Bruto	310.000,00
– Comissões sobre Vendas	(49.000,00)
= Lucro Operacional	261.000,00

ATENÇÃO!!!! O **desconto comercial concedido** é sinônimo de **desconto incondicional concedido**.

Gabarito: **A**

17ª QUESTÃO: A empresa Nordestina S.A. possui 40% de participação da empresa Maranhense S.A. e exerce influência significativa na administração desta empresa investida. Durante o exercício de 2015, ocorreram as seguintes movimentações na empresa Maranhense S.A.:

- Lucro líquido do exercício 300.000,00
- Distribuição de dividendos 90.000,00

As movimentações no patrimônio líquido da Maranhense S.A. geraram o seguinte lançamento na empresa Nordestina S.A.:

a) D: Resultado de Equivalência Patrimonial
   C: Investimentos 90.000,00

b) D: Investimentos
   C: Receita de Dividendos..36.000,00

c) D: Investimentos
   C: Resultado de Equivalência Patrimonial 120.000,00

d) D: Dividendos a Receber
   C: Resultado de Equivalência Patrimonial 36.000,00

e) D: Investimentos
   C: Resultado de Equivalência Patrimonial 84.000,00

SOLUÇÃO

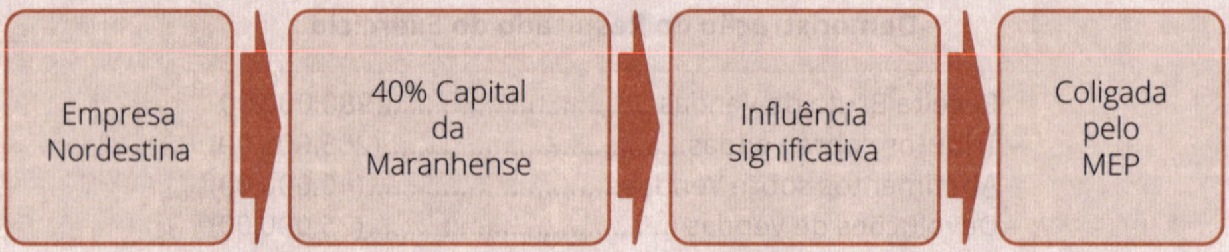

1º passo: Calcular o ganho de equivalência patrimonial na empresa Nordestina S.A.

$$GEP = 40\% \times \text{Lucro Líquido da Maranhense S.A.}$$

GEP = 40% × 300.000,00
GEP = 120.000,00

(1) Registro contábil do GEP na empresa Nordestina S.A.

Ações da Maranhense S.A.			GEP	
(1) 120.000,00				120.000,00 (1)

2º passo: Calcular os dividendos a receber da empresa Nordestina S.A.

Dividendos a Receber = 40% × Dividendos distribuídos pela Maranhense S.A.

Dividendos a Receber = 40% × 90.000,00
Dividendos a Receber = 36.000,00

(2) Registro contábil dos dividendos a receber na empresa Nordestina S.A.

Dividendos a Receber	
(2) 36.000,00	

Ações da Maranhense S.A.	
120.000,00	36.000,00 (2)
84.000,00	

No livro diário, teremos os seguintes lançamentos contábeis:

Registro do GEP:

D: Ações da Maranhense S.A.
C: GEP 120.000,00

Registro dos dividendos a receber:

D: Dividendos a Receber
C: Ações da Maranhense S.A 36.000,00

Gabarito: **C**

18ª QUESTÃO: A empresa Volver S.A. adquiriu uma máquina em 31/12/2013 por 2.000.000,00, data em que a vida útil econômica e o valor residual foram estimados, respectivamente, em 9 anos e 380.000,00. Em 31/12/2015, a empresa Volver S.A. realizou o teste de *impairment* da máquina e constatou que o seu valor em uso era 1.600.000,00 e o seu valor justo líquido das despesas de vendas era 1.550.000,00. A empresa utiliza o método das cotas constantes para calcular a despesa de depreciação anual da máquina e não foram realizadas reestimativas da vida útil econômica e do valor residual. Sabendo que, antes de 31/12/2015, não foi reconhecida qualquer perda por *impairment*, o valor contábil da máquina em 31/12/2015 foi, em reais, de:

a) 1.640.000,00
b) 1.600.000,00
c) 1.550.000,00

d) 1.620.000,00
e) 1.260.000,00

☛ SOLUÇÃO

1ª etapa: Calcular o valor recuperável da máquina em 31/12/2015.

O valor recuperável é o **maior valor** entre o valor justo líquido das despesas de venda de **1.550.000,00** e o valor em uso da máquina de **1.600.000,00**.

Valor recuperável em 2015 = 1.600.000,00

2ª etapa: Calcular o valor contábil da máquina.

$$\text{Depreciação Acumulada em 2015} = (\text{Custo de Aquisição} - \text{Valor Residual}) \times \frac{\text{Período de utilização}}{\text{Vida útil}}$$

$$\text{Depreciação Acumulada em 2015} = (2.000.000,00 - 380.000,00) \times \frac{2 \text{ anos}}{9 \text{ anos}}$$

Depreciação Acumulada em 2015 = 360.000,00

(1) Registro contábil da depreciação acumulada em 31/12/2015.

Depreciação	
(1) 360.000,00	

Depreciação Acumulada	
	360.000,00 (1)

Valor Contábil = Custo de Aquisição – Depreciação Acumulada – Perdas por *Impairment*

Valor contábil em 2015 = 2.000.000,00 – 360.000,00 – 0,00
Valor contábil em 2015 = 1.640.000,00

3ª etapa: Comparar o valor recuperável com o valor contábil.

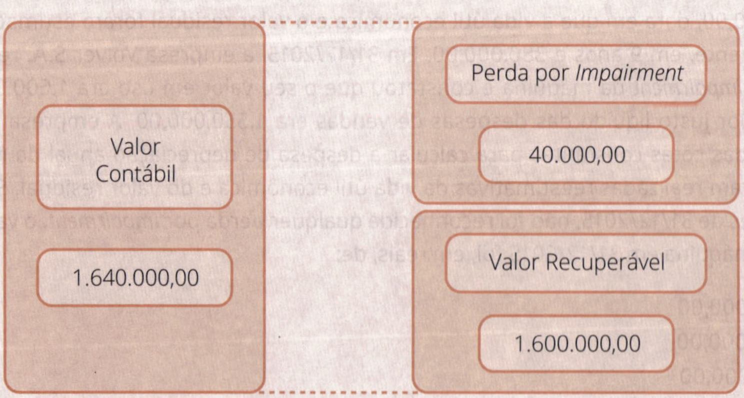

Perdas estimadas por *impairment* = Valor contábil – Valor recuperável

Perdas estimadas por *impairment* = 1.640.000,00 – 1.600.000,00
Perdas estimadas por *impairment* = 40.000,00

(2) Registro contábil da **perda por *impairment*** em 31/12/2015.

Outras Despesas	
(2) 40.000,00	

Perdas Estimadas Acumuladas	
	40.000,00 (2)

Outras receitas

As **outras receitas** compreendem as **receitas oriundas** das transações do AÑC classificados nos subgrupos de investimentos, imobilizado e intangível.

Outras despesas

As **outras despesas** compreendem as **despesas oriundas** das transações do AÑC classificados nos subgrupos de investimentos, imobilizado e intangível.

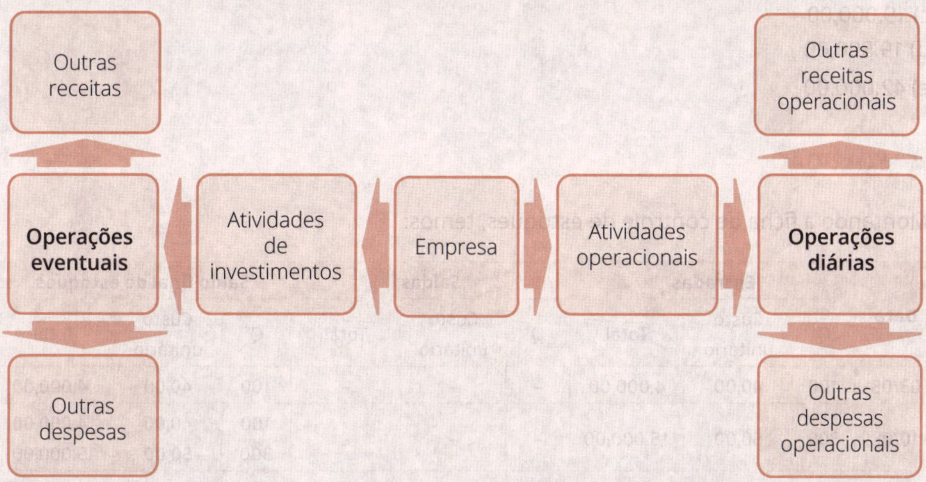

CONCLUSÃO, após a realização do teste de *impairment*, o **valor contábil da máquina em 31/12/2015** será:

Valor Contábil = Custo de Aquisição – Depreciação Acumulada – Perdas por *Impairment*

Valor contábil = 2.000.000,00 – 360.000,00 – 40.000,00
Valor contábil = 1.600.000,00

Gabarito: **B**

19ª QUESTÃO: Uma empresa comercial realizou as seguintes operações durante o mês de agosto de 2016:

Data	Operação	Quantidade	Preço de compra unitário	Preço de venda unitário
03/08	Compra	100	40,00	
10/08	Compra	300	50,00	
12/08	Venda	200	–	100,00
18/08	Compra	100	55,00	
26/08	Venda	200	–	110,00

Sabendo que a empresa não apresentava estoque inicial e que adota o critério do primeiro que entra, primeiro que sai – PEPS para avaliação dos estoques, o custo das mercadorias vendidas no mês de agosto foi, em reais, de:

a) 20.500,00
b) 19.600,00
c) 19.000,00
d) 19.500,00
e) 42.000,00

SOLUÇÃO

Montando a ficha de controle de estoques, temos:

Data	Entradas			Saídas			Saldo final de estoques		
	Q	Custo unitário	Total	Q	Custo unitário	Total	Q	Custo unitário	Total
03/08	100	40,00	4.000,00	–	–	–	100	40,00	4.000,00
10/08	300	50,00	15.000,00	–	–	–	100 300	40,00 50,00	4.000,00 15.000,00
12/08	–	–	–	100 100	40,00 50,00	4.000,00 5.000,00	200	50,00	10.000,00
18/08	100	55,00	5.500,00	–	–	–	200 100	50,00 55,00	10.000,00 5.500,00
26/08	–	–	–	200	50,00	10.000,00	100	55,00	5.500,00

ATENÇÃO, o custo das mercadorias vendidas é obtido na coluna das saídas, na ficha de controle de estoques.

CMV PEPS = 4.000,00 + 5.000,00 + 10.000,00

CMV PEPS = 19.000,00

Para efeitos didáticos, caso a questão pedisse o **resultado com mercadorias** ou o lucro bruto, teríamos:

Vendas Brutas = 200 u × 100,00/u + 200 u × 110,00

Vendas Brutas = 42.000,00

Lucro Bruto = Vendas Brutas – CMV PEPS

Lucro Bruto = 42.000,00 – 19.000,00

Lucro Bruto = 23.000,00

Gabarito: **C**

20ª QUESTÃO: Em 31/12/2014, a indústria farmacêutica MMX S.A. adquiriu, por 1.500.000,00 à vista, uma patente que expira após 10 anos e lhe garante a exclusividade de produção e venda do medicamento protegido pela tecnologia patenteada. Entretanto, a empresa MMX S.A. pretende ficar com a patente durante 6 anos, uma vez que a mesma tem o compromisso firme de um terceiro para comprar a patente no final do 6º ano por 50% do valor de aquisição. Neste caso, foi reconhecido em 31/12/2014, um ativo:

a) intangível de 750.000,00 e a despesa de amortização anual é 125.000,00 pelo método das cotas constantes.

b) imobilizado de 1.500.000,00 e a despesa de depreciação anual é 250.000,00 pelo método das cotas constantes.

c) intangível de 1.500.000,00 e a despesa de amortização anual é 125.000,00 pelo método das cotas constantes.

d) imobilizado de 750.000,00 que não deve ser amortizado, já que a patente será vendida a terceiros.

e) intangível de 1.500.000,00 e a despesa de amortização anual é 250.000,00 pelo método das cotas constantes.

☛ SOLUÇÃO

Trata-se de uma questão interessante, que foi baseada no **exemplo 2 do CPC 04 – Ativo Intangível**, a seguir transcrito:

Exemplo 2: Patente adquirida que expira após 15 anos.

Espera-se que um **produto protegido** pela tecnologia patenteada seja fonte de **geração de fluxos de caixa líquidos** em benefício da entidade durante, pelo menos, **15 anos**. A entidade tem o **compromisso de um terceiro para comprar** essa patente em cinco anos **por 60% do valor justo da patente** na data em que foi adquirida, e a entidade pretende vender a patente em cinco anos. A patente seria **amortizada durante os cinco anos de vida útil** para a entidade, com um **valor residual igual ao valor presente de 60% do valor justo** da patente na data em que foi adquirida. A patente também seria analisada quanto à necessidade de reconhecimento de perda por desvalorização de acordo com o Pronunciamento Técnico CPC 01 de redução ao valor recuperável de ativos.

Do exemplo 2 extraído do CPC – 04, **podemos tirar a seguinte conclusão**: A patente apesar de expirar em 15 anos, a empresa realizará a sua amortização em 5 anos (**não em 15 anos!!!**), pois existe um compromisso firme de um terceiro **comprar ao final de 5 anos**. E além disso, o **valor de venda daqui a 5 anos** será utilizado como **valor residual** para fins de cálculo da **amortização**.

A indústria farmacêutica MMX S.A. utilizará o seguinte cálculo, na amortização anual da sua patente:

$$\text{Amortização} = (\text{Custo de aquisição} - \text{Valor residual}) \times \frac{\text{Período de utilização}}{\text{Vida útil (6 anos)}}$$

ATENÇÃO, nesse caso, temos:

Valor residual = Valor de venda da patente daqui a 6 anos

Montando a linha do tempo, temos:

Analisando a linha do tempo, podemos observar que o **valor de venda no 6º ano** que corresponde a **50% do custo de aquisição é o valor residual**, para fins de amortização na indústria farmacêutica MMX S.A.

1º passo: Calcular o valor residual.

$$\text{Valor residual} = 50\% \times \text{Custo de Aquisição}$$

Valor residual = 50% × 1.500.000,00
Valor residual = 750.000,00

2º passo: Calcular a despesa anual com amortização na indústria farmacêutica MMX S.A.

$$\text{Amortização} = (\text{Custo de aquisição} - \text{Valor residual}) \times \frac{\text{Período de utilização}}{\text{Vida útil (6 anos)}}$$

$$\text{Amortização} = (1.500.000,00 - 750.000,00) \times \frac{1 \text{ ano}}{6 \text{ anos}}$$

Amortização = 125.000,00

CUIDADO EXTRA NA PROVA!!!!!!!!!

Apesar de a indústria farmacêutica MMX S.A. vender a patente daqui a 6 anos, o seu **custo de aquisição** é de **1.500.000,00**. O que muda é com relação ao seu **valor residual**, este sim, corresponde ao **valor de venda da patente daqui a 6 anos**, pois existe um compromisso firme (**contrato assinado**) de venda.

ATENÇÃO!!!!! Segundo o CPC – 04, um **ativo intangível** deve ser reconhecido inicialmente ao **custo**.

CONCLUSÃO, em 31/12/2014, a indústria farmacêutica MMX S.A. registrará a patente por **1.500.000,00**, e as despesas anuais de amortização será no montante de **125.000,00** pelo prazo de 6 anos, ao fim do qual, a mesma será alienada por **750.000,00**.

Gabarito: **C**

Capítulo 27

Contador da Assembleia Legislativa MS 2016

01ª QUESTÃO: O patrimônio líquido de uma empresa em 31/12/2014 era 500.000,00, constituído somente pelo capital social. Durante o ano de 2015, ocorreram os seguintes eventos:

- lucro líquido apurado em 2015 no valor de 200.000,00.

Destinação do lucro líquido em decorrência do que estabelece a lei das sociedades por ações e o estatuto social da empresa:

- reserva legal: constituída nos termos da lei nº 6.404/76.
- constituição de reserva estatutária no valor de 7.000,00.
- reserva para expansão: saldo remanescente.

Sabe-se que 30.000,00 do lucro líquido foram decorrentes de subvenções governamentais recebidas pela empresa e esta, para não tributar este ganho, reteve-o na forma de reserva de incentivos fiscais, utilizando a possibilidade estabelecida na lei no 6.404/76 referente aos dividendos. O estatuto social da empresa prevê um dividendo mínimo obrigatório no valor de 25% do lucro líquido ajustado também nos termos da lei no 6.404/76. Com base nestas informações, os valores apresentados no balanço patrimonial de 31/12/2015 como dividendos a pagar e patrimônio líquido, respectivamente, foram, em reais:

a) 40.000,00 e 613.000,00
b) 47.500,00 e 652.500,00
c) 40.000,00 e 660.000,00
d) 47.500,00 e 622.500,00
e) 50.000,00 e 620.000,00

☛ SOLUÇÃO

1º passo: Calcular a reserva legal.

Segundo o **artigo 193 da legislação societária** (lei nº 6.404/76) do lucro líquido 5% serão aplicados, antes de qualquer outra destinação, na constituição da reserva legal, que não excederá de 20% do **capital social**.

Reserva Legal = 5% × Lucro Líquido

Reserva Legal = 5% × 200.000,00
Reserva Legal = 10.000,00

(1) Registro contábil da constituição da reserva legal.

Lucros Acumulados – PL	
(1) 10.000,00	200.000,00
	190.000,00

Reserva Legal – PL	
	10.000,00 (1)

(2) Registro contábil da constituição de reserva estatutária no valor de 7.000,00.

Lucros Acumulados – PL	
(2) 7.000,00	190.000,00
	183.000,00

Reserva Estatutária – PL	
	7.000,00 (2)

(3) Registro contábil da constituição da reserva de incentivo fiscal no valor de 30.000,00.

Lucros Acumulados – PL	
(3) 30.000,00	183.000,00
	153.000,00

Reserva de Incentivo Fiscal – PL	
	30.000,00 (3)

2º passo: Calcular os dividendos mínimos obrigatórios.

A banca informa que os dividendos mínimos obrigatórios correspondem a 25% do **lucro líquido ajustado** nos termos da lei nº 6.404/76.

Lucro Líquido ajustado = Lucro Líquido – R. Legal +/– R. Contingências +/– RIF

Dividendos = 25% × (Lucro Líquido – R. Legal +/– R. Contingências +/– RIF)
Dividendos = 25% × (200.000,00 – 10.000,00 – 30.000,00)
Dividendos = 40.000,00

(4) Registro contábil dos dividendos mínimos obrigatórios.

Lucros Acumulados – PL	
(4) 40.000,00	153.000,00
	113.000,00

Dividendos a Pagar – PC	
	40.000,00 (4)

(5) Registro contábil da destinação do saldo remanescente para a reserva para expansão.

Lucros Acumulados – PL		Reserva para Expansão – PL	
(5) 113.000,00	113.000,00		113.000,00 (5)

Segundo o **artigo 196 da lei nº 6.404/76**, a assembleia-geral poderá, por proposta dos órgãos da administração, deliberar reter parcela do lucro líquido do exercício **prevista em orçamento** de capital por ela previamente aprovado, **para aplicar nos planos de expansão e investimentos da empresa**.

O orçamento, submetido pelos órgãos da administração com a justificação da retenção de lucros proposta, deverá compreender todas as fontes de recursos e aplicações de capital, fixo ou circulante, e **poderá ter a duração de até cinco exercícios**, salvo no caso de execução, por prazo maior, de projeto de investimento.

Sinônimos utilizados para a reserva de retenção de lucros

Reserva de Lucros para Expansão = Reserva Orçamentária = Reserva de Investimentos

PL Final = Capital + R. Legal + R. Estatutária + RIF + R. Expansão

PL Final = 500.000,00 + 10.000,00 + 7.000,00 + 30.000,00 + 113.000,00
PL Final = 660.000,00

SOLUÇÃO NA PROVA

Dividendos = 25% × (Lucro Líquido – R. Legal +/– R. Contingências +/– RIF)

Dividendos = 25% × (200.000,00 – 5% × 200.000,00 – 30.000,00)
Dividendos = 40.000,00

PL Final = Capital + Lucro Líquido – Dividendos

PL Final = 500.000,00 + 200.000,00 – 40.000,00
PL Final = 660.000,00

Gabarito: **C**

02ª QUESTÃO: A Cia. Só Ativos possuía, em 30/06/2016, uma patente classificada como ativo intangível com vida útil indefinida cujo valor contábil era 1.300.000,00, o qual era composto por:

Custo de aquisição 1.500.000,00
Perda por desvalorização reconhecida em junho 2015 .... 200.000,00

Em junho de 2016, a Cia. realizou o teste de recuperabilidade do ativo e obteve as seguintes informações:

Valor em uso 1.550.000,00
Valor justo líquido das despesas de venda 1.280.000,00

Complementarmente, as evidências indicaram que a vida útil desse ativo continuava indefinida. Com base nestas informações, a Cia. Só Ativos, em junho de 2016:

a) não fez qualquer registro.
b) reconheceu uma perda por desvalorização no valor de 20.000,00.
c) reconheceu uma receita no valor de 250.000,00.
d) reconheceu uma receita no valor de 200.000,00.
e) reconheceu uma receita no valor de 50.000,00.

SOLUÇÃO

Vida útil do ativo intangível	Amortização	*Impairment test*	Reversão de perda estimada
Definida	Sim	Sim	Sim
Indefinida	**Não**	**Sim**	**Sim**
Goodwill	Não	Sim	Não

ATENÇÃO, na tabela podemos verificar que no caso de um ativo intangível com vida útil indefinida, a norma internacional permite a **reversão no exercício subsequente**, quando da realização de um novo teste de *impairment*, a perda por *impairment* constituída em exercícios anteriores.

1ª etapa: Calcular o valor recuperável do ativo intangível com vida útil indefinida.

ATENÇÃO, o valor recuperável será sempre o **maior valor**.

Valor justo líquido das despesas de venda	1.280.000,00	**MAIOR VALOR**	Valor recuperável = 1.550.000,00
Valor em uso	1.550.000,00		

Valor recuperável em 2016 = 1.550.000,00

2ª etapa: Calcular o valor contábil do ativo intangível.

Valor contábil = Custo de Aquisição – Perdas Acumuladas por *Impairment*

LEMBREM-SE!!!!! O ativo intangível com vida útil indefinida **não é amortizado**, portanto no cálculo do seu valor contábil, **não subtraímos a amortização acumulada** (vide tabela).

Valor contábil = 1.500.000,00 – 200.000,00
Valor contábil = 1.300.000,00

3ª etapa: Comparar o valor recuperável com o valor contábil.

Perdas por *Impairment*
200.000,00

A reversão da perda de um ativo intangível com vida útil indefinida é permitida pelas normas *IFRS*

Custo de Aquisição do Ativo Intangível
1.500.000,00

Ativo Intangível
1.300.000,00

De acordo com o CPC 01, a **perda por desvalorização** reconhecida para o **ativo intangível com vida útil indefinida** no exercício de 2015 no montante de 200.000,00 **poderá** ser revertida no exercício de 2016, pois **essa reversão é permitida** pelas normas nacionais e internacionais de Contabilidade.

(1) Registro contábil da **reversão da perda por *impairment*** em 30/06/2016.

Perdas Estimadas Acumuladas	
(1) 200.000,00	200.000,00

Outras Receitas	
	200.000,00 (1)

Outras receitas

As **outras receitas** compreendem as **receitas oriundas** das transações do AÑC classificados nos subgrupos de investimentos, imobilizado e intangível.

Outras despesas

As **outras despesas** compreendem as **despesas oriundas** das transações do AÑC classificados nos subgrupos de investimentos, imobilizado e intangível.

Gabarito: **D**

03ª QUESTÃO: A Cia. Molha & Seca adquiriu, em 31/05/2016, mercadorias para serem revendidas. Em função de sua situação financeira, a Cia. adquiriu estas mercadorias por 500.000,00 para serem pagos em 30/09/2017. Se a Cia. tivesse adquirido estes produtos à vista teria pagado 400.000,00. Em 10/06/2016, a Cia. vendeu 70% desses produtos por 600.000,00 para serem recebidos integralmente em 01/08/2017. Sabe-se que a Cia. concede, normalmente, um prazo de 40 dias para seus clientes e que o valor da venda se tivesse sido feita à vista seria 510.000,00. Com base nestas informações, na data da venda, a Cia. Molha & Seca reconheceu receita de vendas de:

a) 600.000,00 e custo das mercadorias vendidas de 280.000,00.
b) 510.000,00 e custo das mercadorias vendidas de 350.000,00.
c) 510.000,00 e custo das mercadorias vendidas de 280.000,00.
d) 600.000,00 e custo das mercadorias vendidas de 350.000,00.
e) 510.000,00, custo das mercadorias vendidas de 280.000,00 e resultado financeiro de 10.000,00 negativos.

☛ SOLUÇÃO

ATENÇÃO, após o alinhamento das normas contábeis internacionais (***IFRS***) com as normas contábeis brasileiras, a **FCC** passou a adotar a classificação de **curto ou longo prazo** segundo o entendimento do ***IFRS***.

Segundo as normas *IFRS*, a classificação no **curto ou longo prazo** tem por base o último balanço patrimonial. Nesse caso, como a banca não cita qual foi a data de encerramento do último balanço, nós consideramos que o último balanço foi em 31/12/2015. Portanto, todas as operações compreendidas no período de **01/01/2016 a 31/12/2016** são classificadas no **curto prazo**, e as operações ocorridas a partir de **01/01/2017**, no **longo prazo.**

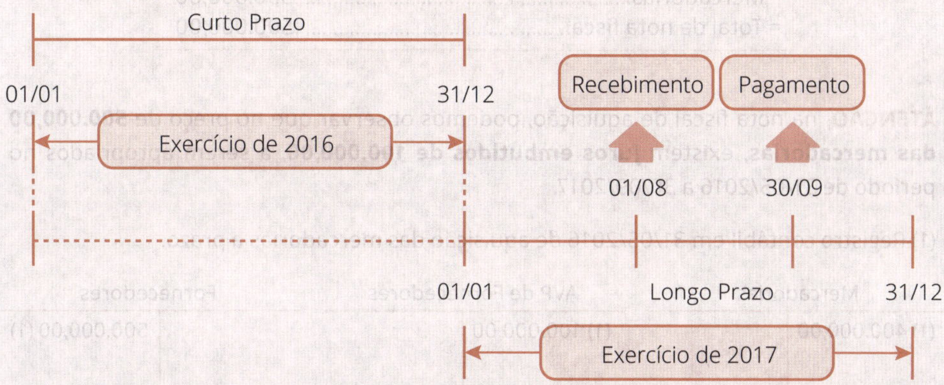

Analisando o gráfico acima, podemos observar que as operações de **compras a prazo** de mercadorias em **31/05/2016** para pagamento em **30/09/2017** e as **vendas a prazo** em **10/06/2016** para recebimento em **01/08/2017** são classificadas no **longo prazo.** Em outras palavras, as **compras** e as **vendas a prazo** serão classificadas respectivamente no **passivo** não **circulante** e no **ativo** não **circulante realizável de longo prazo.**

Segundo o CPC 12 que trata do ajuste a valor presente, os **direitos de longo prazo** e as **obrigações de longo prazo** serão **ajustados ao seu valor presente.**

MEMORIZAR PARA A PROVA

Itens	Classificação no BP	Ajuste a valor presente
Direitos de longo prazo	AÑC Realizável de Longo Prazo	Sim
Obrigações de longo prazo	Passivo Não Circulante	Sim

1º passo: Calcular os juros nas compras de longo prazo.

AVP das mercadorias = Fornecedores a prazo – Fornecedores à vista

AVP das mercadorias = 500.000,00 – 400.000,00
AVP das mercadorias = 100.000,00

Montando a nota fiscal de aquisição das mercadorias, temos:

Nota Fiscal de Mercadorias	
Mercadorias	500.000,00
= Total da nota fiscal	500.000,00

ATENÇÃO, na nota fiscal de aquisição, podemos observar que no preço de **500.000,00 das mercadorias**, existem **juros embutidos de 100.000,00**, a serem apropriados no período de 31/05/2016 a 30/09/2017.

(1) Registro contábil em 31/05/2016 de aquisição das mercadorias a prazo.

Mercadorias		AVP de Fornecedores		Fornecedores	
(1) 400.000,00		(1) 100.000,00			500.000,00 (1)

No balanço patrimonial, na data de aquisição, em 31/05/2016, temos:

Ativo		Passivo	
Ativo Circulante		**Passivo Não Circulante**	
Mercadorias	400.000,00	Fornecedores	500.000,00
		AVP de Fornecedores	(100.000,00)
Total	400.000,00	Total	400.000,00

2º passo: Calcular os juros nas vendas de longo prazo.

AVP de Vendas = Vendas Brutas a prazo – Vendas Brutas à vista

AVP de Vendas = 600.000,00 – 510.000,00
AVP de Vendas = 90.000,00

Montando a nota fiscal de vendas das mercadorias, temos:

Nota Fiscal de Mercadorias	
Mercadorias	600.000,00
= Total da nota fiscal	600.000,00

ATENÇÃO, na nota fiscal de vendas, podemos observar que no preço de **600.000,00 das mercadorias**, a Cia. Molha & Seca cobrou **juros de 100.000,00**, a serem apropriados no período de 10/06/2016 a 01/08/2017.

(2) Registro contábil em 10/06/2016 das vendas a prazo de mercadorias.

Duplicatas a Receber	
(2) 600.000,00	

Vendas Brutas	
	600.000,00 (2)

(3) Registro contábil em 10/06/2016 do ajuste a valor presente das vendas.

Receitas Financeiras a Apropriar	
	90.000,00 (3)

AVP de Vendas	
(3) 90.000,00	

(4) Registro contábil do custo das mercadorias vendidas.

Mercadorias	
400.000,00	280.000,00 (4)
120.000,00	

CMV	
(4) 280.000,00	

CMV = 70% × Mercadorias

CMV = 70% × 400.000,00
CMV = 280.000,00

ATENÇÃO, na alternativa **E**, o examinador informa que o **resultado financeiro** foi no valor de **10.000,00**.

Na prova, devido ao motivo de não termos calculadora científica, **fica praticamente impossível** de calcular o **resultado financeiro**. Lembramos que o **resultado financeiro** é obtido entre o confronto das despesas financeiras relativas ao período de **31/05/2016 a 31/12/2016** e as receitas financeiras relativas ao período de **10/06/2016 a 31/12/2016**.

MAS A PERGUNTA É: Como calculamos o montante apropriado das **despesas financeiras** do dia 31/05/2016 até 31/12/2016 e das **receitas financeiras** do dia 10/06/2016 a 31/12/2016?

Para responder a essa pergunta, vamos desenvolver os seguintes passos:

3º passo: Calcular a taxa de juros na operação de compras a prazo.

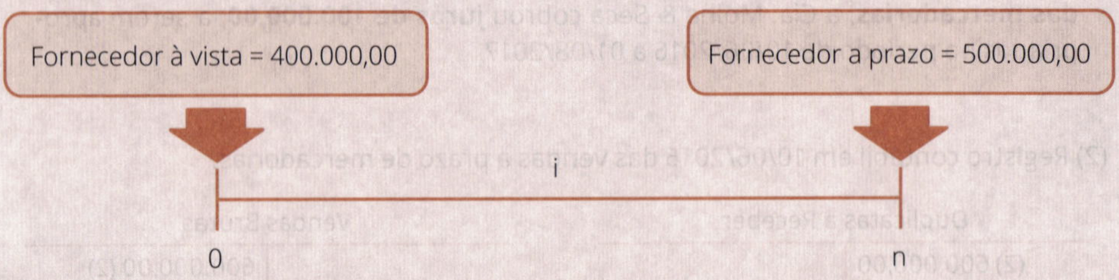

Analisando a linha do tempo acima, temos:

$$\text{Fornecedor a prazo} = (1 + i)^n \times \text{Fornecedor à vista}$$

$500.000,00 = (1 + i)^n \times 400.000,00$

$(1 + i)^n = 1,25$

Calculando o **i** em função dos **meses**, tem-se:

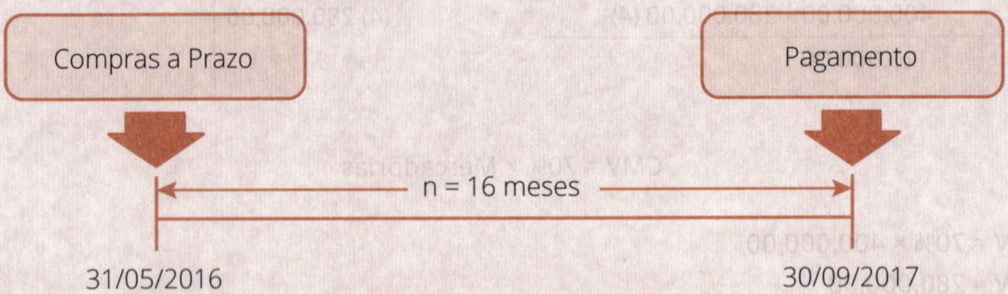

O expoente **n** corresponde ao **período de capitalização** de 16 meses. Em outras palavras, o **período de capitalização das compras a prazo** de 31/05/2016 até 30/09/2017 é de **16 meses**.

n = 16 meses

$(1 + i)^{16} = 1,25$

$1 + i = 1,014044$

$i \approx 1,4044\%$ a.m.

4º passo: Calcular o montante das despesas financeiras apropriadas para o resultado em 31/12/2016.

ATENÇÃO, o período de capitalização das compras a prazo de **31/05/2016** a **31/12/2016** é de 7 meses. Portanto, no cálculo das **despesas financeiras** apropriadas para o resultado em **2016**, o expoente **n** será de **7 meses**.

Despesas financeiras = $[(1 + i)^n - 1] \times$ Fornecedor à vista

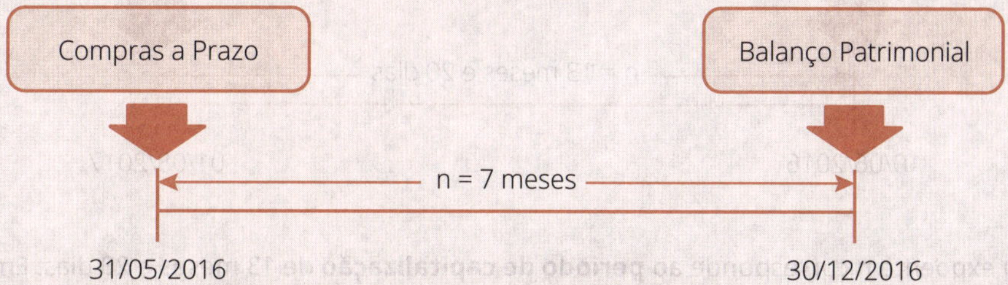

Analisando a linha do tempo acima, podemos observar que o n = 7 meses.

Despesas financeiras = $[(1 + 1{,}4044\%)^7 - 1] \times 400.000{,}00$
Despesas financeiras = 41.019,29

(5) Registro contábil da apropriação das despesas financeiras em 31/12/2016.

Despesas Financeiras	
(5) 41.019,29	

AVP de Fornecedores	
100.000,00	41.019,29 (5)
58.980,71	

5º passo: Calcular a taxa de juros na operação de vendas a prazo.

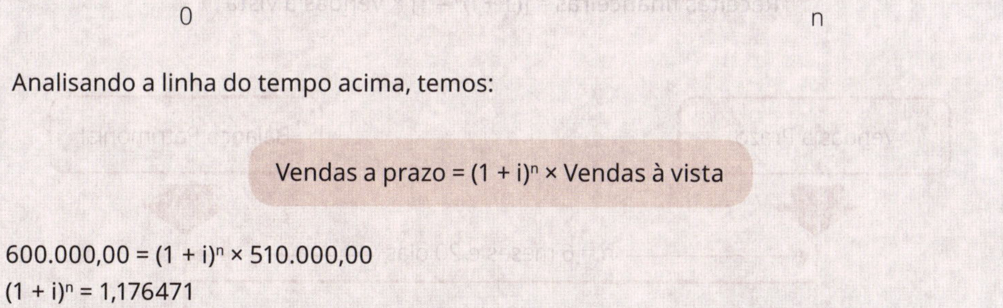

Analisando a linha do tempo acima, temos:

Vendas a prazo = $(1 + i)^n \times$ Vendas à vista

$600.000{,}00 = (1 + i)^n \times 510.000{,}00$
$(1 + i)^n = 1{,}176471$

Calculando o **i** em função dos **meses**, tem-se:

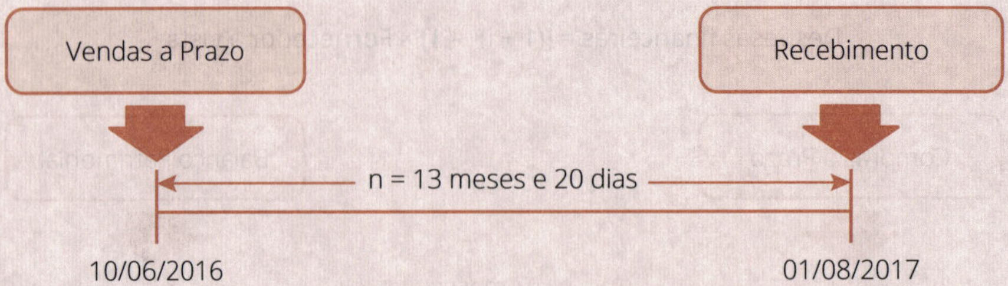

O expoente **n** corresponde ao **período de capitalização** de 13 meses e 20 dias. Em outras palavras, o **período de capitalização das vendas a prazo** de 10/06/2016 até 01/08/2017 é de **13 meses e 20 dias**.

n = 13 meses + 2/3 mês

n = 41/3 meses

$(1 + i)^{41/3} = 1,176471$

$1 + i = 1,011962$

$i \approx 1,1962\%$ a.m.

6º passo: Calcular o montante das receitas financeiras apropriadas para o resultado em 31/12/2016.

ATENÇÃO, o período de capitalização das vendas a prazo de **10/06/2016** a **31/12/2016** é de 6 meses e 20 dias. Portanto, no cálculo das **receitas financeiras** apropriadas para o resultado em 2016, o expoente **n** será de **20/3 meses**.

Receitas financeiras = $[(1 + i)^n - 1]$ × Vendas à vista

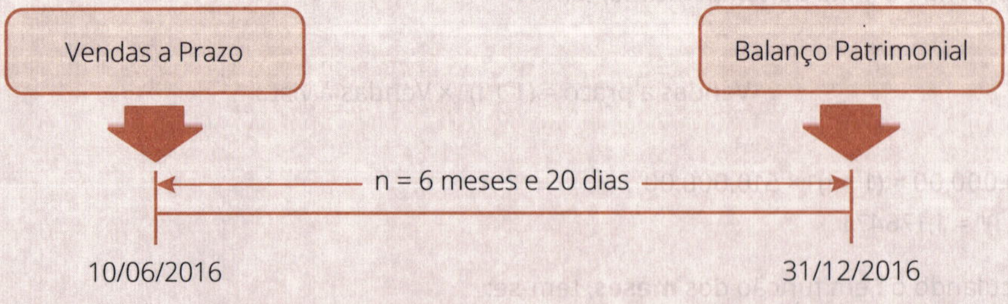

n = 6 meses + 2/3 mês

n = 20/3 meses

Receitas financeiras = [(1 + 1,1962%)$^{20/3}$ – 1] × 510.000,00

Receitas financeiras = 42.075,16

(6) Registro contábil da apropriação das receitas financeiras em 31/12/2016.

Receitas Financeiras a Apropriar	
(6) 42.075,16	90.000,00
	47.924,84

Receitas Financeiras	
	42.075,16 (6)

7º passo: Calcular o resultado financeiro em 31/12/2016.

Resultado financeiro em 31/12/2016 = Receitas financeiras em 2016 – Despesas financeiras em 2016

Resultado financeiro em 31/12/2016 = 42.075,16 – 41.019,29

Resultado financeiro em 31/12/2016 = 1.055,87

Montando a DRE em 31/12/2016, tem-se:

Demonstração do Resultado do Exercício	
Vendas Brutas	600.000,00
– AVP de Vendas	(90.000,00)
= **Vendas Líquidas**	**510.000,00**
– Custo das Mercadorias Vendidas	(280.000,00)
= **Lucro Bruto**	**230.000,00**
+ Resultado Financeiro	1.055,87
= **Lucro antes do IR e CSLL**	**231.055,87**

(7) Registro contábil da transferência do lucro líquido para lucros acumulados.

Lucro Líquido – DRE	
(7) 231.055,87	231.055,87

Lucros Acumulados – BP	
	231.055,87 (7)

Considerando apenas essas operações, no balanço patrimonial em 31/12/2016, temos:

Ativo		**Passivo**	
Ativo Circulante		**Passivo Não Circulante**	
Duplicatas a Receber	600.000,00	Fornecedores	500.000,00
Receitas Financeiras a Apropriar	(47.924,84)	AVP de Fornecedores	(58.980,71)
Mercadorias	120.000,00	**Patrimônio Líquido**	
		Lucros Acumulados	231.055,87
Total	672.075,16	Total	672.075,16

Analisando as alternativas, temos:

a) Errada. A Cia. reconheceu em 2016 receita de vendas de **510.000,00** e custo das mercadorias vendidas de 280.000,00.

b) Errada. A Cia. reconheceu em 2016 receita de vendas de 510.000,00 e custo das mercadorias vendidas de **280.000,00**.

c) Correta. A Cia. reconheceu em 2016 receita de vendas de 510.000,00 e custo das mercadorias vendidas de 280.000,00.

d) Errada. A Cia. reconheceu em 2016 receita de vendas de **510.000,00** e custo das mercadorias vendidas de **280.000,00**.

e) Errada. A Cia. reconheceu em 2016 receita de vendas de 510.000,00, custo das mercadorias vendidas de 280.000,00 e resultado financeiro de **1.055,87 positivos**.

SOLUÇÃO NA PROVA

Mercadorias = Fornecedor à vista

Mercadorias = 400.000,00

Vendas Líquidas = Vendas Brutas à vista

Vendas Líquidas = 510.000,00

Lucro Bruto = Vendas Líquidas – CMV

Lucro Bruto = 510.000,00 – 70% × 400.000,00

Lucro Bruto = 230.000,00

Gabarito: **C**

04ª QUESTÃO: A Cia. Falta Caixa apresentou a seguinte demonstração do resultado do exercício referente ao ano de 2015:

Demonstração do Resulta do Exercício	
Receita Líquida de Vendas	300.000,00
– Custo das Mercadorias Vendidas	(130.000,00)
= Lucro Bruto	170.000,00
– Despesas administrativas	(47.000,00)
– Despesas com vendas	(15.000,00)
– Despesa de depreciação	(10.000,00)
+ Resultado de equivalência patrimonial	18.000,00
– Prejuízo na venda de imobilizado	(6.000,00)
= Lucro antes do Imposto de Renda e CSLL	110.000,00
– Despesa com Imposto de Renda e CSLL	(22.000,00)
= Lucro Líquido	88.000,00

Com base nos dados apresentados acima, na elaboração da demonstração dos fluxos de caixa pelo método indireto, o lucro líquido ajustado pelos efeitos das transações que não envolvem caixa e pelos efeitos de itens de receita ou despesa associados com fluxos de caixa das atividades de investimento ou de financiamento tem o valor de, em reais:

a) 98.000,00
b) 86.000,00
c) 80.000,00
d) 104.000,00
e) 90.000,00

☛ SOLUÇÃO

ATENÇÃO, o examinador está pedindo o lucro líquido ajustado no método indireto.

Fluxo de Caixa Operacional – **Método Indireto**	
Lucro Líquido	**88.000,00**
1º ajuste: Ajustes oriundos da **DRE**	
+ Depreciação	10.000,00
– Resultado de Equivalência Patrimonial	(18.000,00)
+ Prejuízo na venda de imobilizado	6.000,00
= **Lucro Líquido ajustado**	**86.000,00**

Gabarito: **B**

05ª QUESTÃO: Em 02/01/2015, a Cia. Verde & Rosa adquiriu 10% da Cia. Colorida por 200.000,00 à vista. A Cia. Verde & Rosa adquiriu apenas ações preferenciais e não possui influência na administração da Cia. Colorida. Durante 2015, a Cia. Colorida obteve lucro líquido de 150.000,00 e, em 31/12/2015, distribuiu e pagou dividendos no valor de 50.000,00. Com base nessas informações, o valor do investimento apresentado no balanço patrimonial da Cia. Verde & Rosa, em 31/12/2015, e o resultado reconhecido em 2015 pela Cia. Verde & Rosa referente a este investimento foram, respectivamente, em reais:

a) 200.000,00 e 5.000,00
b) 200.000,00 e 15.000,0
c) 210.000,00 e 15.000,00
d) 210.000,00 e 10.000,00
e) 205.000,00 e 5.000,00

SOLUÇÃO

Cia Verde & Rosa → 10% Capital Cia Colorida → Não existe influência significativa → Investimento pelo custo

ATENÇÃO, existem **duas regras distintas** para contabilização de dividendos recebidos de investimentos permanentes em sociedades que **não são coligadas**.

1ª regra: Dividendos recebidos ***ATÉ 6 MESES*** da data de aquisição.

Segundo o artigo 380 do RIR/99, os lucros ou dividendos recebidos pela pessoa jurídica, em decorrência de participação societária avaliada pelo **custo de aquisição**, adquirida **até seis meses** antes da data da respectiva percepção, serão registrados pelo contribuinte como **diminuição do valor do custo** e não influenciarão as contas de resultado do exercício. O **registro contábil dos dividendos recebidos** ocorre por meio do lançamento:

D: Disponível **ou** dividendos a receber – AC
C: Participações societárias avaliadas pelo custo – AÑC Investimentos

A explicação plausível para este procedimento de contabilização ocorre quando o **dividendo é pago** em até 6 meses da **data de aquisição dos investimentos**. Nesse caso, a investidora no ato da aquisição, pagou um valor a mais pelas ações, pois as mesmas estavam cheias (ou seja, os lucros da investida ainda não foram distribuídos). Após a distribuição dos lucros, o valor das ações cai um pouco no mercado, portanto os dividendos recebidos dentro desse prazo, são tratados como redução do custo de aquisição dos investimentos.

2ª regra: Dividendos recebidos ***APÓS 6 MESES*** da data de aquisição.

Os lucros ou dividendos recebidos **após 6 meses** da data de aquisição dos investimentos avaliados pelo **custo de aquisição** são tratados como **receitas operacionais** e serão **excluídos** na parte A do e-Lalur, para efeito de apuração do **lucro fiscal** ou **lucro real**, pois se trata de uma receita resultante de um lucro já tributado na investida. O **registro contábil** dos dividendos recebidos ocorre por meio do lançamento:

D: Disponível ou dividendos a receber – AC
C: Receitas de dividendos – DRE

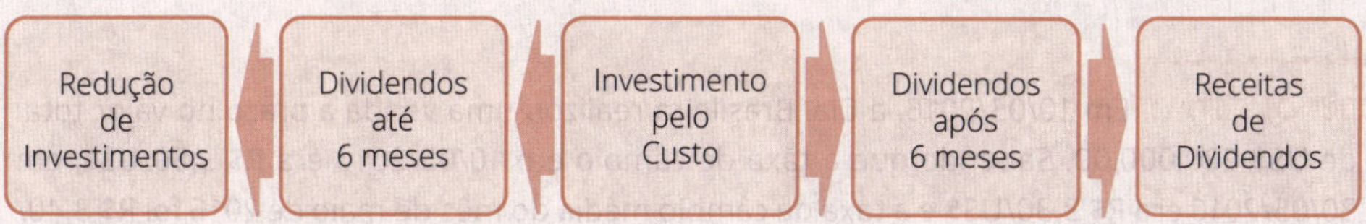

MEMORIZAR PARA A PROVA

Investimentos avaliados pelo:	Dividendos a receber	Registro contábil
Custo *ATÉ* 6 meses da data de aquisição.	Redução do investimento	D: Dividendos a Receber C: Investimentos pelo Custo
Custo *APÓS* 6 meses da data de aquisição.	Receitas operacionais	D: Dividendos a Receber C: Receitas de Dividendos

(1) Registro contábil na Cia. Verde & Rosa referente ao lucro líquido apurado na Cia. Colorida.

Segundo o artigo 183, inciso III da lei nº 6.404/76, os investimentos **em participação no capital social** de sociedades que **não são coligadas** serão avaliados pelo **custo de aquisição**, e apesar da Cia. Colorida ter obtido um lucro líquido de 150.000,00, nenhum ajuste será realizado na Cia. Verde & Rosa.

(2) Registro contábil na Cia. Verde & Rosa referente aos dividendos pagos pela Cia. Colorida.

ATENÇÃO, a Cia. Colorida distribuiu dividendos ***APÓS*** 6 meses da data da aquisição.

Disponível		Receitas de dividendos	
(2) 5.000,00			5.000,00 (2)

Receitas de dividendos = 10% × Dividendos distribuídos pela Cia. Colorida

Receitas de dividendos = 10% × 50.000,00

Receitas de dividendos = 5.000,00

Gabarito: **A**

06ª QUESTÃO: Em 10/05/2016, a Cia. Brasileira realizou uma venda a prazo no valor total de US$ 200.000,00. Sabendo que a taxa de câmbio em 10/05/2016 era R$ 3,50/US$, em 30/05/2016 era R$ 3,30/US$ e a taxa de câmbio média do mês de maio de 2016 foi R$ 3,40/US$, a Cia. Brasileira reconheceu, no mês de maio de 2016, receita de vendas de:

a) 700.000,00, apenas.
b) 660.000,00 apenas.
c) 680.000,00 apenas.
d) 680.000,00 e despesa financeira de 20.000,00.
e) 700.000,00 e despesa financeira de 40.000,00.

SOLUÇÃO

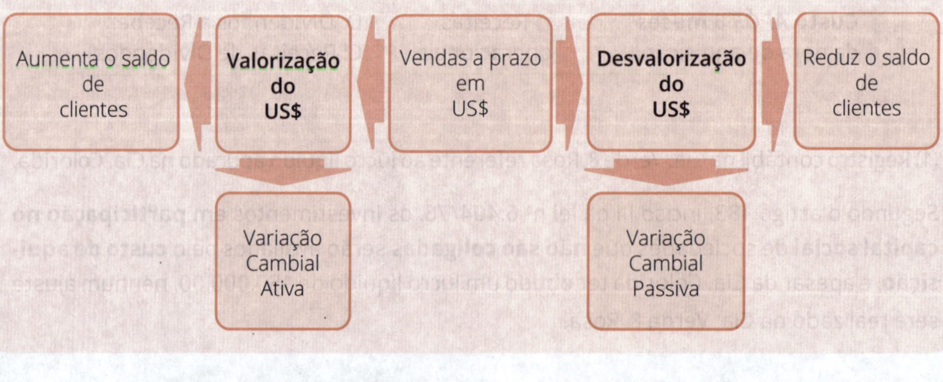

(1) Registro contábil das vendas brutas em 10/05/2016.

Duplicatas a Receber	
(1) 700.000,00	

Vendas Brutas	
	700.000,00 (1)

Vendas Brutas em 10/05/2016 = Taxa em 10/05/2016 × Vendas Brutas em US$

Vendas Brutas em 10/05/2016 = R$ 3,50 × US$ 200.000,00
Vendas Brutas em 10/05/2016 = R$ 700.000,00

(2) Registro contábil da variação cambial passiva em 30/05/2016.

Variação Cambial Passiva	
(2) 40.000,00	

Duplicatas a Receber	
700.000,00	40.000,00 (2)
660.000,00	

VCP = (Taxa em 30/05/2016 – Taxa em 10/05/2016) × Duplicatas a Receber em US$

Variação Cambial Passiva = (3,30 – 3,50) × US$ 200.000,00
Variação Cambial Passiva = 40.000,00

A **variação cambial passiva** surge quando a moeda nacional **se valoriza** em relação à moeda estrangeira e essa variação é tratada como **despesa financeira**. A **variação cambial ativa** ocorre quando a moeda nacional **desvaloriza** em relação à moeda estrangeira e essa variação ativa é tratada como receita financeira.

MEMORIZAR PARA A PROVA

Vendas Brutas	Moeda Nacional	Variação Cambial
Em moeda estrangeira	Desvaloriza-se em relação à moeda estrangeira	Ativa
	Valoriza-se em relação à moeda estrangeira	Passiva

Variação Cambial	Registro contábil
Passiva	D: Variação Cambial Passiva – DRE C: Duplicatas a Receber em R$ – Ativo
Ativa	D: Duplicatas a Receber em R$ – Ativo C: Variação Cambial Ativa – DRE

Gabarito: **E**

07ª QUESTÃO: A Cia. Importadora adquiriu, em 31/12/2014, um equipamento para utilizar em suas operações, cuja vida útil econômica estimada era 10 anos. O equipamento foi adquirido por meio de arrendamento mercantil financeiro para ser pago em 4 prestações anuais, iguais e consecutivas de 55.098,00, com taxa efetiva de juros de 4% a.a., vencendo a primeira prestação em 31/12/2015. Sabendo-se que, no dia da aquisição, o valor justo do equipamento era 202.000,00, o valor presente das prestações era 200.000,00 e que a Cia. pretende ficar com o equipamento no final do contrato, a Cia. Importadora reconheceu:

a) despesa financeira de 18.392,00 em 2015.
b) um ativo de 200.000,00 na data da aquisição.
c) um passivo de 220.392,00 na data da aquisição.
d) um ativo de 202.000,00 na data da aquisição.
e) despesa financeira de 5.098,00 em 2015.

☛ SOLUÇÃO

Segundo o CPC 06 o caminhão deverá ser reconhecido pelo **valor justo** ou **valor presente**, dos dois, o **menor.**

Valor justo	202.000,00	**MENOR VALOR**	Balanço Patrimonial em 31/12/2014
Valor presente	200.000,00		Custo de aquisição = 200.000,00

Valor **presente** das parcelas em 31/12/2014	200.000,00
Valor **justo** do caminhão em 31/12/2014	202.000,00
Valor a ser **registrado no ativo** em 31/12/2014	**200.000,00**

A empresa registrará o equipamento pelo custo de aquisição de **200.000,00.**

No início do arrendamento financeiro o arrendatário deverá reconhecer os **juros a transcorrer**, os quais serão apropriados para o resultado do exercício ***pro rata tempore*** (proporcional ao tempo transcorrido), ou seja, em 4 anos.

Juros a transcorrer = AMF a pagar – Valor presente do veículo

Juros a transcorrer = 4 parcelas × 55.098,00/parcela – 200.000,00
Juros a transcorrer = 20.392,00

1º passo: Calcular a depreciação no exercício de 2015.

$$\text{Depreciação } (\text{Custo de aquisição} - \text{Valor residual}) \times \frac{\text{Período de utilização}}{\text{Vida útil}}$$

$$\text{Depreciação em 2015} = (200.000,00 - 0,00) \times \frac{1 \text{ ano}}{10 \text{ anos}}$$

Depreciação em 2015 = 20.000,00

2º passo: Calcular as despesas financeiras em 2015.

Despesas financeiras em 2015 = Taxa efetiva × Arrendamento a valor presente em 2014

Despesas financeiras em 2015 = 4% × 200.000,00
Despesas financeiras em 2015 = 8.000,00

3º passo: Calcular a despesa total reconhecida na demonstração do resultado de 2015.

Despesa total em 2015 = Depreciação em 2015 + Despesas financeiras em 2015

Despesa total em 2015 = 20.000,00 + 8.000,00
Despesa total em 2015 = 28.000,00

Analisando as alternativas, temos:

a) Errada. A Cia. Importadora reconheceu uma despesa financeira de **8.000,00** em 2015.

b) Correta. A Cia. Importadora reconheceu um ativo de 200.000,00 na data da aquisição.

c) Errada. A Cia. Importadora reconheceu um passivo de **200.000,00** na data da aquisição.

d) Errada. A Cia. Importadora reconheceu um ativo de **200.000,00** na data da aquisição.

e) Errada. A Cia. Importadora reconheceu uma despesa financeira de **8.000,00** em 2015.

Gabarito: **B**

08ª QUESTÃO: A Cia. Industrial adquiriu, em 31/12/2013, uma máquina por 300.000,00 à vista. Na data de aquisição, a vida útil econômica estimada da máquina era 20 anos e o valor residual 20.000,00. Em 31/12/2014, após o reconhecimento da despesa de depreciação referente ao ano de 2014, a empresa reavaliou a vida útil da máquina e estimou que a vida útil remanescente era 15 anos e o valor residual 16.000,00. Sabendo que a Cia. Industrial utiliza o método das cotas constantes para cálculo da despesa de depreciação, o valor da depreciação acumulada evidenciado no balanço patrimonial de 31/12/2015 foi, em reais:

a) 28.000,00
b) 36.000,00
c) 30.667,00

d) 35.500,00
e) 32.000,00

☛ SOLUÇÃO

Segundo o CPC 27 que trata do ativo imobilizado, o **valor residual e a vida útil** de um ativo **são revisados** pelo menos ao **final de cada exercício** e, se as expectativas diferirem das estimativas anteriores, a mudança deve ser contabilizada como **mudança de estimativa contábil**, segundo o CPC 23 que trata das políticas contábeis, mudança de estimativa e retificação de erro.

Itens	2014	2015
Custo de aquisição	300.000,00	300.000,00
Valor residual	20.000,00	16.000,00
Vida útil econômica	20 anos	15 anos

ATENÇÃO, analisando a tabela, podemos verificar que o **valor residual e a vida útil econômica** sofrem alterações de valores com o passar dos anos. O mesmo não ocorre com o **custo de aquisição** no montante de 300.000,00, que permanece constante com o decorrer dos anos.

1º passo: Calcular a depreciação em 2014.

$$\text{Depreciação (Custo de aquisição – Valor residual)} \times \frac{\text{Período de utilização}}{\text{Vida útil}}$$

$$\text{Depreciação em 2014} = (300.000,00 - 20.000,00) \times \frac{1 \text{ ano}}{20 \text{ anos}}$$

Depreciação em 2014 = 14.000,00

2º passo: Calcular a depreciação de 2015.

No encerramento do exercício social de 2014 foi realizado o **teste de *impairment*** na máquina, e nessa data, a companhia obteve uma nova vida útil de 15 anos e um valor residual de 16.000,00. Portanto, a nova fórmula de depreciação será:

$$\text{Depreciação} = \text{(Custo de aquisição – Depreciação Acumulada – Valor residual)} \times \frac{\text{Período de utilização}}{\text{Nova vida útil}}$$

$$\text{Depreciação em 2015} = (300.000,00 - 14.000,00 - 16.000,00) \times \frac{1 \text{ ano}}{15 \text{ anos}}$$

Depreciação em 2015 = 18.000,00

3º passo: Calcular a depreciação acumulada em 2015.

Depreciação Acumulada em 2015 = Depreciação de 2014 + Depreciação de 2015

Depreciação Acumulada em 2015 = 14.000,00 + 18.000,00
Depreciação Acumulada em 2015 = 32.000,00

4º passo: Calcular o valor contábil em 31/12/2015.

Valor Contábil = Custo de Aquisição – Depreciação Acumulada

Valor Contábil = 300.000,00 – 32.000,00
Valor Contábil = 268.000,00

Gabarito: **E**

09ª QUESTÃO: Determinada empresa obteve, em 30/06/2016, um empréstimo de 200.000,00 para a expansão de suas atividades, cujo critério de mensuração é o custo amortizado. No dia da liberação (30/06/2016), foram descontados pela instituição financeira 3.000,00 referentes a tarifas e taxas cobradas para a realização da operação. Este empréstimo será pago em 30/06/2017 e o valor será 215.000,00. Ao reconhecer esta operação, em 30/06/2016, a empresa realizou o seguinte lançamento contábil:

a) D: Disponível
C: Empréstimos a Pagar.. 200.000,00

b) D: Disponível... 197.000,00
D: Despesa Financeira 3.000,00
C: Empréstimos a Pagar.. 200.000,00

c) D: Disponível 197.000,00
D: Despesa Financeira 18.000,00
C: Empréstimos a Pagar.. 215.000,00

d) D: Disponível.. 200.000,00
D: Despesa Financeira 3.000,00
C: Empréstimos a Pagar.. 203.000,00

e) D: Disponível 197.000,00
D: Juros e Encargos a Transcorrer.....................3.000,00
C: Empréstimos a Pagar.. 200.000,00

☛ SOLUÇÃO

Calcular a captação líquida em 30/06/2016.

Captação Líquida = Valor do contrato – Custos de transação

Captação Líquida = 200.000,00 – 3.000,00

Captação Líquida = 197.000,00

Os **custos de transação** no montante de 3.000,00 serão **amortizados no prazo de 1 ano**, ou seja, no período entre 30/06/2016 e 30/06/2017.

Em 30/06/2016 a empresa registrará o empréstimo por meio do lançamento:

D: Disponível.. 197.000,00
D: Juros e Encargos a Transcorrer...........................3.000,00
C: Empréstimos a Pagar 200.000,00

Gabarito: **E**

10ª QUESTÃO: A Cia. Pedras Belas, ao adquirir mercadorias para revenda, pagou os seguintes valores:

Mercadorias (líquido de tributos)	80.000,00
Frete para transporte das mercadorias até a empresa (líquido de tributos)	5.000,00
Seguro para transporte das mercadorias até a empresa	3.000,00
Tributos recuperáveis	15.000,00
Tributos não recuperáveis	10.000,00

Com base nessas informações, o valor dos estoques da Cia. Pedras Belas foi aumentado, em reais:

a) 80.000,00
b) 98.000,00
c) 88.000,00
d) 85.000,00
e) 113.000,00

☛ SOLUÇÃO

Montando as notas fiscais de aquisição das mercadorias e dos fretes e seguros, temos:

ATENÇÃO!!! MUITA ATENÇÃO, AQUI!!!! A banca informa que as mercadorias no montante de 80.000,00 **não existe impostos**. Portanto, ao montarmos a nota fiscal, nós devemos somar ao valor das mercadorias, os tributos recuperáveis no montante de 15.000,00. **Lembrem-se!!!** Os tributos recuperáveis encontram-se inseridos no **preço das mercadorias**.

Nota Fiscal de Mercadorias	
Mercadorias	95.000,00
+ Tributos não recuperáveis	10.000,00
= Total da nota fiscal	105.000,00
Tributos recuperáveis	15.000,00

Nota Fiscal de Transportes	
Fretes/Seguros	8.000,00
= Total da nota fiscal	8.000,00

1º passo: Calcular as compras brutas.

As **compras brutas** (CB) correspondem ao valor das compras acrescidos dos tributos, quer sejam por fora ou por dentro, **recuperáveis ou não**. Em outras palavras, as compras brutas correspondem ao valor **total da nota fiscal** de aquisição das mercadorias.

Compras Brutas = Nota Fiscal de Mercadorias

Compras Brutas = 105.000,00

2º passo: Calcular as compras líquidas.

As **compras líquidas** (CL) representam o valor efetivamente **lançado nos estoques**.

CL = CB – Tributos recuperáveis + Fretes/Seguros/Armazenagem – Deduções de compras

Compras Líquidas = 105.000,00 (Compras Brutas) – 15.000,00 (Tributos recuperáveis) + 8.000,00 (Fretes)
Compras Líquidas = 98.000,00

3º passo: Registro contábil das operações de compra e venda de mercadorias.

(1) Registro contábil das compras à vista.

Mercadorias	
(1) 98.000,00	

Tributos Recuperáveis	
(1) 15.000,00	

Disponível	
Saldo Inicial	113.000,00 (1)

Disponível = Nota Fiscal de Mercadorias + Nota Fiscal de Transportes

Disponível = 105.000,00 + 8.000,00
Disponível = 113.000,00

CONCLUSÃO, o valor dos **estoques** da Cia. Pedras Belas foi **aumentado em 98.000,00**.

Gabarito: **B**

Capítulo 28

Contábeis Eletrobras 2016

01ª QUESTÃO: A empresa Brasil S.A. reconheceu em seus passivos todos os processos tributários existentes contra a empresa, ainda que o departamento jurídico tivesse classificado boa parte destes processos como de probabilidade remota de perda. Dessa forma, é correto afirmar que:

a) o procedimento atende a característica da prudência, apresentando uma demonstração conservadora.
b) representa uma demonstração inconsistente por estar aplicando o pressuposto do conservadorismo.
c) atende as características qualitativas e quantitativas fundamentais.
d) representa uma demonstração fidedigna por ser neutra e conservadora.
e) atende a característica da essência sobre a forma e da entidade.

☛ SOLUÇÃO

Analisando as alternativas, temos:

a) Errada. Segundo o CPC 00 a característica prudência (**conservadorismo**) foi retirada da condição de aspecto da representação fidedigna **por ser inconsistente com a neutralidade**. As subavaliações de ativos e superavaliações de passivos, com consequentes registros de desempenhos posteriores inflados, **são incompatíveis** com a **informação** que pretende ser **neutra**.

b) Correta. Segundo o CPC 25 a **provisão** é um passivo de prazo ou de valor incertos.

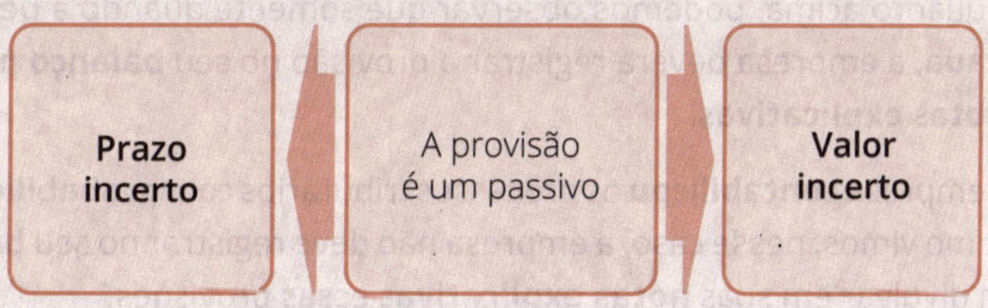

Analisando o gráfico, podemos observar que a provisão é um passivo, mas só que a **provisão** é um passivo de **prazo incerto** (não se sabe quando vai vencer a obrigação) ou um passivo de **valor incerto** (não se sabe qual o valor correto a ser pago). Por exemplo, quando um funcionário entra com uma ação trabalhista contra a empresa, e essa ação tem fundamento (é **provável** que a empresa vai perder a ação), a empresa **deverá reconhecer** uma provisão para contingências trabalhistas. Nesse caso, surge dois problemas, pois a empresa não sabe qual o:

- **prazo exato** que a obrigação vai vencer, pois depende da decisão do juiz (**prazo incerto**), e
- **valor exato** que vai desembolsar, pois a decisão do juiz pode ser um valor totalmente diferente do pedido da ação (**valor incerto**).

ATENÇÃO, caso a ação trabalhista **não tivesse fundamento** (a possibilidade de perda é **remota**), essa ação seria um passivo contingente, e nesse caso, segundo o CPC 25, a empresa **não deve reconhecer uma provisão e nem divulgar em notas explicativas**, quando se trata de um **passivo contingente com probabilidade remota** de liquidação em dinheiro.

MEMORIZAR PARA A PROVA

Probabilidade de desembolso	Tratamento contábil
A obrigação presente é **provável e mensurada** por estimativa confiável.	A provisão é reconhecida no BP **e divulgada** em notas explicativas.
A obrigação presente **é provável e não mensurada** por inexistência de estimativa confiável.	A provisão **não é reconhecida** no BP, mas é divulgada em notas explicativas.
A obrigação presente é **possível**.	A provisão **não é reconhecida** no BP, mas é divulgada em notas explicativas.
A obrigação presente é **remota**.	A provisão **não é reconhecida** no BP e **nem divulgada** em notas explicativas.

Analisando o quadro acima, podemos observar que somente quando a **perda é provável e mensurada**, a empresa deverá registrar a provisão no seu **balanço patrimonial** e divulgar em **notas explicativas**.

Na questão, a empresa **contabilizou** os processos tributários com **probabilidade remota de perda**, e como vimos, nesse caso, a empresa não deve registrar no seu **balanço patrimonial** e nem divulgar em suas **notas explicativas** essas provisões.

A empresa tem que ter cuidado ao realizar julgamentos em **condições de incerteza**, para que as receitas ou ativos não sejam **superavaliados** e as despesas ou passivos não sejam **subavaliados**. Porém, **a incerteza não justifica a criação** de provisões excessivas ou uma superavaliação deliberada de passivos.

Corroborando o CPC 25, **segundo o CPC 00** a informação contábil-financeira **para ser útil**, precisa ser **relevante** e representar com **fidedignidade** o que se propõe a representar. As características qualitativas fundamentais são **relevância** e **representação fidedigna**.

Características qualitativas fundamentais = Relevância + **Representação Fidedigna**

Os relatórios contábil-financeiros mostram um fenômeno econômico em **palavras e números**, e para ser útil a informação contábil-financeira além de representar um **fenômeno relevante**, tem também que reproduzir com **fidedignidade** o fenômeno divulgado.

ATENÇÃO, relatórios contábil-financeiros são as **demonstrações contábeis**.

Para ser representação **perfeitamente fidedigna**, a realidade retratada precisa ter três atributos: **completa**, **neutra** e **livre de erro**. Como na realidade a perfeição da informação contábil-financeira é rara de se atingir, o objetivo da fidedignidade é maximizar os referidos atributos na extensão do possível.

Representação Fidedigna = Completa + **Neutra** + Livre de Erro

Segundo o CPC 25, a **probabilidade de perda remota** significa que a possibilidade de ocorrer qualquer **desembolso** para a liquidação dessas **perdas remotas** é praticamente **nula**.

Em outras palavras, o departamento jurídico ao classificar os **processos tributários** existentes contra a empresa Brasil S.A. como de **probabilidade remota de perda**, significa que a possibilidade de ocorrer qualquer **desembolso** por parte da empresa Brasil S.A. para a liquidação **desses processos** é praticamente nula.

A empresa Brasil ao tomar conhecimento de que a **probabilidade de desembolso** para a liquidação dos seus processos tributários é **nula**, e ainda assim, registra uma **provisão para contingências** no seu passivo, estará agindo com **excesso de conservadorismo**.

Conclusão, esse **excesso de conservadorismo** contamina a **neutralidade** da informação contábil, pois a empresa mesmo tendo a certeza de que não haverá desembolso para a quitação dos processos tributários, decide por registrar uma **provisão para contingências** no seu passivo que jamais será utilizada, gerando uma **demonstração inconsistente** por estar aplicando o pressuposto do **conservadorismo**.

Portanto, no caso concreto, o registro desses **processos tributários** (dívidas) **indevidamente** torna as demonstrações contábeis **inconsistentes com a realidade** devido a aplicação do conservadorismo.

c) Errada. O **excesso de conservadorismo** contamina a **neutralidade** da informação e prejudica a **representação fidedigna**, que é uma característica qualitativa fundamental. Em outras palavras, o excesso de conservadorismo **não atende** as características qualitativas fundamentais.

d) Errada. O **excesso de conservadorismo não representa** uma demonstração fidedigna, pois prejudica a **neutralidade** da informação

e) Errada. As **superavaliações** de receitas ou ativos e as **subavaliações** de despesas ou passivos **não estão relacionadas** com a essência sobre a forma e nem atende a **característica da entidade**, pois na literatura contábil o correto é **princípio da entidade**.

Gabarito: **B**

02ª QUESTÃO: A empresa Construção S.A. pretende desenvolver um projeto de seis galpões em condomínio. O projeto será desenvolvido com 50% de recursos próprios e 50% de recursos de terceiros. O financiamento está condicionado as seis etapas do projeto e os custos do financiamento podem ser mensurados em cada fase. A capitalização dos custos do empréstimo deve:

a) continuar até que todas as unidades sejam construídas.
b) ser suspensa até a conclusão da próxima etapa.
c) cessar totalmente, a partir do primeiro galpão concluído, passando a ser levada ao resultado.
d) continuar, somente dos galpões que não estiverem construídos.
e) ser mantida, enquanto o projeto estiver com o cronograma no prazo definido.

SOLUÇÃO

A entidade **deve cessar a capitalização dos custos de empréstimos** quando todas as atividades necessárias ao preparo do ativo qualificável para seu uso ou venda pretendidos

estiverem concluídas, ou seja, quando a **construção física do ativo estiver finalizada**, mesmo que trabalho administrativo de rotina possa ainda continuar.

Quando a entidade completa a construção de um **ativo qualificável em partes** e cada parte pode ser utilizada enquanto a **construção de outras partes continua**, a entidade deve cessar a capitalização dos custos de empréstimos quando **completar** substancialmente todas as atividades necessárias ao preparo dessa parte para seu uso ou venda pretendidos.

Por exemplo, um **centro empresarial** que compreende **diversos edifícios**, cada um deles podendo ser utilizado individualmente, é um exemplo de **ativo qualificável** no qual cada parte está em condições de ser utilizada enquanto a construção das outras partes continua.

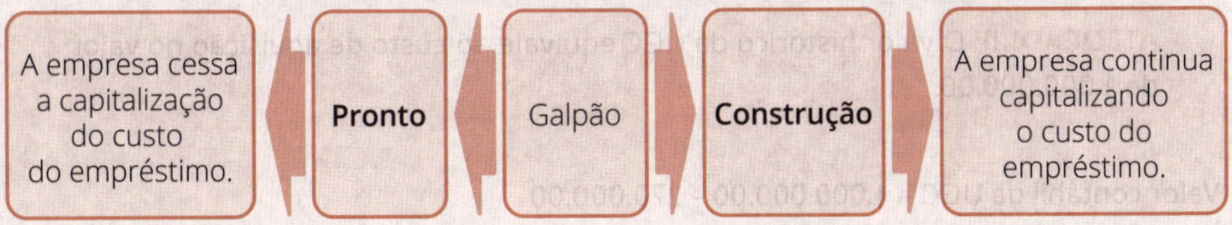

Gabarito: **D**

03ª QUESTÃO: A Empresa Cromo S.A. avaliou sua unidade geradora de caixa para verificar a existência de perda de valor recuperável. Considere que a empresa identificou os seguintes valores para esta unidade:

Valores históricos da UGC.. 1.000.000,00
Depreciação acumulada..270.000,00
Valor do fluxo de caixa descontado da UGC 685.000,00
Valor de venda da UGC 730.000,00

É correto afirmar que:

a) a perda de valor recuperável é de 45.000,00.
b) não há perda de valor recuperável.
c) a perda de valor recuperável é de 270.000,00.
d) a perda de valor recuperável é de 315.000,00.
e) o novo valor a ser atribuído para a UGC é de 685.000,00.

☛ SOLUÇÃO

1ª etapa: Calcular o valor recuperável da unidade geradora de caixa.

ATENÇÃO, o valor recuperável será sempre o **maior valor**.

Valor do fluxo de caixa descontado da UGC	685.000,00	**MAIOR VALOR**	Valor recuperável = 730.000,00
Valor de venda da UGC	730.000,00		

Valor recuperável da UGC = 730.000,00

2ª etapa: Calcular o valor contábil da UGC.

Valor contábil = Custo de aquisição – Depreciação Acumulada

ATENÇÃO!!!!! O valor histórico da UGC equivale ao custo de aquisição no valor de 1.000.000,00.

Valor contábil da UGC = 1.000.000,00 – 270.000,00
Valor contábil da UGC = 730.000,00

3ª etapa: Comparar o valor recuperável com o valor contábil.

Valor Contábil	Valor Recuperável
730.000,00	730.000,00

CONCLUSÃO, como podemos observar no gráfico acima, o **valor contábil** no montante de **730.000,00** é exatamente igual ao **valor recuperável**, e nesse caso **nenhuma perda por *impairment*** será contabilizada.

Gabarito: **B**

04ª QUESTÃO: A empresa Confiança S.A. contratou seguro para sua fábrica em 1 de abril de 2015, com vigência para um ano, pelo valor de 24.000,00, a prazo, para pagamento em 12 parcelas. Em 31 de dezembro de 2015, a contabilidade deve apresentar os seguintes saldos nas contas:

a) despesas de seguros 24.000,00 e de bancos 24.000,00.
b) despesas diferidas de seguros 6.000,00 e seguros a pagar 12.000,00.

c) despesas diferidas de seguros 16.000,00, seguros a pagar 16.000,00 e despesa de seguros de 8.000,00.
d) despesa de seguros de 12.000,00, seguros a pagar de 6.000,00 e despesas de seguros de 12.000,00.
e) despesas diferidas de seguros 6.000,00, seguros a pagar 6.000,00 e despesa de seguros de 18.000,00.

SOLUÇÃO

As **despesas pagas antecipadamente** são despesas cujos fatos geradores ainda não ocorreram, mas já foram pagas. Essas **despesas antecipadas** enquanto não ocorrerem os seus fatos geradores, equivalem a um **direito** e são classificadas no **ativo circulante** ou **realizável de longo prazo**, e a partir do momento que ocorre o fator gerador, essas despesas antecipadas convertem-se efetivamente em despesas. Em outras palavras, com a ocorrência do fato gerador, a entidade apropria (reconhece) as despesas efetivamente, por meio de um crédito na conta despesas pagas antecipadamente e um débito na conta de despesas.

D: Despesas – DRE
C: Despesas Antecipadas – Ativo

(1) Registro contábil da contratação de seguro em 1 de abril de 2015 para pagamento em 12 parcelas.

Seguros a Vencer – AC	
(1) 24.000,00	

Seguros a Pagar – PC	
	24.000,00 (1)

ATENÇÃO, as despesas mensais com seguros serão no valor de:

$$\text{Despesas com seguros} = \frac{\text{Seguros a vencer}}{\text{Vigência do seguro}}$$

$$\text{Despesas com seguros} = \frac{24.000,00}{12 \text{ meses}}$$

Despesas com seguros = 2.000,00/mês

(2) Registro contábil da apropriação de seguros para o resultado em 31/12/2015.

Seguros a Vencer – AC	
24.000,00	18.000,00 (2)
6.000,00	

Despesas com Seguros – DRE	
(2) 18.000,00	

No exercício de 2015, a empresa apropriou 9 meses de seguros para o resultado do exercício.

Despesas com seguros em 2015 = 9 meses × 2.000,00/mês

Despesas com seguros em 2015 = 18.000,00

(3) Registro contábil do montante dos pagamentos mensais realizados no decorrer do exercício social de 2015.

Disponível – AC			Seguros a Pagar – PC	
Saldo Inicial	18.000,00 (3)		(3) 18.000,00	24.000,00
				6.000,00

CONCLUSÃO, em 31 de dezembro de 2015 a contabilidade deve apresentar os seguintes saldos nas contas:

Seguros a vencer (ou despesas diferidas de seguros) – AC 6.000,00
Seguros a pagar – PC 6.000,00
Despesas de seguros – DRE 18.000,00

Gabarito: **E**

05ª QUESTÃO: A empresa Grupo Econômico S.A., em seu balanço consolidado, identificou que ao atribuir a participação dos controladores e não controladores em relação ao resultado abrangente, a participação dos não controladores resultou em saldo deficitário. Nesta situação a empresa consolidadora deve:

a) distribuir o resultado de forma proporcional.
b) não identificar o resultado individualmente, apresentando somente os totais.
c) demonstrar o resultado apurado, independente do déficit.
d) atribuir um resultado mínimo de 25% aos não controladores.
e) atribuir um resultado mínimo de 6% aos não controladores.

☛ SOLUÇÃO

Segundo o CPC 36 – R3 que trata das demonstrações consolidadas, a entidade deve atribuir o resultado abrangente total aos controladores e não controladores, ainda que resulte em participações dos não controladores **com saldo deficitário.**

A controladora deve apresentar as participações dos não controladores no balanço patrimonial consolidado, dentro do patrimônio líquido, separadamente do patrimônio líquido dos controladores.

CONCLUSÃO, o fato de ocorrer um **saldo deficitário** na participação dos não controladores, **não autoriza** a distribuição do resultado de forma proporcional e nem a atribuição de um resultado mínimo aos não controladores. O resultado deve ser atribuído aos controladores e não controladores, pela participação efetiva de cada um e independentemente de esses resultados tornarem negativa a participação dos não controladores.

Gabarito: **C**

06ª QUESTÃO: A empresa Controla S.A. detém 20% da empresa Controlada S.A. e possui um acordo de acionistas que permite a investidora eleger diretores e membros do Conselho de Administração da Controlada S.A. Considere as informações contábeis fornecidas pela empresa investida, com vistas ao encerramento do exercício social de 2015 da empresa Controla S.A. abaixo.

Quadro de alterações do patrimônio líquido da Controlada S.A. no exercício 2015				
Movimentos do PL da Controlada	**Capital Social**	**Reservas de Lucros**	**Lucros Acumulados**	**Saldo Final**
Saldos em 2014	41.000,00	5.584,00	0,00	46.584,00
Transferência para Capital	5.000,00	(5.000,00)		0,00
Resultado Líquido do Exercício de 2015			20.016,00	20.016,00
Transferência para Reservas de Lucros		8.416,00	(8.416,00)	0,00
Dividendos Distribuídos			(11.600,00)	(11.600,00)
Saldos em 2015	46.000,00	9.000,00	0,00	55.000,00

Pode-se afirmar que o valor do:

a) resultado de equivalência patrimonial, apurado em 2014 é de 9.316,80.

b) investimento avaliado por equivalência patrimonial, em 2015 é de 9.361,80.

c) resultado de equivalência patrimonial, em 2015 é de 13.320,20.

d) investimento avaliado por equivalência patrimonial é de 6.803,20.

e) resultado de equivalência patrimonial é de 4.003,20.

SOLUÇÃO

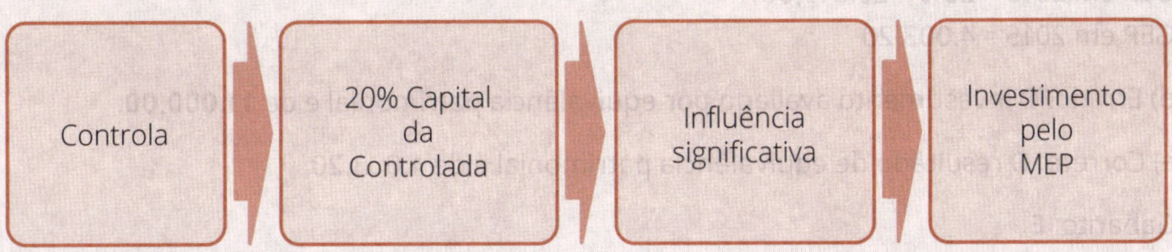

Segundo o CPC 18, o investimento em coligada **deve ser inicialmente reconhecido pelo custo** e o seu valor contábil será **aumentado ou diminuído** pelo reconhecimento da participação do investidor nos lucros ou prejuízos do período, gerados pela investida **após a aquisição.**

A participação do investidor no lucro ou prejuízo do período da investida deve ser reconhecida no resultado do período do investidor. As distribuições recebidas da investida reduzem o valor contábil do investimento.

Analisando as alternativas, temos:

a) Errado. O resultado de equivalência patrimonial (GEP), apurado em 2014 é **0,00**, pois a **investida** (Controlada S.A.) **não obteve** nem lucro ou prejuízo em 2014.

GEP = Percentual de participação no capital da investida × Lucro Líquido da investida em 2014

GEP em 2014 = 20% × 0,00
GEP em 2014 = 0,00

b) Errado. O investimento avaliado por equivalência patrimonial, **em 2015 é de 11.000,00**.

PL contábil da investida em 2015 = Capital + Reserva de Lucros + Lucros Acumulados

PL contábil da investida em 2015 = 46.000,00 + 9.000,00 + 0,00
PL contábil da investida em 2015 = 55.000,00

Investimento pelo MEP em 2015 = 20% × PL contábil da investida em 2015

Investimento pelo MEP em 2015 = 20% × 55.000,00
Investimento pelo MEP em 2015 = 11.000,00

c) Errado. O resultado de equivalência patrimonial, **em 2015 é de 4.003,20**.

GEP = Percentual de participação no capital da investida × Lucro Líquido da investida em 2015

GEP em 2015 = 20% × 20.016,00
GEP em 2015 = 4.003,20

d) Errado. O investimento avaliado por equivalência patrimonial é de **11.000,00**.

e) Correto. O resultado de equivalência patrimonial é de 4.003,20.

Gabarito: **E**

07ª QUESTÃO: A empresa Geradora S.A. está elaborando sua demonstração do valor adicionado e identificou o recebimento de dividendos de investimento na empresa Geração S.A. contabilizados e avaliado pelo valor de custo. Esse valor deve ser apresentado como:

a) riqueza gerada pela empresa – outras receitas.
b) distribuição – remuneração do capital próprio – dividendos.
c) valor adicionado em transferência – outras receitas.
d) distribuição de dividendos – valor distribuído dos lucros.
e) lucros retidos – distribuição aos sócios.

☛ SOLUÇÃO

O **valor adicionado recebido em transferência** representa a riqueza que não tenha sido criada pela própria entidade, e sim por terceiros, e que a ela é transferida, como por exemplo, receitas financeiras, de equivalência patrimonial, dividendos, aluguel, royalties, etc. Precisa ficar destacado, inclusive para evitar dupla-contagem em certas agregações. Compõem o valor adicionado recebido em transferência:

a) **resultado de equivalência patrimonial** - o resultado da equivalência pode representar receita ou despesa; se despesa, deve ser considerado como redução ou valor negativo.

b) **receitas financeiras** - inclui todas as receitas financeiras, inclusive as variações cambiais ativas, independentemente de sua origem.

c) **outras receitas** - inclui os dividendos relativos a investimentos avaliados ao custo, aluguéis, direitos de franquia, etc.

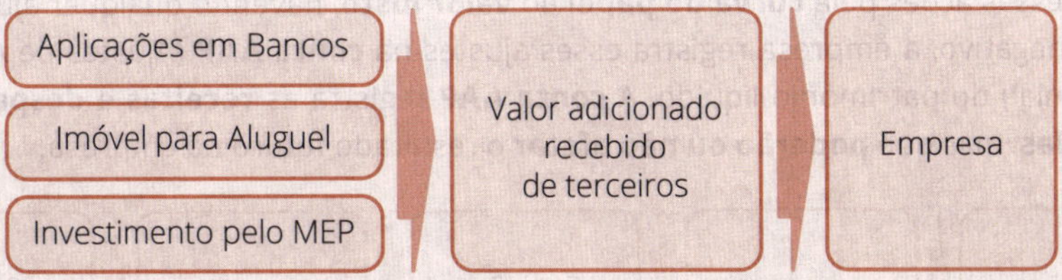

Gabarito: **C**

08ª QUESTÃO: Não compõe o resultado abrangente:

a) As variações na reserva de reavaliação, quando permitidas legalmente.
b) Os ganhos e perdas atuariais em planos de pensão com benefício definido.
c) Os ganhos de conversão de demonstrações contábeis de operações no exterior.
d) Os ganhos e perdas de hedge de investimento no exterior.
e) Os ganhos e perdas nos ativos financeiros mensurados ao valor justo por meio de outros resultados abrangentes.

☛ SOLUÇÃO

Com a finalidade de entendermos um pouco mais da lógica da DRA, vamos seguir os passos:

1º passo: O motivo da divulgação da DRA.

Em 1992, o **Reino Unido** foi o primeiro país a exigir a divulgação da DRA, seguido da **Nova Zelândia** que tornou obrigatória a sua divulgação em 1994 e dos **EUA** que a partir de 1997 tornou obrigatório a divulgação da DRA por parte das empresas de **capital aberto**.

A **DRA atualmente é obrigatória** segundo o CPC 26, e o motivo da sua divulgação pelos seus defensores é de que o **lucro** de uma empresa é obtido pelo **aumento de sua riqueza**.

Entretanto, um **aumento na riqueza** de uma empresa pode ter ocorrido por diversas razões, algumas delas não relacionadas com as **operações diárias** (atividades operacionais da empresa). Um exemplo de **aumento na riqueza** da empresa está relacionado com as flutuações nas taxas de câmbio de moedas estrangeiras, fazendo com que o valor das moedas de **investidas no exterior** (coligadas, controladas, subsidiárias, etc.) aumente ou diminua. Além disso, a riqueza pode aumentar ou diminuir devido a mudanças nas condições econômicas que alteram os **valores justos** de determinados ativos e passivos. As mudanças no mercado de ações podem gerar em **ganhos ou perdas não realizados** de retenção para investimentos detidos pela empresa. Por exemplo, a empresa adquire ações com fins especulativos e classifica-as ao valor justo por meio de outros resultados abrangentes. Portanto, no encerramento do exercício social, a empresa ao realizar o ajuste dessas ações pela **curva do papel** ao **valor justo**, havendo qualquer ajuste positivo ou negativo, a empresa registra esses ajustes na **conta AAP** (Ajustes de Avaliação Patrimonial) do patrimônio líquido. A **conta AAP** registra as **receitas e despesas não realizadas**, mas que **poderão ou não afetar** o resultado futuro da empresa.

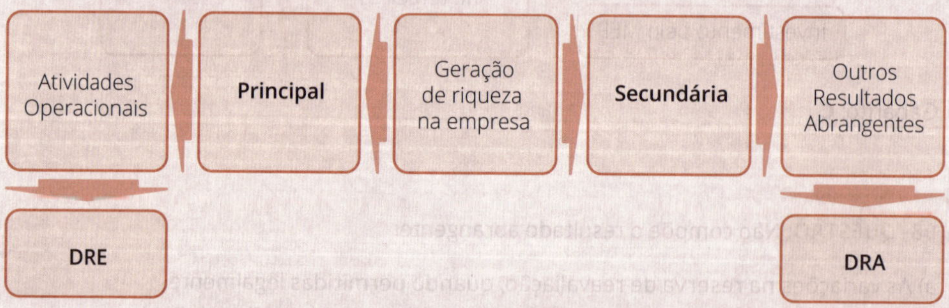

Analisando o gráfico acima, podemos observar que a **principal fonte de geração de riqueza** de uma empresa é a sua **atividade operacional**. A atividade operacional está relacionada com as receitas e despesas que se encontram na DRE. Entretanto, existem **fontes secundárias de geração de riqueza** relacionadas com as **receitas e despesas**

não realizadas (Outros Resultados Abrangentes), mas que poderão ou não afetar o resultado futuro da empresa. Portanto, os **outros resultados abrangentes** compreendem as receitas e despesas que afetam o PL, mas que **não são reconhecidos na DRE**.

Os efeitos das **mudanças nas taxas de câmbio e conversão** de demonstrações contábeis representam os outros resultados abrangentes (ORA) com **maior frequência nas DRA** atualmente.

CONCLUSÃO, segundo os seus defensores, a divulgação dos itens que compõem a DRA tem o **potencial de gerar volatilidade no resultado do exercício** caso fossem reconhecidos na Demonstração de Resultado do Exercício.

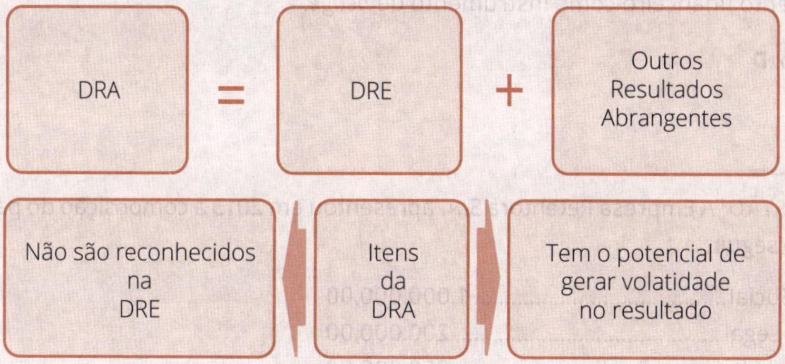

2º passo: Os componentes dos outros resultados abrangentes segundo o CPC 26.

Os **outros resultados abrangentes** compreendem itens de receita e despesa (incluindo ajustes de reclassificação), que não são reconhecidos na DRE como requerido ou permitido pelos pronunciamentos, interpretações e orientações emitidos pelo CPC. Os componentes dos outros resultados abrangentes incluem:

a) variações na **reserva de reavaliação**, quando permitidas legalmente (**atenção**, a reserva de reavaliação é **proibida** no Brasil, mas é permitida pelas normas *IFRS*.)

b) ganhos e perdas atuariais em planos de pensão com **benefício definido**;

c) ganhos e perdas derivados de conversão de demonstrações contábeis de operações no exterior;

d) ganhos e perdas resultantes de **investimentos em instrumentos patrimoniais** designados ao valor justo por meio de **outros resultados abrangentes**;

e) ganhos e perdas em **ativos financeiros** mensurados ao valor justo por meio de **outros resultados abrangentes**;

f) parcela efetiva de ganhos e perdas de **instrumentos de *hedge*** em operação de ***hedge* de fluxo de caixa** e os ganhos e perdas em instrumentos de ***hedge* que protegem**

investimentos em instrumentos patrimoniais mensurados ao valor justo por meio de outros resultados abrangentes;

g) para **passivos específicos** designados como ao valor justo por meio do resultado, o valor da alteração no valor justo que for atribuível a alterações no risco de crédito do passivo;

h) alteração no **valor temporal de opções** quando separar o valor intrínseco e o valor temporal do contrato de opção e designar como instrumento de *hedge* somente as alterações no valor intrínseco; e

i) alteração no **valor dos elementos a termo** de contratos a termo ao separar o elemento a termo e o elemento à vista de contrato a termo e designar, como instrumento de *hedge*, somente as alterações no elemento à vista, e alterações no valor do *spread* com base na moeda estrangeira de instrumento financeiro ao excluí-lo da designação desse instrumento financeiro como instrumento de *hedge*.

Gabarito: **D**

09ª QUESTÃO: A Empresa Retentora S.A. apresentou em 2015 a composição do patrimônio líquido a seguir:

Capital Social.. 1.000.000,00
Reserva Legal.. 200.000,00
Reserva de Lucros a Realizar................ 250.000,00
Reserva de Lucros................................ 1.000.000,00

A assembleia deverá:

a) distribuir obrigatoriamente o valor de 450.000,00 como dividendos.
b) aprovar os saldos das contas, uma vez que não há limite para os montantes contabilizados nas contas de patrimônio líquido.
c) aumentar obrigatoriamente o capital social, no valor de 1.000.000,00, integralizando o total da reserva de lucros, uma vez que a conta não pode manter saldo.
d) distribuir obrigatoriamente o valor de 1.000.000,00 como dividendos, uma vez que a conta reserva de lucros não pode manter saldo.
e) realizar obrigatoriamente a integralização, ou o aumento de capital ou distribuição de dividendos do valor do excesso de 200.000,00.

☛ SOLUÇÃO

ATENÇÃO, trata-se de uma questão capciosa e com um alto nível de dificuldade, pois a questão **passa a falsa impressão de que faltam dados** para a sua resolução.

Segundo o artigo 199 da legislação societária o saldo das **reservas de lucros**, exceto as para contingências, de incentivos fiscais e de lucros a realizar, **não poderá ultrapassar** o capital social. **Atingindo esse limite**, a assembleia deliberará sobre aplicação do **excesso na integralização** ou no aumento do capital social ou na **distribuição de dividendos**.

Reserva Legal + Reservas Estatutárias + Reserva Orçamentária + Reserva Especial ≤ Capital Social

A **reserva legal** no saldo de **200.000,00** somada com a **reserva de lucros** no montante de **1.000.000,00** ultrapassa o capital social em 200.000,00. **Conclusão**, a assembleia **deverá** realizar obrigatoriamente a integralização, aumento de capital ou distribuição de dividendos do valor do excesso de **200.000,00**.

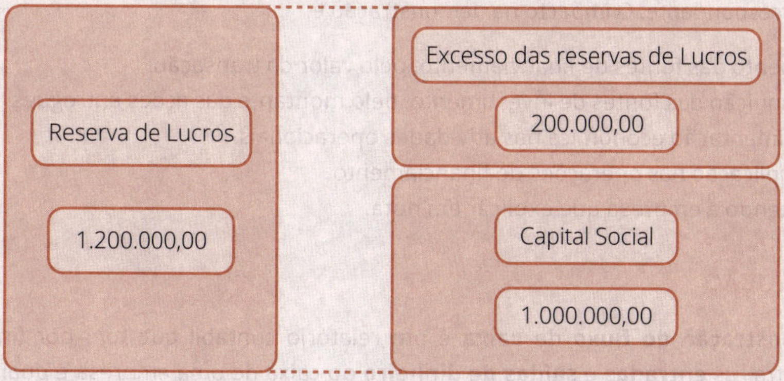

Analisando as alternativas, temos:

a) Errada. O erro da alternativa está em afirmar que a assembleia deverá distribuir **obrigatoriamente** o valor de 450.000,00 para dividendos. O artigo 199 da legislação societária informa que **atingindo esse limite**, a assembleia deliberará sobre aplicação do excesso na **integralização**, **aumento do capital social** ou na **distribuição de dividendos**.

b) Errada. O erro da alternativa está em afirmar **que não há limite** para os valores contabilizados nas contas de patrimônio líquido. Segundo o artigo 199 da legislação societária o montante dessas não pode ultrapassar o valor do capital social.

c) Errada. O erro da alternativa está em afirmar que a assembleia deverá aumentar **obrigatoriamente** o capital social, no valor de 1.000.000,00, integralizando o total da reserva de lucros, uma vez que a conta não pode manter saldo. O artigo 199 da legislação societária informa que **atingindo esse limite**, a assembleia deliberará sobre aplicação do excesso na **integralização**, **aumento do capital social** ou na **distribuição de dividendos**.

d) Errada. O erro da alternativa está em afirmar que a assembleia deverá distribuir obrigatoriamente o valor de 1.000.000,00 como dividendos. O artigo 199 da legislação societária informa que **atingindo esse limite**, a assembleia deliberará sobre aplicação do excesso na **integralização**, **aumento do capital social** ou na **distribuição de dividendos**.

e) Correta. **Conclusão,** a assembleia **deverá** realizar obrigatoriamente a integralização, aumento de capital ou distribuição de dividendos do valor do excesso de **200.000,00**.

Gabarito: **E**

10ª QUESTÃO: A Empresa Holding S.A., constituída exclusivamente para controlar os investimentos da família, está elaborando a sua demonstração de fluxos de caixa. Realizou a compra de um prédio para instalação da sede com a entrega de ações da companhia, pelo valor correspondente. O impacto na demonstração é:

a) o aumento das fontes de financiamento, pelo valor da transação.
b) a diminuição das fontes de investimento, pelo montante das ações entregues.
c) a movimentação econômica nas atividades operacionais.
d) uma aplicação nas operações de financiamento.
e) nulo, tendo a empresa que explicar em nota.

☛ SOLUÇÃO

A **demonstração do fluxo de caixa** é um relatório contábil que tem por finalidade demonstrar as **entradas e saídas de dinheiro** do caixa de uma empresa e quais foram os resultados desse fluxo, detalhando a origem dos recursos obtidos e como eles foram aplicados. Lembramos que os recursos podem ser originados das atividades operacionais, de investimentos e financiamentos de uma empresa, bem como a suas aplicações.

ATENÇÃO, a compra de um prédio para instalação da sede com a entrega de ações da companhia, pelo valor correspondente, é realizada por meio do lançamento:

D: Imobilizado – AÑC Imobilizado
C: Capital Social – Patrimônio Líquido

Entretanto, quando ocorrer essas situações, segundo o artigo 176, § 5º da legislação societária as **notas explicativas** devem **divulgar as informações** exigidas pelas práticas contábeis adotadas no Brasil que **não estejam apresentadas** em nenhuma outra parte das demonstrações financeiras e fornecer informações adicionais não indicadas nas próprias demonstrações financeiras e consideradas necessárias para uma apresentação adequada.

CONCLUSÃO, a compra do prédio para instalação da sede com a entrega de ações da companhia não tem efeito caixa, pois **não existe entrada ou saída de dinheiro**, e por força do artigo 176, § 5º da legislação societária as **notas explicativas** devem **divulgar essas informações**.

Gabarito: **E**

11ª QUESTÃO: Em relação a contabilidade de custos, considere:

I. Departamento é a unidade mínima administrativa para a contabilidade de custos, representada por pessoas e máquinas, em que se desenvolvem atividades homogêneas.

II. Subprodutos são aqueles itens que, nascendo de forma normal durante o processo de produção, possuem mercado de venda relativamente estável, tanto no que diz respeito à existência de compradores como quanto ao preço. São itens que tem comercialização tão normal quanto os produtos da empresa, mas que representam porção ínfima do faturamento total.

III. Os custos primários são a soma de matéria-prima com mão de obra direta.

Está correto o que se afirma em:

a) I, II e III

b) I, apenas
c) II, apenas
d) III, apenas
e) I e III, apenas

SOLUÇÃO

Analisando as alternativas, temos:

I. Correto. Na contabilidade de custos, o departamento é a **unidade mínima administrativa**, representada por pessoas e máquinas, em que se desenvolvem atividades homogêneas (centro de custo da empresa).

II. Correto. Os **coprodutos** são os produtos principais de uma empresa com origem na mesma matéria-prima, que contribuem substancialmente para o faturamento total da empresa.

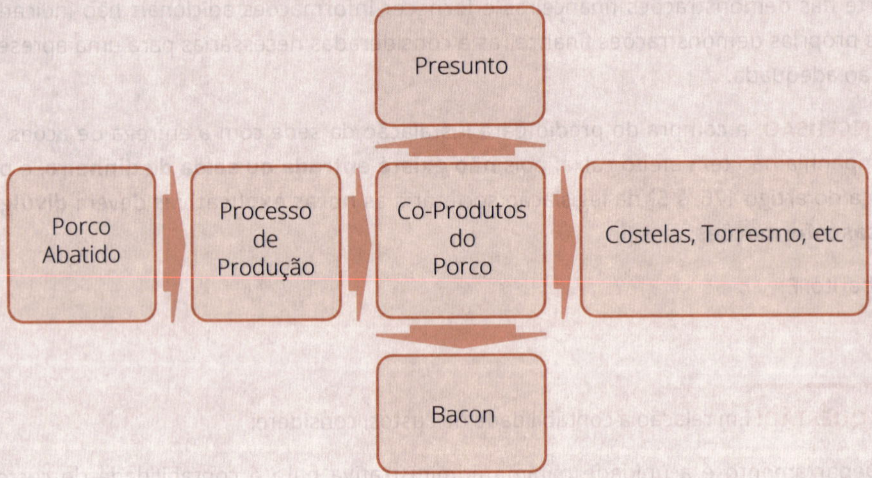

Analisando o fluxograma acima, podemos observar que os **coprodutos do porco** (presento, bacon, costelas, torresmo, etc.) resultam da mesma matéria-prima (**porco abatido**) e representam o principal faturamento do abatedouro.

Os **subprodutos** têm origem nos desperdícios, sobras, refugos do processo produtivo, por exemplo, serragem, limalha de ferro, embalagens reaproveitadas, etc. e apesar de terem valor de venda e condições normais de comercialização (**demanda de mercado**), não têm participação significativa nas vendas da empresa. **Atenção**, a diferença para os **coprodutos**, é que diferentemente destes, os **subprodutos** representam uma **parte irrelevante da receita** da empresa.

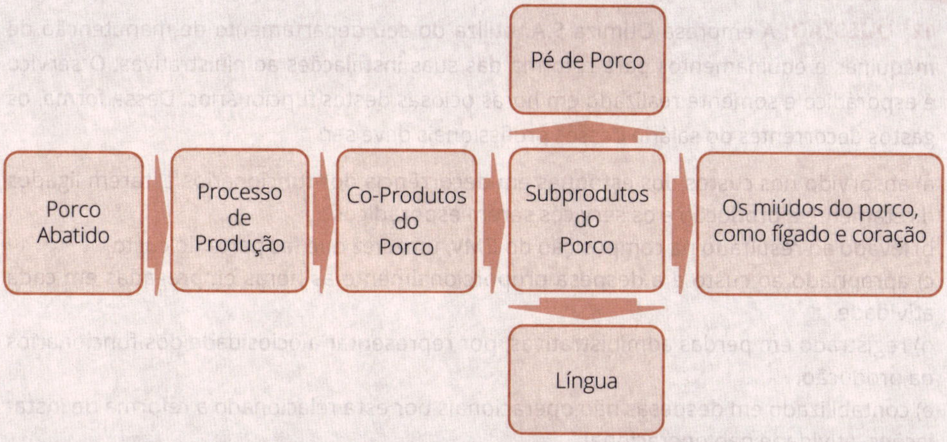

Analisando o fluxograma acima, fica fácil de visualizar que os **subprodutos do porco** têm origens nas **sobras do porco abatido**, após a retirada dos seus **coprodutos**.

III. Correto. Com relação aos **custos primários**, vamos tecer alguns comentários, para diferenciá-lo dos **custos de transformação**.

Na prova, para lembrarmos os componentes dos **custos primários** e dos **custos de transformação**, vamos imaginar a situação: um seringueiro encontra-se no meio da floresta extraindo o látex das seringueiras, e após 1 mês na floresta, despacha todo o látex extraído para a Indústria Delta, que converte a matéria-prima adquirida em pneus.

O **custo primário** na floresta está relacionado com a **mão de obra direta** (MOD) do seringueiro e o látex que corresponde a **matéria-prima** (MPA).

Custo Primário = MPA + MOD

O **custo de transformação** surge na indústria, e está relacionado com a obtenção do produto final que é o pneu. A indústria utilizando-se de sua mão de obra especializada (MOD) por meio de seus equipamentos e máquinas (CIF), transforma o látex em pneus.

ATENÇÃO, caso a empresa adquira **mão de obra de terceiros** ou **produtos prontos** na produção dos seus pneus, esses itens **não compõem o custo de transformação**.

Custos de Transformação = MOD + CIF

MPA	Matéria-Prima Aplicada
MOD	Mão de Obra Direta
CIF	Custo Indireto de Fabricação

Gabarito: **A**

12ª QUESTÃO: A empresa Otimiza S.A. utiliza do seu departamento de manutenção de máquinas e equipamentos para reforma das suas instalações administrativas. O serviço é esporádico e somente realizado em horas ociosas destes funcionários. Dessa forma, os gastos decorrentes do salário desses profissionais deve ser:

a) absorvido nos custos dos estoques em decorrência dos funcionários estarem ligados diretamente a produção e os serviços serem esporádicos.
b) levado ao resultado na composição do CMV, uma vez que faz parte do custo.
c) apropriado ao custo e a despesa proporcionalmente as horas empregadas em cada atividade.
d) registrado em perdas administrativas, por representar a ociosidade dos funcionários da produção.
e) contabilizado em despesas não operacionais por esta relacionado a reforma de instalações, atividade não operacional.

☛ SOLUÇÃO

Analisando as alternativas, temos:

a) Errada. Os gastos com salários desses profissionais **devem ser absorvidos aos custos dos estoques** em decorrência dos funcionários estarem ligados diretamente a produção, independentemente desses **serviços serem esporádicos**.

b) Errada. Os gastos com salários desses profissionais **devem ser** levados ao resultado na composição do CMV, uma vez que **faz parte do custo, independentemente desses serviços serem esporádicos.**

c) Correta. Os gastos com salários devem ser apropriados ao custo e a despesa proporcionalmente as horas empregadas em cada atividade.

d) Errada. Os **funcionários não se encontram ociosos**, mas alocados em outras atividades na empresa.

e) Errada. **Atenção**, não existe divisão entre **custos e despesas** com salários de funcionários relacionados com as **atividades de produção**, pois os salários desses funcionários são **apropriados como custos**, e não despesas.

Gabarito: **C**

13ª QUESTÃO: Em relação as classificações de custos, considere:

I. Os custos diretos são aqueles que podem ser apropriados diretamente ao produto, desde que haja uma medida de consumo.

II. O custo fixo independe da capacidade instalada e se mantém, independente dos volumes de produção.

III. Os custos primários são compostos pela matéria prima e pela mão de obra direta, sendo equivalente aos custos diretos.

Está correto o que se afirma em:

a) I, II e III
b) I, apenas
c) II, apenas
d) III, apenas
e) I e III, apenas

☛ SOLUÇÃO

Analisando as alternativas, temos:

I. Correto. Os **custos diretos** são aqueles que podem ser apropriados diretamente ao produto, desde que haja uma medida de consumo, ou seja, **não precisam de rateio.**

II. Errado. **Atenção na prova!!!** Regra geral, o **custo fixo se mantém constante** independentemente do volume da produção, mas isso **ocorre até o limite da capacidade instalada da empresa.** Por exemplo, uma fábrica que possua um limite de capacidade instalada para produzir **100.000 garrafas** de Cola- Cola por mês, e pague um aluguel mensal de **10.000,00** referente a essas instalações, significa que se a empresa produzir **1 garrafa** ou **100.000 garrafas**, o seu custo fixo com aluguel, será o mesmo. Entretanto, caso a demanda aumente para **180.000 garrafas** por mês, a empresa obrigatoriamente deverá alugar um outro galpão, para poder fabricar **80.000 unidades** a mais, e nesse caso, **o custo com aluguel deixa de fixo**.

III. Errado. **Mais uma pegadinha sutil na questão!** Os conceitos de **custos primários e custos diretos** são muito próximos, mas não podemos confundi-los. Os **custos diretos** são aqueles facilmente identificados nos produtos, pois não precisam de critérios de rateio, enquanto que os **custos primários** são obtidos por meio da soma entre a matéria-prima aplicada e a mão de obra direta. Entretanto, apesar da matéria-prima aplicada e da mão de obra direta serem consideradas custos diretos, por não precisarem de critérios de rateios, existe uma divergência doutrinária com relação ao material direto, pois existem autores que incluem as embalagens (**materiais indiretos**) no custo primário.

Gabarito: **B**

14ª QUESTÃO: A empresa Copacabana S.A. inventariou seus estoques de materiais e identificou 100.000,00 de itens obsoletos. O lançamento de ajuste contábil a débito e a crédito, é respectivamente:

a) D: Custos – Ajuste de inventário
C: Estoque de materiais

b) D: Outras despesas
C: Estoque de materiais

c) D: Perdas em estoques – Despesas
C :Estoque de materiais

d) D: Outras despesas
C: Estoque de materiais

e) D: Fornecedores
C: Estoque de materiais

☛ SOLUÇÃO

Segundo o **artigo 303 do Decreto nº 9.580 de 2018**, o **custo será integrado pelo valor**:

I. das quebras e das perdas razoáveis, de acordo com a natureza do bem e da atividade, ocorridas na fabricação, no transporte e no manuseio; e

II. das quebras ou das perdas de estoque por deterioração, obsolescência ou ocorrência de riscos não cobertos por seguros, desde que comprovadas:

a) por laudo ou certificado de autoridade sanitária ou de segurança, que especifique e identifique as quantidades destruídas ou inutilizadas e as razões da providência;

b) por certificado de autoridade competente, nas hipóteses de incêndios, inundações ou outros eventos semelhantes; e

c) por meio de **laudo de autoridade fiscal** chamada a certificar a destruição de **bens obsoletos**, invendáveis ou danificados, **quando não houver valor residual apurável**.

CONCLUSÃO, trata-se de uma **perda normal** no processo de fabricação de um produto, e nesse caso, a empresa Copacabana S.A. ao inventariar os seus estoques de materiais e identificar 100.000,00 de itens obsoletos, deverá acionar a **autoridade fiscal**, para que a mesma certifique por meio de **laudo**, a destruição de **bens obsoletos**.

A autoridade fiscal identifica os itens obsoletos e emite o laudo.

A empresa de posse do laudo registra a baixa dos itens obsoletos.

Registro contábil:

D: Custos – DRE
C: Estoques – AC

Gabarito: **A**

15ª QUESTÃO: A empresa Progresso S.A. adquiriu uma máquina para fabricação de componentes para celular. A vida útil determinada para a máquina no primeiro ano foi de 10 anos. Passado o primeiro ano, ocorreu uma evolução tecnológica na área de negócios que reduziu a vida útil de 10 anos, para 5 anos. Dessa forma, deve-se depreciar e apropriar ao custo:

a) no segundo ano 30% e nos demais 20%.
b) 20% nos próximos quatro anos.
c) 22,5% nos próximos quatro anos.
d) 20% nos próximos cinco anos.
e) 18% nos próximos cinco anos.

SOLUÇÃO

Segundo o CPC 27 que trata do ativo imobilizado, o **valor residual e a vida útil** de um ativo **são revisados** pelo menos ao **final de cada exercício** e, se as expectativas diferirem das estimativas anteriores, a mudança deve ser contabilizada como **mudança de estimativa contábil**, segundo o CPC 23 que trata das políticas contábeis, mudança de estimativa e retificação de erro.

ATENÇÃO, a banca não informou o custo de aquisição e o valor residual da máquina. Nesse caso, devemos supor que o **valor residual não foi alterado** após o *impairment test* ao final do 1º ano. Com a finalidade de facilitar o cálculo, vamos atribuir um **valor aleatório** para o custo de aquisição de **100%** e um valor residual de **0%**.

Itens	1º ano	2º ano
Custo de aquisição	100%	100%
Valor residual	0%	0%
Vida útil econômica	10 anos	5 anos

1º passo: Calcular a depreciação acumulada no 1º ano.

$$\text{Depreciação Acumulada} = (\text{Custo} - \text{Valor residual}) \times \frac{\text{Período de utilização}}{\text{Vida útil}}$$

$$\text{Depreciação Acumulada no 1º ano} = (100\% - 0\%) \times \frac{1 \text{ ano}}{10 \text{ anos}}$$

Depreciação Acumulada no 1º ano = 10%

2º passo: Calcular a depreciação a partir do 2º ano.

ATENÇÃO, cuidado com a pegadinha maliciosa do examinador aqui!!!! No **1º ano** a empresa depreciou 10% da máquina, e no início do **2º ano** a empresa Progresso S.A. identificou que ocorreu uma evolução tecnológica na área de negócios que reduziu a vida útil de 10 anos, para 5 anos. **Conclusão**, a vida útil da máquina seria de fato 5 anos, e como já se passou 1 ano, a máquina tem uma vida útil residual de 4 anos a ser depreciada.

Portanto, a nova fórmula de depreciação será:

$$\text{Depreciação} = (\text{Custo} - \text{Depreciação Acumulada} - \text{Valor residual}) \times \frac{\text{Período de utilização}}{\text{Vida útil residual}}$$

$$\text{Depreciação no 2º ano} = (100\% - 10\% - 0\%) \times \frac{1 \text{ ano}}{4 \text{ anos}}$$

Depreciação no 2º ano = 22,5%

CONCLUSÃO, a partir do 2º ano a empresa deverá depreciar a máquina a uma taxa de **22,5% a.a.** pelos próximos 4 anos de vida útil restantes.

Gabarito: **C**

ATENÇÃO: Para responder às **questões de números 16 a 18**, considere os dados abaixo da empresa Efetividade S.A.

Preço de venda por unidade.. 1.500,00
Custos variáveis por unidade 350,00
Despesas variáveis por unidade 700,00
Custos fixos por mês.. 2.200.000,00
Despesas fixas por mês... 3.200.000,00
Despesas financeiras por mês 801.000,00

16ª QUESTÃO: O ponto de equilíbrio operacional, em unidades, são:

a) 2.000
b) 4.000
c) 6.000

d) 3.000
e) 12.000

☛ SOLUÇÃO

Vamos chamar de **Q** a quantidade que a empresa deverá **produzir e vender** para atingir o **ponto de equilíbrio contábil** (ponto de equilíbrio operacional), ou seja, o ponto em que a **receita total é igual ao custo total mais a despesa total**.

1º passo: Calcular a receita total.

Receita Total = Preço de Venda × Q

Receita Total = 1.500,00×Q

2º passo: Calcular o custo e a despesa total.

ATENÇÃO, o custo variável total é obtido por meio da fórmula:

Custo variável total = Custo variável unitário × Q

Custo variável total = 350,00×Q

Custo Total = Custo Variável total + Custo Fixo total

Custo Total = 350,00 × Q + 2.200.000,00

A despesa variável total é obtido por meio da fórmula:

Despesa variável total = Despesa variável unitária × Q

Despesa variável total = 700,00 × Q

Despesa Total = Despesa Variável total + Despesa Fixa total

Despesa Total = 700,00 × Q + 3.200.000,00

ATENÇÃO NA PROVA!!! O ponto de equilíbrio operacional **exclui** os aspectos financeiros e não operacionais da empresa. Portanto, as **despesas financeiras por mês** no valor de **801.000,00** não entram no cálculo do ponto de equilíbrio operacional.

3º passo: Calcular o ponto de equilíbrio contábil.

No ponto de equilíbrio contábil, temos:

Receita Total = Custo Total + Despesa Total

Em outras palavras, no **ponto de equilíbrio contábil** não importa se a empresa adota o **custeio por absorção** ou **custeio variável**, pois todos os custos e despesas são computados (**exceto**, as despesas relacionadas com os aspectos financeiros e não operacionais da empresa).

1.500,00 × Q = 350,00 × Q + 2.200.000,00 + 700,00 × Q + 3.200.000,00
450,00 × Q = 5.400.000,00
Q = 12.000 unidades

Gabarito: **E**

17ª QUESTÃO: O ponto de equilíbrio financeiro, em unidades, são:

a) 3.380
b) 2.380
c) 6.880
d) 13.780
e) 14.780

☛ SOLUÇÃO

O **ponto de equilíbrio financeiro** é o ponto no qual a empresa apresenta um lucro financeiro (lucro em dinheiro), ou seja, um lucro resultante do total das entradas em dinheiro menos o total das saídas em dinheiro. Nesse caso as **receitas e despesas que não tem efeito caixa**, como por exemplo, a receita de ganho de equivalência patrimonial e a despesa com depreciação, **deverão ser excluídas** no cálculo do lucro financeiro. No ponto de equilíbrio financeiro, temos:

Receita total em R$ = Custo total em R$ + Despesa total em R$

Em relação ao custo total, temos que **excluir as despesas que não tem efeito caixa** (saída de dinheiro), como por exemplo, as despesas com **depreciação**.

1º passo: Calcular a receita total.

Receita Total = Preço de Venda × Q

Receita Total = 1.500,00 × Q

2º passo: Calcular o custo e a despesa total.

ATENÇÃO, o custo variável total é obtido por meio da fórmula:

Custo variável total = Custo variável unitário × Q

Custo variável total = 350,00 × Q

Custo Total = Custo Variável total + Custo Fixo total

Custo Total = 350,00 × Q + 2.200.000,00

A despesa variável total é obtido por meio da fórmula:

Despesa variável total = Despesa variável unitária × Q

Despesa variável total = 700,00 × Q

ATENÇÃO NA PROVA!! No cálculo do **ponto de equilíbrio financeiro** temos que somar as **despesas financeiras**, pois as mesmas representam um desembolso (saída de dinheiro) para a sua quitação.

Despesa Total = Despesa Variável total + Despesa Fixa total + **Despesas Financeiras**

Despesa Total = 700,00 × Q + 3.200.000,00 + 801.000,00
Despesa Total = 700,00 × Q + 4.001.000,00

3º passo: Calcular o ponto de equilíbrio financeiro.

No ponto de equilíbrio financeiro, temos:

Receita total em R$ = Custo total em R$ + Despesa total em R$

1.500,00 × Q = 350,00 × Q + 2.200.000,00 + 700,00 × Q + 4.001.000,00
450,00 × Q = 6.201.000,00
Q = 13.780 unidades

Gabarito: **D**

18ª QUESTÃO: Considerando que o custo fixo aumente 10%, o ponto de equilíbrio operacional, em reais, será:

a) 21.417.200,00
b) 21.385.100,00
c) 20.670.000,00
d) 21.527.400,00
e) 19.800.000,00

☛ SOLUÇÃO

ATENÇÃO, trata-se de uma **questão que foi anulada pela banca**, que apresentava como gabarito preliminar a alternativa **E**.

ATENÇÃO, apesar da questão informar que **apenas o custo fixo** aumentou de 10%, o **examinador considerou que as despesas fixas foram aumentadas em 10%**. A seguir, a solução segundo o entendimento da banca.

1º passo: Calcular a receita total.

Receita Total = Preço de Venda × Q

Receita Total = 1.500,00 × Q

2º passo: Calcular o custo e a despesa total.

Custo Total = Custo Variável total + 1,10 × Custo Fixo total

Custo Total = 350,00 × Q + 1,10 × 2.200.000,00
Custo Total = 350,00 × Q + 2.420.000,00

Despesa Total = Despesa Variável total + 1,10 × Despesa Fixa total

Despesa Total = 700,00 × Q + 1,10 × 3.200.000,00
Despesa Total = 700,00 × Q + 3.520.000,00

3º passo: Calcular o ponto de equilíbrio contábil após o aumento de 10% nos custos fixos e despesas fixas.

No ponto de equilíbrio contábil, temos:

Receita Total = Custo Total + Despesa Total

Em outras palavras, no **ponto de equilíbrio contábil** não importa se a empresa adota o **custeio por absorção** ou **custeio variável**, pois todos os custos e despesas são computados.

1.500,00 × Q = 350,00 × Q + 2.420.000,00 + 700,00 × Q + 3.520.000,00
450,00 × Q = 5.940.000,00
Q = 13.200 unidades

4º passo: Calcular o ponto de equilíbrio contábil em reais.

ATENÇÃO, o ponto de equilíbrio contábil em reais pode ser calculado por meio da receita total ou do custo total mais a despesa total. A forma mais rápida de cálculo é utilizando a receita total.

Receita Total = Preço de Venda × Q

Ponto de equilíbrio contábil em R$ = 1.500,00 × Q
Ponto de equilíbrio contábil em R$ = 1.500,00/unidade × 13.200 unidades
Ponto de equilíbrio contábil em R$ = 19.800.000,00

ATENÇÃO, o gabarito preliminar foi a alternativa **E**, porém a **questão foi anulada**, pois a banca considerou no cálculo o **aumento** das despesas fixas. Entretanto no enunciado, a banca fez menção apenas ao aumento dos **custos fixos**.

Gabarito: **Anulada**

19ª QUESTÃO: A empresa Atualiza S.A. precisa fazer o teste de recuperabilidade de sua unidade geradora de caixa Cobre, por estar com indícios de perda de valor recuperável. O fluxo de caixa apresentado para o negócio nos próximos 3 anos é:

Entradas de fluxos de caixa 1.000,00
Taxa ....3% a.a.

O valor da unidade geradora de caixa, pelo critério do fluxo de caixa descontado, em reais, é:

a) 2.828,61
b) 2.746,22

c) 2.913,47
d) 3.183,63
e) 3.000,00

☛ SOLUÇÃO

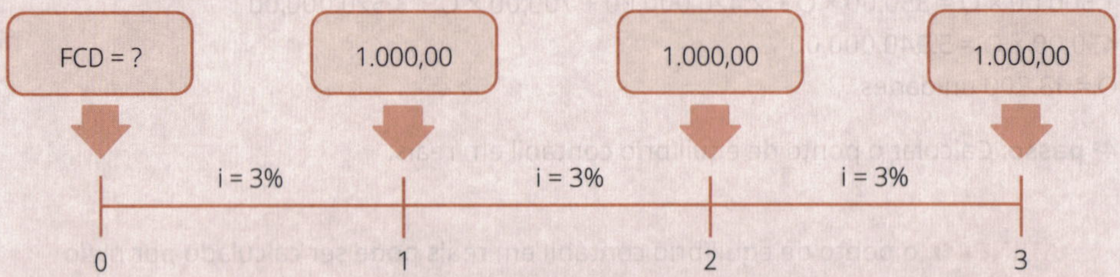

$$\text{Fluxo de Caixa Descontado} = \frac{1.000,00}{(1,03)^1} + \frac{1.000,00}{(1,03)^2} + \frac{1.000,00}{(1,03)^3}$$

Fluxo de Caixa Descontado = 970,87 + 942,60 + 915,14
Fluxo de Caixa Descontado = 2.828,61

Gabarito: **A**

ATENÇÃO: Considere o balanço patrimonial apresentado abaixo, para responder às **questões de números 20 e 21**.

Ativo	2015	2014	Passivo	2015	2014
Circulante	**109.002,50**	**36.334,00**	**Circulante**	**43.601,00**	**25.200,00**
Disponibilidades	40.002,50	12.000,00	Fornecedores	16.101,00	4.000,00
Contas a Receber	27.000,00	13.500,00	Salários a Pagar	3.000,00	5.000,00
Títulos a Receber	16.000,00	1.000,00	Dividendos	11.600,00	6.000,00
Estoques	18.000,00	6.000,00	Tributos a Pagar	12.000,00	9.000,00
Despesas Antecipadas	8.000,00	3.834,00	Financiamentos	900,00	1.200,00
Não Circulante	**36.000,00**	**41.100,00**	**Não Circulante**	**32.401,50**	**11.650,00**
Realizável a LP	9.000,00	22.000,00	Empréstimos	32.401,50	11.650,00
Investimento	9.316,80	9.316,80	Patrimônio Líquido	69.000,00	40.584,00
Imobilizado	12.683,20	5.183,20	Capital Social	50.000,00	25.000,00
Intangível	5.000,00	4.600,00	Reserva de Lucros	19.000,00	15.584,00
Total	**145.002,50**	**77.434,00**	**Total**	**145.002,50**	**77.434,00**

20ª QUESTÃO: O capital de giro líquido em 2015, foi, em reais, de:

a) 11.134,00
b) 65.401,50
c) 40.584,00
d) 109.002,50
e) 69.000,00

SOLUÇÃO

O **capital de giro** demonstra a **parte do investimento aplicado** que está em constante movimentação nas empresas, tais como as disponibilidades e os valores realizáveis, diferenciando entre estes os estoques, as duplicatas a receber e excluindo-se os ativos pendentes como, por exemplo, as despesas do exercício seguinte.

Capital de Giro = AC – Despesas do exercício seguinte

ATENÇÃO, o capital de giro é diferente do capital de giro líquido, que é obtido por meio da seguinte fórmula:

Capital de Giro Líquido = Capital Circulante Líquido = AC – PC

Capital de Giro Líquido em 2015 = Ativo Circulante em 2015 – Passivo Circulante em 2015

Capital de Giro Líquido em 2015 = 109.002,50 – 43.601,00
Capital de Giro Líquido em 2015 = 65.401,50

Gabarito: **B**

21ª QUESTÃO: O grau de imobilização do capital próprio, em 2014, foi de:

a) 0,3913
b) 0,8870
c) 0,4706
d) 0,5217
e) 1,0127

SOLUÇÃO

O grau de **imobilização do capital próprio** (ICP) demonstra quanto dos recursos engessados no ativo não circulante investimentos, imobilizado e intangível.

1º passo: Calcular o AÑC (Investimentos + Imobilizado + Intangível) em 2014.

AÑC Imobilizado em 2014 = 9.316,80 + 5.183,20 + 4.600,00
AÑC Imobilizado em 2014 = 19.100,00

2º passo: Calcular o grau de imobilização do capital próprio em 2014.

A imobilização do capital próprio é obtida por meio da fórmula:

$$\text{Imobilização do Capital Próprio} = \frac{\text{AÑC (Investimentos + Imobilizado + Intangível)}}{\text{Patrimônio Líquido}}$$

$$\text{ICP em 2014} = \frac{19.100,00}{40.584,00}$$

ICP em 2014 = 0,4706

Gabarito: **C**

22ª QUESTÃO: A empresa Blue Bird S.A. está com sua produção reduzida a 50% da capacidade instalada. O valor do aluguel mensal da fábrica, de 50.000,00, foi absorvido totalmente na produção. Este procedimento está:

a) em conformidade com as normas, uma vez que os custos fixos devem ser absorvidos pelos produtos, no mês em que eles incorrem.
b) errado, devendo o valor ser levado a despesas gerais e administrativas.
c) correto, sendo opção da empresa absorver no custo dos produtos produzidos ou levar ao resultado, como perda não operacional.
d) inadequado, uma vez que a ociosidade reflete perdas não operacionais, devendo ser registrada em outras receitas operacionais, após o lucro bruto.
e) errado, uma vez que a ociosidade deve ser alocada ao custo dos produtos vendidos.

☛ SOLUÇÃO

Analisando as alternativas, temos:

a) Errada. Segundo o **item 13 do CPC 16** os custos fixos não alocados aos produtos devem ser reconhecidos diretamente como despesa no período em que são incorridos e o valor alocado deve se basear no volume normal de produção. Portanto, a absorção na produção da **capacidade ociosa não está** em conformidade com as **normas *IFRS***.

b) Errada. A norma informa que o valor deve ser levado para despesas, porém não para as despesas gerais e administrativas. **ATENÇÃO,** as despesas gerais e administrativas estão relacionadas com pessoal, material de escritório, luz, água, etc. e fazem parte da operação normal da empresa. A **ociosidade** que não é normal não pode estar incluída nas despesas gerais e administrativas, pois se fosse normal, seria absorvida pela produção.

c) Errada. Segundo a norma não existe opção de absorver os custos nos produtos ou levar ao resultado, pois a empresa deve obrigatoriamente levar ao resultado a capacidade ociosa anormal.

d) Errada. ATENÇÃO, não se registra uma perda em receitas.

e) Correta. A alocação dos custos indiretos fixos é baseada na capacidade normal de produção e os custos fixos relacionados à ociosidade devem ser registrados como despesa. O problema está em identificar o grupo de despesas na DRE a ser alocada a ociosidade. Segundo o **item 38 do CPC 16** o valor do **estoque baixado**, reconhecido como despesa durante o período, o qual é denominado frequentemente como **custo dos produtos**, das mercadorias ou dos serviços vendidos, consiste nos **custos** que estavam **incluídos na mensuração do estoque** que agora é vendido. Os custos indiretos de produção eventualmente não alocados aos produtos e os **valores anormais de custos de produção** devem ser reconhecidos como **despesa do período em que ocorrem**, sem transitar pelos estoques, **dentro desse mesmo grupo** (CPV), mas de forma identificada. CONCLUSÃO, a ociosidade deve ser alocada aos **Custos do Produtos Vendidos**, mas de forma identificada na DRE, sem passar, em momento algum pelos estoques. Em outras palavras, a ociosidade não é alocada aos estoques para ser baixada para o resultado quando da venda, o seu valor é apropriado diretamente a DRE e devidamente identificado, permitindo o reconhecimento diretamente como despesa, ao mesmo tempo que demonstra a essência dessas perdas: valores que deveriam ter sido utilizados na produção, mas por algum motivo não o foram, e estão sendo reconhecidos diretamente no resultado.

Gabarito: **E**

23ª QUESTÃO: Atende ao regime de competência a apropriação:

a) do Imposto de Renda da Pessoa Jurídica – IRPJ diferido ativo sobre prejuízos fiscais, quando da viabilidade de geração de lucro real futuros.
b) do IRPJ diferido passivo sobre diferenças temporais, quando da viabilidade de geração de lucro real futuros.
c) do gasto com fornecedor a prazo na quitação.
d) da despesa cambial total de empréstimo em dólar, na data da liquidação da operação.
e) da despesa de contratação de empréstimo, pelo lançamento no extrato bancário.

SOLUÇÃO

O **princípio da competência** determina que os efeitos das transações e outros eventos sejam reconhecidos nos períodos a que se referem, **independentemente** do recebimento ou pagamento.

Em outras palavras, o **princípio da competência** determina que as **receitas** e as **despesas** devem ser incluídas na apuração do resultado do período em que foram geradas, sempre **simultaneamente** quando se correlacionarem (**princípio da confrontação** das despesas com as receitas), independentemente de recebimento ou pagamento.

O **princípio da competência** está intrinsecamente relacionado com as variações no **patrimônio líquido**.

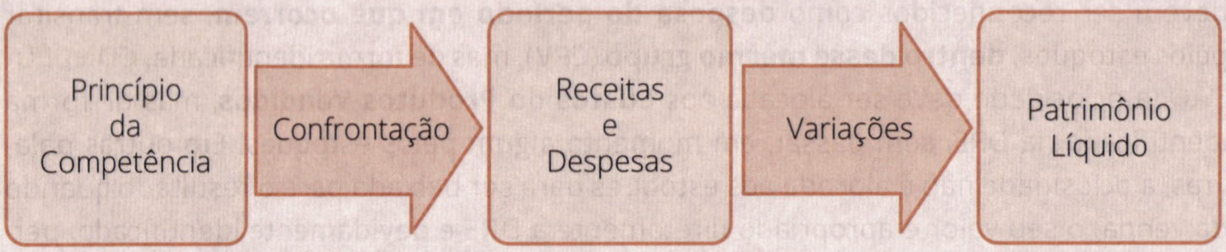

- A **receita** é **realizada no momento** em que os bens ou serviços **são fornecidos** pela empresa a seu cliente, **independentemente** do recebimento, pela empresa, do valor correspondente à venda.
- A **despesa** é considerada **incorrida no momento** em que ocorra o **consumo de bens ou a utilização de serviços**, **independentemente** do pagamento, pela empresa, do valor devido.

Gabarito: **A**

24ª QUESTÃO: A empresa Aquisições S.A. adquiriu a empresa Valores S.A. com diversos ativos intangíveis. Alguns ativos intangíveis, como projetos de pesquisa possuíam saldos com gastos incorridos, no momento da aquisição. O procedimento contábil estabelecido neste caso, pelas normas contábeis vigentes é:

a) reconhecer como despesa operacional, no resultado.
b) manter no ativo intangível, com os saldos históricos, mais o valor justo estabelecido na aquisição.
c) transferir o valor para a conta de ágio na aquisição de investimento.
d) registrar como despesa não operacional, no resultado.
e) levar para a conta de lucros acumulados, por ajustes de aquisição.

☛ SOLUÇÃO

Segundo o CPC 04, os gastos decorrentes de **projeto de pesquisa em andamento** adquirido em separado ou em combinação de negócios **devem ser reconhecidos como ativo intangível**, enquanto os gastos relacionados com **pesquisas incorridos após a aquisição** devem ser tratados como **despesas do período**.

Gastos com pesquisas em andamento:	Classificação
adquiridos	Ativo Intangível
após a aquisição	Despesas

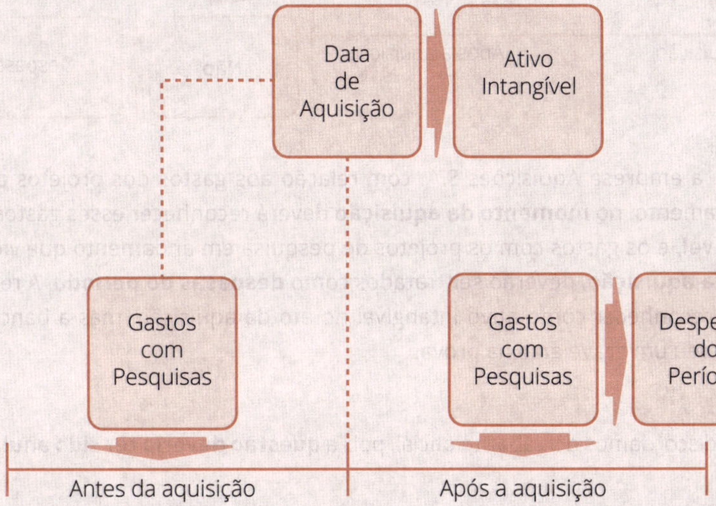

Os **gastos de desenvolvimento** relativos a **projeto de desenvolvimento em andamento**, adquirido em separado ou em combinação de negócios devem ser reconhecidos como **ativo intangível**, e os referidos **gastos com desenvolvimento incorridos após a aquisição desse projeto** devem ser tratados como **ativo intangível ou despesas do período** caso a entidade identifique, respectivamente, que os mesmos serão capazes de gerar prováveis benefícios econômicos futuros ou não.

Gastos com desenvolvimento em andamento:	Classificação
adquiridos	Ativo Intangível
após a aquisição	Despesas ou Ativo Intangível

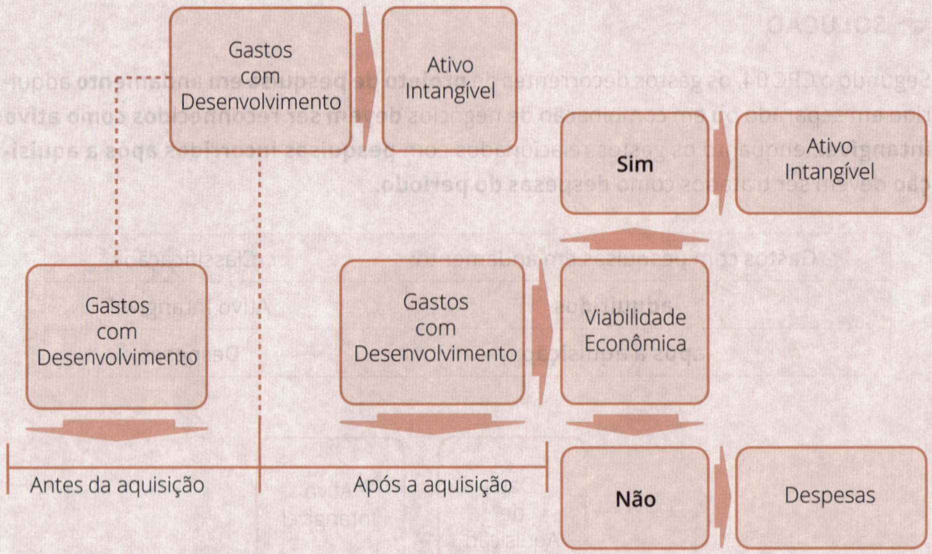

CONCLUSÃO, a empresa Aquisições S.A. com relação aos gastos dos projetos de pesquisa em andamento, no **momento da aquisição** deverá reconhecer esses gastos como **ativo intangível**, e os gastos com os projetos de pesquisa em andamento que vierem a ocorrer **após a aquisição**, deverão ser tratados como **despesas do período**. A resposta correta seria reconhecer como ativo intangível no ato da aquisição, mas a banca mais uma vez cometeu um grave erro na prova.

ATENÇÃO, discordamos do gabarito oficial, pois a **questão deveria ter sido anulada**.

Gabarito: **A**

25ª QUESTÃO: A empresa Inovação S.A. está construindo uma nova sede para instalar todos os seus departamentos, que hoje encontram-se distribuídos em várias locações e na atual sede. Pretende ficar na atual sede até que a nova matriz seja construída. Assinou compromisso firme de venda da sede atual com a empresa Oportunidade S.A. O contrato prevê a condição de transferir a sede, no momento em que seja feita a conclusão do novo prédio da matriz e a mudança. Assim, o prédio da atual sede, na contabilidade, deve ser:

a) reclassificado para ativo não circulante – ativo mantido para venda.
b) reclassificado para ativo circulante – ativo mantido para venda.

c) mantido como ativo imobilizado, sendo depreciado normalmente.
d) reclassificado para investimento pelo valor líquido contábil.
e) mantido como ativo imobilizado e ter suspensa a sua depreciação.

☛ SOLUÇÃO

A **empresa Inovação**, apesar de ter assinado um compromisso firme de venda da sede atual com a empresa Oportunidade, **continuará utilizando o prédio da atual sede**, até que feita a conclusão do novo prédio da matriz e a mudança. Nesse caso, segundo o CPC 31, a empresa Inovação **não deve classificar** como mantido para venda o **prédio da atual sede** a ser baixado, pois isso se deve ao fato de o seu **valor contábil** ser recuperado principalmente **por meio do uso contínuo**.

CONCLUSÃO, o **prédio da atual sede** continuará classificado no **ativo não imobilizado** e sendo **depreciado** normalmente, até a data em que ocorrer a conclusão do novo prédio da matriz e a mudança.

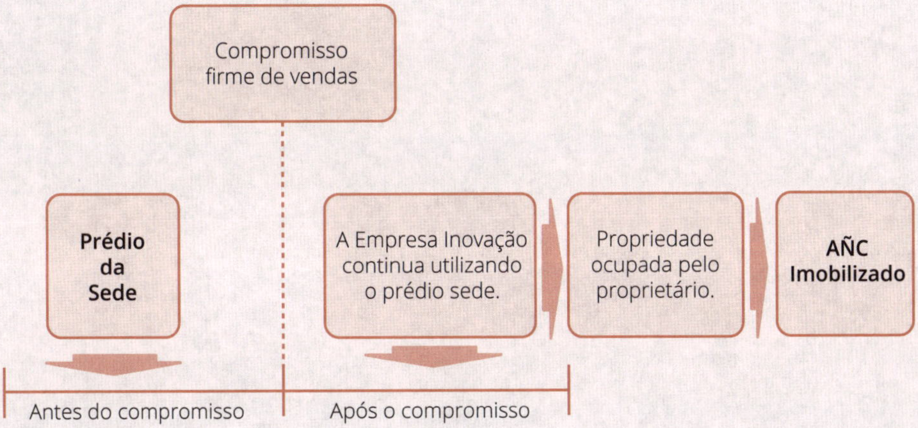

Gabarito: **C**

Capítulo 29

Contador TRE AP 2015

01ª QUESTÃO: Uma empresa comercializa uma mercadoria importada e fez a aquisição de um único lote pagando ao fornecedor no exterior o valor correspondente a 2.000.000,00. A empresa assumiu também os seguintes gastos para dispor da mercadoria em condições de venda e pagou:

- 200.000,00 de frete marítimo para trazer a mercadoria até um porto no Brasil.
- 80.000,00 de taxas e tarifas alfandegárias para ingresso da mercadoria no país.
- 20.000,00 de imposto de importação não recuperável.
- 50.000,00 para transporte da mercadoria do porto até a sede da empresa.
- 30.000,00 de impostos nacionais que serão compensáveis (recuperáveis) com os impostos que incidem no momento da venda.

Sabe-se que a empresa não tinha saldo de estoque antes desta compra e que vendeu oitenta por cento (80%) do lote adquirido pelo valor líquido de tributos de 2.500.000,00. O lucro bruto apurado pela empresa, exclusivamente em relação à parcela do lote vendido, foi, em reais:

a) 900.000,00
b) 596.000,00
c) 620.000,00
d) 636.000,00
e) 796.000,00

SOLUÇÃO

1º passo: Calcular o custo de aquisição das mercadorias.

ATENÇÃO, essa questão trata do **CPC 16 – Estoques**, e está relacionada com a **contabilização inicial dos estoques**.

O **custo dos estoques** compreende o preço de compra, os impostos de importação e outros tributos (**exceto os recuperáveis junto ao fisco**), bem como os custos de transporte, seguro, manuseio e outros diretamente atribuíveis à aquisição de produtos acabados, materiais e serviços.

Preço de compra	2.000.000,00
+ Impostos de importação	20.000,00
+ Fretes internacionais	200.000,00
+ Fretes nacionais	50.000,00
+ Taxas alfandegárias	80.000,00
– **Tributos recuperáveis** (ICMS)	**(0,00)**
= Custo de aquisição	2.350.000,00

ATENÇÃO, aqui está a pegadinha da questão!

CUIDADO NA HORA DA PROVA! O examinador informa que as mercadorias foram adquiridas à vista por 2.000.000,00, e **adicionalmente ocorreu gastos** com II, ICMS, taxas, seguros e transportes. **Em outras palavras**, no preço das mercadorias adquiridas do exterior por 2.000.000,00, **não existem** o II, **ICMS**, taxas, etc. Conclusão, se o ICMS é um tributo recuperável, **não faz sentido subtrairmos** do preço de compra das mercadorias, pois o mesmo não se encontra incluso no preço de compras.

2º passo: Calcular o CMV.

CMV = 80% × Custo de aquisição

CMV = 80% × 2.350.000,00
CMV = 1.880.000,00

3º passo: Calcular o lucro bruto.

Lucro Bruto = Vendas Brutas – CMV

Lucro Bruto = 2.500.000,00 – 1.880.000,00
Lucro Bruto = 620.000,00

Gabarito: **C**

02ª QUESTÃO: Em 31/12/2013 uma empresa adquiriu um equipamento para uso na sua atividade pelo valor de 2.400.000,00 que foi pago à vista. A empresa definiu a vida útil do equipamento em 500.000 unidades de produção e o valor líquido esperado de venda para o equipamento ao final da vida útil definida era 300.000,00. Em 30/06/2015, a empresa vendeu o equipamento por 1.500.000,00 à vista, após o mesmo ter sido utilizado para produzir 250.000 unidades de produtos. Sabendo que a empresa calcula a despesa de depreciação em função das unidades produzidas e que a vida útil para fins fiscais é definida em 10 anos, o resultado a ser evidenciado na demonstração do resultado de 2015, para fins societários, correspondente somente à venda do equipamento, é:

a) prejuízo no valor de 540.000,00.
b) prejuízo no valor de 585.000,00.
c) lucro no valor de 300.000,00.
d) lucro no valor de 150.000,00.
e) lucro no valor de 450.000,00.

☛ SOLUÇÃO

1º passo: Calcular a depreciação acumulada em 30/06/2015.

$$\text{Depreciação Acumulada} = (\text{Custo de aquisição} - \text{Valor residual}) \times \frac{\text{Unidades produzidas}}{\text{Vida útil em unidades}}$$

$$\text{Depreciação Acumulada em 2015} = (2.400.000,00 - 300.000,00) \times \frac{250.000 \text{ unidades}}{500.000 \text{ unidades}}$$

Depreciação Acumulada em 2015 = 1.050.000,00

2º passo: Calcular o valor contábil em 30/06/2015.

Valor contábil em 30/06/2015 = Custo de aquisição – Depreciação Acumulada em 30/06/2015

Valor contábil em 30/06/2015 = 2.400.000,00 – 1.050.000,00
Valor contábil em 30/06/2015 = 1.350.000,00

3º passo: Calcular o ganho de capital na alienação do equipamento.

Ganho de Capital = Valor de Venda – Valor Contábil

Ganho de Capital = 1.500.000,00 – 1.350.000,00
Ganho de Capital = 150.000,00

Gabarito: **D**

03ª QUESTÃO: No dia 01/12/2013 a empresa Comércio de Bugigangas S.A. realizou as seguintes vendas de mercadorias:

- Venda para receber a longo prazo no valor nominal de 394.435,53.
- Venda à vista no valor de 400.000,00.

Se a empresa tivesse realizado somente vendas à vista, o valor total das vendas seria 750.000,00. Sabendo-se que a empresa utilizava a taxa de juros de 0,8% ao mês para as vendas a prazo, a Comércio de Bugigangas S.A. reconheceu na demonstração do resultado de 2013, especificamente com relação às vendas efetuadas em 01/12/2013, receita de vendas igual a:

a) 794.435,53, apenas.
b) 750.000,00 e receita financeira de 2.800,00.
c) 750.000,00 e receita financeira de 6.000,00.
d) 750.000,00, apenas.
e) 400.000,00 e receita financeira de 44.435,53.

SOLUÇÃO

1º passo: Calcular o total das vendas realizadas em 01/12/2013.

Vendas Brutas = Vendas a prazo no valor nominal + Vendas à vista

Vendas Brutas = 394.435,53 + 400.000,00
Vendas Brutas = 794.435,53

2º passo: Calcular o valor presente das vendas a prazo.

Vendas a prazo a valor presente + Vendas à vista = 750.000,00

Vendas a prazo a valor presente + 400.000,00 = 750.000,00
Vendas a prazo a valor presente = 350.000,00

3º passo: Calcular a receita financeira a apropriar nas vendas a prazo.

Receita Financeira a apropriar = Vendas a prazo no valor nominal – Vendas a prazo a valor presente

Receita Financeira a apropriar = 394.435,53 – 350.000,00
Receita Financeira a apropriar = 44.435,53

4º passo: Calcular as receitas financeiras apropriadas para o resultado em 2013.

Receitas Financeiras apropriadas = 0,8% × Vendas a prazo a valor presente

Receitas Financeiras apropriadas = 0,8% × 350.000,00
Receitas Financeiras apropriadas = 2.800,00

ATENÇÃO, com a finalidade de um melhor aprendizado, vamos registrar as vendas em 01/12/2013.

(1) Registro contábil das vendas à vista em 01/12/2016:

Disponibilidades – BP	
(1) 400.000,00	

Vendas Brutas – DRE	
	400.000,00 (1)

(2) Registro contábil das vendas a prazo em 01/12/2016:

Duplicatas a Receber – BP	
(2) 394.435,53	

Vendas Brutas – DRE	
	400.000,00
	394.435,53 (2)
	794.435,53

(3) Registro contábil da receita financeira a apropriar em 01/12/2016:

Receita Fin. a Apropriar – BP	
	44.435,53 (3)

AVP de Vendas – DRE	
(3) 44.435,53	

(4) Registro contábil da apropriação das receitas financeiras de dezembro.

Receita Fin. a Apropriar – BP	
(4) 2.800,00	44.435,53
	41.635,53

Receitas Financeiras – DRE	
	2.800,00 (4)

Montando a DRE em 31/12/2013, temos:

Demonstração do Resultado do Exercício em 31/12/2013	
Vendas Brutas	794.435,53
– AVP de Vendas	(44.435,53)
= Vendas Líquidas	750.000,00
+ Receitas Financeiras	2.800,00
= Lucro Líquido	752.800,00

No balanço patrimonial, em 31/12/2013, temos:

Balanço Patrimonial em 31/12/2013	
Ativo	**Passivo**
Ativo Circulante	**Patrimônio Líquido**
Disponibilidades....................400.000,00	Lucros Acumulados....................752.800,00
AÑC Realizável de LP	
Duplicatas a Receber....................394.435,53	
Receita Fin. a Apropriar....................(41.635,53)	
Total....................752.800,00	Total....................752.800,00

CONCLUSÃO, a empresa reconhecerá uma receita de vendas de 750.000,00 e uma receita financeira de 2.800,00 no resultado de 2013.

Gabarito: **B**

04ª QUESTÃO: Uma empresa realizou no dia 01/11/2013 três aplicações financeiras com as características apresentadas na tabela a seguir:

Valor	Taxa de juros	Vencimento	Classificação dos títulos pela empresa
400.000,00	0,9% a.m.	01/12/2016	Disponível para venda futura
400.000,00	0,8% a.m.	01/12/2018	Destinados para venda imediata
400.000,00	1,0% a.m.	01/12/2018	Mantidos até o vencimento

Os valores justos destas aplicações, em 31/12/2013, eram os seguintes:

Classificação dos títulos pela empresa	Valor justo
Disponível para venda futura	408.000,00
Destinados para venda imediata	402.000,00
Mantidos até o vencimento	404.000,00

Todas as aplicações remuneram juros compostos por dia corrido. Os valores em reais que deveriam ter sido evidenciados no balanço patrimonial, em 31/12/2013, para os títulos disponíveis para venda futura, os destinados para venda imediata e os que serão mantidos até o vencimento são, respectivamente, em reais:

a) 408.000,00, 402.000,00 e 404.000,00
b) 407.232,40, 406.425,60 e 408.040,00

c) 407.232,40, 406.425,60 e 404.000,00
d) 400.000,00, 400.000,00 e 408.040,00
e) 408.000,00, 402.000,00 e 408.040,00

SOLUÇÃO

Segundo o CPC 48 que trata dos instrumentos financeiros, a entidade pode adotar as seguintes classificações para um ativo financeiro:

- custo amortizado
- valor justo por meio do resultado (**VJR**)
- valor justo por meio de outros resultados abrangentes (**VJORA**)

Essa **classificação** deve ter por base as características de **fluxo de caixa contratual** do ativo financeiro e o **modelo de negócios** da entidade para a gestão dos ativos financeiros.

Classificação do ativo financeiro = Características do fluxo de caixa contratual + Modelo de negócios

Fazendo um paralelo com a **classificação antiga**, temos:

Classificação ANTIGA	Classificação ATUAL	Rendimentos	Ajustes ao valor justo
Disponível para venda futura	VJORA	DRE	Na conta AAP do PL
Destinados à venda imediata	VJR	DRE	DRE
Mantido até o vencimento	Custo amortizado	DRE	Não tem ajuste

Juros ativos = Taxa efetiva × Custo de aquisição do título

Os **juros ativos** resultantes da aplicação dos títulos mensurados ao **custo amortizado**, **VJR** e **VJORA** vão para o resultado do exercício (**DRE**).

No encerramento do exercício, comparamos o **valor pela curva do papel** dos títulos com o seu **valor justo**, e dependendo da **classificação** desses títulos, **não haverá** ajustes ou os ajustes podem ir para a **DRE** ou **AAP**.

Classificação ATUAL	Rendimentos	Mensuração pela curva do papel	Ajustes ao valor justo
VJORA	DRE	Custo de aquisição + Juros ativos	+/– AAP do PL
VJR	DRE	Custo de aquisição + Juros ativos	+/– DRE
Custo amortizado	DRE	Custo de aquisição + Juros ativos	Não tem ajuste

Mensuração pela curva do papel = Custo de aquisição + Juros ativos

1º passo: Calcular os rendimentos pela taxa efetiva de cada título e o valor pela curva do papel.

Custo	Taxa efetiva	Mensuração definida pela empresa	Juros ativos	Curva do papel
400.000,00	0,9% a.m.	VJORA	7.232,40	407.232,40
400.000,00	0,8% a.m.	VJR	6.425,60	406.425,60
400.000,00	1,0% a.m.	Custo amortizado	8.040,00	408.040,00

Juros do VJORA = $[(1 + i)^n - 1] \times$ Custo de aquisição

Juros do VJORA = $[(1 + 0{,}9\%)^2 - 1] \times 400.000{,}00$
Juros do VJORA = 7.232,40

Juros do VJR = $[(1 + i)^n - 1] \times$ Custo de aquisição

Juros do VJR = $[(1 + 0{,}8\%)^2 - 1] \times 400.000{,}00$
Juros do VJR = 6.425,60

Juros do Custo amortizado = $[(1 + i)^n - 1] \times$ Custo de aquisição

Juros do Custo amortizado = $[(1 + 1{,}0\%)^2 - 1] \times 400.000{,}00$
Juros do Custo amortizado = 8.040,00

2º passo: Ajustar o valor pela curva do papel ao valor justo.

Classificação	Valor pela curva do papel	Valor justo	Ajuste ao valor justo
VJORA	407.232,40	**408.000,00**	AAP = + 767,60
VJR	406.425,60	**402.000,00**	DRE = – 4.425,60
Custo amortizado	**408.040,00**	404.000,00	Não tem ajuste

CONCLUSÃO, no balanço patrimonial teremos os seguintes valores evidenciados:

VJORA = **408.000,00**, VJR = **402.000,00** e Custo amortizado = **408.040,00**

SOLUÇÃO NA PROVA

Títulos	Custo	Juros ativos	Ajuste ao valor justo	Valor justo	BP
Custo amortizado	400.000,00	8.040,00	**Não tem ajuste**	404.000,00	**408.040,00**
VJORA	400.000,00	**Não calcula**	**Não calcula**	408.000,00	**408.000,00**
VJR	400.000,00	**Não calcula**	**Não calcula**	402.000,00	**402.000,00**
Total					**1.218.040,00**

Na **PROVA** calculamos apenas os **juros ativos** dos títulos mensurados pelo **custo amortizado.**

Gabarito: **E**

05ª QUESTÃO: Um empréstimo no valor total de 10.000.000,00 foi obtido por uma empresa no dia 01/12/2013 e será liquidado da seguinte forma:

- Principal: pagamento integral em 01/12/2016.
- Juros: pagamentos semestrais, com a primeira parcela vencendo em 01/06/2014.

As demais características do empréstimo são as seguintes:

- Taxa de juros compostos contratada: 1,3% ao mês.
- Valor das parcelas de juros semestrais: 805.793,71.
- Despesas iniciais cobradas pelo banco (custos de transação): 750.000,00.
- A taxa de custo efetivo da operação foi 1,57% ao mês.

Os valores da despesa com encargos financeiros apropriada no resultado de 2013 e do saldo líquido do passivo relativo ao empréstimo obtido apresentado no balanço patrimonial de 31/12/2013 foram, respectivamente, em reais:

a) 145.225,00 e 9.395.225,00
b) 157.000,00 e 10.157.000,00
c) 880.000,00 e 10.130.000,00
d) 168.755,00 e 10.918.755,00
e) 120.250,00 e 9.370.250,00

☛ SOLUÇÃO

1º passo: Calcular os encargos financeiros de 2016.

Captação Líquida = Valor do contrato – Custos de transação

Captação Líquida = 10.000.000,00 – 750.000,00
Captação Líquida = 9.250.000,00

Encargos financeiros de 2016 = Taxa efetiva × Captação Líquida

Encargos financeiros de 2016 = 1,57% × 9.250.000,00
Encargos financeiros de 2016 = 145.225,00

ATENÇÃO, na prova só calculamos os **encargos financeiros** e marcamos a alternativa **A**, que é o gabarito da questão.

2º passo: Calcular o saldo líquido do empréstimo no balanço patrimonial.

Empréstimos em 31/12/2016 = Captação Líquida + Encargos Financeiros de 2016

Empréstimos em 31/12/2016 = 9.250.000,00 + 145.225,00

Empréstimos em 31/12/2016 = 9.395.225,00

Gabarito: **A**

06ª QUESTÃO: Os balanços patrimoniais de 31/12/2013 e 31/12/2014 e a demonstração do resultado de 2014 da empresa Transnacional Comércio S.A. são apresentados a seguir:

Balanços Patrimoniais					
Ativo	**31/12/2013**	**31/12/2014**	**Passivo**	**31/12/2013**	**31/12/2014**
Ativo Circulante	**780.000,00**	**405.000,00**	Passivo Circulante	**465.000,00**	**240.000,00**
Caixa e Equivalentes	420.000,00	240.000,00	Fornecedores	375.000,00	90.000,00
Duplicatas a Receber	150.000,00	60.000,00	IR e CSLL a Pagar	45.000,00	60.000,00
Estoques	180.000,00	90.000,00	Adiant. de Clientes	45.000,00	30.000,00
Seguros Antecipados	30.000,00	15.000,00	Dividendos a Pagar	–	60.000,00
Ativo Não Circulante	**420.000,00**	**675.000,00**	Passivo Não Circulante	**300.000,00**	**330.000,00**
Imobilizado			Empréstimos	300.000,00	330.000,00

Imóvel	420.000,00	-	Patrimônio Líquido	**435.000,00**	**510.000,00**
Equipamentos	-	750.000,00	Capital Social	390.000,00	390.000,00
Dep. Acumulada	-	(75.000,00)	Reservas de Lucro	45.000,00	120.000,00
Total	**1.200.000,00**	**1.080.000,00**	**Total**	**1.200.000,00**	**1.080.000,00**

Demonstração do Resultado Período: 01/01/2014 a 31/12/2014

Receita de Vendas...1.260.000,00
− Custo dos Produtos Vendidos ....(819.000,00)
= Lucro Bruto..441.000,00
− Despesas com vendas..(150.000,00)
− Despesas administrativas.. (75.000,00)
− Despesas de depreciação .... (75.000,00)
+ Lucro na venda do imóvel... 42.000,00
= Resultado antes do resultado financeiro..................... 183.000,00
− Despesas financeiras .... (30.000,00)
= Resultado antes do IR e CSLL 153.000,00
− Despesa com Imposto de Renda e CSLL........................(18.000,00)
= Lucro Líquido 135.000,00

Utilizando as demonstrações contábeis acima e sabendo-se que: o imóvel não sofreu depreciação e o valor da sua venda foi recebido no próprio ano, as despesas financeiras não foram pagas e os equipamentos foram adquiridos à vista, o fluxo de caixa gerado pelas atividades operacionais no ano de 2014 foi, em reais:

a) 210.000,00
b) 108.000,00
c) 138.000,00
d) 150.000,00
e) 123.000.00

SOLUÇÃO

SOLUÇÃO NA PROVA

NA PROVA, calculamos o caixa líquido consumido no FCO pelo **método indireto**, que é o mais rápido nessa questão. **Mas muita atenção!** Na prova não é necessário calcular a variação de cada conta do ativo e do passivo circulantes, pois isso consome tempo, e o tempo é um artigo de luxo na prova. Com a finalidade de ganhar agilidade, nós calculamos apenas as **variações dos ativos e passivos circulantes** e somamos essas variações ao **lucro líquido ajustado**.

Balanços Patrimoniais					
Ativo Circulante	**31/12/2013**	**31/12/2014**	**Passivo Circulante**	**31/12/2013**	**31/12/2014**
Duplicatas a Receber	150.000,00	60.000,00	Fornecedores	375.000,00	90.000,00
Estoques	180.000,00	90.000,00	IR e CSLL a Pagar	45.000,00	60.000,00
Seguros Antecipados	30.000,00	15.000,00	Adiant. de Clientes	45.000,00	30.000,00
Total	**360.000,00**	**165.000,00**	**Total**	**465.000,00**	**180.000,00**

Variação do AC = AC em 2014 – AC em 2013
Variação do AC = 165.000,00 – 360.000,00
Variação do AC = **redução** de 195.000,00

Variação do PC = PC em 2014 – PC em 2013
Variação do PC = 180.000,00 – 465.000,00
Variação do PC = **redução** de 285.000,00

Lembrem-se dos ajustes relacionados com as variações dos ativos circulantes e passivos circulantes.	
Aumento do AC é um ajuste negativo na DFC.	Aumento do PC é um ajuste positivo na DFC.
Redução do AC é um **ajuste positivo** na DFC.	**Redução** do PC é um **ajuste negativo** na DFC.

Fluxo de Caixa Operacional – **Método Indireto**

Lucro Líquido..135.000,00
1º ajuste: Ajustes oriundos da **DRE**
+ Depreciação..75.000,00
+ Despesas Financeiras..30.000,00
– Lucro na venda do terreno..............................(42.000,00)
= **Lucro Líquido ajustado................................198.000,00**
2º ajuste: Ajustes oriundos do **BP**
+ Redução do Ativo Circulante........................... 195.000,00
– Redução do Passivo Circulante.......................(285.000,00)
= **Caixa líquido gerado no FCO........................108.000,00**

Gabarito: **B**

07ª QUESTÃO: A empresa Cheia de Problemas S.A. responde a diversos processos movidos contra ela e não ocorreu ainda nenhuma audiência nem julgamento para quaisquer dos processos. As informações sobre estes processos e a avaliação feita pela assessoria jurídica da empresa quanto à possibilidade de perda de cada um deles são apresentadas na tabela a seguir e estas informações foram utilizadas para a elaboração do balanço patrimonial em 31/12/2014:

Informações disponíveis em 31/12/2014		
Tipo de processo	Valor estimado	Probabilidade de perda
Ação fiscal relativa ao PIS	1.000.000,00	Provável
Ação fiscal relativa ao IPI	3.600.000,00	Provável
Ação fiscal relativa ao ICMS	2.400.000,00	Remota
Ação sobre danos ambientais	600.000,00	Possível
Ações trabalhistas	2.400.000,00	Provável

Com base nas informações anteriores e sabendo que todos os valores estimados são confiáveis, o valor que deveria ter sido evidenciado como provisão no passivo, no balanço patrimonial de 31/12/2014, é, em reais:

a) 0,00 (zero)
b) 7.600.000,00
c) 600.000,00
d) 10.000.000,00
e) 7.000.000,00

☛ SOLUÇÃO

UMA DICA PARA A PROVA é lembrar da frase:

Pro Po R uma provisão para contingências.

Montando a tabela com as obrigações presentes que podem ser prováveis, possíveis ou remotas, temos:

Provisão para contingências	Provável	Possível	Remota
Registro contábil	Sim	Não	Não
Divulgação em notas explicativas	Sim	Sim	Não

CONCLUSÃO, apenas os **processos prováveis** de perda pela empresa serão registrados no balanço patrimonial e divulgados em notas explicativas.

Processo	Valor em 2014	Probabilidade de perda	Constituição da provisão
Fiscal do PIS	1.000.000,00	**Provável**	1.000.000,00
Fiscal do IPI	3.600.000,00	**Provável**	3.600.000,00
Fiscal do ICMS	2.400.000,00	Remota	0,00
Ambiental	600.000,00	Possível	0,00
Trabalhista	2.400.000,00	**Provável**	2.400.000,00

Efeito na DRE de 2015 = 1.000.000,00 + 3.600.000,00 + 2.400.000,00

Efeito na DRE de 2015 = 7.000.000,00

(1) Registro contábil da provisão em 31/12/2015.

Despesas com Provisão – DRE		Provisão para Contingências – BP	
(1) 7.000.000,00			7.000.000,00 (1)

Gabarito: **E**

08ª QUESTÃO: Uma marca foi adquirida por uma empresa pelo valor de 7.000.000,00. A aquisição ocorreu em janeiro de 2012 e, em 31/12/2012, a empresa contabilizou uma perda por desvalorização (*impairment*) no valor de 2.000.000,00 para esta marca. Em 31/12/2013 a empresa obteve as seguintes informações para a realização do teste de recuperabilidade (*impairment*):

- Valor em uso da marca..5.400.000,00
- Valor justo da marca..4.700.000,00

Tendo em vista que a marca apresenta vida útil indefinida, a empresa, nas demonstrações contábeis do ano de 2013, deveria:

a) reconhecer uma perda por desvalorização no valor de 300.000,00 no resultado do ano.
b) manter o valor contábil de 5.000.000,00 no balanço patrimonial.
c) reconhecer, no resultado do ano, um ganho no valor de 400.000,00 decorrente da reversão da perda por desvalorização.
d) reconhecer, no resultado do ano, um ganho no valor de 2.000.000,00 decorrente da reversão da perda por desvalorização.
e) reconhecer, no resultado do ano, uma perda por desvalorização no valor de 1.600.000,00.

SOLUÇÃO

MEMORIZAR PARA A PROVA

Vida útil do ativo intangível	Amortização	*Impairment test*	Reversão de perda estimada
Definida	Sim	Sim	Sim
Indefinida	Não	Sim	**Sim**
Goodwill	Não	Sim	Não

ATENÇÃO, na tabela podemos verificar que no caso de um ativo intangível com vida útil indefinida, a norma internacional permite a **reversão no exercício subsequente**, quando da realização de um novo teste de *impairment*, a perda por *impairment* constituída em exercícios anteriores.

1ª etapa: Calcular o valor recuperável do ativo intangível com vida útil indefinida.

ATENÇÃO, o valor recuperável será sempre o **maior valor**.

<table>
<tr><td>Valor justo líquido das despesas de venda</td><td>4.700.000,00</td><td rowspan="2">MAIOR VALOR</td><td rowspan="2">Valor recuperável = 5.400.000,00</td></tr>
<tr><td>Valor em uso</td><td>5.400.000,00</td></tr>
</table>

Valor recuperável em 2013 = 5.400.000,00

2ª etapa: Calcular o valor contábil do ativo intangível.

Valor contábil = Custo de Aquisição – Perdas Acumuladas por *Impairment*

LEMBREM-SE!!!!! O ativo intangível com vida útil indefinida **não é amortizado**, portanto no cálculo do seu valor contábil, **não subtraímos a amortização acumulada** (vide tabela).

Valor contábil = 7.000.000,00 – 2.000.000,00
Valor contábil = 5.000.000,00

3ª etapa: Comparar o valor recuperável com o valor contábil.

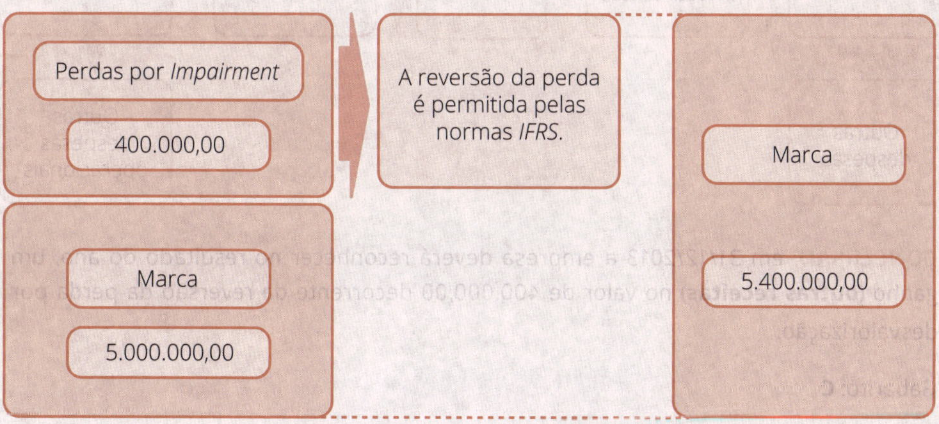

De acordo com o CPC 01, a **perda por desvalorização** reconhecida para o **ativo intangível com vida útil indefinida** no exercício de 2012 no montante de 2.000.000,00 **poderá** ser revertida no exercício de 2013, pois **essa reversão é permitida** pelas normas nacionais e internacionais de Contabilidade.

(1) Registro contábil da **reversão da perda por *impairment*** em 31/12/2013.

Perdas Estimadas Acumuladas	
(1) 400.000,00	2.000.000,00

Outras Receitas	
	400.000,00 (1)

Outras receitas

As **outras receitas** compreendem as **receitas oriundas** das transações do AÑC classificados nos subgrupos de investimentos, imobilizado e intangível.

Outras despesas

As **outras despesas** compreendem as **despesas oriundas** das transações do AÑC classificados nos subgrupos de investimentos, imobilizado e intangível.

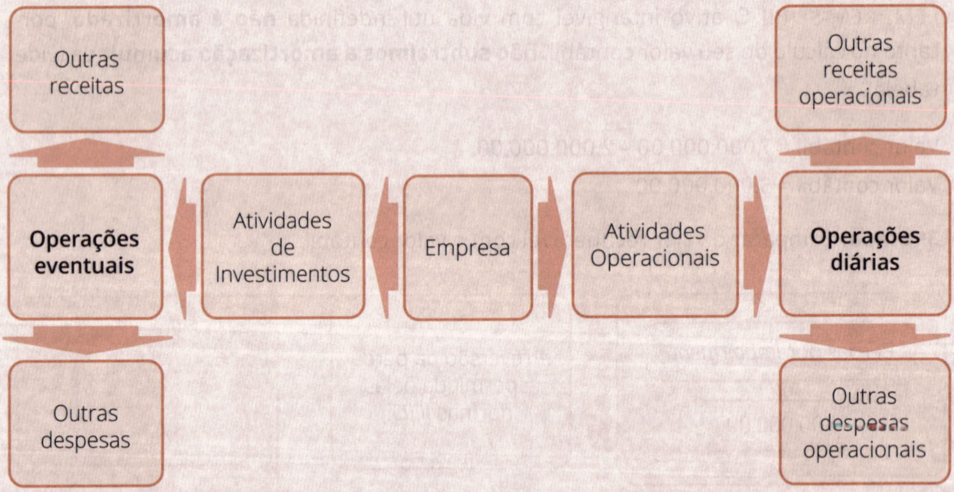

CONCLUSÃO, em 31/12/2013 a empresa deverá reconhecer no resultado do ano, um ganho (**outras receitas**) no valor de 400.000,00 decorrente da reversão da perda por desvalorização.

Gabarito: **C**

09ª QUESTÃO: A Cia. Petrolífera Fundo do Mar S.A. apresentava a seguinte composição do patrimônio líquido, em 31/12/2012:

Capital Social 5.000.000,00
Reserva Legal 950.000,00
Reserva Estatutária 250.000,00
Reserva para Expansão 150.000,00

Em 2013, a empresa apurou lucro líquido de 1.200.000,00 que teve a seguinte destinação:

- Reserva legal: conforme estabelecido na lei nº 6.404/1976 e alterações posteriores.
- Reserva para expansão: 20% do lucro líquido (conforme aprovado em assembleia anterior).
- Dividendos obrigatórios: 30% do lucro líquido antes de qualquer ajuste, conforme estabelecido no Estatuto Social da empresa.
- Saldo remanescente: destinado conforme estabelecido na lei n.º 6.404/1976 e alterações posteriores.

Os valores que a Cia. Petrolífera Fundo do Mar S.A. deveria apresentar, no balanço patrimonial de 31/12/2013, como saldo da conta dividendos a pagar no passivo, da conta reserva legal no patrimônio líquido e do total do patrimônio líquido são, respectivamente, em reais:

a) 910.000,00, 1.010.000,00 e 6.640.000,00
b) 360.000,00, 1.010.000,00 e 7.190.000,00
c) 910.000,00, 1.000.000,00 e 6.640.000,00
d) 0,00, 1.000.000,00 e 7.550.000,00
e) 360.000,00, 1.000.000,00 e 7.190.000,00

SOLUÇÃO

1º passo: Calcular o patrimônio líquido inicial.

O patrimônio líquido em 31/12/2012 é:

Capital Social Subscrito 5.000.000,00
+ Reserva Legal 950.000,00
+ Reserva Estatutária 250.000,00
+ Reserva para Expansão 150.000,00
= Patrimônio Líquido em 31/12/2012 .... 6.350.000,00

2º passo: Registrar as operações que ocorreram no exercício de 2013.

(1) Registro contábil da transferência do lucro líquido de 1.200.000,00 para lucros acumulados.

Lucro Líquido – DRE	
(1) 1.200.000,00	1.200.000,00

Lucros Acumulados – PL	
	1.200.000,00 (1)

(2) Registro contábil da constituição da reserva legal.

Segundo o **artigo 193 da legislação societária** (lei nº 6.404/76) do lucro líquido 5% serão aplicados, antes de qualquer outra destinação, na constituição da reserva legal, que não excederá de 20% do **capital social**.

Reserva Legal = 5% × Lucro Líquido

Reserva Legal = 5% × 1.200.000,00
Reserva Legal = 60.000,00

ATENÇÃO, segundo o artigo 182 da legislação societária, o **capital social** discriminará o montante subscrito e, **por dedução**, a parcela ainda não realizada. Em outras palavras, o **capital social** é:

Capital Social = Capital Subscrito – Capital a Integralizar

CONCLUSÃO, o limite máximo da reserva da reserva legal é:

Limite máximo da reserva legal = 20% × Capital Social

ou

Limite máximo da reserva legal = 20% × (Capital Subscrito – Capital a Integralizar)

Limite máximo da reserva legal = 20% × (5.000.000,00 – 0,00)
Limite máximo da reserva legal = 1.000.000,00

Destinação Máxima

50.000,00

Reserva Legal
Saldo Inicial

950.000,00

Limite Máximo

1.000.000,00

Analisando o gráfico acima, podemos observar que o **valor máximo** que a empresa poderá destinar para a constituição da reserva legal é **50.000,00**. Portanto, **5% do lucro líquido** no valor de **60.000,00 ultrapassa o limite máximo** permitido pela legislação societária, e nesse caso, **poderá destinar apenas 50.000,00** para a constituição da reserva legal.

Lucros Acumulados – PL	
(2) 50.000,00	1.200.000,00
	1.150.000,00

Reserva Legal – PL	
	950.000,00
	50.000,00 (2)
	1.000.000,00

(3) Registro contábil da constituição da reserva de lucros para expansão de 20% do lucro líquido.

Segundo o **artigo 196 da lei nº 6.404/76**, a assembleia-geral poderá, por proposta dos órgãos da administração, deliberar reter parcela do lucro líquido do exercício **prevista em orçamento** de capital por ela previamente aprovado, **para aplicar nos planos de expansão e investimentos da empresa**.

O orçamento, submetido pelos órgãos da administração com a justificação da retenção de lucros proposta, deverá compreender todas as fontes de recursos e aplicações de capital, fixo ou circulante, e **poderá ter a duração de até cinco exercícios**, salvo no caso de execução, por prazo maior, de projeto de investimento.

Sinônimos utilizados para a reserva de retenção de lucros

Reserva de Lucros para Expansão = Reserva Orçamentária = Reserva de Investimentos

Lucros Acumulados – PL

Débito	Crédito
(3) 240.000,00	1.150.000,00
	910.000,00

Reservas para Expansão – PL

Débito	Crédito
	150.000,00
	240.000,00 (3)
	390.000,00

Reserva para Expansão = 20% × Lucro Líquido

Reserva para Expansão = 20% × 1.200.000,00

Reserva para Expansão = 240.000,00

(4) Registro contábil dos dividendos mínimos obrigatórios no valor de 30% do lucro líquido antes de qualquer ajuste, conforme estabelecido no **Estatuto Social** da empresa.

Lucros Acumulados – PL

Débito	Crédito
(4) 360.000,00	910.000,00
	550.000,00

Dividendos a Pagar – PC

Débito	Crédito
	360.000,00 (4)

AQUI ESTÁ A PEGADINHA DA PROVA!!!! Segundo os dados da banca, o **estatuto define a base de cálculo dos dividendos**, e nesse caso nós **não calculamos** o lucro líquido ajustado nos termos do **artigo 202 da legislação societária**.
Lembramos que no caso do **estatuto omisso**, o **lucro líquido ajustado** nos termos do artigo 202 é:

LLA = LL – Reserva Legal +/– Reserva de Contingências +/– Reserva de Incentivo Fiscal

Dividendos segundo o Estatuto Social = 30% × Lucro Líquido

Dividendos = 30% × 1.200.000,00

Dividendos = 360.000,00

(5) Registro contábil da distribuição do saldo remanescente para dividendos adicionais.

Segundo o artigo 202, § 6º da lei nº 6.404/76, **existindo saldo remanescente** na conta lucros acumulados, a empresa deverá distribuir o **saldo remanescente** para **dividendos complementares**, de tal forma que a conta **lucros acumulados** fique com o **saldo**

zerado no final do exercício. A contabilização dos **dividendos complementares** ou **dividendo adicional ao mínimo obrigatório** será por meio do lançamento:

D: Lucros Acumulados – conta do PL
C: Dividendo Adicional ao Mínimo Obrigatório – conta do PL

Afinal, esse **dividendo adicional ao mínimo obrigatório** não se caracteriza como **obrigação presente na data do balanço**, já que a assembleia dos sócios ou outro órgão competente poderá, não havendo qualquer restrição estatutária ou contratual, deliberar ou não pelo seu pagamento ou por pagamento por valor diferente do proposto.

Lucros Acumulados – PL	
(5) 550.000,00	550.000,00

Dividendos Complementares – PL	
	550.000,00 (5)

3º passo: Montando o patrimônio líquido em 31/12/2013, temos:

Capital Social Subscrito	5.000.000,00
+ Reserva Legal	1.000.000,00
+ Reserva Estatutária	250.000,00
+ Reserva para Expansão	390.000,00
+ Dividendos adicionais complementares	550.000,00
= Patrimônio Líquido em 31/12/2013	7.190.000,00

SOLUÇÃO NA PROVA

A **solução passo a passo é impraticável na prova**, pois além do tempo que é ínfimo, não temos espaço disponível para esses tipos de cálculos passo a passo. Na prova, calculamos o montante destinado para a reserva legal, e em seguida os dividendos obrigatórios.

Limite máximo da reserva legal = 20% × (Capital Subscrito – Capital a Integralizar)

Limite máximo da reserva legal = 20% × (5.000.000,00 – 0,00)
Limite máximo da reserva legal = 1.000.000,00

Valor máximo a ser destinado = Limite máximo da reserva legal – Saldo inicial da reserva legal

Valor máximo a ser destinado = 1.000.000,00 – 950.000,00

Valor máximo a ser destinado = 50.000,00

Reserva Legal = 5% × Lucro Líquido

Reserva Legal = 5% × 1.200.000,00

Reserva Legal = 60.000,00

Conclusão, o valor a ser destinado para a **reserva legal é de 50.000,00**.

Dividendos = 30% × Lucro Líquido

Dividendos = 30% × 1.200.000,00

Dividendos = 360.000,00

CONCLUSÃO, a única alternativa que tem como resposta dividendos distribuídos de 360.000,00 e reserva legal de 1.000.000,00 é a alternativa **E**.

Gabarito: **E**

10ª QUESTÃO: A demonstração do resultado do ano de 2013 da empresa comercial Tudo para Você S.A. é composta dos seguintes valores em reais:

Receita Bruta de Vendas	3.500.000,00
− Impostos sobre vendas	(600.000,00)
= Receita Líquida	2.900.000,00
− Custo das Mercadorias Vendidas	(1.700.000,00)
= Lucro Bruto	1.200.000,00
− Despesa de depreciação	(150.000,00)
− Despesa com salários	(100.000,00)
= Lucro antes do IR e CSLL	950.000,00
− IR e CSLL	(210.000,00)
= Lucro Líquido	740.000,00

No valor pago pela compra das mercadorias que foram comercializadas no ano de 2013 estavam incluídos tributos recuperáveis no valor de 175.000,00. Com base nessas informações, o valor adicionado a distribuir gerado pela Tudo para Você S.A. no ano de 2013 foi, em reais:

a) 3.500.000,00
b) 1.200.000.00
c) 1.625.000,00
d) 1.475.000,00
e) 1.650.000,00

SOLUÇÃO

ATENÇÃO, no CMV da DVA devemos **incluir o valor dos tributos recuperáveis** destacado nas compras de mercadorias no exercício de 2013 no montante de 175.000,00.

CMV da DVA = CMV da DRE + ICMS nas compras

CMV da DVA = 1.700.000,00 + 175.000,00
CMV da DVA = 1.875.000,00

Demonstração do Valor Adicionado	
1. **Receitas**	**3.500.000,00**
Receita Bruta de Vendas	3.500.000,00
2. **Insumos Adquiridos de Terceiros**	**(1.875.000,00)**
Custo das Mercadorias Vendidas	1.875.000,00
3. **Valor Adicionado Bruto**	**1.625.000,00**
4. **Depreciação, Amortização e Exaustão**	**(150.000,00)**
Despesas de depreciação	150.000,00
5. **Valor Adicionado Líquido**	**1.475.000,00**
6. **Valor Adicionado Recebido de Terceiros**	**0,00**
7. **Valor Adicionado Total a Distribuir**	**1.475.000,00**
8. **Distribuição do Valor Adicionado**	**1.475.000,00**
Governo	**635.000,00**
Impostos [1]	425.000,00
IR e CSLL	210.000,00
Empregados	**100.000,00**
Salários	100.000,00
Remuneração dos Capital de Terceiros	**0,00**
Remuneração do Capital Próprio	**740.000,00**
Lucro Líquido	740.000,00

(1) **ATENÇÃO,** no cálculo dos impostos na DVA devemos compensar os impostos incidentes nas vendas com os impostos incluídos no CMV da DRE.

Impostos = Impostos sobre Vendas – Impostos nas Compras

Impostos = 600.000,00 – 175.000,00

Impostos = 425.000,00

Gabarito: **D**

11ª QUESTÃO: Em 02/01/2013, a empresa Frigideira S.A. vendeu 70% das suas ações para a empresa Panela Funda S.A. pelo valor de 40.000.000,00 à vista. Com a aquisição, a empresa Panela Funda S.A. passou a deter o controle da empresa Frigideira S.A. Na data da concretização da compra, o patrimônio líquido contábil da empresa Frigideira S.A. era 55.000.000,00 e o valor justo líquido dos ativos e passivos identificáveis era 60.000.000,00, sendo que a diferença entre o valor justo líquido dos ativos e passivos identificáveis e o valor do patrimônio líquido contábil era decorrente da variação entre o valor contabilizado pelo custo e o valor justo de um terreno à época da negociação. No ano de 2013, a Frigideira S.A. reconheceu as seguintes mutações em seu patrimônio líquido:

- Lucro líquido de 2013 .... 3.000.000,00
- Ajustes de avaliação patrimonial (variação positiva) 200.000,00
- Pagamento de dividendos extraordinários (relativos às reservas de lucros) 400.000,00
- Dividendos propostos (relativos ao resultado do ano de 2013) 1.000.000,00

Os valores reconhecidos na conta investimentos, no balanço patrimonial individual da Panela Funda S.A., em 31/12/2013, e na demonstração do resultado de 2013, relativos exclusivamente à participação que detém na empresa Frigideira S.A. foram, respectivamente, em reais:

a) 43.960.000,00 e 4.100.000,00

b) 41.820.000,00 e 2.100.000,00

c) 41.960.000,00 e 1.960.000,00

d) 43.260.000,00 e 2.100.000,00

e) 42.800.000,00 e 3.000.000,00

SOLUÇÃO

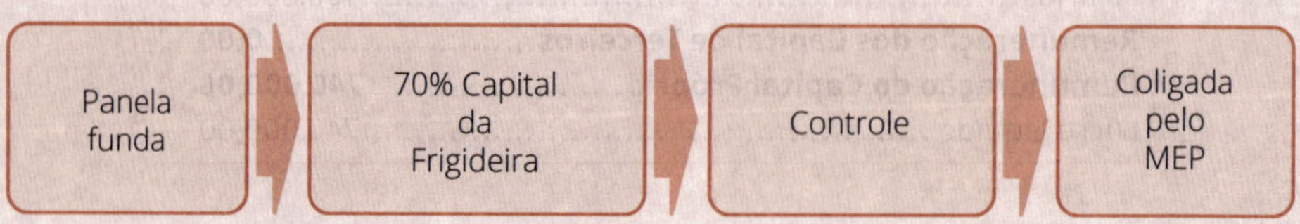

1º passo: Calcular o valor patrimonial do investimento na empresa Frigideira S.A.

Valor patrimonial do investimento = 70% × PL a valor contábil da empresa Frigideira S.A.

Valor patrimonial do investimento = 70% × 55.000.000,00
Valor patrimonial do investimento = 38.500.000,00

2º passo: Calcular o valor justo do investimento na empresa Frigideira S.A.

Valor justo do investimento = 70% × PL a valor justo da empresa Frigideira S.A.

Valor justo do investimento = 70% × 60.000.000,00
Valor justo do investimento = 42.000.000,00

3º passo: Calcular o ganho por compra vantajosa.

Ganho por compra vantajosa = Valor justo do investimento – Valor pago do investimento

Ganho por compra vantajosa = 42.000.000,00 – 40.000.000,00
Ganho por compra vantajosa = 2.000.000,00

4º passo: Calcular o ágio por mais-valia de ativos líquidos.

Ágio por mais-valia = Valor justo do investimento – Valor patrimonial do investimento

Ágio por mais-valia = 42.000.000,00 – 38.500.000,00
Ágio por mais-valia = 3.500.000,00

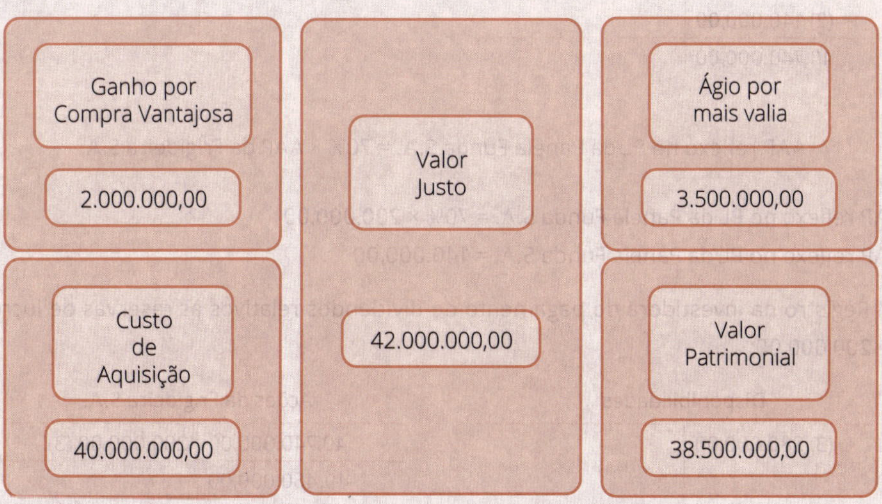

5º passo: Registro da aquisição dos investimentos na empresa Panela Funda S.A.

Investimentos na empresa Frigideira S.A 38.500.000,00
Ágio por mais-valia..3.500.000,00
a Disponibilidades..40.000.000,00
a Ganho por Compra Vantajosa..2.000.000,00

6º passo: Reconhecimento na Empresa Panela Funda S.A. das mutações ocorridas no patrimônio líquido da investida:

Registro na investidora do lucro líquido de 3.000.000,00 apurado na Frigideira S.A.:

Ações da Frigideira S.A.	
38.500.000,00	
(1) 2.100.000,00	
40.600.000,00	

GEP – DRE da Panela Funda S.A.	
	2.100.000,00 (1)

GEP na Panela Funda S.A. = 70% × Lucro líquido da Frigideira S.A.

GEP na Panela Funda S.A. = 70% × 3.000.000,00
GEP na Panela Funda S.A. = 2.100.000,00

(2) Registro na investidora da variação positiva do AAP de 200.000,00 apurado na Frigideira S.A.:

Ações da Frigideira S.A.	
40.600.000,00	
(2) 140.000,00	
40.740.000,00	

AAP reflexo no PL da Panela Funda	
	140.000,00 (2)

AAP reflexo no PL da Panela Funda S.A. = 70% × AAP da Frigideira S.A.

AAP reflexo no PL da Panela Funda S.A. = 70% × 200.000,00
AAP reflexo no PL da Panela Funda S.A. = 140.000,00

(3) Registro na investidora do pagamento de dividendos relativos às reservas de lucros de 200.000,00:

Disponibilidades	
(3) 280.000,00	

Ações da Frigideira S.A.	
40.740.000,00	280.000,00 (3)
40.460.000,00	

Disponibilidades na Panela Funda = 70% × Dividendos pagos pela Frigideira S.A.

Disponibilidades na Panela Funda = 70% × 400.000,00

Disponibilidades na Panela Funda = 280.000,00

(4) Registro na investidora dos dividendos propostos de 1.000.000,00 relativos ao resultado do ano de 2013:

Aqui está a ARMADILHA do examinador!!!!!!!!

Cuidado, pois **dividendos distribuídos** não são o mesmo que **dividendos propostos**. Os **dividendos distribuídos** estão previstos na legislação societária brasileira, e no método de equivalência patrimonial, referem-se a parcela do **dividendo mínimo obrigatório** que se caracterize efetivamente como uma obrigação legal, registrada no passivo circulante da **investida**, que tem como contrapartida um crédito na conta investimentos avaliados pelo MEP na **investidora**.

Os **dividendos propostos** são dividendos adicionais, que serão contabilizados ou não, dependendo da data em que forem declarados. Segundo o CPC 24, se a entidade declarar **dividendos** após o encerramento do **exercício** a que se referem as demonstrações contábeis, a entidade **não poderá** reconhecer esses **dividendos** como passivo ao final desse **exercício**, em virtude desses **dividendos** não atenderem aos critérios de **obrigação presente** na data das demonstrações contábeis. Nesse caso, esses **dividendos** devem ser divulgados nas notas explicativas segundo o CPC 26 que trata da apresentação das demonstrações contábeis.

Por exemplo, a empresa que levanta as suas demonstrações contábeis em 31/12/2018, e declara **dividendos adicionais** em janeiro de 2019, **não poderá** registrar esses dividendos adicionais no balanço patrimonial de 31/12/2018, sendo **permitido apenas** a sua divulgação em **notas explicativas**.

Os **dividendos adicionais** declarados pela assembleia geral ou outro órgão competente **antes da data base** das demonstrações contábeis, atendem aos requisitos de **obrigação presente** e são **registrados** nas demonstrações contábeis da entidade. A parcela do dividendo que se caracterize **efetivamente** como **obrigação presente** deve figurar no **passivo** da entidade. Mas a parcela que exceder ao previsto legal ou estatutariamente **deve ser mantida no patrimônio líquido**, em conta específica, do tipo **dividendo adicional proposto**, até a deliberação definitiva que vier a ser tomada pelos sócios. Afinal, esse **dividendo adicional** não se caracteriza como **obrigação presente** na data do balanço, já que a assembleia dos sócios ou outro órgão competente **poderá**, não havendo qualquer restrição estatutária ou contratual, **deliberar ou não** pelo seu pagamento ou por pagamento por **valor diferente** do proposto.

Dividendos obrigatórios

São **registrados** no passivo circulante, na data de encerramento das demonstrações contábeis.

D: Lucros Acumulados – Patrimônio Líquido
C: Dividendos a pagar – Passivo Circulante

Dividendos adicionais declarados **antes do encerramento** do período contábil

São contabilizados no patrimônio líquido, até a sua aprovação pela assembleia, quando são transferidos para o passivo circulante.

D: Lucros Acumulados – Patrimônio Líquido
C: Dividendos adicional ao mínimo obrigatório – Patrimônio Líquido

Dividendos adicionais declarados **após o encerramento** do período contábil

Não são contabilizados, sendo apenas divulgados em notas explicativas.

CONCLUSÃO, como os dividendos adicionais propostos na Frigideira S.A. foram declarados antes do encerramento do período contábil, serão contabilizados por meio do seguinte lançamento na Frigideira S.A.:

D: Lucros Acumulados – PL
C: Dividendo Adicional Proposto – PL 1.000.000,00

ATENÇÃO, na investidora, a empresa Panela Funda S.A., **não haverá** a contrapartida do registro.

Participação na Frigideira S.A. em 31/12/2013 = Investimentos em 31/12/2013 + Ágio por mais-valia

Participação na Frigideira S.A. em 31/12/2013 = 40.460.000,00 + 3.500.000,00
Participação na Frigideira S.A. em 31/12/2013 = 43.960.000,00

DRE da Frigideira S.A. em 31/12/2013 = GEP + Ganho por Compra Vantajosa

DRE da Frigideira S.A. em 31/12/2013 = 2.100.000,00 + 2.000.000,00
DRE da Frigideira S.A. em 31/12/2013 = 4.100.000,00

SOLUÇÃO NA PROVA

Investimentos = 70% × (PL a valor justo + Lucro Líquido + AAP – Pagamento de Dividendos

Investimentos = 70% × (60.000.000,00 + 3.000.000,00 + 200.000,00 – 400.000,00)

Investimentos = 70% × 62.800.000,00

Investimentos = 43.960.000,00

ATENÇÃO, na prova calculamos apenas o valor dos investimentos, pois a alternativa A é a única que apresenta o montante de **43.960.000,00** para investimentos.

Gabarito: **A**

12ª QUESTÃO: Um lote de 10.000.000 de debêntures foi emitido pela empresa pelo valor nominal unitário de 6,00 para obtenção de um total de recursos no valor de 60.000.000,00. As características dos títulos emitidos foram as seguintes:

- Data da emissão: 31/12/2011.
- Prazo total: 20 anos.
- Taxa de juros: 12% ao ano.
- Pagamentos: parcelas anuais de 8.032.726,80.
- Gastos incorridos para a emissão e colocação das debêntures: 1.032.760,80.

Como as taxas de juros no mercado apresentavam tendência de queda nos próximos anos, houve uma grande demanda pelas debêntures emitidas e a empresa conseguiu vendê-las pelo valor total de 65.000.000,00, o que fez com que a taxa de custo efetivo da emissão fosse de 11% ao ano. O valor da despesa total com os encargos financeiros das debêntures contabilizado no resultado de 2012 foi, em reais:

a) 8.232.760,80
b) 7.036.396,31
c) 8.182.760,80
d) 7.632.760,80
e) 8.832.760,80

SOLUÇÃO

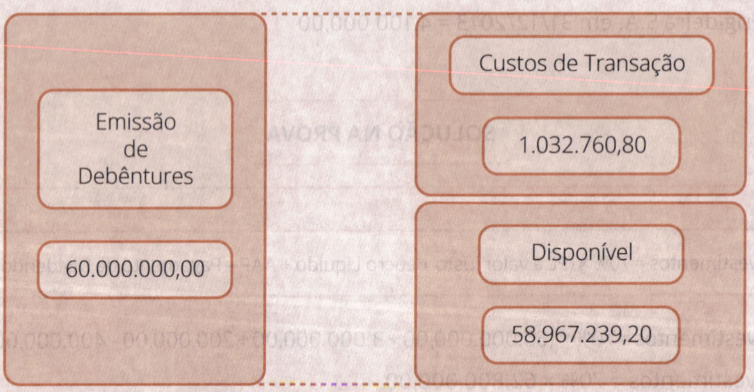

ATENÇÃO, trata-se de uma emissão de **debêntures acima do par**, ou seja, nessa emissão de debêntures, existe um prêmio na emissão de debêntures.

(1) Registro da captação de debêntures em 31/12/2011.

Disponível	
(1) 60.000.000,00	

Debêntures a Pagar	
	60.000.000,00 (1)

(2) Registro dos custos de transação em 31/12/2011.

Disponível	
60.000.000,00	1.032.760,80 (2)
58.967.239,20	

Custos de Transação a Amortizar	
(2) 1.032.760,80	

(3) Registro dos prêmios na emissão de debêntures em 31/12/2011.

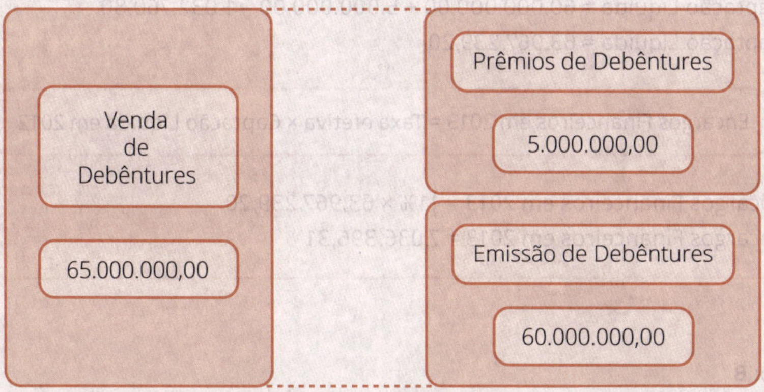

Disponível	
58.967.239,20	
(3) 5.000.000,00	
63.967.239,20	

Prêmios de Debêntures a Amortizar	
	5.000.000,00 (3)

O balanço patrimonial em 31/12/2011 da empresa imediatamente após a emissão das debêntures, será:

Ativo	Passivo
Ativo Circulante	**Passivo Exigível**
Disponível 63.967.239,20	Debêntures a Pagar 60.000.000,00
	Prêmios a Amortizar 5.000.000,00
	Custos a Amortizar ....(1.032.760,80)
Total....................63.967.239,20	Total....................63.967.239,20

Encargos Financeiros em 2013 = Taxa efetiva × Captação Líquida em 2012

Encargos Financeiros em 2013 = 11% × 63.967.239,20
Encargos Financeiros em 2013 = 7.036.396,31

SOLUÇÃO NA PROVA

Captação Líquida = Valor do contrato + Prêmios na emissão de debêntures – Custos de transação

Captação Líquida = 60.000.000,00 + 5.000.000,00 – 1.032.760,80
Captação Líquida = 63.967.239,20

Encargos Financeiros em 2013 = Taxa efetiva × Captação Líquida em 2012

Encargos Financeiros em 2013 = 11% × 63.967.239,20
Encargos Financeiros em 2013 = 7.036.396,31

Gabarito: **B**

Capítulo 30

Sefaz SP 2013

01ª QUESTÃO: Determinada empresa adquiriu estoque de mercadorias em outubro de 2011, tendo pago 40% em novembro e o restante em dezembro de 2011. A venda deste estoque foi realizada em janeiro de 2012, cujo valor foi recebido 60% em março e 40% em abril de 2012. Com base nestas informações, o custo das mercadorias vendidas deveria ter sido reconhecido na demonstração do resultado do mês de:

a) outubro
b) novembro
c) dezembro
d) janeiro
e) março (60%) e do mês de abril (40%)

☛ **SOLUÇÃO**

O **princípio da competência** determina que os efeitos das transações e outros eventos sejam reconhecidos nos períodos a que se referem, independentemente do recebimento ou pagamento. Em outras palavras, o princípio da competência pressupõe a **simultaneidade da confrontação** de receitas e de despesas correlatas. **Conclusão**, o custo das mercadorias vendidas deve ser reconhecido para o resultado do exercício quando da venda, em janeiro de 2012.

Gabarito: **D**

02ª QUESTÃO: A demonstração do valor adicionado deve evidenciar a distribuição da riqueza gerada pela entidade. Os principais componentes dessa distribuição a serem evidenciados são:

a) pessoal; impostos, taxas e contribuições; insumos adquiridos de terceiros.

b) impostos, taxas e contribuições; remuneração de capitais próprios e de terceiros; valor adicionado recebido em transferência.
c) pessoal; impostos, taxas e contribuições; remuneração de capitais próprios; remuneração de capitais de terceiros.
d) pessoal; remuneração de capitais de terceiros; remuneração dos sócios; receita financeira.
e) pessoal; impostos, taxas e contribuições; remuneração de capitais próprios e de terceiros; valor adicionado recebido em transferência.

☛ SOLUÇÃO

Segundo os **itens 5 e 6 do CPC 09**, a DVA deve proporcionar aos usuários das demonstrações contábeis informações relativas à riqueza criada pela entidade em determinado período e a forma como tais riquezas foram distribuídas. A distribuição da riqueza criada deve ser detalhada, minimamente, da seguinte forma:

a) pessoal e encargos,
b) impostos, taxas e contribuições,
c) juros e aluguéis,
d) juros sobre o capital próprio (JSCP) e dividendos, e
e) lucros retidos/prejuízos do exercício.

Gabarito: **C**

03ª QUESTÃO: Determinada empresa adquiriu mercadorias para revenda, cujo valor total da nota fiscal foi 123.000,00, estando incluso neste valor:

ICMS...20.000,00
IPI 12.000,00
Frete...8.000,00
Seguro 3.000,00

Sabendo que a empresa é contribuinte do ICMS, mas não contribuinte do IPI, o valor das mercadorias adquiridas reconhecido nos estoques foi, em reais:

a) 123.000,00
b) 92.000,00
c) 103.000,00
d) 112.000,00
e) 80.000,00

☛ SOLUÇÃO

Montando a nota fiscal de aquisição das mercadorias com os fretes e seguros, temos:

Nota Fiscal de Mercadorias	
Mercadorias	100.000,00
+ IPI	12.000,00
+ Fretes/Seguros	11.000,00
= Total da nota fiscal	123.000,00
ICMS	20.000,00

1º passo: Calcular as compras brutas.

As **compras brutas** (CB) correspondem ao valor das compras acrescidos dos tributos, quer sejam por fora ou por dentro, recuperáveis ou não. Em outras palavras, as **compras brutas** correspondem ao **valor total da nota fiscal** de aquisição das mercadorias.

Compras Brutas = Nota Fiscal de Mercadorias

Compras Brutas = 123.000,00

2º passo: Calcular as compras líquidas.

As **compras líquidas** (CL) representam o valor efetivamente **lançado nos estoques**.

CL = CB – Tributos recuperáveis – Deduções de compras

Compras Líquidas = 123.000,00 (Compras Brutas) – 20.000,00 (Tributos recuperáveis)
Compras Líquidas = 103.000,00

3º passo: Registro contábil da operação de compra e venda de mercadorias.

Mercadorias		ICMS a Recuperar		Fornecedores	
(1) 103.000,00		(1) 20.000,00			123.000,00 (1)

Gabarito: **C**

04ª QUESTÃO: Durante o ano de 2012, a Cia. Desenvolvida S.A. adquiriu ações de sua própria emissão, pagou fornecedores de matéria-prima e pagou três prestações de um arrendamento mercantil financeiro referentes à aquisição de uma máquina. Estas transações devem ser classificadas, respectivamente, na demonstração dos fluxos de caixa como fluxos de caixa decorrentes das atividades:

a) operacionais, de financiamento e de financiamento.
b) de financiamento, operacionais e operacionais.
c) de investimento, operacionais e de financiamento.
d) de financiamento, operacionais e de investimento.
e) de financiamento, operacionais e de financiamento.

SOLUÇÃO

Operação	Fluxo de Caixa
Aquisição de suas próprias ações.	Financiamento
Pagamento a fornecedores.	Operacional
Pagamento de arrendamento mercantil financeiro.	Financiamento

Gabarito: **E**

05ª QUESTÃO: A Cia. Controladora adquiriu 70% das ações da Cia. Controlada por 100.000,00 à vista em 31/12/2011. Durante o ano de 2012, a Cia. Controlada apurou um lucro de 30.000,00. Desse lucro, distribuiu e pagou 20.000,00 como dividendos. Sabendo que o investimento é avaliado pelo método de equivalência patrimonial, ao contabilizar o recebimento dos dividendos, a Cia. Controladora debitou caixa e creditou:

a) receita de dividendos, no valor de 14.000,00.
b) investimentos, no valor de 14.000,00.
c) outras receitas operacionais, no valor de 21.000,00.
d) receita eventual, no valor de 21.000,00.
e) receita de equivalência patrimonial, no valor de 14.000,00.

SOLUÇÃO

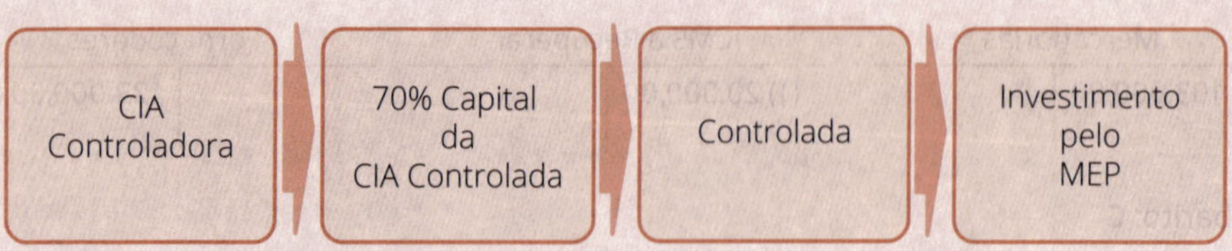

(1) Registro de aquisição das ações na controladora:

Caixa	
Saldo Inicial	100.000,00 (1)

Ações de Controlada	
(1) 100.000,00	

(2) Registro na controladora do lucro líquido na controlada:

Ações de Controlada	
100.000,00	
(2) 21.000,00	
121.000,00	

GEP	
	21.000,00 (2)

GEP = 70% × Lucro Líquido da Controlada

GEP = 70% × 30.000,00

GEP = 21.000,00

(3) Registro na controladora da distribuição e pagamento de dividendos pela controlada:

Caixa	
(3) 14.000,00	

Ações de Controlada	
121.000,00	14.000,00 (3)
107.000,00	

Dividendos a receber = 70% × Dividendos distribuídos da controlada

Dividendos a receber = 70% × 20.000,00

Dividendos a receber = 14.000,00

Gabarito: **B**

06ª QUESTÃO: Considere as seguintes informações:

I. A Cia. Aeroplana S.A. produz aviões especiais, cujo ciclo operacional é de 20 meses.

II. A Cia. Negociante adquiriu 80% das ações da Cia. A com a finalidade de assegurar o fornecimento de matéria-prima para seus produtos.

III. A Cia. Voa Bem adquiriu um avião da Cia. Aeroplana para utilizar na prestação de seus serviços.

IV. A Cia. Lucrativa adquiriu ações da Cia. A com a finalidade de negociá-las a qualquer momento.

Os ativos registrados nos itens I a IV devem ser classificados no balanço patrimonial das empresas Aeroplana S.A., Negociante, Voa Bem e Lucrativa, respectivamente, como:

a) circulante, não circulante, não circulante e circulante.
b) não circulante, circulante, não circulante e não circulante.
c) não circulante, não circulante, não circulante e circulante.
d) circulante, circulante, não circulante e circulante.
e) circulante, não circulante, circulante e circulante.

☛ SOLUÇÃO

Analisando os itens, temos:

I. A Cia. Aeroplana S.A. produz aviões especiais, cujo ciclo operacional é de 20 meses.

Segundo o parágrafo único do artigo 179 da lei nº 6.404/76 na companhia em que o ciclo operacional da empresa tiver duração maior que o exercício social, a classificação no circulante ou longo prazo terá por base o prazo desse ciclo. **Conclusão**, os aviões especiais serão classificados no **ativo circulante.**

II. A Cia. Negociante adquiriu 80% das ações da Cia. A com a finalidade de assegurar o fornecimento de matéria-prima para seus produtos.

As ações da Cia. A é um investimento permanente em controlada, classificado no **ativo não circulante investimentos**.

III. A Cia. Voa Bem adquiriu um avião da Cia. Aeroplana para utilizar na prestação de seus serviços.

O avião adquirido é um bem de uso tangível, classificado no **ativo não circulante imobilizado**.

IV. A Cia. Lucrativa adquiriu ações da Cia. A com a finalidade de negociá-las a qualquer momento.

As ações da Cia. A é um investimento temporário com finalidade de especulação, sendo classificado no **ativo circulante**.

Gabarito: **A**

07ª QUESTÃO: Considere as seguintes transações ocorridas durante o ano de 2012:

I. Pagamento de dividendos distribuídos em 2011.
II. Aumento de capital com bens do ativo imobilizado.
III. Ágio na emissão de novas ações.

IV. Recebimento de doações com obrigações futuras que serão cumpridas a partir de 2015.

Afetaram a demonstração das mutações do patrimônio líquido, no exercício de 2012, as transações que constam em:

a) I e II, apenas.
b) II e III, apenas.
c) I e IV, apenas.
d) I, II e III, apenas.
e) I, II, III e IV.

SOLUÇÃO

(I) Pagamento de dividendos distribuídos em 2011.

D: Dividendos a Pagar	Redução do PC	O PL permanece constante.
C: Caixa	Redução do AC	

(II) Aumento de capital com bens do ativo imobilizado.

D: Imóvel	Aumento do AÑC Imobilizado	O PL aumenta.
C: Capital a Integralizar	Aumento do PL	

(III) Ágio na emissão de novas ações.

D: Caixa	Aumento do AC	O PL aumenta.
C: Capital a Integralizar	Aumento do PL	
C: Ágio na Emissão de Ações	Aumento do PL	

ATENÇÃO, o ágio na emissão de ações é uma reserva de capital e aumenta o patrimônio líquido.

(IV) Recebimento de doações com obrigações futuras que serão cumpridas a partir de 2015.

D: Terrenos	Aumento do AÑC Imobilizado	O PL permanece constante.
C: Doações a Apropriar	Aumento do PÑC	

CONCLUSÃO, afetam a demonstração das mutações do patrimônio líquido apenas os itens II e III.

Gabarito: **B**

08ª QUESTÃO: A Cia. Comércio & Comércio apresentava em 31/12/2012, em seu balancete, antes da apuração do resultado do exercício, as seguintes contas de resultado: Receita Bruta 85.000,00; Impostos sobre Vendas 15.000,00; Devolução de Vendas 6.000,00; Estimativa de Perdas com Créditos de Liquidação Duvidosa 3.000,00; Depreciação dos Veículos usados na entrega das Vendas 10.000,00; Abatimentos sobre Vendas 2.000,00; Fretes sobre Vendas 4.000,00; Custo das Mercadorias Vendidas 28.000,00; Comissões dos Vendedores 7.000,00. Com base nessas informações, o Lucro Bruto do exercício de 2012 apurado pela Cia. Comércio & Comércio foi:

a) 42.000,00
b) 36.000,00
c) 27.000,00
d) 34.000,00
e) 24.000,00

☛ SOLUÇÃO

CUIDADO EXTRA NA PROVA!!!!!!!!!

Nas questões envolvendo a DRE, atualmente a FCC **segue a estrutura do CPC 26** que trata da Apresentação das Demonstrações Contábeis, ou seja, na apuração do **resultado operacional**, a FCC **não incluiu as despesas financeiras**. Portanto, quando nos depararmos com uma questão da FCC pedindo o **resultado operacional**, nós devemos ter em mente que esse **resultado operacional** corresponde ao **resultado operacional antes do resultado financeiro**, segundo a estrutura de DRE apresentada pelo CPC 26.

Lucro antes do resultado financeiro (CPC 26) ≠ **Lucro operacional** (Legislação Societária)

Montando a demonstração do resultado do exercício, temos:

Demonstração do Resultado do Exercício	
Receita Bruta	85.000,00
– Impostos sobre Vendas	(15.000,00)
– Devolução de Vendas	(6.000,00)
– Abatimentos sobre Vendas	(2.000,00)
= Receita Líquida	62.000,00
– Custo das Mercadorias Vendidas	(28.000,00)
= **Lucro Bruto**	**34.000,00**
– Estimativa de Perdas com Créditos de Liquidação Duvidosa	(3.000,00)
– Depreciação dos Veículos	(10.000,00)
– Fretes sobre Vendas	(4.000,00)
– Comissões dos Vendedores	(7.000,00)
= **Lucro antes do resultado financeiro**	**10.000,00**

Gabarito: **D**

09ª QUESTÃO: Em 31/10/2012, a Cia. Endividada, com operações apenas no Brasil, obteve um empréstimo em moeda estrangeira no valor de US$ 100.000,00. Este empréstimo deve ser apresentado no balanço patrimonial, em 31/12/2012, à taxa de câmbio:

a) do dia da obtenção do empréstimo.
b) da data do balanço patrimonial.
c) média do mês em que o empréstimo foi obtido.
d) do dia da obtenção do empréstimo mais correção monetária.
e) determinada entre as partes envolvidas.

☛ SOLUÇÃO

De acordo com o artigo 184, inciso II, da lei nº 6.404/76, no balanço, as obrigações em moeda estrangeira, com cláusula de paridade cambial, serão convertidas em moeda nacional à **taxa de câmbio em vigor na data do balanço**.

Gabarito: **B**

10ª QUESTÃO: A Cia. Financiadora S.A. efetuou um desconto de duplicatas no valor de 100.000,00, à taxa de juros simples de 2% ao mês. Como as duplicatas venciam em 90 dias, a instituição financeira cobrou 6.000,00 de juros, antecipadamente. O registro dessa operação no balanço patrimonial da Cia. Financiadora S.A. representa um fato:

a) modificativo diminutivo do ativo.
b) permutativo entre elementos do ativo.
c) modificativo entre elementos do ativo.
d) permutativo no ativo e modificativo diminutivo do ativo e do passivo.
e) modificativo aumentativo do ativo e do passivo.

☛ SOLUÇÃO

Para efeitos didáticos, vamos considerar que o balanço patrimonial imediatamente antes da operação de desconto de duplicatas era:

Ativo	Passivo
Ativo Circulante	**Patrimônio Líquido**
Duplicatas a Receber 100.000,00	Capital 100.000,00
Total 100.000,00	Total 100.000,00

(1) Registro da operação de desconto de duplicatas:

BCM		Juros a Vencer		Duplicatas Descontadas	
(1) 94.000,00		(1) 6.000,00			100.000,00 (1)

ATENÇÃO, os juros a vencer no montante de 6.000,00 serão apropriados no período de 90 dias.

O balanço patrimonial imediatamente após a operação de desconto de duplicatas, será:

Ativo	Passivo
Ativo Circulante	**Passivo Circulante**
BCM 94.000,00	Duplicatas Descontadas 100.000,00
Duplicatas a Receber 100.000,00	Juros a Vencer .... (6.000,00)
	Patrimônio Líquido
	Capital 100.000,00
Total 194.000,00	Total 194.000,00

CONCLUSÃO, o desconto de duplicatas representa um **fato permutativo entre elementos** do ativo circulante e do passivo circulante.

Gabarito: Sem resposta.

11ª QUESTÃO: Determinada empresa comercial realizou as seguintes operações durante o mês de dezembro de 2012:

Data	Operação	Quantidade	Preço de compra unitário	Preço de venda unitário
01/12	Compra	150	21,00	–
08/12	Venda	90	–	30,00
16/12	Compra	60	17,00	–
24/12	Compra	120	21,00	–
31/12	Venda	60	–	30,00

Sabendo que esta empresa adota o critério da média ponderada móvel para controle dos estoques e que não apresentava estoque inicial de produtos, o custo das mercadorias vendidas apresentado na demonstração do resultado do mês de dezembro de 2012 foi, em reais:

a) 2.910,00
b) 4.500,00
c) 3.090,00
d) 3.150,00
e) 3.041,00

☛ SOLUÇÃO

Entradas			Saídas			Saldos		
Quantidade	Unidade	Total	Quantidade	Unidade	Total	Quantidade	Unidade	Total
150	21,00	3.150,00	–	–	–	150	21,00	3.150,00
–	–	–	90	21,00	1.890,00	60	21,00	1.260,00
60	17,00	1.020,00	–	–	–	120	19,00	2.280,00
120	21,00	2.520,00	–	–	–	240	20,00	4.800,00
–	–	–	60	20,00	1.200,00	180	20,00	3.600,00

ATENÇÃO, o CMV é obtido na coluna das saídas.

CMV = 1.890,00 + 1.200,00
CMV = 3.090,00

Gabarito: **C**

12ª QUESTÃO: Determinada empresa comercial possuía em seu balanço patrimonial, em 31/12/2011, 350.000,00 em duplicatas a receber e uma estimativa de perdas com créditos de liquidação duvidosa (EPCLD) no valor de 10.500,00. Em janeiro de 2012, um cliente que devia 5.000,00 foi considerado incobrável. Ao reconhecer este evento, a empresa debitou:

a) EPCLD e creditou duplicatas a receber.
b) EPCLD e creditou provisão no passivo.
c) despesa com EPCLD e creditou disponível.
d) perdas com clientes e creditou EPCLD.
e) perdas com clientes e creditou duplicatas a receber.

☛ SOLUÇÃO

(1) Registro contábil do cliente considerado incobrável no montante de 5.000,00.

Duplicatas a Receber	
350.000,00	5.000,00 (1)
345.000,00	

EPCLD	
(1) 5.000,00	10.500,00
	5.500,00

Gabarito: **A**

13ª QUESTÃO: As notas explicativas devem:

I. Indicar os principais critérios de avaliação dos elementos patrimoniais.

II. Indicar os investimentos em outras sociedades, mesmo que irrelevantes.

III. Fornecer informações adicionais não indicadas nas próprias demonstrações financeiras e consideradas necessárias para uma apresentação adequada.

Está correto o que se afirma em:

a) I, apenas
b) I e II, apenas
c) I e III, apenas
d) II e III, apenas
e) I, II e III

☛ SOLUÇÃO

Segundo o artigo 176, § 5º da **lei nº 6.404/76** (legislação societária), as notas explicativas devem:

I. apresentar informações sobre a base de preparação das demonstrações financeiras e das práticas contábeis específicas selecionadas e aplicadas para negócios e eventos significativos;

II. divulgar as informações exigidas pelas práticas contábeis adotadas no Brasil que não estejam apresentadas em nenhuma outra parte das demonstrações financeiras;

III. **fornecer informações adicionais** não indicadas nas próprias demonstrações financeiras e consideradas necessárias para uma apresentação adequada; e
IV. indicar:

a) **os principais critérios de avaliação dos elementos patrimoniais**, especialmente estoques, dos cálculos de depreciação, amortização e exaustão, de constituição de provisões para encargos ou riscos, e dos ajustes para atender a perdas prováveis na realização de elementos do ativo;
b) os investimentos em outras sociedades, **quando relevantes** (art. 247, parágrafo único);
c) o aumento de valor de elementos do ativo resultante de novas avaliações (art. 182, § 3º);
d) os ônus reais constituídos sobre elementos do ativo, as garantias prestadas a terceiros e outras responsabilidades eventuais ou contingentes;
e) a taxa de juros, as datas de vencimento e as garantias das obrigações a longo prazo;
f) o número, espécies e classes das ações do capital social;
g) as opções de compra de ações outorgadas e exercidas no exercício;
h) os ajustes de exercícios anteriores (art. 186, § 1º); e
i) os eventos subsequentes à data de encerramento do exercício que tenham, ou possam vir a ter, efeito relevante sobre a situação financeira e os resultados futuros da companhia.

Gabarito: **C**

14ª QUESTÃO: A Cia. Metais adquiriu, em 30/06/2011, uma mina de minério de ferro por 270.000,00. A estimativa inicial era de que seriam extraídas 270.000 toneladas desse minério. Durante 2011, foram extraídas 50.000 toneladas. No início de 2012, os técnicos encontraram um novo veio de minério e reestimaram que ainda existiam 250.000 toneladas para serem extraídas. Durante 2012, foram extraídas mais 20.000 toneladas. Com base nestas informações, o valor da despesa de exaustão referente aos anos de 2011 e 2012 foram, respectivamente, em reais,

a) 45.000,00 e 18.000,00
b) 50.000,00 e 17.600,00
c) 50.000,00 e 21.600,00
d) 45.000,00 e 21.600,00
e) 50.000,00 e 18.000,00

☛ SOLUÇÃO

Itens	2011	2012
Custo de aquisição	270.000,00	270.000,00
Possança da mina	270.000 toneladas	250.000 toneladas
Extração	50.000 toneladas	20.000 toneladas

ATENÇÃO, analisando a tabela, podemos verificar que a **possança da mina e a extração** sofreram alterações de valores com o passar dos anos. O mesmo não ocorre com o **custo de aquisição** no montante de 270.000,00, que permanece constante com o decorrer dos anos.

1º passo: Calcular a exaustão em 2011.

$$\text{Exaustão em 2011} = \frac{\text{Extração em 2011}}{\text{Possança em 2011}} \times \text{Custo de aquisição}$$

$$\text{Exaustão em 2011} = \frac{50.000 \text{ toneladas}}{270.000 \text{ toneladas}} \times 270.000,00$$

Exaustão em 2011 = 50.000,00

2º passo: Calcular a exaustão em 2012.

ATENÇÃO, em 2012 ocorreu uma mudança de estimativa contábil, pois a empresa descobriu que a mina possuía uma possança de 250.000 toneladas. A **nova fórmula da exaustão** quando ocorre uma mudança na estimativa contábil é:

$$\text{Exaustão em 2012} = \frac{\text{Extração em 2012}}{\text{Possança em 2012}} \times (\text{Custo de aquisição} - \text{Exaustão Acumulada em 2011})$$

$$\text{Exaustão em 2012} = \frac{\text{20.000 toneladas}}{\text{250.000 toneladas}} \times (270.000{,}00 - 50.000{,}00)$$

Exaustão em 2012 = 17.600,00

Gabarito: **B**

15ª QUESTÃO: O Princípio:

I. da Entidade estabelece que o patrimônio pertence à entidade e que não se confunde com o patrimônio dos seus sócios ou proprietários.

II. da Continuidade pressupõe que a Entidade continuará em operação no futuro e, portanto, a mensuração e a apresentação dos componentes do patrimônio não precisam levar em conta esta circunstância.

III. do Registro pelo Valor Original determina que os componentes do patrimônio devem ser inicialmente registrados pelos valores originais das transações, expressos em moeda nacional.

IV. da Competência determina que os efeitos das transações e outros eventos sejam reconhecidos nos períodos em que ocorrem os respectivos recebimentos ou pagamentos.

Está correto o que se afirma em:

a) I, II e III, apenas
b) II e IV, apenas
c) I, II e IV, apenas
d) I e III, apenas
e) I, II, III e IV

☛ SOLUÇÃO

Analisando os itens, temos:

I. **Correto**. O **princípio da entidade** reconhece o patrimônio como objeto da contabilidade e afirma a autonomia patrimonial, a necessidade da diferenciação de um patrimônio particular no universo dos patrimônios existentes, independentemente de pertencer a uma pessoa, um conjunto de pessoas, uma sociedade ou instituição de qualquer natureza ou finalidade, com ou sem fins lucrativos. Por consequência, nesta acepção, o **patrimônio não se confunde com aqueles dos seus sócios ou proprietários**, no caso de sociedade ou instituição.

O patrimônio pertence à entidade, mas a recíproca não é verdadeira. A soma ou agregação contábil de patrimônios autônomos não resulta em nova entidade, mas numa **unidade de natureza econômico-contábil**.

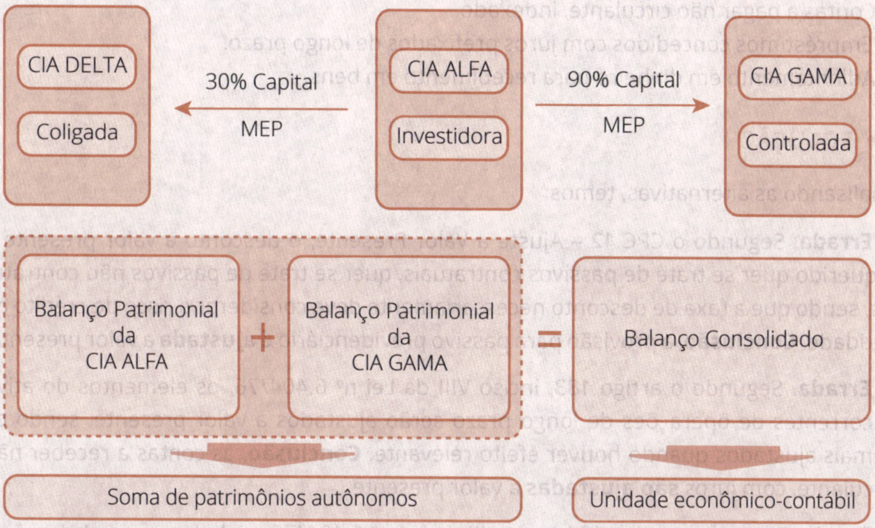

Analisando o gráfico acima, podemos observar que a **Cia. Delta é coligada** e a **Cia. Gama é controlada** da Cia. Alfa. Segundo a CVM, toda a **controladora**, companhia aberta ou fechada ou mesmo não na forma de sociedade por ações, **que possuir investimentos** em sociedades **controladas**, sociedades **controladas em conjunto** e sociedade de **comando de grupo** de sociedades que inclua companhia aberta, deve elaborar e publicar **demonstrações contábeis consolidadas**, independentemente do percentual de participação do investimento no patrimônio líquido das controladoras. A Cia. Alfa é obrigada a elaborar e publicar **demonstrações contábeis consolidadas** apenas com a Cia. Gama (controlada), pois a Cia. Delta é uma coligada. **Conclusão**, a agregação contábil dos patrimônios autônomos (Cia. Alfa e Cia. Gama) não resulta em **nova entidade** (por exemplo, uma Cia. Celta), mas numa **unidade de natureza econômico-contábil**, que é o **balanço consolidado** do grupo econômico.

II. **Errado**. O princípio da continuidade pressupõe que a entidade continuará em operação no futuro e, portanto, a mensuração e a apresentação dos componentes do patrimônio **levam em conta esta circunstância**.

III. **Correto**. O princípio do registro pelo valor original determina que os componentes do patrimônio devem ser inicialmente registrados pelos valores originais das transações, expressos em moeda nacional.

IV. **Errado**. O princípio da competência determina que os efeitos das transações e outros eventos sejam reconhecidos nos períodos a que se referem, **independentemente do recebimento ou pagamento**. O princípio da competência pressupõe a simultaneidade da confrontação de receitas e de despesas correlatas.

Gabarito: **D**

16ª QUESTÃO: Não é uma conta que deve ser ajustada a valor presente:

a) Provisão para passivo previdenciário.
b) Contas a receber não circulante, com juros.
c) Contas a pagar não circulante, indexado.
d) Empréstimos concedidos com juros prefixados de longo prazo.
e) Adiantamento em dinheiro para recebimento em bens.

☛ SOLUÇÃO

Analisando as alternativas, temos:

a) **Errada**. Segundo o CPC 12 – Ajuste a Valor Presente, o desconto a valor presente é requerido quer se trate de passivos contratuais, quer se trate de passivos não contratuais, sendo que a taxa de desconto necessariamente deve considerar o risco de crédito da entidade. **Conclusão**, a provisão para passivo previdenciário **é ajustada** a valor presente.

b) **Errada**. Segundo o artigo 183, inciso VIII da Lei nº 6.404/76, os elementos do ativo decorrentes de operações de longo prazo serão ajustados a valor presente, sendo os demais ajustados quando houver efeito relevante. **Conclusão**, as contas a receber não circulante, com juros **são ajustadas** a valor presente.

c) **Errada**. Segundo o artigo 184, inciso III da Lei nº 6.404/76, no balanço, as obrigações, os encargos e os riscos classificados no passivo não circulante serão ajustados ao seu valor presente, sendo os demais ajustados quando houver efeito relevante. **Conclusão**, as contas a pagar não circulante, indexado, **são ajustadas** a valor presente.

d) **Errada**. Segundo o artigo 184, inciso III da Lei nº 6.404/76, no balanço, as obrigações, os encargos e os riscos classificados no passivo não circulante serão ajustados ao seu valor presente, sendo os demais ajustados quando houver efeito relevante. Conclusão, os empréstimos concedidos com juros prefixados de longo prazo, **são ajustados** a valor presente.

e) **Correta**. Segundo o item 9 do CPC 12 – Ajuste a Valor Presente, nem todo ativo ou passivo não-monetário está sujeito ao efeito do ajuste a valor presente; por exemplo, um item não monetário que, pela sua natureza, não está sujeito ao ajuste a valor presente é o adiantamento em dinheiro para recebimento ou pagamento em bens e serviços. **Conclusão**, o adiantamento em dinheiro para recebimento em bens **não é ajustado** a valor presente.

Gabarito: **E**

17ª QUESTÃO: A empresa Expansão S.A. recebeu um terreno, como subvenção governamental, para se instalar na cidade Nova. Estabeleceu-se como condição somente a construção da fábrica. Dessa forma, em condições normais, o terreno deve ser lançado no ativo:

a) imobilizado pelo valor justo.
b) não circulante pelo valor nominal.

c) imobilizado por custo zero.
d) não circulante pelo valor justo.
e) imobilizado pelo valor em uso.

☛ SOLUÇÃO

De acordo com o CPC 07 – Subvenção e Assistência Governamentais, a **subvenção governamental** pode estar representada por ativo não monetário, como **terrenos** e outros, para uso da entidade. Nessas circunstâncias, tanto esse ativo quanto a subvenção governamental devem ser reconhecidos pelo seu **valor justo**. Apenas na impossibilidade de verificação desse valor justo é que o ativo e a subvenção governamental podem ser registrados pelo valor nominal. **Conclusão**, o terreno será registrado no **ativo não circulante no imobilizado** pelo seu valor justo.

Gabarito: **E**

18ª QUESTÃO: O auditor externo, para certificar-se de que uma operação de *leasing* se enquadra na classificação de *leasing* operacional, deve, além de verificar se o arrendamento mercantil não transfere os riscos e benefícios inerentes à propriedade, constatar-se:

a) o arrendamento mercantil transfere a propriedade do ativo para o arrendatário no fim do prazo do arrendamento mercantil.
b) o prazo do arrendamento refere-se à maior parte da vida econômica do ativo, mesmo que a propriedade não seja transferida.
c) o valor presente dos pagamentos mínimos, no início do arrendamento mercantil, totaliza pelo menos substancialmente todo o valor justo do ativo arrendado.
d) os ativos arrendados são de natureza especializada, de tal forma que apenas o arrendatário possa usá-los sem grandes modificações.
e) os ganhos ou as perdas da flutuação no valor justo do valor residual são atribuídos ao arrendador.

☛ SOLUÇÃO

De acordo com o **item 63 do CPC 06 (R2)** Operações de Arrendamento Mercantil, a classificação de um arrendamento mercantil como arrendamento mercantil financeiro ou arrendamento mercantil operacional depende da essência da transação e não da forma do contrato. Exemplos de situações que individualmente ou em conjunto levariam normalmente a que um arrendamento mercantil fosse classificado como arrendamento mercantil financeiro são:

a) o arrendamento transfere a propriedade do ativo subjacente ao arrendatário ao final do prazo do arrendamento;

b) o arrendatário tem a opção de comprar o ativo subjacente a preço que se espera que seja suficientemente mais baixo do que o valor justo na data em que a opção se tornar exercível, para que seja razoavelmente certo, na data de celebração do arrendamento, que a opção será exercida;

c) o prazo do arrendamento é equivalente à maior parte da vida econômica do ativo subjacente, mesmo se a propriedade não for transferida;

d) na data da celebração do arrendamento, o valor presente dos recebimentos do arrendamento equivale substancialmente à totalidade do valor justo do ativo subjacente; e

e) o ativo subjacente é de natureza tão especializada que somente o arrendatário pode usá-lo sem modificações importantes.

Gabarito: **E**

19ª QUESTÃO: A Empresa GAMA S.A. incorreu, durante o exercício social de 2012, em gastos com:

I. Atividades pré-operacionais e treinamento de pessoal.

II. Aquisição de *softwares*, licenças e franquias.

III. Aquisição de marcas, patentes e direitos de propriedade.

IV. Publicidade e reorganização da sociedade.

Com base na Resolução nº 1.303/2010 do CFC, enquadram-se na definição de ativo intangível e podem ser reconhecidos no balanço patrimonial de uma empresa os gastos relacionados em:

a) I, II, III e IV
b) I, III e IV, apenas
c) II e III, apenas
d) II e IV, apenas
e) III e IV, apenas

☛ SOLUÇÃO

Analisando os itens, temos:

I. Errado. Os gastos com as atividades pré-operacionais e treinamento de pessoal são **despesas do exercício** em que incorridos.

II. Correto. Os gastos com a aquisição de *softwares*, licenças e franquias são **ativos intangíveis**.

III. Correto. Os gastos com a aquisição de marcas, patentes e direitos de propriedade são **ativos intangíveis**.

IV. Errado. Os gastos com publicidade e reorganização da sociedade são **despesas do exercício** em que incorridos.

Gabarito: **C**

20ª QUESTÃO: O balanço patrimonial da Cia. Conservadora, apurado em 31/12/2012, após o reconhecimento da depreciação do exercício social de 2012 e antes de proceder aos testes de recuperabilidade de seus ativos, apresentou:

Ativo Imobilizado	Valor
Máquina	45.000,00
Depreciação Acumulada	(25.000,00)
Valor Contábil	20.000,00

Para realizar o teste de recuperabilidade da máquina, foram identificados:

- Valor justo da máquina em 31/12/2012: 19.000,00
- Gastos estimados para a retirada e venda da máquina (despesa de venda) em 31/12/2012: 2.000,00
- Tempo de vida útil remanescente estimado para a máquina em 31/12/2012: 3 anos
- Valor em uso em 31/12/2012: 18.000,00
- Valor de venda estimado da máquina, no final de sua vida útil: 1.500,00
- Gastos estimados para a retirada e venda da máquina (despesa de venda), no final de sua vida útil: 500,00
- Taxa de desconto: 10% a.a.

Nessas condições, o valor registrado como perda por redução ao valor recuperável foi, em 31/12/2012, em reais:

a) 0,00
b) 1.000,00
c) 1.248,69
d) 2.000,00
e) 3.000,00

SOLUÇÃO

ATENÇÃO NA PROVA COM O EXCESSO DE INFORMAÇÕES DESNECESSÁRIAS!!!!!!! A banca informou que o valor contábil da máquina em 31/12/2012 era de 20.000,00, bem como o seu valor justo e o valor em uso.

Como sabemos, o teste de recuperabilidade é realizado em 3 etapas.

1ª etapa: Calcular o valor recuperável.

Valor justo líquido das despesas de venda = Valor justo – Gastos para a retirada e venda da máquina

Valor justo líquido das despesas de venda = 19.000,00 – 2.000,00
Valor justo líquido das despesas de venda = 17.000,00

Valor em uso = 18.000,00

ATENÇÃO, o valor recuperável será sempre o **maior valor**.

Valor justo líquido das despesas de venda	17.000,00	**MAIOR VALOR**	Valor recuperável = 18.000,00
Valor em uso	18.000,00		

Valor recuperável em 2012 = 18.000,00

2ª etapa: Cálculo do valor contábil.

Valor Contábil em 2012 = Custo de Aquisição – Depreciação Acumulada

Valor Contábil = 45.000,00 – 25.000,00
Valor Contábil = 20.000,00

3ª etapa: Comparar o valor contábil com o valor recuperável.

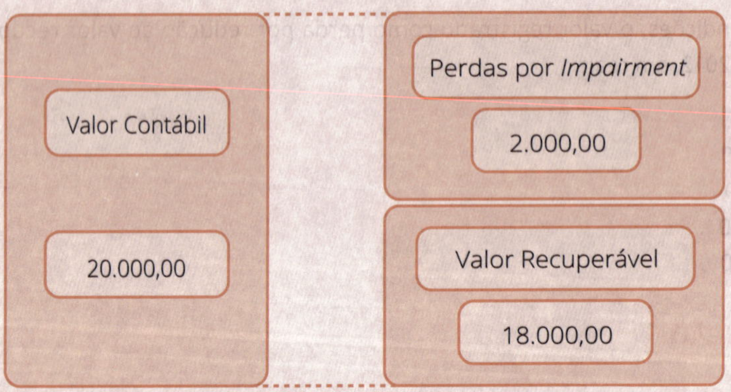

Perdas estimadas por *impairment* = Valor contábil – Valor recuperável

Perdas estimadas por *impairment* = 20.000,00 – 18.000,00
Perdas estimadas por *impairment* = 2.000,00

(1) Registro contábil da **perda por *impairment*** em 31/12/2012.

Outras Despesas		Perdas Estimadas Acumuladas	
(1) 2.000,00			2.000,00 (1)

Outras receitas

As **outras receitas** compreendem as **receitas oriundas** das transações do AÑC classificados nos subgrupos de investimentos, imobilizado e intangível.

Outras despesas

As **outras despesas** compreendem as **despesas oriundas** das transações do AÑC classificados nos subgrupos de investimentos, imobilizado e intangível.

CONCLUSÃO, em 31/12/2012 a empresa deverá reconhecer uma **despesa com perda por desvalorização** de 2.000,00. No balanço patrimonial, teremos:

Ativo Não Circulante Imobilizado
Máquinas..45.000,00
– Depreciação Acumulada..........................(25.000,00)
– Perdas Estimadas Acumuladas..................(2.000,00).........18.000,00

Gabarito: **D**

21ª QUESTÃO: A Casa de Espetáculos *William Shakespeare* realizou uma peça teatral, em outubro de 2012. De acordo com os critérios da Resolução CFC n.º 1.412/2012, a receita deveria ser reconhecida quando:

a) a empresa recebeu o valor correspondente à venda dos bilhetes.
b) o público cadastrou-se online para compra posterior dos bilhetes.
c) os bilhetes para o espetáculo teatral foram vendidos.
d) o espetáculo teatral aconteceu.
e) os artistas assinaram o contrato de realização do espetáculo.

SOLUÇÃO

De acordo com o CPC 30 – Receitas, quando a conclusão de uma transação que envolva a prestação de serviços puder ser estimada com confiabilidade, a receita associada à transação deve ser reconhecida tomando por base o estágio de execução da transação ao término do período de reporte. O reconhecimento da receita com referência ao estágio de execução de uma transação é usualmente denominado como sendo o método da percentagem completada. Por esse método, a receita é reconhecida nos períodos contábeis em que os serviços são prestados.

Gabarito: **D**

22ª QUESTÃO: A Cia. Global (controladora) possui 100% das ações da Cia. Marítima (controlada). No exercício de 2012, a Cia. Marítima vendeu produtos de sua industrialização para a controladora por 480.000,00, obtendo um lucro de 20% sobre o custo das mercadorias vendidas. A Cia. Global vendeu para terceiros 80% do lote comprado, no mesmo exercício, por 441.600,00. A parcela de lucros não realizados, remanescente nos estoques da controladora, a ser eliminada na consolidação das demonstrações financeiras do grupo, referentes ao exercício social de 2012 é, em reais,

a) 7.680,00
b) 16.000,00
c) 19.500,00
d) 80.000,00
e) 96.000,00

SOLUÇÃO

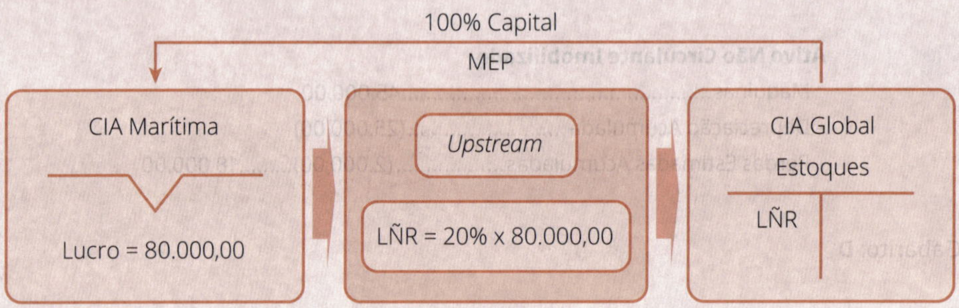

1º passo: Calcular o CMV.

I: Lucro da Marítima = 20% × CMV

II: Lucro da Marítima = Vendas – CMV

Igualando as equações I e II, temos:

$$20\% \times CMV = Vendas - CMV$$

1,2 × CMV = Vendas
1,2 × CMV = 480.000,00
CMV = 400.000,00

2º passo: Calcular o lucro não realizado.

Da equação I, temos: Lucro da Marítima = 20% × CMV

Lucro da Marítima = 20% × 400.000,00
Lucro da Marítima = 80.000,00

LÑR = Percentual não vendido × Lucro da Marítima

LÑR = 20% × 80.000,00
LÑR = 16.000,00

Gabarito: **B**

23ª QUESTÃO: A Empresa Devedora S.A. adquiriu um financiamento de US$ 10.000,00 (dez mil dólares), em 1 de dezembro de 2012, e deverá quitá-lo, em 1 de outubro de 2013. Na data da aquisição do financiamento, a taxa do dólar (cotação) era R$ 1,70. Sabendo-se que, em 31 de dezembro de 2012, o dólar estava cotado a R$ 1,45, a variação cambial, referente ao período de 01/12/2012 a 31/12/2012, foi:

a) ativa de 2.500,00, que aumenta o ativo circulante da empresa.
b) ativa de 2.500,00, que reduz o passivo circulante da empresa.
c) passiva de 2.500,00, que reduz o passivo circulante da empresa.
d) passiva de 2.500,00, que aumenta o passivo circulante da empresa.
e) ativa de 2.500,00, que reduz o saldo da conta Ajustes de Avaliação Patrimonial.

SOLUÇÃO

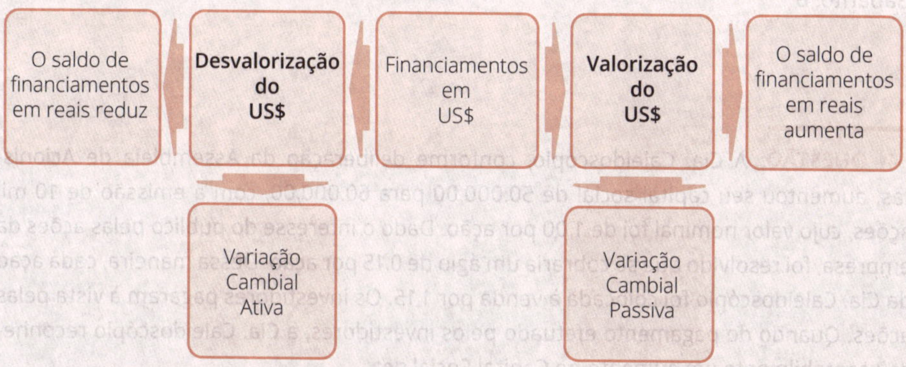

ATENÇÃO, o dólar **desvalorizou** em relação ao real, portanto, temos uma **variação cambial ativa.**

(1) Registro do empréstimo em 01/12/2012 em reais:

BCM	
(1) 17.000,00	

Empréstimos	
	17.000,00 (1)

Empréstimos em R$ (01/12/2012) = Empréstimos em US$ (01/01/2012) × Câmbio em 01/12/2012

Empréstimos em R$ (01/12/2012) = US$ 10.000,00 × R$ 1,70
Empréstimos em R$ (01/12/2012) = R$ 17.000,00

(2) Registro da variação cambial ativa (VCA) em 31/12/2012:

Empréstimos	
(2) 2.500,00	17.000,00
	14.500,00

Variação Cambial Ativa	
	2.500,00 (2)

Empréstimos em R$ (31/12/2012) = Empréstimos em US$ (01/01/2012) × Câmbio em 31/12/2012

Empréstimos em R$ (31/12/2012) = US$ 10.000,00 × R$ 1,45
Empréstimos em R$ (31/12/2012) = R$ 14.500,00

VCA em R$ = (Câmbio em 31/12/2012 – Câmbio em 01/12/2012) × Empréstimos em US$ (01/01/2012)

Variação Cambial Ativa = (1,45 – 1,70) × 10.000,00
Variação Cambial Ativa = (2.500,00)

Gabarito: **B**

24ª QUESTÃO: A Cia. Caleidoscópio, conforme deliberação da Assembleia de Acionistas, aumentou seu capital social de 50.000,00 para 60.000,00, com a emissão de 10 mil ações, cujo valor nominal foi de 1,00 por ação. Dado o interesse do público pelas ações da empresa, foi resolvido que se cobraria um ágio de 0,15 por ação. Dessa maneira, cada ação da Cia. Caleidoscópio foi colocada à venda por 1,15. Os investidores pagaram à vista pelas ações. Quando do pagamento efetuado pelos investidores, a Cia. Caleidoscópio reconheceu contabilmente um aumento no Capital Social de:

a) 11.500,00.
b) 10.000,00 e uma receita de 1.500,00.
c) 10.000,00 e a constituição de uma Reserva de Capital de 1.500,00.
d) 10.000,00 e a constituição de uma Reserva de Lucros de 1.500,00.
e) 11.500,00 e uma despesa de 1.500,00.

☛ SOLUÇÃO

(1) Registro do aumento de capital:

Capital a Integralizar	
(1) 10.000,00	

Capital	
	50.000,00
	10.000,00 (1)
	60.000,00

(2) Registro da integralização de capital:

Caixa	
(2) 11.500,00	

Capital a Integralizar	
10.000,00	10.000,00 (2)

Ágio na Emissão de Ações	
	1.500,00 (2)

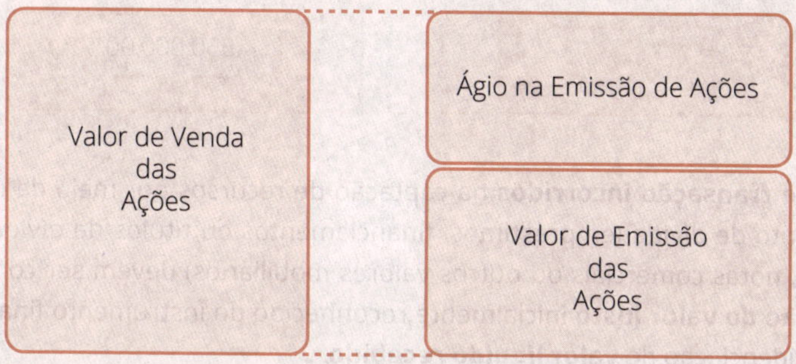

Ágio na Emissão de Ações = Valor de venda das ações – Valor de emissão das ações

Ágio na Emissão de Ações = 10.000 ações × 1,15/ação – 10.000 ações × 1,00/ação
Ágio na Emissão de Ações = 1.500,00

Gabarito: **C**

25ª QUESTÃO: Em 01/03/2013, a Empresa Esperança fez uma captação de recursos no mercado financeiro, por meio de debêntures, no valor de 5.000.000,00, incorrendo em custos de transação no valor de 450.000,00. A taxa de juros compostos contratual da operação foi de 10% ao ano, sendo que a empresa fará o resgate das debêntures, num único pagamento (principal e juros), ao final de três anos. Pelas regras atuais, em 01/03/2013, a Empresa Esperança:

a) não reconheceu despesa com encargos financeiros.
b) reconheceu despesa com encargos financeiros de 450.000,00.
c) reconheceu despesa com encargos financeiros de 950.000,00.
d) reconheceu despesa com encargos financeiros de 1.655.000,00.
e) reconheceu despesa com encargos financeiros de 2.105.000,00.

☛ SOLUÇÃO

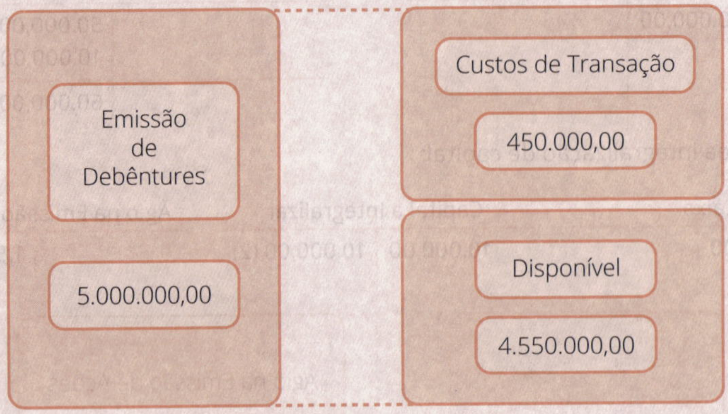

Os **custos de transação incorridos** na captação de recursos por meio da contratação de instrumento de dívida (empréstimos, financiamentos ou títulos de dívida tais como **debêntures**, notas comerciais ou outros valores mobiliários) devem ser contabilizados como **redução do valor justo** inicialmente reconhecido do instrumento financeiro emitido, para evidenciação do **valor líquido recebido**.

(1) Registro contábil da captação de recursos por meio da emissão de debêntures.

Caixa	
(1) 5.000.000,00	

Debêntures a Pagar	
	5.000.000,00 (1)

(2) Registro contábil dos custos de transação.

Caixa	
5.000.000,00	450.000,00 (2)
4.550.000,00	

Custos de Transação a Amortizar	
(2) 450.000,00	

No balanço patrimonial, temos:

Ativo	Passivo
Ativo Circulante	**Passivo Não Circulante**
Caixa 4.550.000,00	Debêntures a Pagar 5.000.000,00
	Custos de Transação a Amortizar .... (450.000,00)
Total 4.550.000,00	Total 4.550.000,00

Gabarito: **A**

26ª QUESTÃO: A Cia. Generosa efetuou as seguintes operações no mês de fevereiro de 2013:

- Compra de mercadorias a prazo, no valor de 50.000,00, obtendo um desconto comercial de 10% no ato da compra.
- Venda de todas as mercadorias, à vista, por 97.000,00, concedendo um desconto comercial de 8.000,00 no ato da venda.
- Pagamento antecipado de uma duplicata, referente à compra a prazo, obtendo um desconto de 3.000,00 sobre o valor da mesma.
- O comprador das mercadorias vendidas pela Cia. Generosa reclamou que houve divergência no tipo de mercadoria entregue, fato que motivou a concessão de um abatimento de 4.000,00 sobre o valor da venda, a fim de evitar uma devolução de mercadorias.

Desconsiderando os impostos incidentes sobre compras e vendas e sabendo-se que não havia estoque inicial, o lucro bruto obtido pela Cia. Generosa em fevereiro de 2013 foi, em reais:

a) 37.000,00
b) 40.000,00
c) 41.000,00
d) 44.000,00
e) 45.000,00

SOLUÇÃO

1º passo: Calcular as compras líquidas.

Montando a nota fiscal de aquisição das mercadorias com desconto comercial de 10%, temos:

Nota Fiscal de Mercadorias	
Mercadorias	50.000,00
– Desconto Comercial	(5.000,00)
+ Tributos não recuperáveis	0,00
= Total da nota fiscal	45.000,00
Tributos recuperáveis	0,00

As **compras brutas** (CB) correspondem ao valor das compras acrescidos dos tributos, quer sejam por fora ou por dentro, **recuperáveis ou não**. Em outras palavras, as compras brutas correspondem ao valor **total da nota fiscal** de aquisição das mercadorias.

Compras Brutas = Nota Fiscal de Mercadorias

Compras Brutas = 45.000,00

2º passo: Calcular as compras líquidas.

As **compras líquidas** (CL) representam o valor efetivamente **lançado nos estoques**.

CL = CB – Tributos recuperáveis + Fretes/Seguros/Armazenagem – Deduções de compras

Compras Líquidas = 45.000,00 (Compras Brutas) – 0,00 (Tributos recuperáveis)
Compras Líquidas = 45.000,00

CMV = EI + Compras Líquidas – EF

CMV = 0,00 + 45.000,00 – 0,00
CMV = 45.000,00

3º passo: Calcular o lucro bruto na DRE.

Demonstração do Resultado do Exercício	
Vendas Brutas	97.000,00
– Desconto comercial	(8.000,00)
– Abatimentos sobre vendas	(4.000,00)
= Vendas Líquidas	85.000,00
– Custo das Mercadorias Vendidas	(45.000,00)
= Lucro Bruto	40.000,00

Gabarito: **B**

27ª QUESTÃO: Em 01/02/2013, a empresa Ativa S.A. adquiriu uma máquina, no valor de 2.000.000,00, diretamente do fornecedor. Pagou 10% do valor à vista e o restante será pago em 10 parcelas anuais de 180.000,00, sendo a primeira a ser paga em 01/02/2014. A taxa de juros cobrada pelo credor foi de 13% ao ano. A seguir, a demonstração do valor presente das parcelas:

Parcelas	Valor em reais	Valor presente das parcelas em reais	Diferença em reais
1	180.000,00	159.292,04	20.707,96
2	180.000,00	140.966,40	39.033,60
3	180.000,00	124.749,03	55.250,97
4	180.000,00	110.397,37	69.602,63
5	180.000,00	97.696,79	82.303,21
6	180.000,00	86.457,33	93.542,67
7	180.000,00	76.510,92	103.489,08
8	180.000,00	67.708,78	112.291,22
9	180.000,00	59.919,27	120.080,73
10	180.000,00	53.025,90	126.974,10
Totais	1.800.000,00	976.723,83	823.276,17

Lançamento contábil que deveria ter sido feito pela empresa Ativa S.A., em 01/02/2013, em reais:

a) Imobilizado 1.176.723,83
Despesa com Juros 823.276,17
a Fornecedores... 1.800.000,00
a Caixa...200.000,00

b) Imobilizado 2.200.000,00
a Juros a Apropriar 200.000,00
a Fornecedores... 1.800.000,00
a Caixa...200.000,00.

c) Imobilizado 1.176.723,83
Juros a Apropriar...823.276,17
a Fornecedores... 1.800.000,00
a Caixa...200.000,00

d) Imobilizado 2.000.000,00
a Fornecedores... 1.800.000,00
a Caixa...200.000,00

e) Imobilizado 1.176.723,83
a Fornecedores...976.723,83
a Caixa...200.000,00

☛ SOLUÇÃO

Segundo o CPC 12 – Ajuste a Valor Presente, o AVP deve ser calculado no momento inicial da operação, considerando os fluxos de caixa da correspondente operação (valor, data e todos os termos e as condições contratados), bem como a taxa de desconto aplicável à transação, na data de sua ocorrência.

Custo de aquisição da máquina = 10% de entrada + Somatório das 10 parcelas AVP

Custo de aquisição da máquina = 10% × 2.000.000,00 + 976.723,83
Custo de aquisição da máquina = 1.176.723,83

ATENÇÃO, a banca já informou o montante dos juros a apropriar que é de 823.276,17.

(1) Registro contábil da aquisição da máquina.

Caixa	
Saldo Inicial	200.000,00 (1)

Fornecedores	
	1.800.000,00 (1)

Máquinas	
(1) 1.176.723,83	

Juros a Apropriar	
(1) 823.276,17	

No balanço patrimonial, temos:

Ativo	Passivo
AÑC Imobilizado	**Passivo Exigível**
Imobilizado 1.176.723,83	Fornecedores 1.800.000,00
	Juros a Apropriar.........................(823.276,17)
Total.. 1.176.723,83	Total.. 1.176.723,83

Gabarito: C

28ª QUESTÃO: A Cia. Futurista adquiriu 3% das ações da Cia. Atual, em 20/02/2013, por 4.560,00. As sociedades não são do mesmo grupo nem estão sob controle comum. O investimento adquirido não caracteriza controle nem influência significativa sobre a investida, mas a Cia. Futurista possui a intenção de permanecer com este investimento por vários exercícios, ou seja, não há intenção de venda. Neste caso, o investimento, classificado no ativo não circulante da Cia. Futurista, será avaliado pelo:

a) custo corrente corrigido.
b) método da equivalência patrimonial.
c) método de custo.
d) método da conciliação.
e) método de crédito unitário projetado.

☛ SOLUÇÃO

De acordo com o artigo 183, inciso IV da lei nº 6.404/76, os demais investimentos (investimentos que não são em sociedades controladas, coligadas, que não são do mesmo grupo nem estão sob controle comum) são avaliados pelo **custo de aquisição**, deduzido de provisão para atender às perdas prováveis na realização do seu valor, ou para redução do custo de aquisição ao valor de mercado, quando este for inferior.

Gabarito: **C**

29ª QUESTÃO: A Empresa Alfa S.A. recebeu do Município Beta uma área de 150.000 metros quadrados para a construção de uma unidade de produção, cujo valor justo era de 350,00 o metro quadrado. A lei municipal que autorizou a subvenção governamental (doação) da respectiva área impôs a seguinte restrição: a empresa deverá gerar 150 empregos diretos, consecutivamente, por um período, mínimo, de 15 anos. No momento do recebimento da doação, a empresa deve debitar:

a) 52.500.000,00 no ativo imobilizado e creditar receita diferida (subvenção) no resultado do exercício.
b) 3.500.000,00 no ativo imobilizado e creditar receita diferida (subvenção) no passivo não circulante.
c) 52.500.000,00 no ativo intangível como direitos sobre subvenções e creditar reservas de lucros no patrimônio líquido.
d) 3.500.000,00 no ativo intangível como direitos sobre subvenções e creditar receita diferida (subvenção) no resultado do exercício.
e) 52.500.000,00 no ativo imobilizado e creditar receita diferida (subvenção) no passivo não circulante.

☛ SOLUÇÃO

Segundo o CPC 07 que trata da Subvenção e Assistência Governamentais, temos:

Subvenção governamental é uma assistência governamental geralmente na forma de contribuição de natureza pecuniária, mas não só restrita a ela, concedida a uma entidade normalmente em troca do cumprimento passado ou futuro de certas condições relacionadas às atividades operacionais da entidade. Não são subvenções governamentais aquelas que não podem ser razoavelmente quantificadas em dinheiro e as transações com o governo que não podem ser distinguidas das transações comerciais normais da entidade.

Subvenções relacionadas a ativos são subvenções governamentais cuja condição principal para que a entidade se qualifique é a de que ela compre, construa ou de outra forma adquira ativos de longo prazo. Também podem ser incluídas condições acessórias que restrinjam o tipo ou a localização dos ativos, ou os períodos durante os quais devem ser adquiridos ou mantidos.

Subvenção = Área para construção em metros^2 × Valor justo por metro^2

Subvenção = 150.000 metros^2 × 350,00/metro^2
Subvenção = 52.500.000,00

Enquanto não atendidos os requisitos para reconhecimento da receita com subvenção na demonstração do resultado, a contrapartida da subvenção governamental **registrada no ativo deve ser feita em conta específica do passivo**.

AÑC Imobilizado		Receita Diferida PÑC	
(1) 52.500.000,00			52.500.000,00 (1)

ATENÇÃO, a receita diferida é a **conta específica do passivo** na qual encontra-se registrada a subvenção.

Gabarito: **A**

30ª QUESTÃO: A Empresa Comercial Jacob & Frères vendeu mercadorias a prazo por 200 milhões de reais, sendo que o valor da venda à vista das mercadorias seria de 175 milhões de reais (valor justo). O custo das mercadorias vendidas foi 130 milhões de reais. Nesta operação, há, apenas, a incidência de 18% de ICMS sobre as vendas. Considerando que o financiamento das vendas a prazo não é prática usual da empresa e que a mesma utiliza ICMS com segregação entre a parcela sobre venda e a parcela sobre receita financeira, o valor do lucro bruto na operação foi, em milhões de reais,

a) 9,00
b) 13,50
c) 32,40

d) 34,00
e) 38,50

SOLUÇÃO

DRE: ICMS **sem segregação**	DRE: ICMS **com segregação**
Vendas Brutas.......... 200 milhões	Vendas Brutas.......... 200 milhões
– AVP de Vendas.......... (25 milhões)	– AVP de Vendas.......... (25 milhões)
– ICMS sobre Vendas.......... (36 milhões)	– ICMS sobre Vendas.......... (31,5 milhões)
= Vendas Líquidas.......... 139 milhões	= Vendas Líquidas.......... 143,5 milhões
– CMV.......... (130 milhões)	– CMV.......... (130 milhões)
= Lucro Bruto.......... 9 milhões	**= Lucro Bruto.......... 13,5 milhões**
+ Receita Financeira.......... 25 milhões	+ Receita Financeira.......... 25 milhões
= LAIR.......... 34 milhões	– ICMS sobre Receita Financeira.... (4,5 milhões)
	= LAIR.......... 34 milhões

Essa questão da reclassificação da parcela do ICMS calculada sobre os juros embutidos na operação para o resultado financeiro comercial altera o lucro bruto, o resultado financeiro e também o LAJIDA (ou EBITDA, na sigla em inglês, se a entidade faz uso dessa medida não contábil). Dessa forma, essa questão pode ser relevante para algumas entidades. Qualquer que seja o método utilizado, ele deve ser divulgado em nota explicativa para melhor entendimento do usuário das demonstrações contábeis e aplicado de maneira uniforme ao longo dos exercícios.

Gabarito: **B**

31ª QUESTÃO: A Empresa Aérea Voos Seguros (arrendatária) fechou contrato de arrendamento mercantil financeiro de uma aeronave para transporte de passageiros com uma Empresa Espanhola (arrendadora), sendo que a arrendatária possui a opção de compra do bem, no final do período, pelo valor de 1.000,00. Considere as seguintes informações:

- Período do contrato: 96 meses
- Vida útil econômica da aeronave: 100 meses
- Capacidade da aeronave: 80 passageiros
- Valor mensal do arrendamento mercantil: 350.000,00
- Valor presente das contraprestações futuras: 21.535.080,77
- Valor justo da aeronave: 25.000.000,00

No início do prazo do arrendamento mercantil, na arrendatária, o valor do registro contábil do bem no ativo imobilizado deve ser, em reais:

a) 350.000,00
b) 3.464.919,23
c) 21.535.080,77
d) 25.000.000,00
e) 33.600.000,00

SOLUÇÃO

Segundo o CPC 06 (R2) Operações de Arrendamento Mercantil, no começo do prazo de arrendamento mercantil, os arrendatários devem reconhecer, em contas específicas, os arrendamentos mercantis financeiros como ativos e passivos nos seus balanços por quantias iguais ao **valor justo** da propriedade arrendada ou, **se inferior**, ao **valor presente** dos pagamentos mínimos do arrendamento mercantil, cada um determinado no início do arrendamento mercantil. A taxa de desconto a ser utilizada no cálculo do valor presente dos pagamentos mínimos do arrendamento mercantil deve ser a taxa de juros implícita no arrendamento mercantil, se for praticável determinar essa taxa; se não for, deve ser usada a taxa incremental de financiamento do arrendatário.

- Valor presente das contraprestações futuras: 21.535.080,77
- Valor justo da aeronave: 25.000.000,00

No balanço patrimonial, temos:

Ativo	Passivo
AÑC Imobilizado	**Passivo Exigível**
Veículos 21.535.080,77	AMF a Pagar 33.600.000,00
	Juros a Transcorrer .... (12.064.919,23)
Total....................................... 21.535.080,77	Total....................................... 21.535.080,77

Gabarito: **C**

INSTRUÇÕES: Considere as informações, a seguir, para responder às questões de **números 32 e 33**:

A Cia. ABC (Investidora) adquiriu, em 01 de dezembro de 20x1, 90% das ações da Cia. XYZ (Investida), que se encontra instalada em Portugal. Em 31 de dezembro de 20x1, a Cia. XYZ apresentou a seguinte posição financeira:

Contas	Saldo (€ euros)
Ativos	40.000,00
Passivos	30.000,00

Patrimônio Líquido	
Capital Social	8.500,00
Lucro líquido, referente a dezembro de 20x1	1.500,00

Taxas	Cotação € euro	Observações
Histórica	R$ 2,00	Em 01/12/20x1
Média	R$ 2,25	De 01/12 a 31/12/20x1
Fechamento	R$ 2,50	Em 31/12/20x1

32ª QUESTÃO: A conversão do balanço patrimonial da Cia. XYZ (para Reais), em 31/12/20x1, gera um registro na conta ajuste acumulado de conversão, na Cia. ABC, no valor de, em reais,

a) 1.912,50
b) 2.500,00
c) 4.162,50
d) 4.500,00
e) 5.000,00

☛ SOLUÇÃO

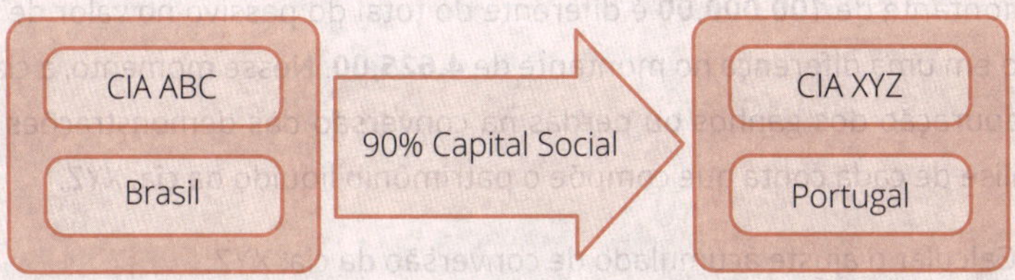

1º passo: Conversão do balanço patrimonial da cia. XYZ em euros para o real.

Ativo em R$ = Ativo em € × Taxa de Fechamento

Ativo em R$ = 40.000,00 × 2,50 = 100.000,00

Passivo em R$ = Passivo em € × Taxa de Fechamento

Passivo em R$ = 30.000,00 × 2,50 = 75.000,00

Capital em R$ = Capital em € × Taxa Histórica

Capital em R$ = 8.500,00 × 2,00 = 17.000,00

Lucros acumulados em R$ = Lucros acumulados em € × Taxa média

Lucros Acumulados em R$ = 1.500,00 × 2,25 = 3.375,00

2º passo: Balanço patrimonial da cia. XYZ em reais.

Balanço Patrimonial da cia. XYZ em R$	
Ativo	**Passivo**
Ativos 100.000,00	Passivos 75.000,00
	Patrimônio Líquido
	Capital 17.000,00
	Lucros Acumulados 3.375,00
Total 100.000,00	Total 95.375,00

Após a conversão do balanço patrimonial da cia. XYZ de euros para o real, o total do ativo no montante de **100.000,00** é diferente do total do passivo no valor de **95.375,00**, resultando em uma diferença no montante de **4.625,00**. Nesse momento, a cia. ABC procederá a apuração dos ganhos ou perdas na conversão das demonstrações contábeis, com a análise de cada conta que compõe o patrimônio líquido da cia. XYZ.

3º passo: Calcular o ajuste acumulado de conversão da cia. XYZ.

O **capital é a primeira conta** do patrimônio líquido, e encontra-se mensurado no balanço patrimonial após a conversão, pelo valor de **17.000,00**, pois foi aplicado a taxa histórica na sua conversão. Caso o capital fosse convertido pela taxa de fechamento de 2,50, o valor seria de **21.250,00**, gerando uma variação cambial positiva de **4.250,00**.

Variação cambial positiva do capital = (TF – TH) × Capital em €

Variação cambial positiva do capital = (2,50 – 2,00) × € 8.500,00
Variação cambial positiva do capital = 4.250,00

A conta **lucros acumulados é a segunda conta** do patrimônio líquido, e encontra-se mensurado no balanço patrimonial após a conversão, pelo valor de **3.375,00**, pois foi aplicado a taxa média na sua conversão. Caso os lucros acumulados fossem convertidos pela taxa de fechamento de 2,50, o valor seria de **3.750,00**, gerando uma variação cambial positiva de **375,00**.

Variação cambial positiva na conta Lucros Acumulados = (TF – TM) × Lucros Acumulados em €

Variação cambial positiva na conta Lucros Acumulados = (2,50 – 2,25) × € 1.500,00 = 375,00

Segundo o CPC 02 a **variação cambial ativa** resultante da conversão do capital será reconhecida em outros resultados abrangentes, na conta específica do patrimônio líquido da cia. XYZ, denominada de **ajustes acumulados de conversão**.

AAC na cia. XYZ = Variação cambial positiva do Capital + Variação cambial positiva na conta Lucros Acumulados

AAC na cia. XYZ = 4.250,00 + 375,00
ACC na cia. XYZ = 4.625,00

Balanço patrimonial da cia. XYZ de € para R$ em 31/12/20x1 após o reconhecimento da conta ajustes acumulados de conversão:

Balanço Patrimonial da cia. XYZ em R$	
Ativo	**Passivo**
Ativos.. 100.000,00	Passivos.. 75.000,00
	Patrimônio Líquido
	Capital 17.000,00
	Lucros Acumulados 3.375,00
	AAC da cia XYZ 4.625,00
Total.. 100.000,00	Total.. 100.000,00

4º passo: Calcular o ajuste acumulado de conversão na cia. ABC

AAC reflexo na cia. ABC = 90% × AAC na cia. XYZ

AAC reflexo na cia. ABC = 90% × 4.625,00
AAC reflexo na cia. ABC = 4.162,50

SOLUÇÃO NA PROVA

AAC em R$ = (A em € × TF – P em € × TF – PL em € × TH – ARE em € × TM) × Percentual de ações

AAC em R$ = (40.000,00 × 2,50 – 30.000,00 × 2,50 – 8.500,00 × 2,00 – 1.500,00 × 2,25) × 90%
AAC reflexo na cia. ABC = 4.162,50

Onde:

- AAC em R$ é a conta Ajustes Acumulados de Conversão em reais
- A em € é o Ativo em euros
- P em € é o Passivo em euros
- PL em € é o Patrimônio Líquido em euros
- ARE em € é a apuração do resultado do exercício em euros
- TF é a taxa de fechamento
- TH é a taxa histórica
- TM é a taxa média

Gabarito: **C**

33ª QUESTÃO: Com base nos dados contábeis fornecidos pela investida cia. XYZ e as cotações do € euro após a conversão, o valor do investimento da cia. ABC é, em 31 de dezembro de 20x1, em reais,

a) 15.300,00
b) 18.000,00
c) 19.125,00
d) 22.500,00
e) 25.000,00

SOLUÇÃO

O patrimônio líquido da cia. XYZ convertido para R$ em 31/12/x1 é:

Capital da cia XYZ em R$.. 17.000,00
+ Lucros Acumulados da cia XYZ em R$ 3.375,00
+ AAC da cia XYZ em R$..4.625,00
= PL da cia XYZ em R$...25.000,00
× Percentual de participação no capital da cia. XYZ........... ×90%
= Investimento na cia. XYZ em R$..................................22.500,00

SOLUÇÃO NA PROVA

Investimento em R$ = Percentual de ações × PL final em € × Taxa de Fechamento
Investimento em R$ = 90% × € 10.000,00 × 2,50
Investimento em R$ = 22.500,00

Gabarito: **D**

34ª QUESTÃO: Os gastos do departamento de manutenção e reparos de um Laticínio para realizar a pintura do imóvel onde está localizada a Administração Geral da empresa devem ser classificados, no período em que foram incorridos, como:

a) despesa.
b) custo.
c) perda.
d) imobilização.
e) investimento.

SOLUÇÃO

ATENÇÃO, o imóvel objeto da manutenção e reparos encontra-se utilizado pela **administração geral da empresa**. Em outras palavras, trata-se de um gasto fora da área de produção, classificado em **despesas do período**.

Gabarito: **A**

INSTRUÇÕES: Para responder às **questões de números 35 e 36**, considere os dados, a seguir, referentes aos exercícios financeiros de 2011 e 2012, sobre uma indústria que produz e vende um único produto:

Dados	2011	2012
Quantidade produzida	500.000	625.000
Quantidade vendida	500.000	500.000
Preço líquido de venda por unidade	42,00	42,00
Custos variáveis por unidade	30,00	30,00
Despesas variáveis por unidade	5,00	5,00
Custos fixos por ano	3.000.000,00	3.000.000,00
Despesas fixas por ano	400.000,00	400.000,00

OBSERVAÇÃO: Considere ainda que não existiam estoques iniciais de produtos em elaboração e de produtos acabados em cada um dos exercícios financeiros.

35ª QUESTÃO: Os valores da margem de contribuição unitária do produto nos exercícios financeiros de 2011 e 2012 foram, respectivamente, em reais,

a) 5,20 e 5,20
b) 6,00 e 6,00
c) 6,00 e 7,20
d) 7,00 e 7,00
e) 12,00 e 12,00

☛ SOLUÇÃO

MCu = Vu – (CVu + DVu)

Em que:

MCu: Margem de contribuição unitária
Vu: Vendas unitárias
CVu: Custos variáveis unitários
DVu: Despesas variáveis unitárias

MCu em 2011 = 42,00 – (30,00 + 5,00)
MCu 2011 = 7,00

MCu 2012 = 42,00 – (30,00 + 5,00)
MCu em 2012 = 7,00

Gabarito: **D**

36ª QUESTÃO: Referente ao exercício financeiro de 2012, a diferença entre os valores dos estoques finais de produtos acabados apurados pelos métodos de custeio por absorção e variável é, em reais,

a) 80.000,00
b) 600.000,00
c) 625.000,00
d) 680.000,00
e) 750.000,00

☛ SOLUÇÃO

A **diferença** entre o lucro pelo custeio por absorção e o lucro pelo custeio variável **está em relação aos custos fixos**, pois enquanto o **custeio por absorção** lança para o resultado os custos fixos proporcionalmente a produção vendida, o **custeio variável** apropria integralmente os custos fixos para o resultado como despesas operacionais, independentemente da empresa ter vendido ou não a produção.

1º passo: Calcular o custo fixo por unidade.

$$\text{CF por unidade} = \frac{\text{Custo Fixo em 2012}}{\text{Quantidade produzida em 2012}}$$

$$\text{CF por unidade} = \frac{3.000.000,00}{625.000 \text{ unidades}}$$

CF por unidade = 4,80

2º passo: Calcular a diferença entre os valores dos estoques finais de produtos acabados apurados pelos métodos de custeio por absorção e variável.

$$\text{EF absorção} - \text{EF variável} = (\text{Quantidade produzida} - \text{Quantidade vendida}) \times \text{CF por unidade}$$

EF absorção – EF variável = (625.000 – 500.000) × 4,80
EF absorção – EF variável = 600.000,00

Gabarito: **B**

37ª QUESTÃO: A empresa BRfone Ltda. produz somente dois tipos de aparelhos de telefone, telefone preto sem fio e telefone vermelho com fio, cujos preços de venda por unidade, líquidos de tributos, são 60,00 e 40,00, respectivamente. Para a produção, a empresa incorre nos seguintes custos:

Custos	Quantidade Consumida	
	Telefone preto	Telefone vermelho
Mão de Obra Direta: 10,00/hora	0,50 hora por unidade	0,35 hora por unidade
Materiais diretos: 4,00/kg	2 kg por unidade	1 kg por unidade

Sabe-se que a empresa paga comissões de 5% sobre o preço líquido de vendas aos vendedores. Com base nessas informações, a soma dos custos e despesas variáveis incorridos para a produção de cada unidade dos produtos telefone preto e telefone vermelho, respectivamente, é, em reais:

a) 8,00 e 5,50
b) 11,00 e 6,00
c) 13,00 e 7,50
d) 16,00 e 9,50
e) 17,00 e 16,00

☛ SOLUÇÃO

1º passo: Calcular os custos e despesas variáveis incorridos na produção do telefone preto.

Custos do telefone preto = MOD + Materiais Diretos

Custos do telefone preto = 10,00/h × 0,50 h + 4,00/kg × 2 kg
Custos do telefone preto = 13,00

Despesas do telefone preto = Preço de venda por unidade × Percentual de comissão por unidade

Despesas do telefone preto = 60,00 × 5%
Despesas do telefone preto = 3,00
Custos e despesas do telefone preto = 13,00 + 3,00
Custos e despesas do telefone preto = 16,00

2º passo: Calcular os custos e despesas variáveis incorridos na produção do telefone vermelho.

Custos do telefone vermelho = MOD + Materiais Diretos

Custos do telefone vermelho = 10,00/h × 0,35 h + 4,00/kg × 1 kg
Custos do telefone vermelho = 7,50

Despesas do telefone vermelho = Preço de venda por unidade × Percentual de comissão por unidade

Despesas do telefone vermelho = 40,00 × 5%
Despesas do telefone vermelho = 2,00

Custos e despesas do telefone vermelho = 7,50 + 2,00
Custos e despesas do telefone vermelho = 9,50

Gabarito: **D**

38ª QUESTÃO: Na produção por ordem, quando há danificações de matérias-primas, durante a elaboração de determinadas ordens, dois procedimentos podem ser utilizados: a concentração dentro dos custos indiretos para rateio à produção toda do período ou a apropriação:

a) aos departamentos de produção.
b) aos departamentos de apoio à produção.
c) à ordem que está sendo elaborada.
d) às unidades operacionais.
e) aos departamentos administrativos.

SOLUÇÃO

Na produção por ordem, quando há danificações de matérias-primas, na elaboração de determinadas ordens, dois procedimentos podem ser utilizados: a concentração dentro dos custos indiretos para rateio à produção toda do período ou a apropriação à **ordem que está sendo elaborada**.

Gabarito: **C**

39ª QUESTÃO: Considere as seguintes equações:

Equação 1: Quantidade Padrão × Preço Real
Equação 2: Quantidade Padrão × Preço Padrão

Na análise de variações dos materiais diretos, pelo critério que se quantifica a variação mista, uma terceira equação resultante da subtração da equação 1 pela equação 2, nesta ordem, indica:

a) a variação de preço.
b) a variação de quantidade.
c) a variação de consumo.
d) o custo real.
e) a identificação do consumo.

☛ **SOLUÇÃO**

Chamando de equação 3 o resultado da subtração entre as equações 2 e 1, temos:

Equação 3 = Equação 2 – Equação 1

Equação 3 = Quantidade Padrão × Preço Padrão – Quantidade Padrão × Preço Real

Equação 3 = (Preço Padrão – Preço Real) × Quantidade Padrão

A **equação 3** resultante corresponde a **variação de preço**.

Gabarito: **A**

INSTRUÇÕES: Para responder às **questões de números 40 e 41**, considere os dados a seguir:

A administração da Empresa Beta realizou um levantamento de informações sobre o seu principal produto, conforme apresentado no quadro:

Itens	Valores
Preço líquido de vendas por unidade	210,00
Custos variáveis por unidade	110,00
Despesas variáveis por unidade	20,00
Custos e despesas fixos identificados com o principal produto	360.000,00
Investimentos identificados com o principal produto por período	500.000,00
Lucro mínimo desejável sobre os investimentos identificados com o principal produto	8% ao período

40ª QUESTÃO: O valor do ponto de equilíbrio contábil do principal produto da empresa, considerando apenas os custos e despesas fixos identificados, em unidades, é:

a) 3.600
b) 4.500
c) 5.000
d) 6.250
e) 10.750

☛ **SOLUÇÃO**

1º passo: Calcular a receita total.

Receita Total = Preço unitário de venda × Quantidade de vendas

Receita Total = 210,00 × Q

2º passo: Calcular os custos totais.

Custos variáveis totais = Custos variáveis unitários × Quantidade de vendas

Custos Variáveis totais = 110,00 × Q

Custos totais = Custos variáveis totais + Custo fixo total

Custos totais = 110,00 × Q + 360.000,00

3º passo: Calcular as despesas variáveis totais.

Despesas variáveis totais = Despesas variáveis unitárias × Quantidade de vendas

Despesas variáveis totais = 20,00 × Q

4º passo: Calcular a quantidade no ponto de equilíbrio contábil da Empresa Beta.

No ponto de equilíbrio contábil **não existe lucro nem prejuízo**, pois o resultado contábil da empresa é nulo e nesse caso a empresa está perdendo o seu investimento, ou seja, economicamente a empresa, pelo menos em relação aos juros sobre o capital próprio investido, não está apresentando retorno.

Receita Total = Custos totais + Despesas variáveis totais

210,00 × Q = 110,00 × Q + 360.000,00 + 20,00 × Q
80,00 × Q = 360.000,00
Q = 4.500 unidades

Gabarito: **B**

41ª QUESTÃO: O valor do ponto de equilíbrio econômico do principal produto da empresa, considerando apenas os custos e despesas fixos identificados, em unidades, é:

a) 500
b) 4.000
c) 4.500
d) 5.000
e) 6.750

☛ **SOLUÇÃO**

O **ponto de equilíbrio econômico** é o ponto em que o lucro contábil resultante da atividade empresarial se iguala aos rendimentos do capital próprio da empresa aplicado em outra alternativa de investimento.

1º passo: Calcular a receita total.

Receita Total = Preço unitário de venda × Quantidade de vendas

Receita Total = 210,00 × Q

2º passo: Calcular os custos totais.

Custos variáveis totais = Custos variáveis unitários × Quantidade de vendas

Custos Variáveis totais = 110,00 × Q

Custos totais = Custos variáveis totais + Custo fixo total

Custos totais = 110,00 × Q + 360.000,00

3º passo: Calcular as despesas variáveis totais.

Despesas variáveis totais = Despesas variáveis unitárias × Quantidade de vendas

Despesas variáveis totais = 20,00 × Q

4º passo: Calcular o lucro esperado no ponto de equilíbrio econômico.

Lucro Esperado = 8% × Investimentos identificados com o principal produto por período

Lucro Esperado = 8% × 500.000,00
Lucro Esperado = 40.000,00

5º passo: Calcular a quantidade no ponto de equilíbrio econômico da Empresa Beta.

No ponto de equilíbrio econômico, temos:

Receita Total – Custo Total – Despesa variável total = Lucro Esperado

210,00 × Q – (110,00 × Q + 360.000,00) – 20,00 × Q = 40.000,00
210,00 × Q – 110,00 × Q – 360.000,00 – 20,00 × Q = 40.000,00

80,00 × Q = 400.000,00
Q = 5.000 unidades

Gabarito: **D**

Capítulo 31

Contador Arce 2012

01ª QUESTÃO: Considere as seguintes assertivas:

I. Nem o estatuto social nem a assembleia-geral poderão privar o acionista dos direitos de participar dos lucros sociais e de participar do acervo da companhia, em caso de liquidação.

II. As ações de cada classe conferirão iguais direitos aos seus titulares.

III. O número de ações preferenciais sem direito a voto, ou sujeitas a restrição no exercício desse direito, não pode ultrapassar 50% (cinquenta por cento) do total das ações emitidas.

IV. O acionista controlador que exerce cargo de administrador ou fiscal tem também os deveres e responsabilidades próprios do cargo.

Está correto o que se afirma em:

a) I e II, apenas.
b) III e IV, apenas.
c) I e III, apenas.
d) II, III e IV, apenas.
e) I, II, III e IV.

☛ SOLUÇÃO

Analisando os itens, temos:

I. Correto. Segundo o artigo 109 da lei nº 6.404/76, nem o estatuto social nem a assembleia-geral poderão privar o acionista dos direitos de **participar** dos lucros sociais e do acervo da companhia, em caso de liquidação, **fiscalizar**, na forma prevista nesta lei, a gestão dos negócios sociais, **preferência** para a subscrição de ações, partes beneficiárias conversíveis em ações, debêntures conversíveis em ações e bônus de subscrição, observado o disposto nos artigos 171 e 172 e **retirar-se** da sociedade nos casos previstos nesta lei.

II. Correto. Segundo o artigo 109, § 1º da lei nº 6.404/76, as ações de cada classe **conferirão** iguais direitos aos seus titulares.

III. Correto. Segundo o artigo 15, § 2º da lei nº 6.404/76, o número de ações preferenciais sem direito a voto, ou sujeitas a restrição no exercício desse direito, **não pode ultrapassar 50%** (cinquenta por cento) do total das ações emitidas.

IV. Correto. Segundo o artigo 117, § 3º da lei nº 6.404/76, o acionista controlador que exerce cargo de administrador ou fiscal **tem também os deveres e responsabilidades** próprios do cargo.

Gabarito: **E**

02ª QUESTÃO: Considere as seguintes assertivas:

I. As ações em tesouraria não possuem direito a voto e nem a dividendos e devem ser registradas em conta redutora, no patrimônio líquido.

II. A reserva de contingência deve ser constituída em função dos processos trabalhistas e ambientais que são interpostos contra a companhia.

III. A retenção de lucros, desde que aprovada em assembleia-geral, pode ser realizada, mesmo em detrimento da distribuição de dividendos mínimos obrigatórios.

Está correto o que se afirma em:

a) I, apenas.
b) III, apenas.
c) I e II, apenas.
d) II e III, apenas.
e) I, II e III.

SOLUÇÃO

Analisando os itens, temos:

I. Certo. De acordo com o artigo 30, § 4º da lei nº 6.404/76, as ações em tesouraria **não terão direito a dividendo nem a voto**. Segundo o artigo 182, § 5º as **ações em tesouraria** deverão ser destacadas no balanço como **dedução da conta do patrimônio líquido** que registrar a origem dos recursos aplicados na sua aquisição.

II. Errado. Atenção, é a **provisão para contingências** que deve ser constituída em função dos processos trabalhistas e ambientais que são interpostos contra a companhia.

RESERVAS PARA CONTINGÊNCIAS

Segundo o artigo 195 da lei nº 6.404/76, a assembleia geral **poderá** (faculdade), por proposta dos órgãos da administração, destinar parte do lucro líquido à formação de **reserva para contingências** com a finalidade de compensar, **em exercício futuro**, a diminuição do lucro decorrente de perda julgada provável, cujo valor possa ser estimado.

A proposta dos órgãos da administração deverá indicar a causa da perda prevista e justificar, com as razões de prudência que a recomendem, a constituição da **reserva para contingências**, sendo revertida no exercício em que deixarem de existir as razões que justificaram a sua constituição ou em que ocorrer a perda.

A **reserva para contingências** tem por objetivo a não distribuição de uma parcela dos dividendos obrigatórios, que correspondem a prováveis perdas extraordinárias futuras, que terão como consequências uma substancial redução do lucro da empresa ou mesmo a geração de prejuízos.

A constituição da **reserva para contingências** apesar de prejudicar a distribuição dos dividendos obrigatórios, evita uma situação de desequilíbrio financeiro, que ocorreria caso se distribuíssem os dividendos em um exercício, face à probabilidade de redução de lucros ou mesmo da ocorrência de prejuízos em exercício futuro, em virtude de perdas extraordinárias futuras previsíveis.

Por configurar uma postergação no pagamento de dividendos, a constituição da reserva para contingências deve obedecer o § 1º do artigo 195 da lei nº 6.404/76, isto é, a proposta feita pelos órgãos da administração deverá indicar a causa da perda e justificar, com as razões de cautela devidamente fundamentadas, a constituição dessa reserva.

A utilização da **reserva para contingências** é até recomendável no caso de determinados ramos de negócios, diretamente sujeitos a fenômenos naturais ou cíclicos, tais como: geadas, secas, inundações. É o caso, também, de empresas que, por outras razões definidas, operam com períodos fortemente lucrativos, seguidos de períodos com baixa lucratividade ou mesmo prejuízos, desde que seja previsível tal situação.

Também pode ser constituída nos casos de suspensão temporária (anormal, extraordinária) de produção e, consequentemente, perdas devido à paralisação não recorrente, não repetitiva, em virtude de substituições ou reformas de equipamentos causadas por danos, greves, falta de suprimentos de matérias-primas, por períodos relativamente extensos.

Os principais fundamentos para constituição da **reserva para contingência** são:

a) dar cobertura a perdas ou prejuízos potenciais (extraordinários, não repetitivos) ainda não incorridos, mediante segregação de parcela de lucros que seria distribuída como dividendo;

b) representa uma destinação do **lucro líquido do exercício**, contrapartida da conta de **lucros acumulados**, por isso sua constituição não afeta o resultado do exercício;

c) ocorrendo ou não o evento esperado, a parcela constituída será, em exercício futuro, revertida para **lucros acumulados**, integrando a base de cálculo para efeito de pagamento do dividendo e a perda, de fato ocorrendo, é registrada no resultado do exercício; e

d) é uma conta integrante do patrimônio líquido, no grupamento de **reserva de lucros**.

PROVISÃO PARA CONTINGÊNCIAS

A **provisão para contingências** tem por finalidade dar cobertura a perdas ou despesas, cujo **fato gerador já ocorreu**, mas não tendo havido, ainda, o correspondente desembolso ou perda. Em atenção ao regime de competência, entretanto, há necessidade de se efetuar o registro contábil e deve ser constituída independentemente de a companhia apresentar, lucro ou prejuízo no exercício.

Por exemplo, vamos supor que uma empresa em dezembro de 2014 esteja respondendo a processos trabalhistas relativos ao exercício de 2010 no montante de 50.000,00, e que os seus advogados deram como provável a perda da ação. Como estamos diante de um fato ocorrido no passado (exercício de 2010), e a possibilidade de perda é provável, a empresa em 31/12/2014, constituirá uma provisão para contingências que será classificada no passivo. O lançamento contábil será:

Despesas com Provisão		Provisão para Contingências	
(1) 50.000,00			50.000,00 (1)

MEMORIZAR PARA A PROVA

Contas	Fato gerador	Registro contábil da constituição
Reserva para Contingências	Futuro	Lucros Acumulados a Reserva para Contingências
Provisão para Contingências	Passado	Despesas com Provisão para Contingências a Provisão para Contingências

Para facilitar o entendimento, vamos dar um exemplo numérico de reservas para contingências.

Exemplo: A Cia. Café Gama em 31/12/2012 apurou um lucro líquido no valor de 100.000,00 e constituiu reserva legal nos termos da lei e uma reserva para contingências no montante de 20% do lucro líquido, pois em 2013 está previsto uma forte geada nos cafezais que fornecem grãos de café para a Cia. Café Gama, os quais concorrerão para a redução do resultado da Cia. Café Gama em 2013. Sabendo-se que o estatuto da Cia. Café Gama é omisso em relação aos dividendos, qual o montante dos dividendos distribuídos em 2012?

SOLUÇÃO

ATENÇÃO, a utilização da **reserva para contingências** é até recomendável no caso de determinados ramos de negócios, diretamente sujeitos a fenômenos naturais ou cíclicos, tais como: geadas, secas, inundações. É o caso, também, de empresas que, por outras razões definidas, operam com períodos fortemente lucrativos, seguidos de períodos com baixa lucratividade ou mesmo prejuízos, desde que seja previsível tal situação.

1º passo: Calcular a reserva legal.

Reserva Legal = 5% × Lucro Líquido

Reserva Legal em 2012 = 5% × 100.000,00
Reserva Legal em 2012 = 5.000,00

2º passo: Calcular a reserva para contingências.

Reserva para Contingências = 20% × Lucro Líquido

Reserva para Contingências em 2012 = 20% × 100.000,00
Reserva para Contingências em 2012 = 20.000,00

3º passo: Calcular os dividendos distribuídos em 2012.

Dividendos = 50% × (Lucro Líquido – Reserva Legal – Reserva para Contingências)

A **constituição** da reserva para contingências **reduz a base de cálculo** dos dividendos.

Dividendos distribuídos em 2012 = 50% × (100.000,00 – 5.000,00 – 20.000,00)
Dividendos distribuídos em 2012 = 37.500,00

No exercício de 2013 ocorreu a geada, e o lucro líquido da Cia. Café Gama reduziu para 60.000,00. Sabendo-se que a Cia. Café Gama constituiu a reserva legal nos termos da lei e que o estatuto é omisso em relação aos dividendos, o montante dos dividendos distribuídos em 2013 será:

Reserva Legal = 5% × Lucro Líquido

Reserva Legal em 2013 = 5% × 60.000,00
Reserva Legal em 2013 = 3.000,00

Dividendos = 50% × (Lucro Líquido – Reserva Legal + Reserva para Contingências)

Dividendos distribuídos em 2013 = 50% × (60.000,00 – 3.000,00 + 20.000,00)
Dividendos distribuídos em 2013 = 38.500,00

A **reversão** da reserva para contingências **aumenta a base de cálculo** dos dividendos.

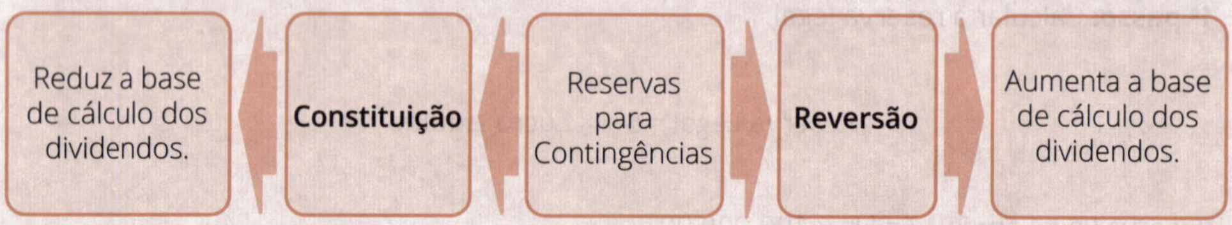

CONCLUSÃO, os processos trabalhistas e ambientais que são interpostos contra a companhia, referem-se a **fatos geradores ocorridos no passado**, os quais tem como contrapartida, a constituição de **provisão para contingências**, destinadas a cobertura de perdas já incorridas, mas ainda não desembolsadas, e que de acordo com o regime de competência são lançadas no resultado do exercício quando incorridas.

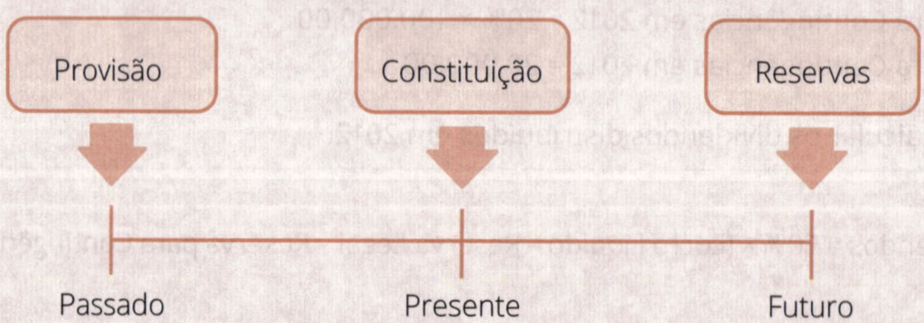

Analisando o gráfico acima, podemos observar que a constituição de **provisão para contingências** está relacionada com **fatos geradores passados**, enquanto que a constituição de **reservas para contingências** está relacionada com **fatos geradores futuros**.

III. Errado. Segundo o artigo 202 da lei nº 6.404/76, no caso do **estatuto omisso**, a base de cálculo dos dividendos será:

Dividendos = 50% × (LL – R. Legal +/– R. Contingências +/– RIF +/– RLE – Prejuízos Acumulados)

Como podemos observar, de acordo com a **base de cálculo dos dividendos**, apenas as reservas legal, contingências, incentivo fiscal e de lucros específicas podem ser constituídas em detrimento da distribuição de dividendos mínimos obrigatórios.

Conclusão, a reserva retenção de lucros, mesmo que aprovada em assembleia-geral, não pode ser realizada, em detrimento da distribuição de dividendos mínimos obrigatórios.

Gabarito: **A**

03ª QUESTÃO: Em 30/11/2011, a Cia. Financiadora S.A. possuía os seguintes saldos, em reais:

Disponível 60.000,00
Duplicatas a Receber 40.000,00
Capital Social 100.000,00

Durante o mês de dezembro de 2011, a Cia. Financiadora S.A. realizou as seguintes operações:

Data	Operação
10/12/11	Recebimento de 10.000,00 de seus clientes.
31/12/11	Compra de um veículo, por meio de arrendamento mercantil financeiro, para ser pago em 36 prestações mensais de 2.000,00 cada. Embora a concessionária tenha informado que as prestações eram sem juros, se o veículo fosse adquirido à vista, a empresa pagaria 65.000,00.
31/12/11	Recebimento de 15.000,00 de um cliente, para entrega futura de mercadorias.

Após o registro das operações acima, o passivo da Cia. Financiadora S.A., em 31/12/2011, era, em reais:

a) 0,00 (zero)
b) 65.000,00
c) 72.000,00
d) 80.000,00
e) 87.000,00

☛ SOLUÇÃO

Registrando as operações, tem-se:

(1) Registro contábil do recebimento de 10.000,00 de seus clientes.

Disponível	
60.000,00	
(1) 10.000,00	
70.000,00	

Duplicatas a Receber	
40.000,00	10.000,00 (1)
30.000,00	

Segundo o CPC 06 o veículo deverá ser reconhecido pelo **valor justo** ou **valor presente**, dos dois, o **menor**.

Valor justo	Não informado	**MENOR VALOR**	Balanço Patrimonial em 31/12/2011
Valor presente	65.000,00		Custo de aquisição = 65.000,00

Valor **presente** das parcelas em 31/12/2011	65.000,00
Valor **justo** do caminhão em 31/12/2011	Não informado.
Valor a ser **registrado no ativo** em 31/12/2011	**65.000,00**

Arrendamento mercantil financeiro a pagar = Número de prestações × Valor da prestação

Arrendamento mercantil financeiro a pagar = 36 prestações × 2.000,00/prestação
Arrendamento mercantil financeiro a pagar = 72.000,00

Juros a Transcorrer = Arrendamento mercantil financeiro a pagar – Valor presente do caminhão

Juros a Transcorrer = 72.000,00 – 65.000,00
Juros a Transcorrer = 7.000,00

(2) Registro contábil da compra de um veículo, por meio de arrendamento mercantil financeiro.

Direitos de uso de veículos	
(2) 65.000,00	

Juros a Transcorrer	
(2) 7.000,00	

AMF a Pagar	
	72.000,00 (2)

O balanço patrimonial **imediatamente após a aquisição** do veículo, será:

Ativo	Passivo
Ativo Circulante	**Passivo Exigível**
Disponível 70.000,00	AMF a Pagar 72.000,00
Duplicatas a Receber 30.000,00	Juros a Transcorrer .... (7.000,00)
AÑC Imobilizado	**Patrimônio Líquido**
Direitos de uso de veículos 65.000,00	Capital Social 100.000,00
Total 165.000,00	Total 165.000,00

(3) Registro contábil do recebimento de 15.000,00 de um cliente, para entrega futura de mercadorias.

Disponível	
70.000,00	
(3) 15.000,00	
85.000,00	

Adiantamento de Clientes	
	15.000,00 (3)

O balanço patrimonial **imediatamente após o recebimento de clientes** para entrega futura, será:

Ativo	Passivo
Ativo Circulante	**Passivo Exigível**
Disponível 85.000,00	Adiantamento de Clientes 15.000,00
Duplicatas a Receber 30.000,00	AMF a Pagar 72.000,00
AÑC Imobilizado	Juros a Transcorrer .... (7.000,00)
Direitos de uso de veículos 65.000,00	**Patrimônio Líquido**
	Capital Social 100.000,00
Total 180.000,00	Total 180.000,00

Passivo Exigível = Adiantamento de Clientes + AMF a Pagar – Juros a Transcorrer

Passivo Exigível = 15.000,00 + 72.000,00 – 7.000,00

Passivo Exigível = 80.000,00

Gabarito: **D**

04ª QUESTÃO: Determinada empresa adquiriu, em 31/12/2009, uma máquina por 119.000,00, à vista, para uso imediato. Na data de aquisição, a vida útil econômica estimada da máquina foi de 10 anos, o valor residual de 9.000,00 e o método de depreciação definido como o das quotas constantes. Em 01/01/2011, a empresa reestimou a vida útil remanescente em 5 anos e o valor residual do ativo de 5.000,00. Com base nestas informações, o valor da depreciação acumulada evidenciado no balanço patrimonial da empresa, em 31/12/2011, foi:

a) 22.000,00
b) 31.600,00
c) 33.800,00
d) 38.000,00
e) 45.600,00

SOLUÇÃO

Segundo o CPC 27 que trata do ativo imobilizado, o **valor residual e a vida útil** de um ativo **são revisados** pelo menos ao **final de cada exercício** e, se as expectativas diferirem das estimativas anteriores, a mudança deve ser contabilizada como **mudança de estimativa contábil**, segundo o CPC 23 que trata das políticas contábeis, mudança de estimativa e retificação de erro.

Itens	2010	2011
Custo de aquisição	119.000,00	119.000,00
Valor residual	9.000,00	5.000,00
Vida útil econômica	10 anos	5 anos

ATENÇÃO, analisando a tabela, podemos verificar que o **valor residual e a vida útil econômica** sofrem alterações de valores com o passar dos anos. O mesmo não ocorre com o **custo de aquisição** no montante de 119.000,00, que permanece constante com o decorrer dos anos.

1º passo: Calcular a depreciação em 2010.

$$\text{Depreciação} = (\text{Custo de aquisição} - \text{Valor residual}) \times \frac{\text{Período de utilização}}{\text{Vida útil}}$$

$$\text{Depreciação em 2010} = (119.000{,}00 - 9.000{,}00) \times \frac{1 \text{ ano}}{10 \text{ anos}}$$

Depreciação em 2010 = 11.000,00

2º passo: Calcular a depreciação de 2011.

No encerramento do exercício social de 2010 foi realizado o **teste de *impairment*** na máquina, e nessa data, a companhia obteve uma nova vida útil de 5 anos e um valor residual de 5.000,00. Portanto, a nova fórmula de depreciação será:

$$\text{Depreciação} = (\text{Custo de aquisição} - \text{Depreciação Acumulada} - \text{Valor residual}) \times \frac{\text{Período de utilização}}{\text{Nova vida útil}}$$

$$\text{Depreciação em 2011} = (119.000,00 - 11.000,00 - 5.000,00) \times \frac{1\text{ ano}}{5\text{ anos}}$$

Depreciação em 2011 = 20.600,00

3º passo: Calcular a depreciação acumulada em 2011.

Depreciação Acumulada em 2011 = Depreciação de 2010 + Depreciação de 2011

Depreciação Acumulada em 2011 = 11.000,00 + 20.600,00
Depreciação Acumulada em 2011 = 31.600,00

Gabarito: **B**

05ª QUESTÃO: Na demonstração dos fluxos de caixa, podem ser citados como exemplos de fluxo de caixa das atividades de investimentos os:

a) pagamentos de caixa decorrentes de contratos mantidos para negociação imediata e os pagamentos de caixa para resgatar ações da própria entidade.
b) pagamentos de caixa para aquisição de ativo intangível e os pagamentos de caixa a empregados pelos serviços prestados.
c) recebimentos de caixa decorrentes da emissão de debêntures e os pagamentos de caixa decorrentes de arrendamento mercantil financeiro.
d) recebimentos de caixa decorrentes de royalties e os recebimentos de caixa decorrentes da venda de participação societária.
e) recebimentos de caixa decorrentes da venda de ativo imobilizado e os pagamentos por aquisição de instrumentos patrimoniais de coligada.

SOLUÇÃO

Exemplos de **fluxos de caixa** decorrentes das **atividades operacionais**:

a) recebimentos de caixa pela venda de mercadorias e pela prestação de serviços;

b) **recebimentos de caixa decorrentes de royalties**, honorários, comissões e outras receitas;

c) recebimentos e pagamentos de caixa por seguradora de prêmios e sinistros, anuidades e outros benefícios da apólice;

d) recebimentos e **pagamentos de caixa de contratos mantidos para negociação imediata** ou disponíveis para venda futura;

e) pagamentos de caixa a fornecedores de mercadorias e serviços;

f) **pagamentos de caixa a empregados** ou por conta de empregados; e

g) pagamentos ou restituição de caixa de impostos sobre a renda, a menos que possam ser especificamente identificados com as atividades de financiamento ou de investimento.

Exemplos de **fluxos de caixa** advindos das **atividades de investimentos**:

a) pagamentos em caixa para aquisição de ativo imobilizado, intangíveis e outros ativos de longo prazo. Esses pagamentos incluem aqueles relacionados aos custos de desenvolvimento ativados e aos ativos imobilizados de construção própria;

b) **recebimentos de caixa resultantes da venda de ativo imobilizado**, intangíveis e outros ativos de longo prazo;

c) **pagamentos em caixa para aquisição de instrumentos patrimoniais**;

d) **recebimentos de caixa provenientes da venda de** instrumentos patrimoniais;

e) adiantamentos em caixa e empréstimos feitos a terceiros (exceto aqueles adiantamentos e empréstimos feitos por instituição financeira);

f) recebimentos de caixa pela liquidação de adiantamentos ou amortização de empréstimos concedidos a terceiros (exceto aqueles adiantamentos e empréstimos de instituição financeira);

g) pagamentos em caixa por contratos futuros, a termo, de opção e swap, exceto quando tais contratos forem mantidos para negociação imediata ou futura, ou os pagamentos forem classificados como atividades de financiamento; e

h) recebimentos de caixa por contratos futuros, a termo, de opção e swap, exceto quando tais contratos forem mantidos para negociação imediata ou venda futura, ou os recebimentos forem classificados como atividades de financiamento.

Exemplos de **fluxos de caixa** advindos das **atividades de financiamentos**:

a) caixa recebido pela emissão de ações ou outros instrumentos patrimoniais;

b) **pagamentos em caixa** a investidores **para** adquirir ou **resgatar ações da entidade**;

c) caixa **recebido pela emissão de debêntures**, empréstimos, notas promissórias, outros títulos de dívida, hipotecas e outros empréstimos de curto e longo prazos;

d) amortização de empréstimos e financiamentos; e

e) **pagamentos em caixa pelo arrendatário** para redução do passivo **relativo a arrendamento mercantil financeiro**.

Analisando as alternativas, temos:

a) Errada. Operacional e Financiamentos.

b) Errada. Investimentos e Operacional.

c) Errada. Financiamentos e Financiamentos.

d) Errada. Operacional e Investimentos.

e) Correta. Investimentos e Investimentos.

Gabarito: **E**

06ª QUESTÃO: Para expansão de sua capacidade produtiva, a Cia. Aberta aumentou o seu capital social mediante emissão de 1.000 novas ações, cujo valor nominal foi 2,00. No entanto, devido às condições de mercado, as ações foram vendidas a 2,10, à vista. Para a emissão das ações, a Cia. Aberta incorreu em custos de 200,00. Com base nessas informações, a Cia. Aberta reconheceu um aumento:

a) líquido de capital social no valor de 1.800,00.
b) de capital social no valor de 2.100,00.
c) líquido de capital social no valor de 1.900,00.
d) nas reservas de capital no valor de 100,00.
e) nas despesas financeiras no valor de 200,00.

☛ SOLUÇÃO

1º passo: Calcular o valor de emissão das ações.

Valor de emissão das ações = Valor de venda por ação × Número de ações

Valor de emissão das ações = 2,10/ação × 1.000 ações
Valor de emissão das ações = 2.100,00

2º passo: Calcular o valor nominal das ações.

Valor nominal das ações = Valor nominal por ação × Número de ações

Valor nominal das ações = 2,00/ação × 1.000 ações
Valor nominal das ações = 2.000,00

3º passo: Calcular o ágio na emissão de ações.

Ágio na emissão de ações = Valor de emissão das ações – Valor nominal das ações

Ágio na emissão de ações = 2.100,00 – 2.000,00
Ágio na emissão de ações = 100,00

4º passo: Calcular os custos de transação a amortizar.

Segundo o CPC 08, nas operações de captação de recursos por intermédio da emissão de títulos patrimoniais em que exista prêmio (ágio na emissão de ações) originado da subscrição de ações aos quais os **custos de transação** se referem, deve o prêmio, até o limite do seu saldo, ser utilizado para absorver os custos de transação registrados na **conta redutora de patrimônio líquido**.

Custos de transação a amortizar = Custos de transação – Ágio na emissão de ações

Custos de transação a amortizar = 200,00 – 100,00
Custos de transação a amortizar = 100,00

(1) Registro contábil da emissão de ações com ágio.

Disponível	
(1) 2.100,00	

Capital Social	
	2.000,00 (1)

Ágio na Emissão de Ações	
	100,00 (1)

(2) Registro contábil dos custos de transação.

Disponível	
2.100,00	200,00 (2)
1.900,00	

Custos de Transação a Amortizar	
(2) 200,00	

(3) Registro contábil do ágio na emissão de ações com os custos de transação.

Custos de Transação a Amortizar	
200,00	100,00 (3)
100,00	

Ágio na Emissão de Ações	
(3) 100,00	100,00

Nos demais casos, a **conta redutora de patrimônio líquido** será apresentada após o capital social e somente pode ser utilizada para **redução do capital social** ou **absorção por reservas de capital**.

O balanço patrimonial da Cia. Aberta após o aumento de capital, será:

Ativo	Passivo
Ativo Circulante Disponível 1.900,00	**Patrimônio Líquido** Capital Social ....2.000,00 Custos a Amortizar .... (100,00) 1.900,00
Total..1.900,00	Total..1.900,00

Analisando as alternativas, temos:

a) Errada. A Cia. Aberta reconheceu um aumento líquido de capital social no valor de **1.900,00**.

b) Errada. A Cia. Aberta reconheceu um aumento de capital social no valor de **1.900,00**.

c) Correta. A Cia. Aberta reconheceu um aumento líquido de capital social no valor de 1.900,00.

d) Errada. A Cia. Aberta **não reconheceu reservas de capital de 100,00**, pois estas foram compensadas com os custos de transação a amortizar.

e) Errada. A Cia. Aberta reconheceu no seu balanço **custos de transação a amortizar de 100,00**.

Gabarito: **C**

07ª QUESTÃO: Os ativos intangíveis com vida útil indefinida são mensurados ao:

a) valor de liquidação e não sofrem amortização.
b) valor de mercado, menos eventual provisão para perdas.
c) valor justo e estão sujeitos ao teste de redução ao valor recuperável.
d) custo, não sofrem amortização e estão sujeitos ao teste de redução ao valor recuperável.
e) valor justo, sofrem amortização e estão sujeitos ao teste de redução ao valor recuperável.

☛ SOLUÇÃO

Segundo o CPC 04, um ativo intangível com vida útil indefinida deve ser reconhecido inicialmente ao custo, não deve ser amortizado, mas está sujeito ao teste de redução ao valor recuperável.

Gabarito: **D**

08ª QUESTÃO: Considere as seguintes assertivas em relação aos juros sobre o capital próprio:

I. O montante dos juros sobre o capital próprio a ser pago ou creditado aos beneficiários limita-se ao menor valor entre 50% do lucro líquido do exercício e 50% do somatório dos lucros acumulados e reservas de lucro.

II. Os juros sobre o capital próprio são considerados despesa dedutível para fins de apuração do lucro real e da base de cálculo da contribuição social sobre o lucro líquido.

III. Os juros sobre o capital próprio podem ser imputados aos dividendos obrigatórios.

Está correto o que se afirma em:

a) I, apenas.
b) II, apenas.
c) III, apenas.
d) II e III, apenas.
e) I, II e III.

☛ SOLUÇÃO

Analisando os itens, temos:

I. Errado. O **montante dos juros sobre o capital próprio** a ser pago ou creditado aos beneficiários limita-se ao **MENOR VALOR** entre a remuneração dos JSCP e o **MAIOR VALOR** oriundo de 50% do lucro líquido do exercício ou 50% do somatório dos lucros acumulados e reservas de lucro.

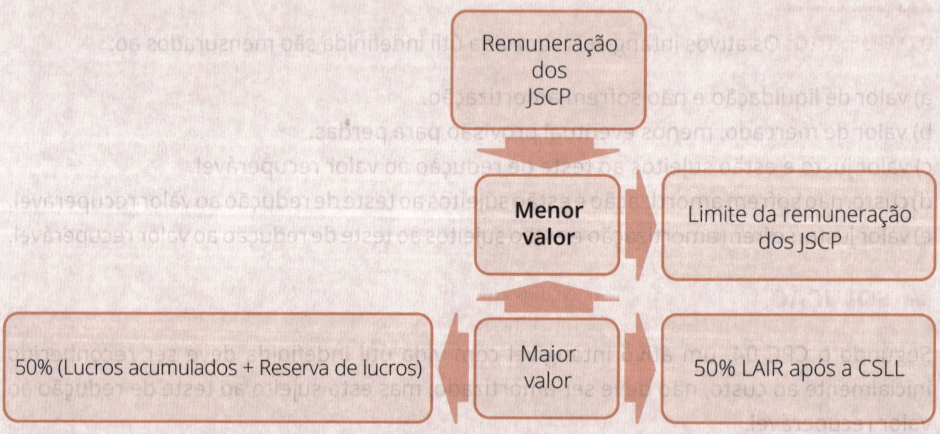

II. Correto. Os juros sobre o capital próprio são considerados despesa dedutível para fins de apuração do lucro real e da base de cálculo da contribuição social sobre o lucro líquido.

O **mercado financeiro** utiliza com frequência o termo **proventos**, que decorre da forma de remuneração adotada pelas empresas em relação aos seus acionistas: **dividendos** ou **JSCP**.

Os acionistas podem ser remunerados por meio de **dividendos** ou **JSCP**.

ATENÇÃO, contabilmente os **dividendos** são entendidos como uma **distribuição de lucros**, enquanto que os **JSCP** são entendidos como **despesas com juros** para pagar os acionistas por emprestarem dinheiro à empresa.

Para o investidor, isso vai implicar em diferentes formas de tributação:

- Os **dividendos** já veem líquidos dos impostos, pois a empresa já pagou todos os impostos que deveriam ter pagos antes da distribuição seus lucros.
- Os **JSCP** são tributados no lado do investidor em 15% de Imposto de Renda, pois para a empresa, esta **despesa com juros**, diminui o lucro e, consequentemente, o total de impostos que ela deveria pagar. Por conta desta maneira ser mais interessante para a empresa, existe um **limite máximo de JSCP** que pode ser distribuído aos acionistas.

III. Correto. Os juros sobre o capital próprio podem ser imputados aos dividendos obrigatórios.

Os **juros sobre o capital próprio** (JSCP) foi criado pela legislação tributária e incorporado ao ordenamento societário brasileiro por força da lei nº 9.249/95, e é prática usual das sociedades distribuírem-nos aos seus acionistas e **imputarem-nos ao dividendo obrigatório**, nos termos da legislação vigente.

O **tratamento contábil** dado aos JSCP deve, por **analogia**, seguir o tratamento dado ao **dividendo obrigatório**, e o valor do tributo retido na fonte que a companhia, por obrigação da legislação tributária, deva reter e recolher não pode ser considerado quando se imputam os JSCP ao dividendo obrigatório.

Os **JSCP pagos ou creditados**, a título de remuneração do capital próprio, **somente poderão** ser **imputados** ao dividendo obrigatório, previsto no artigo 202 da lei nº 6.404/76, pelo seu **valor líquido** do imposto de renda na fonte.

O termo **imputar** significa **inserir no valor**, por exemplo, uma empresa que apresenta dividendos a pagar no total de 100.000,00 e decide remunerar os seus acionistas com uma parte na forma de JSCP no valor de 20.000,00, nesse caso haverá tributação de **imposto de renda retido na fonte** (IRRF) à alíquota de 15% apenas com relação ao valor dos JSCP, e os acionistas receberão JSCP no montante de 17.000,00. Portanto, a empresa apesar de pagar JSCP no valor de 20.000,00, deverá reter IRRF no montante de 3.000,00 e **poderá imputar apenas 17.000,00 aos dividendos obrigatórios**, devendo pagar 83.000,00 na forma de dividendos aos seus acionistas.

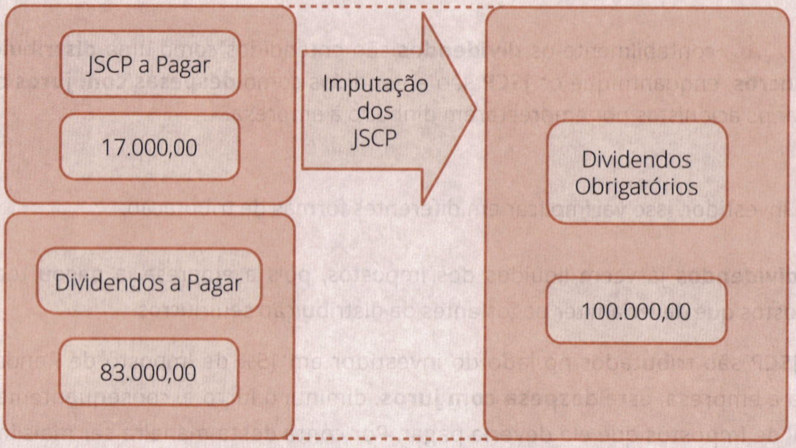

Gabarito: **D**

09ª QUESTÃO: O ágio fundamentado em rentabilidade futura:

I. surge em função de o custo do investimento ser superior à parte do investidor no valor justo líquido dos ativos e passivos identificáveis da investida.

II. relativo a uma coligada deve ser classificado como ativo intangível e sua amortização não é permitida.

III. deve ser testado ao valor recuperável, separadamente do valor do investimento, somente se houver evidências de que ele possa estar desvalorizado.

Está correto o que se afirma em:

a) I, apenas.
b) I e II, apenas.
c) I e III, apenas.
d) II e III, apenas.
e) I, II e III.

☛ SOLUÇÃO

Analisando as alternativas, temos:

I. Correto. Segundo o CPC 18 – Investimento em Coligada e em Controlada, o investimento em coligada e em controlada deve ser contabilizado pelo método da equivalência patrimonial a partir da data em que ela se torna sua coligada ou controlada. Na aquisição do investimento, quaisquer diferenças entre o **custo do investimento** e a **participação do investidor no valor justo líquido dos ativos e passivos identificáveis da investida** devem ser contabilizadas como segue:

a) o ágio fundamentado em rentabilidade futura (*goodwill*) relativo a uma coligada ou controlada (neste caso, no balanço individual da controladora) deve ser incluído no valor contábil do investimento e sua amortização não é permitida;

b) qualquer excedente da participação do investidor no valor justo líquido dos ativos e passivos identificáveis da investida sobre o custo do investimento (**ganho por compra vantajosa**) deve ser incluído como receita na determinação da participação do investidor nos resultados da investida no período em que o investimento for adquirido.

II. Errado. Segundo o CPC 04, a definição de **ativo intangível** requer que ele seja **identificável**, para diferenciá-lo do ágio derivado da expectativa de rentabilidade futura (***goodwill***).

O ***goodwill*** tem a natureza de **intangível**, mas **não é** um **ativo intangível** nos termos do CPC 04 haja vista não ser **identificado**, em outras palavras, o ***goodwill*** não é separável e nem resulta de direitos contratuais.

Os **benefícios econômicos futuros** oriundos do ***goodwill*** podem advir da sinergia entre os ativos identificáveis adquiridos ou de ativos que, individualmente, não se qualificam para reconhecimento em separado nas demonstrações contábeis. Conclusão, o ***goodwill*** representa uma expectativa de rentabilidade futura que surge de uma combinação de negócios, ou seja, ele existe, mas **não** podemos **identificá-lo** com clareza.

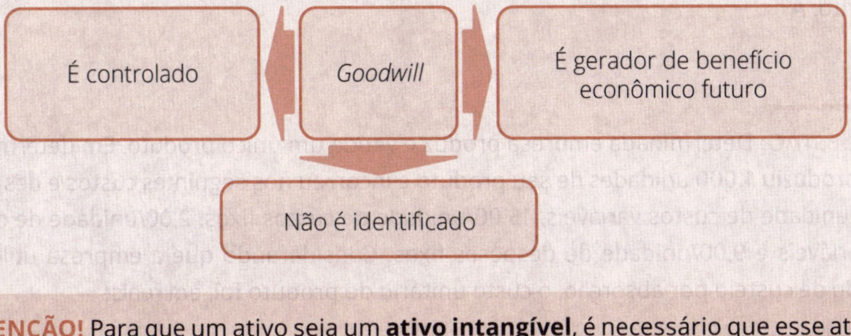

ATENÇÃO! Para que um ativo seja um **ativo intangível**, é necessário que esse ativo, seja cumulativamente:

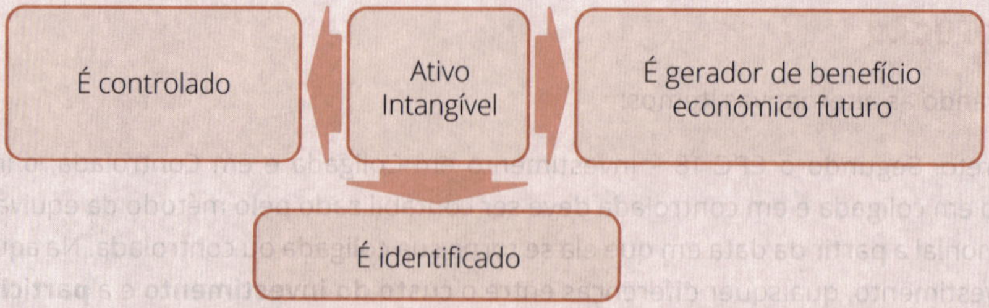

O ***goodwill*** pelo fato de **não ser identificado**, não é um ativo intangível.

De acordo com o CPC 18 – Investimento em Coligada e em Controlada, o ágio fundamentado em rentabilidade futura (*goodwill*) relativo a uma coligada ou controlada (neste caso, no balanço individual da controladora) **deve ser incluído no valor contábil do investimento** (ou seja, é classificado no AÑC Investimentos) e sua amortização **não é permitida** pelas normas IFRS.

Conclusão, o ***goodwill*** pelo fato de **não ser identificado**, não é um **ativo intangível** e a sua amortização **não é permitida** pelas normas IFRS.

III. Errado. Segundo o CPC 18 – Investimento em Coligada e em Controlada, em função de o ágio fundamentado em rentabilidade futura (*goodwill*), integrar o valor contábil do investimento na coligada (não é reconhecido separadamente), **ele não deve ser testado separadamente** em relação ao seu valor recuperável. Em vez disso, o valor contábil total do investimento é que deve ser testado como um único ativo, em conformidade com o disposto no CPC 01 – Redução ao Valor Recuperável de Ativos, pela comparação de seu valor contábil com seu valor recuperável (valor de venda líquido dos custos para vender ou valor em uso, dos dois o maior).

Gabarito: **A**

10ª QUESTÃO: Determinada empresa produz e vende um único produto. Em determinado mês, produziu 1.000 unidades de seu produto e incorreu nos seguintes custos e despesas: 10,00/unidade de custos variáveis, 15,00/unidade de custos fixos, 2,00/unidade de despesas variáveis e 9,00/unidade de despesas fixas. Considerando que a empresa utilizou o método de custeio por absorção, o custo unitário do produto foi, em reais:

a) 12,00
b) 25,00

c) 27,00
d) 34,00
e) 36,00

SOLUÇÃO

ATENÇÃO NA PROVA, pois as **despesas fixas e variáveis não compõem** o custo unitário de produção.

O **custeio por absorção** consiste na **apropriação dos custos** (diretos, indiretos, **fixos** e **variáveis**) utilizados no processo de produção para o resultado do exercício quando da venda, sendo que os custos relativos aos produtos em elaboração e aos produtos acabados que não tenham sido vendidos são ativados nos estoques destes produtos.

Custo unitário = Custo Variável unitário + Custo Fixo unitário

Custo unitário = 10,00 + 15,00
Custo unitário = 25,00

Gabarito: **B**

11ª QUESTÃO: Determinada empresa Industrial incorreu nos seguintes gastos, durante o mês de dezembro de 2011, para produzir seu único produto: mão-de-obra direta 22.000,00; custos indiretos 8.000,00; salário da administração geral da empresa 7.000,00; salário da supervisão da fábrica 5.000,00; comissões dos vendedores 4.000,00; compra de matéria-prima (líquida dos tributos recuperáveis) 10.000,00. Sabendo que, em dezembro de 2011, o estoque inicial de produtos em processo era 12.000,00, o estoque final de produtos em processo era 2.000,00, o estoque inicial de matéria-prima era 3.000,00 e o estoque final de matéria-prima era 7.000,00. O custo da produção acabada em dezembro de 2011, pelo método de custeio por absorção, foi, em reais:

a) 41.000,00
b) 46.000,00
c) 51.000,00
d) 55.000,00
e) 62.000,00

SOLUÇÃO

1º passo: Calcular a Matéria-Prima Aplicada (MPA).

MPA = EIMP + CMP – EFMP

MPA = 3.000,00 + 10.000,00 – 7.000,00
MPA = 6.000,00

2º passo: Calcular o Custo Indireto de Fabricação (CIF).

O **CIF** são os custos apropriados por meio de **critérios de rateio**, como por exemplo, uma mão de obra indireta que é apropriada por meio da relação **horas/homem** da mão de obra direta, ou dos gastos com energia elétrica, que são apropriados com base em **horas/máquinas utilizadas**, etc.

CIF = Custos indiretos + Salário do supervisor da fábrica

CIF = 8.000,00 + 5.000,00
CIF = 13.000,00

3º passo: Calcular o Custo de Produção do Período (CPP).

CPP = MPA + MOD + CIF

CPP = 6.000,00 + 22.000,00 + 13.000,00
CPP = 41.000,00

4º passo: Calcular o Custo da Produção Acabada (CPA).

CPA = EIPE + CPP – EFPE

CPA = 12.000,00 + 41.000,00 – 2.000,00
CPA = 51.000,00

Gabarito: **C**

12ª QUESTÃO: A empresa Insolvente fez uma aplicação financeira e, para tal, adquiriu, em 30/11/2011, um título no valor de 8.000,00, que remunerava à taxa de 2% ao mês. Este título foi classificado na data da aquisição, como mantido para negociação e o seu valor justo 30 dias após a sua aquisição era de 8.150,00. De acordo com estas informações, em 30/12/2011, a empresa Insolvente reconheceu:

a) receita financeira no valor de 160,00.
b) receita financeira no valor de 150,00.
c) receita financeira no valor de 160,00 e ajustes de avaliação patrimonial, no patrimônio líquido, no valor de 10,00 (saldo devedor).
d) receita financeira no valor de 150,00 e ajustes de avaliação patrimonial, no patrimônio líquido, no valor de 10,00 (saldo credor).
e) ajustes de avaliação patrimonial, no patrimônio líquido, no valor de 150,00.

SOLUÇÃO

Segundo o CPC 48 que trata dos instrumentos financeiros, a entidade pode adotar as seguintes classificações para um ativo financeiro:

- custo amortizado
- valor justo por meio do resultado (**VJR**)
- valor justo por meio de outros resultados abrangentes (**VJORA**)

Essa **classificação** deve ter por base as características de **fluxo de caixa contratual** do ativo financeiro e o **modelo de negócios** da entidade para a gestão dos ativos financeiros.

Classificação do ativo financeiro = Características do fluxo de caixa contratual + Modelo de negócios

Fazendo um paralelo com a **classificação antiga**, temos:

Classificação ANTIGA	**Classificação ATUAL**	Rendimentos	Ajustes ao valor justo
Destinados à venda imediata	VJR	DRE	DRE
Mantido até o vencimento	Custo amortizado	DRE	Não tem ajuste
Disponível para venda futura	VJORA	DRE	Na conta AAP do PL

Juros ativos = Taxa efetiva × Custo de aquisição do título

Os **juros ativos** resultantes da aplicação dos títulos mensurados ao **VJR, custo amortizado** e **VJORA** vão para o resultado do exercício (**DRE**).

No encerramento do exercício, comparamos o **valor pela curva do papel** dos títulos com o seu **valor justo**, e dependendo da **classificação** desses títulos, **não haverá** ajustes ou os ajustes podem ir para a **DRE** ou **AAP**.

Classificação ATUAL	Rendimentos	Mensuração pela curva do papel	Ajustes ao valor justo
VJR	DRE	Custo de aquisição + Juros ativos	+/– DRE
Custo amortizado	DRE	Custo de aquisição + Juros ativos	Não tem ajuste
VJORA	DRE	Custo de aquisição + Juros ativos	+/– AAP do PL

Mensuração pela curva do papel = Custo de aquisição + Juros ativos

Sinônimos utilizados para os títulos mantidos para negociação:

Títulos mantidos para negociação = Títulos destinados à venda imediata = Títulos pelo VJR

(1) Registro da aquisição dos títulos mantidos para negociação:

Caixa	
Saldo Inicial	8.000,00 (1)

Títulos mantidos para negociação	
(1) 8.000,00	

O título mantido para negociação está sujeito a duas atualizações.

1ª atualização: Pela taxa efetiva de rendimento, tendo como contrapartida o resultado do exercício.

Receitas Financeiras = Taxa efetiva de rendimento × Título mantido para negociação

Receitas Financeiras = 2% × 8.000,00

Receitas Financeiras = 160,00

(2) Registro das receitas financeiras pela taxa efetiva.

Títulos mantidos para negociação	
8.000,00	
(2) 160,00	
8.160,00	

Receitas Financeiras	
	160,00 (2)

2ª atualização: Do ajuste ao valor justo (ou **valor de mercado**), sendo que a diferença, para mais ou para menos, entre o valor pela curva do papel e o valor justo, será registrada na conta de resultado do exercício.

(3) Registro dos títulos mantidos para negociação ao valor justo.

Títulos mantidos para negociação	
8.160,00	10,00 (3)
8.150,00	

Despesas Financeiras	
(3) 10,00	

Receitas Financeiras Líquidas = Receitas Financeiras – Despesas Financeiras

Receitas Financeiras Líquidas = 160,00 – 10,00
Receitas Financeiras Líquidas = 150,00

Gabarito: **B**

13ª QUESTÃO: Em 31/12/2011, a Cia. Nordeste S.A. adquiriu 15% de participação na Cia. Norte S.A. por 150.000,00. O patrimônio líquido da Cia. Norte S.A. era composto pelo capital social (este possuía 50% de ações ordinárias) e por reservas de lucros. A Cia. Nordeste adquiriu apenas ações ordinárias e, durante o primeiro semestre de 2012, a Cia. Norte S.A. obteve um prejuízo de 100.000,00 e distribuiu dividendos em função de lucros passados, no valor de 10.000,00. Com base nestas informações, a Cia. Nordeste S.A., em 2012:

a) creditou receita de dividendos no valor de 1.500,00, em função de a Cia. Norte S.A. ser considerada coligada e ser avaliada por equivalência patrimonial.
b) debitou resultado de equivalência patrimonial no valor de 13.500,00, em função de a Cia. Norte S.A. ser considerada controlada e ser avaliada por equivalência patrimonial.
c) creditou receita de dividendos no valor de 1.500,00, em função de a Cia. Norte S.A. não ser considerada coligada/controlada e ser avaliada pelo método de custo.
d) debitou resultado de equivalência patrimonial no valor de 15.000,00 e creditou investimentos à Cia. Norte S.A., no valor de 1.500,00, em função de o investimento na Cia. Norte S.A. ser avaliado por equivalência patrimonial.
e) creditou receita de equivalência patrimonial no valor de 1.500,00, em função de a Cia. Norte S.A. ser considerada coligada e avaliá-la pelo método de custo.

SOLUÇÃO

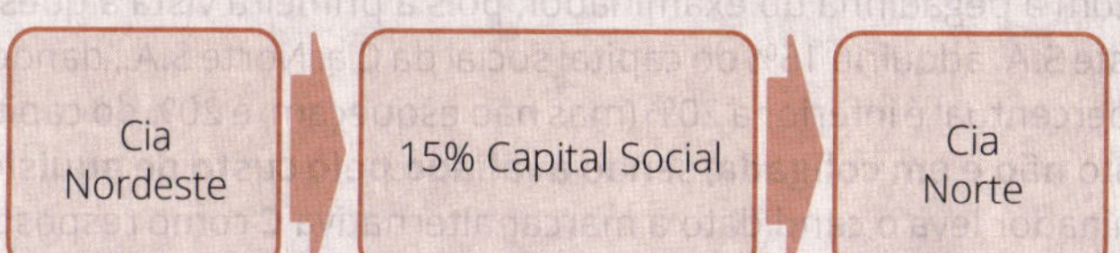

ATENÇÃO NA PROVA!!!! Como podemos observar, a **banca não informou** qual o valor nominal e o número de ações que compõem o capital social da Cia. Norte S.A. A única informação disponível é que o capital social era composto por 50% de ações ordinárias e 50% por ações preferenciais.

Com a finalidade de um melhor entendimento da solução, **vamos supor que o capital social** da Cia. Norte S.A. seja composto por 100.000 ações, e como a questão informa que do total de ações, 50% eram de ações ordinárias, temos:

50.000 ações ordinárias ← Capital Social da Cia Norte → 50.000 ações preferenciais

ATENÇÃO, a Cia. Nordeste S.A. adquiriu apenas ações ordinárias da Cia. Norte S.A.

Número de ações ordinárias adquiridas = 15% × Capital Social

Número de ações ordinárias adquiridas = 15% × 100.000 ações
Número de ações ordinárias adquiridas = 15.000 ações

Portanto, o percentual do capital votante adquirido será:

$$\text{Percentual do Capital Votante} = \frac{\text{Número de ações ordinárias adquiridas}}{\text{Total de ações ordinárias}}$$

$$\text{Percentual do Capital Votante} = \frac{\text{15.000 ações ordinárias}}{\text{50.000 ações ordinárias}}$$

Percentual do Capital Votante = 30%

(1) Com 30% do capital votante existe a **presunção de influência significativa** que caracteriza uma **coligada**, cujo investimento será avaliado pelo **MEP**.

(2) Cuidado com a pegadinha do examinador, pois à primeira vista a questão informa que a Nordeste S.A. adquiriu 15% do capital social da Cia. Norte S.A., dando a entender que como o percentual é inferior a 20% (mas não esqueçam, é 20% do capital votante!), o investimento **não é em coligada**, sendo **avaliado pelo custo de aquisição**, e nesse caso, o examinador leva o candidato a marcar alternativa **C** como resposta.

Mas, como demonstramos acima, **15% do capital social** correspondem a **30% do capital votante**, ou seja, com uma participação **igual ou maior a 20% do capital votante**, temos a **existência de presunção de influência significativa**, que caracteriza uma **coligada**, logo o investimento é avaliado pelo MEP.

Conclusão, como o investimento é avaliado pelo MEP, o lucro líquido e os dividendos distribuídos pela Cia. Norte S.A. terão os seguintes reflexos na investidora (Cia. Nordeste):

1º reflexo: Prejuízo Líquido na Cia. Norte S.A. (investida) de 100.000,00.
O reflexo na investidora (Cia. Nordeste) será uma perda de equivalência patrimonial.

PEP = Percentual de participação no Capital Social × Prejuízo Líquido na Cia. Norte

PEP = 15% × 100.000,00
PEP = 15.000,00

(1) Registro na investidora (Cia. Nordeste) da PEP.

Investimentos na Cia. Norte	
150.000,00	15.000,00 (1)
135.000,00	

PEP	
(1) 15.000,00	

2º reflexo: Dividendos a pagar na Cia. Norte (investida) no valor de 10.000,00.

Dividendos a Receber = Percentual de participação no Capital Social × Dividendos a Pagar

Dividendos a Receber = 15% × 10.000,00
Dividendos a Receber = 1.500,00

Registro na investidora (Cia. Nordeste) dos dividendos a receber da Cia. Norte.

Dividendos a Receber	
(2) 1.500,00	

Investimentos na Cia. Norte	
135.000,00	1.500,00 (2)
133.500,00	

Analisando as alternativas, temos:

a) Errada. A Cia. Nordeste **debitou dividendos a receber** no valor de 1.500,00, em função de a Cia. Norte S.A. ser considerada coligada e ser avaliada por equivalência patrimonial.

b) Errada. A Cia. Nordeste debitou resultado de equivalência patrimonial no valor de **15.000,00**, em função de a Cia. Norte S.A. ser considerada **coligada** e ser avaliada por equivalência patrimonial.

c) Errada. A Cia. Nordeste **debitou dividendos a receber** no valor de 1.500,00, em função de a Cia. Norte S.A. **ser considerada coligada** e ser avaliada **por equivalência patrimonial**.

d) Correta. A Cia. Nordeste debitou resultado de equivalência patrimonial no valor de 15.000,00 e creditou investimentos à Cia. Norte S.A., no valor de 1.500,00, em função de o investimento na Cia. Norte S.A. ser avaliado por equivalência patrimonial.

e) Errada. A Cia. Nordeste **debitou perda de equivalência patrimonial** no valor de **15.000,00**, em função de a Cia. Norte S.A. ser considerada coligada e avaliá-la **por equivalência patrimonial**.

Gabarito: **D**

Capítulo 32

Contador TST 2012

01ª QUESTÃO: Em 30/06/2012, determinada empresa incorreu em gastos com:

I. a aquisição de 30% das ações ordinárias da Cia. A, com o objetivo de assegurar fornecimento de matéria-prima.

II. o desenvolvimento de novos produtos, cujos benefícios econômicos futuros ainda não podiam ser demonstrados.

III. a contratação de uma apólice de seguro contra incêndio da fábrica (com pagamento à vista), cuja vigência é de 12 meses.

IV. os custos de transação, incorridos e pagos, referentes à captação de um empréstimo de longo prazo.

Com base nas informações apresentadas, os gastos incorridos nas operações I, II, III e IV foram reconhecidos, respectivamente, em 30/06/2012, como:

a) investimentos, intangíveis, despesas pagas antecipadamente e encargos a apropriar.

b) aplicação financeira, intangíveis, despesas pagas antecipadamente e despesas financeiras.

c) aplicação financeira, despesas operacionais, despesas de seguro e despesas financeiras.

d) investimentos, despesas operacionais, despesas de seguro e despesas financeiras.

e) investimentos, despesas operacionais, despesas pagas antecipadamente e encargos a apropriar.

☛ SOLUÇÃO

Analisando os itens, temos:

I. A aquisição de 30% das ações ordinárias da Cia. A, com o objetivo de assegurar fornecimento de matéria-prima.

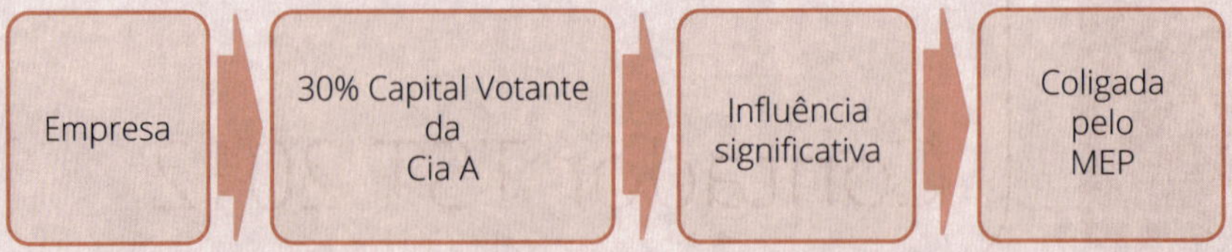

É **presumida influência significativa** quando a investidora for **titular de 20%** (vinte por cento) **ou mais do capital votante** da investida, sem controlá-la. Nesse caso a investidora detém **30% do capital votante da investida** (Cia. A), logo **existe presunção** de influência significativa.

Segundo o artigo 243, § 1º da lei nº 6.404/76, são **coligadas** as sociedades nas quais a investidora tenha **influência significativa**, enquanto que o artigo 248 define que os investimentos permanentes em participação no capital social de **sociedades coligadas** serão avaliados pelo método da equivalência patrimonial **(MEP)**.

CONCLUSÃO, a Cia. A é uma coligada, o investimento é avaliado pelo MEP e é classificado no balanço patrimonial da investidora no **AÑC Investimentos**.

II. O desenvolvimento de novos produtos, cujos benefícios econômicos futuros ainda não podiam ser demonstrados.

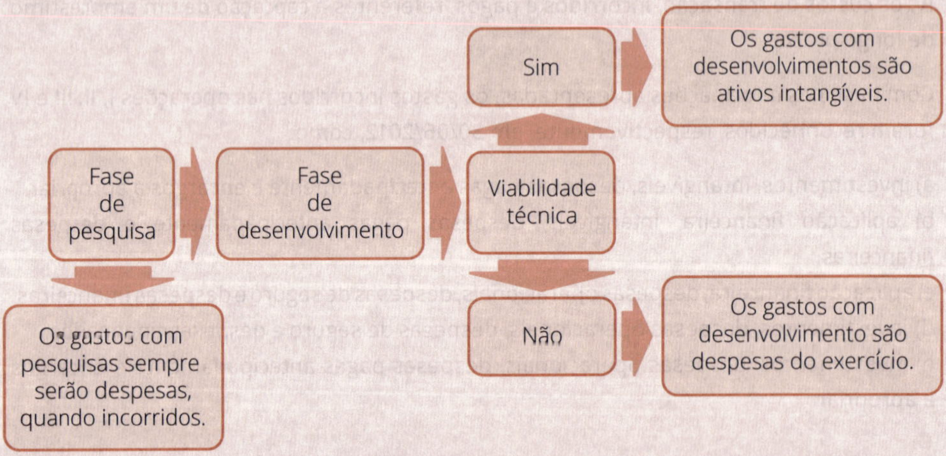

A **fase de pesquisa** de projeto interno por estar relacionada com a investigação inicial de obtenção de novos conhecimentos técnicos ou científicos, a entidade não tem condições de demonstrar que os gastos relacionados com as referidas pesquisas de projeto interno resultem em um ativo intangível que gerará benefícios econômicos futuros. Portanto, todos os gastos com pesquisa (ou da fase de pesquisa de projeto interno) são reconhecidos como **despesa** quando incorridos.

Os **gastos incorridos na fase de desenvolvimento** que resultar em um **ativo intangível** capaz de gerar prováveis benefícios econômicos futuros serão contabilizados como **ativo intangível**. Caso os gastos com desenvolvimento **não sejam capazes** de gerar prováveis benefícios econômicos futuros, os mesmos serão tratados como **despesas do exercício**.

III. A contratação de uma apólice de seguro contra incêndio da fábrica (com pagamento à vista), cuja vigência é de 12 meses.

ATENÇÃO, o registro contábil do pagamento antecipado da apólice será por meio do lançamento:

D: Despesas Pagas Antecipadamente – AC
C: Caixa – AC

A conta **despesas pagas antecipadamente** equivale a um **direito**, ou seja, a empresa tem um **direito** de usufruir da cobertura do seguro pago antecipadamente no próximo exercício e esse **direito** é classificado no **ativo circulante**.

IV. Os custos de transação, incorridos e pagos, referentes à captação de um empréstimo de longo prazo.

Segundo o CPC 08 – Custos de Transação e Prêmios na Emissão de Títulos e Valores Mobiliários, os **custos de transação** incorridos na **captação** de recursos por meio da contratação de instrumento de dívida (**empréstimos**, financiamentos ou títulos de dívida tais como debêntures, notas comerciais ou outros valores mobiliários) devem ser **contabilizados como redução do valor justo (encargos a apropriar)** inicialmente reconhecido do instrumento financeiro emitido, para evidenciação do valor líquido recebido.

Com a finalidade de facilitar o entendimento, vamos supor que a empresa obteve um empréstimo de longo prazo no valor de 100.000,00, incorrendo nessa operação em custos de transação no valor de 5.000,00. O registro contábil da operação será por meio dos seguintes lançamentos:

(1) Registro contábil da aquisição dos empréstimos:

BCM	
(1) 100.000,00	

Empréstimos LP	
	100.000,00 (1)

(2) Registro contábil dos custos de transação incorridos na operação:

BCM	
100.000,00	5.000,00 (2)
95.000,00	

Custos de Transação a Amortizar	
(2) 5.000,00	

No balanço patrimonial da empresa, temos:

Ativo	Passivo
Ativo Circulante	**Passivo Exigível**
BCM........ 95.000,00	Empréstimos LP........ 100.000,00
	Custos de transação a amortizar.... (5.000,00)
Total........ 95.000,00	Total........ 95.000,00

Os **custos de transação a amortizar** serão amortizados proporcionalmente ao tempo transcorrido do empréstimo, ou seja, se o empréstimo foi contratado por um período de 5 anos, a amortização dos custos terá por base esse período.

Gabarito: **E**

02ª QUESTÃO: Determinada Cia. Aberta apresentou as seguintes demonstrações contábeis:

Balanço Patrimonial					
Ativo	**31/12/10**	**31/12/11**	**Passivo**	**31/12/10**	**31/12/11**
Ativo Circulante	**260.000,00**	**270.000,00**	**Passivo Circulante**	**150.000,00**	**123.000,00**
Disponível	100.000,00	120.000,00	Fornecedores	150.000,00	84.000,00
Duplicatas a Receber	160.000,00	150.000,00	IR/CSLL a pagar	–	39.000,00
			Passivo Não Circulante	**130.000,00**	**50.000,00**
Ativo Não Circulante	**240.000,00**	**210.000,00**	Empréstimos	130.000,00	50.000,00
Imobilizado					
Terreno	40.000,00	–	**Patrimônio Líquido**	**220.000,00**	**307.000,00**
Máquinas	200.000,00	230.000,00	Capital Social	210.000,00	220.000,00
Dep. Acumulada	–	(20.000,00)	Reservas de Lucros	10.000,00	87.000,00
Total	**500.000,00**	**480.000,00**	**Total**	**500.000,00**	**480.000,00**

Demonstração de Resultados do Exercício de 2011	
Receita Líquida de Vendas	420.000,00
– Custo dos Produtos Vendidos	(252.000,00)
= Lucro Bruto	168.000,00
– Despesas administrativas	(15.000,00)
– Despesa de depreciação	(20.000,00)
– Prejuízo na venda do terreno	(4.000,00)
= Lucro antes do resultado financeiro	129.000,00
– Despesa financeira	(13.000,00)
= Lucro antes do IR e CSLL	116.000,00
– Despesa com Imposto de Renda e CSLL	(39.000,00)
= Lucro Líquido	77.000,00

Com base nessas demonstrações e sabendo-se que a venda do terreno e a aquisição das máquinas foram à vista e que o aumento de capital foi em dinheiro, o fluxo de caixa consumido ou gerado pelas atividades de investimento foi, em reais:

a) 6.000,00 gerado.
b) 10.000,00 gerado.
c) 36.000,00 gerado.
d) 30.000,00 consumido.
e) 40.000,00 consumido.

SOLUÇÃO

ATENÇÃO, para identificarmos o **fluxo de caixa das atividades de investimentos**, temos que analisar o ativo não circulante da empresa.

Da DRE temos que o resultado na venda dos terrenos foi um prejuízo de 4.000,00.

1º passo: Calcular o valor de venda do terreno.

Prejuízo na venda de terrenos = Valor de venda do terreno – Valor contábil do terreno

– 4.000,00 = Valor de venda do terreno – 40.000,00
Valor de venda do terreno = 36.000,00

(1) Registro contábil da venda à vista dos terrenos no montante de 36.000,00.

Disponível			Outras Receitas	
(1) 36.000,00				36.000,00 (1)

(2) Registro contábil da baixa do valor contábil dos terrenos no valor de 40.000,00.

Terrenos	
40.000,00	40.000,00 (2)

Outras Despesas	
(2) 40.000,00	

(3) e (4) Registro contábil do resultado na alienação dos terrenos.

Outras Receitas	
(3) 36.000,00	36.000,00

Outras Despesas	
40.000,00	40.000,00 (4)

Prejuízo na venda de terrenos	
(4) 40.000,00	36.000,00 (3)
4.000,00	

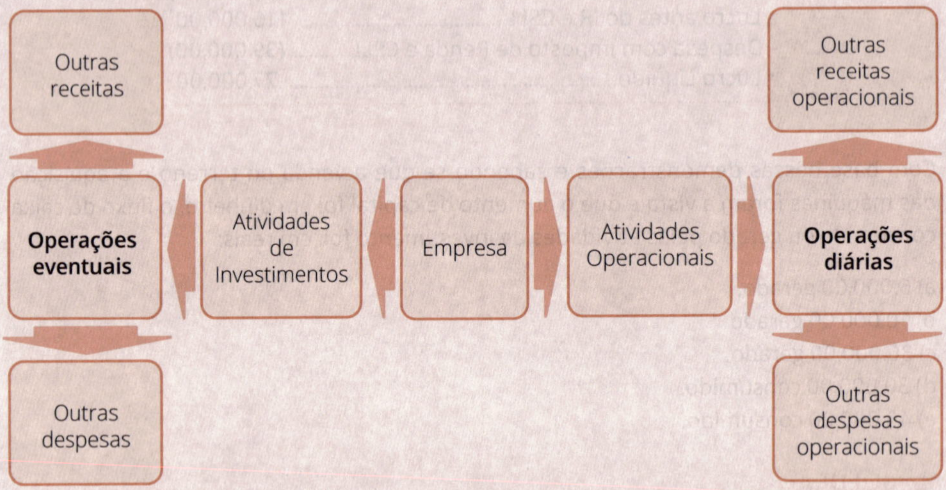

Outras receitas

As **outras receitas** compreendem as **receitas oriundas** das transações do AÑC classificados nos subgrupos de investimentos, imobilizado e intangível.

Outras despesas

As **outras despesas** compreendem as **despesas oriundas** das transações do AÑC classificados nos subgrupos de investimentos, imobilizado e intangível.

(5) Registro contábil da aquisição de máquinas.

Disponível	
Saldo Inicial	30.000,00 (5)

Máquinas	
200.000,00	
(5) 30.000,00	
230.000,00	

Montando o fluxo das atividades de investimentos, temos:

Fluxo de Caixa de Investimentos	
Alienação de terreno	36.000,00
– Aquisição de máquinas	(30.000,00)
= Caixa líquido gerado nas atividades de investimentos	6.000,00

Explorando a questão, caso o examinador pedisse o **fluxo de caixa das atividades operacionais**, como já calculamos o **fluxo de caixa das atividades de investimentos**, nesse caso, calcularíamos apenas o **fluxo de caixa das atividades de financiamentos**.

Analisando as atividades de financiamentos, identificamos que houve o **pagamento de empréstimos** e a **integralização de capital em dinheiro**.

No **pagamento de empréstimos** temos que tomar um **cuidado extra**, pois ocorreu o **pagamento** de despesas financeiras e a **amortização** de uma parte dos empréstimos. Segundo o CPC 03 (R2) – Demonstração dos Fluxos de Caixa, com relação ao pagamento de juros, temos as seguintes classificações:

Pagamento	Classificação principal	Classificação alternativa
Juros	FCO	FCF (custo p/ obter recursos)

CONCLUSÃO, o pagamento das despesas financeiras classificamos em atividades operacionais.

(6) Registro contábil do pagamento dos empréstimos.

Disponível	
Saldo Inicial	80.000,00 (6)

Empréstimos a Pagar	
(6) 80.000,00	130.000,00
	50.000,00

(7) Registro contábil do pagamento das despesas financeiras.

Disponível	
Saldo Inicial	13.000,00 (7)

Despesa Financeira	
(7) 13.000,00	

(8) Registro contábil da transferência do lucro líquido para a conta lucros acumulados.

Lucro Líquido	
(8) 77.000,00	77.000,00

Lucros Acumulados	
	77.000,00 (8)

O **lucro líquido** apurado na DRE é transferido para a conta **lucros acumulados**, e segundo o artigo 186 da lei nº 6.404/76 será distribuído para a constituição de **reservas de lucros**, distribuição de **dividendos** e incorporação ao **capital social**.

Analisando o balanço patrimonial, podemos observar que no patrimônio líquido **não consta saldo na conta lucros acumulados**, ou seja, a empresa destinou integralmente o lucro líquido de 77.000,00. Dentre as destinações possíveis, apenas as contas **reservas de lucros e capital social** sofreram alterações.

(9) Registro contábil da constituição de reservas de lucros.

Lucros Acumulados	
(9) 77.000,00	77.000,00

Reservas de Lucros	
	10.000,00
	77.000,00 (9)
	87.000,00

ATENÇÃO, a empresa destinou **100% do lucro líquido** para a constituição de reservas de lucros. **Conclusão**, o aumento de capital foi realizado mediante a integralização dos sócios.

(10) Registro contábil da integralização do capital social em dinheiro.

Disponível	
(10) 10.000,00	

Capital Social	
	210.000,00
	10.000,00 (10)
	220.000,00

ATENÇÃO NAS PROVAS

Caso o **saldo final** das reservas de lucros fosse de **84.000,00**, teríamos um aumento de capital por meio da **integralização de lucros acumulados** no valor de **3.000,00** e integralização de **sócios** no montante de **7.000,00**.

(1) Registro contábil da constituição da reserva de lucros.

Lucros Acumulados	
(1) 74.000,00	77.000,00
	3.000,00

Reservas de Lucros	
	10.000,00
	74.000,00 (1)
	84.000,00

(2) Registro contábil da integralização de capital com lucros acumulados no valor de 3.000,00.

Lucros Acumulados	
(2) **3.000,00**	3.000,00

Capital Social	
	210.000,00
	3.000,00 (2)
	213.000,00

(3) Registro contábil da integralização de capital pelos sócios em dinheiro.

Disponível	
(3) **7.000,00**	

Capital Social	
	213.000,00
	7.000,00 (3)
	220.000,00

ATENÇÃO com essas questões nas provas, pois exigem um grau de conhecimento mais aprofundado.

Montando o fluxo de caixa das atividades de financiamentos, temos:

Fluxo de Caixa de Financiamentos	
Integralização do capital social	10.000,00
– Pagamento de empréstimos	(80.000,00)
= Caixa líquido consumido nas atividades de financiamentos	(70.000,00)

Para calcularmos o **fluxo de caixa das atividades operacionais**, utilizamos a seguinte fórmula:

FCO + FCI + FCF = Variação de Caixa

FCO: Fluxo de Caixa Operacional
FCI: Fluxo de Caixa de Investimentos
FCF: Fluxo de Caixa de Financiamentos

A **variação de caixa** é obtida nos balanços patrimoniais:

Ativo Circulante	31/12/10	31/12/11
Disponível	100.000,00	120.000,00

Variação de Caixa = Disponível em 31/12/2011 – Disponível em 31/12/2010

Variação de Caixa = 120.000,00 – 100.000,00
Variação de Caixa = 20.000,00

FCO + FCI + FCF = Variação de Caixa

FCO + 6.000,00 – 70.000,00 = 20.000,00
FCO = 84.000,00

Mas, como se trata de um livro voltado para o aprendizado, poderá surgir uma pergunta por algum leitor:

– Será que o fluxo de caixa das **atividades operacionais é de 84.000,00**? Como ficaria a solução, utilizando o **método direto e indireto** para as atividades operacionais?

No método indireto, o caixa líquido gerado ou consumido nas atividades operacionais é obtido por meio de ajustes oriundos da DRE e do BP. Com relação aos **ajustes do BP**, nós calculamos apenas as **variações dos ativos e passivos circulantes** e somamos essas variações ao **resultado líquido ajustado.**

Ativo Circulante	31/12/10	31/12/11	Passivo Circulante	31/12/10	31/12/11
Duplicatas a Receber	160.000,00	150.000,00	Fornecedores	150.000,00	84.000,00
–	–	–	IR/CSLL a pagar	–	39.000,00
Total	**160.000,00**	**150.000,00**	**Total**	**150.000,00**	**123.000,00**

Variação do AC = AC em 2011 – AC em 2010 Variação do AC = 150.000,00 – 160.000,00 Variação do AC = **redução** de 10.000,00	Variação do PC = PC em 2011 – PC em 2010 Variação do PC = 123.000,00 – 150.000,00 Variação do PC = **redução** de 27.000,00

Lembrem-se dos ajustes relacionados com as variações dos ativos circulantes e passivos circulantes.	
Aumento do AC é um ajuste negativo na DFC.	Aumento do PC é um ajuste positivo na DFC.
Redução do AC é um **ajuste positivo** na DFC.	**Redução** do PC é um **ajuste negativo** na DFC.

Fluxo de Caixa Operacional – **Método Indireto**	
Lucro Líquido	**77.000,00**
1º ajuste: Ajustes oriundos da **DRE**	
+ Depreciação	20.000,00
+ Prejuízo na venda do terreno	4.000,00
= **Lucro Líquido ajustado**	**101.000,00**
2º ajuste: Ajustes oriundos do **BP**	
+ Redução do AC	10.000,00
– Redução do PC	(27.000,00)
= **Caixa líquido gerado no FCO**	**84.000,00**

No **fluxo de caixa operacional pelo método direto**, calculamos as entradas e saídas brutas de dinheiro. Analisando o balanço patrimonial, podemos observar no **ativo circulante** que existem as contas duplicatas a receber, enquanto que no **passivo circulante** temos as contas fornecedores e IR/CSLL a pagar. Portanto, no FCO pelo método direto, teremos **entradas de caixa** provenientes de recebimento de duplicatas e **saídas de caixa** relacionadas com os pagamentos de fornecedores e impostos a pagar (**esses a princípio**).

(1) Registro contábil das vendas no montante de 420.000,00.

Duplicatas a Receber	
160.000,00	Saídas (?) = x
(1) 420.000,00	
150.000,00	

Vendas Brutas	
	420.000,00 (1)

ATENÇÃO, a banca não informa qual foi o percentual à vista ou prazo das vendas brutas no montante de 420.000,00. Nesse caso, considera-se que as vendas foram todas a prazo. Analisando o **razonete duplicatas a receber**, podemos observar que havia um saldo inicial de 160.000,00, em seguida ocorreu uma entrada de 420.000,00 decorrente de vendas a prazo, restando um saldo final de 150.000,00, cujas informações encontram-se no balanço patrimonial. Portanto, necessariamente ocorreu uma saída de duplicatas a receber devido ao pagamento de clientes, que tem como contrapartida um débito na conta disponível. **Conclusão**, do razonete duplicatas a receber, calculamos o montante das vendas recebidas dos clientes.

160.000,00 + 420.000,00 – x = 150.000,00
x = 430.000,00

(2) Registro contábil do custo das mercadorias vendidas.

Estoques	
0,00	252.000,00 (2)
Entradas (?) = x	
0,00	

CMV	
(2) 252.000,00	

Analisando o **razonete estoques**, podemos observar que o **saldo inicial era de 0,00**, em seguida houve uma **saída de mercadorias** devido as vendas, no montante de **252.000,00**, restando um **saldo final de 0,00**. Portanto, houve necessariamente uma **entrada de mercadorias** no montante de "x" decorrente de uma aquisição de mercadorias com fornecedores. A questão não informa qual foi o percentual à vista ou a prazo na aquisição de mercadorias, e nesse caso, consideramos que a **aquisição de mercadorias foi a prazo**. Portanto, do razonete estoques, calculamos o montante das compras a prazo de mercadorias no período.

0,00 + x – 252.000,00 = 0,00
x = 252.000,00

(3) Registro contábil das compras a prazo de mercadorias no valor de 252.000,00.

Estoques	
0,00	252.000,00
(3) 252.000,00	
0,00	

Fornecedores	
Saídas (y) = ?	150.000,00
	252.000,00 (3)
	84.000,00

Analisando o **razonete fornecedores**, podemos observar que havia um saldo inicial de 150.000,00, e em seguida houve uma entrada de 252.000,00 decorrente de compras a prazo, restando um saldo final de 84.000,00. Portanto, necessariamente houve uma saída no montante de "y" que corresponde ao pagamento de fornecedores, cuja contrapartida, é um lançamento de crédito na conta disponível. **Conclusão**, do razonete fornecedores, calculamos o montante das compras a prazo pagas no período.

150.000,00 + 252.000,00 – y = 84.000,00
y = 318.000,00

(4) Registro contábil do pagamento de despesas administrativas.

Disponível	
Saldo Inicial	15.000,00 (4)

Despesas Administrativas	
(4) 15.000,00	

ATENÇÃO NAS PROVAS

Caso no balanço patrimonial houvesse uma conta no passivo circulante do tipo **contas a pagar** com um saldo final em 31/12/10 no valor de **5.000,00** e um saldo final em 31/12/11 no valor de **8.000,00**, essa conta representaria as **despesas administrativas** e nesse caso teríamos como pagamento de despesas administrativas o seguinte valor:

(1) Registro contábil das despesas administrativas.

Despesas Administrativas	
(1) 15.000,00	

Contas a Pagar	
	5.000,00
	15.000,00 (1)
	8.000,00

(2) Registro contábil do pagamento das despesas administrativas.

Disponível	
Saldo Inicial	x (2)

Contas a Pagar	
(2) x	5.000,00
	15.000,00
	8.000,00

Do razonete **contas a pagar** calculamos o valor das despesas administrativas pagas no exercício de 2011.

5.000,00 + 15.000,00 – x = 8.000,00
x = 12.000,00

IMPORTANTE: Alguma dúvida pode surgir em relação ao IR/CSLL a pagar, ou seja, será que a empresa não pagou o mesmo. Do confronto do balanço patrimonial com a DRE, temos:

Despesa com IR/CSLL	
(5) 39.000,00	

IR/CSLL a Pagar	
	0,00
	39.000,00 (5)
	39.000,00

Como podemos observar, a empresa apenas apropriou o IR/CSLL no final do exercício, em 31/12/2011, para realização do pagamento no exercício seguinte. Caso a conta **IR/CSLL a Pagar** apresentasse um valor inferior a 39.000,00, nesse caso teríamos um pagamento de IR/CSLL e esse valor entraria nas atividades operacionais da DFC pelo método direto.

Fluxo de Caixa Operacional – **Método Direto**	
Recebimento de Duplicatas a Receber	430.000,00
– Pagamento a Fornecedores	(318.000,00)
– Pagamento de despesas financeiras	(13.000,00)
– Pagamento de despesas administrativas	(15.000,00)
= Caixa líquido gerado no FCO	84.000,00

Gabarito: **A**

03ª QUESTÃO: A Cia. Hacer possuía, em 31/12/2010, o patrimônio líquido composto pelas seguintes contas: capital social 500.000,00 e reserva legal 96.000,00. Durante 2011, a Cia. obteve um lucro de 100.000,00. Sabendo-se que a Cia. Hacer constitui reserva legal de acordo com a legislação societária, que os dividendos mínimos obrigatórios estabelecidos em seu estatuto são de 30% do lucro líquido e que os lucros retidos para expansão são de até 70% do lucro líquido, o valor retido para expansão, em 31/12/2011, foi, em reais:

a) 70.000,00
b) 67.200,00
c) 66.500,00
d) 66.000,00
e) 65.000,00

☛ SOLUÇÃO

1º passo: Calcular a reserva legal.

Segundo o **artigo 193 da legislação societária** (lei nº 6.404/76) do lucro líquido 5% serão aplicados, antes de qualquer outra destinação, na constituição da reserva legal, que não excederá de 20% do **capital social**.

Reserva Legal = 5% × Lucro Líquido

Reserva Legal = 5% × 100.000,00
Reserva Legal = 5.000,00

ATENÇÃO, segundo o artigo 182 da legislação societária, o **capital social** discriminará o montante subscrito e, **por dedução**, a parcela ainda não realizada. Em outras palavras, o **capital social** é:

Capital Social = Capital Subscrito – Capital a Integralizar

CONCLUSÃO, o limite máximo da reserva da reserva legal é:

Limite máximo da reserva legal = 20% × Capital Social

ou

Limite máximo da reserva legal = 20% × (Capital Subscrito – Capital a Integralizar)

Limite máximo da reserva legal = 20% × (500.000,00 – 0,00)
Limite máximo da reserva legal = 100.000,00

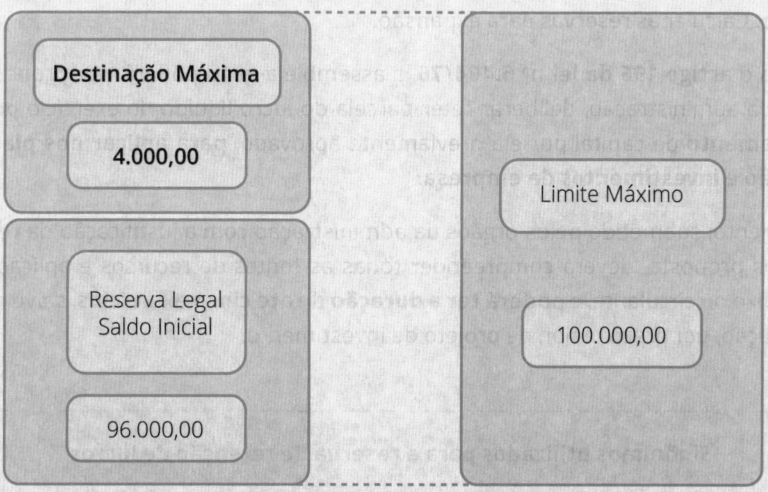

Analisando o gráfico acima, podemos observar que o **valor máximo** que a empresa poderá destinar para a constituição da reserva legal é **4.000,00**. Portanto, **5% do lucro líquido** no valor de **5.000,00 ultrapassa o limite máximo** permitido pela legislação societária, e nesse caso, **poderá destinar apenas 4.000,00** para a constituição da reserva legal.

(1) Registro contábil da constituição da reserva de lucros.

Lucros Acumulados – PL	
(1) 4.000,00	100.000,00
	96.000,00

Reserva Legal – PL	
	96.000,00
	4.000,00 (1)
	100.000,00

2º passo: Calcular os dividendos obrigatórios.

Cuidado com a armadilha da questão, pois o examinador informa que o estatuto estabelece **30% do lucro líquido** para os dividendos mínimos obrigatórios.

Dividendos segundo o estatuto = 30% × Lucro Líquido

Dividendos segundo o estatuto = 30% × 100.000,00
Dividendos segundo o estatuto = 30.000,00

(2) Registro contábil dos dividendos obrigatórios.

Lucros Acumulados	
(2) 30.000,00	96.000,00
	66.000,00

Dividendos a Pagar	
	30.000,00 (2)

3º passo: Calcular as reservas para expansão.

Segundo o **artigo 196 da lei nº 6.404/76**, a assembleia-geral poderá, por proposta dos órgãos da administração, deliberar reter parcela do lucro líquido do exercício **prevista em orçamento** de capital por ela previamente aprovado, **para aplicar nos planos de expansão e investimentos da empresa**.

O orçamento, submetido pelos órgãos da administração com a justificação da retenção de lucros proposta, deverá compreender todas as fontes de recursos e aplicações de capital, fixo ou circulante, e **poderá ter a duração de até cinco exercícios**, salvo no caso de execução, por prazo maior, de projeto de investimento.

Sinônimos utilizados para a reserva de retenção de lucros

Reserva de Lucros para Expansão = Reserva Orçamentária = Reserva de Investimentos

De acordo com a questão, o valor a ser destinado à reserva para expansão é de 70% do lucro líquido.

Reserva para Expansão = 70% × Lucro Líquido

Reserva para Expansão = 70% × 100.000,00
Reserva para Expansão = 70.000,00

Mas como a conta **lucros acumulados** possui um saldo de apenas **66.000,00**, esse é o valor a ser destinado para a referida reserva. Importante lembrar que a reserva para expansão **não tem prioridade** na distribuição de dividendos.

(3) Registro contábil da constituição da reserva para expansão.

Lucros Acumulados	
(3) 66.000,00	66.000,00

Reserva para Expansão	
	66.000,00 (3)

CUIDADO COM AS ARMADILHAS DA QUESTÃO

1ª armadilha: Na prova, o candidato que utilizasse a reserva legal de 4.000,00 e a base de cálculo dos dividendos de acordo com o artigo 202 da lei nº 6.404/76, encontraria como resposta a alternativa **B** e erraria a questão.

A base de cálculo dos dividendos é 30% do lucro líquido. Observe que o **estatuto não é omisso** em relação aos dividendos.

Dividendos = 30% × (Lucro Líquido – Reserva Legal +/– Reserva para Contingências +/– RIF)

Observem que essa base de cálculo para dividendos é utilizada apenas quando **os estatutos são omissos** em relação aos dividendos, **o que não é o caso da questão**, pois o examinador foi enfático ao mencionar que os **dividendos mínimos obrigatórios** estabelecidos em seu estatuto **são de 30% do lucro líquido**.

Dividendos = 30% × (100.000,00 – 4.000,00)
Dividendos = 28.800,00

Reserva para Expansão = Lucro Líquido – Reserva Legal – Dividendos

Reserva para Expansão = 100.000,00 – 4.000,00 – 28.800,00
Reserva para Expansão = 67.200,00

CONCLUSÃO, teríamos como gabarito a alternativa **B** e erraríamos a questão.

2ª armadilha: Na prova, o candidato que utilizasse a reserva legal de 5.000,00 e a base de cálculo dos dividendos de acordo com o artigo 202 da lei nº 6.404/76, encontraria como resposta a alternativa **C** e erraria a questão.

Dividendos = 30% × (Lucro Líquido – Reserva Legal +/– Reserva para Contingências +/– RIF)

Dividendos = 30% × (100.000,00 – 5.000,00)
Dividendos = 28.500,00

Reserva para Expansão = Lucro Líquido – Reserva Legal – Dividendos

Reserva para Expansão = 100.000,00 – 5.000,00 – 28.500,00
Reserva para Expansão = 66.500,00

CONCLUSÃO, teríamos como gabarito a alternativa **C** e erraríamos a questão.

Gabarito: **D**

04ª QUESTÃO: Uma determinada empresa apresentava, em 31/12/2011, as seguintes informações a respeito de um imobilizado:

Custo de aquisição 200.000,00
Depreciação acumulada..50.000,00
Perda por *Impairment*..40.000,00

A empresa decidiu vender este imobilizado, em 31/12/2011, por 100.000,00 à vista. Com base nestas informações, o resultado obtido com a venda do imobilizado foi, em reais:

a) 100.000,00 de lucro.
b) 50.000,00 de prejuízo.
c) 60.000,00 de prejuízo.
d) 10.000,00 de prejuízo.
e) 0,00 (zero).

SOLUÇÃO

1º passo: Calcular o valor contábil do imobilizado.

Valor contábil = Custo de aquisição – Depreciação Acumulada – Perdas por *Impairment*

Custo de aquisição 200.000,00
– Depreciação acumulada...(50.000,00)
– Perda por *Impairment*...(40.000,00)
= Valor contábil do imobilizado................................ 110.000,00

2º passo: Calcular o resultado com a venda do imobilizado.

Prejuízo na venda = Valor de venda – Valor contábil do imobilizado

Prejuízo na venda = 100.000,00 – 110.000,00
Prejuízo na venda = 10.000,00

Gabarito: **D**

05ª QUESTÃO: Considere as seguintes assertivas:

I. Os ativos fiscais diferidos devem ser ajustados a valor presente, caso sejam recuperáveis no longo prazo.

II. Os ativos financeiros classificados como destinados à negociação são mensurados ao valor justo.

III. Os investimentos em coligadas devem ser avaliados pelo método de equivalência patrimonial.

IV. Valores a receber de clientes no exterior devem ser convertidos, para fins de apresentação no balanço patrimonial, à taxa de câmbio em vigor na data da operação.

Está correto o que se afirma em:

a) I e II, apenas.
b) II e III, apenas.
c) III e IV, apenas.
d) I, II e III, apenas.
e) I, II, III e IV.

☛ SOLUÇÃO

Analisando os itens, temos:

I. Errado. De acordo com o CPC 12 – Ajuste a Valor Presente, para fins de desconto a valor presente de ativos e passivos, a taxa a ser aplicada não deve ser líquida de efeitos fiscais, e, sim, antes dos impostos. Em outras palavras, **os ativos fiscais diferidos não são ajustados a valor presente**.

II. Correto. Os ativos derivativos destinados à negociação estão sujeitos a duas atualizações, sendo que a primeira reflete a atualização do título desde o instante da compra até o seu vencimento, pela taxa efetiva de rendimento, tendo como contrapartida o resultado do exercício (valor pela curva do papel) e a segunda decorrente do **ajuste ao valor justo** (ou valor de mercado), sendo que a diferença, para mais ou para menos, entre o valor pela curva do papel e o valor justo, será registrado também na conta de resultado do exercício.

III. Correto. O artigo 248 da lei nº 6.404/76 dispõe que os investimentos permanentes em participação no capital social de **sociedades coligadas**, sociedades controladas, sociedades controladas em conjunto (ou que façam parte de um mesmo grupo) e sociedades que estejam sob controle comum **serão avaliados pelo método da equivalência patrimonial**.

IV. Errado. Segundo o CPC 02 (R2) – Efeitos das Mudanças nas Taxas de Câmbio e Conversão de Demonstrações Contábeis, os ativos e passivos da entidade, cuja moeda funcional não é moeda de economia hiperinflacionária, devem ser convertidos utilizando-se a **taxa de câmbio de fechamento na data do respectivo balanço**.

Gabarito: **B**

06ª QUESTÃO: Uma empresa comercial adota o critério da média ponderada móvel para controle dos estoques. Realizou as seguintes operações durante o mês de junho de 2012 (valores em reais):

Data	Operação	Quantidade	Preço de compra unitário	Preço de venda unitário
05/06/12	Compra	100	15,00	–
08/06/12	Venda	80	–	30,00
12/06/12	Compra	100	21,00	–
20/06/12	Venda	30	–	31,00
30/06/12	Venda	20	–	32,00

Dado que a empresa comercial não apresentava estoque inicial, o custo das mercadorias vendidas no mês de junho foi, em reais:

a) 3.970,00
b) 2.250,00
c) 2.200,00
d) 2.130,00
e) 1.950,00

☛ SOLUÇÃO

Controle – Média Ponderada Móvel								
Entradas			**Saídas**			**Saldos**		
Quantidade	Unidade	Total	Quantidade	Unidade	Total	Quantidade	Unidade	Total
100	15,00	1.500,00	-	-	-	100	15,00	1.500,00
-	-	-	80	15,00	1.200,00	20	15,00	300,00
100	21,00	2.100,00	-	-	-	120	20,00	2.400,00
-	-	-	30	20,00	600,00	90	20,00	1.800,00
-	-	-	20	20,00	400,00	70	20,00	1.400,00

Da coluna saídas, calculamos o valor do CMV.

CMV = 1.200,00 + 600,00 + 400,00
CMV = 2.200,00

ATENÇÃO, caso a questão pedisse o valor do lucro bruto, teríamos:

Lucro Bruto = Vendas Líquidas – CMV

Lucro Bruto = 80 × 30,00 + 30 × 31,00 + 20 × 32,00 – 2.200,00
Lucro Bruto = 1.770,00

Gabarito: **C**

07ª QUESTÃO: Considere os seguintes eventos:

I. Ágio na emissão de ações.

II. Variação cambial de investimentos no exterior.

III. Aquisição de ações de emissão da própria empresa.

IV. Doações recebidas, mas com restrições a serem cumpridas.

V. Pagamento de dividendos já propostos e aprovados pela empresa.

Os eventos que não alteram o patrimônio líquido são:

a) I e II
b) III e IV
c) IV e V
d) I, IV e V
e) II, III e V

☛ SOLUÇÃO

Analisando os itens, temos:

I. Errado. O ágio na emissão de ações **altera** o patrimônio líquido. Para facilitar o entendimento, vamos supor uma empresa que possua um capital social de 100.000 ações de valor nominal de 1,00 por ação e um capital a integralizar de 20.000 ações. Supondo que a empresa integralize o restante do capital com a emissão de ações ao preço unitário de 1,25, temos:

Capital Social = 100.000 ações × 1,00/ação
Capital Social = 100.000,00

Capital a Integralizar = 20.000 ações × 1,00/ação
Capital a Integralizar = 20.000,00

No patrimônio líquido, temos:

Capital a Integralizar		Capital Social	
20.000,00			100.000,00

(1) Registro contábil da integralização do restante do capital com a emissão de ações ao preço unitário de 1,25.

Caixa		Capital a Integralizar		Ágio na Emissão de Ações	
(1) 25.000,00		20.000,00	20.000,00 (1)		5.000,00 (1)

Ágio na emissão de ações = (Preço de emissão – Valor nominal) × Número de ações

Ágio na emissão de ações = (1,25/ação – 1,00/ação) × 20.000 ações
Ágio na emissão de ações = 5.000,00

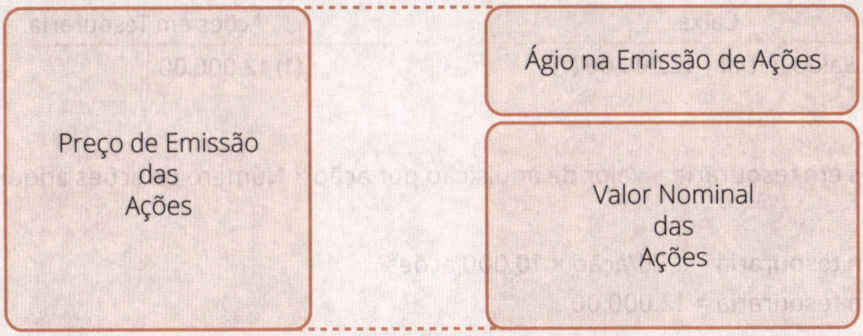

PL Inicial = Capital Social – Capital a Integralizar

PL Inicial = 100.000,00 – 20.000,00
PL Inicial = 80.000,00

PL Final = Capital Social + Reservas de Capital

PL Final = 100.000,00 + 5.000,00
PL Final = 105.000,00

CONCLUSÃO, o ágio na emissão de ações causa variação no patrimônio líquido, e nesse caso a variação foi **positiva de 5.000,00**.

II. Errado. A variação cambial de investimentos no exterior **altera** o patrimônio líquido. Em relação aos investimentos avaliados pelo MEP, a diferença cambial resultante da aplicação do percentual de participação no patrimônio líquido final da investida convertido pela taxa de fechamento e o patrimônio líquido inicial da investida convertido pela taxa histórica somado com o resultado do exercício da investida convertido pela taxa média, essa diferença será reconhecida diretamente no patrimônio líquido da investidora, na conta **ajustes acumulados de conversão**. Conclusão, a variação cambial de investimentos no exterior **causa variação** no patrimônio líquido.

III. Errado. A aquisição de ações de emissão da própria empresa **altera** o patrimônio líquido. As ações em tesouraria é uma conta do patrimônio líquido que é utilizada quando a empresa adquire as suas próprias ações. As **ações em tesouraria** resultam de uma operação quando a empresa adquire as suas próprias ações, ou seja, a empresa retira de circulação do mercado as suas próprias ações com o objetivo de elevar o preço delas e realizar no futuro uma nova venda, obtendo um lucro nessa transação, ou quando as ações estão pulverizadas, nas mãos de vários acionistas e a empresa deseja concentrá-las. Por exemplo, uma empresa que possui 100.000 ações com **valor nominal 1,00** totalmente integralizadas e adquire **10.000 ações para manter em tesouraria por 1,20**, realizará o seguinte registro contábil:

Caixa	
Saldo Inicial	12.000,00 (1)

Ações em Tesouraria	
(1) 12.000,00	

Ações em tesouraria = Valor de aquisição por ação × Número de ações adquiridas

Ações em tesouraria = 1,20/ação × 10.000 ações
Ações em tesouraria = 12.000,00

No patrimônio líquido teremos a seguinte apresentação:

Capital Social 100.000,00
– Ações em Tesouraria...(12.000,00)

PL Inicial = Capital Social

PL Inicial = 100.000,00

PL Final = Capital Social – Ações em Tesouraria

PL Final = 100.000,00 – 12.000,00
PL Final = 88.000,00

CONCLUSÃO, a aquisição de ações em tesouraria causa variação no patrimônio líquido, e nesse caso a variação foi **negativa de 12.000,00**.

IV. Correto. As doações recebidas, mas com restrições a serem cumpridas, não alteram o patrimônio líquido.

Segundo **o CPC 7 – Subvenção e Assistência Governamentais**, enquanto não atendidos os requisitos para reconhecimento da receita com subvenção na demonstração do resultado, a contrapartida da subvenção governamental registrada no ativo deve ser feita em **conta específica do passivo.** A subvenção governamental recebida na forma de ativos não monetários, por exemplo, terrenos, deve ser reconhecida pelo seu valor justo e apresentada no balanço patrimonial em **conta específica do passivo**, como receita diferida, ou deduzindo o valor contábil do ativo relacionado.

Por exemplo, uma empresa que receba uma doação de um terreno no valor de 100.000,00 do Poder Público Municipal com a finalidade de permanecer no município por 10 anos, terá o registro por meio do seguinte lançamento:

Terrenos – AÑC Imobilizado	
(1) 100.000,00	

Receitas Diferidas de Doação – PÑC	
	100.000,00 (1)

PL Inicial = A – P

Após a doação do terreno pelo Poder Público, temos:

PL Final = (A + Terrenos) – (P + Receitas Diferidas de Doação)

PL Final = (A + 100.000,00) – (P + 100.000,00)
PL Final = A + 100.000,00 – P – 100.000,00

PL Final = A – P

Como podemos observar, o **PL Final** é exatamente igual ao **PL Inicial**, portanto:

PL Inicial = PL Final

CONCLUSÃO, a doação com restrição **não altera** o patrimônio líquido.

V. O pagamento de dividendos já propostos e aprovados pela empresa não altera o patrimônio líquido. Por exemplo, uma empresa que realiza o pagamento de dividendos no valor de 15.000,00, realizará o seguinte registro:

Caixa	
Saldo Inicial	15.000,00 (1)

Dividendos a Pagar	
(1) 15.000,00	15.000,00

PL Inicial = A – P

PL Final = (A – Caixa) – (P – Dividendos a Pagar)
PL Final = (A – 15.000,00) – (P – 15.000,00)
PL Final = A – 15.000,00 – P + 15.000,00

PL Final = A – P

Como podemos observar, o **PL Final** é exatamente igual ao **PL Inicial**, portanto:

PL Inicial = PL Final

CONCLUSÃO, o pagamento de dividendos já propostos **não altera** o patrimônio líquido.

Gabarito: **C**

08ª QUESTÃO: Determinada empresa reconheceu, durante o ano de 2011, 500.000,00 em vendas realizadas. Durante este ano, reconheceu, adicionalmente, os seguintes itens: abatimento sobre vendas de 16.000,00; devoluções de vendas de 10.000,00; custo das mercadorias vendidas de 260.000,00; comissões sobre vendas de 7.500,00; impostos sobre vendas de 90.000,00 e estimativa para perdas com créditos de liquidação duvidosa de 5.000,00. Com base nessas informações, a empresa apurou em 2011 uma receita líquida e um lucro bruto, respectivamente, de:

a) 384.000,00 e 124.000,00
b) 461.500,00 e 201.500,00
c) 474.000,00 e 214.000,00
d) 376.500,00 e 116.500,00
e) 371.500,00 e 111.500,00

☛ SOLUÇÃO

CUIDADO EXTRA NA PROVA!!!!!!!!!

Nas questões envolvendo a DRE, atualmente a FCC **segue a estrutura do CPC 26** que trata da Apresentação das Demonstrações Contábeis, ou seja, na apuração do **resultado operacional**, a FCC **não incluiu as despesas financeiras**. Portanto, quando nos depararmos com uma questão da FCC pedindo o **resultado operacional**, nós devemos ter em mente que esse **resultado operacional** corresponde ao **resultado antes do resultado financeiro**, segundo a estrutura de DRE apresentada pelo CPC 26.

Lucro antes do resultado financeiro (CPC 26) ≠ **Lucro Operacional** (Legislação Societária)

Montando a DRE segundo a estrutura de DRE apresentada pelo CPC 26, temos:

Demonstração do Resultado do Exercício	
Vendas Brutas	500.000,00
– Abatimento sobre Vendas	(16.000,00)
– Devolução de Vendas	(10.000,00)
– Impostos sobre Vendas	(90.000,00)
= Vendas Líquidas	**384.000,00**
– CMV	(260.000,00)
= Lucro Bruto	**124.000,00**
– Comissões sobre vendas	(7.500,00)
– Estimativa para perdas com CLD	(5.000,00)
= **Lucro antes do resultado financeiro**	**111.500,00**

Gabarito: **A**

Capítulo 33

Contador da Sergipe Gás S.A. 2010

ATENÇÃO: Para responder às **questões de números 01 e 02** considere as informações abaixo.

Em outubro de 2009 uma empresa tinha registrado em seus estoques 20 toneladas de um determinado produto, adquirido pelo valor de 300.000,00 a tonelada. Ao final do exercício, a empresa mantinha em seus ativos, 1/4 desse estoque, cuja cotação no mercado era de 280,00 o quilo. De acordo com as projeções econômicas, verifica-se que existe uma forte possibilidade de ocorrer, já no início do segundo semestre de 2010, uma recuperação da cotação do produto no mercado, quando, então, espera-se que o mesmo atinja um preço unitário projetado de 308,00 por quilo, caso se mantenham estáveis algumas variáveis econômicas no futuro.

01ª QUESTÃO: Com base nas informações, o procedimento contábil que a empresa deveria adotar, ao avaliar o seu estoque final em 2009, seria:

a) reconhecer a potencialidade de benefícios futuros desse ativo, reconhecendo uma receita de 40.000,00.

b) registrar, ao final do período, uma provisão para perdas nos estoques no valor de 100.000,00.

c) contabilizar, na conta de resultado, uma perda de 100.000,00 creditando em igual valor a conta estoque.

d) reconhecer uma perda líquida de 60.000,00, a crédito de resultados de exercício futuro.

e) lançar 40.000,00 na conta de ajustes de avaliação patrimonial, reconhecendo a débito de estoques.

☛ SOLUÇÃO

Segundo inciso II, do artigo 183, da lei nº 6.404/76, os direitos que tiverem por objeto mercadorias e produtos do comércio da companhia, assim como **matérias-primas**, **produtos em fabricação** e bens em almoxarifado (**mercadorias**), serão avaliados pelo **custo de aquisição** ou **produção**, deduzido de **perdas estimadas para ajustá-lo ao valor de mercado**, quando este for inferior. Portanto, da leitura do inciso II, do artigo 183, da lei nº 6.404/76, os **estoques podem ser constituídos** de:

- matérias-primas
- produtos em elaboração
- produtos acabados
- mercadorias

Conclusão, a **perda estimada para ajuste ao valor de mercado** deve ser **registrada separadamente**, segundo o tipo de estoques que está relacionada.

$$\text{Custo de aquisição por quilo} = \frac{300.000,00}{1.000\ \text{kg}}$$

Custo de aquisição por quilo = 300,00/kg
Valor realizável líquido dos estoques = 280,00/kg

A **perda estimada para ajuste ao valor de mercado** (PEAVM) tem como finalidade **excluir** dos estoques a parcela dos custos que provavelmente **não seja recuperável** pela empresa quando da realização dos estoques, por meio da venda ou baixa por perecimento.

PEAVM = Custo de aquisição dos estoques – Valor realizável líquido dos estoques

PEAVM por quilo = 300,00 – 280,00
PEAVM por quilo = 20,00/kg

PEAVM dos estoques = PEAVM por quilo × ¼ × Estoques

PEAVM dos estoques = 20,00/kg × ¼ × 20.000 kg
PEAVM dos estoques = 100.000,00

Gabarito: **B**

02ª QUESTÃO: O pressuposto básico que norteia o procedimento contábil efetuado pela empresa está ligado a:

a) continuidade.
b) relevância.
c) materialidade.
d) prudência.
e) integridade.

☛ SOLUÇÃO

O **princípio da prudência** determina a adoção do **menor valor** para os componentes do **ativo** e do **maior** para os do **passivo**, sempre que se apresentem alternativas igualmente válidas para a quantificação das mutações patrimoniais que alterem o patrimônio líquido.

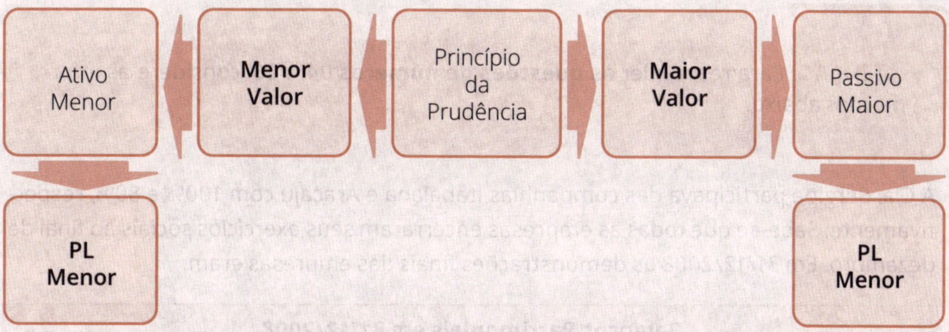

O **princípio da prudência** pressupõe o emprego de **certo grau de precaução** no exercício dos julgamentos necessários às estimativas em certas **condições de incerteza**, no sentido de que **ativos e receitas não sejam superestimados e que passivos e despesas não sejam subestimados**, atribuindo maior confiabilidade ao processo de mensuração e apresentação dos componentes patrimoniais.

Gabarito: **D**

03ª QUESTÃO: O aumento do capital social com saldos de reservas de lucros é um fato:

a) permutativo.
b) modificativo aumentativo.
c) modificativo diminutivo.
d) misto aumentativo.
e) misto diminutivo.

☛ **SOLUÇÃO**

O aumento do capital social com saldos de reservas de lucros é realizado por meio do seguinte lançamento:

D: Reservas de Lucros (reduz o PL)
C: Capital (aumenta o PL)

Conclusão, trata-se de um fato permutativo, pois o patrimônio líquido permanece constante.

Gabarito: **A**

ATENÇÃO: Para responder às **questões de números 04 a 06**, considere as informações abaixo.

A Cia. Sergipe participava das companhias Itabaiana e Aracaju com 100% e 80%, respectivamente. Sabe-se que todas as empresas encerraram seus exercícios sociais ao final de dezembro. Em 31/12/2008 as demonstrações finais das empresas eram:

Balanços Patrimoniais em 31/12/2008			
Ativo	**Cia. Sergipe**	**Cia. Itabaiana**	**Cia. Aracaju**
Disponibilidades	30.000,00	30.000,00	20.000,00
Empréstimos a Controladas	250.000,00	–	–
Clientes	270.000,00	280.000,00	100.000,00
Estoques	80.000,00	30.000,00	50.000,00
Participação Societária Cia. Itabaiana	500.000,00	–	–
Participação Societária Cia. Aracaju	400.000,00	–	–
Outros Investimentos	30.000,00	–	–
Imobilizado	490.000,00	540.000,00	720.000,00
Depreciação Acumulada	(300.000,00)	(180.000,00)	(90.000,00)
Total	**1.750.000,00**	**700.000,00**	**800.000,00**

Passivo	Cia. Sergipe	Cia. Itabaiana	Cia. Aracaju
Contas a Pagar	140.000,00	40.000,00	70.000,00
Fornecedores	210.000,00	40.000,00	100.000,00
Empréstimos	380.000,00	120.000,00	130.000,00
Capital	770.000,00	330.000,00	270.000,00
Reservas	250.000,00	170.000,00	230.000,00
Total	**1.750.000,00**	**700.000,00**	**800.000,00**

Demonstração do Resultado do Exercício findo em 31/12/2009			
DRE	**Cia. Sergipe**	**Cia. Itabaiana**	**Cia. Aracaju**
Vendas Brutas	1.600.000,00	1.100.000,00	1.000.000,00
– CMV	(1.000.000,00)	(650.000,00)	(800.000,00)
= Resultado Bruto Operacional	600.000,00	450.000,00	200.000,00
– Despesas Operacionais	(550.000,00)	(400.000,00)	(160.000,00)
+ Outras Receitas	–	30.000,00	–
= Lucro Líquido	50.000,00	80.000,00	40.000,00

I. Por acordo entre as empresas, a Investidora era a única cliente da Cia. Aracaju, ao final de 2008 a empresa compradora mantinha 5% em estoques, restando a receber 10% das vendas realizadas.

II. O saldo da conta empréstimos identificado nas investidas correspondia a operações de empréstimos realizadas com a controladora.

04ª QUESTÃO: O total do ativo consolidado é:

a) 1.360.000,00
b) 1.500.000,00
c) 1.750.000,00
d) 1.990.000,00
e) 3.250.000,00

SOLUÇÃO

As **demonstrações consolidadas** representam as demonstrações contábeis de um **grupo econômico**, em que ativos, passivos, patrimônio líquido, receitas, despesas e fluxos de caixa da **controladora** e de suas **controladas** são apresentados como se fossem uma única entidade econômica.

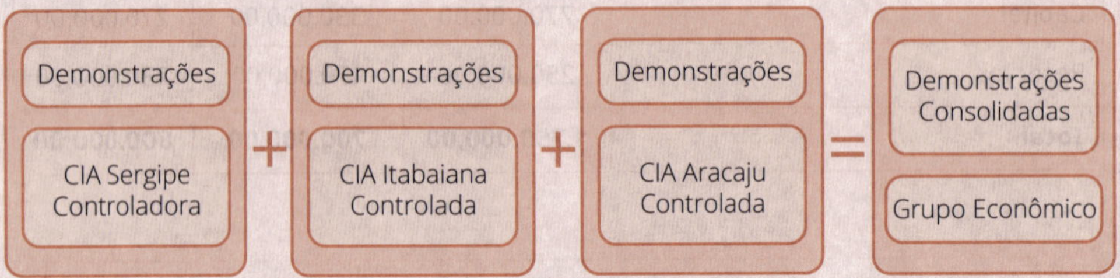

Não existe consolidação entre entidades **coligadas**, apenas entre **controladoras** e **controladas**.

SOLUÇÃO NA PROVA

Ativo da Cia. Sergipe 1.750.000,00
+ Ativo da Cia. Itabaiana.. 700.000,00
+ Ativo da Cia. Aracaju... 800.000,00
– **Direitos Intragrupo**:
– Empréstimos a Controladas .... (250.000,00)
– Clientes da Cia. Aracaju...................................(100.000,00)
– LÑR nos estoques da Cia. Sergipe ....(10.000,00)
– Investimentos na Cia. Itabaiana...................... (500.000,00)
– Investimentos na Cia. Aracaju......................... (400.000,00)
= Ativo consolidado... 1.990.000,00

Como estamos aprendendo consolidação, vamos elaborar os papéis de trabalho da consolidação.

Ativo	Sergipe	Itabaiana	Aracaju	Débito	Crédito	Consolidado
Disponibilidades	30.000,00	30.000,00	20.000,00	–	–	80.000,00
Empréstimos as Cias.	250.000,00	–	–	–	(1) 250.000,00	0,00
Clientes	270.000,00	280.000,00	100.000,00	–	(2) 100.000,00	550.000,00
Estoques	80.000,00	30.000,00	50.000,00	–	(3) 10.000,00	150.000,00
Ações da Itabaiana	500.000,00	–	–	–	(4) 500.000,00	0,00
Ações da. Aracaju	400.000,00	–	–	–	(5) 400.000,00	0,00
Outros Investimentos	30.000,00	–	–	–	–	30.000,00
Imobilizado	490.000,00	540.000,00	720.000,00	–	–	1.750.000,00
Dep. Acumulada	(300.000,00)	(180.000,00)	(90.000,00)	–	–	(570.000,00)
Total	**1.750.000,00**	**700.000,00**	**800.000,00**	**–**	**1.260.000,00**	**1.990.000,00**
Passivo	**Sergipe**	**Itabaiana**	**Aracaju**	**Débito**	**Crédito**	**Consolidado**
Contas a Pagar	140.000,00	40.000,00	70.000,00	–	–	250.000,00
Fornecedores	210.000,00	40.000,00	100.000,00	(2) 100.000,00	–	250.000,00
Empréstimos	380.000,00	120.000,00	130.000,00	(1) 250.000,00	–	380.000,00
Capital	770.000,00	330.000,00	270.000,00	(4) 330.000,00 (5) 216.000,00 (6) 54.000,00	–	770.000,00
Reservas	250.000,00	170.000,00	230.000,00	(4) 170.000,00 (3) 10.000,00 (5) 184.000,00 (7) 46.000,00	–	240.000,00
PAM	–	–	–	–	(6) 54.000,00 (7) 46.000,00	100.000,00
Total	**1.750.000,00**	**700.000,00**	**800.000,00**	**1.360.000,00**	**100.000,00**	**1.990.000,00**

Explicação dos lançamentos **extracontábeis**:

(1) Eliminação dos empréstimos da Cia. Sergipe para as Cias. Itabaiana e Aracaju.

(2) Eliminação dos clientes relacionados com a Cia. Aracaju.

(3) Eliminação dos lucros não realizados nos estoques da Cia. Sergipe.

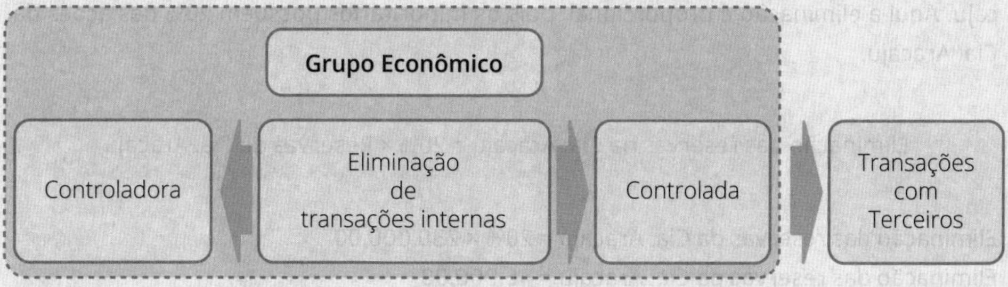

Calcular os lucros não realizados (LÑR) nos estoques da empresa Sergipe.

LÑR nos estoques da Sergipe = % adquirido da Aracaju e não vendido × Lucro da Aracaju na Sergipe

LÑR nos estoques da Sergipe = 5% × 200.000,00
LÑR nos estoques da Sergipe = 10.000,00

(4) Eliminação do investimento da Cia. Sergipe na Cia. Itabaiana.

(5) Eliminação do investimento da Cia. Sergipe na Cia. Aracaju. Aqui a eliminação é proporcional, pois a Cia. Sergipe possui apenas 80% das ações da Cia. Aracaju.

Eliminação do Capital da Cia. Aracaju = 80% × Capital da Cia. Aracaju

Eliminação do capital da Cia. Aracaju = 80% × 270.000,00
Eliminação do capital da Cia. Aracaju = 216.000,00

Eliminação das reservas da Cia. Aracaju = 80% × Reservas da Cia. Aracaju

Eliminação das reservas da Cia. Aracaju = 80% × 230.000,00
Eliminação das reservas da Cia. Aracaju = 184.000,00

(6) Eliminação da participação dos acionistas minoritários no capital da Cia. Aracaju. Aqui a eliminação é proporcional, pois os minoritários possuem 20% das ações da Cia. Aracaju.

Eliminação do capital da Cia. Aracaju = 20% × Capital da Cia. Aracaju

Eliminação do capital da Cia. Aracaju = 20% × 270.000,00
Eliminação do capital da Cia. Aracaju = 54.000,00

(7) Eliminação da participação dos acionistas minoritários nas reservas da Cia. Aracaju. Aqui a eliminação é proporcional, pois os minoritários possuem 20% das ações da Cia. Aracaju.

Eliminação das reservas na Cia. Aracaju = 20% × Reservas da Cia. Aracaju

Eliminação das reservas da Cia. Aracaju = 20% × 230.000,00
Eliminação das reservas da Cia. Aracaju = 46.000,00

Gabarito: **D**

05ª QUESTÃO: O valor da participação dos minoritários é:

a) 46.000,00
b) 54.000,00
c) 100.000,00
d) 130.000,00
e) 170.000,00

☛ SOLUÇÃO

Da **4ª questão**, temos que o valor da **participação dos minoritários** é:

PAM = 100.000,00

Gabarito: **C**

06ª QUESTÃO: O valor do lucro não realizado é:

a) 10.000,00
b) 12.500,00
c) 15.000,00
d) 16.000,00
e) 20.000,00

☛ SOLUÇÃO

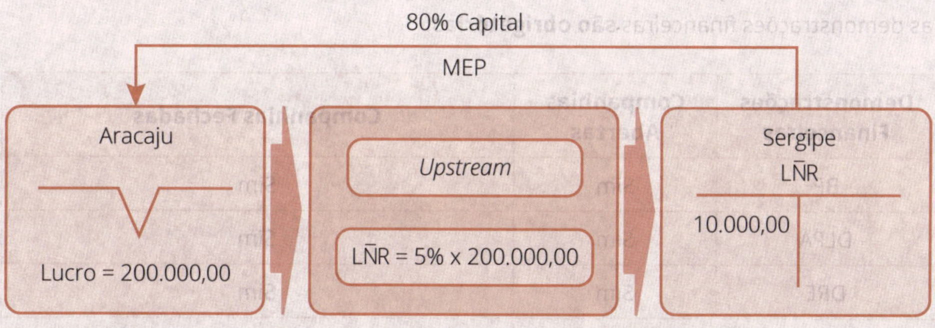

Da **4ª questão**, temos que o **lucro não realizado** nos estoques da Cia. Sergipe é:

LÑR nos estoques da Sergipe = % adquirido da Aracaju e não vendido × Lucro da Aracaju na Sergipe

LÑR nos estoques da Sergipe = 5% × 200.000,00
LÑR nos estoques da Sergipe = 10.000,00

Gabarito: **A**

07ª QUESTÃO: É demonstração financeira não obrigatória para as companhias fechadas:

a) Demonstração dos Fluxos de Caixa.
b) Balanço Patrimonial.
c) Demonstração dos Lucros e Prejuízos Acumulados.
d) Demonstração do Valor Adicionado.
e) Demonstração do Resultado do Exercício.

☛ SOLUÇÃO

Segundo o **artigo 176 da lei nº 6.404/76**, ao fim de cada exercício social, a diretoria fará elaborar, com base na escrituração mercantil da companhia, as **seguintes demonstrações financeiras**, que deverão exprimir com clareza a situação do patrimônio da companhia e as mutações ocorridas no exercício:

- Balanço Patrimonial (BP)
- Demonstração dos Lucros ou Prejuízos Acumulados (DLPA)
- Demonstração do Resultado do Exercício (DRE)
- Demonstração dos Fluxos de Caixa (DFC)
- se companhia aberta, Demonstração do Valor Adicionado (DVA)

De acordo com o artigo 176, § 6º da lei nº 6.404/76, a **companhia fechada** com patrimônio líquido, na data do balanço, inferior a 2.000.000,00 (dois milhões de reais) **não será obrigada** à elaboração e publicação da Demonstração dos Fluxos de Caixa. **Conclusão**, as demonstrações financeiras **são obrigatórias**:

Demonstrações Financeiras	Companhias Abertas	Companhias Fechadas
BP	Sim	Sim
DLPA	Sim	Sim
DRE	Sim	Sim
DFC	Sim	Sim, PL na data do balanço ≥ 2.000.000,00
DVA	Sim	**Não**

Gabarito: **D**

ATENÇÃO: Para responder às **questões de números 08 e 09**, considere as informações abaixo.

O patrimônio de uma empresa possui a seguinte formação:

Ativo Circulante	820.000,00
Ativo Não Circulante	2.180.000,00
Passivo Circulante	800.000,00
Passivo Não Circulante	1.200.000,00
Patrimônio Líquido	1.000.000,00

08ª QUESTÃO: Se essa empresa não possuir estoque inicial ou final, o índice de liquidez:

a) geral é igual a 2.
b) seca será igual ao de liquidez corrente.
c) geral será 0,5.
d) seca é igual a 1,8.
e) corrente será igual ao de liquidez geral.

☛ SOLUÇÃO

Analisando as alternativas, temos:

a) Errada. A liquidez geral é igual a **1,5**.

A liquidez geral avalia a capacidade de pagamento das obrigações de curto e longo prazos que uma empresa possui, utilizando as disponibilidades e os direitos de curto e longo prazos.

$$\text{Liquidez Geral} = \frac{\text{Ativo Circulante + AÑC Realizável a Longo Prazo – Despesas Antecipadas}}{\text{Passivo Circulante + PÑC}}$$

$$\text{Liquidez Geral} = \frac{820.000,00 + 2.180.000,00}{800.000,00 + 1.200.000,00}$$

Liquidez Geral = 1,5

b) Correta. A liquidez seca será igual ao de liquidez corrente.

A liquidez corrente ou **liquidez comum** avalia a capacidade de pagamento das obrigações de curto prazo que uma empresa possui, utilizando as suas disponibilidades e os direitos de curto prazo.

$$\text{Liquidez Corrente} = \frac{\text{Ativo Circulante}}{\text{Passivo Circulante}}$$

$$\text{Liquidez Corrente} = \frac{820.000,00}{800.000,00}$$

Liquidez Corrente = 1,025

A liquidez seca ou **teste ácido** avalia a capacidade de pagamento das obrigações de curto prazo com as disponibilidades e duplicatas a receber, nas situações em que a rotação de estoques é muito baixa. No cálculo desse índice, eliminamos o montante dos estoques e das despesas antecipadas do total do ativo circulante.

$$\text{Liquidez Seca} = \frac{\text{Ativo Circulante – Estoques – Despesas Antecipadas}}{\text{Passivo Circulante}}$$

$$\text{Liquidez Seca} = \frac{820.000,00 - 0,00 - 0,00}{800.000,00}$$

Liquidez Seca = 1,025

c) Errada. A liquidez geral é igual a **1,5.**

d) Errada. A liquidez seca é igual a **1,025.**

e) Errada. A liquidez corrente no valor de 1,025 é **diferente** da liquidez geral no montante de 1,5.

Gabarito: **B**

09ª QUESTÃO: O quociente de endividamento é de:

a) 0,20
b) 0,33
c) 0,47
d) 0,58
e) 0,67

☛ SOLUÇÃO

Montando o balanço patrimonial com os dados da questão, temos:

Ativo	Passivo
Ativo Circulante.......................... 820.000,00	Passivo Circulante....................... 800.000,00
Ativo Não Circulante 2.180.000,00	Passivo Não Circulante 1.200.000,00
	Patrimônio Líquido 1.000.000,00
Total....................................... 3.000.000,00	Total....................................... 3.000.000,00

ATENÇÃO, o total do ativo é no montante de 3.000.000,00.

Com relação ao **grau de endividamento não existe um consenso entre os analistas**, pois existem duas versões atualmente aceitas.

A **primeira versão** para o **grau de endividamento** demonstra o montante de recursos que a empresa obteve de capital de terceiros para cada real de capital próprio. Quanto maior o grau de endividamento, maior é a possibilidade de falência de uma empresa.

$$\text{Grau de Endividamento} = \frac{\text{Passivo Circulante} + \text{Passivo Não Circulante}}{\text{Patrimônio Líquido}} \times 100\%$$

A **segunda versão** para o **grau de endividamento** demonstra o montante de recursos que a empresa obteve de capital de terceiros para cada real de capital aplicado, ou seja, mede a porcentagem do ativo total que se encontra financiada por capital de terceiros. Quanto maior o grau de endividamento, maior é a possibilidade de falência de uma empresa. **Essa é a versão utilizada pela FCC.**

$$\text{Grau de Endividamento} = \frac{\text{Passivo Circulante} + \text{Passivo Não Circulante}}{\text{Ativo total}}$$

$$\text{Grau de Endividamento} = \frac{800.000{,}00 + 1.200.000{,}00}{3.000.000{,}00}$$

Grau de Endividamento ≈ 0,67

Gabarito: **E**

10ª QUESTÃO: A empresa Dolth S.A. efetuou a contabilização da depreciação do edifício da sede administrativa em duplicidade. Nesse caso, a conta de:

a) edificações está subavaliada.
b) estoque dos produtos acabados está superavaliada.
c) custo dos produtos vendidos está subavaliada.
d) lucro do período está superavaliada.
e) despesa de depreciação está superavaliada.

☛ SOLUÇÃO

Com a finalidade de um melhor entendimento, vamos supor que a referida empresa adquiriu em 01/01/2020 um imóvel por 100.000,00 sujeito a uma depreciação anual de 4%. Analisando as alternativas, temos:

a) Errada. A conta edificações **não está** subavaliada.

(1) Registro contábil da depreciação em 31/12/2020:

Depreciação	
(1) 8.000,00	

Depreciação Acumulada	
	8.000,00 (1)

Depreciação em duplicidade = 2 × 4% × 100.000,00
Depreciação em duplicidade = 8.000,00

No balanço patrimonial da empresa Dolth S.A. em 31/12/2020 teremos:

AÑC Imobilizado
Edificações..100.000,00
Depreciação Acumulada ....(8.000,00)

Como podemos observar, a conta **edificações** encontra-se com um valor de **100.000,00**, que corresponde ao seu custo de aquisição, e não está subavaliada. A conta **Depreciação Acumulada** encontra-se com um saldo de 8.000,00, ou seja, esta encontra-se com o seu saldo superavaliado. **Atenção**, se o examinador pedisse o **saldo contábil das edificações**, nesse caso, teríamos uma **subavaliação**, pois o saldo contábil é obtido por meio da seguinte fórmula:

Saldo contábil das Edificações = Custo das Edificações – Depreciação Acumulada

b) Errada. Os estoques dos produtos acabados **não serão influenciados**, pois a depreciação é referente ao prédio da sede administrativa. **Atenção**, se a depreciação estivesse relacionada com o prédio da fábrica, nesse caso, os estoques dos produtos acabados estariam superavaliados, pois a depreciação do prédio da fábrica integra o custo de produção.

c) Errada. O custo dos produtos vendidos não sofreu influência, pois a depreciação está relacionada com o prédio da sede administrativa. **Atenção**, se a depreciação estivesse relacionada com o prédio da fábrica, nesse caso, o custo dos produtos vendidos estaria **superavaliado**, pois a depreciação do prédio da fábrica integra o custo de produção.

d) Errada. O lucro do período está **subavaliado**, pois a despesa com depreciação foi computada em dobro.

e) Correta. A despesa de depreciação está **superavaliada**, pois a empresa registrou **8.000,00** de despesas com depreciação, ao invés de **4.000,00**.

Gabarito: **E**

EDITORA
*Jus*PODIVM
www editorajuspodivm com br

Pré-impressão, impressão e acabamento

GRÁFICA
SANTUÁRIO

grafica@editorasantuario.com.br
www.graficasantuario.com.br
Aparecida-SP